伍连德及东三省防疫资料辑录

1

李冬梅　主编
牛文杰　赵靖　副主编

国家图书馆出版社

图书在版编目（CIP）数据

伍连德及东三省防疫资料辑录：全三册 / 李冬梅主编 .—北京：国家图书馆出版社，2019.11（2020.11 重印）

ISBN 978-7-5013-6875-4

Ⅰ . ①伍… Ⅱ . ①李… Ⅲ . ①伍连德（1879-1960）—生平事迹②卫生防疫—史料—汇编—东北地区—民国 Ⅳ . ① K826.2 ② R199.2

中国版本图书馆 CIP 数据核字（2019）第 250924 号

书　　名	伍连德及东三省防疫资料辑录（全三册）
著　　者	李冬梅　主编　牛文杰　赵　靖　副主编
责任编辑	梁　盼
封面设计	北京麒麟轩文化发展有限公司
出版发行	国家图书馆出版社（北京市西城区文津街 7 号　100034） （原书目文献出版社　北京图书馆出版社） 010-66114536　63802249　nlcpress@nlc.cn（邮购）
网　　址	http：//www.nlcpress.com
印　　装	河北三河弘翰印务有限公司
版次印次	2019 年 11 月第 1 版　2020 年 11 月第 2 次印刷
开　　本	787 × 1092（毫米）　1/16
印　　张	106.5
书　　号	ISBN 978 - 7 - 5013 - 6875 - 4
定　　价	1800.00 元

《伍连德及东三省防疫资料辑录》编委会

主　编：李冬梅

副主编：牛文杰　赵　靖

参编者（按姓氏笔画排序）：

朴雨美　关雪岚　张丽伟　李　婷

陈洪鹏　林学军　高龙彬　韩笑盈

出版说明

《伍连德及东三省防疫资料辑录》是哈尔滨市图书馆工作人员收集本馆所藏1949年前有关伍连德博士及东三省防疫活动的图书、报纸资料编录而成。该书共分三部分：第一部分为伍连德自传及部分馆藏防疫图书书影。第二部分为伍连德及东三省防疫图片选录，主要来自我馆所收藏的图书中的图片。第三部分为报纸中相关防疫资料辑录，收录时间为1910—1911年和1920—1921年；收集资料的范围为馆藏报纸，包括《滨江时报》《大公报》《民国日报》《民立报》《申报》《盛京时报》《远东报》；收录范围仅限于东三省，个别涉及东三省周边地区的较重要信息也有收录；具体形式是将报纸中相关信息挑选出来，扫描、剪切、编排，每条信息按照标题编制目录，所呈现出来的信息是原文再现；编排体例是以报纸为单元，按照每条信息刊登时间排列，报纸的编排顺序原则上是按照最先刊登有关防疫信息的时间排列，考虑到分册，稍作调整。报纸原标题中明显有错的字，改用正确写法；个别推断出的字或日期，用［ ］表示；遇有模糊难辨的字，以□号代之。

《伍连德及东三省防疫资料辑录》从开始酝酿到真正实施、完成，花费近两年的时间，这期间我们从对伍连德博士浅显的认识到对伍连德博士所作贡献的认知，经历了了解、认同、敬佩的过程。同时，在我们收集资料的过程中，面对浩大、无序、繁杂的资料，历尽千辛万苦，对所查到的资料进行筛选、编目、扫描、图片处理，不断进行推敲、字斟句酌、考证、鉴别，尽力做到不落下一条重要信息。鉴于水平有限，在收集资料的过程中也难免有疏漏与错误，敬请读者批评指正。另外，我馆特请黑龙江省哈尔滨历史文化研究会会长、黑龙江省社会科学院犹太研究中心研究员李述笑先生及黑龙江大学历史文化旅游学院副教授高龙彬分别作序，高龙彬副教授同时也为我们出版该书提供资料以及建议，在此一并感谢。

编者

2019年4月

序一

1910年10月末满洲里发生鼠疫，疫病迅速蔓延及滨江厅傅家甸，并在哈尔滨爆发，沿路南下，迅速扩散，危及东北三省，直逼京畿。当时年仅31岁的伍连德博士临危受命，被委以防疫重任，来到傅家甸。伍连德不避危险、不辞劳怨，抵弃旧俗、力排干扰，果断采取断绝交通和实行隔离、焚烧染疫房屋和疫毙尸体等有效措施，使疫情得以控制和最终扑灭，功莫大焉。正如《远东报》1911年2月19日报称，"傅家甸办理防疫事宜近日略有效果，然外人谈及傅家甸防疫问题多称赞中国医学博士伍连德之力，防疫办法多出于伍医士为之指点，故各西国报纸亦赞扬伍医士防疫之力也"。

伍连德，剑桥大学医学博士，公共卫生学家，中国检疫、防疫事业的先驱。生于马来亚槟榔屿一个华侨家庭，后接受英国医学教育，学成回国。东三省瘟疫的爆发，是历史选择了伍连德博士，伍博士也凭自己的能力和知识成就了一番伟业。伍连德担任东三省防疫总处全权总医官，采取积极有效的防疫方法、措施及技术，扑灭鼠疫；在奉天首次举办了万国鼠疫研究会，担任大会主席；创办中华医学会，主编《中华医学杂志》；创办滨江医院专门学校（哈尔滨医科大学前身），出任第一任校长；收回了海港检疫主权等等，得到了国际社会的广泛赞誉，更为哈尔滨人民所铭记。中国近代思想家梁启超曾高度评价伍连德在中国现代医学和公共卫生事业方面的成就："科学输入垂五十年，国中能以学者资格与世界相见者，伍星联（连德）博士一人而已！"

哈尔滨市图书馆工作人员秉承"读者至上，服务第一"的宗旨，为更好地发挥全国文化信息资源共享工程哈尔滨基层分中心的作用，积极配合地方历史文化研究，铭记伍连德博士为哈尔滨所作出的贡献，并感念其不朽的功绩，决定编辑《伍连德及东三省防疫资料辑录》一书。本辑录意在挖掘馆藏资料，以专题的形式呈现原始资料，供读者研究。在本书编辑过程中，由于史料匮乏，对于这段历史的事件、人物乃至地名、地理范围、照片的比对等史实的真实性鉴别难度非常大，这对于编辑人员来说是个不小的挑战，费了很多时间和精力。编辑者在本馆所藏有限的资料基础上，多方收集资料，曾经去过哈尔滨市伍连德纪念馆，感受“鼠疫泰斗”伍连德行医的一生；向国家图书馆以馆际互借的方式获得部分资料；获得黑龙江大学历史文化旅游学院副教授高龙彬老师提供部分书影、图书、报纸资料等，这些资料在一定程度上丰富了本书内容。在编辑目录时，图片名称、报纸中消息标题都是用原资料中提供的文字定名。在图片的选录上，除了傅家甸摄影部分较为集中的内容外，其余照片均散落在各种图书中，需进行扫描，悉心比对，选出所需，再编辑目录。所收录的图片内容时间延续到1928年，所以图片编排是按照每册图书中顺序编辑以避免混淆。关于报纸内容的查找，由于地域广泛、资料庞杂，仅确定以东三省范围为主，个别涉及其他周边地区较重要的信息也有收录。

笔者认为，本辑录有三方面突出的特点。第一，情景再现，直观可信。本书第二部分是收集了馆藏相关图书中的图片，图片是当时的影像记录，通过静止的画面，可使读者体会到100年前哈尔滨傅家甸乃至东三省所遭遇的鼠疫灾难，以及伍连德博士工作的情形和他所率领的医务人员救治病人、治理瘟疫的身影。图片中展示了当时哈尔滨防疫局及首例百斯笃发生地等的影像，虽然至今已无踪迹可寻，但通过图片我们可看到当时之情形；奉天万国鼠疫研究会之会场、宣统三年万国鼠疫研究会议开会之情形，展示了“防疫泰斗”伍连德博士之英姿；护口具戴法图、防护服、隔离病院、消毒病房、火葬等等，许多防疫措施至今仍在沿用。第二，内容丰富，史料详实。本书第三部分收集了馆藏报纸中相关内容，包括《滨江时报》《大公报》《民国日报》《民立报》《申报》《盛京时报》《远东报》等，年代为1910年11月—1911年6月、1920年5月—1921年6月，近3000条。报纸中疫情的消息，是根据当时当地所发生的事情报道出来，虽然繁杂，没有层次，但是从纷繁复杂的消息中，可以管窥当年鼠疫病毒之猛烈、防疫工作之艰难，以及瘟疫从猖獗到熄灭的过程。第三，条理清晰，编排得当。该辑录共分三部分，第一部分为伍连德自传及部分馆藏防疫图书书影；第二部分为伍连德及东三省防疫图片选录；第三部分为报纸中相关防疫资料辑录。

哈尔滨市图书馆工作人员历时两年多编辑了《伍连德及东三省防疫资料辑录》，为纪念伍连德博士、宣传伍连德的丰功伟绩作出了贡献，为研究人员提供了翔实可靠的文献资料，可喜可贺；在文献收集的过程中，面对浩瀚、无序、繁杂的资料，他们不辞劳苦，对所查到的资料进行筛选、编目、扫描、图片处理，不断地进行推敲、字斟句酌、考证、鉴别，尽力做到不错过一条重要信息，认真精神，可赞可敬。

遵馆长嘱，写篇小文，是以为序。

李述笑

2019年5月17日

伍连德与东三省防疫处的创立和演进

（代序）

2019年是伍连德诞辰140周年；2020年是先生仙逝60周年，更是他主持扑灭爆发于1910年的东北鼠疫110周年；2021年是中国历史上第一次国际科学会议“万国鼠疫研究会”召开110周年；2022年是“中国医疗史上的第一个自办的检疫和防疫机构”东三省防疫处创办110周年。伍连德是“万国鼠疫研究会”的主持者和东三省防疫处的创办者。他是哈尔滨的“恩人”，他的一生与哈尔滨无法割舍。

哈尔滨市图书馆一直重视地方特色资源的建设工作，其地方文献阅览室将地方文献的搜集、开发、整理、利用作为弘扬和传承地方文化的重要工作。近年来高度重视“伍连德与东北鼠疫”相关文献收集和整理，并计划出版该成果，这对于伍连德研究以及中国近现代公共卫生研究的深入推进，都是一件可喜可贺的大事和好事。

我研究伍连德数载，亦收集关于他的相关中外文资料，取得了一定的成果。这次非常荣幸受哈尔滨市图书馆邀请，把拙文《伍连德与东三省防疫处的创立和演进》作为序言。该文是我多年前之研究成果，曾发表在《南方论丛》2014年第6期，后被《中国社会科学文摘》2015年第6期全文转载。此次我又进行了修改，希望给伍连德研究“添砖加瓦”。我们渴望在学界形成“伍连德热”，打造“伍连德学”。

华侨伍连德（1879—1960）因成功主持扑灭1910—1911年的东三省鼠疫而声名鹊起。1912—1932年，他在哈尔滨东三省防疫处任总办兼总医官，因防治鼠疫、霍乱和研究公共卫生而声名远播。1930—1937年，伍连德在上海全国海港检疫管理处任处长并兼任上海海港检疫所所长，因开展海港检疫和捍卫国家主权而名声大振。

同时，他参与创办现北京大学人民医院等医疗机构；主编《中华医学杂志》等医学杂志；主导撰写过《鼠疫概论》《霍乱概论》《中国医史》等专业医学书籍。因此，曾担任过中华医学会会长等职的伍连德被誉为“中国现代医学第一人”。1924 年，梁启超这样评价伍连德：“科学输入垂五十年，国中能以学者资格与世界相见者，伍星联（连德）博士一人而已！”

然而，诚如《鼠疫斗士——伍连德自述》的中文翻译者之一、曾任中国微生物学会秘书长的程光胜研究员所感叹的：“到现在为止，哪怕是院士，有很多都不知道伍连德是何许人也。”伍连德“被遗忘”了。在中国期刊网（CNKI）中，在“篇名”下分别输入“伍连德”和“东三省防疫处”，从 1979 年至 2012 年，笔者仅仅搜索到 58 篇和 5 篇文章，并且这些文章大多是介绍性的，鲜见深入研究之力作①。自 2013 年至 2019 年，笔者分别查找到 28 和 1 篇。这一时期的论文亦基本与前者相似②。笔者认为，虽然由于伍连德 1937 年回到马来亚并且以开诊所终老一生，但是他给我们留下的遗产是不可磨灭的。本文拟用《东三省疫事报告书》《奉天国际鼠疫会议报告（1911）》《海港检疫管理处报告书》《远东报》《滨江时报》《外交公报》等重要史料，从清末东三省鼠疫与伍连德、万国鼠疫研究会与东三省防疫处

---

① 关于以“伍连德”为题名的文章如下：何宏：《医学博士伍连德四次扑灭哈尔滨瘟疫》（《世纪桥》2011 年第 8 期，第 41—43 页）；鞠成：《鼠疫斗士伍连德以及中国公共卫生体系的开始》（《中国地方病防治杂志》2011 年第 6 期，第 474 页）；栗月静：《伍连德，又一个“白求恩”》（《世界博览》2009 年第 20 期，第 10 页）；邵宇春：《抗击鼠疫的斗士——医学博士伍连德》（《兰台世界》2009 年第 19 期，第 40—41 页）；《伍连德鼠疫战闻》（《三月风》2008 年第 12 期，第 63 页），等等。关于以“东三省防疫处”为题名的文章可参见，马学博、姒元翼：《东三省防疫处纪略》（《中华医史杂志》第 29 卷，1999 年第 4 期，第 241 页）；李玉堃：《民国时期在哈尔滨设立的东三省防疫处》（《黑龙江档案》2000 年第 2 期，第 46 页）；马学博、金东英：《东三省防疫事务总管理处的设立日期》（《中华医史杂志》第 36 卷，2006 年第 2 期，第 86 页）；马学博：《〈黑龙江省都督府稿〉中发现有关东三省防疫事务总处的原始资料》（《中国科技史杂志》第 27 卷，2006 年第 4 期，第 365—368、391 页）；马学博：《万国鼠疫研究会与东三省防疫事务总管理处的建立》（《医学与哲学》（人文社会医学版）第 27 卷，2006 年第 7 期，第 63 页）。笔者认为，对相关档案和资料的发现是重要的，但是限于资料和档案以及对资料和档案的利用和释读，这些论文显得相对宽泛。关于伍连德的介绍可参见 Wu Lien—Teh, *Plague Fighter: the Autobiography of a Modern Chinese Physician*, W. Heffer & Sons Ltd,1959；王哲：《国士无双伍连德》，福建教育出版社 2007 年第 1 版和 2011 年第 2 版；伍连德：《鼠疫斗士——伍连德自述（上）》，湖南教育出版社，2011 年；礼露：《发现伍连德——诺贝尔奖候选人华人第一人》，中国科学技术出版社，2010 年；哈尔滨市政协文史和学习委员会：《哈尔滨文史资料》第 28 辑《爱国侨胞、防疫泰斗　伍连德》，2006 年；多默：《伍连德和 100 年前的东北大鼠疫》，《南方周末》2011 年 05 月 06 日。

② 有所推进的论文是张晓飞：《东三省防疫事务总处述略》，2017 年吉林大学硕士论文。

的创立、伍连德与东三省防疫处的演进三个方面，来论述伍连德在东三省防疫处的重要事迹和作用，突显他在中国防疫史上和公共卫生史上的历史地位。

一、清末东三省鼠疫与伍连德

鼠疫是什么？据中国权威辞典《辞海》中“鼠疫”词条介绍：“由鼠疫杆菌引起的烈性传染病。一般先在家鼠和其他啮齿类动物中流行，由鼠蚤叮咬而传染给人。常先引起淋巴结炎，轻症局限于此；重者病原体侵入血液，引起败血症或肺炎，分别称为腺型、败血型和肺型鼠疫。后者亦可经呼吸道传播而得。主要症状有高热、出血倾向、极度衰竭等严重中毒现象。”[①]国外权威辞典《不列颠百科全书》对“鼠疫”的介绍是：“由鼠疫耶尔森氏菌所致的发热性传染病，通过鼠蚤传播。原系啮齿动物的地方性兽疫，在一定环境下在兽间流行，病兽大批死亡。蚤类另觅宿主，人被叮咬即可传染。初为散发，条件适当即造成流行”，“在人烟稀少而野生啮齿动物数量较多且感染者众多的荒地发生者称森林鼠疫或田野鼠疫”，“14世纪鼠疫大流行，被称为黑死病（Black Death），欧洲死亡2500万人，占人口1/4”，“1894年广州及香港爆发鼠疫，死亡8—10万人”，“鼠疫病情轻重悬殊，轻者仅感不适，重者致命。潜伏期3—6日（范围36小时至10日）。发病急。可分三型：①腺鼠疫，占病例的3/4，较轻，以人→蚤→人的形式传播。发病时先寒战，继之呕吐、头疼、眩晕、畏光、背痛、肢痛、失眠、情感淡漠或谵妄。体温迅速升至40℃或以上，1—2日后即下降0.5—1℃，并极度虚弱。②肺鼠疫，较重，临床表现似支气管肺炎，随即出现肺水肿，多于3—4日后死亡。③败血性鼠疫，最凶险。表现为虚脱及脑损害。肺炎症状未及出现即于24小时内死亡，若出现肺炎，则传染性极强，接触者每受染而患肺鼠疫”[②]。此外，《剑桥百科全书》也对“鼠疫”进行了介绍：“历史上最凶恶的流行病，因鼠疫耶尔森氏菌（过去称鼠疫巴斯德氏菌）感染所致。菌由啮齿动物和松鼠身上跳蚤携带，蚤叮咬人时传播此病。表现为严重感染，身上出现急性淋巴结炎，故称淋巴结鼠疫，即腺鼠疫。流行时可出现肺型鼠疫，在人间传播极快。”[③]由此可见，鼠疫是在一定历史时期发生的一种传播速度快、传染性极强、致命性颇高的世界性、烈性传染病。

1910年10月，满洲里爆发鼠疫，并迅速波及东三省及山东、河北等地区。这

① 《辞海》（1979年版缩印本），上海辞书出版社，1980年8月第1版，第2073页。

② 《不列颠百科全书》（国际中文版）第13册，中国大百科全书出版社，1999年，第318页。

③ （英）大卫·克里斯特尔：《剑桥百科全书》，中国友谊出版公司，1996年，第932页。

场鼠疫一直持续到1911年3月。据《东三省疫事报告书》[①]记载："宣统二年（1910年）九月二十三日，百斯脱（也称百斯笃，即鼠疫。笔者注）发现于黑龙江省胪滨府[②]之满洲里。十月初七日，发现于吉林省滨江厅之傅家甸。十二月初二日，发现于奉天省城七区之南满车站"，"七旬之久而流毒已遍三省，自是而后，逐蔓连六十六州县"。并且，"当疫之由满洲里传入哈尔滨，由哈尔滨奔散三省各府厅州县也，竭半载之日力，靡三百余万之金钱，牺牲中外员医夫之千余生命，以殉此四万余横死之疫"[③]。

捕杀旱獭是此次东三省鼠疫[④]的罪魁祸首。据《宣统三年（1911年）哈尔滨口暨所属北满各分口华洋贸易情形论略》记载："现已查明此疫发生于旱獭之身。""自哈埠通商以来，年闻猎者每有传染斯疫。"[⑤]由于经过特殊工艺加工过的旱獭皮毛与貂皮媲美，西方市场的扩大刺激了对旱獭的捕杀。据介绍："1910年，每张旱獭皮的售价比1907年猛涨了6倍多，仅从满洲里一地出口的旱獭皮就由1907年的70万张增加到了250万张。"[⑥]当时，"俄人见满洲里旱獭之多也，私募华工四处捕取练（炼）制……利甚厚……于是山东直隶两省无业游民相率猎满洲里山中，而川谷流血，原野厌肉，其狼藉实不堪形状"[⑦]。即使在东三省发生第二次鼠疫的1921年，"满

① 关于《东三省疫事报告书（附东北四省略图）》一书，最初由奉天全省防疫局编译，分为上、下两册，宣统三年（1911）十月印刷，十一月出版。据笔者查阅，此报告书现存很少，辽宁省档案馆和哈尔滨市图书馆有存。2005年，李兴盛先生在编辑《黑水丛书》时，曾将此报告书收入。但是，《东三省疫事报告书（黑龙江吉林史料选编）》，删去了辽宁部分。参见李兴盛：《黑水丛书》第10卷《秋笳余韵（外十八种）（上、下）》，黑龙江人民出版社，2005年；2010年天津古籍出版社出版的《中国荒政书集成》第12册收入了此报告书的全本。

② 清光绪三十四年（1908）置胪滨府，民国元年府废，九年改置县，属呼伦道。县距省治（齐齐哈尔。笔者注）西北一千二百八十里，地濒胪朐河，亦称满洲里。东至呼伦县界；东北至室韦县界；西北金源边堡外通库伦道；西与南接蒙古喀尔喀车臣汗界。全境二百二十里，袤四百二十里，面积八万九千八百五十方里，未划区。万福麟监修、张伯英总纂、崔重庆等整理：《黑龙江志稿（上）》，黑龙江人民出版社，1992年，第74—75页。

③ 奉天全省防疫总局：《东三省疫事报告书》，李文海、夏明方、朱浒：《中国荒政书集成》第12册，天津古籍出版社，2010年，第8207、8204页。

④ 20世纪上半叶，东三省发生过三次大的鼠疫，分别是第一次在1910年至1911年；第二次在1920年至1922年；第三次在1946年。参见伯力士博士、兰度雅博士讲演：《鼠疫概论》，善后救济总署东北分署印行、中长铁路管理局翻印，1946年，序。

⑤ 中国第二历史档案馆、中国海关总署办公厅：《中国旧海关史料（1859—1948）》第57卷，京华出版社，2001年，第157页。

⑥ 夏明方、康沛竹：《20世纪中国灾变图史（上册）》，福建教育出版社、广西师范大学出版社，2001年，第18—19页。

⑦ 《东省獭疫种种之来由》，《盛京时报》，宣统三年（1911）二月二十五日，第5版。

洲里出口之大宗货物”中，“旱獭灰鼠二项，已达至十五万七千五百八十六张之多”[①]。

满洲里鼠疫发生时，时值临近中国春节，大批捕杀旱獭的山东、河北人沿着中东铁路疾奔关内。由此，鼠疫波及了东北三省以及山东、河北等中国北方各地[②]。据记载，“今年（1911 年。笔者注）三月始见消减”，“统查疫死人数哈尔滨铁路内共一千五百人，傅家甸六千五百人，东三省约不下七万人”[③]。据《泰晤士报》报道：“这场鼠疫中，满洲和中国北部大约有 60000 人丧生。”[④]当时，哈尔滨傅家甸（今属道外区）“有常住人口 25000 人，流动人口 10000 人。5138 人死于鼠疫”。其中，“1910 年 11 月 20 人；12 月 322 人；1911 年 1 月 3329 人；2 月 1467 人”[⑤]。另据《直隶省城办理临时防疫纪实》载：“其时东省鼠疫盛行，蔓延于畿辅山左各州县，死亡载道，人心惊慌”，“计保、河两郡，深、冀、定三州，延蔓者十六州县，传染者百余村，死亡者千余人”[⑥]。

在这紧要关头，清朝外务部派遣天津陆军军医学堂医官伍连德赴哈尔滨办理防疫事宜。面对员医无素养，药品无预储，财政应付不及，病院、隔离所筹备不及，断绝交通、检验留养，焚烧尸屋物品、隔离眷属六大困难，“伍连德博士临危受命”，于 1910 年 12 月 24 日“坐镇哈尔滨，全权指挥扑灭鼠疫工作”[⑦]。他依靠科学力量，

---

① 黄序鹓：《海关通志》，共和印刷局，1921 年，第 30 页。

② 关于此方面的专著和论文可见，焦润明：《清末东北三省鼠疫灾难及防疫措施研究》，北京师范大学出版社，2011 年；曹树基、李玉尚：《鼠疫：战争与和平——中国的环境与社会变迁（1230—1960 年）》，山东画报出版社，2006 年。汪德伟：《追记满洲防疫事》，《东方杂志》第 10 卷，1914 年第 10 期，第 20—27 页；《满洲里哈尔滨防疫记》，《东方杂志》第 7 年第 11 期，宣统二年十一月二十五日，第 344—351 页；《满洲里哈尔滨防疫记》，《东方杂志》第 7 年第 12 期，宣统二年十二月二十五日，第 378—383 页。张蕾：《1910—1911 年东北鼠疫与山东疫情兼论鼠疫在山东流行的环境因素》，2009 年中国海洋大学硕士论文；孟祥丽：《1910—1911 年中国东北北部的鼠疫灾害与沙俄》，2008 年黑龙江省社会科学院硕士论文等。此处，笔者认为使用“东北三省”较为合适。参见张印堂：《中国东北四省的地理基础（附东北四省略图）》，《禹贡》第 6 卷，1936 年第 3、4 合期（东北研究专号）；金毓黻：《东北権名》；孙照海、孙彦：《民国史地期刊汇编》第 6 册《东北集刊》，国家图书馆出版社，2010 年等。

③ 中国第二历史档案馆、中国海关总署办公厅：《中国旧海关史料（1859—1948）》第 57 卷，京华出版社，2001 年，第 157 页。

④ *Dr. Wu Lien—Teh, Heroic Fighter of Epidemics, The Times*, 1960 年 1 月 27 日 . 关于此次鼠疫的具体死亡人数有四万、五万、六万、七万等不同说法，可参见焦润明：《1910—1911 年的东北大鼠疫及朝野应对措施》，《近代史研究》2006 年第 3 期，第 109 页第 4 个注释。

⑤ *The Plague in China： Course of the Epidemic, The Times*, 1911 年 3 月 23 日 .

⑥ 李文海、夏明方、朱浒：《中国荒政书集成》第 12 册，天津古籍出版社，2010 年，第 8015 页。

⑦ 盖如垠：《伍连德——哈尔滨人的永恒记忆》，《哈尔滨日报》2010 年 12 月 24 日，第 1 版。

“采用新医之科学防疫方法，如按户强制检疫、广设隔离所或隔离车，将堆积哈尔滨及其他一带之无数疫尸付之火葬等”[①]。在人类历史上首次有效地扑灭了鼠疫这一高危瘟疫，拯救了哈尔滨这座城市数万人的生命以及遏制了鼠疫向关内特别是北京的蔓延，为世界防疫科学发展作出了不可磨灭的贡献。

关于伍连德，据陈垣在《奉天万国鼠疫研究会始末》一书中介绍：伍君，广东新会人。当光绪五年，生于吉隆坡，及长，肄业于新加坡之高等学校。学期试验，屡列优等。至十七岁，校长以其品学兼优，每年给以学费二百五十磅，送往英国堪伯猎基（即剑桥）大学肄业，专习理科及医科。考试亦常列优等，照章得两次官费。1899年毕业，得文学学位。再入伦敦医科大学，试验医学。又得官给学费，并常获金牌等奖赏，为留学彼邦者从来所罕见。1902年，得文学博士、医学士、理学学士位。由堪伯猎基大学年给一百五十磅，送往德法等国，从事调查医学者三年。及回英后，英人公举为肺病医院院长[②]。此后，1907年，伍连德应直隶“总督袁世凯之请，服务政界于天津”，“任陆军医专副院长二年（1908—1910年）”[③]。1910年10月，“时值哈尔滨肺鼠疫流行甚盛”，清政府特调伍连德主持东三省防疫，任总医官。1911年4月，他被选为万国鼠疫研究会主席。1912年，东三省防疫处创立。伍连德担任总办兼总医官，直到1932年日军进入哈尔滨。“1930年7月1日，全国海港检疫管理处成立，作为全国海港检疫的领导机构，直属于国民政府卫生部，伍连德任处长。”[④]同时，他兼任上海海港检疫管理所所长。1937年七七事变后，在淞沪抗战中，全国海港检疫管理处遭日军洗劫，其住宅也被日寇炮火所毁。8月，伍连德一家被迫离开上海，回到马来亚。后来，他在怡保市开设私人诊所。1960年1月21日，伍连德在槟榔屿家中因突发脑中风去世。

二、万国鼠疫研究会与东三省防疫处的创立

在鼠疫日趋得以控制的1911年3月，伍连德上报外务部，请求召开国际研究会，讨论“素未注意之肺疫”。这得到其老友原滨江关道道尹、外务部左丞施肇基及东三省总督锡良的高度赞许和认可。在他们的努力和合作下，世界历史上第一次国际

---

① 伍连德、伍长耀：《海港检疫管理处报告书》第3册，上海海港检疫管理处，1933年，第11页。

② 陈垣：《奉天万国鼠疫研究会始末》，李文海、夏明方、朱浒：《中国荒政书集成》第12册，天津古籍出版社，2010年，第8133页。

③ 黄淑琼：《医界名人伍连德博士退隐》，笔者私藏。此文载于一张印刷的伍连德照片的背后，作者黄淑琼是伍连德的夫人。此文作于1937年的北平（即北京），不久黄淑琼去世。但是这张印刷品照片何时和何处发行，目前笔者难于确定。

④ 邓铁涛：《中国防疫史》，广西科学技术出版社，2006年，第379页。

肺鼠疫会议，也是中国历史上第一次国际科学会议，万国鼠疫研究会在奉天（今沈阳）召开。会上，伍连德倡议创建东三省防疫处。1912年10月，中国第一个近代常设防疫机构创立。这也是“中国医疗史上的第一个自办的检疫和防疫机构”[①]。

会议于4月3日开幕，4月28日结束，持续了26天。会议邀请了德、美、英、奥、法、俄、日等11国鼠疫研究领域的34名著名学者，如北里柴三郎、扎博罗特尼、斯特朗、皮特里等“世界各国专门名医”。清政府派施肇基为特使莅临会议，主持防疫的总医官伍连德被选为主席。伍连德称该会是“吾国历史上首次之国际医学大会”。英国《泰晤士报》声称，“此次会议开创了中国医学史的新时代”[②]。这“在吾国历史上，固为空前未有之学术大会也”[③]。会议期间，总共举行了24次全体会议，对这次鼠疫所涉及的问题进行了全面细致地研究，如一、此次疫气因何流行？如何流行？暨有如何办理方法？二、此种疫气，是否满洲里境内某处本土之病？如果系某处产生之病，有何最善之法，可向该处施救？三、其产生疫气之虫所含毒力，是否较核疫虫之毒力大？以显微镜观之，虫之形类相同，以疫学化验之，亦无少异，而何以在满洲则称肺瘟、血瘟，在印度等处则成核瘟而鲜成肺瘟者？等等[④]。最后，以会议的名义形成了给中国政府的临时报告，即后来的《奉天国际鼠疫会议报告（1911）》[⑤]。

此次会议上，伍连德倡议在哈尔滨创建东三省防疫处，这得到参会专家的赞同。1912年7月29日，伍连德在给莫理循的信中也强调此事：“由于东北鼠疫的大流行，中国政府于1911年4月在奉天举行万国鼠疫探讨会。其目的是汇总鼠疫流行的资料，并希望与会的国际专家对可能出现的下一次大流行作出建议。专家们强烈建议，在东北建立一个包括沿铁路沿线设立的防疫站和医院的适当的医学机构”[⑥]。外务部规

---

① 王学良：《美国与中国东北》，吉林文史出版社，1991年，第185—186页。

② *The International Plague Conference, The Times*, 1911年4月28日.

③ 陈垣：《陈垣全集》第1册，安徽大学出版社，2009年，第355页。

④ 陈垣：《奉天万国鼠疫研究会始末》，李文海、夏明方、朱浒：《中国荒政书集成》第12册，天津古籍出版社，2010年，第8140页。亦可见，国际会议编辑委员会编辑、张士尊译：《奉天国际鼠疫会议报告（1911）》，中央编译出版社，2010年，第7—8页。

⑤ 参见国际会议编辑委员会编辑:《奉天国际鼠疫会议报告》(1911)，中央编译出版社，2010年，《译者序》第2页、《序言》第1页。相关文章可参见杜山佳：《万国防疫会记》，《东方杂志》第8卷，1911年第3号，第15—30页；焦润明、焦婕：《清末奉天万国鼠疫研究会考论》，《辽宁大学学报》（哲学社会科学版）2011年第4期，第61—68页等。

⑥ 王哲：《国士无双伍连德》，福建教育出版社，2007年，第298页。在第1版中的附录1《伍连德与莫理循通信》，共有两人来往书信28封，其中莫理循致伍连德13封，伍连德致莫理循15封。在新版的《国士无双伍连德》中没有再附此附录。

定设立机关之目的："一、在满洲北境设法不令疫气再起，一遇疫起，从速扑灭；二、奉天研究会条陈各事应照办理，查考肺疫究在何处发生，究因何故发生，其与旱獭及他种兽类究竟有何关系；三、所指各地应办卫生事宜。若遇病症亦施治，并研究各地病症发生之理。"①

在1933年出版的《海港检疫管理处报告书》第三册中，伍连德在《东北防疫处之沿革》一文内提到：1911年4月奉天万国鼠疫研究会的"成绩之最足称者，即提议创设东三省防疫处"。具体而言，"1912年10月在哈尔滨设立东三省防疫处。旋因革命军兴，进行稍缓。幸有诸长官之提倡，如奉天总督赵尔巽、海关总税务司额古兰、外交次长颜惠庆、海关税务司屈臣等，对于此举，均异常重视，莫不竭力赞助"。其中，"防疫处经常费，系总税务司额古兰指定。每年由海关拨发银六万两"。此事，"北京公使团初不赞成此举，后经设法转圜，使得其同意"。最后，"又蒙哈尔滨税务司屈臣竭力主张，组织各防疫医院，并促其成立。盖屈君当鼠疫流行时，曾目睹惨状故也"②。

黑龙江省档案馆馆藏一份1912年黑龙江省都督府与当时外交部、民政部关于"为加状委任伍连德为防疫院总医官"的来往函件。其中，《北满防疫机关办法大略》的《缘起》中也对此有较详细的记载："查北满防疫机关其正当组织办法。去年，业经中央政府暨东三省总督核准照办在案。当时虽经开办各派委医员分赴各处就职任事，并于哈尔滨、满洲里、拉哈苏苏（即同江。笔者注）建造医院等等。不过其中之一部分耳。尚未能称完备，迨革命事起。各关税款因被扣留，以作归还借款及庚子赔款之用。东省防疫经费因由海关拨用，故亦在被扣之列，于是款不应手，防务各事亦未能进行，中间耽延六个月之久。现经外交部与公使团议定，所有预算值七万八千卢布一款仍应拨归东省防疫之用，由领衔公使知照到部，此款业经外交部咨行税务处，令总税务司饬由哈关税司在东省关税项下拨用，故防疫各事自应接续进行。"③

1912年7月29日，伍连德在致莫理循的信中也介绍过该事，中国政府"组建了一个分布在北满6个重要车站即哈尔滨、满洲里、齐齐哈尔、艾根、三星（艾根和三星翻译有误，艾根应为爱辉，三星应为三姓。笔者注）和拉哈苏苏的鼠疫预防机构"。但是，"其后辛亥革命爆发，税务处帮办大臣胡维德（胡维德应为胡惟德。

---

① 黑龙江省档案馆藏。全宗号62，目录号5，卷号2022，第1页。

② 伍连德、伍长耀：《海港检疫管理处报告书》第3册，上海海港检疫管理处，1933年，第11页。

③ 黑龙江省档案馆藏。全宗号64，目录号1，卷号350，第4—5页。

笔者注）为增加海关收入以支付庚子赔款，将本来支付本地开销包括支付东北防疫总处经费的东北海关收入并入中央海关总收入”，“本来独立的东北海关收入为北京外交使团所控制。当外交部为东北防疫总处申请每年78000卢布的经费时，被外交使团拒绝了，表示如果鼠疫再次发生的话他们会重新考虑。由于6月中旬天津出现几例肺鼠疫，外交部重新提出申请，外交使团征求使团医生的意见”。使团医生们“都支持维持东北防疫总处的运转”[①]。美国驻哈尔滨领事格林纳认为，“东三省防疫处”的建立标志着“这一地区（东北）行政管理的新时代”。因为过去“在这些地区，除了关税和邮政之外，中国政府的活动很少见”[②]。

关于东三省防疫处的办公地点，据黑龙江省档案馆馆藏的1923年《东三省北境防疫事务总处第二年（1913年。笔者注）全年报告书》记载：“本事务总处原附设于滨江海关之内。因该处甚形迫狭而海关办公之室亦不敷用。”因此，“外交部核准另赁一屋以资办公。于五月十五日迁移秦家岗（即南岗。笔者注）大道街（即大直街。笔者注）东，门牌六十三号”[③]。1921年，黄序鹓在其著作《海关通志》中讲到：“滨江即哈尔滨之略称。在吉林黑龙江两省之中心，盖中外交通之枢纽也。以前清光绪三十一年（1905年）中日满洲善后协约允许开放，至三十三年（1907年）开关。”据1999年出版的《哈尔滨海关志》记载，“关址设在哈尔滨秦家岗火车站对面（今哈尔滨火车站对面）”。1922年《东陲商报》社发行的《哈尔滨指南》写道：“滨江海关自前清光绪二十九年中日协约后始行设立，由滨江道尹兼任海关监督，至民国成立始行分立，总关署设在秦家岗海关街[④]，而监督公署现驻在傅家甸四道街。”光绪三十一年九月初七（1905年10月5日），黑龙江将军程德全在《添设哈尔滨关道折》中，“拟请于吉林哈尔滨添设道员，专办吉江两省铁路交涉并督征关税，以期联络而维利权”[⑤]，“民国二年三月，始设滨江关监督专缺”[⑥]。

---

① 王哲：《国士无双伍连德》，福建教育出版社，2007年，第298页。关于此事的介绍，礼露在《发现伍连德——诺贝尔奖候选人华人第一人》一书第104页的讲述“有出入”，有些夸大伍连德的作用。

② 王学良：《美国与中国东北》，吉林文史出版社，1991年，第186页。

③ 黑龙江省档案馆藏。全宗号62，目录号4，卷号3822，第36页。

④ 海关街：东南起同兴街，西北止铁路街。哈尔滨市人民政府：《黑龙江省哈尔滨市地名录》，哈尔滨市人民政府（内部资料），1985年，第159页。

⑤ 李兴盛、马秀娟：《程德全守江奏稿（外十九种）（上）》，黑龙江人民出版社，1999年，第203页。

⑥ 陈绍楠：《哈尔滨经济资料文集（1896—1946）》第一辑《机构·商会·贸易》，哈尔滨市档案馆（内部资料），1990年，第221页。

《北满防疫机关办法大略》还规定了总办兼总医官之权限、职务与责任。如下：一、总办兼总医官为外交部所委任，对于外交部一面担承其责；二、总办兼总医官由外交部咨会吉林、奉天、黑龙江都督另加委任，并准其直接与三省都督商请办事。凡关于防疫机关应办各事，应请三省都督随时随事，准予襄助；三、主管防疫机关一切事宜。任免医员、分派各项执事均归总办兼总医官主管。在事医员人等是否遵守纪律、有无失效由总办兼总医官对于中央政府担承责任；四、所有支配防疫机关之款项由总办兼总医官担承责任。一切用款或为经常或为特别均需由总办兼总医官核准方可照付；五、设为防疫治病研究等事特别应用之款，总办兼总医官得于防疫款内随时酌拨。惟无论如何拨用，在本年内总不得逾出所定之七万八千卢布以外；六、总办兼总医官薪水每月六百五十卢布由防疫经费款下支付；七、总办兼总医官除赴各境办事之时外应常驻哈尔滨，以重职守；八、防疫境内凡有已建医院与附属医院之各物以及造院所余之款，一律由总办兼总医官到任时接收。其造院余款移交会办兼司账员，经发仍作原定事项开销之用；九、防疫境内一切进行事宜由总办兼总医官按季报告外交部。其有特别紧要事宜可于季报外另备专报。除呈部外另备副本呈送三省都督①。

关于东三省各地防疫医院的建设和资金情况，据《东北防疫处沿革》一文介绍，赵总督（即赵尔巽）曾由东三省税入项下拨给哈尔滨医院银五万两、满洲里医院银四万两、齐齐哈尔医院银三万两、拉哈苏苏（即同江）医院银二万两②。对于各防疫医院的具体建设情况，伍连德介绍，在哈尔滨东铁区与市区交界处，有一地方，计122亩，为吉林巡抚所拨，于1911年9月动工建筑哈尔滨防疫医院，次年夏间落成，建筑费为7万元，于是年12月开幕。该院分为两部，西院专备办公、治疗、普通病症及容400人检疫之用；东院则能容疑似患者30名及鼠疫患者40名隔离之用。又于1919年增建新式办公房屋，内有临时研究室及手术室等。1922年复添造新病室，借以收容治疗各科患者。1924年又加建新式房舍为研究室、藏书楼及博物室之用。1924年4月，《造送哈尔滨等防疫医院第十二次季报请备案呈》也有记载，“大洋一万五千元作建筑研究鼠疫化验室及博物室之用”，并说明：“此项建筑甚属急需，

---

① 黑龙江省档案馆藏。全宗号64，目录号1，卷号350，第6—8页。

② “当时东三省总督赵尔巽拨款白银5万两资助滨江医院，4万两资助满洲里医院，4万两资助齐齐哈尔医院，2万两资助同江医院。”初载姒元翼：《老哈医大的前身——东三省防疫事务总管理处》，《黑龙江文史资料》第34辑。又载邓铁涛：《中国防疫史》，广西科学技术出版社，2006年，第307页。可见，关于“4万两资助齐齐哈尔医院”有误，“4万”应为“三万”。

缘当此四年间房屋不敷，驻院办事员勉强与病菌化验室同居一处，又加以大门附近有如兵舍样建筑砖房一列，系自宣统末年所盖，日久倾坏”[①]。7月，“入春以来，筹划建筑新楼事宜已于4月19日动土筑基，自5月9日从事开工建筑日渐进步，现已及顶而屋面亦准备订盖，全部工程约于9月可以万均矣”[②]。9月，新落成的新式化验研究部“实行研究关于鼠疫及种种传染病之问题亦。该处计有研究鼠疫部、血清部、临床诊断部、培养基制造部，及藏书楼、博物室等陈列均甚完备”[③]。1926年又在东院建一新式肺疫病室。该室之建筑，能使治疗或研究肺病之医生，获得充分安全，不致有被污染之虞。7月，伍连德《东省防疫总处第14次季报送请备案呈》提到：“5月20日兴工建筑新式鼠疫研究室现将告竣，只有洋灰地面未竣工耳。且建筑为平房式，宽60英尺、长78英尺，置有高大窗门。”此室之特点：“有长形玻璃壁，系用玻璃片组成，以便疫病者与研究者隔别之用，由此可使医者研究及治疗疫病者以免意外传染之危险。”[④]

当建筑哈尔滨医院之际，同时有在满洲里建筑同样防疫医院之计划。1923年，总办哈尔滨等处防疫事务兼总医官伍连德在《为呈报满洲里防疫医院办理防务恳请》中指出，“满洲里毗连俄界之西比利亚（即西伯利亚。笔者注），历年俄国发生瘟疫，内地被染几无不以此地为门径”，“设防疫医院于该地借资扼守险要，防堵疫痢而免入内地”[⑤]。盖此处为1910年至1911年肺疫大流行之侵入门户。1911年赵总督拨给满洲里医院建筑费银4万两。乃于1912年春奠基兴筑，并购置多量建筑材料。不料俄人煽动蒙民革命，致所有建筑物被焚毁，只余一片焦土。荏苒数载，直至1921年第二次鼠疫流行，吾人始由市府租得房屋若干作为办理防疫之需。同年派卫生医员常川驻满办事。“在满洲里建筑防疫医院，曾蒙允拨合式地段八百方沙申（五亩），查现在选择之地点系由地方官暂时借用，诚恐难期久远。惟有恳望总长拨有款项以便从事建筑此项之紧要防疫机官，以乘永久而利防务斯，则西比利亚之鼠疫

---

① 外交部：《外交公报》第36期，《近代中国外交史资料汇刊三十种》第30种第18册，文海出版社有限公司，1988年，《通商》第7页。

② 外交部：《外交公报》第39期，《近代中国外交史资料汇刊三十种》第30种第20册，文海出版社有限公司，1988年，《通商》第13页。

③ 外交部：《外交公报》第46期，《近代中国外交史资料汇刊三十种》第30种第23册，文海出版社有限公司，1988年，《通商》第15页。

④ 外交部：《外交公报》第62期，《近代中国外交史资料汇刊三十种》第30种第31册，文海出版社有限公司，1988年，《通商》第11页。

⑤ 黑龙江省档案馆藏。全宗号62，目录号5，卷号2022，第1页。

无从南侵矣。”[①] 于1923年费9000元购得现成石屋一座，作为研究实验室及驻院医官住室。并由市府借用木屋一列，作为医院。在本站并设置大消毒器，以备獭皮出口前用福美林蒸熏消毒之用。

在创办哈尔滨医院之同年，即1912年，在阿木（即阿穆）河及松花江交连处之同江县(即拉哈苏苏。笔者注)，建有隔离医院一所。次年在松花江岸之三姓(今依兰)，有同样之建筑。又次年在大黑河即俄国阿木尔（即阿穆尔）江之对岸，有更大医院之建筑。

防疫工作日益扩充。1918年又蒙拨给经费，建筑营口海港检疫医院。于1919年动工，次年7月10日正式开幕。该院前部分有162尺阔之屋宇，内设手术室、诊断室、总养病室等。次为消毒部，其后部则为传染病室，此室有单间养病房，其阳台均向南。全部建筑费计银4万两。有病床45张。1923年至1924年间，又增建隔离室6幢，为砖墙洋灰地，每幢有防蚤虱及尘埃之卫生睡炕，能容80人。故全幢同时每次至少能收容400人。此第二部建筑费计洋4万元。1927年又费洋9000元，添造旅客检疫室一座[②]。

在建造各防疫医院的同时，伍连德还亲自到各防疫分院调查监督。1926年5月19日，伍连德“离哈沿松花江前往各分院视察情形。先至三姓、富锦、拉哈苏苏及大黑河”。6月间，他“赴满洲里、海拉尔、牛庄等处调查”，“幸各分院办理成绩均有进步”[③]。

“1931年，日本侵占东北，防疫处就地工作因受挫折。防疫处虽有各项重要工作，但新成立之海关当局，对于20年来所拨防疫处之常年经费，先拟完全停拨。后虽仍拨发，但已被减至极小数目。新税务司日人，并将与防疫处有悠久历史之处长，遽于裁去。所有防疫处历年博得国际称誉之研究、设备等种种事业，均告停顿。吾人所预料，而准备在上海继续努力此工作。”[④] 即伍连德等东三省防疫处工作人员到上海，在全国海港检疫管理处和上海海港检疫所开展此项事业。

---

① 外交部：《外交公报》第19期，《近代中国外交史资料汇刊三十种》第30种第10册，文海出版社有限公司，1988年，《通商》第27页。

② 伍连德、伍长耀：《海港检疫管理处报告书》第3册，上海海港检疫管理处，1933年，第12—13页。

③ 外交部：《外交公报》第66期，《近代中国外交史资料汇刊三十种》第30种第33册，文海出版社有限公司，1988年，《通商》第17页。

④ 伍连德、伍长耀：《海港检疫管理处报告书》第3册，上海海港检疫管理处，1933年，第14、15页。

三、伍连德与东三省防疫处的演进

据伍连德介绍，“北满一带，直至1919年未见鼠疫流行。在最初数年，防疫处所有工作，专重一般医务及研究满洲与外贝额尔（即外贝加尔。笔者注）鼠疫问题。其成绩已详载于防疫处发刊之报告大全书”[①]。笔者还发现，20世纪20年代的东三省防疫处和伍连德的相关工作动态，以年报和季报的形式在《外交公报》刊发。这个时期，在伍连德的领导下东三省防疫处在防治1920—1921年第二次鼠疫、疫源旱獭的研究及管理、霍乱和天花等传染病的研究与防治、海港检疫等方面成绩斐然，同时伍连德、陈永汉等也频繁参加中外国际会议并报告研究成果。这些活动让世界对中国的现代医学特别是防疫学和公共卫生学有所了解和一定程度的认可。

关于1920—1921年第二次鼠疫的防治情况[②]，《东三省防疫事务总处第七年报告录要》曾提到：1919年“9月11日由距满洲里40英里西比里亚（即西伯利亚。笔者注）地界之依基时加亚传来消息谓，彼处有俄人发现核鼠疫者二名，一从颈部起核，一从腋下起核，经依微菌学之研究，证明其确为核鼠疫。当时人心颇形恐慌，即已施行严厉预防方法，使其不致传于我国内地”[③]。因深恐鼠疫传至本埠（即哈尔滨）祸及商民，1920年12月19日，东三省防疫事务总处总办伍连德召集本埠各要人，在该处特开防疫会议，研究预防方法及检查规则。是日决议六条事项：“第一条、隔离事务所暂时设立于商务会内。第二条、拟先请款三万元，由道尹、镇守使、县知事、总医官等会衔呈请，但由道署拟稿。第三条、道里如有染疫者，可以借用火车为隔离所，道外须由警厅在街外欲觅隔离所。第四条、凡由满洲里开来客车，由本埠军警会同医官检查，道里、外检查各旅店亦如是。至检查章程由军警、医官商酌，但由医院起草。第五条、通知各处本埠防疫会成立。第六条、道内外病人如有类似瘟疫者，警厅局应随时通知医院前往检查。”[④]

关于防治1920—1921年第二次鼠疫的实际效果，伍连德指出：“1920至1921年，第二次肺疫流行，防疫工作，又行紧张。此次疫症，系由外贝额尔东部之猎户，

---

① 伍连德、伍长耀：《海港检疫管理处报告书》第3册，上海海港检疫管理处，1933年，第13—14页。

② 关于这次鼠疫的详细记载可参见，《哈尔滨临时防疫总事务所报告书》，哈尔滨市档案馆馆藏号LZ1/075。

③ 《远东报》，1920年1月20日，《哈尔滨史志》增刊1984年第8期（《远东报摘编》第12辑），第105页。

④ 《远东报》，1920年12月22日，《哈尔滨史志》增刊1984年第8期（《远东报摘编》第12辑），第102页。

传染之附近满洲境内。当时疫势甚凶，防疫人员虽曾极端努力，终未能制止疫氛由海拉尔向外流行，逐复被蔓延至哈尔滨。犹幸防御得力，死亡人数（包括西伯利亚）因以减少，疫死者共9300名。疫势只及哈尔滨南部为止。”①具体而言，“防疫事务所特在南岗下坎预备瓦罐火车数十辆，所有检验患瘟者连日均用铁车载往该处车上静养，已计有一百余名。凡道外、道里通行之人一概禁止，不准由该道经过云”②。《滨江时报》报道：“自满站发生疫病，东省未致延蔓，实赖防范得法”③，“在海拉尔疫氛传来本埠，即急组织防疫所、隔离所以防蔓延之患。闻本埠道里外，月余仅疫毙三百余名，足见各官长防范森严、办理适宜之效果”④。

对于疫源旱獭的研究及对疫源地的管理是东三省防疫处的核心工作。在旱獭研究方面，据伍连德介绍：“后将旱獭作更详细之研究，乃证明旱獭在在冬眠时，能将疫毒保存过冬，至次年春醒时，往往罹急性菌血症而辗转传于人类。”⑤1922年9月间，东三省防疫处“接有到电报称，哈兰诺尔（满站西八十俄里）发现鼠疫，即由本处陈永汉正医官带同助手于9月23日赶即前赴实地检验”。俄国人一家五口先后死于鼠疫，“病理标本曾携至哈院细菌室化验，亦确证为肺疫菌”⑥。1924年8月9日，在距满洲里西36英里俄境内发现腺鼠疫一名、肺疫一名，均系重恶疫症。患腺鼠疫者系因“拨旱獭皮不慎将左手大指切伤，毒由伤口传染”。当时，正在满洲里的细菌研究医官伯力士，“乘时研究旱獭蚤与疫症之关系，即如何染疫旱獭能传染于健康旱獭”。据伯力士研究所得“系由寄生虫咬噬所传染”⑦。1925年5月27日，在满洲里与海拉尔之间一村发现鼠疫二例。“患者均为俄籍猎户，罹疫原因系由猎后回家起病。”东三省防疫处即派“李晏医官协同严防，以杜蔓延之势”。报告称“旱獭为此例之原因”⑧。

---

① 伍连德、伍长耀:《海港检疫管理处报告书》第3册，上海海港检疫管理处，1933年，第14页。

② 《远东报》，1921年2月15日，《哈尔滨史志》增刊1984年第8期（《远东报摘编》第12辑），第110页。

③ 《滨江时报》，1921年3月15日。

④ 《滨江时报》，1921年3月18日。

⑤ 伍连德、伍长耀:《海港检疫管理处报告书》第3册，上海海港检疫管理处，1933年，第14页。

⑥ 外交部：《外交公报》第19期，《近代中国外交史资料汇刊三十种》第30种第10册，文海出版社有限公司，1988年，《通商》第24页。

⑦ 外交部：《外交公报》第46期，《近代中国外交史资料汇刊三十种》第30种第23册，文海出版社有限公司，1988年，《通商》第14页。

⑧ 外交部：《外交公报》第51期，《近代中国外交史资料汇刊三十种》第30种第26册，文海出版社有限公司，1988年，《通商》第15—16、15页。

在疫源地的管理方面，1923年11月7日，据满洲里报告称："铁路医官、该地地方官暨本境运皮商等提议在该地开会，会议旱獭皮张贩运事宜，本处派驻满医院李晏医官赴会。会议旋据报告，会员均表示愿意将悬禁旱獭开禁。"[①]针对"海拉尔一带临近皆为甚产旱獭之区，对于鼠疫发生有密切关系"，伍连德指出，"宜在此地增设防疫医院与隔所以从事防务"[②]。1925年9月，"弛禁猎运旱獭后，曾在满洲里、哈尔滨、海拉尔三处举办皮张消毒"。截至11月10日止，已消毒皮张："满洲里124354张；海拉尔53554张；哈尔滨3583张"[③]。1926年11月，在蒙古发现恶性之鼠疫，流行疫气侵入位于满洲里与库伦车道间之主要市埠桑贝子及车臣一带。因此处汽车交通之便，逐致传染更甚。12月16日，东三省管理处派"陈医官永汉带同防疫要件前往满洲里及海拉尔一带就地防范，并在满拉两处严密设防"[④]。

在出国研修及参加中外国际会议报告研究成果方面，1924年，伍连德书"英国略格非罗（即洛克菲勒。笔者注）之万国卫生部邀请，前往美国研究最近公共卫生事宜及在该国时或演述同科问题"。他强调："迩来略格非罗之裨益影响所及甚广，此时吾国医界正宜与其亲善。"7月15日，他由上海搭乘日本的西伯利亚丸汽船出发，7月31日到达檀香山。8月1日至14日，伍连德"奉农商部派遣"参加"联太平洋食品研究会"[⑤]。他的演讲题目是"远东航路检疫问题"[⑥]。会后，他乘大洋丸轮船赴旧金山。在约翰霍金（即霍普金斯）大学研究卫生及公共卫生。1925年7月27日，伍连德获得博士学位回国。本年度2月，每两年举行一次的中华医学会第六次大会在上海举行，东三省防疫处有两名医官赴会，陈永汉演讲"猩红热链球病菌抗毒素质要点"。伍连德未到会，但提交论文《中华医业发展论》。1925年10月，远东热带病第六次大会在日本东京召开，我国政府派遣10名赴会人员中就有东三省

---

① 外交部：《外交公报》第33期，《近代中国外交史资料汇刊三十种》第30种第17册，文海出版社有限公司，1988年，《通商》第5页。

② 外交部：《外交公报》第46期，《近代中国外交史资料汇刊三十种》第30种第23册，文海出版社有限公司，1988年，《通商》第17页。

③ 外交部：《外交公报》第59期，《近代中国外交史资料汇刊三十种》第30种第30册，文海出版社有限公司，1988年，《通商》第22页。

④ 外交部：《外交公报》第68期，《近代中国外交史资料汇刊三十种》第30种第34册，文海出版社有限公司，1988年，《通商》第8页。

⑤ 外交部：《外交公报》第36期，《近代中国外交史资料汇刊三十种》第30种第18册，文海出版社有限公司，1988年，《通商》第7页。

⑥ 外交部：《外交公报》第39期，《近代中国外交史资料汇刊三十种》第30种第20册，文海出版社有限公司，1988年，《通商》第14页。

防疫处的伍连德和林家瑞。他们讲论题四道：“远东猩红热的状况、预防脚气由行政方面管理观、野啮齿类对于鼠疫病的经验、鸦片吗啡与公共卫生之关系观”①。1926年1月4日至8日，伍连德代表中华政府参加新加坡万国卫生联盟大会。会上，他演讲办理鼠疫防务成绩。当时，该会卫生部长拉芝文博士倡议“组织研究队从事研究旱獭及其他疫学上与肺疫的关系”，伍连德表示赞同②。1926年8月，中国医会（前为博医会）在北京举行。伍连德预备论文四篇：“滨江卫生状况初次报告、田鼠与旱獭之肺疫病理系统的研究、中国花柳病问题、哈尔滨猩红热研究”③。1926年，伍连德还“曾被国际联盟会卫生部部长邀请赴欧作三个月旅行，以便随时讲演关于远东及传染病预防事宜。此行除对欧洲各专门家筹商于吾国卫生事宜外，更可乘此机会借求增进西方最近新文化之知识也”④。

20世纪之交前后几十年也是我国除鼠疫外霍乱、猩红热、天花等传染病频频出现的时期。东三省防疫处对霍乱、猩红热、天花等传染病的研究与防治亦作出重要贡献。据《东三省防疫事务总处第七年全年报告录要》（以下简称《报告录要》）记载：1919年夏季“天气酷热，苍蝇滋多，故由南方传来之霍乱时疫一抵营口，转瞬即遍布全满。而其发见实以福州为最先”，“由福州而汕头、而上海、而天津、而廊坊、而北京、而牛庄、而大连、而奉天、而哈尔滨、而长春、而吉林、而呼兰、而三姓，更沿松黑二江以至黑河”。这次霍乱最剧烈时期“则为8月，其媒介物则为苍蝇及食水”。哈尔滨自9月10日已告肃清⑤。此《报告录要》也报告了1919年哈尔滨的霍乱：哈尔滨“之发见霍乱时疫自侨居平康里之沪籍人，始其发见时为8月3日至8月5日，逐有此种病人就医滨江防疫医院，吾人验其粪便却有霍乱疫菌，即按法施治”。因为“医院平时均设备周至，故疫甫发见即能收容多数病人速行救治”。据查，哈尔滨之流行霍乱以8月15日为最剧烈时期，其时热度最高，而苍蝇亦最多，“是

① 外交部：《外交公报》第54期，《近代中国外交史资料汇刊三十种》第30种第27册，文海出版社有限公司，1988年，《通商》第17页。

② 外交部：《外交公报》第66期，《近代中国外交史资料汇刊三十种》第30种第33册，文海出版社有限公司，1988年，《通商》第16页。

③ 外交部：《外交公报》第62期，《近代中国外交史资料汇刊三十种》第30种第31册，文海出版社有限公司，1988年，《通商》第12页。

④ 外交部：《外交公报》第68期，《近代中国外交史资料汇刊三十种》第30种第34册，文海出版社有限公司，1988年，《通商》第9页。

⑤ 《远东报》，1920年5月23日，《哈尔滨史志》增刊1984年第8期（《远东报摘编》第12辑），第104页。

日死者达207人”。据统计，此次霍乱中，“就医滨江医院者1962人，死者275人，平均计算死者约14%”。但是，“合中、俄、日各医院而计，其成绩以滨江医院为最优”，因“本处配就最新之体功盐水，注射病人较为得法也”①。

1921年7月至1928年间，在伍连德呈送外交部的哈尔滨等防疫事务季报和年报中，亦对猩红热、天花、霍乱、麻疹等传染病及时上报。1925年《牛庄海口检疫医院第六次年报送请备案呈》提到，1924年冬天，牛庄“有猩红热与天花等症发生。军队中患天花者8名内有3人致死”②。1925年四五月间，“在满洲一带，我国人民多染天花之症。哈埠一域已有45名之众，其未查出者为数尚多”。因此，“惹起市民之恐慌”。市民“逐纷纷请接种牛痘”。防疫医院“登报说明天花之利害，并施种牛症数千名”。是年，“猩红热一症亦颇猖獗，计罹病者288名”③。1925年冬季，“天花及猩红热二症流行颇盛”。但是，防疫医院已“制备猩红热抗毒素”，并“拟将实行校童免疫接种以作根本防范，此逾万哈尔滨校童也”④。

对于关注国内其他地区和世界其他国家鼠疫、霍乱等情况及海港检疫，据《东三省防疫事务处第十年全年报告请备案呈》报告，1922年“东省近来鼠疫未见发现。独香港一埠腺鼠疫仍不见消减，惟传染者约千人。广东及其邻埠均未发现，日本之横滨及大阪曾发现数名”⑤。1924年4月—6月，“东省一带尚幸未曾发现鼠疫及霍乱症”。而“印度本年鼠疫来势猖獗，在上五个月内罹疫致死者计约6万余名。其染疫最剧之区为潘执省。查粤垣亦报告发现腺鼠疫数名。因此，牛庄亦宣布为传染连带区域也”⑥。关于1926—1927年的鼠疫情形，伍连德报告：“疫情尚属平静，以印度一处论，比前年大为减少。”

1924年6月1日—8月30日，牛庄海口检疫医院“因广东鼠疫之盛行，防其侵

---

① 《远东报》，1920年5月23日，《哈尔滨史志》增刊1984年第8期（《远东报摘编》第12辑），第104页。

② 外交部：《外交公报》第51期，《近代中国外交史资料汇刊三十种》第30种第26册，文海出版社有限公司，1988年，《通商》第13页。

③ 外交部：《外交公报》第51期，《近代中国外交史资料汇刊三十种》第30种第26册，文海出版社有限公司，1988年，《通商》第16页。

④ 外交部：《外交公报》第66期，《近代中国外交史资料汇刊三十种》第30种第33册，文海出版社有限公司，1988年，《通商》第15页。

⑤ 外交部：《外交公报》第19期，《近代中国外交史资料汇刊三十种》第30种第10册，文海出版社有限公司，1988年，《通商》第24页。

⑥ 外交部：《外交公报》第39期，《近代中国外交史资料汇刊三十种》第30种第20册，文海出版社有限公司，1988年，《通商》第14页。

袭逐加紧戒备。当时检验轮船四艘，又乘客华人35名、洋人1名，均无恙放行”①。1926年，“天气异常干燥，苍蝇孳生极多”，“回忆当民国八年时苍蝇孔多即末次霍乱流行之日也近顷”，“上海亦见此症流行。广东及暹罗亦然，其余如天津、烟台、神户等处亦据有数例报告”。牛庄医院“已开始查验航轮”，并“严厉防御”②。

东三省防疫处还开展公共卫生知识普及和调查。1920年5月，东三省防疫处欲人民注意卫生，预防疾病，特出公布如下：“查时疫杀人之多，甚于欧洲大战，吾人若不设法预防，生命之危险实无殊日处枪林弹雨中。而预防之法显浅易行，获益最大者，厥有数端，条举如下，幸共励行”，“厨房、厕所及便溺器、秽物箱、马房等，宜时清洁，并洒以适当消毒药水或石灰。其所清出之粪秽，易以火焚或埋诸深坑”，“宜灭绝虱类，凡墙隙板罅，宜浇以少许煤油，使跳蚤、臭虫等无从发生”，“宜谋公共卫生，关于市场、街道、食水、公厕等公共卫生，非一人之力所能为，宜由绅商学界捐集资款，协同境界，医院合力进行”③。1926年，伍连德在《滨江卫生上调查成绩》中指出：“按防疫上最新办法，公共卫生发达为主体。所以，医官等已于是年一月开始试办本埠公众卫生事宜（滨江县境内）”，“深盼数年之后，市民中对于公共卫生必有大进步焉”。并且，“现正筹办牛庄公共卫生事宜，拟在明年始实行同样调查矣”④。公共卫生的普及，达到了不错的效果。1925年冬天，伍连德就称：“最可庆幸者即市民中对卫生智识能普及了解，则将来虽再有鼠疫、霍乱之流行亦可放心矣。”⑤

结语

历史研究必须建立在大量的史料基础上，在摆明史料的时候，观点自然而出。通过对大量史料的爬梳，伍连德与东三省防疫处的创立和演进比较全面地得以呈现。同时，伍连德及东三省防疫处的重要作用也得以诠释。笔者认为，这仅仅是伍连德

---

① 外交部：《外交公报》第51期，《近代中国外交史资料汇刊三十种》第30种第26册，文海出版社有限公司，1988年，《通商》第10页。

② 外交部：《外交公报》第62期，《近代中国外交史资料汇刊三十种》第30种第31册，文海出版社有限公司，1988年，《通商》第11—12页。

③ 《远东报》，1920年5月23日，《哈尔滨史志》增刊1984年第8期（《远东报摘编》第12辑），第100页。

④ 外交部：《外交公报》第66期，《近代中国外交史资料汇刊三十种》第30种第33册，文海出版社有限公司，1988年，《通商》第15、16页。

⑤ 外交部：《外交公报》第66期，《近代中国外交史资料汇刊三十种》第30种第33册，文海出版社有限公司，1988年，《通商》第15页。

的历史功绩的一部分，冰山一角。伍连德的早期求学经历，与施肇基、袁世凯等人的关系，在全国海港检疫管理处的7年活动以及回马来亚后的生活，包括现在研究的伍连德与清末东三省鼠疫以及东三省防疫处都有待深入细致的研究。伍连德是一座亟待开发的学术“富矿”。

高龙彬

2019年10月于黑龙江大学汇文楼

总目录

第一册

伍连德自传及部分馆藏防疫图书书影……1
伍连德及东三省防疫图片选录……65
《盛京时报》防疫新闻辑录……223

第二册

《申报》防疫新闻辑录……1
《大公报》防疫新闻辑录……103
《民立报》防疫新闻辑录……293
《民国日报》防疫新闻辑录……379
《滨江时报》防疫新闻辑录……403

第三册

《远东报》防疫新闻辑录……1

第一册目录

伍连德自传及部分馆藏防疫图书书影

伍连德自传……1

《东三省防疫事务总处报告大全书》（第三册）书影……9

《东三省防疫事务总处报告大全书》（第四册）书影……12

《东三省防疫事务总处报告大全书》（第五册）书影……15

《东三省防疫事务总处报告大全书》（第六册）书影……18

《东三省疫事报告书》书影……22

《哈尔滨傅家甸防疫撮影》书影……56

《鼠疫概论 》（中文版）书影……58

《鼠疫概论 》（英文版）书影……60

《霍乱概论 》（英文版）书影……62

伍连德及东三省防疫图片选录

东三省防疫总办兼总医官伍连德……65

傅家甸中央东望……66

傅家甸中央西望……67

傅家甸最大之街市……68

傅家甸最小之街市……69

哈尔滨防疫局……70

预备火葬之积棺……71

积棺之火葬……72

全医官率消防队用煤油注射尸棺以备火葬……73

教民尸棺一百七十六具火葬穴……74
教民尸棺火葬时之景象……75
埋葬队……76
傅家甸百斯笃发生之第一家……77
傅家甸防疫首设之消毒所（X 系伍总医官之显微镜室）……78
伍总医官显微镜室之内容……79
傅家甸疫毙人数增减表（自二年十月初七日起至三年正月三十日止）……80
第一区防疫执行处员役（西装左立者为黎正医官）……81
第二区防疫执行处员役（白衣右立者为侯正医官）……82
第二区疫疠最盛之小六道街焚烧前之景象……83
第二区疫疠最盛之小六道街焚烧时之景象……84
分段挨户检验之员役……85
第三区防疫执行处（系滨江两等小学堂房舍）……86
第三区防疫执行处办公室……87
第三区防疫执行处员役（前列白衣为医官医生，白衣黑帽者为孙正医官，后列者为队兵夫役）……88
第三区防疫执行处消毒队之出行……89
救急队兵夫役并抬病床……90
第三区防疫执行处消毒浴室……91
第四区防疫执行处员役……92
第四区防疫执行处拉尸车并抬病床之出行……93
右系运送病人温车，左系运送隔离人车辆……94
第四区疫疠最盛之染坊胡同焚烧前之预备……95
第一时疫病院……96
第一时疫病院之员司（左立者西医柳振林，中立者中医顾喜诰，右立者司事贾凤石）……97
第一时疫病院焚烧时之景象……98
第一疑似病院……99
第二时疫病院……100
第二疑似病院……101
上级病院……102

拉运尸车之病马院……103
火车隔离所之员役……104
火车女隔离所……105
收容隔离人之火车百辆……106
田家烧锅防疫执行处消毒车辆……107
防疫总局在事各员合影……108
防疫医官合影……109
防疫总办谭观察及驻哈防疫陆军官员合影……110
第三镇驻哈防疫遮断交通之陆军全队……111
铁路大桥驻守检验之中俄医官及兵役……112
各城来哈埠之要道太平桥陆军驻守处……113
济贫所收容之无归贫民……114
济贫所收容妇女室……115
遮断交通后发放贫民木柴处……116
遮断交通后发放贫民米粮处……117
护送与病人同居之一百〇八人赴火车隔离所……118
傅家甸疫毙多人之天主堂……119
天主堂内疫毙者约二百五十人之病房……120
合户疫毙八人之磁器铺……121
第一区升平街疫毙十四人之家室并两岁之遗孤及遗孤之七龄曾祖母……122
天主堂内之污秽房屋……123
疫疠最盛之房屋焚后之景象……124
医官住宿舍……125
检验解剖老鼠室图……126
示旱獭（蒙古土拨鼠）一群，为猛烈兽之一种……127
示罹肺鼠疫患者：一为早期，一为极期……127
示行旱獭吸入试验在第一期扣绑于术台上……128
同上在第二期以喷雾器咀头向箱内喷雾……128
哈尔滨医院：表示远望东院（养疫病室）全部及西院一部图……129
哈尔滨医院之细菌检验室……129
哈尔滨医院：患疫者之养病室与夫役图……130

哈尔滨医院：表示靠西办事大院与总医院图 …… 130
哈尔滨细菌检验室内容图 …… 131
哈尔滨医院藏书楼图 …… 131
哈尔滨博物室一部图 …… 132
哈尔滨防疫人员图 …… 132
收留染疫患者图 …… 133
护口具戴法图 …… 133
半局地穴图，扎兰诺尔矿夫常以四十至六十人聚居一穴内 …… 134
公埋葬场图，表示预备埋葬情状 …… 134
疫尸生前被庸医在脾脏部贴粘膏药之状态 …… 135
患疫人弃在道旁之情状 …… 135
疫马死后被狗食之而人尸则此狗不食之图 …… 136
牛庄隔离所之正面图（一九二〇年成立） …… 136
各埠每星期疫病死亡一览表 …… 137
每日疫病死亡一览表（二月至五月） …… 138
奉天东北医院远望一览图（民国十三年落成） …… 139
民国十二年中俄鼠疫研究队在露天解剖旱獭 …… 140
牛庄新隔离所民国十三年落成 …… 141
哈院之两新楼居：前者现化验室于民国九年落成，后者新医院于民国十二年落成 …… 142
新医院内内科养病室一部 …… 143
民国十二年中东路二十五周纪念博览会东省防疫总处陈列图 …… 144
民国十二年落成之满洲里化验室 …… 145
传染病隔离所在冬季摄影（东院），当鼠疫或霍乱流行时所有患者收容于此，有长室六座即疫病室也 …… 146
新研究室由西视 …… 147
新研究室由南视且示与总处相连 …… 147
示在牛庄接种市民霍乱御防液计市民九万五千，共种二万二千名 …… 148
示在牛庄海口检疫院检验由上海来之轮船状况 …… 148
示牛庄杨廷光医官带同警士从事检验南来轮船之状况 …… 149
霍乱病人入院治疗之状况 …… 149

入院时露天检查之状况 …… 150
助手院役实行注射霍乱御防液时之状况 …… 150
示一九二六年哈尔滨霍乱流行时在露天诊断之状况 …… 151
示施行霍乱病人食盐液注射治疗法 …… 151
示霍乱流行时风船由宁波到牛庄时健康检验时之状况 …… 152
模范的肺疫病室（哈尔滨东三省防疫总处院内，一九二六年落成）之平面图 153
新建筑冬季摄影（养病室及研究室）：由西院内部观察，位于左侧者为总养病室，一九二二年落成；位于中央者为总处办公室，一九二〇年落成，其中有高出之塔楼者即研究室也，一九二四年落成 …… 154
西院夏季摄影：示前述各室位置 …… 155
东省防疫处职员在一九二六年夏摄 …… 156
博物室之一隅 …… 156
民国十六年落成之安东山头浪头之隔离检疫所 …… 157
民国十七年防疫医官在钱家店临时防疫医院摄影（前系客店）用泥草盖造 … 157
民国十六年落成之新筑肺疫病室外部：示医员与患者有不同入口部及尸体出口部 …… 158
同上内部医员诊疗肺疫症者及在预防窗口外施行血清注射疗法疫患者之手，由玻璃大障下之窗口伸出以防医员诊治时之意外传染 …… 159
同上病室于大障内部示疫者将手由病预防窗口伸出以备医员取血检查 …… 159
滨江医院平面图计一八七亩合六十一英亩 …… 160
中西打字机两图之比较，即防疫处办公用者 …… 161
牛庄海口检疫医院由河边看之全图（民国十七年落成）：左边即为医院，右边为隔离所 …… 162
奉天万国鼠疫研究会之议场 …… 163
奉天万国鼠疫研究会之研究室（其一） …… 164
奉天万国鼠疫研究会之研究室（其二） …… 165
奉天万国鼠疫研究会之研究室（其三） …… 166
奉天防疫总局之细菌研究室（其一） …… 167
防疫总局细菌研究室（其二） …… 168
奉天防疫总局之细菌检查 …… 169
防疫总局细菌研究室之培养基制造 …… 170

奉天防疫总局细菌研究室之百斯脱菌培养…………171
防疫总局细菌研究室之标本制作…………172
防疫总局细菌研究室之病理研究…………173
防疫总局细菌研究室之动物试验…………174
百斯脱菌培养法之内容…………175
鼠体之解剖…………176
奉天防疫事务所之咯痰检查…………177
百斯脱患者之听诊…………178
百斯脱患者之病理解剖（是为我国人执刀实行解剖之初朕）…………179
用穿刺心脏法取尸体血液以验其为疫毙者与否…………180
旱獭（其一）…………181
旱獭（其二）…………182
福尔马林之消毒…………183
蒸汽消毒车之内容…………184
奉天检疫队医生之消毒…………185
奉天事务所百斯脱患者之运搬…………186
奉天山西庙疫病院患者室之内容…………187
疫尸之人棺（用消毒布袋裹尸后以消毒药水遍洒之）…………188
奉天疫尸之掩埋…………189
奉天疫冢之标识…………190
奉天疫屋之亚铅板封锁…………191
奉天之疫屋拆毁…………192
奉天火车站之大隔离所…………193
呼兰之焚尸场堆积尸棺已烧之象…………194
长春之埋葬队…………195
长春之疫尸运搬…………196
长春之家屋消毒…………197
长春第一次之火葬…………198
长春火葬日本北里博士参观之…………199
长春之火葬…………200
长春之中医疫病院（该院内中医十九人因不解传染之烈皆毙）…………201

铁岭消毒队之派出……202
绥中县之遮断交通……203
绥中县之疫屋焚烧……204
辽阳杨林子之雪中藏尸……205
辽阳杨林子之火葬场挖坑……206
营口牛家屯隔离所图……207
营口西潮沟隔离所图……208
营口田庄台医官验船图……209
营口检疫驳船……210
辽鲸检疫轮船……211
研究鼠疫之先导……212
宣统三年万国鼠疫研究会议开会之情形……213
鼠疫流行之纪念章三种（原形）……214
于露天中剖检鼠疫患者尸体之情形……215
一甫被生擒之旱獭……215
三只冬眠旱獭……216
野产啮齿动物……216
滨江医院病室中之肺疫患者……217
民国十七年通辽村民受预防鼠疫接种之情形……217
满洲里之地窖客寓：为捕旱獭者常到之处……218
民国十年于哈尔滨旧式巷街中搜查肺疫患者之情形……219
腺疫宣传图解……220
肺疫宣传图解……221

《盛京时报》防疫新闻辑录

哈尔滨：肺卑斯杜疫猖獗汇志　1910 年 11 月 8 日……223
安倍博士过长　1910 年 11 月 12 日……224
长春：安倍博士之防疫谈　1910 年 11 月 17 日……225
论说：防疫谈　1910 年 11 月 18 日……226
满铁公司拟在长春检验时疫　1910 年 11 月 19 日……227

哈尔滨：病疫者之调查续志　1910 年 11 月 19 日……227
傅家甸防疫之计划　1910 年 11 月 19 日……228
此亦防疫之一法　1910 年 11 月 19 日……228
警务局防御时疫　1910 年 11 月 20 日……228
齐齐哈尔：江省省垣现忽有患百斯笃病者二人　1910 年 11 月 25 日……229
营口：预防鼠疫之告示　1910 年 11 月 26 日……229
道宪注意传染病　1910 年 11 月 29 日……230
哈尔滨：东清铁路公司之防疫举动　1910 年 11 月 30 日……230
长春：俄员防疫南下之举动　1910 年 12 月 1 日……231
黑龙江：瘟疫发现于省城矣　1910 年 12 月 1 日……231
哈尔滨：病疫者之调查　1910 年 12 月 1 日……232
奉天：中俄勘界之因疫暂停　1910 年 12 月 3 日……232
俄领认齐齐哈尔为疫症流行地　1910 年 12 月 3 日……233
市井杂俎：时届疫症宜防　1910 年 12 月 4 日……233
长春：防疫会简章　1910 年 12 月 4 日……234
长春：限制华工坐车章程之新编制　1910 年 12 月 6 日……235
电禀哈埠俄人防疫情形　1910 年 12 月 7 日……236
俄站防疫之周密　1910 年 12 月 7 日……236
饬军队慎防时疫　1910 年 12 月 9 日……236
哈尔滨：瘟疫最近之调查　1910 年 12 月 10 日……237
江省病疫之报告　1910 年 12 月 10 日……238
学堂严防鼠疫　1910 年 12 月 11 日……238
长春：议定防疫会之简章　1910 年 12 月 13 日……239
监国关怀北满肺疫　1910 年 12 月 13 日……240
黑龙江：江省瘟疫之发生　1910 年 12 月 14 日……240
防疫委员禀陈现在疫症情形　1910 年 12 月 15 日……241
道里道外防疫之情形　1910 年 12 月 15 日……241
黑龙江：会议防疫章程　1910 年 12 月 15 日……242
哈尔滨：俄商界关于隔离问题之会议　1910 年 12 月 16 日……242
会议防疫章程（续）　1910 年 12 月 16 日……243
长春：论禁人民隐蔽流瘟　1910 年 12 月 17 日……243

黑龙江：会议防疫章程（续） 1910 年 12 月 17 日……244
傅家甸病院有人满之虞 1910 年 12 月 28 日……244
拟开中俄检疫之谈判 1910 年 12 月 28 日……245
营口：施医院并入防疫院 1910 年 12 月 31 日……245
电请核复防疫之办法 1911 年 1 月 5 日……245
孟局长关心民命 1911 年 1 月 7 日……246
警局饬防时疫 1911 年 1 月 7 日……246
长春：鼠疫日见蔓延 1911 年 1 月 7 日……246
姚医官之留心鼠疫 1911 年 1 月 7 日……247
督宪电询江省疫症 1911 年 1 月 8 日……247
黑死病之类似者陆续发见矣 1911 年 1 月 8 日……247
小池日总领赴旅原因 1911 年 1 月 8 日……248
大连：亦有类似黑病之发见矣 1911 年 1 月 8 日……248
长春：吉抚来长之原因 1911 年 1 月 8 日……249
日界防疫之严密 1911 年 1 月 8 日……249
奉天：奉天临时防疫所办事规则（本所系卫生医院巡警总局会同组织由民政、交涉两司监督命指挥） 1911 年 1 月 10 日……250
长春：防疫会之禁令 1911 年 1 月 10 日……251
要件：奉天省城警务局关于防疾之告示 1911 年 1 月 11 日……252
奉天：锡督筹备防疫事宜之认真 1911 年 1 月 11 日……253
染疫死者已十二人矣 1911 年 1 月 11 日……253
奉天警务局拟订通饬巡警各分区办理防疫规则 1911 年 1 月 11 日……254
铁岭：警局防疫甚严 1911 年 1 月 11 日……255
长春：百斯笃疫之可畏 1911 年 1 月 11 日……255
防疫示谕照录 1911 年 1 月 11 日……255
招设检验疫症队 1911 年 1 月 11 日……256
奉天：直督已派医员赴吉江去矣 1911 年 1 月 12 日……256
铁岭：组织防疫临时会 1911 年 1 月 12 日……257
商会邀请医生施治疫症 1911 年 1 月 12 日……257
哈尔滨：百斯笃汇志 1911 年 1 月 12 日……258
派兵防疫之本旨 1911 年 1 月 12 日……258

市井杂俎：又有染疫疾而死者　1911 年 1 月 13 日 ……… 259
奉天：可畏哉疫症之日益蔓延　1911 年 1 月 13 日 ……… 259
汇志防疫事宜种种　1911 年 1 月 13 日 ……… 260
分送鼠疫论以免传染　1911 年 1 月 13 日 ……… 260
镇乡组织防疫院　1911 年 1 月 13 日 ……… 261
铁岭：染鼠疫者已死　1911 年 1 月 13 日 ……… 261
防疫事宜近闻　1911 年 1 月 13 日 ……… 261
新民：预防疫疠　1911 年 1 月 13 日 ……… 262
慎防疫病　1911 年 1 月 13 日 ……… 262
长春：李道又拟赴奉之原因　1911 年 1 月 13 日 ……… 263
疫症蔓延不息之可惧　1911 年 1 月 13 日 ……… 263
奉天：患疫死者共计三十名矣　1911 年 1 月 14 日 ……… 264
协助防疫事宜之医师抵奉　1911 年 1 月 14 日 ……… 264
四平街：开原亦有患疫毙命者　1911 年 1 月 14 日 ……… 264
是亦防疫之一道也　1911 年 1 月 14 日 ……… 265
铁岭：防疫所之内容　1911 年 1 月 14 日 ……… 265
警局防疫之严密　1911 年 1 月 14 日 ……… 265
长春：疫症蔓延之警告　1911 年 1 月 14 日 ……… 266
哈尔滨：吉抚认真防疫　1911 年 1 月 14 日 ……… 266
法医传染瘟疫　1911 年 1 月 14 日 ……… 267
关于瘟疫之报告　1911 年 1 月 14 日 ……… 267
奉天：汇志防疫事宜种种　1911 年 1 月 15 日 ……… 268
锡督办理防疫事宜之认真　1911 年 1 月 15 日 ……… 269
电饬抚恤被疫灾民　1911 年 1 月 15 日 ……… 269
洁净澡塘以防时疫　1911 年 1 月 15 日 ……… 270
辽阳：举办防疫事宜　1911 年 1 月 15 日 ……… 270
营口：严查瘟疫　1911 年 1 月 15 日 ……… 271
防疫会添聘医官　1911 年 1 月 15 日 ……… 271
防疫会添派查疫人员　1911 年 1 月 15 日 ……… 272
哈尔滨：关道撤任之风说　1911 年 1 月 15 日 ……… 272
关于瘟疫之调查　1911 年 1 月 15 日 ……… 272

奉天：关于防疫事宜之种种报告　1911 年 1 月 17 日 …………………………… 273
商会拟设防疫院　1911 年 1 月 17 日 …………………………… 274
铁岭：英日医师协助防疫　1911 年 1 月 17 日 …………………………… 274
电聘医师　1911 年 1 月 17 日 …………………………… 275
消防队之防疫　1911 年 1 月 17 日 …………………………… 275
新民：警局防疫之示谕及条例照录　1911 年 1 月 17 日 …………………………… 276
营口：检查瘟疫再志　1911 年 1 月 17 日 …………………………… 277
奉天：可畏哉百斯笃疫之日以猖獗也　1911 年 1 月 18 日 …………………………… 277
摄政王关心销疫　1911 年 1 月 18 日 …………………………… 278
东南路道电禀防疫情形　1911 年 1 月 18 日 …………………………… 278
设立防疫隔离所　1911 年 1 月 18 日 …………………………… 279
奉天防疫会开会　1911 年 1 月 18 日 …………………………… 279
染疫毙命　1911 年 1 月 18 日 …………………………… 280
洁净井口以重卫生　1911 年 1 月 18 日 …………………………… 280
铁岭：疫症之影响于商业　1911 年 1 月 18 日 …………………………… 280
医学博士至铁　1911 年 1 月 18 日 …………………………… 281
停卖三等车票　1911 年 1 月 18 日 …………………………… 281
粮商因时疫之恐慌　1911 年 1 月 18 日 …………………………… 281
谨防疫疠　1911 年 1 月 18 日 …………………………… 282
锦州：瘟疫可怕之要闻　1911 年 1 月 18 日 …………………………… 282
查验京奉火车防疫章程（直隶卫生局规定）　1911 年 1 月 19 日 …………………………… 283
丛录：俄人调查傅家甸之悲观　1911 年 1 月 19 日 …………………………… 284
勒令罪犯一体沐浴　1911 年 1 月 19 日 …………………………… 285
奉天：城中已死三百余人之传说　1911 年 1 月 19 日 …………………………… 285
隔离所之戒严　1911 年 1 月 19 日 …………………………… 285
烧毁染疫之房屋　1911 年 1 月 19 日 …………………………… 286
谕饬会议防疫方法　1911 年 1 月 19 日 …………………………… 286
交涉、民政二司防疫之示谕　1911 年 1 月 19 日 …………………………… 286
呈请拨给防疫费奉准　1911 年 1 月 19 日 …………………………… 287
四平街又有二人染疫毙命　1911 年 1 月 19 日 …………………………… 287
警局预备患疫死者之棺木　1911 年 1 月 19 日 …………………………… 287

饬各区设立隔离病院　1911 年 1 月 19 日 …… 288
铁岭：昌图亦有时疫矣　1911 年 1 月 19 日 …… 288
戏园暂且停止　1911 年 1 月 19 日 …… 288
锦州：县令慎防疫症　1911 年 1 月 19 日 …… 289
营口：添编检疫巡警　1911 年 1 月 19 日 …… 289
长春：染疫死者之总数　1911 年 1 月 19 日 …… 290
收容之苦力屡屡脱逃　1911 年 1 月 19 日 …… 290
防疫院示谕照录　1911 年 1 月 19 日 …… 291
日俄防疫之慎重　1911 年 1 月 19 日 …… 292
双城：续拨巡警协办防疫事宜　1911 年 1 月 19 日 …… 292
金太守回双　1911 年 1 月 19 日 …… 292
奉天防疫会草章　1911 年 1 月 20 日 …… 293
奉天：百斯笃已蔓延于各村落　1911 年 1 月 20 日 …… 294
安奉车驶抵鸡冠山之染疫死者　1911 年 1 月 20 日 …… 294
苦力由榆关运者已死三十八人矣　1911 年 1 月 20 日 …… 294
督宪鼓励防疫人员　1911 年 1 月 20 日 …… 295
督帅延聘日医从事防疫　1911 年 1 月 20 日 …… 295
咨请查禁由官道运载货物　1911 年 1 月 20 日 …… 295
议事会会议防疫之法办　1911 年 1 月 20 日 …… 296
棺木铺之忙碌　1911 年 1 月 20 日 …… 296
公主岭：医学博士检定死者确系罹百斯笃　1911 年 1 月 20 日 …… 296
辽阳：严防时疫驱逐苦力　1911 年 1 月 20 日 …… 297
示谕收买老鼠　1911 年 1 月 20 日 …… 297
日人注意检疫　1911 年 1 月 20 日 …… 298
安东：此固防疫之要道　1911 年 1 月 20 日 …… 298
长春：亟宜禁止苦工徒步南下　1911 年 1 月 20 日 …… 299
可惨哉百斯笃疫也　1911 年 1 月 20 日 …… 299
日人会议防疫　1911 年 1 月 20 日 …… 300
警界赴哈之人员　1911 年 1 月 20 日 …… 300
东省信件货物先在关消疫　1911 年 1 月 21 日 …… 300
电饬交通上之防疫　1911 年 1 月 21 日 …… 301

防疫会开会情形　1911 年 1 月 21 日……301
商界组织防疫之内情　1911 年 1 月 21 日……301
各区清理街道　1911 年 1 月 21 日……302
购买防疫药针　1911 年 1 月 21 日……302
发给车夫执照　1911 年 1 月 21 日……302
捕鼠器减价出售　1911 年 1 月 21 日……303
开原：县令认真防疫　1911 年 1 月 21 日……303
营口：商会会议纪略　1911 年 1 月 21 日……303
禁止猪肉进埠　1911 年 1 月 21 日……304
日人畏疫迁居　1911 年 1 月 21 日……304
哈尔滨：关于百斯笃之报告　1911 年 1 月 21 日……305
法医士疫毙后之情形　1911 年 1 月 21 日……306
料理店因疫禁阻华人　1911 年 1 月 22 日……306
宣统二年十二月二十日疫病患者表　1911 年 1 月 22 日……307
奉天：百斯笃之猖獗于齐齐哈尔如此　1911 年 1 月 22 日……308
督宪关心民命　1911 年 1 月 22 日……308
两司使勉励防疫人员　1911 年 1 月 22 日……308
京奉铁路一等火车不停　1911 年 1 月 22 日……309
各州县举办防疫事务所　1911 年 1 月 22 日……309
安奉铁路巡警防疫之认真　1911 年 1 月 22 日……309
医官将到　1911 年 1 月 22 日……310
各府县会议防疫事宜　1911 年 1 月 22 日……310
发现百斯笃疫之火车已烧毁矣　1911 年 1 月 22 日……310
谘部酌示勘界办法　1911 年 1 月 22 日……311
会议防疫志闻　1911 年 1 月 22 日……311
饬拟防救疫症章程　1911 年 1 月 22 日……311
商埠地内已设立防疫所　1911 年 1 月 22 日……312
禁止乡民运载猪肉进城　1911 年 1 月 22 日……312
铁岭：会议设立隔离所　1911 年 1 月 22 日……312
又是罹疫死者　1911 年 1 月 22 日……313
巡警学生帮同搜疫　1911 年 1 月 22 日……313

禁止妓馆饭馆营业　1911 年 1 月 22 日……313
取缔澡塘及剃头铺　1911 年 1 月 22 日……314
锦州：预守防疫之缜密　1911 年 1 月 22 日……314
警务局注重卫生　1911 年 1 月 22 日……314
诸货日渐提价　1911 年 1 月 22 日……315
幸未见疫　1911 年 1 月 22 日……315
长春：疫祸汇志　1911 年 1 月 22 日……316
百斯笃嫌疑者之安插　1911 年 1 月 22 日……316
哈埠监察卫生局之定章　1911 年 1 月 25 日……317
牲畜之死于瘟病者　1911 年 1 月 25 日……318
第一表：疫病患者表　1911 年 1 月 25 日……319
第二表：寻常疾病死亡表　1911 年 1 月 25 日……320
奉天：某员对于东省报载之一夕谈　1911 年 1 月 25 日……321
杨白堡矿工已有患疫毙命者　1911 年 1 月 25 日……322
焚烧房屋以防疫患　1911 年 1 月 25 日……322
电饬东三省停止年供　1911 年 1 月 25 日……322
商会拟购备防疫药品洒泼铺户　1911 年 1 月 25 日……323
谕饬严查不洁之妓馆娼窑　1911 年 1 月 25 日……323
铁岭：督帅防疫之电文　1911 年 1 月 25 日……323
防疫所延聘日医　1911 年 1 月 25 日……324
幸未传染　1911 年 1 月 25 日……324
因防疫取缔各营业　1911 年 1 月 25 日……324
防疫甚严　1911 年 1 月 25 日……325
添设防疫药局　1911 年 1 月 25 日……325
铁道门隔断交通　1911 年 1 月 25 日……325
昌图：昌图陆军严行防疫　1911 年 1 月 25 日……326
辽阳：设立防疫研究会　1911 年 1 月 25 日……326
警局拟禁卖江鱼鸡鸭　1911 年 1 月 25 日……327
关东：百万元之防疫经费　1911 年 1 月 25 日……327
拟用兵力以隔断交通　1911 年 1 月 25 日……327
长春：驻长陆军之患疫如故　1911 年 1 月 25 日……328

约计疫死者已九百余人　1911 年 1 月 25 日 …… 328
长春货物不能由火车南下矣　1911 年 1 月 25 日 …… 328
大隔离所之行将竣工　1911 年 1 月 25 日 …… 329
决议阻止苦工之徒步南下者　1911 年 1 月 25 日 …… 329
可为要钱不要命矣　1911 年 1 月 25 日 …… 329
市井杂俎：以伪乱真　［1911 年 1 月 26 日］ …… 330
难民冻毙　［1911 年 1 月 26 日］ …… 330
第一表：疫病患者表　［1911 年 1 月 26 日］ …… 331
第二表：寻常疾病死亡表　［1911 年 1 月 26 日］ …… 332
奉天：英医染疫逝世　1911 年 1 月 26 日 …… 333
咨请拨解垫款　1911 年 1 月 26 日 …… 333
防疫所果有缺点欤　1911 年 1 月 26 日 …… 333
镇乡筹办防疫院　1911 年 1 月 26 日 …… 334
谕饬严查食品铺户　1911 年 1 月 26 日 …… 334
铁岭：时疫之损害商业　1911 年 1 月 26 日 …… 334
防疫所改良办法　1911 年 1 月 26 日 …… 335
隔断法库交通　1911 年 1 月 26 日 …… 335
本溪：陶大令预防时疫之办法　1911 年 1 月 26 日 …… 336
开原：火车站防疫之功效　1911 年 1 月 26 日 …… 337
分设防疫隔离所　1911 年 1 月 26 日 …… 337
新民：日医守川患疫志闻　1911 年 1 月 26 日 …… 337
防疫之严厉　1911 年 1 月 26 日 …… 338
限制摆设肉摊　1911 年 1 月 26 日 …… 338
患鼠疫死者之确数　1911 年 1 月 26 日 …… 338
锦州：设立防疫卫生所　1911 年 1 月 26 日 …… 339
督操不服检疫　1911 年 1 月 26 日 …… 339
长春：各村屯疫死人数　1911 年 1 月 26 日 …… 340
吉长首段因疫停驶　1911 年 1 月 26 日 …… 340
安倍博士试验鼠疫志　1911 年 1 月 26 日 …… 340
新市街日人自设防疫事务所　1911 年 1 月 26 日 …… 341
陆军学生因疫旋省　1911 年 1 月 26 日 …… 341

奉天：大连防疫总局移设于奉天　1911 年 1 月 27 日 ………………………… 342
二司使示禁谣言　1911 年 1 月 27 日 ………………………………………… 343
关于东省防疫之朱批　1911 年 1 月 27 日 …………………………………… 343
暂停运东省杂货　1911 年 1 月 27 日 ………………………………………… 343
风雨台变成垃圾场　1911 年 1 月 27 日 ……………………………………… 344
被隔离苦工之现状　1911 年 1 月 27 日 ……………………………………… 344
督宪亲访小池日总领议商防疫事宜　1911 年 1 月 27 日 ……………………… 344
铁岭：电饬拨派陆军补助巡警　1911 年 1 月 27 日 ………………………… 345
中日警察协同防疫　1911 年 1 月 27 日 ……………………………………… 345
开原：警务长认真防疫　1911 年 1 月 27 日 ………………………………… 345
新民：日商严防鼠疫　1911 年 1 月 27 日 …………………………………… 346
辽阳：预备隔离所　1911 年 1 月 27 日 ……………………………………… 346
疫死者免验　1911 年 1 月 27 日 ……………………………………………… 346
慷慨之防疫　1911 年 1 月 27 日 ……………………………………………… 347
警局通饬禁卖江鱼　1911 年 1 月 27 日 ……………………………………… 347
领事馆禁人出入　1911 年 1 月 27 日 ………………………………………… 347
营口：车站隔离所不日成立　1911 年 1 月 27 日 …………………………… 348
绅商组织防疫团　1911 年 1 月 27 日 ………………………………………… 348
长春：外人移住之纷纷　1911 年 1 月 27 日 ………………………………… 348
双城：姚医官病故　1911 年 1 月 27 日 ……………………………………… 349
司法官救治民命　1911 年 1 月 27 日 ………………………………………… 349
奉天：抚恤因公染疫毙命之巡警　1911 年 1 月 28 日 ……………………… 349
遣散穷民借防时疫　1911 年 1 月 28 日 ……………………………………… 350
安奉线亦拟不挂二三等车矣　1911 年 1 月 28 日 …………………………… 350
我为释放回家者幸　1911 年 1 月 28 日 ……………………………………… 350
被隔离者之释放　1911 年 1 月 28 日 ………………………………………… 351
通饬呈报防疫情形　1911 年 1 月 28 日 ……………………………………… 351
分发防疫薰药　1911 年 1 月 28 日 …………………………………………… 351
铁岭：法库区官来铁调查防疫事宜　1911 年 1 月 28 日 …………………… 352
逃犯染疫毙命　1911 年 1 月 28 日 …………………………………………… 352
慎重防疫惠及贫民　1911 年 1 月 28 日 ……………………………………… 352

隔离所严加检验　1911 年 1 月 28 日……353
注重防疫　1911 年 1 月 28 日……353
令下捕鼠　1911 年 1 月 28 日……353
妓女出资施送防疫药材　1911 年 1 月 28 日……354
长春：惨矣哉百斯笃杀人之速也　1911 年 1 月 28 日……354
放逐贫民南下　1911 年 1 月 28 日……354
烧毁住房七十余间　1911 年 1 月 28 日……355
染疫之区域殆日见其广　1911 年 1 月 28 日……355
吉林：吉林亦已死却二百九十名矣　1911 年 1 月 28 日……355
检验人力车辆　1911 年 1 月 29 日……356
奉天：防疫总局之大会议　1911 年 1 月 29 日……356
关于时疫之电文类志　1911 年 1 月 29 日……357
防疫行政之细则　1911 年 1 月 29 日……358
采煤之苦工染疫　1911 年 1 月 29 日……359
华工染疫毙命　1911 年 1 月 29 日……359
隔离所中之染疫毙命者　1911 年 1 月 29 日……359
车站之点灯夫染疫毙命　1911 年 1 月 29 日……360
安置贫民以防时疫　1911 年 1 月 29 日……360
商会选派商董帮办防疫事宜　1911 年 1 月 29 日……360
检查疫症之严厉　1911 年 1 月 29 日……361
昌图：太守注重防疫　1911 年 1 月 29 日……361
新民：防疫所日医病死　1911 年 1 月 29 日……362
陆军防疫极严　1911 年 1 月 29 日……362
防疫传染禁止拜年　1911 年 1 月 29 日……362
辽阳：设立防疫所　1911 年 1 月 29 日……363
驱逐下等卖物商　1911 年 1 月 29 日……363
营口：会议防疫经费　1911 年 1 月 29 日……363
传疫鼠疫论　1911 年 1 月 29 日……364
添派检疫医官　1911 年 1 月 29 日……364
大连：日商组织防疫义勇团　1911 年 1 月 29 日……365
埠头预防鼠疫　1921 年 1 月 8 日……366

将开防疫大会　1921年1月14日……366
张使注意防疫　1921年1月16日……366
海站发生鼠疫之状况　1921年1月16日……367
警厅筹备防疫　1921年1月21日……368
昂站实行检疫　1921年1月21日……368
办理防疫计划　1921年1月[23]日……368
检查卫生　1921年1月23日……369
营口：警察厅预防鼠疫　1921年1月26日……369
张处长检查卫生　1921年1月27日……369
当局之防疫计划　1921年1月27日……370
防疫之官样文章　1921年1月29日……370
警厅长注重卫生　1921年1月29日……370
北满鼠疫之猖獗　1921年1月29日……371
警厅注重防疫　1921年1月29日……371
大连：官署开防疫会议　1921年1月29日……372
将设立检疫分所　1921年1月30日……372
警厅防疫之布告　1921年1月30日……373
孙督电告鼠疫蔓延　1921年2月1日……374
警察厅防疫之内幕　1921年2月1日……374
派员赴哈调查鼠疫　1921年2月1日……374
严防鼠疫之警报　1921年2月1日……375
哈尔滨：日侨防疫之严密　1921年2月1日……375
各医院注意鼠疫　1921年2月1日……376
奉天：传谕清洁　1921年2月1日……376
百斯笃南犯！　1921年2月2日……377
鼠疫侵入南满线欤　1921年2月2日……378
南满路发见鼠疫之又一说　1921年2月2日……379
省公署指拨防疫费　1921年2月2日……379
关于防疫之电讯　1921年2月2日……380
注射防疫　1921年2月2日……381
公主岭鼠疫之昨讯　1921年2月3日……381

防疫事务所成立　1921 年 2 月 3 日……382
令各县预防鼠疫　1921 年 2 月 3 日……382
警厅防疫会议之昨讯　1921 年 2 月 3 日……382
哈尔滨：临时防疫所成立　1921 年 2 月 3 日……382
停运列车防御鼠疫　1921 年 2 月 4 日……383
患疑似鼠疫者死矣　1921 年 2 月 4 日……384
中东路西部客车停驶，货车依旧运输　1921 年 2 月 4 日……385
参谋处会议防疫　1921 年 2 月 4 日……386
委派防疫委员　1921 年 2 月 4 日……386
满铁实行检疫　1921 年 2 月 4 日……386
哈尔滨：令警署检察鼠疫　1921 年 2 月 4 日……386
黑龙江：宋处长注重卫生　1921 年 2 月 4 日……387
发现冬瘟　1921 年 2 月 4 日……387
铁岭：严防鼠疫　1921 年 2 月 4 日……387
论说：说防疫　1921 年 2 月 5 日……388
公署又开防疫会议　1921 年 2 月 5 日……389
分发各署防疫经费　1921 年 2 月 5 日……389
吉林：吉垣已开始检疫　1921 年 2 月 5 日……390
铁岭：防疫所将行成立　1921 年 2 月 5 日……390
四平街：铁路局奉令防疫　1921 年 2 月 5 日……390
海拉尔：扎兰诺尔设立防疫处　1921 年 2 月 5 日……391
长春发见百斯笃　1921 年 2 月 15 日……391
鼠疫减轻之好消息　1921 年 2 月 15 日……391
添委防疫委员　1921 年 2 月 15 日……392
日会防疫办法　1921 年 2 月 15 日……392
规定各县防疫经费　1921 年 2 月 16 日……393
南满医学开研究会　1921 年 2 月 16 日……393
是否患百斯笃病而死　1921 年 2 月 16 日……393
黑龙江：拟定防疫办法　1921 年 2 月 16 日……394
车副官注重保安　1921 年 2 月 16 日……395
依兰：闭门防疫　1921 年 2 月 16 日……396

中东路实行停留检疫　1921 年 2 月 17 日……396
长春：中日国际防疫会议　1921 年 2 月 17 日……397
防疫办法之不周　1921 年 2 月 17 日……398
大连：民政署预防鼠疫　1921 年 2 月 17 日……398
呼兰：是否鼠疫　1921 年 2 月 17 日……398
孙督军电告防疫　1921 年 2 月 18 日……399
南满路对于防疫之公布　1921 年 2 月 18 日……400
防疫隔离期延长消息　1921 年 2 月 18 日……401
长春：中日国际防疫会议（续）　1921 年 2 月 18 日……402
辽阳：警察所会议防疫　1921 年 2 月 18 日……403
治疫良方　1921 年 2 月 18 日……403
令四署特别防疫　1921 年 2 月 19 日……404
秽物有害卫生　1921 年 2 月 19 日……404
虎头蛇尾之防疫　1921 年 2 月 20 日……404
电询有无鼠疫　1921 年 2 月 20 日……405
防疫所已经成立　1921 年 2 月 20 日……405
伍连德博士之防疫报告　1921 年 2 月 20 日……406
中央派员查鼠疫　1921 年 2 月 22 日……407
长春防疫之消息　1921 年 2 月 22 日……407
各县请领防疫费　1921 年 2 月 22 日……407
防疫片片录　1921 年 2 月 22 日……408
鼠疫盛行　1921 年 2 月 22 日……409
哈尔滨：有碍卫生　1921 年 2 月 22 日……409
日本电报：派防疫官赴满　1921 年 2 月 23 日……409
卫生课检查清洁　1921 年 2 月 23 日……410
姚委员报告防疫　1921 年 2 月 23 日……410
铁岭：防疫所成立　1921 年 2 月 23 日……411
小饭庄不讲卫生　1921 年 2 月 23 日……411
来件一则　1921 年 2 月 23 日……412
伍博士详报疫况　1921 年 2 月 24 日……413
青年会防疫讲演　1921 年 2 月 24 日……413

张稽查官注意防疫　1921 年 2 月 24 日……413
来件：海拉尔防疫所调查疫死人名数目表（民国十年二月十七日填造）
备考　1921 年 2 月 24 日……414
调查鼠疫之不同　1921 年 2 月 25 日……415
吉林：防疫消息汇录　1921 年 2 月 25 日……416
防疫禁阻交通　1921 年 2 月 25 日……417
呼兰：办理防疫之完善　1921 年 2 月 25 日……417
鼠疫尚无南侵之乐观　1921 年 2 月 26 日……418
春城鼠疫之昨讯　1921 年 2 月 26 日……418
防疫费不另筹措　1921 年 2 月 26 日……418
长春：伍博士来长任务　1921 年 2 月 26 日……419
吉林：省署鼠疫会议　1921 年 2 月 26 日……419
组织团体防疫会　1921 年 2 月 26 日……419
大连：防疫医士北上　1921 年 2 月 26 日……420
最近防疫报告　1921 年 2 月 26 日……420
刊发防疫关防　1921 年 2 月 26 日……421
兰西：防疫所成立　1921 年 2 月 26 日……421
长春：长春防疫之进行　1921 年 2 月 27 日……422
因时疫准保拘留犯　1921 年 2 月 27 日……423
通河：此即谓为防疫乎　1921 年 2 月 27 日……423
长春：长春防疫之进行　1921 年 3 月 1 日……424
部派员查防疫费　1921 年 3 月 1 日……425
行人多数畏检疫　1921 年 3 月 2 日……425
北满鼠疫减轻　1921 年 3 月 3 日……426
隔离所行将裁撤　1921 年 3 月 4 日……426
蔡道尹电报防疫　1921 年 3 月 5 日……426
隔离所始谋设立　1921 年 3 月 6 日……427
疫症消灭之福音　1921 年 3 月 6 日……427
隔离所误死烟鬼　1921 年 3 月 8 日……427
阿什河：捣毁隔离所　1921 年 3 月 8 日……428
蔡道尹电告防疫　1921 年 3 月 9 日……428

黑龙江：防疫处已取消　1921 年 3 月 9 日 …… 428
疫疠犹未净尽　1921 年 3 月 9 日 …… 429
蔡道尹电告防疫　1921 年 3 月 10 日 …… 429
不准开支防疫费　1921 年 3 月 11 日 …… 429
防疫所行将取消　1921 年 3 月 11 日 …… 430
检疫员陷人送命　1921 年 3 月 11 日 …… 430
隔离所实行撤销　1921 年 3 月 12 日 …… 431
黑龙江：鼠疫窜入乡镇　1921 年 3 月 12 日 …… 431
大赉：时疫宜防　1921 年 3 月 12 日 …… 431
改期开学　1921 年 3 月 12 日 …… 432
军医院院长赴哈　1921 年 3 月 13 日 …… 432
大宗消毒器到吉　1921 年 3 月 13 日 …… 432
哈尔滨：时疫仍未减轻说　1921 年 3 月 13 日 …… 433
防疫不良之现状　1921 年 3 月 13 日 …… 434
恭颂长春防疫隔离所卢汉芳巡官热心爱护之德政　1921 年 3 月 15 日 …… 435
长春：防疫所报告现状　1921 年 3 月 15 日 …… 436
规定检疫办法　1921 年 3 月 15 日 …… 437
严医官来哈检疫　1921 年 3 月 15 日 …… 437
鼠疫竟自关里来　1921 年 3 月 16 日 …… 437
江省撤销防疫所　1921 年 3 月 16 日 …… 438
防疫所撤销延期　1921 年 3 月 16 日 …… 438
来件一则　1921 年 3 月 16 日 …… 439
长春：百斯笃复炽骇闻　1921 年 3 月 17 日 …… 440
大连：检查来船防鼠疫　1921 年 3 月 18 日 …… 440
议决防疫之办法　1921 年 3 月 18 日 …… 441
电询山东疫势　1921 年 3 月 19 日 …… 442
警厅防疫计划　1921 年 3 月 19 日 …… 442
黑龙江：鼠疫因寒复炽　1921 年 3 月 19 日 …… 442
学校再缓开学　1921 年 3 月 19 日 …… 443
长春验疫报告　1921 年 3 月 20 日 …… 443
检验时疫　1921 年 3 月 20 日 …… 443

京奉路将验疫　1921 年 3 月 22 日 …… 444
防疫所大开会议　1921 年 3 月 22 日 …… 444
安东：警察厅施种牛痘　1921 年 3 月 22 日 …… 444
防疫会有名无实　1921 年 3 月 22 日 …… 445
防疫院添委医官　1921 年 3 月 23 日 …… 445
疫势蔓及东线　1921 年 3 月 23 日 …… 445
阿什河：防疫办法是否完善　1921 年 3 月 23 日 …… 446
颁发防疫奖章　1921 年 3 月 24 日 …… 447
赵厅长注意检疫　1921 年 3 月 25 日 …… 447
吉林防疫之谈片　1921 年 3 月 25 日 …… 448
公主岭：鼠疫传染之由来　1921 年 3 月 25 日 …… 449
哈尔滨：是否鼠疫　1921 年 3 月 25 日 …… 450
最近之防疫消息　1921 年 3 月 26 日 …… 451
钱商受鼠疫影响　1921 年 3 月 26 日 …… 452
当局慎重防疫　1921 年 3 月 27 日 …… 452
奉天：京奉停售三等票　1921 年 3 月 27 日 …… 453
宾县：鼠疫宜防　1921 年 3 月 29 日 …… 453
一面坡：张区官注重卫生　1921 年 3 月 29 日 …… 454
奉天：派员检查疫症　1921 年 3 月 29 日 …… 454
是否鼠疫　1921 年 3 月 31 日 …… 455
危矣哉，危矣哉：百斯笃菌果已突破防御线侵入安全地带之奉天乎　1921 年 4 月 1 日 …… 456
长春：百斯笃愈传愈烈　1921 年 4 月 1 日 …… 457
哈尔滨：隔离车无人逃走　1921 年 4 月 1 日 …… 458
鼠疫猖獗　1921 年 4 月 1 日 …… 458
是否鼠疫之为祸　1921 年 4 月 2 日 …… 459
大连：鹤见博士又北上　1921 年 4 月 2 日 …… 460
哈尔滨：巡警检验疫症忙　1921 年 4 月 2 日 …… 460
大赉：不讲防疫之危险　1921 年 4 月 2 日 …… 461
奉天：鼠疫消息续志　1921 年 4 月 2 日 …… 462
禁止难民来奉　1921 年 4 月 2 日 …… 462

查封同和客栈　1921年4月2日 …… 462
设立疫菌检验部　1921年4月3日 …… 463
验明真性百斯笃　1921年4月3日 …… 463
复行修理隔离所　1921年4月3日 …… 463
猝然倒毙　1921年4月3日 …… 464
榆树：鼠疫流行　1921年4月3日 …… 464
大赉：疫症可畏　1921年4月3日 …… 465
奉天：奉天防疫之急进　1921年4月5日 …… 466
二次拨发防疫费　1921年4月5日 …… 467
财政厅特拨防疫巨款　1921年4月5日 …… 467
购置防疫药品　1921年4月5日 …… 467
医学会研究治疫　1921年4月5日 …… 468
法厅已停止办公　1921年4月5日 …… 468
宽甸：令防时疫之蔓延　1921年4月5日 …… 468
兰西：因疫毙命　1921年4月5日 …… 469
张师长注意防疫　1921年4月6日 …… 469
设立军人隔离所　1921年4月6日 …… 470
各署编制检疫警，并禁止停尸　1921年4月6日 …… 470
取缔中途下车人　1921年4月6日 …… 470
呼兰：审查厅停止办公　1921年4月6日 …… 471
奉天：是否疫病　1921年4月6日 …… 471
北镇：发现鼠疫　1921年4月6日 …… 471
报告发生鼠疫　1921年4月7日 …… 471
又一疑似百斯笃　1921年4月7日 …… 472
伍博士报告疫讯　1921年4月7日 …… 473
近日之防疫讯　1921年4月7日 …… 473
辉南：发生时疫　1921年4月7日 …… 474
实行检疫　1921年4月7日 …… 474
会议设防疫总所　1921年4月8日 …… 474
电告哈埠疫势　1921年4月8日 …… 475
长春：十字会施药防疫　1921年4月8日 …… 475

绥化：防疫所成立　1921 年 4 月 8 日……476
青冈：是否鼠疫　1921 年 4 月 8 日……476
警务处会议防疫　1921 年 4 月 9 日……477
儿疫形势近况　1921 年 4 月 9 日……477
哈尔滨：疫势猖獗情形　1921 年 4 月 9 日……477
戊通聘医防疫　1921 年 4 月 9 日……478
哈尔滨：自取其辱　1921 年 4 月 9 日……478
验出患疫乘客　1921 年 4 月 10 日……479
防疫影响商业　1921 年 4 月 10 日……479
疫症猖獗　1921 年 4 月 10 日……479
患疫乘客死矣　1921 年 4 月 12 日……480
中日开防疫会议　1921 年 4 月 12 日……481
王狱长注意防疫　1921 年 4 月 12 日……481
通令调查医士　1921 年 4 月 12 日……481
民政署注意防疫　1921 年 4 月 12 日……482
警厅开防疫会议　1921 年 4 月 13 日……482
营口：关于检疫之进行　1921 年 4 月 13 日……482
中日会议防疫　1921 年 4 月 13 日……483
大连：火车站严检鼠疫　1921 年 4 月 13 日……483
李校长认真防疫　1921 年 4 月 13 日……483
百斯笃渐次扑灭　1921 年 4 月 13 日……484
宁古塔：鼠疫盛行　1921 年 4 月 13 日……484
论说：告防疫当轴　1921 年 4 月 14 日……485
农安：防疫近讯　1921 年 4 月 14 日……486
京奉路严防鼠疫　1921 年 4 月 15 日……487
令工厂注意防疫　1921 年 4 月 15 日……487
警官分担防疫责　1921 年 4 月 15 日……487
防疫所之总报告　1921 年 4 月 15 日……488
省城防疫要讯　1921 年 4 月 15 日……489
掘盗疫尸之异闻　1921 年 4 月 15 日……489
召开清洁会议　1921 年 4 月 15 日……490

四平街：令重卫生防鼠疫　1921年4月15日……490
哈尔滨：谣言惑众　1921年4月15日……490
南满路防疫綦严　1921年4月16日……491
电报疫势消灭　1921年4月16日……491
积极防疫之进行　1921年4月16日……492
呼兰：十字会争设医院　1921年4月16日……492
大连：检查时疫　1921年4月16日……493
是否疫症　1921年4月17日……493
义县：防疫近讯　1921年4月17日……493
防疫积极进行　1921年4月19日……494
王处长关心时疫　1921年4月20日……494
检察住户之清洁　1921年4月20日……494
北镇：防疫检查员莅止　1921年4月20日……495
老城基：鼠疫可畏　1921年4月20日……495
长春：大连防疫员莅长　1921年4月21日……496
巴彦：防疫隔离所成立　1921年4月21日……496
饬造防疫表册　1921年4月22日……497
瘟疹盛行　1921年4月23日……497
防疫报告一束　1921年4月24日……498
派专员检查疫症　1921年4月24日……499
昂站防疫所撤销　1921年4月24日……499
长春：防疫所行将取消　1921年4月27日……499
检疫员捉获胡匪　1921年4月27日……500
时症流行　1921年4月27日……500
电告疫势消灭　1921年4月28日……500
南满车又发现鼠疫　1921年4月29日……501
京奉路照常开驶　1921年4月29日……501
依兰：请准设立防疫所　1921年4月29日……502
锦县：防患未然　1921年4月29日……502
奉天：检查病菌经过　1921年4月30日……502

伍连德自传及
部分馆藏防疫图书书影

伍連德自傳

光陰荏苒　轉瞬間余四十有七年矣　回憶曩時青年氣像凡事直前　見義卽趨　雖有若干困難　若干阻碍　心胆毅力未從爲之沈降焉　惟經此書磨折　觸目下情況似覺抱有樂觀耳　故余作是編自傳　括述個人經過及環境所遇　如電影之經過所演銀幕上之事實　佈景及揣情等　難免不有就此失彼之虞　祈讀者諒之

余於一八七九年生於英屬之南洋檳榔嶼　卽昔稱爲馬來群島之地　爲今日産白鐵與膠皮最盛之埠也　先嚴籍屬粵省之新寧（現改台山）　爲營生計曾渡七大洋　家慈乃生于馬來半島爲第二代之漢族　外祖父亦旅居於是　外祖母之父母爲粵之客家屬（此屬爲吾國特別農民之捕屬名詞卽乘原屬之農民失敗替而代之故曰客家惟吾是年吾國政府改良採取英國制度振興教育　余入學對費用甚微薄　計每年不過所需由六元至多不過十二元　則可見余之門庭貧弱也　幸余志氣不衰　卒能肄業直抵功成　余自一八八六至一八九六年間　凡十載肄業于檳榔嶼之免費學校　所習科程除讀寫英文外兼練英史及文學　地理拉丁　理化幾何等科　在學中獲奬甚多　得此可以彌補奬中之著者卽王后學奬獲此奬之候補者須赴星加坡考試凡三次始克奏成功　第一二兩次因予年齡過輕殆至一八九六年時余之志向更堅以所獲之奬藉以求學爲吾輩青年之天職　乘此機會　得赴英國留學　直升入劍橋之依曼玉兒專門醫校　此校學奬每年二百磅英金　但其中應扣除英京入項稅　以此數作爲英國留學費　在當日情形亦不過足供學生一年之用而已　尤以包括旅費校費放假費等　然此層在英國留學者　莫不深知之也　但余力尙節儉　且能避種種奢華　遂得以鬆容度學　以第一年爲最困難之日　蓋此年費用旣多　誤用最易　幸豪恩師

偉廉博士(現充英京氣象處處長) 盡力扶助一切 至第二年底(一八九八年)余又獲校獎四十英磅 藉此欵遂能稍還惠友等以前帮助之欠項 次年一八九九年又逢時機 幸獲科學一等名譽獎 即科學學士幷獎金五十英磅 其次又於最短期內 應考醫學士試驗矣 于一八九九年九月赴英京 獲得英國大學爲畢業生實習所開之馬尼醫院獎 此獎金僅足敷在該院三年研究學費之需 回憶余在英京爲學生時代 所見該地學生之快慰而溫和 每至午後假時行茶點賽艇等游戲 又樂于從事濟貧之善舉 如臨床書記外科綳帶助產判別病理解剖及各種外科手術 經此一番切磋之經驗 對於人生問題爲之廣開眼界 從事醫學一門 更覺興趣至極 故對于吾國之改良醫學尤覺刻不容緩之急務焉

約在此英倫首府二載有餘 遂于一九〇二年四月 在劍橋得此學位 爲一八九六年研究五零四分一年之一百三十五生徒中之獨秀者 同時又得臨床內科金獎牌及細菌病理之吉士力學獎 第次之問題 即爲增加個人經驗計

所以得獲學位後 依氏玉兒母校 又償給每年百五十英磅研究獎學金(一九〇二至三年) 從事各種研究 乘此一年研究之機會 在嚴佛熱帶病學校之郎拿勞斯博士門下研究 其次又繼在德國佛蘭古兒博士門下 最後於巴黎百斯特研究所米次力哥夫門下 會心研究 津津有味 余最注重研究瘧疾及破傷風兩症 欽感世界著名諸博士之敎訓 恨不能將所學之經驗貢献於後學者 常與歐洲大陸人士 萃聚一堂研究科學 熟其言語 易於交換知識 甚爲興趣 所以余能諳通德法言語 亦不過常時與彼等同起居 而得授彼國言語 未嘗由師敎授一日也

於一九〇三年 余回英國時 適恩師劍橋理科博士礫廉斯氏之指導 用余所著之破傷風研究爲投獲博士學位之論文 此試驗於是年成功及格 同時又受聘於英京結核及胸病不藍頓醫院內科醫生六個月 于此期內 得知防範病症之道 及治療結核之成績 又一九〇三年回南洋獲加拿監伯之研究學獎 遂在此研究脚氣 此症每年

約殺去中印人民數千名　又於一九〇四至〇七年計三年間　在檳榔嶼懸壺行醫　雖如息日增加　吾志仍欲利用素來經驗貢献國家　而決不視區區治療博利爲天職也　于一九〇六年　英議會歷尼約翰氏(印政府秘書)頒發中印阿片交易爲害　提倡煙禁　有識之士遂響而應之　共助斯舉　義友芬捐數萬元以備收客煙犯且與相當免費戒煙治療之用　不幸此舉有觸富强專辦煙商之憤怒　因此而一般官吏熱心煙禁者　無從籞手矣　倘幸拒毒諸團體

不辭勞苦共勉維持　于吾國各處竭力提倡煙禁　遂于一八〇七至〇八年間　爲拒毒之胚胎　又于一九〇五年八月爲余與黃淑瓊福州人黃乃裳之第二女公子結婚余第一次與女士相遇于星加坡名醫林文慶之家　林之妻即余之襟姐　彼此見面如故志向投洽遂結完美之伉儷矣

一九〇七年七月　余第一次回國　先蒞天津　當時袁世凱督直　聘余充北洋陸軍醫校職務　適余患急性赤痢　迫于無奈　暫離北方　余復往英倫及柏林等處考察陸軍醫學事宜　以期學成歸國報命及學識增高　次年即一九〇八年仍赴北京　時逢光緒帝及太后駕崩　袁世凱被革困于河南　袁之仇敵即鐵良爲陸軍大臣　蒙余之愛友海軍大臣譚學衡君之力荐　繼聘余爲北洋陸軍醫學校帮辦之職此校專司培植醫學專門人材　以備改良新陸軍醫務之用　其教授多爲日本醫界及留日醫學名流　採用日文教授　但對于實習及防病上未加注重耳　又于一九一〇年十二月間　東省肺疫流行猖獗　本地官紳及漢腐庸流均以束手難防此種急性傳染之流毒　吾國苟無適宜禦防之策　又恐日俄派遣醫員及陸軍呈其野心　而越俎代庖

當時吾國施君紹基爲交涉委員　招余襄助防疫　隨帶同吾國海軍部諸名醫　謀趕急赴哈爾濱疫區就地防疫　受命後兩日內起程　可惜諸同志闘鼠疫流毒最烈弗敢同行爲之可慨耳　後又于一九一〇至一一年　東省肺疫流行　國人多知之姑不贅述　因當時對于此疫殺去生靈幾乎淨盡　人民對于疫防治多不明瞭　余遂發起開會研究

共謀以學理經驗防範之策　共舉余任全權總醫官　凡

任用醫員及指揮軍警　等破天荒之防疫法　逕向政府要求照准辦法　毅然進行　因疫區苦力不敷　地已氷凍　暴露之屍體滿地　祇一部份計見三千疫屍　令人見之未有不寒而慄者　遂請政府準予火葬　市民住戶中查有三分之一死亡或遷奔　發文後經四十八小時　北京命令照准火葬　于兩日間將事辦理完竣矣　受此經驗以後　一切醫員及助手熱心從公　在哈爾濱最末次患疫者係三月一日　卽奉指準予火葬三四星期前也　計一九一〇至一一年之疫侵延直隸山東(包括天津北京濟南煙台等)共計殺去生命六萬有奇焉

此次辦理大疫防務成功　實與吾前途關係重要也　由施紹基之保荐於前清政府　組織奉天鼠疫研究大會　於一九一一年四月舉行　招集十一國專門名流蒞會討論一切善　後余被舉爲會長職務　共同議决組織東省防疫事務總處研究此疫及禦防將來流行　其後清政府賜以陸軍藍頂軍銜　俾余就便與謁見政府當局便宜行事　又欽賜進士出身　俄政府賞給二等勳章　法政府亦賜獎優銜

東省防疫總處　遂於一九一二年落成　開辦費由東三省總督趙爾巽撥出國帑十八萬從事建築及購置器皿等湏要并定由海關稅收項下　每年屆時撥欵十二萬元作爲經常費用　總醫院建於哈爾濱　內付設總化驗部及藏書樓各部　分院設於滿洲里三姓拉哈蘇蘇大黑河及牛莊　尙有互助之醫院設於安東海拉爾及齊齊哈爾　本總處辦理防鼠疫收容患疫者外　更加治防霍亂天花猩紅熱傷寒等傳染病　兼治療普通內外諸科各症　并製造霍亂鼠疫瘋狗猩紅熱等血清菌苗禦防液　又從事化學細菌化驗食品飲料秘售藥料等　爲地方政府助理衛生事宜　總處之開設　自一九一二年以來　節節進行無時或已　於一九二三行人體解剖已由部令頒準　又自一九一四年中華醫學會計有會員五六百名亦落成　於一九一五年中央政府公認西醫醫術　一九一九年設中央防疫處於北京

論及余個人之成績　於一九一一年蒙政府派赴海牙鴉片會議三員中之一員　代表政府劃押簽字　一九一二年海牙會與他國關係之文書　次年又赴歐洲會同前國務總理

預公出席第二次海牙鴉片大會　於一九一一年革命倡義吾國共和新政府成立　余被任爲大總統府待從醫官迄今連任　於一九一五年赴香港領受香港大學之法律博士學位　余乘此機會　請求該大學準任吾國醫士爲教授并同等受領學位　該校對於研究科及教員之教授科亦甚注意　可稱慶者　卽該校病理教授已任聘華人　以後當有多數華人在該校任職　第二次中華醫學會　于一九一六年在廣州舉行　余被舉爲會長　教會醫學會亦參與出席　余在席上　曾提倡謂凡掌理醫校者　宜注重公共衛生之敎授　因此科對于人生較治療收放偉大故也　在一九一六年　當袁世凱時代　周學熙財政總長卽前兩廣總督周馥之子　招余至北京西山會設醫事　伊欲招余帮同籌建一結核廣養院於此處　因該地處于優雅淸潔　周圍以二至四百年前之靑柏銀松　此樹爲前淸乾隆帝所御栽作爲御獵之場　傍山依水風景天然　誠爲優養之佳境也　當會設之際　余提議曰　如有意建此結核療養院　莫如建一模範大醫院於京城腹地之爲妙　周公亦卽斷以爲然　遂開會招集駐京各部領袖及紳商善士協議籌商　並擬將鹽餘稅欵項下之十二萬六千元由董事會撥出　此爲北京中央醫院創辦之胚胎也　後余被舉爲該院組織者及院長矣　此中所經艱苦　卽罄盡山之竹亦不能備述一切

劵捐顧用工程司　監督鐵條灰戟之新建築　及購置各種器械材料　籌劃節省之運輸　例如免稅半價車費運輸特別扣折等　籌備時與施紹曾君互相切磋辦理　施君爲現駐華盛頓施紹基大使之弟也　計中央醫院建築費約二十萬餘元　卽於一九一八年舉行正式開幕　誠爲吾國最新亟宏之醫院　卽大連滿鐵醫院院長亦爲之讚許　曾向余索一建築圖說　以備籌建現已落成之大連滿鐵醫院之參考也　大連醫院乃于一九二六年落成　建築費爲七百萬日金　亦算吾國東省之最大醫院也　一九一七年秒肺疫又侵入吾國　査此疫由內蒙古經伯斯波卽綏遠山西大同等處而來　同美國教會醫士二人籌設防疫總處于山西豐鎮　不幸地方長官與住民反對　致吾等所乘之專車幾乎被伊等圍焚危險萬分　以後又派醫前往疫區從事防

疫　雖以該地爲人烟稀疏　亦不免蔓延北京南京　發現疫則數例　查共疫死者爲一萬六千名　最終之疫者爲五月下旬　時計共荏苒七個月矣

一九一九年又在東省禦防霍亂之大流行　次年于同省又發見第二次肺疫流行　倘幸此疫流行時　本處早經種種設備　疫氛雖呈其猖獗而疫死者不過八千名　比之一九一零至一一年間之疫死亡數六萬有天淵之別也　況且此疫係隔第一疫約十年後　人口已倍增死者反大減　本處各醫官于防疫之餘　研究疫學病理　編成科學報告　現下世界亦公認吾等之研究成績　謂蒙古產旱獺　其大小與猫相等　有厚皮毛人多愛其皮製成衣服等件以禦寒　此亦肺疫保藏傳染之媒介　偶一不愼觸動疫獺　或獵夫剝皮剖肉時被毒侵襲　且該地獵夫習性不明衞生　常思于地穴以避寒冬　皆爲被傳染之大媒介也　已由政府下令弛禁獵獺　但本處曾訂有獵獺章程　並制有白話小叢書　名曰獵獺指南作爲獵夫禦防疫侵之問津　幷備有禦防注射鼠疫菌苗液　又提倡在滿洲里及海拉爾設有常所

以司消毒及貯藏皮張方法以防不測及傳染　雖然獺區不斷有疫獺發現　將此保障　則人類之傳染日鮮　卽偶有流行亦有就近潔除之方法　絕不致有如一九一〇年至一一年之大流行重見發生于東省內地矣

一九二二年蒙上海聖約翰大學賜與理科博士學位　一九二三年奉天督軍張作霖委余建築東北醫院于奉垣　此院宏大計能收客病者五百名　此新醫院係于一九二四年落成　包括總部走廊連接十八列　所附有露天棚室　每處暖氣管及洗濯室　鐵路月台有軌連達前正大門　使受傷者便以輸送於各病室而無防碍之虞　此院建築費共爲七十萬元　一九二四年八月又獲略格非羅氏萬國衞生部之學獎赴美留學　在助治鳶乾醫科大學之衞　部學習一年研究最新衞生學　得公共衞生博士學位　順道遊學各國衞生研究機關　考察衞生醫術事宜　又將防治小兒猩紅熱之新法及材料攜回吾國施用於東三省　近幾年流行猖獗之惡性猩紅熱症　至今二載繼續施行此法　效驗宏富　將來倘不知吾國於無形中而救回多少生命矣

余著有肺疫論文　此書自一九一一年動筆自一九二六年編輯告成　遞送日本東京帝國醫科大學加以評詞旋蒙賜余日本醫學博士學位　此學位之尊崇向來不給外人而惠給於余者乃第一次也　此書頗蒙各國所愛重　於一九二六年十二月　經駐金尼哇國際聯盟會印刷出版以供世界研究斯學者披閱焉

一九二七年春季　應國際聯盟會衛生部之聘請赴歐洲各國有名研究所考查醫事及衛生事宜　遂於三月一日離哈由西伯利亞鐵路赴歐至華索　維納　柏利　金尼哇　露不罷拿　扎古喆　柏爾格雷德　巴黎　哈夫尼　倫敦劍橋　漢堡及伯林等　觀覽畢乃回國也　計自起行之日起於各路線遨遊遍覽費時四個月　蓋余曩時遊歷該等國故不覺困難　且對於法德英等國言語明熟　考查時直接便利故於最短時期　而獲完滿之快慰　嘗較諸其他遊行家爲迅也　經此遊歷各國情況　自歐戰以後異常變更　其失敗之國重整更新　其勝利之國被環境刺戰　奮效美國文化不遺餘力　例如注重增加出產　實行根本教育　發

展商務尤重視衛防醫院　因此與人民健康有關國內者無疾病則易趨完全日新之國家也　余於是年十二月前往加爾加打、印度)　邀同吾國代表二人共同出席第七次遠東熱帶病學會　此爲余首次與印度醫界名流會見　此雖爲四十世紀古國守舊不進及迷崇宗教者　然對於科學專門家尚甚注重　如眼科內外細菌等科諸專門家仍不乏其人

又如生物理化算術等亦頗崇尚　又僕士氏拉民氏羅及闍胚拉氏　均爲東西知名之學者　但對於勞工鄉民等日常衛生上尚須改良　欲施行有力改良計劃　以喚起無識之民衆遵守者　祇以民志尚屬幼稚　種種情形似不易進行　此則適與吾國情形相彷　歷時三個月遊歷印度東南西北各名埠　實行參觀調查衛生醫事　以備貢獻吾國之採擇　計行程共萬二千英里　誠一生難忘之經驗也

今結此編而攝述之　余曾發起組織中華醫學會又曾將關於醫術科學之著作幷揚載於美歐日諸雜誌醫報　又曾赴歐亞馬來各處及倫敦美國中日各醫學會之演講　又與中外青年會友提倡青年進步事宜　與女青年會衛生教育國

國際嗎啡製造管理之我見

際拒毒策劃各 省醫學等之經歷雖久 然待進者尚多 常欲與諸同志互相切磋交換知識 以擴見聞貢献吾國也蓋以我國乃數千年老大古國 文化事業反不若他國 正宜競競力圖進取 與諸國同佔同等之地位 共享民生幸福 望諸吾國實業農工商學等熱心同儕 從此共勉進行誠不難與先進諸國併駕齊驅 欲達此目的 更宜於經濟入手 經濟無阻則政事易行 取外之長補我之短 擇其善者而從之 尚科學之研究 根本之追求 掃除陋俗惡習 戒絕奢華之風求實際尚恭謹國由此强家從而富特藉縷述個人自傳之餘而企同志共勉圖之

十週紀念報告序

伍連德

溯自宣統三年。東三省肺疫流行。哈爾濱一隅。遭非命者。六萬餘人。日俄兩國。因欲攫取警權。連德啣命赴防。幸即撲滅。外人始無可藉口。議籌善後之法。特在瀋垣。開萬國鼠疫研究會。謬推連德爲會長。僉以腐疫種子。時可發生。該處醫院。寥若晨星。若欲防範未然端資多設防疫醫院。正在計劃之中。旋逢國體改革。而各國公使。與我當局外交篤念民生。仍申前議。爰於哈爾濱等處。設立防疫醫院。復以連德承乏總辦。時光荏苒。十稔於茲。所有經過情形。及已往成績。迭於逐年報告之中。詳爲剖闢。中外各界。諒在鑒中。但尚有楮墨未盡。而欲贅言者。本處宗旨。固在防疫。故隨時考察疫情。無微不至。化驗疫菌。精益求精。近且研究抵抗血清。期收成效。查日本南滿醫院。經費每年二百萬元。即中東鐵路醫院經費。每年亦至一百二十萬元。而本處醫院。計有六所。每年統計。不過需銀六萬兩。對於種種設施。自難如意。然經費雖爲限制。尚能撙節儲款。或建完善之微菌室。或增疑似之隔離所。及改建醫院。莫不設法進行。且時鼓吹他方。廣增醫院。冀與互相防範。以免鞭長莫及。苦心孤詣。無敢稍懈。但未雨綢繆。臨時期無倉卒。而疫氛已息。猶可拯救病黎。因就所轄各處醫院。於防疫之暇。遂日施醫。內外各科。組織尤極完備。每年統計。活命何啻千萬。此尤有口皆碑。爲一舉而收兩效之事實也。開辦以來。計已十易寒暑。地方安謐。閭閻不驚。間縱偶有發生。亦即旋起旋滅。惟八九兩年。霍亂肺疫。又迭侵乘。然日本各處。防備綦嚴。蔓延且甚。況我中國衛生不講。社會不良。官無專司。民少常識。而哈爾濱五方雜處。錯亂尤甚他方。薈萃交通。防止尤形棘手。顧霍亂之役。多慶再生。計入醫院治療。痊者什九。即去年之變。起自西伯利亞。檢驗之難。首推軍隊。若非持之毅力。傳染實不忍言。且人口較之清季。增多奚止倍蓰。染者以視往年。幸僅十份之一。造物不仁。降此大厲。痛定思痛。言之悚焉。抑尤有進者。連德計同祖國。十有餘年。醫學之外。未越雷池一步。原以國家欲臻富強。人民必先健鑠。期與全國衛生醫學。有裨細流。不圖力與心違。十載迄今。株守偏隅。抱歉奚似。但連德不能無遺憾者。本處經費。開辦以來。祇有此數。藥物騰貴。遠過從前。時患不敷。若於撙節。而各醫院既難偏廢。無米豈能爲炊。近年財政當局。每因咨請海關撥款之時。加以挑剔。且有減爲二萬元之說。意以帑項支絀。用途甚多。將爲挹彼之計。推原其故。無非中樞屢易。未悉詳情。致緩急重輕。未加權度。深爲扼腕。惟本處成績。日有進境。稍爲輿論所稱道者。均賴同人羣相策勵之力。連德至爲感幸。現屆十週。又爲第二特別報告出版之時。爰特摭拾數言。以留紀念。而并爲之序云。

目錄次序

黎滿枝先生序文
伍連德博士序文
對於防疫之感言
遼東肺疫與北滿流行關係説
肺疫患者略痰經驗與旱獺之研究報告
肺疫病理的研究
第二次滿州肺疫流行之記要
上教育部擬改組全國醫學教育意見書
霍亂症最近流行于中國詳記
一千九百十九年哈爾濱流行霍亂之防治法
此次哈埠肺疫紀要
中國最近之醫史
流行性感冒及其傳染豬之研究
北滿肺疫經過之概略
植皮術之經驗
對於中國防疫之南針
北京東嶽廟記
表示個人殘害身體之畫
中國皇宮内太監圖説
營口醫院之史略
牛莊海口檢疫醫院第二期報告
東三省防疫事務總處第六年全年報告
仝上第七年報告
仝上第八年報告
仝上第九年報告
關於麻醉劑最近之狀況

圖畫目錄

着色肺炎鼠疫之肺臟圖
總辦兼總醫官之肖像
各醫官之肖像
男女醫官暨職員之肖像
旱獺之猛烈狀圖
肺炎鼠疫患者之早期及極期圖
旱獺吸入試驗第一期在術檯上圖
仝上以噴霧咀向縮施噴霧圖
人肝臟示病區域圖
左肺後面示出血小葉肺炎圖
右肺中葉與下葉圖
旱獺七示小膿瘍分佈兩肺圖
旱獺慢性心囊炎之狀況圖
慢性鼠疫之脾臟圖
鼠疫死胎圖
哈爾濱醫院遠望圖
仝上細菌室圖
仝上疫患者室及夫役圖
仝上辦事大院及總醫院圖
仝上細菌檢察室圖
仝上藏書樓圖
仝上博物室圖
哈爾濱防疫人員圖
收留染疫患者圖
護口具戴法圖
紮蘭諾爾半居地穴圖
公衆埋葬場圖
疫屍生前被庸醫帖膏藥圖
疫患者被棄于道傍圖
疫屍被狗食而疫屍狗不食圖
中國皇宮內太監圖
殘害個人身體之乞丐圖
先天奇形異足圖
北京東嶽廟銅馬圖
牛莊隔離所正面圖
山海關隔離所圖
上膊纖維腫（手術前）圖
仝上（手術後）圖
卵巢囊腫（手術前）圖
仝上（手術後）圖
防疫地圖及一覽表目錄
一 在院患者各症分類表
二 沿鐵路染疫各城鎮距滿洲之遠近表
三 東三省發生肺疫各地詳圖
四 各地每星期死亡一覽表
五 每日疫病死亡一覽表

自序

伍連德

余於民七至民十一年所刊出之東省防疫諸報告迄今不及兩載又得繼刊第四次之報告出以問世蓋均感同人贊襄之力爲多方克有成者也

凡科學家在吾國辦事每多掣肘深悉此中情狀者閱前次暨此次之披露諒表同情矣有數處來書詢及余於此報告中著有題爲余於中國建設醫院之經過內述設施上所受種種之意外聊答垂詢之雅意

當十六年前余受命於政府方發軔伊始即著力進行持之以恒期底厥成蓋一則値斯困難之候偶一隕越功敗垂成二則若不注重實際及詳細情形則偉大之科學暨醫學之利何從成立三則吾國四千年以來茹古不化吾人心志最要者乃爲另闢新途帶以懇摯之忱力謀進步俾後來發展者以吾輩爲嚆矢可也上古文化無論若何錯謬亟近世之君若何聲色貨利縱慾敗度而吾民之心猶是健全雖今者略有紛擾國基仍然鞏固祇須有人力挽狂瀾便能處國家於磐石之安矣或需內外益友出而扶持或朝野志士勉其子女力圖上進重新改建是所望於教育家科學家分途並進耳

因是余視爲莫大之利者乃爲得日本藤浪博士之共同合作焉藤氏爲日本京都帝國大學病理科教授者也余於本報告內一段題爲（民十東省肺疫病理組織學的研究）特詳論及之茲辱承黎大總統寵錫弁題曰嘉精研奧藉光篇幅愧弗克當益資感奮矣又蒙前財長吾國大著作家梁君啓超賜序一篇謹附誌於此漢文報告內梁君之文道義昭著理論精詳予故並將其原作編入於英文報告內焉

又民七至民十一之報告予欲將陳永漢伯力士兩醫官之名表而出之因二君助予之役目光如炬心細於髮也而林家瑞醫官前既贊助予役此次編成漢文報告尤資得力者至於各種色板則爲上海商務印書館製成者云

中華民國十三年孟夏

一

目錄　頁數

目錄	頁數
黎大總統弁題	首
梁總長序文	二
伍總辦自序	三
林家瑞附說	四
鼠疫之發源地	一至十四
中國共和後公衆衛生發達觀	十五至十八
中外常見疾病	十九至二十二
梅毒血清診斷法之比較研究	二十三至二十九
野獸類動物之疫症及最近研究旱獺與疫症之關係	二十九至六十二
旱獺虱與鼠疫關係的經驗	六三至六五
中國的猩紅熱論	六六至八二
天然傳染疫獺臟器組織學變化之所見	八二至八七
挨美利亞包子虫症	八七至九〇
狂犬病及其防法要畧	九一至一百
以國賓名義赴日本參觀記	百至百五
對吾國同道者之陳說	百五至百七

中國共和後醫學之進步	百七至百十二
在吾國建設醫院之經過	百十二至百十九
處理傳染病醫院之最近要畧	百十九至百廿一
民十東省肺疫病理組織的研究	百廿二至百三三
東省防疫總處第十年第十次全年報告	百三二至百三六
全上第十一年第十一次全年報告	百三七至百四一
民十二八月一日赤塔研究會通過議案	百四一至百四二
哈濱醫院總報告	百四二至百四七
石冀良醫官民十三一月報告(三姓)	百四七至百四九
牛莊醫院第四期年報	百四九至百五一
全文錯正表	百五二

圖說目錄

着色肺臟　圖
奉天東北醫院一覽　圖
三旱獺在冬眠狀態　圖
用鞣皮套手持染疫冬眠獺　圖
各齧類獸大小比較　圖
在篤蘭士拜加搜得齧獸蚤　圖
中俄鼠疫研究隊在篤蘭士拜加所用車輛　圖
中俄鼠疫研究隊露天解剖　圖
牛莊新隔離所民十三落成　圖
肺組織示肺炎硬變中央疫菌肺胞剝爛出血　圖
上圖之一部示組織浸潤有疫菌　圖
頸腺腫示疫菌淋巴管充血出血　圖
肺氣管枝示管孔上皮剝脫下有疫菌　圖
肝組織示崩解結節含濃染疫菌　圖
仝上示結節中疫菌甚多　圖
哈院之兩新樓民九民十二落成　圖
於美利亞包子虫　圖
新院內內科養病室一部　圖
着色氣管枝一部及肺臟二百倍擴大　圖

着色肺臟內肺疫之一部（圖二）　圖
着色仝　上（圖三）　圖
着色仝　上（圖四）　圖
民十二中東路廿五週紀念博覽會總處陳列　圖
民十二落成之滿洲里化驗室　圖
嗜獺鳥食捕旱獺　圖
肺疫氣管下部組織病理　圖
肺疫肺組織病理　甲圖
肺疫肺組織病理　乙圖
肺疫肺組織病理　丙圖
肺疫氣管淋巴腺病理　圖
肺疫脾組織病理　圖
肺疫肝組織病理　圖
染天然鼠疫之獺全臟腑　圖
肌枯性腦脊旁柱變硬　圖
固有鼠疫區域說明　圖
東北亞細亞發生鼠疫中點　圖

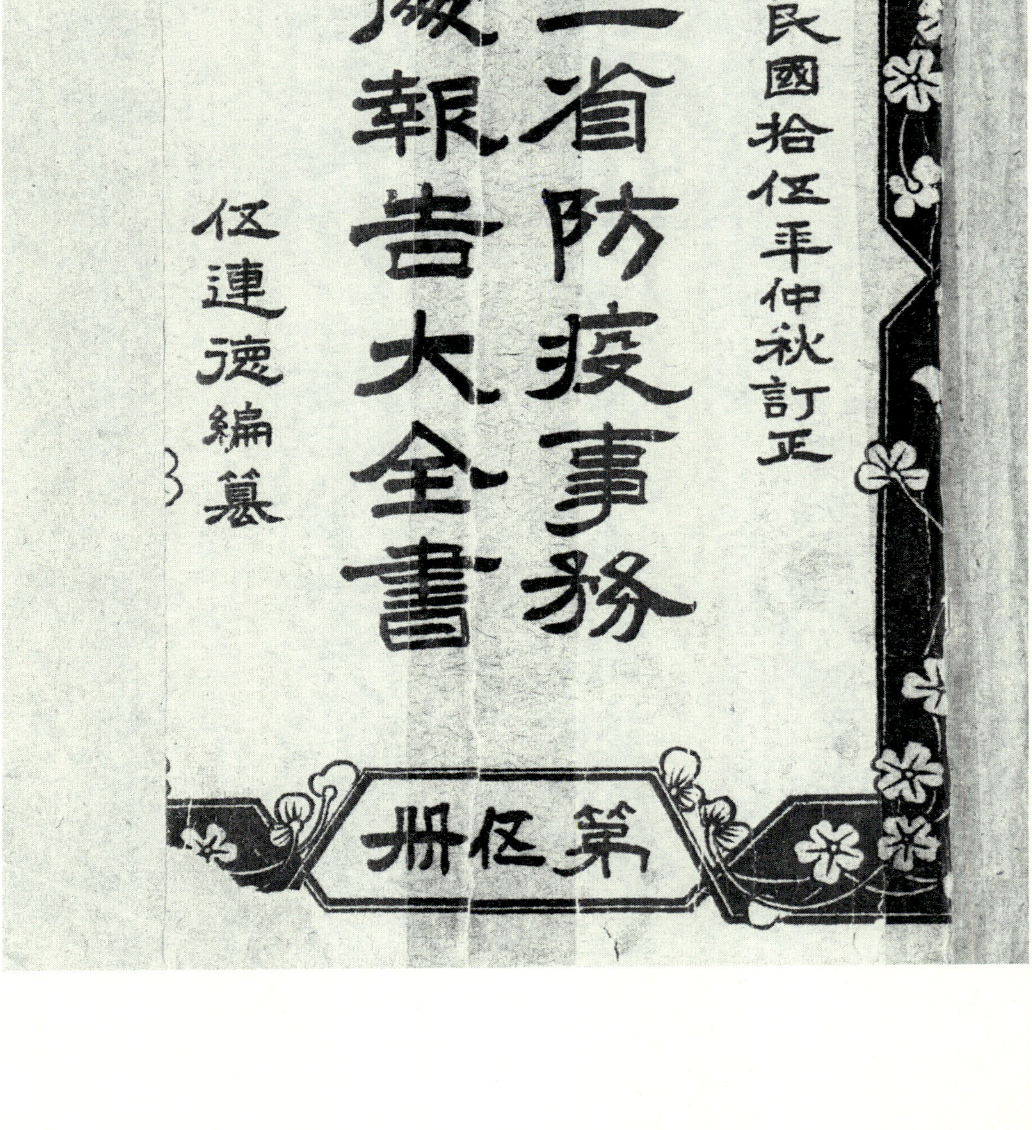

中華民國拾伍年仲秋訂正

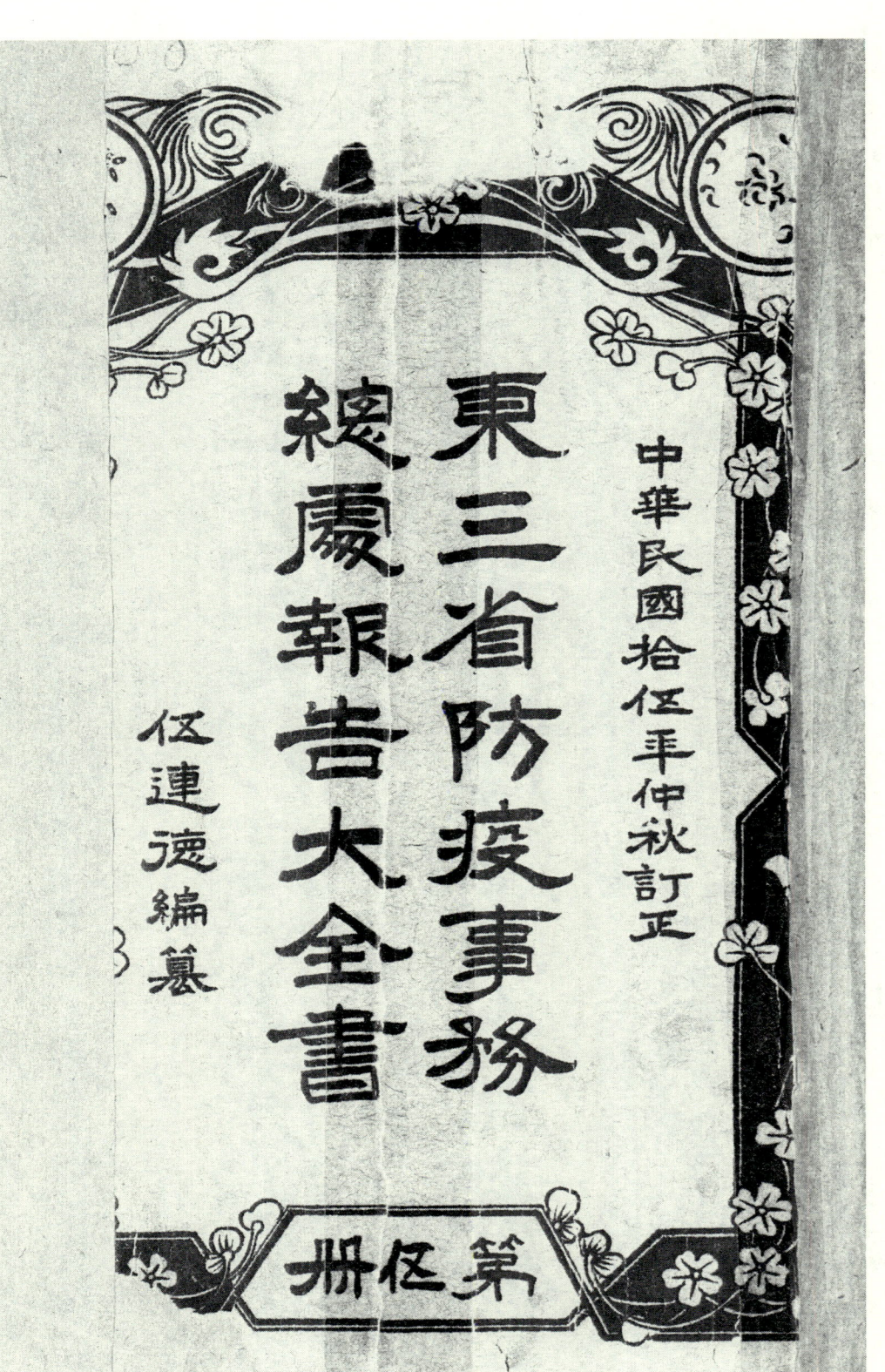

東三省防疫事務總處報告大全書

伍連德編纂

第伍册

中華民國拾伍年仲秋訂正　第伍冊

東三省防疫事務總處報告大全書

伍連德編纂

序文

伍連德

本處第四期報告全書於民國十二十三年間出版迄今二載而第五期又殺青矣各職員於執行醫務及從事化驗外復竭力研究世界各處齧齒動物發生之鼠疫關係並肺疫侵襲肺臟的確之方法今夏上海霍亂侵入東省各職員暨化驗醫官等從事防禦異常勞碌且配製霍亂禦防菌漿六萬餘份以供東省防禦注射之用吾人藉此深知此次時疫流行傳染狀況而加以醫學上的研究尤以本埠市立醫院內所發生之霍亂傳染十四名較爲特異焉去歲連德赴美國研究歷時一載在波耳田麻之約翰霍金大學及華盛頓衛生研究所又芝加高哥墨傳染病研究所等處研究衛生事宜回國後即將所得貢獻於吾國改良公共衛生並極力提倡即就哈爾濱而論可爲遠東第一次實行猩紅熱狄皮膚反應系統的研究及同病之毒素禦防接種與血清治療注射等因此敝處之研究室多製備此種防治材料以應各處之需求焉此報告全書計有論文四十餘類其中有試辦濱江公共衛生上半年第一次報告一編深信吾國有舉辦公共衛生之責者讀之不無少補吾國今日舉辦公共衛生之事異常困難端賴熱心者之提倡尤須專門學者與舊派官僚和衷公濟舉辦之以收實益故無論在何處何所倘有警廳與以同情贊助即須乘機引用衛生新法以成全公共衛生事業此連德又擬自明年始在東省之鉅埠牛莊地方試辦同樣衛生調查事業蓋該埠情形總與三十年改良之新濱江情形又有不同者也東省防疫處創辦於清末(一九一一年)迄今以來雖國內政潮洶湧干戈擾攘而能始終貫徹宗旨克盡天職以防禦癘疫之襲侵研究科學固賴北京暨東省長官援助之力實深感激然其成績昭著中外咸知則職員之終日勤勞竭力從事有以致之也日內瓦及星加坡之國際聯盟衛生會職處亦與焉連德所著之肺疫論文已在日內瓦生衛會印刷發刊矣報告書殺青荷蒙張上將軍寵錫弁題醫學津逮四字藉光篇幅曷勝感銘報告書分中英文體各一卷英文卷仍按往年例交天津印字館代印但中文卷則改在哈爾濱新華印字館代印其色圖四幅則由上海商務印書館代印也

中華民國十五年十一月

中華民國拾柒年仲秋訂正　第陸冊

東三省防疫事務總處報告大全書

伍連德編纂

伍連德印

中華民國拾柒年仲秋訂正　第陸冊

東三省防疫事務總處報告大全書

伍連德編纂

伍連德印

光陰荏苒疾如流星本處第五冊報告大全書自出版以來於今已兩更寒暑矣在此兩年中東省厲疫方幸輕微忽於本年夏末秋初外蒙山西陝西及東省所屬之通遼等處同時發現腺型鼠疫查通遼本為東省內地本處特派陳永漢醫官前赴該疫區調查眞相旋據該醫官証明其第一罹疫者確因疫鼠傳染致命遂即報告奉天當局深承以民生為重誠恐疫氛蔓延蒙撥專欵飭令本處迅速設法應救不使滋蔓並命地方官吏暨路局人員隨地協助所幸本處平素對於鼠疫禦防之種種方法極有心得故早已備製抗毒血清及菌苗液等以待急時之需庶免臨渴掘井緩不濟急之虞果幸於此短促時間內全行消滅所費不滿三萬元而不幸死於斯疫者為數亦不過六百名而已同是惡疫而被害之數較之往昔不無奇效祇此則足徵本處研究之進步也蓋以鼠疫之猖獗如入冬令則易變為肺疫傳染極速一經蔓延可畏寔甚此次幸賴當地官吏暨路局人員互相竭力防範計由九月七日起至十月三十日止前後未及兩月疫氛即告肅清不致侵襲於鄰近南滿各處誠不幸中之幸也矣

第六冊報告全書自本年九月起附編最近防疫之經驗僅能將概要紀錄關於臨床疫學之要領及醫員野外之寔地研究另行詳編再當續付中華醫學雜誌鼠疫研究特刋披露之其在本期報告書論文內之主要者計有四十餘篇附圖七十餘幅其餘關於旱獺冬眠之狀態與鼠疫菌何以能保存於不滅之問題殊為最有價值之研究曾經本處費兩載光陰極事考究始得獲如是之成績足以供諸世界之研究至如肺疫之撮要野齧齒動物與鼠疫之關係各節已於著者所著之『肺疫論文』一書中詳述一切或堪以微助關心研究疫學者之參考歟

於民國十六年十二月至翌年三月間著者曾一度南遊鼠疫發源地之印度藉以研究防疫衛生及調查歷年因從事研究鼠疫而犧牲一生精神之諸同志事績在在均有研究之價值再本期報告書中差堪稱異者即本處之專門家曾赴蒙古及東省各內地勞悴備嘗力為考究新術以期供諸世界同道者之研究焉

關於國內公共衛生一事期已達於極有進步之精神南京國府有鑒於此遂於本年十月間設立衛生部呼醒民衆提高衛生之精神並委以前任內政部長薛篤弼氏為該部部長北平協和醫院院長劉瑞恒氏副之深受民衆所歡迎當可為我中華前途賀且為我國民生前途賀也

本處與金尼哇及星加坡之國際衛生聯盟會素有密切關係暨與各國衛生機關如美國公共衛生處南俄防疫局等均有聯絡互相研究交換智識堪足以補助吾國衛生之進行焉

本報告書深承現代名流寵錫弁題琳琅滿目美不勝收為本報告書增輝匪淺曷勝榮幸之至

伍連德譔

中華民國十七年十月

東省防疫總處第六期報告大全書目錄

（序文）
胡惟德弁題
曾子固序文
伍連德自序
（鼠疫及霍亂論文）
齧齒動物保存鼠疫並特向西伯利亞旱獺注意之研究　伍連德　伯力士　一
肺疫的問題　林家瑞　二一
肺疫之新學識（此篇爲第一次報告）　伍連德　三四
肺疫在國際間之關係　林家瑞　六六
防鼠疫論　伍連德　七三
國際聯盟會衛生部關於研究鼠疫問題之紀錄（金尼哇一九二七年四月一日）　七八
謹擬國際聯盟衛生部應組織野齧齒動物之鼠疫專門研究會計劃書　伍連德　八五
冬眠野齧齒動物與鼠疫之研究　伍連德　九四
中日霍亂的問題　楊廷光　九八
（寄生虫學研究論文）
旱獺寄生蟲之研究　李完白　七一
寄生虫與鼠疫關係補錄攝要　葉墨　九四
寄生虫與鼠疫之研究　葉墨　一五〇
（猩紅熱症研究論文）
猩紅熱任吾國之考察　關任民　一四五
猩紅熱之連鎖球菌生活之研究　葉墨　一七五
（臨床醫學研究論文）
對東省肺型結核不常見之研究　陳永漢　一四一
羅花蘇絡兒作利尿劑之效果　陳永漢　石冀良　一五九
羅花蘇絡兒對慢性腎臟炎之效力　陳永漢　石冀良　一五九
用抗毒血清治療破傷風成功一例　仝上　一六一
安芝與淋菲治結核性腺炎效驗一例　陳永漢　一六二
業醫者診斷適用之化學驗尿法　伯力士　一六三
哈爾濱防疫醫院所見有興趣病例　林家瑞　一六八
（血屬生物學系牽研究論文）
東省土著及蠻族生物學上之研究　葉墨　一一五
哈爾濱傳家甸人民血屬之研究　林家瑞　葉墨　一三二
蒙古民族生物學血屬系牽之研究　葉墨　一三六
（論說）
對國民政府醫學前途之希望　伍連德　一〇三
伍連德自傳　一〇七
國際嗎啡製造管理之我見　伍連德　一一四
（調查報告）
民國十七年通遼鼠疫研究報告　伍連德　一一五
陳永漢醫官調查報告（一九二八年九月九日）　陳永漢　一一九
民國十六年外蒙旅行報告　葉墨　一三七
東省防疫總處民國十六年第十五次年報總綱　一八四
牛莊海口檢疫醫院第八次年報總綱　一九四
牛莊海口檢疫醫院兼辦公共衛生成績攝要報告　一九七
一九二八年十月二十二日至二十四日　伯力士　二〇一
在檐檢疫情調查報告
吉林農安縣疫情之報告八則　二〇三
通遼一帶腺型鼠疫流行之沿革　李德權　二〇四
一九二八年九月十九日南滿中日防疫聯合辦法攝要　二〇七
一九二八年錢家店鼠疫流行死亡數目簡略統計　二〇八

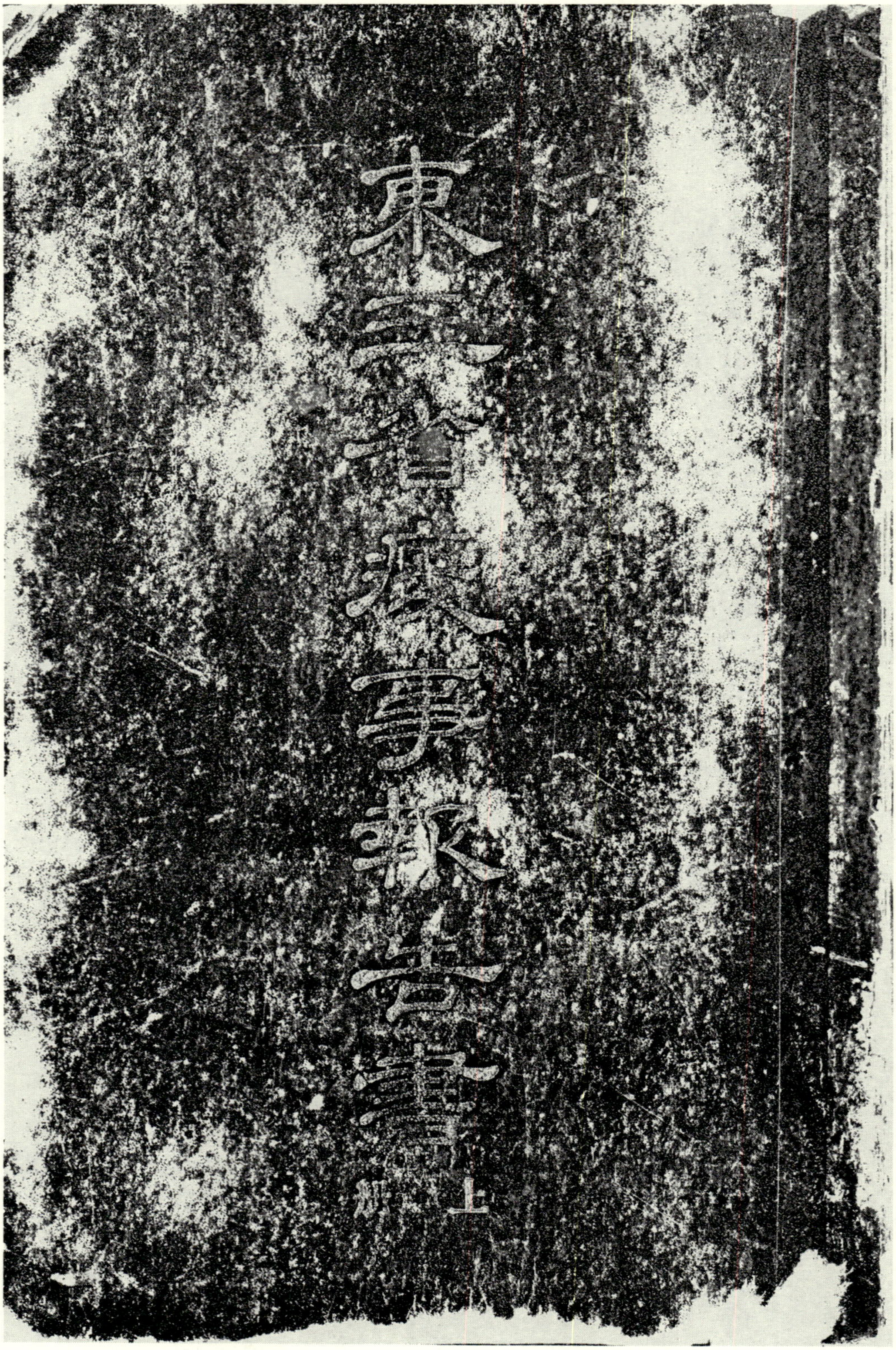

東三省疫事報告書

上册

宣統三年十月

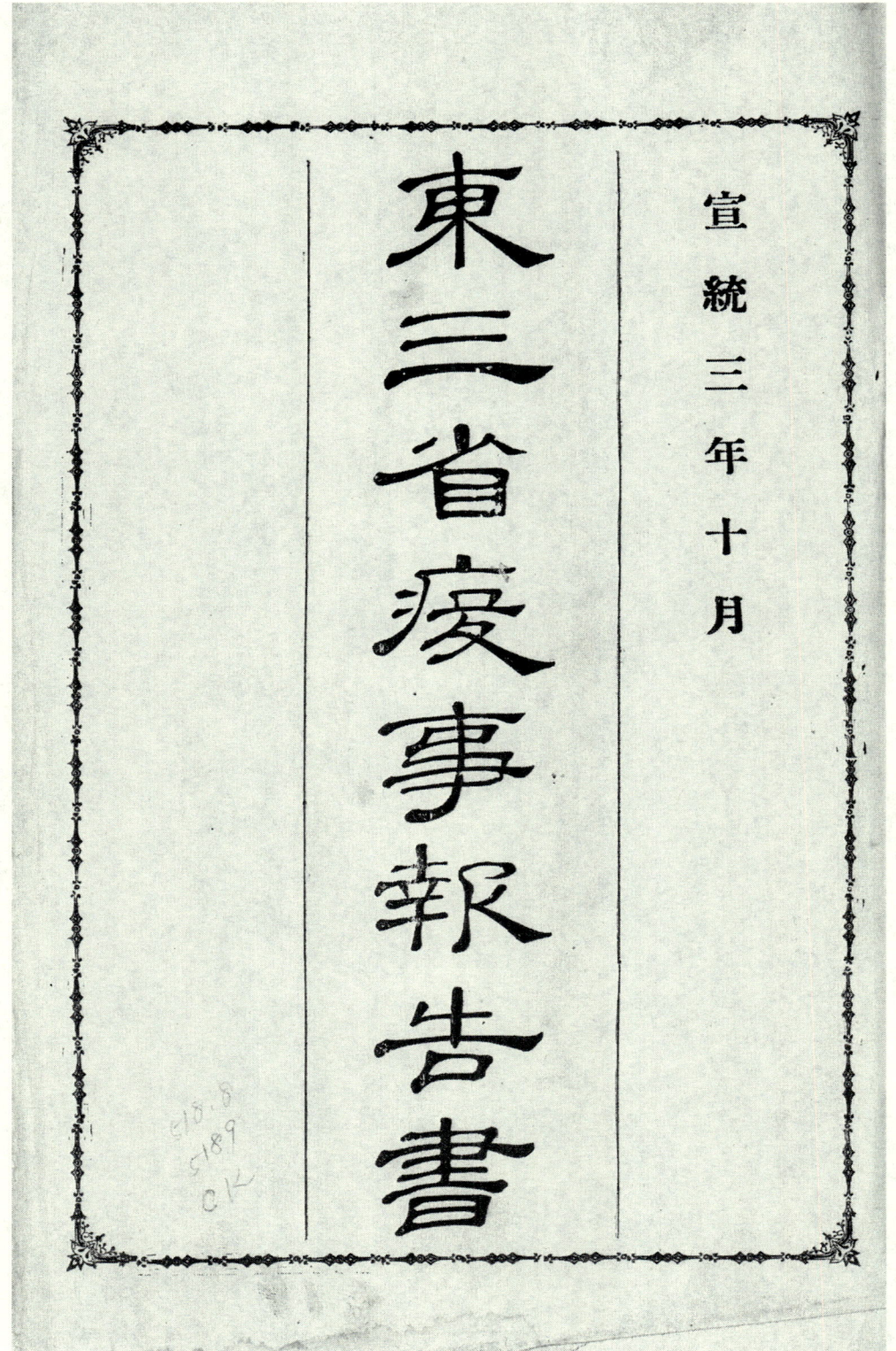

東三省疫事報告書

東三省疫事報告書
下冊

東三省疫事報告書目錄

序例
目錄
綸音
章奏
緒言
第一編　東三省百斯脫疫發生及蔓延情形
第一章　黑龍江全省蔓延之疫勢
(一)臚濱府
(二)呼倫廳
(三)龍江府
(四)呼蘭府
(五)綏化府
(六)海倫府
(七)蘭西縣

(八)靑岡縣
(九)安達廳
(十)拜泉縣
(十一)餘慶縣
(十二)巴彥州
(十三)木蘭縣
(十四)大通縣
(十五)肇州廳
(十六)大賚廳
第二章　吉林全省蔓延之疫勢
第一節　吉林省城及四鄉
第二節　吉林北部之疫勢
(一)濱江廳
(二)賓州府
(三)阿城縣

(四)雙城府
(五)新城府
(六)五常府
(七)楡樹廳
(八)舒蘭縣
(九)長壽縣
(十)方正縣
(十一)依蘭府
(十二)樺川縣
第三節　吉林西部之疫勢
(一)長春府
(二)德惠縣
(三)雙陽縣
(四)伊通州
(五)農安縣

(六)長嶺縣
第四節　吉林東南部之疫勢
(一)寗安府
(二)磐石縣
(三)敦化縣
(四)額穆縣
第三章　奉天全省蔓延之疫勢
第一節　奉天城鄉蔓延之疫勢
(一)奉天省城
(二)承德鎮鄉
第二節　奉天北路蔓延之疫勢
(一)開原縣
(二)鐵嶺縣
(三)懷德縣
(四)奉化縣

（五）昌圖府
（六）康平縣
（七）遼源州
（八）法庫廳
（九）西安縣
（十）西豐縣
（十一）海龍府
（十二）東平縣
第三節　奉天東路蔓延之疫勢
（一）撫順縣
（二）興京府
第四節　奉天南路蔓延之疫勢
（一）本溪縣
（二）遼陽州
（三）遼中縣

第五節　奉天西路蔓延之疫勢
(一)新民府
(二)鎮安縣
(三)廣寧縣
(四)錦州府
(五)義　州
(六)錦西廳
(七)寧遠州
(八)綏中縣
(九)盤山廳
(十)彰武縣
第四章　百斯脫疫與習俗生計衛生之關係
第一節　習俗
(甲)迷信
(乙)習慣

(丙)忌醫
(丁)鄉土觀念
(戊)倫理觀念
第二節 生計
第三節 衛生
(甲)衣食
(乙)居處
(丙)路渠
第五章 家族鄰居之傳染
附遼陽等處傳染系統圖
第六章 臨症觀察
第一節 特質
(甲)男女及年齡
(乙)職業
(丙)前驅症及發病後之症狀

第三節 診斷
第四節 經過及豫防
附病人死亡時間表
第五節 豫防及療法

第二編 防疫概況

第一章 三省防疫行政機關

第一節 奉天防疫行政機關

(甲) 奉天省內防疫行政機關

(一)奉天全省防疫總局 (二)奉天省城防疫事務所
(三)奉天省城鄉鎮防疫事務所 (四)北路防疫分局

(乙) 奉天省外防疫行政機關

(一)撫順 (二)遼陽 (三)海城 (四)蓋平
(五)復州 (六)鐵嶺 (七)開原 (八)遼中
(九)本溪 (十)新民 (十一)鎮安 (十二)彰武
(十三)錦州 (十四)廣甯 (十五)義州 (十六)甯遠

天　一七
（十七）綏中　（十八）盤山　（十九）錦西　（二十）海龍
（二十一）東平　（二十二）西豐　（二十三）西安　（二十四）昌圖
（二十五）遼源　（二十六）奉化　（二十七）懷德　（二十八）康平
（二十九）鳳凰　（三十）寬甸　（三十一）岫巖　（三十二）營口
（三十三）法庫　（三十四）安東　（三十五）安奉鐵路
（丙）奉天省內外防疫會
附奉天防衛機關表
第二節　吉林防疫行政機關
（一）吉省全省防疫總局
（二）各屬防疫局
（甲）有疫各屬防疫局
（一）哈爾濱　（二）長春　（三）吉林府四鄉　（四）其他各屬
（三）吉林省內外防疫會
附吉林防衛機關表
第三節　黑龍江防疫行政機關

(甲)全省防疫會及省內防疫機關
(乙)省外防疫機關
附黑龍江防衛機關表
第二章　疫病發見法
第一節　戶口檢查
第二節　檢診報告
第三節　屍體檢查
第四節　鼠類檢查
第三章　屍體措置法
第四章　遮斷交通之措置
第一節　陸上遮斷交通之措置
(甲)鐵道遮斷交通之措置法
(乙)各處遮斷交通之措置法
第二節　水上遮斷交通之措置
第三節　遮斷交通之救濟法

（甲）奉天
（乙）吉林
（丙）黑龍江　（附安插俄境回國僑民）
第五章　病院及隔離所
第一節　奉天病院及隔離所
（一）疫病院
（二）疑似病院
（三）普通病院
（四）隔離收容所
第二節　吉林病院及隔離所
（一）疫病院
（二）疑似病院
（三）普通病院
（四）隔離所
第三節　黑龍江病院及隔離所

（一）疫病院
（二）疑似病院
（三）普通病院
（四）隔離所
第六章　除鼠
第一節　關於除鼠之條件
第二節　關於懸賞購鼠各規程
第七章　清潔及消毒
第一節　清潔法
（甲）關於公衆防疫之清潔
（乙）關於個人防疫之清潔
（丙）衛生清道之規則
第二節　消毒法
（甲）消毒之大要
（乙）消毒隊之組織

（丙）消毒隊服務規則
（丁）消毒之法方
附錄　奉天省城家屋路倒消毒處數表
吉林省城家屋路倒消毒處數表
奉吉黑三省城燃燒疫房統計表
日光消毒淸潔法
第八章　水陸檢疫之措置
第一節　陸上檢疫
（甲）鐵道之檢驗
（一）京奉鐵道
（二）東淸南滿鐵道
（三）安奉鐵道
（乙）行人車輛貨物之檢驗
第二節　水上檢疫
（甲）海港檢驗

(一)安東

(二)營口

(三)國際海港

(乙)江河檢驗

(一)松花江

(二)黑龍江

(三)呼蘭河

第九章　對於營業上不潔之措置

(甲)戲園

(乙)妓寮

(丙)澡堂

(丁)理髮

(戊)飲食舖

(巳)屠獸場及菜市

(庚)舊貨商

（辛）家店伙房
（壬）車輛
（癸）其他不潔營業
附錄奉天吉林對於不潔營業之處置表
第十章　防疫行政之勸告
（甲）行政公布辦法
（乙）宣講所辦法
第三編　疫事之研究
第一章　萬國研究會報告
第二章　百斯脫學說
（一）演說鼠疫辭
（二）滿洲黑死病譚
（三）今後之百斯脫譚
（四）百斯脫流行與鼠之關繫
（五）疫之源

(六)獺疫源流攷
(七)發生肺百斯脫之旱獺談
(八)滿洲肺百斯脫之細菌學研究
(九)報告於萬國鼠疫研究會者
(十)百斯脫治療法之討論
(十一)百斯脫自然免疫之一例
(十二)對於肺百斯脫患者之綿紗覆口試驗
(十三)鼠族檢查中常見一種之百斯脫類似菌論
(十四)長春犬百斯脫之發現
(十五)驢與人在同一房屋內發生百斯脫之一例
(十六)細菌研究室研究結果之公布
(十七)預防注射之効果
(十八)鼠疫預防之一助
(十九)藥物消毒之製劑及用法
(二十)鼠及蚤說明書

東三省疫事報告書

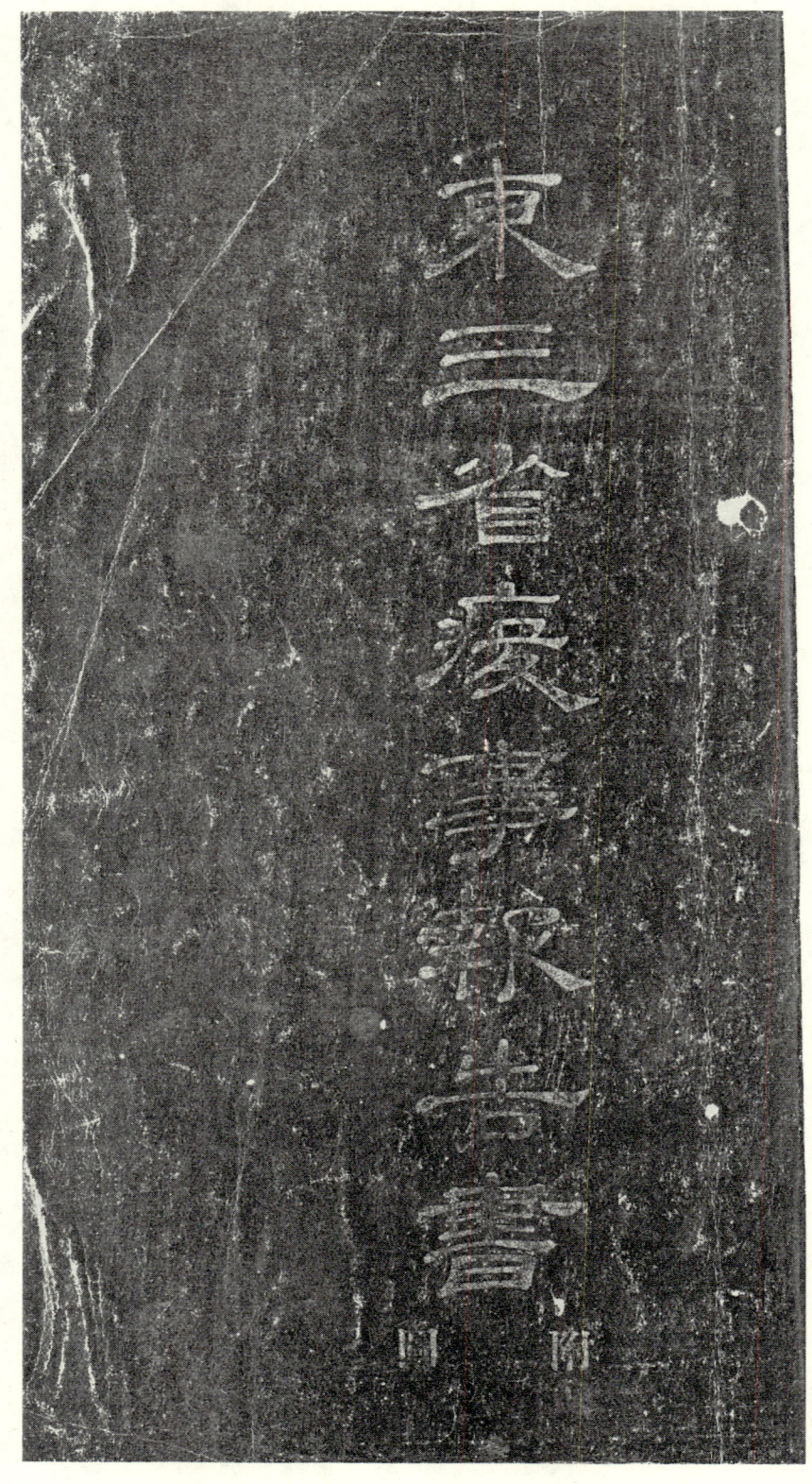

附圖

附圖

東三省疫事報告書

東三省疫事報告書　附圖目錄

(1)東三省總督錫良
(2)吉林巡撫陳昭常
(3)黑龍江巡撫周樹模
(4)奉天民政司使張元奇
(5)奉天交涉司使韓國鈞
(6)吉林民政司使鄧邦述
(7)吉林交涉司使郭宗熙
(8)吉林度支司使徐鼎康
(9)奉天萬國鼠疫研究會之議場
(10)奉天萬國鼠疫研究會之研究室
(11)同上
(12)同上
(13)防疫總局細菌研究室
(14)同上

(15)奉天防疫總局之細菌檢查
(16)防疫總局細菌研究室之培養基製造
(17)奉天防疫總局細菌研究室之百斯脫菌培養
(18)防疫總局細菌研究室之標本製作
(19)防疫總局細菌研究室之動物試驗
(20)防疫總局細菌研究室之病理研究
(21)百斯脫菌培養法之內容
(22)鼠體之解剖
(23)奉天防疫事務所之咯痰檢查
(24)肺百斯脫菌之聚落
(25)百斯脫患者之聽診
(26)百斯脫患者咯痰內之病菌
(27)百斯脫患者之病理解剖
(28)用穿刺心藏法取屍體血液以驗其爲疫斃者與否
(29)百斯脫患者兼結核病之肺藏

(30)百斯脫患者兼肺結核之肺藏
(31)百斯脫患者之肝藏
(32)百斯脫患者肝藏之下面
(33)百斯脫患者之心藏
(34)百斯脫患者之脾藏
(35)百斯脫患者之肺
(36)百斯脫患者之腦
(27)白鼠用百斯脫菌接種斃後之解剖標本
(68)木爾木脫用百脫菌接種後死體之解剖標本
(69)犬取百斯脫菌接種斃後之解剖標本
(40)旱獺取百斯脫菌接種斃後之解剖標本
(41)旱獺
(42)同上
(43)家鼠　熊鼠
(44)埃及鼠　七郎鼠

(45) 蚤之種類
(46) 同上
(47) 同上
(48) 福爾賈林之消毒
(49) 蒸氣消毒車之內容
(50) 奉天檢疫隊醫生之消毒
(51) 奉天事務所百斯脫患者之運搬
(52) 奉天山西廟疫病院患者室之內容
(53) 疫屍之入棺
(54) 奉天疫屍之掩埋
(55) 奉天疫種之標識
(56) 奉天疫屋之亞鉛版封鎖
(57) 奉天疫屋之拆毀
(58) 奉天火車站之大隔離所
(59) 哈爾濱伍總醫官顯微鏡室之內容

(60)哈爾濱第三區防疫執行處消毒浴室
(61)哈爾濱傅家店百斯脫發生之第一家
(62)哈爾濱預備火葬之積棺
(63)哈爾濱全醫官率消防隊用煤油注射屍棺以備火葬
(64)哈爾濱積棺之火葬
(65)哈爾濱第一時疫病院焚燒時之景象
(66)呼蘭之焚屍場堆積屍棺已燒之象
(67)長春之埋葬隊
(68)長春之疫屍運搬
(69)長春之家屋消毒
(70)長春第一次之火葬
(71)長春火葬日本北里博士之參觀
(72)長春之火葬
(73)長春之中醫病院
(74)鐵嶺消毒隊之派出

(75)綏中縣之遮斷交通
(76)綏中縣之疫屋焚燒
(77)遼陽楊林子之雪中藏屍
(78)遼陽楊林子之火葬塲挖坑
(79)營口牛家屯隔離所
(80)營口西潮溝隔離所
(81)營口田莊台醫官驗船
(82)營口檢疫駁船
(83)營口檢疫輪船
(84)東三省疫死人數比較圖
(85)仝上
(86)東三省疫勢斷續日別圖(九　月)
(87)仝上　(十　月)
(88)仝上　(十一月)
(89)仝上　(十二月)

(90)仝上（正月）
(91)仝上（三月）
(92)東三省疫勢消長圖
(93)黑龍江疫勢消長圖
(94)吉林疫勢消長圖
(95)奉天疫勢消長圖
(96)呼倫廳疫線圖
(97)黑龍江省疫區圖
(98)龍江府疫線圖
(99)呼蘭府本城疫區圖
(100)呼蘭府四鄉疫線圖
(101)仝上
(102)仝上
(103)綏化府疫線圖
(104)海倫府疫線圖

(105)蘭西縣疫區圖
(106)青岡縣疫線圖
(107)安達廳疫線圖
(108)餘慶縣疫區圖
(109)木蘭縣疫線圖
(110)大通縣疫線圖
(111)肇州廳疫線圖
(112)濱江廳疫線圖
(113)賓州府疫線圖
(114)阿城縣疫線圖
(115)雙城府疫線圖
(116)新城府疫線圖
(117)五常府疫線圖
(118)榆樹廳疫線圖
(119)舒蘭縣疫線圖

(120)長春縣疫線圖
(121)方正縣疫線圖
(122)依蘭府疫線圖
(123)樺川縣疫線圖
(124)長春府疫線圖
(125)德惠縣疫線圖
(126)雙陽縣疫線圖
(127)伊通州疫線圖
(128)農安縣疫線圖
(129)長嶺縣疫線圖
(130)賓安府疫線圖
(131)磐石縣疫線圖
(132)額穆縣疫線圖
(133)敦化縣疫線圖
(134)承德縣疫線圖

(135)開原縣疫線圖
(136)鐵嶺縣疫線圖
(137)懷德縣疫線圖
(138)奉化縣疫線圖
(139)昌圖府疫線圖
(140)康平縣疫線圖
(141)遼源州疫線圖
(142)法庫廳疫線圖
(143)西安縣疫線圖
(144)西豐縣疫線圖
(145)海龍府疫線圖
(146)撫順縣疫線圖
(147)興京府疫線圖
(148)本溪縣疫線圖
(149)遼陽州疫區圖

(150)遼陽州楊林子染疫圖
(151)新民府疫線圖
(152)鎭安縣疫線圖
(153)廣寗縣疫線圖
(154)錦州疫線圖
(155)義州疫線圖
(156)錦西廳疫線圖
(157)寗遠州疫線圖
(158)綏中縣疫線圖
(159)盤山廳疫線圖
(160)彰武縣疫線圖
(161)奉天城關埋葬圖
(162)同上
(163)同上
(164)吉林玄天嶺掩塲圖

(165)肺百脫患者病狀檢查圖

(166)同　上

(167)同　上

(168)同　上

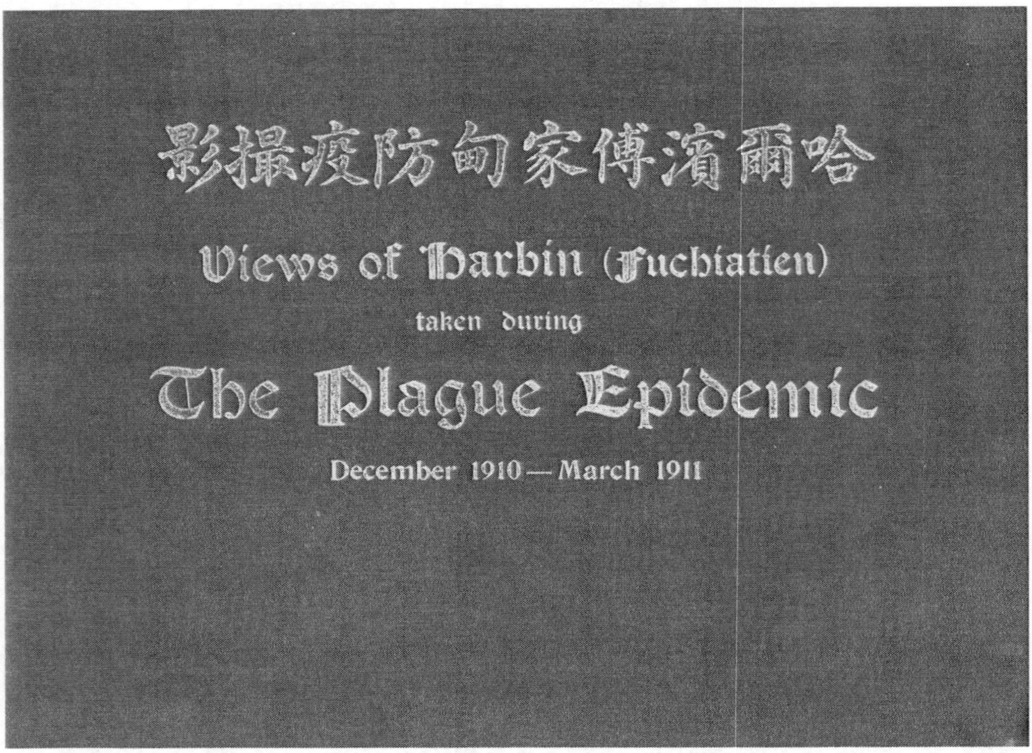
哈爾濱傅家甸防疫攝影
Views of Harbin (Fuchiatien)
taken during
The Plague Epidemic
December 1910—March 1911

哈爾濱傅家甸防疫撮影

Views of Harbin (Fuchiatien)

taken during

The Plague Epidemic

December 1910—March 1911

With the Compliments of the Chinese Plague Commission

Printed at the Commercial Press, Ltd., Shanghai

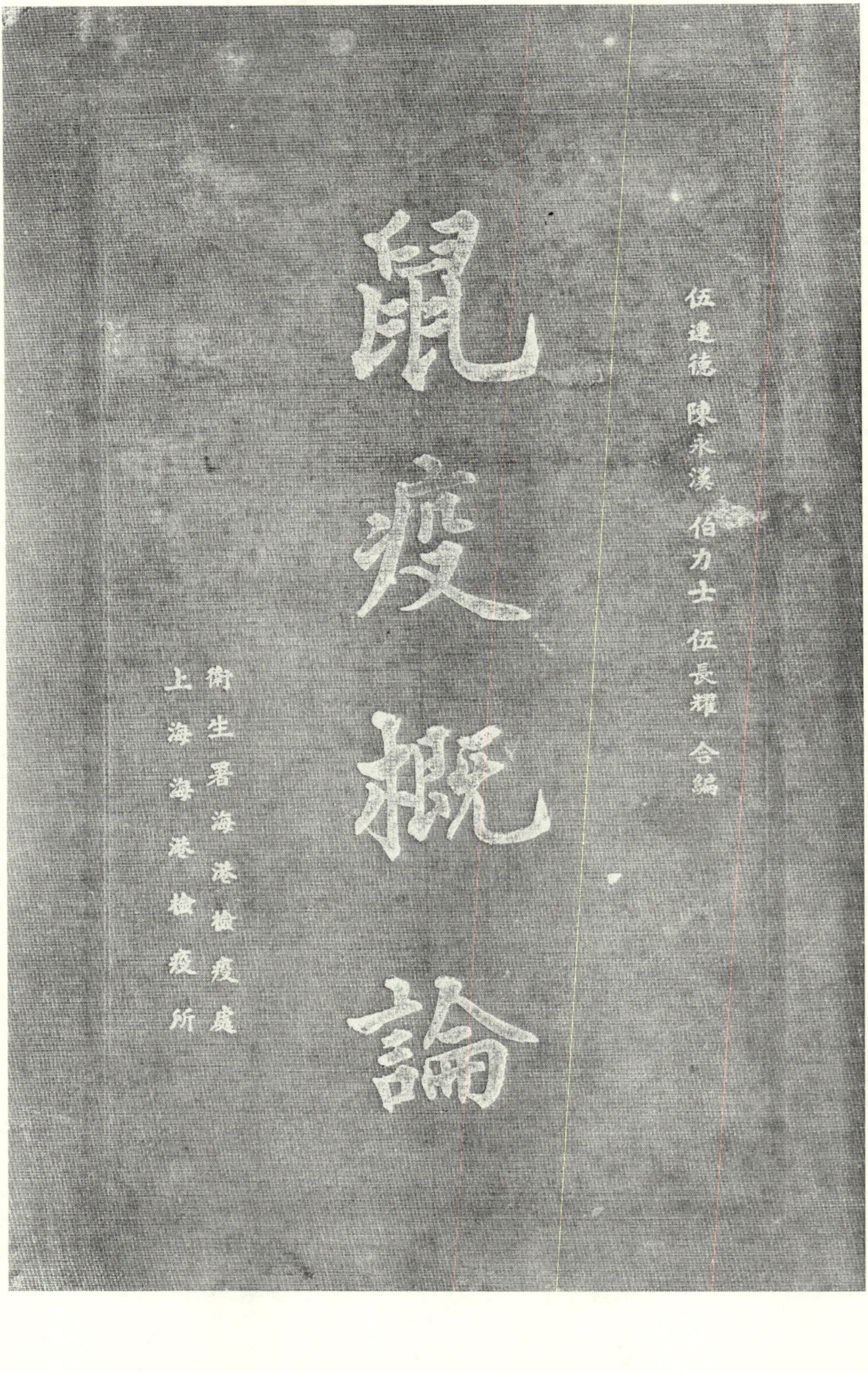
伍連德 陳永漢 伯力士 伍長耀 合編
鼠疫概論
衛生署海港檢疫處
上海海港檢疫所

伍連德 陳永漢 伯力士 伍長耀 合編

鼠疫概論

衛生署海港檢疫處
上海海港檢疫所

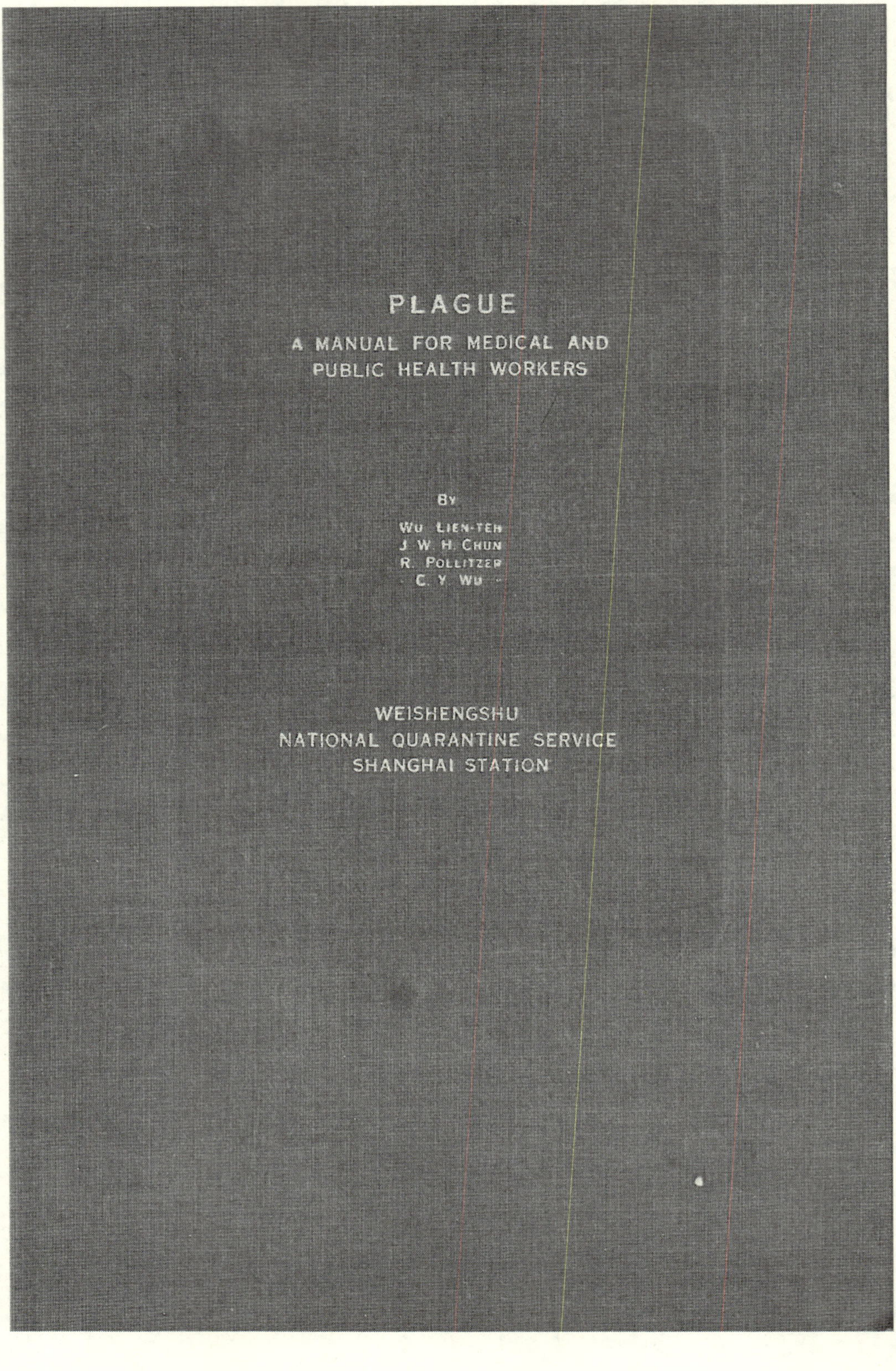
PLAGUE
A MANUAL FOR MEDICAL AND
PUBLIC HEALTH WORKERS
BY
WU LIEN-TEH
J. W. H. CHUN
R. POLLITZER
C. Y. WU
WEISHENGSHU
NATIONAL QUARANTINE SERVICE
SHANGHAI STATION

PLAGUE

A MANUAL FOR MEDICAL AND PUBLIC HEALTH WORKERS

BY

WU LIEN-TEH, M.A., M.D., etc.
Director, Weishengshu National Quarantine Service;
Formerly Director, Manchurian Plague Prevention Service.

J. W. H. CHUN, M.B., B.C.
Senior Quarantine Officer, Shanghai;
Formerly Senior Medical Officer,
Manchurian Plague Prevention Service.

R. POLLITZER, M.D.
Microbiologist, Shanghai Quarantine Station;
Formerly Bacteriologist,
Manchurian Plague Prevention Service, Harbin.

and

C. Y. WU, M.B., B.S.
Chief Technical Expert,
Weishengshu National Quarantine Service;
Senior Quarantine Officer, Shanghai.

WITH ONE HUNDRED AND THREE ILLUSTRATIONS, OF WHICH SIX ARE IN COLOUR

WEISHENGSHU
NATIONAL QUARANTINE SERVICE
SHANGHAI STATION—CHINA
R. C. 25 (1936)

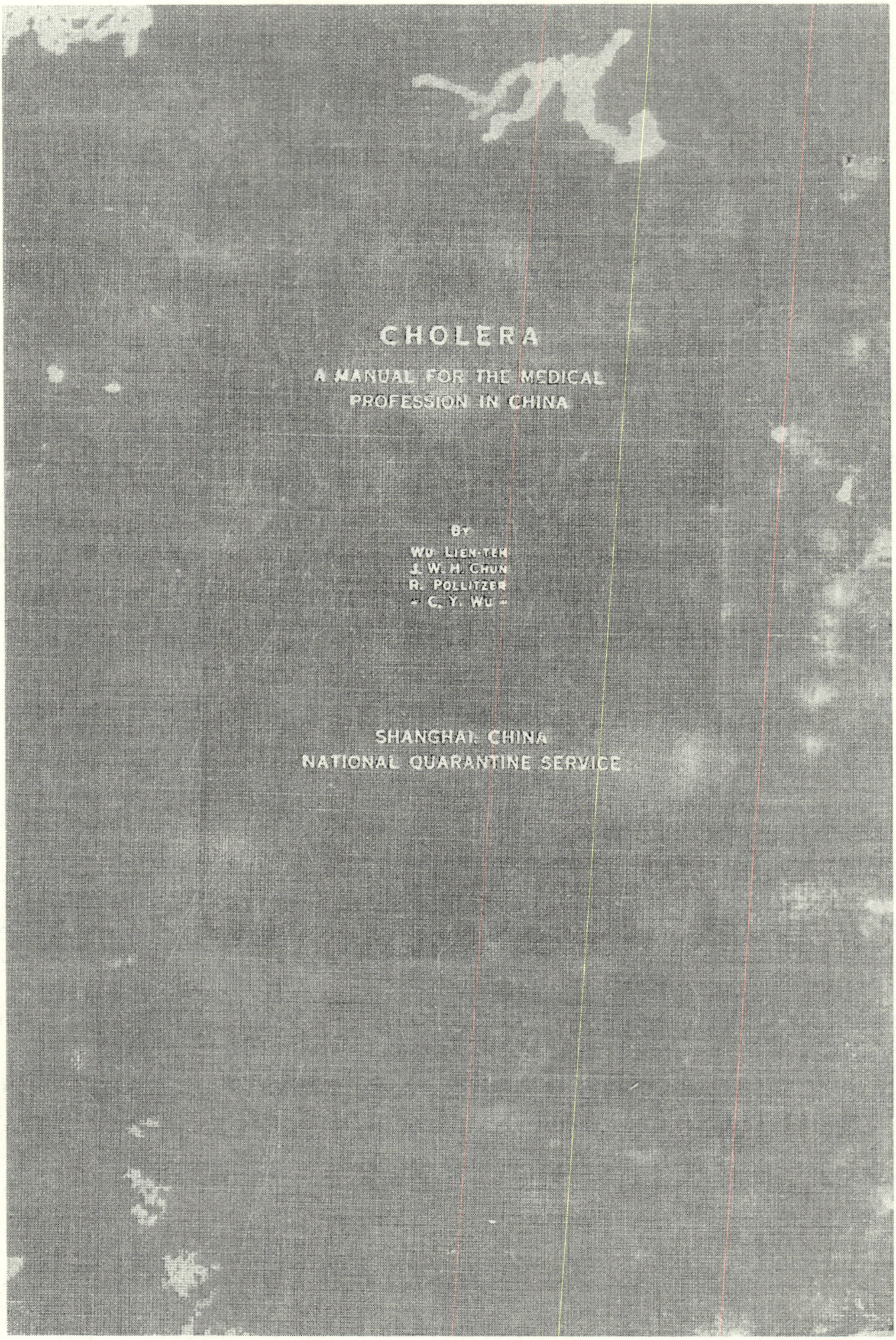
CHOLERA
A MANUAL FOR THE MEDICAL
PROFESSION IN CHINA
BY
WU LIEN-TEH
J. W. H. CHUN
R. POLLITZER
- C. Y. WU -
SHANGHAI CHINA
NATIONAL QUARANTINE SERVICE

CHOLERA

A MANUAL FOR THE MEDICAL PROFESSION IN CHINA

By

WU LIEN-TEH 伍連德
J. W. H. CHUN 陳永漢
R. POLLITZER 伯力士
C. Y. WU 伍長耀

Illustrated with one colour and twenty-three half-tone plates

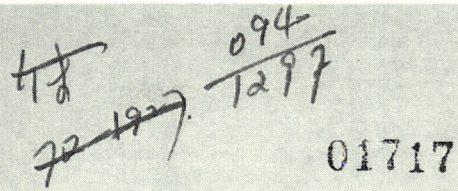

NATIONAL QUARANTINE SERVICE
2 PEKING ROAD - - - SHANGHAI, CHINA
MCMXXXIV

伍连德及东三省防疫图片选录

DR. WU LIEN TEH

Director and Chief Medical Officer of Plague Prevention Service.

東三省防疫總辦兼總醫官

伍連德

1. View of Fuchiatien from the Police Watch Tower looking eastward.

一 傅家甸中央東望

2. View of Fuchiatien from the Police Watch Tower looking Westward.　二 傅家甸中央西望

3. The main street of Fuchiatien.　　三　傅家甸最大之街市

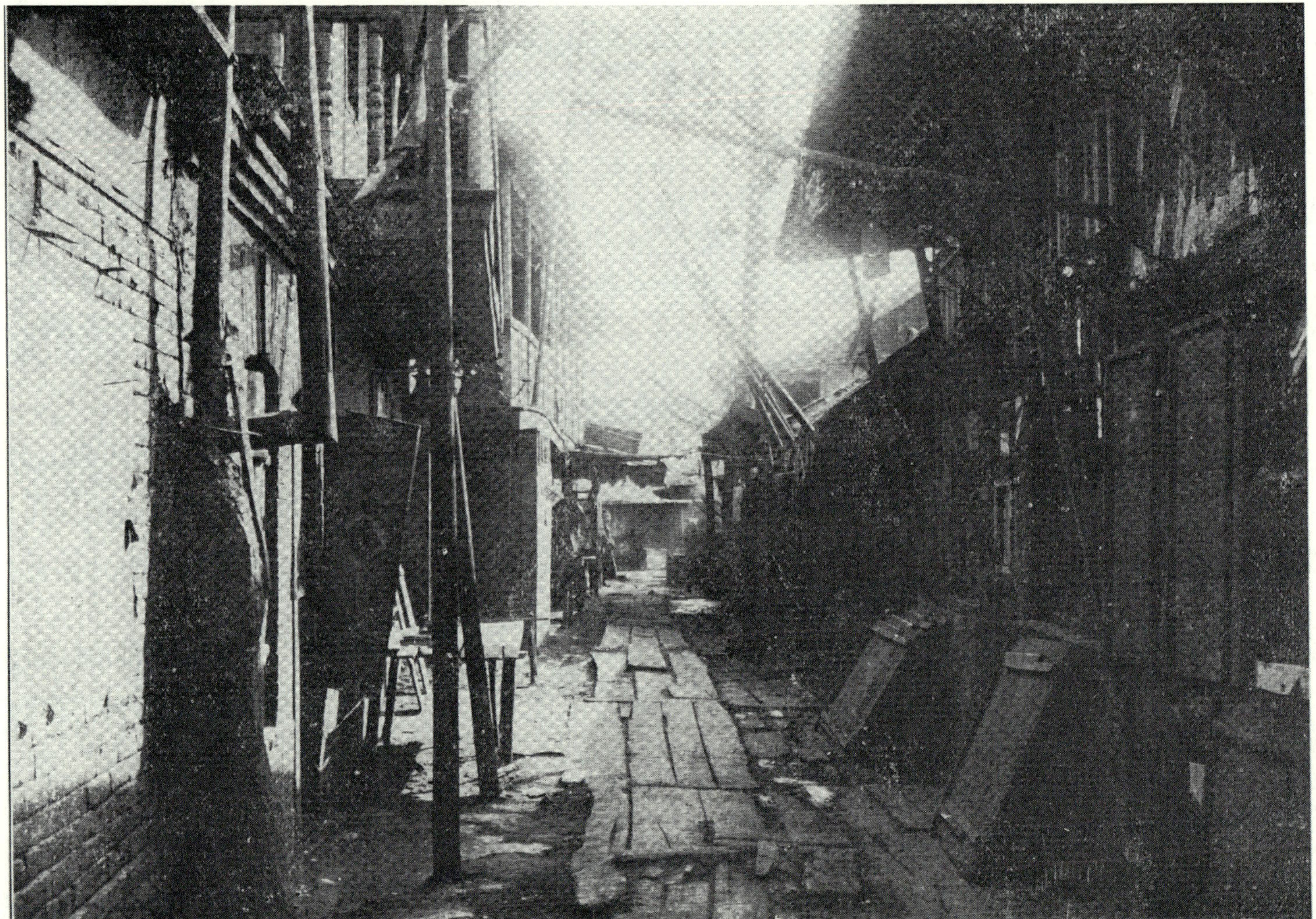

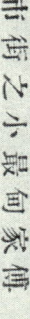

4. A crowded alley in Fuchiatien.　　四　傅家甸最小之街市

5. Headquarters of the Chinese Plague Commission, Harbin. 五 哈爾濱防疫局

6. Piles of coffins ready for cremation. February 3rd, 1911. Snow lying on the ground.

六 豫備火葬之積棺

7. The progress of cremation from four piles, February 3rd, 1911.

七 積棺之火葬

8. Firemen pumping kerosene oil into the cremating pits, Dr. Chuan superintending.

八 全醫官率消防隊用煤油注射屍棺以備火葬

9. Coffins of Roman Catholic converts (176) in a special pit.

九 教民屍棺一百七十六具火葬穴

10. The same being cremated, February 20th, 1911.　十 敎民屍棺火葬時之景象

11. Three burial coolies. 十一 埋葬隊

12. The house where the first case of plague occurred in Fuchiatien, November 8th, 1910, marked X. That of a water-pump mechanic.

十二 傅家甸百斯篤發生之第一家

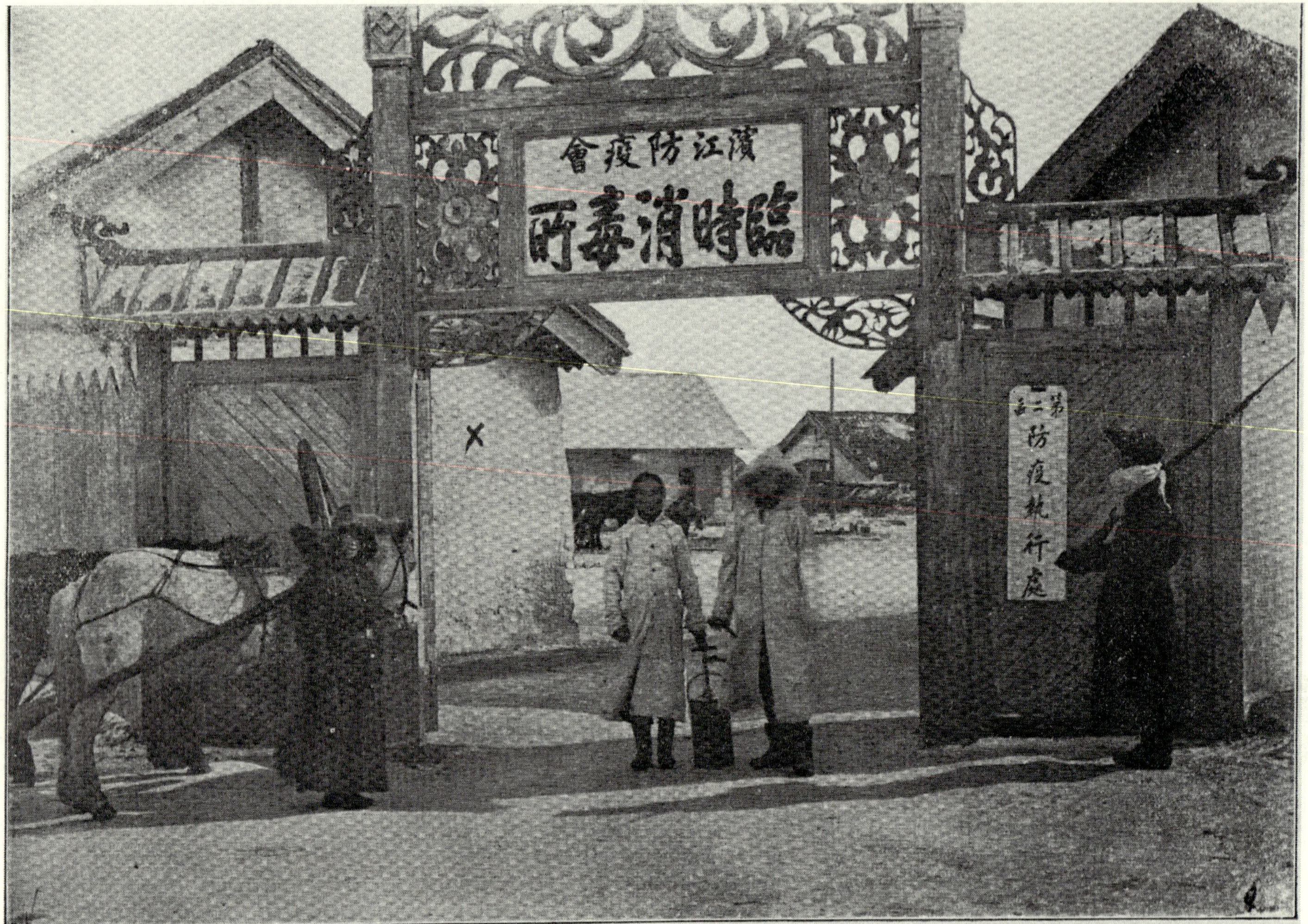

13. The first Disinfecting Station established. Dr. Wu's Bacteriological Laboratory on the left marked X.

三十 傳家甸防疫首設之消毒所 X係伍總醫官之顯微鏡室

14. Inside the Laboratory.

十四 伍總醫官顯微鏡室之內容

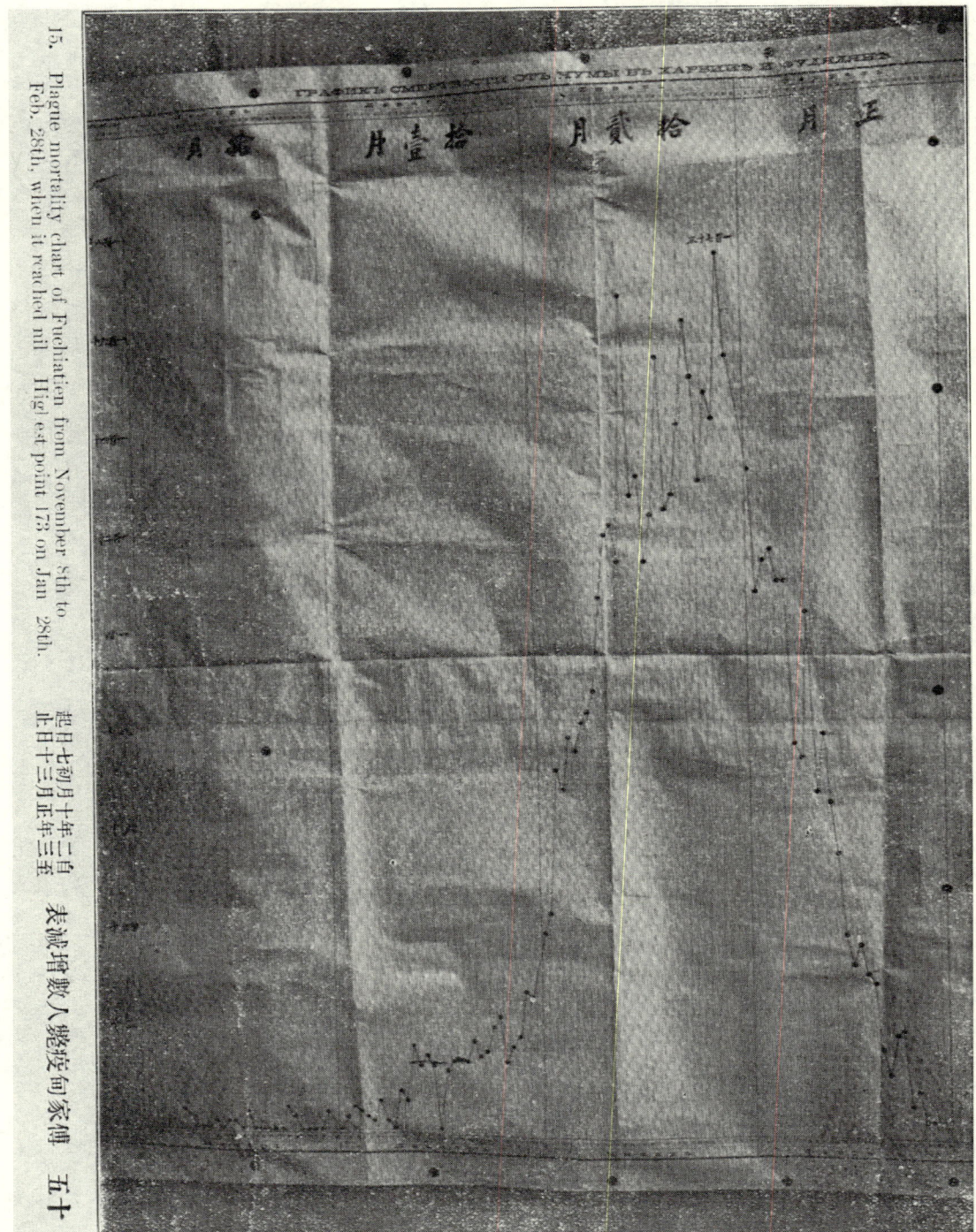

15. Plague mortality chart of Fuchiatien from November 8th to Feb. 28th, when it reached nil Highest point 173 on Jan 28th.

十五 傅家甸疫斃人數增減表 自二年十月初七日起 至三年正月三十日止

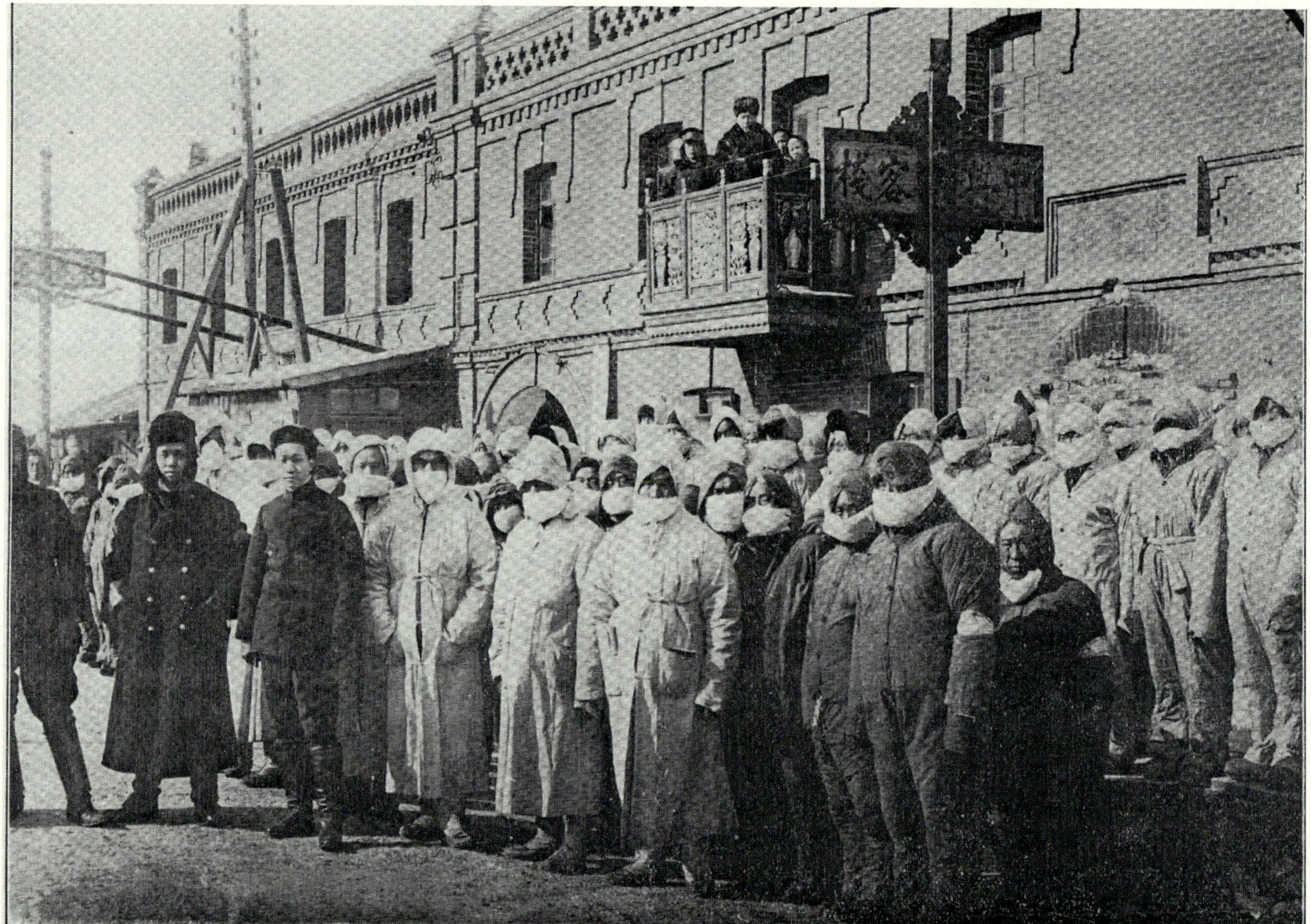

16. Staff of Section I; Staff Doctor Lei on left. This station was once a theatre.

十六 第一區防疫執行處員役 西裝左立者爲黎正醫官

17. Staff of Section II, Dr. Hou (Staff Doctor) on right. This was once the Magistrate's Yamen.

十七 第二區防疫執行處員役 白衣右立者為侯正醫官

18. Sixth Lane, the worst infected of all streets. Ready for burning.

十八 第二區疫癘最盛之小六道街焚燒前之景象

19. Staff Dr. Hou superintending burning operations.　十九　第二區疫癘最盛之小六道街焚燒時之景象

20. A house-to-house inspection party, Section II.

二十 分段挨戶檢驗之員役

21. Number III Station under Staff Doctor Sun, once a Boys' Day School.

二十一 第三區防疫執行處 係濱江兩等小學堂房舍

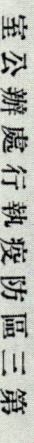

22. Office of No. III Station. Note the two windows through which reports are dropped into sublimate lotion.

二十二 第三區防疫執行處辦公室

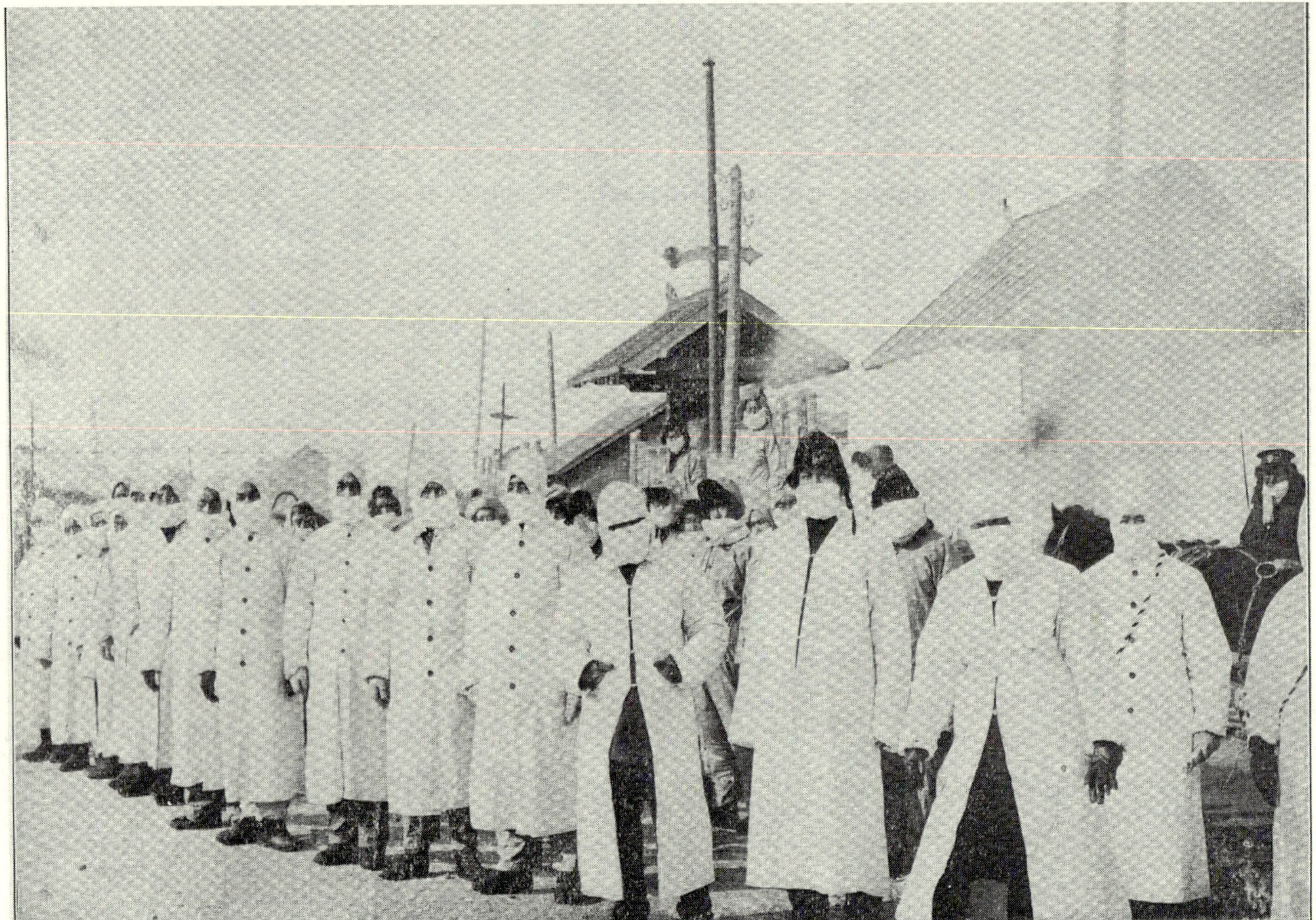

23. Staff of Section III. Doctors and Assistants in front, coolies and carts behind.

二十三　第三區防疫執行處員役

前列白衣爲醫官醫生白衣黑帽者爲孫正醫官後列者爲隊兵夫役

24. Disinfecting carts ready to go out.　二十四　第三區防疫執行處消毒隊之出行

25. An Ambulance Party, Section III.

二十五 救急隊兵夫役並抬病床

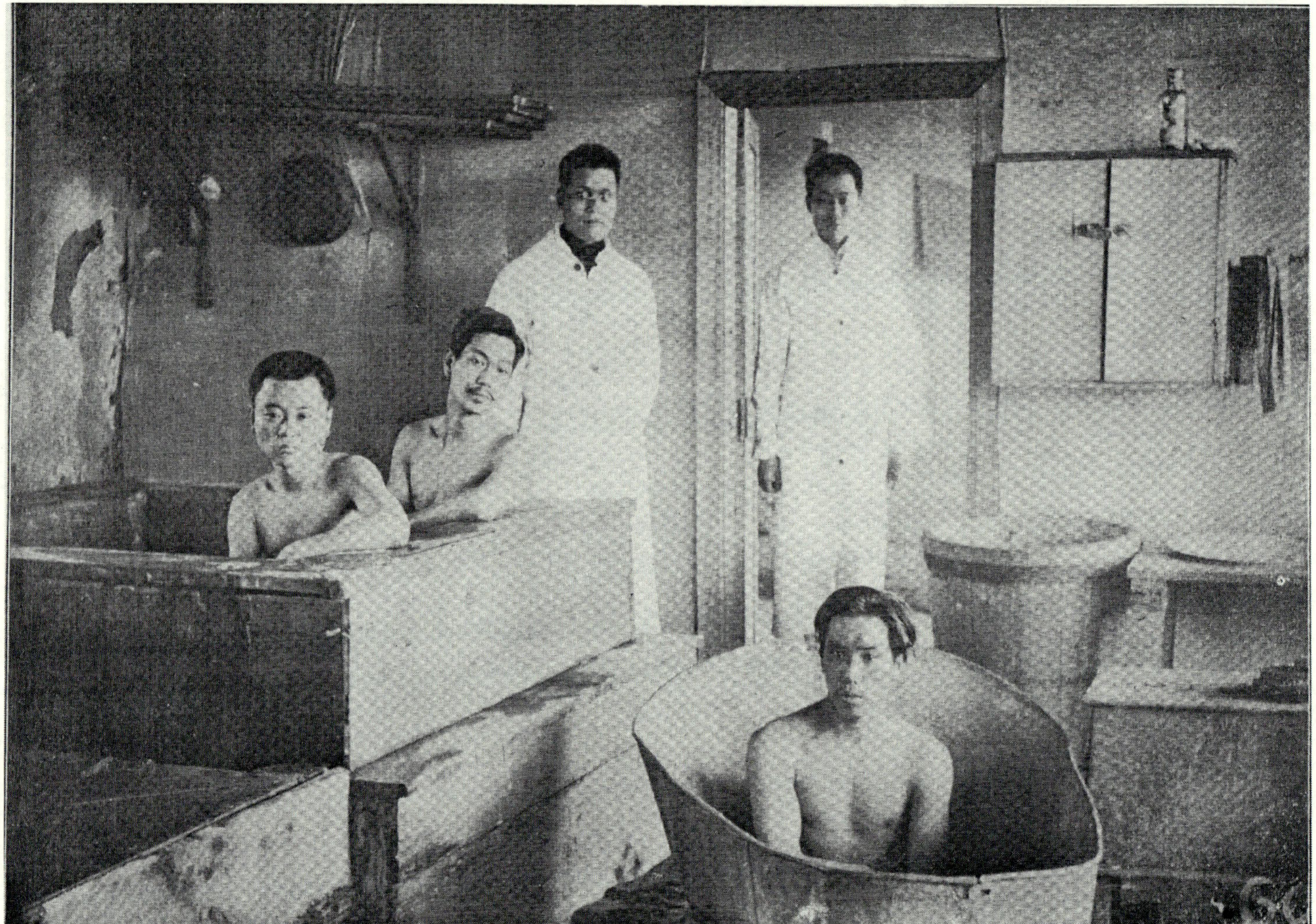

26. Taking sublimate baths 1 to 3,000) Section II.　　二十六　第三區防疫執行處消毒浴室

27. Staff of Section IV, outside their office, formerly a Girls' School. 二十七 第四區防疫執行處員役

28. Specimens of native made ambulances; the cart on right is for the dead.

二十八 第四區防疫執行處拉屍車並抬病床之出行

29. Home made ambulances; the one on right is for sick, that on left is for contact cases.

二十九 右係運送病人温車 左係運送隔離人車輛

30. A house burning party in Section IV.

三十 第四區疫癘最盛之染坊胡同焚燒前之豫備

31. The **Old Plague Hospital,** formerly a large Bathing Establishment. Here died 1,650 people. 三十一　第一時疫病院

32. A haracteristic photograph of Medical Staff of Old Plague Hospital. Native physician Ku in centre, Sccretary Chia on left and Western trained Dr. Liu on right.

左立者西醫柳振林
中立者中醫顧喜譜
右立者司事賈鳳石

三十二 第一時疫病院之員司

33. Burning the Old Plague Hospital, February 20th, 1911. 三十三　第一時疫病院焚燒時之景象

34. The Old Suspect (Isolation) Hospital. 三十四 第一疑似病院

35. The New Plague Hospital, formerly a temple.　　三十五　第二時疫病院

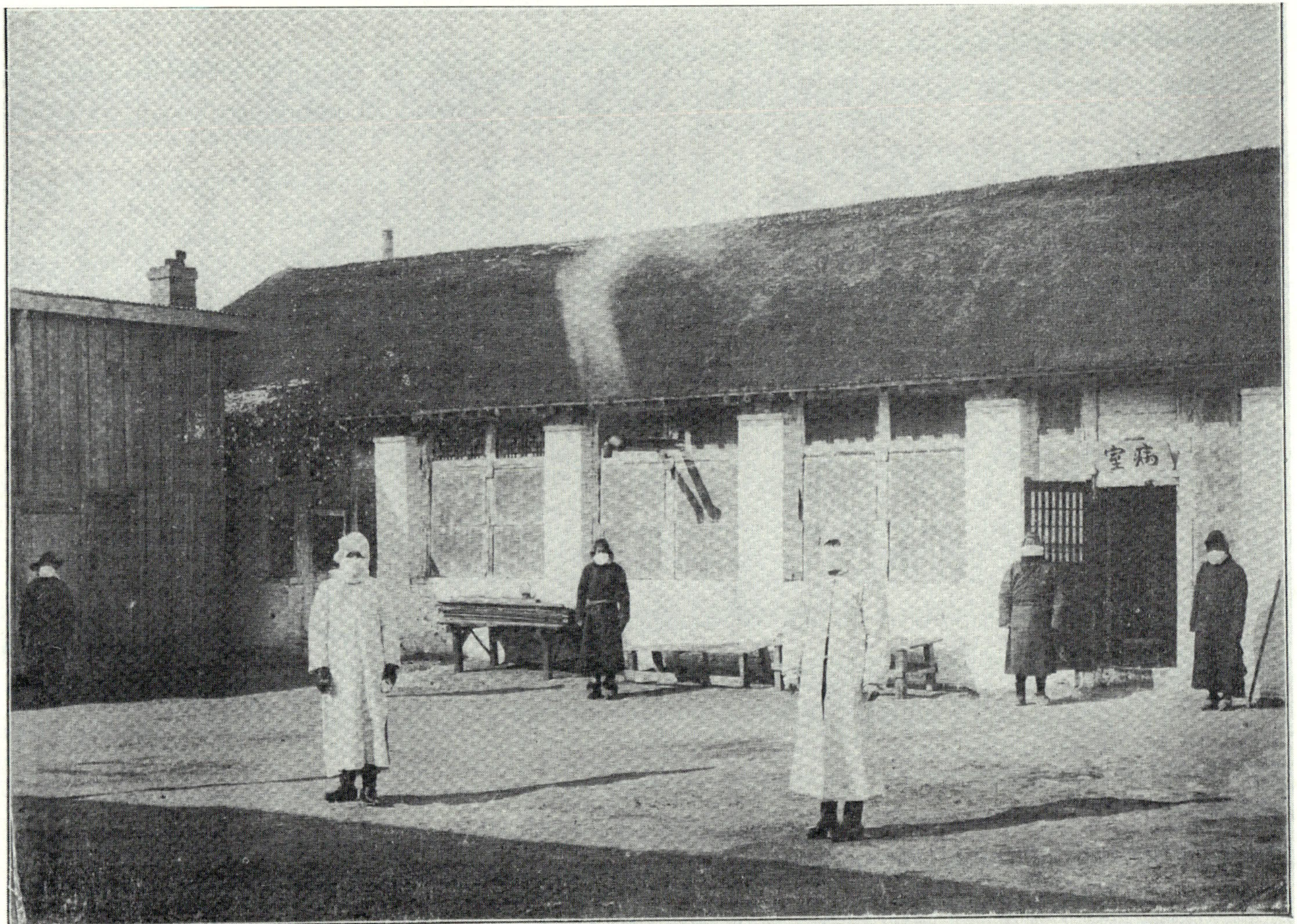

36. The New Suspect (Isolation) Ho pital.　三十六　第二疑似病院

37. Special Hospital for the Medical Staff. 三十七 上級病院

38. Veterinary Hospital. 三十八 拉運屍車之病馬院

39. Staff of Quarantine Wagons. Staff Doctors Aspland and Stenhouse in charge.

三十九 火車隔離所之員役

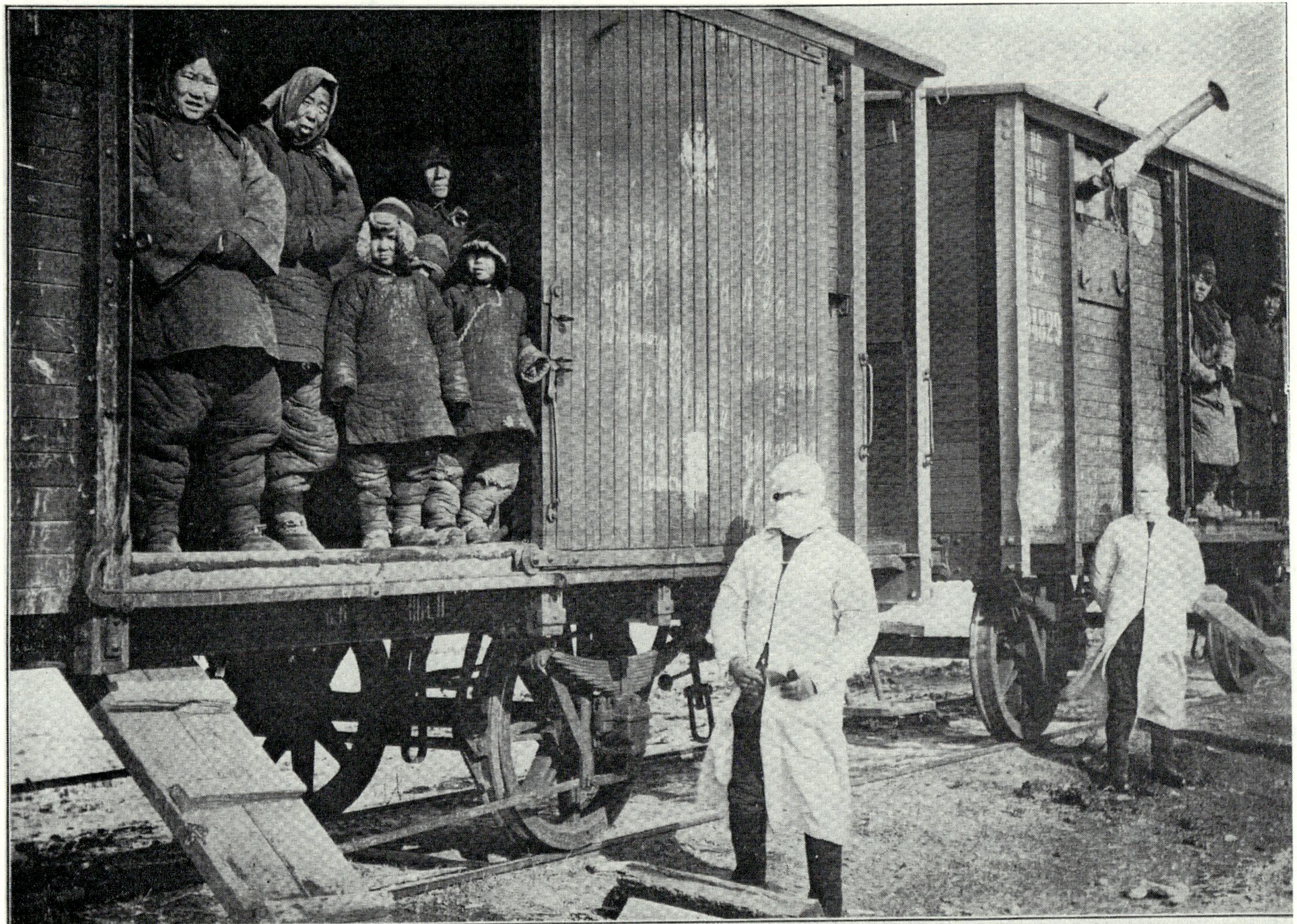

40. A woman's quarantine wagon.

四十 火車女隔離所

41. The Quarantine Station. Row of 100 railway wagons on left: Suspect Hospital on right.

四十一　收容隔離人之火車百輛

42. Disinfecting Carts of Tien Chia Shou Kuo Station. 四十二 田家燒鍋防疫執行處消毒車輛

43. Lay and Medical Staff outside Central Office, Taotai Kuo in middle.

四十三　防疫總局在事各員合影

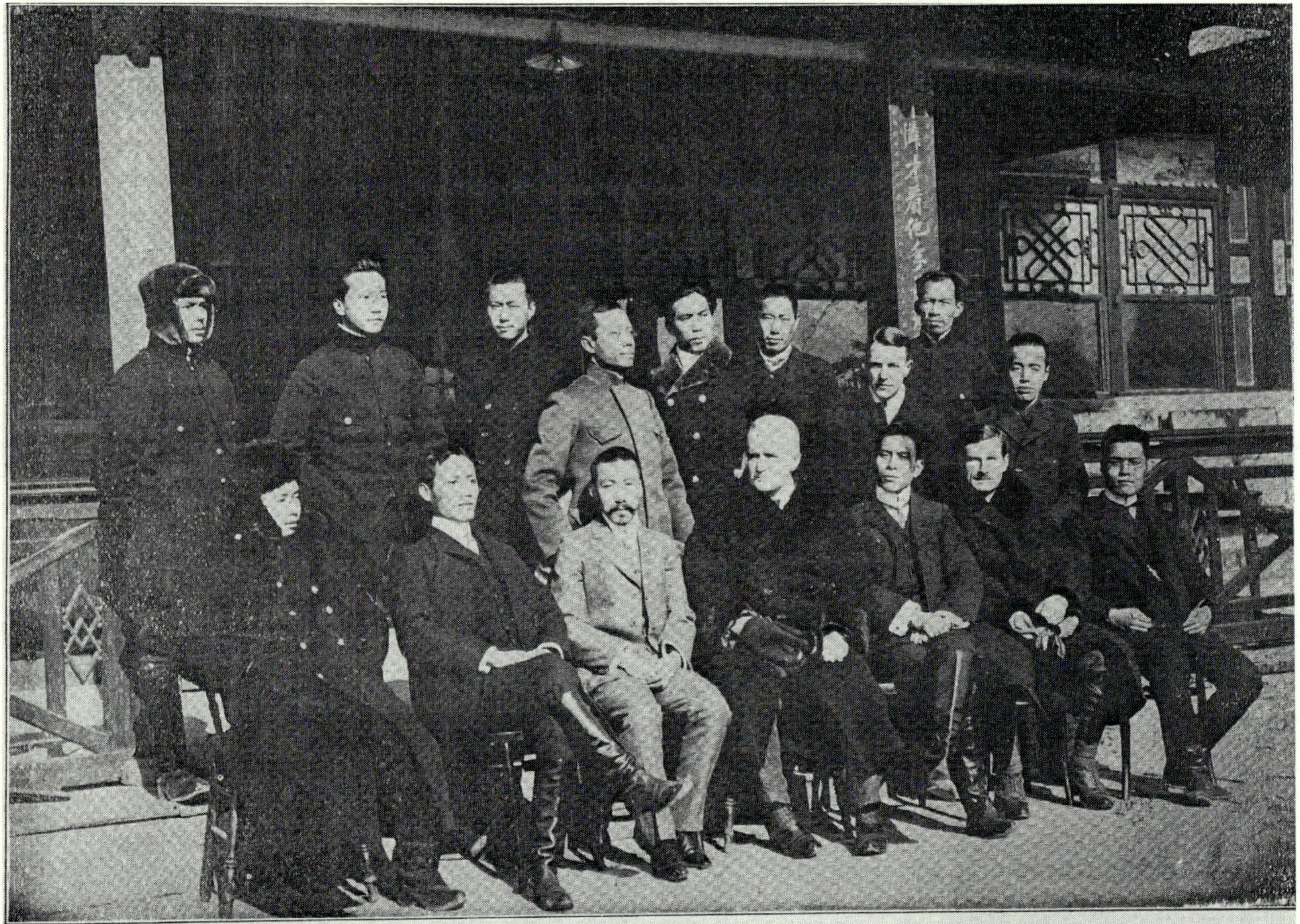

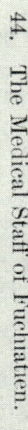

44. The Medical Staff of Fuchiatien.

四十四 防疫醫官合影

45· Officers of the III Division, Imperial Chinese Army.
Taotai Tan in middle.

四十五 防疫總辦譚觀察及駐哈防疫陸軍官員合影

46. Some of the troops, III Division, guarding outskirts of Fuchia'ien. 四十六 第三鎮駐哈防疫遮斷交通之陸軍全隊

47. Russian and Chinese Staff guarding Bridge between Railway Zone and Fuchiatien.

四十七 鐵路大橋駐守檢驗之中俄醫官及兵役

48. Sentries at T'ai P'ing Ch'iao. 四十八 各城來哈埠之要道太平橋陸軍駐守處

49. Some inmates of the Refuge for Homeless after quarantine.

四十九 濟貧所收容之無歸貧民

50. Some female inmates of the Refuge for Homeless.

五十 濟貧所收容婦女室

51. Distributing fire-wood to the poor.

五十一 遮斷交通後發放貧民木柴處

52. Distributing rice to the poor.

五十二 遮斷交通後發放貧民米粮處

53. 108 Contacts on their way to Quarantine Station.

五十三 護送與病人同居之一百零八人赴火車隔離所

54. Roman Catholic Church, Fuchiatien.　　五十四　傅家甸疫斃多人之天主堂

55. Hospital inside Catholic Church Compound.
Here died about 250 people.

五十五　天主堂內疫斃者約二百五十人之病房

56. A large house—china ware shop—where all the eight inmates died from plague. 五十六 合戶疫斃八人之磁器鋪

57. The extremes of life—old woman of 71 and baby of 2 years, sole survivors of a family of 14.

五十七 第一區昇平街疫斃十四人之家室並兩歲之遺孤及遺孤之七齡曾祖母

58. Types of dirty houses.

五十八 天主堂內之污穢房屋

59. Long row of burnt houses.

五十九 疫癘最盛之房屋焚後之景象

60. Residence of Medical Staff—Taotai Yamen.

六十 醫官住宿舍

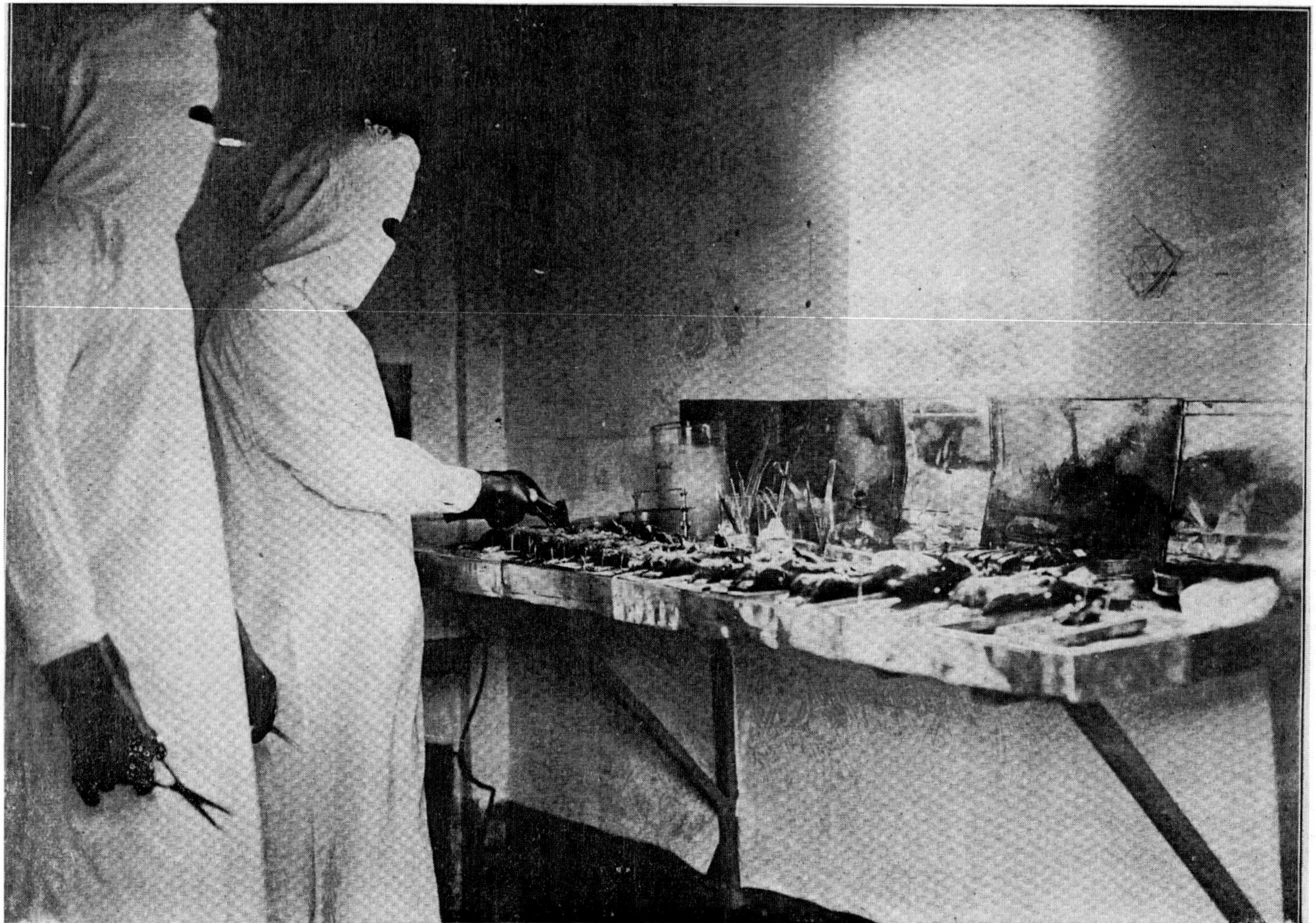

61. In the Laboratory; searching for infected rats.　　圖室鼠老剖解驗檢　一十六

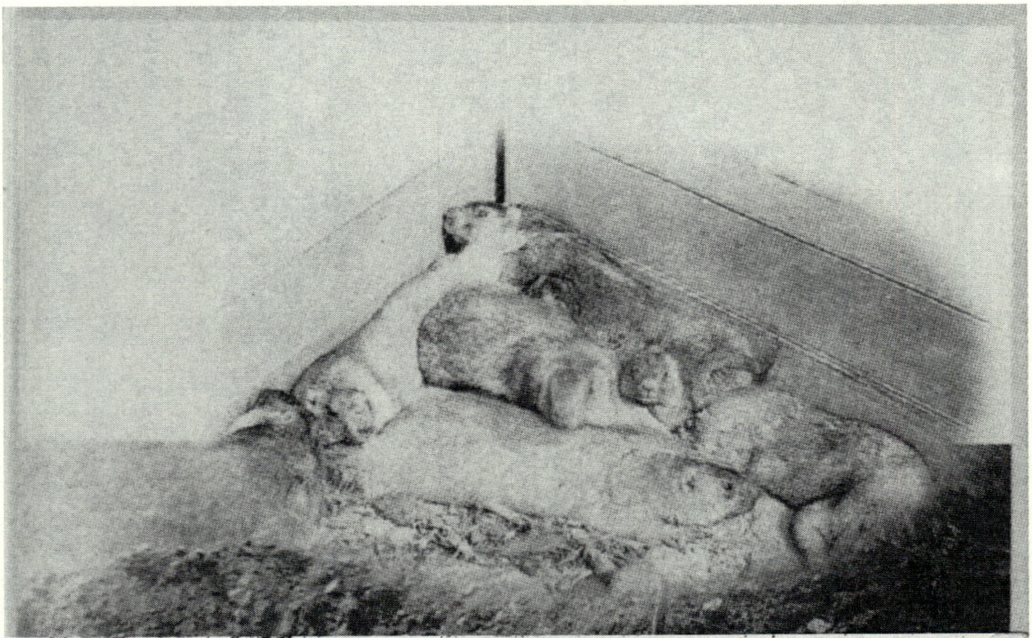

A group of Tarabagans or Mongolian marmots (*Arctomys bobac.* Schreb,) very fierce animals

示旱獺(蒙古山撥鼠)一群爲猛烈獸之一種

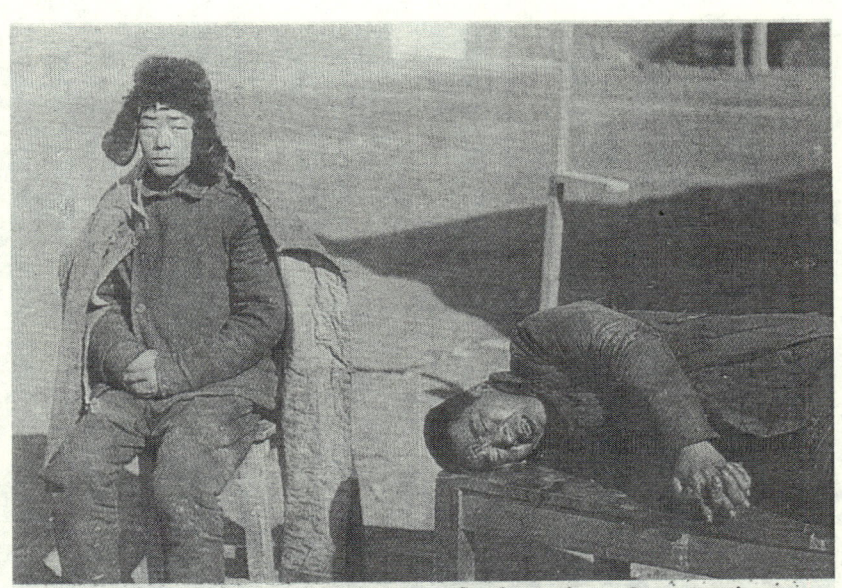

Two pneumonic plague patients, one in the early and one in the late stages of the disease. Note blood on bench.

示罹肺鼠疫患者一爲早期一爲極期

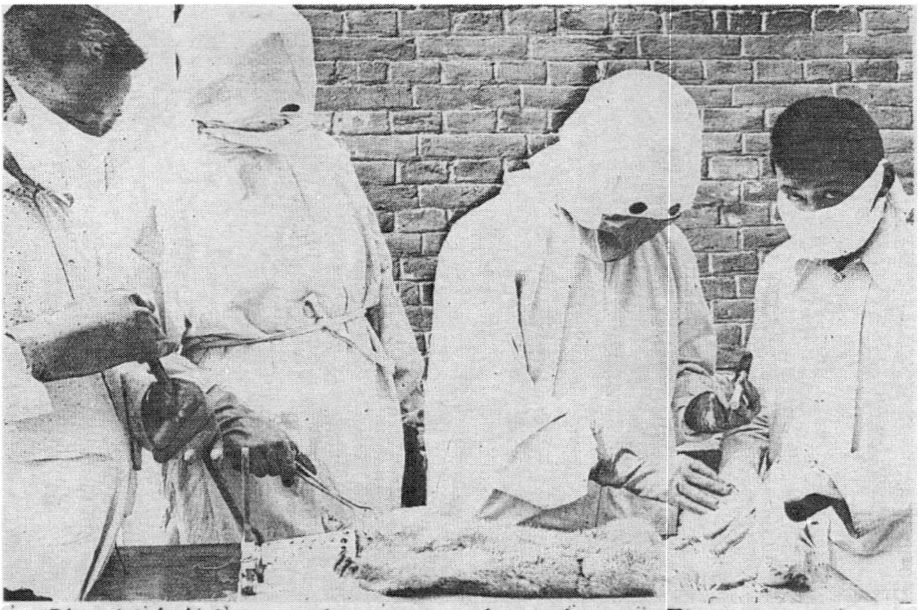

Plague inhalation experiments upon the tarabagan. First stage with animal strapped upon the table.

示行旱獺吸入試驗在第一期扣綁於術枱上

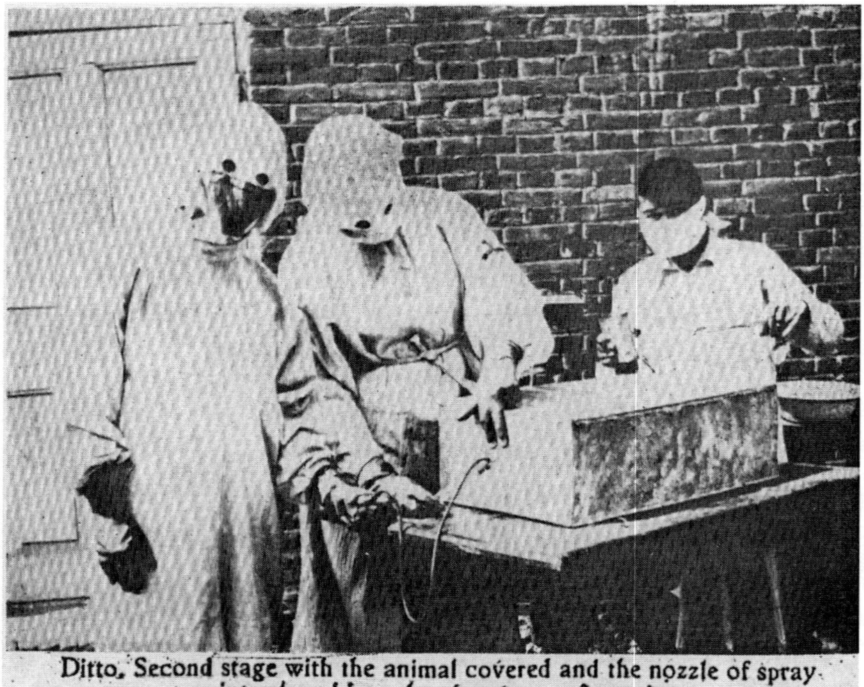

Ditto. Second stage with the animal covered and the nozzle of spray introduced into the chamber so formed.

仝上在第二期以噴霧器咀頭向箱內噴霧

Bird's eye view of east (plague) compound. Part of west (administrative) compound also shown.

哈爾濱醫院

表示遠望東院（養疫病室）全部及西院一部圖

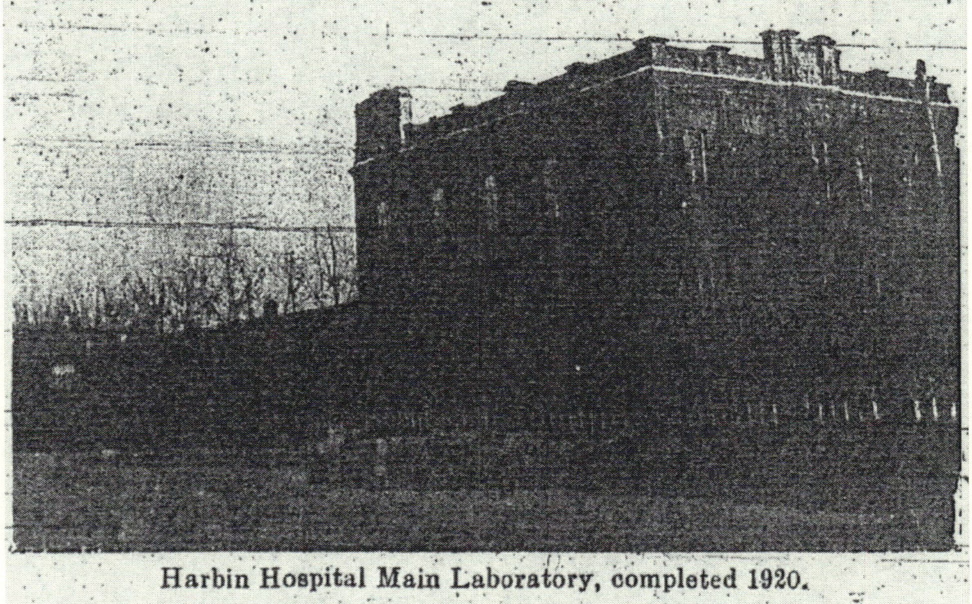

Harbin Hospital Main Laboratory, completed 1920.

哈爾濱醫院之細菌檢驗室

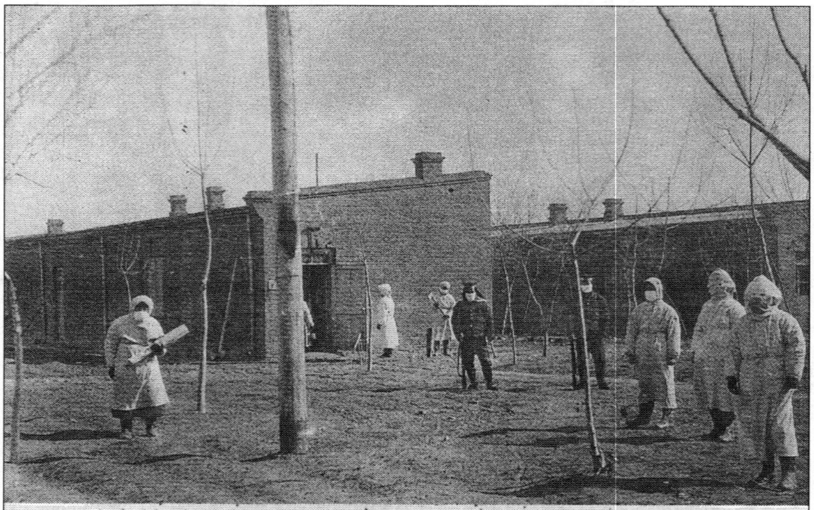

Plague wards with attendants, March 1921.

哈爾濱醫院患疫者之養病室與夫役圖

HARBIN HOSPITAL

West (administrative) compound containing also general hospital.

哈爾濱醫院

表示靠西辦事大院與總醫院圖

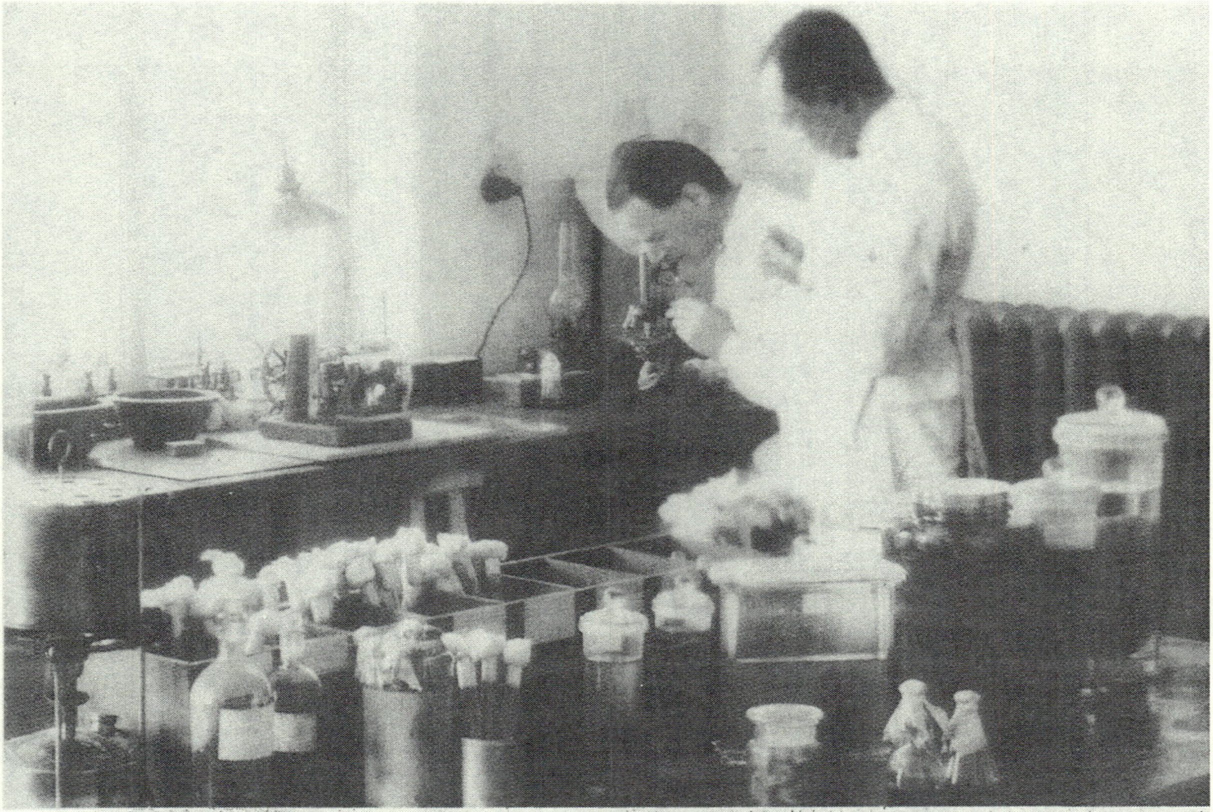

Harbin Laboratory (Interior) 哈爾濱細菌檢驗室內容圖

Library of Plague Prevention Service, Harbin. 哈爾濱醫院藏書樓圖

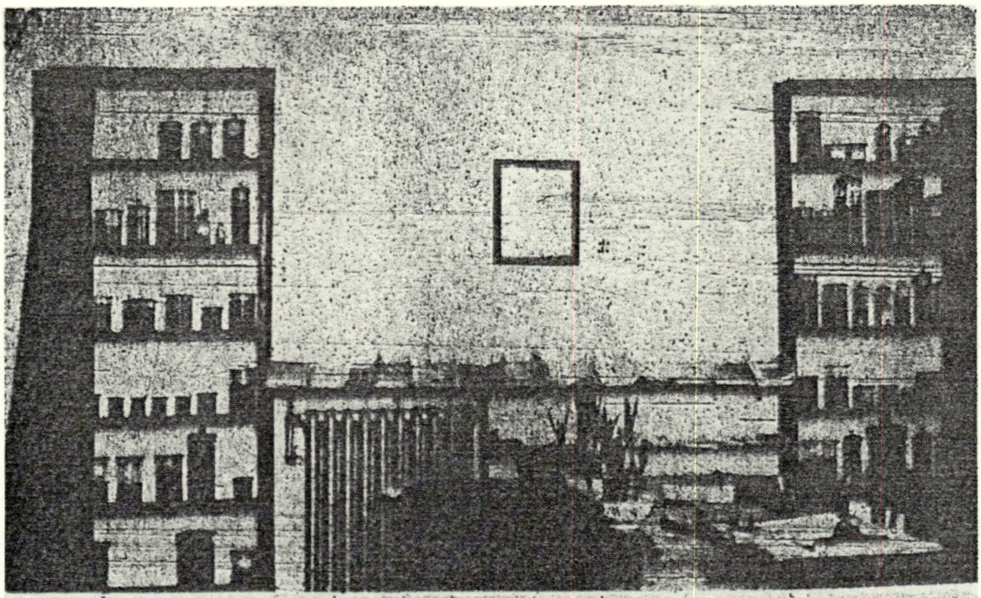
A corner of the Museum, showing pathological specimens. 哈爾濱博物室一部圖

Harbin Anti-Plague Staff 1921. 哈爾濱防疫人員圖

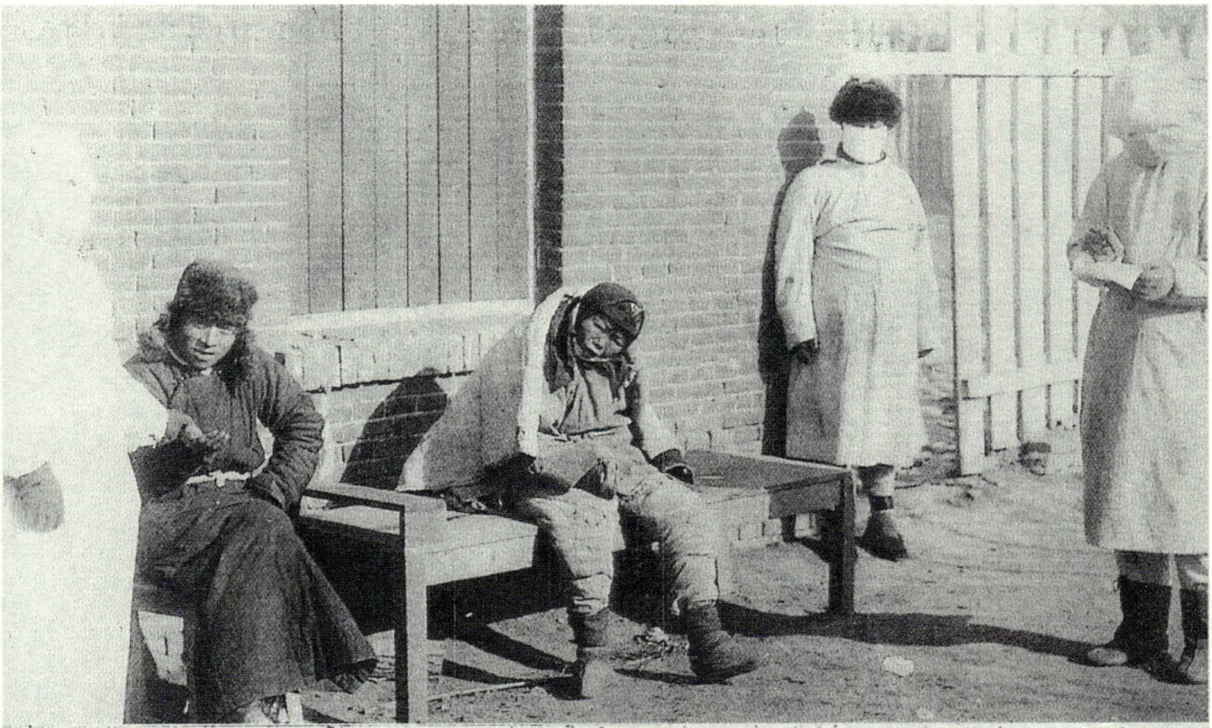

Admitting Plague patients, Harbin, March 1921. 收留染疫患者圖

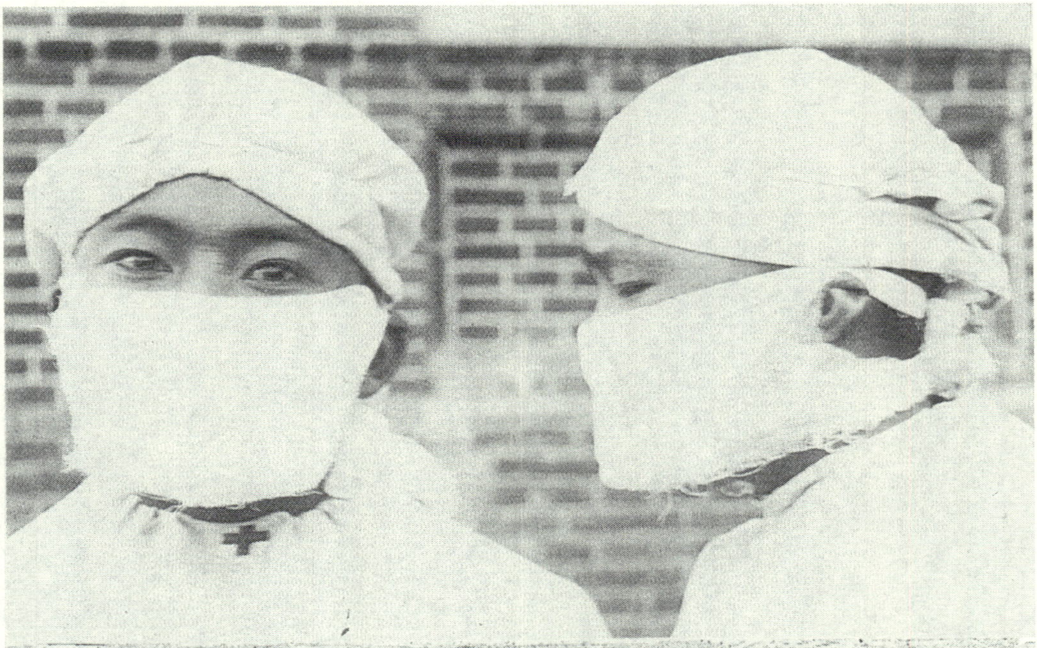

How anti-plague masks are worn. 護口具戴法圖

Semi-underground dwellings for miners at Dalainor, where 40-60 men often lived. Hot-beds for plague.

半居地穴圖　札拉諾爾鑛夫常以四十至六十人聚居一穴內

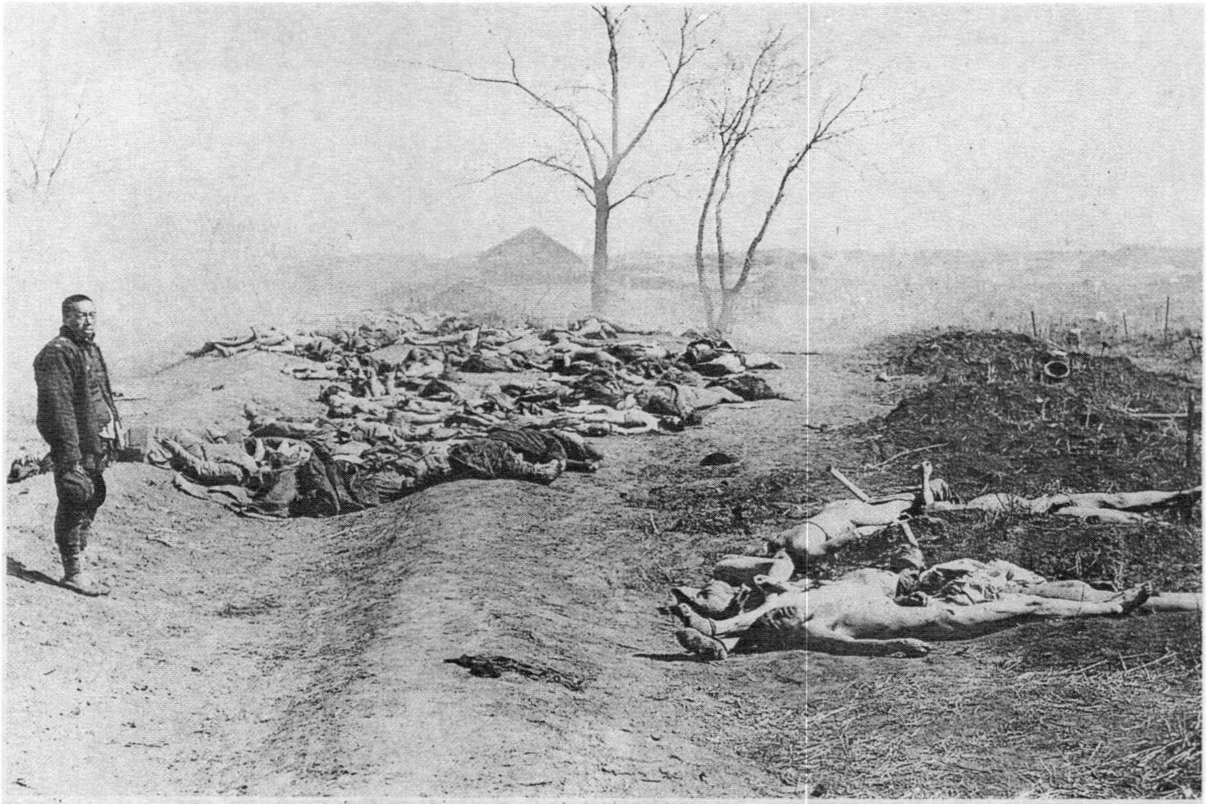

Public burial ground, Harbin. Corpses ready to be cremated.

公埋葬場圖　表示預備埋葬情狀一

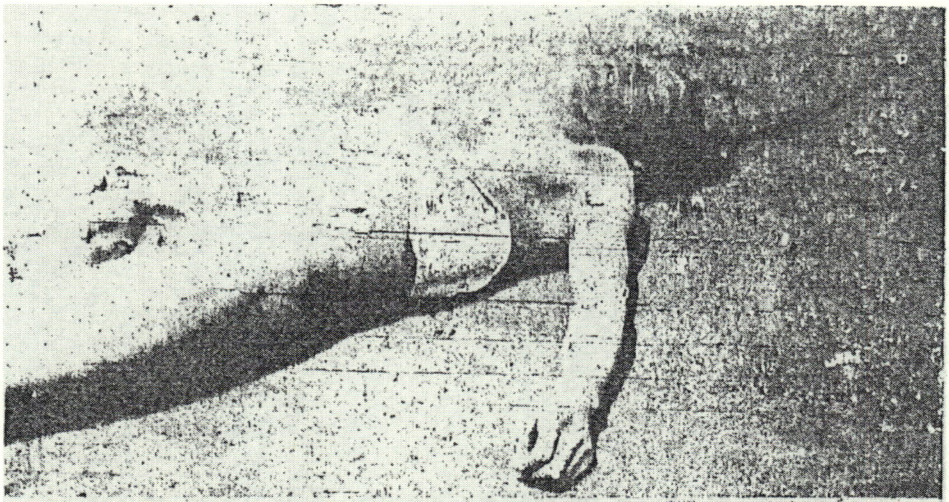

A dead plague patient showing plaster applied over spleen region by quack.
疫屍生前被庸醫在脾臟部帖粘膏藥之狀態

Plague patient (living) driven into the street. 患疫人棄在道旁之情狀

Remains of dead horse (middle) eaten by a dog. A plague corpse (right) was refused by same dog.

疫馬死後被狗食之而人屍則此狗不食之圖

Main block of New Quarantine Hospital, Newchwang, opened 1920.

牛莊隔離所之正面圖

(一九二零年成立)

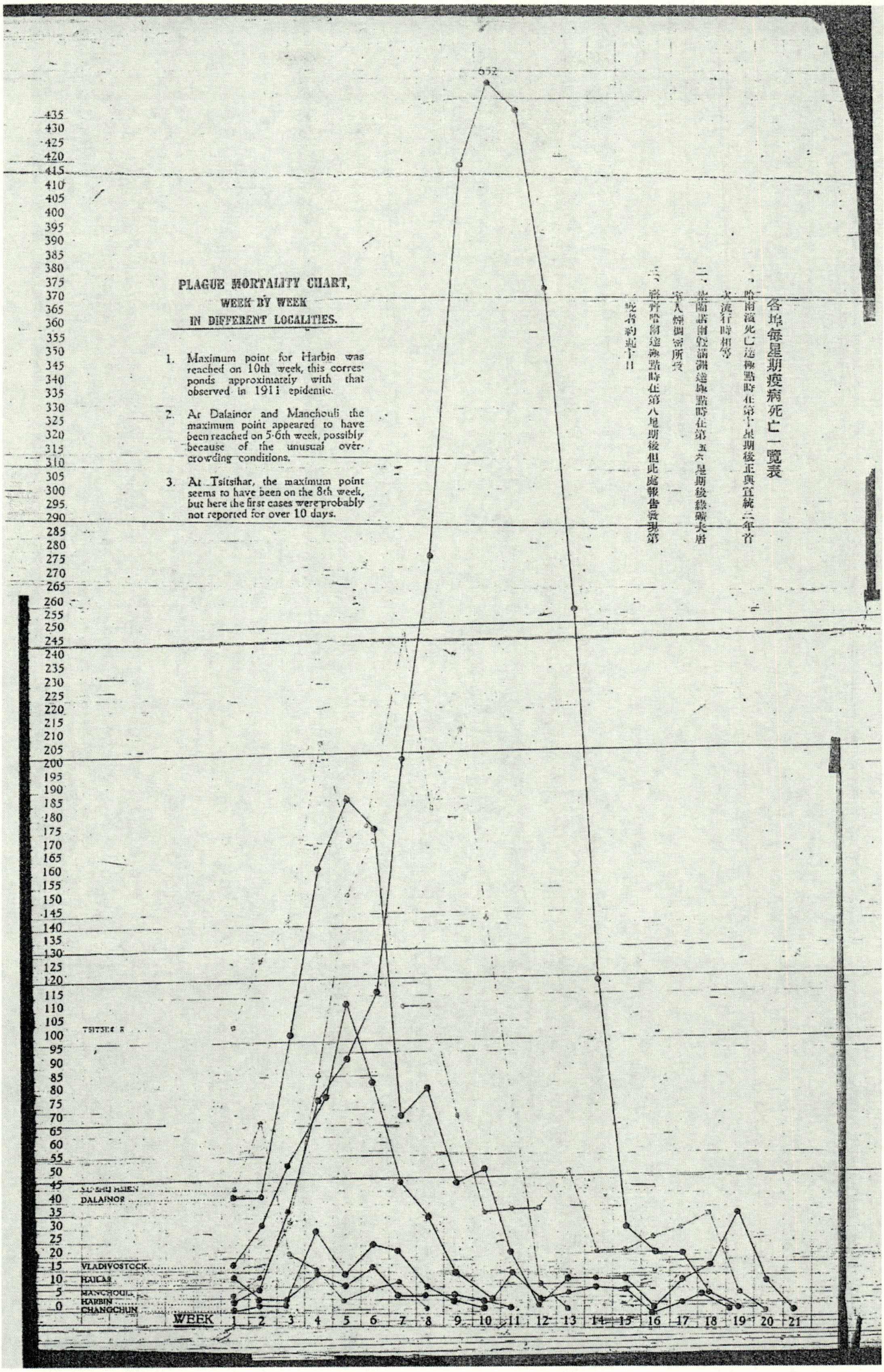
PLAGUE MORTALITY CHART,
WEEK BY WEEK
IN DIFFERENT LOCALITIES.
1. Maximum point for Harbin was reached on 10th week, this corresponds approximately with that observed in 1911 epidemic.
2. At Dalainor and Manchouli the maximum point appeared to have been reached on 5-6th week, possibly because of the unusual overcrowding conditions.
3. At Tsitsihar, the maximum point seems to have been on the 8th week, but here the first cases were probably not reported for over 10 days.
各埠每星期疫病死亡一覽表
一、哈爾濱死亡達極點時在第十星期後正與宣統二年首次流行時相等
二、札蘭諾爾暨滿洲達極點時在第五六星期後緣礦夫居室人煙稠密所致
三、齊齊哈爾達極點時在第八星期後但此處報告發現第一疫者約逾十日
652
DALAINOR
VLADIVOSTOCK
HAILAR
MANCHOULI
HARBIN
CHANGCHUN
WEEK
1 2 3 4 5 6 7 8 9 10 11 12 13 14 15 16 17 18 19 20 21

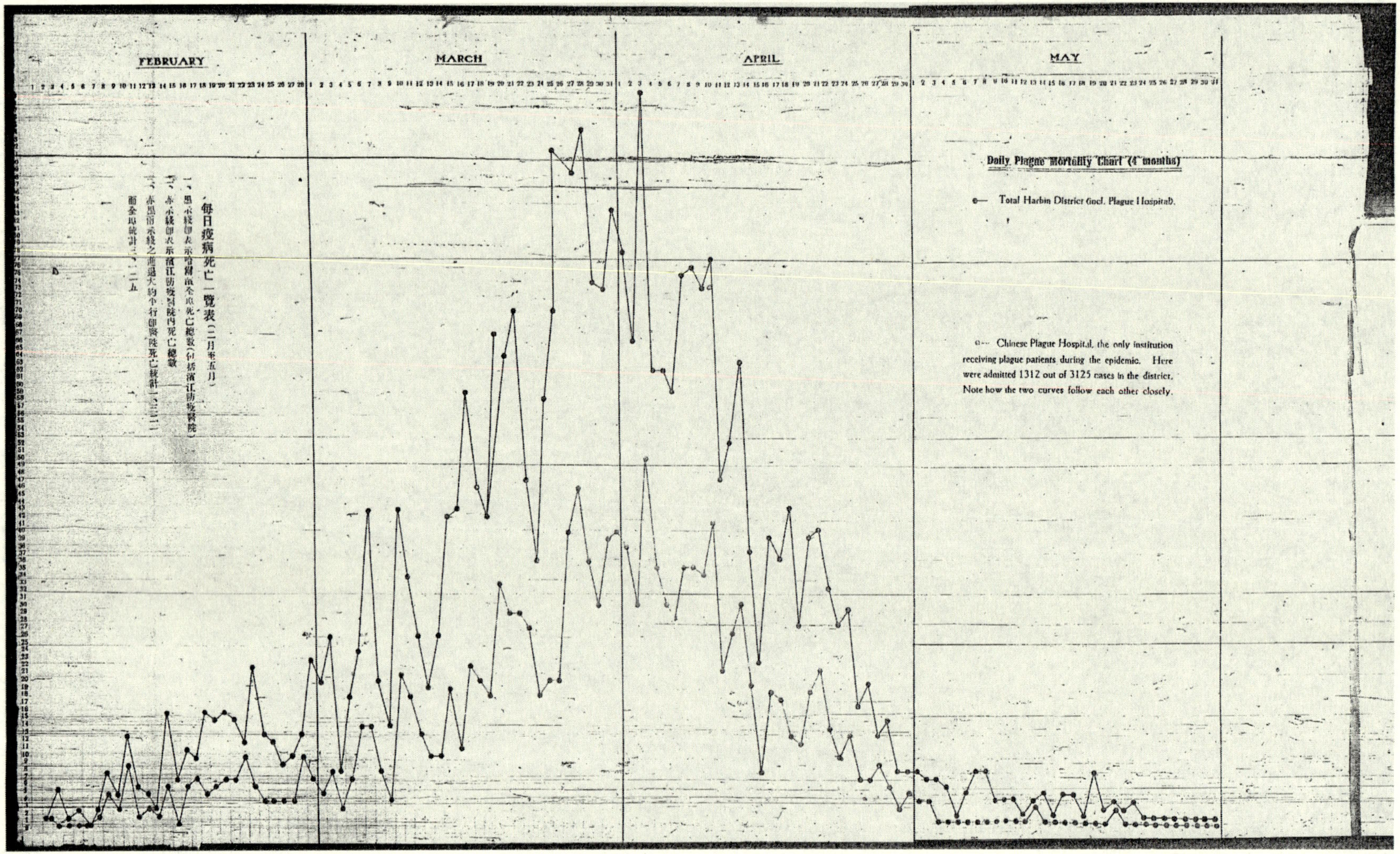
FEBRUARY
MARCH
APRIL
MAY
每日疫病死亡一覽表（二月至五月）
一、黑示綫即表示哈爾濱全埠死亡總數（包括濱江防疫醫院）
二、赤示綫即表示濱江防疫醫院內死亡總數
三、赤黑兩示綫之進退大約平行即醫院死亡統計一三一二
而全埠統計三一二五
Daily Plague Mortality Chart (4 months)
●— Total Harbin District (incl. Plague Hospital).
○-- Chinese Plague Hospital, the only institution receiving plague patients during the epidemic. Here were admitted 1312 out of 3125 cases in the district. Note how the two curves follow each other closely.

Birds-Eye View of New North-Eastern Hospital (in part), Mukden, completed 1924.
Cost $600,000.

奉天東北醫院遠望一覽圖（民十三年落成）

Dissecting tarabagans in the open air. Russo-Chinese Plague Exped. 1923.

民十二中俄鼠疫研究隊在露天解剖旱獺

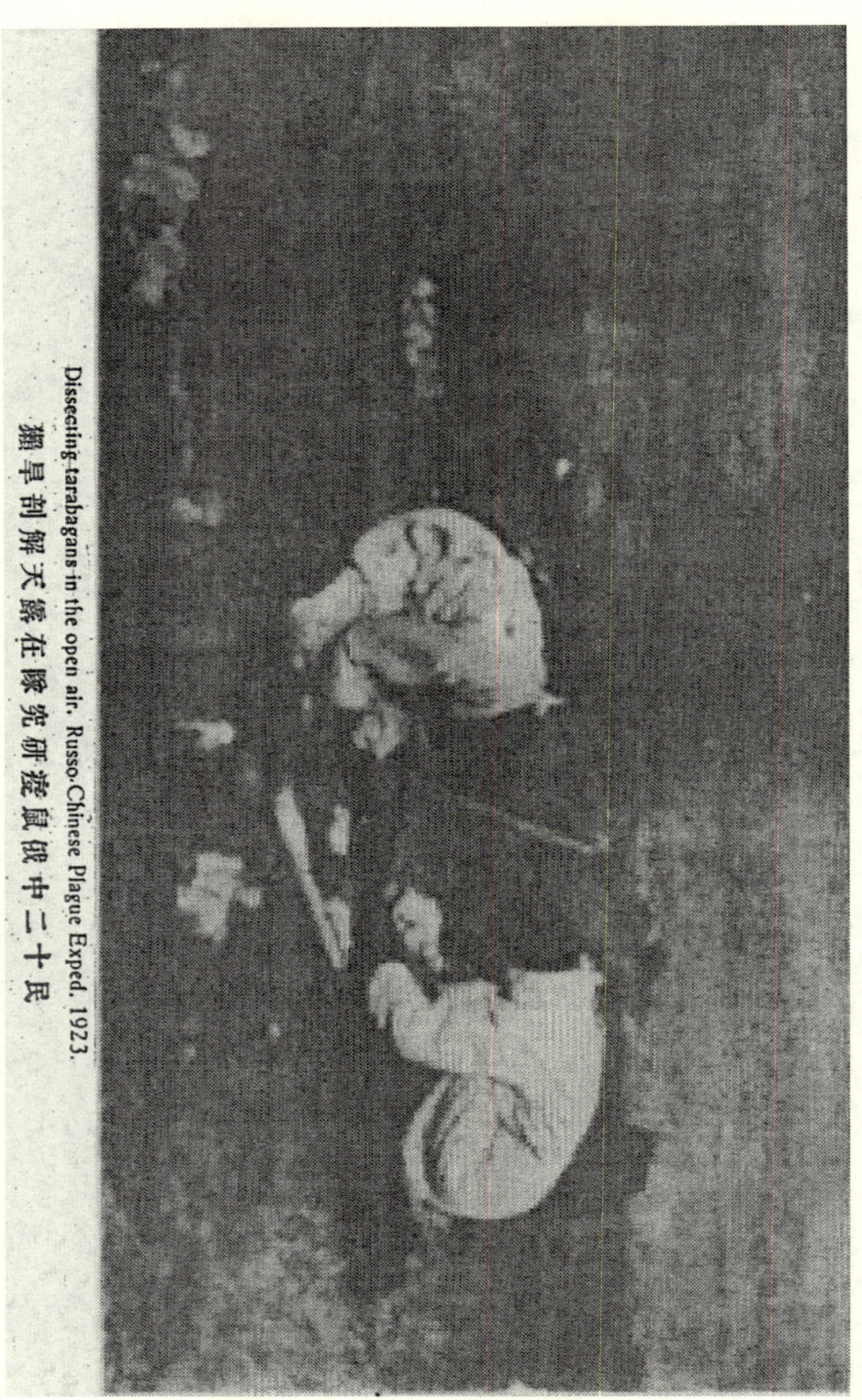

New Quarantine Camp, Newchwang, completed 1924.

牛莊新隔離所民國十三年落成

Two new buildings of Harbin Hospital. In front is the Office and present laboratory, completed in 1920, behind is the new General Hospital completed in 1922.

哈院之兩新樓居前者現化驗室於民九落成後者
新醫院於民十二落成

One of the medical wards in the new Hospital.

新醫院內科養病室一部

Exhibition of the Plague Prevention Service during 25th anniversary celebration of Chinese Eastern Ry., 1923.

民十二中東路二十五週紀念博覽會東省防疫總處陳列圖

Laboratory of Service at Manchouli,
permanently established in 1923.
民十二落成之滿洲里化驗室

Winter view of the East or Infectious compound. In times of epidemic, cases of Plague and Cholera are admitted here. The six long blocks are for housing the patients.

傳染病隔離所在冬季攝影（東院）當鼠疫或霍亂流行時所有患者收容於此有長室六座即疫病室也

The new Laboratory block from the West, 1926.
新研究室由西視

The joint Administration and Laboratory block from the South, 1926.
新研究室由南視且示與總處相連

Performing mass anti cholera vaccinations at Newchwang, where over 22,000 injections were given out of a pop. of 95,000.

示在牛莊接種市民霍亂禦防液計市民九萬五千共種二萬二千名

Quarantine doctors at Newchwang boarding a steamer from Shanghai during cholera epidemic 1926.

示在牛莊海口檢疫院檢驗由上海來之輪船狀況

Dr. E. B. Yang (Newchwang) with Police proceeding to inspect vessels arriving from south.

示牛莊楊廷光醫官帶同警士從事檢驗南來輪船之狀況

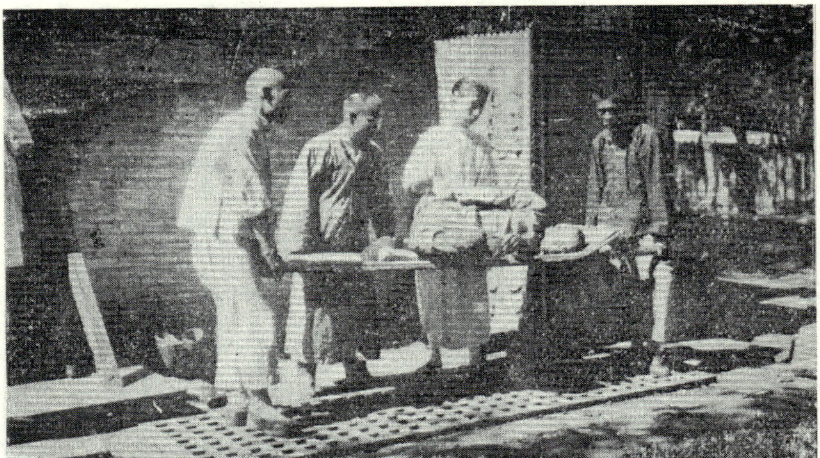

A cholera patient being carried into Pinchiang Hospital, 1926.

霍亂病人入院治療之狀況

Admission routine for cholera patients in the compound of Pinchiang Hospital.

入院時露天檢查之狀況

The staff of Pinchiang Hospital receiving anti-cholera injection.

助手院役實行注射霍亂禦防液時之狀況

Making simple diagnostic tests in the compound during cholera epidemic 1926.

示一九二六年哈爾濱霍亂流行時在露天診斷之狀況

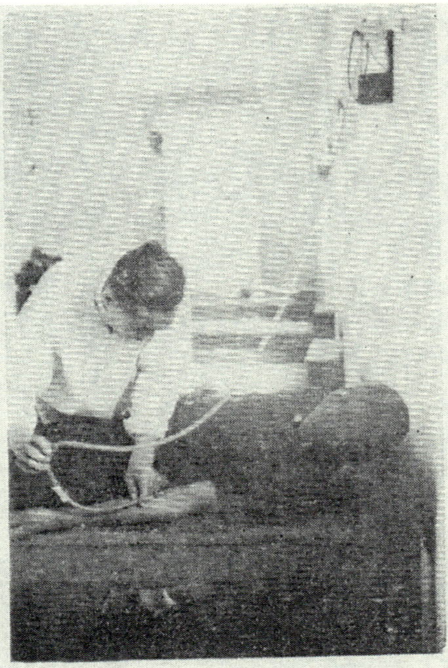

The technic of hypertonic saline infusion.

示施行霍亂病人食鹽液注射治療法

A big coastal junk from Ningpo being inspected by quarantine doctors at Newchwang 1926.

示霍亂流行時風船由寧波到牛莊時健康檢驗時之狀況

GROUND PLAN, NEW PNEUMONIC PLAGUE HOSPITAL, HARBIN 1926.
模範的肺疫病室(哈爾濱東三省防疫總處院內一九二六年落成)之平面圖

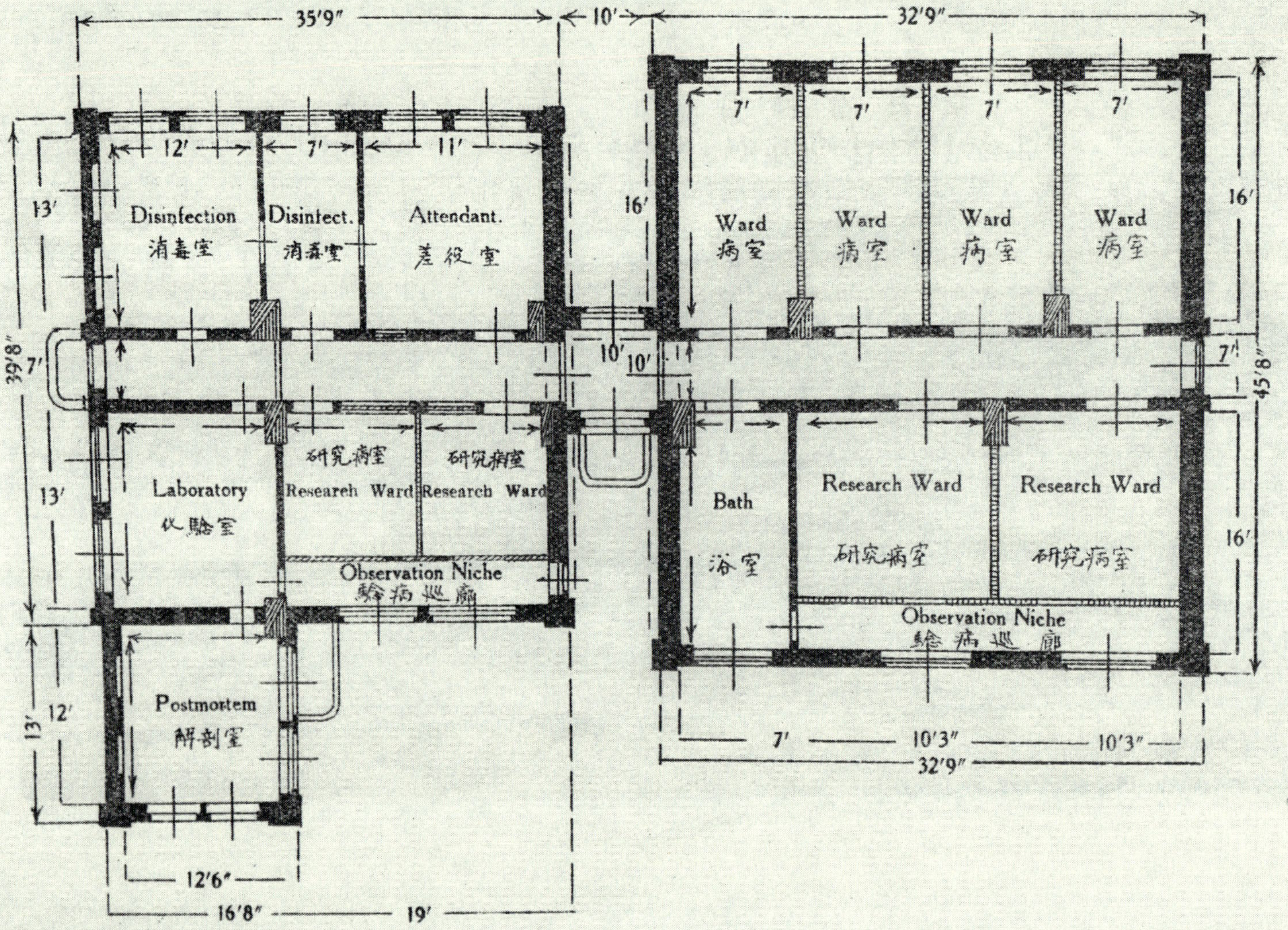

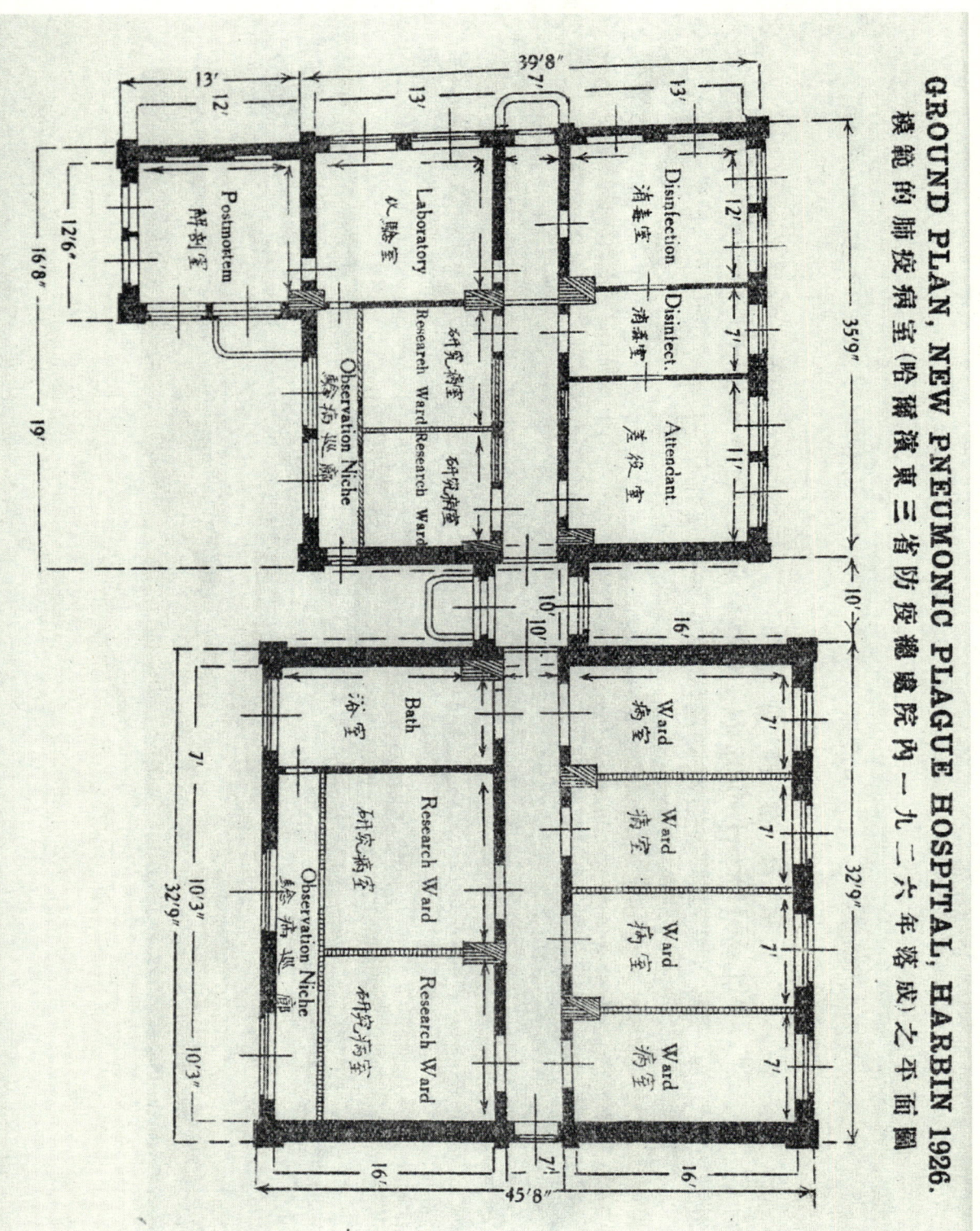

Winter view of the new buildings (Hospital Administration and Laboratory Blocks) from the inside of the West compound. The General Hospital erected in 1922 is at left, in middle is the Administration Block, built in 1920. The large block with the Tower is the Laboratory completed in 1924.

新建築冬季攝影(養病室及研究室)由西院內部觀察位於左側者爲總養病室一九二二年落成位於中央者爲總處辦公室一九二〇年落成其中有高出之塔樓者卽研究室也一九二四年落成

Summer view ot the West Compound showing parts of the same buildings.

西院夏季攝影示前述各室位置

Staff of the North Manchurian Plague Prevention Service, taken in Harbin, Summer 1926.

東省防疫處職員在一九二六年夏攝

A corner of the Museum.

博物室之一隅

Fig. 71. Quarantine Hospital at Santau-langtau, Antung, 1927.

民國十六年落成之安東山頭浪頭之隔離檢疫所

第四十一圖民國十七年防疫醫官在錢家店臨時防疫醫院撮影（前係客店）用泥草盖造

Fig. 41. showing antiplague staff outside temporary plague hospital (formerly village inn), Chien Chia-tien, Oct. 1928. Note the mud and straw construction.

Fig. 64. Exterior of New pneumonic plague block completed 1927, having separate entrances for medical staff and patients and exit for cadavers.

民國十六年落成之新築肺疫病室外部示醫員與患者有不同入口部及屍體出口部

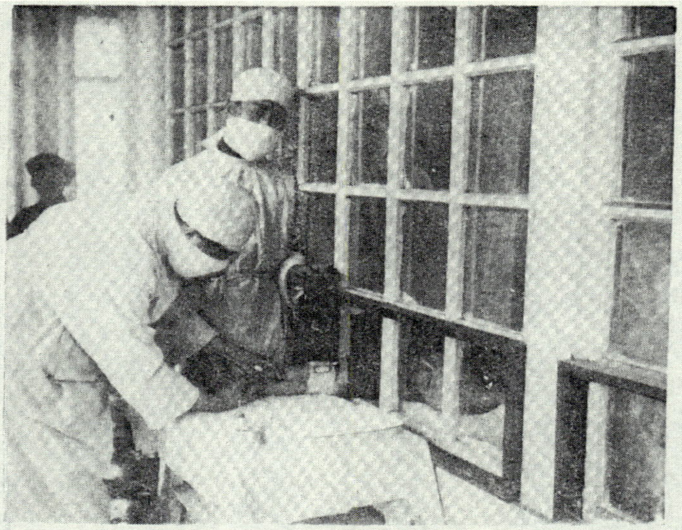

Fig. 65. Interior of ward showing medical staff in observation niche injecting serum into patient's arm through opening in glass partition without exposure to infection

同上內部醫員診療肺疫症者及在預防窗口外施行血清注射療法疫患者之手由玻璃大障下之窗口伸出以防醫員診治時之意外傳染

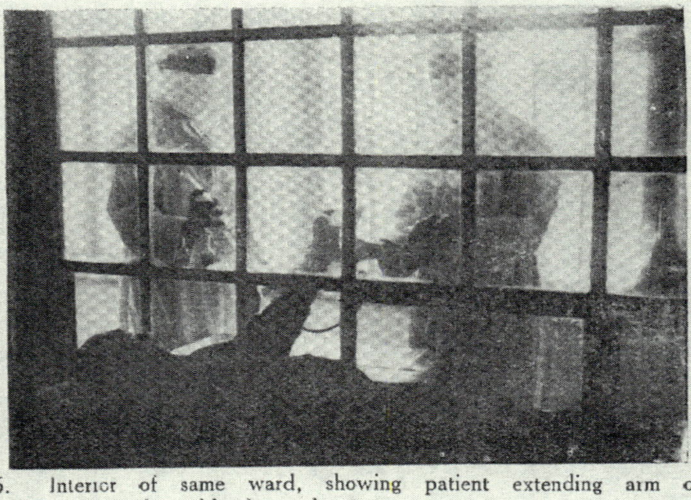

Fig. 66. Interior of same ward, showing patient extending arm outwards into the niche to have blood tested, etc.

同上病室於大障內部示疫者將手由病預防窗口伸出以備醫員取血檢查

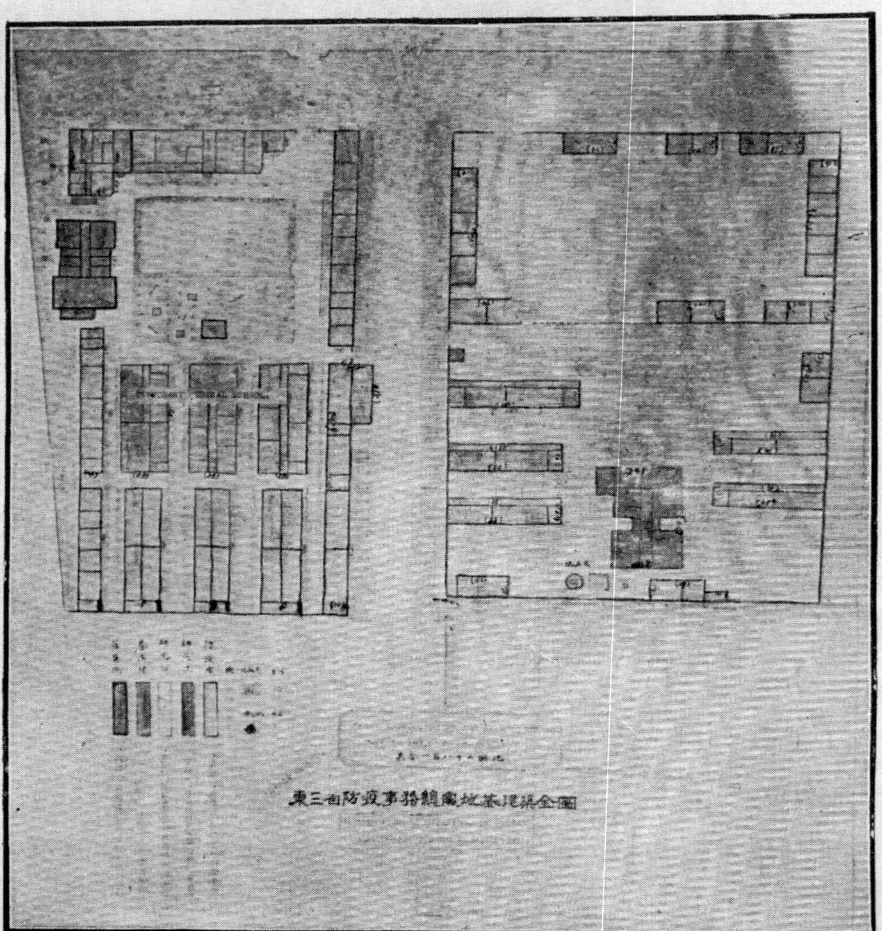

Fig. 67. Plan of Harbin Hospital Grounds (187 mou or 61 acres).
濱江醫院平面圖計一八七畝合六十一英畝

Fig. 68. Comparative sizes of Chinese and American typewriters as used in our Office.

中西打字機兩圖之比較卽防疫處辦公用者

Fig. 63. General view of Newchwang Quarantine Hospital, from River (1928)—
Hospital Block on left; Quarantine Block on Right.

牛莊海口檢疫醫院由河邊看之全圖 （民國十七年落成） 左邊卽爲醫院右邊爲隔離所

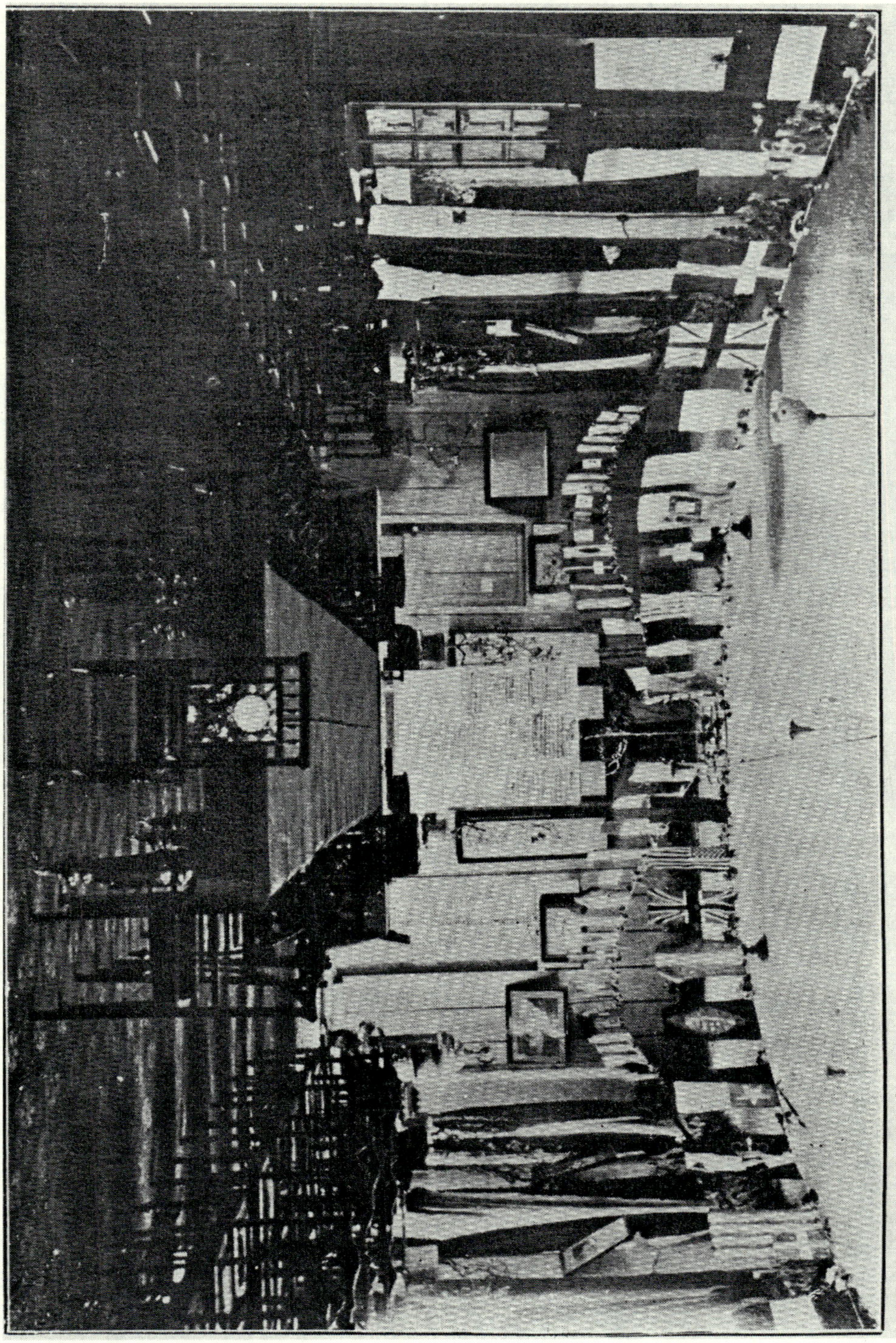

奉天萬國鼠疫研究會之議場

奉天萬國鼠疫研究會之研究室(其一)

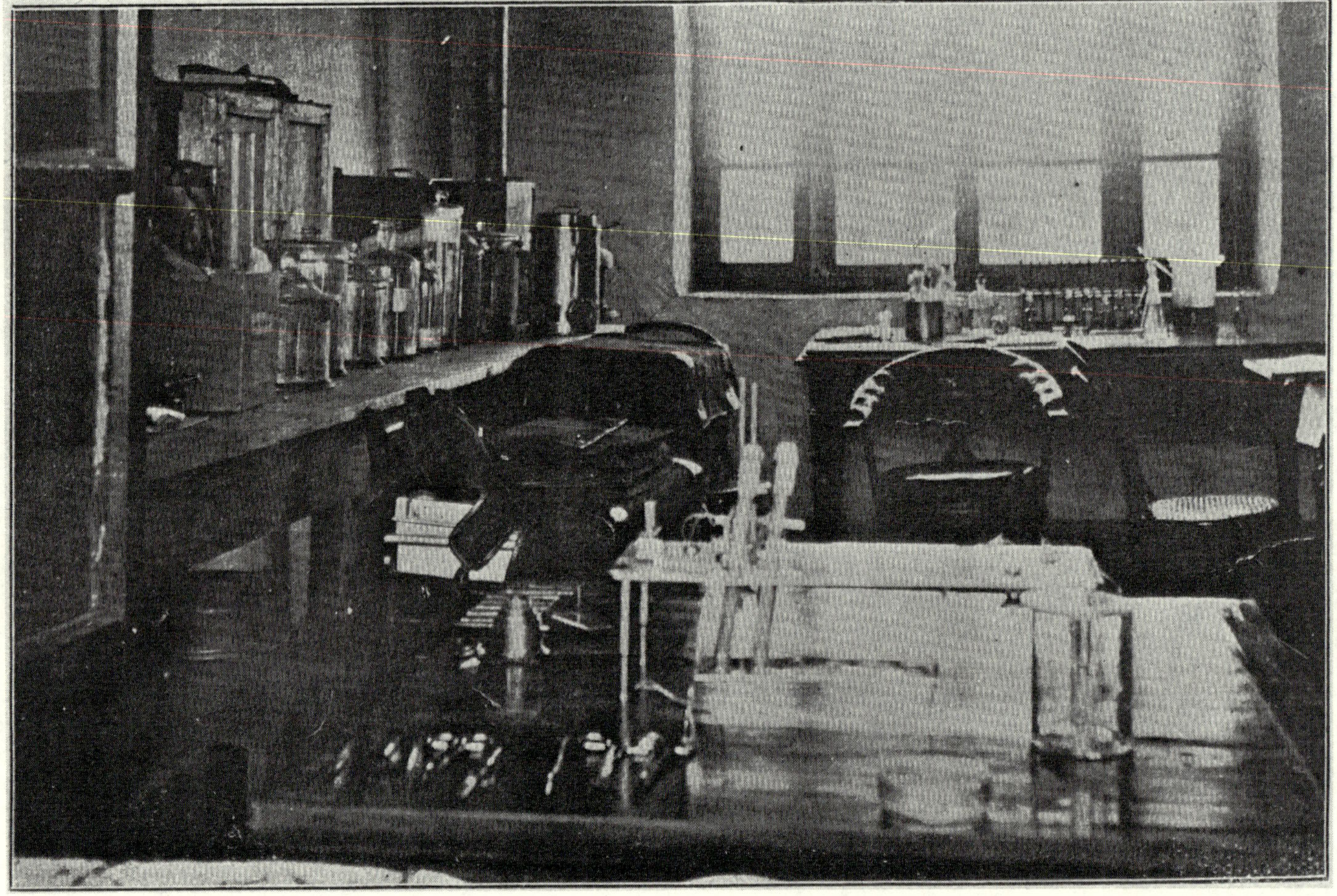

奉天萬國鼠疫研究會之研究室(其二)

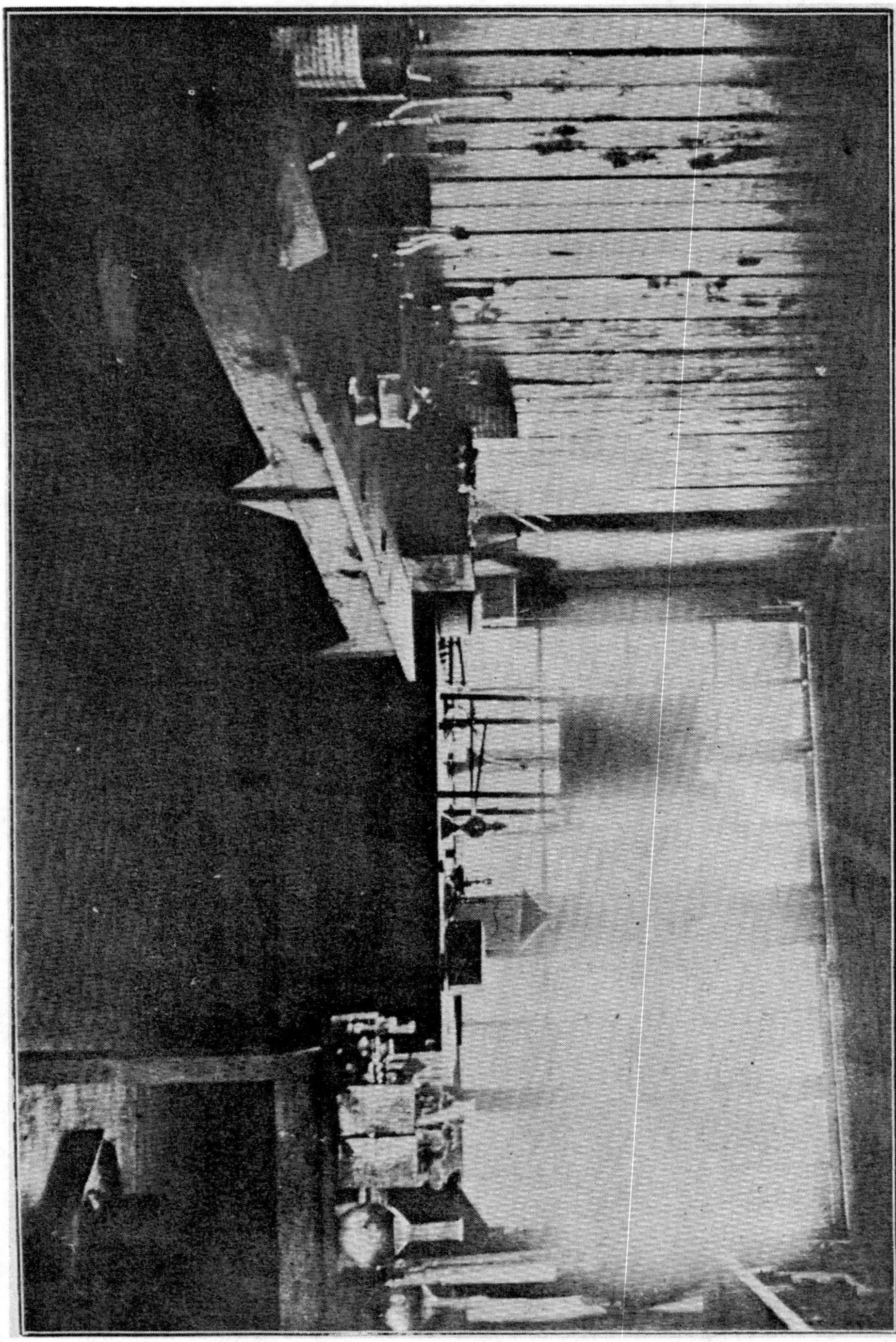

奉天萬國鼠疫研究會之研究室(其三)

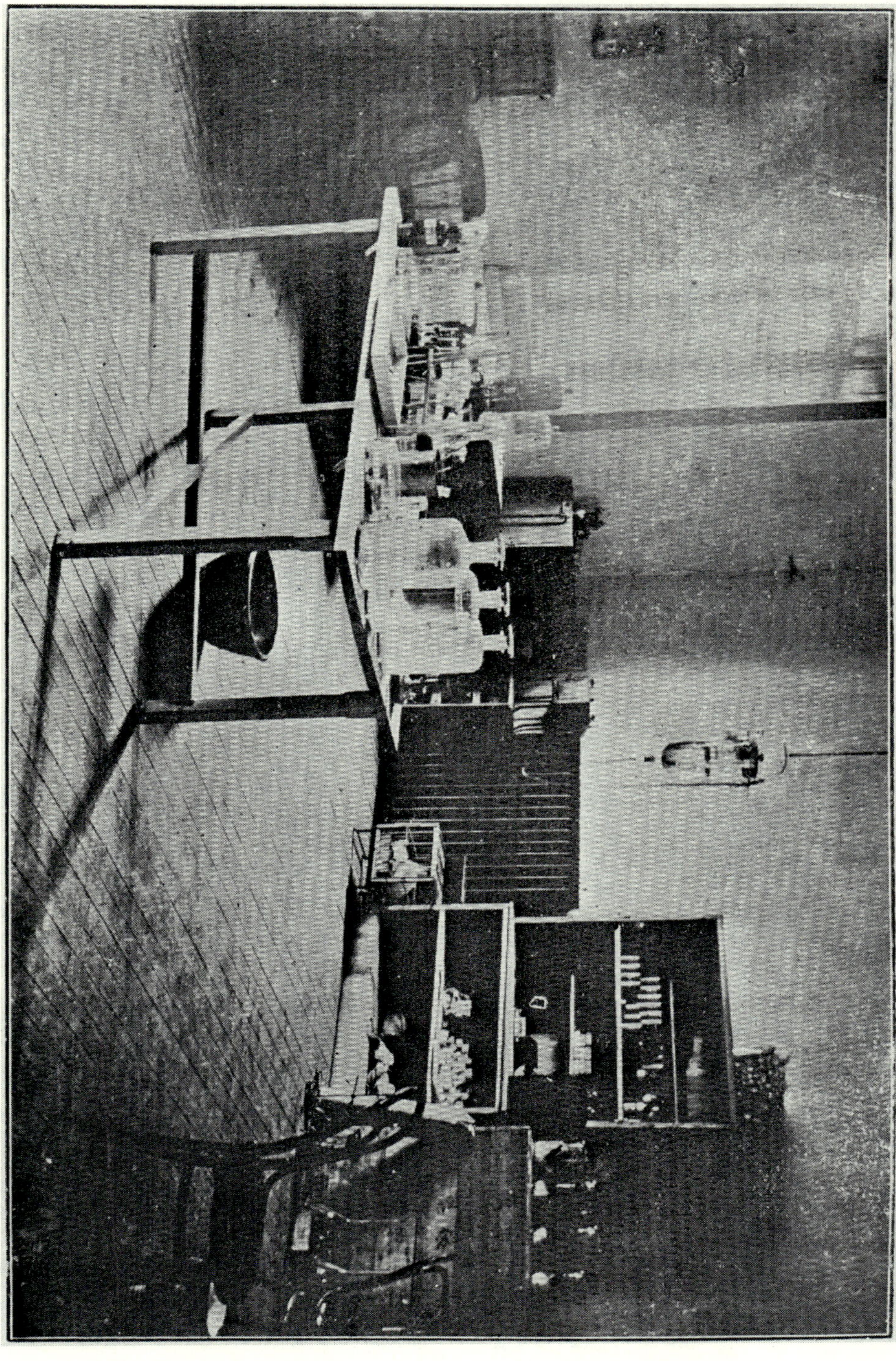

奉天防疫總局之細菌研究室(其一)

防疫總局細菌研究室（其二）

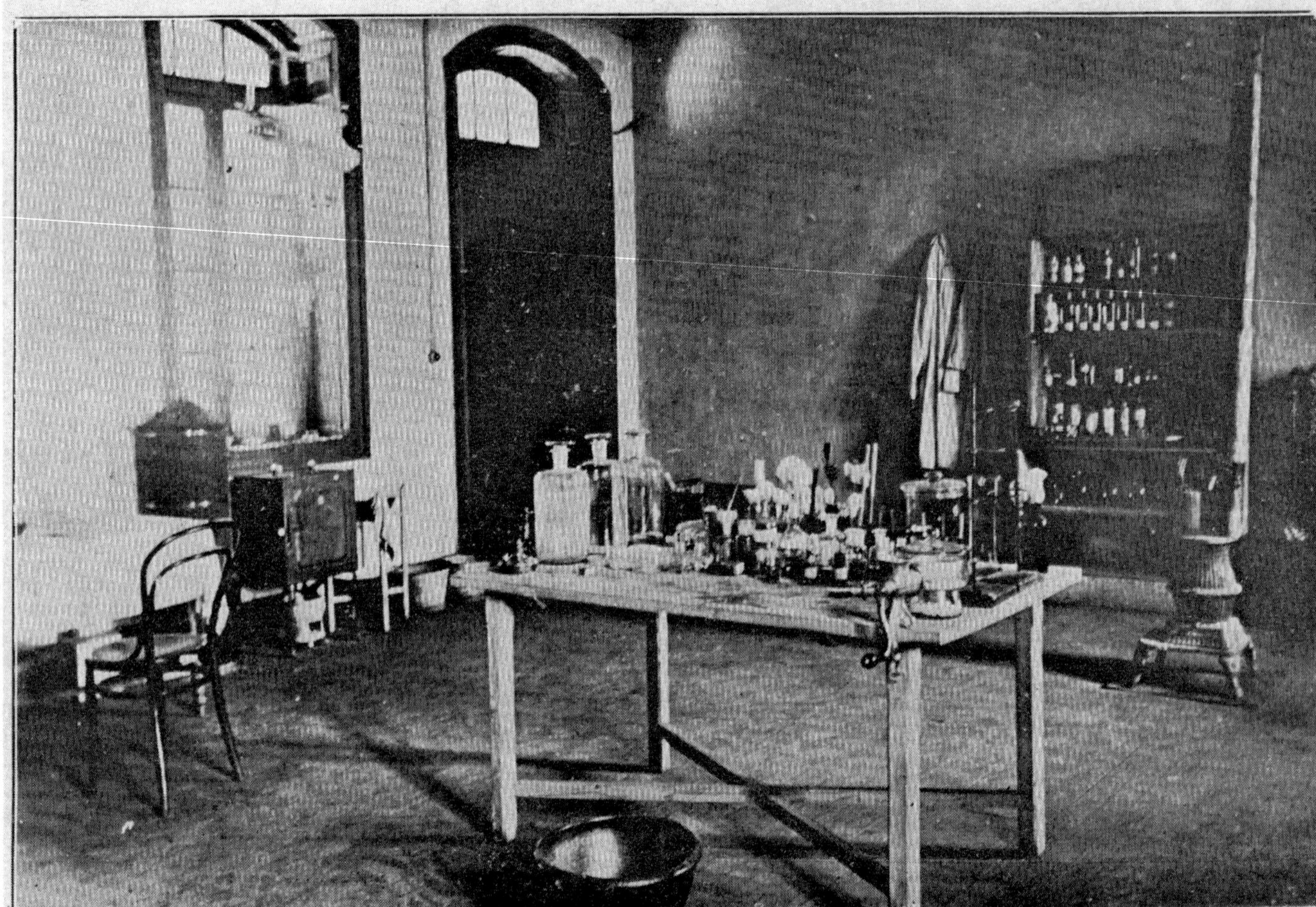

奉天防疫總局之細菌檢查

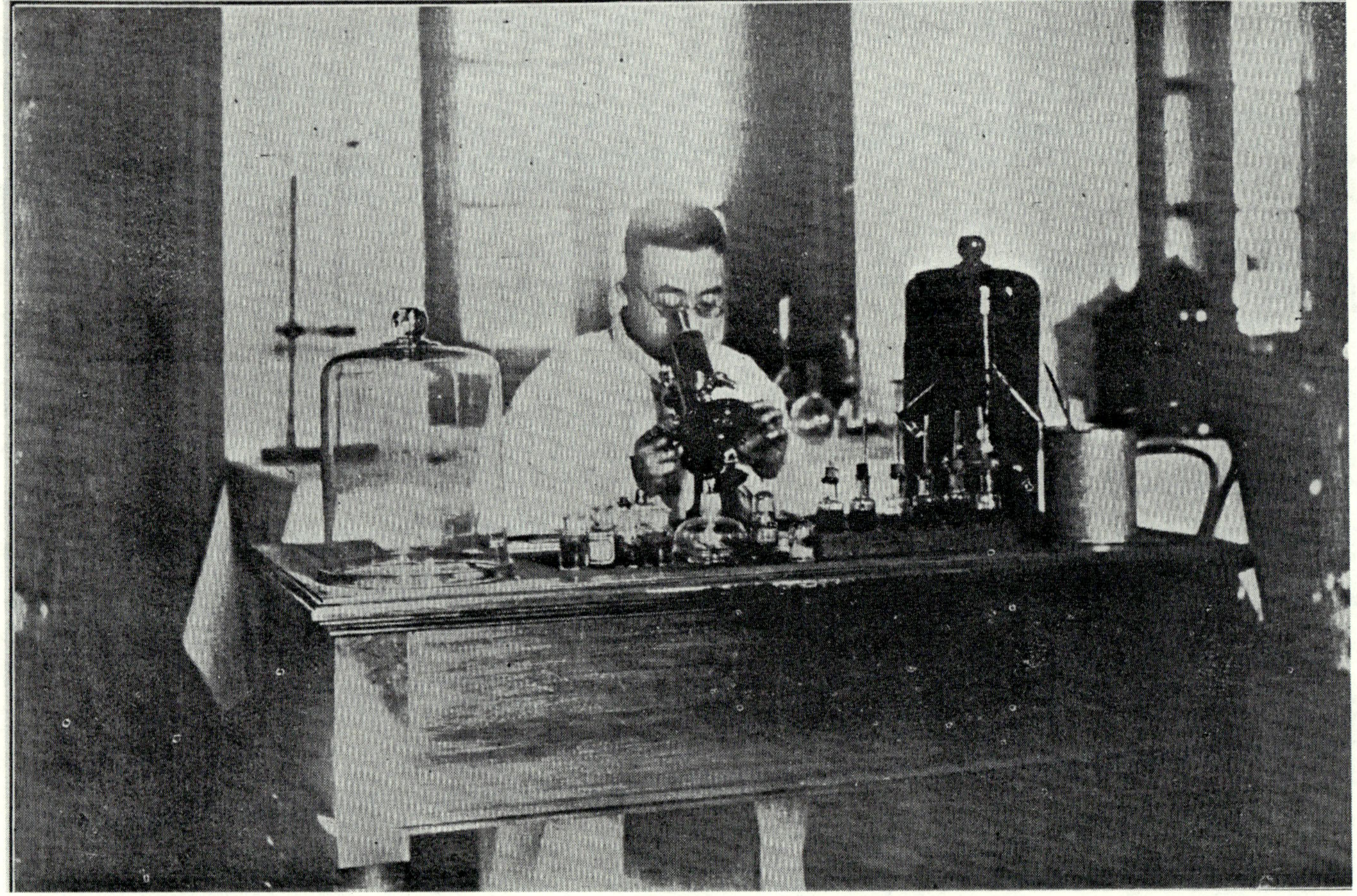

防疫總局細菌研究室之培養基製造

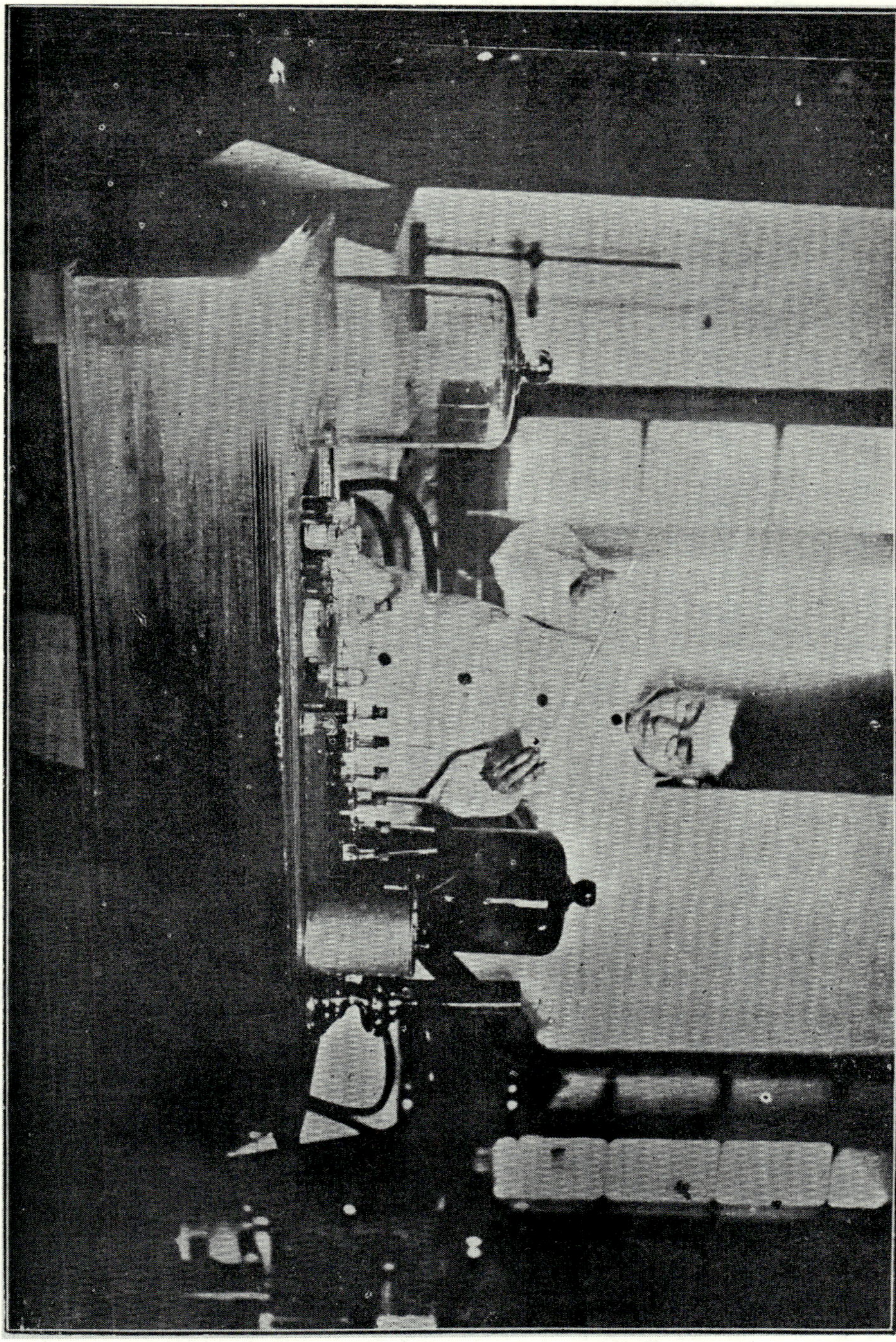

奉天防疫總局細菌研究室之百斯脫菌培養

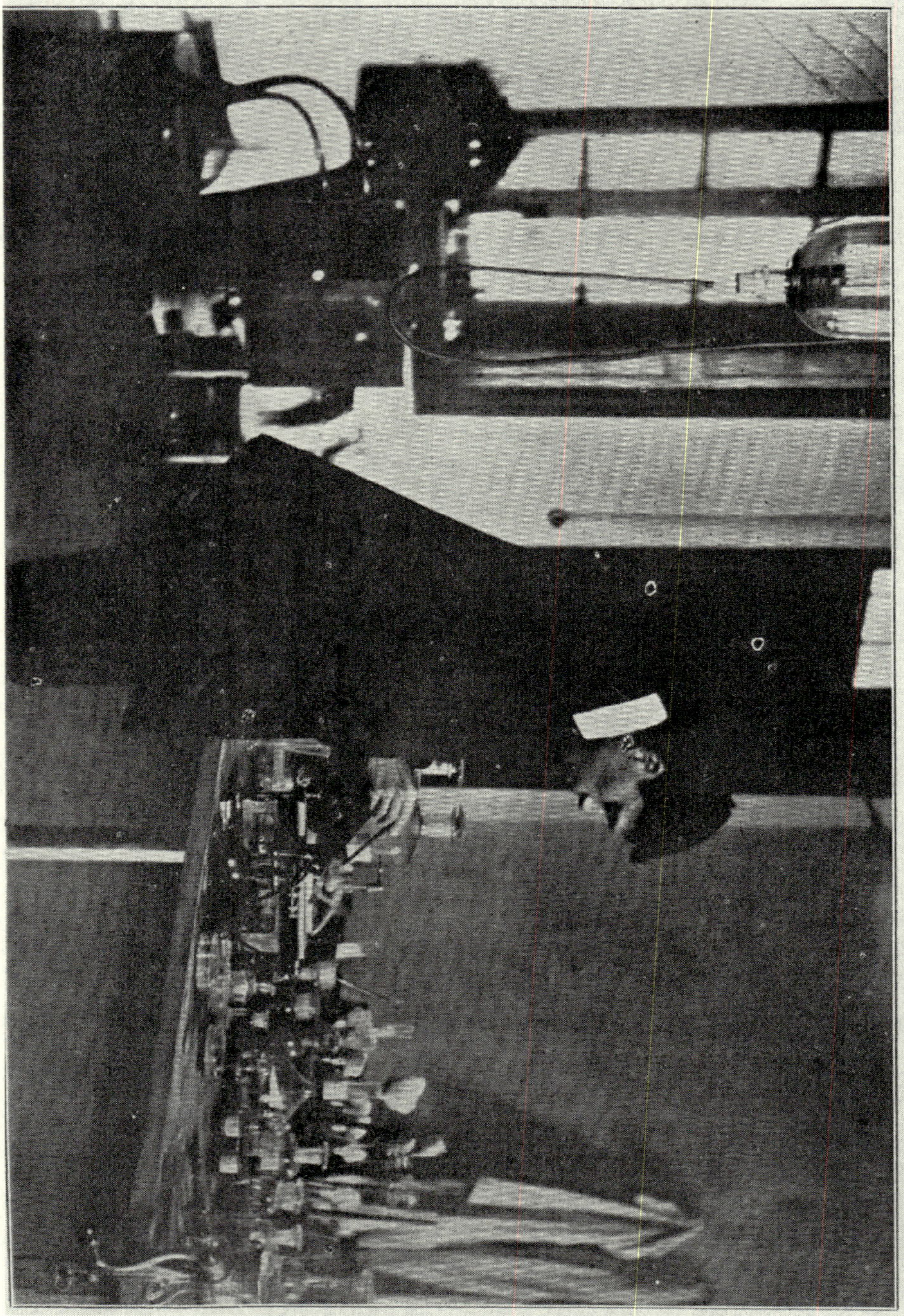

防疫總局細菌研究室之標本製作

防疫總局細菌研究室之病理研究

防疫總局細菌研究室之動物試驗

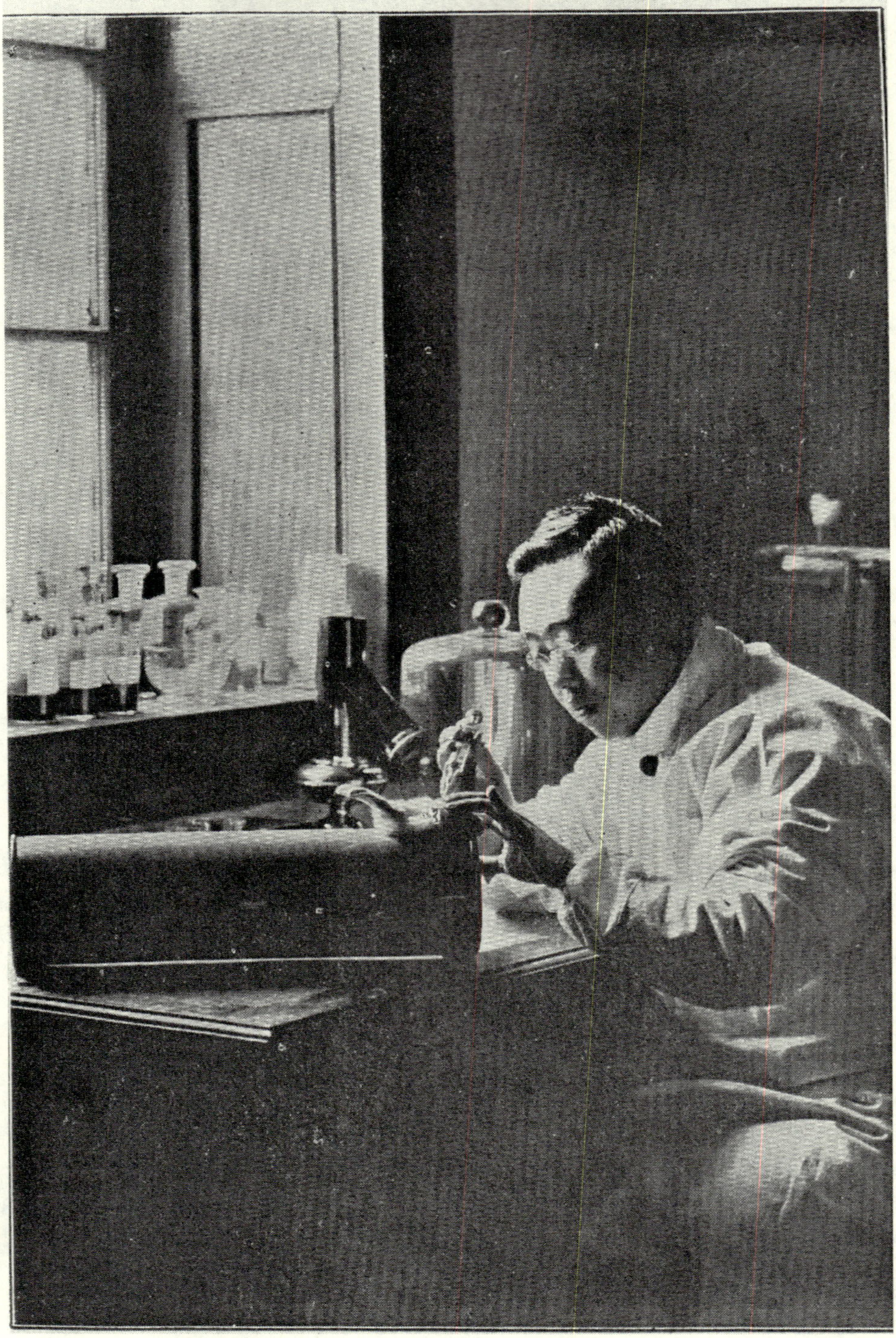

百斯脫蘭培養法之內容

鼠體之解剖

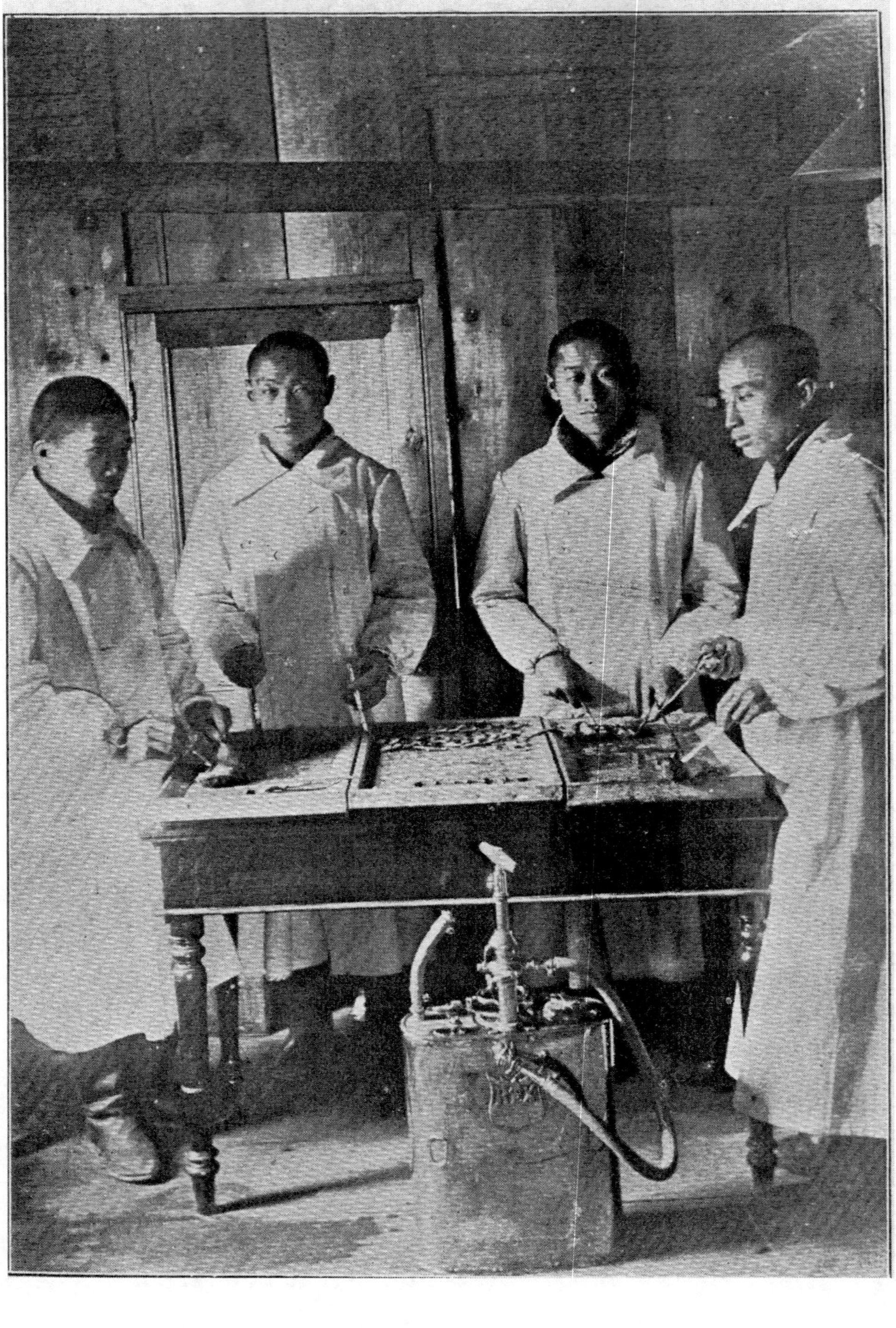

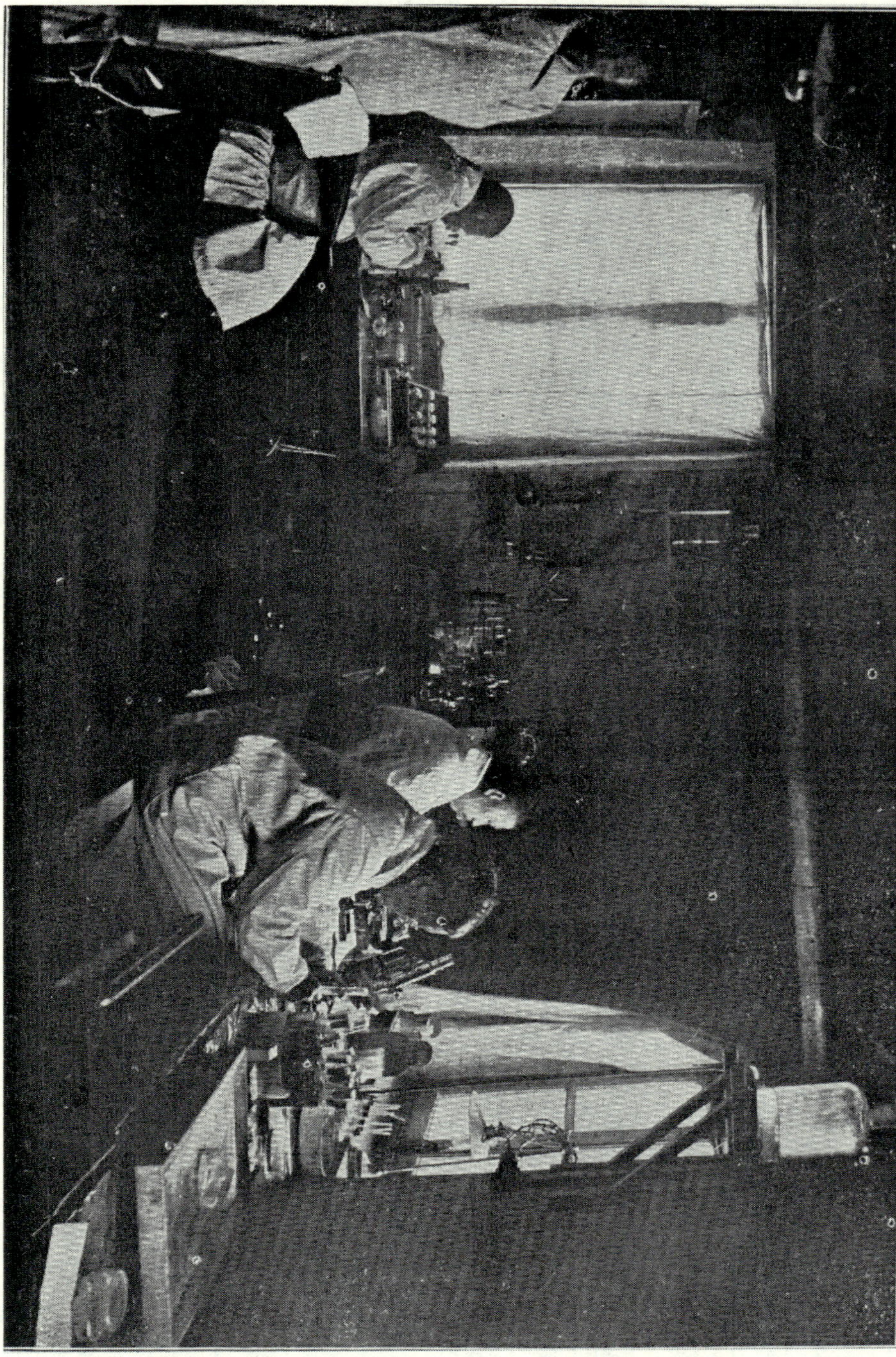

奉天防疫事務所之喀痰檢查

百斯脱患者之聽診

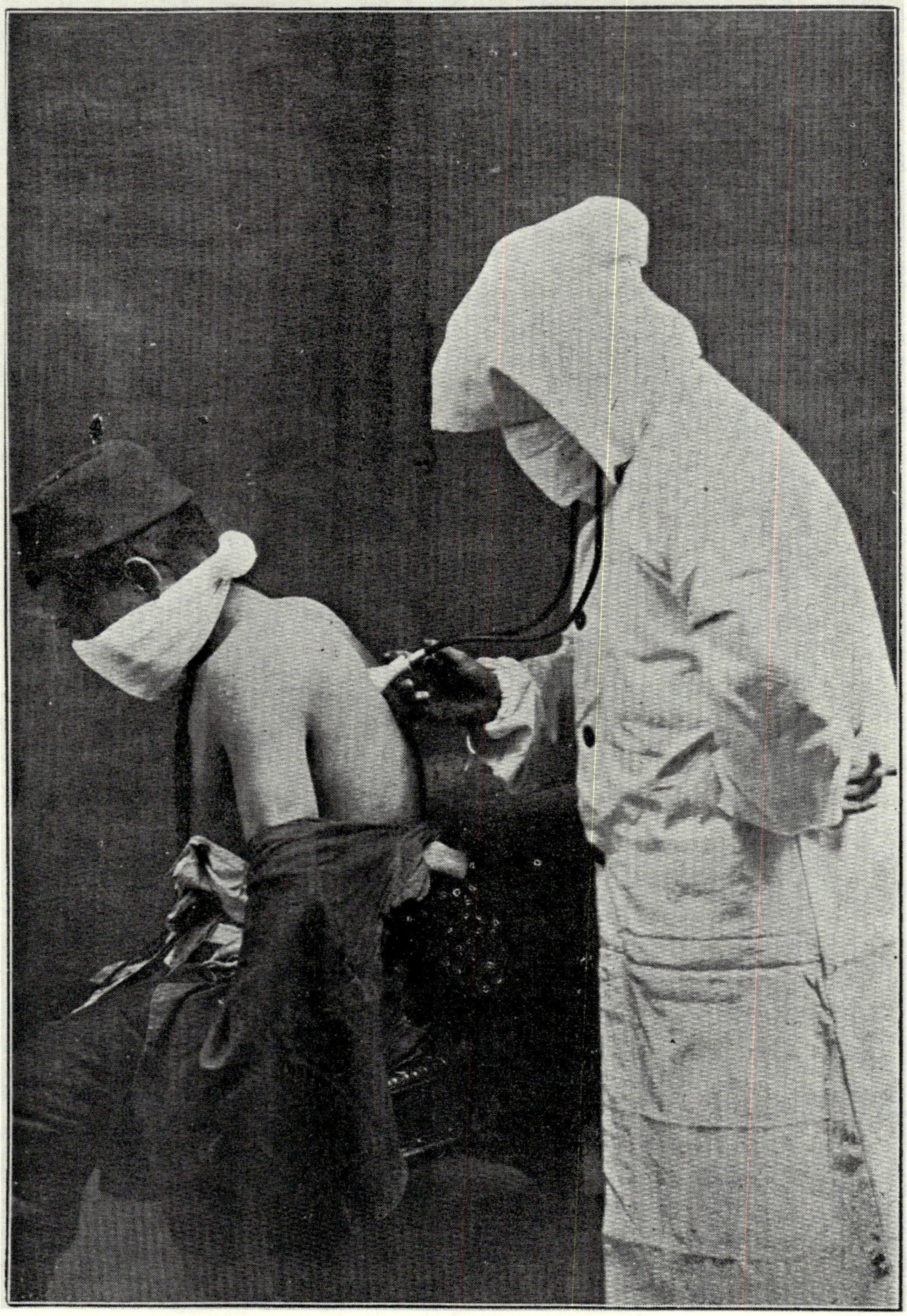

百斯脱患者之病理解剖

（是爲我國人執刀實行解剖之初朕）

用穿刺心藏法取屍體血液以驗其爲疫變者與否

旱獺（其一）

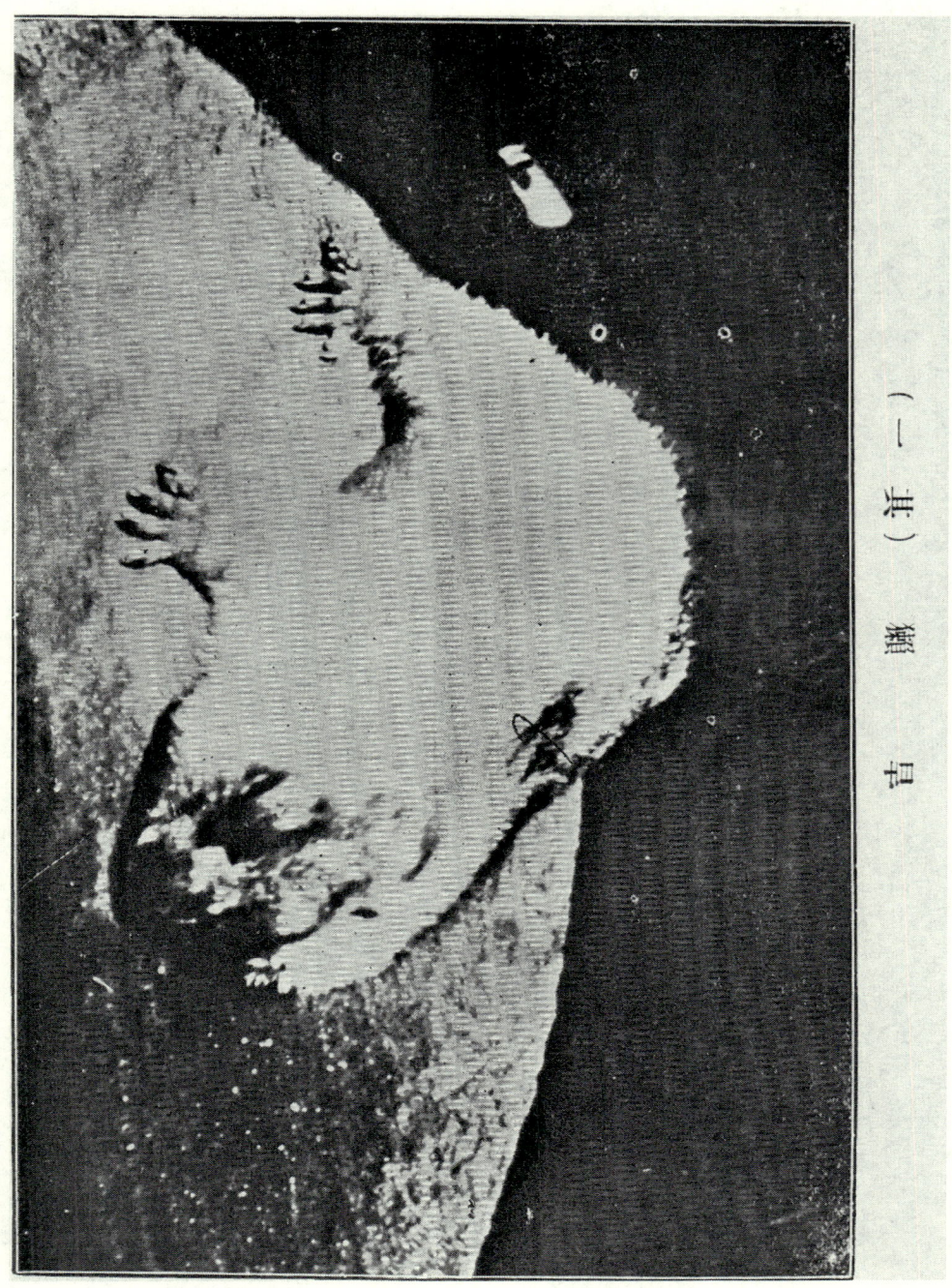

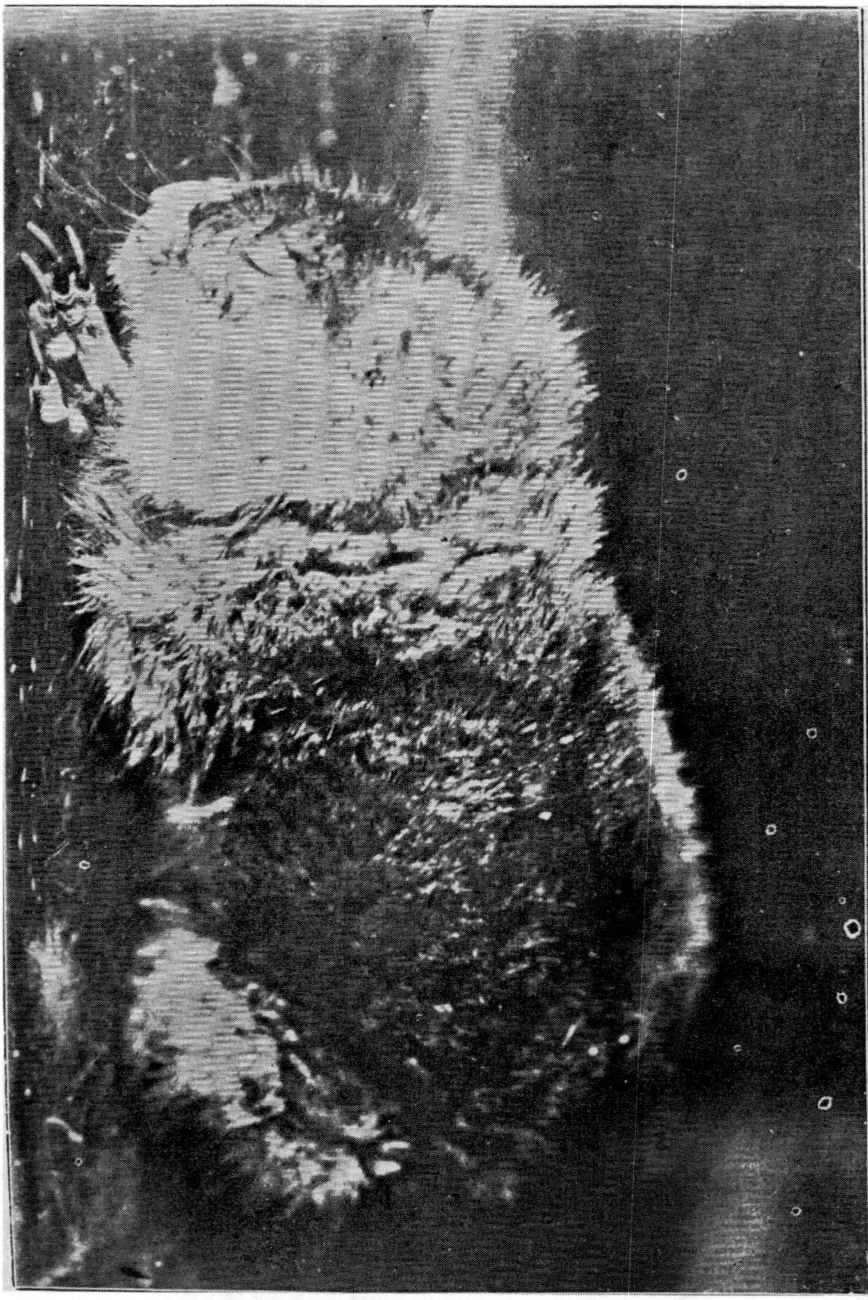

旱獺（其二）

福爾買林之消毒

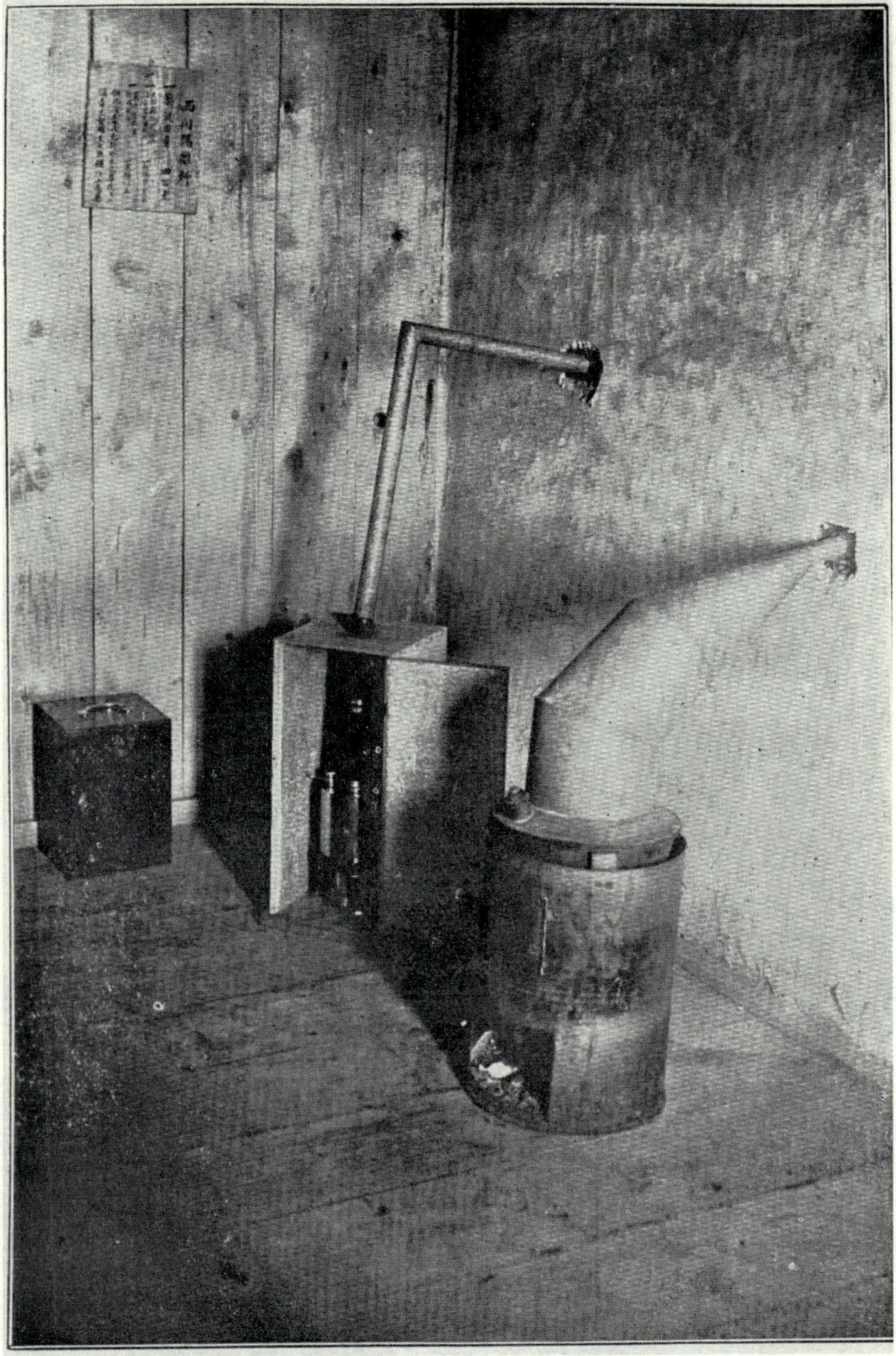

蒸氣消毒車之內容

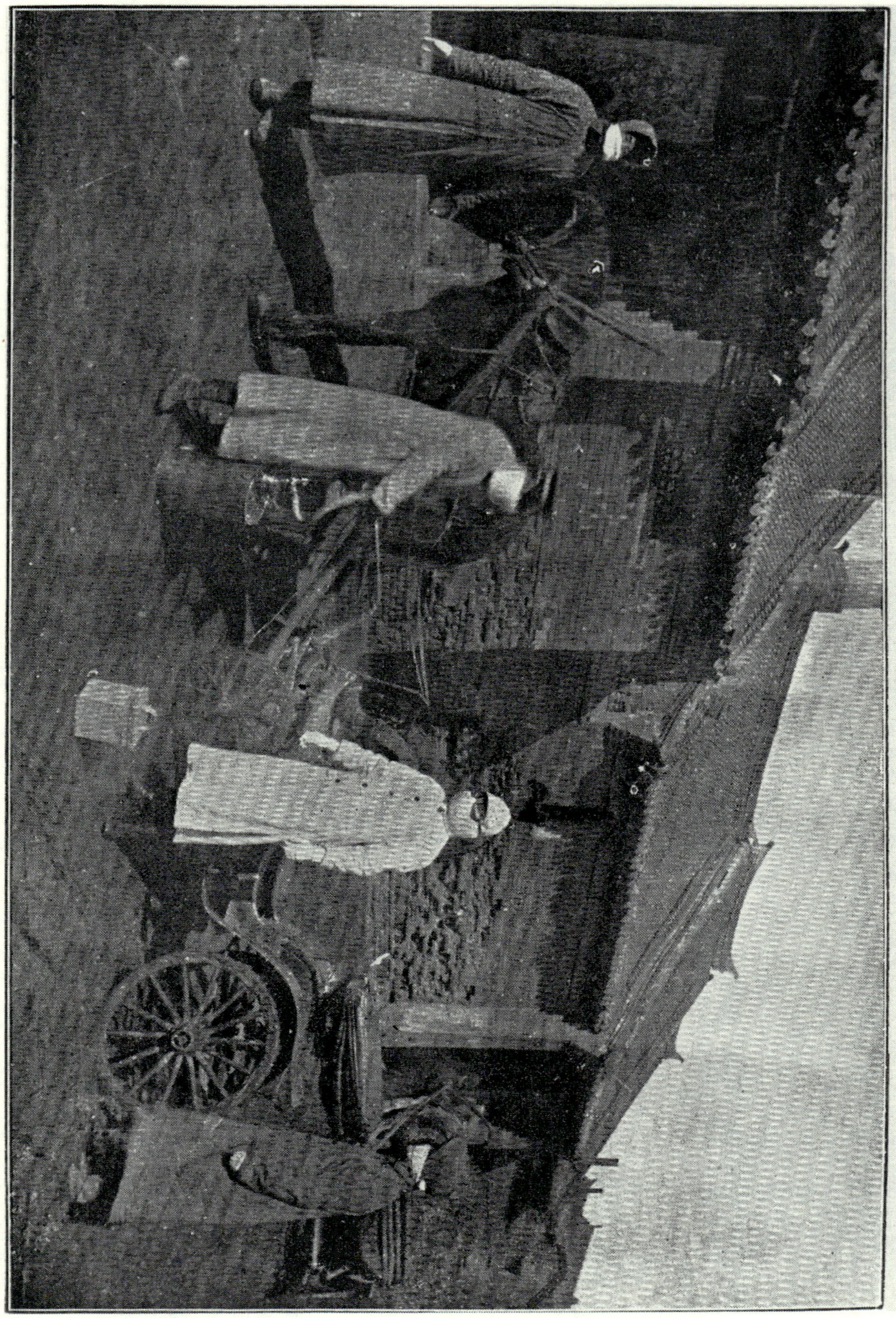

奉天檢疫隊醫生之消毒

奉天事務所百斯脫患者之運搬

奉天山西廟疫病院患者室之內容

疫屍之入棺（用消毒布袋裹屍後以消毒藥水遍灑之）

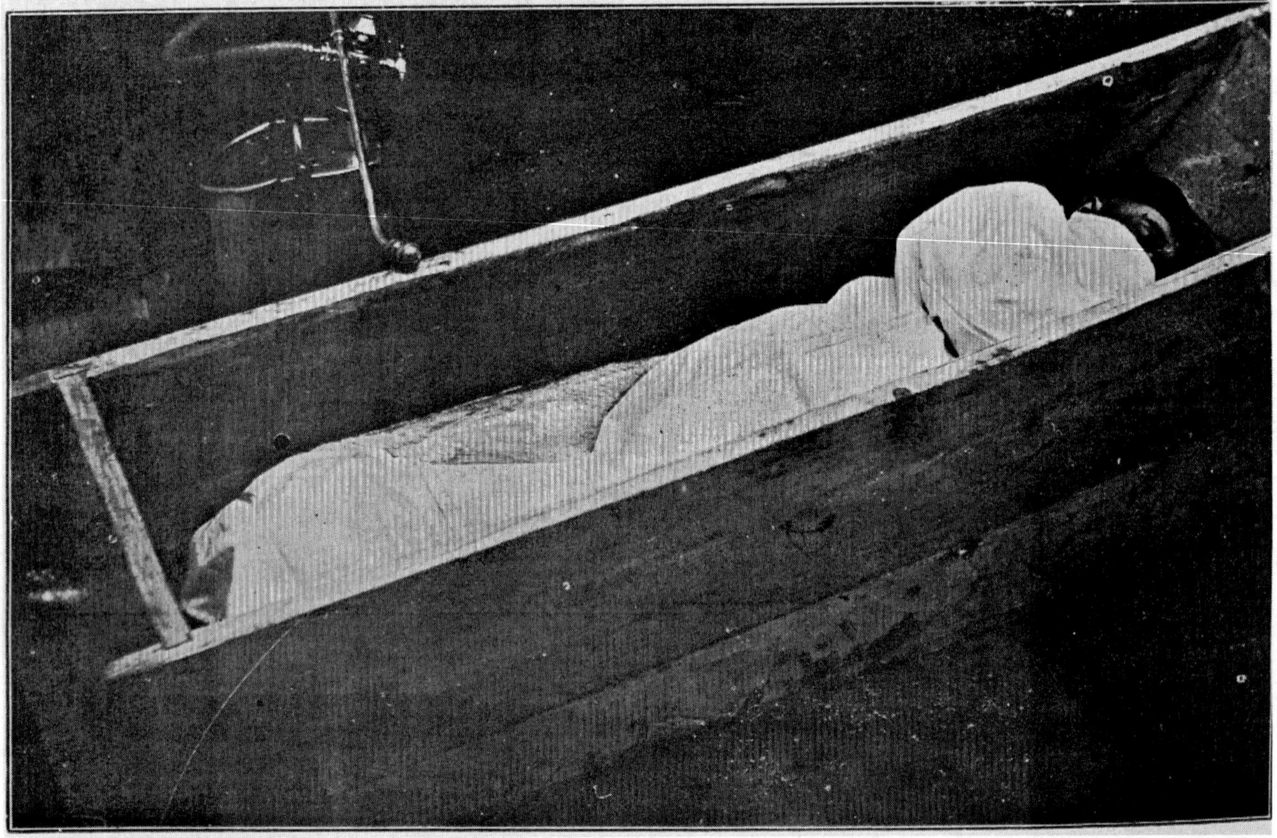

奉天疫屍之掩埋

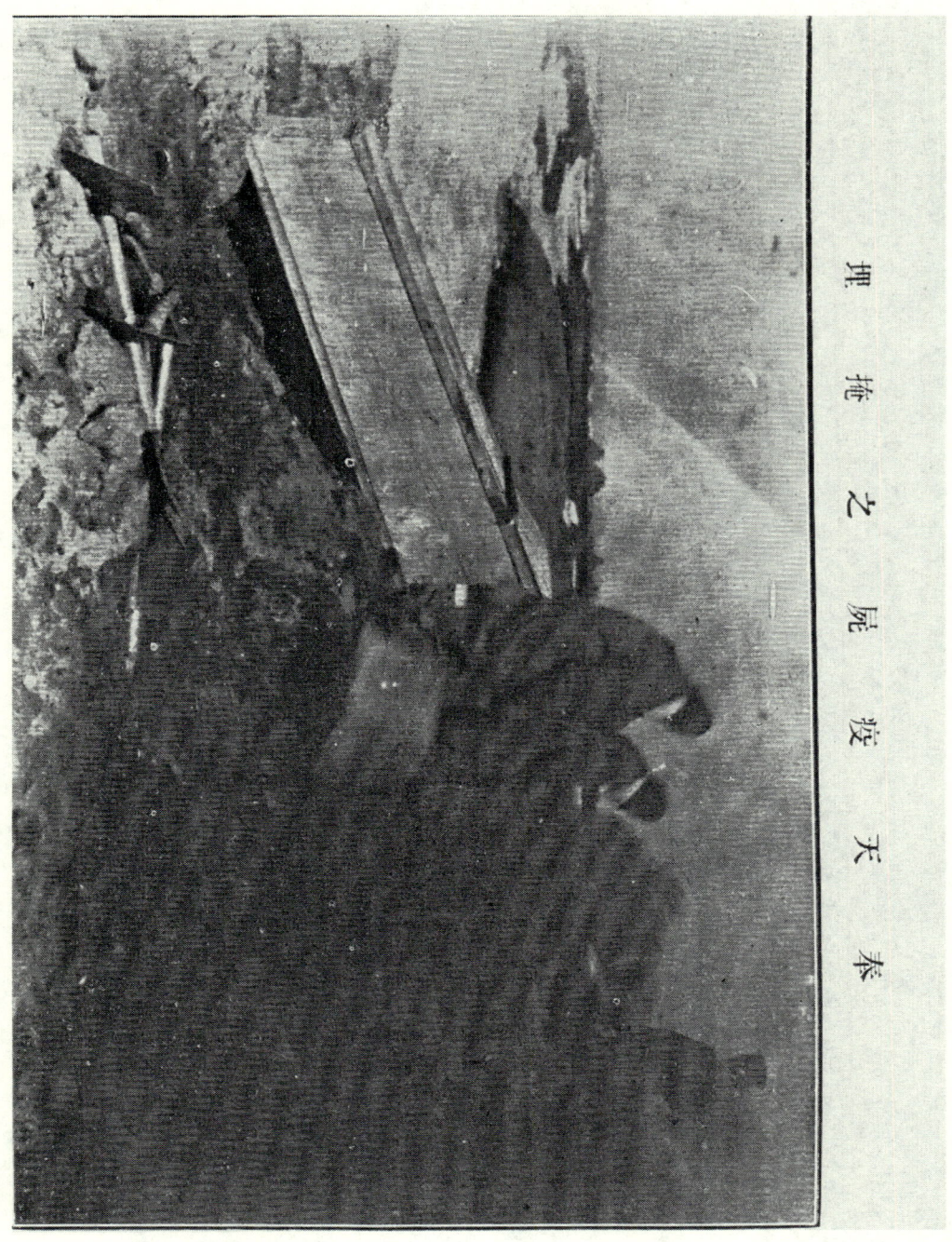

奉天疫塚之標識

奉天疫屋之亞鉛板封鎖

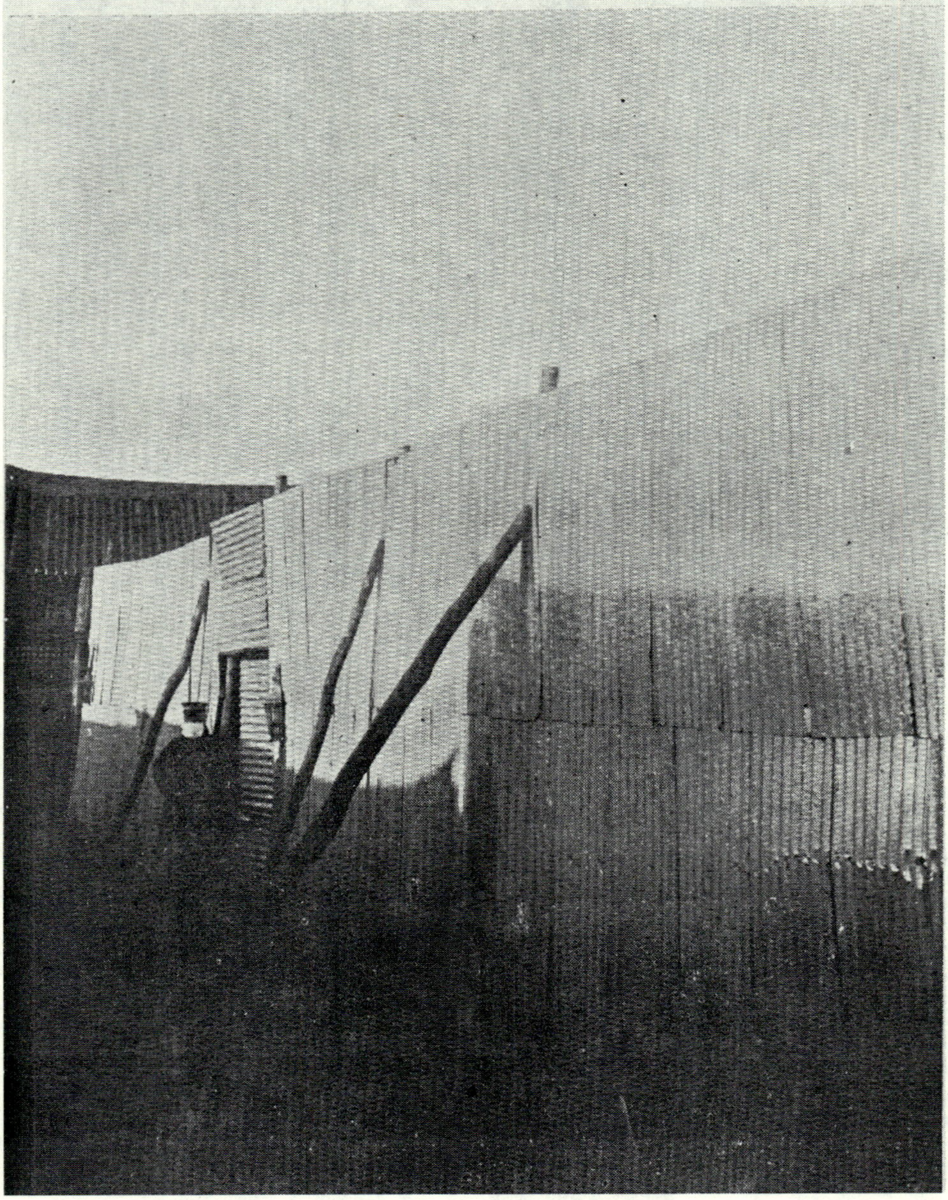

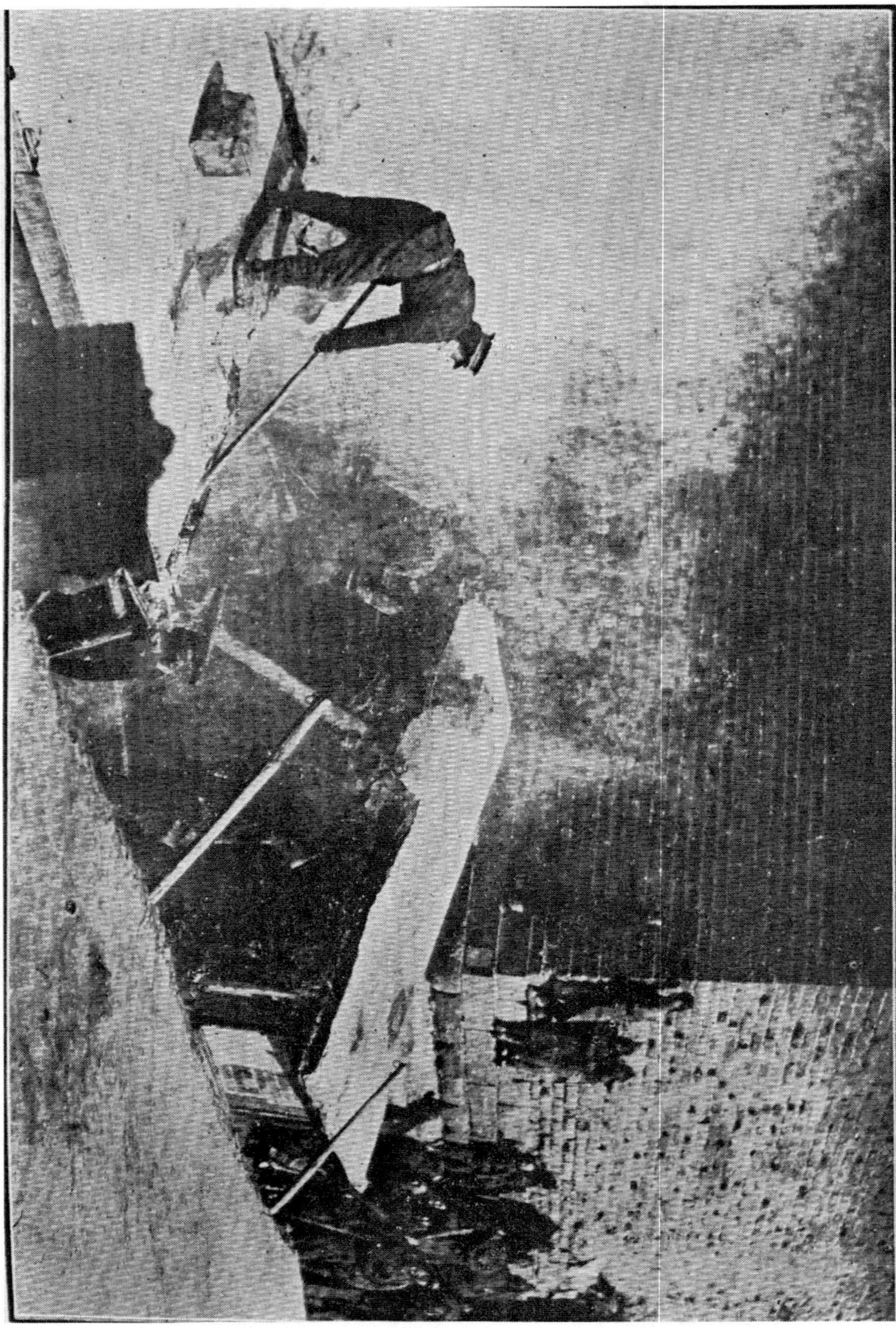

奉天之廢屋拆燬

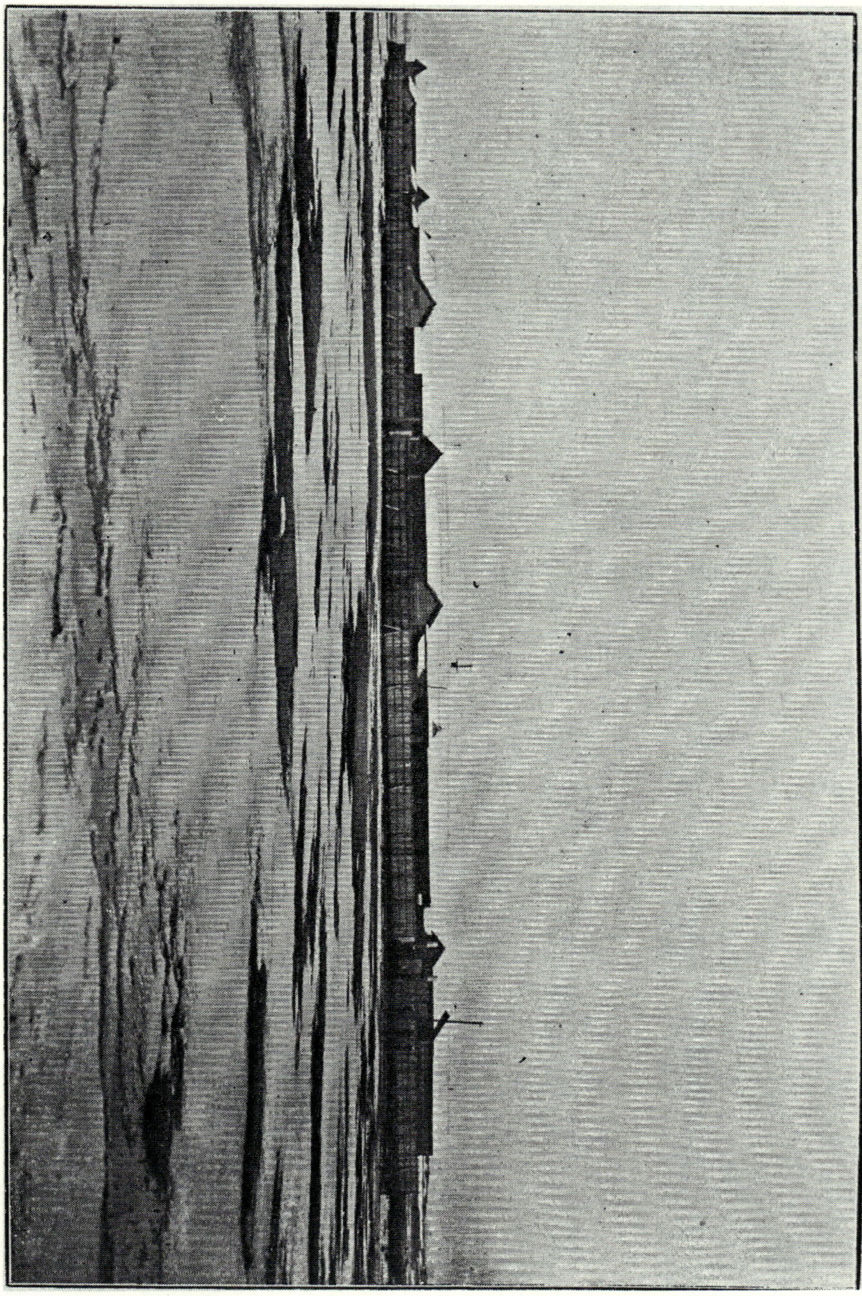

奉天火車站之大隔離所

呼蘭之焚屍場堆積尸棺已燒之象

長春之埋葬隊

長春之疫屍運搬

長春之家屋消毒

長春第一次之火葬

長春火葬日本北里博士參觀之

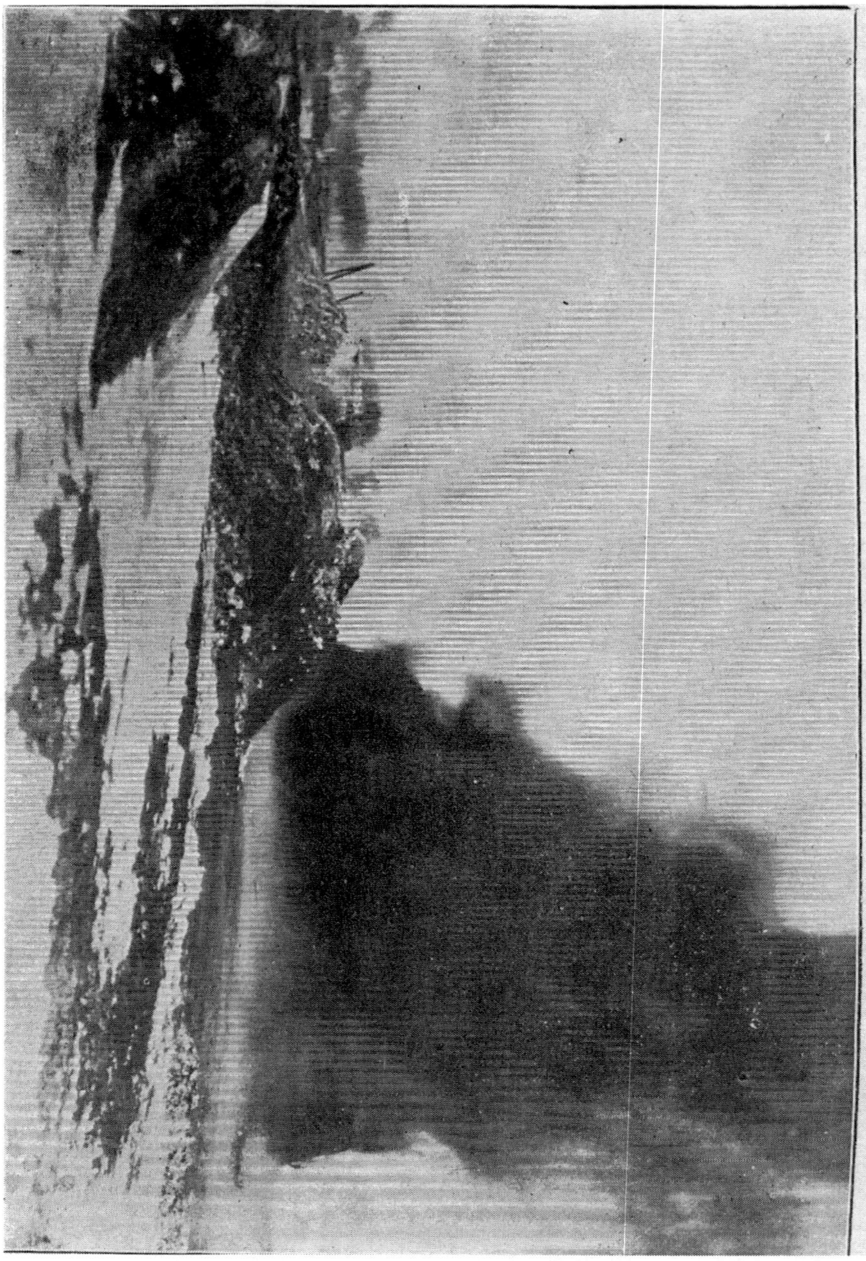

長春之水華

長春之中醫疫病院(該院内中醫十九人因不解傳染之烈皆斃)

鐵嶺消毒隊之出派

綏中縣之遮斷交通

綏中縣之疫屋焚燒

遂陽楊林子之雪中藏屍

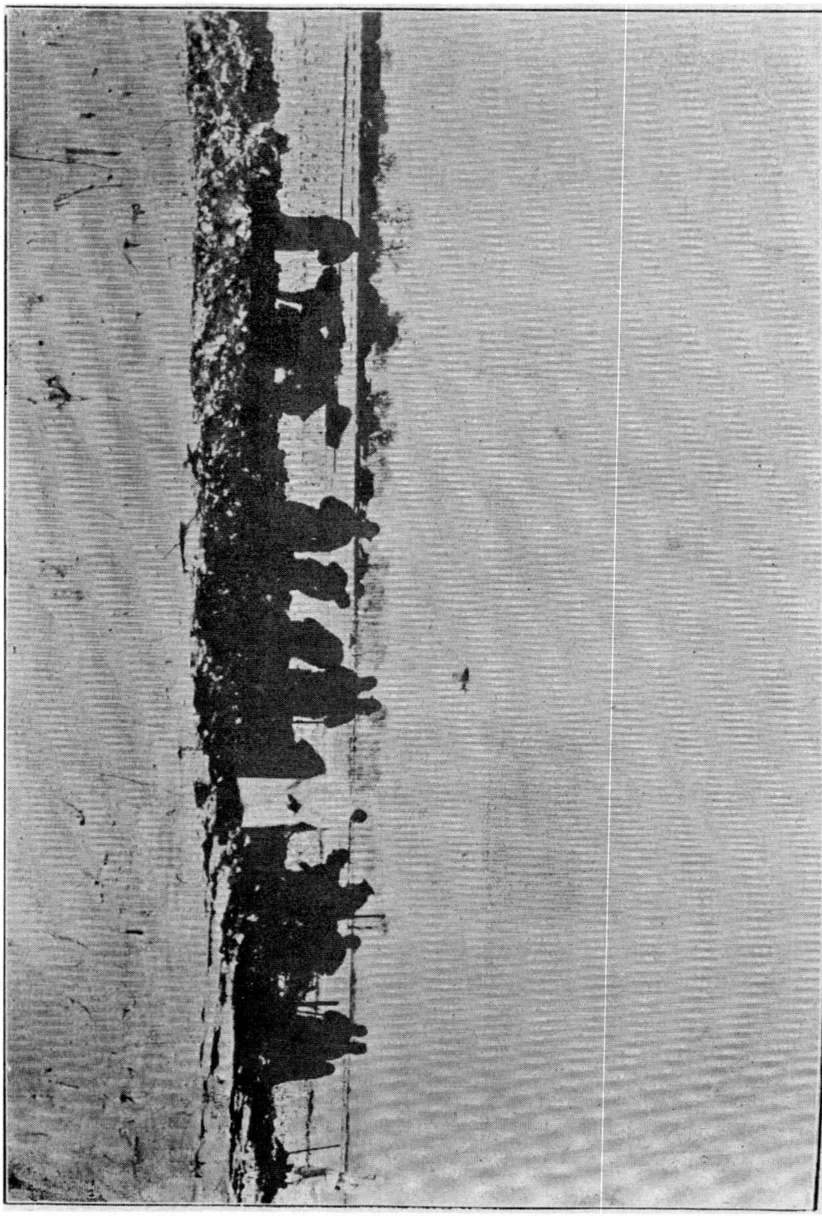

遼陽楊林子之火葬場挖坑

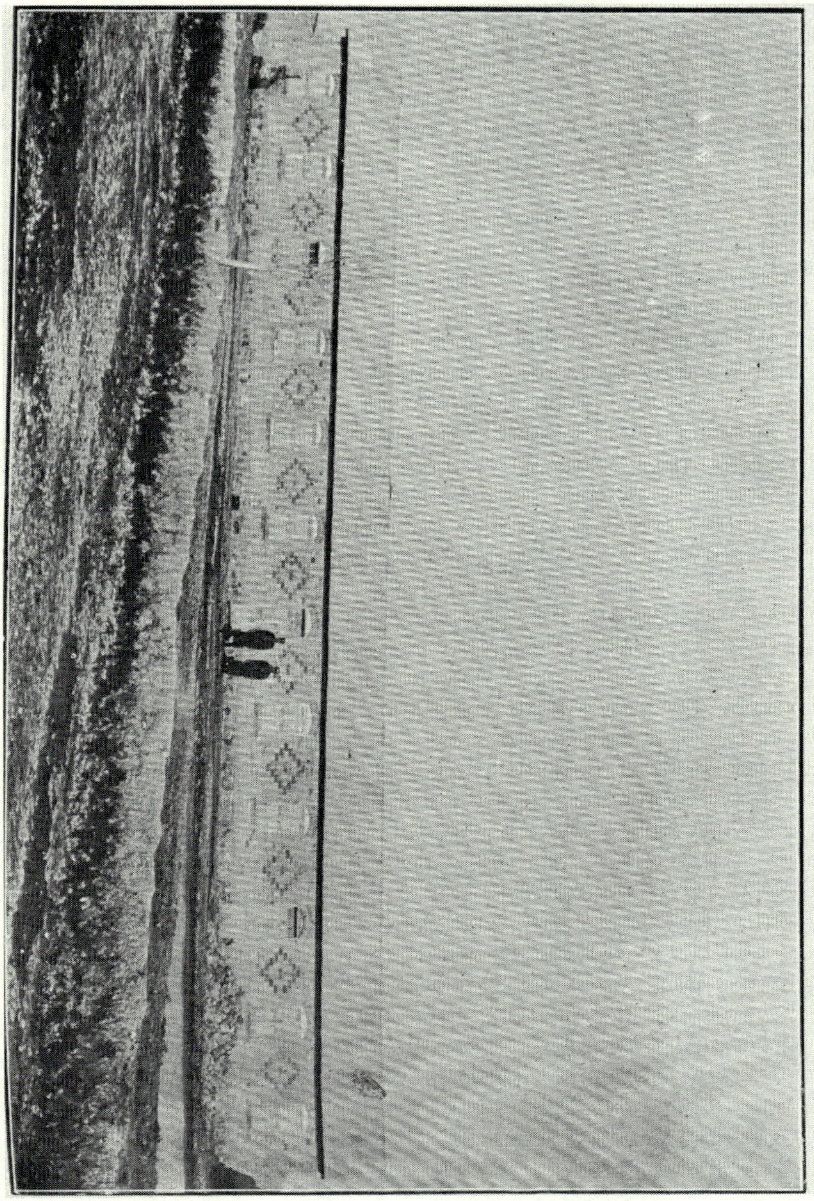

營口牛家屯隔離所圖

營口西潮溝隔離所圖

營口田莊台醫官驗船圖

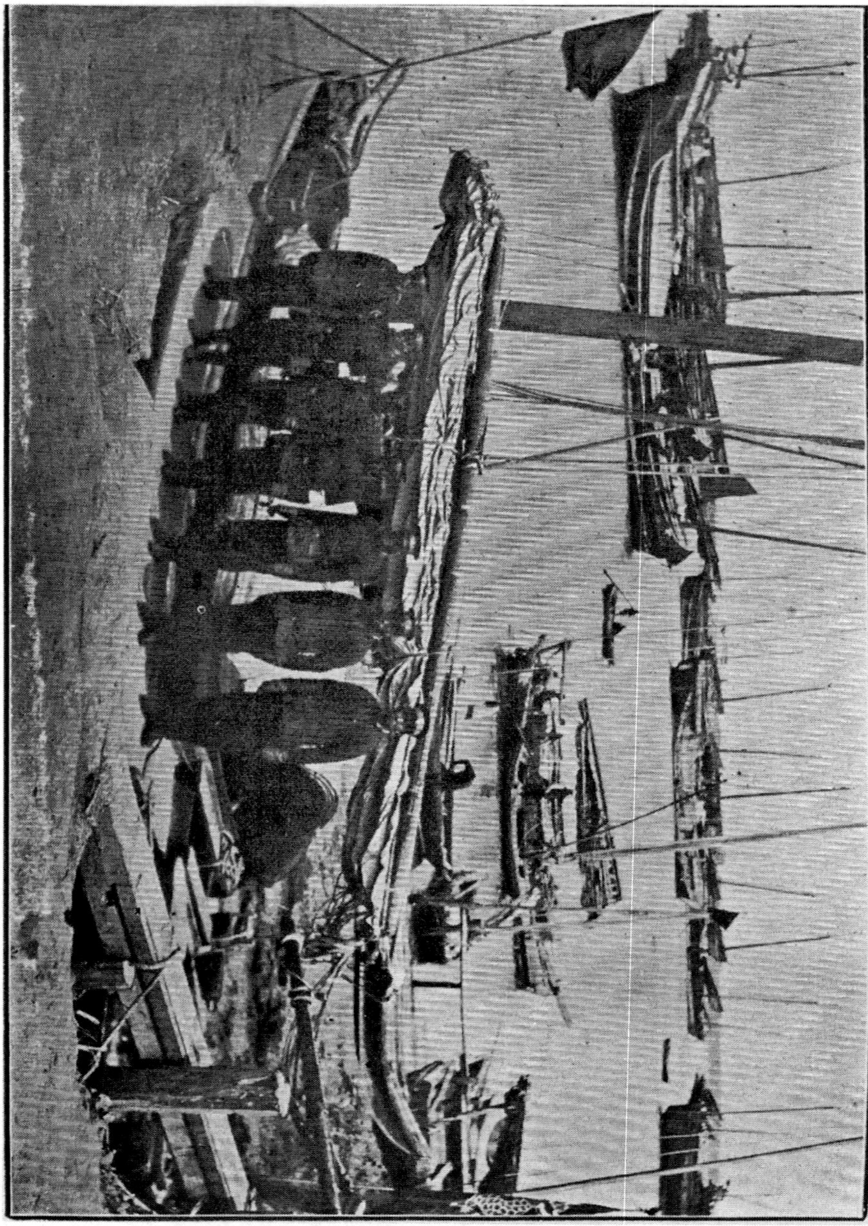

營口檢疫駁船

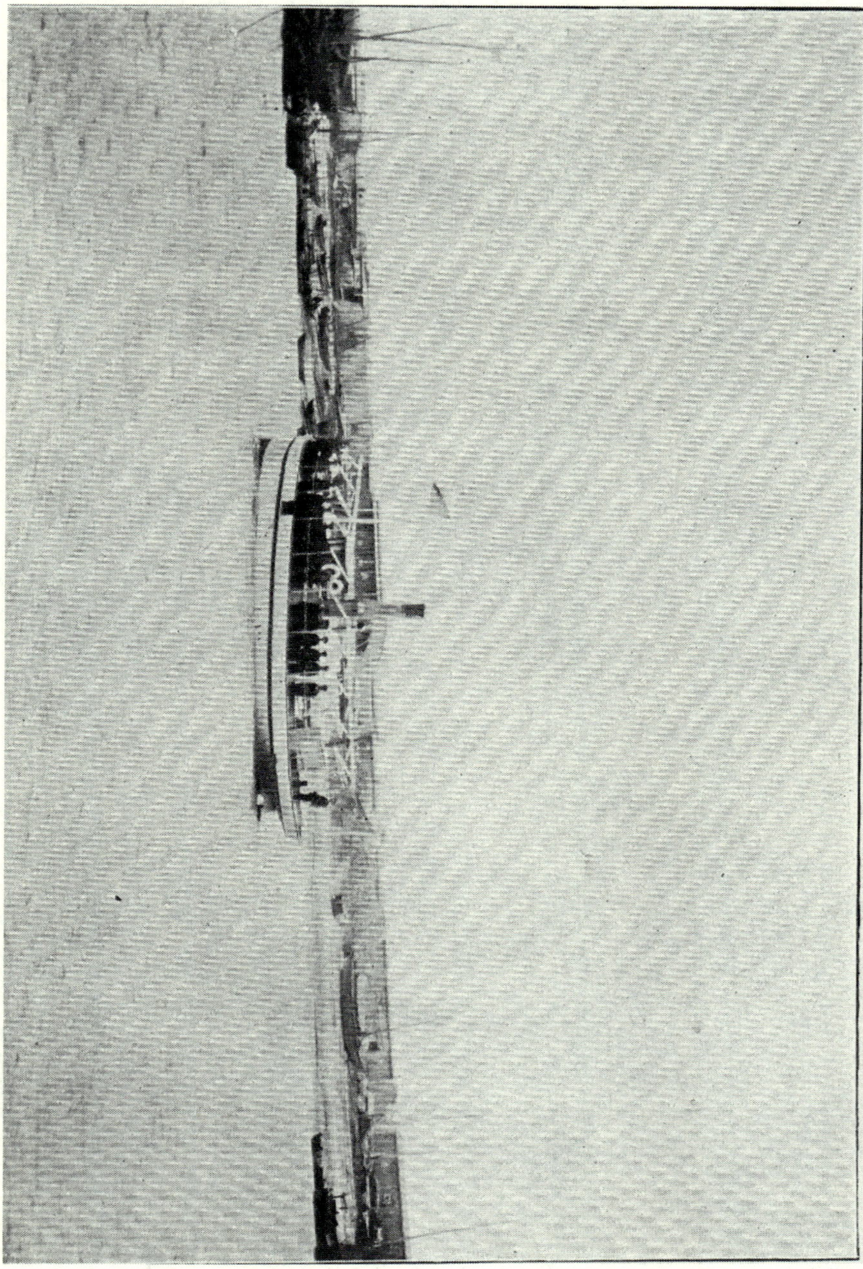

遊鯨檢疫輪船

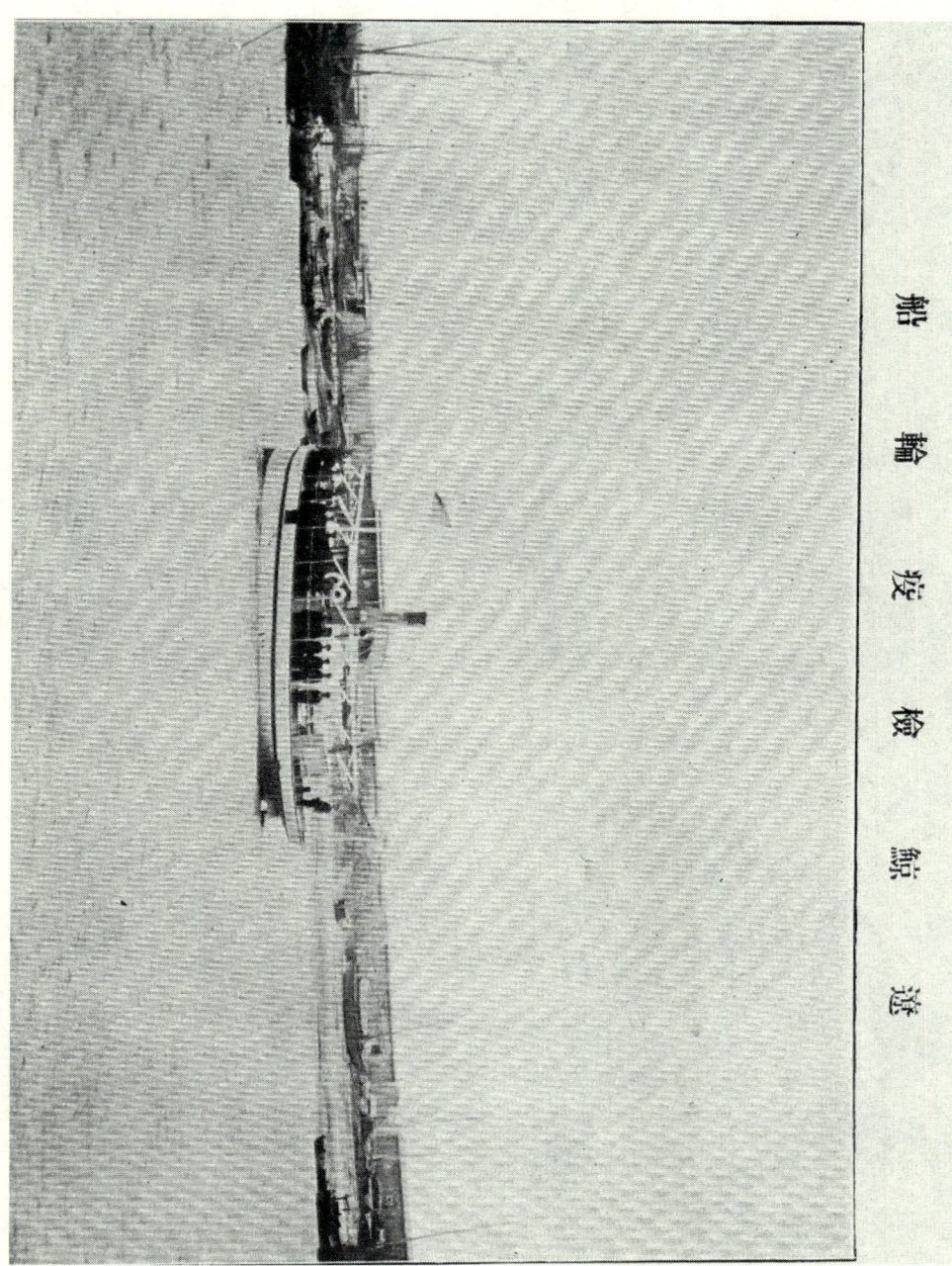

Plate VI

S. Kitasato (Japan)
1852-1931
First saw *P. pestis*, Hongkong, 1894.

A. Yersin (France)
1863-
Published first accurate account of *P. pestis*, 1894.

W. M. Haffkine (Russia)
1860-1930
Worked in India and introduced killed bouillon cultures as prophylactic against plague.

R. Row (India)
1870-
One of the earliest Indian plague workers.

L. Otten (Holland)
1883-
Used vaccine from living avirulent *P. pestis* upon 1½ million persons in Java, 1935.

Wu Lien-teh (China)
1879-
Organiser and director, Manchurian Plague Prevention Service (1910-1931).

S. B. Grubbs (U.S.A.)
1871-
A pioneer in the rat-proofing of vessels.

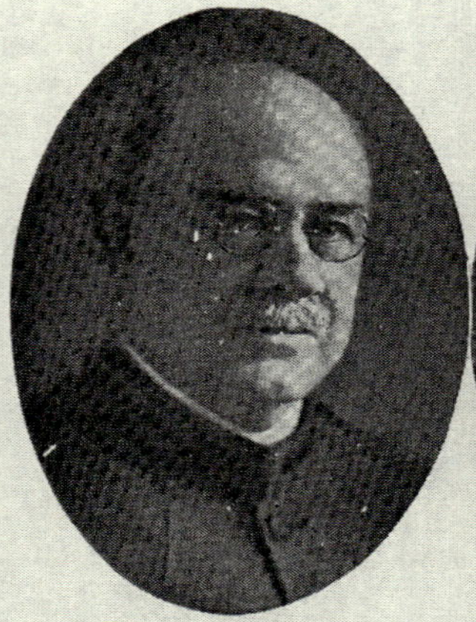

J. J. Kinyoun (U.S.A.)
First discovered plague in San Francisco, 1900.

D. K. Zabolotny (Russia)
1866-1929
Director of plague laboratory, Petrograd, foremost of Russian plague workers.

G. Lamb, I.M.S. (Gt. Britain)
1870-1911
Senior member, Indian Plague Research Commission, 1905-7.

Fig. 8: Some Pioneers in Plague Research.

研 究 鼠 疫 之 先 導

PLAGUE
N. Q. S., Shanghai

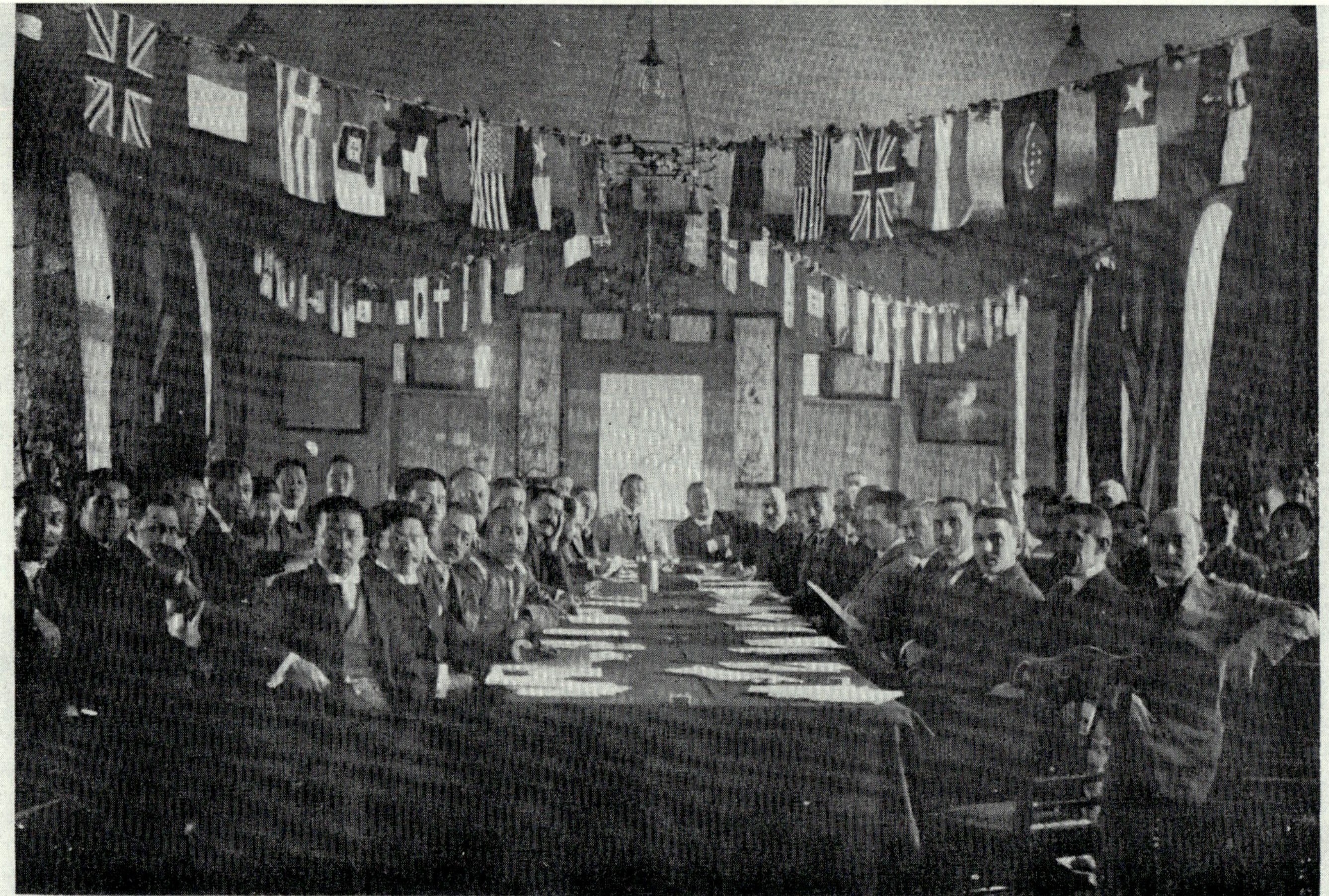

Fig. 11: The International Plague Conference in session at Mukden, Manchuria, April, 1911. This was the first international scientific gathering ever held in China. The Chairman was Dr. Wu Lien-teh; on his left sat Prof. S. Kitasato.

宣統三年萬國鼠疫研究會議開會之情形

Plate IX

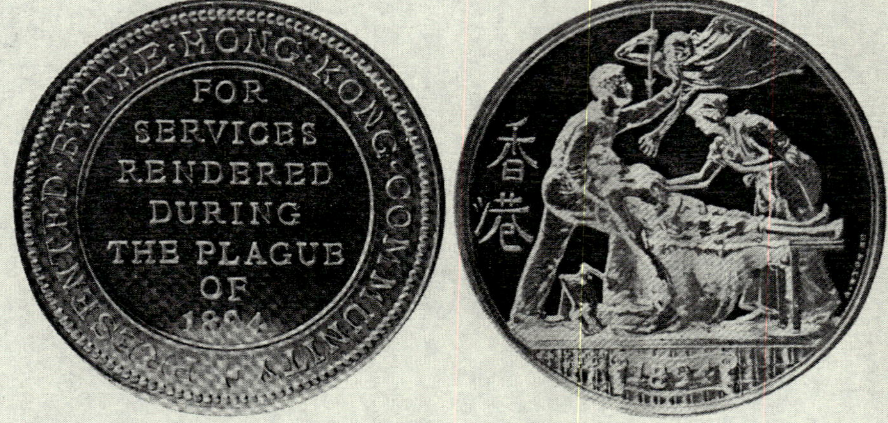

(Courtesy Hon. S. W. Tso)

(a) Hongkong, 1894.

(Courtesy Prof. R. P. Strong)

(b) Manchuria, 1910-11.

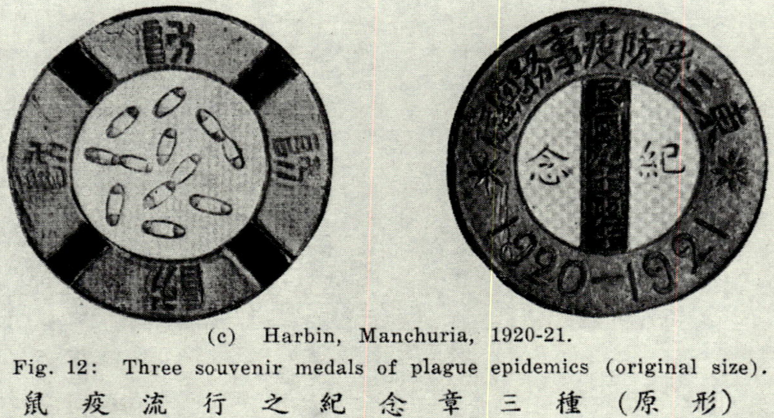

(c) Harbin, Manchuria, 1920-21.

Fig. 12: Three souvenir medals of plague epidemics (original size).

鼠 疫 流 行 之 紀 念 章 三 種 (原 形)

PLAGUE
N. Q. S., Shanghai

Fig. 25: Postmortem in the open upon plague corpse during Tungliao epidemic, 1928.

於露天中剖檢鼠疫患者屍體之情形

Fig. 27: A live tarabagan, immediately after capture. Note the fierce appearance.

一甫被生擒之旱獺

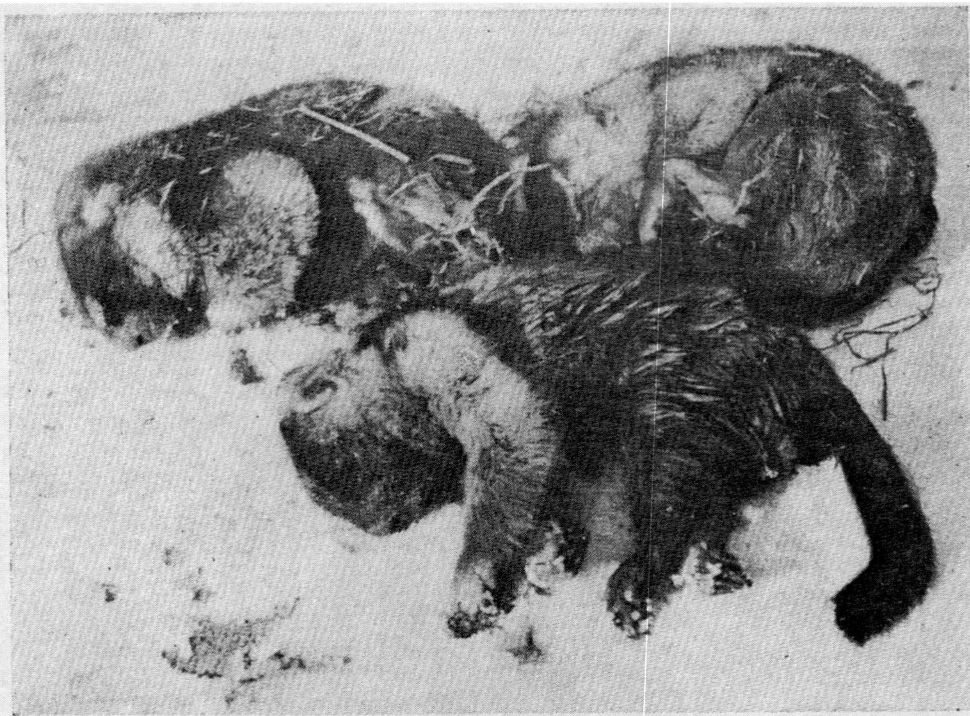

Fig. 28: A group of three hibernating tarabagans, January 1926. In this state the heart beats and temperature are much reduced.

三隻冬眠旱獺

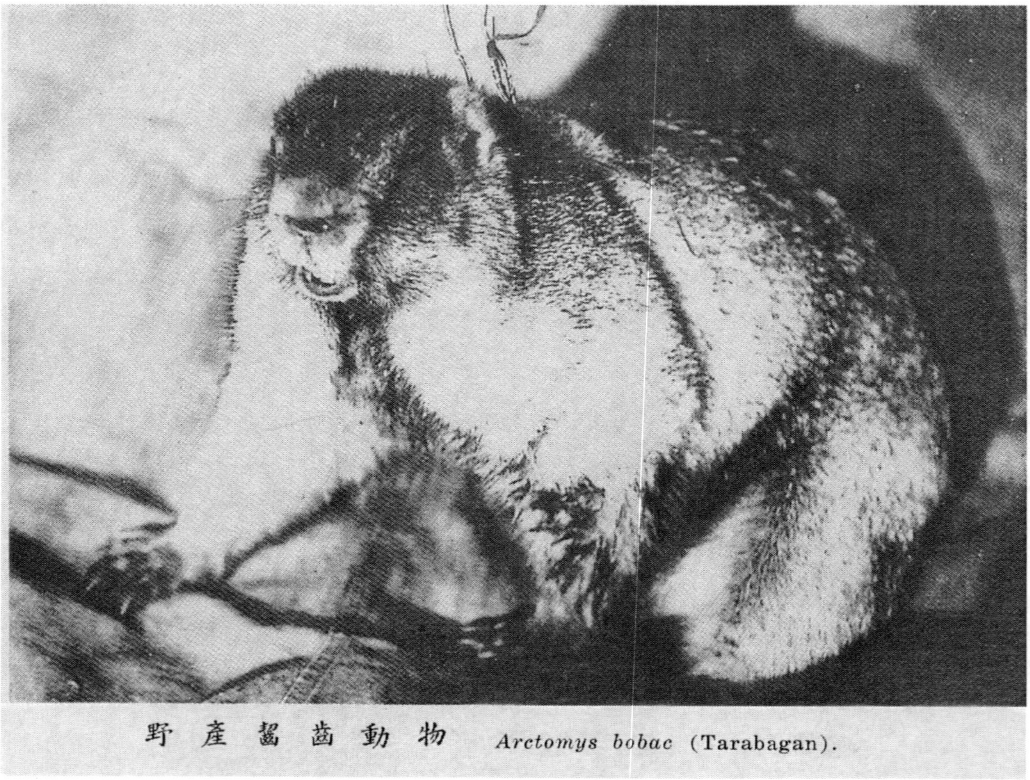

野產齧齒動物 *Arctomys bobac* (Tarabagan).

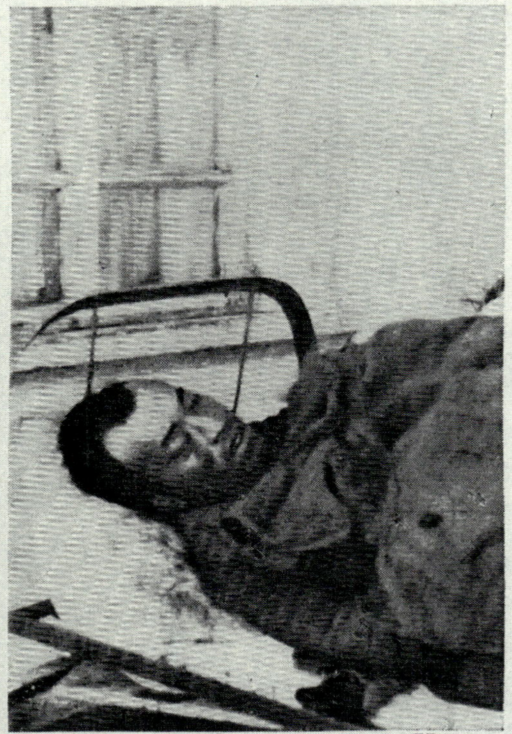

Pneumonic plague patient in ward, Harbin, 1921. (Note bloody sputum on bedding).

濱江醫院病室中之肺疫患者

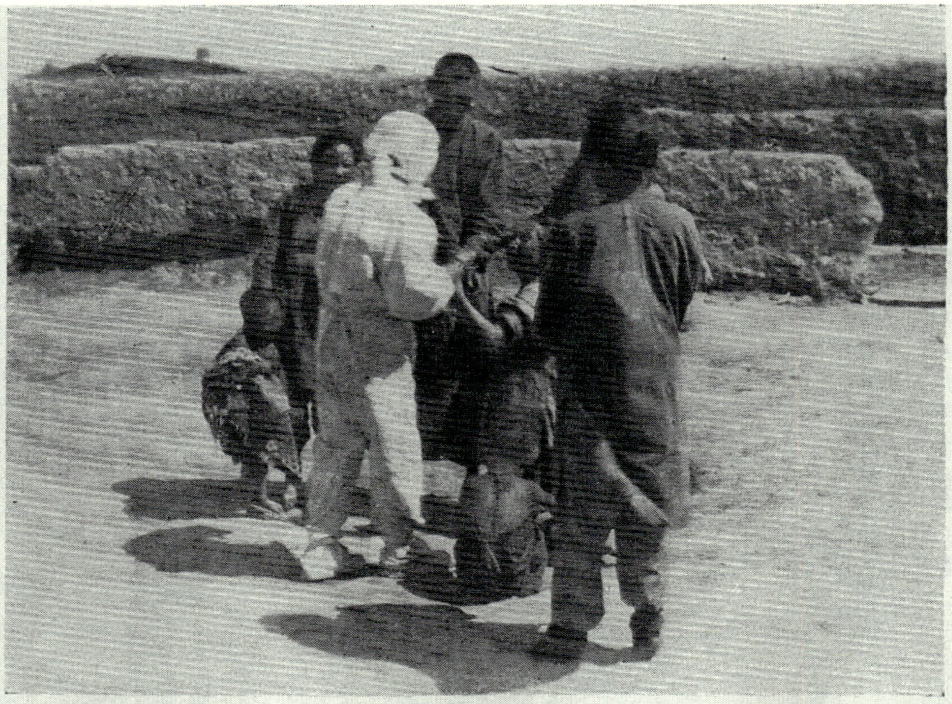

Fig. 70: Villagers asking for antiplague vaccination, Tungliao, 1928.

民國十七年通遼村民受預防鼠疫接種之情形

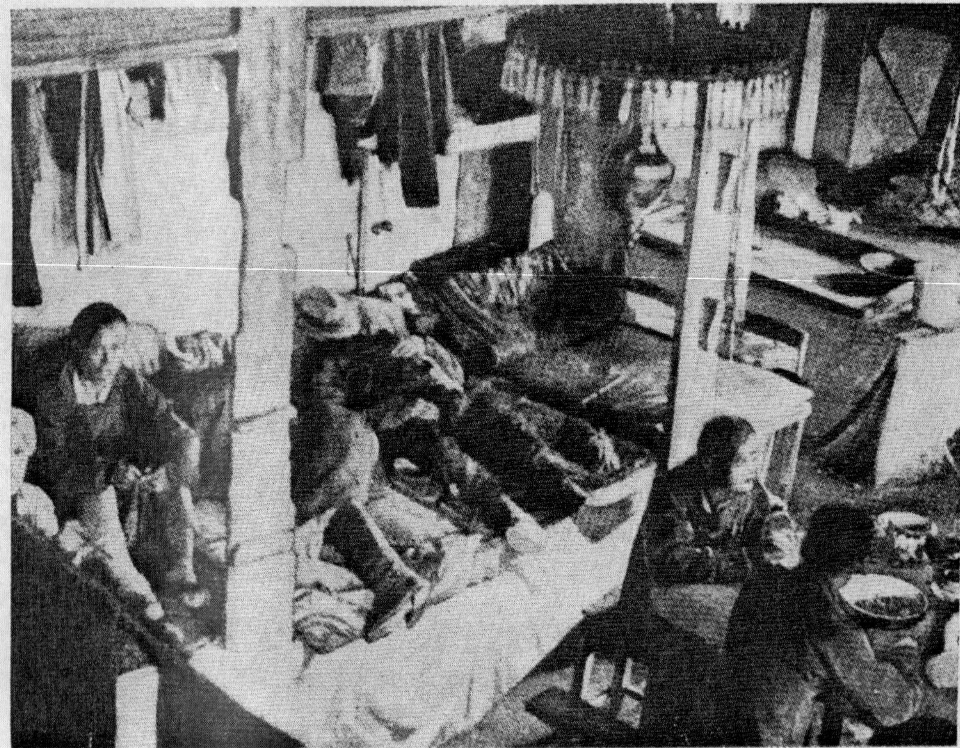

Fig. 84: Interior of underground inn frequented by trappers, Manchouli, 1911.

滿洲里之地窖客寓爲捕旱獺者常到之處

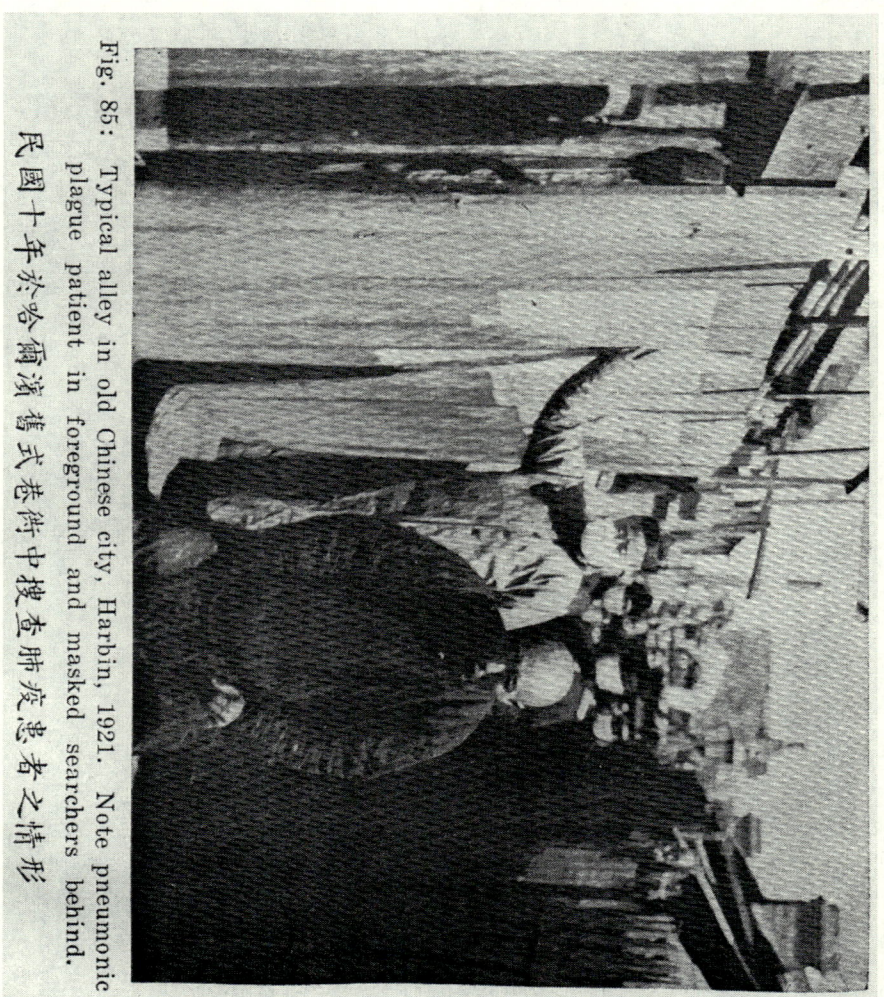

Fig. 85: Typical alley in old Chinese city, Harbin, 1921. Note pneumonic plague patient in foreground and masked searchers behind.

民國十年於哈爾濱舊式巷衖中搜查肺疫患者之情形

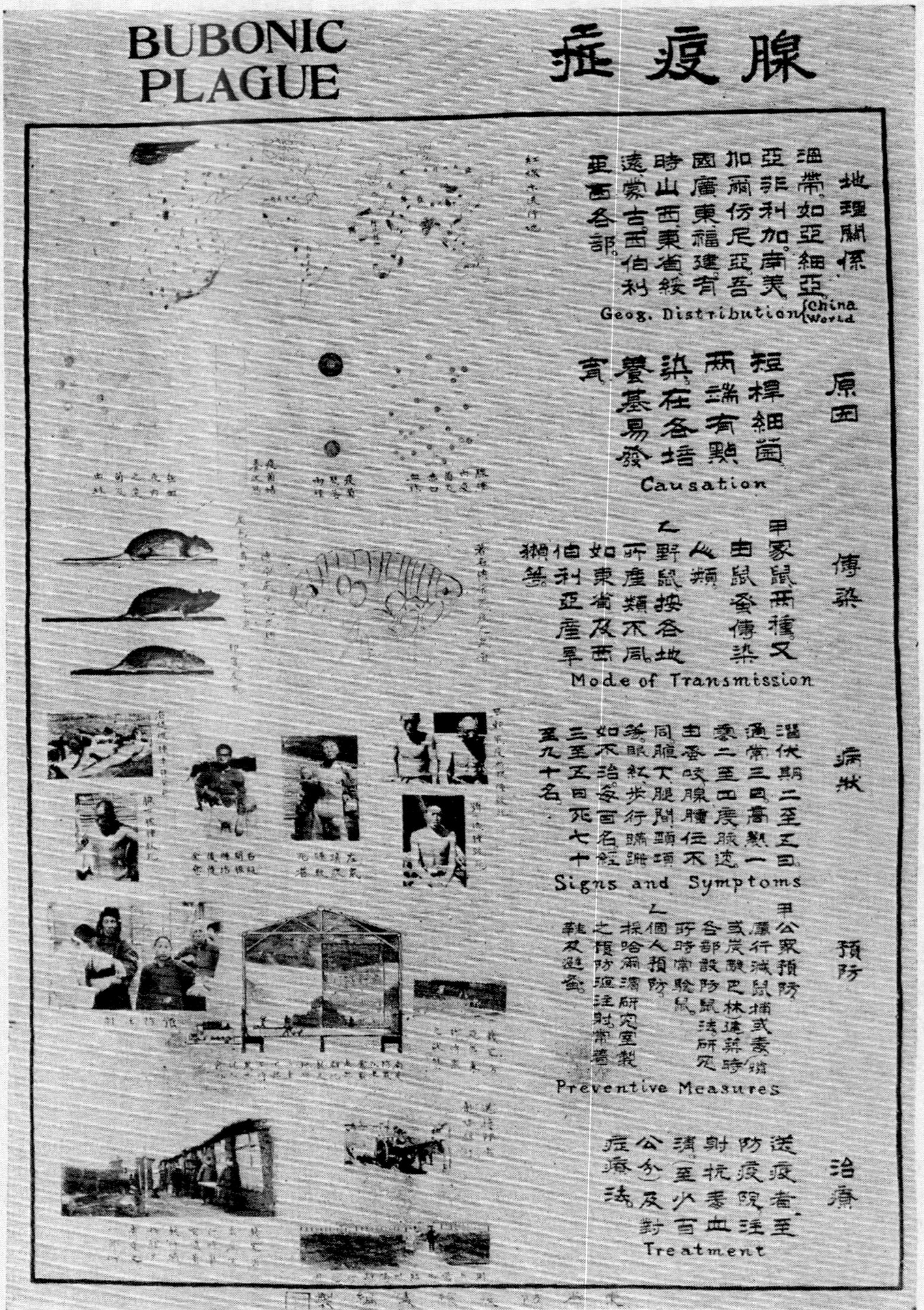

Fig. 89: Propaganda poster of bubonic plague

(*Designed by Dr. Wu Lien-teh*)

Divided into six sections: 1. geographical distribution in (a) the world and (b) China; 2. causation; 3. mode of transmission; 4. signs and symptoms; 5. preventive measures (inoculation, rat-proofing, etc.); 6. treatment.

腺 疫 宣 傳 圖 解

PLATE XXXVII

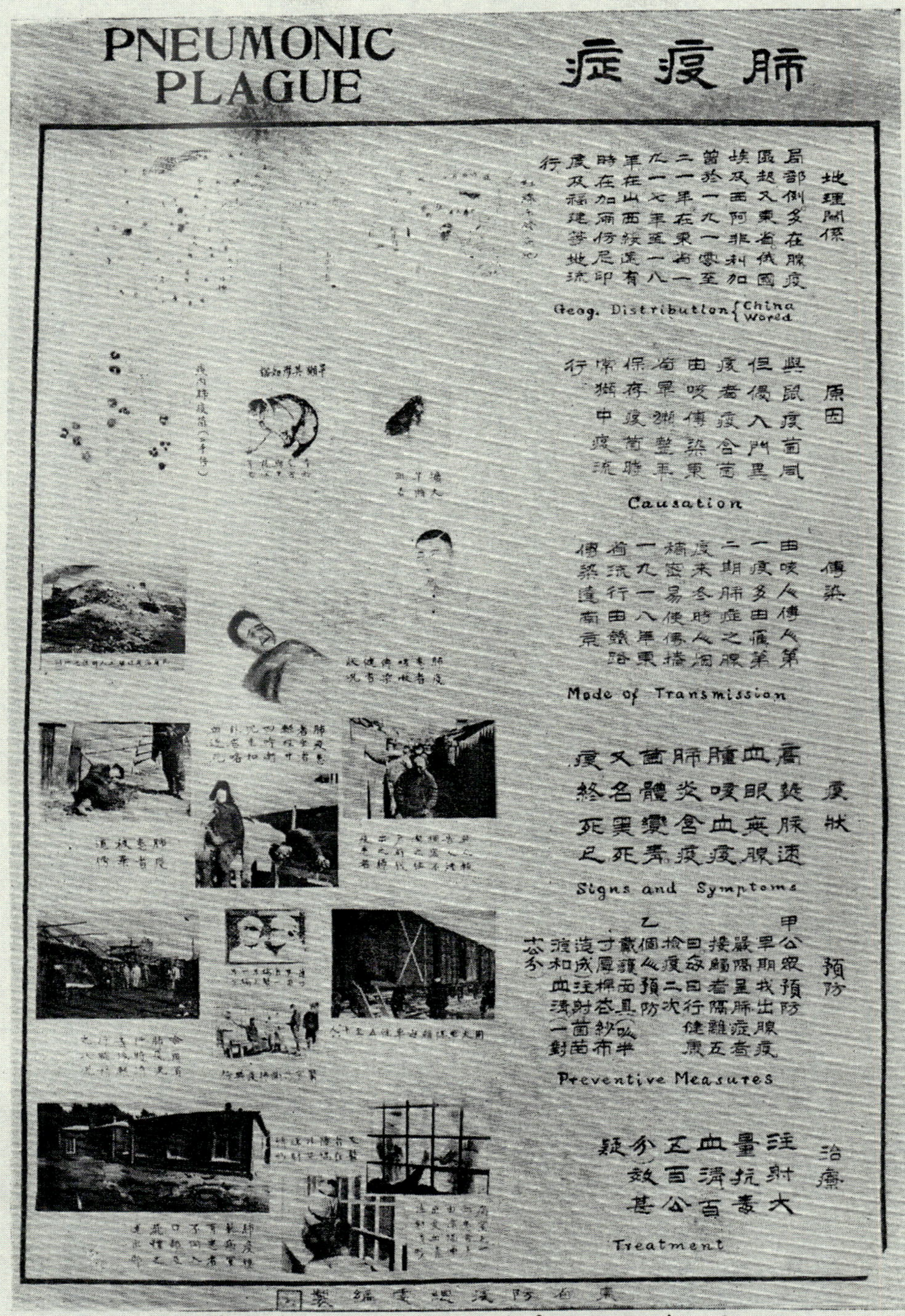

Fig. 90: Propaganda poster of pneumonic plague.
(*Designed by Dr. Wu Lien-teh*)

Comprising as usual six sections. Among the more prominent features may be seen the part played by the tarabagan (Siberian marmot), underground habitation, direct coughing from patient to contact, use of cotton masks for protection and a model plague ward having glass partition between medical attendant and patient.

肺 疫 宣 傳 圖 解

《盛京时报》防疫新闻辑录

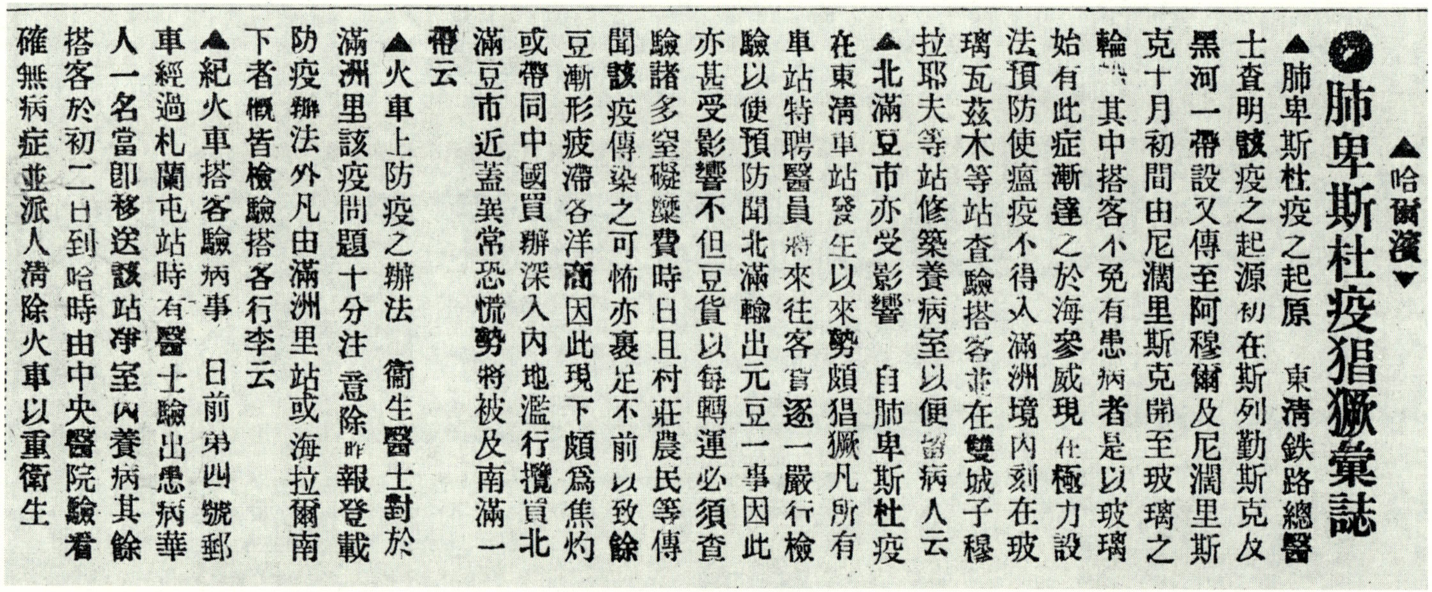

▲哈爾濱▼

●肺鼠斯杜疫猖獗彙誌

▲肺鼠斯杜疫之起原　東清鐵路總醫士查明該疫之起源初在斯列勤斯克及黑河一帶設又傳至阿穆爾及尼潤里斯克十月初間由尼潤里斯克開至玻璃之輪船其中搭客不免有患病者是以玻璃始有此症漸達之於海參威現在極力設法預防使瘟疫不得入滿洲境內刻在玻璃瓦茲木等站查驗搭客並在雙城子穆拉耶夫等站修築養病室以便留病人云

▲北滿豆市亦受影響　自肺鼠斯杜疫在東清車站發生以來勢頗猖獗凡所有車站特聘醫員將來往客貨逐一嚴行檢驗以使預防聞北滿輸出元豆一事因此亦甚受影響不但豆貨以每轉運必須查驗諸多窒礙糜費時日且村莊農民等傳聞該疫傳染之可怖亦裹足不前以致餘豆漸形疲滯各洋商因此現下頗爲焦灼或帶同中國買辦深入內地濫行攬買北滿豆市近蓋異常恐慌勢將被及南滿一帶云

▲火車上防疫之辦法　衛生醫士對於滿洲里該疫問題十分注意除昨報登載防疫辦法外凡由滿洲里站或海拉爾南下者概皆檢驗搭客行李云

▲紀火車搭客驗病事　日前第四號郵車經過札蘭屯站時有醫士驗出患病華人一名當即移送該站淨室內養病其餘搭客於初二日到哈時由中央醫院驗看確無病症並派人清除火車以重衛生

——摘自《盛京时报》，1910 年 11 月 8 日

●安倍博士過長　肺卑斯脫疫猖獗於北滿各地曾誌前報茲悉南滿鐵路公司以北滿與南滿貫通一綫關係不淺擬調查該疫日前特派滿鐵大連醫院醫長安倍博士前赴北滿病源地該博士旋於初七日過長前往哈爾濱云

——摘自《盛京时报》，1910 年 11 月 12 日

●安倍博士之防疫談

▲長 春▼

大連醫院安倍博士前爲調查肺卑斯脫疫前赴哈埠會誌前報茲悉該博士現以調查畢事回抵連埠據云自該疫發生迄初九日在滿洲里華人之染疫者計一百人就中八十六人斃命俄人染疫者三人就中二人致斃預防上遮斷與他之交過者計五百三十五人在陶賴昭華人之染疫者計十二人疑似患者二人就中致斃十二人受交通之遮斷者計一千零八十二人在札蘭屯華人之染疫者一人在海拉爾華人之染疫者一人疑似患者二人就中斃命一人在哈埠華人斃命者一人受交通之遮斷者計五人由此觀之足覘該疫有南下之兆矣蓋南滿與以上各地聯通一綫且交通尤繁須趕急預防乃可滿洲里長春間計需時僅二日視病毒之潛滋期限尤短東清鐵路公司已在滿洲里哈爾濱間嚴行驗疫意在保護哈埠以北而在哈長間查驗稍寬故余與滿鐵公司協議一切在長春亟宜設法預防尤加慎重並預訂於十九日將所有長春埠鼠族（鼠與卑斯脫尤有關係）查驗有無該疫之黴菌以憑防止之設施云

——摘自《盛京时报》，1910 年 11 月 17 日

論說

防疫談

生命至貴也。而時有阨之者。阨之者殆即所謂天行之虐也。天行之虐。惟人事足以挽回之。今茲之防疫。其爲用蓋亦不出乎此。

就東省言之。肺卑斯杜之始發生也。在滿洲里。迄今沿東清綫而肆其蔓延。大有駸駸南下之勢。東清南滿兩主任者。亦既派遣醫士。實地調查。設法以防禦之。顧其傳染之速。實出人意料外。能遏止與否。則尚爲不可知之數也。且頃日肺卑斯杜之爲患處。大率人煙寥落。非殷闐之都市也。以故施行遮斷方法。及撿查一切。猶覺易易。設更乘勢沿鐵道綫而竄入大都會。則且如燎原之不可遏矣。夫今日之從事於防疫者。殆全爲外人。我國官吏。則猶晏如。夫東省雖爲外人之薈聚處。而與吾本有之人民較。殆不及千與一之比例。且據外人所調查者言之。則染疫致斃者。吾國人民。實居最多數。胡吾國官吏。竟若罔聞知耶也。吾國人民。居處飲食。尤以不潔稱。幸今茲寒氣凜冽。得稍減殺其蔓延之勢力。否則一經傳染。可使城市爲墟。夫以恆情言。誰爲不寶貴其生命者。而吾人民。乃獨不注意於衛生。遇有疫癘。則以祈禳爲防止劑。其有効力之可希冀耶。統五年十年計之。死於疫者。殆以萬數。夫官吏之不措意。已足致世人駭怪。若夫己之生命。己併不知防衛之。則其冥頑不靈。又奚以加焉。

邇者外人對於防疫一事。急起以圖。異常奮勉。我官吏。我人民。或亦有所感發而興起耶。嗟乎。不可避者天行。而可以挽救者人事。人事之未盡。而徒怨天行之虐。奚當焉。外人之奮起而防疫也。爲營業起見。爲保持現在之安寧起見。夫就罹疫後之損失以言。其大多數仍將屬之吾國人民。是故吾國人民。對於是事。亦當奮起急追。而不應稍濡緩也。救災本猶救溺。豈防疫而獨不然。設外人倡之。而吾民和之。凡可以設法而截止疫症之蔓延者。罔弗從事。則其傳染必當立止。否則應措意者而不措意。實爲滅種之先兆。某甚爲我同胞懼矣。

——摘自《盛京时报》，1910年11月18日

●滿鐵公司擬在長春檢驗時疫　滿鐵公司因肺卑斯杜疫在北滿各地近來頗形猖獗該公司擬在長春檢驗所有客貨以便預防刻下正悉心預備檢驗方法云

——摘自《盛京时报》，
1910 年 11 月 19 日

●病疫者之調查續誌

▲哈爾濱▼　十三日滿洲里站共有病者二十一人是日又病華人二十一名死二十四人尚餘十八人札來諾礦病二人似病瘟者一人哈爾濱有似病瘟者十四人自瘟疫發現之日起至今滿洲站共病一百八十四人俄人四名華人死一百六十六名俄人四名滿洲里站調驗人一百六十名哈爾濱一百七十八人齊齊哈爾一人海拉爾一人伯克圖一百四十七人札蘭屯八十五人札來諾爾一千一人

——摘自《盛京时报》，1910 年 11 月 19 日

●傳家甸防疫之計畫　本埠西北路兵備道于振甫觀察以近來肺卑斯杜疫流行恐滋傳染與人民生命關係亟爲重要以故於今會同俄員及濱江廳巡警局警務長自治會商務會二江閩粵會館人員在商務會議定防範衛生辦法聞擬由傳家甸租賃房屋數間作爲養病院一面由濱江廳出示曉諭如有染疫者須先報官驗看送入養病院調養免致傳染云

——摘自《盛京时报》，
1910 年 11 月 19 日

●此亦防疫之一法　東清鐵路公司現在傳諭各處車站不準承運旱獺皮肉及其糞出之油

——摘自《盛京时报》，
1910 年 11 月 19 日

●警務局防禦時疫　巡警局長金大令其相近以哈埠一帶瘟疫盛行不加防範恐致傳染昨特札飭各區長警傳諭各商民等門前街心所有積土積冰固宜掃除而院內室內更須潔淨以重衛生而防流瘟並即日出示曉諭商民一體遵照云

——摘自《盛京时报》，
1910 年 11 月 20 日

▲齊齊哈爾

江省省垣現忽有患百斯篤病者二人且有蔓延之勢刻已嚴辦防疫事宜（二十二日下午接到）

——摘自《盛京时报》，
1910 年 11 月 25 日

▲營口▼

●預防鼠疫之告示　今午（二十二日）警務總局發貼告示一道畧云爲出示曉諭事照得防疫院買鼠剖驗所以查地方有無鼠疫近來滿洲里等處鼠疫發現本埠收鼠無多恐不足以資考驗而嚴防範自應加價購買以廣招徠合亟出示曉諭爲此仰本埠諸色人等知悉爾等如有捉獲鼠隻送至防疫院大者每隻給洋五分小者每隻給洋二分由院製給收據卽來本局領價可也云云

——摘自《盛京时报》，1910 年 11 月 26 日

●道憲注意傳染病　李觀察以卜魁哈埠及庫倫一帶瘟疫盛行特札飭府署轉飭醫學研究所醫生詳細研究防疫方法以免流毒而重衛生

——摘自《盛京时报》，
1910 年 11 月 29 日

▲哈爾濱▼

●東清鐵路公司之防疫舉動

據哈爾濱電稱傳家甸自日前發見肺百斯篤疫症以來患者殆續出而未見衰退俄國東清鐵路公司已派有醫員及其餘委員意欲與中國官憲協力預防無奈中國官憲對於衛生防疫等事宜諸多懸擱無濟於事俄官旋知與華員協同之非策因擬將關於衛生上之一部分自由行動刻已由該地一律撤退行將在哈埠新市街及埠頭區境上多派軍隊用兵力禁止中國人之入租界地內以憑預防云

——摘自《盛京时报》，1910 年 11 月 30 日

俄員防疫南下之舉動

▲長春▼

據長春電稱頃日外間傳有東清鐵路公司此次爲驅除肺百斯篤疫起見將所有散在北滿百斯篤發生地之中國苦工由該鐵路免費搭運俟抵俄站寬城子後一律遣散等語駐長日領事松原君因此於日昨往謁駐長俄國領事質詢有無此事並磋商預防該疫事宜據俄領答覆云東清鐵路公司自日前在傳家甸發見該疫以來以該地與南滿極有關繫當在哈至寬間備置檢疫所三所嚴行預防並在寬城子特設患者收容所及隔離醫院以期阻止該症之蔓延至遣散苦力則並無此事蓋係謠言也云云

——摘自《盛京时报》，1910 年 12 月 1 日

瘟疫發現於省城矣

▲黑龍江▼

近因滿洲里一帶瘟疫流傳幾至十病九死而江省有司並未預籌防計致使瘟病發生日昨由滿洲站來有買皮貨之商人四名到省未逾三日竟病斃三名並傳染某薙髮匠一名得病不足一晝夜即斃司衛生之責者其亦念諸

——摘自《盛京时报》，
1910 年 12 月 1 日

▲哈爾濱▼

●病疫者之調查　二十四日

滿洲里站共病一人死六人二十五日早共餘華人三名俄人一名札來諾爾鑛病三人死二人餘六人札蘭屯海拉爾兩站均無染病者自瘟疫發見之日起至今已病華人四百十五名俄人九名死華人四百四名俄人八名滿洲調驗所共有三千五百十八名札蘭諾爾鑛三百二十三名海拉爾十三名札蘭屯八十四名云

——摘自《盛京时报》，
1910 年 12 月 1 日

▲奉　天▼

●中俄勘界之因疫暫停

現聞督憲接准中俄勘界專員呼倫道宋觀察小濂電禀現在北滿一帶瘟疫盛行所勘界線已近傅家店適當疫症流行之衝業於上星期與俄員磋商暫行停止勘界數日以防危險一俟毒氣稍減再行接續勘辦並請遴派明醫前往設法預防以免傳染聞督憲已札飭交涉司查明核辦云

——摘自《盛京时报》，
1910 年 12 月 3 日

●俄領認齊齊哈爾爲疫症流行地

滿洲日日新聞長春電云駐紮齊齊哈爾俄國領事將該省城認爲肺百斯篤疫流行地不准該地方民人之搭乘東清火車以防該症之傳播並移知駐齊日領云若有旅居該城日人而願由該地撤退者必須趕急搭車退去否則當亦一律禁止搭乘云云

——摘自《盛京时报》，
1910 年 12 月 3 日

市井雜俎

●時屆疫症宜防（奉天） 冬令雨雪甚稀疫症乃乘
堂以流行焉日昨小南關張某之子年方弱冠晚由學
之歸家偶染時疫初係嘔吐不止比及次日辰刻未及
延醫命已嗚呼有衛生之責者須嚴加查察設法防範
以絕其傳染乃可

——摘自《盛京时报》，
1910 年 12 月 4 日

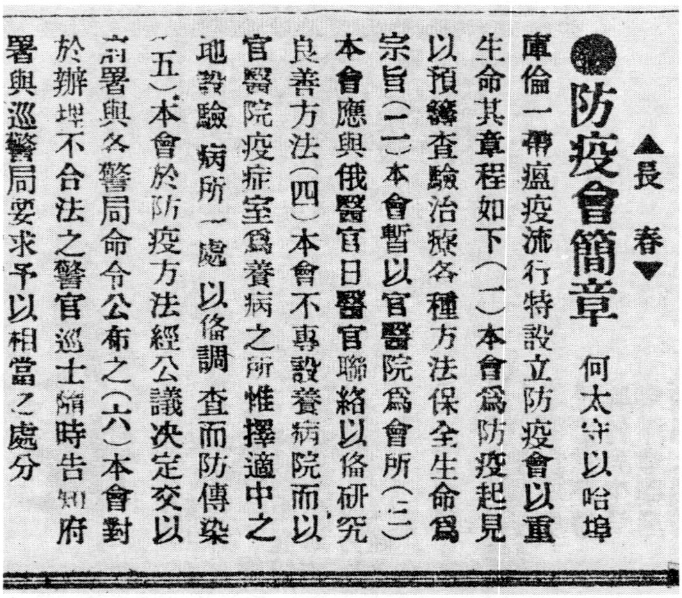

▲長春▼

●防疫會簡章

何太守以哈埠庫倫一帶瘟疫流行特設立防疫會以重生命其章程如下（一）本會爲防疫起見以預籌查驗治療各種方法保全生命爲宗旨（二）本會暫以官醫院爲會所（三）本會應與俄醫官日醫官聯絡以俻研究良善方法（四）本會不專設養病院而以官醫院疫症室爲養病之所惟擇適中之地設驗病所一處以俻調查而防傳染（五）本會於防疫方法經公議決定交以府署與各警局命令公佈之（六）本會對於辦埠不合法之警官巡士隨時告知府署與巡警局要求予以相當之處分

——摘自《盛京时报》，1910年12月4日

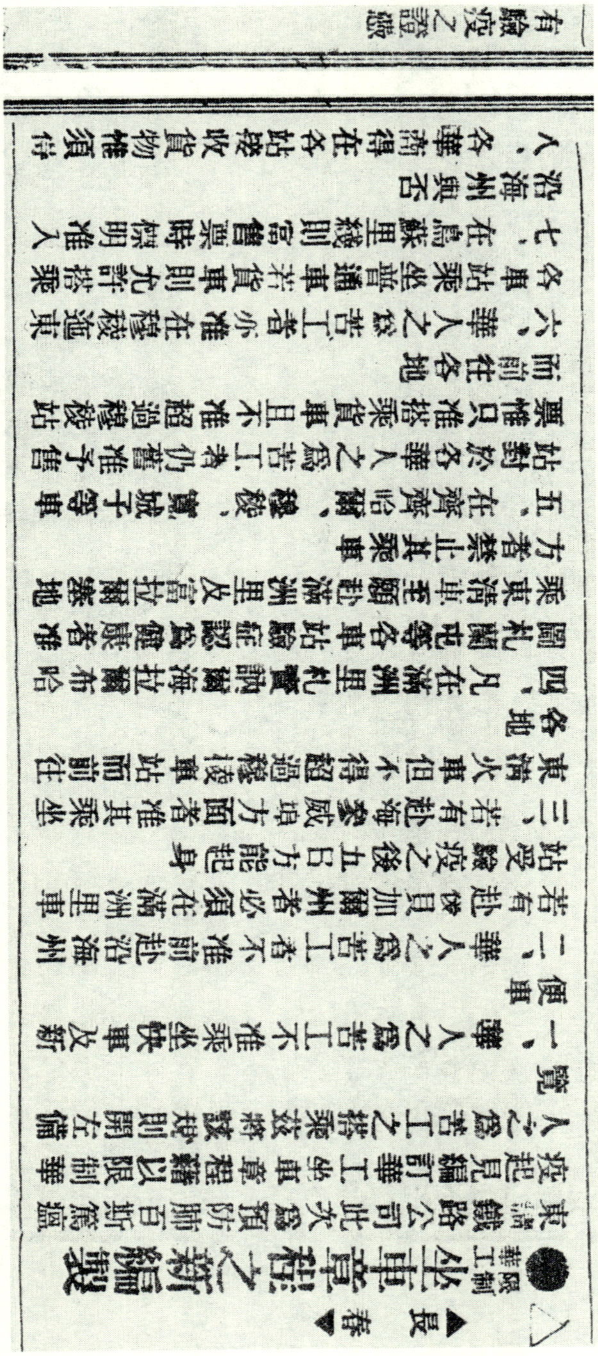

▲長春▼

●限制華工坐車章程之新編製

東清鐵路公司此次爲預防肺百斯篤瘟疫起見編訂華工坐車章程藉以限制華人之爲苦工之搭乘茲將該規則開左備覽

一、華人之爲苦工不准乘坐快車及新便車

二、華人之爲苦工者不准前赴沿海州若有赴後貝加爾州者必須在滿洲里車站受驗疫之後五日方能起身

三、若有赴海參威埠方面者准其乘坐東清火車但不得超過穆棱車站而前往各地

四、凡在滿洲里札賚訥爾海拉爾布哈圖札蘭屯等各車站驗症認爲健康者准乘東清車至願赴滿洲里及富拉爾塞地方者禁止其乘車

五、在齊齊哈爾、穆稜、寬城子等車站對於各華人之爲苦工者仍舊准予售票惟只准搭乘貨車且不准超過穆稜站而前往各地

六、華人之爲苦工者亦准在穆稜迤東各車站乘坐普通車若貨車則允許搭乘

七、在烏蘇里綫則富售票時標明准入沿海州與否

八、各華商得在各站接收貨物惟須待

有驗疫之證憑

——摘自《盛京时报》，1910年12月6日

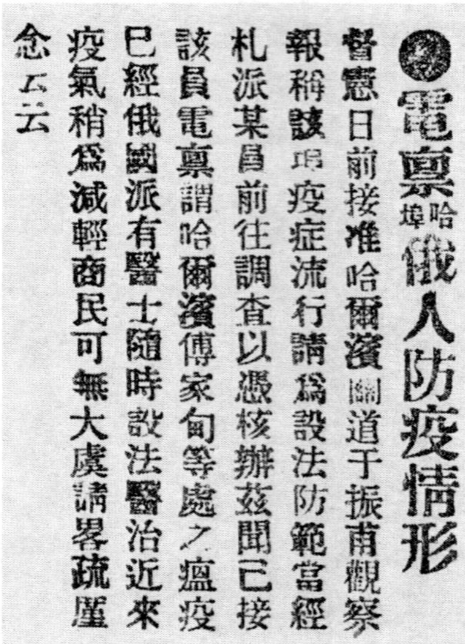

電稟（哈埠）俄人防疫情形

督憲日前接准哈爾濱關道于振甫觀察報稱該埠疫症流行請為設法防範當經札派某員前往調查以憑核辦茲聞已接該員電稟謂哈爾濱傅家甸等處之瘟疫已經俄國派有醫士隨時設法醫治近來疫氣稍為減輕商民可無大虞請畧疏廑念云云

——摘自《盛京时报》，
1910 年 12 月 7 日

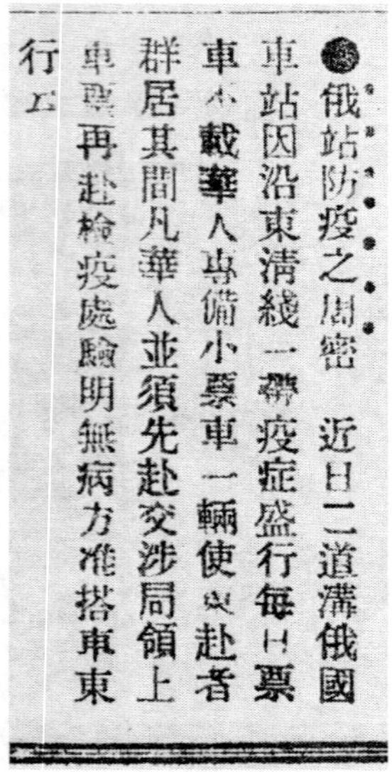

俄站防疫之周密　近日二道溝俄國車站因沿東清綫一帶疫症盛行每日票車不載華人專備小票車一輛使必赴者群居其間凡華人並須先赴交涉局領上車票再赴檢疫處驗明無病方准搭車東行云

——摘自《盛京时报》，
1910 年 12 月 7 日

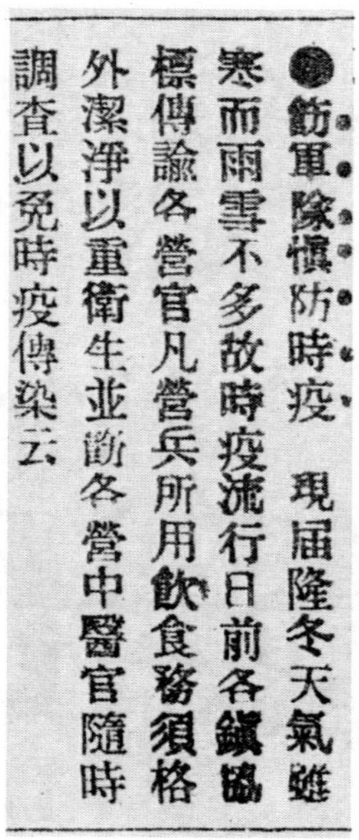

飭軍隊慎防時疫　現屆隆冬天氣雖寒而雨雪不多故時疫流行日前各鎮協標傳諭各營官凡營兵所用飲食務須格外潔淨以重衛生並飭各營中醫官隨時調查以免時疫傳染云

——摘自《盛京时报》，
1910 年 12 月 9 日

▲哈爾濱▼

瘟疫最近之調查

初二三 江沿防疫衛生局報告哈爾濱傅家甸瘟疫情形如下初一日由馬家溝第五十三號房內移送病棚華人一名至晚六鐘病故葬於瘟疫死者坟地是日晚間外國大街滅司房內有中國婦人一名染病被人移住他處惟在屋內用藥清理將同之華人送交醫士驗看初二日早九點于秦家崗大街見有華人一名仰臥係因蕩木索諾維赤馬車壓壞腿部移送中央醫院醫治午間又到六道街查明某華人頗似染疫現象故送交棚查驗初二日調查者三十四名患瘟疫者四名晚間調查驗人中有華人兩名發現瘟疫送交病棚其中一名由馬家溝運來者午晚七點病故晚間松嘎里磨廠有華工一名染病送交傅家甸醫院晚十一點鐘新城大街見有俄人一名染病當經防疫隊醫士驗明並非瘟疫更在八道街口查出屍身一具因瘟疫而亡昨晚中國大街秋林洋行門前有倒臥華人一名驗明並非瘟疫昨日三點鐘秦家崗調驗者二十一名莫斯科兵營三十九人共有六十人其中華人五十九名韓人一名確患瘟疫者二名死於瘟疫者共有十三名皆葬於瘟疫坟地初一日傅家店有染瘟疫者六名可疑者一名晚間病者六名已死二名初二日又送入一名共計七名前日尚有六名昨日又送入一名共有八名

——摘自《盛京时报》，1910年12月10日

●江省病疫之報告　據傳來消息云齊齊哈爾自俄歷十一月二號至十九號共病華人四十九名死二十七名現正設法以防傳染云

——摘自《盛京时报》，
1910 年 12 月 10 日

●學堂嚴防鼠疫　近來滿洲里哈埠一帶鼠疫流行傳染甚劇視學員詹約文特與濱精醫王壽山君研究預防之法傳示各學堂其條例如下（一）屋宇宜潔淨（二）內衣常更換付熱湯洗滌（三）勤沐浴（四）被褥常晒（五）寒煖務適宜（六）飲食宜潔淨（七）忌用肉食厚味（八）冷菓不宜食（九）勿飲冷水（十）用殺除水隔一二日徧洒屋內

——摘自《盛京时报》，
1910 年 12 月 11 日

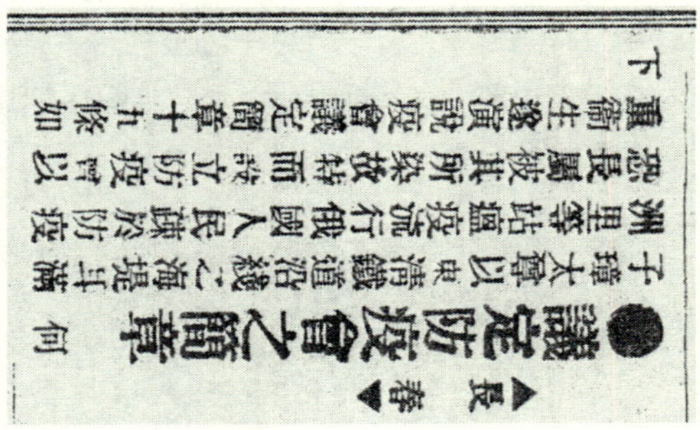

▲長　春▼

●議定防疫會之簡章　何

子璋大尊以東清鐵道沿綫之海堤斗滿
洲里等站瘟疫流行俄國人民注於防疫
恐長屬被其所染故特而設立防疫等以
重衛生途演說疫會議定簡章十九條如
下

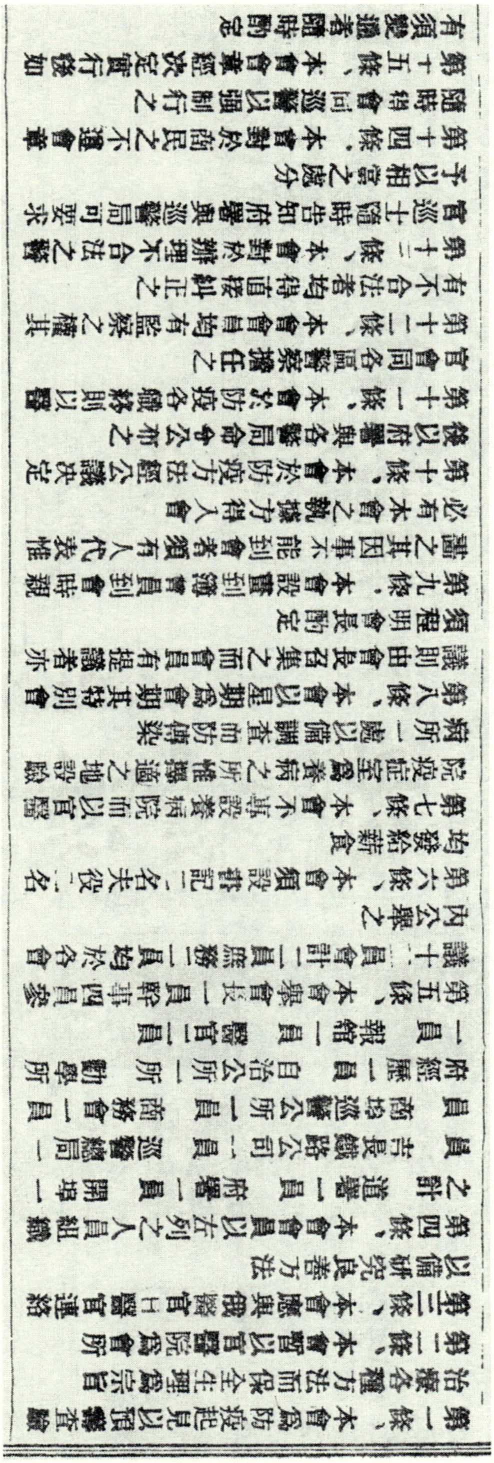

第一條、本會爲防疫起見以研究查驗
治療各種方法而保全生理爲宗旨
第二條、本會暫以官醫院爲會所
第三條、本會應與俄國醫官日醫官連絡
以備研究良善方法
第四條、本會會員以左列之人員組織
之計　道署一員　府署一員　開埠一
員　吉長鐵路公司一員　巡警總局一
員　商埠巡警公所一員　商務會一員
府經歷一員　自治公所一所　勸學所
一員　報館一員　醫官二員
第五條、本會舉會長一員幹事四員參
議十二員會計一員庶務一員均於各會
內公舉之
第六條、本會須設書記一名夫役二名
均發給薪食
第七條、本會不再設養病院而以官醫
院疫症室爲養病之所惟擇適之地設驗
病所一處以備調查而防傳染
第八條、本會以星期爲會期其特別會
議則由會長召集之而會員有提議者亦
須聲明會長酌定
第九條、本會設置到簿會員到會時親
書之其因事不能到會者須有人代表惟
必有本會之執據方得入會
第十條、本會於防疫方法經公議決定
後以府署與各警局命令公布之
第十一條、本會於防疫各種辦則以醫
官會同各區警察擔任之
第十二條、本會會員均有監察之權其
有不合法者均得直接糾正之
第十三條、本會對於辦理不合法之警
官巡士隨時告知府署與巡警局可要求
予以相當之處分
第十四條、本會對於商民之不遵會章
隨時得會同巡警以强制行之
第十五條、本會會章經決定實行後如
有須變通者隨時酌定

——摘自《盛京时报》，1910 年 12 月 13 日

● 監國關懷北滿肺疫　監

國近日深以北滿地方傳染肺疫死者甚衆事關小民生命亟宜設法防備因特諭太醫院妥籌驅除該疫方法以重民命

——摘自《盛京时报》，
1910 年 12 月 13 日

▲黑龍江▼

● 江省瘟疫之發生　由齊齊

哈爾傳言近日該城瘟疫日甚一日因之俄亞銀行暫停交易俄日兩國領事亦移出城外以避瘟疫聞每日死於瘟疫者常有十一二名之多然最奇者該城病疫如此之盛各官吏竟置若罔聞不爲之設法預防商民亦不過自行設法防範而已並無醫院防疫所等爲之補助然則地方官如此對於瘟疫使人不解其意不解防疫之益歟抑或不爲之注意歟總之如此辦法與齊哈爾之附近居民頗有性命之患爲民上者寧忍視其坐以待斃耶現在果能趕即設法防備尚有挽回之望否則傳染日廣勢將不可收拾焉

——摘自《盛京时报》，1910 年 12 月 14 日

●防疫（委員稟陳）現在疫症情形

北滿各地疫症流行前經交涉司電飭哈埠交涉局總辦李守鴻猷與俄員設法防範並派委員前往調查情形以便救治現聞該司接到李守電稟各站疫症較前均已減輕不能再有蔓延之勢請卽備案以資查核等情韓司憲除查明立案外仍飭該員加意嚴任以重疫政云

——摘自《盛京时报》，
1910 年 12 月 15 日

●道裏道外防疫之情形

星期二日防疫衛生局報告道裏傳家甸溫疫情形如下俄醫調驗俄滅麵粉公司華人四百九十名是日查出一名華工染病送交醫院醫治防疫隊及調驗所皆無變動現在調驗俄人一名華人十九名實係患病者三名莫斯科兵房調驗者二百七十四名又收無業華民一百十八名共有三百九十三名分置於十四輛火車內第十輛火車有害楊梅病華人一名瘟疫病院內並無病者至晚十二點鐘並無可疑之人星期二日傳家甸死者二名醫院內已無病人矣

——摘自《盛京时报》，
1910 年 12 月 15 日

▲黑龍江▼

●會議防疫章程

日前警務公所開會議決防疫方法並傳飭各區實力滿會已誌本報茲擬定檢疫章程十餘條謹列原文於下 第一條此種瘟疫起於臚濱府擬於昂昂溪及省城火車站各預備檢疫所各派醫官一員巡警四名專司其事無論官商人等均應受檢查 第二條於檢疫所距離一二里之處預備養病室房十餘間以備受病者之遷入 第三條受疫者遷入除看守巡警外無論何人均須隔離不許入視必於不得已之事照第四條醫生巡警洗浴方法行之 第四條檢疫所養病所均應令熱氣流通並令透入日光一面以昇汞水石炭酸或生石灰遍灑以防傳染至看守之醫生及巡警應穿短窄之衣服袖口須緊紮先用昇汞水洗浴身體然後入室如揭門時仍須如法洗浴其手 第五條凡病人應用濕潔布拭淨身體另換衣服一切飲食均須檢查所睡之痰血以生灰蓋之然後除 （未完）

——摘自《盛京时报》，1910 年 12 月 15 日

▲哈爾濱▼

●俄商界關於隔離問題之會議

本埠各麵粉公司在傅家甸銷售之麪粉與道裡不相上下故會議隔離傅家甸惟問題時麪粉公司各商多有反對者不得不從多數議決但要求糧臺地方仍准華人出入刻聞傅家甸代銷麵粉各商以隔離後雖能出入自由究恐不免有因病扣留情事是以嗣後必須由磨廠派人護送以免一切誤會聞各公司以生意起見不能不認可此事議定隔離後由俄人送至道外再由華人接收云

——摘自《盛京时报》，
1910 年 12 月 16 日

會議防疫章程（續）

第六條如病人痊癒可離於七日前後令其衣服一併用薰蒸消毒法納於皿中蓋好蒸之其衣箱器皿等物用昇汞水或生石灰汁灑之放出、第七條如病人已死應將已死之屍體衣服遍灑昇汞水或生石灰水立即掩埋務宜挖掘深坑柩上加佈石灰如露難於外重辦不貸　第八條各住戶有患疫症者應即報告警察署以備分別隔離　第九條道里巷污穢之處應令各住戶協同清道夫逐日打掃違者罰辦　第十條凡各住戶廁內糞土均須逐日打掃用石生灰灑之　第十一條凡關於牛羊肉之自死者及各項飲食料之不潔者均行掩埋違者重辦　第十二條、所檢疫委員均預備避瘟藥以爲急救之需　第十三條如疫症流行凡戲園妓館及其他多數之集合場所均得暫行封禁其未屆流行之時不在此例

——摘自《盛京时报》，
1910 年 12 月 16 日

▲長　春▼

諭禁人民隱蔽流瘟　兵備道李觀察

因東清鐵路一帶疫症盛行日見南下與各紳議定在城後同善堂內創設防疫會爲檢驗以防傳染計日昨擬定章程二十七條出示曉諭商民人等凡房院內外務須潔淨如有病者須赴醫院調養不准隱瞞不報云

——摘自《盛京时报》，
1910 年 12 月 17 日

▲黑龍江▼

●會議防疫章程（續）

第十四條其如應行檢查者再行續發命令　第十五條凡受疫而死者均須葬一處不許存留於家並不許淺厝他處違者派警火化　第十六條凡受疫而死者之衣服器皿均藏須焚燬其不常用之衣服與珍重之衣物應蒸過儲皮衣則灑以藥水並不准出賣　第十七條凡疫死者同室之人均封閉一星期後方准出外其願移別室者惟仍須如前封閉　第十八條凡疫死者之親戚均不准奠祭送葬附買賣衣服章程一凡開賣衣鋪者均不許收買雜人衣服一凡賣衣者均送警署蒸過蓋用警署方圖章准出賣　（已完）

——摘自《盛京时报》，
1910年12月17日

●傅家甸病院有人滿之患（哈爾濱）　傅關道裡各飯舖客店烟館以哈埠瘟疫盛行若有傅家者即將其一院之人封鎖轉送至調驗所調驗以致失業故咸以瘟疫爲極可懼之事凡稍有疾病之人決不肯容納以防傳染而病者只得至傅家店病院就醫奈傅家店之病院規模甚小不能容納多人現院中病人已滿不能再爲收人病者不得已而至附近之村調養其情形甚爲可憐

——摘自《盛京时报》，
1910年12月28日

●擬開中俄檢疫之談判

京函云俄人在哈爾濱等處藉檢查疫氣爲名無端虐待華人種種違約之處不堪罄述近已由東督錫制軍密陳外部茲聞鄒紫東尚書對於此事亦頗注重已交胡侍郎照會駐京俄公使到部特開此項談判

——摘自《盛京时报》，
1910 年 12 月 28 日

▲營口▼

●施醫院併入防疫院　本埠施醫院成績甚稀而用欵較繁屢經議事會提議裁撤嗣因道憲奉到督帥札文核減警費而警餉已無可減於是將該院決定裁撤以期節省今日(二十七)早晨該院已將藥料器具一概送入防疫院矣

——摘自《盛京时报》，
1910 年 12 月 31 日

●電請核復防疫之辦法

聞吉撫陳簡帥日昨電請督憲以哈爾濱等處疫症流行亟宜研究衛生以免傳染請即核示辦法以憑照辦等情現聞已經督憲札飭衛生局將關於衛生之章程抄錄咨覆並委派精通時症之醫官前往該處設法醫治以資禁遏云

——摘自《盛京时报》，
1911 年 1 月 5 日

孟局長關心民命 哈爾濱

長春一帶日前發現時疫甚爲劇烈迄未滅止近因滊車往來漸覺傳播至奉警務局孟局長以此疫一經蔓延于一般之人民生命攸關宜預籌防止方法聞擬在各區于人家相距較遠之處各租賃房屋一所由官家預備藥料等項一面責令各該區官長警等認眞按戶檢查遇有傳染斯疾者速將病者抬入該屋派醫調理隔絕往來以防傳染聞昨已分傳各區遵照實行云

——摘自《盛京时报》，1911 年 1 月 7 日

警局飭防時疫 警務局近因以疫症流行偶爾傳染立卽殞命故日昨特飭各區巡警按各旅店夥房切實調查若有病家隨時報告以便派令醫官前往醫治俾免蔓延而保生命云

——摘自《盛京时报》，1911 年 1 月 7 日

▲長 春▼

鼠疫日見蔓延 本郡疫症漸有蔓延之勢居民之感染是症者已有數人中日官憲現在合力從事防備事宜極形忙碌云

——摘自《盛京时报》，1911 年 1 月 7 日

姚醫官之留心鼠疫

施醫院醫官秉禁烟分所委員姚舜欽二尹於職分內事頗知研究日昨有阿城縣泰東報館通訊員常君自哈來雙該員當將常君延至禁烟分所叩問染肺鼡斯篤者之顏色聲音氣味舌胎鼻孔一目形狀常君食其係欲發明新理乃盡其所見纏晰陳述姚二尹屢領其首盖心領意會之像已流露於言表云

——摘自《盛京时报》，
1911 年 1 月 7 日

督憲電詢江省疫症

督憲日昨電致江撫周少帥謂近聞疫症已蔓延於三姓等處勢甚危險未知是否屬實此項疫症傳染甚速生命攸關亟宜派員詳查以便設法醫治倘江省無此醫官請將所查疫症情形剋日電復以便由省派往醫官而免流行云

——摘自《盛京时报》，
1911 年 1 月 8 日

黑死病之類似者陸續發見矣

初二日有一華人在東門外路上因病仆地苦悶異常當由警員命人舁赴衛生醫院求治無幾該華人竟吐血苦腦以死初四日大西關勸商塲左近義順客棧又有一客由北地而來者得病後苦惱一日大咯血旋又斃命衛生醫院醫員診查該兩人均以爲類似黑死病也並聞前者亦係由北地來者昨又聞小西邊門外十間房某處有一華人於初四日由吉省抵奉患同一之時疾至初五日病斃按此三人病因雖未能遽斷爲肺百斯篤病然查知三人均係由北地來而其症候又絕相似豈可不嚴加預防耶該疫若竟蔓延于此土則不但多亡民命之可畏其影響于商務者亦甚大誠有不勝寒心者焉

——摘自《盛京时报》，1911 年 1 月 8 日

●小池日總領赴旅原因　駐奉日總領小池君前晚駕坐南滿火車前赴旅順聞係與關東都督磋商在滿鐵沿綫之防疫事宜擬在各埠多設檢疫處嚴重防疫以資防遏肺百斯篤之蔓延于南滿各地云

——摘自《盛京时报》，
1911 年 1 月 8 日

▲大連▼

●亦有類似黑病之發見矣

聞山東登州府人戚振江（三十三歲）於初四日下午二鐘由大石橋坐火車抵大連在奥街一丁目東發客棧駐止至是日下午九鐘時忽全身發熱頗覺苦痛比至初四日上午一鐘時卽行暴斃該客棧疑爲百斯篤卽刻禀中民政署查驗未知查驗之結果奈何並聞民政署昨已對於該客棧住人均施消毒劑並送療病院暫時隔離以預防蔓延云

又聞該客棧又有患同一症候之華人現正異常苦惱

——摘自《盛京时报》，1911 年 1 月 8 日

▲長　春▼

●吉撫來長之原因　吉林巡撫陳簡帥以哈埠時疫已傳至長春恐辦理防疫事宜未必盡善遂擬月之初七日自行來長籌備一切防疫辦法俟籌辦妥協再赴哈埠查勘時疫傳染情形並該處防疫辦法云

——摘自《盛京时报》，
1911 年 1 月 8 日

●日界防疫之嚴密　初三日南滿火車行至公主嶺地面該車中有華人二名染疫而死當將以染疫者所乘之車帶回其餘所有人等俱送入醫院調治故現在搭座南下人氏均次先行調驗驗後確無病症者始准南下稍有形迹可疑者一概不准云

——摘自《盛京时报》，
1911 年 1 月 8 日

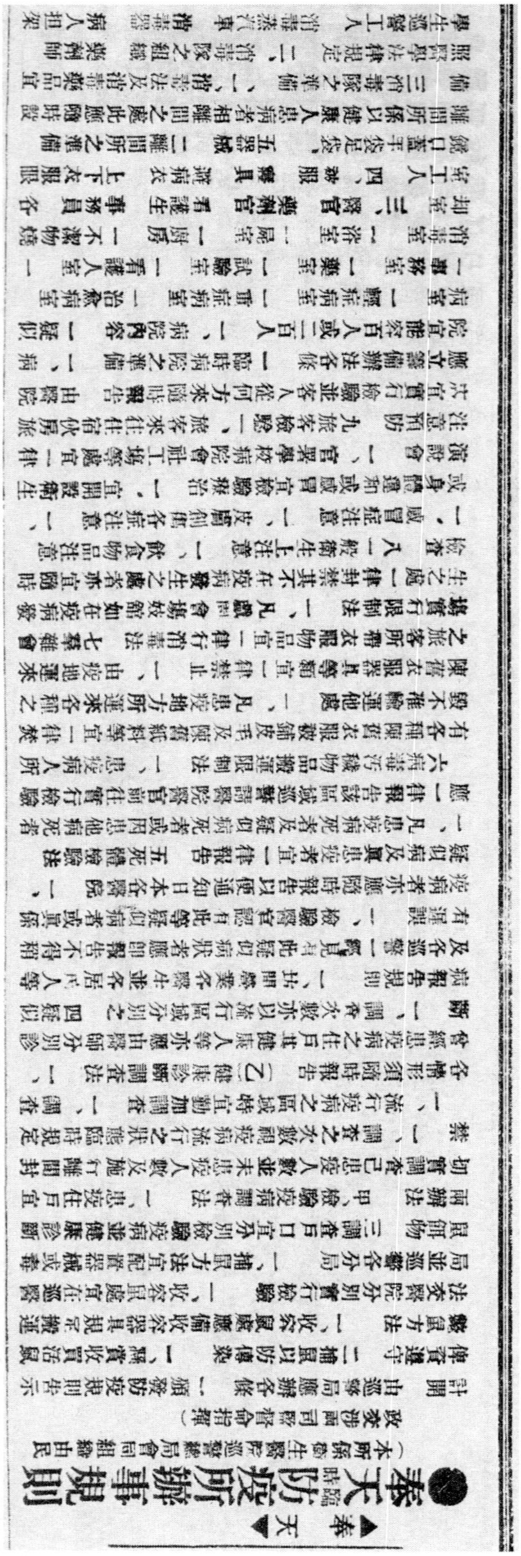

●奉天防疫所辦事規則

——摘自《盛京时报》，1911年1月10日

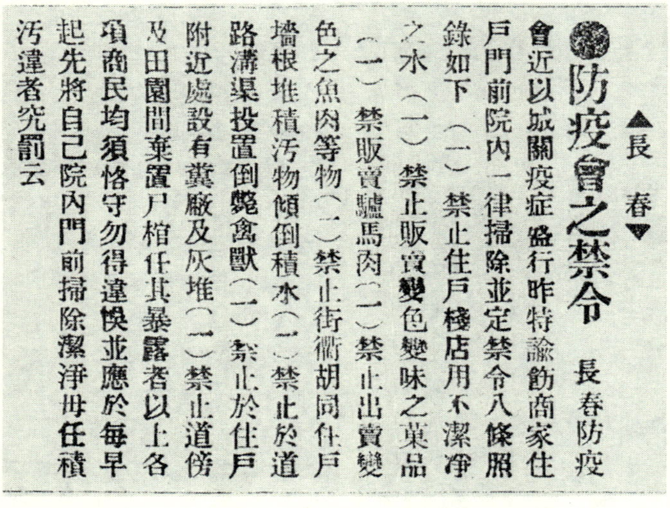

▲長春▼

防疫會之禁令

長春防疫會近以城關疫症盛行昨特諭飭商家住戶門前院內一律掃除並定禁令八條照錄如下（一）禁止住戶棧店用不潔淨之水（一）禁止販賣變色變味之菓品（一）禁販賣驢馬肉（一）禁止出賣變色之魚肉等物（一）禁止街衢胡同住戶墻根堆積污物傾倒積水（一）禁止於道路溝渠投置倒斃禽獸（一）禁止於住戶附近處設有糞廠及灰堆（一）禁止道傍及田園間棄置尸棺任其暴露者以上各項商民均須恪守勿得違悞並應於每早起先將自己院內門前掃除潔淨毋任積污違者究罰云

——摘自《盛京时报》，1911 年 1 月 10 日

要件

奉天省城警務局關于防疾之告示

爲出示曉諭事照得哈爾濱鼠疫盛行日甚一日奉天與哈埠直接交通必須先事預防方免癘氣滋蔓來奉有害民生查此病一名曰百斯篤爲害最烈罹斯疫者十死八九故又以黑死病名之以其情形非常慘苦最可恐怖特用黑字以形容之查此疾係一種細菌存於患者之血腋水脈腺及諸臟器中常由身體之創傷部侵入或由呼吸器消化器傳染其病狀大熱頭痛眩暈煩燥倦怠咳嗽吐血惡心嘔吐腰痛顏面蒸紅眼球結膜而充血皮膚感灼又股腺腋下腺頸腺等腫脹或因精神發揚之故致有躁暴譫語等事終乃現心臟麻痺精神朦朧及虛脫之症以至於死本局爲防遏此疫起見特會同衛生醫院在西關車站附近設立防疫事務所治疫病院並選派稽疫巡警挨戶查報以期撲滅癘疫共保健康茲特出示曉諭並將預防方法開列於後仰各色人等一體知悉其各凛遵毋違切切特示

計開

防疫法

第一條 衣服飲食當格外注意身體宜時常洗浴不可稍有損傷有損傷時即當速施治療

第二條 住戶院內各處宜掃除清潔不可堆積塵穢陰濕之處應時常灑以石炭酸水或石灰以除疫氣

第三條 室內宜流通空氣導引光線

第四條 疫病流行之區域及陰濕不潔之地段不可行走其間

第五條 患疫之人他人不可輕於看視其家人如看視往來必須多帶防疾藥品（如避瘟散硫磺綠氣丸）以防傳染

第六條 疫病死亡之人報由防疫病院派醫官檢驗消毒後當速抬運邊城以外空曠地段深穴埋葬並撒布防毒藥料

第七條 患疫病之人所有各種曾經服用之舊陳衣服及寢具碗筷等類宜一律焚毀並將其住室嚴行消毒或封閉其門戶以免傳染

第八條 無論發生何種疾病或因病死亡各家家主即當報請防疫病院派醫官檢視

第九條 禁止患疫地方運來之舊陳衣服皮毛等類其已運來者必須逾七日後方准售賣或輸入他處

第十條 旅家往來住宿伙房旅店均派巡警實行檢驗並客從何方來隨時報告

第十一條 客棧伙房妓館茶園會場及飲食店各宜格外清潔如在疫病發生之處一律封禁

第十二條 鼠爲傳疫之媒介今特懸賞購買無論死鼠活鼠可送至巡警各分區每鼠一個給銅元三枚

第十三條 官署學校病院會社局所工場等處宜各加意預防

第十四條 本局由各區選派得力長警編爲搜疫巡警逐戶搜疫所有防疫應行命令宜一律遵照如有違抗以違警罪論

——摘自《盛京时报》，1911 年 1 月 11 日

▲奉 天▼

●錫督籌備防疫事宜之認眞

東督錫淸帥自百斯篤病在奉發現以來於防疫一事異常焦灼刻已電請度支部支撥巨款以充防疫經費且擬在小西邊門外新蓋之樓房充作驗疫辦事處現已設置一切並聞關東都督府技師村田君於該防疫事宜頗有心得現亦因該事宜來奉錫督乃請其籌劃預防方法卽行通飭各屬嚴行遵辦一面又鼓吹人民防疫思想特於初十日在商品陳列塲傳集巡警總局及其餘各局所人員請村田技師演談百斯篤菌之性質以及關於預防各事宜至收買耗子一節則自日昨起已實行矣

——摘自《盛京时报》，1911 年 1 月 11 日

●染疫死者已十二人矣

自該疫發生之日起迄初七日染疫斃命者計六人均係發病後二鐘時以內身故者初八初九兩日工夫市寶興園內斃命二人小西邊門外斃命一人日租界警務署後面及西塔附近處斃命二人日昨十間房又有一人傳染身死先後共計已達十二人之多均經醫員檢驗挖地至七尺之深將屍身掩埋以防蔓延云

——摘自《盛京时报》，
1911 年 1 月 11 日

奉天警務局擬訂通飭巡警各分區辦理防疫規則

一由各分區中挑選熟於清查戶口老成可靠之長警一百名編爲搜疫巡警其左袖上端用四寸寬白布一幅訂於其上墨書搜疫二字逐日在各區界內檢查戶口

二搜疫鐘點上午自九鐘起至十一鐘止下午自一鐘起至十二鐘止如查有疫病及疑似病或普通病暨因病身亡當即分別報請防疫病院派醫檢視

三搜疫長警應認眞遵行規則不得陽奉陰違或藉端騷擾致干查究

四搜疫長警於檢查戶口時可將防疫方法切實詳告俾衆知悉以便自衛並查看其庭院住室若不潔淨當勒令掃除或住戶院內陰溼太甚發生惡氣者應飭購買消毒藥劑（如石炭酸石灰臭粉等）自行灑布其貧苦不能自備者由官購藥代爲灑用

五百斯篤疫病係由哈爾濱發生如查有由該處來奉之旅客及帶之物品宜加意查看

六患疫地方運來之各種舊陳衣服被褥器具等類宜嚴行查報防疫病院核辦

七住戶棧房有死亡者不問其如何疾病非受醫官檢視不准埋葬

八疫病死亡各戶宜用白墨於其門上塗一疫字以爲標識使外人易於辨認免致闖入其家以防傳染

九疫病死亡之人其所用之衣服器具被褥碗筷等類宜曉諭其家人速爲焚毀但曾經醫消毒認爲與生人無害者即可聽其收存其家人非經送官診斷消毒者不准其與他人交通往來

十疫病死亡之人報經醫官檢驗消毒後宜勒令家主速爲擇地深埋撒布防毒藥料（如石炭酸石灰等）免致疫氣播揚

十一埋葬疫死地段須離邊城較遠四無居民不礙交通偏僻之區各區長警宜注意查察

十二疫病死亡之住室經醫官消毒限定日期禁止他人居住搜疫長警當嚴加監視非到期限不准他人居處如疫氣深重封禁其門者亦同

十三如查罹百斯篤病者除報告防疫病院外當諭飭病戶左右鄰居從速將院內各處灑用石炭酸水或燃燒硫磺加意防範

十四行道之人如查有病狀及倒臥道路者當速報防疫病院核辦

十五各種疫毒多發生於陰溼地段及臭穢不潔區域各區長警對於此等地域當認眞查察會同清道長警趕緊清理

十六鼠爲傳疫媒介現既懸賞購鼠各區宜置備收鼠器二具一容活鼠（鐵絲織成）一容斃鼠（木鐵筒皆可須有蓋覆內貯防疫藥劑）運送防疫病院核辦

十七疫疾傳染最烈區域不可拘泥規定搜疫鐘點務須勤加調查以期撲滅

十八對於飲食各店宜嚴令精細清潔

十九客店伙房戲園妓館茶市澡堂及人煙稠密處所宜令格外清潔並施行各種消毒法免致疫毒發生

二十腐魚敗肉及死斃馬牛羊騾驢雞鴨等宜嚴行查禁

——摘自《盛京时报》，1911年1月11日

▲鐵　嶺▼

●警局防疫甚嚴　警局因江省時疫日漸南下雖本邑尚無斯疫而防備甚爲周密日派巡警數名按戶檢查如遇有患斯疫者勒令報局檢驗以防傳染並催飭各住戶構除污穢以保清潔云

——摘自《盛京时报》，1911 年 1 月 11 日

▲長　春▼

●百斯篤疫之可畏　長春

電云現在本郡百斯篤疫尤極猖獗大有防不勝防之勢若北門外姜某一家初時其妻某氏罹病旋即傳染其子竟及其父一家四口相繼斃命又有某鐵匠家兄弟三人及工匠四人同時染疫身死其傳染之迅速如此嗚呼慘矣

——摘自《盛京时报》，1911 年 1 月 11 日

●防疫示諭照錄　哈埠症疫

日來蔓延本郡府尊何太守昨特出示曉諭其文曰照得時疫流行哈埠最盛現在本境亦漸有傳染前經本府遵奉道憲札飭業已會同紳商籌定辦法於官醫院內附設養病所檢疫所暨防疫會並擬訂防疫章程添聘醫生隨時查明檢驗在案誠恐未及週知除一面由府派差檢查員二十名逐日按戶檢查外合行出示曉諭爲此示仰闔屬諸色人等一體知悉自示之後爾等若有受此疫症者即速前赴官醫院就醫倘敢隱匿不肯報治一經查出或被舉發定必照章議罰決不寬宥本府係爲愼重民命起見其各懍遵毋違云云

——摘自《盛京时报》，1911 年 1 月 11 日

●招設檢驗疫症隊　兵備道李觀察以現在疫症流行於初二三日稟准撫憲陳簡帥撥款二萬吊購買各種防疫藥品並招設檢疫隊五十名查驗各城關有無染是症者乃詎近來是症日益加劇恐查驗不敷勢將蔓延故又札飭巡警各區每區選巡警六名專查城內各地云

——摘自《盛京时报》，
1911 年 1 月 11 日

▲奉天▼

●直督已派醫員赴吉江去矣

督憲因吉江兩省疫症流行邊省風氣未開醫官乏人爰特於日前電咨北洋大臣請遴派醫官員生數人前往該兩省設法救治並由直省購備藥料以資應用等情聞日昨督憲接到直督復電已經遴派醫員携帶藥料馳赴北滿醫治請煩查照當經督憲電咨吉江兩撫轉飭各埠關道等該醫員到埠務須妥爲招待並即派員會同設立診治云

——摘自《盛京时报》，
1911 年 1 月 12 日

▲鐵嶺▼

●組織防疫臨時會

城裏日增棧夥計李萬同日昨由哈爾濱回即赴澡塘沐浴至浴後歸店即覺神氣昏迷移時吐血該店知係傳染時疫報知警局經中日醫師診治病覺稍愈一面遂洒石灰汁及石炭酸以免傳染旋即將該店封禁不准旁人出入因之本邑城廂議事會特組織一防疫臨事會公舉通曉醫學者三人爲檢查員在郊外祖越寺設立病院並擬訂章程二十餘條大率同巡警從事檢查至於警局現已收買鼠隻掃除道路污穢云

——摘自《盛京时报》，
1911 年 1 月 12 日

●商會邀請醫生施治疫症

商會日昨傳集各醫生討論施治時疫方法並請各生醫每日輪班至防疫會療治時疫云

——摘自《盛京时报》，
1911 年 1 月 12 日

▲哈濱俌▼

百斯篤彙誌 初二日檢驗所原有二百五十九人特別檢驗所七十五人瘟病棚七人自是日二點鐘至初三日三點鐘共病華人十五人查得華人死屍九具自瘟疫發見之日至初三日瘟病塋地共掩埋百二十二人檢驗所有新送入者五十八人別特檢驗所二十二人瘟病棚九人由檢驗所放出九十九人特別檢驗所放出十一人瘟病棚死九人初三日檢驗所共餘二百五十八人（內有俄人五名）特別檢驗所八十六人（內有俄人五名）瘟病棚七人

傳家甸初三日共疫斃四十二名送病院者三十餘名探聞其中多因有他病死者畏避檢查棄屍於路貧民凍斃者亦有刻防疫會止組織庇寒所安插貧民云

初三日道裏原有病者七人是日又病二十一人死二十人查得死屍九具

——摘自《盛京时报》，1911 年 1 月 12 日

派兵防疫之本旨 東省官吏派兵五百來哈協助防疫一節已誌昨報今聞派兵之本旨以本埠傳家甸防疫一事至今無効總因無知者爲之阻撓之故將來軍兵到哈專事彈壓以便外來之醫士易於入手並協助巡警巡邏街巷以免有棄屍及反對防疫之事云

——摘自《盛京时报》，
1911 年 1 月 12 日

市井雜俎

●又有染疫疾而死者（奉天）小西關寶興[illegible]馬家飯舘前日有櫃夥某甲因染疫立斃一節已誌前報茲聞日昨該飯舖因斯疫相繼而死者又三人并大西關大街宋家飯舘又因斯疫而立斃者櫃夥李銘山一名云

——摘自《盛京时报》，1911 年 1 月 13 日

▲奉天▼

●可畏哉疫症之日益蔓延

駐哈豊田醫員日昨電致某處警告哈埠百斯篤病之日益蔓延其大致謂現在哈埠日有罹該疾者一百人內外路斃者亦每日有二三人其慘形不堪筆述至防疫辦理事宜蓋極爲懈慢防疫人員時有患該疾者且尙不執行隔離之手段捕鼠一節埠下並不設法奚以防過疫毒之傳播也又云每日發生該疾之家約達七八十戶而每日實行消毒方法者就中不過僅十戶內外現在防疫委員僅有少數不敷其用至於隔離病者及處置屍身兩事殆極形忙碌其餘則不遑顧及矣又近來華人中有懼消毒房屋之煩累私將屍具投棄于路以隱匿其發生之事實藉欲以欺昧於一時其危險尤不可思議結尾有云哈埠防疫情形如此則其餘各地縱如何嚴密亦曷能免傳播其病毒焉嗚呼中國官憲於今猶不効全力于哈埠之防疫則將來東省之慘禍必不堪設想云云

按豊田君係應中國官憲之聘由滿鐵公司派赴哈埠者

——摘自《盛京时报》，1911 年 1 月 13 日

彙誌防疫事宜種種　東

督錫清帥自百斯篤疫發現以來認眞預防殆不遺餘力茲悉該督並擬雇聘熟諳於鼠疫之日醫家三名當向駐奉日領小池君咨行請託想該醫等不日即當抵奉也至避疫醫院一事則已在大西邊門外擇定地址預備修築惟在該醫院尚未告成以前則暫在北門外開設收容塲一所以免因猶豫而致誤事至若南滿公司對於此事異常警戒因　現有之隔離所行將覺其狹隘擬再添築房屋現正預備一切並在日租界內選舉防疫委員多名於十一日會議設立防疫會分作驗病部驗菌部捕鼠部隔離部病室部消毒部等均由各委員責成分担即假大西關奉天俱樂部充作公所於日昨起開辦並聞該疫死者迄十一日止計已達十四名之多於初十十一兩日間斃命計五名赤十字醫院於昨晨將疑似患者一名檢驗細菌方悉該患者實係眞性百斯篤病者云

——摘自《盛京时报》，1911 年 1 月 13 日

分送鼠疫論以免傳染

督轅昨准外務部咨送英人德來格所著之鼠疫論一編查奉省現在疫病流行防範之法首重衛該論頗有見解自可參酌辦理因特發交涉司排印三百本分散各局所學堂工塲會社及明白事理之住戶店商以資遵循而免傳染云

——摘自《盛京时报》，
1911 年 1 月 13 日

●鎮鄉組織防疫院 鎮鄉董議事會近以時疫流行恐致蔓延故日前會議擬各區設立防疫院一所聘請中外醫員帶同巡警隨時調查遇有染疫者即時抬送防疫院調治倘施治不痊以致斃命者亦由該院棺殮掩埋俾免傳染云

——摘自《盛京时报》，
1911 年 1 月 13 日

◀鐵嶺▶

●染鼠疫者已死 日昨有由哈爾濱來者李萬同忽然發現疫症一節已誌本報茲悉李某業已病歿當經醫局勒令即時抬至城東五里山上掘坑掩埋並將病人衣服焚化云

——摘自《盛京时报》，
1911 年 1 月 13 日

●防疫事宜近聞 自腓卑斯篤發現後各舖石炭酸出售一空故日前縣署派人赴省購買各種防疫藥品現已購到當組織防疫檢查所一處聘請療病院長爲醫師其經費由徐大令捐廉五百金先爲墊用其餘當由各界分擔云

——摘自《盛京时报》，
1911 年 1 月 13 日

▲新　民▼

●預防疫癘　傳聞東城癘疫爲災本府張太守昨已特派專員協同巡警按街挨戶稽查凡遇汚穢不潔之物飭令赶緊去除以保清潔而禦傳染亦足見太守之關心民瘼矣

——摘自《盛京时报》，
1911 年 1 月 13 日

●愼防疫病　鼠疫自哈埠延至長春而後舉凡鐵路所通之地均宜急爲預防本郡亦在律故日前張太守特派專員四處稽查已誌報端茲於十一日起凡東來火車必須警務長帶同人役並衛生股醫員至站將下車者悉心檢驗方准於放行並聞於車站近處已租賃房間以備留養病人又在日本醫院購買得防疫藥一千七百包一面飭第三分駐所及第二派出所收買死活鼠隻以期清廓而衛民命云

——摘自《盛京时报》，
1911 年 1 月 13 日

▲長春▼

李道又擬赴奉之原因

兵備道李觀察日前因設防疫會無欵可籌遂躬自赴吉稟請經費二萬吊於月之初二日回署佈置一切近因該會辦埋不善屢爲各國所干涉故又擬初十日晚車赴奉稟見督憲請示該會一切辦法云

——摘自《盛京时报》，
1911 年 1 月 13 日

疫症蔓延不息之可懼

本郡百斯篤症蔓延不息現在府署防疫所檢驗死者每日必四五六人按本郡防疫方法尚未妥善且恐染疫身死未經驗明者爲數亦屬不尠以故一般商民因之頗受影響亦大有不得安生之慨並聞日租界第二隔離場收容之華人一名（年十九歲）於十一日午前九鐘時忽然病發延至十一鐘時遂卽斃命是以日租界內現在染疫身死者共計已七人矣

——摘自《盛京时报》，
1911 年 1 月 13 日

▲奉天▼

患疫死者共計三十名矣

十二日在奉因百斯篤疫而斃命者計八名按自初次發生之日起死者約已有三十名矣

——摘自《盛京时报》，
1911 年 1 月 14 日

協助防疫事宜之醫師抵奉

東督錫清帥日前咨請直督趕派津門醫員數名來奉協助防疫事宜聞天津某醫院醫士二人及助手十人均奉直督之命已於十二日一律抵奉現正在防疫所認眞辦事云

——摘自《盛京时报》，
1911 年 1 月 14 日

四平街開原亦有患疫斃命者

四平街電云十二日住在該地之華人二名罹疑似之百斯篤病斃命居民因之均不安堵並聞是日在開原又有染疫身死者一名

——摘自《盛京时报》，
1911 年 1 月 14 日

●是亦防疫之一道也

鼠疫一症省中亦漸見發生故中外官憲均認眞設法防遏以杜傳染現聞有某紳擬定防疫條陳若干條其中有謂省城所售麵粉多由哈爾濱長春等處運輸至奉天恐其中含有疫氣人若食之尤爲易於傳染請即設法停運按此亦爲防疫之一道也

——摘自《盛京时报》，
1911 年 1 月 14 日

▲鐵嶺▼

●防疫所之內容　防疫所現已組織就緒其辦法甚爲嚴密聞其內容分檢查部診查部防疫委員部及病院等共計員役四十餘名云

——摘自《盛京时报》，
1911 年 1 月 14 日

●警局防疫之嚴密　本邑警局近爲檢查時疫特派一二區區官帶領巡警每日至車站檢查下車客人指定客棧凡新下車者必須住宿至三日後方准進城勾留並將接客車輛選擇潔淨者編定號牌方可赴車站接客云

——摘自《盛京时报》，
1911 年 1 月 14 日

▲長　春▼

●疫症蔓延之警告　長春城內傳染肺百斯篤者日多一日雖無確實之統計之可據然測度及之染疫者已達六十餘名之多就中三十餘名業經身死且最當注意者爲從來患者均限於北來之客民而初十日以後則土著商舖櫃夥之染疫者已有十名蓋行將傳揭上流社會矣

——摘自《盛京时报》，
1911 年 1 月 14 日

▲哈爾濱▼

●吉撫認眞防疫　吉撫到哈後即至傳家甸查看各醫院之組織並與各醫士面談一切防疫辦法頗稱完善擬詳細調查有無流弊再行設法整頓並飭防疫會每日疫症情形須隨時稟聞以免貽誤並聞該撫於初十日親到傳家甸防疫會會議一切辦法現因瘟病傳染日甚擬設法防範稍獲効力再行去哈聞須住一星期方可返吉云

——摘自《盛京时报》，
1911 年 1 月 14 日

●法醫傳染瘟疫 部派法國醫士因在傳家甸辦理防疫事宜日昨亦染瘟疫當由俄醫送至病棚爲之醫治云

——摘自《盛京时报》，
1911 年 1 月 14 日

●關於瘟疫之報告 初二日送入檢驗所十六人特別檢驗所十九人瘟病棚十六人共由檢驗所放出一百十二人特別檢驗所廿四人死十五人初四日送入檢驗所六十三人特別檢驗所二十二人（內俄人二名）瘟病棚九人（內俄人二名）初五日又送入檢驗所十一人特別檢驗所八人瘟病棚五人是日共死七人初六日死七人初七日死十二人初八日死六人初九日死九人自瘟疫發見日起至初十日共掩埋二百十九人（內有俄人六名）共覔得死屍八十六具

——摘自《盛京时报》，
1911 年 1 月 14 日

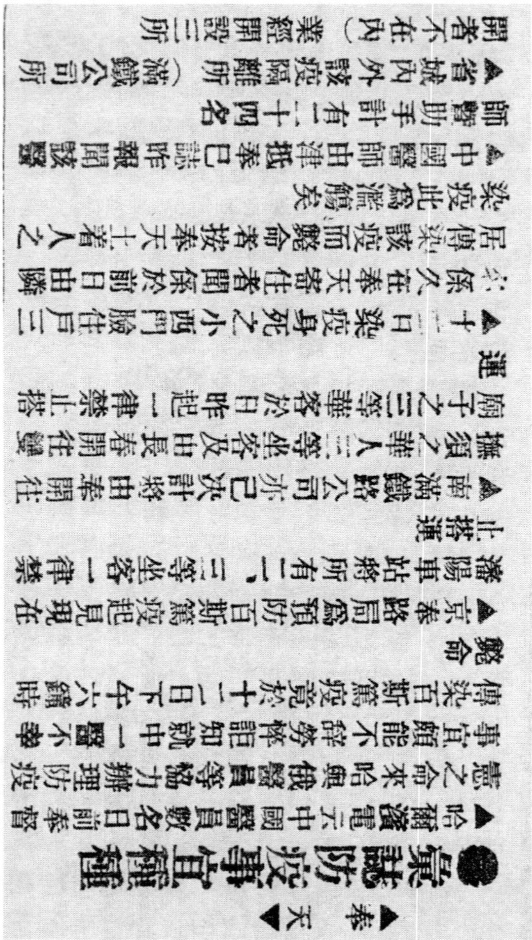

奉天

彙誌防疫事宜種種

▲哈爾濱電云中國醫員數名日前奉督憲之命來哈與俄醫員等協力辦理防疫事宜頗能不辭勞悴詎知就中一醫不幸傳染百斯篤疫竟於十二日下午六鐘時斃命

▲京奉路局爲預防百斯篤疫起見現在瀋陽車站將所有二、三等坐客一律禁止搭運

▲南滿鐵路公司亦已決計將由奉開往撫須之華人三等坐客及由長春開往雙廟子之三等華客於日昨起一律禁止搭運

▲十二日染疫身死之小西門臉住戶三[illegible]係久在奉天寄住者聞係於前日由隣居傳染該疫而斃命者按奉天土著人之染疫此爲濫觴矣

▲中國醫師由津抵奉已誌昨報聞該醫師暨助手計有二十四名

▲省城內外該疫隔離所（滿鐵公司所開者不在內）業經開設三所

——摘自《盛京时报》，1911年1月15日

錫督辦理防疫事宜之認眞

錫督自奉省發現百斯篤疫後辦理防疫事宜不遺餘力屢誌各報茲聞日昨又傳見各區區官當由民政交涉兩司傳諭謂防疫之法以清潔爲第一之要旨須速飭所管各巡官長曾督飭商鋪住戶將庭除道路穢物掃除淨盡以免傳染等情并諭由該兩司在各區各派稽查員一員以便稽查各該區辦理防疫之方法完密與否倘各區辦有成績者定行轉請督帥出奏保獎云云

——摘自《盛京时报》，
1911 年 1 月 15 日

電飭撫恤被疫災民

聞督憲日前接准吉撫陳簡帥來電謂吉屬哈爾濱等各埠因俄人防遏疫症燒毀民房六十餘處可否酌賜撫恤以惠災黎聞督憲除電飭西南路李道西北路于道等速即設法安置毋任失所外並咨請吉撫轉飭該道等遵照辦理云

——摘自《盛京时报》，
1911 年 1 月 15 日

●潔淨澡塘以防時疫　醫務局孟局長現因預防時疫凡有關係於潔身理髮之處無不嚴加注意故日昨飭各區搜疫巡警將各區澡塘極力調查令將所洗之水隨時更換以保清潔而重衛生云

——摘自《盛京时报》，
1911 年 1 月 15 日

▲遼陽▼

●舉辦防疫事宜　史州牧近因鼠疫流行恐滋傳播特委警務長王岷源爲防疫委員並設立防疫事務所一處選定醫生數名督同巡警認眞檢驗查防遏以期不致發生云

——摘自《盛京时报》，
1911 年 1 月 15 日

營口

嚴查瘟疫

道憲周觀察當十月間聞哈爾濱滿州里等處瘟疫流行深恐傳染到營曾飭警務總局轉飭衛生醫院及防疫院巡警各區嚴行防範日前道憲又接奉督札以疫氣現已傳及奉天境內誠恐傳流到埠飭令力行查防等因道憲當即傳集直隸廳及警局各區院所官長協力嚴查務令疫氣不致傳及本埠以保安康於是各警區及衛生醫官即日帶同長警及預備巡警分界挨戶查察按照防疫定章通力嚴辦而日本警署亦於十三日起在牛家屯車站檢查普濟醫院達醫官往河北站檢查云

——摘自《盛京时报》，
1911 年 1 月 15 日

防疫會添聘醫官

防疫會前時僅有醫官一員現因瘟疫盛行來會醫治者日見衆多該醫官日夜忙碌猶是顧此失彼昨經官紳會商擬卽添聘醫官數員以期一律施治矣

——摘自《盛京时报》，
1911 年 1 月 15 日

●防疫會添派查疫人員　自瘟疫發現後本郡官長當設防疫會於官醫院內現在恐未及周防昨又添派隊官一員隊長一員一等探訪二員二等四員三等八員備補四員書記一員挨戶詳查凡染有是疾者立即送醫院施治以免傳染云

——摘自《盛京时报》，
1911 年 1 月 15 日

▲哈爾濱▼

●關道撤任之風說　聞政界傳云于觀察因辦理防疫不力屢受督撫兩憲嚴責今聞錫督擬俟吉撫查明辦理防疫情形以定于道之去留聞近日吉撫亦每謂于道辦理不善以致釀成此等惡果故于觀察頗有搖動之勢云

——摘自《盛京时报》，
1911 年 1 月 15 日

●關於瘟疫之調查　初九日哈埠原有病華人三名是日又病華人三名俄人一名死華人五名又病華人三名俄人一名死華人五名又有各街查有似染疫華人四名對青山原有病華人四名死三名係一名帽兒山有倒斃華人一名似染疫者其他各站均未有瘟疫者計自瘟疫發見之日起共病華人六百十四名俄人十五名死華人六百十二人俄人十三名

——摘自《盛京时报》，1911 年 1 月 15 日

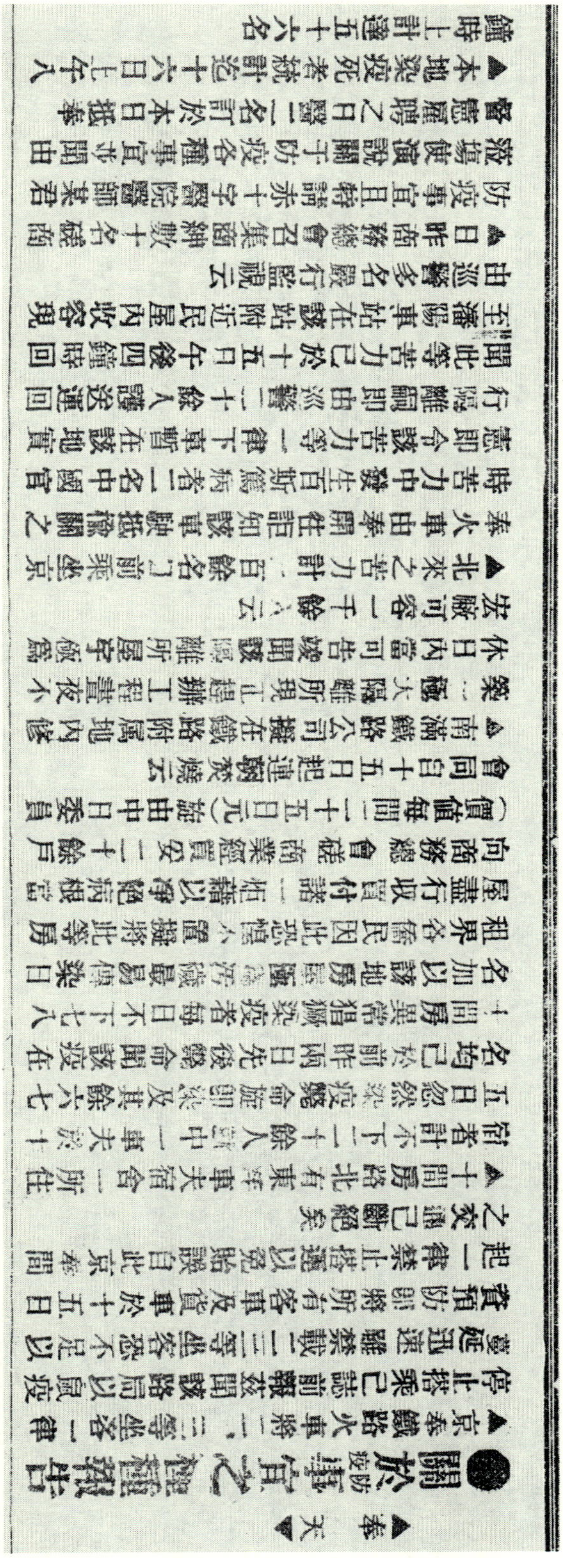

▲奉天▼

●關於防疫事宜之種種報告

▲京奉鐵路火車將二、三等坐客一律停止搭乘已誌前報茲聞該路局以鼠疫蔓延迅速雖禁載二三等坐客恐不足以資預防即將所有客車及貨車於十五日起一律禁止搭運以免貽誤自此京奉間之交通已斷絕矣

▲十間房路北有東洋車夫宿舍一所住宿者計不下二十餘人該中一車夫於十五日忽然染疫斃命旋即染及其餘六七名均已於前昨兩日先後斃命聞該疫在十間房異常猖獗染疫者每日不下七八名加以該地房屋極為污穢最易傳染日租界各僑民因此恐慌不置擬將此等房屋盡行收買付諸一炬藉以淨絕病根當向商務總會磋商業經買妥二十餘戶(價值每間二十五日元)旋由中日委員會同自十五日起連朝焚燒云

▲南滿鐵路公司擬在鐵路附屬地內修築一極大隔離所現正趕辦工程晝夜不休日內當可告竣聞該隔離所屋宇極為宏敞可容一千餘人云

▲北來之苦力計二百餘名口前乘坐京奉火車由奉開往詎知該車駛抵榆關之時苦力中發生百斯篤病者二名中國官憲即令該苦力等一律下車暫在該地實行隔離嗣即由巡警二十餘人護送運回聞此等苦力已於十五日午後四鐘時回至瀋陽車站在該站附近民屋內收容現由巡警多名嚴行監視云

▲日昨商務總會召集商紳數十名磋商防疫事宜且特請赤十字醫院醫師某君蒞場使演說關于防疫各種事宜並聞由督憲雇聘之日醫二名訂於本日抵奉

▲本地染疫死者統計迄十六日上午八鐘時上計達五十六名

——摘自《盛京时报》，1911年1月17日

●商會擬設防疫院　商會總協理同商董等日昨在該會會議謂現在時疫流行非設立防疫院聘請中外醫員妥爲防避不足以資保衛擬各街選派商董若干人每日隨時按戶調查若有染得疫症者赶緊抬送防醫院醫治以免蔓延而重生命云

——摘自《盛京时报》，
1911 年 1 月 17 日

●英日醫師協助防疫　▲鐵嶺▼　本邑防疫醫師雖用華醫徐大令仍求英日病院醫師俟時疫大作時協助診視聞英日醫師業已慨允現並幫同研究防疫方法云

——摘自《盛京时报》，
1911 年 1 月 17 日

●電聘醫師　本邑防疫醫官李君前在日本醫學校畢業李君恐一人不能勝任已電邀同學山東某君尅日束裝來鐵帮同防疫云

——摘自《盛京时报》，
1911 年 1 月 17 日

●消防隊之防疫　本邑消防隊現因時疫發現派隊勇數名每日帮同巡警檢查時疫因鐵嶺消防隊商會組織成立不歸警局節制此舉係盡義務兼檢查商家易於督催故耳

——摘自《盛京时报》，
1911 年 1 月 17 日

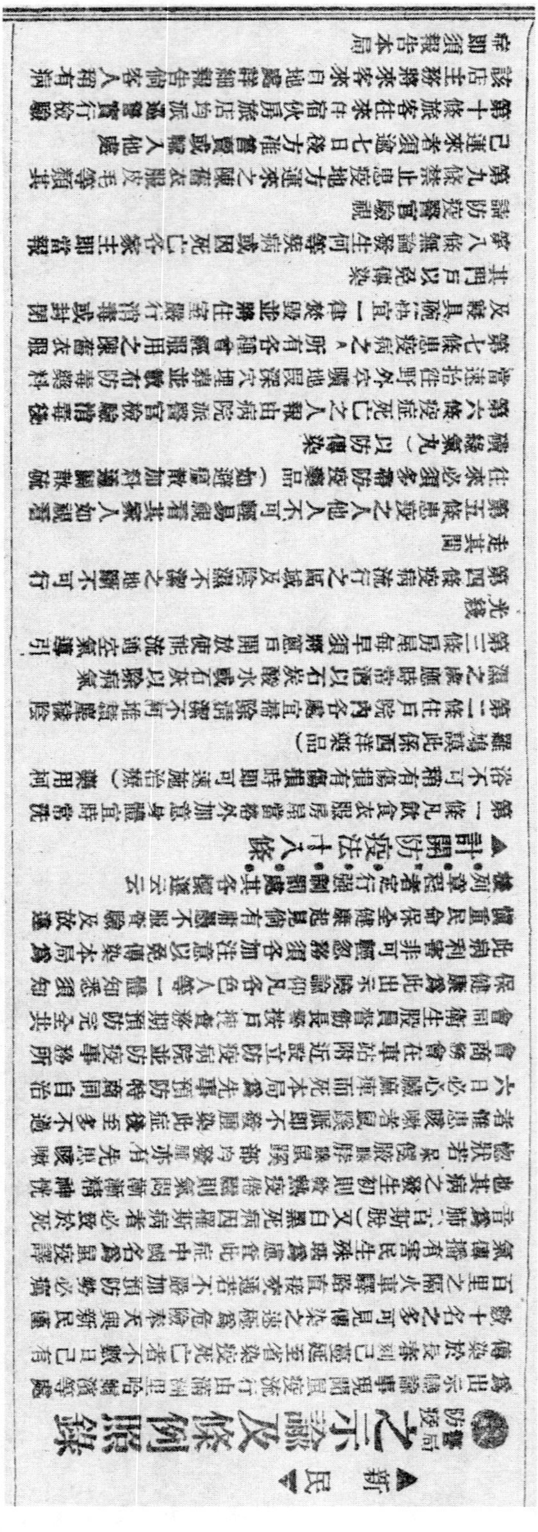

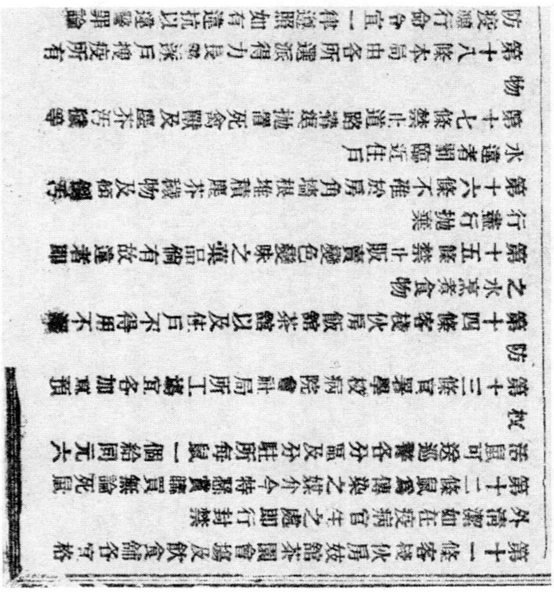

——摘自《盛京时报》，1911 年 1 月 17 日

▲營口▼

●檢查瘟疫再誌　本邑開辦檢疫所已記本報現在牛屯新市街兩車站由日本警察檢察河北車站由普濟醫院費大夫每日往查本埠則由警局區各派巡警隨同官長挨戶檢查施行清淨方法並指定潔淨伙房客棧以宿行旅凡有外來旅人即由河巡送入不准別家招攬住宿以防不潔現在各區檢疫巡警照章奉行均各盡力云

——摘自《盛京时报》，
1911 年 1 月 17 日

▲奉天▼

●可畏哉百斯篤疫之日以猖獗也

本地百斯篤疫日以猖獗大有席捲掃地之勢十六日罹該疫死者計五十二名至十七日晨則實計達一百名之多以後蔓延之所及恐更不堪設想矣

——摘自《盛京时报》，
1911 年 1 月 18 日

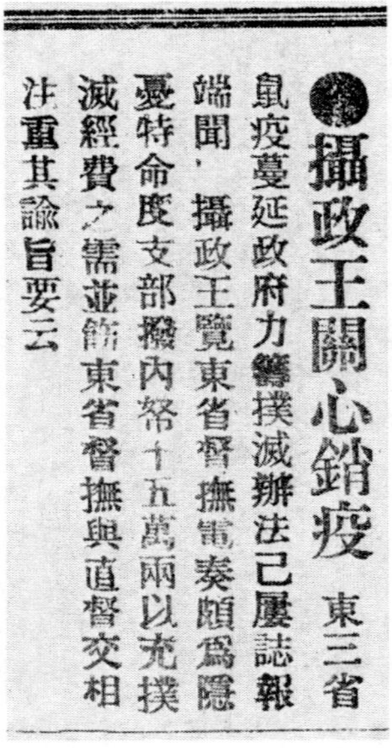
攝政王關心銷疫 東三省
鼠疫蔓延政府力籌撲滅辦法已屢誌報端聞，攝政王覽東省督撫電奏頗爲隱憂特命度支部撥內帑十五萬兩以充撲滅經費之需並飭東省督撫與直督交相注重其諭旨要云

——摘自《盛京时报》，
1911 年 1 月 18 日

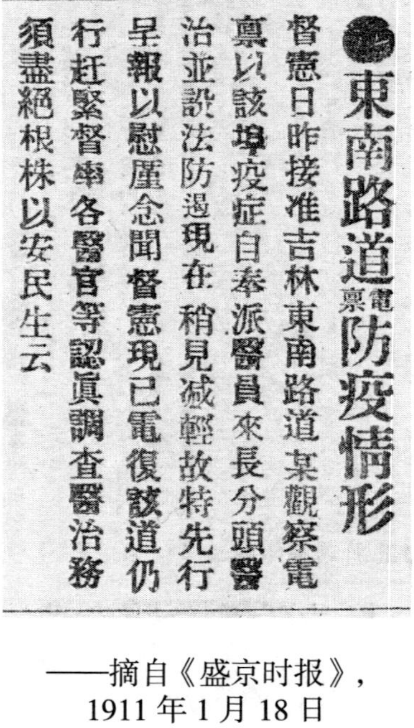
東南路道電稟防疫情形
督憲日昨接准吉林東南路道某觀察電稟以該埠疫症自奉派醫員來長分頭醫治並設法防遏現在稍見減輕故特先行呈報以慰廑念聞督憲現已電復該道仍行赶緊督率各醫官等認眞調查醫治務須盡絕根株以安民生云

——摘自《盛京时报》，
1911 年 1 月 18 日

●設立防疫隔離所　民政司

張司使交涉司韓司使自奉督憲諭飭辦理防疫事宜即飭巡警各局區認眞查驗現又在南北二層獸場及商埠內之空濶地方設立隔離所一處以防傳染已將辦理情形禀呈督憲並請撥款接濟聞督憲以防範疫症關係重要當即札飭度支司速行籌備欵項照數撥解以濟要用云

——摘自《盛京时报》，
1911 年 1 月 18 日

●奉天防疫會開會　啓者百斯篤疫病流行人民生命最爲危險現由民政交涉兩司使提倡設立防疫會邀集士紳籌商防疫方法訂於本月十八日午前九時在奉天全省地方自治籌辦處開會凡農商學會自治會報界諸君及一般熱心公益者届時務乞　早臨以便商辦一切　防疫會公啟

——摘自《盛京时报》，
1911 年 1 月 18 日

●染疫斃命　日前有某甲自鐵嶺來在大南關小什字街東頭某夥房居住晚間疫作延至次日卽行斃命當經撿疫巡警報知醫官前往相驗確係染疫身死即令將屍身掩埋並將該夥房封閉以杜疫氣之蔓延云

——摘自《盛京时报》，
1911年1月18日

●潔淨井口以重衛生　商務會現因時疫流行籌辦防疫事宜日昨已派各商董調查各街水井凡井口凝有污穢之冰赶緊僱工掃除潔淨以免污水流入井中有碍衛生並擬製造木蓋晚間一律掩住以期井水潔淨云

——摘自《盛京时报》，
1911年1月18日

●疫症之影響於商業　▲鐵嶺▼　本邑各商家日前向道勝分銀行借妥欵項十萬元約定十五日交欵詎料屆期接到該總行來電謂省城已發生時疫暫且不出借貸欵項凡向該行借妥之各商家至是甚爲惶恐加以日本正金銀行亦接長春銀行來電凡向北滙票暫行停辦以防時疫由是商業上之金融恐有不能周轉之憂也

——摘自《盛京时报》，
1911年1月18日

醫學博士至鐵　日昨有日本醫學博士村田君至鐵當由徐大令邀至商會召集當地各界人員以相歡迎聞該博士在商會演說現今卑斯篤病之可畏以及防止之法議論甚爲詳密云

——摘自《盛京时报》，
1911 年 1 月 18 日

停賣三等車票　南滿鐵路近因時疫流行於日昨起已停賣南去車票往北者以僅一二等車北來亦如之蓋因乘三等車者多係苦力尤易傳染時疫故該公司將三等車票一律停賣云

——摘自《盛京时报》，
1911 年 1 月 18 日

糧商因時疫之恐慌　本埠凡堆積大豆之商家近因時疫發生恐所存大豆歐洲各國不肯收買將來必致虧耗均各異常惶恐是商界人員對於防疫一事極爲注意云

——摘自《盛京时报》，
1911 年 1 月 18 日

●議防疫癘　本邑自李萬同染疫死後近已閱四日尚無傳染者想已不至蔓延但防疫方法仍不能不極力進行縣署日昨出示並附載衛生各條件俾衆周知有所遵守又延聘當地醫師二名幫同檢查凡客棧妓館每日必檢查數次如遇有疑似之症卽勒令隔離醫治俾免傳染云

——摘自《盛京时报》，
1911 年 1 月 18 日

▲錦州▼

●瘟疫可怕之要聞

日昨（十五日）晚間十鐘時由東往西之汽車至站停輪該車乘客有一人染疫症發覺不待救治當卽斃命嗣車西往至高橋鎮大荒地等站又各斃一命至駛抵山海關該站驛長遂電請京部定奪當接回電云將火車內所乘諸人暫行原車回奉調驗醫治云

——摘自《盛京时报》，
1911 年 1 月 18 日

查驗 京奉火車防疫章程 (直隸衛生局規定)

一由奉天至山海關僅開頭等上行客車其二三等客車一律停止

一在山海關車站附近設臨時病院具中設養病房令病人居之另設留所令與病人同伴者居之飯食官給

一如在關內火車查有病人及與病人同坐一輛車內者均送入山海關臨時病院其在關外火車查出者由京奉局派專車仍送回奉天病院

一凡瀋陽乘頭等車到山海關者無論中西客人雖無病亦須留住山海關五日所有居處費用均由官備如此五日之內客人中有患疫者或疑似患疫症者均收入山海關臨時病院

一山海關病院未建立之先查有病人或疑似疫病之人無論在關內關外統送回奉天病院

一山海關所設病臨時院請 督憲照歷屆防疫成案派兵彈壓

一由東三省入關之小工車一律停止

一患疫人坐過之車應由醫官消毒後再行交還鐵路局

一由關外運進各色貨物均由醫官查驗後始准運卸

一由關外運來之各種皮貨皮張毛髮破爛紙布鮮果菜蔬棺木以及沾有泥沙之花草並沙泥雜土等類禁止入關

一沿途火車分段查察以溝幇子至山海關爲一段由關至塘沽爲一段由塘沽至北京爲一段

一沿途查車凡須鐵路巡警之處均得盡力協助

一凡關係防疫電報由鐵路局代發概不收費

一所有查車醫官巡捕人等一律免收車費

一請 督憲並請咨 東督憲派兵嚴守入關各官道不准客貨入關

——摘自《盛京时报》，1911年1月19日

叢錄

俄人調查傳家甸之悲觀

哈埠諸維日贊俄報登載來函二則望閱者爲之留意　據俄報第一來函云十二月初八日我輩十二人因哈爾濱號輪船管帶邀請一遊傳家甸故乘馬車四輛星馳電掣齊赴道東不意一路皆係怪現象因俄國輪船管帶居住傳家甸對面船中故不能不由傳家甸經過行至糧臺地方沿路不過畢爾克樓房及磨廠等無足奇異不圖至傳家甸入街地方見有華人屍身七具圍觀之華人約有三四十名又見溝內倒斃華人兩名甚至見有賣瓜子華人一名隨地倒斃最奇者行路之人尚奪瓜子見分食更由房內拉出未死華人一名亦棄之於街心於是詢問站崗之巡警何以不願問此事而該警察答以（雖倒臥二三日亦與我無干）行至江岸時見有露臥屍身兩具又有一屍略爲掩蓋任野犬之吞食當時乘車之俄婦女幾不省人事行至停船地方見有棺木堆積共有十八具統計前後目睹屍身三十六具致于過道查驗醫士亦屬平常查驗往來之人有無送交病院之事無須過問總之所謂自治會者亦不能實力防護生命如往來之人毫無阻攔眼見在傳家甸拾爪子之人由過道地方放入租界內今作此函願歐人共起要求另設嚴法禁止往來否則防疫必無效力云

第二來函云諾維日贊主筆台鑒啓者十二月十一日議員多布然斯阿列夫耶夫等每聞有華人棄屍江中事故前往得利金磨廠對面及中國稅關停船地方實地調驗窮其究竟初順傳家甸頭道街往松花江進行某家內停　棺木由旁露出死人之手往來行人不斷由棺木旁邊經過本擬回轉時用鏡拍照惜兩點鐘後照像器損壞未能照出北行不遠又見有一棺木露出死屍衣服係俄兵所著之便服行至得利金磨廠四十餘丈遠見有野犬吞食華人屍身惟存首與上身而已手腳皆被啃食當時拍照數片屍身之旁即有棺木亦係最薄之板更見有空棺　口旁邊又有木匣一個亦藏以屍身（用鏡拍照）又見土山之旁有華人屍身一具皆被野犬咬爛且土山上人跡犬跡錯雜四面皆有鳥鵲飛舞惟當時未用藥水佩帶或撒於全身故不敢窮其究竟來年開春土山必爲江水沖過所存之屍身亦必順水東流即入於黑龍江去中國稅關不遠地方僅有棺材一具堆積據稅關人員云前一日由松花江連去屍身不知幾許往來之馬車跡尚未泯滅雪內亦有人犬踪跡至回轉時由一極窄街道見大車一輛載棺材兩口由衛生局人護送並見有衛生隊及人役等往來居民生意十分興盛所照之像片擬在十三日會議時當衆發表云云

——摘自《盛京时报》，1911 年 1 月 19 日

●勒令罪犯一體沐浴（鐵嶺） 縣署警局及戒烟所
日昨特包定西門裏某澡塘令所押各犯前往沐浴一
面將監獄與拘留所內遍洒石炭酸等防疫藥水以防
時疫發生云

——摘自《盛京时报》，
1911 年 1 月 19 日

▲奉 天▼

●城中已死三百餘人之傳說
外間傳說百斯篤疫刻已傳播城內所在
發生惟以民人慮後累隱匿不報以致無
統計之可徵雖然屍棺出城者日多一日
或謂在城內染疫死亡者已達三百餘人
之譜云

——摘自《盛京时报》，
1911 年 1 月 19 日

●隔離所之戒嚴 苦力計四
百餘名日前由橡關運回嗣在瀋陽站附
近一律收容以便隔離已誌前報茲悉就
中一名於十七日午後忽然染疫旋卽運
至奉天衛生醫院調養並聞監視該所之
巡警等刻下異常戒嚴將所有槍枝一律
裝彈若有敢闖潛脫者當卽擊斃以杜後
患

——摘自《盛京时报》，
1911 年 1 月 19 日

燒燬染疫之房屋

防疫總局以染疫症死亡之人所住之房屋暨器皿寢具均爲引疫之媒介昨特轉知警務局特命消防隊會同第五區當將小西關西城根馬家館寶興園前因染疫死亡查封各戶共十三家均一律用火燒燬聞每間房屋由官家給價二十元以示體恤云

——摘自《盛京时报》，
1911 年 1 月 19 日

諭飭會議防疫方法

督憲錫欽帥於防疫一事最爲注意自該疫發現後即電請外郵兩部速派醫員來省診治並札飭交涉民政兩司設法防遏在案現聞督憲以京部所派之醫員業已到省爰特諭飭奉天府孟太守並衛生醫院院長王守會同部派醫員妥議設局撿察施療防範各項辦法並飭速即呈送查閱以憑核辦云

——摘自《盛京时报》，
1911 年 1 月 19 日

交涉民政兩司防疫之示諭

民政司與交涉司日昨出有示諭略謂本司等遵奉札諭督辦奉天防疫事宜已經在車站設立防疫事務所並在南北關分設隔離所嚴飭各局區認眞稽察自發現以來因疫斃命者三十二人若從此實力防範尚可不致大爲蔓延仰闔屬商民務須加意嚴防一切飲食起居均應注重倘有患染各項病症者速赴局區報明以便送入醫院診治倘如隱匿一被查出即行罰懲事關公益生命所係切不可草率輕忽云云

——摘自《盛京时报》，
1911 年 1 月 19 日

呈請撥給防疫費奉准

奉天疫症現已蔓延督憲日昨特札飭交涉民政兩司認眞實行警備防疫方法以免傳染現聞該司等呈請督憲謂防疫之事業經札飭奉天府與衛生醫院妥擬一切辦法惟所有防疫經費請仍由綏哈各關稅項下支撥將來與吉江防疫費一同報部核銷當經允准即札飭各關遵照云

——摘自《盛京时报》，
1911 年 1 月 19 日

四平街又有二人染疫斃命

四平街電云該埠有華人一名於十七日午前二鐘時在鐵路租界磚窰附近路上染疫斃命午後一鐘時又有一名在日郵局附近斃命合之以前斃命者計已達二名之多矣

——摘自《盛京时报》，
1911 年 1 月 19 日

警局預備患疫死者之棺木

民政司日前札飭警務局孟局長謂現在時疫流行每區均須預備棺木數十口凡寄住夥房之外籍流民或有在該店病斃者亟宜備棺掩埋以免傳染現聞各區已於日昨領到棺木擇地存放以備臨時需用云

——摘自《盛京时报》，
1911 年 1 月 19 日

●飭各區設立隔離病院　近因時疫猖獗警務局孟局長日昨特飭各區擇妥寬潤官房設立隔離病院一處凡調查住戶有染得時疫者趕緊抬送該院俾免傳染並飭每區預備藥壺百餘個以爲該院熬藥之需云

——摘自《盛京时报》，
1911 年 1 月 19 日

▲鐵嶺▼

●昌圖亦有時疫矣　本邑近接昌圖來函據稱該處日前亦有由哈爾濱來者一人一時發生時疫遽爾斃命現在該府已嚴行防遏俾免傳染云

——摘自《盛京时报》，
1911 年 1 月 19 日

●戲園暫且停止　本邑防疫所以戲園中人數衆多最易傳染疫病故日昨知會警務局勒令戲園暫行休止俟消疫後再行開演云

——摘自《盛京时报》，
1911 年 1 月 19 日

△錦州▼

●縣令愼防疫症　錦縣郭大令十二日派收發委員樵君金聲兼充醫官親赴東關薛家屯一帶查驗該處住戶有無瘟疫等症以期先時防範而免傳染云

——摘自《盛京时报》，
1911 年 1 月 19 日

△營口▼

●添編檢疫巡警　本埠檢查疫症迭紀本報現在因各區長警崗邏不敷分撥遂將現在成立之預備巡警盡行分撥各區而又每區添招長警夫役五名合之預備警及各區選派之長警等暫時編成檢疫巡警隊每日分途四出到處挨戶檢查即日成立道憲周觀察又傳集廳尊及警務長各區區長防疫長醫院官各員諄囑認眞力行檢查云

——摘自《盛京时报》，
1911 年 1 月 19 日

▲長春▼

●染疫死者之總數　長春防疫事務所註明染疫死者自發生之日起迄十七日午前止共計一百三十七名至若未及驗明隱匿不報者則恐爲數之鉅在意料之外云

——摘自《盛京时报》，
1911 年 1 月 19 日

●收容之苦力屢屢脫逃

長春鼠疫隔離所日前有收容在所之苦工十名潛逃一時頗釀物議茲聞該埠第二隔離所內苦力近時陸續斃命其餘隔離人因此恐怖不置竟於十六日晚間潛行逃脫計十四名其流毒之所播實甚於放虎於市故居民囂囂以爲當軸監視不愼之所致頗動公憤云

——摘自《盛京时报》，
1911 年 1 月 19 日

防疫院示諭照錄

爲出示諭

事照得現在疫症流行至爲危險本總辦等日夕籌辦防疫事宜延請熟諳防疫之醫官多員明定章程畫法防範總望疫氣消滅方可安心惟恐居民人等不知自防以致傳染卽有生命之關繫本總辦等安忍坐視爲此示仰各區巡警及居民人等一體知悉須知疫症傳染最易生命攸關務須遵照後開章程切實遵辦毋稍疏忽勿以生命輕于嘗試也云云

附載防疫所病院規則（一）本院之設特爲防疫治疫起見故凡關於防疫治疫與夫衛生各事宜本院有全權辦理他人祇 可商問不惟干 預以清界限（一）除防疫治疫衛生外々院亦一概不問以司專責（一）本院特設養病室多座以備收留病者（一）病人入院須穿本院特備之衣服如該病人願穿原來衣服須經本院消毒方可 （一） 本院設有男女看護多名專備服侍病人之用如該病人欲帶親人服侍只准一人惟該人須遵本院指定種種防疫之法否則不准（一）病人飯食藥費概由本院擔任惟病人帶來服侍之人不例（一）凡病人至親准其到院探望惟須杜本院規定時刻之內並須遵照本院指定防疫辦法（一）下午三點至四點爲病者家屬探望之時間此外無論何人不得入院探望（一）凡探望病者之人坐談不得過五分鐘以免過勞病者且防傳染一凡病人入院調治愈後非有本院命令不得出院防疫方法（一）防疫必先除鼠凡捕一鼠送至切近巡警各區者賞銅元六枚惟捕鼠人須告明該鼠由何處得來以便查驗（二）無論大小客店不准收留有病客人如有入店後患病者該店主即報知巡警電傳本所派員往驗如確係染疫須送入本所病院療治不得仍留該店如隱匿不報一經查出立即議罰（三）居民人等無論有何種疾病曰須報告本所立即派員往驗如確係染疫應送入所受醫員指導各種防疫方法至於醫藥聽其自便或有本所代治亦可如 隱匿不報一經 查出定行嚴究（四 凡染疫者所住之房及所用衣被器具等死後固須消毒即愈後亦當消毒其衣被器具可焚者立即焚燬以杜傳染（五）凡染疫治愈者當即報知本所以便派員往驗

（未完）

——摘自《盛京时报》，1911年1月19日

日俄防疫之慎重 現在百斯篤盛行俄人在二道溝設立隔離室一處日人在頭道溝設立隔離室一處工程均經告竣日已派守備隊軍醫附山崎氏俄亦派醫官某氏每日在車站檢查凡乘滊車來者必須檢查後方准進行如有患疫者卽送入隔離室調治不使互相傳染其愼重疫症也如此

——摘自《盛京时报》，
1911 年 1 月 19 日

▲雙城▼

續撥巡警協辦防疫事宜 本郡巡警日前撥赴哈埠協辦防疫事宜計若干名茲聞警務長孫祥麟君又接奉上峯電文飭續撥巡警一百名以資調遣當經該警務長將巡警照數挑齊於十二日遣各警由陸路赴哈云

——摘自《盛京时报》，
1911 年 1 月 19 日

金太守回雙 金道堅太守承錫督命令隨吉撫陳簡帥赴哈匡襄防疫事宜已詳前報現聞金太守已將防疫事宜佈置就緒於十二日搭坐火車馳回任所云

——摘自《盛京时报》，
1911 年 1 月 19 日

奉天防疫會草章

第一條 本會以預防瘟疫傳染及研究實行清潔療治之方法爲宗旨 第二條 本會以學界商會自治會農務會諸團體及其他有志防疫之人士組織之 第三條 本會與防疫總局及巡警局聯絡一氣以互相協助 第四條 本會會員各給執照一紙以資信守 第五條 本會由地方自治籌辦處發起以大東門外醫學研究所爲通信及辦事會議之處 第六條 本會每星期開常會一次由會長召集之 第七條 本會由各會員公舉辦事員如左每日按時至事務所辦理會事 一會長二人副會長二人總理會務及招集開會等事 一書記四人管理函札及會場記錄等事 一參議會員若干人協助會長籌劃會內一切事務 一防疫董事若干人由各團體公舉協同稷疫巡警調查疫症隨時報告本會 第八條 本會防疫辦法先由清潔入手其辦法如左 一掃除塵芥施捨消毒藥水 一檢驗不潔食品 一調查病人 第九條 掃除辦法分商戶住戶二種由本會指定地段逐戶勸令掃除屋內塵芥洒用消毒藥水商戶由商會勸導城內住戶由自治會勸導至四鄉商戶均由農務會勸導 第十條 各商戶住戶有不服從本會勸導者由勸導員通告巡警强制執行 第十一條 各戶掃除之塵芥堆集門外儲以木箱由巡警清道部輸往城外廠地焚燒 第十二條 調查員有發見售賣腐魚敗肉及其他不潔之食物者立時通告巡警查驗勒令抛棄 第十三條 調查員發見病人類似百斯篤者立時通告防疫事務所派人檢驗 第十四條 凡關於防疫之事件本會得對於防疫總局及巡警局條陳意見 第十五條 防疫總局及巡警局有委屬本會辦理之件本會均有代辦之義務 第十六條 本章程未規定之防疫事件得由會員或辦事員臨時提議辦理

——摘自《盛京时报》，1911年1月20日

▲奉天▼

百斯篤已蔓延於各村落

百斯篤一疫在南滿路綫一帶蔓延就中以長春奉天等處爲最慘迭誌本報茲悉該疫不但在沿綫各地猖獗可畏刻已傳播各村莊若距開原十里之某鄉自十貳日起染該疫者陸續發生已達十貳名之多其餘勾臺子等處亦有染是疫者多名各鄉民因之異常惶恐聞開原知縣聞訊之下驚愕不置當即與鐵嶺交涉局長會同趕赴該地方調查一切並設法預防云

又距公主嶺約貳十五里之某地點（自長春至買賣街間）客棧內發見染疫死屍計貳十四具嶺街華官聞信當即急赴該地查驗云

——摘自《盛京时报》，1911年1月20日

安奉車駛抵鷄冠山之染疫死者

十六日安奉火車駛抵鷄冠山車站時該車內有發生百斯篤死者一名當由該站站長將所有坐客計七十九名（日人三十二朝鮮人五在內）立即隔離不准令其出外壹星期以防傳延聞其中被隔離者有日本東京帝國大學教授理學博士小藤文次郎君暨安東守備隊中尉佐藤君等名流

十七日鷄冠山安奉火車內又發現染疫死者一名現正悉心籌備消毒方法云

——摘自《盛京时报》，1911年1月20日

苦力由豫關運者已死三十八人矣

聞日前由豫關運回瀋陽車站之苦力染疫死亡者計已達三十八名之多由此測之其餘四百餘名之苦力恐亦不免傳染斃命矣

——摘自《盛京时报》，1911年1月20日

督憲鼓勵防疫人員

省城自疫症發現以來督憲以此症最爲危險關係人民之生命當即諭飭司道等認眞設法防範並咨部請撥欵項現已札派民政交涉二司爲防疫所督辦前高等廳丞管太守洛笙爲提調並飭督率在事人員認眞竭力辦理俟善後畢照軍功例優給保奬除札知外並咨部中存案云

——摘自《盛京时报》，
1911 年 1 月 20 日

督帥延聘日醫從事防疫

東督錫清帥對於防疫一事異常愼重日前咨請滿鐵總裁中村君及小池日總領託代聘諳練鼠疫之日醫以充防疫事務所醫官聞小池君現已推舉日醫七名當經督憲允聘想該醫等不日即可蒞奉從事防疫云

——摘自《盛京时报》，
1911 年 1 月 20 日

咨請查禁由官道運載貨物

督憲日昨接准北洋大臣咨開以現在北滿各埠瘟疫流行亟應設法防遏以免傳染已經飭京奉車務總局在關設立防疫所檢察商旅貨物不准濫運入關恐有客貨由官道載運者請即派兵沿途查禁等情聞督憲已通飭該路防營並各地方一体嚴加查察禁止云

——摘自《盛京时报》，
1911 年 1 月 20 日

●議事會會議防疫之法辦

城廂議事會日昨會議以現在時疫流行官商均各設法預防似應妥籌防疫方法以資補助聞擬在西關某官房院內設立隔離病院一所並每日每區由該會選派議員二人携同醫官按戶調查若有染得是疫者即抬送該院醫治倘不幸斃命由該院備棺掩埋以免傳染云

——摘自《盛京时报》，
1911 年 1 月 20 日

●棺木鋪之忙碌　警務局孟局長現以各關時疫日漸猖獗特傳諭各區均須預定棺木數十口以備不時之需是以近來大小西關各木鋪星夜趕造異常忙碌云

——摘自《盛京时报》，
1911 年 1 月 20 日

▲公主嶺▼

●醫學博士檢定死者確係羅百斯篤　十九日在公主嶺染疫死之某甲業經將其血液及內臟呈送駐長之安陪醫學博士俾可詳細檢驗刻聞該博士審驗之下已斷定爲眞性百斯篤病云

——摘自《盛京时报》，
1911 年 1 月 20 日

▲遼陽▼

●嚴防時疫驅逐苦力　本邑因近北滿一帶時疫盛行恐蔓延至遼故當道極力設法防止已經組織臨時防疫事務所每日協同巡警認眞撿查該所以現在雖稱平靜恐將來未免傳染查此疫之發生多出於下等社會故昨經警務嚴飭各所務將各管界小店伙房所住苦力澈行驅逐出境云

——摘自《盛京时报》，
1911年1月20日

●示諭收買老鼠　州署及警務局日昨出示曉諭畧謂疫症不一然其中以鼠疫傳染爲最速自應一律捕殺鼠隻以免傳染如有捉得老鼠一隻者給洋五錢現聞各警局已收買甚夥矣

——摘自《盛京时报》，
1911年1月20日

●日人注意檢疫 本埠自開辦防疫事宜以來各警區院所編派檢疫巡警隊每日挨戶到處檢查不遺餘力河北火車所來行旅均歸河巡護送安置旅店日本警察在牛家屯車站稽查尤嚴玆聞日警署於十八日又特派出巡查二四名專查本埠所辦檢疫事務是否認眞並赴河北車站一帶考察情形頗爲注重云

——摘自《盛京时报》，
1911 年 1 月 20 日

▲安東▼

●此固防疫之要道 近聞吉黑省時疫流行均係鼠爲傳染之媒介故日昨日警察署爲防疫起見凡租界居留民戶以及各商舖皆發給鼠藥以期鼠隻[illegible]斃淨盡而免傳[illegible]並聞如藥斃一鼠可至該警署領賞洋五角以示奬勵按此固爲防疫之要道也

——摘自《盛京时报》，
1911 年 1 月 20 日

▲長 春▼

●亟宜禁止苦工徒步南下

南滿公司爲防止鼠疫蔓延起見自十五日起由長春南往之火車一律禁阻苦工乘載然苦工等因不能坐車均沿鐵路徒步南行聞已抵范家屯公主嶺地方者爲數不少但長春以南各村莊(染)該疫斃命者已所在皆有嗚呼該疫右傳播毛地方農民則其慘害之所及誠有不堪設想者中國官憲於今若不設法嚴阻苦工之徒步南下則不但沿路一帶之民命不能保全恐瞬轉將蔓延於各屬地方關係全省民命實非淺鮮盍亟圖之

——摘自《盛京时报》，1911 年 1 月 20 日

長

●可慘哉百斯篤疫也

春百斯篤日益猖獗每日患該疫斃命者實有一百餘人自發現以來迄今統計斃命者約達五百餘人其慘形殆與哈埠傅家甸相同頃日城裡華商等因該疫傳播之劇烈恐慌異常欲捨財而逃避者日漸衆多卽居住城裡之日僑等亦現均擬遷住路界以冀保全生命

又路界隔離所於十七日晚同時發生該病者四十八人就中十三人已於十八日早均卒是日上午該所發生是病者又十八人

東清火車由日站駛抵俄站間華客二人染該疫即時斃命於車中

——摘自《盛京时报》，1911 年 1 月 20 日

●日人會議防疫　日本住長頭道溝驛長北田止平警務署長田中宇治關東都督府衛生醫院委員安本氏滿鐵經理室主任田邊敏行氏滿鐵衛生委員橋本氏滿鐵分院長守山氏邀集旅長日人假該事務所大開會議謂現在鼠疫盛行然極端嚴慎防範恐將來日事蔓延惟其所議防範情形不獲聞知容再探訪云

——摘自《盛京时报》，
1911年1月20日

●警界赴哈之人員　警局遵奉上憲電飭派往哈埠巡警二百名巡邏站崗襄助防疫各節已詳昨報茲探悉該局行政股員胡炳南總局書記長薛鳳二聞亦已奉委前往主持一切云

——摘自《盛京时报》，
1911年1月20日

●東省信件貨物先在關消疫　由東省經榆關晉京之信件貨物等項已在該關置五日事畢即准通過以行消疫

——摘自《盛京时报》，
1911年1月21日

◎電飭交通上之防疫　京

函云軍機大臣日昨電寄直督陳筱帥東督錫清帥內容係因黑奉兩省鼠疫有蔓延之勢除飭民政部參同防疫外而京師重地若一有傳播內外人甚多危險可虞特飭兩督於交通上尤宜慎重防查辦理以資保護而重衛生云

——摘自《盛京时报》，
1911 年 1 月 21 日

◎防疫會開會情形　十八日官政紳商學界在大東關醫學研究所大開防疫會議聞各界公舉會長當舉定孟太守及諮議局孫議長商會田總理三人是日到會各界士紳均爲該會調查員各盡調查之義務隨時可赴該會報告以便醫治而免傳染云

——摘自《盛京时报》，
1911 年 1 月 21 日

◎商界組織防疫之內情　商務會籌辦

防疫事宜不領公家欵項調查各員由各街商董分擔義務至於一切應用藥料及醫員薪水等費均由該會籌措云

——摘自《盛京时报》，
1911 年 1 月 21 日

●各區清理街道　警務局孟局長以近今時疫流行各區幽僻街巷住戶居民多有堆積冰雪及一切穢物者實於衛生上大有防碍故日昨特飭各區區官備辦大車數十輛僱用苦工二十名派警帶領清理街巷掃除穢物以重衛生云

——摘自《盛京时报》，
1911 年 1 月 21 日

●購買防疫藥針　防疫所現在托英國醫院慕君在上海購買解疫藥針若干支將該所辦事人員均先施打藥針以期辦理防疫事宜不致有所傳染云

——摘自《盛京时报》，
1911 年 1 月 21 日

●發給車夫執照　警務局與日警務署為防遏時疫選擇潔淨人力車若干給予執照彼此蓋印並將該人車施以消毒藥水始准拉客云

——摘自《盛京时报》，
1911 年 1 月 21 日

●捕鼠器減價出售　陳列舘現爲防疫起見特販來捕鼠器多具減價出售以期鼠族滅種不致爲患云

——摘自《盛京时报》，
1911 年 1 月 21 日

▲開　原▼

●縣令認眞防疫　邑尊王大令自奉民憲札飭籌備防疫事項卽轉飭警務局及自治公所會同商務會妥籌一切辦法故近來街市各處無不認眞檢查並飭令禁售由北邊運來之各種食物擬定在警務教練所內附設防疫所及養病院以便辦理防疫事宜似此本邑或者可免於傳染矣

——摘自《盛京时报》，
1911 年 1 月 21 日

▲營　口▼

●商會會議紀畧　十九日早十鐘商務總會邀請闔埠紳商學警各界齊至東大樓開會到者計道廳兩憲及各界人員約五百餘人所議事項大畧謂係令埠官商對於防檢瘟疫執行方法並舖家住戶自行加意清潔及對於檢疫巡警有應守服從之義務等事首由道憲演說勸諭飭令各商一體担負責任以免疫患之侵入繼由廳尊高司馬漁業李總辦商會總協理諸君以次演說旋又議及時屆年底應加意冬防及維持銀法保衛市面等項至十二鐘始行散會道憲遂卽赴東海關商辦要公云

——摘自《盛京时报》，
1911 年 1 月 21 日

●禁止猪肉進埠　本埠每屆年底外城運來猪肉上市銷售爲數頗多現在正當防疫加嚴之際外間所來已宰猪肉難保無暗中有病者刻經廳飭察及已飭各醫區嚴行查察凡有外來已宰猪肉概行禁止入口以防傳疫云

——摘自《盛京时报》，
1911 年 1 月 21 日

●日人畏疫遷居　本城自鼠疫發生後傳染者日見衆多當地官紳以事關生命非不慎重防爲但不知如何辦理方能掃除淨盡現在聞傳當是病而死者已至百名之多一般居住民戶甚爲惶恐如日本正金三井及其他株式會社均嚴重個人防疫已於西歷正月十二日盡行搬至頭道溝大和署居住矣

——摘自《盛京时报》，1911 年 1 月 21 日

▲哈爾濱▼

●關于百斯篤之報告

十四日檢驗所共有一千六百九十三人特別檢驗所四十八人瘟病棚八人並日又在查臥斯克街病華人一名又吉郭那街華人一名又托爾郭瓦街拐角有華人死屍一具又中國十一道街口有華病人一名又克薩京街有華人死屍一具又托爾郭瓦街有華病人一名又距磚窰四俄里有華人死屍二具又武官街有華病人一名又自來水街拐角有華病人 名又日本街有華人死屍三具又馬家溝有華病人三名又華病人二名死屍一具又蒙古街有華病人一名是日共有病人十二名死屍六具

十五日檢驗所共有二千二百十人特別檢驗所三十人瘟病棚八人十四日共掩死屍五具疫死者二十八人自疫病發見之日起至十五日共死三百十六人內有歐人十一名共起死屍一百二十七具十四日急救隊共出隊十八次共覓出疫者十五人死屍五具自十四日午後三點至十五日午後三點共疫人之處如下十四日晚(一)中國十二道街口有華病人一名(二)舊貨市有染疫華人一名(三)坡列瓦街拐角有華病人一名(四)吉林交涉局病華人一名是日共病四人自十四日夜三點至十五日午後三點共病十二人覓得死屍六具

——摘自《盛京时报》，1911 年 1 月 21 日

●法醫士疫斃後之情形

十四因法醫士疫死特在天主教堂開追悼大會是日鐵路總辦及華俄外交官員均往弔唁又定於今日午後一鐘在莫斯科兵營誦經四點鐘送櫬至病[illegible]病坟塋安葬聞所有一切花費均由俄人供給云

——摘自《盛京时报》，
1911 年 1 月 21 日

●料理店因疫禁阻華人（長春）　頭道溝及新市街之各料理店日前冶遊者甚衆近因鼠疫流行該料理店恐致傳染遂不准華人入室以故頗形冷落而一般冶遊諸[illegible]提騷首徬徨若有不豫色然

——摘自《盛京时报》，
1911 年 1 月 22 日

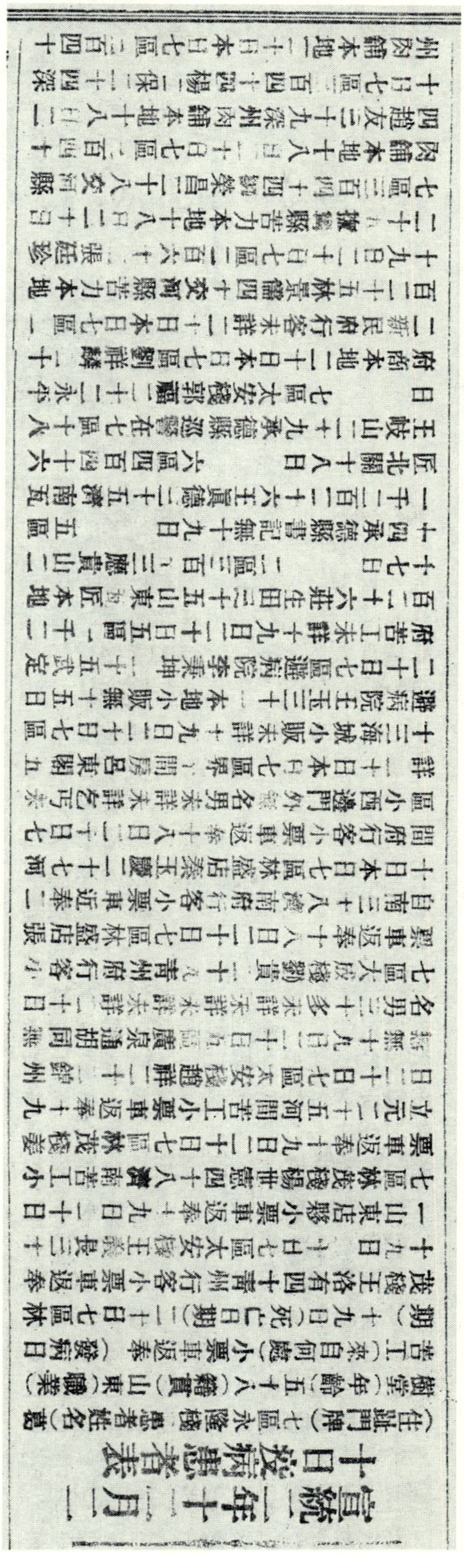
宣統二年十二月二十日疫病患者表

（住址門牌）七區永隆棧（患者姓名）葛樹堂（年齡）五十八（籍貫）山東（職業）苦工（來自何處）小票車返奉（發病日期）十九日（死亡日期）二十日

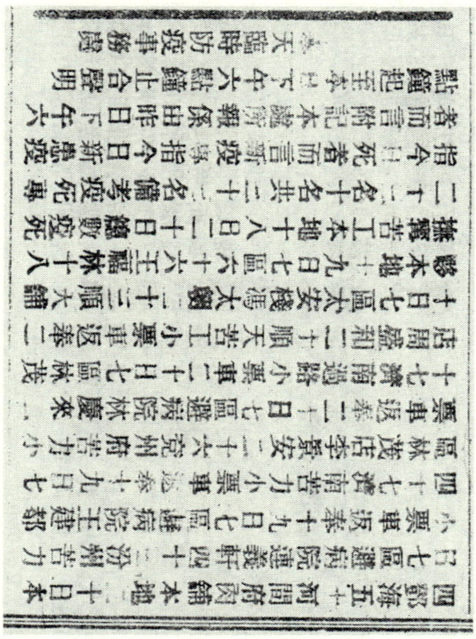

——摘自《盛京时报》，1911年1月22日

奉天

百斯篤之猖獗於齊齊哈爾如此

齊齊哈爾電云距齊齊哈爾西約一百廿里之某村莊因肺百斯篤疫已舉村爲墟現在延及其餘村落勢如燎原不可撲滅又聞齊齊哈爾城垣中曩曾有患百斯篤疫者乃發生未幾旋卽消滅現在因村落疫勢猖獗又復傳播省城恐今後蔓延將不堪設想矣

——摘自《盛京时报》，
1911 年 1 月 22 日

督憲關心民命

聞督憲以鼠疫流行民命至險日前特電飭各屬略謂生者妥爲安置勿令凍餒死者速爲掩埋勿令暴露務須切實辦理盡一分心救一分人積一分德不可忽畧等語於戲仁人之言也

——摘自《盛京时报》，
1911 年 1 月 22 日

兩司使勉勵防疫人員

防疫總局總辦張韓兩司使對於防疫事宜不辭勞瘁日前特傳見檢診隊消毒隊掩埋隊諸人員親加勉勵以期切實奉行漸弭鉅患云

——摘自《盛京时报》，
1911 年 1 月 22 日

京奉鐵路一等火車不停

京奉鐵路因防疫停車交通斷絕殊非正當辦法日前經督憲電商郵傳部茲接覆電略謂一等車已飭局不停外國只重驗病不礙交通公獨能見到甚佩云云想京奉之一等車不日即可開行矣

——摘自《盛京时报》，
1911 年 1 月 22 日

各州縣舉辦防疫事務所

鼠疫日見蔓延奉屬各州縣均已奉飭設立防疫事務所從事防疫事宜新民昌圖蓋平等處均已派員來省領欵領藥新民並臨時聘用日本醫官一名認眞檢查聞北路各州縣以鐵嶺之辦法爲最善云

——摘自《盛京时报》，
1911 年 1 月 22 日

安奉鐵路巡警防疫之認眞

安奉鐵路巡警總局昨致電交涉司一路各地方尚無疫症惟本月十六日由草河口開往安東列車至黃家嶺疫死華民苗雲田一名途抵鷄冠山經日醫驗視確係疫死同車華人四十三日入廿三已分別隔離以免傳染

——摘自《盛京时报》，
1911 年 1 月 22 日

醫官將到

本埠防疫事宜一切設備大致業已就緒惟醫生缺乏異常原有中外諸醫官不敷分布刻聞陸軍部派醫官十員即日可以到奉南洋紅十字會所派醫官已携帶藥品器械於昨日(二十一日)由上海搭大運丸啓程諒不日亦可到奉矣

——摘自《盛京时报》，
1911 年 1 月 22 日

各府縣會議防疫事宜

鐵嶺開原昌圖奉化等各府縣現在鐵嶺會議防疫事宜聞所議謂各屬村莊現已鼠疫蔓延倘非及早阻止交通斷難撲滅擬將所有大車禁止來往據商界中人云該禁令一旦實行若運售元豆及其餘南滿貿易一律杜絕東省經濟界勢必因此釀成極大之恐慌矣

——摘自《盛京时报》，
1911 年 1 月 22 日

發現百斯篤疫之火車已燒燬矣

安奉火車日前駛抵鷄冠山染百斯篤疫死二人已誌前報茲聞該地日警務署飭令車站站長已將該火車於十九日午後四鐘時燒燬一空以期杜絕病根云

——摘自《盛京时报》，
1911 年 1 月 22 日

●諮部酌示勘界辦法　聞

督憲日前接准中俄勘界專員宋道李道等電禀謂勘測界限一事前因疫病流行議准暫停現經俄國委員迭次照催接續速辦以重國界請示定辦法等情督憲以事關重大應由部主持現已電諮外務部酌定緩急辦法剋日見復以憑轉飭遵辦云

——摘自《盛京时报》，
1911年1月22日

●會議防疫誌聞　官紳商學

各界日前在醫學研究所開防疫大會聞所議防疫之要綱共有數則除由商董會員擔任調查外並擬取締戲園妓館以免人多氣雜致有不潔之虞其最關重要者則以人力車拉乘客人均屬上中社會中人此去彼乘一有不慎最易傳染宜施消毒方法並檢驗拉車之人有無病症以資預防現已移請防疫總局查核酌量施行

——摘自《盛京时报》，
1911年1月22日

●飭擬防救疫症章程　督

憲以奉天疫症甫經發現防遏施救尚可易於爲力日前特飭奉天衛生醫院院長王守醫學研究所所長孟太尊以現在防疫總局防疫分所均已設立所定防遏之法雖已就緒恐仍未盡周密仰即督飭所屬院所各醫生詳細研究預防暨臨時救治各項章程以免傳染而保生命速即詳晰呈復以憑核奪飭遵云

——摘自《盛京时报》，
1911年1月22日

商埠地內已設立防疫所　大西邊門外瑞慶寺基地前已劃歸商埠現因防止疫癘日前經七區將該寺作爲防疫所凡臨近居民有染疫症者即抬送該所隔離云

——摘自《盛京时报》，
1911 年 1 月 22 日

禁止鄉民運載猪肉進城　警務局孟局長以年關伊邇鄉間民戶多有屠宰凍猪私自運省銷售者其所宰之猪均各未經檢驗恐有病猪溷入其中故日前飭各邊門崗警凡大車拉運進城查有私帶猪肉者即行扣住不准入城云

——摘自《盛京时报》，
1911 年 1 月 22 日

▲鐵嶺▼

會議設立隔離所　鐵嶺開原昌圖懷德奉化等各府縣於廿日在鐵嶺縣署會議聞議決擬在鐵嶺至開原間之某地點及鐵嶺三道街設立隔離所二處以資防疫云

——摘自《盛京时报》，
1911 年 1 月 22 日

◉又是罹疫死者　十九日晚間鐵嶺東門外有罹百斯篤疫之華人三名至廿日晨間一人在路上倒斃其二人在某屋內斃命云

——摘自《盛京时报》，
1911 年 1 月 22 日

◉巡警學生幫同搜疫　本邑爲防疫事宜入手極形缺乏現在巡警教練所已放給年假故將該教員留在警局幫辦一切其各學生亦即幫同搜疫以補巡警之不足云

——摘自《盛京时报》，
1911 年 1 月 22 日

◉禁止妓館飯館營業　警務局籌辦防疫事宜甚爲嚴密近以妓館飯館中所居處者大率下等社會人民最足以傳染時疫故日昨已一律勒令休業矣

——摘自《盛京时报》，
1911 年 1 月 22 日

●取締澡塘及薙頭鋪　警局日昨傳知各澡塘應用千倍昇汞水冲入浴水以殺菌毒各衣箱內亦應時灑消毒藥水以防疫氣之傳染各薙頭鋪所用之刀布及各器具均須以石炭酸水擦洗云

——摘自《盛京时报》，
1911 年 1 月 22 日

▲錦州▼

●豫守防疫之縝密　十九日本郡豫太守諭飭醫務局認眞驗查街市無論居民商戶有無染及疫症均須一律調查隨時報告旣又傳集郡內各飯鋪執事人等諭令供客食品務須格外潔淨以重衛生而免百斯篤疫之傳染各飯館執事均各唯唯而退

——摘自《盛京时报》，
1911 年 1 月 22 日

●醫務局注重衛生　醫務局醫操劉君現充查驗瘟疫員辦理一切頗稱認眞而又不辭勞瘁在大街小巷無不加意整潔並傳諭各肉鋪床子及賣冰魚者一律覆以雪布俾免疫氣之侵入想劉君如此注意本郡人民庶幾得免疫禍矣

——摘自《盛京时报》，
1911 年 1 月 22 日

●諸貨日漸提價 各商號所售貨物向由火車運來近因疫氣流行恐致傳染故將火車停運而各商號所存貨物已屬無多大有年內不敷銷售之處以故諸凡貨色日來無不增加價值想各商號乘此機遇均有厚利可圖矣

——摘自《盛京时报》，
1911 年 1 月 22 日

●幸未見疫 本埠因哈爾濱等處瘟疫大作連日派醫稽查並特編檢疫警隊亟力稽防迭紀本報近日該隊各處認眞查檢雖有病人多係年久老病並不發現有瘟疫者人咸謂北方疫氣尙未傳到本埠而中外官警則趁此無疫之際竭力檢查防範不遺餘力但冀此次疫氣終不致傳染到營則闔埠九萬餘人均得享康健之幸福矣

——摘自《盛京时报》，
1911 年 1 月 22 日

疫禍彙誌

▲長春▼

▲駐長第三鎮營內已被百斯篤疫所襲擊聞該營礮隊中染疫者自初十日起至九日止計四十五名就中除二名生存外餘均斃命又步隊中染疫死者計九名故該鎮現正惶恐異常悉心籌備消疫云

▲長春附屬地隔離所內所收容者至廿日晨止染疫斃命之人數計達二十七名之多其餘染疫者尚有廿餘人亦均無可瘉之望矣

▲十九日晚間俄站寬城子火車內有染疫之華人二名又某雜貨鋪亦有華人二人染疫旋經俄國官憲急派軍隊將該華人家屋四周圍住嚴阻他人出入實行隔斷交通一面飭令俄僑禁止向華商購置一切雜貨

▲長春防疫所近來呈報註册患疫死者每日計達五十餘名之多云

——摘自《盛京时报》，1911 年 1 月 22 日

百斯篤嫌疑者之安插

長春附近疫症流行刻聞該處已將驗過無病之人於西鄉另爲安插優給煤火飲食實行離間云

——摘自《盛京时报》，1911 年 1 月 22 日

哈埠監察衛生局之定章

本埠爲實行防疫起見特擬組織監察衛生局以便提倡人民咸知衛生之要現在議定該局章程如下

第一條 各段監察衛生局由防疫衛生局統轄本埠開辦監察衛生局按照本埠衛生區域（現在分爲九段）

第二條 選舉紳士爲監察衛生局局員每一衛生區域選舉六名以上爲監察衛生人員並有衛生醫士一名

第三條 監察衛生人員由在各衛生區域居住之商務會人員以及爲社會信任者選舉惟選舉後由防疫衛生局批准

第四條 選舉監察衛生人員代表一名及候補一名

第五條 衛生局代表或由候補員代替隨時召集局員開會討論應行解决問題

第六條 所擬一切衛生辦法須由各員認可後方能在應管之衛生區域內實行

第七條 衛生人員在應管區域內所司之事如下 監察衛 除污穢其應管之範圍（甲）空場街道走路公園以及公用各地方（乙）院落房屋床炕中則監察清理並照臨務公會所定辦法指點掃除一切（丙）監察各工廠作房手藝舖等衛生辦法（丁）監察集市商場以及出賣或製造食品酒精等作房掃除污穢講求衛生（戊）監察工人作工及生活情形此外工人聚處雜居院落以及居人較多之房舍皆宜隨時查視以重衛生（己）稽察輔運食品有無違背衛生不潔淨之處（庚）監察應管區域內居民最好時常巡視或每日續行應管地方一週各衛生人員遵照防疫衛生局及醫士所指點者在有瘟疫時竭力監察有無違背衛生之處

第八條 各衛生人員須以保全社會爲本旨使居民咸與衛生之要如衛生章程本埠衛生局命令與務會議定者使家喻戶曉更須協助各醫士辦理防疫事宜

第九條 應管區域內遇有異樣病疫可疑者無論晝間夜間皆須立即通告本段醫士或防疫局

第十條 衛生代表可隨時召集衛生局人員開會提議調查衛生一切報告並設法改良以及指點宜如何辦理

第十一條 各段衛生局員所議之事可隨時呈報防疫衛生局

第十二條 各衛生局除本局會議之外並可開設各衛生局員醫士全體公會以便彼此研究一切辦法以期衛生辦法日有起色

——摘自《盛京时报》，1911年1月25日

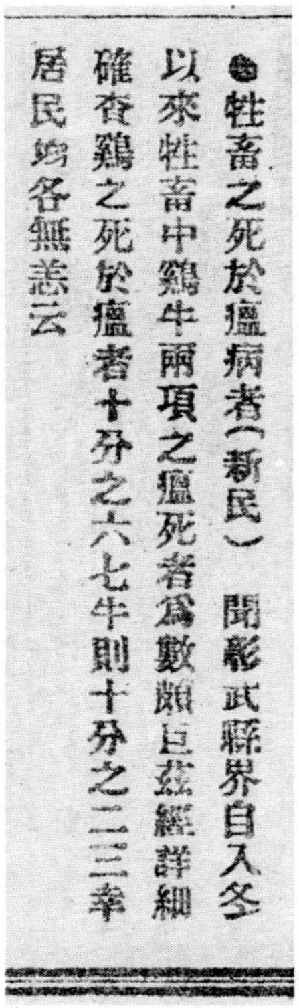

●牲畜之死於瘟病者（新民）　聞彰武縣界自入冬以來牲畜中鷄牛兩項之瘟死者爲數頗巨茲經詳細確査鷄之死於瘟者十分之六七牛則十分之二三幸居民均各無恙云

——摘自《盛京时报》，
1911 年 1 月 25 日

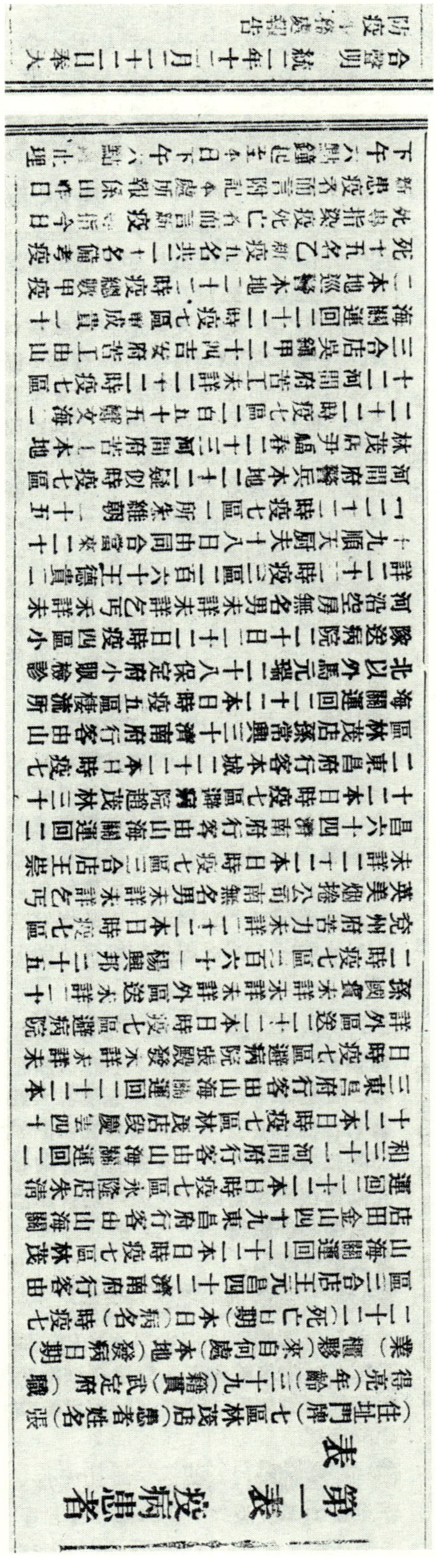

第一表 疫病患者
表

(住址門牌)七區林茂店(患者姓名)張
得亮(年齡)二十九(籍貫)武定府(職
業)櫃夥(來自何處)本地(發病日期)
二十二(死亡日期)本日(病名)時疫七
區三合店王元昌四十二濟南府行客由
山海關運回二十二本日時疫七區林茂
店田金山四十九東昌府行客由山海關
運回二十二本日時疫七區永隆店朱清
和三十一河間府行客由山海關運回二
十二本日時疫七區林茂店段慶雲四十
三東昌府行客由山海關運回二十二本
日時疫七區避病院張殿發未詳未詳未
詳外區送二十二本日時疫七區避病院
孫國寶未詳未詳未詳外區送未詳二十
二時疫七區二百六十一楊興邦三十五
兗州府苦力未詳二十二本日時疫七區
英美煙捲公司南無名男未詳未詳乞丐
未詳二十二本日時疫七區三合店王崇
昌六十四濟南府行客由山海關運回二
十二本日時疫七區避病院趙茂林三十
二東昌府行客本城二十二本日時疫七
區林茂店孫常興三十濟南府行客由山
海關運回二十二本日時疫五區棲流所
北以外馬元瑞二十八保定府小販檢診
隊送病院二十日二十二日時疫四區小
河沿空房無名男未詳未詳乞丐未詳未
詳二十二時疫三區一百六十王德貴二
十九順天府廚夫十八日由同合當來二十
一二十二時疫七區一所朱維翰二十五
河間府營兵本地二十二疑似時疫七區
林茂店尹福春二十三河間府苦工本地
二十二時疫七區一百五十九劉文海一
十二河間府苦工未詳二十二時疫七區
三合店吳鍾甲二十四吉安府苦工由山
海關運回二十二時疫七區世成貴一十
二本地照料本地二十二時疫總數甲疫
死十九名乙新疫九名共二十八名備考疫
死係指染疫死亡者而言新疫係指今日
新患疫者而言附記本處所報係由昨日
下午六點鐘起至本日下午六點鐘止理
合聲明 統二年十二月二十二日奉天
防疫事務總處報告

——摘自《盛京时报》，1911 年 1 月 25 日

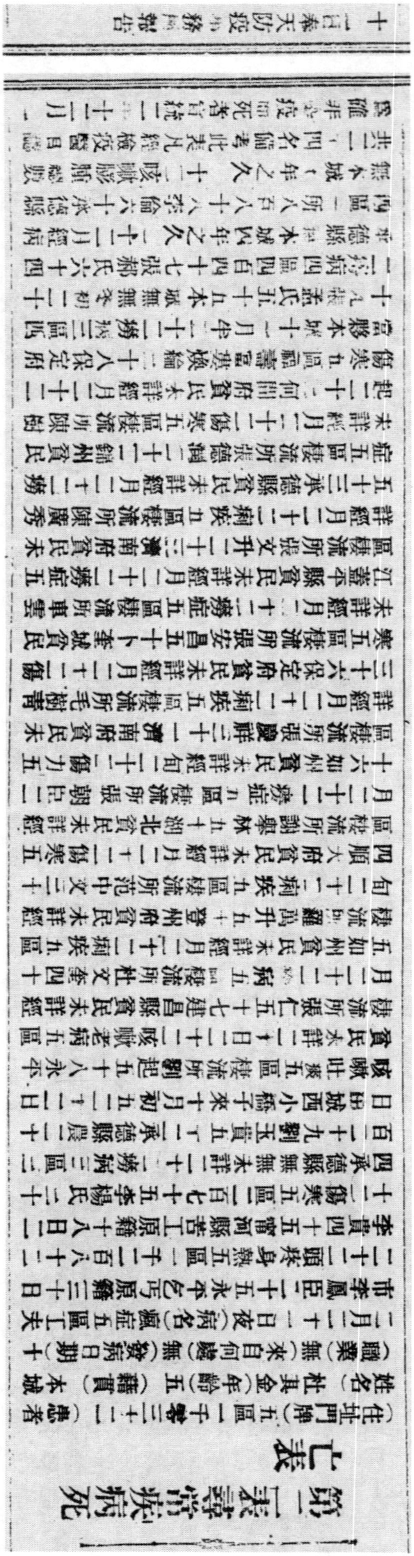

十二日奉天防疫总局事务所报告

第二表 寻常疾病死亡表

——摘自《盛京时报》，1911 年 1 月 25 日

▲奉天▼

●某員（寄於東省）報載之一夕談

二十四日東三省日報及大中公報要聞欄內載有「拿獲撒藥害人要犯紀聞」「大連灣防疫所之紀聞」等新聞兩則情事均屬離奇記者讀悉之下不勝詫異蓋此事於表面觀之雖爲細故然關係於人道之極大問題況現在正悉心防疫之際恐牽連影響靡所底止遂即馳赴駐奉某日員處質訊此事之虛實如何某日員初未留意報紙上登有此等情事因由記者之質問始悉嗣即嘲笑排報記載之失實且駁斥二報記事詞語尤爲激越雖其語未盡一一中肯然亦足以爲他山之石爰特登載於左以資閱者之瀏覽焉

大致謂日人使華工撒藥井內毒斃人命等事余不但在奉聞之長春等處亦有此種謠言風行以余觀之則荒誕無稽不值一噱若華人疑爲真有此事則先須將其井水化驗分析或以其屍解剖簽驗自然水落石出然華人計不出此以訛傳訛徒爲蜚語所惑其愚拙洵不易及也矣若假定爲有此怪事如哈爾濱齊齊哈爾等處日僑稀疏其餘各村莊則日人日絕跡然而以上各地方疫勢之猖獗如彼豈亦因日人之奸毒手段而始致然耶竊查此次百斯篤疫之猖獗中華人一面觀之日人未曾疫死華人則積屍纍堆亦未始非最奇之現象宜乎有此等之謠言但華人不恥自己衛生之不完善預防之不慎密徒欲駕罪他人其蹂躪公德亦可謂甚矣至若大中公報之所言則妄謬尤極該記者假乎未知隔離所究爲何者百斯篤疫之爲何者蓋凡收容在隔離所者固未暇問其爲貴爲賤是男是女也是以日前在雞冠山被隔離者則有東京帝國大學教授小藤博士暨佐藤陸軍中尉等彼輩雖爲名流然亦未免隔離封禁亘一星期之久至若被收容之各個人則又極力設法使之隔斷以防互相傳染安有使各人混浴等事況爲女子乃逼令赤身與男人同浴乎且百斯篤菌之性質寒威不稍畏（在零以下一十度之寒氣中能生存三日）而遭熱氣則死滅豈有以有病者送入病院始終不准着衣禦寒者即一稀薄之白衫之理者耶該報紀事實係齊東野人之談何物痴漢嘗此中外熱

中防疫之秋故放此惡言煽惑愚民將流毒社會以自取快耶

按此次病毒之發生及蔓延華人實負其責若中國官憲當此時猶挾小嫌而不極力以預防竟致疫勢蔓延延及外埠乎離係天禍中國政府究有何顏而以對各國也夫日人對於此次防疫異常認真拚擲鉅款而不惜者亦以事關人道問題尊重通商之共利且顧全隣誼故也現在日人等擬與中國官憲協力防疫然尚恐其不及東督錫清帥亦頗有共同防疫以絕禍根之意切願東省各報慎重言論以免貽誤大局若因區區瑣故損傷中日感情余輩竊爲中國人不取也云云

——摘自《盛京时报》，1911年1月25日

楊白堡礦工（己有患疫）**斃命者**

撫順煤礦預防鼠疫極爲嚴厲抵該地之火車早已禁阻苦工乘坐且又設法阻止苦工徒步而至該地故迄未發現該疾然昨聞撫順左近楊白堡有一礦工忽染該疾斃命是以該地日警局嚴加警戒並咨請撫順縣從速燒棄該礦工住房並將同住之各礦工一併隔離以便防遏蔓延云云

——摘自《盛京时报》，
1911 年 1 月 25 日

焚燒房屋以防疫患

小河沿南岸洞庭春茶園旁之空房內日前病斃一乞丐被巡警查知當即報區將該屍備棺掩埋茲聞日昨該區已飭知將是房焚燬矣

——摘自《盛京时报》，
1911 年 1 月 25 日

電飭東三省停止年供

軍機處日前電致東三省督撫飭將本年應辦年供一律停止呈進探其原因蓋爲東省鼠疫盛行恐被傳染故也

——摘自《盛京时报》，
1911 年 1 月 25 日

●商會擬購備防疫藥品洒潑鋪戶　商務會因嚴防時疫已選派各商董按鋪稽查凡遇有染病櫃夥悉令抬往各關隔離病所醫治以免傳染曾誌本報茲於日昨該會會議擬購備各種防疫藥品按鋪洒潑以爲先時預防云

——摘自《盛京时报》，
1911 年 1 月 25 日

●諭飭嚴查不潔之妓館娼窰　現在百斯病流行各界嚴切調查凡城關內外所有商鋪居民其房屋已一律飭令掃除潔淨茲聞日昨警務局傳諭各區搜疫巡警凡妓館娼窰若遇有不潔而即速發封免致時疫傳播云

——摘自《盛京时报》，
1911 年 1 月 25 日

▲鐵嶺▼

●督帥防疫之電文　縣署日昨奉到督憲電畧謂本督對於防疫非常重要哈爾濱道于驅輿防疫無方業已奏參各府廳州縣務宜慎重防疫云

——摘自《盛京时报》，
1911 年 1 月 25 日

●防疫所延聘日醫　防疫所醫官因僅有李君一人不能兼顧聞該所日昨已添延日醫小池帮同檢驗矣

——摘自《盛京时报》，
1911 年 1 月 25 日

●幸未傳染　本邑自日增棧李萬同死疫後現逾十餘日尚無傳染是症者惟因李死之後人人畏懼故凡患疑似病者無不哄傳爲時疫其實皆係子虛云

——摘自《盛京时报》，
1911 年 1 月 25 日

●因防疫取締各營業　警局近因防遏時疫凡戲園妓館澡塘伙房客棧及薙頭棺材屠宰各舖均分別取締或禁止暫且休業或勒令淨於洒掃每日必派警兵檢查數次云

——摘自《盛京时报》，
1911 年 1 月 25 日

●防疫甚嚴　本邑警局日來對於防疫事宜頗爲注意日昨邑北平頂堡防疫分所特派中路區官李永春南路區官趙宗貴並巡警三十名警務學生二十名又以自治研究所所長富元縣行政科長丁肇甲爲事務員凡北來大車行人均須檢驗七日後方准放行當由警務長韓君押送藥料米糧及一切防疫器具至該分所安排云

——摘自《盛京时报》，
1911 年 1 月 25 日

●添設防疫藥局　省城仁濟藥局現在本邑稅局胡同賃定房屋開設分局聞係專賣消毒藥品及防疫器具現已刷印傳單分送各處矣

——摘自《盛京时报》，
1911 年 1 月 25 日

●鐵道門隔斷交通　西關火車站鐵道門向爲西鄉行人車馬往來之地現因時疫流行恐致傳播已將鐵道門嚴行堵住隔斷交通俾免傳染云

——摘自《盛京时报》，
1911 年 1 月 25 日

▲昌圖▼

●昌圖陸軍嚴行防疫

駐昌陸軍第五協盧統領近以濱江長春奉天各處時疫流行昌圖居南北之衝汽車往來行旅錯雜傳播尤易故特派副軍醫官黃敏才軍參官張廷贊執事官江玉龍籌備防疫事宜於十一日印刷防疫章程分派各營醫牛醫兵等在附近村屯遍洒消毒藥水并設消毒防疫所及隔離醫院由香沿電購各種藥料以資應用凡該營官兵人等因公外出均載口笠出入營盤均須至消毒所薰蒸衣服每日派出醫員在附近村屯實行檢查並隨時演說百斯篤之害及預防之各種方法云

——摘自《盛京时报》，1911 年 1 月 25 日

▲遼陽▼

●設立防疫研究會　近聞防疫事務所以所在各委員士紳多有未諳醫理者當此防疫吃緊之時自應群聚研究以資防範故特聘盯日軍醫木村氏親至該所研究防疫方法並講求各種醫理聞到會者計不下百九十餘名云

——摘自《盛京时报》，
1911 年 1 月 25 日

●醫局擬禁賣江魚雞鴨　江魚爲北來之物鴨雞又爲傳疫最易之品本邑近因防疫緊嚴故警務局擬將此等物品一律禁止售賣云

——摘自《盛京时报》，
1911 年 1 月 25 日

▲關東▼

●百萬元之防疫經費　南滿鐵路公司暨關省都督府自鼠疫發生以來悉心預防殆不遺餘力茲聞該公司及都督府現已籌撥一百萬日元以充防疫經費（迄陽歷三月杪之經費）就中六十萬元由公司認籌餘四十萬元則由都督府支撥云

——摘自《盛京时报》，
1911 年 1 月 25 日

●擬用兵力以隔斷交通

旅順要塞司令官押上中將對於百斯篤疫異常戒嚴擬以兵力隔斷交通現在旅埠四周左開十一所於二十日起設立防疫監視所派遣兵弁三名或七名嚴行監視以遏傳染之萌

——摘自《盛京时报》，
1911 年 1 月 25 日

◀長 春▶

駐長陸軍之患疫如故

駐長第三鎮營房亦有鼠疫之傳播已誌本報茲聞該鎮罹該疫者約達二百人之多是以滿鐵公司傳諭各站不准第三鎮陸軍武官及兵丁搭坐火車以爲預防之計

——摘自《盛京时报》，
1911 年 1 月 25 日

長春貨物不能由火車南下矣

長春日站奉滿鐵公司總裁之命令已將一切貨物停運不使之再由火車南下以防鼠疫之傳播以故頃日該站極形蕭條由此可見惡疫阻害交通之一斑矣

——摘自《盛京时报》，
1911 年 1 月 25 日

約計疫死者已九百餘人

長春城內鼠疫依然猖獗連日斃命者有一百餘人之多計自發生以來斃命者已達九百餘人並聞城內檢疫機關素不完備致死亡確數殆無由確查也

——摘自《盛京时报》，
1911 年 1 月 25 日

大隔離所之行將竣工

滿鐵公司擬在長春設立大隔離所七所動工有日竣工殆在即矣聞該隔離所一所能容五百餘人七所共計可容三千五百人以上並聞該公司擬將由北滿來者先入該隔離所檢疾七日查知無疾後即准坐車南下一以便行旅一以防沿路一帶之傳染病毒也

——摘自《盛京时报》，
1911 年 1 月 25 日

決議阻止苦工之徒步南下者

滿鐵理事久保田君日前抵長佈置防疫事宜日昨復與李觀察何太守及日領事松原君等會同協議擬合力阻止苦工之徒步南下以冀稍減殺其蔓延之勢力云

——摘自《盛京时报》，
1911 年 1 月 25 日

可為要錢不要命矣

長春隔離所收容華人為數不少該華人等連日靜坐大覺無聊該所因之特聘華人之能說書者到所每日說書慰撫被隔離者詎知該華人竟亦染疫於前日斃命

——摘自《盛京时报》，
1911 年 1 月 25 日

市井雜俎

◉以僞亂眞（鐵嶺） 南關三道街有苦工人多人就中甲乙二人貧病交迫兼有烟癮日昨因舊病身死當經醫官檢驗確非時疫乃一時好事者哄傳爲染疫而死實係以僞亂眞也

——摘自《盛京时报》，
［1911 年 1 月 26 日］

◉難民凍斃（鐵嶺） 北高力站日昨有湖北難民孟亞霖一名因無資斧往店在外野宿因而凍斃當經防疫分所檢驗實係凍斃遂即報知警局掩埋云

——摘自《盛京时报》，
［1911 年 1 月 26 日］

第一表 疫病患者表

(住址門牌)五區三百八十八(患者姓名)趙義發(年齡)五十(籍貫)保定府(職業)小販(來自何處)由本溪湖來(發病日期)二十二(死亡日期)二十三(病名)時疫五區九百四十八張明君二十三河間府苦工由車站來二十一二十三時疫四區三百七十八葛長春二十五山海關苦工由車站來二十三本日時疫四區界路一郭喇嘛二十六承德縣未詳由城北沙河村二十二二十三時疫七區林茂店劉魁勳卅五曹州府行客由山海關運回二十三本日時疫七區二所北窯坑無名男未詳乞丐未詳二十三本日時疫七區林茂店馬景山三十濟南府行客由山海關運回二十三本日時疫七區林茂店劉純瑞三十六保定府行客由山海關運回二十三本日時疫七區三合店高萬有二十河間府行客由山海關運回二十三本日時疫五區棲流所劉發增三十二河間府貧民未詳十餘日二十三時疫七區二百五十五王鳳祥二十五河間府未詳未詳二十三本日時疫七區林茂店瞿祥三十一濟南府行客未詳二十三本日時疫七區三百五十五劉永順二十六河間府木匠未詳二十二日夜二十三時疫七區避病院槳中春四十三奉天来詳未詳未詳二十三時疫七區避病院李長林六十一盧台苦力由山海關運回未詳二十二時疫七區京奉路南無名男未詳乞丐未詳未詳二十三時未三區四號王壽田四十八歲霸縣苦力由長春二十三時疫九區棲流所丁傑今二十一饒陽縣未詳二十三時疫九區棲流所劉永壽四十五山東胡邏縣未詳廿三時疫七區二所三慶公司耿印銘四十一保安府苦力由山海關運回二十三時疫七區二所三慶公司潘生保四十六山東溫水苦力由山海關運回二十一時疫七區一所三慶公司趙立明二十六河間府苦力由山海關運回二十三時疫七區二所三慶公司尹壽起二十九河間府苦力由山海關運回二十三時疫總數甲係死十六名乙疫死七名共二十三名備考死者指染疫死亡者而言新疫者指今日新患疫者而言附記本處載報係由昨日六點鐘起至本日下午六點鐘之理合呈明宣統二年十二月二十三日奉天防疫事務處

——摘自《盛京时报》，［1911 年 1 月 26 日］

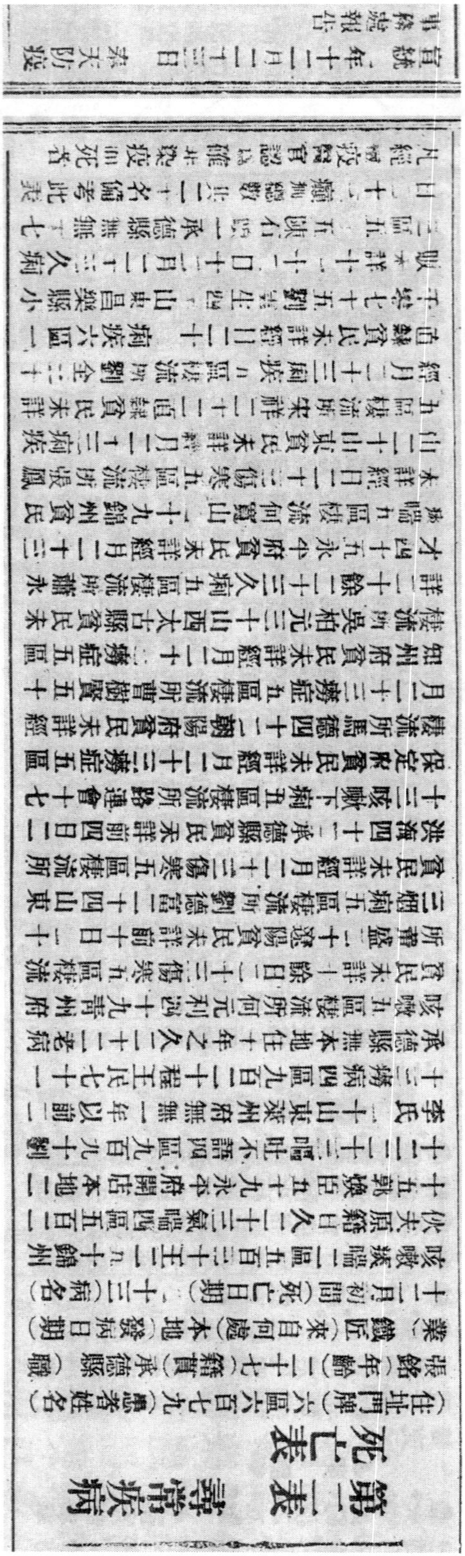

第二表 尋常疾病

死亡表

（住址門牌）六區六百七九（患者姓名）張銘（年齡）二十七（籍貫）承德縣（職業）鐵匠（來自何處）本地（發病日期）十二月初間（死亡日期）二十三（病名）咳嗽痰喘二區五百三十王二九十錦州伙夫原籍日久二十三氣喘四區五百二十五郭煥臣五十九永平府開店本地二十二二十三嘔吐不語四區九百九十劉李氏二十山東萊州府無無一年以前二十三癆病四區九百二十程王氏七十一承德縣無本地住十年之久二十二老病咳嗽五區棲流所何元利四十九青州府貧民未詳十餘日二十三傷寒五區棲流所蕭盛二十遼陽貧民未詳前十日二十三烟痢五區棲流所劉德富二十四山東貧民未詳經月二十三傷寒五區棲流所洪海四十二承德縣貧民未詳前四日二十三咳嗽下痢五區棲流所路連會十七保定府貧民未詳經月二十三癆症五區棲流所馬德四十二朝陽府貧民未詳經月二十三癆症五區棲流所曹樹賢五十知州府貧民未詳經月二十二癆症五區棲流所吳柏元三十山西太古縣貧民未詳二十餘二十三久痢五區棲流所蕭永才四十五永平府貧民未詳經月二十三痰喘五區棲流何寬山二十九錦州貧民未詳經日二十三傷寒五區棲流所張鳳山二十山東貧民未詳經月二十三痢疾五區棲流所宋祥二十二直隸貧民未詳經月二十三痢疾五區棲流所劉全二十直隸貧民未詳經日二十 痢疾六區一千零七十五劉雲生四十山東昌樂縣小販未詳十一十二日十二月二十三久痢二區五百五陳石頭一承德縣無無十七日二十二癲 總數共二十名備考此表凡經醫官認爲確非染疫而死者

宣統二年十二月二十三日 奉天防疫事務處報告

——摘自《盛京时报》，［1911 年 1 月 26 日］

▲奉　天▼

●英醫染疫逝世

英醫查克遜君日前應督憲之聘在瀋陽站辦理防疫事宜頗確認眞詎該醫於二十五日突然染疫延至午後一鐘逝世督憲聞悉此耗哀悼不置現已派員唁吊云

——摘自《盛京时报》，
1911 年 1 月 26 日

●咨請撥解墊欵

督憲日昨接准直督陳筱帥電咨以前時北滿各埠疫症流行所有由北洋調往哈爾濱等處之防疫醫官川資及用費各項銀兩均係由津墊發迄已有日請即轉飭該地方官速即籌還等情聞現在已由督憲電咨吉撫陳簡帥轉飭該道等遵照辦理云

——摘自《盛京时报》，
1911 年 1 月 26 日

●防疫所果有缺點歟

頃得函自署爲有心人內述防疫所之缺點頗足以資省覽爰錄如下

（上略）自百斯篤疫症發現以來中西醫家研究均以毒菌遇寒勢猛見熱力微近聞小西邊門外所設之防疫所房屋空曠並無煖爐一切病人悉臥於地鋪以石灰原有衣服被褥槪不准用以防毒患況又飲食不足僱用夫役亦不留意扶持故由關運回之行客因苦生愁因愁生病又不認眞施治僅以藥水淋洒醫官怕染永不往視近日死亡相繼厥狀甚慘望有責者加意救治以全生命則人民之受福無涯而功德亦甚宏云（下畧）

——摘自《盛京时报》，
1911 年 1 月 26 日

●鎮鄉籌辦防疫院　承德縣屬兩鎮二十二鄉董議事會日前會議以省城時疫流行日久未息恐蔓延至於鄉間擬各區先行籌設防疫院每日派各屯村董携同巡警按戶調查無論新舊患病者皆一律抬送醫院調治以免各村屯受鼠疫之禍云

——摘自《盛京时报》，
1911 年 1 月 26 日

▲鐵嶺▼

●時疫之損害商業　本邑自隔斷交通以後當地各商出賣貨物較往年減賣大半現在年關在卽各商家異常焦躁蓋因市面經濟支絀故也

——摘自《盛京时报》，
1911 年 1 月 26 日

●諭飭嚴查食品鋪戶　警務局孟局長以吃食店及小飯鋪其所製食品多有未能潔净者故日昨特飭稽疫巡警極力調查如遇有食品不潔之鋪當即行查封歇業以重衛生云

——摘自《盛京时报》，
1911 年 1 月 26 日

●防疫所改良辦法　本邑防疫所現已改良辦法以徐大令爲所長韓醫務長爲副所長邑紳周伯雄王昶垣爲坐辦又設事務員四人詳議員十餘人書記會計管藥各一人云

——摘自《盛京时报》，
1911 年 1 月 26 日

●隔斷法庫交通　近聞法庫亦有時疫之謠警局當即諭飭北分區巡警凡由法庫來鐵之人一律不准放行以免傳染云

——摘自《盛京时报》，
1911 年 1 月 26 日

▲本溪▼

●陶大令預防時疫之辦法　日前邑尊陶大令邀集日本醫署岩本君等議預防時疫辦法當議定章程十二條即在後寺溝設立防疫事務所及醫院一處派劉君玉山為所長馬新三恩問鄉英貫一章今梅四人為防疫員常雲山曲仲耀為檢查員馬閣臣為搜疫員中醫陈甲南王長豊二員日醫邊田敬吉一員搜疫巡警十名每日在街巡時稽查無論商民住戶伙房妓館一律勒令收拾潔淨並令灑潑藥水石灰等以防傳染一面由警務局出示懸賞凡捕獲老鼠一個者即與銅元五枚以杜蔓延並在大堡設立隔離室一所該所中計搬運隊兵六名苦力十名以備抬送病人又用夫役四名專事所中一切事務男女看護人各一名以資理值湯藥現在陶大令又諭飭四鄉分設防疫事務所一處除防疫員另行招聘外概歸各區區官兼理本邑防疫為是周密想必不至遭死亡之慘也

——摘自《盛京时报》，1911 年 1 月 26 日

▲開 原▼

●火車站防疫之功效　小孫家台火車已於月之十六日停運南下之客貨嚴防傳染現聞縣尊照會日警署驛長等由清國地方自治紳商設立防疫隔離所以便檢驗北來之旅客並聘用日本醫士以資任使刻下車站左近頗稱安謐蓋已有功效之可言矣

——摘自《盛京时报》，
1911 年 1 月 26 日

●分設防疫隔離所　城內防疫所附設在警務局調養病院設在西南隅大塔寺廟內王縣尊尤恐邊要處所不無北來之行人特在威遠堡邊門分設防疫隔離所一處派委李豊九君帶同巡警醫士前往盤詰檢查又在清河溝尚陽堡分設一處聘委戒烟所副管理員錢曉雲君往駐要隘以檢查過往行旅檢訖發給執照放行藉免他處之留難

——摘自《盛京时报》，
1911 年 1 月 26 日

▲新 民▼

●日醫守川患疫誌聞　新民府張太守近因百斯篤疫日益蔓延甚為可懼爰於日前延聘日醫守川信顯君每日按戶搜驗施治不厭勞瘁聞守川君此次因與患疫者屢屢接觸竟致傳染該疫刻下病篤想有性命之虞云

——摘自《盛京时报》，
1911 年 1 月 26 日

●防疫之嚴厲　本郡防疫事務所現已招募巡兵六十名日事撿查凡有患疫死者其遺物悉數焚燒所居屋宇封禁七日不准他人出入現在被封之舖家已三四戶病房亦已焚燒一所矣

——摘自《盛京时报》，
1911 年 1 月 26 日

●限制擺設肉攤　每屆年終四鄉農民宰猪來街賣肉者自二十三日起直至除夕沿街肉攤任憑買賣今年因鼠疫流行府憲昨特諭限是項肉攤自二十一至二十五日此三天准其買賣過期一律禁止蓋府憲於防瘟疫之中仍稍示變通之意云爾

——摘自《盛京时报》，
1911 年 1 月 26 日

●患鼠疫死者之確數　本月十四日由東來者二人已受鼠疫當即抬至隔離所未幾斃命又有源知棧及和平公司櫃移二人亦均染疫致死廿二至廿五兩日又死七人該疫蔓延本郡幾有日甚一日之勢矣

——摘自《盛京时报》，
1911 年 1 月 26 日

▲錦州▼

●設立防疫衛生所　本郡豫太守二十日諭令警務長張潤身在東門外車站以南撰貨市房十數間爲防疫衛生所並令掃除潔淨以備往來行旅及郡內旗民染有疫症者以便送至該所用藥調治以重生命並聞該局現在聘請樵某爲醫官每日偕同衛生股股員劉君赴薛家屯車站一帶挨戶查驗居民有無傳染疫症云

——摘自《盛京时报》，
1911 年 1 月 26 日

●督操不服檢疫　近日因辦理防疫各區檢疫巡警挨戶查驗亟爲認眞昨有二區巡警王慶奎同預備巡警譚守山查至雙廟街蕭姓門首見該屋窗下污穢殊甚呼令掃除無人接應該警進院再呼始由門內出來一人自稱蕭福田現係預備巡警之督操官謂我家不用爾等檢疫該警向彼申言利害某氣燄橫極出言不遜且毆打王慶奎並將軍衣扯壞遂即一同到區轉送總局現聞該局仍飭醫照章檢查外飭蕭並呈驗文憑及派充督操委札然後再辦其毆警抗檢之罪云

——摘自《盛京时报》，
1911 年 1 月 26 日

▲長　春▼

各村屯疫死人數

長春電云百斯篤疫現已蔓延各村莊茲就長春附近言之范家屯計有染疫死者二十五名董家屯六名大民屯十五名案頭道溝三名孟家屯一名共計達九十名之多云

——摘自《盛京时报》，
1911 年 1 月 26 日

吉長首段因疫停駛

吉長路局因有疫死者一名在卡倫街站發生爰於二十二日起亘十五日之久將所有貨客一律禁止搭運

——摘自《盛京时报》，
1911 年 1 月 26 日

安倍博士試驗鼠疫誌

日人安倍博士此次在本郡協會演說以爲此次鼠疫自陽歷十一月始其病發現於滿洲里方面迤邐而南漸次傳染本月十八日本社仿照哈埠防疫辦事嚴重將事有患此者其家族住屋當由消防隊取石油四圍徧注並加火燎俾此症永不發生無奈病勢猛烈傳播力異常迅速不絕日即有死於難者遂急歸大連預爲設備陽歷十二月卅一日致事中亦有發生此病而死者旣而解剖觀果確爲鼠疫無疑又用黴菌試驗鼠疫及至卅分時而斃蓋動物之死決不能有如斯之速繼乃用鼠試驗同時亦斃噫自今而後吾當知鼠疫之爲害烈矣

——摘自《盛京时报》，
1911 年 1 月 26 日

●新市街日人自設防疫事務所● 新市街現在日人自設防疫事務所一處日昨由協會內選定專務委員針生安次郎常務委員守山俊山北田正平西村已之助阿川甲一港守磨防疫施行委員高橋庄之助西脇滑六西村清兵衛揔原一的諸氏以資辦理一切自爲保衛云

——摘自《盛京时报》，
1911 年 1 月 26 日

●陸軍學生因疫旋省● 省城陸軍學堂學生及教員約有二百餘名日前因放年假回家道經本郡適南滿火車以鼠疫盛行停開一二三等火車該生等遂不得南回擾仍行返省聞日昨已僱定大車十餘輛首途矣

——摘自《盛京时报》，
1911 年 1 月 26 日

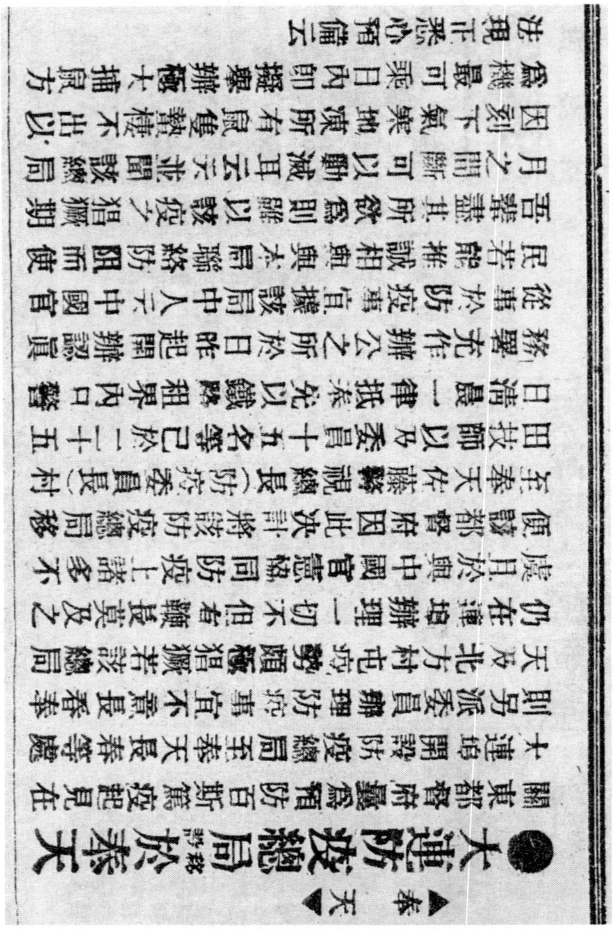

奉天

大連防疫總局（移設）於奉天

關東都督府曩爲預防百斯篤疫起見在大連埠開設防疫總局至奉天長春等處則另派委員辦理防疫事宜不意長春奉天及北方村屯疫勢頗極猖獗若該總局仍在連埠辦理一切不但有鞭長莫及之虞且於與中國官憲協同防疫上諸多不便該都督府因此决計將該防疫總局移至奉天佐藤醫視總長（防疫委員長）村田技師以及委員十五名等已於二十五日清晨一律抵奉先以鐵路租界內口警務署充作辦公之所於日昨起開辦認眞從事於防疫事宜據該局中人云中國官民若能推誠相與與本局聯絡防阻而使吾輩盡其所欲爲則雖以該疫之猖獗期月之間斷可以勦滅耳云云並聞該總局因刻下氣寒地凍所有鼠隻蟄棲不出以爲機最可乘日內即擬舉辦極大捕鼠方法現正悉心預備云

——摘自《盛京时报》，1911 年 1 月 27 日

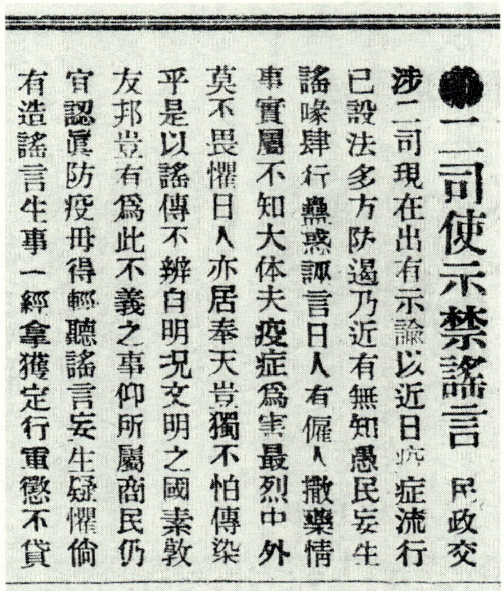

二司使示禁謠言　民政交
涉二司現在出有示諭以近日疫症流行
已設法多方防遏乃近有無知愚民妄生
謠喙肆行蠱惑謡言日人有僱人撒藥情
事實屬不知大体夫疫症爲害最烈中外
莫不畏懼日人亦居奉天豈獨不怕傳染
乎是以謠傳不辨自明況文明之國素敦
友邦豈有爲此不義之事仰所屬商民仍
宜認眞防疫毋得輕聽謠言妄生疑懼倘
有造謠言生事一經拿獲定行重懲不貸

——摘自《盛京时报》，
1911 年 1 月 27 日

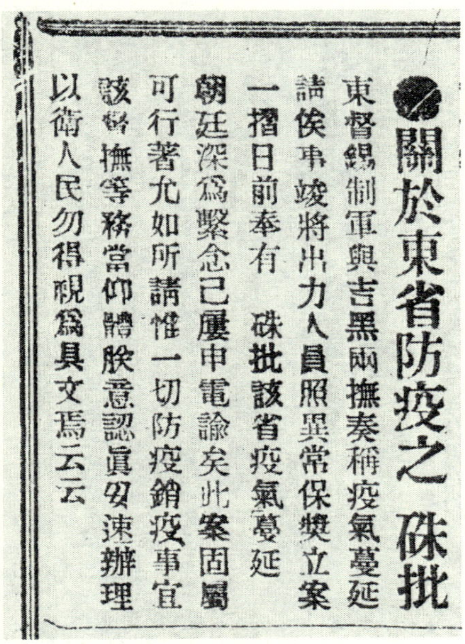

關於東省防疫之硃批
東督錫制軍與吉黑兩撫奏稱疫氣蔓延
請俟事竣將出力人員照異常保獎立案
一摺日前奉有　硃批該省疫氣蔓延
朝廷深爲繫念已屢申電諭矣此案固屬
可行著允如所請惟一切防疫銷疫事宜
該督撫等務當仰體朕意認眞妥速辦理
以衛人民勿得視爲具文焉云云

——摘自《盛京时报》，
1911 年 1 月 27 日

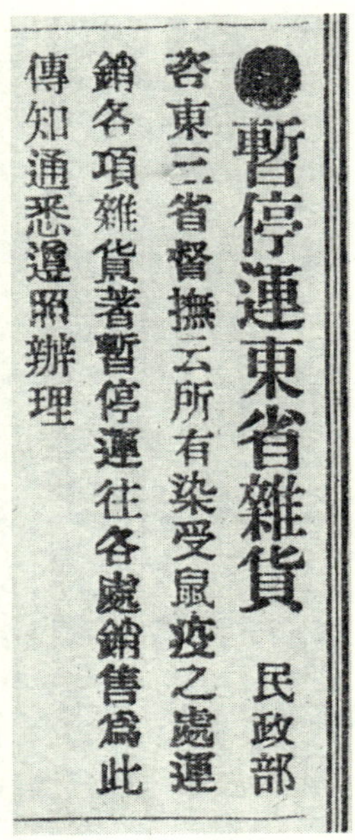

暫停運東省雜貨　民政部
咨東三省督撫云所有染受鼠疫之處運
銷各項雜貨著暫停運往各處銷售爲此
傳知通悉遵照辦理

——摘自《盛京时报》，
1911 年 1 月 27 日

●風雨臺變成垃圾場

風雨臺本空濶遼曠至今夏則十分之七八巳爲模範監獄改作蔬圃矣不意近更發見一最可怪事則清道車奉命搬運出城之垃圾傾之於該處是也該處行人本夥而四周居民又復稠密設惡疫乘之而發生清道夫之肉其足食乎按現今既爲防疫起見從事於清潔掃除則垃圾等理宜輸之郊外空曠之處若花錢費力而仍置諸人烟稠密之地或行旅之所必經是固不如其已也

——摘自《盛京时报》，
1911 年 1 月 27 日

●被隔離苦工之現狀

苦力之收容在瀋陽隔離所者計四百餘名就中一百餘名已經染疫斃命今後蔓延勢當不可遏中國當軸因此異常焦灼即擬再行隔斷於二十四日診驗所有生存者內有患疫者四十餘名仍在該所收留確係康健無恙者計一百十五名當即釋放其餘嫌疑者均分送某某村落兩隔離所以收容焉

——摘自《盛京时报》，
1911 年 1 月 27 日

●督憲訪親小池日總領議商防疫事宜

督憲頃日最注意於防疫一事日昨下午四鐘復親赴駐奉日領事館與小池日總領磋商關於防疫一切事宜並催應聘日醫員速即來奉以資贊助

——摘自《盛京时报》，
1911 年 1 月 27 日

▲鐵嶺▼

●電飭派撥陸軍補助巡警

本邑巡警全部警備防疫尚不敷用日昨經縣署電請督憲允撥當地陸軍若干名帮同巡警隨時巡邏以保治安云

●中日警察協同防疫　本邑西關地方寄住之日人爲數已覺不少現因籌辦防疫故由中日兩國警察會同稽查各僱本國人民收拾清净其他如公共地面則互派苦力除掃積穢云

——摘自《盛京时报》，
1911 年 1 月 27 日

●中日警察協同防疫　本邑西關地方寄住之日人爲數已覺不少現因籌辦防疫故由中日兩國警察會同稽查各僱本國人民收拾清净其他如公共地面則互派苦力除掃積穢云

——摘自《盛京时报》，
1911 年 1 月 27 日

▲開原▼

●警務長認眞防疫　警務長鄭憲鄉君對於防疫事項異常認眞迭出示諭指導預防方法並籌畫一切頗具熱心現除倍價購買捕鼠外又傳諭飯館澡塘娼寮暫行停業以免傳染云

——摘自《盛京时报》，
1911 年 1 月 27 日

▲新民▼

●日商嚴防鼠疫　日商在本郡開設質舖者共計六家現因鼠疫流行恐被傳染公議准贖勿當云

——摘自《盛京时报》，
1911 年 1 月 27 日

▲遼陽▼

●預備隔離所　本邑凡關于防疫事宜無微不至現雖無鼠疫之發生而種種設備幾亦可稱完善兹又聞事務所委員王君在西關空澗地方已租定房屋數間預備患者充作隔離所云

——摘自《盛京时报》，
1911 年 1 月 27 日

●疫死者免驗　本邑檢察廳日昨接奉提法司札飭畧謂現在瘟疫流行凡患疫身死槪與刑法無干自應免驗迨瘟疫消滅後再行照章檢驗云

——摘自《盛京时报》，
1911 年 1 月 27 日

●慷慨之防疫　本邑警局對於防疫事宜十分認眞近以聞各管界內將所有小攤出賣汚穢衣物悉數收買用火焚化以弭災害想該局如此防遏本邑人民庶可免鼠疫之慘矣

——摘自《盛京时报》，1911年1月27日

●警局通飭禁賣江魚　警局以市面所售江魚均係北來之貨恐百斯篤疫之微生虫由此傳播故昨特通飭各區分駐所一律禁止售賣云

——摘自《盛京时报》，1911年1月27日

●領事舘禁人出入　駐遼日本副領事近以鼠疫流行恐致傳故該領事預先防範一切禁止舘中染不准閑人進出云

——摘自《盛京时报》，1911年1月27日

▲營口▼

●車站隔離所不日成立

本埠爲防檢時疫日前已將牛屯車站所有北來行旅概行檢查送入指定客棧俾醫官臨涖驗視茲聞日警署在牛屯車站迤東侯家油房附近飭工安釘木板房二十餘間凡乘火車來客由有疫地方來者一律到該處查驗有病即入隔離所醫治無病者住所七天再任他往云

——摘自《盛京时报》，
1911 年 1 月 27 日

●紳商組織防疫團

本埠自聞北方疫症傳播後醫界即竭力檢查現在商會總協理聯合衆舖商及自治員紳又組織防疫團會舉定會員若干人所議防疫事項約有十餘條其大旨令舖商住戶一律掃除清潔加意防檢一面派員稽查以免怠惰並擬將乞丐貧民設法安置俾免發生疫症聞不日即將按條實行云

——摘自《盛京时报》，
1911 年 1 月 27 日

▲長春▼

●外人移住之紛紛

長春城內鼠疫之猖獗已極僑居城內之外人頃日僉願遷居路界以避危險茲據長春函駐紮長春之俄領事署昨已遷往寬城子俄站地方又旅居城內之日僑等移居路界者已有二十三戶計一百餘人正金銀行分行亦擬於日內遷居路界云

——摘自《盛京时报》，
1911 年 1 月 27 日

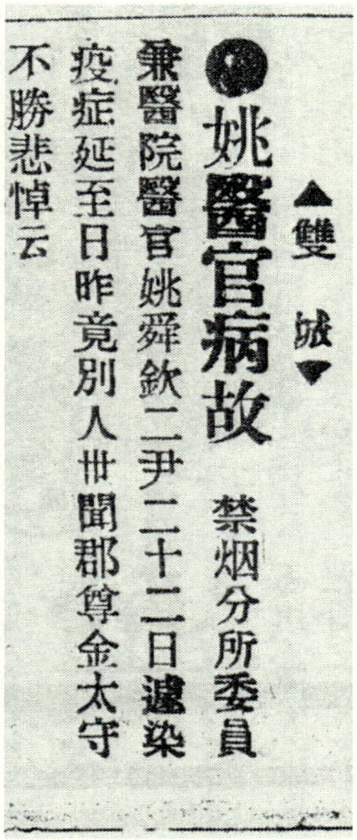

▲雙 城▼

●姚醫官病故

禁烟分所委員兼醫院醫官姚舜欽二尹二十二日遽染疫症延至日昨竟別人世聞郡尊金太守不勝悲悼云

——摘自《盛京时报》，
1911年1月27日

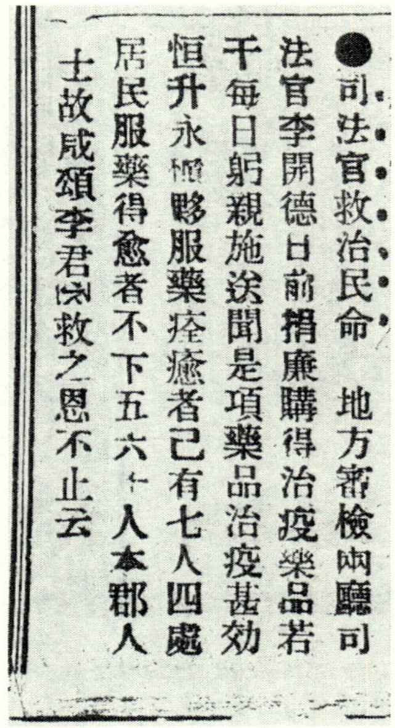

●司法官救治民命

地方審檢兩廳司法官李開德日前捐廉購得治疫藥品若干每日躬親施送聞是項藥品治疫甚効恒升永權夥服藥痊癒者已有七人四處居民服藥得愈者不下五六十人本郡人士故咸頌李君拯救之恩不止云

——摘自《盛京时报》，
1911年1月27日

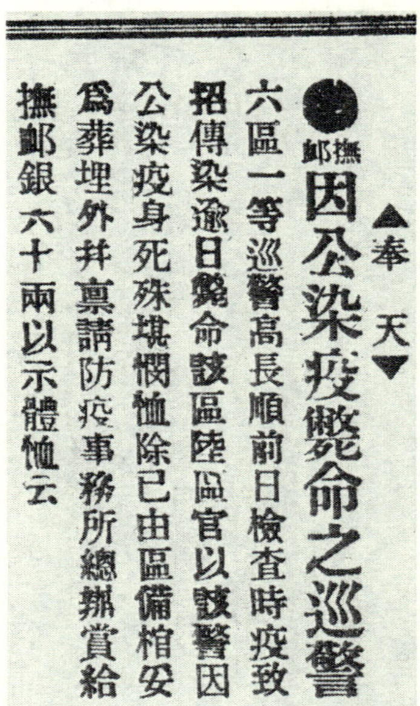

▲奉 天▼

●撫郵 因公染疫斃命之巡警

六區一等巡警高長順前日檢查時疫致招傳染逾日斃命該區陸區官以該警因公染疫身死殊堪憫恤除已由區備棺妥爲葬埋外并禀請防疫事務所總辦賞給撫郵銀六十兩以示體恤云

——摘自《盛京时报》，
1911年1月28日

遣散窮民藉防時疫

警務局孟局長現以各街窮民衣服鶉結當此時疫流行之際非徒有飢寒之苦且實爲引疫之媒介日昨特傳飭各區將該界所有無衣窮民調查確實人數當各賞給棉衣一套飭鄉巡帶至各鄉云

——摘自《盛京时报》，
1911 年 1 月 28 日

安奉線亦擬不掛二三等車矣

南滿鐵路公司已在幹綫各車站間禁售二三等車票藉以防遏鼠疫茲聞該公司因該疫有延及安奉沿綫各地之勢爰擬將安奉火車二三等坐客亦一律禁止搭運云

——摘自《盛京时报》，
1911 年 1 月 28 日

我爲釋放回家者幸

公主嶺電云該地於十五日有染疫死者發生旋即將隣壁住戶二十五名送交隔離所收容聞此等被隔離者已經十日之久並無異狀即於二十六日一律釋放回家

——摘自《盛京时报》，
1911 年 1 月 28 日

被隔離者之釋放

日前被收容於鷄冠山之隔離所者計有數十名現已經十日之久並無染疫情事當於二十七日清晨一律釋放

——摘自《盛京时报》，
1911 年 1 月 28 日

通飭呈報防疫情形

交涉民政兩司使於防疫事宜最爲注意除在省設立防疫總局外並通飭所屬一律籌設分所以期防患未然而免傳染茲聞日昨又札飭各屬以現在疫症勢甚猖獗所有各該屬籌辦防疫事宜並已否有染患疫症之人均逐一查明尅期呈報以憑核辦云

——摘自《盛京时报》，
1911 年 1 月 28 日

分發防疫薰藥

防疫事務所總辦張俊生觀察自奉委以來因見各關時疫日見迫切轉飭該所醫員等研究配製驅疫消毒薰藥一種現已製成昨已傳諭各區具領以便薰燒而驅時疫云

——摘自《盛京时报》，
1911 年 1 月 28 日

▲鐵嶺▼

●法庫區官來鐵調查防疫事宜　日昨法庫孟區官溢鐵富至防疫所調查防疫辦法據該區官云法庫亦漸有傳染斯疫者故本邑北路分區現已與法庫隔斷交通矣

——摘自《盛京时报》，
1911年1月28日

●逃犯染疫斃命　本邑南關五里碑日昨有由奉天隔離所逃來之病犯董貴元一人聞係順天武清縣人至該處後即時疫發當經防疫所查出送至隔離病院施治然已不可救藥逾時斃命聞防疫所當將其所寓之處如法消毒云

——摘自《盛京时报》，
1911年1月28日

●慎重防疫患及貧民　本邑徐大令對於防疫十分認眞現擬搜羅貧民更以清潔衣履送至防疫分所隔離而一般清道苦力亦均沐浴更衣每日出入必消毒一次以免傳染云

——摘自《盛京时报》，
1911年1月28日

●隔離所嚴加檢驗　城北山頭堡防疫
分所每日隔離人數不下數千人均經該
所一一檢驗無病者始能放行稍有可疑
或至隔離一日夜隔離至七日不等足見
該分所防疫之認眞矣

——摘自《盛京时报》，
1911 年 1 月 28 日

●注重防疫　本邑近聞鼠疫流行傳染
甚速故日前由警局出示曉諭令居民商
戶嚴加防檢復又派人調查如有染患疫
症或疑似者卽將起病原由及病人姓名
迅速向該管警區報明以便派醫施治倘
因病身故亦卽報知警區俟檢驗後再行
殮埋以免傳染云

——摘自《盛京时报》，
1911 年 1 月 28 日

●令下捕鼠　鼠疫之發生由滿洲里而
哈爾濱而長春而奉天現已蔓延大津大
連營口各大埠並由安奉路線而至草河
口鷄冠山等處惟本邑尚屬安靜然不設
法預防恐將來難免傳播以故現在當路
地方官已出示懸賞無論商舖住戶如能
捕獲一鼠無論死活送交防疫所當賞給
銅元二枚云

——摘自《盛京时报》，
1911 年 1 月 28 日

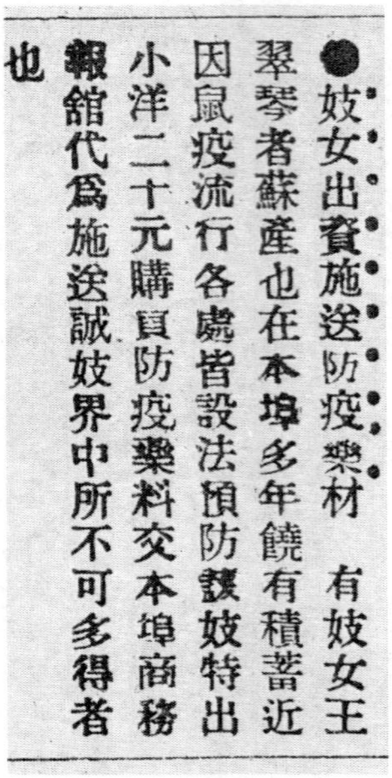

●妓女出貲施送防疫藥材　有妓女王翠琴者蘇產也在本埠多年饒有積蓄近因鼠疫流行各處皆設法預防該妓特出小洋二十元購買防疫藥料交本埠商務報館代爲施送誠妓界中所不可多得者也

——摘自《盛京时报》，
1911 年 1 月 28 日

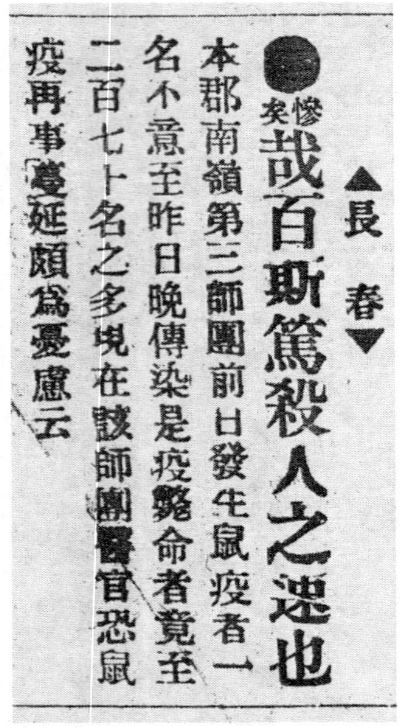

▲長春▼

●慘矣哉百斯篤殺人之速也

本郡南嶺第三師團前日發生鼠疫者一名不意至昨日晚傳染是疫斃命者竟至二百七十名之多現在該師團醫官恐鼠疫再事蔓延頗爲憂慮云

——摘自《盛京时报》，
1911 年 1 月 28 日

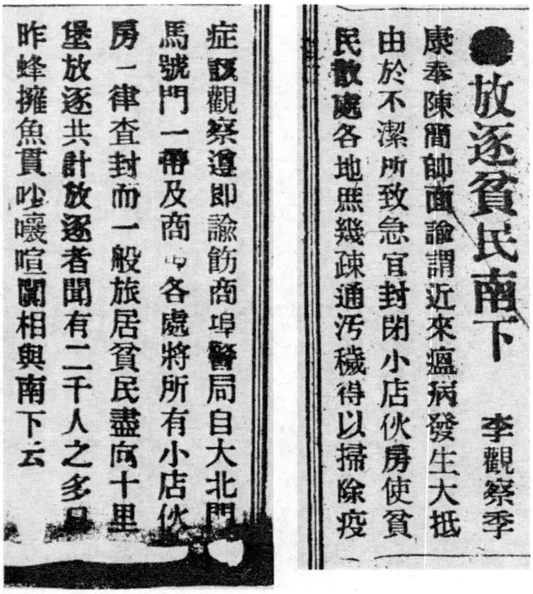

●放逐貧民南下　李觀察季康奉陳簡帥面諭謂近來瘟病發生大抵由於不潔所致急宜封閉小店伙房使貧民散處各地庶幾疎通污穢得以掃除疫症該觀察遵即諭飭商埠醫局自大北門馬號門一帶及商埠各處將所有小店伙房一律查封而一般旅居貧民盡向十里堡放逐共計放逐者聞有二千人之多日昨蜂擁魚貫吵嚷喧鬧相與南下云

——摘自《盛京时报》，
1911 年 1 月 28 日

燒燬住房七十餘間

府尊何太守於二十六日飭令巡警局將在日租界華實公司附近之汚穢住房七十餘間一併燒燬以絕病根

——摘自《盛京时报》，
1911 年 1 月 28 日

染疫之區域殆日見其廣

長春電云二十六日在十五里堡鐵路沿綫發見新屍棺四具均在路上遺棄未知其來自何處又在農安縣通路有死屍一具出現審驗此等死屍均係罹百斯篤疫而死者蓋各村屯疫勢猖獗之狀足以概見矣

——摘自《盛京时报》，
1911 年 1 月 28 日

▲吉林▼

吉林亦已死却二百九十名矣

吉林電云吉垣鼠疫近竟陸續發生在最近四日間疫死者已達二百九十名之多聞民政司憲刻已飭令警局凡有來自長春方面之行旅無論中外人均須在城外隔離所收容九日若果無恙方准入城

——摘自《盛京时报》，
1911 年 1 月 28 日

●檢驗人力車輛（奉天）警務局現在嚴防疫症日飭各車廠將所有人力車均拉至防疫事務所請醫官會驗洒潑藥水並由所發給檢驗標幟每二日當將車拉所檢驗一次以免坐客傳染疫氣云

——摘自《盛京时报》，
1911年1月29日

▲奉　天▼

●防疫總局之大會議

關東都督府防疫總局移至奉天開辦已誌前報茲聞該總局於二十八日召集各委員磋商防疫事宜並妥定極大應付方針滿鐵總裁中村是公君安倍醫學博士等亦均參與該會議以示鄭重

——摘自《盛京时报》，
1911年1月29日

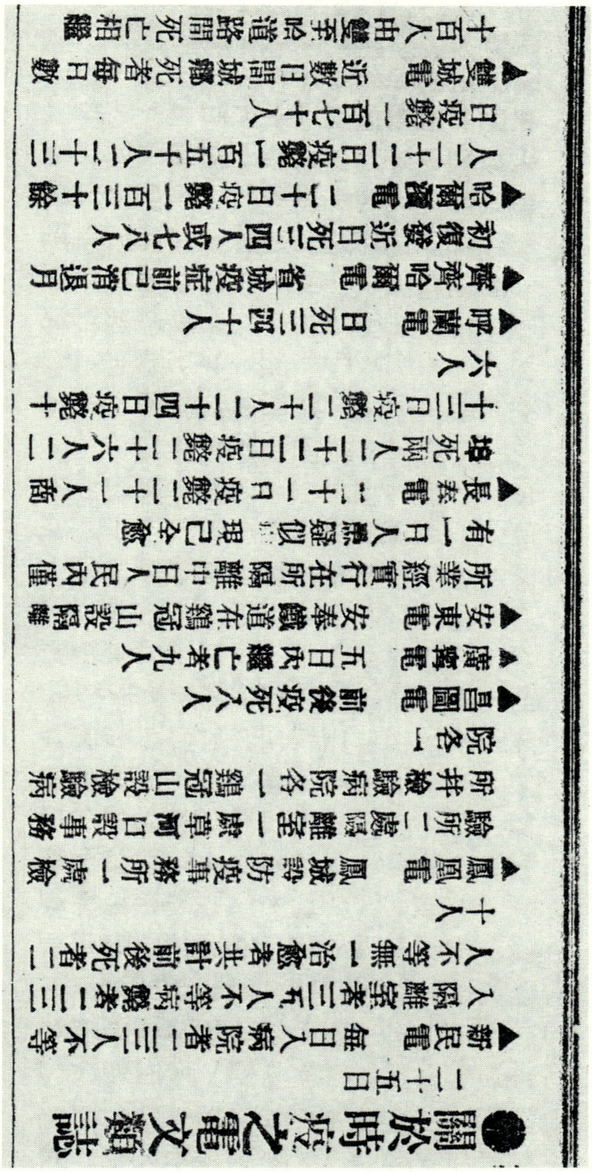

關於時疫之電文彙誌

二十五日

▲新民電　每日入病院者二三人不等入隔離室者三五人不等病斃者二三人不等無一治愈者共計前後死者二十人

▲鳳凰電　鳳城設防疫事務所一處檢驗所二處隔離室一處草河口設事務所并檢驗病院各一雞冠山設檢驗病院各一

▲昌圖電　前後疫死八人

▲廣寧電　五日內斃亡者九人

▲安東電　安奉鐵道在雞冠山設隔離所業經實行在所隔離中日人民內僅有一日人患疑似疫現已全愈

▲長春電　二十一日疫斃二十一人商埠死兩人二十二日疫斃二十六人二十三日疫斃二十八人二十四日疫斃十六人

▲呼蘭電　日死三四十人

▲齊齊哈爾電　省城疫症前已消退月初復發近日死三四人或七八人

▲哈爾濱電　二十日疫斃一百三十餘人二十二日疫斃一百五十八人二十三日疫斃一百七十人

▲雙城電　近數日間城鄉死者每日數十百人由雙至哈道路間死亡相繼

——摘自《盛京时报》，1911 年 1 月 29 日

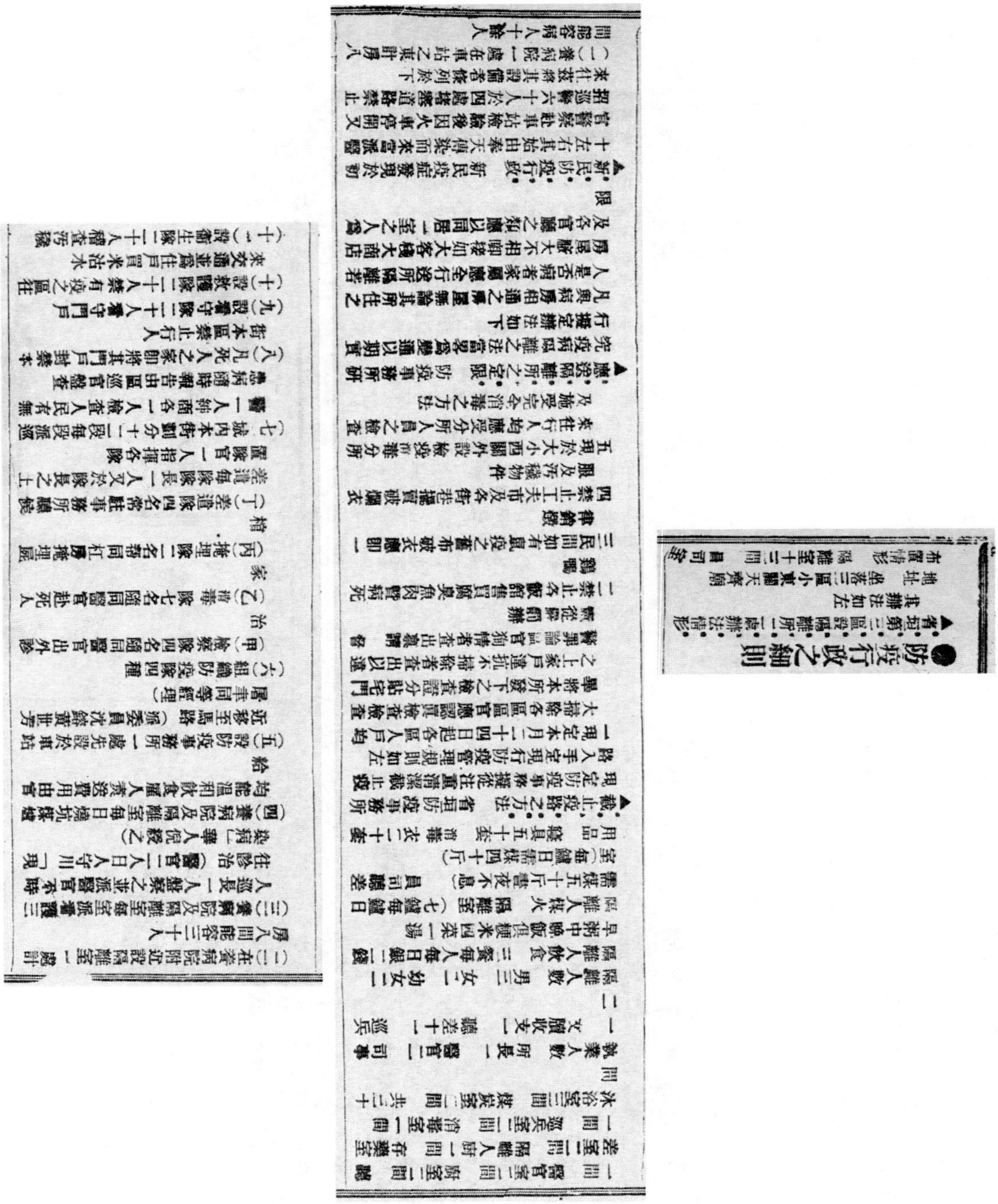

防疫行政之細則

——摘自《盛京时报》，1911年1月29日

●採煤之苦工染疫 撫順電

云二十七日有在撫順煤礦東鄉窯內從事開採之苦工一名突然咯血多量旋由醫員診視定爲羅眞性之百斯篤疫者

——摘自《盛京时报》，
1911年1月29日

●華工染疫斃命 本溪湖電

云二十七日在大嶺隧道附近有華工一名咯血斃命旋由醫員驗屍診定爲羅眞性百斯篤疫而死者

——摘自《盛京时报》，
1911年1月29日

●隔離所中之染疫斃命者

鐵嶺電云被收容在該地隔離所之華人一名於二十六日午前十鐘染疫斃命又有 名於午後十一鐘疫死

——摘自《盛京时报》，
1911年1月29日

車站之點燈夫染疫斃命

公主嶺電云該車站點燈夫名劉張海者日前接得其弟在長春斃命之訃聞私自赴長嗣復潛自回嶺惟尚未至該站該站站長以傳染可畏當經懸賞搜緝距二十七日午前該苦工在鐵路租界敷島街路上遽然咯血斃命確係罹百斯篤疫死者現正在悉心消毒以絕其傳播云

——摘自《盛京时报》，
1911 年 1 月 29 日

安置貧民以防時疫

防疫事務所以省城中伙房小店寓居貧民甚夥未免容易傳染疫症故特在城西塔灣屯及城南白塔鋪渾河堡等處設立貧民防疫所由巡警局傳飭各區將各夥房小店所寓之貧民一律護送出至該所居住以防時疫云

——摘自《盛京时报》，
1911 年 1 月 29 日

商會選派商董帮辦防疫事宜

防疫事務所總辦張觀察以現在防疫喫緊所有調查員不敷分派特行咨商會派員帮同調查日昨當由商會於各商董中選派疫員八名往該所帮同辦理云

——摘自《盛京时报》，
1911 年 1 月 29 日

●檢查疫症之嚴厲　鼠疫一症傳染最速生命攸關若非嚴加防遏其勢難殺故交涉民政二司奉督憲諭飭除在車站設立防疫事務所外現又在各區後各城門甕圈之內添設防分所以便就近醫治並於昨二十八日起特派檢驗員巡警等逐戶嚴查有無病症於所查之戶粘貼防疫所之証據以爲標識而免掛漏云

——摘自《盛京时报》，
1911 年 1 月 29 日

▲昌圖▼

●太守注重防疫　李太守以近來時疫流行籌備防遏不容稍懈除設立防疫所每日飭警嚴密挨戶稽查外復編出防疫白話文一篇（文載本日附張）令人民曉得百斯篤疫之可畏相與保存清潔該疫症然不至於蔓延而人人得享康健之幸福矣

——摘自《盛京时报》，
1911 年 1 月 29 日

▲新民▼

●防疫所日醫病死　本郡日本居留民會醫員守川君自入院以來醫治各病無不著手回春頗爲中外人士所稱頌此次百斯篤流行張太守設立防疫事務所遂聘請該日員守川君爲醫官不意竟致傳染醫藥無靈於二十六日病故當將所用衣物等件均携赴街外一律焚燒以防蔓延云

——摘自《盛京时报》，
1911 年 1 月 29 日

●陸軍防疫從嚴　時當歲暮向例無論軍民人等莫不購買食物以度新年茲因鼠疫蔓延惟恐肉食致遭傳染故昨聞陸軍潘協統各標營不准購買肉食俟來正再行補餐云

——摘自《盛京时报》，
1911 年 1 月 29 日

●防疫傳諭禁止拜年　本郡因鼠疫日盛猖獗日昨商務會特傳諭各舖戶明正概不來往拜賀以防鼠疫之傳染云

——摘自《盛京时报》，
1911 年 1 月 29 日

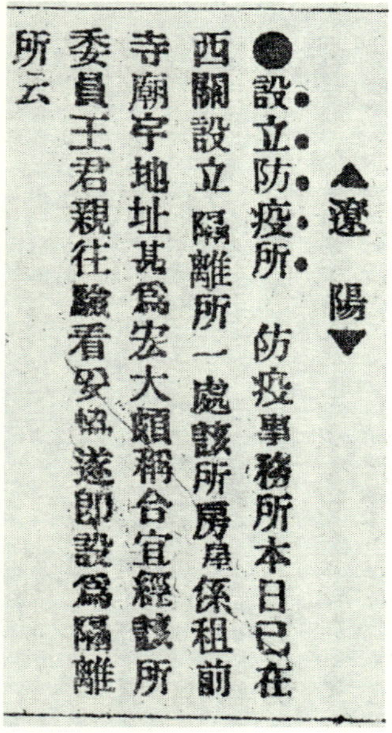

▲遼陽▼

●設立防疫所　防疫事務所本日已在西關設立隔離所一處該所房屋係租前寺廟宇地址甚爲宏大頗稱合宜經該所委員王君親往驗看妥協遂即設爲隔離所云

——摘自《盛京时报》，
1911 年 1 月 29 日

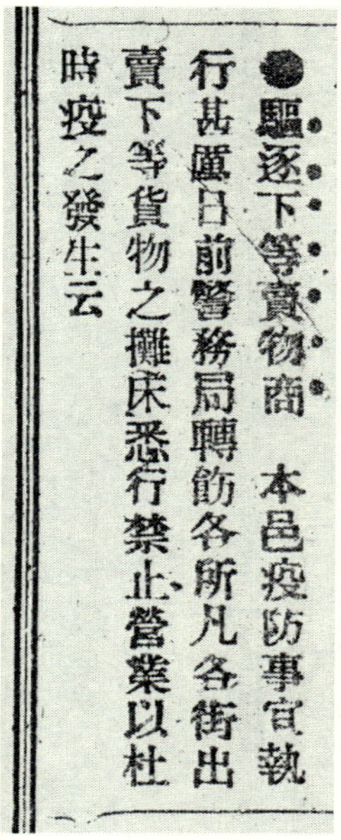

●驅逐下等賣物商　本邑疫防事宜執行甚嚴日前警務局轉飭各所凡各街出賣下等貨物之攤床悉行禁止營業以杜時疫之發生云

——摘自《盛京时报》，
1911 年 1 月 29 日

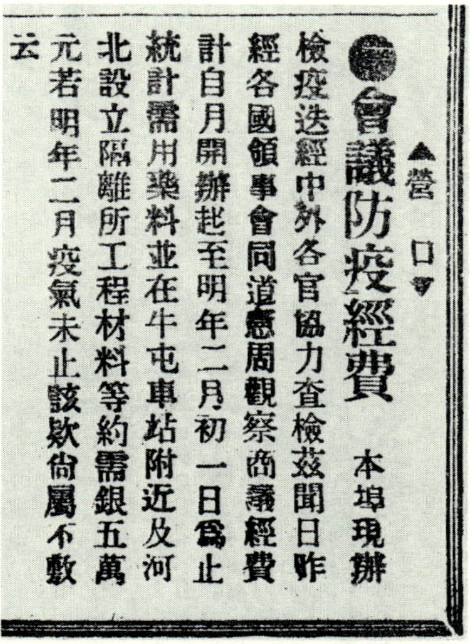

▲營口▼

●會議防疫經費　本埠現辦檢疫迭經中外各官協力查檢茲聞日昨經各國領事會同道憲周觀察商籌經費計自月開辦起至明年二月初一日爲止統計需用藥料並在牛屯車站附近及河北設立隔離所工程材料等約需銀五萬元若明年二月疫氣未止該款尚屬不敷云

——摘自《盛京时报》，
1911 年 1 月 29 日

●傳疫鼠疫論　本埠自聞北方疫起之醫官紳士庶考查防疫方法不遺餘力茲又由總局發印講求英國使館醫官德來格君所著之鼠疫論數千本分發各區及商會傳佈商民人等俾知該疫之利害而知預防之方法云

——摘自《盛京时报》，
1911 年 1 月 29 日

●添派檢疫醫官　本埠檢疫醫官原有防疫院郭院長鄧醫官及普濟醫院費大夫按日查驗而警務總局又有衛生科日醫官內田君現在內田君因假滿銷差遂亦奉派辦理檢疫茲聞又添派日醫古川橫山二君帮同檢疫以數分佈云

——摘自《盛京时报》，
1911 年 1 月 29 日

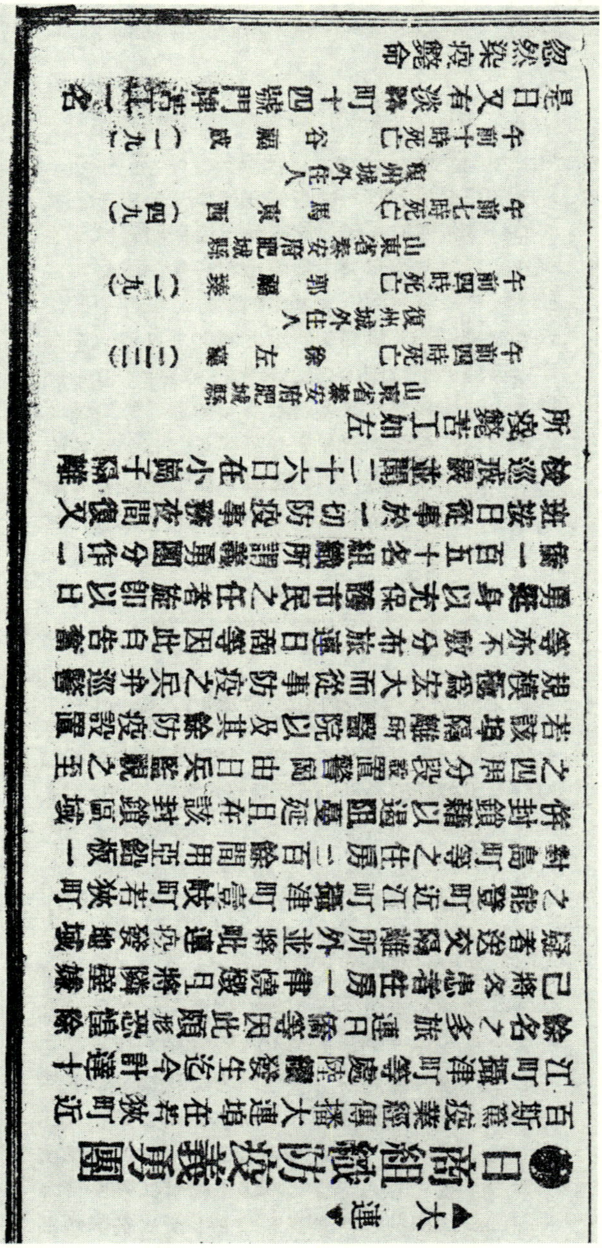

▲大連▼

日商組織防疫義勇團

百斯篤疫業經傳播大連埠在若狹町近江町攝津町等處陸續發生迄今計達十餘名之多旅連日僑等因此頗形恐惶除已將各患者住房一律燒燬且將隣壁嫌疑者送交隔離所外並將毗連疫發地域之能登町近江町攝津町壹岐町若狹町對島町等之住房三百餘間用亞鉛板一併封鎖藉以遏阻蔓延且在該封鎖區域之四周分段設置警岡由日兵監觀之至若該埠隔離所醫院以及其餘防疫設置規模極爲宏大而從事防疫之兵弁巡警等亦不敷分布旅連日商等因此自告奮勇挺身以充保護市民之任者旋卽以日僑一百五十名組織所謂義勇團分作二班按日從事於一切防疫事務夜間復又梭巡戒嚴並聞二十六日在小崗子隔離所疫斃苦工如左

山東省泰安府肥城縣 徐左襄（三三） 午前四時死亡

復州城外住人 郭福臻（一九） 午前四時死亡

山東省泰安府肥城縣 馬東西（四九） 午前七時死亡

復州城外住人 谷福成（一九） 午前十時死亡

是日又有淡路町十四號門牌苦工一名忽然染疫斃命

——摘自《盛京时报》，1911 年 1 月 29 日

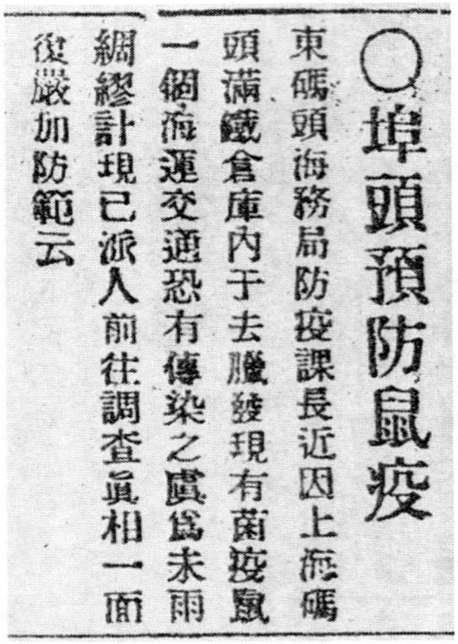

〇埠頭預防鼠疫

東碼頭海務局防疫課長近因上海碼頭滿鐵倉庫內于去臘發現有菌疫鼠一個海運交通恐有傳染之虞爲未雨綢繆計現已派人前往調查眞相一面復嚴加防範云

——摘自《盛京时报》，
1921年1月8日

〇將開防疫大會

海拉爾滿洲里等處發生百斯篤業經吉黑兩督軍防範茲聞吉林鮑督軍擬將三省醫學人員召赴吉林特開防疫會議並討論防範辦法云　（吉）

——摘自《盛京时报》，
1921年1月14日

〇張使注意防疫

據東界人云張使迭接北滿軍隊報告俄境近有鼠疫發現勢將蔓延張使以該疫之害我奉曾經受過倘不預爲防範禍患曷堪設想近特通令各縣知事及各軍隊隨時就轄境嚴查有無此項疾病之發生以防時疫而保民命云

——摘自《盛京时报》，
1921年1月16日

○海站發生鼠疫之狀況

哈爾濱通信云。北滿天氣寒冷。最適於鼠疫發生。故近年來。發生之盛。幾於年年有之。此實地方之惡現象也。推原其故。此項疫菌。最耐寒冷。即零下三十度之天溫。仍能繁殖。絕不因此而失其機能。是以蔓延也多在冬令。而又以此方面爲全甚也。海拉爾地方。自上年十一月間。有少數俄人。患此疾死亡以來。漸漸傳及華人。於是東三省防疫總局伍連德氏。親往查驗。認爲確係鼠疫。日本軍隊及中東鐵路醫官。均起而助之。十一月初旬後。蔓延西向。及於滿洲里。而海站迤東四十俄里之第十六待避線。近日亦有華人一名。傳此死亡者。據該局之調查。自初起迄今。患此者達二百人。其中死亡者六十二。除廿四人委係他症外。餘三十八名。則確係鼠疫。即俗名黑死病也。查本年該疫來源。依醫家研究。係傳自俄境。以該處近年戰爭不息。飢饉連年。人民不獲充分之衣食。身體既弱。病菌斯易侵入。而俄軍亦因久經臨陣。衆多士卒。恒露宿荒郊。共相聚臥。臥具又不完備。益難得資化生。海站則于去冬前後。有大宗兵民。避難而來。實爲此次發現之導線。凡患此者。一吐血痰。即無挽救。剖其尸體。則肺部變爲紫色。惟目下雖實行防範。而辦理極爲困難。因居民恐醫官之檢驗。初病時匿不報告。既死後亦不敢收殮。或埋之雪中。或棄之田野。即隔離所。亦從未設立。故近已懸賞。凡來局報告者。給與大洋五元。而前經議設之隔離所。于未成以前。由鐵路公司。撥給車輛。以資存容患者。至于海拉爾東西三站間。自四日起。停售車票。免其傳入他處。惟此法實行以來。居民甚爲驚疑。一時謠言繁興。相率逃往各地。爲不忍覩。現海站鐵路旅舍。均于日前。一律歇業。凡屬防疫人員。全施預防注射。未知能歸撲滅否也。（一月九日）

——摘自《盛京时报》，1921 年 1 月 16 日

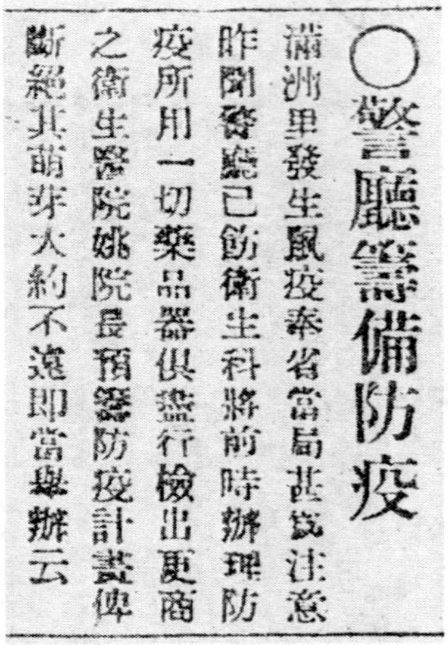

○警廳籌備防疫

滿洲里發生鼠疫奉省當局甚爲注意昨聞警廳已飭衛生科將前時辦理防疫所用一切藥品器俱盡行檢出更商之衛生醫院姚院長預籌防疫計畫俾斷絕其萌芽大約不遠即當舉辦云

——摘自《盛京时报》，
1921 年 1 月 21 日

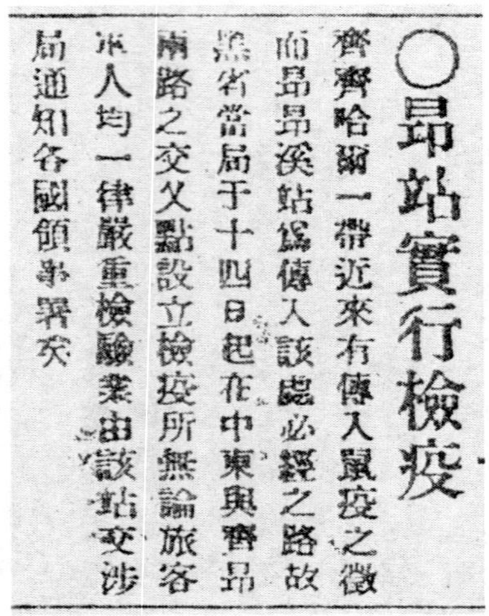

○昂站實行檢疫

齊齊哈爾一帶近來有傳入鼠疫之徵而昂昂溪站爲傳入該處必經之路故黑省當局于十四日起在中東與齊昂兩路之交叉點設立檢疫所無論旅客華人均一律嚴重檢驗業由該站交涉局通知各國領事署矣

——摘自《盛京时报》，
1921 年 1 月 21 日

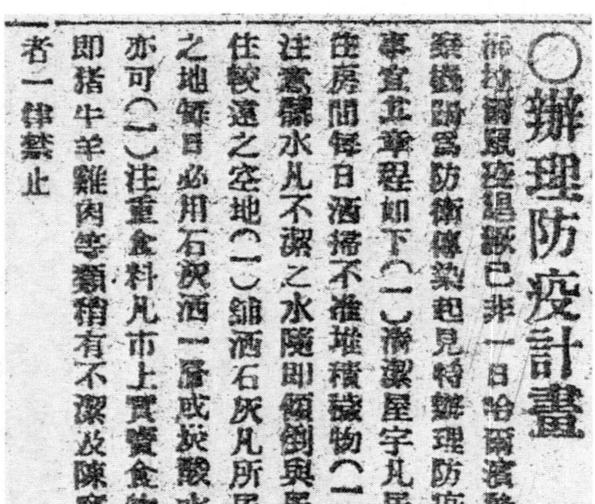

○辦理防疫計畫

滿洲里鼠疫蔓延已非一日哈爾濱警察廳爲防衛傳染起見特辦理防疫事宜其章程如下（一）清潔屋宇凡居住房間每日灑掃不准堆積穢物（一）注意穢水凡不潔之水隨即傾倒與居住較遠之空地（一）舖洒石灰凡所居之地每日必用石灰洒一層或炭酸水亦可（一）注重食料凡市上買賣食物即猪牛羊雞肉等類稍有不潔及陳腐者一律禁止

——摘自《盛京时报》，
1921 年 1 月［23］日

檢查衛生

北滿鼠疫奉省極爲注意昨聞警廳方面爲預防起見特令各署隨時就各該轄界檢查伙房小店以及娼寮飯館之是否清潔有無病人而丙丁住戶及洋車廠等處亦須就便抽查云

——摘自《盛京时报》，
1921 年 1 月 23 日

▲營口▼

○警察廳預防鼠疫

本埠警察總廳長張舜卿近因滿洲里海拉爾等處發生鼠疫傳染神速蔓延甚烈而營埠處商埠之要衝恐疫症傳播埠內染及埠內居民故昨除分令各警署嚴加防範認眞檢查外并令衛生科長對于防疫格外注意以期防患未然而杜隱患云

——摘自《盛京时报》，
1921 年 1 月 26 日

○張處長檢查衛生

二十七師軍醫處長張溥卿以近來天氣不正時疫流行軍營之中尤須愼重遂于日昨率領中西醫官赴該師各營檢查衛生情況及有無時疫之發生云（手）

——摘自《盛京时报》，
1921 年 1 月 27 日

○當局之防疫計劃

鼠疫南侵人心惶恐聞省公署已經會議一次决令財政廳撥欵責成警察廳及衛生醫院爲防疫之初步其辦法(一)京奉站爲交通機關往來人多將先設防疫所一處檢查旅客有無疾病(二)省城地方責成警察各署調查各轄境有無染疫之發生有則速報警廳所派醫官檢驗以憑分別防範(三)南滿路日本方面業爲防疫事項之準備無庸專設但有事變方取和衷共濟主義(四)通知各縣知事警所一體查視嚴防云

——摘自《盛京时报》，
1921 年 1 月 27 日

○防疫之官樣文章

近日來奉省各當局已大開防疫會議昨見各街衢及各機關門首均有舖散之石炭酸表面視之已積極防疫矣然遍顧巷隘堆積之灰穢如故也市肆陳列朽腐之食品如故也檢查無良醫預防無善藥徒紙上談兵殆恐無補於事也噫 （河）

——摘自《盛京时报》，
1921 年 1 月 29 日

○警廳長注重衛生

警察廳長李怡忱早有防疫之令所派人員亦皆遵照辦理嚴加查察茲又分派各員帶警沿街囑咐各戶門墻下不許堆積汚穢以重衛生按是舉即無疫症亦應慎重況乎發生時令之際衛生二字豈可忽諸

——摘自《盛京时报》，
1921 年 1 月 29 日

北滿鼠疫之猖獗（二十六日發 齊齊哈爾專電）

據駐齊齊哈爾日領事電報云烏哥嗎地方發生鼠疫現已有七名殞命勢將益加蔓延

——摘自《盛京时报》，
1921 年 1 月 29 日

○警廳注重防疫

本埠警察廳廳長張舜卿近來辦理冬防異常勤勞乃于冬防之外復籌辦防疫故昨特召集各警署署長會議關于防疫之計劃責成各警署署長派警前往各商戶住戶檢查屋宇及院內是否清潔以免發生鼠疫而防患于未然云

——摘自《盛京时报》，
1921 年 1 月 29 日

▲大 連▼

〇官署開防疫會議

大連民政署衛生課主任近因北滿發現鼠疫之症流行頗烈恐其蔓延來連昨在該署大開防疫會議籌備一切進行手續及防疫器云

——摘自《盛京时报》，
1921 年 1 月 29 日

〇將設立檢疫分所

奉當局對于防疫一節現正在積極進行之中王連坡局長擬籌設檢疫分所四處（一）京奉站（二）平康里（三）九門外（四）工夫市各派醫官常駐以便檢查而施治療云（河）

——摘自《盛京时报》，
1921 年 1 月 30 日

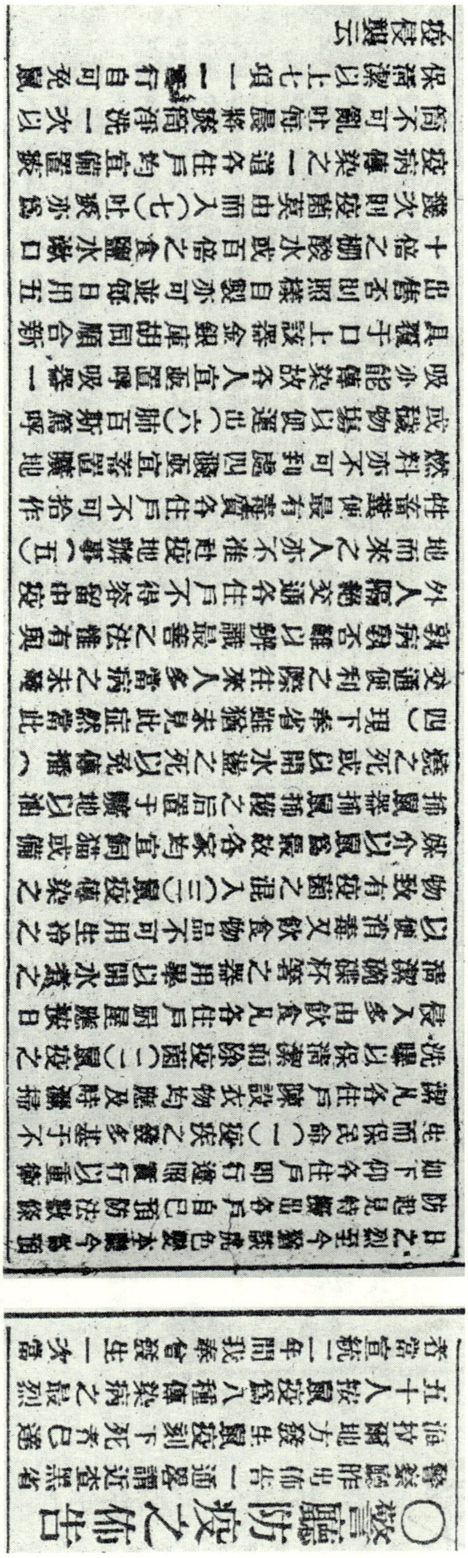

○警廳防疫之佈告

警察廳昨出佈告一通略謂近查黑省海拉爾地方發生鼠疫刻下死者已達五十人按鼠疫爲八種傳染病之最烈者當宣統二年間我奉曾發生一次當日之烈至今猶談虎色變本廳今爲預防起見特擬出各戶自己預防法數條如下仰各住戶即行遵照實行以重衛生而保民命(一)疫疾之發多基于不潔凡各住戶陳設衣物均應及時灑掃洗曝以保清潔而除疫菌(二)鼠疫之侵入多由飲食凡各住戶廚屋應按日清潔碗碟杯箸之器用畢以開水煮之以便消毒又飲食物品不可用生冷之物致有疫菌之混入(三)鼠疫傳染之媒介以鼠爲最故各家均宜飼猫或備捕鼠器捕鼠捕獲之后置于曠地以油燒之死或以開水澆之死以免傳播(四)現下奉省雖猶未見此症然當此交通便利之際往來人多當病之未發孰病孰否難以辨識最善之法惟有與外人隔絕交通各住戶不得容留由疫地而來之人亦不准赴疫地辦事(五)牲畜糞便最有毒質各住戶不可拾作燃料亦不可到處四灑亟宜蓄置曠地或穢物場以便運出(六)肺百斯篤呼吸亦能傳染故各人宜亟置呼吸器一具覆于口上該器金銀庫胡同順合新出售否則照樣自製亦可並每日用五十倍之硼酸水或百倍之食鹽水漱口幾次則疫菌莫由而入(七)吐痰亦爲疫病傳染之一道各住戶均宜備置痰筒不可亂吐每晨將痰筒淨洗一次以保清潔以上七項一一實行自可免鼠疫侵襲云

——摘自《盛京时报》，1921年1月30日

〇孫督電告鼠疫蔓延

黑省海拉爾地方發生鼠疫爲日已久乃因防範不力竟未能息茲聞張使日昨會接孫烈臣督軍來電稱海埠鼠疫現已蔓延至東蒙一帶蒙民染者爲數尤多除已飭屬嚴行防備外貴省方面速即妥籌預防方法以免疫症之傳侵云云（妹）

——摘自《盛京时报》，
1921年2月1日

〇警察廳防疫之內幕

警察廳對于鼠疫之防範辦法表面上似屬可觀如張貼布告紛勸清潔及撒布石灰等項皆屬積極景況乃一探諸內幕並無如何之嚴密防備所謂專責之衛生科亦從無議有具體之辦法不過敷衍了事以備過年耳噫奉省疫症之不即發生殆亦天幸云（妹）

——摘自《盛京时报》，
1921年2月1日

〇派員赴哈調查鼠疫

自北滿海拉爾一帶發生百斯篤以來三省當局對此異常注意揭力防範其進行方法已詳前報茲聞張兼省長以長春哈爾濱一帶現正辦理防疫積極進行惟其規模尚未明悉是以特派公署第三科科員劉貴一前往長哈等處調查辦理之規模劉君奉委後于二十七號前往矣（吉）

——摘自《盛京时报》，
1921年2月1日

○嚴防鼠疫之警報

本埠道署及警廳頃接江省及哈埠各機關來信謂現下發生鼠疫自北向南傳染甚烈長春為通商大埠亟宜加意調查若一有發現應飛報各處以便早籌防疫之舉免致蔓延云云

——摘自《盛京时报》，
1921 年 2 月 1 日

▲哈爾濱▼

○日僑防疫之嚴密

本埠自發見鼠疫以來旅哈日僑方面對于軍隊已決定實行第二期之預防領事暨居留民會防範尤力前在東京批買之瓦輌慶三千保一俟運到即發共立醫院俾日僑無費注射之用于預防方法據共立醫院石橋醫學士之所述謂傳染病菌媒介以空氣為主身體柔弱者最易受風邪而損肺做風邪最不可膜視而衆人集會場所最易被逃如傳染之家以少往為妙若以布袋蒙口乃預防之最良法至被染症象始則發寒發熱繼則吐血潛伏期頗短最久不過一週萬一家中有人罹染此病則速即報告與外間斷絕以免累及他人云云

——摘自《盛京时报》，1921 年 2 月 1 日

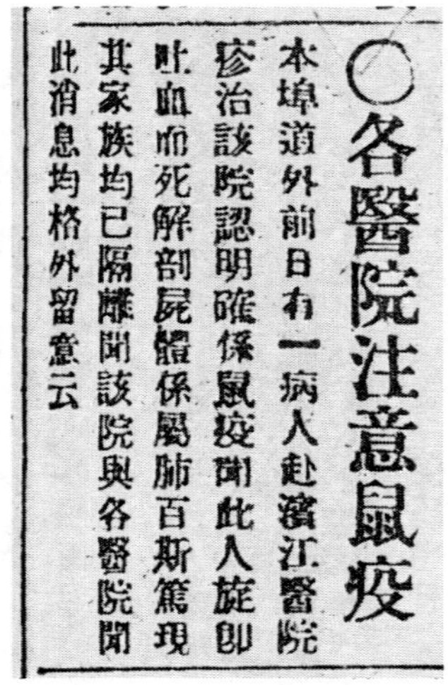

○各醫院注意鼠疫

本埠道外前日有一病人赴濱江醫院診治該院認明確係鼠疫聞此人旋即吐血而死解剖屍體係屬肺百斯篤現其家族均已隔離聞該院與各醫院聞此消息均格外留意云

——摘自《盛京时报》，
1921 年 2 月 1 日

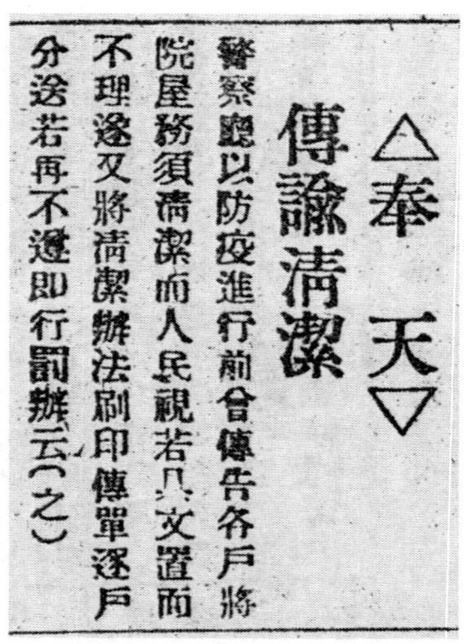

△奉 天▽

傳諭清潔

警察廳以防疫進行前曾傳告各戶將院屋務須清潔而人民視若具文置而不理遂又將清潔辦法刷印傳單逐戶分送若再不遵即行罰辦云(之)

——摘自《盛京时报》，
1921 年 2 月 1 日

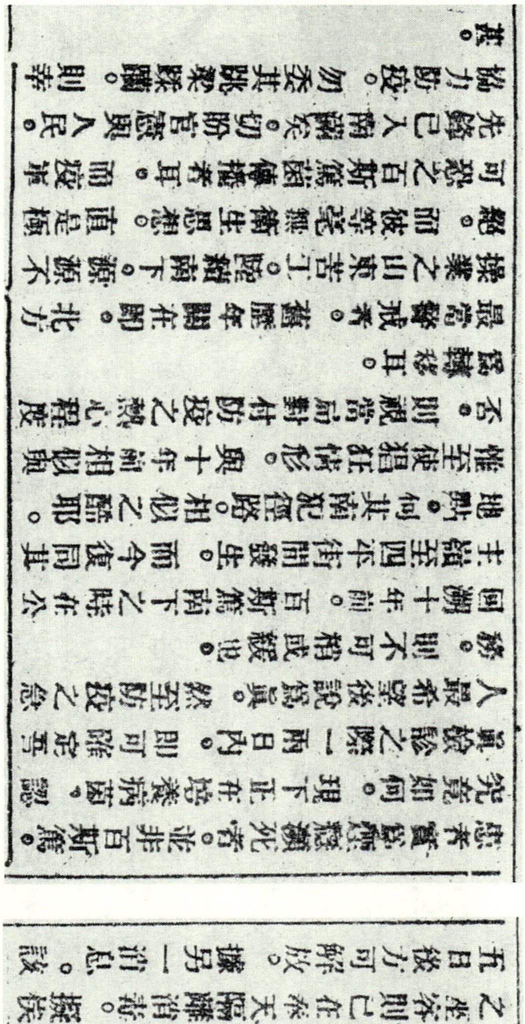

百斯篤南犯！（儆）

百斯篤南犯！。可駭可怖之疫訊。竟觸傳來！。聞三十一日晨由長春開來之滿鐵三等車內。忽然有疑似百斯篤症之苦工一名發現。旋即令其在公主嶺驛下車隔離。乘三等車之坐客則已在奉天隔離消毒。擬俟五日後方可解放。據另一消息。該患者實爲歷癥瀕死者。並非百斯篤。究竟如何。現下正在培養病菌。認眞檢診之際一兩日內。即可確定吾人最希望後說爲眞。然至防疫之急務。則不可稍成緩也。

回溯十年前。百斯篤南下之時在公主嶺至四平街間發生。而今復同其地點。何其南犯徑路。相似之酷耶。惟至使猖狂情形。與十年前相似與否。則視當局對付防疫之熱心程度爲轉移耳。

最當警戒者。舊歷年關在即。北方操業之山東苦工。陸續南下。源源不絕。而彼等毫無衛生思想。直是極可恐之百斯篤菌傳播者耳。而疫軍先鋒已入南滿矣。切盼官憲與人民。協力防疫。勿委其跳梁蹂躪。則幸甚。

——摘自《盛京时报》，1921年2月2日

○鼠疫侵入南滿線歟

▲主嶺發現疑似百斯篤 ▲奉天驛隔離同乘之旅客

肺百斯篤漸見南侵日本方面已爲具體之預防昨訊三十一日由長春開往營口第八列車行至公主嶺附近車掌某在三等客車內見一華人狀似有疾幷行吐血即通知檢疫員檢驗果爲駭人聽聞之疑似百斯篤症既經判明莫不慌駭車至公主嶺即通知警察當局並滿鐵地方事務所及防檢機關將該患者運下車去留入隔離所實行隔離一面對于同車之乘客行嚴密之檢驗當時除該一人外尚無別狀惟防疫手續凡與患者接近之人雖當時無病亦須隔離數日蓋恐其黴菌潛伏日後始發也如是將該車同乘之客二十二人移入隔離之貨車內連結於車之最後運來奉天即在車中決定隔離五日現該車停于奉驛鐵道西之引込線每日有醫士檢查警員看守俟五日後無病者發生始准南去云按鼠疫自滿洲里發生以來哈埠亦已有蔓延之耗現又于南滿線發生疑似患者倘日後竟成眞情是鼠疫毒種已南播矣我奉人民不可不加充分之注意行政當局不可不爲充分之預防爲

——摘自《盛京时报》，1921年2月2日

〇南滿路發見鼠疫之又一說

三十一日南滿路南行第八列車發見疑似百斯篤患者于公主嶺附近業誌前條惟據另一消息某方面接公主嶺來電內稱當時之情形係車掌見一華人精神萎靡倒于車上該人素有嗎啡癮爾時當係犯癮之故車掌則以當此防疫時期完係何症不得不詳爲查究結果乃以疑似百斯篤之處置手續將該人收容檢察同乘之客則送至奉天隔離現該患者在公主嶺病院向無別狀俟保養一二日即可斷出果否爲鼠疫症以現勢測之大約必爲嗎啡癮無疑云

——摘自《盛京时报》，1921 年 2 月 2 日

〇省公署指撥防疫費

昨聞省長公署預防鼠疫雖再遲延餘將所有防疫辦法已與警察廳及衛生姚院長議定外昨特指定由財政廳撥出現款一萬元交警察廳爲購買藥料設立防疫所之用云

——摘自《盛京时报》，
1921 年 2 月 2 日

○關於防疫之電訊

督軍署近接張巡閱來電謂鮑督軍鑒准孫督軍電滿洲里札蘭諾爾疫氣甚烈刻已遮斷交通卜奎亦疫斃十餘人傳播之速捷于迅電現已設立防疫處請三省協防等因簽擬定以哈埠爲第一防綫長春爲第二防綫已嚴電伍總辦力防並電外交部迅撥關款交伍籌辦請省迅令哈長及沿路各縣趕速嚴重防範毋任蔓延至至張作霖敬（二十四）印

軍署又接吉長蔡道尹來電謂前閱傳言北滿發疫已飭警廳力行清潔現尚無疫侵入月初日領來商擬派醫醫兩名至二道溝站每于東省車開到進人車站內察驗業經婉拒現日人在長站西首空地撥留火車八輛作隔離所並由旅順派醫醫二名長醫八名專辦檢疫惟猶在准備尚未實行據日領云接江省日領電齊齊哈爾發現鼠疫十八十九各斃二人廿日死三人近三四日內又死十餘人不知確否除飭警廳防疫所注意檢防外謹先電陳云云

軍政兩署近通電長哈兩地軍政官長謂長春闞鎭守使胡旅長蔡道尹濱江張司令高旅長蕭道尹鑒准張巡閱敬電（中略張使電文）等因希卽嚴飭所屬扼要防檢如有疫症發現並仰隨時飛報毋稍疏忽一面並商伍總辦沿路各站如何檢查設備之處統籌辦法迅行會商辦理並分報爲要軍長鮑參謀長胡文藻代政務廳長周玉柄代

——摘自《盛京时报》，1921 年 2 月 2 日

注射防疫

本驛公學堂因南滿各埠感冒流行又北滿發生鼠疫傳染甚速該堂職員恐學生等罹此時疫除在堂施行種種預防法外併率各科學生齊至南滿醫院全行注射以重衛生而備不虞該校對于學生如此熱心保護誠可為學界之模範也

——摘自《盛京时报》，
1921 年 2 月 2 日

〇公主嶺鼠疫之昨訊

南滿車行至公主嶺附近發見疑似鼠疫各情業詳本報茲據續訊該患者係魯籍年二十七姓張名小田上月二十自哈爾濱至長春寓于頭道溝天興隆客棧三十一日乃搭車南下擬行返籍云云公主嶺聞明後即電長春醫務當局赴天興隆客棧施行大消毒一面將張置于公主嶺之隔離所之病室候診據聞目下猶在培養病菌中三二日後即可判定是否係急性百斯篤云又隔離于奉天之二十二人仍在兩輛貨車之上內中鋪以草席自外下籥更以道木四外置欄檻以鐵網蓋防其脫逃也有着消毒衣之警官三名看守其間更有防疫醫師數時檢查迄于昨日隔離者均在車內飲興面談尚無病人之發生云

——摘自《盛京时报》，1921 年 2 月 3 日

○防疫事務所成立

警察設之防疫事務所已有端倪昨聞防疫事務所已設立于東門外舊警察廳院內所長一席由姚啓元兼任所中員司正在遴委至于收支會計等項有財政廳所派委員管理俾重款項前報各處之檢疫分所亦將次第設立云

——摘自《盛京时报》，
1921年2月3日

○令各縣預防鼠疫

海拉爾地方發現鼠疫之初張兼省長除令省會首要妥籌預防方法以免傳播外合令各縣一體防備茲以該地疫症漸見南侵奉省各地頗爲危險遂于日昨飭令各縣對于該項疫症須嚴密防範以免傳染云（[illegible]）

——摘自《盛京时报》，
1921年2月3日

○警廳防疫會議之昨訊

省會警廳王逵璜廳長對于防疫一節非常慎重屢開會議日昨警廳關于防疫之會議計分于端（一）勸募防疫藥費（二）考選檢疫醫官（三）認眞檢查清潔王廳長之意見此次防疫決從根本上入手不徒以皮毛敷衍云（河）

——摘自《盛京时报》，
1921年2月3日

▲哈爾濱▼

○臨時防疫所成立

本埠道外同記工廠日前死有工人二名會經警察驗明確係鼠疫該廳何廳長有鑒及此特報由董道尹請准省長設立防疫事務所以重生命聞業蒙上峰允准昨已在道署會議議決舉宋友梅爲總辦其設置地點即在道署云

——摘自《盛京时报》，
1921年2月3日

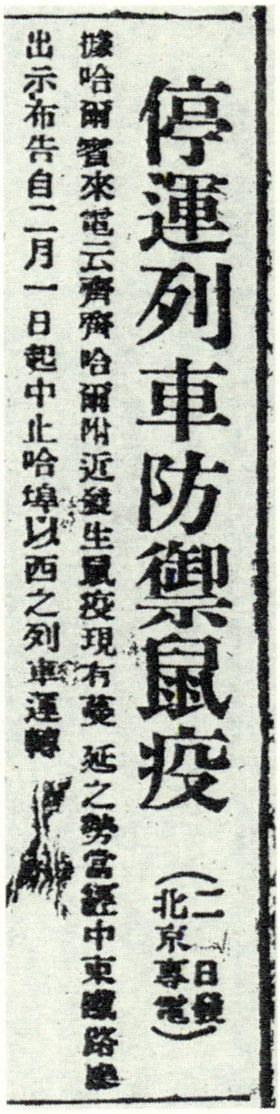

停運列車防禦鼠疫（二日發北京專電）

據哈爾賓來電云齊齊哈爾附近發生鼠疫現有蔓延之勢當經中東鐵路總出示布告自二月一日起中止哈埠以西之列車運轉

——摘自《盛京时报》，
1921 年 2 月 4 日

○患疑似鼠疫者死矣

前在公主嶺隔離中患疑似鼠疫之張小川於一日午後一時四十分因病重苦悶竟爾死亡日本關東廳方面當初接患者發生之警報即派中山旅順疫病院長赴公主嶺視察該院長二日晨偕滿鐵本社石塚衛生技術員過奉赴嶺既抵嶺病者已死該院長因確定病原起見將該屍體運旅解剖俟解剖之結果確定係百斯篤菌時則南滿之防疫政策更當加一層之嚴重第一期之手續除火車檢疫外當行戶口之檢疫運動云

——摘自《盛京时报》，1921 年 2 月 4 日

○中東路西部客車停駛

▲貨車依舊運輸

前據北京電訊政府爲防止腦百斯篤之南侵並遏過激思想之傳播起見早有將中東路停止運轉之議令內務交通兩部核議茲中東鐵路局果因之將中東路西部(卽哈爾濱滿洲里間)停止客車之運轉其發表係前月三十一日夜當赴滿洲里之旅客均至車站復行返回至貨車依然繼續開駛至客車停車期間係暫時的據稱俟西部沿綫及各站之防疫衛生事業設施完備後當即開車至中東路之南部及東部兩線客貨車輛現均照常開駛恐滋誤會特附記之

另一消息中東路停止哈滿間客車一事據聞係爲當地各國聯合防疫委員會鑑于此鼠疫流行之近狀深恐其將來更行侵入南滿爲防止計特共請之于北京政府將中東路西部線停開客車經中央允准故即于三十一日夜實行停車云

——摘自《盛京时报》，
1921年2月4日

○參謀處會議防疫

張使爲軍人亦應愼重防疫起見前飭會飭令使署參謀處專行核議軍人防疫辦法以昭愼重該處各參謀日昨（二日）特邀合會議結果議妥防疫辦法八條多半關于淸潔隔離等項當即呈閱張使核奪云（妹）

——摘自《盛京时报》，1921 年 2 月 4 日

○委派防疫委員

自北滿發生鼠疫後張巡閱使即令軍醫課長姚乾初及警務處長王連坡協同辦理防疫事宜張使以防疫須派委員襄助是以委教育廳科員馬鼎潮爲防疫委員以資協助云（吉）

——摘自《盛京时报》，1921 年 2 月 4 日

○滿鐵實行檢疫

近因海拉爾滿洲里等處發生鼠疫蔓延甚烈本埠警察廳張廳長已籌備預防之策而僑營之日人關于防疫尤爲注意如滿鐵人員對于火車來往旅客均已實行檢查以免傳染疫症而期防患于未然云

——摘自《盛京时报》，1921 年 2 月 4 日

▲哈爾濱▼

○令警署檢察鼠疫

本埠道裏警察總管理處前處長現以本埠發生百斯篤疫症後勢甚危險特於日昨飭令各警署在各該管境內嚴密檢察如有染疫者即行送至醫院診治俾免傳染云

——摘自《盛京时报》，1921 年 2 月 4 日

▲黑龍江▼

○宋處長注重衛生

黑龍江全省警務處長兼省會警察廳長清鄉會辦宋壘林以來省城發見別斯篤病甚屬危險雖經設立防疫處飭飭進行然而城內各小巷堆積冰雪穢土與衛生大有防碍除派衛生車赶緊拉運外復飭衛生隊鄭隊長招僱牛車一百輛交由警察第一第二第三各署每署三十輛分段赶速將各該巷內所有之氷雪穢土于五日內一律清潔其除牛車十輛由該隊長督率衛生兵及衛生車清除各大街穢土以重衛生而防傳染現已實行掃除云

——摘自《盛京时报》，1921 年 2 月 4 日

發現冬瘟

近來天氣不正乍寒乍熱以致發生一種瘟病患者面部兩額先腫繼而咽喉作痛不能飲食本邑傳染者甚多若不設法防範一經染病即屬治之不易云

——摘自《盛京时报》，
1921 年 2 月 4 日

△鐵嶺▽

嚴防鼠疫

鼠疫爲性最烈死人亦最速今歲先發生于呼倫貝爾次第南來大有蜿蜒莫止之勢因而中日均爲預防計皆籌禦之之策據查最近日警署已派警察嚴查凡由北南來之旅客當下車之際若查驗有衣履汚垢者即加消毒其微有疾病者即行隔離以事預防云

——摘自《盛京时报》，
1921 年 2 月 4 日

論說

說防疫

（丐）

吾人寄生于目下腐敗濁惡之國家社會中。殆無日不有最危險之事以萃集于吾人之左右。他種戕生害人之事。姑且不論。即以疫癘言之。蓋成中國國家之特產。而尤以東三省爲最甚。自醫學觀念上言之。吾人之生命。正如日與毒蛇猛獸爲鄰。不知何時。即喪失耳。顧雖如是危險。而人民毫不介意。一若其生命之穩固。甚於磐石之安。所謂虎疫鼠疫。特醫生之警言以恫嚇人耳。嗚呼。愚民無知。玩忽生命。吾人但有憐之。固不追深責也。獨怪高坐堂皇之長官。而司民政者。其識見初不亞於一般愚民。此大不可也。今日北滿鼠疫又見告矣。當局爲敷衍體面計。亦不得不特開會議。研究所謂防疫者。亦不得不支出些許之經費。以充防疫之使用。蓋不如是。將受領事團之督責。特不容不有此一舉耳。雖然。不力於始者。鮮克者有後效。吾人觀於滿洲何年必有疫癘之發生。誠不能不歸咎于當局衛生行政之太不講求矣。欲已于言。惡可得哉。

大凡疫癘之作。實緣于不潔。蓋不潔實爲製造毒菌之淵藪。故淸潔消毒二事。實爲衛生行政之要務。平日不知淸潔。不知何爲消毒。昏昏然醉生夢死。迨疫癘一生。遂貼告示。設置檢疫所。抑已遲矣。大凡防患於未然者。每事半而功倍。臨時防堵。誠不如平日講求淸潔。使疫癘不生之爲愈也。不此之務。吾知東三省年必有此疫劫也。試以省城言之。非東三省都會之表率耶。迨一考其衛生行政。眞等於零矣。今非宣言防疫時乎。試觀大街小巷。有一些潔淨處否。不潔之物。堆積如山。而尤以小西邊門浩然里一帶爲最甚。一般愚民。習於污穢。固不暇責。少知衛生者。睹此穢物。豈不聯想及於疫勢之蔓延。而發慮生命之危險乎。然而無處呼籲也。夫一家之內。猶知自己淸潔。（[illegible]然亦須督責查驗。故日本警務有春秋大掃除之制）。至於街巷。或依自治。或依警廳。始能見其淸潔。今只張貼告示。責人民以衛生。一入街巷。則穢物狼藉。觸足皆是。是使人民衛生於內。而不使人民衛生於外也。天下寧有是理。矧一般商民之習性。多有不知淸潔者乎。不力行衛生行政。難乎以言防疫矣。自自治取消後。人民之衛生。純粹委於官廳。地方稅之應充衛生費者。不第盡入官中。反月由商民勒索一種淸潔費。假使此欵盡辦淸潔。商民猶不枉出矣。惟實淸潔之錢。適購得無限污穢。傷天害理。無過于此矣。就此現象觀之。則知所謂防疫者。亦具文而已耳。

最後吾有條陳於當局者數事。

（一）鼠疫每發生于北滿勞動社會。應對于使用勞動者。須布一種衛生法令。或設置衛生事項之委員。

（一）對于公共所在。如車船錢房戲園娼寮等。須認眞監督。力求淸潔。

（一）街巷勿得有穢物之堆積。尤須改良井水。

（一）警察衛生科。須設置專門醫生。勿以腐敗人敷衍濫竽。

（一）臨時防疫委員。須聘請專門醫生充之。勿以官吏敷衍。

（一）防疫費須有適度之支出。

以上平日衛生。及臨時防疫。均在其中矣。輕而易舉。要在力行而已。

——摘自《盛京时报》，1921 年 2 月 5 日

○公署又開防疫會議

張兼省長以北省鼠疫蔓延尚過止流行奉省計曾一再派員檢查猶恐有不週之處特于日昨三日下午三時召集政務廳長魁星階財政廳長王永江秘書長任毓麟關交涉署長王警務處長謝教育廳長談實業廳長及軍署各醫官等討論加嚴防範辦法云（隱）

——摘自《盛京时报》，
1921年2月5日

○分發各署防疫經費

省公署對于警廳之防疫經費已經核定爲一千二百元王處長業于前日將款領出乃因防疫趨緊遂于日昨分發各署計省會警察共分六署每署應得防疫經費小洋二百云（妹）

——摘自《盛京时报》，
1921年2月5日

▲吉 林▼

○吉垣已開始檢疫

省會警察廳廳長以北滿發現鼠疫雖恐傳播到吉爲防患未然起見會會議防疫辦法議定組設檢疫所于吉林車站委楊成德爲檢疫員楊君已將檢疫所于上月卅一日組成即設于車站西的搜檢所內業呈報警廳于二月一日起每次客車到省之際會同三區駐站警察實行檢視矣

——摘自《盛京时报》，
1921年2月5日

▲鐵 嶺▼

○防疫所將行成立

自北滿發生鼠疫後漸次南來中外當局均有籌防之策頃者鐵嶺官憲爲防患未然計擬不日後成立防疫所延平記醫院醫士杜彝周爲醫官現已由警所相定以北衛場双發園舊址爲防疫所地點云

——摘自《盛京时报》，
1921年2月5日

▲四平街▼

○鐵路局奉令防疫

本驛四洮路局昨奉交通部防疫指令該局長趙世瑄比派總務處長金友芝爲防疫委員長會計課長陳隆恪爲副委員長警務課長孔世培爲庶務員車務課田口國榮工課河村三郎及各課長爲防疫會員其豫防法以清潔地面施放藥水每星期一清潔一次已自本月二日施行矣

——摘自《盛京时报》，
1921年2月5日

○▲海拉爾▼札蘭諾爾設立防疫處

北滿一帶發生百斯篤以來業誌本報現在滿洲里界內札蘭諾爾煤礦之疫症尤重每日死人數十名一月二十五日孫督軍電調海拉爾警察廳衛生科長支可宗帶巡官長警二十餘名前往辦理防疫無奈疫勢逐日增長省令鎮督辦張司令爲監督在札蘭設立防疫處并派臚濱縣趙知事及陳參謀爲處長支科長陸連長爲參議某俄人聘爲顧問組織檢疫所隔離所衛生隊搬運隊埋葬隊以便實行檢查分別隔離即于二月一日開辦防疫事宜云

——摘自《盛京时报》，1921年2月5日

○長春發見百斯篤

據長春電訊昨十四日晨由自哈爾濱搭車南下之華人一在車中發現疾痛經防疫委員檢驗結果確定爲疑似百斯篤現已隔離于長春防疫病院云

——摘自《盛京时报》，
1921年2月15日

○鼠疫減輕之好消息

前爲積極防疫故張使會派運陸醫院院長赴哈滿沿線調查疫狀昨該院長已來電稱告現下疫勢減輕即間有疑似者亦無甚危險各界聞此消息莫不額手相慶云（河）

——摘自《盛京时报》，
1921年2月15日

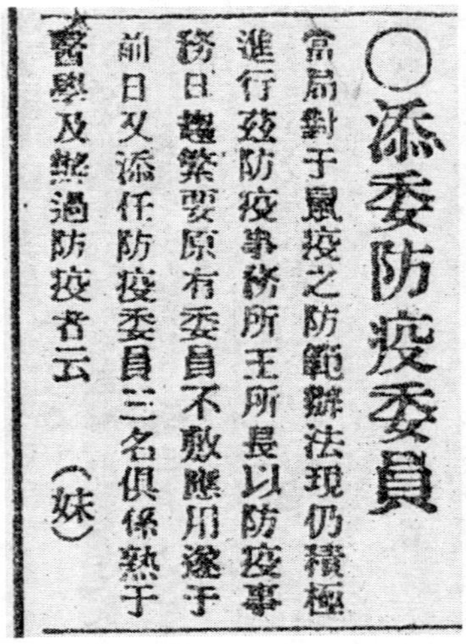

○添委防疫委員

當局對于鼠疫之防範辦法現仍積極進行茲防疫事務所王所長以防疫事務日趨繁要原有委員不敷應用遂于前日又添任防疫委員三名俱係熟于醫學及經過防疫者云（妹）

——摘自《盛京时报》，
1921年2月15日

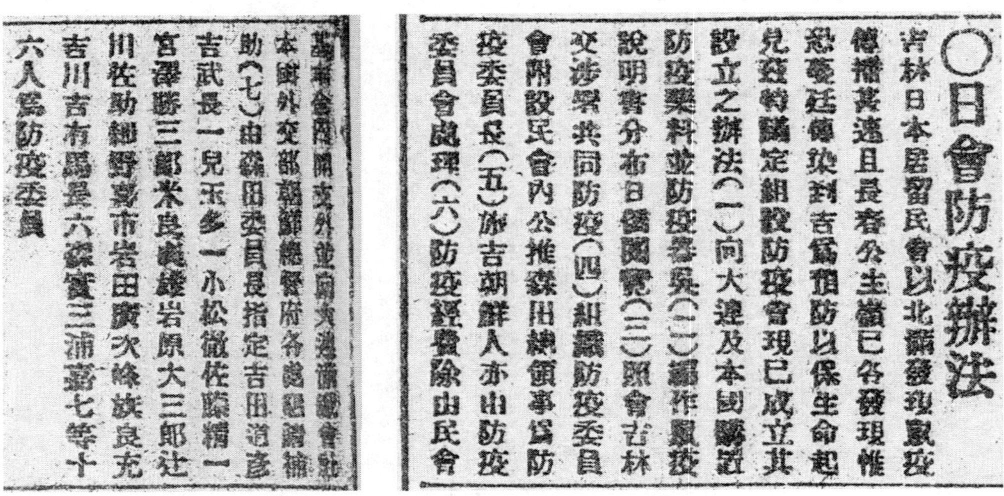

○日會防疫辦法

吉林日本居留民會以北滿發現鼠疫傳播甚遠且長春公主嶺已各發現惟恐蔓延傳染到吉爲預防以保生命起見特議定組設防疫會現已成立其設立之辦法（一）向大連及本國購置防疫藥料並防疫器具（二）編作鼠疫說明書分布日僑閱覽（三）照會吉林交涉署共同防疫（四）組織防疫委員會附設民會內公推森田總領事爲防疫委員長（五）旅吉朝鮮人亦由防疫委員會處理（六）防疫經費除由民會議事會開支外並向大連滿鐵會社本國外交部朝鮮總督府各處請補助（七）由森田委員長指定吉田道彥吉武長一兒玉多一小松徹佐藤精一宮澤勝三郎米良義雄岩原大三郎辻川佐助細野喜市岩田廣次峰旗良充吉川吉布馬長六森寶三浦喜七等十六人爲防疫委員

——摘自《盛京时报》，1921年2月15日

○規定各縣防疫經費

各縣之防疫經費省公署曾屢次會議茲開會議結果因欵項難籌難定由各縣知事自行籌措以維省庫而免週折業已通令各縣照行云（妹）

——摘自《盛京时报》，
1921 年 2 月 16 日

○南滿醫學開研究會

南滿醫學校校長稻葉逸好氏以現下北滿發生百斯篤播旋南侵是以該校長于日昨（十四號）在校內招集醫學家特開研究大會至下午八鐘始行散會云（吉）

——摘自《盛京时报》，
1921 年 2 月 16 日

○是否患百斯篤病而死

軍械第二分廠守衛士兵某甲于日昨偶患病症初則四肢無力繼乃頭熱昏迷不移時而死當經該連長石永祥報告陶廠長以後抬埋據說者云該病疑似百斯篤惟未傳及他人此刻尚難確定云（春）

——摘自《盛京时报》，
1921 年 2 月 16 日

▲黑龍江▼

○擬定防疫辦法

黑龍江防疫處以百斯篤一症爲諸種傳染病中之最劇烈者在一千三百年前已發現於世界逮十四世紀至十七世紀之三百年前遂盛行於歐羅巴死者約四千萬人該時民知未開罔知防懲致一發不可收拾迨至光緒八年宣統二年民國八年流行於廣東香港漸及于東三省直隸綏遠一帶慘酷情形言之痛心去年年底滿洲里海拉又復發生此病近漸波及省城每日死亡約十數計江省風氣晚開人民于衛生不知講求遇有疫病發生不惟不知隔離消毒速行撲滅抑且病死不報聽其漫延實不啻自求滅種除組織檢查隊消毒所隔離所嚴行搜查消毒外并擬具辦法十條（一）無分商家住戶凡屋內外應一律洒掃清潔務使空氣流通（二）鼠蚤爲百斯篤傳染媒介物應一律撲殺以清蠶藪（三）非遇有必要事件凡酒飯茶肉戲園妓館及公衆巨會場所不得悉便出入（四）凡出門之人口上應帶呼吸囊以免病菌直接侵入（五）無論商家住戶遇有發生病人應速報本處檢驗以便分別隔離（六）凡病人家族親友及鄰右均負有報告警察轉報醫官檢驗之責倘有隱匿情事查出定必嚴懲（七）病人所吐痰血及其他一切穢物在未報告以前應以石灰或二十倍石炭酸水浸漬掩蓋消毒或以帶火之餘燼掩覆亦可（八）病家之親友不得往返探望以杜傳染（九）凡遇於死亡人口非報告警察轉請醫官驗明不得私自掩埋以便消毒而免傳染如查有隱匿及抗違情事從嚴懲處（十）凡染病身死之人遺存衣物因有病菌粘著之嫌疑應聽受檢疫醫官消毒處分不得私相收授及轉賣情事以期早日撲滅云

——摘自《盛京时报》，1921年2月16日

○車副官注重保安

暁軍第二旅旅長兼臨時軍警督察處處長張明九現因率軍往省東一帶各縣地方剿匪所有該處處長職務委副官車爾田代行該副官近以時屆隆冬恐有不肖之徒擾亂地方特擬訂保安辦法五條（一）謂賭博實爲引盜之源派警查二員專司其事分班日夜認眞搜查不得聯循故縱以清盜源而保安寧（二）謂省城大小旅店林立時屆各縣大車輪入糧石酒油山貨之際而農工尤屬無事之時深恐不法之徒乘隙隱入警察雖設有店簿而各該旅店其中不無隱弊派稽查率軍警分班于每日晚十鐘後俟各警署查畢其挨戶復查一次如遇有形跡可疑或言語支離者即行帶處核辦以補警察之不及（三）謂軍人冶遊雖有禁令往往違背者是有所聞除每日夜派有專員輪班嚴查外必須由副官親率軍警按妓館戲園澈查以作軍人之名譽而保營業（四）謂省城近來正在防疫之際大小妓館均經封閉不准營業尤恐一般無知之人陷入苦境諭令各執務人員仍按未封鎖門以前之辦法率領軍警加實禁遊人并督飭各戶注重衛生嚴防有斯篤傳染（五）定于每日晚十二鐘靜街後派員率軍警分六班按各警防署綫警單之區巡查與各防綫之警士會哨收防在磚城南門外與本軍各隊會齊領收會防証再行回處以補警察之不足而保公安云

——摘自《盛京时报》，1921 年 2 月 16 日

△鐵嶺▽

閉門防疫

近因哈爾濱時疫流行傳染甚速因之斃命者多昨本邑司令部接哈來電謂早作防範以免後患嗣經本部與商務會議恐哈埠有人來依傳染疫症不可收拾故本邑司令及道公署諭令于舊歷十二月二十五日起四門緊閉禁止通行以免後患云

——摘自《盛京时报》，
1921年2月16日

○中東路實行停留檢疫

▲自十七日晨實行

▲長春非有官憲之証明不准搭車

據長春電訊哈爾濱最高防疫會議開會之結果自十七日晨中東路南（即哈長間路）之線第五列車並南滿線由長南開之第八列車對於搭車南下之苦力須停留五日施行檢疫至長奉間之各站除有中日官憲之証明並未通行長春以北各地者及曾經停留檢疫者外均不准乘車云

——摘自《盛京时报》，
1921年2月17日

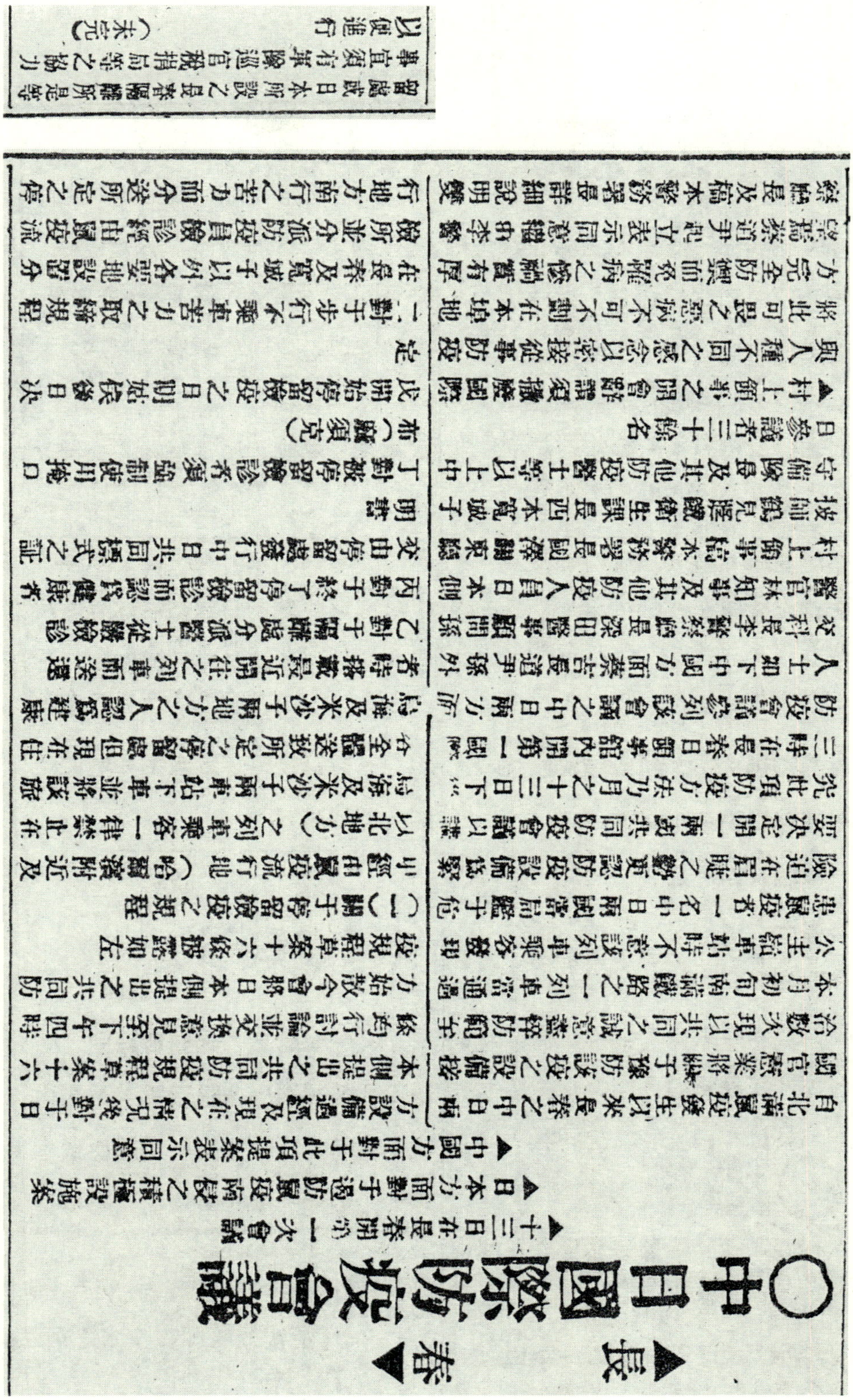

▲長　春▼

○中日國際防疫會議

▲十三日在長春開第一次會議

▲日本方面對于遏防鼠疫所設之積極設施案

▲中國方面對于此項提案表示同意

自北滿鼠疫發生以來長春之中日兩國官憲業將關于豫防鼠疫之設備核洽數次現以共同之誠意盡悴防範乎本月初旬南滿鐵路之一列車當通過公主嶺車站時不意該列車乘客發現患鼠疫者一名中日兩國當局鑒于危險迫在眉睫之勢更認防疫設備協緊要決定開一兩國共同防疫會議以講究此項防疫方法乃月之十三日下午三時在長春日領事館內開第一國際防疫會議參列該會議之中日兩方所人士如下中國方面蔡吉長道尹孫外交科長李警務處長張田醫事顧問孫醫官林知事及其他防疫人員日本側村上領事高木警務署長國澤關東廳技師鶴見滿鐵衛生課長西木寬城子守備隊長及其他防疫醫士等以上中日參議者三十餘名

▲村上領事之開會辭謂須據此國際與人種不同之感念以密接從事防疫將此可畏之惡疫不可不剷除在本埠地方完全防禦而免罹病之慘禍實有厚望焉蔡道尹也立表示同意繼由李警務長及高木警務署長詳細說明雙方設備經過及現在之情況後對于日本側提出之共同防疫規程草案十六條均行討論並交換意見至下午四時方始散會將日本側提出之共同防疫規程草案十六條摘譯如左

（一）關于停留檢疫之規程

甲經由鼠疫流行地（哈爾濱附近及以北地方）之列車乘客一律禁止在烏海及米沙子兩車站下車並將該旅客全體送致所定之停留處但現在住於烏海及米沙子兩地方之人認為確能康健者時搭載最近開往之列車而送還

乙對于隔離處分派醫士從嚴檢診

丙對于終了停留檢診而認為健康者交由停留處發行中日共同標式之證明書

丁對被停留檢診者須強制使用掩口布（臨須完）

戊開始停留檢疫之日期據依後日決定

二、對于步行不乘車苦力之取締規程

在長春及寬城子以外各要地設置分檢所並分派防疫員檢診經由鼠疫流行地方前行之苦力而令送所定之停留處或日本所設之長春隔離所是等事宜須有軍隊巡官稽捐局等之協力以便進行（未完）

——摘自《盛京时报》，1921 年 2 月 17 日

〇防疫辦法之不週

防疫之道原來于無疫之先防其發生防其傳染也若能使地方淨潔即自外埠傳來或亦不至如何劇烈是以掃除淨潔製辦藥劑預備器具隨時布告派人調查諸法無一不緊要乃近查本埠之辦理防疫未免殊多缺點云

——摘自《盛京时报》，
1921 年 2 月 17 日

▲大連▼

〇民政署豫防鼠疫

大連民政署近因北滿海拉一帶發生鼠疫甚行猖獗特令衛生課主任籌備一切防疫方法時下南滿火車往來上下火車嚴加檢驗一面由水上警察及海關將往來船隻客人細加視查以免傳染云

——摘自《盛京时报》，
1921 年 2 月 17 日

△呼蘭▽

是否鼠疫

本邑南大街東盛永錢莊櫃夥某素日頗稱健康突于正月三日夜間偶得暈迷之症次日竟溘然長逝究竟是否鼠疫外人莫明眞象有衛民之責者何不加以查究焉

——摘自《盛京时报》，
1921 年 2 月 17 日

○孫督軍電告防疫

使署淮江省督軍孫烈臣電 [illegible]疫甚烈各署防範不敢疏懈 吉奉兩省聞已籌辦預防 乃傳染之速莫甚于火車 中東路直接吉長南滿各路來往客商 難免無傳染之虞時下中東 路三等車停止售票 僅售頭二等以重民生而免傳染云 （之）

——摘自《盛京时报》，
1921 年 2 月 18 日

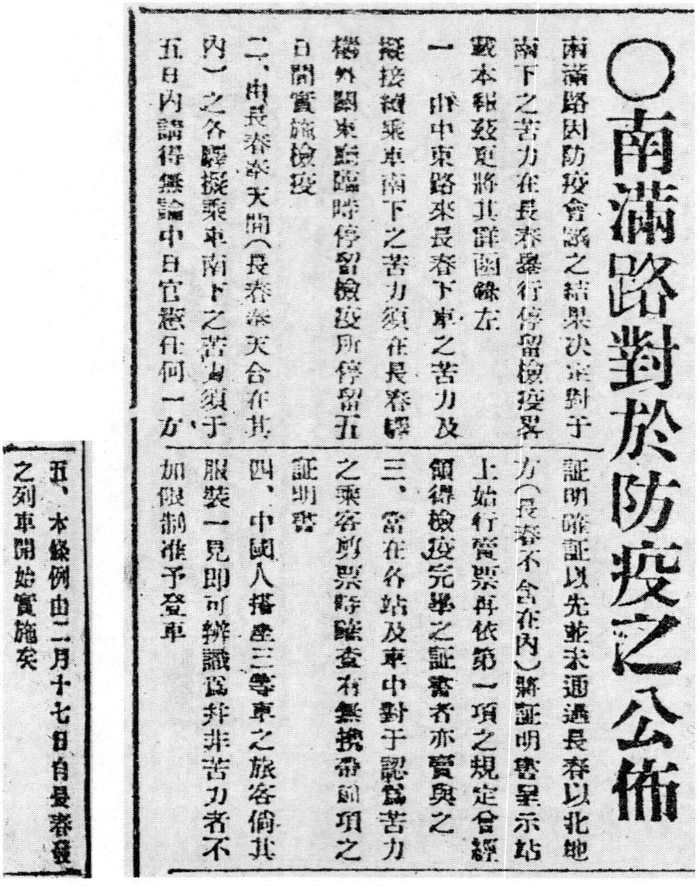

〇南滿路對於防疫之公佈

南滿路因防疫會議之結果決定對于南下之苦力在長春舉行停留檢疫畧載本報茲更將其詳函錄左

一、由中東路來長春下車之苦力及擬接續乘車南下之苦力須在長春驛構外關東廳臨時停留檢疫所停留五日間實施檢疫

二、由長春奉天間(長春奉天含在其內)之各驛擬乘車南下之苦力須于五日內請得無論中日官憲任何一方證明確證以先並未通過長春以北地方(長春不含在內)驗證明書呈示站上始行賣票再依第一項之規定曾經領得檢疫完畢之證書者亦賣與之

三、當在各站及車中對于認為苦力之乘客剪票時臨查有無携帶前項之證明書

四、中國人搭乘三等車之旅客倘其服裝一見即可辨識為非苦力者不加限制准予登車

五、本條例由二月十七日自長春發之列車開始實施矣

——摘自《盛京时报》，1921 年 2 月 18 日

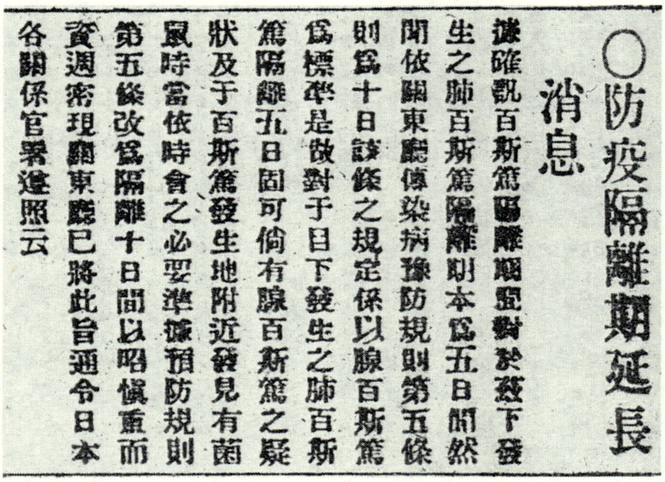

○防疫隔離期延長消息

據確訊百斯篤隔離期間對於茲下發生之肺百斯篤隔離則本爲五日間然聞依關東廳傳染病豫防規則第五條則爲十日該條之規定係以腺百斯篤爲標準是故對于目下發生之肺百斯篤隔離五日固可倘有腺百斯篤之疑狀及于百斯篤發生地附近發見有菌鼠時當依時會之必要準據預防規則第五條改爲隔離十日間以昭愼重而資週密現關東廳已將此旨通令日本各關係官署遵照云

——摘自《盛京时报》，1921 年 2 月 18 日

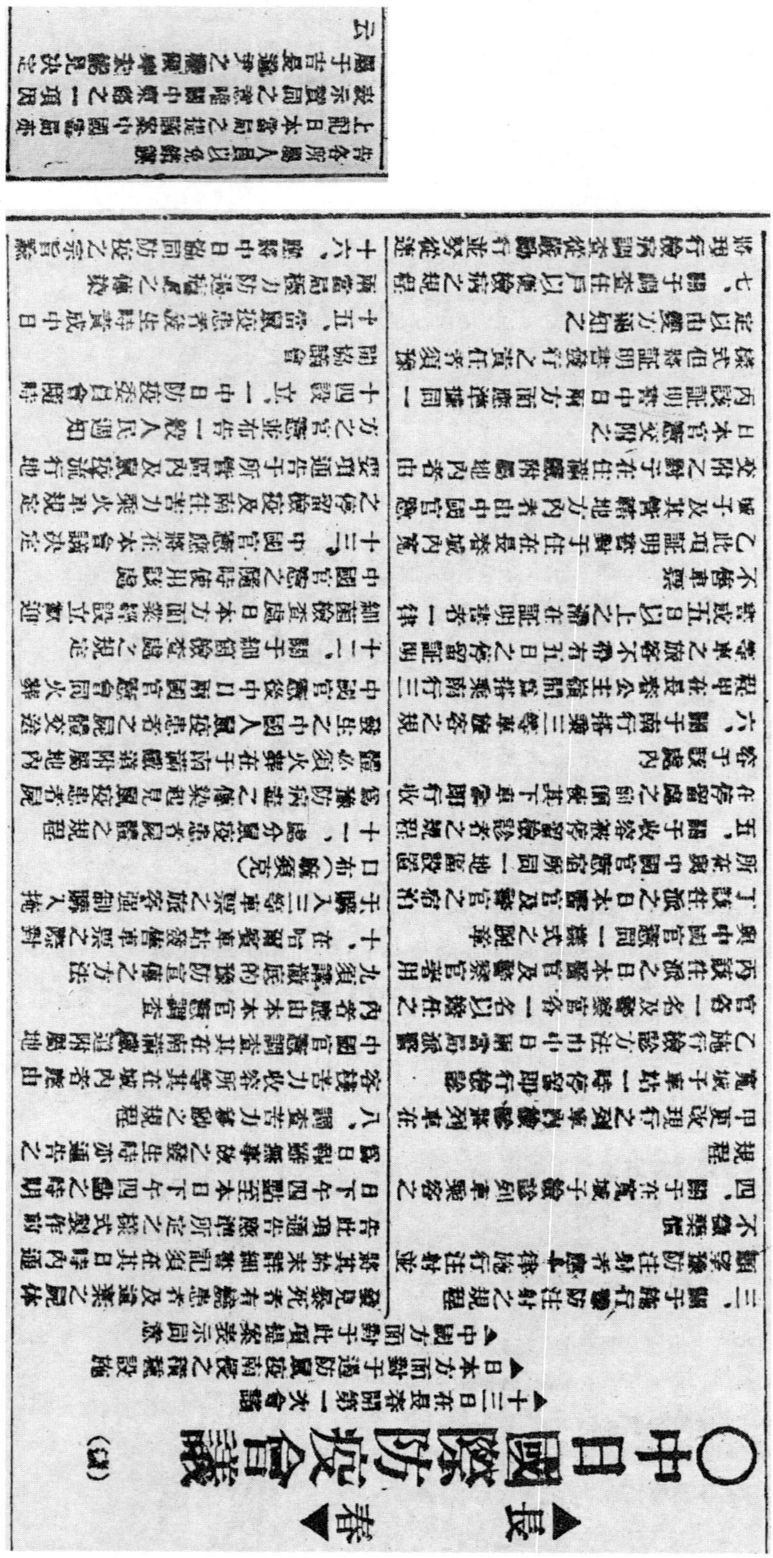

长春

◎中日國際防疫會議（續）

▲十三日在長春開第一次會議
▲日本方面對于遏防鼠疫南侵之種種設施
▲中國方面對于此項提案表示同意

三、關于施行豫防注射之規程
驗學豫防注射者應一律施行注射並不發票[illegible]

四、關于在寬城子檢診列車乘客之規程
甲 更改現行之列車時間俾列車在寬城子車站一時停留即行檢診
乙 施行檢診方法由中日兩當局派醫官各一名及警察官各一名以擔任之
丙 該在派之日本醫官及警察官著用與中國官憲同一樣式之臂章
丁 該在派之日本醫官及警官之宿泊所求與中國官憲宿所同一地區設置

五、關于收容旅客停留檢診者之規程
作停留處之宿價及其下車者即行收容于該處內

六、關于商行旅乘三等車旅客之規程
甲 在長春公主嶺間或旅乘兩行三等車之旅客不帶有五日之停留證明書或五日以上之滯在證明書者一律不售車票
乙 此項證明書對于住在長春城內寬城子及其管轄地方內者由中國官憲交附之對于在住滿鐵附屬地內者由日本官憲交附之
丙 該證明書中日兩方面應準據同一樣式但該證明書發行之責任者須將定以由雙方通知之

七、關于調查住戶以便檢病之規程
此項行檢病調查從檢疫行並努從速發見疑死者有疑患者及遺棄之屍体時其於未詳細者記須在其日時內通告此項通告應準所定之樣式製作前日下午四點至本日下午四點之時間區日報送[illegible]事故之發生時亦通告之

八、調查苦力等處之規程
容拔苦力收容所等其在城內者應由中國官憲調查其在南滿鐵道附屬地內者應由日本官憲調查

九、須講徹底的豫防宣傳之方法

十、在旧貨車站發售車票之際對于購入三等車票之旅客強制購入掩口布（議案完）

十一、處分鼠疫患者屍體之規程
為豫防病菌之傳染起見鼠疫患者屍體必須火葬在于南滿鐵道附屬地內發生之中國人鼠疫患者之屍體交送中國官憲從中日兩國官憲會同火葬

十二、關于細菌檢查處之規定
細菌檢查處日本方面業經設立歡迎中國官憲之隨時使用該處

十三、中國官憲應將在本會議決定之停留檢疫及前往苦力乘火車規定要項通告于所管區內及鼠疫流行地方之官憲並布告一般人民週知

十四、設立中日防疫委員會臨時開協議會

十五、當鼠疫患者發生時責成中日兩當局極力防遏蔓延之傳染

十六、雖聯中日協同防疫之宗旨案告各所屬人員以免誤謬

上記日本當局之提議案中國當局亦表示贊同之意惟關中東鐵路之一項因關于吉長道尹之權限須與[illegible]再見決定云

——摘自《盛京时报》，1921 年 2 月 18 日

▲遼　陽▼

○警察所會議防疫

尹警符警察所長勇敢有爲保護地面治安不遺餘力久爲當局所器重頃因北滿鼠疫發生勢必蔓延若不事先預防難免波及之虞故日昨該所招集區巡官會議並組織防疫警察按各商戶傳諭衣食住三者務須清潔云

——摘自《盛京时报》，
1921 年 2 月 18 日

○治疫良方

哈埠人士因聞一百斯篤症發現莫安不爲之寒心今見某慈善家慨於斯症之害烈於洪水猛獸檢選一極效之良方刊單沿街傳送以資救濟特誌之並列各藥如下連翹二錢葛根二錢赤藥二錢柴胡三錢當歸二錢紅花五錢枳殼二錢大生地五錢桃仁八錢搗泥生甘草二錢犀角尖二錢切片羚羊角二錢切片以上各藥按照分兩勿得擅自加減爲要云

——摘自《盛京时报》，
1921 年 2 月 18 日

〇令四署特別防疫

王警廳長以四署管區內如西南門臉及工夫市地方皆爲小販會集與貧民居處毒菌易生傳播亦易該署之防疫辦法自不能與他署同一辦理遂于日昨飭令該署施行特別防疫若規定之普通經費亦准增加云（妹）

——摘自《盛京时报》，
1921 年 2 月 19 日

〇穢物有害衛生

本邑警察所現因天氣不正時疫流行故飭派清潔夫查城關僻巷所有髒物實爲掃除以爲防疫之入手辦法惟城內孤貧院並著老縣市街南院內住有拾糞夫五十餘名每日專車搜羅髒物堆積衛市如有大叢均各保存院內未悉清潔夫將何以處之免害衛生也

——摘自《盛京时报》，
1921 年 2 月 19 日

〇虎頭蛇尾之防疫

省垣先初舉行防疫時大驚小怪警區風行近聞北地疫患愈行昌熾而當局刻下對于防疫竟而消極住戶之清潔弗查市肆之朽腐弗禁他如病院樂房疹療之病症亦弗檢察不知所謂之防疫責任者果安在哉（河）

——摘自《盛京时报》，
1921 年 2 月 20 日

○電詢有無鼠疫

省城防疫事務所業已成立而各縣地面有無此項疫症未得詳識張使爲重人道起見遂通令各縣知事于該地面是否有此疫症按月呈報來署以資參考云（之）

——摘自《盛京时报》，
1921 年 2 月 20 日

○防疫所已經成立

現値疫症流行人民實深惶駭日昨警察所長谷金聲氏招集各界人士並大小藥房醫生開全體會議研究防範之法結果即于是今日（二月十五日）將療治所成立聞各醫生咸有施捨之藥此誠所謂婆心濟世云

——摘自《盛京时报》，
1921 年 2 月 20 日

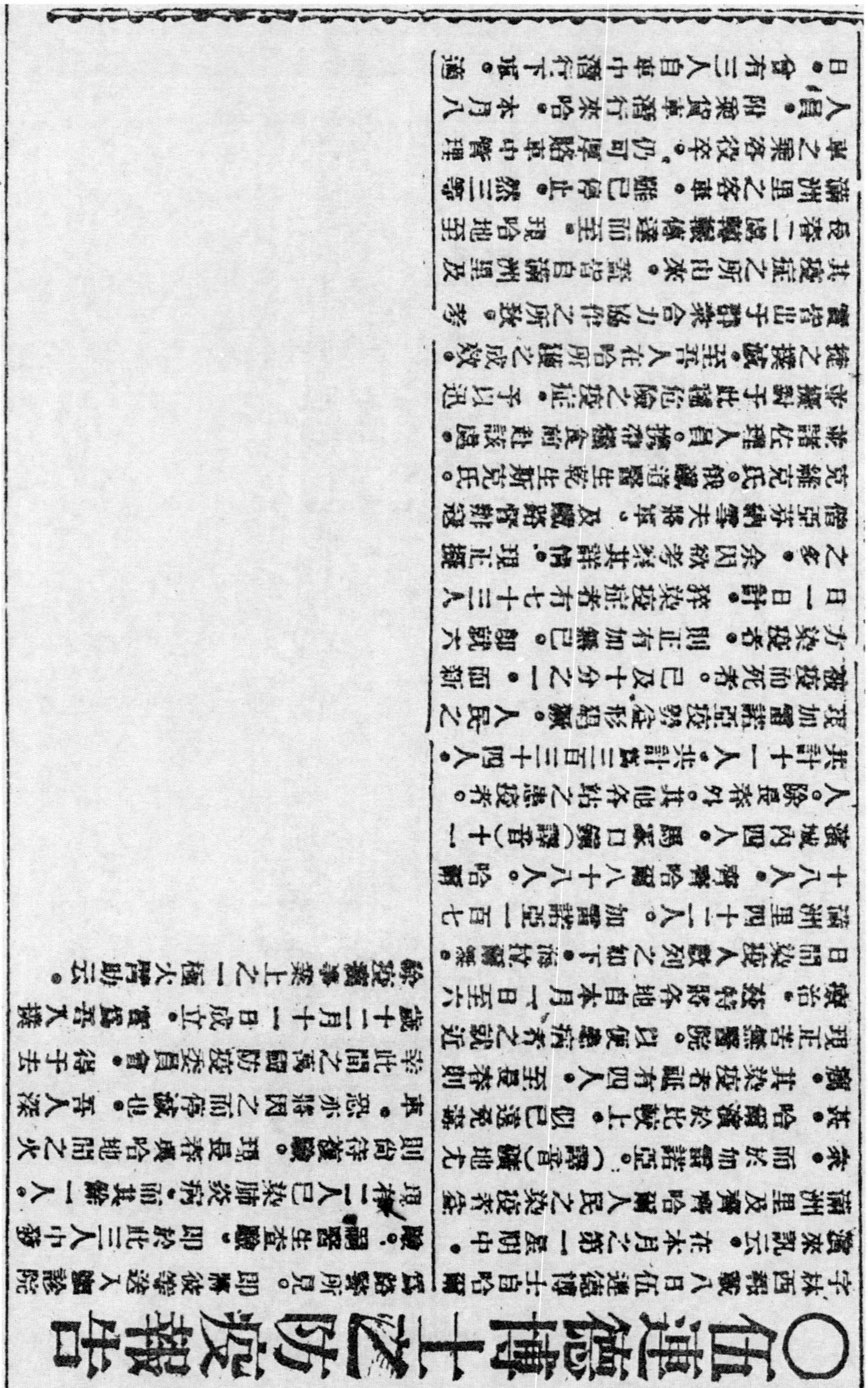

〇伍連德博士之防疫報告

字林西報載八日伍連德博士自哈爾濱來訊云。在本月之第一星期中。滿洲里及齊齊哈爾人民之染疫者益衆。而於加雷諾亞。(譯音)礦地尤甚。哈爾濱於此較上。似已遠免蔓擴。其染疫者祗有四人。至長春則現正苦無醫院。以便患病者之就近療治。玆特將各地自本月一日至六日間染疫人數列之如下。海拉爾[illegible]。十八人。齊齊哈爾八十八人。哈爾濱城內四人。馬家口鎮(譯音)十一人。除長春外。其他各站之患疫者。共計十一人。共計爲三百三十四人。現加雷諾亞疫勢益形猖獗。人民之被疫而死者。已及十分之一。而新方染疫者。則正有加無已。即就六日一日計。猝染疫症者有七十三人之多。余因欲考察其詳情。現正擬偕亞芬納雪夫將軍。及鐵路督辦寇克維克氏。俄鐵道醫生乾生斯克氏。並諸佐理人員。携帶糧食前赴該處。並擬對于此種危險之疫症。予以迅捷之撲滅。至吾人在哈所獲之成效。實皆出于群衆合力協作之所致。考其疫症之所由來。蓋皆自滿洲里及長春二處輾轉傳達而至。現哈地至滿洲里之客車。雖已停止。然三等車之乘客役卒。仍可厚賂車中管理人員。附乘貨車潛行來哈。本月八日。會有三人自車中潛行下車。適爲路醫所見。即將彼等送入隔診院驗。嗣醫生查驗。即於此三人中發現有二人已染肺炎病。而其餘一人。則尚待復驗。現長春與哈地間之火車。恐亦將因之而停滅也。吾人深幸此間之萬國防疫委員會。得于去歲十二月十一日成立。實爲吾人撲滅疫癘事業上之一極大臂助云。

——摘自《盛京时报》，1921年2月20日

○中央派員查鼠疫

中央以東省鼠疫傳染情形及防範辦法均須派員調查以備核辦遂派陸軍部軍醫處長王某前來調查該處長已于日昨來奉當即晉謁張使接洽云（姝）

——摘自《盛京时报》，1921年2月22日

○長春防疫之消息

長春消息自北地疫訊傳來中日當局均積極爲防疫之活動現上海中國紅十字總會委張經華參議爲長春紅十字分會救疫隊長更經長春請會員推爲疫務總監總醫防疫事務目下已設第一防線于長春二道溝東站醫官醫隊隨車檢驗並沿街按日檢查第二疫線設于滿州里第三防線設於中東路之九站（地名）更于長春擬自十九日起施打百斯篤預防之藥針時間自每日于晌十二時起至午後二時地點即在長春三馬路東首中國紅十字會長春分會云

——摘自《盛京时报》，1921年2月22日

○各縣請領防疫費

奉屬各縣疫症雖未發生然牧民者不得不先時豫防以重人道故各縣對于防疫一節均次第舉行茲茲聞新民安東營口錦縣蓋平熊岳等縣均呈稟省長請領防疫公費都署約予批准云（河）

——摘自《盛京时报》，1921年2月22日

〇防疫片錄

自北滿扎蘭諾爾發現鼠疫傳播至哈埠後吉垣各方面惟恐傳染到吉均積極設備預防茲將各方面之防疫情形訪錄如左

▲省會警察趙總長爲注重衛生已於春節前舉辦防疫設檢疫所于吉林繳設隔离所于北山下桃園內容設備極其完善茲以防疫事關重大又組設防疫局附設于吉林官醫院中醫部以專責成

▲陸軍稽查處稽查官長張玉魁君以吉垣鼠疫雖未發現亦極宜未雨綢繆防患于未然特擬定辦法數則（一）各旅團營房屋廁所潮濕者鋪洒石灰房內乾燥者洒石灰酸水（二）所有堆積之氷雪以及其他種垢物概行掃除（三）生冷食物忌用（四）捕鼠焚燒之

▲省議會及其他地方各團體因長哈鼠疫傳播甚速而吉長隊在咫尺難免傳染到吉爲注重人民生命起見特于十八日開團體聯合會議一次當時日本防疫委員會以及官廳亦派員到會列席議定組織防疫講演團于城內外市巷講演鼠疫之來源病狀並預防法以期家喻戶曉並編作防疫說明傳單散布各界閱覽此外又研防疫方法十餘條至爲詳盡

▲青年會西幹事富莫克以鼠疫危險會延請各界開防疫會議一次日前十九日上午十一時又召集各體人員在會開傳播防疫法聚會請施醫院部大夫主講頗極熱心又擬于本星期在新開門外施舍注射防疫藥水

——摘自《盛京时报》，1921年2月22日

○鼠疫盛行

本埠近來發生鼠疫日甚一日茲聞日昨道外小六道街某小店內竟病六七人經檢疫所驗明確係鼠疫本埠當局有鑒於此特通令各飯館各劇園一律停止營業否則嚴行罰辦聞各娼寮及劇園已於十三日一律休業而免傳染

——摘自《盛京时报》，
1921年2月22日

△哈爾濱▽

有礙衛生

本埠自發生鼠疫以來早經警察當局飭令所屬嚴查街衢及各住戶清潔院內以重衛生而免傳染他處辦理尚稱認眞惟道外蔣江提下一帶於去歲冬間積穢堆物污水儼若廁所而北四街口江提下尤爲最甚刻正在春暖開凍凍際污水橫流臭氣難聞而傳染最易此處警察竟置若罔聞而一段無恥之徒復行任意便溺望有管理之責者急速取締以重衛生云

——摘自《盛京时报》，
1921年2月22日

日本電報

派防疫官赴滿

（東京二十一日專電）令防疫官三金三春即赴滿洲

——摘自《盛京时报》，
1921年2月23日

○衛生課檢查清潔

自預備防疫以來警署均汲汲于檢察戶口之清潔惟有名無實陽奉陰違茲者處長有鑒于此特飭衛生課自二十三日起令科長及科員等親至城廂各區域實行檢察清潔除商民各戶分別懲罰外並以清潔之成績而作各署長之考成云 （河）

——摘自《盛京时报》，
1921 年 2 月 23 日

○姚委員報告防疫

日昨張使接到駐長防疫委員姚乾初來電報告現在哈爾濱滿洲里吉林等處雖有鼠疫在長飛各處設立隔離所及往各處檢查決不至再行發生鼠疫外特此電陳云云 （隱）

——摘自《盛京时报》，
1921 年 2 月 23 日

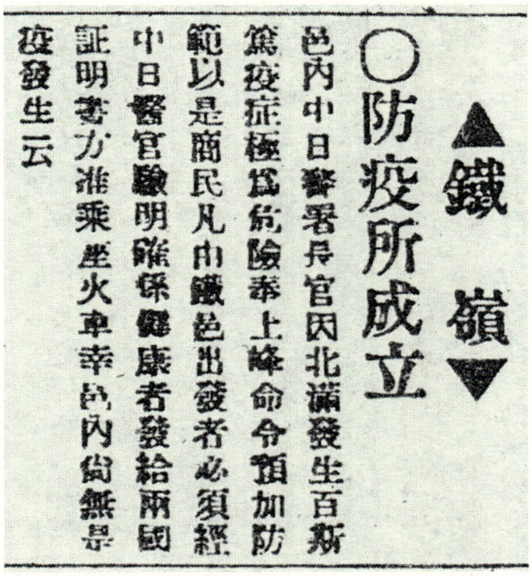

▲鐵　嶺▼

○防疫所成立

邑內中日警署兵官因北滿發生百斯篤疫症極爲危險奉上峰命令預加防範以是商民凡由鐵邑出發者必須經中日醫官驗明確係健康者發給兩國証明書方准乘坐火車幸邑內尚無是疫發生云

——摘自《盛京时报》，
1921 年 2 月 23 日

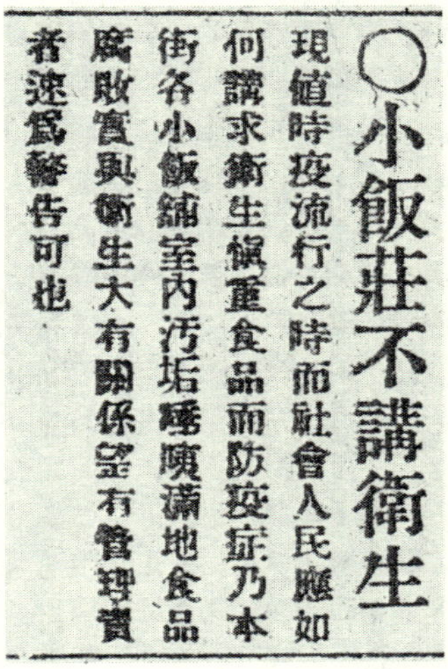

○小飯莊不講衛生

現値時疫流行之時而社會人民應如何講求衛生愼重食品而防疫症乃本街各小飯舖室內汚垢穢膩滿地食品腐敗實與衛生大有關係望有管理責者速爲警告可也

——摘自《盛京时报》，
1921 年 2 月 23 日

來件

盛京時報大主筆先生鈞鑒久仰
盛名時欽
山斗佩服間歎之私藉修謁

剿之路綫斗南爲鐵路軍隊分段守護區
正値軍興方殷遷調多故之際凡我軍
人日則露天而食夜則帶甲而臥於辦
軍武裝解除後未遑寧息而鼠疫彌流
興安嶺外斗南職司醫務奉令辦理防
疫事務較爲更形忙碌以致執
敬無暇寄深抱恨茲有啓者查鄙處客
歲冬月之初即有鼠疫之發現斗南以
權力所及僅於軍界一面及號令於鐵
軍嚴令各團營連所有軍官嚴行戒備
從嚴訂防疫細則令飭各軍營認眞
檢查幸有各職員熱心辦事勤懇供
職于茲三月而我軍界無一罹疫之人
地方防疫之設立係由伍總醫官連德
派有鄭苑然醫官協同警察所組織
若所長一職由警察總廳所長兼充之
一切設施亦均完善詎于正月初間哈
埠一帶第次發現疑伍連德君將前處
防疫所醫官苑君電調他往即兼所長
將地方防疫事務責余兼辦斗南素乏
學識當此友邦思逞之際誠恐任重才
能難保有善其後一再辭卻關懷各界
責以大義辭不獲已不得不勉承其乏
以之斗南不以藐視設深危險乃於正
月二十五日就兼斗南自任事以來
惟以朝乾夕惕防範加嚴盡職志以重
民生不知其他伏查所內死亡表內容
歲鼠疫發生以及今日因疫致死者六
十一人刻間滿鐵交通已經斷絕所有
隊路戍守以兵凡有出入於滿鐵者
均行隔離至七日後檢查無疫時始准
放行自經接辦迄今二十餘日矣並境
商民一無死亡消息雖鼠疫發生之
地以斗南權力不及之札來諾爾等于
石站龍江省哈埠一帶較之前屆安謐
不圖近日本所內選接江省奉天吉營
埠各處防疫機關函電交馳恐相訛聞
疫症情形除分別專函答覆外復將本

處疫症情形辦理法則及死亡人數據
實證明斯報諸稱端以明今日共觀證
諸事實死致弓杯蛇影群疑滿腹兆維
先生素號熱心國事詳察民生特此據
實陳明以釋
錦注茲附上本處罹疫致死亡故表一
份以昭核實而慰關繫民生
諸大君子之念也倘蒙賜刊首欄不一
呼倫貝爾鎮守使署正軍醫官
兼陸軍防疫病院院長　劉斗南謹啓
地方防疫所總醫官
附死亡表一份

——摘自《盛京时报》，1921年2月23日

○伍博士詳報疫況

在哈埠辦理防疫之伍連德博士茲將于北地防疫之情形及刻下疫症之現狀昨有極長電文報告張使大抵謂疫症退減可保無虞等因若奉省果能幸免于難亦可最大慶幸之事云（河）

——摘自《盛京时报》，
1921 年 2 月 24 日

○青年會防疫講演

青年會西幹事傳英士日前詣各團體人員開傳授鼠疫預防法大會當時到會三千餘人由施醫院郭大夫主講凡關于鼠疫之病狀及傳染並預防法言之頗詳演講兩小時餘頗爲詳盡及散會傳幹事又將上海中華衛生教育會小叢書之十九瘟疫篇分散到會人士閱覽內容備述鼠疫之由來及預防法云

——摘自《盛京时报》，
1921 年 2 月 24 日

○張稽查官注意防疫

陸軍稽查處稽查官長張玉魁氏以長哈發現鼠疫惟恐傳播到吉爲預防計特擬定陸軍防疫辦法（一）各旅團營舍灑石炭酸水厠所鋪墊石灰以資消毒（二）鼠疫最著于生冷食物須忌食（三）捕鼠焚燒之（四）掃除堆積之穢扱氷雪取消清潔

——摘自《盛京时报》，
1921 年 2 月 24 日

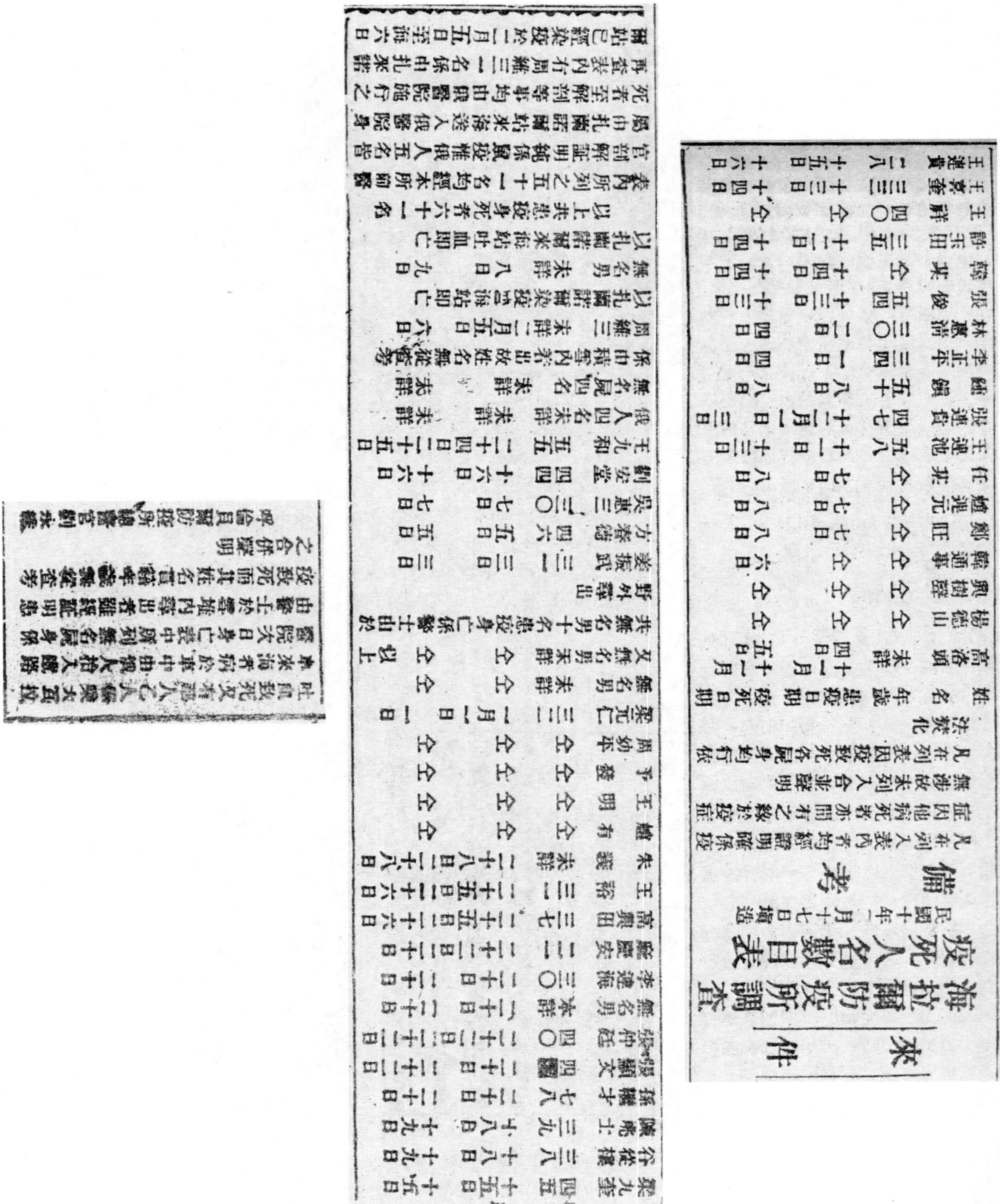
海拉爾防疫所調查疫死人名數目表（民國十年二月十七日填造）　來件

——摘自《盛京时报》，1921 年 2 月 24 日

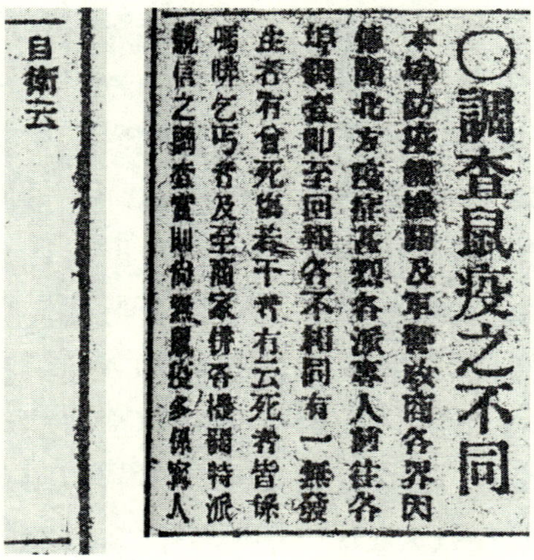

〇調查鼠疫之不同

本埠防疫機關及軍警政商各界因傳聞北方疫症甚烈各派專人調往各埠調查即至回報各不相同有一無發生者有曾死鼠若干者有云死者皆係嗎啡乞丐者及至商家併各機關特派親信之調查實則尚無鼠疫多係寓人自衛云

——摘自《盛京时报》，
1921 年 2 月 25 日

◎防疫消息彙錄 ▲吉林▼

▲桃園隔離　警廳對于防疫事項積極進行特在桃園設隔離所一處又擇施醫院郭大夫親往指視現已將房舍分别裝飾安設煤爐計分重病室輕病室疑似病室診斷室調養室診查室等計二十餘室室中各備衣衾等項現因欵項困難藥餌尚未齊備所急需者惟一千五百倍之顯微鏡尚未購到云

▲防疫注射　鼠疫日人名爲黑死病有防法無治法前在寬二時閻高大夫曾從西國購來馬血清招人注射一時凡防疫人員無不預先注射以防傳染此次郭大夫邀牧師諸君購到羅藥羅藥云者由患鼠疫之人身上取出之細菌注射于無病之人身體能生出一種抵抗能力將來即不致再受傳染現時防疫之人已有此項預備日內即在新開門外舊青年會房舍實行注射云

▲施療注射　博濟醫院小松博士對于慈善事業夙具熱心現爲預防鼠疫起見特備藥料爲施療注射無論中日人等概不收費其種牛痘者亦概免收費云

▲講演防疫　青年會中西各幹事編印防疫淺說于昨午到江南農事試驗場物產展覽會當場講演發散發備單單內詳列鼠疫之歷史傳染病狀防法注射等甚爲詳盡

——摘自《盛京时报》，1921年2月25日

○防疫禁阻交通

近日道外百斯篤疫病流行死者甚衆警察總管理處爲預防起見特將沿南崗以至道裡各道口均行派警把守阻禁交通所有車馬行人均由大八站正路通行設檢疫員檢驗放行以杜傳染云

——摘自《盛京时报》，
1921 年 2 月 25 日

▲呼蘭▼

○辦理防疫之完善

本邑毘連哈埠交通便利且時疫之發生咸由人煙稠密往來旅客之傳播倘不未雨綢繆難無蔓延之患王縣長谷所長協籌撲滅之策遂在公園設隔離所一處查有感患時疫者均送入所內消毒醫治日昨治愈五人立即釋放並每人賞與江錢二百吊作充旅費昨又招防疫兵數名衣白衣帶逐戶檢查如有污穢防碍衛生無不諄諄誥誡使之掃淨潔而後已前街南工夫市某小店內客人病死二名檢驗確因疫病身死除掩埋外並將客房九間立予焚燒故自時疫發覺以來死于疫症者不過數人耳現已無形銷滅大有一落千丈之勢若非二公辦理完善督飭有力何能收此奇効街市商民無不歌功頌德爲二公造福不淺云

——摘自《盛京时报》，1921 年 2 月 25 日

〇鼠疫尚無南侵之樂觀

長春消息據該地隨時防疫委員之談話目下苦力之南下者二十三日計有一百二十九名二十二日一百四十名就中通過本地轉由京奉車西上者十之三轉安奉車者十之一南下者十之二三此等旅客之出發地以開原梨樹方面者爲多數其由長春登車南下以現勢觀之今後百斯篤萬無南侵之慮云

——摘自《盛京时报》，
1921年2月26日

〇春城鼠疫之昨訊

據二十四日長春電訊本日午前長春車站有中國苦力一名羅疑似百斯篤症旋即收容于隔離所據該苦力言係徒步自哈來長者然考其形勢似屬乘車南來在中途下車抵長者故防疫當局對於隔離所收容是晨下車之旅客四十一名嚴重監視以免意外云

——摘自《盛京时报》，
1921年2月26日

〇防疫費不另籌措

王醫務處長對防疫經費前者曾擬另行籌措以備需要茲因滿拉兩地方疫勢已減奉省亦無傳染因之對籌措經費現已取消矣（妹）

——摘自《盛京时报》，
1921年2月26日

▲長 春▼

○伍博士來長任務

本埠防疫事務所成立以來一月有餘所有辦理一切經過情形曾誌前報茲聞伍連德醫學博士曾辦防疫數次富有經驗自北滿發見疫症後即由中央特派該博士爲東省防疫總辦指揮一切是以該博士于今早六時乘中東火車來長稍事休憩即與日本防疫首領開茶話會聞其會議之結果凡自哈長旅客經官廳檢驗無恙者准其一律放行不再查驗以便行人免受羈留之苦矣

——摘自《盛京时报》，
1921年2月26日

▲吉 林▼

○省署鼠疫會議

昨日省長公署邀集軍政各機關長官及美英日人士開防疫重要會議僉謂北滿鼠疫發生蔓延各處長春已發現疫死者三人吉垣雖未發生而防患未然自以嚴行檢驗爲是當議定設立防疫總事務所督飭進行又擬各級學校亦候疫氛肅清再行上課云

——摘自《盛京时报》，
1921年2月26日

○組織團體防疫會

青年會以長哈兩地鼠疫傳播甚速惟恐流入吉垣警察雖舉行防疫尤恐地方人士未悉預防方法或失預防或滋疑悞殊多危險特聯合各團體組織地方團體防疫會刻正在籌議進行中

——摘自《盛京时报》，
1921年2月26日

▲大 連▼

○防疫醫士北上

大連民政署前由東京內務省聘請醫士西園三吉氏前月來連檢查鼠疫以免傳染昨日又赴旅順詳細調查一切防疫方法至二十二日即時赴哈爾濱細查鼠疫之由來云

——摘自《盛京时报》，
1921年2月26日

○最近防疫報告

二月十八日一區疫死無名男子一人二區孫家大院疫死王王氏一口又滿江樓院內和盛店疫死趙振連一名其同居二十二人均送隔離所及報同顯爐疫死楊韓修一名其同居三名送隔離所又十六道街住戶于維武疫死同居二人送隔離所五區會芳里顯門外西街小鋪子李洛五疫死其同居四人送隔離所又十四道街江壩下住戶張樹文染鼠疫病送隔離所又十四道街無名男子疫死四區報告貧民所警士劉玉升赴消禮辦事行至一面街染疫身死

——摘自《盛京时报》，
1921年2月26日

○刊發防疫關防

本省自上年十二月間城內發現霍力拉百斯篤羊毛疔諸症傳染甚重當經組織防疫處警務處長朱文郁兼任該處處長參謀長丁超第二旅旅長張明九龍江道尹王維宙交涉署長譚士先兼任該處副處長該處業于一月二十八日組織成立前經省公署刊發木質關防一顆文曰黑龍江防疫處關防以資信守該處已于二月二日敬謹啓用

——摘自《盛京时报》，
1921 年 2 月 26 日

△蘭　西▽

防疫所成立

疫症發生始于滿洲里一帶近來蔓延及江省各縣皆設防疫所以資防範本邑何知事為防患未然計自城區所抽警士十餘名編為檢驗隊逐日按戶嚴令清潔以免疫症發生其防疫所業設在北一區院內云

——摘自《盛京时报》，
1921 年 2 月 26 日

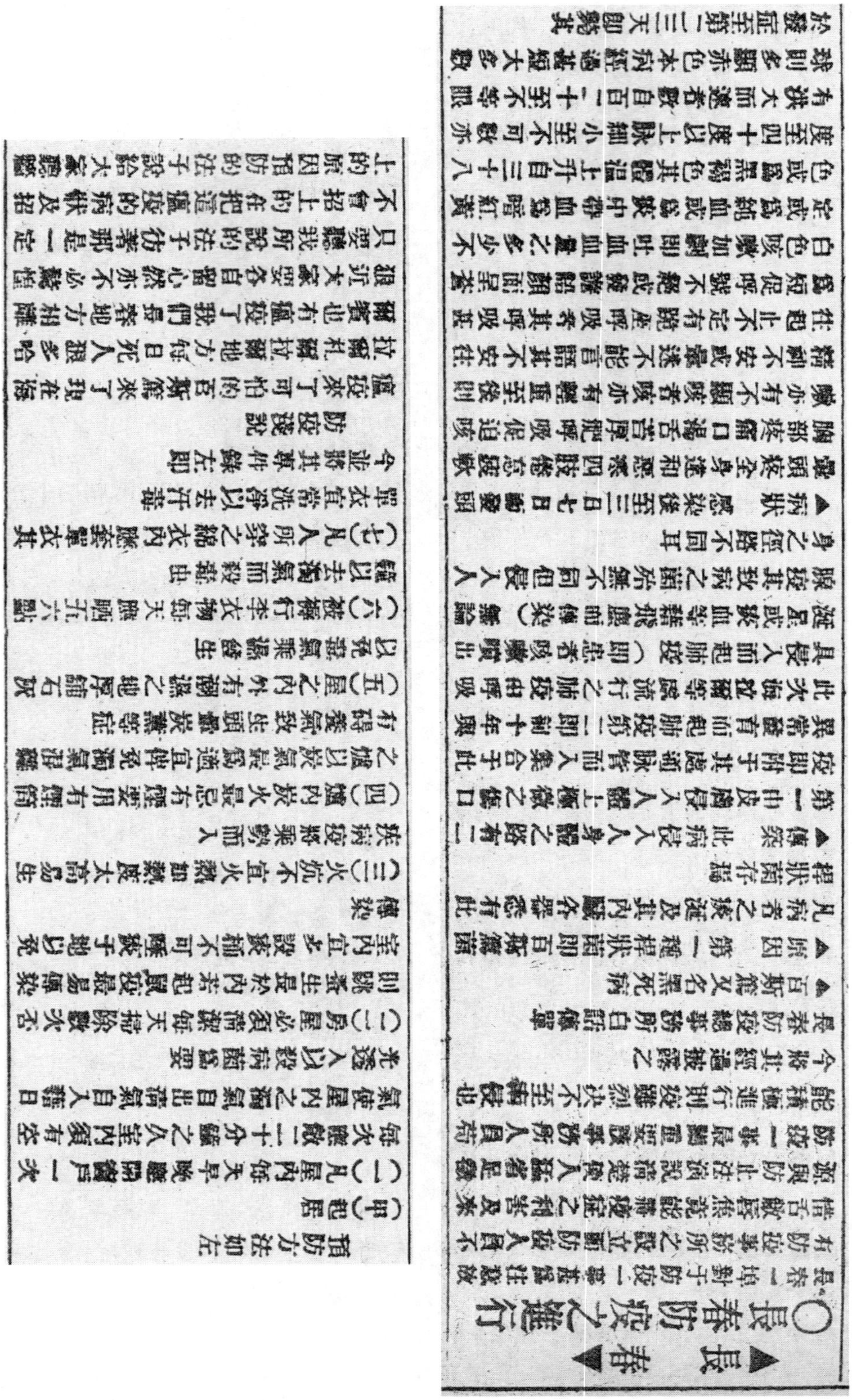

▲長　春▼

○長春防疫之進行

長春一埠對于防疫一事甚爲注意故有防疫事務所之設立而防疫人員不惜苦衷辱應竭盡防疫之利害及來源與防止法消說清楚使人盡曉是發防疫一事最關重要該事務所人員苟能積極進行則疫雖烈決不至蔓延也今將其經過披露之

長春防疫總事務所白話傳單

▲百斯篤又名黑死病

▲原因　第一種桿狀菌即百斯篤菌凡病者之痰涎及其內臟各器悉有此桿狀菌存留

▲傳染　此病侵入人身體之路有二第一由皮膚侵入人體上極微之傷口疫即附于其處循脈管而入集合于此異常發育而起腺疫第二即新十年東此次由拉爾等處流行之肺疫由呼吸具侵入而起肺疫（即患者咳嗽噴出涎星或痰血等黏飛塵而傳染）無論腺疫其致病之菌亦無不同但侵入人身之徑路不同耳

▲病狀　感染後至三日七日始發頭暈頭痛全身違和惡寒四肢倦怠疲軟胸部疼痛口渴舌苔厚肥呼吸促迫咳嗽亦有不顯咳者咳亦有輕重至後則精神不安或譫語不能言語其不安往往起止不定有跳座呼喚者其呼吸甚爲短促呼號不絕或發譫語顏面呈蒼白色咳嗽加劇即吐血血量之多少不定或爲純血或爲痰中帶血爲暗紅黃色或爲黑褐色其體温上升自三十八度至四十度以上脈細小至不可數亦有洪大而遲者數自百一十至不等脈球則多顯赤色本病經過甚短大多數於發症至第二三天即斃其

預防方法如左

（甲）起居

（一）凡屋內每天早晚應開窗戶一次每次應敞一十分鐘之久室內須有空氣使屋內之濁氣自出清氣自入藉日光透入以殺病菌爲要

（二）房屋必須清潔每天掃除數次否則跳蚤生長於內若起鼠疫最易傳染室內宜多設痰桶不可隨吐痰于地以免傳染

（三）火炕不宜火熱如熱度太高易生疾病疫將乘勢而入

（四）爐內炭火最忌有煙要用有煙筒之爐以炭氣最爲適宜俾免濁氣滯礙有碍養氣致生頭暈炭薰等症

（五）屋之內外有潮濕之地厚鋪石灰以免惡氣乘濕發生

（六）被褥行李衣物每天應晒五六點鐘以去濁氣而殺菌虫

（七）凡人所穿之綿衣內應套單衣其單衣宜常洗淨以去汗垢

今並將其事件録左即

防疫淺說

瘟疫來了可怕的百斯篤來了現在海拉爾札爾拉爾地方每日死人很多哈爾賓也有瘟疫了我們長春地方相離很近大家要各自留心然亦不必驚慌只要聽我所說的法子做著那是一定不會招上的在把這瘟疫的病狀及招上的原因預防的法子說給大家聽聽

——摘自《盛京时报》，1921 年 2 月 27 日

〇因時疫准保拘留犯

特別區域地方審判廳因時疫發生體卹刑事案之拘押人犯出布告一通略謂關于刑事案內拘留各犯准其暫覓好保出外候有應訊之時傳案質訊然必有相符之保證金方能允准否則與規則不合仍拘留如故並諭令法警不得私向需索致干重究云

——摘自《盛京时报》，
1921 年 2 月 27 日

▲通　河▼

〇此即謂爲防疫乎

黑死病自滿拉爾傳入以來雖有死亡究非甚重果能消弭得法防範有術亦不難立即除根惟一般辦理防疫人員以呈報死亡爲惟一之發財捷經凡病人一入隔離所剝衣服置之冷屋雖勺水不給飲歷兩晝夜不死然後爲之施治中有毫無疾病同遭此荼毒以致輾轉斃命者日前有孕婦因將次臨盆叫呼腹痛致被防疫人員查知立即拘入隔離所內于是呱呱者未及墮地已隨其母同登鬼籙矣所以然者每收病人一名則可以報領醫藥費每死病人一名則可以報領葬埋費以此辦法恐護生者十無一二國家空有無謂之開消也則然病疫之害詎非防疫者之利乎

——摘自《盛京时报》，1921 年 2 月 27 日

▲長　春▼

○長春防疫之進行

第一病狀百斯篤一病又名鼠瘟也叫肺疫我國從前有叫核瘟的近來鬧過兩次頭一次在宣統二年冬我們東三省就死人五萬有餘第二次在民國七年春綏遠山西一帶死人也有一萬多至今思之猶有餘痛因爲這種瘟疫比那一種病都烈害事前防備尚還不離要一得病漫說九死一生簡直的說罷一百個病人裡頭不見得有一個能治好的這個病的症候分爲腺疫鼠疫肺疫這回發的是肺疫得之後咳嗽喀血胸痛發燒苦力昏迷一兩天之中就要要命

第二傳染這時疫是怎樣招上的呢是由人傳給人的因爲病人得病之後就咳嗽吐血痰他咳嗽吐血痰的時候要是對面靠近談話或同住一室或睡一床或同桌喝茶吃飯不知不覺這病毒就傳到我們身上拍上後就無法可治所以最要緊的就是預防會招上之後找人治那就晚了

第二預防預防這種時疫的法頭一樣不要跟病人親近萬一家裡有了病人不論那一種病就趕緊報告檢疫所或警察廳著派人給你設法千萬不可隱匿第二樣有人咳嗽吐血痰他所咳出的血痰那是比砲彈刀槍還要烈害切不可沾染應用開水洗去或石炭掩過才好最妙各人自已用乾淨手巾護住自已口鼻免得招涼又可以防疫也是極容易辦到的

第三樣手指衣服要常常洗淨若是不然往往隨手將病人的痰帶入口鼻自已的手倒要了自已的命以上所說的名是淺近易行眼望識字還要說給旁人聽大家各已自留神並不是替別人留神這是給自護命哪

——摘自《盛京时报》，1921 年 3 月 1 日

○部派員查防疫費

頃聞政界消息哈埠防疫事務所因辦理防疫事宜所需款項咨請呈報中央款達四十萬之鉅政府竊疑實用途超見以一紙呈文不足以徵證實已派專員兩名赴哈實地調查以杜濫冒而重用途云

——摘自《盛京时报》，
1921 年 3 月 1 日

○行人多數畏檢疫

本埠防疫總事務所自成立以後即於頭二道溝扼要地點設立防疫檢驗所及隔離所每于北來火車抵站時凡下車旅客逐一點驗稍有疑似者即帶入隔離所調養數日然後放行以防疫癘之侵入亦可見官廳之愼重人道無微不至矣詎近來人心不古一般無識人民以檢疫耽誤行程皆紛紛繞道冀圖免驗有由張家灣下車者有由烏海站或米沙子站下車者直至長春總站殊無一人國家防疫之婆心而人民竟視爲畏途如同避難就此一端中國官家辦事之難可見一班矣

——摘自《盛京时报》，
1921 年 3 月 2 日

○北滿鼠疫減輕

自北滿發生百斯篤中央甚爲注意是以政府特派伍連德醫博士赴北滿辦理防疫事務伍博士于日昨(一號)來電報稱海拉爾至哈爾濱一帶近日鼠疫減輕行將消滅云 (祥)

——摘自《盛京时报》，
1921年3月3日

○隔離所行將裁撤

海拉爾地方鼠疫發生後王警廳長除設立防所外在山東廟內內設有隔離所預備施行隔離茲以該地疫勢已見消滅(警廳據該處防疫所報告二月以內無一死者)奉省方面亦未發生王廳長爲節減經費起見已經備將該所裁撤云 (怒)

——摘自《盛京时报》，
1921年3月4日

○蔡道尹電報防疫

張使日昨接到長春道蔡升道尹來電報告該處防疫尚未減輕即派科長俞樹棻在檢查所襄助辦理近日調查長埠二道滿新留驗者九十二人期滿開放者二百六十五人希即查照備案云 (居)

——摘自《盛京时报》，
1921年3月5日

○隔離所始謀設立

警廳爲防範鼠疫計早擬設立隔離所昨聞該廳衛生科人員已在皇姑屯地方覓得地址四址派人前往測量行將動工修築按北滿鼠疫行將終滅隔離所始擬實行修築殆所謂賊走關門也耶

——摘自《盛京时报》，
1921 年 3 月 6 日

○疫症消滅之福音

防疫一事以哈埠長春爲最注意之地玆聞各機關調查之報告謂哈埠一帶原來併無時疫發生偶有病者不過疑似之症近來亦不見多凡經醫家査驗亦云此症漸漸消滅矣

——摘自《盛京时报》，
1921 年 3 月 6 日

○隔離所誤死烟鬼

本埠頭二道溝爲防疫計設立檢驗所及隔離所曾誌前報玆聞現由北來旅客陸續送入該所隔離者不下百餘人無病者隔住數日即行釋放而稍有不爽者送往醫院施藥療治詎此中被留諸人半有阿片之癖居時不食形貌頓改與患疑似病無異該所看護夫與醫官認爲疫症飭服水藥因此被藥誤命者已有十餘人之多細究其實無怪該所藥不對方實怪有煙病者不自明言

——摘自《盛京时报》，
1921 年 3 月 8 日

△阿什河▽
搗毀隔離所

日前濱江董道尹派劉醫官來阿籌設防疫隔離等事組織將及就緒不料二號不知由何處突來數十人手持木棒蜂擁前往將隔離所搗毀一空各自散去此事究竟如何辦法容訪再誌

——摘自《盛京时报》，
1921年3月8日

○蔡道尹電告防疫

使署據吉長道尹蔡運升來電北滿疫症至今未已長春一隅雖無如何發現而哈埠尚有傳染預防之法不得不嚴目下吉長鐵路火車除頭等外概行停止售票云（德）

——摘自《盛京时报》，
1921年3月9日

▲黑龍江▼
○防疫處已取消

本省自去歲臘月間發生疫癘後當即于紅十字會院內附設防疫處委警務處處長米墨林氏爲該處處長該處成立以來尚屬盡力抵防無稍疎懈數旬以來大收功效以前每日死三四十人現在三四日不聞死一人玆聞當軸以疫癘已熄應將防疫處取消以節虛糜故於日昨（二十六日）已將該處皆行取消云

——摘自《盛京时报》，
1921年3月9日

○疫癘猶未淨盡

滿洲里地方竟闊人煙稠密爲吾東省繁盛大埠之一中外商民雜居其間故凡事手續較爲繁冗該埠自去冬發生疫癘勢甚劇烈雖經當局設法抵防奈地大廣漠防禦難週以致毒氛蔓延各處均被傳染前聞業將疫癘盡行撲滅嗣聞該埠來者云疫癘仍撲之未盡每日約死二三十人據云因疫死者多半係工人云

——摘自《盛京时报》，
1921 年 3 月 9 日

○蔡道尹電告防疫

張彙省長日昨二次接到長春道尹蔡運升來電報告長春疫氛雖減而現在留驗者計男女七十五人內有日人三名俄人一名至二道溝之隔離所亦組織完備繼續收容特此電告云（居）

——摘自《盛京时报》，
1921 年 3 月 10 日

○不准開支防疫費

張彙省長以爲通令防疫後各屬多有藉口防疫開支經費者奉省並未發現疫癘虛耗經費自屬不可遂于日昨通令各縣不准擅自開支防疫經費藉除弊端云　（怒）

——摘自《盛京时报》，
1921 年 3 月 11 日

○防疫所行將取消

本埠自發生百斯篤以來消內外均設有防疫事務所數處自開辦以來耗欵甚鉅並無正當開銷聞當道有鑒及此又兼疫氛漸減所有本埠防疫機關勢必從此取消云

——摘自《盛京时报》，1921 年 3 月 11 日

○檢疫員陷人送命

本埠自發生鼠疫以來當局曾呈請北京政府撥來經費若干設有檢疫所數處招募檢疫員四十餘人每日協警挨戶檢驗茲聞該疫員藉名爲檢察鼠疫暗則藉端勒索若遇有煙賭等案初則以大言威嚇繼則擅行苛罰茲聞日昨道外北七道街住戶某其妻懷孕已久行將臨盆該婦近數日間時常睡臥形同患病被檢疫員瞥見竟將該婦誣爲鼠疫非往隔離所不可經其家人百般哀懇該疫員等執意不允令該婦速赴隔離所詎該所駐在南崗相距甚遠未及到所該婦竟在途中產生一子該疫員等見此即行逃竄適値寒風刺骨該婦及嬰兒未越三時一併斃命該婦無故遭此塗炭殊令人酸鼻聞其夫已在法廳控告結果如何俟訪再誌

——摘自《盛京时报》，1921 年 3 月 11 日

▲黑龍江▼

○鼠疫竄入鄉鎮

省城近日來疫症漸漸減少似有撲滅之象而城南大五虎馬屯則疫勢甚爲猖獗流行極速聞有一家數口俱以疫斃者共十五屯一帶患疫而死者亦不爲少故行人至屯勿論小店住戶俱不容留以防傳染云

——摘自《盛京时报》，1921 年 3 月 12 日

○隔離所實行撤銷

全省警務處處長王連坡前因江省鼠疫猖獗深恐流傳到奉特委醫官在城外設立隔離所以便檢驗玆以疫氛既減該所無設立之必要故於日昨實行撤銷所有醫官均回警廳云(居)

——摘自《盛京时报》，1921 年 3 月 12 日

▲大　賚▼

○時疫宜防

江據省來人云現在省城瘟疫流行小店伙房並污穢不潔之處因疫殞命者日有所聞至哈埠昂昂溪安達站等處傳染尤烈吾深望邑內一般人民務須加意防範注重衛生勿得稍有疏忽免有此種瘟疫未識有負地方責者亦應如何設法嚴行警備防患於未然云

——摘自《盛京时报》，1921 年 3 月 12 日

○改期開學

本邑勸學所昨奉江省教育廳令現因瘟疫流行將原定開學日期展緩半月改爲三月二十五日開學仰該生遵令江時來校勿誤等因諒本邑一般留學一省者務遵期赴校以重學業云

——摘自《盛京时报》，
1921 年 3 月 12 日

○軍醫院院長赴哈

陸軍部因東三省疫症流行正在辦理防疫之際傳聞者輕重不一特選派軍醫院院長嚴君親來東省調查詳情併注重軍界人物于日昨到長春即換乘東省車前往哈埠去矣

——摘自《盛京时报》，
1921 年 3 月 13 日

○大宗消毒器到吉

自北滿發生鼠疫後各種消毒之藥倍極暢銷近新開關門外成德藥房楊成德醫士由美國包而布拉可公司（譯音）運到最有力量消毒燻器一百二十餘架無論是否醫士均能使用購買際該藥房並能詳細告知用法該器能用於一千立方尺之室內有完全將毒消除之能力且凡有傳染性之症發現[illegible]有效用英美各國醫界均極利用

——摘自《盛京时报》，
1921 年 3 月 13 日

▲哈爾濱▼

○時疫仍未減輕說

哈埠疫癘發生以來雖經防疫事務所雷厲風行竭力防範惟近日來疫厲仍未稍殺據衛生隊消息本月三日道外共死十六人內有三人係打嗎啡有四人係屬老病而死其餘九人皆病疫死者由此調查可知百斯篤疾尚未輕症減云

中央昨得伍醫官連德來電報告云哈埠鼠疫初起時傳染甚厲每日死亡者甚多自萬國防疫會認眞檢查以來現在疫勢漸漸減少大約再逾一星期即可望撲滅等語云

——摘自《盛京时报》，1921 年 3 月 13 日

○防疫不良之現狀

（六）輔設立防疫處辦理防疫事宜本係慈善主義並非有害于民乃不肖之徒竟以防疫藉口陷害好人詐取民財者頗不乏人于上星期北關有一身着狐皮大氅者（係南省人在某機關充差）正行走間偶吐痰帶血當時被防疫隊瞥見齊向前剝衣搜腰某爭持不許竟來一防疫官長謂汝確有疫症余給汝點藥水喝下即愈某信之爲實將藥水喝下片時斃命當被防疫隊剝去大氅搜去財物用煤油焚燒其尸而去

防疫隊凡遇有因疫而死者其衣服被褥一切物品無論値錢與否一槪火焚之以杜傳染茲聞月前東關民戶曹祿家滿門七口均因疫而死惟曹某未死時防疫隊前往拘捕曹懼拘潛藏于對屋崔姓家當被防疫隊尋見鎖曹之被褥均藏於崔屋遂將崔之花洋布紅洋縐被兩床紅縐織褥兩床與曹一併携去聞曹命不致死竟被生燒矣似此種種慘樂時有所聞有人謂隔離所貯藏衣服被褥有兩間房之多既係病人之物即有毒氣何不盡行焚燒而有存之者何也

（未完）

——摘自《盛京时报》，1921 年 3 月 13 日

恭頌長春防疫隔離所盧漢芳巡官熱心愛護之德政

敬啓者鄙人等前自入防疫隔離所後無論疫病有無幸蒙南一區盧巡官兼差是內照應既出於眞誠佈置復基於周密他若飲食上之種種檢驗居住上之種種清潔以及於人衆之中種種演講開導事無鉅細盧巡官必勞瘁不辭飢溺由己鄙人等受惠之深愧無以報謹貢數語畧登報端竊願世之辦慈善事業者當以盧巡官之仁心爲主腦惠政爲模範耳幸甚幸甚

前隔離被留商民　孫介臣　孫聘三　孫佐襄　耿廣五　趙秀峰　高玉清

劉仲山　王子峻　黃少儒　李陽普　劉永珍　李樹棠　楊澤卿　滿梧齡

李宗發　李彩廷　孟蓋臣　李文閣　劉芳廷　楊廣餘　李範五　閻潤田

謹啓

——摘自《盛京时报》，1921 年 3 月 15 日

長春

○防疫所報告現狀

本月五日正午長春中日防疫當局在本所會商防疫事項出席者中國方面爲蔡道尹李參謀金周二醫官詹王二主任日本方面爲村上領事糟谷副領事橋本署長國澤防疫部長阿部先生岩田先生城木主任大內先生枝元先生守田醫官等由本所報告目下進行狀況

（甲）中東路防範之擴充

（一）窰門站設立檢疫所實行上車檢驗並派調查二人（每列車一人）隨車抽查車隊長如有擅放行爲即請電宋督辦處以相當懲罰車隊不守範圍者亦如之

（二）烏由米沙子兩站已派警嚴行防堵以期周密

（三）嚴查上車鼓惑之人從重罰辦但路警如不負責辦理亦處相當之罰

（四）每日哈爾濱發出各站之票並先以電話報告以免偷越

（乙）吉長路防務之設備

（一）無知苦工一味希冀免受隔離有繞吉長路卡倫站上車者現爲預防傳播起見在卡倫飲馬河等處設立檢疫分所

（二）實行車上之檢查已得吉長路局之同意

（丙）城內商埠防範之布置

（一）嚴查伙房小店如有新來住客未受隔離者即送大佛寺隔離所隔離以免偷越頭道溝亦應如此辦理（此條已由李廳長與橋本署長議定但須嚴厲進行）

（二）檢查普通病症及死亡狀況城內商號住戶無論何病均須醫官診驗以免隱匿頭道溝亦請同樣辦理

計本日決定事項如下

第一　窰門站添聘日醫一員作爲第八檢疫所醫官由道尹任命凡窰門站關于防疫事務一部分事宜概聽該醫官指導

第二　由窰門站下車之三等乘客分別隔離

第三　將頭二道溝火車上檢驗之綫延長至窰門每日北來列車均有醫官由窰門站上車往來檢視北京內務部奉天巡閱使吉林督軍省長哈爾濱宋督辦鈞鑒濱江醫院伍總醫官鑒昨日窰門站北來貨車發現疫者朱奎明係雙城縣人移時即斃經金醫官與守田醫官往該處視察當即消毒焚化二道溝隔離所亦疫斃一名麻德旺由東青州人係隔離第二日者考察歷次發現均係北來車客自須嚴密籌防現經決定辦法三項窰門站檢疫所添聘專門醫官嚴重防堵頭二道溝間之車上檢查延長至窰門站多派醫官往來視察自窰門至二道溝仍請路局不售票不停車以免乘客下車繞越除督飭員警嚴防外謹聞（請飭照路局如議辦理）蔡運升馓印

中東路哈爾濱長春與張家灣及長春兩地方隔離北來之苦力實行檢疫手續且施行預防注射詎前四日午後長春隔離所發現患百斯篤者二名張家灣隔離所亦發現若干名日來謂百斯篤已漸消滅概可無虞自斯兩隔離所發生疫症後現該路沿線復大行警戒長春張家灣間各驛已禁苦力乘車云

——摘自《盛京时报》，1921 年 3 月 15 日

〇規定檢疫辦法

本埠當局頃以各道檢疫人員多屬臨時指派深恐良莠不齊或有乘機之便索詐居民財物情事特改定辦法加地檢廳司法警察六名商會辦事員六名協同檢疫于尊重防疫之中仍寓暗行監視之意以杜弊混而免居民藉口云

——摘自《盛京时报》，
1921年3月15日

〇嚴醫官來哈檢疫

自北滿疫癘發生以來中央對此非常注意昨特派醫官嚴誌鍾（即嚴修之公子）來哈蒞察疫況並與防疫總辦伍連德博士會商防止辦法以免蔓延聞嚴氏下榻後寓道外中西旅館云

——摘自《盛京时报》，
1921年3月15日

〇鼠疫竟自關裏來

十五日日警務署發表云十二日有通過奉天至長春下車之華人楊春堂楊貴堂二名十四日晚間在長春北門外發現病狀其一人旋即死亡長春中國防疫會正在檢驗病源觀察情形當係鼠疫查該二人係由山東桑園方來面者在奉天附屬地住宿一宵始行北往以故奉天警務署及滿鐵當局對于附屬地之各旅館正協力施行大消毒云

——摘自《盛京时报》，
1921年3月16日

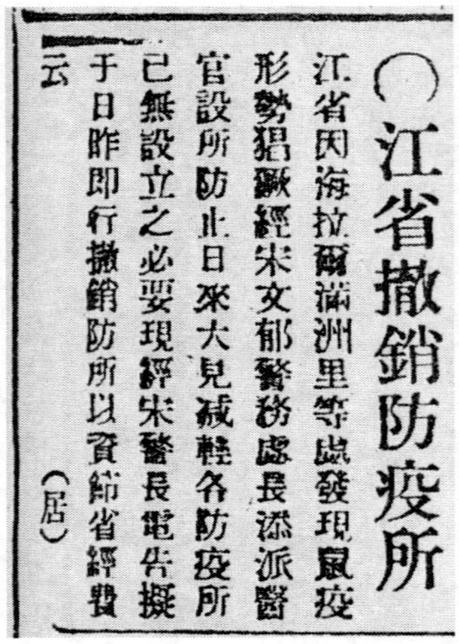

〇江省撤銷防疫所

江省因海拉爾滿洲里等處發現鼠疫形勢猖獗經宋文郁警務處長添派醫官設所防止日來大見減輕各防疫所已無設立之必要現經宋警長電告擬于日昨即行撤銷防所以資節省經費云（居）

——摘自《盛京时报》，
1921 年 3 月 16 日

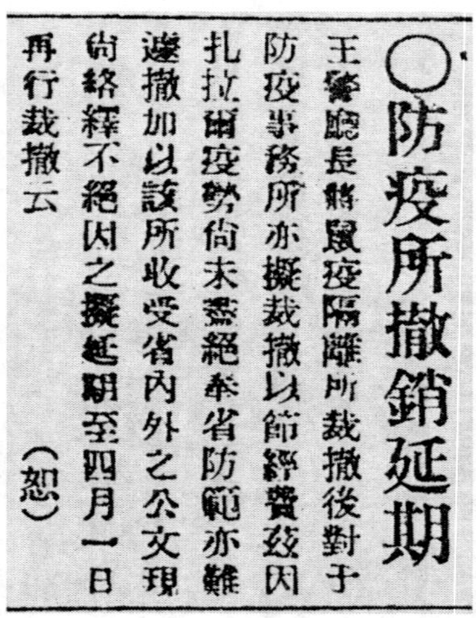

〇防疫所撤銷延期

王警廳長將鼠疫隔離所裁撤後對于防疫事務所亦擬裁撤以節經費茲因扎拉爾疫勢尚未盡絕奉省防範亦難遽撤加以該所收受省內外之公文現尚絡繹不絕因之擬延期至四月一日再行裁撤云（恕）

——摘自《盛京时报》，
1921 年 3 月 16 日

來件

盛京時報大主筆文壇前上蕪函已邀登載 貴報披閱之下無任感激足見 執事關懷民瘼俾釋群疑鄙人才力棉薄知識淺鮮幸同舟諸公和衷共濟防範未敢稍疏除前報不計外今將由二月十九日至今海拉疫死人名數目列表函送 俯賜登載實爲公便耑此敬請選安餘希朗照 海拉爾防疫總醫官劉永維鞠躬三月七日

海拉爾疫死人名數目表民國十年三月七日

姓名	疫死日期	備考
高鳳鳴	二月十九日	由滿洲里來海
高鳳岐	同	仝
馬洪恩	同	仝
無名男	二月廿一日	由滿洲里來海
俄此干人	二十五日	同
同	同	同
劉德鳳	二十六日	同
俄此干人	二十七日	同
同	同	同
同	二十八日	同
同	同	同
張老四	二十八日	大鉅塲
盧先生	同	同
李德志	同	李飯館
俄此干人	三月一日	由滿洲里來海
同	同	同
于文善	三月一日	大鋸塲子
俄此干人	二日	由滿洲里來海
無名男	五日	南門外河套

說明 以上列表之人雖係疫症屍身消毒後焚化

——摘自《盛京时报》，1921年3月16日

▲長春▼

○百斯篤復熾駭聞

本埠城東四十餘里興龍溝吉長車站某家于昨日上午十時許因疫斃命共計七口旋經其醫官前往該宅勘驗該毒傳染旋亦死去及至晚間四時又頭道溝大通棧住有直隸南陽縣人楊俊楊治兄弟二人陡患疫症口吐鮮血適被該棧主遇見逐出門外及行至商埠郵政局西面即行氣絕當由崗警報告防疫事務所派醫官往驗確係疫症遂嚴禁行人近前以杜傳染并于當晚將大通棧查封令其停止營業所有櫃夥人等一併帶入隔離所檢驗一時全埠人民聞訊恐慌異常而防疫機關更為注意刻正遍地檢察認眞防範較之平昔嚴厲十分查官廳防範如此綦嚴或者不致蔓延不止云

——摘自《盛京时报》，
1921 年 3 月 17 日

▲大連▼

○檢查來船防鼠疫

大連民政署長近來接山東來電言山東青來等處發現鼠疫甚形猖獗往來輪船須務要嚴加檢察以免蔓延是以官署派衛生課人員多名對于來連之船詳加檢驗云

——摘自《盛京时报》，
1921 年 3 月 18 日

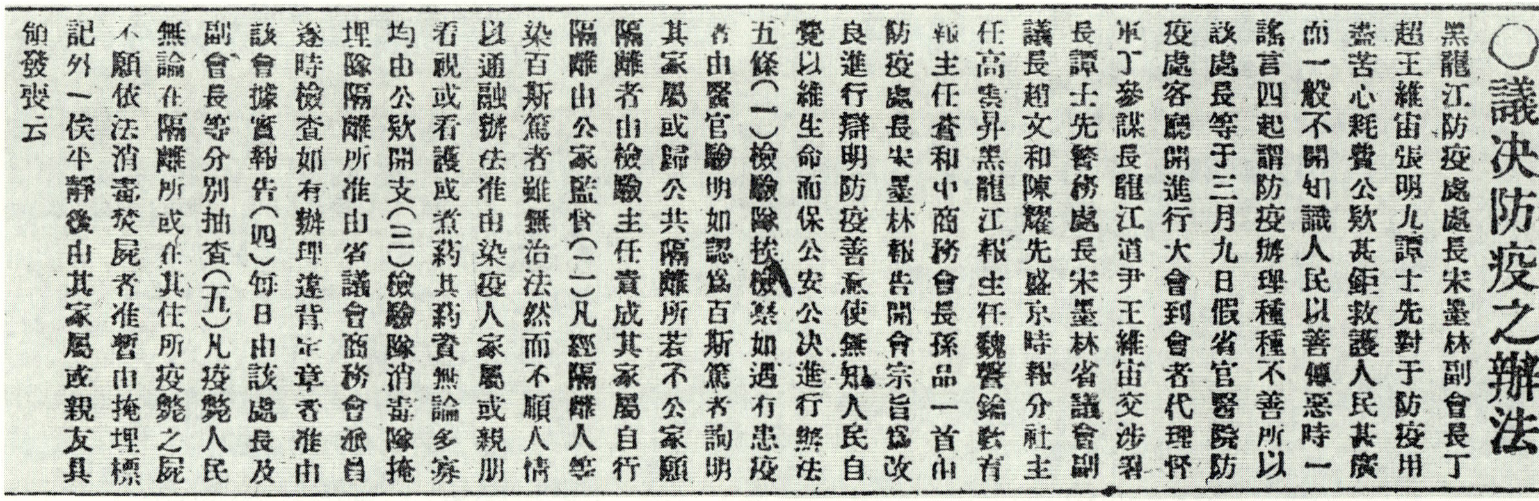

○議決防疫之辦法

黑龍江防疫處處長宋墨林副會長丁超王維宙張明九譚士先對于防疫用盡苦心耗費公款甚鉅救護人民甚廣而一般不開知識人民以善傳惡時一謠言四起謂防疫辦理種種不善所以該處長等于三月九日假省官醫院防疫處客廳開進行大會到會者代理督軍丁參謀長龍江道尹王維宙交涉署長譚士先警務處長宋墨林省議會副議長趙文和陳耀先盛京時報分社主任高壽昇黑龍江報主任魏馨鑰教育報主任蒼和中商務會長孫品一首由防疫處長宋墨林報告開會宗旨為改良進行辯明防疫善意使無知人民自覺以維生命而保公安公決進行辦法五條(一)檢驗隊拔檢禁如遇有患疫者由醫官驗明如認為百斯篤者詢明其家屬或歸公共隔離所若不公家願隔離者由檢驗主任責成其家屬自行隔離由公家監督(二)凡經隔離人等染百斯篤者雖無治法然而不願人情以通融辦法准由染疫人家屬或親朋看視或看護或煮藥其藥資無論多寡均由公款開支(三)檢驗隊消毒隊掩埋隊隔離所准由省議會商務會派員逐時檢查如有辦理違背定章者准由該會據實報告(四)每日由該處長及副會長等分別抽查(五)凡疫斃人民無論在隔離所或在其住所疫斃之屍不願依法消毒焚屍者准暫由掩埋標記外一俟平靜後由其家屬或親友具領發喪云

——摘自《盛京时报》，1921年3月18日

〇電詢山東疫勢

北滿鼠疫行將消滅而山東鼠疫又見發生張使聞訊後對之非常愼重日昨曾致電中央詢問該處鼠疫發生及傳染情形以便在京奉鐵路從事防範而免傳入東省云（怒）

——摘自《盛京时报》，
1921 年 3 月 19 日

〇警廳防疫計畫

本埠警察廳廳長張舜卿近鑒于北滿一帶鼠疫雖稍減輕而山東德縣亦發現鼠疫營埠爲通商口岸往來旅行絡繹不絕誠恐傳染來營故昨特召集縣內人員及各署長官幷防疫院長等公同討論防疫計劃茲將辦法畧誌如下（一）請款購置防疫器具藥品（二）飭警逐日挨戶檢驗（三）禁售腐爛食物（四）檢禁來往客人（五）防疫院添設醫官

——摘自《盛京时报》，
1921 年 3 月 19 日

▲黑龍江▼

〇鼠疫因寒復熾

本城自去冬發生鼠疫以來路倒時有所見今春氣候融和疫氛漸消不意月初忽降風雪天氣嚴寒以致鼠疫復熾日死百數十人人心爲之惶惑茲聞發禍源因均係各巷茶館所傳染蓋因房屋矮小人跡雜聚有一患者均受傳染日前會友泉胡同某茶館少東因疫死亡繼而說書之馬先生亦死聽書者見勢不佳一哄而散旋在該茶館門首又倒斃二人一爲回民某馬販其家人領回掩埋一被防疫處擱置所拉去焚燒矣寄語諸君當此防疫戒嚴之際茶坊酒肆務須少往免受傳染也

——摘自《盛京时报》，1921 年 3 月 19 日

○學校再緩開學

省立中等各學校前奉教育廳令定于陽歷三月拾日開學嗣因疫症未盡將寒假期間延長半月定于三月二十五日開學茲閱教育廳因疫氣復熾火車不通外縣學生無由到校復將開學期限又展半月定于四月八日（即陰曆三月一日）一律開學已于日前通令各校一面牌示在省學生一面函知外縣諸生遵限到校無須早來寄居旅店致有不測云

——摘自《盛京时报》，
1921 年 3 月 19 日

○長春驗疫報告

長春防疫情形經蔡道尹迭次來電報告昨（十七日）張使又接電告近日無疫留驗者四十八人隔離期滿開放者四十名外有俄人九名云（居）

——摘自《盛京时报》，
1921 年 3 月 20 日

檢驗時疫

滿洲里之鼠疫未消而山東又有鼠疫發現火車往來易于傳染故中外官廳對于防疫事向頗形注意華驛日警署除已檢驗火車坐客外昨又飭警將日站中外商民逐戶檢驗以防傳染（立）

——摘自《盛京时报》，
1921 年 3 月 20 日

○京奉路將驗疫

北滿之疫氛方已東魯之疫氛又來近聞津浦路沿綫已發生疫症傳播甚劇該當局深恐疫氛東漸發生危險茲與京奉路局磋商擬每日由天津開來之通車施行檢驗聞于二十三號實行云（岙）

——摘自《盛京时报》，
1921 年 3 月 22 日

○防疫所大開會議

本埠防疫所之設原爲防範疫癘侵入本埠之區認眞辦理無時或疎及近來鼠疫盛行時有因疫死亡之耗是以該所防疫人員對于疫症事宜更加緊急幾有席不暇煖之勢茲該所今日午後又招集各機關重要人員及本所自司開緊要會議研究數時之久至其所議若何辦法容訪再誌

——摘自《盛京时报》，
1921 年 3 月 22 日

▲安東▼

○警察廳施種牛痘

安東警察廳衛生科科員冀子原氏充差多年經歷頗深現値春暖誠恐發生天花更兼別省鼠疫發現若再天花發生易于傳染該科員爲註重衛生起見呈請廳長購備牛漿挨戶施種並分飭各警署所曉諭商民以重衛生而免天花發現云

——摘自《盛京时报》，
1921 年 3 月 22 日

防疫會有名無實

本城防疫隔離所前被無賴搗毀已誌前報茲經地方紳商自行設立防疫會並請李香林爲西醫官婁星垣爲中醫官表面上似屬甚佳惟該會人員多有不知防疫要法者近聞倉房棗園內死人三名某染房死人二名均係染疫致命而該會竟不聞不問欲不謂防疫之有名無實其烏得乎

——摘自《盛京时报》，
1921 年 3 月 22 日

防疫院添委醫官

本埠警察廳長張舜卿近鑒於各處鼠疫猖獗誠恐傳染來營故對于防疫積極進行不遺餘力除令各警署遵照防疫辦法實力進行外幷將防疫院添設醫官一名以便檢查疫症昨特委郭鐘名爲該院醫官現已到差視事云

——摘自《盛京时报》，
1921 年 3 月 23 日

疫勢蔓及東線

中東路線本年原無疫症發生故各大站所設防範機關亦無事可辦聞近據穆稜站電報在馬橋河地方于十四日夜間有華人八名其中五名者患病斃命者三人是否疫症業派俄醫前往調查云

——摘自《盛京时报》，
1921 年 3 月 23 日

▲阿什河▼

○防疫辦法是否完善

哈埠防疫總局派醫官疫隊在哈組設防疫事務所本無瑕疵之可言無如阿境愚氓不知疫爲何事多有仇視之者故有毆逐醫官搗毀疫所之舉而疫症又漸漸發生不便居然鑄免防疫徵生張本城自辦防疫所另聘醫官所辦手續是否完善記者于醫學疫症毫無研究茲將所辦情形姑誌之以供醫學家之評判隔離所設于通行繁盛之區門外擺設灘床照常交易並未斷交通所內隔離二人已死一人在東門裡殷九貴一名倉房菜園山東人三名南門外楊天明全家六口死五口城西三家子屯張文淸等家先後死亡三十餘名防疫所置之不問并不隔離死屍皆由本家照舊殯埋因之疫症傳染漸漸加劇可惜二十萬之防疫費徒爲彼輩杯水車薪之用所辦方法是否相宜願防疫當局有以語我來

——摘自《盛京时报》，1921年3月23日

○頒發防疫獎章

前年奉省辦理防疫人員當局曾經呈請中央一律給獎以昭激勸是項獎章未悉如何迄未頒發玆于日前始由中央頒發到奉王處長當即查案傳知當日一般辦疫人員云（怒）

——摘自《盛京时报》，
1921 年 3 月 24 日

○趙廳長注意檢疫

省會警察趙廳長查自哈埠赴長之人多規避長春之隔離至張家灣小站下車步行至卡倫或下九台上車以故車上檢驗任關重要近雖檢查時疫而防範之法不可不豫爲規定當經經防疫委員會公同議决陸路檢疫辦法凡由哈爾濱双城河城等處來省及在張家灣米沙子等站下車來省之人于烏拉街下九台九站等處實行檢驗如有疑似病人即于本處或送附近地方隔離並于藍旗屯樺皮廠設卡堵截以期周密

——摘自《盛京时报》，
1921 年 3 月 25 日

○吉林防疫之談片

自哈埠鼠疫流行長春緊急防疫以來趙警務處長即于去臘在省垣及吉林縣北境三區各鄉鎮吉長鐵路沿綫辦理防疫兩月來設備極其周密茲將防疫近狀訪錄如左

▲防疫機關配置　春節後先于省城組織防疫總事務所並設置防病院近因吉長路綫發現鼠疫又于沿綫及城廂增設防疫機關以期周密茲將各防疫機關名稱及地址錄下

名稱	地點
總事務所	附設警務處
第二檢疫所	九站
第四檢疫所	樺皮廠
第六檢疫所	大屯
檢疫留驗所	小綏河
第二查驗所	歡喜嶺
注射所	新開門外
本所消毒室	警廳道南
疑似病院	北山桃園
第三隔離所	車站西
第四隔離所	下九台
第一留驗所	吉林站
第三留驗所	下九台
消毒室	下九台
第一檢疫所	吉林車站
第三檢疫所	下九台
第五檢疫所	烏拉街
第七檢疫所	廟嶺
第一查驗所	小廟嶺
細菌化驗所	吉林車站
消毒所	新開門外
輕重病院	北山桃園
第二隔離所	車站西
第三隔離所	九站
第五隔離所	烏拉街
第二留驗所	九站
第四留驗所	烏拉街
病院	下九臺

▲發行防疫日刊　吉林防疫總事務所以防疫最要事件爲傳達防疫消息以便商民各界悉曉防疫情形起見茲特發行防疫日刊每日初一小張內容分文電省城疫說四鄉疫說防疫事務摘要防疫要聞等五門俾便揭載防疫、消息

——摘自《盛京时报》，1921年3月25日

○鼠疫傳染之由來

▲公主嶺▼

廿日午後接公主嶺警務支署之報道謂居住該埠商務會胡同張恩家現有同住者五人內已死亡四人潛逃一人茲據中日官憲就該家詳細調查之結果略謂先是十日許戴某夫婦與其弟自哈爾濱來嶺投宿張家詎至十三日午後戴妻患病死亡戴兄弟即向鐵嶺急遽而逃後至十四日張恩之子張煥（年十六）突然死亡十九日張恩（年五十五）亦繼續死去張恩之妻某氏（年四十八）及其子張永德（年廿八）二人亦于二十二日午前同時殞命此等屍骸業已僱乞運葬邦里東方之八里橋矣日警探知此情乃急派田煙警部補飯島地方事務所員伊藤警察醫師及工藤巡查赴該地與中國張交涉員及巡警鏡檢驗屍體結果即發見百斯篤于是嚴重消毒染疫家日遮斷與鄰家之交通竭力防範再發又駐察長春大內警部接此報告即時與原醫師自長春來再行鏡檢驗結果與前無異乃再調查染疫家當夜即歸長春一面中日防疫各員等關于此事乃擬定于二十一日在中國交涉局開會審議向後防疫之方針茲查該疫病之源確係戴某自哈埠傳染之而戴兄弟現正向鐵嶺逃亡沿道散布病菌又為防疫上異常困難之一道云

——摘自《盛京时报》，1921 年 3 月 25 日

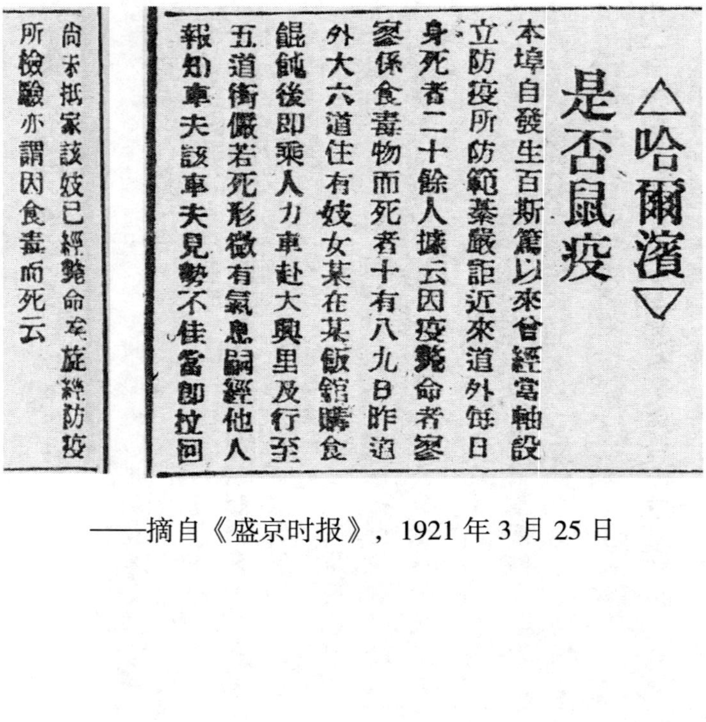

△哈爾濱是否鼠疫▽

本埠自發生百斯篤以來曾經當軸設立防疫所防範綦嚴詎近來道外每日身死者二十餘人據云因疫斃命者寥寥係食毒物而死者十有八九日昨道外大六道住有妓女某在某飯館購食餛飩後即乘人力車赴大興里及行至五道街儼若死形徵有氣息嗣經他人報知車夫該車夫見勢不佳當即拉回尚未抵家該妓已經斃命亦旋經防疫所檢驗亦謂因食毒而死云

——摘自《盛京时报》，1921 年 3 月 25 日

◎最近之防疫消息

▲京奉路施行檢疫　據警界消息北滿鼠疫雖未南下而奉天防疫事宜仍未撤銷誠恐一旦襲來難以撲滅况現在山東桑園地方發生鼠疫京奉路線甚爲危險當局爲防微杜漸計特于二十三日起每車派憲兵二人警員二人隨車檢疫如發見旅客有疾時則照防疫手續分別辦理以防毒菌之傳播云

▲皇姑屯設隔離所　皇姑屯之隔離所現已着手修繕聞警廳此項計劃係以東省屢現鼠虎諸疫特在該站設立隔離所俾資永久存在以爲未雨綢繆之計耳

▲公主嶺設防疫線　前者鼠疫僅流行于長春以北長春猶獲安全故中日當道均注重于長春地方以長春爲疫症第一防禦線詎鼠疫茲已衝破長春病者漸多而公主嶺地方日前復有疫疾發生其原因蓋北滿苦力多畏鐵路之檢驗由春城徒步南下者頗夥公主嶺之病人官憲即認係長春來者之傳染是以公主嶺日本官憲與中國交涉局協商共同防範對于住戶實施檢疫行人則檢驗健康及出發地點確無疫者發給旅行証書始准南下關于消毒藥劑滿鐵方面允擔補助費若干種株設施目下已在積極進行中

——摘自《盛京时报》，1921 年 3 月 26 日

〇錢商受鼠疫影響

本埠前幾日時疫盛行一家死去數口之多大通客棧因發見疫癘停止營業會誌報端玆昨日頭道溝東二區四十五號地興順客棧又有關某因染鼠疫口吐鮮血四肢無力立即斃命經該棧主報告日官署派醫勘驗確係鼠疫隨將該棧封閉不准營業并與該棧聯居之東生金宏昌兩錢號亦同時查封暫停營業數日以免傳染云

——摘自《盛京时报》，
1921 年 3 月 26 日

〇當局愼重防疫

據政界消息張秉省長以北滿一帶之鼠疫日久不滅實屬危險令特與吉江兩督商妥由吉江兩省轉令防疫地帶行政官按日將疫症情形詳報以覘疫勢而便防範聞吉長蔡道尹已遵令每日分報玆覓得其前日通電云(銜畧)本日長春城關仍無疫留驗七十人驗放及隔離期滿者三十三名謹聞

——摘自《盛京时报》，
1921 年 3 月 27 日

△奉 天▽

京奉停售三等票

鼠疫發現滿洲里漸次南侵哈埠長春近已有所發生而山東亦有此項疫症發現防範自應加嚴京奉鐵路局局長因火車原爲便利人民之來往但鼠疫易于傳染不容不防故將由津東來之車輛三等票概已停止售賣矣（德）

——摘自《盛京时报》，
1921 年 3 月 27 日

▲賓 縣▼

○鼠疫宜防

自去冬哈埠發現鼠疫以來本境頗稱安謐及正月下旬南門外李家粉房隔壁盧姓忽于兩日之內連死七人近又喧傳縣西瀰家店甚克圖等地方發現疫死者頗多按不潔之處實爲招疫之本當此春融氣發有地方責者盍不急爲設法清理以免疫毒之蔓延耶

——摘自《盛京时报》，
1921 年 3 月 29 日

▲一面坡▼

○張區官注重衛生

一面坡同賓警察六區區官張旭東氏以坡哈相近當此毒疫流行之時若不預防難免蔓延連日來時于防疫一切格外注意昨以春暖氷融道路泥滑既碍行行人又碍衛生特飭警傳諭所屬商民各戶剗下疫症之烈首宜淸潔市面洒掃庭院以重衛生云

——摘自《盛京时报》，
1921年3月29日

△奉　天▽

派員檢查疫症

山東發現鼠疫京奉車來客難免曾染疫氣者警務處處長象充防疫所所長王家勳自應預備防範遂委衛生課員于李二人每日在京奉站將由津來奉之商人一律檢驗云　（德）

——摘自《盛京时报》，
1921年3月29日

是否鼠疫

據聞昨日小西關某處有一苦力因病身死其未死時口吐鮮血類似患百斯篤者事爲警察所知即以報告防疫事務所派員消毒檢驗其血已由南滿醫院檢去驗視是否鼠疫尚未判明該苦力據聞係自長春來或係鼠疫亦未可知故警察當局十分注意云

——摘自《盛京时报》，
1921 年 3 月 31 日

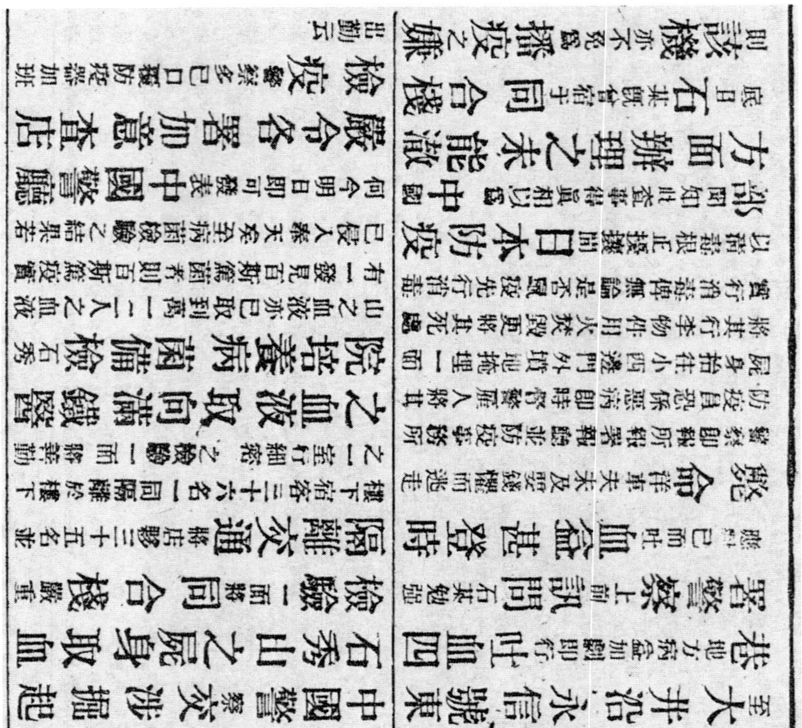

○危哉殆哉

百斯篤菌果已突破防禦線侵入安全地帶之奉天

——摘自《盛京时报》，1921 年 4 月 1 日

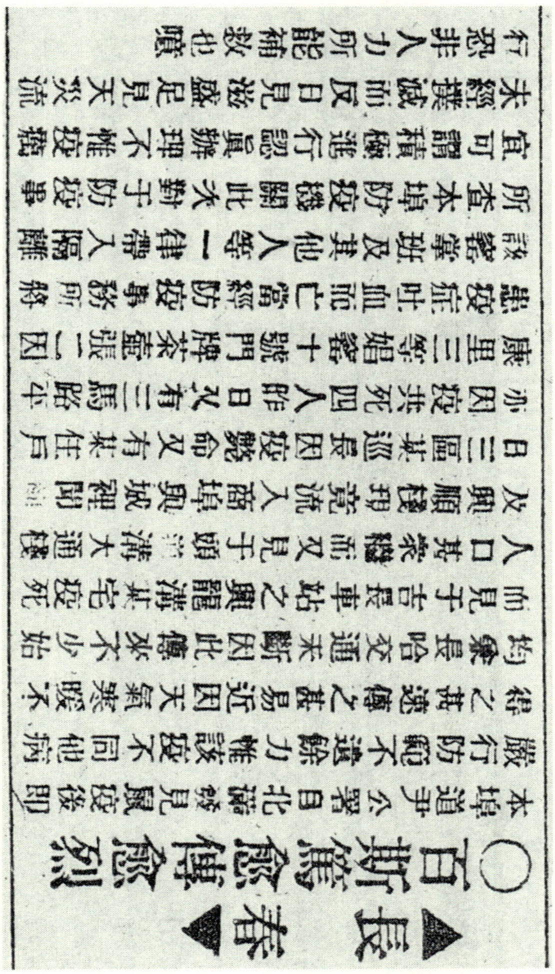

▲長春▼

○百斯篤愈傳愈烈

本埠道尹公署自北滿發見鼠疫後即嚴行防範不遺餘力惟該疫不同他病得之甚速傳之甚易近因天氣寒暖不均衆長哈交通未斷因此傳來不少始而見于吉長車站之興龍溝某宅疫死人口其家屬而又見于頭道溝大通棧及興順棧現竟流入商埠與城裡聞[illegible]日三區某巡長因疫斃命又有某住戶亦因疫共死四人昨日又有三馬路平康里三等娼窰十號門牌茶壺張二因患疫症吐血而亡當經防疫事務所將該窰掌班及其他人等一律帶入隔離所查本埠防疫機關此次對于防疫事宜可謂積極進行認眞辦理不惟疫癘未經撲滅而反日見滋盛足見天災流行恐非人力所能補救也噫

——摘自《盛京时报》，1921 年 4 月 1 日

▲哈爾濱▼

○隔離車無人逃走

內務部及省長公署據報哈埠隔離車內逸去五百餘人恐其中有受疫之人逃竄他處輾轉傳染貽患堪虞特電董道尹務須于隔離車室多派得力警察嚴重看守並將實情電部查核董道尹接電後當即復電謂奉部省蒸電據長春蔡道尹[illegible]稱哈埠隔離車內有逃逸五百餘人有無其事各等因查哈埠火車隔離所自開辦以來隔離人數至多祗二百零一人前說當係訛傳惟開辦之初于二月十二日晚間曾由窗房逃去一人十三日逃三人二十四日又逃去一人業將該所事務員撤懲現已封嚴密本月並無逃逸情事且該所每日出入人數均列表登報如有多數逃亡豈能隱匿除電覆外誠恐傳聞失實謹此電陳云云

——摘自《盛京时报》，1921 年 4 月 1 日

○鼠疫猖獗

近來鼠疫流行日甚一日本邑審判廳東院住戶谷某昨二十五日因事出外旋即回家不知何處染來疫症患者五人已斃一人又第一區南河岸亦有因疫斃命者九名經警士報告防疫所比即遣人掩埋日昨西花園四所界內又有疫症之發現刻下疫勢猖獗而防疫所人員若再不施行嚴防手續將來傳無底止也噫某

——摘自《盛京时报》，
1921 年 4 月 1 日

○是否鼠疫之爲禍

昨早(三十一日)七時半許距文會書院北方三十餘丈路上有一狀似苦工的華人年六十左右發現患病當經第五署巡警羅長發瞥見即加保護詎至午前十時許竟登鬼錄値此疫勢南下最須預防之際中日官廳當然嚴重調查比經第六署長及劉防疫醫官前往查勘而日本側則領事館警察署林警部警務署治田警部及山田防疫醫師與文會書院病院美醫羅斯氏均親臨死者之地檢驗屍体該死屍唇部及口中血痕斑斑又右顧部至肩部附着許多吐物果否係眞正百斯篤病尙未判明劉某及仙田兩醫師均携吐物回署刻正檢驗中云

——摘自《盛京时报》，
1921年4月2日

▲大連▼

○鶴見博士又北上

大連滿鐵會社衛生課鶴見博士前曾奉旅順關東廳命令赴北滿調查制拉爾一帶鼠疫因疫勢消滅即行將連現聞又接見北滿來電謂疫症復熾傳染甚遠該博士遂於日昨乘車北上調查疫症云

——摘自《盛京时报》，
1921 年 4 月 2 日

▲哈爾濱▼

○巡警檢驗疫症忙

邇來本埠道內外之疫症愈傳愈烈三二日間死者甚多哈埠各警區一日死者數十名不等各署警士連日報告時疫及檢驗等事頗形忙碌崗位已多撤去現在防務吃緊之際[illegible]難免宵小乘機蠢動

——摘自《盛京时报》，
1921 年 4 月 2 日

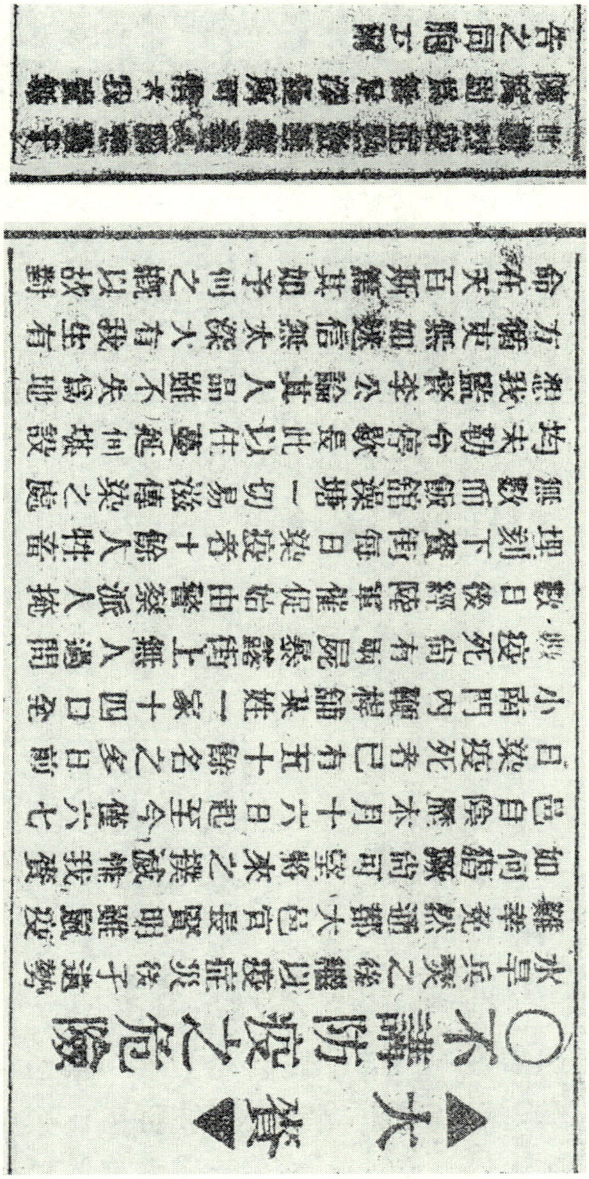

▲大聲▼

◎不講防疫之危險

水旱兵燹之後繼以疫症災後孑遺勢難幸免然通都大邑官長賢明雖鼠疫如何猖獗尚可望將來之撲滅惟我賓邑自除縣本月十六日起至今僅六七日染疫死者已有五十餘名之多日前小南門內鞭桿舖某姓一家十四口全數疫死尚有兩屍暴露街上無人過問數日後經陸軍催促始由警察派人掩埋刻下賓街每日染疫者十餘人牲畜無數而飯館澡塘一切易滋傳染之處均未勒令停歇長此以往蔓延何堪設想我監督李公論其人品雖不失爲地方循吏無如迷信太深大有我生有命在天百斯篤其如予何之概以故對[illegible]

[illegible]告之同胞[illegible]

——摘自《盛京时报》，1921年4月2日

△奉　天▽

鼠疫消息續誌

長春來客石秀山在小西關患疑似鼠疫吐血斃命見昨報茲續聞該病者之血液僅中國當局取而試驗迄今四日其結果猶未發表至西站同和棧之王善勤則尚在論斷中惟該棧生入疑稱該石某並未停宿棧內究竟防疫當局聞自何人有何証據即施以消毒隔離現已提出設辦書並聞中日防疫當局因此事意見小有隔閡識者憂之現正在磋解中

——摘自《盛京时报》，
1921 年 4 月 2 日

禁止難民來奉

外蒙難民與直魯災民此數日間陸續來奉當局情難禁止惟北滿鼠疫不減而關裡又有百斯篤發現此項難民尤易傳染奉省不得不預爲防範是以經張使電飭京奉中東兩路局長將所有難民一律禁止登車來奉以（立）

——摘自《盛京时报》，
1921 年 4 月 2 日

查封同和客棧

日警署爲注重防疫起見近來飭警在附屬地內逐戶檢驗因日前在小西關猝然吐血身死之石秀山（一說謂石德山）有曾在同和棧住宿一宵之傳言故日警前往該棧嚴重檢查復驗得該棧夥王善勤亦患類似百斯篤是以即將該棧查封施以消毒方法須俟七日期滿始准其照常營業云（位）

——摘自《盛京时报》，
1921 年 4 月 2 日

○設立疫菌檢驗部

省城防疫事務所爲檢驗百斯篤菌特在大西邊門外山東廟迤北地方設立檢菌部專事檢驗病人培養黴菌其部長派定衛生醫院馬醫官擔任昨載文會書院南倒斃之男子亦經取血往驗是否鼠疫尚未確定云

——摘自《盛京时报》，
1921 年 4 月 3 日

○驗明眞性百斯篤

日前在小西關猝然倒斃之石秀山業經中國防疫醫官取血檢驗迭誌本報昨聞檢驗之結果認爲眞性百斯篤警察與防疫當局于是更加注意矣

——摘自《盛京时报》，
1921 年 4 月 3 日

○復行修理隔離所

前當防疫時即設隔離所于山東廟內後因疫勢消滅遂將該隔離所取消現下疫症又熾復將隔離所重行修理以備收容患者云（空）

——摘自《盛京时报》，
1921 年 4 月 3 日

猝然倒斃

日昨（一日）上午小西邊門外南小橋子胡同倒斃王某一名年六十餘歲山東人並攜帶物件若干後經該管劉巡官帶同醫官前往檢驗認係患百斯篤致死當用煤油焚燒云（穩）

——摘自《盛京时报》，
1921 年 4 月 3 日

△榆樹▽

鼠疫流行

滿州里日前發現鼠疫傳染甚速人所共知茲本邑巴家屯近來因疫而死者不下二十餘人縣知事聞耗驚恐異常親往檢驗該并將其屍及房屋一概焚燬又備各種消毒藥品散放農戶以免染疫人民更有許戲五天以酬神庥者而期鼠疫撲滅云

——摘自《盛京时报》，
1921 年 4 月 3 日

▲大　賚▶

疫症可畏

本邑近由哈埠傳來一種時疫殊爲猛烈日前小南門裡有趙某以苦力營生夫妻子女五人度日詎婦人先病男子尙能服侍將小孩送交義姊家中暫住過一日而夫妻竟同時因疫斃命其其義姊劉姓因小孩之傳染亦即身死同院六家每家或男或女或一或二死亡相繼幾至無人掩埋者又小十字街郭景鰲開設藥舖不知由何處診病傳染疫症末逾一星期夫妻二人及其老母長子姑娘等男女六人相繼而死剩小兒五歲小女六歲終日涕哭無人照拂實屬可慘未識有地方責者將如何設法以善其後也噫

——摘自《盛京时报》，1921 年 4 月 3 日

▲奉　天▼

○奉天防疫之急進

自鼠性百斯篤患者發現省垣後警察當局對于疫癘之防範頗加嚴厲上星期六王廳長召集六署署長及行政孫科長衛生范科長防疫所長各醫官等大開會議定急進辦法如下

▲警界自衛　警察職在防衛人民然尤須先行自衛自星期日始全城警員一律發給防疫呼吸囊（前僅防疫警員有之）所有署所等處實施掃除消毒以保清潔爲人民倡

▲檢察衛生　衛生不講最爲致疫之源除凡棧店妓寮飯館等公共集合處所早經隨時檢查茲更按戶傳知于衣食住三者均應注意清潔本星期內尚擬派醫官按戶檢查有不潔者照衛生違警法罰辦各署已于星期日傳知商民住戶矣

▲收拾水溝　省城各地水溝冬令冰雪滯積穢物淤塞惡氣燻蒸殊與衛生有碍亟應傳知住戶各就住所隨時疏通撒以石灰凡屬官署則由清潔夫衛生隊負責整理命令傳出後西關之平康里首先實行他處亦均在踈濬中

▲取締匿報　婚喪大事例須報警無如向者行之未嚴人民間有匿報者茲際防疫時期爲疫爲病亟應檢查一經疏忽貽害匪淺今更嚴定辦法除死人者必須據實呈報外購買棺木亦須持有執証始能購得棺木如不見執証私賣棺木者從嚴處罰如此則人民雖欲隱匿無棺不能盛殮自然不報而自報

▲實行隔離　皇姑屯之隔離所今已佈置安協日來疫勢漸盛已派人在所辦事凡有疫疾嫌疑者則抬往該所隔離醫治以防傳播惟現下尙無人入所云

▲檢定疫菌　小西關倒斃之石某確係百斯篤已見本報日前在文會書院倒斃之無名男子其菌亦係百斯篤城關地方漸有續發之勢華人士前經鼠疫一度之蹂躪罔不聞而生畏比較的於會防疫之心理較前大見進步矣

——摘自《盛京时报》，1921年4月5日

○二次撥發防疫費

海拉爾地方發生鼠疫後奉當局曾發一度防疫經費設立防疫隔離等所茲因鼠疫傳至奉省防疫更形切緊財政廳現又發出防疫經費若干日昨由警務處轉發各署備用俟將來酌核情勢再行增加云 （恕）

——摘自《盛京时报》，1921 年 4 月 5 日

○財政廳特撥防疫鉅欵

疫氛愈烈各界震駭張使以人民生命攸關對于注意屢次切諭各當局審慎籌防昨飭財政廳特籌撥十萬元專備防疫之費不知負此責者將如何佈置以慰張使而救人民耶 （空）

——摘自《盛京时报》，1921 年 4 月 5 日

○購置防疫藥品

二十七師軍醫處張沛禱處長以返來疫症劇烈極情萬狀非妥爲籌防不是以消患未然特詳呈張師長請欵兩千元派員赴大連等處購辦防疫藥品云 （空）

——摘自《盛京时报》，1921 年 4 月 5 日

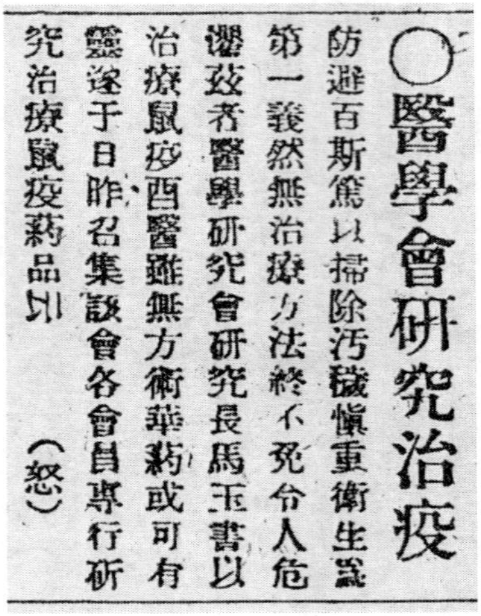

○醫學會研究治疫

防避百斯篤以掃除污穢愼重衛生爲
第一義然無治療方法終不免令人危
懼玆者醫學研究會研究長馬玉書以
治療鼠疫西醫雖無方術華藥或可有
靈遂于日昨召集該會各會員專行研
究治療鼠疫藥品云 （怒）

——摘自《盛京时报》，
1921 年 4 月 5 日

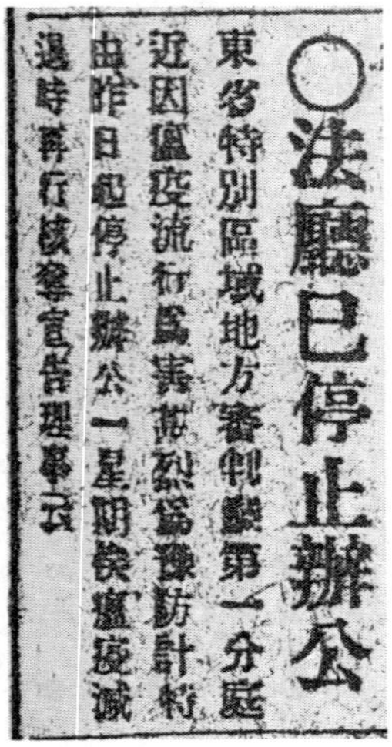

○法廳已停止辦公

東省特別區域地方審判廳第一分庭
近因鼠疫流行爲害甚烈爲豫防計特
由昨日起停止辦公一星期俟鼠疫減
退時再行核奪宣告理事云

——摘自《盛京时报》，
1921 年 4 月 5 日

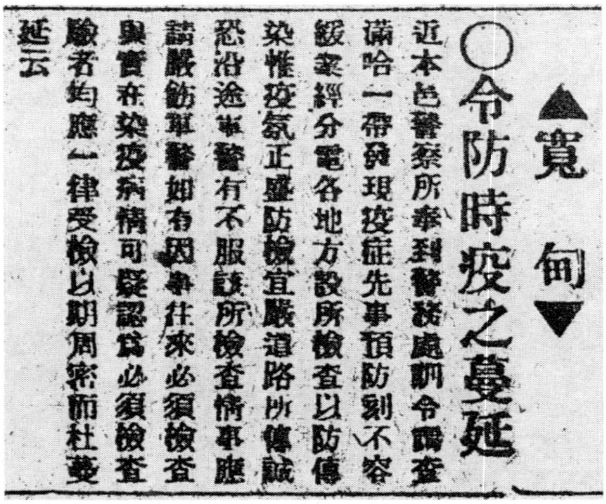

▲寬甸▼

○令防時疫之蔓延

近本邑警察所奉到警務處飭令調查
滿哈一帶發現疫症先事預防刻不容
緩業經分電各地方設所檢查以防傳
染惟疫氛正盛防檢宜嚴道路所傳誠
恐沿途車警有不服該所檢查情事應
請嚴飭軍警如有因事往來必須檢查
與實在染疫病情可疑認爲必須檢查
驗者均應一律受檢以期周密而杜蔓
延云

——摘自《盛京时报》，
1921 年 4 月 5 日

△蘭西▽

因疫斃命

本邑春花里三菲妓館順興堂前有自哈前來之王某(亦營妓業)寓于該堂小住二日即行斃命嗣經隔離所醫士檢驗亦係鼠疫遂載之郊外付諸一炬以免蔓延云

——摘自《盛京时报》，
1921年4月5日

○張師長注意防疫

陸軍二十七師張輔臣師長以奉城鼠疫已見萌芽預防之道不容少疏前日特招集全體軍官議決辦法如下(一)軍營內須時加掃除並潔淨飲食服裝檢察之責由該管下級長官負責團營部醫官每星期須至各室檢查一次以資督飭(二)外來閑人不准入營軍士無故不得外出(三)軍人有疾病時須速請醫官診治以便分別疫病或治或即隔離(四)軍人之携眷居住者關于防疫事項須受警察之指揮不得抗違致碍防疫要政云

——摘自《盛京时报》，
1921年4月6日

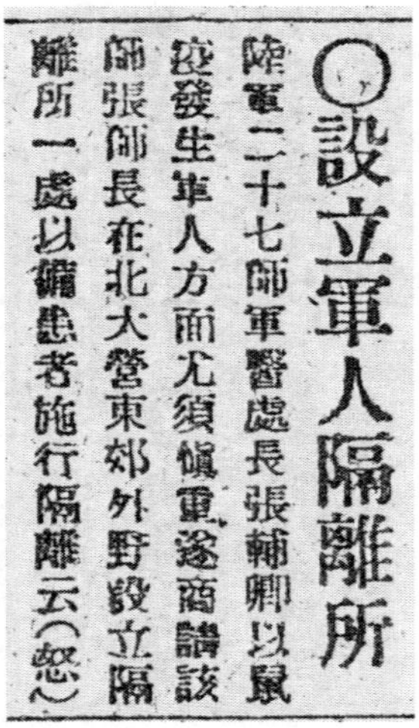

〇設立軍人隔離所

陸軍二十七師軍醫處長張輔卿以鼠疫發生軍人方面尤須愼重遂商請該師張師長在北大營東郊外野設立隔離所一處以備患者施行隔離云（怒）

——摘自《盛京时报》，
1921年4月6日

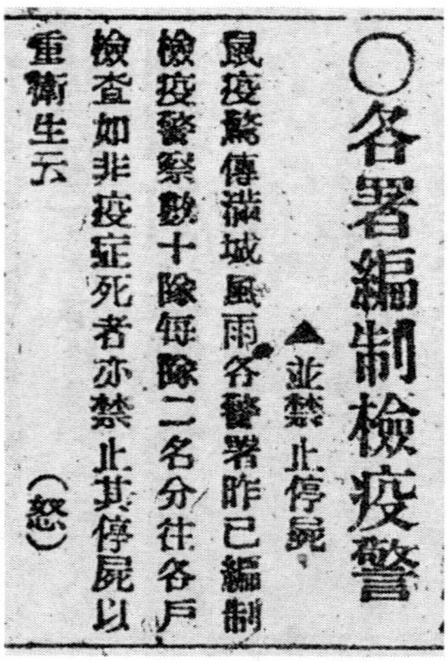

〇各署編制檢疫警

▲並禁止停屍

鼠疫驚傳滿城風雨各警署昨已編制檢疫警察數十隊每隊二名分往各戶檢查如非疫症死者亦禁止其停屍以重衛生云（怒）

——摘自《盛京时报》，
1921年4月6日

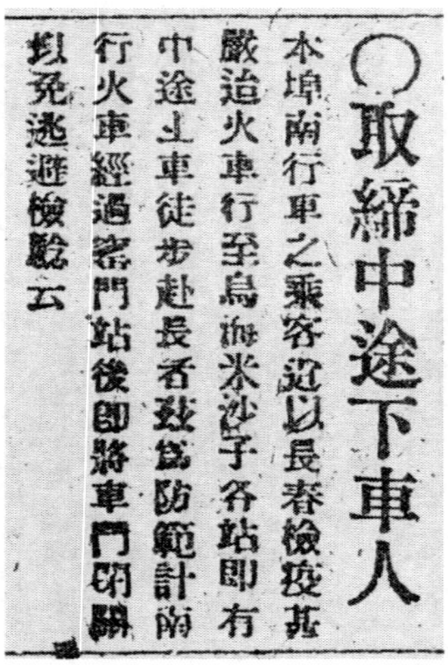

〇取締中途下車人

本埠南行車之乘客迭以長春檢疫甚嚴迨火車行至烏海米沙子各站即有中途下車徒步赴長者兹爲防範計南行火車經過窰門站後即將車門閉鎖以免逃避檢驗云

——摘自《盛京时报》，
1921年4月6日

▲呼蘭▼

○審查廳停止辦公

本邑地方審檢兩廳現因鼠疫流行死亡甚多該廳長爲防傳染計當與黑龍江高等審檢廳停止辦公以資預防准于月之二十八日起暫行停止辦公一星期並與民刑兩廳則停止審理其接收狀紙如常一俟疫症消滅再行開廳云

——摘自《盛京时报》，
1921 年 4 月 6 日

△奉天▽

是否疫病

昨日韓車舖之傭工人于某在四等妓女巧紅處茶敘猝然暈倒昏迷不醒幸該妓知其住處遂急遣人送信于其家中經其弟前來强扶之以洋車載之而歸尚未知其存亡云 （空）

——摘自《盛京时报》，
1921 年 4 月 6 日

△北鎮▽

發現鼠疫

本邑城南小羅屯距縣十餘里近日有由東人李某到該屯黃洛俊家串門不意該李某係由長春二道溝來染有鼠疫信宿之下即行斃命而黃家及東隣某氏均受傳染因疫送命茲聞二三日共斃十一口該屯甲長始知虎疫發現不敢隱匿飛報該管警所今晨該分所巡官備文呈報警所轉詳縣署備案併飭爲區隊加意嚴防以杜蔓延而保民命云

——摘自《盛京时报》，
1921 年 4 月 6 日

○報告發生鼠疫

北滿鼠疫傳至奉省當局正急籌消滅聞張使于三日致電中央報告發生情形及消除辦法並請注意京津方面以免傳染云 （怒）

——摘自《盛京时报》，
1921 年 4 月 7 日

○又一疑似百斯篤

奉天自發生鼠疫後凡病死者莫不疑爲鼠疫昨五日午前十時三十分小西邊門裏永信號房後有車夫張正庭者突然患病吐血數口死于道上經警察査見即行電告四署及防疫事務所派員消毒並即取血檢驗日本亦派醫官醫師臨場檢視檢畢即將屍身消毒掩埋究竟是否眞性百斯篤俟檢菌後方可明瞭云

——摘自《盛京时报》，
1921 年 4 月 7 日

○伍博士報告疫訊

東省防疫總辦伍連德博士昨由哈埠致電使署報告北地疫訊畧謂此星期內哈埠僅發疑似者三四人其餘均可保無性命之虞由此以觀疫禍或不至劇烈蔓延焉（空）

——摘自《盛京时报》，
1921 年 4 月 7 日

○近日之防疫訊

據吉林省城防疫事務所消息日內據下九台九站譯皮厰烏拉街各處檢疫分所報告均無疫症發生九站一處鄉農聚衆風潮經開導後亦漸平靜惟省城防疫所所隔離之三區住戶張士元之婦張占氏及其生女小榮均於前兩日先後斃命經化驗所主任何鉊修如法檢驗確係受疫而死已令消毒隊赴發疫嚴重消毒死體由掩埋隊照掩埋疫人辦法打往浮厝處深裏掩埋矣又防疫總事務所將派防疫股劉主任赴各檢疫分所考查疫況及辦事人員成績

——摘自《盛京时报》，
1921 年 4 月 7 日

▲輝南▼

○發生時疫

洮南縣地臨沙漠土質乾熱去冬無雪今春又無透雨現在時疫發生患瘟疹者有之腫咽喉者有之四民因此病損命者不少望我同胞速自加意防範也可

——摘自《盛京时报》，
1921 年 4 月 7 日

實行檢疫

警察當局對于鼠疫之防範積極進行自昨日始四署派出特別檢疫班每日按戶檢查有無病入現下先查丙丁住戶甲乙等戶稍緩再查蓋以丙丁住戶衛生多不甚講求故也

——摘自《盛京时报》，
1921 年 4 月 7 日

○會議設防疫總所

張使以疫症未發現之際警察廳已設立預防事務所籌備預防現在疫症發現前設之臨時防疫所似當未能盡善日昨招集各機關官長在使署大開會議擬定照前防疫辦法仍在省公署設立防疫總所以備外縣呈報疫症云

——摘自《盛京时报》，
1921 年 4 月 8 日

○電告哈埠疫勢

張使于日昨（六日）接到哈爾濱道尹董士恩拍來快電謂該處時疫日來稍見減少隔離所由四日起至今入所者計三十九人疫死者二十九人縣境二十三人特此電告云（[illegible]）

——摘自《盛京时报》，
1921年4月8日

▲長　春▼

○十字會施藥防疫

滿洲發生鼠疫傳染各處日甚一日若不設法防堵離則撲滅本埠紅十字會分社有鑒及此特備防疫注射藥[illegible]磅無論何人均可赴該分社請其注射有手術藥資概予施捨不取分文其註射時刻每日上午十點至下午三點過時概不施診并聞該分社組織防疫隊分駐各處第一隊隊長張經華駐長春二道溝第二隊隊長梁名山駐穆稜縣城第三隊隊長李香林駐滿洲里一帶以備遇有患疫者隨時就近注射云

——摘自《盛京时报》，
1921年4月8日

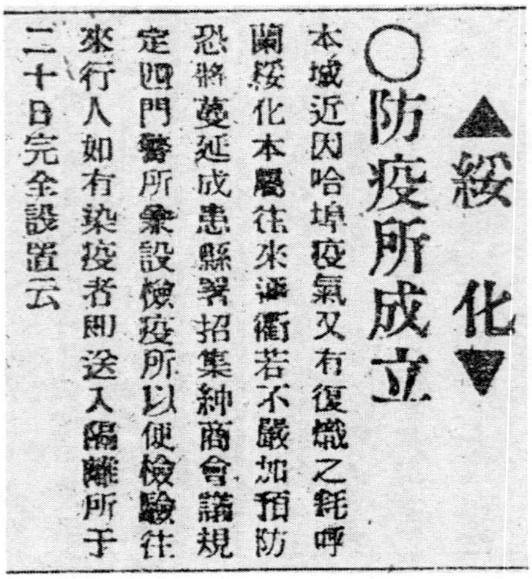

▲綏化▼

○防疫所成立

本城近因哈埠疫氣又有復熾之耗呼蘭綏化本屬往來通衢若不嚴加預防恐將蔓延成患縣署招集紳商會議規定四門警所彙設檢疫所以便檢驗往來行人如有染疫者即送入隔離所于二十日完全設置云

——摘自《盛京时报》，
1921 年 4 月 8 日

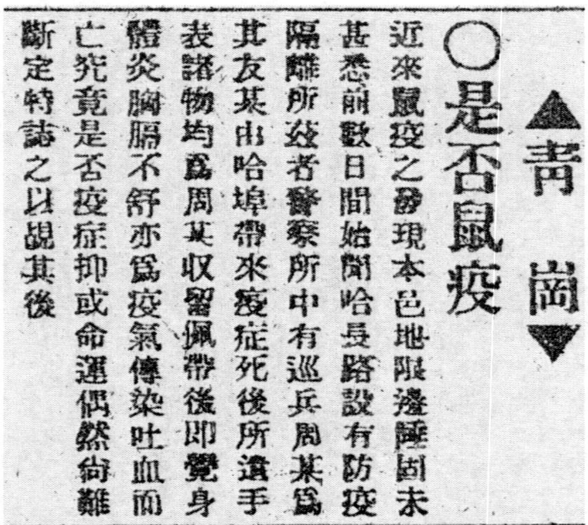

▲青岡▼

○是否鼠疫

近來鼠疫之發現本邑地附邊陲固未甚悉前數日間始聞哈長路設有防疫隔離所茲者警察所中有巡兵周某爲其友某由哈埠帶來疫症死後所遺手表諸物均爲周某收留佩帶後即覺身體炎胸膈不舒亦爲疫氣傳染吐血而亡究竟是否疫症抑或命運偶然尚難斷定特誌之以覘其後

——摘自《盛京时报》，
1921 年 4 月 8 日

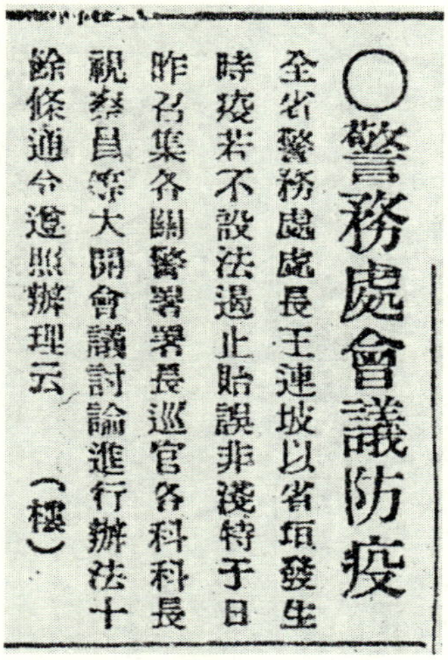

○警務處會議防疫

全省警務處處長王連坡以省垣發生時疫若不設法遏止貽誤非淺特于日昨召集各關警署署長巡官各科科長視察員等大開會議討論進行辦法十餘條通令遵照辦理云（樸）

——摘自《盛京时报》，
1921 年 4 月 9 日

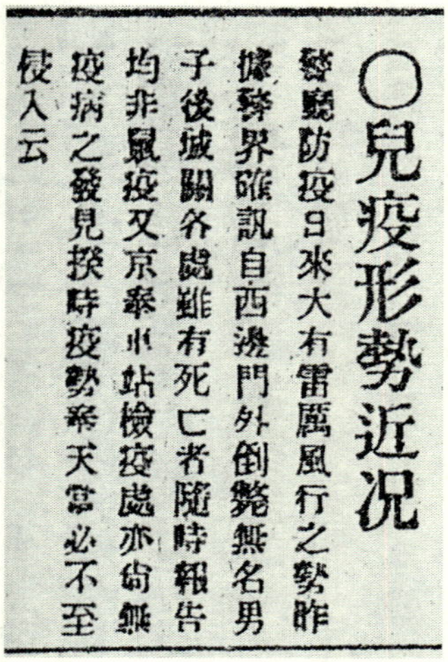

○見疫形勢近況

警廳防疫日來大有雷厲風行之勢昨據警界確訊自西邊門外倒斃無名男子後城關各處雖有死亡者隨時報告均非鼠疫又京奉車站檢疫處亦尙無疫病之發見揆時疫勢奉天當必不至侵入云

——摘自《盛京时报》，
1921 年 4 月 9 日

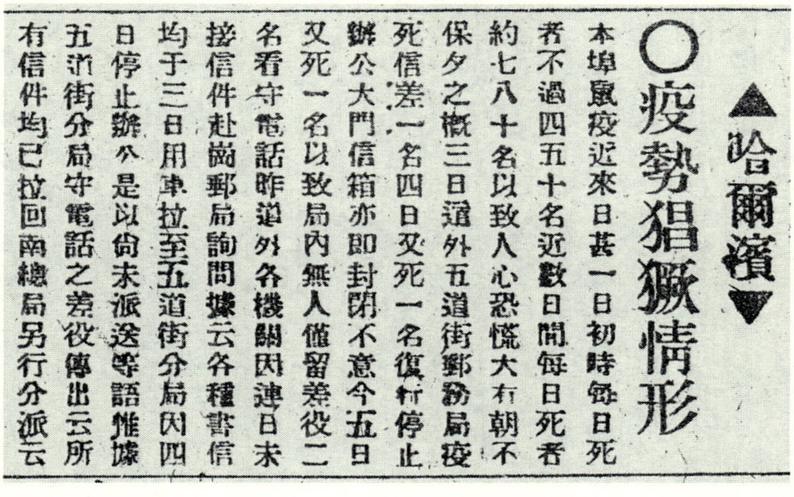

▲哈爾濱▼

○疫勢猖獗情形

本埠鼠疫近來日甚一日初時每日死者不過四五十名近數日間每日死者約七八十名以致人心恐慌大有朝不保夕之概三日道外五道街郵務局疫死信差一名四日又死一名復行停止辦公大門信箱亦即封閉不意今五日又死一名以致局內無人僅留差役二名看守電話昨道外各機關因連日未接信件赴崗郵局詢問據云各種書信均于三日用車拉至五道街分局因四日停止辦公是以尙未派送等語惟據五道街分局守電話之差役傳出云所有信件均已拉回南總局另行分派云

——摘自《盛京时报》，1921 年 4 月 9 日

○戊通聘醫防疫

戊通航業公司因哈埠發生疫症甚劇死人極夥因之自辦防疫由京聘請醫士三名每人路費二百元月薪一百餘元者二名三百元者一名日前已到一名並由京購辦藥材數千元業已運到其餘二名醫士不日即到哈防疫之組織內設處長一主任二其他救護隊檢查隊掩埋隊等皆備聞係仿本埠防疫處之組織無稍差異惟局勢較小耳

——摘自《盛京时报》，
1921 年 4 月 9 日

△哈爾濱▽

自取其辱

本埠自發生鼠疫以來各機關防範綦嚴茲聞昇平街純濱醫院（係某旅副官所設）有某姓幼童在該院養病已有數月日昨有萬國同盟紅十會趙醫士身着連長制服至該院檢疫謂該幼童係屬疫症非將其送往隔離所不可並謂將該醫院查封該院長謂以何看爲鼠疫該醫士言鼠疫無疑幸勿多言速往隔離所爲是該院長當電知某副官及該副官至與某理論少許趙醫士窮于對答以致某副官大爲震怒非令賠償名譽不可後經魯仲連出爲調說令張在新世界備席三棹賠罪事乃始寢

——摘自《盛京时报》，1921 年 4 月 9 日

○驗出患疫乘客

八日午後四時十二分由長春南來之火車抵站二等火車有一客人衣服甚倫濶綽比下車查出病情驗之果係疑似百斯篤聞該客姓陳名繼湘年二十二歲在長春經營雜貨業今因櫃事來奉經防疫員查明後即將其隔離于滿鐵隔離所同乘人員均已下車散去無由隔離云

——摘自《盛京时报》，
1921年4月10日

○防疫影響商業

自去臘百斯篤發生後經當軸派醫員來滿組織防疫處恐致蔓延並經警察長陶景潛會議飭梨園妓館暫停營業現已二月有餘滿埠諸商受其影響賠累甚鉅停業出兌者不下六七十家云

——摘自《盛京时报》，
1921年4月10日

疫症猖獗

本邑自發生鼠疫以來迄今數月雖經當局嚴爲防範未見稍減近日北門內長江屯孫宅少婦王氏赴某戚家串親竟染鼠疫回家後微覺心神不爽及至次日（四月三日）午後五時病勢大發先作嘔吐後竟遍身發熱十一時即氣絕矣疫氣如此猖獗可不懼哉

——摘自《盛京时报》，
1921年4月10日

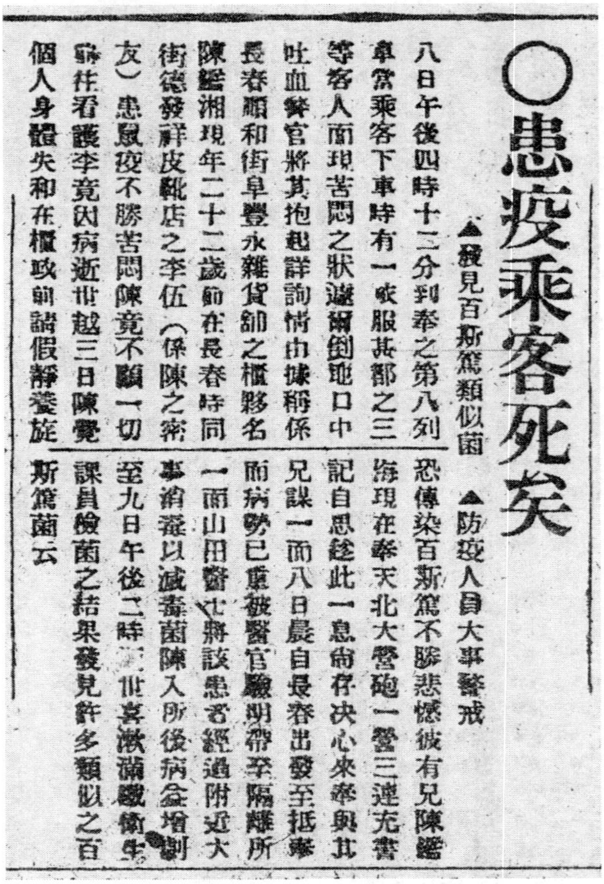

○患疫乘客死矣

▲發見百斯篤類似菌 ▲防疫人員大事警戒

八日午後四時十三分到奉之第八列車當乘客下車時有一咳服其部之三等客人面現苦悶之狀遂爾倒地口中吐血醫官將其抱起詳詢情由據稱係長春順和街阜豐永雜貨舖之櫃夥名陳鑑湘現年二十二歲前在長春時同街德發祥皮靴店之李伍（係陳之密友）患鼠疫不勝苦悶陳竟不顧一切前往看護李竟因病逝世越三日陳覺個人身體失和在櫃政前請假靜養旋恐傳染百斯篤不勝悲懷彼有兄陳鑑海現在奉天北大營砲一營三連充書記自思趁此一息尚存決心來奉與其兄訣一面八日晨自長春出發至抵奉而病勢已重被醫官驗明帶至隔離所一面山田醫士將該患者經過附近大事消毒以滅毒菌陳入所後病益增劇至九日午後二時逝世嗣經滿鐵衛生課員檢菌之結果發見許多類似之百斯篤菌云

——摘自《盛京时报》，
1921 年 4 月 12 日

〇中日開防疫會議

南滿路為南北交通之要線是以關于疫症之防範中日双方實有聯合之必要九日午後二時日本赤塚總領事石橋警務署長島綺地方事務所次席鍋見滿鐵衛生課長豐田森中西醫士秋山驛長中國方面警廳范孫二科長六署張署長馬醫官等齊集會議關于防疫聯絡進行辦法即經妥定凡前此碍于感情之諸端一掃而去是後尚以真誠的提携精神以期疫疾之撲滅云

——摘自《盛京时报》，
1921 年 4 月 12 日

〇王獄長注意防疫

當此疫症盛行之際瀋陽第一監獄王典獄長對于防疫一節甚為注重昨與各職員會議特籌欵購製防疫藥品聘請檢疫醫官清潔各獄室檢查犯人飲食隔離患病罪犯云（空）

——摘自《盛京时报》，
1921 年 4 月 12 日

〇通令調查醫士

全省警務處長王連坡以當此鼠疫流行時則各藥舖醫士往往不能深加研究貽害匪淺故日昨通令各屬警察署該警速往轄界各藥舖將醫士之姓名及是否畢業于研究會呈報備查云（鐸）

——摘自《盛京时报》，
1921 年 4 月 12 日

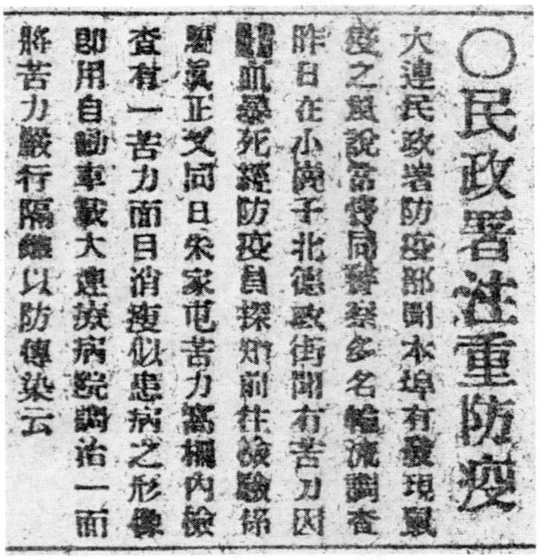

○民政署注重防疫

大連民政署防疫部因本埠有發現鼠疫之鼠該署傳同警察多名輪流調查昨日在小崗子北德政街聞有苦力因[illegible]血暴死經防疫員探知前往檢驗係[illegible]瘟正又同日朱家屯苦力窩棚內檢查有一苦力面目消瘦似患病之形像即用自動車載大連疫病院調治一面將苦力嚴行隔離以防傳染云

——摘自《盛京时报》，
1921 年 4 月 12 日

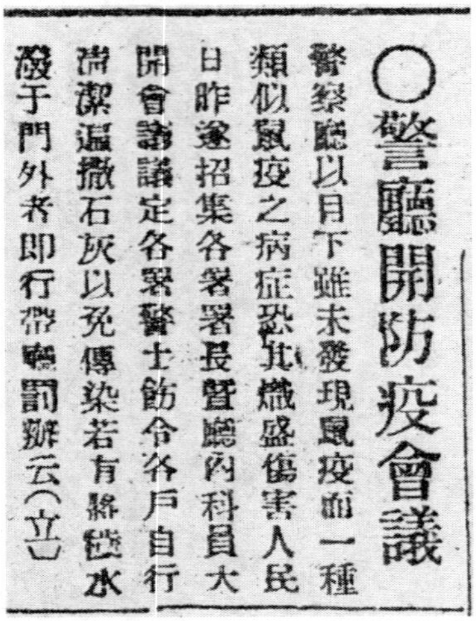

○警廳開防疫會議

警察廳以目下雖未發現鼠疫而一種類似鼠疫之病症恐其熾盛傷害人民日昨遂招集各署署長暨廳內科員大開會議議定各署警士飭令各戶自行清潔遍撒石灰以免傳染若有將髒水潑于門外者即行帶廳罰辦云（立）

——摘自《盛京时报》，
1921 年 4 月 13 日

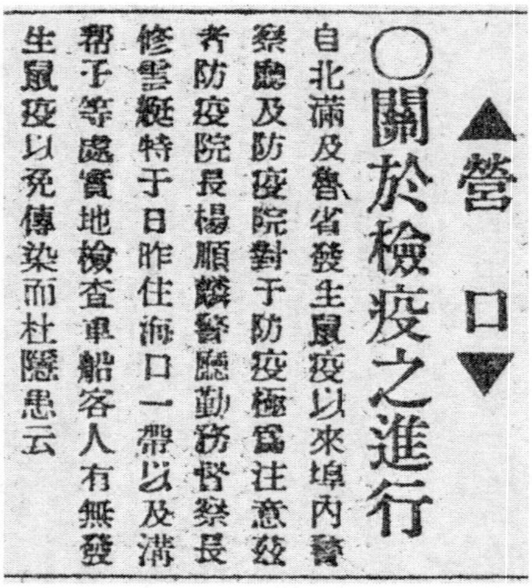

▲營　口▼

○關於檢疫之進行

自北滿及魯省發生鼠疫以來埠內警察廳及防疫院對于防疫極爲注意茲者防疫院長楊順麟警廳勤務督察長修雲擬特于日昨往海口一帶以及溝幫子等處實地檢查車船客人有無發生鼠疫以免傳染而杜隱患云

——摘自《盛京时报》，
1921 年 4 月 13 日

○中日會議防疫

百斯篤症所發現于奉省南東邊一帶尚屬平靜現經中日各關警務爲防範會議由中國警察廳日本警察署雙方派衛生科長逐日前往車站檢驗客人大約不日實行云

——摘自《盛京时报》，
1921 年 4 月 13 日

▲大連▼

○火車站嚴檢鼠疫

民政署以近來本埠有發現鼠疫之風說各機關大起驚惶當派本埠衛生課主任及防疫員嚴行檢驗又派警察多名在火車站細加查檢所由長哈旅順等處所來之車客挨名診視以免蔓延

——摘自《盛京时报》，
1921 年 4 月 13 日

○李校長認眞防疫

本邑敬業學校校長李英駿爲鼠疫流行形勢大熾若不預籌防範恐有延及之虞以故通令學生絕斷出入外宿學生暫行停課寄宿諸生減少課程一俟疫癘殺盡再行照常開課云

——摘自《盛京时报》，
1921 年 4 月 13 日

○百斯篤漸次撲滅

客歲冬底北滿一帶發生百斯篤時疫人民因疫而死者爲數甚鉅本邑爲安拜交通孔道雖當局先事預防然百密一疏在所難免故三月上旬邑內亦漸有是疫死亡七八名比經警所設法防杜現已漸次撲滅云

——摘自《盛京时报》，
1921年4月13日

△甯古塔
鼠疫盛行▽

自鼠疫發現後死有七人今夕又死一人係北崗子居民林某午前尚在親戚家串門至夕歸家吐血數口登時身死現在此病甚多一般人民非常憂懼未知蔓延至如何地步焉

——摘自《盛京时报》，
1921年4月13日

論說

告防疫當軸

（碩）

自北滿發生鼠疫以來。奉當軸對于防疫事宜。靡不積極籌備。恐落人後。致來責言。徵諸十年前之防疫現象。則因大相逕庭。即一般人民。亦皆知講求衛生。惟恐疫癘之偶有傳染。此無他。實因十年前所受之教訓經驗。始得有今日之結果。然當軸對于防疫之措施。固可謂毫無遺憾乎。吾人實有不能已于言者。竊思防疫之首要。在于衛生。顧亦夫人而知之矣。但個人衛生。與公共衛生。則自有別。使各個人皆知飲食起居。務求清潔適宜。以爲即不能傳染疫氣。而于公共衛生。漫焉不察。是何異獲一指而失肩背。矧無待智者後明。胡爲今之防疫當軸。及至省城中發現疫斃人民。而于公共衛生。猶是夢夢。吾謂此言。吾知防疫諸公。必有所不受。且將謂對于公共衛生。已可告無罪于斯世斯民。若娼寮焉。旅館焉。戲園焉。飲食店焉。莫不切實誥誡。嚴重監查。令其撒石灰。噴藥水。而于公共之廁所。尤復力加清潔。當軸之于公共衛生。似已畢乃事矣。不知吾之所謂公共衛生者。關係尤大。就令不防疫。在常軸亦不能漠然置之。如各街道水溝之淤塞。各地方磁物場之堆積。雖間有疏濬糞除者。而其大多數則皆積聚污穢。城隅衆目昭彰之地且如此。遑論僻靜地方。近經風日揚晒。臭惡不可相邇。倘或春雨時行。勢必水流瀰漫。當此厲行防疫時期。當軸者猶且置之腦後。徒取防疫形式。而令各區闔警。口帶呼吸器以表防疫之認眞。而于防疫之實際上。並無絲毫覺察。況此種公共衛生。警廳設有專科。爲之主持。使無百斯篤之來襲。亦宜及時整頓。俾免釀成疾病。復遑論今日張皇補苴而曰防疫防疫也耶。抑吾猶有進者。防疫爲地方官吏保衛人民之所有事。純粹出於自動。無務外人之干涉。不必畏外人之責言。防疫當軸而能稍盡一分心力。即人民多受一分幸福。奉省爲交通大道。北滿之鼠疫南侵。山東之鼠疫西來。行旅奔馳。至爲危險。惟幸雖有疫死之旅客。而于地方居民。得無傳染。不至如十年前之日死數十人。但防疫當軸。不應以疫勢之尚未蔓延。視爲等閒。庶幾乃能盡防疫之功。倘對于公共衛生而漫焉忽焉。則一旦疫菌傳播。死亡相繼之現象。仍必無減于曩昔。蓋奉省爲五方雜處之地。下等社會之人民。較諸上等社會爲多。而其傳染亦務必較速。深願當軸防于未然。悉心籌畫。毋講防疫之表面。而遺忘其實際。斯固人民之幸。而亦吾人所馨香禱祝者也。當軸者得毋以吾言爲河漢否。

——摘自《盛京时报》，1921 年 4 月 14 日

△農安▽

○防疫近訊

農安縣知事李潤田前以孫吉督兼任省長接篆後所屬文武各級長官籍各親舊晉謁致賀以故李君亦同省議員劉潔忱于日昨束裝首途面懇署所有行政各事均委行政科科長石瀛暫爲代理前石某近見報章所載各地發現鼠疫非常劇烈本邑若弗先事預防難免傳染爲害據警察所長劉英武稱告城內雖未發現疫症而鄉間已受傳播死亡相繼日有所聞遂飭城鄉各區檢染所長飭警挨戶驗有無因患鼠疫斃命者切實查明即隨時報告以備防遏而免蔓延 並與石科長合籌防範及治療之法于本月七八兩日召集全城各醫生齊集警所會議當經施醫院院長劉佩文暨醫學研究會副會長張明遠等當場表決仍仿照上次防疫辦法假大東門外普濟院作爲臨時救療所議定令醫生分班輪流治療檢驗隔離兩所地點及職員尚未確定云

——摘自《盛京时报》，1921 年 4 月 14 日

○京奉路嚴防鼠疫

京奉鐵路正局長唐文商副局長柳昌年當防範鼠疫杜絕蔓延計特派來醫官三人駐奉天新車站五人駐皇姑屯二人駐溝帮子四人駐山海關三人駐營口以便隨時檢驗而免傳染云（樸）

——摘自《盛京时报》，
1921 年 4 月 15 日

○令工廠注意防疫

張使以奉省業經發現鼠疫各工廠工人衆多尤宜防範昨特通令軍械被服教養及同善堂各機關按照防疫成規實行防範不得有所疎忽因恐一經傳染無以藥救現在陶王等各廠長均遵照辦理云（珍）

——摘自《盛京时报》，
1921 年 4 月 15 日

○警官分擔防疫責

警務處長王連坡對于防疫一事甚為注意前已令各警署派警檢查各住戶之清潔因恐各警察或有不週特令處內各科人員分擔防疫及檢疫責任云（祥）

——摘自《盛京时报》，
1921 年 4 月 15 日

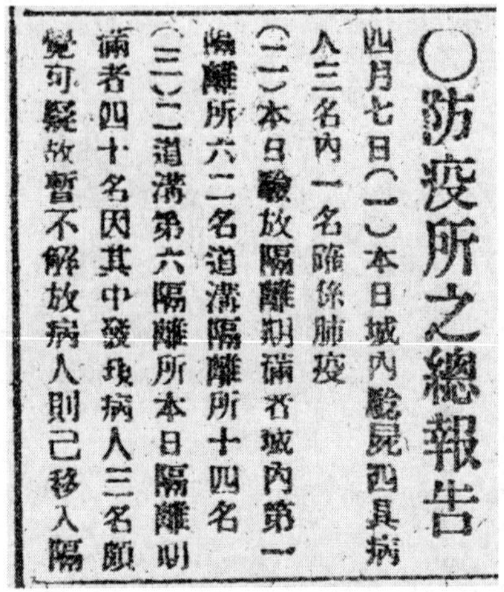

○防疫所之總報告

四月七日（一）本日城內驗屍四具病人三名內一名確係肺疫

（二）本日驗放隔離期滿者城內第一隔離所六二名道溝隔離所十四名

（三）二道溝第六隔離所本日隔離期滿者四十名因其中發現病人三名頗覺可疑故暫不解放病人則已移入隔

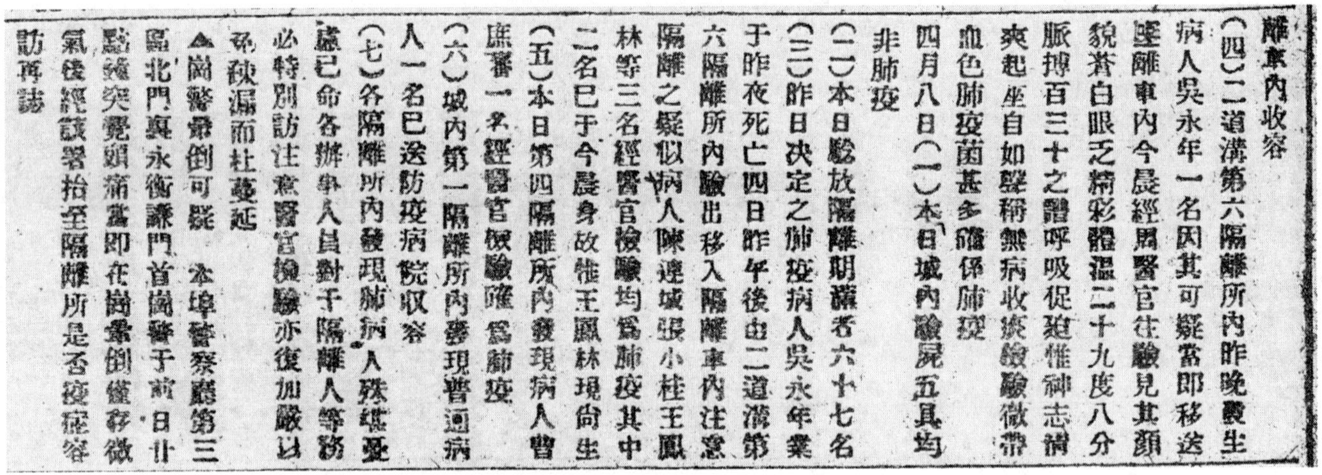

離車內收容

（四）二道溝第六隔離所內昨晚發生病人吳永年一名因其可疑當即移送隔離車內今晨經關醫官往驗見其顏貌蒼白眼乏精彩體温二十九度八分脈搏百三十之譜呼吸促迫惟神志清爽起坐自如聲稱無病收痰檢驗微帶血色肺疫菌甚多確係肺疫

四月八日（一）本日城內驗屍五具均非肺疫

（二）本日驗放隔離期滿者六十七名

（三）昨日決定之肺疫病人吳永年業于昨夜死亡四日昨午後由二道溝第六隔離所內驗出移入隔離車內注意隔離之疑似病人陳連城張小桂王鳳林等三名經醫官檢驗均爲肺疫其中二名已于今晨身故惟王鳳林現尚生存

（五）本日第四隔離所內發現病人曾庶審一名經醫官複驗確爲肺疫

（六）城內第一隔離所內發現晉逈病人一名已送防疫病院收容

（七）各隔離所內發現肺病人殊堪憂慮已命各辦事人員對于隔離人等務必特別訪注兼醫官檢驗亦復加嚴以免疏漏而杜蔓延

△崗警暈倒可疑　本埠警察廳第三區北門真永衛謙門首崗警于前日廿點鐘突覺頭痛當即在崗暈倒僅存微氣後經該署抬至隔離所是否疫症容訪再誌

——摘自《盛京时报》，1921年4月15日

○省城防疫要訊

吉林防疫總事務所近據報告省會城廂以及吉林縣四鄉截至四月十日並未發見新疫趙總辦現以近日疫勢漸減四鄉亦無新疫發生擬將大屯樺皮廠兩檢疫分所及小庙嶺查驗所先行裁撤以資撙節各員夫薪工截至四月十五日爲止已呈請省署核示矣

——摘自《盛京时报》，1921 年 4 月 15 日

○掘盜疫屍之異聞

百斯篤之毒害以及傳染之迅速識者莫不知之乃竟有不畏死之徒而盜疾死之屍者日前（八日）上午九鐘許警察衛生隊夫役王子祿在浮屠塲查見防疫事務所掩埋疫死張士元及病死婁昭月等屍體五具均被掘出暴露在外知係有人盜發尋至塋外見有乞丐一名逡巡北走經即尾追捕獲該乞丐由洋鐵筒內搜出藍布單褲一條青鞋一双攜赴路隅詢據供稱姓劉名德勝當時有婁昭月之弟婁昭永認明藍褲青鞋係伊兄殉葬之物當即據情報告防疫總事務所 繆趙總 辦限令防疫掩埋隊挾帶消毒藥品馳往將該掘屍體從新深裏掩埋犯丐劉德勝本擬即送法廳法辦因該犯與疫尸接觸恐有傳染特予發交防疫病院收容于疑似病室俟期滿後驗無病症再行轉送懲治云

——摘自《盛京时报》，1921 年 4 月 15 日

〇招開清潔會議

警察高所長因陽春氣暖清潔事項亟宜整頓以重衛生而免時疫日昨特發知單邀請清潔會正副會長吳崑山張經周傳選三馬印堂諸人並城廂各會員擬于昨日上午十一時假商會地址開一大會以資進行所議如何容訪再誌

——摘自《盛京时报》，1921 年 4 月 15 日

▲四平街▼

〇令重衛生防鼠疫

自北滿發生鼠疫以來本驛日警署及防疫隊對于防疫事宜極爲注意昨日在車站檢查往復客人有無發生鼠疫昨特令各商住戶務將厠所掃出清潔勿使臭氣薰蒸以免有害衛生云

——摘自《盛京时报》，1921 年 4 月 15 日

△哈爾濱▽

謠言惑衆

本埠自發生鼠疫以來漸漸蔓延每日死者無算以致人心大爲驚惶設法祈禱者無日無之近更發生一種趣事爲道外褲襠街某道士以疫勢甚爲猖獗特以黃錢紙製成牛式從傍書有解語曰孫臏眞人一隻牛玉帝差我天下遊此牛不吃人間草專吃雜災惡鬼頭云云謂若貼在門首即免傳染每日前往領牛者頗不乏人而識者則謂爲謠言惑衆云

——摘自《盛京时报》，1921 年 4 月 15 日

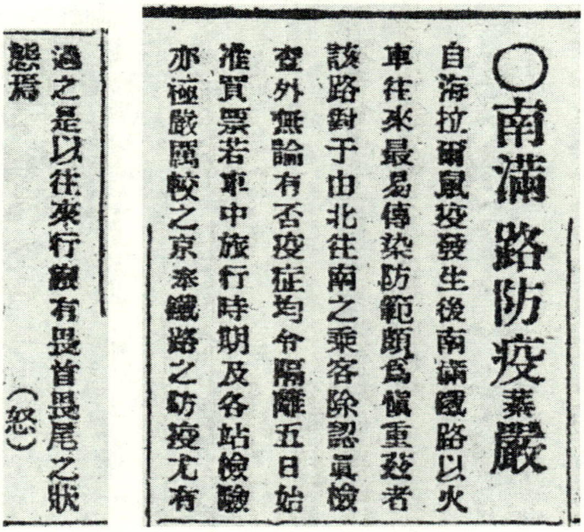

○南滿路防疫綦嚴

自海拉爾鼠疫發生後南滿鐵路以火車往來最易傳染防範頗爲愼重茲者該路對于由北往南之乘客除認眞檢查外無論有否疫症均令隔離五日始准買票若車中旅行時期及各站檢驗亦極嚴厲較之京奉鐵路之防疫尤有過之是以往來行旅有畏首畏尾之狀態焉（怒）

——摘自《盛京时报》，
1921 年 4 月 16 日

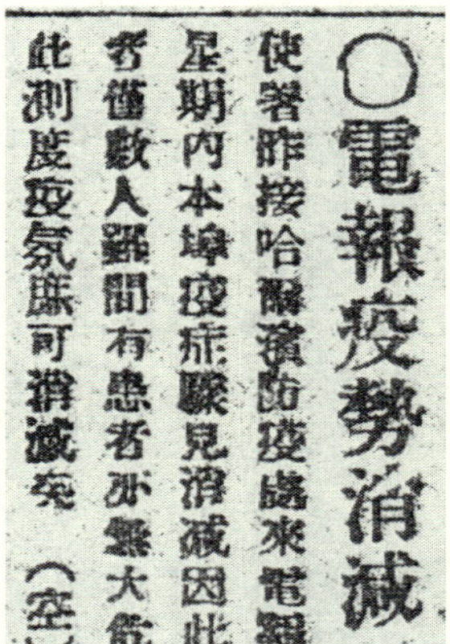

○電報疫勢消滅

使署昨接哈爾濱防疫處來電報告此星期內本埠疫症驟見消滅因此斃命者僅數人鄉間有患者亦無大危險以此測度疫氣庶可消滅矣（空）

——摘自《盛京时报》，
1921 年 4 月 16 日

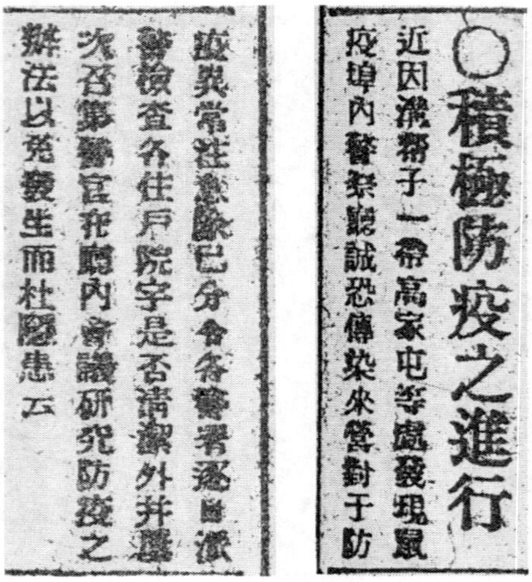

○積極防疫之進行

近因溝幫子一帶高家屯等處發現鼠疫，埠內警察廳誠恐傳染，來營對于防疫異常注意，除已分令各警署逐日派警檢查各住戶院宇是否清潔外，并擬次召集警官在廳內會議研究防疫之辦法，以免發生而杜隱患云。

——摘自《盛京时报》，
1921 年 4 月 16 日

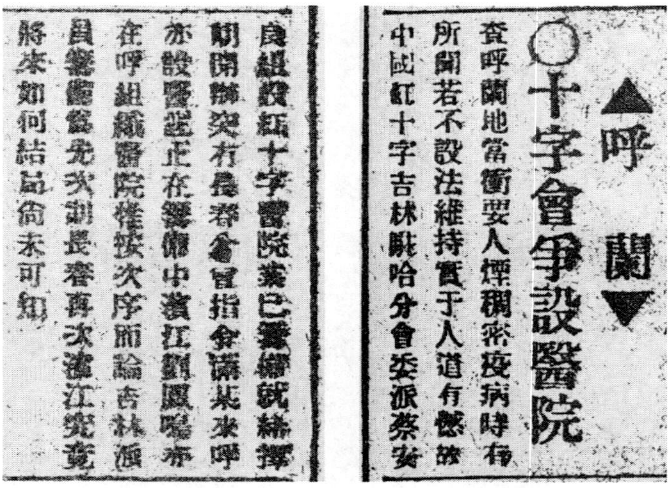

▲呼　蘭▼

○十字會爭設醫院

查呼蘭地當衝要，人煙稠密，疫病時有所聞，若不設法維持，實于人道有愧。該中國紅十字吉林哈爾濱分會委派蔡安良組設紅十字醫院，業已籌備就緒，擇期開辦，突有長春會冒指會議某來呼亦設醫院，正在籌備中。濱江劉鳳鳴亦在呼組織醫院。權按次序而論，吉林派員籌備在先，戎副長春再次濱江，究竟將來如何結局，尚未可知。

——摘自《盛京时报》，
1921 年 4 月 16 日

△大連▽

檢查時疫

大連民政署近以疫症流行勢極危險特派衛生課主人及防疫員若干挨戶查驗如有病者即送醫院調治並令水上警察海務局監視往來輪船不准直行入口以示防範云

——摘自《盛京时报》，
1921 年 4 月 16 日

是否疫症

城裡裕源成商號財東郭某昨日午後因事赴日站乘車而回行至半途昏迷不[illegible]當車夫識其家強扶之載送回家急延醫調治謂已脈息全無矣（奎）

——摘自《盛京时报》，
1921 年 4 月 17 日

△義縣▽

防疫近訊

本縣警察所長張乘五現因籌備防疫特派衛生股員高秀山一區巡官歸振峰分飭各商民住戶掃除污穢以重衛生併在南關西老爺廟院內設立隔離所以東關王廟胡同醫學研究會爲發病所委派醫官六名以便積極辦理而免發生疫症云

——摘自《盛京时报》，1921 年 4 月 17 日

○防疫積極進行

自省城設立防疫機關以來頗著成績衛生醫院馬醫官擔任檢驗毒菌組織頗爲完善昨有日人旅順療病院院長中山源次郎及日本總領事館警察署長石橋正光偕同警察廳孫科長特往山東廟議防疫病院參觀由馬醫官接待說明中山石橋二君見其一切設置允稱完備極爲稱賞並謂中國當局以專門人材擔任防疫衛生行政大見進步可想而知云云並聞王進坡處長以東省不時發生疫癘擬請准極峰創立常設防疫病院爲積極的辦法庶乎各項傳染病可以先事預防並可期永遠撲滅云若然則公共衛生之前途頗可額慶也

——摘自《盛京时报》，1921 年 4 月 19 日

○王處長關心時疫

警務處長王進坡以省垣疫訊警署方面并未正式接到死者或患者若干人之報告或愚民無知匿而不報或疫症消滅謠傳者屬人自擾亟應調查眞相以憑辦理昨已派定視察員孫某等數人分赴各區切實調查究竟有無疫症發現或係確實或係疑似詳細具報云（空）

——摘自《盛京时报》，
1921 年 4 月 20 日

○檢察住戶之清潔

本埠警察總廳近因溝帮子高家屯等處發現鼠疫死者已有十餘人若不預爲防範難免流行茲爲未雨綢繆計昨除飭衛生科及防疫院嚴加防範外并分令各警署於轄界各住戶之清潔嚴加檢查以重衛生而杜隱患云

——摘自《盛京时报》，
1921 年 4 月 20 日

▲北鎮▼

○防疫檢查員蒞止

日昨營口防疫醫院派來防疫檢驗員蔡金鑫入城後即謁樊縣長面談防疫種種情形翌晨經郭所長陪赴各街檢查有無疫症之發生並赴商會演說如何衛生清潔如何防疫手續歷二小時之久擬三二日內前往鄉鎮檢查諒經此一番防衛必無疫氣之傳染姑誌之以觀其後

——摘自《盛京时报》，1921 年 4 月 20 日

▲老城基▼

○鼠疫可畏

老城基近有商人楊某兄弟四人由哈爾濱傳來時疫因與西門外住戶張肯堂有素乃至張家就醫（張係醫生）及楊兄弟四人相繼死亡張之子與孫亦均受傳染而死張之西隣王某往來探訊亦因染疫斃命聞張之工人均已散去張之地戶楊某全家移住老城基經該管警察區官于紹文帶警逐出併傳各戶不准留宿以防傳染由此以觀鼠疫猛烈若此未識有地方責者將何以善其後也噫

——摘自《盛京时报》，1921 年 4 月 20 日

▲長 春▼

○大連防疫員蒞長

此次東省各處發見百斯篤症日本駐華各官廳注意防範無微不入茲聞有大連防疫部次長兼關東廳醫務科長稻葉君于十六號到長調查防疫事項並偕託會社日前舉辦各情下榻于名古屋十七日在大和旅館設筵宴會中日官商以資聯合約一二日內即行回連云

——摘自《盛京时报》，1921 年 4 月 21 日

▲巴 彥▼

○防疫隔離所成立

本邑警察所長李銘詩奉省長消尹公署命令設立防疫隔離所該所長因其款項無處可籌萬分焦灼遂與縣長毛丕恩面議先在地方經徵處借款兩萬吊買辦藥料等項暫救燃眉特派衛生股股員兼防疫所管理員李樹聲在街防查染疫者十五六名防疫所設在西門外地藏寺如此城內人民得免傳染掩埋等項均得其便在所死者二名醫治愈者六七名還有十餘名在所養病不日亦可全愈李君并向各家勸導注重衛生以免疫症又勸本街富紳張樹南僱人將土外暴露之棺槨一律掩埋雖張君之好善亦李君勸導之力也

——摘自《盛京时报》，1921 年 4 月 21 日

○飭造防疫表册

王警廳長以省城辦理防疫以來經過各事須製造表册以資留存而備參考故昨特飭令防疫所將防疫各事分別門類填具事蹟表册云（怒）

——摘自《盛京时报》，
1921 年 4 月 22 日

瘟疹盛行

自北滿百斯篤發生本邑商民聞耗之下不勝憷愁幸南滿路檢查嚴厲尚未傳染詎近日小兒瘟疹盛行無論城鄉患者幾遍望有衛生責者速施清潔以為杜漸防微也可

——摘自《盛京时报》，
1921 年 4 月 23 日

◎防疫報告一束

▲哈爾濱防疫總所來代電 哈埠四月十四日患疫二十五人送醫六人死亡十九人送隔離二人 至本日止總計患疫二千三百七十人送醫八百三十八人死亡一千五百三十二人送隔離一千八百二十二人除因疫送醫[illegible]期滿釋回外現曾存隔離一百五十八人 又本日濱江縣境普通病死十人特電聞

▲双城縣署來電 本城四月十三日疫病院疫死三人十四日疫病院疫死一人又發見疫死無名女屍一具

▲寬京奉吉林等處 北京內務部奉天巡帥吉林督軍省長鈞鑒本日長春檢驗無名男屍二具確係肺疫留驗四十人驗放隔離期滿者五十名謹聞榮運升徵印

▲四月十九日醫務總報告(一)本日驗屍六具除曹楊氏一名經醫官檢驗確係肺疫外餘均非是(二)本日驗放三十四人(三)本日城內所發見之曹楊氏係于昨日下午發病即晚身死經詳細調查確係由哈埠而來者現已將其家人收容于城內隔離所房屋亦如法消毒以杜傳染之虞(四)本日午後爲陶南醫官赴西族隔離所接洽一切事宜

——摘自《盛京时报》，1921年4月24日

○派專員檢查疫症

自北鎮溝幫子高家屯等處發現鼠疫死亡者已有數人若不嚴加防範難免蔓延之虞防疫之法首以清潔為急務故本埠防疫局楊願麟有鑒于此[illegible]特派檢疫員蔡金鑫前往北鎮溝幫子等處檢查鼠疫情形並勸導人民講求清潔及防疫方法以免傳染而杜隱患云

——摘自《盛京时报》，
1921 年 4 月 24 日

○昂站防疫所撤銷

鐵路局衛生處通告疫氣已漸消滅由本月十三日起將昂站防疫所暫行撤銷以利行旅云

——摘自《盛京时报》，
1921 年 4 月 24 日

▲長　春▼

○防疫所行將取消

本埠防疫事務所自開辦以來未曾指定的款每月各項開支純係東挪西借當事人員皆抱無米為炊之嘆然又苦于時疫未滅勢不能不勉強支持現因疫氣漸少各處防疫機關皆有裁撤之議是以本埠防疫事務所總辦蔡品三招集全體防疫職員會議決定五月初一日實行取消并聞已于昨日呈報上峰矣

——摘自《盛京时报》，
1921 年 4 月 27 日

〇檢疫員捉獲胡匪

頭道溝近來頗稱平靖未聞有搶劫案件發生忽于昨日午後八時許紫雲堂三等娼寮內有胡匪兩名匿跡于此適日本警務署巡捕至該堂檢查鼠疫見該二人而似匪類形跡可疑當即縛住果然搜出武器隨卽帶署訊辦云

——摘自《盛京时报》，
1921 年 4 月 27 日

時症流行

據醫界人云日來天氣和暖鼠疫即將消滅雖晴雨不時冷熱頗異多有感冒其病源大都由于肝火內鬱外受風寒症雖不甚危險而亦含有傳染性故講衛生者務須格外注意焉

——摘自《盛京时报》，
1921 年 4 月 27 日

〇電告疫勢消滅

使署接東省防疫會長伍連德博士由哈埠來電報告此星期本埠並無疫症發現亦未接他處此項報告由此觀測已無偌大危險省垣亦將解除防疫云

（空）

——摘自《盛京时报》，
1921 年 4 月 28 日

○南滿車又發現鼠疫

二十七日午前七時五十分南滿南行車抵奉橫田醫師井上警部補及防疫人員照例檢疫旋見二等車中有一帶髮辮之華人顏色蒼白橫臥車中因知其有病診之並令其吐痰當吐出黃色帶血之粘痰一口醫師認爲類似鼠疫全體騷然旋將該客帶至隔離所隔離預備檢菌一面將同乘之日人男子四名女人二名俄人男子一名華人六名均隔離于鐵道西之引込線聞該病人係自滿洲里來原籍山東靑州人姓董名洪英現年四十二歲在滿驛十二道街營煙業二十六日到長即覺頭痛甚劇二十七日病重始被察覺云

——摘自《盛京时报》，1921 年 4 月 29 日

○京奉路照常開駛

京奉路之小快車前因防疫各小站停止售票玆已疫症漸滅該路局爲便利交通增進收入起見遂恢舊例各次列車照常開駛一律售票云（奎）

——摘自《盛京时报》，1921 年 4 月 29 日

▲依　蘭▼

○請准設立防疫所

本邑因胡匪之擾害對于防疫一事毫未注意現有劉成林者曾在縣署呈請設立防疫所實與衛生大有關係刻下雖有醫院純係金錢目的富者患病尚可調治貧者半不能大患利病醫故該劉氏之請求情理正當因即批准實行設立云

——摘自《盛京时报》，
1921 年 4 月 29 日

△錦　縣▽

防患未然

錦縣警察所長劉敬典近因疫症蔓延若不預先防範難免不無傳染之虞日昨特派警察衛生股員四名為檢查員逐日在城鄉內外街巷查禁傾倒穢物並檢驗大小旅館有無遠來旅客以防傳染而重衛生似此辦法謂非防患未然之用意耶

——摘自《盛京时报》，
1921 年 4 月 29 日

△奉　天▽

檢查病菌經過

二十七日日站防疫員發見類似鼠疫之病人董洪英一名當即帶所隔離嗣聞該人之血痰經檢菌醫士檢驗數次未能明瞭廿八日晚發表董某病狀之經過頗為良好熱度三十六食慾如常身体亦不甚痛楚觀其狀殆非鼠疫而為其他疾病云

現經隔離之同車乘客廿八口有潘其勳者係營口油房夥計于午後五時頃忽覺身冷惡風顏色慘白經醫檢視熱度達三十七分六當亦將其隔離于第二號車內云

——摘自《盛京时报》，1921 年 4 月 30 日

伍连德及东三省防疫资料辑录

2

李冬梅 主编
牛文杰 赵靖 副主编

国家图书馆出版社

第二册目录

《申报》防疫新闻辑录

满洲里亦有鼠疫耶　1910年11月16日……1
满洲里鼠疫流行　1910年11月19日……2
满洲患疫近闻　1910年11月22日……2
满洲里疫症发见时　1910年11月24日……3
交涉：俄人干预傅家甸防疫之震动　1910年12月3日……4
满洲疫症近闻　1910年12月4日……5
满洲里俄员上月二十四日因防疫病圈围华民　1910年12月14日……6
外部各王大臣近与驻京俄公使交涉　1910年12月14日……7
哀哉满洲里罹疫之华人　1910年12月18日……8
再志俄人检疫之惨酷　1910年12月24日……9
电三：东督电奏俄人在哈尔滨借词查疫虐待华人　1910年12月27日……10
电一：东省督抚电奏鼠疫甚剧　1911年1月14日……10
满洲里鼠疫发现以来渐及各埠　1911年1月15日……11
哈尔滨此次办理防疫经由本省特派中日医官到哈开办　1911年1月15日……11
满洲疫患续志　1911年1月15日……12
电六：枢府奉旨电寄东督锡良　1911年1月16日……13
满洲疫患续志　1911年1月17日……14
满洲疫患续志　1911年1月18日……15
满洲鼠疫近仍蔓延未息　1911年1月18日……16
电五：东督锡良电致邮传部　1911年1月19日……16
满洲鼠疫记　1911年1月19日……17
电二：满洲疫症传染至津　1911年1月20日……19

满洲鼠疫记　1911 年 1 月 20 日 …… 20
西报记满洲疫症之危象　1911 年 1 月 20 日 …… 22
政府议定北方销疫办法　1911 年 1 月 21 日 …… 23
满洲鼠疫记　1911 年 1 月 21 日 …… 24
西报记北方疫患近状　1911 年 1 月 21 日 …… 26
电一：摄政王朱谕东督锡良　1911 年 1 月 22 日 …… 27
鼠疫由北而南之大警告　1911 年 1 月 22 日 …… 28
满洲疫患南渐续闻　1911 年 1 月 24 日 …… 29
满洲鼠疫记　1911 年 1 月 24 日 …… 30
电三：锡良、陈昭常续电枢府鼠疫仍未稍减　1911 年 1 月 25 日 …… 31
京津防阻鼠疫南下续记　1911 年 1 月 25 日 …… 32
西报译要：北省疫势未已　1911 年 1 月 25 日 …… 34
满洲鼠疫记　1911 年 1 月 25 日 …… 35
电三：东省督抚续有急电到京谓鼠疫蔓延愈甚　1911 年 1 月 26 日 …… 36
东省防疫与主权之关系　1911 年 1 月 26 日 …… 37
北京疫气稍杀　1911 年 1 月 26 日 …… 38
电二：东督锡良电奏哈尔滨患疫毙命者有二千六百余名之多
1911 年 2 月 2 日 …… 38
监国关念北方鼠疫　1911 年 2 月 2 日 …… 39
西报译要：北方疫患汇电　1911 年 2 月 2 日 …… 40
西报译要：北方疫患未已　1911 年 2 月 3 日 …… 41
北方鼠疫记　1911 年 2 月 4 日 …… 42
奉天交涉使电告患疫情形　1911 年 2 月 4 日 …… 43
公电：各报鉴哈埠防疫断绝交通　1911 年 2 月 5 日 …… 43
北京鼠疫记　1911 年 2 月 5 日 …… 44
紧要新闻二：日本报告满洲疫患　1911 年 2 月 5 日 …… 45
北方鼠疫记　1911 年 2 月 6 日 …… 46
紧要新闻二：汉上亦起鼠疫恐慌矣　1911 年 2 月 6 日 …… 48
电二：东督锡良电奏东省患疫区域甚广，需款较巨，急难筹措
1911 年 2 月 8 日 …… 48
西报述北方鼠疫近状：满洲近状　1911 年 2 月 8 日 …… 49

电三：京奉铁路因疫势稍杀并经外部与各使力争又将开行
1911 年 2 月 10 日 ……………………………………………………………………49
德人之沪上防疫说　1911 年 2 月 10 日 ………………………………………………50
北京防疫记　1911 年 2 月 11 日 ……………………………………………………51
专件：长春鼠疫治疗法汇录　1911 年 2 月 11 日 ……………………………………52
电三：东督锡良电奏奉天鼠疫势已稍减　1911 年 2 月 12 日 …………………………53
电四：陆军部奏派兵队驰往奉天防范疫患　1911 年 2 月 12 日 ………………………53
北方防疫汇记　1911 年 2 月 12 日 …………………………………………………54
西报译要：北方疫患近报　1911 年 2 月 12 日 ………………………………………56
哈尔滨疫患实情　1911 年 2 月 12 日 ………………………………………………57
电一：东督锡良电致枢府谓防疫经费　1911 年 2 月 13 日 ……………………………58
电二：锡督以奉省防范鼠疫需款浩繁电请邮传部拨银　1911 年 2 月 13 日 ……58
北方防疫近状　1911 年 2 月 14 日 …………………………………………………59
东三省将开防疫赈捐　1911 年 2 月 15 日 …………………………………………60
日使又为防疫事谒外部　1911 年 2 月 15 日 ………………………………………61
北方防疫汇记　1911 年 2 月 16 日 …………………………………………………62
外部电商防疫治疫员恤章　1911 年 2 月 16 日 ………………………………………63
电一：东省锡良电奏外人借词防疫干涉内政　1911 年 2 月 18 日 ……………………65
电二：某御史奏奉省防疫官吏苛扰外人　1911 年 2 月 18 日 …………………………65
呼兰府因疫暴动之警耗　1911 年 2 月 18 日 ………………………………………66
西报记北方疫状　1911 年 2 月 18 日 ………………………………………………67
北方防疫汇记　1911 年 2 月 19 日 …………………………………………………68
赈电疫电汇录　1911 年 2 月 19 日 …………………………………………………69
译件：工部局卫生医官防疫报告　1911 年 2 月 19 日 …………………………………70
北方防疫汇记　1911 年 2 月 20 日 …………………………………………………71
奉天防疫记事　1911 年 2 月 21 日 …………………………………………………72
满洲疫患琐闻　1911 年 2 月 21 日 …………………………………………………73
电二：东督锡良电奏此次防疫中俄开战之谣纷纷四起　1911 年 2 月 22 日 ……74
日本人关东防疫种种　1911 年 2 月 22 日 …………………………………………74
电一：东三省督抚电奏防疫关系重大如临大敌　1911 年 2 月 23 日 …………………75
北方疫势已有转机矣　1911 年 2 月 23 日 …………………………………………75

定期开万国防疫大会　1911 年 2 月 24 日 ………………………………………………… 76
日人干涉防疫之一斑　1911 年 2 月 25 日 ………………………………………………… 77
电四：东督锡良电奏哈尔滨疫症稍减　1911 年 2 月 26 日 …………………………… 78
北方疫患确已转机　1911 年 2 月 26 日 …………………………………………………… 78
北方防疫汇记　1911 年 2 月 27 日 ………………………………………………………… 79
东三省通讯：疫症与钱荒　1921 年 1 月 24 日 …………………………………………… 80
北京电：黑省城发现鼠疫　1921 年 1 月 29 日 …………………………………………… 81
北满鼠疫日炽　1921 年 2 月 2 日 ………………………………………………………… 82
北京电：哈尔滨电齐齐哈尔附近鼠疫蔓延　1921 年 2 月 3 日 ………………………… 83
北京电：哈埠电满站鼠疫，死五十五人　1921 年 2 月 11 日 …………………………… 83
哈尔滨之疫病与贱币　1921 年 2 月 11 日 ………………………………………………… 84
东三省通信：防疫问题　1921 年 2 月 11 日 ……………………………………………… 85
哈满间疫势仍炽　1921 年 2 月 17 日 ……………………………………………………… 86
哈埠发现肺疫之外讯　1921 年 2 月 18 日 ………………………………………………… 87
国内要闻：长春防疫之状况　1921 年 2 月 21 日 ………………………………………… 88
北京电：张作霖电疫势蔓延哈长　1921 年 2 月 22 日 …………………………………… 89
鼠疫延至哈埠之加紧防范　1921 年 2 月 22 日 …………………………………………… 90
海关防疫之通告　1921 年 2 月 27 日 ……………………………………………………… 91
东省疫势近报　1921 年 3 月 2 日 ………………………………………………………… 92
东三省通讯：东边鼠疫之真相　1921 年 3 月 6 日 ……………………………………… 93
满哈间之疫势：九日哈尔滨电　1921 年 3 月 13 日 ……………………………………… 94
宋小濂电告伊满通车　1921 年 3 月 14 日 ………………………………………………… 95
哈尔滨之防疫情形：十六日哈尔滨电　1921 年 3 月 20 日 ……………………………… 96
东俄之危状：二十日哈尔滨电　1921 年 3 月 25 日 ……………………………………… 97
疫势尚未全灭之消息　1921 年 3 月 29 日 ………………………………………………… 98
东俄近事记：十一日哈尔滨电　1921 年［4］月 17 日 …………………………………… 99
天津电：黑省瘟疫渐灭　1921 年 5 月 15 日 ……………………………………………… 100
东俄近事记：十日哈尔滨电　1921 年 5 月 15 日 ………………………………………… 100
满洲之检疫：十二日哈尔滨电　1921 年 6 月 14 日 ……………………………………… 101
北方疫情：十四日北京电　1921 年 6 月 16 日 …………………………………………… 101

又电：俄京圣彼得堡公然宣言　1910 年 11 月 23 日 …… 103
满洲里疫患汇志　1910 年 11 月 24 日 …… 103
闲评二　1910 年 11 月 27 日 …… 104
黑龙江：俄人防疫之办法　1910 年 11 月 28 日 …… 104
东三省：哈尔滨亦查疫矣　1910 年 11 月 30 日 …… 105
华人乘车之拥挤　1910 年 12 月 1 日 …… 106
又电：驻哈尔滨俄员班热斯氏电达俄京圣彼得堡　1910 年 12 月 6 日 …… 106
吉林：哈埠关道电禀验疫情形　1910 年 12 月 14 日 …… 107
译件：探闻圣彼得堡防疫会宣言　1910 年 12 月 15 日 …… 108
俄人验疫之辣手　1910 年 12 月 16 日 …… 108
译件：顷悉大连湾管理埠头局自上年西十一月开始即在各船舱栈房住户房室等处查捕老鼠　1910 年 12 月 16 日 …… 109
译件：又电俄国近因北满疫气流行提议预防之法　1910 年 12 月 17 日 …… 109
东三省：华工乘车之限制　1910 年 12 月 18 日 …… 110
译件：吉林省各大宪刻于吉林省城迤西设立验疫所　1910 年 12 月 24 日 …… 111
拟开中俄检疫之谈判　1910 年 12 月 25 日 …… 111
黑龙江：报销防疫费　1910 年 12 月 28 日 …… 112
东三省：特派医员赴东查疫　1910 年 12 月 31 日 …… 112
外部特聘西医赴哈查疫　1911 年 1 月 3 日 …… 113
东省通函　1911 年 1 月 11 日 …… 113
译件：东省函云盛京近日有患病死者二人，又云近来大连湾有患可疑之症而死者一名，又云哈尔滨自疫气流行至今哈埠内外患斯症者日甚一日　1911 年 1 月 13 日 …… 114
梅医士病故　1911 年 1 月 14 日 …… 115
北京电云：奉省官宪近因恶疫流行决定严行预防　1911 年 1 月 14 日 …… 115
东三省：哈尔滨关于防疫之调查　1911 年 1 月 15 日 …… 116
议恤死于检疫之梅医士　1911 年 1 月 16 日 …… 116
东三省：哈尔滨鼠疫之可畏　1911 年 1 月 16 日 …… 117
锡督筹备防疫之认真　1911 年 1 月 16 日 …… 118

译件：哈尔滨电云哈埠鼠疫日炽；奉天电云该处现计患疫者有二十人 1911年1月17日……118
东三省：关东刻亦防疫矣 1911年1月17日……119
铁岭亦有鼠疫之发生 1911年1月17日……120
奉天电：奉省染患瘟疫者厥数愈多 1911年1月18日……120
民政部特聘西医赴哈查疫 1911年1月19日……121
特派徐相国协赞整顿东省事 1911年1月19日……121
译件：哈尔滨电该处鼠疫流行；宽城子电西正月十五号本城内染疫死者二十二名；奉天电奉天患疫人数西本月十五号九人；大连电本邑自瘟疫流行至今统计染疫死者已有九人之多 1911年1月20日……122
东三省：营口严查瘟疫 1911年1月20日……122
宽城子电：本城与哈尔滨疫气日甚 1911年1月21日……123
电饬东三省停止年供 1911年1月22日……123
追悼梅医士 1911年1月22日……124
黑龙江：周抚关心防疫 1911年1月22日……124
关于东省防疫之朱批 1911年1月23日……125
各部院研究防疫之办法 1911年1月24日……125
闲评二 1911年1月24日……126
奉天：关于防疫事宜之种种报告 1911年1月24日……127
鼠疫之去而复来 1911年1月24日……128
言论：庚戌年之大纪念（续） 1911年1月26日……129
译件：盛京电本处官场调查染患鼠疫人名册 1911年1月26日……130
周中丞注重防疫 1911年1月26日……130
京奉火车之戒严 1911年1月26日……131
札知东省火车停驶之原因 1911年2月4日……131
东督关于防疫之求助 1911年2月6日……132
锡督防疫认真之一斑 1911年2月6日……132
锡督电参外陆两部之述闻 1911年2月7日……133
加车装兵 1911年2月7日……133
庚戌年大事表：民事 1911年2月7日……134
在东日人之防疫费 1911年2月8日……134

京奉路仍旧通行　1911 年 2 月 8 日 ······ 135
可以无忧　1911 年 2 月 8 日 ······ 135
北京：监国关心东省鼠疫　1911 年 2 月 8 日 ······ 136
奉天：锡督关于防疫之要电　1911 年 2 月 8 日 ······ 136
黑龙江：江省商业之现相　1911 年 2 月 8 日 ······ 137
又电：东京电云日本遣派数员前往满洲调查瘟疫流行之原由
1911 年 2 月 9 日 ······ 137
言论：对于防疫会之感言　1911 年 2 月 9 日 ······ 138
皇太后拟拨内帑防疫　1911 年 2 月 9 日 ······ 139
锡督禁止谣言告示　1911 年 2 月 9 日 ······ 139
关于防疫之去电　1911 年 2 月 9 日 ······ 140
关于防疫之来电　1911 年 2 月 9 日 ······ 140
奉天：民政司禁止谣言告示　1911 年 2 月 9 日 ······ 141
又电：英政府恳请中政府拟遣派英京行政部医学调查员法拉尔医士前往满
洲考察瘟疫情形　1911 年 2 月 10 日 ······ 142
东督又来电奏　1911 年 2 月 10 日 ······ 142
涛贝勒大不满意于增祺　1911 年 2 月 10 日 ······ 143
外部之讳疾忌医　1911 年 2 月 10 日 ······ 143
外人竟欲干涉我用人权　1911 年 2 月 10 日 ······ 144
长春电：本处自中国新年起扯算每日染疫死者七十五人
1911 年 2 月 10 日 ······ 144
奉天：呜呼三十万之苦工　1911 年 2 月 10 日 ······ 145
锡督又筹赈捐　1911 年 2 月 10 日 ······ 146
谋封报馆自起自灭　1911 年 2 月 10 日 ······ 147
《东陲公报》因疫停刊　1911 年 2 月 10 日 ······ 148
皇太后关怀疫疠之一斑　1911 年 2 月 11 日 ······ 148
盛宫保关于东省防疫之筹画　1911 年 2 月 11 日 ······ 149
泽公允拨奉省防疫费　1911 年 2 月 11 日 ······ 149
电告酬报死于检疫者之办法　1911 年 2 月 11 日 ······ 150
呼兰失守之风传　1911 年 2 月 12 日 ······ 151
关于防疫之要电　1911 年 2 月 12 日 ······ 151

又电：日本驻京代理公使于昨十一日赴外务部　1911年2月12日……152
东三省：防疫总局电文公布　1911年2月12日……152
时症针刺之经验　1911年2月12日……153
呼兰失守之续闻　1911年2月13日……153
黑龙江：关心民瘼　1911年2月13日……154
又电：本社驻北京通信员电称刻下疫症蔓延于东三省各处
1911年2月14日……154
陆军部奏派兵队赴奉述闻　1911年2月14日……155
奉天：锡督电外邮两部请早开京奉车　1911年2月14日……156
东督电谢苏抚助金防疫　1911年2月14日……157
电报：路透电法京巴黎消息法国传道院波路奎德氏刻已束装前往满洲
1911年2月15日……157
又电：俄属黑河省总督刻因满洲疫症流行派军分扎该省各界
1911年2月15日……157
日政府关怀东省疫事　1911年2月15日……158
译件：北京电东省各大吏关于消灭鼠疫及镇压马贼　1911年2月15日……158
东三省：锡督通饬协力防疫之札文　1911年2月15日……159
大房身隔离所无薄待华人事　1911年2月15日……160
南满铁道总裁赠资防疫　1911年2月15日……160
东三省疫毙人口之统计表　1911年2月15日……161
电饬东督关于防疫应慎者两事　1911年2月16日……162
呼兰失守之讹传　1911年2月16日……162
东三省：东督电奏之内容　1911年2月16日……163
江抚对于防疫之谕饬　1911年2月16日……163
苏都护一家疫死四名　1911年2月16日……164
铁岭县防疫之伟策　1911年2月16日……164
疫毙者岂止万人　1911年2月16日……165
训饬防疫糜款人员　1911年2月16日……165
调查广宁防疫情形　1911年2月16日……166
又电：俄国路西亚报纸罗举中国有背千八百八十年之约章
1911年2月17日……166

译件：北京电刻下满洲各省会地方疫气虽已消减然仍蔓延各处
1911 年 2 月 17 日 …… 167
东京电：日本遣派医士前往满洲考察瘟疫情势　1911 年 2 月 17 日 …… 167
双城防疫之办法　1911 年 2 月 17 日 …… 168
长春鼠疫之猖獗　1911 年 2 月 17 日 …… 169
又电：驻黑河俄总督近因疫气流行倍加防范　1911 年 2 月 18 日 …… 169
皇太后对于东省疫退之喜悦　1911 年 2 月 18 日 …… 170
陆军部会议记闻　1911 年 2 月 18 日 …… 170
译件：东京电大山总督呈请日政府遣派红十字会卫生队
1911 年 2 月 18 日 …… 171
又电：北里医学博士与拓殖局部长江木氏已于十四日自门司乘天草丸前往
满洲　1911 年 2 月 18 日 …… 171
吉林：吉省检疫所留验章程　1911 年 2 月 18 日 …… 172
译件：盛京电刻下奉省患疫死者似已有减无增　1911 年 2 月 19 日 …… 173
又电：本月十八日本处查有工人患病者一人　1911 年 2 月 19 日 …… 173
东三省交涉果肯公布乎　1911 年 2 月 20 日 …… 174
牌饬奉省学生暂缓入堂　1911 年 2 月 20 日 …… 174
东三省：限制工人入关　1911 年 2 月 20 日 …… 175
设铁网以防鼠疫　1911 年 2 月 20 日 …… 176
电旨：正月二十二日监国摄政王钤章奉旨东三省时疫流行
1911 年 2 月 21 日 …… 176
路透电：英国家医局医学调查员法拉尔医士偕同比得莱医士拟于西本月二
十号启行前往哈尔滨　1911 年 2 月 21 日 …… 177
整顿东盐拟从缓办　1911 年 2 月 21 日 …… 177
东三省：督宪严饬地方之专电　1911 年 2 月 21 日 …… 178
奉邑鼠疫之可畏　1911 年 2 月 21 日 …… 178
专件：奉天省城防疫事务所核订临时疫病院章程　1911 年 2 月 21 日 …… 179
电致东督优待日本医士　1911 年 2 月 22 日 …… 181
俄人限制焚尸之办法　1911 年 2 月 22 日 …… 181
黄巾邪教之宜禁　1911 年 2 月 22 日 …… 182
公署防疫之戒严　1911 年 2 月 22 日 …… 182

黑龙江：电饬火葬　1911 年 2 月 23 日……183
有仍拟奏派大员赴东之耗　1911 年 2 月 24 日……183
特颁防疫谕旨之原因　1911 年 2 月 24 日……184
洵贝勒组织防疫所之公启　1911 年 2 月 24 日……185
东三省：长春中日隔断交通之章程　1911 年 2 月 24 日……186
昌图人民阻挠防疫之情形　1911 年 2 月 24 日……186
各国医学博士将次到满　1911 年 2 月 25 日……187
罚办某道之殴伤防疫员　1911 年 2 月 25 日……187
译件：奉天电昨礼拜日盛京新患疫者计四十三人　1911 年 2 月 25 日……188
长春电：据杨医士电达外部关于长春城内外及四乡等处染疫死者之报告
1911 年 2 月 25 日……188
瘟疫渐退之电告　1911 年 2 月 25 日……189
日政府派医协助防疫　1911 年 2 月 25 日……189
慈宫关心民瘼　1911 年 2 月 25 日……190
日医过津　1911 年 2 月 26 日……190
东三省：锡督开办防疫讲演会　1911 年 2 月 26 日……191
调查鼠疫博士到奉　1911 年 2 月 26 日……191
饬烧防疫隔离所　1911 年 2 月 26 日……192
遮断城内外交通　1911 年 2 月 26 日……192
代论：奉天交涉使韩紫石司使复关东羁客论防疫行政书
1911 年 2 月 27 日……193
黑龙江：法政学堂开学无期　1911 年 2 月 27 日……195
中日商民防疫隔离办法　1911 年 2 月 27 日……195
又电：今日（即西本月念六号）俄医学会自圣彼得堡起程前往哈尔滨
1911 年 2 月 28 日……196
又电：俄国伊尔库茨克（西伯利亚之一省）防疫会决议
1911 年 3 月 1 日……196
锡督又请协筹防疫急款　1911 年 3 月 1 日……197
日俄关于防疫之杜绝交通　1911 年 3 月 1 日……197
闲评二　1911 年 3 月 1 日……198
译件：长春电本府鼠疫经西医杨大夫竭力消除　1911 年 3 月 2 日……198

奉天电：刻下鼠疫情形　1911年3月2日 ………………………………………… 199
哈尔滨电：傅家甸近日疫气大减　1911年3月2日 ………………………………… 199
致谢各国关于防疫之热诚　1911年3月2日 ……………………………………… 200
黑龙江：电饬拨济防疫费　1911年3月2日 ……………………………………… 200
派员解送防疫药品　1911年3月2日 ……………………………………………… 201
民政司关心民命　1911年3月2日 ………………………………………………… 201
代论：奉天交涉使韩紫石司使复关东羁客论防疫行政书（续二十九日）
　1911年3月3日 ………………………………………………………………… 202
东三省：锡制军之苦况　1911年3月3日 ………………………………………… 204
吉垣鼠疫之近状　1911年3月3日 ………………………………………………… 204
三国联络长春之防疫　1911年3月3日 …………………………………………… 205
可怜三万猝死之疫鬼　1911年3月3日 …………………………………………… 205
吉垣鼠疫之渐消　1911年3月3日 ………………………………………………… 206
议准东督近日之封奏　1911年3月4日 …………………………………………… 206
会议防疫遮断交通　1911年3月4日 ……………………………………………… 207
东三省：电调医学进士至奉　1911年3月4日 …………………………………… 207
雪埋疫尸之敷衍公事　1911年3月4日 …………………………………………… 208
傅家甸瘟疫之将净　1911年3月4日 ……………………………………………… 209
节省防疫经费之先声　1911年3月4日 …………………………………………… 209
伍医士防疫之声价　1911年3月4日 ……………………………………………… 210
伍医士之卓见　1911年3月4日 …………………………………………………… 210
监国注意东省防疫　1911年3月5日 ……………………………………………… 211
要闻：俄人又借口增兵矣　1911年3月6日 ……………………………………… 211
锡制军将邀议叙　1911年3月6日 ………………………………………………… 212
又电：英医士阿克逊大夫前因赴奉防疫牺牲性命　1911年3月7日 …………… 212
鄂督防疫折电交驰　1911年3月7日 ……………………………………………… 213
东省防疫人员保奖之限制　1911年3月7日 ……………………………………… 213
哈尔滨电：刻下傅家甸疫症可称已灭　1911年3月7日 ………………………… 214
齐齐哈尔电：驻该处日本领事报告该处迄今患疫死者共计五百〇四名
　1911年3月7日 ………………………………………………………………… 214
新民府电：本邑截至华正月念六日计患疫死者　1911年3月7日 ……………… 215

黑龙江：廷谕赶速扑灭鼠疫　1911 年 3 月 7 日……215
奏请防疫应否引见人员　1911 年 3 月 7 日……216
奥领事关于防疫之热心　1911 年 3 月 7 日……216
外人关心鼠疫　1911 年 3 月 7 日……217
俄人黑省驻兵之传闻　1911 年 3 月 8 日……217
闲评二　1911 年 3 月 8 日……218
译件：哈尔滨电英印派来远东考查鼠疫之医士　1911 年 3 月 8 日……218
盛京电：刻下疫疠情形渐减　1911 年 3 月 8 日……219
又电：华本月初五日电称刻下铁路及邻近各处毫无染疫者
1911 年 3 月 8 日……219
交旨：二月初八日监国摄政王钤章奉旨富勒祜伦着赏给副都统衔作为伊犁
锡伯领队大臣　1911 年 3 月 9 日……220
外部密电东督记闻　1911 年 3 月 10 日……221
译件：盛京电本月初六日本处患疫死者共三十六名　1911 年 3 月 10 日……221
哈尔滨电：本月初六日傅家甸无患疫身故者　1911 年 3 月 10 日……222
营口电：本处为留验自鲁省赴满洲之苦工搭有巨棚二座
1911 年 3 月 10 日……222
拟再派员赴东襄办防疫　1911 年 3 月 11 日……223
政务处密议东省防疫交涉　1911 年 3 月 11 日……223
中医官以身殉疫　1911 年 3 月 11 日……224
黑河亦有鼠疫　1911 年 3 月 12 日……225
谘议局议长作古　1911 年 3 月 12 日……225
东三省：鼠疫研究大会续闻　1911 年 3 月 13 日……226
三国会议防疫　1911 年 3 月 13 日……226
中日合订水上防疫章程　1911 年 3 月 14 日……227
施肇基赴东之原因　1911 年 3 月 14 日……227
剿平马贼为第一要务　1911 年 3 月 15 日……228
施丞堂定期赴奉　1911 年 3 月 15 日……228
饬焚铁路沿道疫尸　1911 年 3 月 15 日……229
东省防疫保案到京　1911 年 3 月 16 日……229
黑抚奏参赵渊之原电　1911 年 3 月 16 日……230

齐埠人心之惶惶　1911 年 3 月 17 日……230
保定：关于防疫禁入俄境之札文　1911 年 3 月 17 日……231
黑龙江：俄大员出巡之原因　1911 年 3 月 17 日……231
巴彦州防疫二则　1911 年 3 月 17 日……232
施丞堂赴奉之原因　1911 年 3 月 18 日……232
防疫大会各国代表之概略　1911 年 3 月 19 日……233
东督电请代筹防疫特款　1911 年 3 月 20 日……234
嫩江防疫之认真　1911 年 3 月 20 日……234
派员筹办移民事　1911 年 3 月 20 日……235
锡督又有来京之奏请　1911 年 3 月 21 日……235
安东海关取缔船舶规则　1911 年 3 月 22 日……236
锡督请拨防疫用款　1911 年 3 月 25 日……237
瑷珲道预防瘟疫办法　1911 年 3 月 25 日……237
首府有被参消息　1911 年 3 月 25 日……238
大通亦染瘟疫　1911 年 3 月 25 日……238
施肇基赴东之真因　1911 年 3 月 28 日……239
选派医员赴会　1911 年 3 月 29 日……239
黄太守被参之原因　1911 年 3 月 29 日……240
黑龙江：慎重防疫　1911 年 3 月 30 日……240
兰西瘟疫已退　1911 年 3 月 30 日……241
俄人果何居心　1911 年 3 月 30 日……241
拟调查奉省防疫经费　1911 年 4 月 1 日……242
催送防疫报告　1911 年 4 月 1 日……242
奉天：北里博士关于百斯笃之军中谈　1911 年 4 月 4 日……243
黑龙江：此诚足以大快人心　1911 年 4 月 4 日……244
俄人又阻挠我防疫矣　1911 年 4 月 4 日……244
又电：北京政府示知东三省总督锡良即将防疫各会聚会一处
1911 年 4 月 5 日……245
黑龙江：呼兰审判厅开办有期　1911 年 4 月 5 日……245
电饬采买活旱獭　1911 年 4 月 5 日……246
札饬检察旅客　1911 年 4 月 5 日……246

英医来东考究治疫　1911 年 4 月 5 日……247
奉天：各国代表对于监国之答词　1911 年 4 月 8 日……247
防疫会选举会长及任事员　1911 年 4 月 8 日……248
防疫会研究之事项　1911 年 4 月 8 日……249
奉天：再志防疫会研究之事项　1911 年 4 月 9 日……250
鼠疫标本之展览会　1911 年 4 月 11 日……251
三志防疫会研究之事项　1911 年 4 月 11 日……252
俄人亦虚耗如许巨款　1911 年 4 月 12 日……253
奉天：锡督对于防疫研究会之演词　1911 年 4 月 12 日……254
锡督电奏三省疫情并开会事　1911 年 4 月 12 日……255
黑龙江：烧房给赔　1911 年 4 月 12 日……256
江抚奏报防疫情形　1911 年 4 月 12 日……256
北里博士公宴各代表之演说　1911 年 4 月 13 日……257
防疫报告　1911 年 4 月 14 日……258
黑龙江：请设遗民留养所　1911 年 4 月 14 日……258
通饬防疫机关归并巡警办理　1911 年 4 月 15 日……259
详记防疫研究会之会议　1911 年 4 月 15 日……260
俄人违约私售三等车票　1911 年 4 月 15 日……261
锡制军将次晋京　1911 年 4 月 18 日……261
请赏伍医官医科进士　1911 年 4 月 18 日……262
黑龙江：电催协饷　1911 年 4 月 18 日……262
黑龙江：死尸宜速清除　1911 年 4 月 24 日……263
施丞堂之位置未定　1911 年 4 月 28 日……263
民政部拟修订时疫丛书　1911 年 4 月 30 日……264
黑龙江：又有鼠疫发现矣　1921 年 1 月 6 日……265
海拉尔鼠疫讯　1921 年 1 月 19 日……266
哈埠开防疫大会议　1921 年 1 月 25 日……267
张使令拨防疫费　1921 年 1 月 29 日……268
当局之防疫计划　1921 年 1 月 31 日……269
黑龙江：齐齐哈尔之鼠疫　1921 年 2 月 1 日……270
奉天电：三十一日晨由长春开车南下之南满铁道二等车中发现患疑似鼠疫

之苦力　1921 年 2 月 3 日 …… 271
东三省防疫之积极进行　1921 年 2 月 21 日 …… 272
吉林：铁路防疫之加严　1921 年 2 月 22 日 …… 274
北方均拟防疫之确息　1921 年 2 月 23 日 …… 275
哈尔滨：鼠疫势焰已渐减　1921 年 3 月 1 日 …… 276
哈尔滨：防疫消息之汇志　1921 年 3 月 2 日 …… 277
长春疫气之复炽　1921 年 3 月 19 日 …… 278
吉长防疫之进行　1921 年 3 月 29 日 …… 279
哈尔滨：哈满间照常通车　1921 年 3 月 30 日 …… 280
吉林：防疫所之总报告　1921 年 4 月 1 日 …… 281
唐山车站检疫　1921 年 4 月 1 日 …… 282
大批难民抵哈埠　1921 年 4 月 3 日 …… 283
哈尔滨防疫情形　1921 年 4 月 5 日 …… 284
邮政局因疫停公　1921 年 4 月 8 日 …… 285
南满输送难民法　1921 年 4 月 10 日 …… 286
吉林：省城鼠疫最近记　1921 年 4 月 11 日 …… 287
秦皇岛之防疫　1921 年 4 月 13 日 …… 288
北满防疫记闻　1921 年 4 月 15 日 …… 289
哈尔滨：因隔离惹起罢工　1921 年 4 月 18 日 …… 290
哈尔滨：邮务因防疫停止　1921 年 4 月 21 日 …… 291

《民立报》防疫新闻辑录

疫气将断送领土：呜呼傅家甸　1910 年 12 月 3 日 …… 293
医院查疫之报告：足见上海无鼠疫　1910 年 12 月 3 日 …… 294
俄人之助疫为虐：天杀之乎，人杀之也　1910 年 12 月 7 日 …… 295
俄人借疫排华货：我不用汝货将奈何　1910 年 12 月 7 日 …… 296
满洲里之人鬼录　1910 年 12 月 14 日 …… 297
人虐天饕之同胞　1910 年 12 月 17 日 …… 298
满洲瘟疫之检防　1911 年 1 月 11 日 …… 299
译电：满疫片片　1911 年 1 月 14 日 …… 299

译电：哈埠华人历劫记；既死于疫，又被狗吃，然后抛入黑龙江
1911 年 1 月 18 日 …… 300
满洲疫祸记：老鼠可恶　1911 年 1 月 18 日 …… 301
满洲疫祸记（二）　1911 年 1 月 19 日 …… 303
译电：哈尔滨之鼠疫报　1911 年 1 月 20 日 …… 304
俄大臣赴满检疫　1911 年 1 月 20 日 …… 304
大疫中之苦交涉：中俄互索赔偿　1911 年 1 月 20 日 …… 305
满疫何必请日官　1911 年 1 月 21 日 …… 306
北方疫祸记：奉天　1911 年 1 月 22 日 …… 307
北方疫祸记：北京　1911 年 1 月 22 日 …… 308
北方疫祸记（三）（续）　1911 年 1 月 23 日 …… 309
译电：北方疫事记　1911 年 1 月 24 日 …… 310
北方疫祸记（四）　1911 年 1 月 24 日 …… 310
北方疫祸记（五）　1911 年 1 月 26 日 …… 311
北方疫祸记（六）　1911 年 2 月 2 日 …… 312
北方疫祸记（七）　1911 年 2 月 3 日 …… 313
新闻记者之受罪：残我同胞如此　1911 年 2 月 4 日 …… 314
马贼袭呼，兰之风说　1911 年 2 月 6 日 …… 315
专电：某御史奏参东省防疫滥縻巨款　1911 年 2 月 7 日 …… 315
北方之疫祸将熄　1911 年 2 月 7 日 …… 316
汉口防疫记　1911 年 2 月 7 日 …… 316
吉林通信：吉林瘟疫大检查　1911 年 2 月 9 日 …… 317
译电：满洲疫祸惨报　1911 年 2 月 10 日 …… 317
满洲疫氛大减记　1911 年 2 月 10 日 …… 318
苦哉狗命毙于鼠　1911 年 2 月 10 日 …… 318
哈尔滨通信：锡钦帅之伤心话　1911 年 2 月 10 日 …… 319
道里外隔断交通　1911 年 2 月 10 日 …… 319
营口通信：无端警电又飞来　1911 年 2 月 10 日 …… 320
大陆春秋：新春之患气（五）　1911 年 2 月 10 日 …… 320
俄德公使皆有严厉公文向外务部诘问　1911 年 2 月 11 日 …… 321
关于南满防疫事日拓殖局已委托北里医学博士急渡满　1911 年 2 月 11 日 …… 321

满疫入高丽　1911 年 2 月 11 日 …… 321
京津防疫近闻　1911 年 2 月 11 日 …… 322
一条狗命起交涉　1911 年 2 月 11 日 …… 322
督抚电中之难民　1911 年 2 月 11 日 …… 323
长春通信：瘟神不去道台去　1911 年 2 月 11 日 …… 323
火葬疫尸之电示　1911 年 2 月 11 日 …… 324
医学家之疫症说：哈尔滨防疫局官医报告　1911 年 2 月 12 日 …… 325
北方疫气盛衰记　1911 年 2 月 12 日 …… 326
公立医院之公启　1911 年 2 月 13 日 …… 327
满疫妨害豆业　1911 年 2 月 14 日 …… 328
哈尔滨疫祸伤心记　1911 年 2 月 14 日 …… 329
日议员之疫质问　1911 年 2 月 14 日 …… 331
内外防疫往来电　1911 年 2 月 14 日 …… 332
奉天通信：东省疫鬼录　1911 年 2 月 15 日 …… 333
日人防疫之热心　1911 年 2 月 16 日 …… 334
专电：俄使又催问呼兰乱事防疫政策　1911 年 2 月 18 日 …… 334
俄人造谣述闻　1911 年 2 月 18 日 …… 335
北方疫祸之减少　1911 年 2 月 18 日 …… 335
哈埠变祸伤心记　1911 年 2 月 18 日 …… 336
疫祸中之劫灰哀　1911 年 2 月 18 日 …… 337
内外防疫往来电：关于防疫之来电　1911 年 2 月 19 日 …… 338
赈电疫电汇志　1911 年 2 月 19 日 …… 339
怕遇瘟神之道台　1911 年 2 月 20 日 …… 339
上谕：正月二十二日内阁奉旨上驷院卿着文照补授　1911 年 2 月 21 日 …… 340
日医演说疫病　1911 年 2 月 21 日 …… 340
大疫后之哈尔滨　1911 年 2 月 21 日 …… 341
呼兰之民变不确　1911 年 2 月 23 日 …… 342
疫祸中之哈尔滨　1911 年 2 月 25 日 …… 343
噫疫祸中之警察权：痛哉疫祸　1911 年 2 月 26 日 …… 344
奉天疫祸记　1911 年 2 月 26 日 …… 345
俄国之防疫要求　1911 年 2 月 28 日 …… 345

哈埠疫祸始末记（一）　1911 年 3 月 2 日 ······ 346
北疫已减迹矣　1911 年 3 月 3 日 ······ 347
营口通信：獭疫记，不关老鼠事　1911 年 3 月 3 日 ······ 347
俄人又放谣言　1911 年 3 月 4 日 ······ 348
防疫会中之意宾　1911 年 3 月 4 日 ······ 348
营口通信：关于防疫之禁令　1911 年 3 月 4 日 ······ 349
日博士之满疫志　1911 年 3 月 5 日 ······ 350
万国防疫大会之预备　1911 年 3 月 6 日 ······ 351
疫祸中之外人谣：外务部致锡钦帅电　1911 年 3 月 20 日 ······ 352
天津通信：天津疫祸渐消记　1911 年 3 月 20 日 ······ 353
疫祸中之俄人毒：华侨流离记　1911 年 3 月 22 日 ······ 354
俄以兵力防疫　1911 年 3 月 26 日 ······ 355
哈尔滨通信：疫鬼声中之宴乐　1911 年 3 月 26 日 ······ 355
男男女女一堆灰　1911 年 3 月 26 日 ······ 356
满洲疫气已全消　1911 年 3 月 28 日 ······ 356
奉天通信：关于防疫之电奏　1911 年 3 月 30 日 ······ 357
国际防疫会所今日行落成礼　1911 年 4 月 6 日 ······ 358
防疫会得各省医员报告甚多　1911 年 4 月 6 日 ······ 358
奉天通信：满洲疫后之风云　1911 年 4 月 7 日 ······ 359
万国研疫会开会记　1911 年 4 月 8 日 ······ 360
南满不防疫了　1911 年 4 月 12 日 ······ 361
万国防疫会记　1911 年 4 月 12 日 ······ 362
满洲通信：防疫之十大问题　1911 年 4 月 12 日 ······ 363
万国研疫会记（续）　1911 年 4 月 13 日 ······ 364
万国防疫会记（续）　1911 年 4 月 14 日 ······ 365
獭疫源流考（续）　1911 年 4 月 14 日 ······ 366
万国防疫会记（续）　1911 年 4 月 16 日 ······ 367
吉林通信：撤疫防以解商困　1911 年 4 月 17 日 ······ 368
万国研疫会记（续）　1911 年 4 月 21 日 ······ 369
抚顺煤矿之交涉　1911 年 4 月 22 日 ······ 370
暴俄，暴俄，暴俄；暴俄不仁之证（七）　1911 年 4 月 22 日 ······ 370

中国此次防疫之费为数不资　1911 年 4 月 22 日 …… 371
万国研疫会记（续）　1911 年 4 月 22 日 …… 372
万国研疫会记（续）　1911 年 4 月 26 日 …… 373
万国研疫会记（续）　1911 年 4 月 27 日 …… 374
医官报告北疫全消：北省来船概免查疫　1911 年 4 月 30 日 …… 375
初二日外部大宴客　1911 年 5 月 3 日 …… 375
研疫代表之论疫　1911 年 5 月 3 日 …… 376
召见研疫会代表　1911 年 5 月 3 日 …… 376
疫症全消之佳音：轮船到岸一概免验　1911 年 5 月 5 日 …… 377

《民国日报》防疫新闻辑录

海拉尔发现鼠疫确耗：本月四日起停售车票　1921 年 1 月 17 日 …… 379
北满鼠疫蔓延之危险　1921 年 2 月 2 日 …… 380
哈满交通因鼠疫停止　1921 年 2 月 3 日 …… 381
吉林防止鼠疫之布置　1921 年 2 月 12 日 …… 382
北满洲防疫实记：最可怜者为华工……拥挤小屋中不知卫生
1921 年 2 月 13 日 …… 383
伍连德之北满防疫谈　1921 年 2 月 15 日 …… 384
哈满间疫症大炽：每日约死三十余人　1921 年 2 月 17 日 …… 385
北满疫势已渐轻减　1921 年 2 月 21 日 …… 386
满疫将蔓延至北京　1921 年 2 月 23 日 …… 387
东省鼠疫杀人之详报　1921 年 3 月 2 日 …… 388
东省鼠疫有消灭希望　1921 年 3 月 6 日 …… 389
北满疫氛又剧烈　1921 年 3 月 10 日 …… 390
哈尔滨疫症之蔓延　1921 年 3 月 11 日 …… 391
哈尔滨疫氛稍定　1921 年 3 月 13 日 …… 392
哈尔滨疫症又加多：华官防疫不得力　1921 年 3 月 15 日 …… 393
哈尔滨防疫之困难：人民太无常识　1921 年 3 月 20 日 …… 394
哈尔滨疫势仍未减轻　1921 年 3 月 25 日 …… 395
哈尔滨疫势猛烈　1921 年 3 月 30 日 …… 396

海拉尔之匪势与鼠疫　1921 年 4 月 9 日 …… 397
本社专电：奉天等处鼠疫渐盛　1921 年 4 月 11 日 …… 398
奉天发生疫症之防范　1921 年 4 月 12 日 …… 399
奉天纷纷防鼠疫　1921 年 4 月 14 日 …… 400
哈尔滨疫气渐平　1921 年 4 月 17 日 …… 401
鼠疫从直鲁转回奉天　1921 年 4 月 17 日 …… 402

《滨江时报》防疫新闻辑录

本埠新闻：筹设防疫委员会　1921 年 3 月 15 日 …… 403
油坊工人之罢工　1921 年 3 月 15 日 …… 404
疫势大减　1921 年 3 月 15 日 …… 405
学校定期开课　1921 年 3 月 15 日 …… 406
防疫进行中之风传　1921 年 3 月 15 日 …… 407
江省鼠疫扑灭讯　1921 年 3 月 15 日 …… 408
各学校将行开课　1921 年 3 月 15 日 …… 409
慎重防疫　1921 年 3 月 15 日 …… 410
国民学校已开校　1921 年 3 月 15 日 …… 411
各戏园开演　1921 年 3 月 15 日 …… 412
关于防疫之布告　1921 年 3 月 17 日 …… 413
关心民瘼　1921 年 3 月 17 日 …… 414
疫病甚惨　1921 年 3 月 17 日 …… 415
妨害公务之违警　1921 年 3 月 17 日 …… 416
发现尸身一具　1921 年 3 月 17 日 …… 417
有碍卫生　1921 年 3 月 17 日 …… 418
遗尸何多　1921 年 3 月 17 日 …… 419
菜品小贩大受影响　1921 年 3 月 17 日 …… 420
来件一则　1921 年 3 月 17 日 …… 421
学校又缓期开课　1921 年 3 月 18 日 …… 422
防疫之效果　1921 年 3 月 18 日 …… 423
本埠琐闻：遗女无依　1921 年 3 月 18 日 …… 424

猝死多人之可惨　1921年3月18日……425
清洁卫生　1921年3月18日……426
义昌公司经理潜逃　1921年3月18日……427
时评　1921年3月18日……428
双城：电令严行防疫　1921年3月20日……429
绥芬河：防疫所严加搜查　1921年3月20日……430
铁路受瘟疫之影响　1921年3月20日……431
满站鼠疫消灭讯　1921年3月20日……432
营口：时疫宜防　1921年3月23日……433
黑龙江：图财致命　1921年3月23日……434
司法机关停止办公　1921年3月23日……435
谣言愈禁愈炽　1921年3月23日……436
医士无双　1921年3月23日……437
妓女染疫　1921年3月23日……438
严医将行离哈　1921年3月23日……439
绥芬河：百斯笃将发现　1921年3月24日……440
隔离所之经费颇巨　1921年3月24日……441
商会会董之忙迫　1921年3月24日……442
何必如此　1921年3月24日……443
医士有不愿就诊之说　1921年3月24日……444
旅馆生意萧条之原因　1921年3月24日……445
日领事布告各侨民　1921年3月25日……446
本埠琐闻：防疫进行当重卫生　1921年3月25日……447
撒药传闻到吉　1921年3月25日……448
监狱发现鼠疫　1921年3月25日……449
温泉有益卫生　1921年3月25日……450
法厅照常办公　1921年3月26日……451
筹拨防疫经费　1921年3月26日……452
屠宰猪牛者减少　1921年3月26日……453
满站登车之难　1921年3月26日……454
洗澡者防范之严　1921年3月27日……455

棺材铺大受影响　1921 年 3 月 27 日……………………………………………………456
回民防疫之盛况　1921 年 3 月 27 日……………………………………………………457
双合盛死人不确　1921 年 3 月 27 日……………………………………………………458
妓女纷纷赴威　1921 年 3 月 27 日………………………………………………………459
再展期开学　1921 年 3 月 27 日…………………………………………………………460
过了瘾即不死　1921 年 3 月 31 日………………………………………………………461
疫症减轻耶　1921 年 3 月 31 日…………………………………………………………462
东三省要闻：奉天、京奉停售三等票　1921 年 4 月 1 日……………………………463
黑龙江：防疫处添购药机　1921 年 4 月 1 日…………………………………………464
各校开学展期　1921 年 4 月 1 日………………………………………………………465
梨园冷落　1921 年 4 月 1 日……………………………………………………………466
停止办公一星期　1921 年 4 月 1 日……………………………………………………467
以俄警检验俄侨　1921 年 4 月 2 日……………………………………………………468
高等小学展期开校　1921 年 4 月 2 日…………………………………………………469
商业之现状　1921 年 4 月 2 日…………………………………………………………470
防疫会迁移讯　1921 年 4 月 2 日………………………………………………………471
邮局停办之原因　1921 年 4 月 2 日……………………………………………………472
长春停止隔离　1921 年 4 月 2 日………………………………………………………473
路人违警之争竞　1921 年 4 月 2 日……………………………………………………474
本埠新闻：回教请设防疫所　1921 年 4 月 5 日………………………………………475
邮局照常办公　1921 年 4 月 5 日………………………………………………………476
铁路督办防疫认真　1921 年 4 月 5 日…………………………………………………477
俄人防疫之严　1921 年 4 月 5 日………………………………………………………478
本埠琐闻：注意治疫之良方　1921 年 4 月 5 日………………………………………479
模范监狱之防疫　1921 年 4 月 5 日……………………………………………………480
学校又展期开校　1921 年 4 月 5 日……………………………………………………481
巡官决计求去　1921 年 4 月 7 日………………………………………………………482
因防疫讼事渐稀　1921 年 4 月 7 日……………………………………………………483
俄人注重卫生　1921 年 4 月 7 日………………………………………………………484
慈善可风　1921 年 4 月 7 日……………………………………………………………485
增盛和柜伙无踪之情形　1921 年 4 月 7 日……………………………………………486

三育商校变通开学　1921 年 4 月 7 日……487
鸡鸭公司停工　1921 年 4 月 7 日……488
隔离所严加看守　1921 年 4 月 7 日……489
防疫会隔离人满　1921 年 4 月 7 日……490
短评二：疫症之三大异点说　1921 年 4 月 9 日……491
本埠琐闻：警厅注意卫生　1921 年 4 月 9 日……492
防疫会隔离人满　1921 年 4 月 9 日……493
饮料食物当重卫生　1921 年 4 月 10 日……494
防疫复炽　1921 年 4 月 13 日……495
北满路检疫严厉　1921 年 4 月 13 日……496
隔离瘟病之风潮　1921 年 4 月 14 日……497
检验回国之难民　1921 年 4 月 14 日……498
因疫封门　1921 年 4 月 14 日……499
东华中校不日开学　1921 年 4 月 15 日……500
疫症完全消灭　1921 年 4 月 15 日……501
鼠疫消灭确讯　1921 年 4 月 17 日……502
疫死衣服宜禁买卖　1921 年 4 月 17 日……503
各学校将行开课　1921 年 4 月 19 日……504
染疫自愿活埋　1921 年 4 月 19 日……505
东三省琐闻：检查时疫　1921 年 4 月 21 日……506
各校预备开学　1921 年 4 月 21 日……507
本埠琐闻：商市已渐活动　1921 年 4 月 21 日……508
长春取消隔离说　1921 年 4 月 21 日……509
商业渐见活动　1921 年 4 月 21 日……510
署长不安于位　1921 年 4 月 22 日……511
各学校相继开课　1921 年 4 月 23 日……512
防疫近讯　1921 年 4 月 24 日……513

《申报》防疫新闻辑录

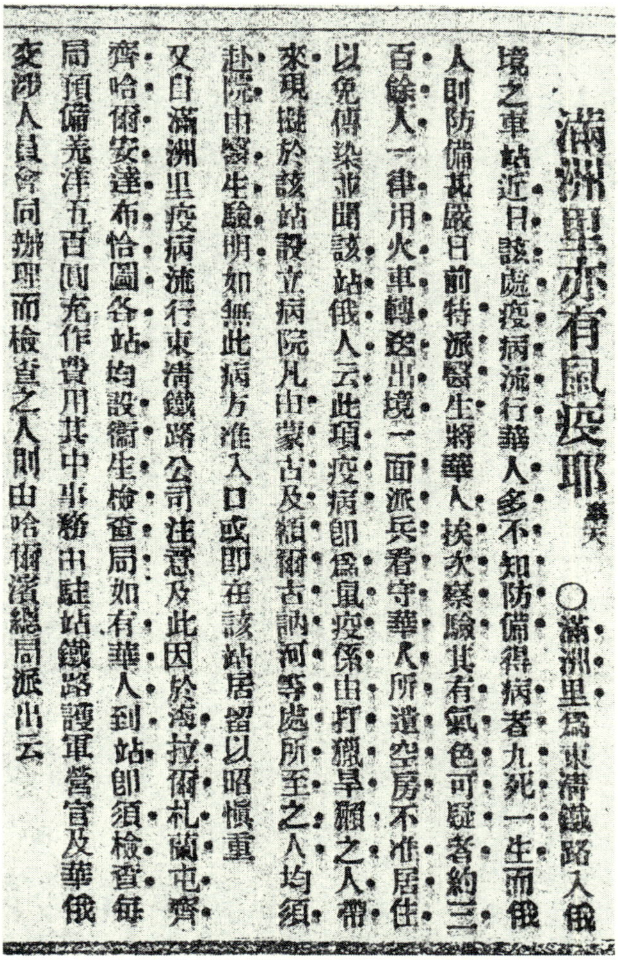

滿洲里亦有鼠疫耶 奉天

○滿洲里爲東清鐵路入俄境之車站近日該處疫病流行華人多不知防備得病者九死一生而俄人則防備甚嚴日前特派醫生將華人挨次察驗其有氣色可疑者約三百餘人一律用火車轉送出境一面派兵看守華人所遺空房不准居住以免傳染並聞該站俄人云此項疫病卽爲鼠疫係由打獵旱獺之人帶來現擬於該站設立病院凡由蒙古及額爾古訥河等處所至之人均須赴院由醫生驗明如無此病方准入口或卽在該站居留以昭愼重

又自滿洲里疫病流行東清鐵路公司注意及此因於海拉爾札蘭屯齊齊哈爾安達布恰圖各站均設衛生檢查局如有華人到站卽須檢查每局預備羌洋五百圓充作費用其中事務由駐站鐵路護軍營官及華俄交涉人員會同辦理而檢查之人則由哈爾濱總局派出云

——摘自《申报》，1910年11月16日

▲滿洲黑鼠疫流行曾紀前報茲聞此疫自九月十五日發現傳染甚盛竟至無術以防俄人拘赴東清車站之中國病民絡繹不絕聞本月初七一夜斃命十五名其在以前死者尚不得其數嗚呼此症之險竟至於如是安可不設法嚴防哉

——摘自《申报》，
1910 年 11 月 19 日

⊙滿洲患疫近聞　又載十八日柏林電云據聖彼德堡官場宣稱滿洲現患虎列剌疫症故已禁止華工由滿洲入沿海各省

——摘自《申报》，
1910 年 11 月 22 日

⊙滿洲里疫症發見時經臚濱府張緝岩太守及交涉局錫專辦商之俄員就車站瓦罐車（即空車）暫作醫室將華人染疫者均驅之入內調治起初俄人日給藥水一劑飲食亦未缺乏繼而人數繁多每日不過給水一次麵包一塊車極窄狹污穢不堪無人打掃以致病上加病九死一生晝夜之間常斃命至十數人之多而傳染愈不能息現俄員議定本月初十日爲始停售華人車票俟疫症稍減再照常復售

——摘自《申报》，
1910 年 11 月 24 日

交涉

俄人干預傅家甸防疫之騷動　吉林

○哈埠於二十四日東清鐵路防疫會霍爾蓬特阿范那士耶扶達泥爾及官醫等集議謂傅家甸自疫症流行以來華官毫不留心以致傳染日甚俄人不得不設法干預嗣由醫士宣布辦法二條第一條立刻派兵將傅家甸圍守斷絕交通不准往來第二條由租界防疫會派醫生往傅家甸干預檢驗方爲有效並在道外添設西式醫院數間可容病人五六百人分爲六區再添醫生十名至醫生經費每月需二萬五千元衆謂第一條如果斷絕交通彼此均有損失祇可不准往租界不能不准往中國各內地第二條辦法衆皆認可一俟與關道商妥即將實行濱江防疫會於晚十一鐘得此消息後立邀各會員到會磋商均不認可紳商兩界尤爲反對起而嘩噪會場大亂幸經章會泉司馬解勸函請關道阻止得以平靜散會

——摘自《申报》，1910年12月3日

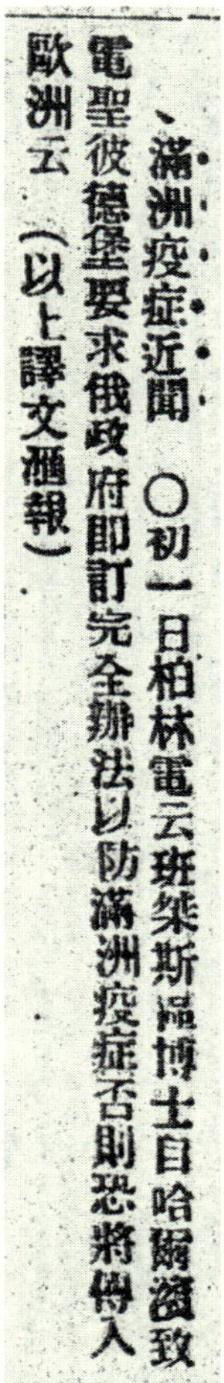

、滿洲疫症近聞　○初一日柏林電云班柒斯屈博士自哈爾濱致電聖彼德堡要求俄政府即訂完全辦法以防滿洲疫症否則恐將傳入歐洲云　(以上譯文滙報)

——摘自《申报》，
1910年12月4日

◎滿洲里俄員上月二十四日因防疫病圈圍華民一起三千餘人入瓦罐車彼時交涉局錫守往商許以五日放回各安生業乃今逾期已久餓命者至二十餘人之多聞錫守日昨又晤俄員據云須過兩星期始可釋放云　俄境四大喇嘛廠及齊都等處華人因防染疫屢被俄人驅逐近日抵滿洲里者絡繹不絕下車無店可投有被俄人圈入瓦罐車者有在檣根暫時住宿者天寒地冷啼飢號寒浩劫臨頭云胡能避　滿洲里有一瓦罐車被俄人驅入華人二十二名因洒掃污穢中有染病者旋經俄人知覺盡行移入病車內有二人潛逃無蹤一夜斃命十人其餘十人恐亦難生哀哉　哈埠租界公共理事會初三晚七點鐘因租界防疫與傅家甸斷絕交通特開大會議到者議員二十九人旁觀者座爲之滿旋經反覆辨論贊成者十六人反對者十三人間有倡議圈圍一部份不必全數圈閉者此問題由投票取決後仍多數主張全數圈閉當即規定俄議董五人設法維持居民之日用食品　江撫周少帥以滿洲里瘟疫發現以來沿邊俄人恐傳染俄境預防甚嚴難免無越界查驗情事關係主權實非淺鮮故日昨電飭呼倫道轉飭沿邊卡倫遇有俄人越界查驗疫症當隨時禁阻萬勿退讓致滋紛擾

——摘自《申报》，1910 年 12 月 14 日

▲外部各王大臣近與駐京俄公使交涉以哈爾濱地方傳染瘟疫該處俄兵隊藉除疫爲名竟槍斃華人數十名除要求懲罰該兵隊外並須重價賠欵聞俄使竟無允意

——摘自《申报》，
1910年12月14日

哀哉滿洲罹疫之華人（黑龍江）

○滿洲里俄人近因被防鼠疫將華人圈入瓦罐車（以每車自二十名至三十名不等每名日給白麪一甫子半（即十八兩）白米四兩俄兵管車者設有頭目多人竟將麵米扣留十分之三以致車內病人多苦不飽甚有因而餓死者現在俄商會之十八家中國商號已向理事會陳訴瓦罐車內病民日前一夜又斃華人十名前數夜斃命至二三名不等嗟乎吾民何日得免此厄

哈爾濱秦家崗西何家溝地方俄國病棚（病棚二字係由俄語譯出即防疫處所）停有紅色火車二十輛近日拘禁之無病華人共七百二十五名有因在本埠與病人同室而居者有因由他處與病人同車而來者均被拘留查驗必須滿五日限期方能釋放

東路各小站近有華工多名因冬寒停工紛紛謀歸各站長因無人檢驗恐其中有染疫者竟一概不准登車現在流落無歸者有數百餘人

另一函云滿洲里自瘟疫發現以來華人因防疫受虐而死者已三百人數十里間啼飢號寒哀聲徧地不忍聽聞至十月二十二日疫症斷絕人慶更生不意二十四日早四鐘俄又將各街巷口堵塞華人除在俄商會註冊十八家不圈外所有各業商人一律驅往車站商民三千餘婦女四十餘踉蹌號哭奔走稍遲鞭箠立下或以鎗刺亂砍俄兵鼓掌大笑至站後解衣驗病裸立荒野至晚十鐘始畢仍趕入瓦罐車當日凍斃者四人死而轉甦者四十餘人婦女赤體罹羞多以手自掩俄兵舉槍暴打祇得僵手偃立（後俄員發給白布一條准圍下體）近十八家巨商鑒此情形特開會議謂華人窘辱至此而官不聞問三千餘同胞非盡死不止議請俄員派人赴站查看應用食物由華人設法供給所費若干全市均攤幸得該俄官許可昨已實行矣

——摘自《申报》，1910年12月18日

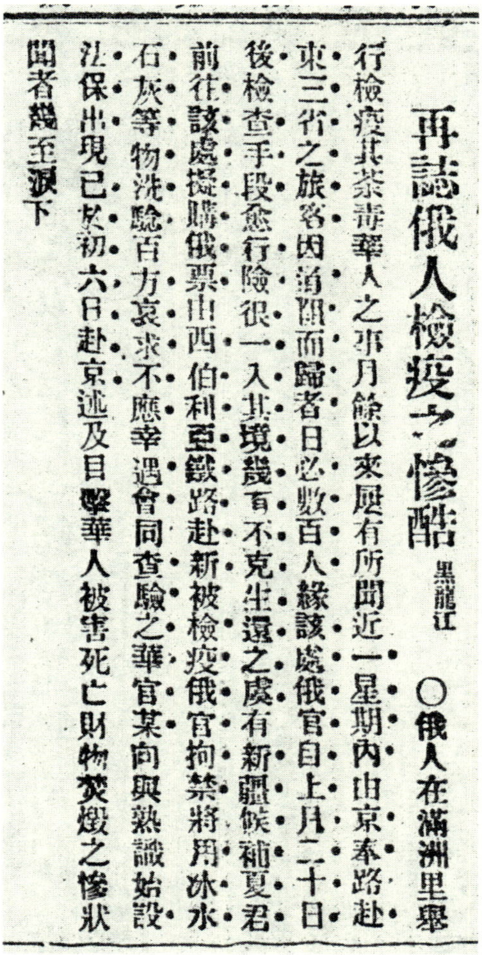

再誌俄人檢疫之慘酷 黑龍江

○俄人在滿洲里舉行檢疫其荼毒華人之事月餘以來歷有所聞近一星期內由京奉路赴東三省之旅客因道阻而歸者日必數百人緣該處俄官自上月二十日後檢查手段愈行險很一入其境幾有不克生還之虞有新疆候補夏君前往該處擬購俄票由西伯利亞鐵路赴新被檢疫俄官拘禁將用冰水石灰等物洗驗百方哀求不應幸遇會同查驗之華官某向與熟識始設法保出現已於初六日赴京述及目擊華人被害死亡財物焚燬之慘狀聞者幾至淚下

——摘自《申报》，
1910年12月24日

電三（北京）

東督電奏俄人在哈爾濱藉詞查疫虐待華人請密諭外部與俄使爭理

——摘自《申报》，
1911 年 12 月 27 日

專電

電一（北京）

東省督撫電奏鼠疫甚劇現已多設驗局以免俄日干涉請撥大連稅銀十五萬以濟急需

——摘自《申报》，
1911 年 1 月 14 日

派社

⊙滿洲里鼠疫發現以來漸及各埠近日江省亦被傳染錫督爲保守主權起見昨特電致周撫謂防疫一事尊處既分飭地方官竭力防範省城現已無疫其佩議需惟俄人請在墨爾根設驗疫所專爲查驗入俄華人而設既不能隔絕往來而中醫又非彼所信則出境華民苟非用中國人通曉西醫者依西法查驗彼仍有所藉口前請北洋選派尚未接復刻外部已派天津軍醫學堂會辦侯運德往哈爾濱一帶會同籌辦業經另電轉告其墨爾根一處應仍請轉飭嫩江府先爲籌備一俟選定妥員即行

——摘自《申报》，1911 年 1 月 15 日

⊙哈爾濱此次辦理防疫經由本省特派中西醫官到哈開辦茲悉外務部亦有特派員到哈監視并與俄領事磋商事宜一係廣東伍君一係法員梅君均於前數日束裝至哈矣

——摘自《申报》，1911 年 1 月 15 日

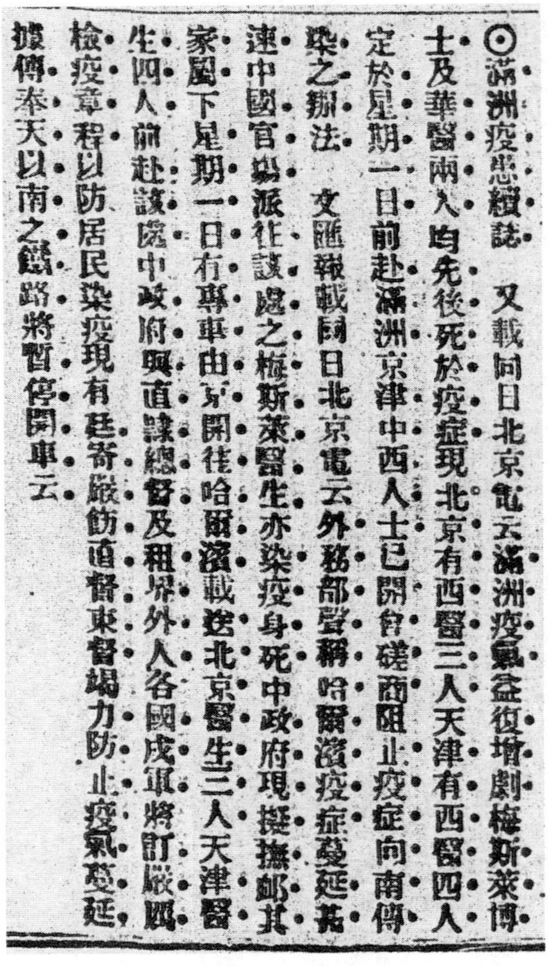
⊙滿洲疫患續誌　又載同日北京電云滿洲疫氣益復增劇梅斯萊博士及華醫兩人均先後死於疫症現北京有西醫三人天津有西醫四人定於星期一日前赴滿洲京津中西人士已開會磋商阻止疫症向南傳染之辦法　文匯報載同日北京電云外務部聲稱哈爾濱疫症蔓延甚速中國官場派往該處之梅斯萊醫生亦染疫身死中政府現擬撫卹其家屬下星期一日有專車由京開往哈爾濱載送北京醫生三人天津醫生四人前赴該處中政府與直隸總督及租界外人各國戍軍將訂嚴厲檢疫章程以防居民染疫現有廷寄嚴飭直督東督竭力防止疫氣蔓延據傳奉天以南之鐵路將暫停開車云

——摘自《申报》，1911年1月15日

專電六

（北京）樞府奉旨電寄東督錫良 該督電奏添醫驗疫需費浩繁着度支部飭撥大連關稅銀十五萬兩迅速認眞辦理毋任蔓延

——摘自《申报》，
1911年1月16日

滿洲疫患續誌

○字林報載十五日北京電云滿洲疫症仍蔓延無已哈爾濱死者二百五十四人浦家店死者一千一百八十四人奉天死者三十八人長春及吉林兩處死者不計其數山海關今日已禁絕交通入關火車悉被扣留五日山海關及關南各處尙無疫症發現中外人士已合籌完全辦法擯疫於長城之外聞此次染疫者百不活一且傳染極速　初十日滿洲日報載稱大連灣第二疑症亦屬致命據謂確係疫症其罹此劇症之第二人究因何染疫目下尙未查明有旅館閽者率眷二人由後門逸出藏匿某處中國客棧旋得其踪跡該棧及棧中之人均即由醫生滌除毒氣禁止出入關東政府及南滿洲鐵路已延醫學專門家六員助理檢疫事務聞十五日可抵大連奉天至昨日止共有疑症九起悉屬致命恐尙有傳染之處東督錫良深知鼠疫之危險故已允撥防疫應用經費中國官塲已將檢疫總局設在長城外某新屋日本官塲已移檢疫局於華局附近中國防疫辦法悉由關東政府某醫員指授華局自昨日起亦出錢買鼠中國習俗不肯以火化屍故染疫而死者瘞葬於地深必在七尺以下現長春疫氣較前益熾有華人一家四口相繼而亡又有某店弟兄三人及工人四名亦皆相繼死於疫症　文匯報載十五日北京電云據傳北京亦有疫症發現惟尙無實在証據公使團昨夜開會決議於使館界內實行禁絕交通及其他防衛之法以免傳疫　十六日北京電云奉天又有疫症十二起齊堀羅二起安東數起山海關以南之鐵路業已暫停開車祇開曾經淸除疫毒之郵件車一輛至通山海關之大路三條因防疫氣傳染已均禁止往來矣

——摘自《申报》，1911 年 1 月 17 日

滿洲疫患續誌　○字林報十六日倫敦電云據聖彼得堡電稱哈爾濱華界每日染疫而斃者數近一百五十人其狀甚慘與中古時代殆相彷彿死者因無人埋葬多爲飢犬吞噬現在黑龍江一帶疫氣更蔓延無已　文匯報載十七日北京電云據官塲宣稱天津奧國租界査見一人患疫

——摘自《申报》，
1911 年 1 月 18 日

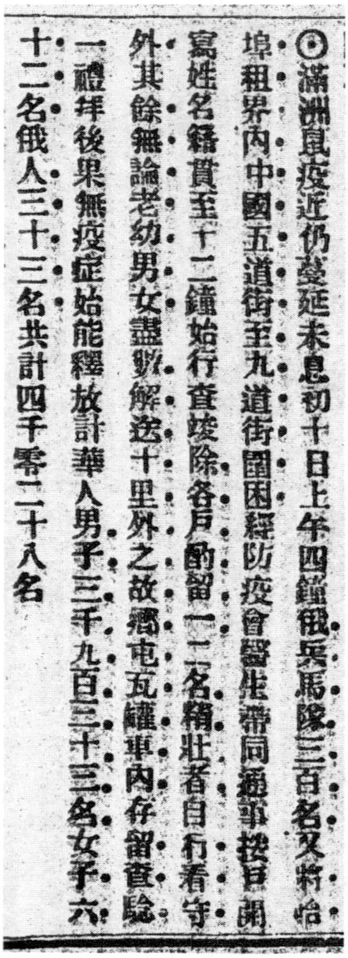
⊙滿洲鼠疫近仍蔓延未息初十日上午四鐘俄兵馬隊三百名又將哈埠租界內中國五道街至九道街圍困經防疫會醫生帶同通事按戶開寫姓名籍貫至十二鐘始行查竣除各戶酌留一二名精壯者自行看守外其餘無論老幼男女盡數解送十里外之故鄉屯瓦罐車內存留查驗一禮拜後果無疫症始能釋放計華人男子三千九百三十三名女子六十二名俄人三十三名共計四千零二十八名

——摘自《申报》，
1911 年 1 月 18 日

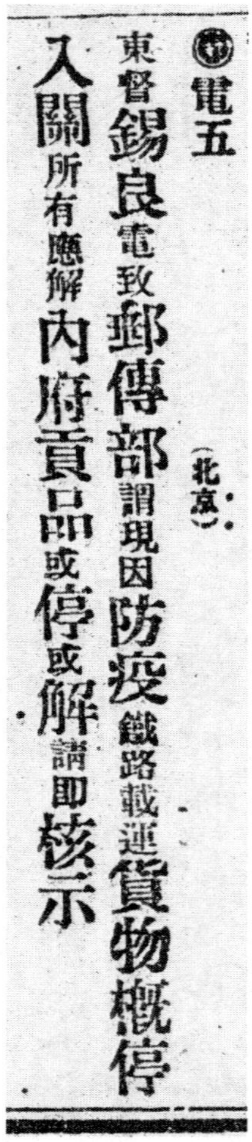
電五（北京）

東督錫良電致郵傳部謂現因防疫鐵路載運貨物概停入關所有應解內府貢品或停或解請即核示

——摘自《申报》，
1911 年 1 月 19 日

滿洲鼠疫記

哈爾濱函云哈爾濱鼠疫日來愈形蔓延傳家甸一區每日斃命三四十人或謂其原因有二(一)由於病院醫術不善凡病者無論是否染疫一經防疫會査獲即硬拖入院施治之法先用石灰灑在面部再用氷水噴之本月初一日死者不足五十人而病院中竟死二十七人即其明證往往病者尚未氣絕亦遽裝殮入棺有抬至埋坑病人尚以頭撞開棺蓋者(棺僅用四木釘成不甚堅固)如是者已五見其人然亦仍予掩埋(二)由於貧人無衣無食更多受鴉片之毒往時全恃工作所得夜入火房棲息現火房皆不敢收留(一有死者同居人皆入病院房屋被封物件被焚)又工作因疫悉停貧人無資投宿當此嚴寒凍餒交乘露宿街心又加之烟毒發作每日死此者蓋幾居其半也有此二原因故死者日不少減俄官不知查察但咎我搜查之不嚴任其傳染日前該公使曾詰問外部謂華界不明防疫之法使瘟疫流於租界如此辦法定行越界干預部中乃立電錫督嚴防勿使俄人藉口清帥三十日接電立飭濱江道認眞辦理初一日晚于道即傳防疫會員姚岫雲等入署大爲申斥姚委員辦理不善誠難辭咎然聞已耗俄洋五萬矣姚被申斥後歸至會中張皇失措乃多雇兵役到處騷擾又硬將山東會館佔爲病院魯人遂全體反對蓋初一日俄人將租界內勞動華人一律驅往華界致魯人情急羣擬將會館辦一庇寒所凡魯省人一律收入乃正在會議已經該會佔去魯人對此感情甚惡悉詈姚爲媚上欺下云

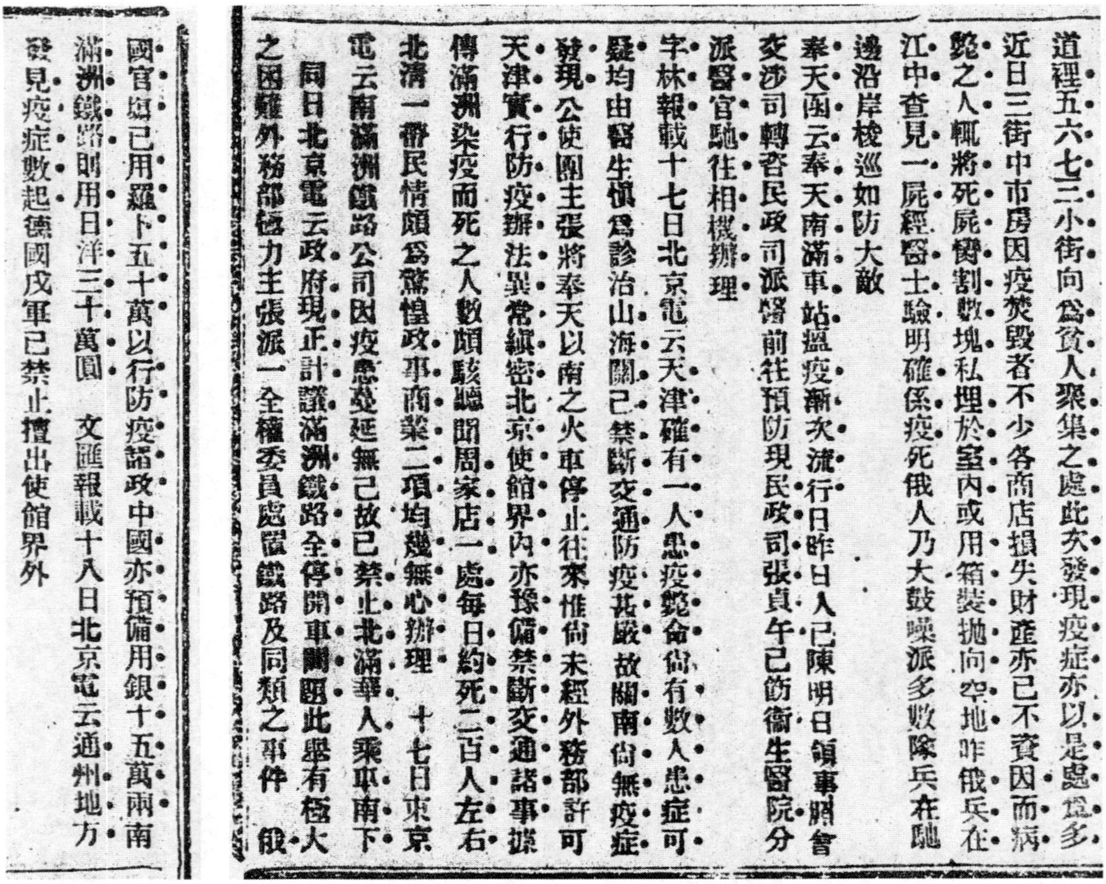
道裡五六七三小街向爲貧人聚集之處此次發現疫症亦以是處爲多
近日三街中市房因疫焚毁者不少各商店損失財產亦已不貲因而病
斃之人輒將死屍劈割數塊私埋於室內或用箱裝拋向空地昨俄兵在
江中查見一屍經醫士驗明確係疫死俄人乃大鼓噪派多數隊兵在馳
邊沿岸梭巡如防大敵
奉天函云奉天南滿車站瘟疫漸次流行日昨日人已陳明日領事照會
交涉司轉咨民政司派醫前往預防現民政司張貞午已飭衛生醫院分
派醫官馳往相機辦理
字林報載十七日北京電云天津確有一人患疫斃命尚有數人患症可
疑均由醫生慎爲診治山海關已禁斷交通防疫甚嚴故關南尚無疫症
發現公使團主張將奉天以南之火車停止往來惟尚未經外務部許可
天津實行防疫辦法異常縝密北京使館界內亦豫備禁斷交通諸事據
傳滿洲染疫而死之人數頗駭聽聞周家店一處每日約死二百人左右
北滿一帶民情頗爲驚惶政事商業二項均幾無心辦理　十七日東京
電云南滿洲鐵路公司因疫患蔓延無已故已禁止北滿華人乘車南下
同日北京電云政府現正計議滿洲鐵路全停開車闢臨此舉有極大
之困難外務部極力主張派一全權委員處置鐵路及同類之事件　俄
國官塲已用羅卜五十萬以行防疫諸政中國亦預備用銀十五萬兩南
滿洲鐵路則用日洋三十萬圓　文匯報載十八日北京電云通州地方
發見疫症數起德國戍軍已禁止擅出使館界外

——摘自《申报》，1911 年 1 月 19 日

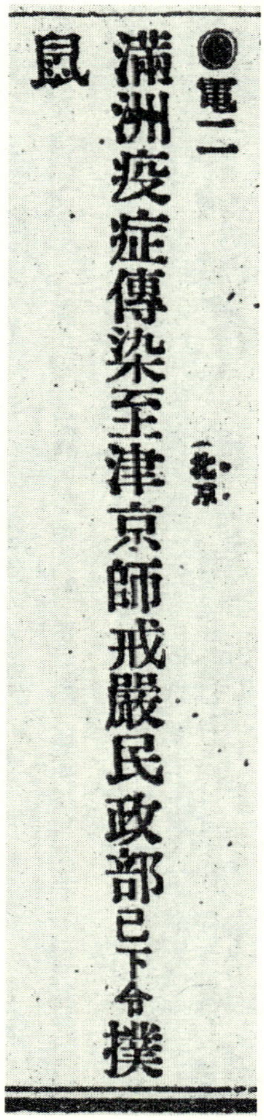

●電二（北京）滿洲疫症傳染至津京師戒嚴民政部已下令撲鼠

——摘自《申报》，1911 年 1 月 20 日

滿洲鼠疫記

傳家甸函云近日傳家甸疫症愈形猛烈每日染疫死者五六十人不等棺木晝夜趕作尚不敷用且有將死屍拋棄江氷之上貽害地方者道裡居民亦復如是第稍鮮耳俄人防疫取締甚嚴遇有發見雖附近鄰居亦拘入調驗所內并將房屋物件盡行焚燬日前租界三道街某姓因疫燒燬由房主向俄人索賠一萬餘元俄人力拒未允但恐此後尚有繁難之交涉繼續出見也

傳家甸自疫症發見後爲防疫辦法官民交惡屢起風潮當道深恐愚民暴動乘此擾亂治安故連交電稟上峯請派兵來哈防禦該兵到後擬即在糧台空曠處設立檢驗所將染疫者一律送入用兵四面圍護聞此項防兵日內即可由奉派到

現俄人派俄醫帶同防疫隊及通事挨戶稽查聞有藉端勒索情事如不遂所欲即種種苛求指其室宇不潔必逼令遷出而後已現聞各巡事已索詐錢文不少俄醫及俄兵亦得其分潤云

吾國防疫會衛生隊每恃勢到處擾亂昨二區界內某甲原有夙疾查知後便指爲染疫必欲拘送病院甲母年七十餘謂往必無幸不忍分離竟先自投井而死該隊不顧仍拘之去紛紛擾擾人民之頑抗員役之縱擾互尸其咎矣

由奉派來辦理防疫之譚觀察於到哈之翌日即與東清公司俄員會議以界內防疫牽累太多焚燬房物禁絕行人甚至凍死街衢亦指爲染疫累及鄰右辦法未妥殊爲文明國之累請即取消云云俄員當認酌量取消以期推行盡利

奉省訪函云奉天省城時疫發現實胚胎於中外車站現被傳染者日多警務局長孟翥初預籌防範之法組織醫院兩處派官立醫學研究所醫員劉宗漢等擔任療治責令各區巡警無論大小舖商旅店聯房住戶及南北汽車來往行客逐一檢察若有沾染者即行送至醫院以杜傳染

黑龍江函云俄阿穆爾總督前因北滿瘟疫盛行擬定在阿穆爾與華境接連之處設立查驗所其由哈爾濱乘車至北滿一帶由東清鐵路公司派員查驗如由江省赴各地之華人須由駐省領事發給執照否則不准放行當由俄使照會外部轉咨江撫與駐省俄領會議辦法周撫因以上各項辦法侵我主權實非淺鮮當即電致礙難照准日昨已通行各司局處知照

又江省疫症發現後警務公所曾於齊昂車站設立病院及查驗所種種防範極嚴故僅疫死二十四人即爲消退詎日昨南門裡天德藥局內膺有皮莊由奉天販來皮貨存哈埠帶有疫種致連日病者六人已死五人其餘一人經警務公所送入醫院調治一面將該舖房屋封閉俟過七天始准住人並傳諭商民人等嚴加防範免再傳染

江撫昨接錫督電開准天津陳小帥派定醫官三員醫生六名隨帶巡捕二十名廳務一員來東辦理除疫事宜各員生均深通西醫確有經驗計醫官各需月薪三百兩醫生各需月薪一百二十兩巡捕各需月薪二十四元查防疫事關公益又所以保守主權不得不多費款項前經電告度支部現擬分派醫官一員生兩名巡捕六名前往江省辦理一切所需款項均請籌備俟事竣核實報銷

——摘自《申报》，1911 年 1 月 20 日

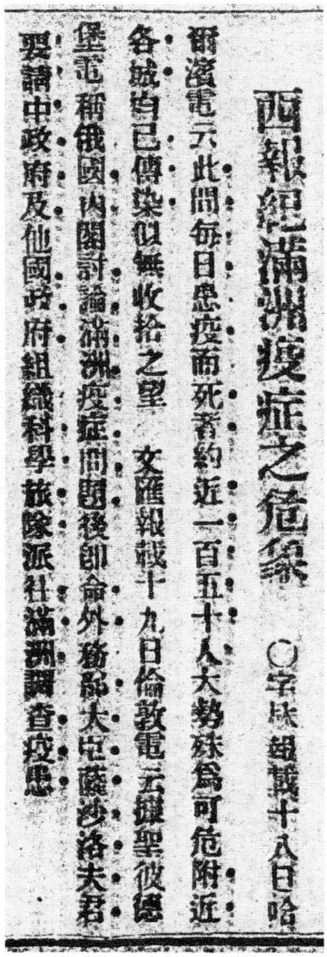

西報紀滿洲疫症之危象

○字林報載十八日哈爾濱電云此間每日患疫而死者約近一百五十人大勢殊爲可危附近各城皆已傳染似無收拾之望 文匯報載十九日倫敦電云據聖彼德堡電稱俄國内閣討論滿洲疫症問題後即命外務部大臣薩沙洛夫君要請中政府及他國政府組織科學旅隊派往滿洲調查疫患

——摘自《申报》，
1911年1月20日

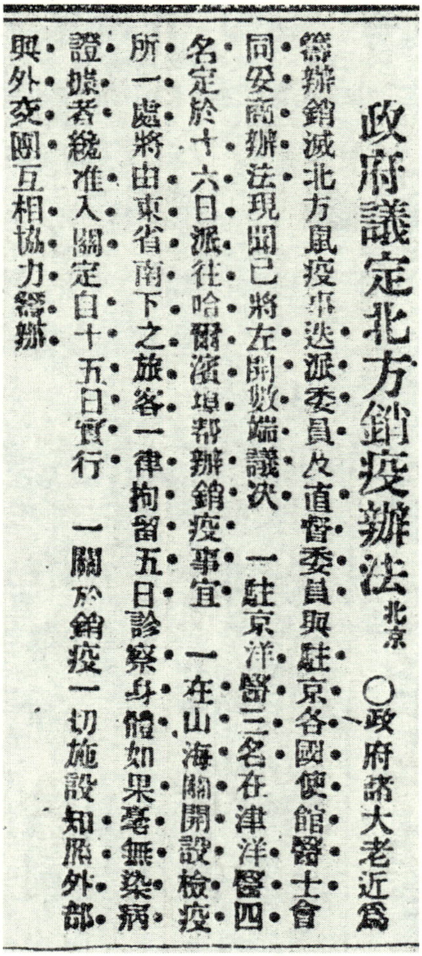

政府議定北方銷疫辦法 北京

○政府諸大老近爲籌辦銷滅北方鼠疫事迭派委員及直督委員與駐京各國使館醫士會同妥商辦法現聞已將左開數端議決 一駐京洋醫三名在津洋醫四名定於十六日派往哈爾濱埠幫辦銷疫事宜 一在山海關開設檢疫所一處將由東省南下之旅客一律拘留五日診察身體如果毫無染病證據者纔准入關定自十五日實行 一關於銷疫一切施設知照外部與外交團互相協力籌辦

——摘自《申报》，
1911 年 1 月 21 日

滿洲鼠疫記

大連於近日內又有因鼠疫斃命者三四名均係由北方帶菲而來現在日署及各團體等組織種種機關從事防疫甚見熱心如民政長官白仁君本擬於月之十八日回返東京現因防疫不果大連警務長田中君連日住宿署內視事

前北滿一帶鼠疫盛行時京師無甚影響嗣鼠疫忽於奉天發生京師中外人等大形恐慌政府已飭當道將京奉火車嚴加防範以免毒病傳至京師故京奉火車於日前先停售二三等客票至日昨更停售頭等車票竟全停開車矣

南滿鐵道會社於附屬地內新修防疫隔離所地基共七十六坪分築大房六座興工甫兩日而竣計新舊隔離所入屆共可收容三千人以外長春鐵路附屬地內日昨又有華人兩名均染鼠疫　駐長日本領事官與西南路道協議決計由兩國當局互行聯絡防疫事宜以期共濟業由中日官紳中公舉防疫委員數人日內即行辦事　吉撫陳中丞於十五晚由哈埠回抵長春十六早親赴日領事署與松原領事商議防疫辦法陳撫意見以中日協同辦理為然

十三日由奉天乘京奉火車之旅客中有染鼠疫者二名於至錦州附近時始行發覺即將該車搭客四百餘名仍由該車送還奉天十五晚至瀋陽驛即在隔離所一併收容

奉天西門外之十間房染疫日多一日該處有日僑甚多洶洶危懼遂向中國總商會交涉要求將該處釀疫之民房一併焚燬迭經兩國商會談判昨始議妥允將房屋二十六座一併焚燬但所焚房屋及器具等項一律由兩國商會先事折價備款賠償矣

南滿及京奉各鐵路附屬地至省城間道路自十五日起勒禁車馬來往以免傳疫

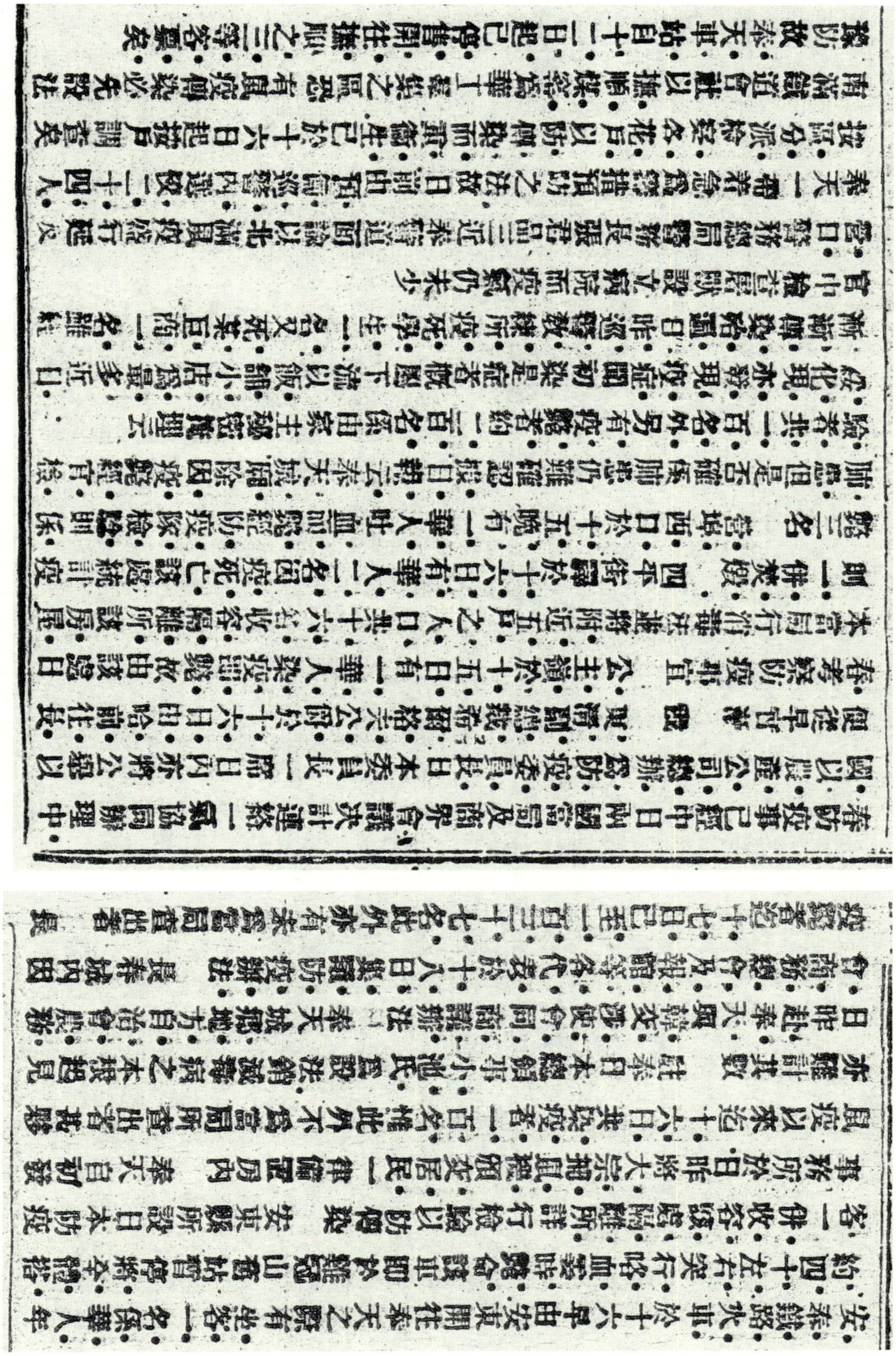

安奉鐵路火車於十六早由安東開往奉天之際有坐客一名係華人年約四十左右突行咯血霎時斃命該車即於雞冠山站暫停將全體搭客一併收容該處隔離所詳行檢驗以防傳染　安東縣所設日本防疫事務所於日昨將大宗捕鼠機頒交居民一律備置房內　奉天自初發鼠疫以來迄十六日共染疫者一百名惟此外不為當局所查出者甚夥亦難計其數　駐奉日本總領事小池氏為設法銷滅毒病之本根起見日昨赴奉天與韓交涉使會同商議辦法　奉天城鄉地方自治會農務會商務總會及報館等各代表於十八日集議防疫辦法　長春城內因疫斃者迄十七日已至一百三十七名此外亦有未為當局查出者　長春防疫事已經中日兩國當局及商界會議決計連絡一氣協同辦理中國以農產公司總辦為防疫委員長日本委員長一席日內亦將公舉以便從早實行　[illegible]　東清副總裁希爾格夫公爵於十六日由哈前往長春考察防疫事宜　公主嶺於十五日有一華人染疫即斃故由該處日本當局行消毒法並將附近五戶之人口共十六名收容隔離所該房屋則一併焚燬　四平街驛於十六日有華人二名因疫死亡該處統計疫斃三名　營埠西口於十五晚有一華人吐血而斃經防疫隊檢驗則係肺患但是否確係肺患仍難確認據日報云奉天城廂除因疫斃經官檢驗者共一百名外另有疫斃者約二百名係由家主秘密掩埋云　綏化現亦發現疫症聞初染是症者概圖下流以飯鋪小店為最多近日漸漸傳染殆遍日昨巡警教練所疫死學生一名又死某巨商一名雖經官中檢查局欵設立病院而疫氣仍未少　營口警務總局警務長張君品三近奉督道面諭以北滿鼠疫盛行延及奉天一帶着急為籌措預防之法故日前由預備巡警內選校二十四人按區分派檢察各花戶以防傳染而重衛生已於十六日起按戶調查矣　南滿鐵道會社以撫順煤窯為華工群集之區恐有鼠疫傳染必先設法豫防故奉天車站自十二日起已停售開往撫順之三等客票矣

——摘自《申报》，1911 年 1 月 21 日

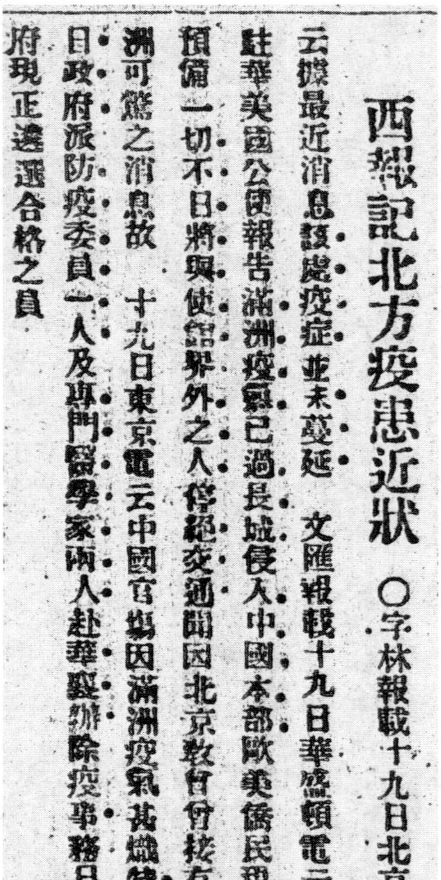

西報記北方疫患近狀

○字林報載十九日北京電云據最近消息該處疫症並未蔓延　文匯報載十九日華盛頓電云據駐華美國公使報告滿洲疫氣已過長城侵入中國本部歐美僑民現已預備一切不日將與使館界外之人停絕交通聞因北京教會曾接有滿洲可驚之消息故　十九日東京電云中國官場因滿洲疫氣甚熾特請日政府派防疫委員一人及專門醫學家兩人赴華襄辦除疫事務日政府現正遴選合格之員

——摘自《申报》，
1911年1月21日

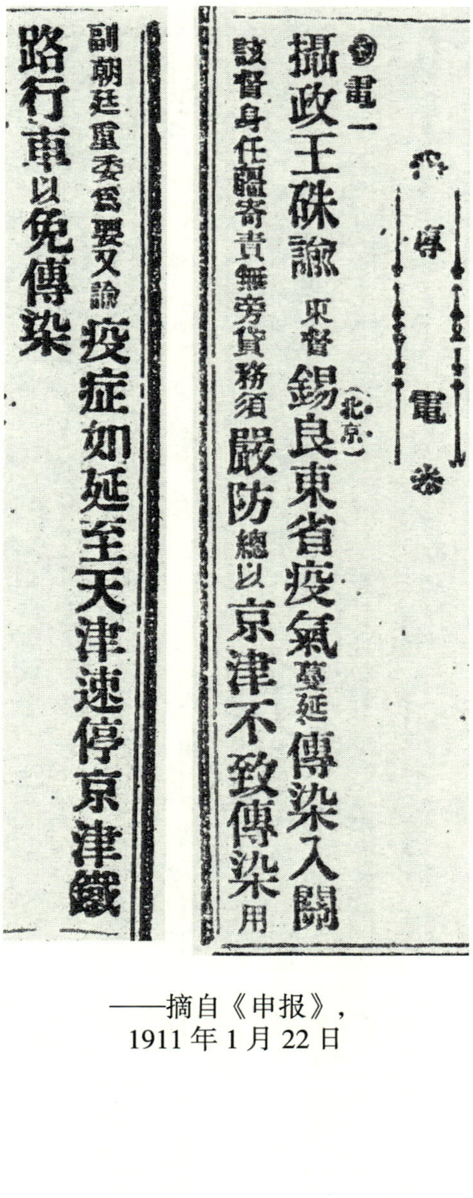

專電

◎電一

攝政王硃諭（北京）東督錫良東省疫氣蔓延傳染入關該督身任疆寄責無旁貸務須嚴防總以京津不致傳染用副朝廷厪委爲要又諭疫症如延至天津速停京津鐵路行車以免傳染

——摘自《申报》，
1911 年 1 月 22 日

鼠疫由北而南之大警告 哈爾濱

○哈爾濱鼠疫傳至長春漸及奉天屢紀前報茲聞外務部已特派北洋衛生局總辦屈道永秋設局於山海關等處檢驗關外來客有無疫症一面知會京奉路局凡由奉入關之車一概勿售二三等客票京奉鐵路局即據情飛稟郵傳部當經盛尚書電復謂不售二三等客票於変通有碍不能照准只可由醫局多派醫生赴關外各站檢驗如謂因此多費醫金京奉可以酌償云云現該局又將此意商諸屈道屈謂尚須請示外務部云

又聞日昨東督電奏鼠疫極盛勢將蔓延非添設醫院布置周密難免俄日藉端干涉惟經費浩繁懇恩撥款濟急等語監國覽畢惻然旋降旨著度支部暫將大連稅關項下撥銀十五萬兩以充該省檢疫之需並著錫良迅速認眞籌辦俾得早日消除毋任傳染

又聞吉撫以鼠疫傳染死亡甚多外部前派法醫美斯尼刻已因染病故檢驗需人除已電商京師天津各埠外昨特急電滬浙選派精於驗疫醫員趕赴東省藉助檢驗以重生命

字林報載二十日烟臺電云該口岸已經作爲有疫之埠疫氣傳至烟臺死者已達二十人現已豫備在勃納夫(譯音)地方設立隔離所　同日北京電云剛天津又有一人患疫而斃北京又死一人

接上海稅務司及領事公會已議定烟滙作爲有疫口岸凡有該處入口之船均將查疫

——摘自《申报》，1911年1月22日

⊙滿洲疫患南漸續聞　字林報載二十二日北京電云京外及北濟各處曾有數人患疫而死烟台附近之某鎭疫氣頗熾北京現正討論實行禁絕交通之法因日來盛傳鼠疫已蔓延至京故也哈爾濱道業已革職查政府接俄官員抗議謂該道阻行防疫諸政之故政府刻正核議俄國要求將傅家甸完全隔離之議聞該處每日死數率在百人以上　二十一日北京電云天津與國租界患疫而死者共有四人山海關與奉天之鐵路業已停止開車聞津浦鐵路北段亦有九人患疫而斃

二十二日北京電云北京南鄉曾有兩人患疫斃命一爲華人由奉天來者一爲看護死者之人據傳北鄉復有一人死於疫症惟未經當道報告駐京各使因中國官場防疫之策多不完備大約將於今夜禁止華人擱入使館界內

——摘自《申报》，1911 年 1 月 24 日

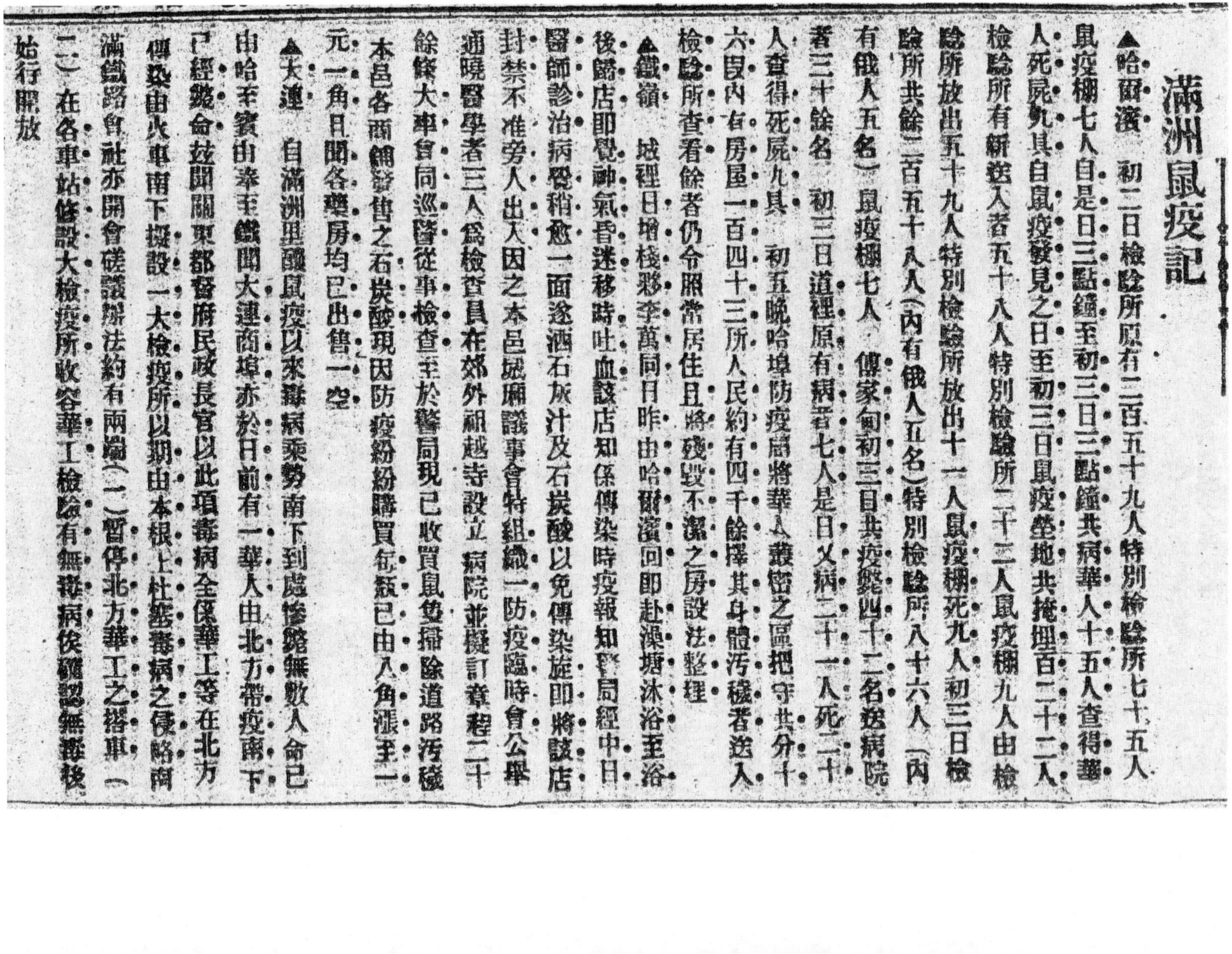

滿洲鼠疫記

▲哈爾濱 初二日檢驗所原有三百五十九人特別檢驗所七十五人鼠疫棚七人自是日三點鐘至初三日三點鐘共病華人十五人查得華人死屍九具自鼠疫發見之日至初三日鼠疫塋地共掩埋百二十二人檢驗所有新送入者五十八人特別檢驗所二十二人鼠疫棚九人由檢驗所放出五十九人特別檢驗所放出十一人鼠疫棚死九人初三日檢驗所共餘二百五十八人(內有俄人五名)特別檢驗所八十六人(內有俄人五名)鼠疫棚七人 傅家甸初三日共疫斃四十二名送病院者三十餘名 初三日道裡原有病者七人是日又病二十一人死二十人查得死屍九具 初五晚哈埠防疫局將華人叢密之區把守共分十六段內有房屋一百四十三所人民約有四千餘擇其身體污穢者送入檢驗所查看餘者仍令照常居住且將殘毀不潔之房設法整理

▲鐵嶺 城裡日增棧夥李萬同日昨由哈爾濱回即赴澡塘沐浴至浴後歸店即覺神氣昏迷移時吐血該店知係傳染時疫報知警局經中日醫師診治病雖稍愈一面遂洒石灰汁及石炭酸以免傳染旋即將該店封禁不准旁人出入因之本邑城廂議事會特組織一防疫臨時會公舉通曉醫學者三人為檢查員在郊外祇越寺設立病院並擬訂章程二十餘條大率會同巡警從事檢查至於警局現已收買鼠隻掃除道路污穢本邑各商館發售之石炭酸現因防疫紛紛購買每瓶已由八角漲至一元一角且聞各藥房均已出售一空

▲大連 自滿洲里發現鼠疫以來毒病乘勢南下到處慘斃無數人命已由哈至寬由奉至鐵關大連商埠亦於日前有一華人由北方帶疫南下已經斃命茲聞關東都督府民政長官以此項毒病全係華工等在北方傳染由火車南下擬設一大檢疫所以期由本根上杜塞毒病之侵略南滿鐵路會社亦開會磋議辦法約有兩端(一)暫停北方華工之搭車(二)在各車站修設大檢疫所收容華工檢驗有無毒病俟確認無毒後始行開放

——摘自《申报》，1911 年 1 月 24 日

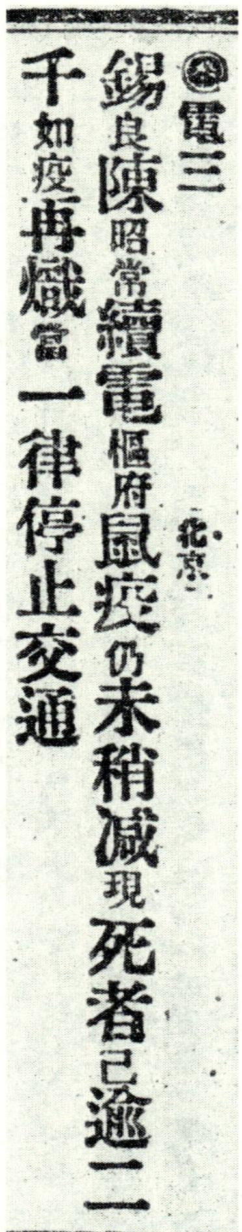

◎電三（北京）

錫良陳昭常續電樞府鼠疫仍未稍減現死者已逾二千如疫再熾當一律停止交通

——摘自《申报》，
1911年1月25日

京津防阻鼠疫南下續紀 北京

○聞外務部接黑撫周中丞電告俄人在北滿一帶防疫違約詞向俄使交涉並要求賠償等語外部據情送向俄使交涉該使語多含混未能議定現外部已電復黑撫謂俄人以滿洲里瘟疫發現以來若非滿站俄員防範嚴密則華人更不知死亡幾許所需經費計有數十萬盧布應由中國分攤請酌核辦理云云

津函云英法德各領事議決從十八日起各該租界不准華人出入嗣各銀行以有碍商市出而抗阻故是日並未實行十八日下午四鐘又在英國工部局續議此事督署陳制軍亦到場極力勸阻此事自任竭力設法防制疫氣傳染故英法德各領事所主張禁止華人出入租界一節因此仍未能決議

河東俄界惡工客棧內有東省苦工某甲日前染疫身死該界工部局除將該棧查封外并於昨早率同醫士挨戶查驗發給防疫藥水

天津衛生局對於東省疫症一事刻已竭力防範并擬定查驗火車章程十五條照錄如下　一由奉天至山海關僅開頭等上行客車其二三兩等客車一律停止　一在山海關車站附近設臨時病院其中設養病房令病人居之另設留驗所令與病人同車者居之飯食官給　一如在關內火車查有病人及與病人同坐一輛車內者均送入山海關臨時病院其在關外火車查出者由京奉局派專車仍送回奉天病院　一凡瀋陽

乘頭等車到山海關者無論中西客人雖無病亦須留住山海關五日所有居處費用均由官備如此五日之內客人中有患疫症者或疑似患疫症者均收入山海關臨時病院　一山海關病院未建立之先査有病人或疑似疫病之人無論在關內外統送回奉天病院　一山海關所設臨時病院請督憲照歷屆防疫成案派兵彈壓　一由東三省入關之小工車一律停止　一患疫人坐過之火車應由醫官消毒後再行交還鐵路局　一由關外運進各色貨物均由醫官査驗後始准運卸　一由關外運來之各種皮貨皮張毛髮破爛紙布鮮果菜蔬棺木以及沾有泥沙之花草並沙泥雜土等類禁止入關　一沿途火車分段査察以溝帮子至山海關爲一段由關至塘沽爲一段由塘沽至北京爲一段　一沿途査車凡須鐵路巡警之處均得盡力協助　一凡關係防疫電報由鐵路局代發概不收費　一所有査車醫官巡捕人等一律免收車費　一請督憲並請咨東督憲派兵嚴守入關各官道不准客貨入關

——摘自《申报》，1911 年 1 月 25 日

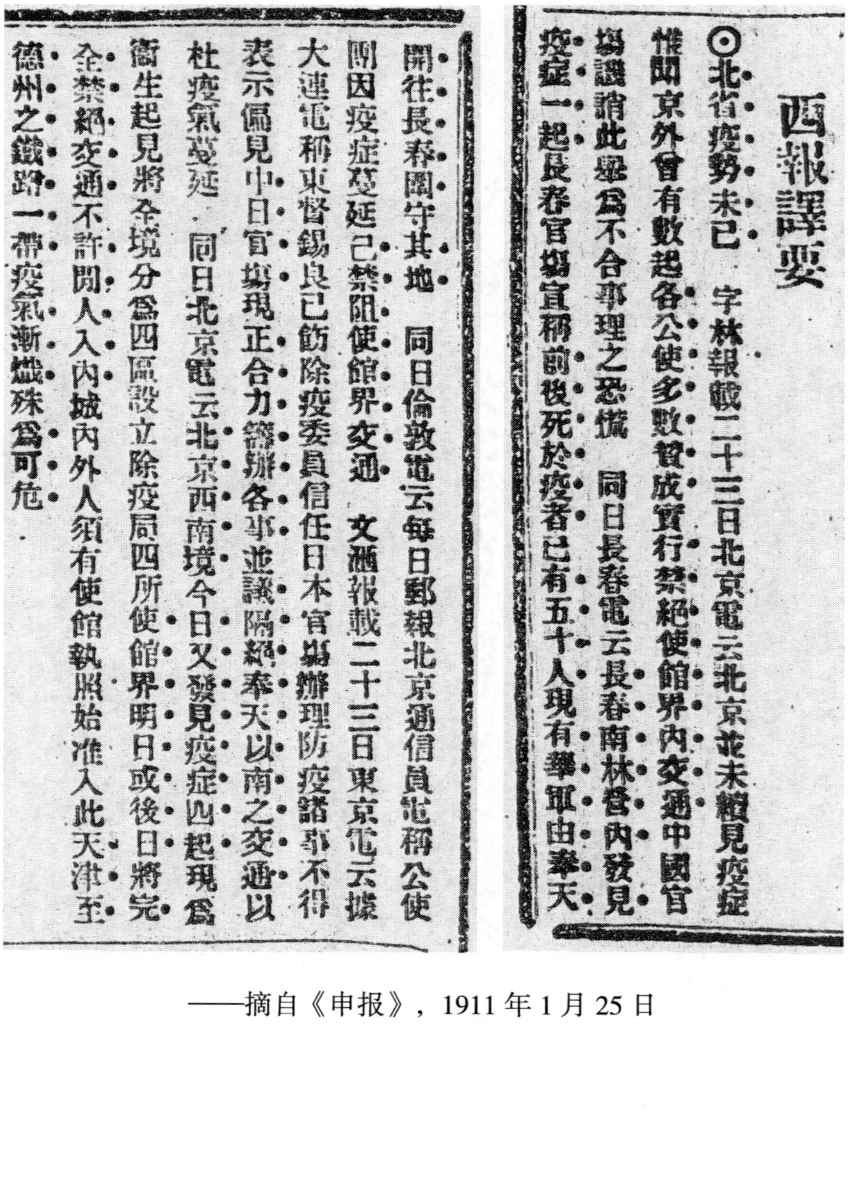

西報譯要

⊙北省疫勢未已　字林報載二十三日北京電云北京並未續見疫症惟聞京外曾有數起各公使多數贊成實行禁絕使館界內交通中國官塲謂此舉爲不合事理之恐慌　同日長春電云長春南林營內發見疫症一起長春官塲宣稱前後死於疫者已有五十人現有華軍由奉天開往長春闔守其地　同日倫敦電云每日郵報北京通信員電稱公使團因疫症蔓延已禁阻使館界交通　文滙報載二十三日東京電云據大連電稱東督錫良已飭除疫委員信任日本官塲辦理防疫諸事不得表示偏見中日官塲現正合力籌辦各事並議隔絕奉天以南之交通以杜疫氣蔓延　同日北京電云北京西南境今日又發見疫症四起現爲衛生起見將全境分爲四區設立除疫局四所使館界明日或後日將完全禁絕交通不許閒人入內城內外人須有使館執照始准入此天津至德州之鐵路一帶疫氣漸熾殊爲可危

——摘自《申报》，1911 年 1 月 25 日

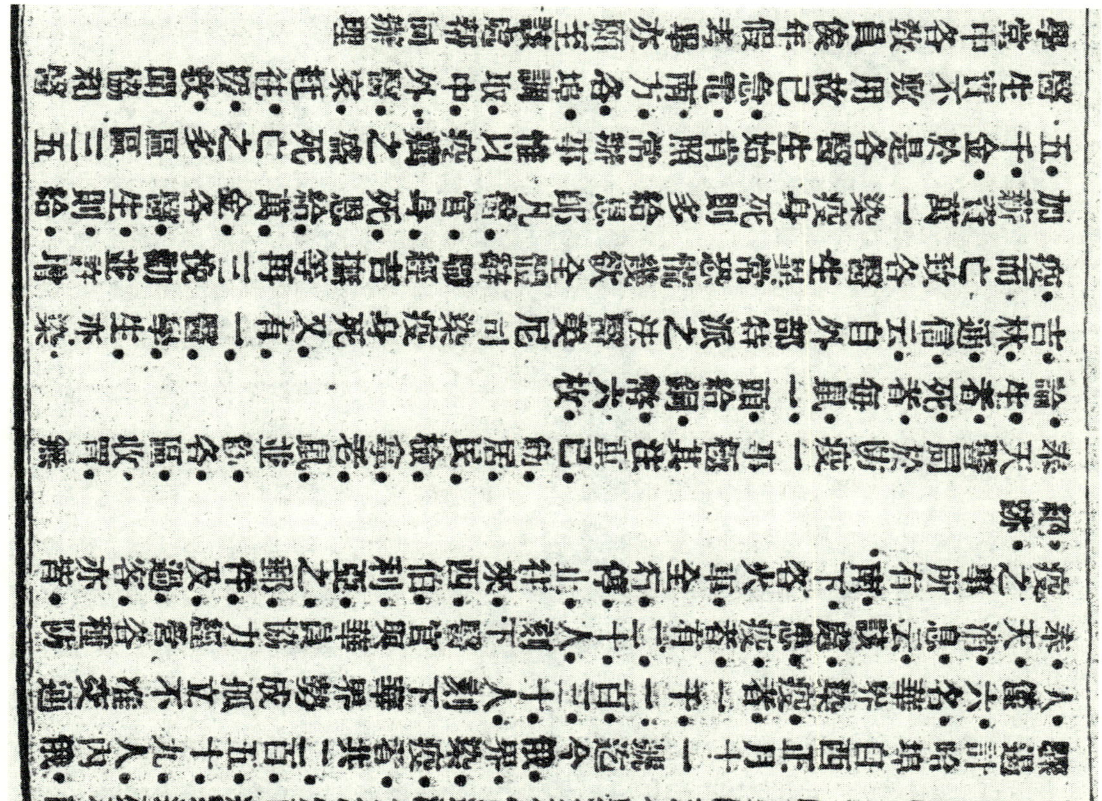
滿洲鼠疫記

哈爾濱一帶鼠疫蔓延厯紀本報現聞疫氣更熾將有侵入關內之勢東督錫清帥已飛飭第六鎮派兵數營若於哈爾濱南方扼要駐紮以堵截北人之南下並於奉天山海關兩處創設臨時病院凡由滿洲乎檢有染疫者即入奉天病院由山海關搭者檢有染疫者即入山海關病院火車上另備空車一輛以便裝載染疫之人其入病院也先令更換衣服而後居之消毒後五六日後疫氣確無經醫生給予執照方得來往自由惟目下醫生缺乏不敷分布富道琛氏焦灼而疫勢遂亦不能驟遏計哈埠自西正月十一號迄今俄界染疫者共一百五十九人內俄人僅六名華界染疫者一千一百三十人刻下華界勢成孤立不准交通

奉天消息云該處患疫者有二十人刻下醫官與華員協力經營各種防疫之事所有南下各火車全行停止往來西伯利亞之郵件及過客亦皆絕跡

奉天醫局於防疫一事極其注重已飭居民檢拿老鼠並飭各區收買無論生者死者每鼠一頭給銅幣六枚

吉林通信云自外部特派之法醫黃尼司染疫身死又有一醫學生亦染疫而亡致各醫生異常恐慌幾欲全體辭職經吉撫等再三挽勸並許增加薪資萬一染疫身死則多給恩卹凡醫官身死恩給萬金各醫生則給五千金於是各醫生始肯照常辦事惟以疫癘之傳死亡之多區區三五醫生實不敷用故已急電南方各埠調取中外醫家赴往防救聞協和醫學堂中各教員俟年假考畢亦願至該處幫同辦理

——摘自《申报》，1911年1月25日

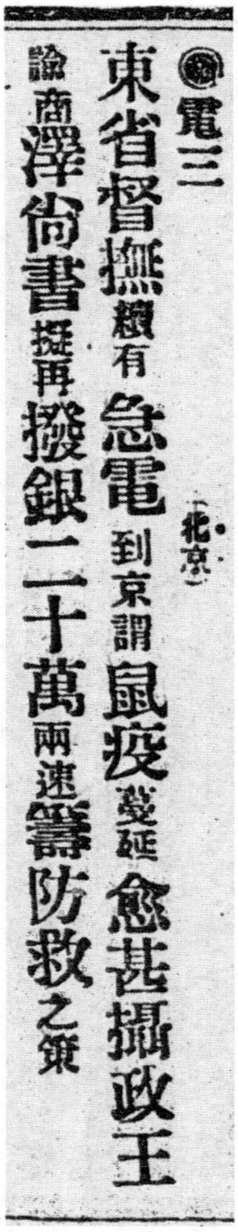

◎電三（北京）
東省督撫續有急電到京謂鼠疫蔓延愈甚攝政王
諭商澤尚書擬再撥銀二十萬兩速籌防救之策

——摘自《申报》，
1911 年 1 月 26 日

東省防疫與主權之關係 奉天

○駐奉日領事小池氏前日赴交涉司署當面要求韓司使謂奉省時疫現在日漸發現若僅恃中國巡警查驗決難濟事此非獨於敝國人民之生命有礙亦於貴國人民之生命有絕大之關係故本領事決意派日醫日警先由日人居住之地及附近之華人挨戶實地察驗以防傳染聞韓司使以主權攸關當爲婉言求免該領未允該司遂於是日晚間復往該領署再四央懇暫緩察驗未知是否能行

奉省時疫流行日領小池氏屢次藉口我國防疫辦理不善擬自由設醫派警辦理此事我國當道迄未允許乃日昨該領事又聯絡駐奉各國領事公同照會交涉司轉詳錫督謂本城瘟疫日熾各國駐奉之人過多恐有傳染請督署迅速派醫員防範以免蔓延如貴國無防疫之人各領事擬即自由遴員嚴防云云聞錫督當飭各司使作速派人預防一面照覆各領事請勿越俎代謀

日前吉林日領事傳諭該國旅吉商民謂長春時疫流行恐轉瞬傳染至吉擬在省城東關領事館附近租賃民房一所設立防疫會先爲預防

長春自時疫發現後日人大行干涉謂華人飲食不知講求衛生非儒日醫爲之考驗不足以杜傳染乃竟自由派兵監視中國之屠獸場該屠行不勝恐怖已於日前邀集各屠行多人請西南路李道向日人交涉並有分往省垣交涉司署訴者其如何結果尚未悉知

新任吉林交涉使郭宗熙近因赴奉謁見錫督請示對待外人之政策錫督以哈爾濱疫症盛行傳家旬一隔日死百餘人致外人嘖有煩言因飭派令到哈督飭防疫之人認眞撲滅一面設法應付外人聞十八晚業已到哈以吉林交涉局爲行轅

——摘自《申报》，1911 年 1 月 26 日

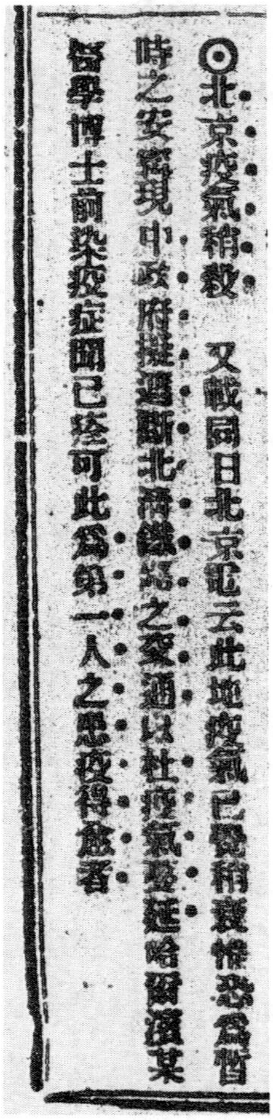

◎北京疫氣稍殺　又載同日北京電云此地疫氣已覺稍衰惟恐爲暫時之安寧現中政府擬遏斷北滿鐵路之交通以杜疫氣蔓延哈爾濱某醫學博士前染疫症聞已痊可此爲第一人之患疫得愈者

——摘自《申报》，
1911年1月26日

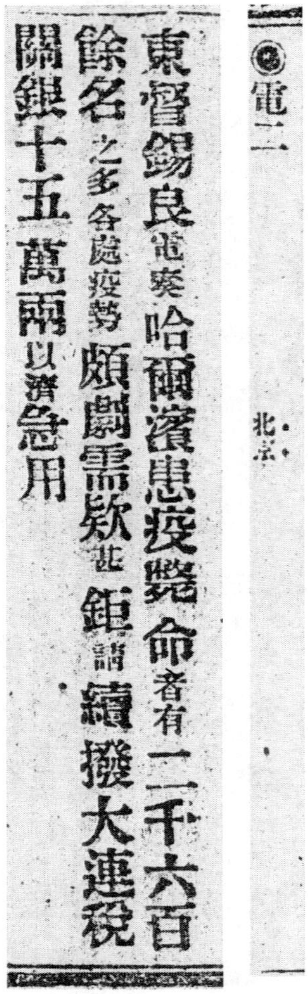

◎電二　北京

東督錫良電奏哈爾濱患疫斃命者有二千六百餘名之多各處疫勢頗劇需款甚鉅請續撥大連稅關銀十五萬兩以濟急用

——摘自《申报》，
1911年2月2日

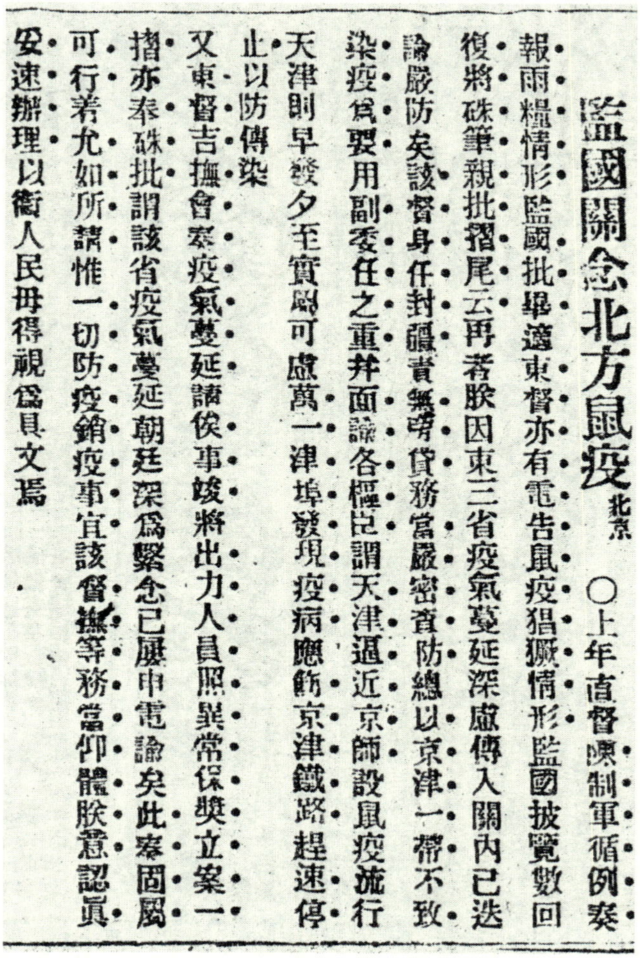

監國關念北方鼠疫 北京

○上年直督陳制軍循例奏報雨糧情形監國批畢適東督亦有電告鼠疫猖獗情形監國披覽數回復將硃筆親批摺尾云再著朕因東三省疫氣蔓延深慮傳入關內已迭諭嚴防矣該督身任封疆責無旁貸務當嚴密查防總以京津一帶不致染疫爲要用副委任之重并面諭各樞臣謂天津逼近京師設鼠疫流行天津則早發夕至實屬可慮萬一津埠發現疫病應飭京津鐵路趕速停止以防傳染

又東督吉撫會奏疫氣蔓延請俟事竣將出力人員照異常保奬立案一摺亦奉硃批謂該省疫氣蔓延朝廷深爲繫念已屢申電諭矣此奏固屬可行着允如所請惟一切防疫銷疫事宜該督撫等務當仰體朕意認眞妥速辦理以衛人民毋得視爲具文焉

——摘自《申报》，1911 年 2 月 2 日

西報譯要

⊙北方疫患彙電

去臘二十五日北京電云北京復有疫症五起使館界遮斷交通之舉已展緩實行滿洲之人現均紛紛至直隸避疫

同日北京電云據官場聲稱北京共有疫症十一起六起在北京城內五起在禁城之內中政府所定防疫辦法頗能安靜實行現正在西南城角永定門建造廠舍以供安置病人之用並詳定章程凡疑係傳疫之處有人患病無論何症及凡有因疫而死之人均應報官至使館界遮斷交通一舉民間頗爲疑慮德使前曾柬邀寓於使館界外之德人於德皇壽誕之日在使館會宴慶祝今已將邀柬撤銷昨日開赴漢口之專車頗形擁擠寓京之人現均紛紛他適

同日栢靈電云俄國內閣於近日會議之後已將東清鐵路所定杜絕疫症蔓延辦法批准並飭多用醫員俾收實效

二十六日北京電云疫氣現仍未退昨日哈爾濱死去一百六十餘人北清一帶患病而死者亦都染有疫氣現仍向南蔓延　政府現將無閱歷之醫科學生悉行徵用目下急需外國專門家百餘員今查滿洲避疫之人紛紛南下多所接觸致疫症蔓延無已

二十七日北京電云此間疫症情勢並無重大之變動政府因無種痘之漿液已向維也納定購痘苗一萬服

同日烟臺電云據此間道臺報告前兩星期內共死五十人昨晚西人大開會議籌商除疫辦法當時開捐經費衆意政府當撥款助之

——摘自《申报》，1911年2月2日

西報譯要

⊙北方疫患未已　字林報載二十九日北京電云滿洲疫死之人數仍不減於前惟北洋一帶除山東外疫氣業已大衰青島海陸兩地防疫異常嚴密　漢口商會已請在揚子江設立火車檢疫處　初一日倫敦電云據聖彼德堡電稱東清鐵路之俄國工人三千名因公司不允將彼等之眷屬送回本國以避瘟疫並將中國工人一千五百名屏除故均罷工要挾目下華工由軍隊彈壓已照常工作　初三日倫敦電云據北京電稱現接各處消息疫勢漸平　初三日北京電云天津患疫死者六人北京一人悉係本地民人因接觸患疫之人送入隔離所救治無效斃命滿洲大局仍照前未變

——摘自《申报》，1911 年 2 月 3 日

北方鼠疫記

津函云上臘奥租界華人劉姓染疫身斃當時皆以爲非鼠疫詎至十九日劉姓同屋之一婦染病下午五點鐘忽斃德國醫士徐賴牙因劉姓死亡時不用顯微鏡試驗此次直刺死者心臟取其血液用顯微鏡試驗之則液中多有鼠疫菌於是知天津實有鼠疫現方日謀撲滅之法

德國醫士徐賴牙函致日本防疫所謂奥租界發生鼠疫二名因是奥界罹疫者共有五名十九日罹疫死亡者之鄰家某姓亦有一人於二十日身斃必係染疫無疑

津埠各國領事因防疫氣傳染議決杜絕租界交通惟各領事之意以此項杜絕交通辦法雖已準備然如租界外無疫症發生即不實行而今界內凡有疫症發見則此舉萬不能免也

保定通函云保定省垣近日亦有發生鼠疫之説幸當道極爲關心已竭力設法防疫或不至於蔓延又云保定某客棧寓有哈爾濱客二人其中一人忽發鼠疫而斃因之傳染又死十七人現在保定各學堂中之日本教員甚爲恐懼聞將避往漢口矣

吉林函云吉林交涉局有衛隊一名因每日往來道裡道外傳染疫症而死聞黑龍江交涉局日前亦有薙髮匠一名病疫而死兩局人員如知生命之危險亟宜預爲防備乃該局上下依然鎮靜毫不爲怪何也

南滿公司爲防止鼠疫蔓延起見自十五日起由長春南往之火車一律禁阻苦工乘載然苦工等因不能坐車均沿鐵路徒步南行分住范家屯公主嶺地方者爲數甚多但長春以南各村莊染該疫斃命者已所在皆有若再傳播及於內地農民則其慘害之所及將有不堪設想者是非設法嚴阻苦工之南下不可

長春鼠疫日益猖獗每日因此斃命者實有一百餘人自發現以來迄今統計斃命者約達五百餘人其慘狀殆與哈埠傳家甸相同聞日城裡各華商恐慌異常咸欲捨財而逃即居住城裡之日僑等亦擬遷住路界以冀保全生命　又路界隔離所於上臘十七日晚同時發生疫病者四十三人就中十三人十八日早均卒是日上午該所發生是病者又十八人

又東清火車由日站駛抵俄站聞有華客二人染疫即時死於車中

奉天函云百斯篤疫蔓延南滿路線一帶以長春奉天等處爲最慘刻已傳播各村莊若距開原十里之某鄉自去冬十二日起染疫者已達十二名其餘勾灘子等處亦有染是疫者多名各鄉民因之異常惶恐聞開原知縣已與鐵嶺交涉局長會同趕赴該地方調查一切並設法預防又距公主嶺約二十五里之某地點（自長春至買賣街間）客棧內發見染疫死屍有二十四具之多嶺街華官聞信當即急赴該地查驗

東督錫清帥因哈埠瘟疫傳染太甚誠恐蔓延不可收拾特照會南滿株式會社所有南行之火車概不准搭坐行客

東督前派駐防奉省之北洋陸軍九十二標第一營及淮軍後路第五營來哈防疫昨經地方衙門派差將傅家甸街之大店均行貼號以備駐紮又吉林陳簡帥由哈旋節時擬由吉省調撥陸軍兩營以助防疫聞不日亦可抵哈矣

——摘自《申报》，1911 年 2 月 4 日

奉天交涉使電告患疫情形

（）滬道劉襄孫觀察昨接奉天交涉使韓國鈞來電云承派史醫員及學生二名刻已抵奉隨帶藥品各件亦經收到深感無既奉省疫事年前十二月初二起至廿九止共計疫死三百七十五人正月初一死十四人初二死三十四人初三死十九人雖未加增亦未稍歛至醫防之法關於車站等處特派醫員辦理城廂各處均由我防疫事務所竭力主持所有死亡之人惟車站爲最多因北來苦工俱集於此聞上海於奉省疫事頗多謠傳難免人心惶惑用特將實情縷陳倘蒙鑒照登報申明尤所感佩國鈞支

——摘自《申报》，
1911年2月4日

◉公電

各報鑒 哈埠防疫斷絕交通 東陲公報緩期續刊 （哈爾濱）

——摘自《申报》，
1911年2月5日

北京鼠疫記

京函云三星客棧疫死多人後排子胡同永泰和炭棧拴馬胡同住戶謝姓皆已由警廳派巡警圍守絕其交通因以上二處皆係三星棧棧客死處並聞警廳業派醫生前往實行消毒

刻下內城警廳除會同外城警廳出示曉諭居民嗣後如有此種疫病發生或所患病狀近似此項疫症者速即呈報內外城官醫院以便隨時診察外內城巡警總廳又頒布捕鼠令云照得本京地方預防鼠疫傳染如有捕得鼠子者均就近送至派出所或區署每活鼠給銅圓二枚死鼠給銅圓一枚並傳知各區均立簿冊填列收鼠確數按日報廳

又內城衛生處致各學堂工廠及各衙門書云入冬以來黑龍江等處發生鼠疫勢甚蔓延深恐傳染到京業由內城警擬預防辦法一出示令人民捕鼠一出示令居民有患此症或近似鼠疫者速報官醫院診治並以公函分致各衙門署局所學堂市場工廠遇有此項疫症速報醫院復函致外國醫院令其速籌預防及療治方法以上各項辦法業已次第辦理用特函達貴處如尚有預防政策並希賜示以期收公共衛生之效此外如尚有會商事件並希訂期示下以便會議一切

近又查出前門外西河沿某客棧內去臘有客二人罹疫而死并聞保定府日前亦有哈爾濱來客一人寓城內某宅染疫而斃隨即傳染該宅以致闔家俱死并蔓延鄰家共計死者一十七人

東單牌樓范子平胡同某姓於上臘二十三日下午有患鼠疫之嫌由民政部派醫診脈隨將患病者送官醫院治療現尚在檢驗中

奉天函云該處巡警總局調查自疫病發生迄上臘十八日共疫斃一百二十五人但此外有秘密掩埋不為當局所查出者甚夥故疫斃之數無從探確

奉天南滿路所設之檢疫員為防疫起見暫禁日人所僱苦力擅出路界以外並禁剃頭匠負販商苦力及下流人等入路界又聞該檢疫部所招聘日本醫生廣海酒井黑澤高橋四員日前已抵奉天

安奉火車日前駛抵雞冠山時有染疫死者二人聞該地日警務署飭令車站站長將該火車於十九日午後四鐘時燒燬一空以期杜絕病根

關東都督府白仁民政長官以大連已發生鼠疫故與南滿鐵路總裁中村君商議決計大舉防疫在大連組織防疫總部由醫視總長佐籐君督率醫務官無論晝夜竭力從事防疫一面由民政署長吉村君選舉埠內日華官紳數十名為防疫委員與南滿鐵道會社員聯絡一氣設置種種機關又埠內實業會及碼頭事務局及輸出商組合等亦迭行會議防疫辦法現在大連全埠殆成防疫世界矣

大連碼頭之福昌公司係大工程家常僱華工共五千名之多該公司主人相生君以此多數華工中如有一人染疫其餘華工必受其毒故決計令各華工分開住於新修大宿舍內每房周圍以洋鐵板聯續以防毒病每出入時並施以藥水且定期派醫診視健否聞相生君云此事關係重大決計自備經費雖糜鉅款亦所不避云

——摘自《申报》，1911 年 2 月 5 日

※ 緊要新聞二 ※

日本報告滿洲疫患

○字林報載初五日東京電云滿洲患疫而死者今據報告共八百六十人內日人三名韓人七名南滿洲鐵路區域內之華人一百五十名　新民屯有日本醫生夫婦二人亦死於疫長春染疫者共三百七十名均救治無效而卒　滿洲諸醫生均稱並未檢獲有疫之鼠東京醫學博士北口則謂滿洲之疫同於十四世紀歐洲流行之黑死病數月之間死者以數兆計　日本官場因中國衞生政策殊不可恃故已嚴防一切　同日倫敦電云滿洲瘟疫使倫敦租船赴遠東之市面大受影響蓋船主人卸貨之後全恃歸途裝運大豆之水脚目下此業異常疲滯

——摘自《申报》，1911 年 2 月 5 日

北方鼠疫記

京函云鼠疫流行其殺人之烈甚于刀兵水火發生于東三省漸傳染于京津各處然仍以東省爲最烈預防之法既有所窮救治之方遂不得不力求完善現陸軍部特向近畿各鎮考選醫術精深之醫官十六員并延外國醫士數員前往東省診治即日乘坐京奉專車出發

民政部肅邸與烏林兩侍郎因京師辦理防疫事宜關係重要議商組織衛生隊以便調查內外城死亡人數并調查有無感染鼠菌之家聞該隊外城現已成立並劃定巡視區域如查有患病者即當速派醫官檢查是否鼠疫以便消滅毒菌該外城衛生隊除巡視路綫調查街巷死亡人數及姓名所患病症捕鼠數事宜外並劃有路線以便分頭嚴查

山海關西友函云上臘十四日有中國人一名在南門外玉豐客棧猝然病斃侶伴一名不知所之至十六日由中國官憲延醫檢核病狀實係染患鼠疫故將該客棧所住之人與他處交通遮斷來往適接京電洋醫一名偕中醫十五名於十七日調赴檢關故定俟其到檢診察以便定奪屆期該醫士果至刻正在檢察之際

又云該關檢疫所工程於上臘十八日下午告竣即將南下旅客之不染病者收容五日其有患疫者則將鐵路附屬之病院充療病處

奉天來函云鼠疫彌蔓勢益猖獗計上臘十六日中國人之染患者有六十五名其他暗隱病狀者尚難計及迨二十日早已有百二十七名之譜

惜中國官員雖竭力防遏而手腕終欠敏活徒令生靈死於溝壑可悲也
長春防疫事務所註明染疫死者自發生之日起迄去冬十七日午前止
共計一百三十七名至若未及驗明隱匿不報者恐其爲數之鉅尚在意
料之外云
長春鼠疫隔離所日前有收容在所之苦工十名潛逃一時頗釀物議茲
聞該埠第二隔離所內苦力近時陸續竄逸命其餘隔離人因此恐怖不置
竟於十六日晚間亦逃脫十四名其流毒之所播實較放虎於市爲甚故
居民嘖嘖以爲當軸監視不愼之所致頗動公憤
又外間傳說百斯篤疫刻已遍傳奉天城內所在發生惟以民人恐有後
累隱匿不報以致無統計之可徵然屍棺出城者日多一日或謂在城內
染疫死亡者已達三百餘人之譜

——摘自《申报》，1911 年 2 月 6 日

※緊要新聞二※

漢上亦起鼠疫恐慌矣（漢口）

○東三省一帶鼠疫盛行頗難撲滅北京已被其傳染故斷絕京奉交通以資堵截不圖漢口地方於臘月下旬亦有苦力染百斯篤一類之疫症斃者數人事爲各國領事所聞以鼠疫南來其形危險特據情警告鄂督設法消滅瑞制軍以漢上人烟稠密一經傳染爲禍至酷是以立飭巡警道曉示武漢居民多置捕鼠鐵籠及各種防疫機關凡捕一鼠持至醫局給銅元二枚以便小民爭事捕捉並在漢口劉家廟車站旁設立驗疫所所有京漢火車由北來南之乘客無分貴賤男女概須查驗如果查有疫症之人當請政府斷絕京漢交通以免傳播愈廣

——摘自《申报》，1911年2月6日

◎電二（北京）

東督錫良電奏東省患疫區域甚廣需欵較鉅急難籌措請飭度支部郵傳部速令大清交通兩銀行各撥銀三十萬兩以濟要需俟皖賑辦竣展期半年集捐歸還奉旨著該兩部迅即查明核辦

——摘自《申报》，1911年2月8日

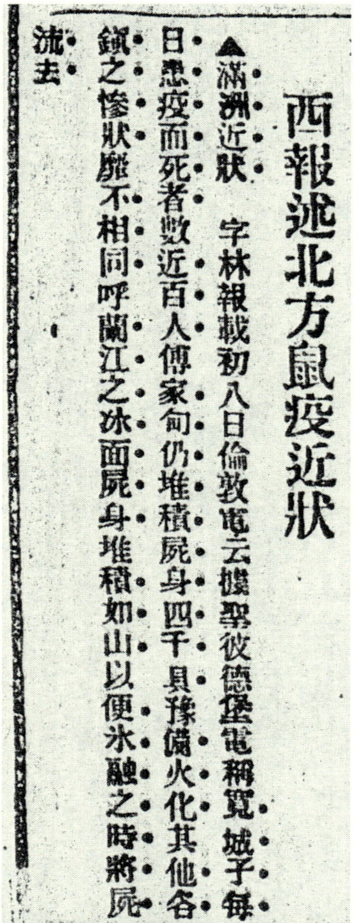

西報述北方鼠疫近狀

▲滿洲近狀　字林報載初八日倫敦電云據聖彼德堡電稱寬城子每日患疫而死者數近百人傳家甸仍堆積屍身四千具豫備火化其他各鎭之慘狀雖不相同呼蘭江之冰面屍身堆積如山以便冰融之時將屍流去

——摘自《申报》，
1911年2月8日

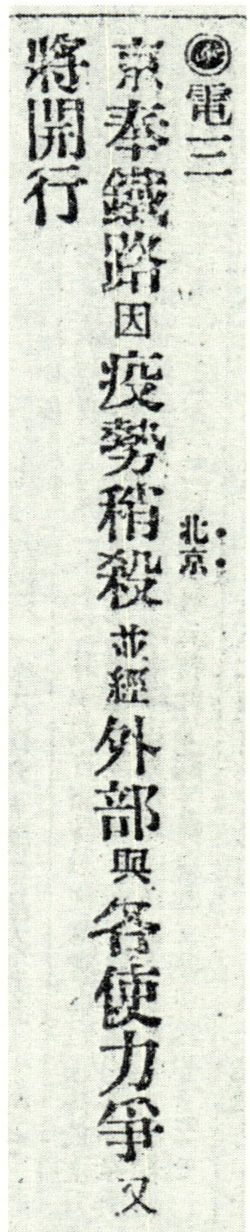

◎電三

北京　京奉鐵路因疫勢稍殺並經外部與各使力爭又將開行

——摘自《申报》，
1911年2月10日

德人之滬上防疫說

（德文新報）（翰譯）

北方鼠疫其來愈近則吾上海豫防疫氣之法愈不可緩前二三月上海既有疫氣發現吾租界行政機關費何等困難紓運之手段矣爰望後來鑒此困難及早豫備然至今仍不見完全之方法惟各國領事團於正月（西歷）三十一日臨時集議二月初六日開會德國英國日本領事爲領事團之代表與其他海關道稅務司諸外國及法國租界議董商會各代表集議防疫法然吾不敢謂滬上能早爲防疫試觀本報所載中國他處外國租界於一星期前早舉代表開會吾謂滬上旅客值此公然被災之時往往驚奚他地如青島一方則團結整齊之辦法能驟然決定此間待日後試辦者彼處能倉猝了事實立可師之良法然則滬上防疫方法如何哉但對於海上來者加以準備而又不盡完全如所有船舶凡自染疫地（染疫地從來但指大連等其餘北支那之帆船港灣不與焉）來者在吳淞停留遣醫查驗而實則祇從染疫地出帆後經過六日此後則許自由從黃浦抵上海惟不得近陸運貨物由駁船上岸而愼防疫鼠由駁船上岸此簡率之規定爲管轄機關暫時一般之保險法而租界上從陸上來之絕大危險（更甚於多年從山東來之貧民團及今日南京報告之貧民有可危之狀態）缺豫防之方法惟聞防核子瘟之首領著名紳士沈敦和則欲將從北方來之中國棧房中嫌疑客人送入中國醫院而關道及法租界議董亦欲將境內有患疫及嫌疑者送入中國醫院然最大危險則來自北方之郵便物及箱匣封璮之郵便物有如此危險而以吾所聞則中國英國美國之郵便尚無防疫辦法日本遞信省對於日本郵便在中國由染疫地發送而過上海者則先消毒故西伯利亞郵便則用三時間之消毒然其役人尚無防毒器具惟德國郵便則保護其輸入者甚備西伯利亞郵便當其開箱之先經長時間以蒸汽機消毒其役人則用塞勃利買脫溶入之器具及塞勃利買脫綿保護呼吸機關而就役之前後以消毒肥皂水洗手郵便箱撤空後費兩點鐘之久置消毒水中夫數時間之遲延而用如此可感之豫防法誠吾人所不可避者也

譯者案此篇載西歷二月初三日報故於官商會議時情形稍異

——摘自《申报》，1911 年 2 月 10 日

北京防疫紀

▲東督電奏之內容　東督初四日致軍機處電云竊准日本南滿鐵道會社總裁中村是公函云三省疫癘流行死亡枕藉致煩宵旰憂勞伏讀諭旨凡在臣民莫不憂勤惕厲南滿會社在貴國營業有年食毛踐土憂樂共時特呈日金十五萬圓爲補助防疫藥餌之資以上體大皇帝視民如傷之宸衷藉報聖恩於萬一等語良查國際往還有救災䘏鄰之誼疫病防範各國本不分畛域此次南滿會社於治疫以來沿鐵道各處廣設醫院療治中日商民所費已不貲茲復投贈藥資語出至誠似未便辭謝擬請旨准予收受並懇天恩飭贈該會社防疫經費奉天通用銀元二十萬元以示投報是否可行乞代奏錫良叩支

▲東督乞憐于慈善巨擘　正月初一郵傳部尚書盛宮保接東督來電云奉省疫病現又蔓延法庫開原兩廳縣吉林全省傳染業已及半中外醫官疫斃者十餘人用欵直如泥沙不知如何結束統三省計之即使目前疫氣撲滅已在二三百萬兩上下僅恃部欵恐亦絀於應付籌辦賑捐一節誠如尊示緩不濟急然舍此無長策我公恫瘝飢溺爲海內慈善巨擘敬乞亟念東省災重可否先在賑欵內設法挪借以濟急需一面附入皖豫賑捐之內俾得接濟百叩懇禱鵠盼續示良體未知盛尚書將何以答覆之也

——摘自《申报》，1911年2月11日

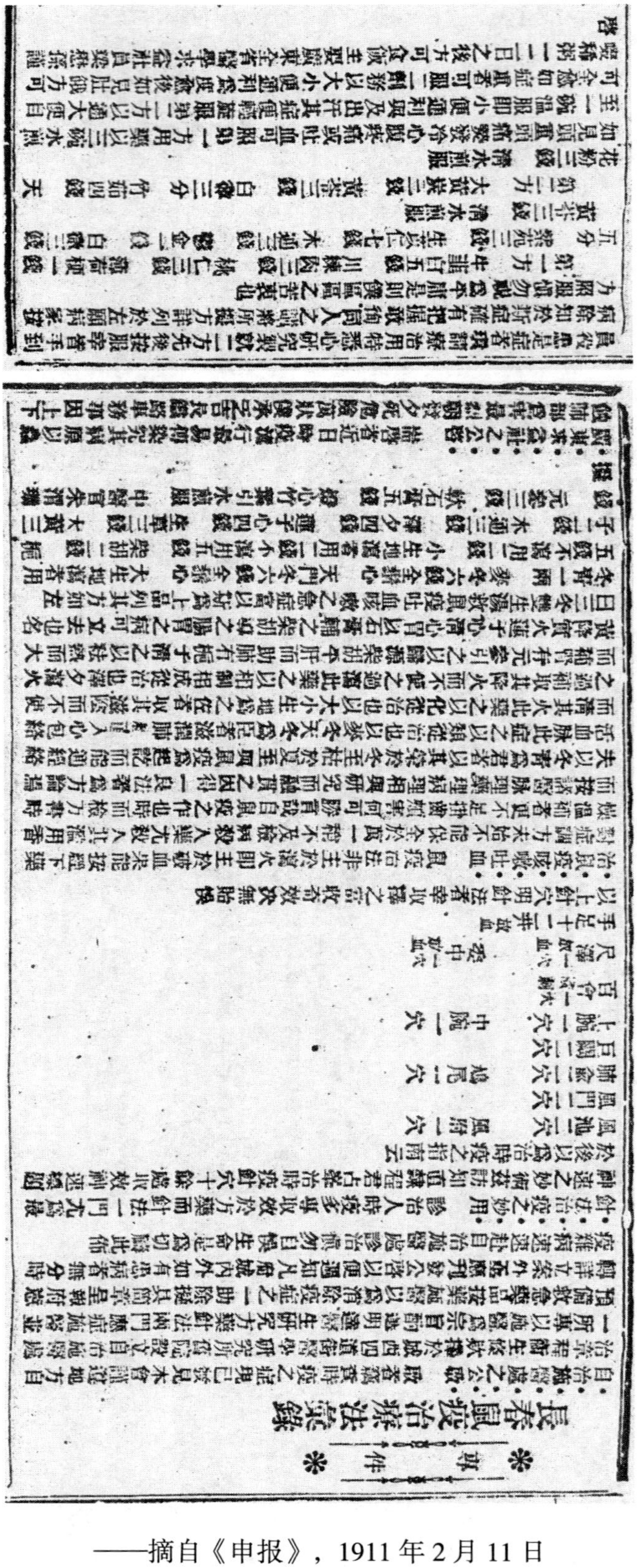
專件
長春鼠疫治療法彙錄
自治施醫處之公啟 啟者鼠疫之症現已發見本會詳從地方自治宗程附生設款籌於城内四道街醫學研究所設立自治施醫處一所專以施醫為宗旨邀明達醫生研究方藥針法兩門應症施治並預備救急藥品接濟施醫以為消除疫症之一助除擬具簡章呈報府憲暨詳立案外函懇刊登公啟以便週知凡有城内外如有患病者無分時疫雜病速送赴自治施醫處診治無勿自誤生命是為切盼此佈
針法治疫之妙用 診治人時疫多專取效於方藥而針法一門尤為捷神速之妙術茲訪知直隸程君占鰲治時疫針穴十餘處非救神速特錄於後以為治時疫之指南云
風池二穴 風府一穴
風門二穴
肺俞二穴 鳩尾一穴

——摘自《申报》，1911年2月11日

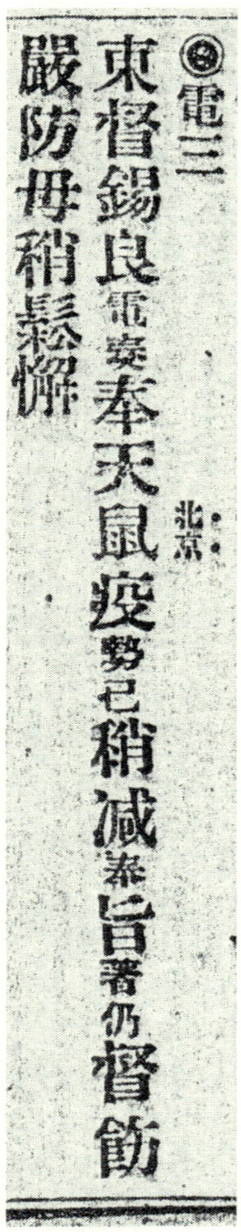
◎電三 北京 東督錫良電奏奉天鼠疫勢已稍減奉旨著仍督飭嚴防毋稍鬆懈

——摘自《申报》，
1911 年 2 月 12 日

◎電四 北京 陸軍部奏派兵隊馳往奉天防範疫患

——摘自《申报》，
1911 年 2 月 12 日

北方防疫彙紀

▲關於防疫之要電　初六日駐奉張大臣來電云二十九日電切實轉達美外部稱接嘉使電已函知各埠選派醫生得復再達云棠江

同日東督來電云外務部鈞鑒接樞垣冬電奉旨留滯關外工作人等在奉天境內者着錫良飭屬一律妥籌辦理等因欽此當即欽遵飭各地方官查明妥爲安頓留養惟查過往交通如人身之血脉一或壅滯百病叢生故有電擬請建築留驗所爲早日開車計蒙鈞處沁電囑與郵部商酌辦理郵部電告謂已飭京奉局會商北洋衛生局原道妥議現在辦理已否議定尚不得知關外留滯小工已有數千北路雖嚴飭地方官設卡截留安頓無如東省路途四通八達又值地凍冰堅隨處可以繞越既無一定扼要之地勢實難處處設防深恐來者愈聚愈多即令一律給資留養而此輩歸心日切釋放無期勢不免焦慮危疑集聚多人置之一處與禁繫無異即足以釀成疾癘管理稍一失宜亦恐別滋事端況道路不通市面訛傳謠言四起各處伏莽甚多設有不逞之徒乘機煽惑爲患何可勝言且東清南滿頭等仍未停駛並聞三等亦將開車果爾則是南北皆可通行惟奉省至山海關中間數百里隔絕南滿之來源不絕到奉而後獨無去路誠恐奉省不能容納如許多人現哈爾濱附近疫盛各處已飭郭兼道趕行斷絕交通奉省仍應預備留驗所建築不及暫時租賃凡乘客須先在所留驗五日或七日無病者由醫員出具診斷證據防疫總局發給執照即准乘車出山海關或驗照放行或再留驗數日當與北洋轉商郵部早日開車以安人心而維大局愚慮所及是否有當俯祈示覆良支

同日直督來電云外務部鑒洪支電祗悉京保一帶染疫情形飭據查明天津奧界死九人西醫報稱是疫城廂內外死六人衛生局報稱在疑似之間保定無疫滿城縣之湯村自哈染傳回里傳染死三十人當經派醫携藥前往嚴密辦理立派兵警禁絕交通此外均甚安謐檢關已八日無病永平府電稱疫氣已平除仍飭隨時防範外先此奉復龍歌

又京奉車務總管礪來電云奉天疫情無甚差異昨日新民府死五人綏中縣死一人本路各站處均無疫病本路外班人員中一向無染疫者檢關仍無疫病四日以來本路奉站境內並無死人　又收山東巡撫來電云軍機處外務部民政部奉感電諭旨無任感佩東省疫事

烟台最重內地則德州淄川膠州即墨各處均傳染亡一二十人不等省城幸未蔓延津浦鐵路停車稍杜北來之路黄河北岸齊河鵲山兩處派醫輸兵設卡查驗渡客河干預備留驗發病各房省城東西車站均派醫查驗搭客濰縣黄縣龍口亦均派員前往分投妥辦烟埠責成東海關道税務司認眞經理頃已商第五鎮派撥兩隊赴烟彈壓濰縣黄縣龍口各撥小排抵禁責防疫首重醫生借撥五鎮軍醫並訪聘各教會醫士旬日來電牘紛馳稍已就緒仰蒙天恩先後俯准撥欵得以布置周妥省垣於廿六廿九兩日得雪一尺近年所未有疫氣當可漸減農田霑渥人心大定堪以仰慰宸厪除仍督飭妥防外請代奏孫寶琦歌　又接**哈爾濱**來電云該埠患疫猖獗已甚諸般防疫方法施行殆盡現俄人又將凡係染疫死者在曠地掘坑每百屍置一坑內注煤油而燒之現已燒去二千四百餘具矣

初五日**外部**致**東督**電云洪支電悉尊處既與北洋轉商郵部即希酌覈情形妥籌辦法期於交通防疫兩無窒礙外歌　同日又致**東督**電云奉旨錫良電奏准日本南滿鐵道會社總裁中村是公函陳東三省疫癘流行特呈日金十五萬元爲補助防疫藥餌之費等語此次南滿會社於始疫以來沿鐵道各處廣設病院療治中日商民茲復捐贈巨資殊堪嘉尚著准予收受並著錫良傳旨致謝欽此樞歌　同日又發山東巡撫東督吉撫黑撫電云准俄使照稱本國伯里總督現防瘟疫傳入俄境一禁止華工人入阿穆爾省二除頭等搭客外不准華人由瘟疫流行各處經海路前赴俄境三在坡洛達窪喀渡格拉押泥赤那春春柴新巴夫羅非多羅夫斯喀押香勤滅卽耶窪（譯音）六處設立驗所所有經過之華商住留該所五日檢驗後始可放行等語希飭轉通諭商民知悉

外

▲日使請派專車不允　前者日本公使忽照會外務部請飭京奉鐵路總辦速派專車至哈爾濱迎接由歐洲來之旅客外務部一面照會郵傳部一面札飭京奉鐵路總局經郵傳部堂官會商不允即覆外務部云此事關繫防疫必須查得疫氣消散各處因防疫而停止之車均開駛車始克開行現在萬不能忽開一處之車外部已照覆日使矣

▲鼠疫竟耗國帑千萬矣　自鼠疫發見後我國失耗已及千餘萬計東三省報告以疫經費共用去四百餘萬京津兩處已用去五六十萬京奉路失耗約在五六百萬當此公私交困之際更遭此厄何以堪此

——摘自《申报》，1911 年 2 月 12 日

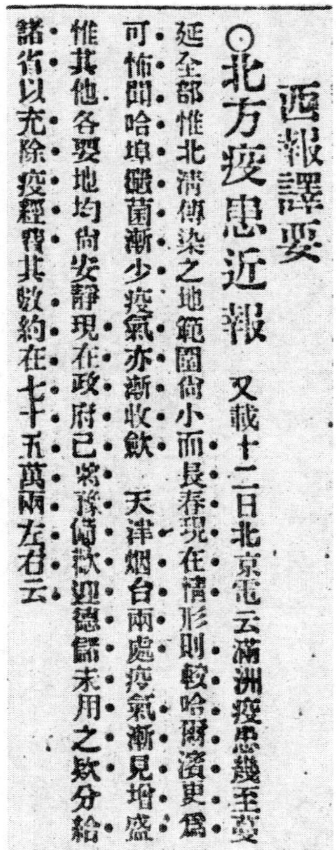

西報譯要

⊙北方疫患近報　又載十二日北京電云滿洲疫患幾至蔓延全部惟北滿傳染之地範圍尚小而長春現在情形則較哈爾濱更爲可怖聞哈埠黴菌漸少疫氣亦漸收歛　天津烟台兩處疫氣漸見增盛惟其他各要地均尙安靜現在政府已將豫備歡迎德儲未用之欵分給諸省以充除疫經費其數約在七十五萬兩左右云

——摘自《申报》，
1911 年 2 月 12 日

⊙哈爾濱疫患實情 又戚某君以哈爾濱友人來書節錄寄示其友人今在哈埠占重要之位置其文如下 頃接足下西正月十九號來書此書以五日抵此今特急行作覆俾足下於本月三十一號起程赴哈之前得以備悉哈地情形焉第一爲疫患問題余意此間受禍並不甚烈染疫而死者均屬華人今哈埠每日死數約在二三十人之譜其中多係華人之由傅家甸受病而來者自疫患發生以來歐人死者共十三人亦殊不足爲異蓋死者均常與華人接觸者也其中有醫院幫手三人衛生檢查員兩人俄國婦民三人此三人既涉中國酒館日夜以賭博爲事又個中某人之妻因夫死而染疫又有本埠鐵路中國四等車之管車員一人且累及妻子二人此外則爲天津之梅醫生外間對於此事想必張大其詞以聳人聽但余身臨此地且曾經理疫氣囂張之區毫末無傷總之哈爾濱疫患固未嘗至於劇烈也至傅家甸則確已危殆英國醫生已於數日前將該地與哈爾濱隔斷故哈地疫氣自可漸減不久且可盡絕余意交春之前必可收拾一清設足下全爲疫患之恐慌不敢前來則余敢保足下決無纖毫之危險也

——摘自《申报》，1911年2月12日

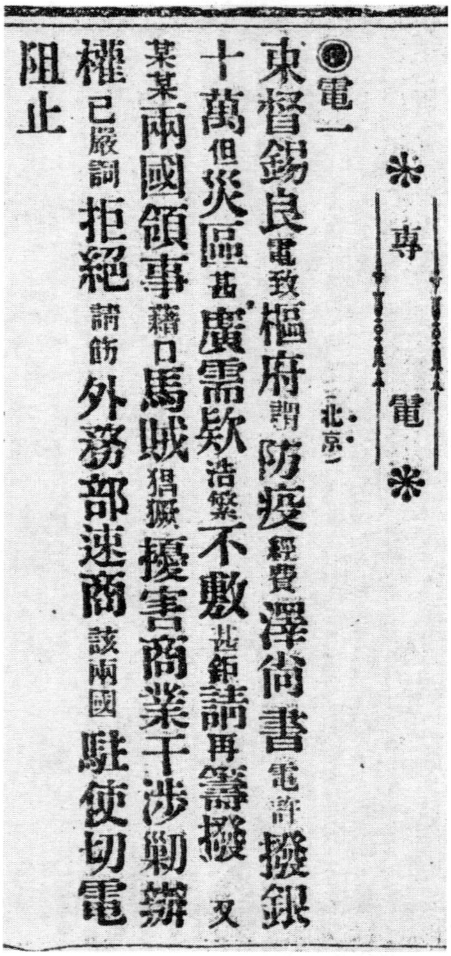
專電

電一（北京）

東督錫良電致樞府謂防疫經費澤尚書電許撥銀十萬但災區甚廣需欵浩繁不敷甚鉅請再籌撥又某某兩國領事藉口馬賊猖獗擾害商業干涉剿辦權已嚴詞拒絕請飭外務部速商該兩國駐使切電阻止

——摘自《申报》，
1911 年 2 月 13 日

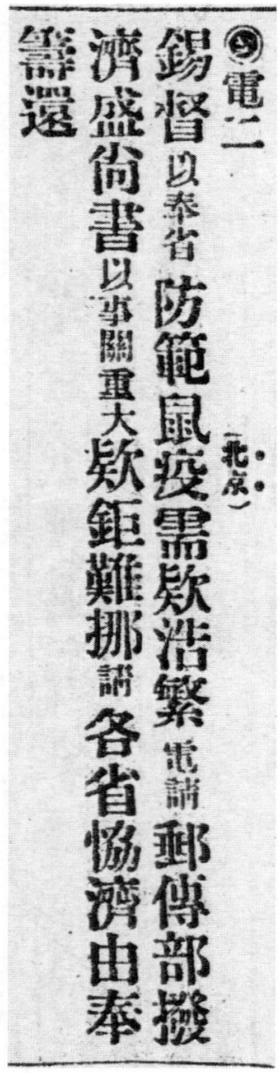
電二（北京）

錫督以奉省防範鼠疫需欵浩繁電請郵傳部撥濟盛尚書以事關重大欵鉅難挪請各省協濟由奉籌還

——摘自《申报》，
1911 年 2 月 13 日

北方防疫近狀

▲外部防疫續電　正月初五日外務部關於防疫事項與外間往來電文錄下　(一)收山東巡撫電云外部大堂鑒中電悉已飭東海關道迅辦並商調五鎮陸軍兩隊尅日赴烟保護琦支　(一)收閩道永秋電云外務部施丞堂鑒歲前到部在丞參堂見有擬定華洋醫員並學生恤賞一案惟原定數目不甚記憶請將華醫洋醫學生各若干數目分晰電復爲叩秋江　(一)致直督電云洪英館德醫官報告天津防疫院死於疫者已二十一人外間亦有傳染保定府死五人富春橋有某姓家由滿洲傳染來保死三十人等語希飭屬詳查嚴爲防範外支　(一)致東督電云洪英館德醫官報告得哈埠電火葬舉三日可了惟有屍身凍於草堆中並無棺木又因驗疫之故磨麪廠均已停止恐有多人受餓等語希飭地方官查明情形妥爲料理毋貽後患外支

▲醫廳之不識鼠疫　打磨廠三星棧奉天王桂林染疫斃命實去年十二月十四日也時該棧棧夥見其遍體黑痕謂係中魔所致報明醫區後由檢察廳派人相驗則謂遍體俱是傷痕疑爲他人謀斃非得其親屬具保結不准殯殮因派三人輪流監守屍體然到處尋死者親屬不得至十八日始找其表弟張某住西堂子胡同者來棧具一保結始得殮埋於是監守屍體之棧夥先後死於疫其表弟歸家又死於疫時有人以是詢之醫廳中人某氏答係煤氣毒所致噫可歎也

▲德人防疫之嚴厲　膠濟鐵路離青島約三英里之車站日前忽有羅鼠疫者一人旅居山東之德人因之異常恐惶凡在濟南等處者悉數逃入青島均暫收隔離所俟檢疫十日後始准居住青島一帶並自去臘二十七日起施行戒嚴令竭力防止鼠疫侵入所有市街後方六七哩一帶地方架設鐵條網派駐軍隊防止苦工之入境又在海岸新設大探海燈四所搜查民船不使之自由入埠其重視生命如此

▲防疫耶滅吾人種耶　滿洲里俄人圈禁華民於瓦罐並發病室內死亡載道醞成奇慘付費用羌洋七萬餘元此即制我民人死命之代價也聞俄員昨照會吾國督撫路謂爲防疫實費錢無數先時中俄官付經議妥按三股均攤俄鐵路工司自治會中國交涉局各攤一股今應如何抵償交涉局總理錫守卽與俄員付議謂滿街商號店棧貨物器具焚燒已盡商民實不聊生可否酌量賠償聞其時俄員尚未堅拒適保府屯作小木營業者被燒數十家日來又紛紛赴交涉局具禀追償俄員恐賠不勝賠徒增口舌議一概不允云

——摘自《申报》，1911 年 2 月 14 日

東三省將開防疫賑捐

北京 ○東督錫淸帥前日又有電致軍機處請予代奏文云東三省疫症蔓延用欵浩大兩次奏蒙恩准撥銀三十萬兩仰見朝廷軫念民瘼有加無已欽感莫名查東省自染疫以來死亡已六七千人傳播及數十州縣其患疫較重者不特全家斃命並其房屋亦由官估價焚燬情形至爲可慘旬日之內中外醫官疫斃十餘人員役兵警死亡相繼但就恤欵一項計之需費已屬不貲此外一切用項如覓購醫藥建設院所製備衣糧均屬刻不容緩卽未經染疫處所凡係鐵道附近交通便利之處亦須先事一一預備以爲之防糜費之繁不知如何結束又因時屆年終行旅苦工絡繹於途飭飭截留動以數千百計皆恃官爲安撫方免流離以上各節統三省計之卽使目前疫氣消除亦斷非數十萬金所能濟事現在各處請欵紛至沓來計窮力絀若專恃部撥恐亦應付爲難輾轉籌維惟有援照江皖仿辦賑捐或可集成鉅欵又查現辦江皖振務大臣盛宣懷辦振數十年各省偶災無不力籌賑濟因與一再電商茲准復稱三省近接京畿誼難漠視應由奉省奏明先向各銀行認息借用日後歸江皖新捐展期勸辦以爲歸欵之計等語在盛宣懷苦心孤詣舍此別無籌振之方而東三省欵絀用繁舍此亦別無救急之策相應仰懇聖恩俯念東三省疫重地廣敕下度支部郵傳部轉飭大淸交通東省兩分銀行各息借銀三十萬由錫良陸續支用並懇敕下總辦江皖振務大臣盛宣懷歸入江皖振捐案內展期推廣勸辦東三省賑捐以便淸償借欵所有防疫事宜錫良仍當會商吉江兩省巡撫督飭所屬竭力防範以期早日撲滅上慰慈廑謹請代奏當日奉旨錫良電奏東三省疫重地廣用欵浩大請援江皖仿辦振捐限期推廣及先向大淸交通兩銀行息借銀兩等語著該部議奏欽此已由軍機處片交度支部矣

——摘自《申报》，1911 年 2 月 15 日

日使又爲防疫事謁外部 北京

○初八日日本代理公使到外務部面稱接到奉天總領事報告呼蘭府地方居民遭疫死者甚衆屍骸纍纍今未燒化將來春暖冰開屍骸等物若隨流而下則下游一帶情勢又復堪虞請飭知該地方官設法火葬以免將來傳染等語外務部旋於初九日致電錫督並轉吉黑二撫囑其轉飭該處地方官妥速料理以免後患翌日日本代理公使又稱新任長春道忽將隔離留驗之人悉數放出以致傳染日盛疫斃纍增數十云云外部亦已電致東督飭查電復矣

——摘自《申报》，1911 年 2 月 15 日

北方防疫彙記

民政部衛生司司長唐堅因關於防疫事宜籌備不甚得法致滋外間口實奉肅邸堂諭記大過一次其防疫局局長聞亦奉邸堂面諭申斥

蘇州胡同某君家中去年十二月二十五日有一人染疫斃命內廳既未及覺察而某君亦諱不報廳至正月初一又死一人初三又死一人現家中一切用役及跟媽人等幾無一不受傳染者而近日內廳及防疫局報告尚未發表其玩視人命如此

聞防疫局因陸軍測地局于某係染鼠疫而死前日特派醫官偕內城左三區巡官帶同衛生警察暨消防隊赴國子監胡同該局實行消毒辦法并將死者住屋折毀數椽立時焚去以免傳染至該局門首已有巡警守衛禁止交通

初八日外務部接哈埠伍醫官來電云據吉醫士函告伊從今日起自行照章留驗七天預備遄返北京業已停止辦事並經該醫自向鈞部醫官推薦明希電飭該醫再留哈埠十四天以期疫氣消滅並祈婉告該醫家屬轉爲勸導近二日內計死一百零四人兵隊內計死一人連德叩 又電云長春調來兵隊不守規則至爲可慮其中一百三十名送往檢疫車居住候驗彼等在車內毆打僕役不遵查驗章程其他各車尚有居住候驗千數人危險殊大雖以好言勸慰亦屬無效該兵隊中又死六名祈轉告陸軍部設法爲禱昨日傳家甸死七十七人

初九日外部又接京奉鐵路車務處電云奉天疫症情形無所變更據官員報告計初五日一天該處染四十七名死三十一名新民府綏中縣均未再見有傳染者惟離車站一英里約合中國三里之巨流河地方死有二人近十日內山海關尚無新染疫氣之人惟本路一閘夫於星期五斃於該閘所據醫士驗得確係染疫致死昨日奉天車站亦疫死閘夫一名是則本路員役共死二人矣計初六日一天新民府昌黎河死一人綏中縣死一人近同派河之高附和(譯音)亦死七人山海關及關內外未見有染疫者今晨檢關無留驗之人本日有華官二十三員從奉天前來昨日西比利快車到東並無搭客抵奉天福來叩 又電云奉天昨日新染疫者三十三人死二十二人檢關及關內本路各站亦無再有疫死之信檢關現有停候驗疫外國人一名中國人十七名

俄國車站日前有華人二名前行登車即染瘟疫不欲入該站隔離所私自潛逃俄兵竟開槍擊斃又聞俄國鐵路附近某華商屋內發現瘟疫並未死人遽被俄人將房屋燒毀內有華人三名同時燒死華人生命可謂不值一錢矣

長春俄領事署已移至寬城子日本正金銀行亦移至鐵路附近處所皆以長春有疫故也

——摘自《申报》，1911 年 2 月 16 日

外部電商防疫治疫員卹章 北京

〇初六日吉撫致外部電云外務部鈞鑒案查哈爾濱辦理防疫梅醫劉醫先後病故伍醫官因事棘手要求辭差彼時昭常在哈埠設法維繫商擬防疫捐軀之醫生每名給卹銀一萬兩學生每名五千兩當於上年十二月十二日電達鈞部嗣又據蘇理哈爾濱道郭署司宗熙等電稱在哈爾濱防疫各醫染疫病故後伍醫面稱電部請卹奉覆飭由郭署司將前後染疫逝世各

醫查明稟請奏卹等語轉稟到院據此玆已督飭全省防疫總局司道擬具防疫人員醫官給恤等級清單內開　一等防疫醫官外國人得有醫學博士者中國人留學外國得有醫學博士者自銀一萬兩以下至七千兩以上　二等防疫醫官卒業後在官設機關辦事滿十年者得與一等比照　二等防疫醫官外國人曾在大學高等專門醫學堂畢業所得學位非博士者中國人在外國大學高等專門醫學堂畢業所得學位非博士者自銀七千兩以下至四千兩以上　三等防疫醫官卒業後在官設機關辦事滿十年者得與二等比照滿二十年者得與一等比照　三等防疫醫官中國人在本國境內外國所設醫學堂及在本國西學醫學堂三年以上畢業者自銀四千兩以下至二千兩以上　四等防疫醫官中國人在本國所設西醫學堂未畢業學生以及各項醫學堂學生與各項醫生應歸臨時酌核當差情形程度高下分別給予自銀一千兩以下至二百兩以上　一等防疫人員二三四品現任人員比照一等醫官給予　二等防疫人員四品候補候選人員比照二等醫官給予　三等防疫人員五六七品現任人員比照三等醫官給予　四等防疫人員五品以下候補候選人員八品以下現任人員以及派充重要差使人員不論官

階有無大小均比照四等醫官給予　五等防疫人員警兵夫役等得比照軍營陣亡例從優給予警長巡長以上警察人員歸入四等辦理不在此例　他項恤典　一等醫官得比照三品官吏陣亡例給予　二等醫官得比照四品官吏陣亡例給予　三等醫官得比照五品官吏陣亡例給予　四等醫官得比照五品及五品以下官吏臨時酌核當差情形程度高下分別給予　一二等防疫人員得照陣亡例依本品級給予　三四等防疫人員得照陣亡例依本品級給予　三四等防疫人員派當重要差使或官階過小及無官階者得比照五品以下階級臨時酌核當差情形給予等情前來查該局所陳各條核與前電請恤醫生學生兩項外增入防疫人員恤銀數目亦較前電稍有差別比擬均屬精當應即先行試辦除會同東督電奏並分咨札飭外謹以電聞希備案昭賞魚

初八日外務部電致東督吉撫云巾接吉撫魚電悉擬具防疫人員醫官給恤等級本部詳加查核尚有待商者數端吉撫原定恤銀醫官一萬兩學生五千兩誠以防疫關係重要非優加撫恤不足以資激勸前因各學生不服命令經多方勸導辦事甫能得力現擬恤銀數目視原議相差太鉅且四等恤款有減至二百兩者倘因此各懷觀望致辦事稍形渙縮恐於前途轉多窒礙此應商者一　防疫得力人員固應量予鼓勵惟此次疫氣蔓延論者每謂地方官辦理不力所致各醫犧牲性命冒險前往較之地方官有難易勞逸之殊所有各官員恤款等級似不宜優於醫官此應商者二　又他項恤典防疫人員依本品級給予一等醫員僅得比照三品官吏體察情形對待醫官似應略予優異此應商者三　總之此次所擬章程視原議不妨加詳惟前後不可歧異以上數端即希會商妥定再行電奏並電復爲盼

又伍醫官致外部電云現奉撫憲電開醫生及學生身後撫恤新章與撫憲在哈時議定及大部核准之辦法大不相同醫官等現時辦事勤奮日見進步郵章遽改未免令人寒心如必令實行恐辦事人等將不滿意諸事因而廢弛務祈仍照原定章程辦理否則國家與連德似有食言之咎請速覆

——摘自《申报》，1911 年 2 月 16 日

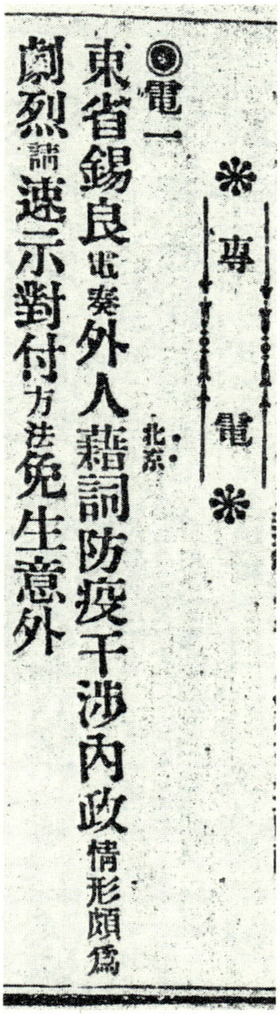

※專電※

◎電一　北京　東省錫良電奏外人藉詞防疫干涉內政情形頗爲劇烈請速示對付方法免生意外

——摘自《申报》，
1911年2月18日

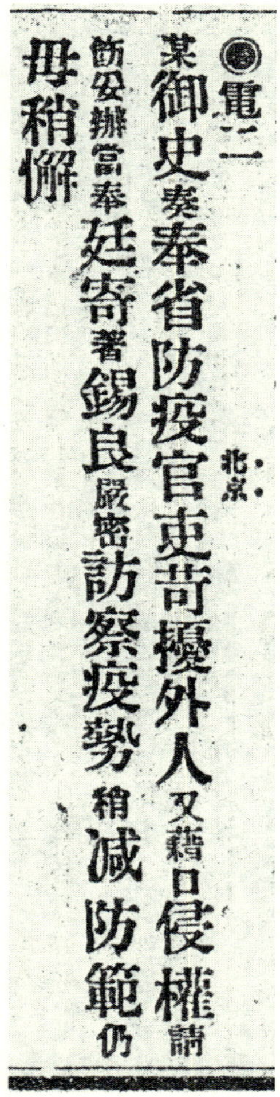

◎電二　北京　某御史奏奉省防疫官吏苛擾外人又藉口侵權請飭妥辦當奉廷寄著錫良嚴密訪察疫勢稍減防範仍毋稍懈

——摘自《申报》，
1911年2月18日

呼蘭府因疫暴動之警耗

北京 ○京師某報昨接東友函告謂自哈爾濱鼠疫發現後蔓延各地距哈爾濱六十里之呼蘭城亦被傳染勢極猛烈兩日之間死者達一百六七十名該府官廳爲防疫起見迫令城內下等居民三千五百餘名居住城外該窮民等多非安分之徒肆意煽惑該處本爲馬賊出沒之區有著名馬賊大頭目名天龍者乘此機會聯合窮民大舉暴動去臘二十八日有窮民三千五百馬賊二百餘擁入城內大肆搶掠并敢襲擊知府衙門焚燒房屋合城官員以變起倉猝異常狼狽知府某僅以身免馬賊及窮民遂占據城池所有該處巡警及巡防隊皆無能爲力長春陸軍第三鎮接此急報即派四中隊於二十八日午後由寬城子驛出發并與東清鐵路交涉開行臨時快車正月初二日長春接到報告謂賊勢猖獗異常取勝不易聞刻下尚未解圍俄人亦有起而干涉之意恐非一時所能平靖云

——摘自《申报》，1911 年 2 月 18 日

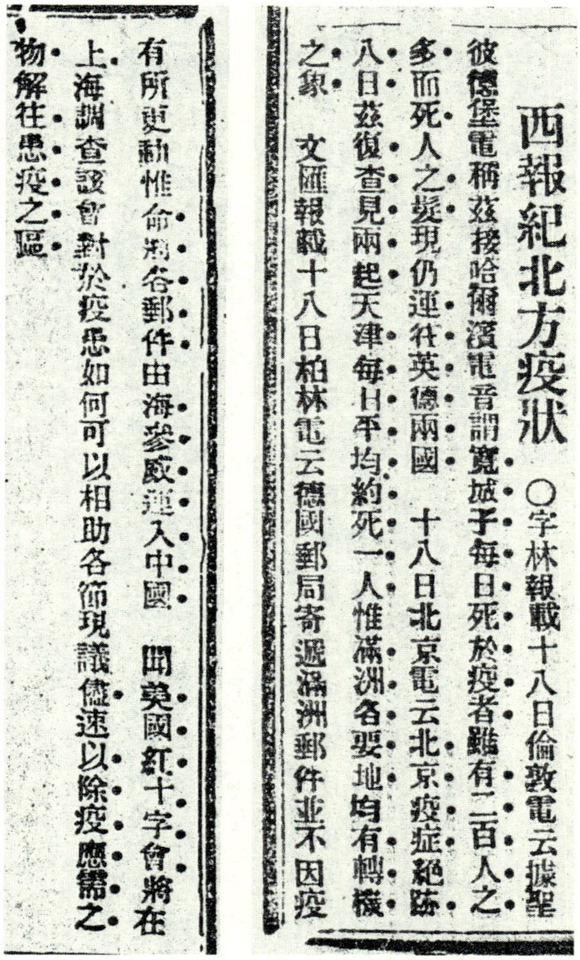

西報紀北方疫狀

○字林報載十八日倫敦電云據聖彼德堡電稱茲接哈爾濱電音謂寬城子每日死於疫者雖有二百人之多而死人之髮現仍運往英德兩國　十八日北京電云北京疫症絕跡八日茲復查見兩起天津每日平均約死一人惟滿洲各要地均有轉機之象　文匯報載十八日柏林電云德國郵局寄遞滿洲郵件並不因疫有所更動惟命將各郵件由海參威運入中國　聞美國紅十字會將在上海調查該會對於疫患如何可以相助各節現議儘速以除疫應需之物解往患疫之區

——摘自《申报》，1911年2月18日

北方防疫彙記

民政部臨時防疫局設立以來迭已會議多次並聘請旅京西醫爲名譽顧問俾資輔助茲聞該部前日又咨行海陸軍部請派軍醫司醫官於本月十六日赴局會議共籌防疫良策

東城公平堂胡同楊姓宅有染疾斃命者於臘月二十四日斃一名二十八日又斃一名至本月初八日又死一名始終隱蔽患病原因不報形迹可疑現民政部於初九日派醫官前往核驗死屍一面嚴行消毒並派警官多名徹夜戒該巷兩口將來往嚴密遮斷

政府現因外間喧傳鼠疫由烟台傳染至江蘇等省昨特通電各省詢問有無疑似情形認眞查察嚴加防範以重民命

日前順治門內下斜街某姓豢養之豕計有八頭驟然得病略血而亡查獸醫譜內豕亦在染鼠疫之列按其死狀頗似染疫前三星客棧店夥單守先在西梓馬胡同謝宅因鼠疫斃命後其屍身埋葬於順治門內之義塚該處與下斜街相距甚邇豕遊行塚旁或感傳染亦在情理之中故外人頗以爲疑果爾則豕類亦染疫矣

前因奉天鼠疫盛行陳小帥恐傳至京津遂飭衛生局派員前往協同臨檢巡警各營統領實行消除隔離詎該員欲爲事後邀獎地步張大其詞電稟陳小帥謂有奉天小工二千餘人聯合闖禦硬闖入關由委員協同營縣即行解散妥爲安置云云陳小帥以民勢兇兇恐釀變動遂分飭交涉司巡警道火速派員前往疏散及各委員到關並未見有大幫小工不過陸續來者寥寥數十人而已中國官場之辦事實足令人浩歎

前紀陸軍伙夫險遭活埋一節茲悉奉省又有類於此之一事殊覺可笑緣火車站順興店內有苦力一名年逾五旬素有痰疾近因天氣嚴寒舊病復發橫睡榻上防疫所疑爲鼠疫拖出洒以石灰酸水該苦力驚駭之餘狀幾欲死防疫所即令抬埋夫置之棺內盜出掩埋行至半途擱地休息該苦力漸次甦活幸棺木係薄片造成猛力將棺木蹬壞鑽出飛跑抬埋夫數人追之不及回報檢疫所反曰該苦力避戶而逃噫如該苦力之不死而埋者已不知有幾矣防疫者盍少愼諸

長春城外南嶺五里堡係一小村落向居有小本營業者數十家日前忽有某商一人染疫身死不料相繼而死者數人該堡距陸軍屯駐地甚近曾統制深恐蔓延飭陸軍警察將該處商戶人等全數遣散境外日昨竟將該處民房一百餘間俱付焚如至允賠償與否尚無確聞

鐵嶺現有一種無知匪徒乘此時機往各村鎮賣藥售符聲稱百斯篤係外人所撒之災意將毒斃華人然後奪取土地又言伊等係天師差來到處賣符救人等語藉以迷惑鄉愚所望當道者加意詳查以免妖言惑衆

青島德人去年杪因防疫停售車票不載華人現海中又張鐵網以防北來中國民船潛入海界該處水陸交通因之同時杜絕

——摘自《申报》，1911年2月19日

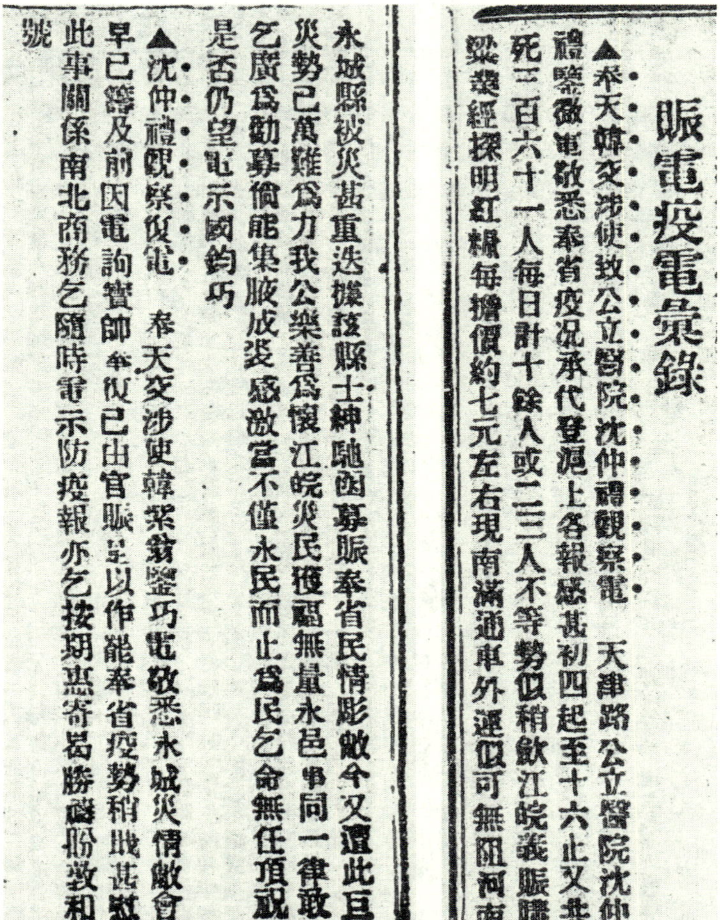

賑電疫電彙錄

▲奉天韓交涉使致公立醫院沈仲禮觀察電　天津路公立醫院沈仲禮觀察鑒微電敬悉奉省疫况承代登滬上各報感甚初四起至十六止又共死三百六十一人每日計十餘人或二三人不等勢似稍斂江皖義賑購粱業經探明紅糧每擔價約七元左右現南滿通車外運似可無阻河南永城縣被災甚重迭據該縣士紳馳函募賑奉省民情彫敝今又遭此巨災勢已萬難爲力我公樂善爲懷江皖災民獲福無量永邑事同一律敢乞廣爲勸募倘能集腋成裘感激當不僅永民而止爲民乞命無任頂祝是否仍望電示國鈞巧

▲沈仲禮觀察復電　奉天交涉使韓紫翁鑒巧電敬悉永城災情敝會早已籌及前因電詢實帥奉復已由官賑呈以作能奉省疫勢稍戢甚慰此事關係南北商務乞隨時電示防疫報亦乞按期惠寄曷勝禱盼敬和號

——摘自《申报》，1911年2月19日

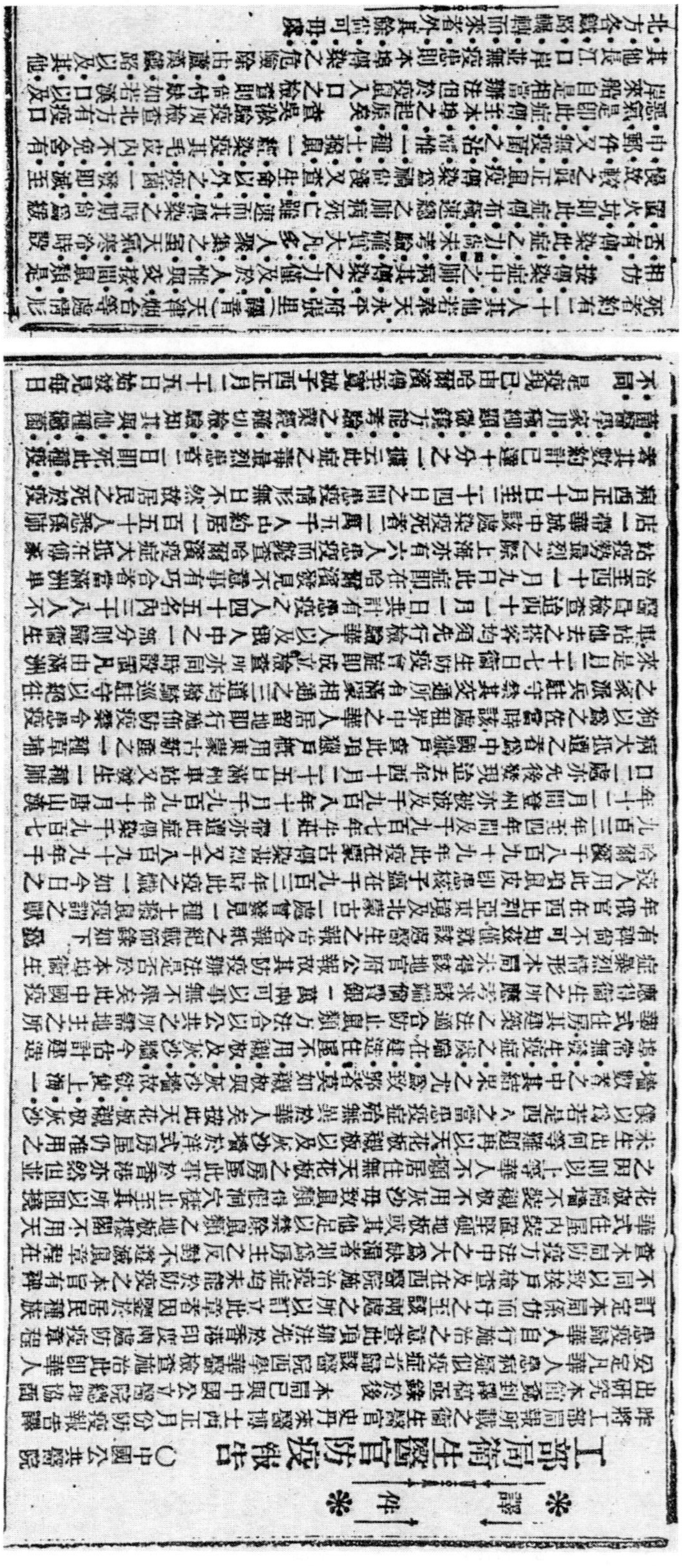

※譯件※

工部局衛生醫官防疫報告　○中國公共醫院

昨將工部局報所載之衛生醫官史丹來醫博士西正月份防疫報告譯出研究本館竊到譯稿亟錄於後　本局已與中國公立醫院總理協商安定凡華人患病疑似疫症者歸該醫院西學華醫檢查施治此即華人患疫歸華人自行施治之證查此項辦法先於香港印度內地防疫章程訂定本局係仿而行之至該兩處之所以訂立此章者因醫於居民種族不同以致挨戶檢查及在西醫院施治疫症均未能於防疫之本旨有裨查本局防疫方法中之大為缺漏者則為房主之反對不遵滅鼠章程在華式住屋內設置堅硬地板或其他足以禁除鼠類之地板樓閣不用天花板隔墻不設襯板不用灰沙毋致鼠類得伏匿洞穴棲止至其所以阻撓之因則以上等華人不願居住無天花板之房屋此事於香港亦然但並未生出何等難題再以天花板襯板以及灰沙增於洋式房屋仍准用之僅以為若是西人之嘗患疫症殆無與於華人矣設此天花板襯板灰沙墻數者之中其結果之尤為致鼠者莫如襯板與灰沙墻故欲使上海一埠常無發生疫症之隱患在建造住屋不用襯板及灰沙墻今估計建造華式住房其建築之法適合防止鼠類方法合以公共之所需地主之所應得衛生之所應旁求諸歸倫價貲銀一萬兩可以事無不界矣此中國疫症暴烈情形本局亦得該地官府公報及其防疫辦法是否於本埠衛生有碍尚不可知茲僅就該處醫生之報告各報紙之紀載節錄如下　疫年俄官在西比利亞東境及北蒙古一處曾發見一種土撥鼠疫謂之獸疫人用此項鼠皮即患核子瘟在千九百三年時此疫之纖一如今日之哈爾濱千八百九十九年此疫在蒙古傳染甚烈又千八百九十九年千九百三年至四年間及千九百七年牛莊一帶亦遭此症傳染千九百七年十二月間登州亦被波及千九百八年十月千九百九年十月唐山漢口二處亦先後發現迨去年西十月二十五日滿州車站又發生一種肺病大抵遭之者為中國雜戶查此項雜戶用東蒙古新疆之一種草埔狗以為之佐官時該處租界中之華人居留地即行施佈防疫禁令患疫之家派兵駐守禁其交通所有滿洲相通之三道均擇驗巡駐守以總往來是月二十七日衛生防疫會議即成立檢查所亦同時設置凡由滿洲車站他去之搭客均須先行檢驗華人以及俄人中之一部分則隔衛生留日檢查迨西十一月一日共計有患疫之人四十五名內三十八人不治至西十一月九日此症即在哈爾濱發見不意事有巧合者當滿洲車站疫勢最烈之際上海亦有六人患疫而餘皆哈爾濱疫症大抵在傅家店一帶華城中該處染疫死者二萬五千人此約居一百五十人悉係肺疫病西正月十日至二十四日之間患疫情形無日不然故居民之死於疫者其數約計已達十分之一據云此症之毒甚烈患者一日即死此種疫菌學家用顯微鏡方能考驗之繁殖離切檢驗知其與他種鏈菌不同　是疫現已由哈爾濱傳至寬城子西正月二十五日始發見每日死者約有二十人其他若奉天永平府張里（譯音）天津烟台等處情形相仿　接傳染症中之肺病其傳染之力僅及於人惟與交接間鼠類是否有傳染此症之力尚未考驗確實大凡多人聚集之室天氣寒冷時設置火坑則此症傳布極速總之肺病死亡雖速而其傳染之時期尚為短促致較之寓正鼠疫傳染為禍尚淺又查生命以外之疫菌一發即滅至中鄭件又無疫菌之治術惟一種土撥鼠一經染疫其毛皮內不免含有惡氣是即此症相傳主本埠之起原矣　查吳淞檢疫所檢查北方有疫口岸來船自是相當辦法但於疫鼠入口之檢驗則由內地如若漢口以及其他長江口岸並無疫患則本埠傳染之危險除由鐵路以及其他北方各路輪而來者外其餘尚可毋慮

——摘自《申报》，1911年2月19日

北方防疫彙紀

○初十日隆裕皇太后萬壽監國親往叩賀時聞皇太后首先垂詢近日京外各省鼠疫情形及各處防疫辦法而不及其他深宮關心民瘼於此可見一斑

去冬防疫事起奧使至外務部言如防疫時使館與外間交通斷絕則電報局必須添設分局於使館界內外務部即轉告郵傳部郵傳部遂向稅務司辦公所借得一屋辦事而司事食宿無地商之六國飯店又不肯收於是復商奧使請將此事俟防疫嚴密時再行辦理奧使允之

前有旅東華工十四名由北南下經大房身勾留一星期確認無疫復乘火車抵大連次日乘搭輪船永田丸號回芝罘原籍詎芝罘官吏嚴拒不允登岸該華工及船長等雖將已經檢明無疫之執照開呈百方籲懇卒不認可該華工等因屆新年亟思歸家一見父母妻子竟無故受其阻隔莫不垂涕傾足不得已仍乘船回大連當經日吏將前情函告東督東督已有電知會魯撫請其查辦未識魯撫將如何為之掩飾云

去冬東三省鼠疫猖獗早由政府撥給豫防費十五萬元歸東督動用東督當分給四萬圓於吉林巡撫吉林巡撫又分八千元與長春道長春道對於此事本異常玩視而領款又甚少故設備益形欠缺當吉撫來長巡視該道得信始足忙手亂向日本人借醫院不得向日本人借醫師又不得最後乃假定民屋一處標曰醫院購乞丐百五十人扮作病人充實其中四圍用巡警數人著白色檢疫衣偽為監守之狀吉撫到埠巡視一周竟未及覺察現此事已揭載於東京朝日新聞如果確實宜他人之有所藉口矣

東三省鼠疫流行人心因之不靖現在長春一帶之馬賊極為猖獗外間謠諑紛傳有將焚燬官衙暨擄富室之風說日人之居留於該地者已取自衛主義不許我國人民出入於南滿鐵道附屬地內現錫督為思患預防計恐原駐長春之陸軍兵力太薄特派第三十鎮兵隊前往鎮壓

——摘自《申报》，1911年2月20日

奉天防疫紀事

▲日人堅欲强埋活人　近日各處紛紛傳說活埋病疫之人玆經確實調查係屬傳聞之誤然亦事出有因由前日七區地面南滿鐵道附屬地內某屋有患百斯篤病者一人經防疫事務所派人往看症雖亟危尚能言語行動不意有日本醫察部某即到防疫所請將該病人收埋防疫所未准其請電信紛馳凡十餘次後日醫部某員親到防疫所勒令從速掩埋經該所提調莊景高君嚴辭駁覆謂病人未及氣斷遽即收埋我國向無此例於人道上殊難如此狠心貴國辦疫之方法則非我國所敢知我國則斷難施此辣手該員辭窮而退退後旋即禀知日領事即由日領事照會交涉司經韓司使將該照會原文通示防疫所警務局以及各區因此遂有活埋死人之說云

▲直督不准工人入關電　十一日東督接直督電云前准外郵兩部議定由西比利亞來客暨東省所來官差留驗七日候醫官允許放行秦皇島所來客貨暨押貨人等均經醫官驗明給照放行等因是火車交通只以西比利亞來客暨東省官差爲限秦皇島來客則押貨人等亦准驗照放行各國防疫通例於陸路檢察最嚴與海港檢疫辦法本不相同部定前項辦法係嚴於車路而海港則稍從寬例自應遵照辦理直爲近畿要地迭承寄諭飭令嚴密防查未敢稍涉大意近來各屬偶有疫症發現皆由關外工人傳染外人猶或以防範有疏致滋訾議若令大衆入關似非慎重畿疆之道亦易授人口實再四籌思未敢造次尊處工人擁滯誠如所慮但從前小工急切思　意在向籍度歲現屆春初東作將興工人歛處各令隨時隨地設法安置或不致十分爲難容疫患稍平再議辦法現在似應仍照部議辦理愚慮所及幸乞亮察

——摘自《申报》，1911年2月21日

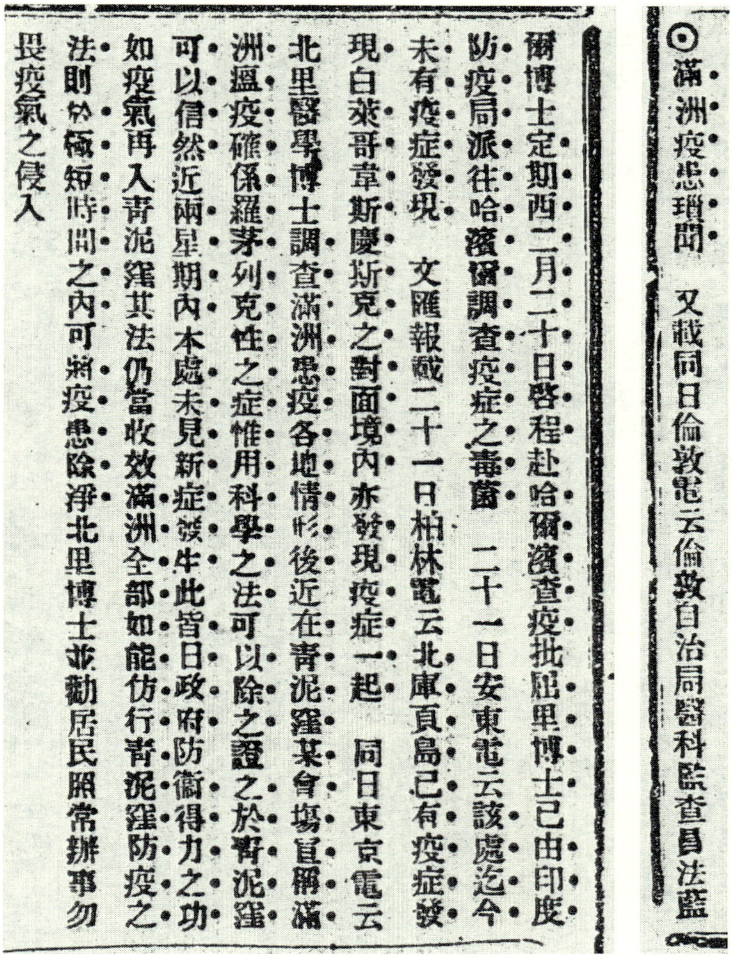

⊙滿洲疫患瑣聞 又載同日倫敦電云倫敦自治局醫科監查員法藍爾博士定期西二月二十日啓程赴哈爾濱查疫批屈里博士已由印度防疫局派往哈爾濱調查疫症之毒菌 二十一日安東電云該處迄今未有疫症發現 文匯報載二十一日柏林電云北庫頁島已有疫症發現白萊哥韋斯慶斯克之對面境內亦發現疫症一起 同日東京電云北里醫學博士調查滿洲患疫各地情形後近在青泥窪某會場宣稱滿洲瘟疫確係羅茅列克性之症惟用科學之法可以除之證之於青泥窪可以信然近兩星期內本處未見新症發生此皆日政府防衛得力之功如疫氣再入青泥窪其法仍當收效滿洲全部如能仿行青泥窪防疫之法則於極短時間之內可將疫患除淨北里博士並勸居民照常辦事勿畏疫氣之侵入

——摘自《申报》，1911 年 2 月 21 日

◎電二 北京

東督錫良電奏此次防疫中俄開戰之謠紛紛四起請飭外部將中俄各交涉從速解决宣示以靖人心免多附會

——摘自《申报》，
1911年2月22日

日本人關東防疫種種

▲日報評論安奉鐵路警察爭端　二十二日東京電云此間人士因安奉鐵路警察重起爭端殊爲抱憾蓋今日中日兩國於防疫事務合力經營邦交賴以有進不意復遇此事也

▲日本醫員報告疫情　二十三日東京電云北里醫學博士調查滿洲疫患情形後已列布報告承認日本防疫政務之完全華人由北方有疫之區入關東租借地者皆入隔離所清疫若干時大連及旅順口華人皆不准赴朝鮮中日各口岸有傳疫性之貨皆禁止出口

——摘自《申报》，
1911年2月22日

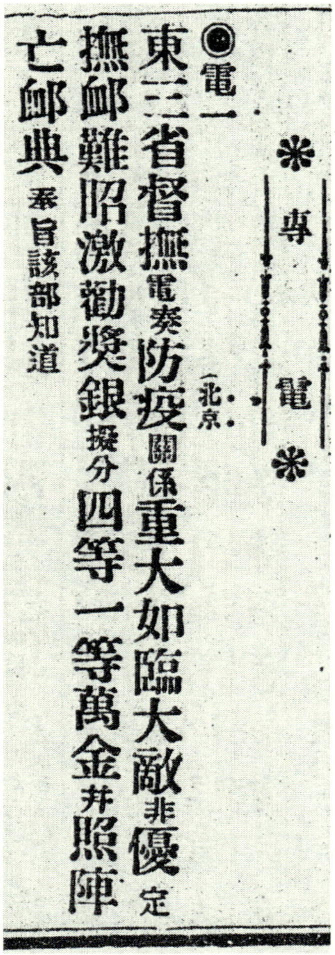
＊專電＊
◎電一（北京）
東三省督撫電奏防疫關係重大如臨大敵非優定撫䘏難昭激勸奬銀擬分四等一等萬金幷照陣亡䘏典奉旨該部知道

——摘自《申报》，
1911年2月23日

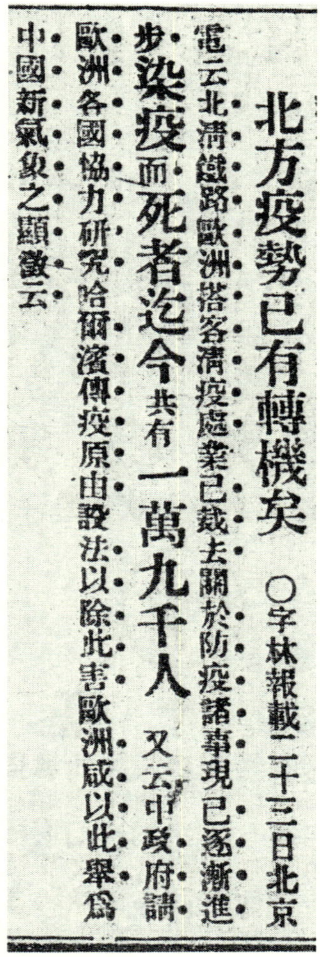
北方疫勢已有轉機矣 ○字林報載二十三日北京電云北淸鐵路歐洲搭客淸疫處業已裁去關於防疫諸事現已逐漸進步染疫而死者迄今共有一萬九千人 又云中政府請歐洲各國協力研究哈爾濱傳疫原由設法以除此害歐洲咸以此舉爲中國新氣象之顯徵云

——摘自《申报》，
1911年2月23日

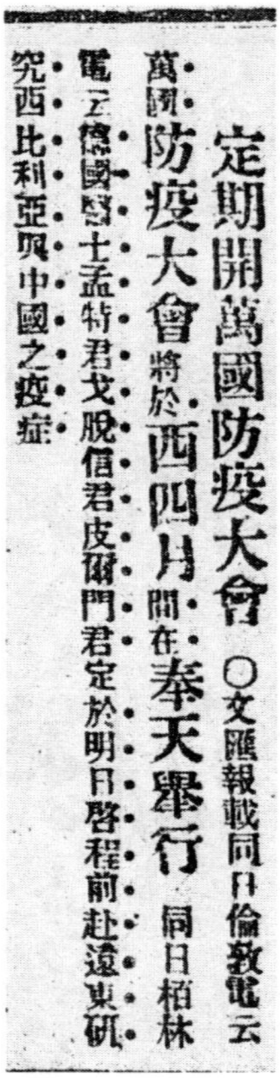

定期開萬國防疫大會 ○文匯報載同日倫敦電云萬國防疫大會將於西四月間在奉天舉行 ○同日柏林電云德國醫士孟特君戈脫信君皮爾門君定於明日啓程前赴遠東研究西比利亞與中國之疫症

——摘自《申报》，
1911 年 2 月 24 日

日人干涉防疫之一斑

▲主權未便干預　日人爲防疫事在奉天隨地檢查各舖戶人民疑其近於調查羣起反對日昨東督與日領事談判略云彼此誼屬比鄰共相討論防治方法則無不可若檢查戶口則因屬於領土主權貴國未便干涉日領事已允共相討論不再干涉檢查矣

▲活人未便強埋　日本領事小池君致交涉司韓司使函云明治四十四年正月三十一日午前八點時由十間房中央通貴國醫務局第七區間有年約二十七八歲一貴國男子羅百斯篤病死在路上本館醫察官吏發見後即遮斷交通一面通報第七區請其將屍體收容第七區置若罔聞不得已至貴國防疫事務所請其設法至午後九點五十分始漸派遣人夫數名前來收殮屍體然自發見至此時已有兩三點鐘之久其間由本館醫察官吏通知第七區及防疫事務所已十數次始得將屍體收殮如此怠慢之防疫方法實聞所未聞也言之甚爲寒心刻據貴國防疫委員莊景珂云貴國醫察官吏至本所通知後當即派人前往然因見尚未氣絕故不爲收容意欲待其死後再爲收殮云云雖然道路上有患百斯篤人必欲俟其死後再行收容不但有病毒傳播之危險且甚背防疫及人道之本旨故特　函奉告務請貴司嚴戒防疫人員及醫察官吏認眞辦理以期達此防疫之目的爲荷

——摘自《申报》，1911 年 2 月 25 日

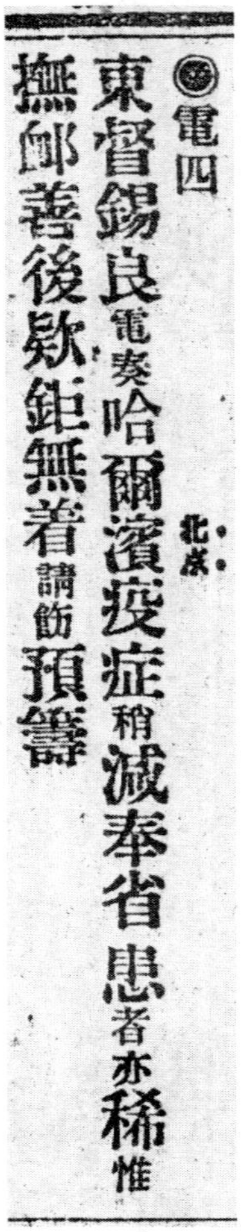

◉電四　北京

東督錫良電奏哈爾濱疫症稍滅奉省患者亦稀惟撫卹善後欵鉅無着請飭預籌

——摘自《申报》，
1911年2月26日

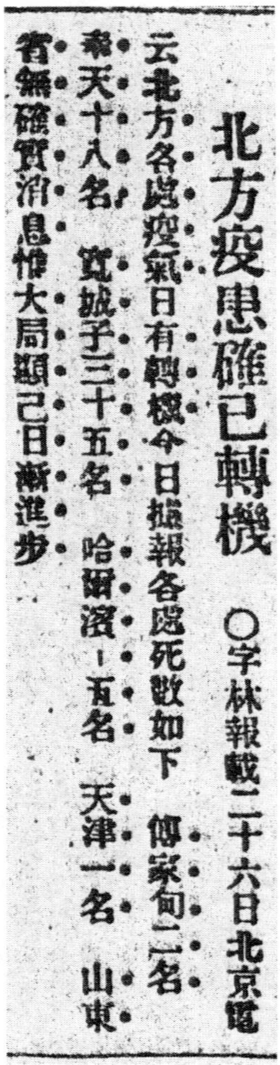

北方疫患確已轉機

○字林報載二十六日北京電云北方各處疫氣日有轉機今日據報各處死數如下　傅家甸二名　奉天十八名　寬城子三十五名　哈爾濱一百名　天津一名　山東省無確實消息惟大局顯已日漸進步

——摘自《申报》，
1911年2月26日

北方防疫彙紀

華德交通社日前有天津德國醫學博士演說防疫事宜是日八點鐘開會蒞會者六十餘人內有廳丞派委蔣履曾代臨蒞且勒派吳爲雨代臨其他軍諸處廳長姚寶來第一鎭朱協統皆到會聽講防備鼠疫辦法以便參考至九點三刻鐘始散

政府諸當道因哈爾濱發生鼠疫蔓延鄰省爲害甚烈人民慘遭其禍者數已逾萬故經會商擬研究該省發生鼠疫之原因聞所訂辦法擬定俟東三省山東直隸等處鼠疫於天暖消滅後先飭辦員調查各處人民所患鼠疫之種種實在證據及死亡情形編記備載然後聘請各國著名醫學家來華於七月間在哈爾濱設立一鼠疫研究會並派中國醫員會同探討將防備及醫治事宜著定成法以衛生命各當道皆以爲然現已電告東督錫清帥直督陳筱帥魯撫孫中丞等先飭防疫各員將鼠疫情形注重查考以備將來之顧問

聞東省西來之人經山海關防疫局留驗七日後凡搭火車者仍由該防疫局專派醫官隨車看護以示格外愼重

英政府現派法拉爾醫學博士來華研究疫症昨倫敦來電稱該博士將偕同樸得力醫學博士於西本月二十號前赴哈爾濱按樸得力醫士係印度防疫會派其研究肺疫者也

哈爾濱惡疫猖獗死亡相繼所有中外防疫方法已施行殆盡而死者仍復有加無已現在俄人以死者之屍確爲傳疫之媒介刻將凡係疫死之屍一律抬歸曠地掘坑放置每百屍置於一坑注滿煤油用火焚化現已燒去二千四百餘具矣

——摘自《申报》，1911 年 2 月 27 日

◎東三省通訊　△疫症與錢荒　（照）

鼠疫一症、傳染最速、蔓延最廣、故當世人多驚懼之、東三省於前清宣統二三年間、曾發現此種疫症、一時交通隔斷、醫生防治不及、因而死者達千萬人、如哈爾濱長春吉林各處、正不可數計焉、原此疫發源之處、爲黑龍江省之滿拉爾、（卽呼倫貝爾）、一二日間、即傳至滿洲里、此既往之事也、上年冬、又有鼠疫發現之信、傳自北滿、當局甚爲注意、日本亦派醫前往查防、近據村上醫生報告、謂本月七日、發見患鼠疫者二人、人民遷移者已較少、該處醫院、曾函當道、將海拉爾用兵力包圍、不使與外處連通、則染疫之地易治、而未染之地、亦不致蔓延、據前稍統計、真患鼠疫者、四十六人、疑似者三十人、吉林地方聞此消息、即由當道派員在車站檢查疫症、然就吉林現狀論、並無鼠疫發見、惟民間因清末大疫之慘、餘痛未忘、不無驚怖、日本僑民亦多有請醫診治、以爲預防者、對於捕鼠一層、則尤注意、故今冬東三省不致重演宣二三年之慘劇、第有一事、須加注意者、吉林天氣本極寒冷、一到冬季、積雪不化、堅冰在鬚、此本常例、亦必如是而後謂之天氣正也、乃現在大寒、舊曆十二月初八日、俗稱臘八、宜爲寒冷之時、乃天氣燠煖、積雪漸化、街衢冰雪、亦漸現黑色、即如冬至日、亦爲最冷之日、而彼時亦不甚冷、吉人頗爲詫異、據醫者言、今冬氣候失常、來歲春溫之症、自所不免、是鼠疫之症、雖不必慮、而時疫則亟應預防矣、

吉林省之財政金融、紊亂已極、近益不可言狀、上星期省中各團體曾在省議會開會一次、商議各種辦法、計共七條、大致尚多中肯、第恐其注目點、仍在總辦一席耳、吉省在民初時代、陳昭常爲吉林都督、有紳士劉之田者、排陳氏而去、旋劉爲官銀錢號總辦、而銀號乃日就壞敗、錢法亦日益毛荒、至於今日、現大洋一元、直合吉林官帖七十餘吊、大洋票僅值六折、不但小民困苦顚連、即軍政界之向支厚俸者、至是亦覺不堪支持、其外省人士、須匯款出吉林省者、尤感困難、鮑兼省長以吉省財政收入、每月僅可得三十萬元左右、而支出須達八十餘萬、月虧五十萬、實屬不易辦理、欲行裁兵、而吉省匪徒至衆、目下無可裁減、（實則現在之軍隊、剿匪不甚得力、不如減少兵額、實發現洋、以選練可戰之士爲之、較爲有效、）而轉瞬舊歷年關即至、無可如何、因與中交兩銀行商議小借款、以爲度歲之資、聞已於本月十六日議定簽字、商民希望其稍稍整頓、否則工務總會、現據已報荒閉者、二百數十家、商務會中來報者亦不少、吉林破產、恐即在眉睫矣、

——摘自《申报》，1921年1月24日

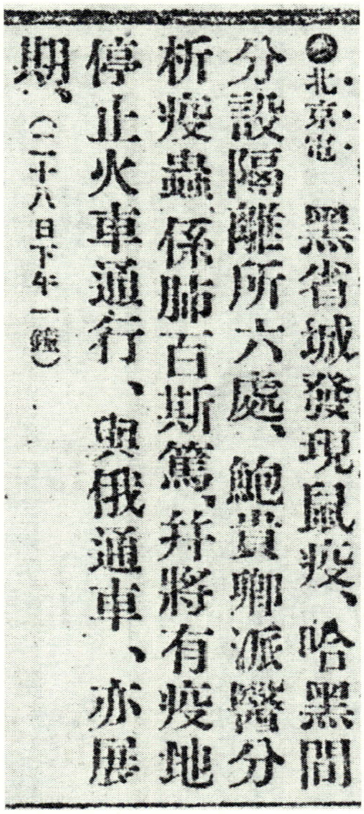

●北京電 黑省城發現鼠疫、哈黑間分設隔離所六處、鮑貴卿派醫分析疫蟲、係肺百斯篤、幷將有疫地停止火車通行、與俄通車、亦展期、（二十八日下午一鐘）

——摘自《申报》，
1921 年 1 月 29 日

◉北滿鼠疫日熾

客歲十一月間、海拉爾地方已發現百斯篤、以患者甚少、尚未惹人注意、迨至年杪、猝斃十數人、始各相顧失色、醫官畢集、認爲疫症・　而海拉爾傳染百斯篤之聲浪乃日高、嗣後死亡相繼、交通亦未遽絕、歲律方新、而滿站罹疫死者、已陸續見告、目下黑龍江省城地方、瘟疫之傳染、亦大見發苗、某小客棧東夥四人、竟於二日內先後斃命、有蘆繩舖一家、計共九人、數日內暴卒八人、其餘零星抱病、及間斷亡故者、尚無確切之調查、然爲數亦當不少、至中東路沿線各站、就此次調查滿海瘟疫委員報告、百斯篤之傳染菌、實無在不有、不過比較滿海等站、有大小輕重之別、故現在譚及百斯篤、不能謂爲少數車站之百斯篤、直須謂爲北滿一帶之百斯篤、而其傳播之神速、區域之綿長、誠有令人不寒而慄者、　海拉爾自過年後、死者已達二百餘人、據道路傳言、該埠補田醫院附近、所有住戶商號等、業經遷移一空、　駐防之日本軍隊、爲恐受傳染起見、已非常警戒、　日前特由該日醫爲日軍全體逐一注射預防液、　現更由旅順關東陸軍倉庫發到預防具二千枚、以事防備、日本醫院並電致齊齊哈爾日本領事館、請與中國交涉、海拉爾地方、須嚴禁外人遊歷、免滋傳染、且須將海站包圍隔離、以期杜絕、刻已在接洽中、至滿洲里疫症形勢、亦日趨擴大、

當地軍警已在鐵路近處、籌設隔離所、派委醫員十數人實際檢查、近日除染疫死者二百一十人外、尚有患者三十八人、正在醫治、黑省當局自接得海拉爾發現瘟疫之報告後、即着手預防、省會警察廳已傳諭各署、對於該管界內、除切實清潔外、尤須令長警挨戶調查、遇有病人或類似時疫者、務須隨時具報、以便派醫檢驗、設法消毒、並飭由衛生科擬具各項防疫辦法、通令遵行、至關於中東路各車站之防範手續、大致不外嚴行檢查、除由孫兼省長責令軍醫課長張明濬及軍醫院院長謝百川、籌設省垣防疫處外、將在齊齊哈爾及昂昂溪兩站、各設檢疫所一處、凡往來搭客、均須檢驗完竣、始許登車、如查有百斯篤菌、即須設法隔離、以杜疫源・　日前特由省署發出布告、略謂自海拉爾有鼠疫發現之說、迭經派員馳赴該區、切實檢防、以期撲滅、惟在此預防期間、省垣與海站相去密邇、行旅往來、易滋傳染、尤宜設法杜絕、以免波及、所有齊昂各站、即由警察廳速派要員對於來往行人切實檢驗、以示防杜、此項檢查手續、約在日內即可舉行、　又聞旅居北滿之外人、鑒於疫癘前途之危險、提議在哈召開北滿防疫大會、商訂防疫切實辦法、屆時中國方面亦須派員加入會議、以便公同討論、其主要問題、當在隔絕交通一項、蓋宣統年間瘟疫遍華北、即以鐵路公司不肯停車、以致蔓延日廣、莫由止制、今日或當厲行之也、

——摘自《申报》，1921年2月2日

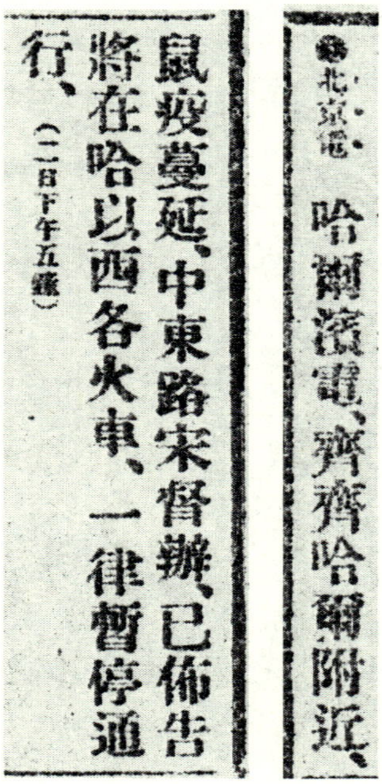

●北京電　哈爾濱電、齊齊哈爾附近、鼠疫蔓延、中東路宋督辦、已佈告將在哈以西各火車、一律暫停通行、（二日下午五鐘）

——摘自《申报》，
1921 年 2 月 3 日

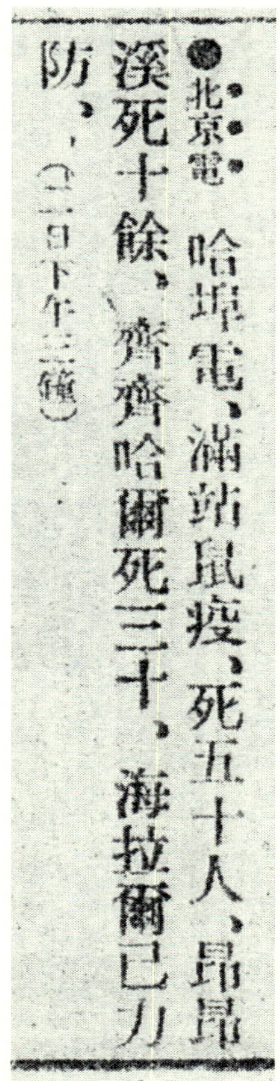

●北京電　哈埠電、滿站鼠疫、死五十人、昂昂溪死十餘、齊齊哈爾死三十、海拉爾已力防、（十日下午三鐘）

——摘自《申报》，
1921 年 2 月 11 日

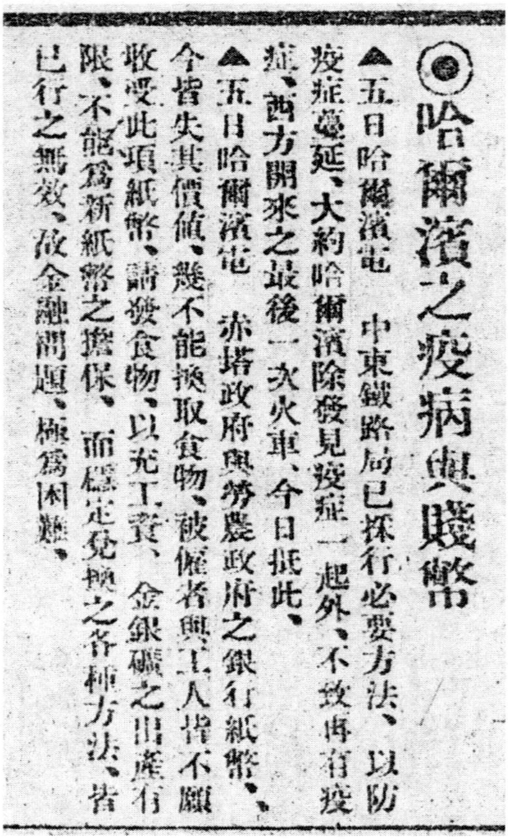

◎哈爾濱之疫病與賤幣

▲五日哈爾濱電　中東鐵路局已採行必要方法、以防疫症蔓延、大約哈爾濱除發見疫症一起外、不致再有疫症、西方開來之最後一次火車、今日抵此、

▲五日哈爾濱電　赤塔政府與勞農政府之銀行紙幣、今皆失其價值、幾不能換取食物、被僱者與工人皆不願收受此項紙幣、請發食物、以充工資、金銀礦之出產有限、不能爲新紙幣之擔保、而穩定兌換之各種方法、皆已行之無效、故金融問題、極爲困難、

——摘自《申报》，1921 年 2 月 11 日

◎東三省通信

▲防疫問題 ([illegible])

東三省鼠疫之說、上月曾因滿洲里一帶發見此項疫症、曾經風動一時、旋以滿洲里等處疫勢漸減、而南滿地方、並未發見、故其議已寢、詎日來又有發動、一月二十四日鮑督軍接張巡閱使敬電、謂准孫督軍電、滿洲里札蘭諾爾疫氛甚烈、刻已遮斷交通、卜奎亦疫斃十餘人、傳播之速、捷於迅雷、現已設立防疫處、請三省協防等因、茲擬定以哈埠爲第一防線、長春爲第二防線、已嚴電伍總辦力防、並電外交部迅撥關款、交伍籌辦、請貴省速令哈長及沿路各縣、趕速嚴重防範、毋任蔓延、至盼云云、同日長春吉長道尹蔡運升、亦以敬電稟鮑督軍云、前聞傳言、北滿發疫、已飭警廳厲行清潔、現尚無疫侵入、月初日領來函、擬派警察醫兩名、至頭道溝站、俟於東省車開到、入車內望診、業經婉拒、現日人在長站西首空地、安置火車八輛、作隔離所、並由旅順派來警醫二員、長警八名、專辦檢疫、惟皆在準備、尚未實行、據日領云、接江省日領電、謂齊齊哈爾發現鼠疫、十八十九日各斃一人、二十日斃三人、近三四日內又斃十餘人、不知確否、除飭警廳防疫所注意檢防外、謹先電陳云云、鮑督軍接上項兩電後、即電長春鎮守使朝與蔡道尹運升胡旅長星五哈爾濱高鎮守使鳳城董道尹士恩轉告張巡閱使之敬電、飭即嚴飭所屬、扼要防檢、如有疫症發現、並即隨時飛報、毋稍疏忽、一面並商伍總辦沿路各站、應如何檢查設備之處、統籌辦法、逕行會商辦理、並分報爲要等語、蓋鼠疫在宣二年間、東三省大受痛苦、故一般人民得此消息、不禁聞而色變、在官府方面、並不願多此一舉、以費金錢與精神、但外人對於此種疫症、實爲曲突徙薪、不肯焦頭爛額、故先事設防、自不可已、日本官府先派警察、是否別有用意、不得而知、惟甚注意此種疫症、自視華人爲周密、現在省署業已令飭組設防疫所、以爲檢防而免傳染矣、至吉林省垣、尚未發見此項鼠疫、該車站地派定醫員、施行檢查、或不致釀成宣二年間之大慘劇也、(一月三十日)

又函云、東省防制鼠疫事、現已積極進行、大略已見前函、茲悉省會地方、現在派員在車站檢驗、並設隔離所、以備外來染疫者之住宿、據昨日所傳長春公主嶺火車中、有一張小田者、染有此病、竟即斃命、因此益爲注意、現在駐吉日僑、定於二月三日在日本領事館開會討論防疫方法、並聞日領先向我國當道、詢問現在吉省防疫之法、並擬於實施防疫時、借用房屋等等、均須由中國官廳、予以協助而得方便、至哈爾濱地方、因距滿洲里近、故設立檢疫隊等、按戶檢查、其辦事人員、要由在職人員兼攝、現在天氣漸暖、即交春令、鼠疫一層、似可無慮、所恐今年天氣大暖、春溫乘之而起、疑爲鼠疫、則殺人多矣、此願防疫所當格外慎重注意者也、(二月三日)

——摘自《申报》，1921年2月11日

◉哈滿間疫勢仍熾

吉省哈滿間鼠疫流行，迄未稍殺，昨日駐京日使館派西田至外交部，拜訪顏總長，由熊垓代爲晤談，西田詢問中政府對於中東鐵路及京奉路之防疫關係，可否於必要時，與南滿鐵路，取一致之辦法，斷絕交通，以防傳染，熊氏面答，俟商之交通部後，再爲答覆，據交通界消息，週來滿洲里札蘭諾爾等處，鼠疫極盛，傳染斯病者，不出數時，即行斃命，外人方面，如萬國防疫會，及其他洋商，對於防疫之舉，均極熱心，設法防護，而中東路一帶之華員華商，關於施醫施藥檢查行旅，亦著著舉行，聞昨交通部已接到哈爾濱等處防疫事務總辦兼驗疫醫官伍連德報告，略謂近日滿洲里札蘭諾爾等處，瘟疫流行，每日該兩處約死三十餘人，現已傳至哈爾濱，數日間疫死四人，日前由長春來哈爾濱之火車內，有染疫者一人，長春與奉天相近，京津鐵路與奉毘連，請先在京奉一帶，速爲設法預防，勿使疫氣蔓延云云，同日又接中東鐵路督辦宋小濂來電，內稱，週來江省滿洲里海拉爾札蘭諾爾各處，鼠疫甚熾，哈埠亦有發現，傳染甚速，東路適當其衝，哈爾濱及滿海博札昂溪滿溝安達對青山八站，均已設所防疫，實行檢查，即長春二道溝亦經停車檢驗，上月敬日哈埠萬國防疫會議決，由馬日起，滿海間火車停售三等客票，二三等車非經醫官驗過發照，仍不賣票，駐哈各國領事一致贊同，近日哈滿之間貨車，照常運輸，客貨亦已止賣，一俟疫症稍殺，仍舊通

行云云，聞政府以清季發生斯疫，死人甚多，耗帑極鉅，皆因不知先期設防所致，刻下雖在黑省設有防疫及預防消弭辦法，究恐一有不慎，此症即向內地流行，日昨特電東三省各長官，嚴加設法，如有發端，迅即撲滅，

——摘自《申报》，1921年2月17日

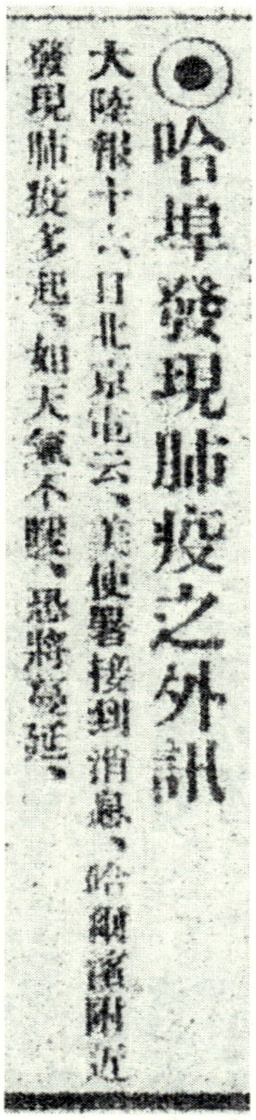

◉哈埠發現肺疫之外訊

大陸報十六日北京電云、美使署接到消息、哈爾濱附近發現肺疫多起、如天氣不暖、恐將蔓延、

——摘自《申报》，
1921年2月18日

國內要聞

長春防疫之狀況

滿洲里發生鼠疫、哈長各處、準備防範、 聞長春臨時防疫所總辦蔡運升、近將準備情形、通電各處、文曰、自札蘭諾爾疫病發現、升即督飭所屬、籌備防疫、積極進行、首先招集各界會議、 設立防疫總事務所、 由升總辦其事、關鎮守使胡旅長爲會辦、李警廳長爲襄辦、 即於二月三日成立、當查此項疫氣、起於滿海一帶、長埠本當先防、自以杜絕中東鐵路傳播爲首要、二道溝爲中東車站最爲重要關鍵、如於該處防禦得法、 內則可抑疫氛、外則南滿車站、自無問題發生、邦交民命所關、 應以全副精神注重於此、因於該處設第一檢疫分所、委所長一員、聘用日本專門醫生、並遴委中國醫官、 專任二道溝檢查火車、復由吉長鎮署加派軍醫官兵、 相助爲理、已經實行檢驗、仍電宋督辦商允鐵路公司、於商車到站時、展停一小時、俾資檢察、先租民房二十餘間、爲甲種隔離所、又借用該站一二三等火車二十二輛、爲醫生職員宿舍、及作爲各種病院、各種隔離所、 以及補助房間之不足、此外於日本附屬地間之大橋、設第二檢疫所、長春城內西熱鬧街、設第三檢疫所、西四道街、 設第四檢疫所、城隍廟設第五檢疫所、西門外設第六檢疫所、人員與第二分所同、各檢疫所星羅棋布、即鐵路外各旱路、亦均扼要檢察、務期周密、並設衛生夫消毒隊檢疫隊、對於住戶清潔、郵件消毒、幷已著手實行、連日詳查、長埠尚無疫症發現、刻下齊昂滿海間疫病、雖未消滅、然哈滿路線火車停開、交通已經遮斷、哈埠預防甚嚴、長埠由升督飭所屬、竭力防禦、杜絕傳播、 疫氛自無由侵入、誠恐杯蛇市虎、道遠訛傳、特將冥相詳電奉聞、

自北滿鼠疫發生以來、長春之中日兩國官廳、業將關於防疫之設備、接洽數次、至本月初旬、南滿鐵路之一列車、當通過公主嶺車站時、不意該列車乘客、發現患鼠疫者一名、中日兩國當局、乃決定開一兩國共同防疫會議、以講究此防疫方法、十三日午後三時、在長春日領事館內、開第一國際防疫會議、中國方面到、蔡吉長道尹孫外交科長李警察長等、 日本方面到村上領事橋本警務署長等、共三十餘名、村上領事謂須撤廢國際與人種不同之感念、以密接從事防疫、蓋此可畏之惡病、不可不盡力防禦、免罹病之慘禍、實有厚望、 蔡道尹起立表示同意、繼由李警察廳長及橋本警務署長、詳細說明雙方設備經過及現在之情況、 後對於日本提出之共同防疫規程草案十六條、共同討論、並交換意見、 至下午四時始散、

——摘自《申报》，1921 年 2 月 21 日

●北京電　張作霖電、疫勢蔓延哈長、由吉長道蔡運陞防遏南下、奉天設委員會事務所、照八年例、與日本協同進行、（二十一日下午二鐘）

——摘自《申报》，
1921年2月22日

鼠疫延至哈埠之加緊防範

自疫症發生以來、漸由北滿蔓延而至哈埠、故警察機關及防疫總務處、非常注意、早已組織防疫機關、派委專員、辦理其事、現因疫症風聲愈緊、防疫處特定防疫章程、宣佈通衢、俾人民有所遵守、其章程如下、㊀清潔房舍、凡人民住房、必須打掃潔淨、鋪灑石灰、所有穢物及髒水等件、均令傾潑於無人空地、不得任意傾棄、致礙衛生、㊀慎重飲食、凡飲食之物、必須講求、陳腐之猪羊牛魚有傷衛生者、均不準售賣、㊀禁止娼窰、凡大小娼窰、大半皆藏垢納污、即為致病之媒介、均一律禁止營業、㊀稽查小店、凡屬伙房小店、人品複雜、開店者往往希圖小利、招留病人、現在防疫處與警察廳、每日派員赴伙房稽查數次、凡有病者、無論何症、均須赴該管警區呈報、以便派員往驗、並禁止再住新客、以防帶病傳染、㊀停止演戲、本埠大舞臺新舞台以及同樂慶豐等各家戲園、自正月初六日、一律停演、俟疫症消滅之後、再行弛禁開幕、

——摘自《申报》，1921 年 2 月 22 日

海關防疫之通告

海關通告、近來滿洲北部發見疫症、茲爲防疫氣南來起見、已商准各國領事、凡從海參崴・牛莊・安東・天津・大連・旅順・秦皇島・烟台・青島・海州・開來之船、皆須在吳淞停泊、以待檢驗、再其所用繩索、以與碼頭或小船相接者、皆須裝置有效力之防鼠具、

——摘自《申报》，
1921年2月27日

東省疫勢近報

東省鼠疫、以滿洲里爲最盛、二月二十日、被疫死者七十人、普通每日平均死亡之數、亦總在三十人以上、迄二十日爲止、統計前後死者、已不下四百人、該處人口稠密、旅館充斥、公共衛生、又欠講求、實爲致疫之一大原因、其中俄人被疫者亦不鮮、計迄二十日、死亡者已有一百二十九人、齊齊哈爾、疫尚不盛、計二月十一日、被疫者十人、十二日三人、十三日十二人、十四日十四人、十五日六人、十六日一人、至哈爾濱雖較齊齊哈爾稍盛、較滿洲里尚遜、計二月十二日七人、十三日十一人、十五日十人、十六日九人、十七日十六人、十八日十四人、十九日十六人、二十日十四人、二十一日十一人、總合十五日起之一星期內、被疫者九十口、哈爾濱全埠人口、合計三十萬、中俄雜處、衛生亦極不講求、嘗有自十五至五十人雜處一室、醫生診查、極爲困難、現伍連德博士、爲哈爾濱華人防疫長、有醫生袁君、因防疫染疫而致斃命、已由伍博士捐募五千元、賑恤家族、

——摘自《申报》，1921 年 3 月 2 日

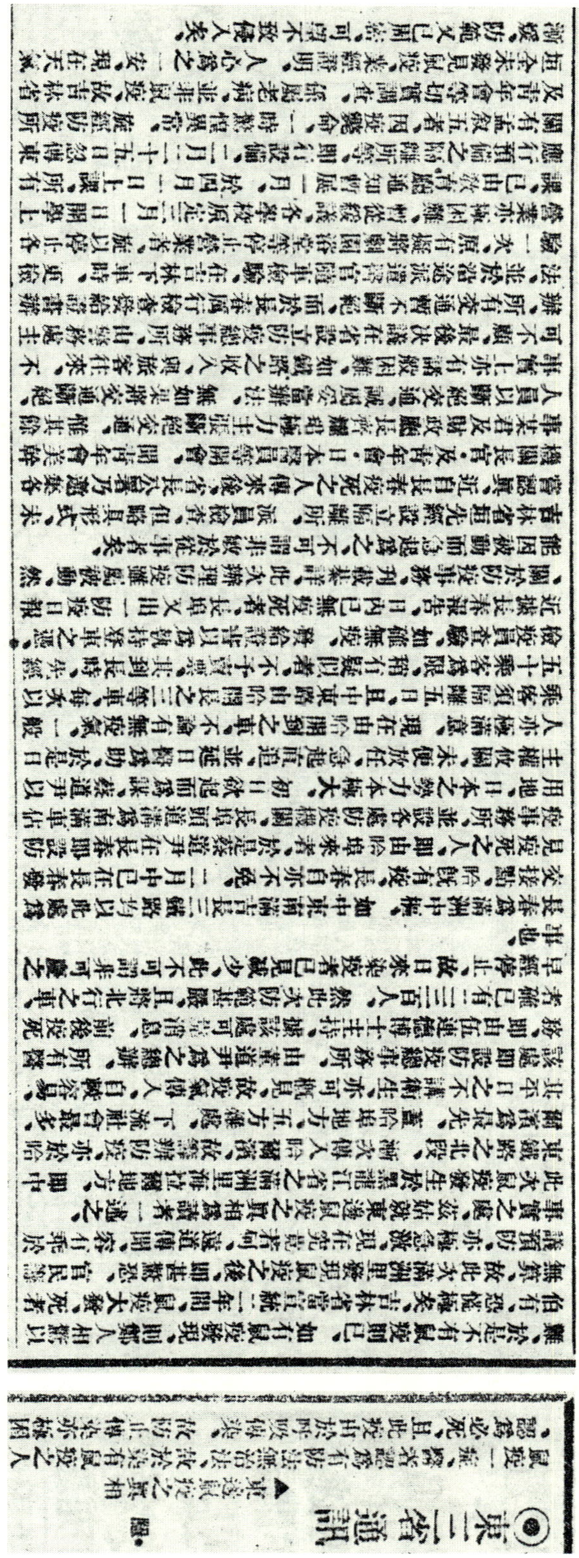

◎東三省通訊

▲東邊鼠疫之真相　臨

鼠疫一症、醫者認為有防法無治法、故於染有鼠疫之人、認為必死、且此疫出於呼吸傳染、故防止傳染亦極困難、於是不有鼠疫則已、如有鼠疫發現、則鄰人相驚以伯有、恐慌極矣、吉林省當宣統二年間、鼠疫大發、死者無算、故此次滿洲里發現鼠疫之後、即甚驚恐、官民亦議預防、亦極急激、現在究竟若何、遂道傳聞、容有乖於事實之處、茲姑就東邊鼠疫之真相為諸者一述之、

此次鼠疫發生於黑龍江省之滿洲里[illegible]拉爾地方、即中東鐵路之北段、漸次傳入哈爾濱、故籌辦防疫、亦於哈爾濱為最先、蓋哈埠地方、五方雜處、下流社會最多、其平日之不講衛生、亦可概見、故疫氣傳人、自較容易、該處即設防疫總事務所、由董道尹為之總辦、所有醫務、即由伍連德博士主持、據該處可靠消息、前後疫死者聞已有二三百人、然此次防範甚嚴、且將北行之車、早經停止、故日來染疫者已見減少、此不可謂非可慶之事也、

長春為滿洲中樞、如中東南滿吉長三鐵路均以此處為交接點、哈既有疫、長春自亦不免、二月中已在長春發見疫死之人、即由哈埠來者、於是蔡道尹在長春即設防疫事務所、並設各處防疫機關、長埠附近滿為南滿車佔用地、日本之勢力本極大、初日欲起而為謀、蔡道尹以主權攸關、未便放任、急起直追、並延日醫為助、於是日人亦極滿意、現在由哈開到之車、不論有無疫氣、一般乘客須隔離五日、且中東路由哈開長之二等車、每次以五十乘客為限、稍有疑似者、不予買票、其到長時、先經檢疫員查驗、如確無疫、發給證書以為執持登車之憑、近據長春報告、日內已無疫死者、長埠又出一防疫日報、關於防疫事務、列載甚詳、此次辦理防疫雖屬被動、然能因被動而急起為之、不可謂非能於從事者矣、

吉林省垣先縣設立隔離所、派員檢查、但略具形式、未嘗認真、近自長春疫死之人傳來後、省長公署乃邀集各機關長官・及青年會・日本醫員等開會、聞青年會美幹事某君及財政廳長蔡耀堂極力主張斷絕交通、惟其餘人員以斷絕交通、誠屬妥當辦法、無如吉長路交通斷絕、非實上亦有諸般困難、如鐵路之收入、與旅客往來、不可不顧、最後決議在省設立防疫總事務所、由警務處主辦、所有交通暫不斷絕、而於長春隔行檢查發給證書辦法、並於沿途派遣醫官隨車檢驗、在吉林下車時、更檢驗一次、原有娛樂劇園浴堂等停止營業者、旋以停止各營業亦殊困難、暫從緩議、各學校原定三月一日開學上課、已由教育廳通知暫展一月、於四月一日上課、所有應行預備之隔離所等、即行設備、二月二十五日忽傳東關有孟敘五者、因疫斃命、一時驚惶異常、旋經防疫所及青年會等切實調查、係屬老病、並非鼠疫、故吉林省垣至今未發見鼠疫、業經證明、人心為之一安、現在天氣漸暖、防範又已周密、可望不致傳人矣、

——摘自《申报》，1921年3月6日

◎滿哈間之疫勢

▲九日哈爾濱電　此間防疫會發表報告云、疫氣自二月二十七日起、稍見平定、各染疫地死數、未見增減、居民遇有死亡、輒匿不報告、故防疫頗形困難、乾恩斯基醫士已於三月二日赴距哈埠西三小時火車路程之安太地方、俾將檢查滿洲里及西部各鎮所來旅客之事務、籌備告竣、哈爾濱醫院容留患疫之人者、僅有中國防疫醫院一所、至二月杪止、共容納九十九人、均不治、又查各區至二月杪止、患疫死者、共有二千一百八十八人、

——摘自《申报》，
1921 年 3 月 13 日

◉宋小濂電告伊滿通車

伊滿交通、現已實行恢復、日昨中東鐵路督辦宋小濂有件電抵京、報告詳情、原文略謂、頃據滿洲里鎮督辦魚電稱、協定先決問題十二條、均與俄代表磋議就緒、訂於陽日簽字、不能再延、已於齊日正午開通第一次貨車、滿站暨八十號小站、應設軍事檢查處、即照前報所擬之十二條檢查辦法辦理、如以可行、希即飭知照行、至交通部預籌防疫一事、赤滿兩路、於開貨車之日起、各於出入境內、先行各由本國醫官檢查、嚴加防止、好在滿烏兩站、均設有隔離車、可由兩方檢驗、以省手續、其一切精密辦法、俟由哈公所派員到滿、再行會商、滿站所存扎路車頭車輛、除已由哈派技術部、並路局派員、直接辦理就緒外、理合將簽定協件、暨通車日期、電請速飭沿線各車站、並護路暨海關、一體遵照辦理、並請飭令護路軍警監視保護地包工廠、再以上各簽定條件、統須另行謄繕、分送備案、其通車發著之一週間、配備日期時間表、並囑早日籌備妥貼、每星期造送檢查處、以便檢查、合併陳明等情、據此除分電黑龍江督軍、護路軍總司令部、鐵路公司、濱江海關、技術部中國代表處、警務處、防疫處等、分別辦理、電飭滿站警署陶署長、就近接洽籌辦、及電復外、謹聞、

——摘自《申报》，1921 年 3 月 14 日

◉哈爾賓之防疫情形

▲十六日哈爾濱電　上星期防疫人員頗感困難、因人
民反對將病人送回醫院、與衆隔離、及反對限制鐵路交
通、致發生種種謠言、醫士於服務之際、多爲人舉槍拔
刀相向、亞希洛地方有暴民六七人、攻擊隔離所、釋出
二病人、並進擊營所之醫士、當此擾攘之際、有人發行
一種日報、詳言防疫計畫之理由、宣布疫患蔓延消息、
以釋衆疑、西比利亞與滿洲里現已通車、中東鐵路當局
剗謀取銷客車之取締例、准於哈爾濱與滿洲里間每日
來往客車一次、如當局不於大車站附近備必要之處所、
以供清疫及檢查旅客之需、則醫員之事務、將更難辦、
哈爾濱或將如一九一一年爲染疫之焦點、自二月一日
起、至十一日止、各區患疫而死者、共七百十七人、哈爾
濱占二百七十四人、

——摘自《申报》，1921 年 3 月 20 日

◎東俄之危狀

▲二十日哈爾濱電 疫患仍未見減輕、管理某醫科之俄醫西尼津氏、現受診視、雖診視之結果、尙未發表、但恐西氏業已染疫、

——摘自《申报》，
1921 年 3 月 25 日

疫勢尚未全滅之消息

▲東省　奉天消息、二十日午後、接公主嶺警務支署報告、謂居住該埠商務會胡同張恩家、現有同住者五人、內已死亡四人、潛逃一人、據華官調查結果、謂先是十日有戴姓夫婦與其弟自哈爾濱來嶺投宿張姓家、詎至十三日午後、戴妻患病死亡、戴兄弟即向鐵嶺急遽逃去、後至十四日、張恩之子張煥突然死亡、十九日張恩亦繼續死去、張恩之妻某氏、及其子張永德二人、亦於二十二日午前、同時殞命、此等屍骸、業已僱人運葬邦里東方之八里橋矣、中國張交涉員及日醫警等前往檢驗屍體、結果即發見百斯篤、於是嚴重消毒、且遮斷與鄰家之交通、竭力防範、中日防疫各員等、關於此事、乃擬定於二十一日、在中國交涉局開會、審議防疫之方針矣、又據哈爾濱消息云、聞哈埠防疫隔離所、逃出五百餘人、省署恐疫散布、已電令長春暨各縣嚴防、

——摘自《申报》，1921 年 3 月 29 日

◉東俄近事紀

▲十一日哈爾濱電　天氣漸暖、疫氣漸平、惟道中仍不時棄有死屍、當道現信天氣和暖數星期之久、疫患即可消滅、

——摘自《申报》，
1921 年［4］月 17 日

●天津電 黑省瘟疫漸滅、當道決將在津災民、先遣六千人赴黑工作、

——摘自《申报》，
1921年5月15日

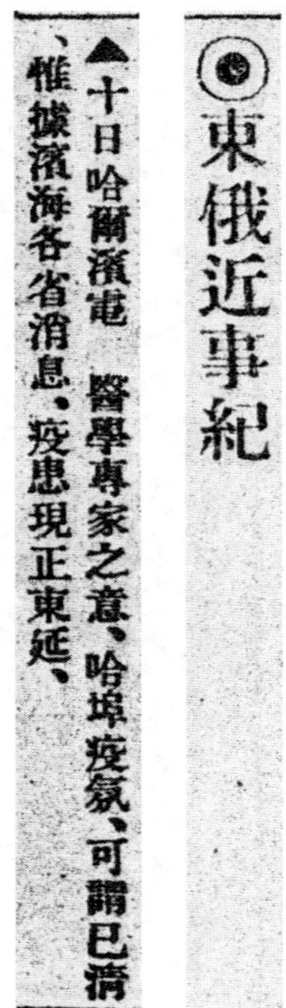
◎東俄近事紀

▲十日哈爾濱電 醫學專家之意、哈埠疫氛、可謂已清、惟據濱海各省消息、疫患現正東延、

——摘自《申报》，
1921年5月15日

◉滿州之檢疫

▲十二日哈爾濱電　滿洲疫氛已清、檢疫所均已停辦、惟餘波格拉尼志萊亞一所、今仍須檢查旅客、因濱海省疫症猶傳染不已也、

——摘自《申报》，1921 年 6 月 14 日

◉北方疫靖

▲十四日北京電　京奉鐵路局通告政府、謂接伍連德博士來函、前十日內哈爾濱長春奉天均無疫症發生、南滿鐵路已停辦防疫事務、

——摘自《申报》，1921 年 6 月 16 日

《大公报》防疫新闻辑录

又電　俄京聖彼得堡公然宣言近因滿洲霍亂疫[illegible]流行故禁止華工於東西比利亞入境

——摘自《大公报》，
1910 年 11 月 23 日

滿洲里疫患彙誌○滿洲里近兩禮拜以來瘟疫流行計十三日之中除私埋四五十人不計外共死華人一百七十五名俄人四名（按滿洲里人口約八千俄人五千華人及他國人一千）滿站向來無甚出產所有糧食菜蔬等等均係由哈埠海參崴與俄國各方面轉運而來現因瘟疫流行各商人奉衛生局之命暫行停運再過兩禮拜之久當有絕糧之嘆矣　每交冬令關裏各處苦力多係此時歸里現因瘟疫盛行沿途須受醫生之檢視以故殊形不便云

——摘自《大公报》，
1910 年 11 月 24 日

閒評二

上海則鬧鼠疫東省則鬧百斯篤菌此二者皆傳染病之最烈者也然衛生之學不講街衢污穢居室不潔是即召疫之因吾恐毒氣流行蒙其禍者將不止該二處也今之慈善家及有保衛閭閻之責者盍防患於未然乎

（无妄）

——摘自《大公报》，1910年11月27日

黑龍江

俄人防疫之辦法○東清鐵路公司爲預防瘟疫起見日昨特在邊界備有十一十二等號火車及客貨車兩排以資更換並諭飭各車站嚴禁承運旱獺皮油脂各種獸肉以免傳染

——摘自《大公报》，1910年11月28日

東三省

哈爾濱亦查疫矣○哈埠來函初八晚六點鐘哈埠租界華俄公共議事會提議嚴防疫症傳染辦法是晚到會者俄提督羅柏東清鐵路醫官巡警總辦自治會議長畢爾克華董張伯源馮雲祥等共數十人先由議長佈告自滿洲站有疫以來十餘日間即傳染至札蘭屯站今早哈埠秦家崗南隅之烏家溝鐵路工人所居之草房斃華人一名經醫生檢驗確係染疫斃命查此人前三日係由滿洲里來似此傳染之速則哈埠殊有瘟疫發見可爲寒心今欲保全本埠居民安寧不得不從速設法並撥款先設驗疫所繼由各醫生討論良久即議定辦法如左　一先在厯務會提支公款五千元設驗疫所可容二三百人內外　一聘用醫生二人帮醫生八人華人通譯一人　一此項醫生每日應至不潔淨之街衢巡察遇有不潔淨之家立刻命人代爲打掃並會同中國商會附設之同仁醫院派醫生隨時勸導華人將居家打掃潔淨以防傳染　一議立刻印刷華文防疫傳單分送　以上所議決各條立刻辦理但租界如此防範嚴密而華界傳家甸毫無准備亦屬有害以後每次會議時宜柬請道外商務會亦派人與議設法協防衆皆贊成時已十下鐘散會　又聞烏家溝病斃之房屋係東清鐵路所建設當時已派兵嚴守不准來往並擬將此等房屋全行焚燬云

——摘自《大公报》，1910年11月30日

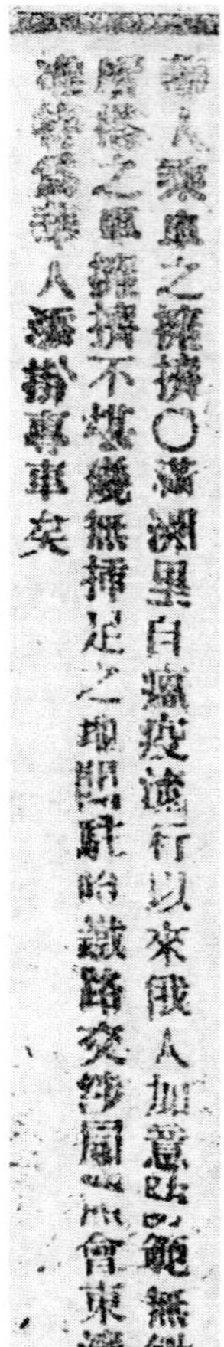

華人乘車之擁擠○滿洲里自鼠疫流行以來俄人加意防範無微不至凡屬華人不准與俄人同車致華人[illegible]之[illegible]擠不堪幾無插足之地聞駐哈鐵路交涉局照會東清鐵路公司添掛車輛免致擁擠聞已經允[illegible]華人添掛專車矣

——摘自《大公报》，
1910年12月1日

又電　駐哈爾濱俄員班熱斯氏電達俄京聖彼得堡要求俄政府速籌豫防滿洲疫患流行之方法否則恐將蔓延及於歐洲

——摘自《大公报》，
1910年12月6日

吉林

哈埠關道電稟驗疫情形○北滿洲等處日前疫症流行當經督憲特派委員前往詳查設法防範并札飭該關道與俄道和衷辦理以維公益茲聞督憲昨接哈爾濱關道于撫甫觀察電報該埠疫症已經與俄國醫員會同設法防遏現已稍見輕減略無大虞特將現在情形先行電稟查核以免廑慮云云

——摘自《大公报》，
1910年12月14日

譯件

探聞聖彼得堡防疫會宣言刻下滿洲全境及貝加爾湖一帶疫症流行近聞哈爾濱滿鐵路局聲稱北滿疫氣流行迄今計患該病殞命者共有四百二十五人內有俄人十四名其臥床待斃者統計四百十四名內有俄人九名

——摘自《大公报》，
1910年12月15日

俄人驗疫之辣手○滿洲里街外保府屯多係小本營生醫居於此日前該屯有染疫者數人俄人玉石不分竟將房屋焚燒共計六七十間貨物器皿亦均付之一炬約值萬餘元致彼營商諸人欲行無費欲止無依困苦流離令人心酸目慘未稔有地方之責者亦會聞而動念否

——摘自《大公报》，
1910年12月16日

譯件

頃悉大連灣管理埠頭局自上年西十一月開始即在各船艙棧房住戶房室等處查捕老鼠近又於大連灣各碼頭廣為收買每頭銅元五枚平勻每日可得十六頭既經檢查員以顯微鏡查驗毫無傳染疫氣

——摘自《大公报》，
1910 年 12 月 16 日

譯件

又電　俄國近因北滿疫氣流行提議預防之法經駐京各國公使認可

——摘自《大公报》，
1910 年 12 月 17 日

東三省

華工乘車之限制○此次東清鐵道爲防疫起見對於乘車之華人特設乘車章程如左 一中國苦工不許乘急行列車及郵便車 二中國苦工不許入沿海州若欲入後貝加爾者須先於滿洲里車站受檢疫五日後始許起程 三赴海參崴方面許乘東清火車但不得過穆陵車站 四已於滿州里扎賚納爾海拉爾布哈圖扎蘭屯各站受檢疫得有無病健康之證明者准其乘車但由滿洲里至布拉耳計地方者不賣車票 五齊齊哈爾穆陵寬城子各站仍發賣苦工小票但須乘貨車僅開至穆陵站 六穆陵以東之各站苦工許乘貨車不准乘普通列車 七烏甲里綫賣票之際遇有苦工宜將不許入沿海州之命令告知中國商人仍許照舊乘車但須要各站之檢疫證明 九乘急行車之中國人不在此例

——摘自《大公报》，
1910 年 12 月 18 日

譯件

吉林省各大憲刻於吉林省城迤西設立驗疫所專爲檢驗凡來自哈爾濱之旅客及運到諸貨又該處警局現正收買老鼠每頭銅元二枚預防疫氣之傳染

——摘自《大公报》，
1910年12月24日

擬開中俄檢疫之談判○俄人在哈爾濱等處藉檢查疫氣爲名無端虐待華人種種違約之處不堪罄述近已由東督錫制軍電陳外部茲聞鄒紫東尚書對於此事亦頗注重已交胡侍郎照會駐京俄公使到部特開此項談判

——摘自《大公报》，
1910年12月25日

黑龍江

報銷防疫費○滿州里發現瘟疫以來經臚濱府張鎬岩太守請准大憲撥款一千盧布設立防疫所暨養病院等事現已實用實銷日昨呈報江撫已由呼倫稅局征存旱獺稅項下動用作爲解餉之款當蒙批准札飭民政司備案

——摘自《大公报》，
1910年12月28日

東三省

特派醫員赴東查疫○各報記載滿州里某國人查疫情形我同胞所受之慘讀之令人淚下幸民政部聞而心動曾派北洋醫學堂總教習法國人梅醫士及軍醫學堂監督伍連德前往查看現東三省總督錫制軍又電請直督代選北洋醫官前往辦理醫治及防範等事經派大沽防疫醫院院長司徒秩如北洋醫學堂駐堂醫官兼教習全君又獅子林施醫院院長黎少芝隨同北洋醫學堂頭班學生梁君成藻英君國興林君錦華陸君織軒吳君喬森許君世銘等六人准於日內前赴有疫處所分駐哈爾濱三姓等處辦理一切以上諸君均係醫理精通熱心公益前次查辦唐山疫症頗著時譽現滿州衆同胞有諸君之拯救其慶幸實有難以言罄者諸君勉旃勿負此行則東省同胞得免種種慘無理之虐待皆係諸君之所賜矣曷禁馨香祝之

——摘自《大公报》，
1910年12月31日

東省通函　西本月五號有搭坐火車自長春達寬城子者二人染患瘟疫次日隨即斃命又二人於盛京染患斯症卽於是日去世現駐奉天日本總領事有鑒於此已與華官會商同籌防疫之策議定凡乘三等客車者須先經鐵路醫官檢驗必身强無病始准乘車云、

——摘自《大公报》，
1911年1月11日

外部特聘西醫赴哈查疫○外部以現在哈爾濱鼠疫流行貽害匪淺昨特照請協和醫院英國醫士繼君前往認眞檢查並設法防禦以重衞生聞繼君帶同學生林某業已起程赴哈矣

——摘自《大公报》，
1911年1月3日

譯件

東省函云　盛京近日有患病死者二人恐係疫症流入該省刻駐奉日本總領事與華官商議預防之策該領事已致電東京請揀優等醫學通家一員來奉挨戶檢查其羈留病人所刻下正在準備云

又云　近來大連灣有患可疑之症而死者一名其人係由山東來至北滿工作甫抵該埠遽患是症竟至殞命據黴菌學家查驗該屍身與患疫者確有不同然該埠因之甚爲恐惶

又云　哈爾濱自疫氣流行至今哈埠內外患斯症者日甚一日計西國新年佳節第一日患斯症死者四十人第二日五十一人第三日二十八人各處生意刻仍歇業中國境內頗爲惶恐該處鐵路於所轄各界奮力實行防患手段華軍已派赴染瘟各邑認眞巡邏華政府刻仍陸續由北京遣派醫官及各等職員前往設法施數據最近報告其患疫斃命者每日實數尙未查明然勻扯計之哈埠每日死亡者以一百三十名計以人數之多寡爲比例則每死三人其中華人二名俄人一名

——摘自《大公报》，
1911 年 1 月 13 日

梅醫士病故○頃接友人來信云天津衛生局總醫官法人梅泥氏此次帶同軍醫學堂及北洋醫院學生多人前往東省檢驗瘟症不料該醫士竟於昨日染疫逝世云　按此次東省疫症爲害之烈及傳染之遍各報已日有所聞雖經中外各醫官竭力防範迄未少減聞西比利亞火車業已停止南下故現今有人提議擬將京榆火車暫行停止數日俾免此症傳入內地是亦防患未然之一法未悉當道諸公果能照此辦理否

——摘自《大公报》，
1911 年 1 月 14 日

北京電云　奉省官憲近因惡疫流行決定嚴行預防凡由盛京搭坐京奉火車之二三兩等客人即自今日(即華曆臘月十二日)開始檢驗其驗病室之設立現正磋商凡客自北滿染疫之地來者均須在該室內診驗數日始准前進

——摘自《大公报》，
1911 年 1 月 14 日

東三省

哈爾濱關於防疫之調查○初一日哈埠病院原有華人六名俄人一名是日又病華人八名死七名死俄人一名初二日早共餘華人七名初一日有似染疫倒斃之華人一名他處均無染疫者自瘟疫發見之日起至初二日早止共病華人五百三十七名俄人十二名死華人五百三十名俄人十一名現在海拉爾有檢驗人八十三名哈埠二百五十九名特別檢驗所七十五名

——摘自《大公报》，
1911年1月15日

議䘏死於檢疫之梅醫士○日前政府為與日俄當道組織豫防鼠疫同盟會特派法國醫士梅君馳赴哈爾濱布置檢疫防疫一切事宜不料梅君抵哈後躬染鼠疫竟至斃命政府接耗悼惜異常當即電致江撫趕即籌辦喪事並擬將梅君家屬從優議䘏以資養贍

——摘自《大公报》，
1911年1月16日

東三省

哈爾濱鼠疫之可畏○哈爾濱傅家甸鼠疫猖獗已誌各報玆據奉天總督公署日醫志熊氏調查傅家甸自陽歷臘月二十三日開始防疫以來迄正月初五日止共十四天內因疫斃命者共五百七十二名之多現在每日死者約四十名每日染疫者約一百名大有日熾一日之勢此後疫勢猖獗尚不知伊於胡底其原因多由於貧苦小民無衣無食兼受鴉片之毒平時全恃工作所得夜入火房棲息現今火房皆不敢收留（因一有死者同居人皆須驅入病院房屋被封物件被焚）且雖有工作亦皆因疫停止貧人無貲投宿當此嚴寒凍餒交乘露宿街心又加烟毒發作其不至於死亡者有幾乃俄官不知其故但咎我國官家搜查之不嚴任其傳染日前該國公使曾詰問外部謂華界不明防疫之法致使瘟疫流於租界如此辦法定行越界干預云云部中乃立電錫督嚴防勿使俄人藉口錫督三十日接電當飭濱江道認眞辦理初一日晚于道卽傳防疫會員姚岫雲等入署大爲申斥姚防疫辦理不善誠難辭咎然聞現已耗俄洋五萬矣姚被申斥歸至會中張皇失措乃多僱兵役到處騷擾又硬將山東會館佔爲病院魯人遂全體反對風潮未已適初一日俄將租界內勞動華人一律驅往華界現傅家甸沿街之勞工已經充塞魯人情急擬將會館辦一庇寒所凡魯省人一律收入正在會議已經估去并未通知魯人對此感情甚惡惡詈姚爲媚上欺下云　道裏五六七三小街向爲貧人聚集之處此次疫症發現亦以是爲最多近日三街中市房因疫焚毀者不少各商店損失財產亦已不貲因是病斃之人輒將死屍臠割數塊有埋于室內或用箱裝拋向空地者日前俄兵在江中査見一屍經醫士驗明確係因疫身死俄人乃大起鼓噪派多數隊兵在沿江岸邊梭巡如防大敵　傅家甸自疫症發見後爲防疫辦法官民交惡屢起風潮當道深恐愚民暴動擾亂治安故連次電稟上峰請派兵來哈防禦該兵到後擬卽在糧台空曠處設立檢驗所將染疫者一律送入用兵四面圍護聞此項防兵日內即可由奉派到現俄人派俄醫帶同防疫隊及通事挨戶稽査時有藉端勒索情事如不遂所欲卽種種苛求指其室宇不潔必逼令遷出而後已據聞各通事已索詐錢文不少俄醫及俄兵亦均得分潤

——摘自《大公报》，1911 年 1 月 16 日

錫督籌備防疫之認眞○奉天函云東督錫制軍自百斯篤病在奉發現以來於防疫一事異常焦灼刻已電請度支部支撥巨款以充防疫經費且擬在小西邊門外新蓋之樓房充作驗疫辦事處現已設置一切並聞關東都督府技師村田君於該防疫事宜頗有心得現亦來奉由錫督請其籌畫預防方法即通飭各屬嚴行遵辦一面又鼓吹人民防疫思想特於初十日在商品陳列塲傳集巡警總局及其餘各局所人員請村田技師演談百斯篤菌之性質以及關於預防各事宜至收買耗子一節則自初十日起巳實行矣

——摘自《大公报》，
1911年1月16日

譯件

哈爾濱電云　哈埠鼠疫日熾查自西正月十一號迄今俄界染疫者共二百五十九人內俄人僅六名華界染疫者共一千一百三十人刻下華界勢成孤立不准交通查法國醫士梅若於上禮拜三日染疫隨赴俄醫院調治延至次日即斃於格蘭洋飯店內

奉天電云　該處現計患疫者有二十人刻下醫官與華員協力經營各種防疫之事所有南下各火車全行停止往來西伯利亞之郵件及過客亦皆絕跡

——摘自《大公报》，
1911年1月17日

東三省

關東刻亦防疫矣〇自滿洲里鼠疫發現以來毒病乘勢南下到處慘斃無數人命已由哈至寬由寬至奉由奉至鐵聞大連商埠亦於日前有一華人由北方帶疫南下迨至連時已經斃命玆聞關東都督府民政長官以此項毒病全係華工等在北方傳染由火車南下若非設法防範遏其流傳則關東州內亦恐難免擬即設一大檢疫所以期由根本上杜塞毒病之侵入幷聞南滿鐵道會社對於此事亦煞費躊躇日前由各董員開會磋議辦法（一）暫停北方華工之搭車（二）在各車站修設大檢疫所收容華工檢驗有無毒病俟確認無毒後始准放行以上兩法其一如暫停乘車則華工等必由旱路而行於防疫更爲棘手其二如於各驛齊設大檢疫所則必需莫大經費且一切設施浩繁於路務有至大影響是以議仍未決云

——摘自《大公报》，
1911 年 1 月 17 日

鐵嶺亦有鼠疫之發生○初九日有一華人由哈爾濱搭車到鐵嶺身體發熱竟至四十一度經醫員診爲鼠疫當日已於客店病斃矣按鐵嶺係一大商埠來往之人實繁有徒如一經鼠疫侵入居民受禍何堪設想願今日當局宜及早防範也

——摘自《大公报》，
1911 年 1 月 17 日

奉天電　奉省染患瘟疫者厥數愈多其往來火車經駐奉日本官員所定嚴厲查驗章程頗形擾亂刻下該處各學堂以及豆餅製造廠一律停歇

——摘自《大公报》，
1911 年 1 月 18 日

民政部特聘西醫赴哈查疫○民政部尚書肅邸以哈爾濱鼠疫盛行深恐傳至京津一帶則爲禍非輕日昨特聘協和醫院英國醫士恩君韓君山君等馳赴哈爾濱車站專司檢疫事宜以防傳染而重衛生

——摘自《大公报》，
1911 年 1 月 19 日

特派徐相國協贊整頓東省事○軍機大臣昨交政務處錫聘之提調分知各部王大臣於月之二十二日照常開議探之係爲東督錫制軍近日疊次電奏請飭各部會議政務王大臣協贊三省事宜以期整頓而救危迫等情蒙監國於十七日特交慶親王會諸王大臣核議辦法並派徐菊人相國協贊一切以其深悉三省情形故也

——摘自《大公报》，
1911 年 1 月 19 日

東三省

營口嚴查瘟疫○道憲周觀察當十月間聞哈爾濱滿州里等處瘟疫流行深恐傳染到營曾飭警務總局轉飭衛生醫院及防疫院巡警各區嚴行防範日前道憲又接奉督札以疫氣現已傳及奉天境內誠恐傳流到埠飭令力行查防等因道憲當即傳集直隸廳及警局各區院所官長協力嚴查務令疫氣不致傳及本埠以保安康於是各警區及衛生醫官即日帶同長警及預備巡警分界挨戶查察按照防疫定章通力嚴辦而日本警署亦於十三日起在牛家屯車站檢查普濟醫院達醫官往河北站檢查云

——摘自《大公报》，1911年1月20日

譯件

哈爾濱電　該處鼠疫流行計西曆本月十五號染疫死者一百三十九名十六號又死百零九名

寬城子電　西正月十五號本城內染疫死者二十二名十六號死者十五名又沿鐵路地方死者二名

奉天電　奉天患疫人數西本月十五號九人十六號十七人統計疫氣暴發迄今患斯症而死者八十九人

大連電　本邑自瘟疫流行至今統計染疫死者已有九人之多

——摘自《大公报》，1911年1月20日

寬城子電　本城與哈爾濱疫氣日甚其防疫之法罔效茲據哈埠調查每日患疫者約得二百人華人確數尚不得知茲僅計俄人自治界內自十五日起已死三百七十三名內歐人十一名其患疑似症者千六百八十三名內有歐人十四名刻下正在診驗又十四日有五百三十二名已送至拘留病院診視

——摘自《大公报》，
1911年1月21日

電飭東三省停止年供○軍機處日前電致東三省督撫飭將本年應辦年供一律停止呈進探其原因蓋爲東省鼠疫盛行恐被傳染故也

——摘自《大公报》，
1911年1月22日

追悼梅醫士〇法國醫士梅斯尼君前因哈埠鼠疫流行特往該處檢查竟致染疫身死已紀本報茲聞駐津法國人士得此噩耗無不異常痛惜昨禮拜五（即二十日）上午九鐘特在紫竹林聖類思堂行追悼禮一時中外來賓異常擁擠禮畢由梅君之夫人向大衆恭致謝詞始行各散

——摘自《大公报》，
1911 年 1 月 22 日

黑龍江

周撫關心防疫〇江撫周中丞以哈爾濱瘟疫近來愈傳愈廣死者日見其多實屬令人驚悸昨特電致江關道于觀察問訊現在辦理防疫一切情形飭令尚加慎重以保社會安寧如款不敷速即電告以便設法協助

——摘自《大公报》，
1911 年 1 月 22 日

關於東省防疫之 硃批○東督錫制軍與吉黑兩撫奏稱疫氣蔓延請俟事竣將出力人員照異常保獎立案一摺日前奉有 硃批該省疫氣蔓延 朝廷深爲緊念已屢申電諭矣此奏固屬可行著允如所請惟一切防疫銷疫事宜該督撫等務當仰體朕意認眞妥速辦理以衛人民勿得視爲具文焉云云

——摘自《大公报》，
1911 年 1 月 23 日

各部院研究防疫之辦法○政府現在對於鼠疫之蔓延頗爲惶恐除已經諭飭奉直兩督嚴防外聞特於廿前邀集稽查守衛大臣潤貝勒內務府奎繼兩大臣外部鄒尚書民政部肅邸烏大金吉郵部盛宮保法部紹侍郎(因廷尚書請假)陸軍部廕大臣大理院定正卿在內廷特開會議研究防疫之辦法聞(禁廷)(內外城四郊)(使館界)(各署監獄)(陸軍營隊)等處均已定有防範之法即於日內施行

——摘自《大公报》，
1911 年 1 月 24 日

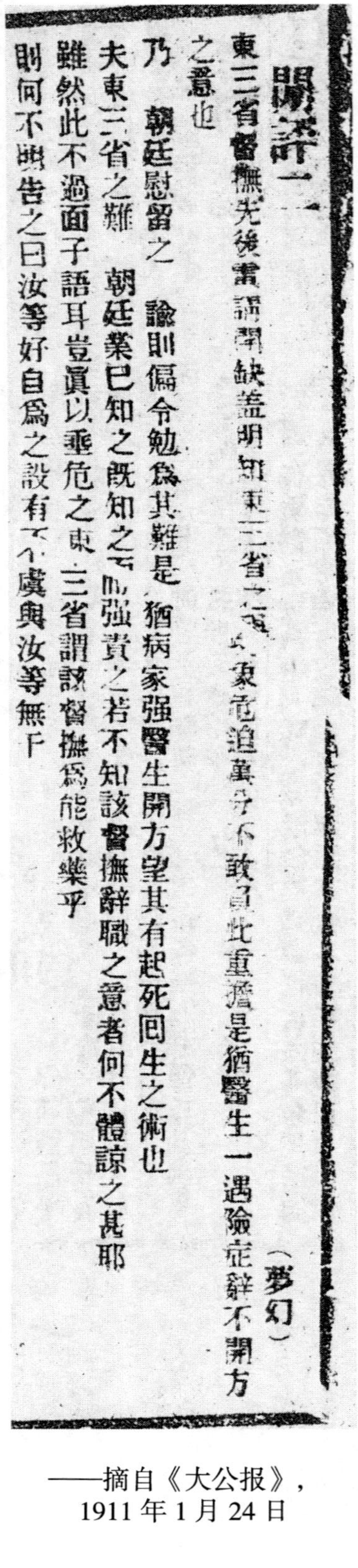

閒評一 （夢幻）

東三省督撫先後電請開缺蓋明知東三省之危象危迫萬分不敢負此重擔是猶醫生一遇險症辭不開方之意也

乃 朝廷慰留之 諭則偏令勉爲其難是猶病家强醫生開方望其有起死回生之術也

夫東三省之難 朝廷業已知之旣知之而强責之若不知該督撫辭職之意者何不體諒之甚耶

雖然此不過面子語耳豈眞以垂危之東三省謂該督撫爲能救藥乎

則何不與告之曰汝等好自爲之設有不虞與汝等無干

——摘自《大公报》，
1911年1月24日

奉天

關於防疫事宜之種種報告○京奉鐵路火車將二三等坐客一律停止搭乘已誌前報茲聞該路局以鼠疫蔓延迅速雖禁載二三等坐客恐不足以資預防爰將所有客車及貨車於十五日起一律禁止搭運以免傳染自此京奉間之交通已斷絕矣　十間房路北有東洋車夫宿舍一所住宿者計不下二十餘人就中一車夫於十五日忽然染疫斃命旋卽染及其餘六七名竟於兩日間先後云亡聞該疫在十間房異常猖獗染疫者每日不下七八人加以該地房屋極其污穢最易傳染日租界各僑民因此恐惶之至擬將此等房屋盡行收買付諸一炬藉以淨絕病根當向商務總會磋商業經買妥二十餘戶（價値每間一千五百元）旋由中日委員會同自十五日起連朝焚燬云　南滿鐵路公司擬在鐵路附屬地內修築一極大隔離所現正趕辦工程晝夜不休日內當可告竣聞該隔離所屋宇極爲宏敞可容一千餘人云　北來之苦力計一百餘名日前乘坐京奉火車由奉開行詎駛抵榆關時苦力中發生百斯篤病者二名中國官憲卽令該苦力等一律下車暫在該地實行隔離隨卽由巡警二十餘人護送運回聞此等苦力已於十五日午後四鐘回至瀋陽車站在該站附近民屋內收容現由巡警多名嚴行監視云

——摘自《大公报》，1911 年 1 月 24 日

鼠疫之去而復來○江省疫症前已消退不意於初三初四兩日天德堂藥鋪忽有五人傳染此疫一夜之間全行斃命初五日南門外木匠鋪又有一人染疫北門裡死去閨女一名凡染此症者異常迅速不及調治現經警務公所設法防備由各區傳諭商民人等加意防範有染病者從速呈報以便送入醫院免釀巨災

——摘自《大公报》，
1911 年 1 月 24 日

言論

庚戌年之大紀念 （續）

（夢幻）

日俄開戰以來俄人創鉅痛深未嘗一日忘情於日也卽日人亦知俄之必不能忘也今一旦修好釋嫌訂立協約其居心之若何則不可知矣雖該約之內容如何尙無明文宣示然外間傳述無不與我有密切之關係莫大之隱憂且協約傳布之初日本卽首先合併全韓以爲實行之始則所謂干預我財政瓜分我滿洲以及劃分黃河南北勢力圈之說度非盡出無因如果確實將視我國爲何等之國乎今兩國在東三省之設施業已不遺餘力況日本爲顧己利益起見旣予俄以相當之利益以饜其心則英法德美之與日協約者亦必執利益均沾之說以期分我一臠則皆日俄協約有以啓之此蓋於本年外交史上最可驚心之事也各省人民睹此現象方且號呼奔走冀籌抵制之方針而秉國鈞者乃如燕雀處堂不知大廈之將覆迄今追憶及之猶若芒刺之在背矣此可爲庚戌年之大紀念者三也

朝鮮者我　朝三百餘年之藩屬也自暹羅屬於英越南併於法琉球夷於日僅此三韓舊國尙爲我不侵不叛之臣至甲午一役喪師辱國割地償金馬關之約日本認韓爲獨立之邦而我之藩籬始盡撤矣當時日本所以不卽兼併者因有俄人掣其後也迨俄借遼東又伸其勢力於北韓日人引爲切膚之痛悉力拒俄於是乎有遼東之戰自俄師敗而遼東半島轉入於日人之手日人始得以全力據韓然政由寗氏祭則寡人國之名義猶在也及本年日俄協約成日本倡爲日韓合邦之議而韓乃不國矣以我數百年臣服之韓而結果至此昔箕子之故封不勝兎死狐悲之感此又於本年外交史上最可痛心之事也日既併韓苟欲肆其西封東三省必爲之續夫以一韓國之存亡而東三省之安危隨之卽我全國之禍福係之殷鑒不遠尤吾國民所不能一日忘者也此可爲庚戌年之大紀念者四也

以上四大問題皆此一年之中歷歷震人耳目者也風潮之烈事變之奇至於如此則我國興衰强弱之機豈不以今年爲一大關鍵哉至其餘可記之事以軍政言則有海軍部之籌設陸軍部之改制以財政言則有新幣制之發表預算案之告成以法律言則有新刑律之頒行審判廳之編制以外交言則有濤洵兩貝勒之出使日美實業團之來遊以路礦言則有浙江鐵路之抗議開平礦案之競爭以地方自治言則有城鎭議事會之發生州縣自治會之成立以民生疾苦言則有江北皖豫之水灾文水萊陽之慘殺至今日而又有東三省之大疫此皆一年中可欣可戚之事然究不如前四端之所關尤鉅也其尙有一事雖在科舉未廢時代未有如今年之盛者則如前半年之舉貢考職優拔朝考遊學生之廷試先後舉行不惜以數月寶貴之光陰作虛牝之一擲一時考取人員分部分省以及被遺就職者竟達數千人之多仕途爲之擁擠財政受其影響其關於吏治民生者甚大此亦預備立憲時代可爲特別紀念者也記者因年假休息將與諸君作數日之別故援臨別贈言之義舉一年之所目見耳聞者撮其大要忠告於我政府我國民俾無忘今年之事可也嗚呼今年已矣欲覘中國之興亡請觀明年之憲政

（已完）

——摘自《大公报》，1911 年 1 月 26 日

譯件

盛京電　本處官場調查染患鼠疫人名冊計本月念一日患疫者三十八名死者三十五名念二日共二十名死者十五名

——摘自《大公报》，
1911 年 1 月 26 日

周中丞注重防疫○江撫周中丞以省城此次瘟疫發現異常劇烈自初五日起至十二日止不數日間疫死者已三十餘名殊堪憫惻昨特札飭警務公所認眞防備以免流傳

——摘自《大公报》，
1911 年 1 月 26 日

京奉火車之戒嚴○鼠疫蔓延日見其多京奉火車已於昨十八日停駛先是除往來公牘緊要差遣及郵件備有專車外尚有頭等客座今連頭等客票亦不售、聞須停止三星期始行開駛所有一般旅客欲趁年假回籍者殆不免望洋之歎

——摘自《大公报》，
1911年1月26日

札知東省火車停駛之原因○年前督院札飭所屬內開宣統二年十二月十九日准東三省總督部堂錫巧電稱東三省因哈爾濱鼠疫流行死亡日衆東省漸被波及故京奉南滿東清各二三等火車均暫行停駛以免蔓延恐外間謠傳誤會特此電聞等因到本署督部堂准此除分咨外合亟札飭仰即分別移行遵照俾免誤會云云

——摘自《大公报》，
1911年2月4日

東督關於防疫之求助〇正月初一日郵傳部尚書盛宮保接東督來電云奉省疫病現又蔓延法庫開原兩廳縣吉林全省傳染業已及半中外醫官疫斃者十餘人用款直如泥沙不知如何結束統三省計之即使目前疫氣撲滅已在二三百萬兩上下僅恃部款恐亦窮於應付籌辦賑捐一節誠如尊示緩不濟急然舍此無長策我公恫瘝飢溺爲海內慈善巨擘敬乞垂念東省災重可否先在賑款內設法挪借以濟急需一面附入皖豫賑捐之內俾得接濟百叩懇禱鵠盼嚮示良豔未知盛尚書又將若何答覆也　按本報昨紀法部尚書紹昌建議有欲責令貽穀賠款二百七十萬准其贖罪免死之辦法若果實行即以此款移至東三省爲防疫消災之用誠屬絕妙之上策特未識當軸諸公亦曾思及於此否

——摘自《大公报》，
1911 年 2 月 6 日

錫督防疫認眞之一斑〇東三省鼠疫流行濱江道及西北路道適當其衝錫督關於防疫一切事宜辦理極爲認眞探聞日前兩次電奏因防疫不力將濱江道于觀察興駟及西北路道李觀察澍恩均行撤任而以郭孟二員接辦其事並將于李兩道留在該處効力以觀後效業已奉　旨照准

——摘自《大公报》，
1911 年 2 月 6 日

錫督電參外陸兩部之述聞〇樞垣於日前曾接東督錫制軍電報一道請即代奏內係陳報現在東三省交涉爲難之狀況及疫氣漸退之情形仍請 朝廷遴選幹員接替東督之任免至或有貽悞並參劾外務陸軍兩部大旨謂[illegible]前曾屢次電致該兩部請即設法籌備交涉軍防乃該兩部非僅無相當之辦法且未見有何覆答任意延擱實屬有負責任等語聞由樞臣代呈後即批交該兩部閱看矣

——摘自《大公报》，
1911 年 2 月 7 日

加車裝兵〇昨初七日早京奉鐵路總局特派加車一次由津開往馬廠預備裝載北洋陸軍第四鎮官兵於本月十六日拔隊開往奉省

——摘自《大公报》，
1911 年 2 月 7 日

庚戌年大事表

民事〇皖北奇荒　山東利津河決　兩次倒莊風潮　浙路總理革職　鄂路拒款問題　天津國會風潮

保定國會風潮　四川國會風潮　東三省大疫　東三省國會請願

——摘自《大公报》，
1911 年 2 月 7 日

在東日人之防疫費〇南滿鐵道會社暨關東都督府自鼠疫發生以來深慮傳染日廣刻已籌款一百萬日元以充防疫經費就中六十萬圓由公司認籌餘四十萬圓則由都督府支撥云

——摘自《大公报》，
1911 年 2 月 8 日

可以無憂○東省鼠疫流行浸假沾染於津畿　朝廷爲保重民命起見疊次　電諭東直兩督認眞訪查以杜轉染日前直督陳制軍會由京師協和醫學堂（該學堂係英美善士合資創立恩蒙　孝欽顯皇后捐銀萬兩復有內外大員協力捐助以故規模宏大程度最高其各科教習皆係英美名醫即旅華之西人咸以該堂爲亞東醫學之第一云）延聘醫學程度最優者十六人來津充檢疫醫官（因津地醫官皆已赴東故也）現已分往各區阻勉將事幷聞協和諸君皆係熱心志士此次來津卽慨然以保衛全體人命爲己任並有爲防疫犧牲身命而無憾等語聞之令人起敬茲將其分駐各區區員台銜探述如左　大王廟衛生總局吳子榮馬献之張華甫東區總署劉潤之田雪樵南區總署鄭止岐戴澤棠中區總署陳成章裴玉衡（現此人因防疫過勞已染此症於昨初六日病故）北區總署劉子賓王海濤西區總署徐友箴奚子儒各按所管地面日夜檢查其認眞查驗之勤勞與檢法之善美誠爲從來所未有也

——摘自《大公报》，
1911 年 2 月 8 日

京奉路仍舊通行○京奉鐵道年前之遮斷交通其議本發自外人頃聞外人以此路斷塞在交通上有種種不便日前曾提議請其仍舊開行惟山海關左近之檢疫無論中外人等仍須停留七日云

——摘自《大公报》，
1911 年 2 月 8 日

北京

監國關心東省鼠疫○日前初五日樞臣面奉監國交諭飭即電諭東督錫良迅將東三省近日鼠疫情形詳細奏報以紓宸廑

——摘自《大公报》，
1911 年 2 月 8 日

奉天

錫督關於防疫之要電○外務部鈞鑒接樞垣冬電奉 旨留滯關外工作人等在奉天境內者著錫良飭屬一律妥籌辦理等因欽此當即欽遵飭各地方官查明妥爲安頓留養惟查過往交通如人身之血脈一或壅滯百病叢生故有電擬請建築留驗所爲早日開車計嗣奉鈞處沁電囑與郵部商酌辦理郵部電告謂已飭京奉局會商北洋衛生局屈道妥議現在辦理已否議定尚不得知關外留滯小工已有數千北路雖嚴飭地方官設卡截留安頓無如東省路途四通八達又値地凍冰堅隨處可以繞越既無一定扼要之地勢難處處設防深恐來者愈聚愈多卽令一律給資留養而此輩歸心日切釋放無期勢不免焦慮危疑集聚多人麕之一處與禁繫無異卽足以釀成疾癘管理稍一失宜亦恐別滋事端况道路不通市面訛傳謠言四起各處伏莽甚多設有不逞之徒乘機煽惑爲患何可勝言且東淸南滿頭等仍未停駛並聞三等亦將開車果爾則是南北皆可通行惟奉省至山海關中間數百里隔絕南滿之來源不竭到奉而後獨無去路誠恐奉省不能容納如許多人現哈爾濱附近疫盛各處已飭郭秉道嚴行斷絕交通奉省仍應預備留驗所建築不及暫時租賃凡乘客須先在所留驗五日或七日無病者由醫員出具診斷証據防疫總局發給執照即准乘車山海關或驗照放行或再留驗數日當與北洋轉商郵部早日開車以安人心而維大局愚慮所及是否有當尚祈示覆良支

——摘自《大公报》，
1911 年 2 月 8 日

黑龍江

江省商業之現相○江省近數年來錢法吃緊商務因之頓減去歲自入冬後無論大小營業均異常蕭條加以各地瘟疫流行較之往年生意相差遠甚所有息借廣信公司官銀號各款年下催歸甚急幾有不能支持之勢因之市面大爲動搖

——摘自《大公报》，
1911 年 2 月 8 日

又電 東京電云日本遣派數員前往滿洲調查瘟疫流行之原由刻正啓行該政府允撥日洋百萬元以濟消滅該惡症之需

——摘自《大公报》，
1911 年 2 月 9 日

言論

對於防疫會之感言

（斯）

自東三省鼠疫發生以來蔓延日甚由滿洲里至哈爾濱以及南滿沿路各處死者日數百人中西各醫家束手而莫能救聞者寒心談者變色嗚呼天之禍吾民也亦太慘矣雖然大災流行亦時所恆有但使有心救世者果能防之得法亦未嘗不可以人定勝天西人知疫禍之烈一聞疫作率皆慄慄危懼先事以禦之百計以防之故死者較少中國人則不然知識淺而迷信深往往諉死生於命非特不知預防並且笑防疫為多事而為民上者又復玩視民命徒以害未及身而淡然置之遂令東省之人民因不善防禦而死亡枕藉者將近萬人而猶曰天數天數焉吁豈不寃哉

津埠紳商之立防疫會也本愛人以德之心作思患預防之計其種種進行早已詳載各報無事贅言惟吾國之社會每有別具心理者見人作惡雖攻之見人為善而亦不助之不惟不助之而且造作謠言以搖惑衆心必敗其事而後已觀於此次之破壞防疫會者而益信自去年奧界吉家胡同居民由奉省回里染疫而死其家人亦相繼疫斃後即有河北某姓一人帶疫而染及子女者今正西頭居民疫斃者大小五口侯家後亦有疫斃者二人其他因唁人而染疫因醫人而染疫以死者尚不一其人是疫患之傳及津埠已彰彰較著矣乃論者猶謂某某係癆病而亡某某係急病而亡某某係別有他故自尋短見而亡不知病死與自死固不乏人然焉有一家而同死數口者乎又焉有唁人醫人而連類以死者乎論者又謂防疫之法未免苛厲一人致病驗及全家一人疫死焚及各物不知不如此則不能防疫之蔓延倘稍一疎忽其禍則不知流於何極故深閉固拒杜漸防微而後無疾之人皆可安然無患其隱為吾民造福也亦非淺鮮矣

且此次防疫會之設不僅關於民命也而又關於國權本埠租界林立外人之殷殷防疫盡人所知假令我不自為則人必起而干涉阻絕交通與強硬查驗皆意中事也自有此會則凡事我先為之外人即不得因而藉口上海去年為檢疫一事竟至釀成罷市之患則今日之舉又可以暗消無限之風潮矣

將謂防疫會為名而立乎則近日已有議其非者將謂防疫會為利而立乎則會中一切銀錢收支之人則由於督憲與諮議局議事會所派無論防疫之人平日之品行如何但就此事而論既非為名又非為利舍新年固有之安樂而不享而終日奔走於防疫會中不憚煩不辭瘁不畏飢不避病斯亦可以欽矣

尤可異者近有某報載某君獨得奇方謂貓尿可以治疫此法為各大醫家所未曾夢及而某君獨言之鑿鑿推其意大約因貓能伏鼠故有此非非之理想中國醫家每假名義以治病其無效也可知今不意竟發明此等新奇之妙藥各報又從而播揚之嗚呼中國之人格亦可痛矣洵如某君所言事極易易則　朝廷何必糜此無數之經費慈善家又何必耗此無窮之精神哉然則人之譏防疫會為多事者又無足怪也

吾聞世界人之心理西人崇拜英雄中人責備賢者故中國人欲成一事則必有反對者從而阻撓之旁觀者從而嘲笑之今防疫會之成立用數十萬之資財此等鉅款駭人聽聞則淺見者之從而議其後實所難免惟人之為善貴乎有終成大事者不恤人言而況此次之事實立於無可被譏之地乎自古英雄豪傑造福斯民者往往當時每為國衆所不直惟英雄豪傑則必得最後之戰勝幸勿以泛泛悠悠之口而灰其勤勤懇懇之心是則居津地者所深幸也夫

——摘自《大公报》，1911 年 2 月 9 日

錫督禁止謠言告示〇爲剴切曉諭事照得東三省疫癘流行謠諑四起謂有冒稱外人四處揮灑藥水及在
井邊暗投毒藥之事種種謬說前已飭防疫總局出示曉諭在案近日流言愈盛街談巷議輒以鄉鎮巡警局
拿獲造謠之犯人焦天保爲證茲據提法司送呈承傳地方審判廳訊明造謠之犯人焦天保供詞據供保因
騙賣小北關菜行周福成芝麻形色慌張被巡警查獲該犯恐騙賣芝蔴罪發信口妄供旋經周福成到廳質
證該犯始供出騙賣芝蔴情實並無在井撒藥之事實屬揑造謠言希圖卸罪除由審判廳按律嚴懲外爲此
曉諭爾商民人等知悉爾等須知外國人在奉與吾國同此食息決無暗投毒藥害人自害之理自示之後如
再有膽敢造謠生事如焦天保其人者一經拿獲定即嚴懲本大臣言出法隨決不寬貸切切特示　按年內
外疊接來函多謂東省疫症流行因有某國人下毒井中遂致傳染既廣且速本報以其言太無稽且易惹起
國際上之惡感故棄而未錄今得錫督禁止謠言示文益証本館之不載其事不爲無見彼妄肆簧鼓者聽亦
默爾而息乎

——摘自《大公报》，
1911 年 2 月 9 日

皇太后擬撥內帑防疫〇隆裕皇太后對於東三省鼠疫流行死亡甚衆深宮廑念甚爲惻然昨於初八日早
特傳監國進　甯壽宮垂詢一切詳情當諭速籌巨款由該管大臣實行防杜總以消弭毒癘爲宜如款有不
敷可奏由內帑酌量撥用以資接濟監國聆諭唯唯退出隨在三所傳諭各軍機知道

——摘自《大公报》，
1911 年 2 月 9 日

關於防疫之去電〇初五日外部致東三省總督電云洪支電悉尊處既與北洋轉商郵部郵希酌量情形妥籌辦法期於交通防疫兩無窒碍外歌　同日又致東三省總督電云奉　旨錫良奏准日本南滿鐵道會社總裁中村是公函陳東三省疫癘流行特呈日金十五萬元爲補助防疫藥餌之費等語此次南滿會社於始疫以來沿鐵道各處廣設病院療治中日商民茲復投贈巨資殊堪嘉尚著准予收受並著錫良傳旨致謝欽此樞歌　同日又發山東巡撫東督吉撫黑撫電云准俄使照稱本國伯里總督現防瘟疫傳入俄境（一）禁止華工人入阿穆爾省（二）除頭等搭客外不准華人由瘟疫流行各處經海路前赴俄境（三）在坡洛達窪喀波格拉押泥赤那春春柴新巴夫羅非多羅夫斯喀押奢勤滅郎耶窪（譯音）六處設立驗所所有經過之華商住留該所五日檢驗後始可放行等語希轉飭通諭商民知悉外

——摘自《大公报》，
1911 年 2 月 9 日

關於防疫之來電〇初七日外務部接伍醫官來電云第五號所餘之棺櫬二千具現已在坑內曾空曠之地舉行火葬由連德親往監視火夫工作得宜每堆棺櫬百具約焚半鐘之久所遺殘餘甚少自傅家甸劃分四處後辦理頗爲順手昨日計死一百十五人所有軍醫四員之薪金鈞部或陸軍部可否決定希即電示長春調來之兵勇一千名現皆圍守傅家甸可惜內有一隊傳染疫症在長春死去數〻抵哈後又死去四名該隊並未携帶西學醫士殊堪憂慮業已派吉陳二大夫前去辦理一切種漿隔離看視事宜連德叩　初六日外部收山東巡撫電外務部鈞鑒據東海關道電復煙臺商民實無反對疫事元旦六區內廟會勸令移期皆無異言等語濰縣大雨雪道路梗阻軍隊難進已電海軍部加派兵輪前往防護謹投琦魚　同日軍機處收山海關副都統儒林來電云軍機處鈞鑒山海關於正月初一二兩日得雪一尺餘由臨榆縣呈報前來查關城一帶雪澤優霑既潤農田更可默消疫毒現因防疫摺奏不通謹此電呈祈爲代奏山海關副都統林魚

——摘自《大公报》，
1911 年 2 月 9 日

奉天

民政司禁止謠言告示○爲出示曉諭事照得奉省疫病流行因之謠言驟起竟有冒充外人至民間四處揮灑藥水及在井邊暗投毒藥之事種種謬說殊駭聽聞當經本司密飭巡警嚴行訪拿在案嗣經承德鎮安等縣先後拿獲此項嫌疑之犯數起解省均交審判廳切實嚴訊毫無確證搜查所帶藥水藥末交醫官化驗並無毒質在內必係匪徒乘機煽惑藉圖擾亂實于國際治安大有妨害查此種疫症傳染最速戕害生命亦最慘酷哈爾濱法國醫生梅尼奉天英國醫生嘉克遜新民府日本醫生守川皆係我國聘請辦理防疫事務因染疫而死卽哈爾濱一帶俄人亦多疫斃豈皆死于毒藥耶奉省輪軌交通各國均有居留之民若一國散佈毒藥他國不起而干涉耶此等邪說不辯自明稍明事理者決不能信乃無知愚民以訛傳訛自爲驚擾而於衛生道理防疫方法偏不肯信何憒憒至此耶本司忝爲牧民之長自愧薄德不能感召天和致吾民罹此災癘復令匪徒造謠煽惑釀成大亂如湖南辰州之已事耶除通飭地方官督同警務人員嚴密訪拿外爲此出示曉諭仰諸色人等一體知悉須知生命爲重中外一理愼勿輕信謠言任意傳播倘自示之後復有擅造此項謠言者一經拿獲定即嚴行懲辦決不寬貸切切特示

——摘自《大公报》，
1911 年 2 月 9 日

東督又來電奏〇樞垣於初八日上午又接東督錫制軍電奏一道字碼甚長由樞臣譯後當即代爲呈奏迄今尚未見批出據聞其概略係報告東三省疫氣漸消及現辦某某交涉情形並有仍行乞退之語

——摘自《大公报》，
1911 年 2 月 10 日

又電　英政府懇請中政府擬遣派英京行政部醫學調查員法烈爾醫士前往滿洲攷查瘟疫情形據云該醫士前在印度値是疫流行時頗有經驗

——摘自《大公报》，
1911 年 2 月 10 日

濤貝勒大不滿意於增祺○廣州將軍增留守將調授奉天總督政界喧傳已久玆聞日前濤貝勒特爲此事面謁監國極言東三省時局阽危錫良老成持重衆望攸歸猶不能爲所欲爲該缺豈增祺所能承乏務請朝廷萬勿聽信浮言輕易更動致悞東省大局並詳陳增祺前在東省之庸闇腐弱種種情形當由監國告以此事　朝廷現亦極爲愼重正在妥爲籌商尚未決定辦法

——摘自《大公报》，
1911 年 2 月 10 日

外部之諱疾忌醫○東省鼠疫流行比國紅十字會擬來中國協助防疫事宜經註義吳大臣宗濂電告政府聞外務部電覆竟謂東三省各處疫勢漸退勿須比紅十字會友幫助希婉謝云云誠不知該部是何用意

——摘自《大公报》，
1911 年 2 月 10 日

長春電　本處自中國新年起扯算每日染疫死者七十五人查上星期日故九十六人本星期一日故百四十人設處官憲刻正殊形忙碌其焚化諸疫死屍身一事雖經人民屢請停免並未准行今日（即初八日）屍身八百具盡行焚化其本禮拜內堆積之屍亦擬即行焚燒此焚屍之法萬不能不用緣掘坑葬屍之諸工人九十人中竟有染疫斃命者四十餘人云

——摘自《大公报》，
1911 年 2 月 10 日

外人竟欲干涉我用人權〇東三省總督錫制軍乞退志堅實難再留政府故電召增祺趙爾巽來京擬擇用其一以繼錫任聞某國對於增趙大不滿意極力反對並向政府要求如錫告退大可以吉撫陳昭常遞升云云不知我國用人權外人據何理由竟欲從中干涉

——摘自《大公报》，
1911 年 2 月 10 日

奉天

嗚呼三十萬之苦工○直隸山東等省在東三省謀衣謀食之苦工每於年終旋里度歲只緣疫癘流行南滿京奉二三兩等各火車停止不載以致停滯各車站地方者甚夥該苦工等未必盡屬善良加以人類過多饑寒交迫滋生事端時有所聞現經各車站地方巡警查報到省計數三十餘萬嗷嗷哀鴻沿布火車綫內千有餘里若不亟早設法安置吾恐變爲盜賊釀成交涉其禍將有更甚於百斯篤者是不可不預爲之防

——摘自《大公报》，
1911年2月10日

錫督又籌賑捐○東督錫制軍昨致軍機處電云申竊東三省疫症蔓延用欵浩大兩次奏蒙 恩准撥銀三十萬兩仰見 朝廷軫念民瘼有加無已欽感莫名查東省自染疫以來死亡已六七千人傳播及數十州縣其患疫較重者不特全家斃命並其房屋亦由官估價焚燒情形至爲可慘旬日之內中外醫官疫斃十餘人員役兵警死亡相繼但就郵款一項計之需費已屬不資此外一切用項如覓購醫藥建設院所製備衣糧均屬刻不容緩即未經染疫處所凡係鐵道附近交通便利之處亦須先事一一預備以爲之防糜費之繁不知如何結束又因時屆年終行旅苦工絡繹於途節節截留動以數千百計皆特官爲安撫方免流離以上各節統三省計之即使目前疫氣消除亦斷非數千萬金所能濟事現在各處請款紛至沓來計窮力絀若專恃部撥恐亦應付爲難輾轉籌維惟有援照江皖仿辦賑捐或可集成鉅款又查現辦江皖賑務大臣盛宣懷辦賑數十年各省偏災無不力籌賑濟因與一再電商茲准復稱三省近接京畿誼難漠視應由奉省奏明先向各銀行認息借用日後歸江皖新捐展期勸辦以爲歸款之計等語在盛宣懷苦心孤詣舍此別無籌賑之方而東三省款迫用繁舍此亦別無救急之策相應仰懇 聖恩俯念東三省疫重地廣敕下度支部郵傳部轉飭大清交通東省兩分銀行各息借銀三十萬由錫良陸續借用並懇 敕下籌辦江皖賑務大臣盛宣懷歸入江皖賑捐案內展期推廣勸辦東三省賑捐以便清償借款所有防疫事宜錫良仍當會商吉江兩省巡撫督飭所屬竭力防弭以期早日撲滅上慰 慈廑謹請代奏錫良叩

——摘自《大公报》，
1911 年 2 月 10 日

謀封報館自起自滅○營口某道素恨該埠某報館去歲因袒護其同鄉屢欲將該報封禁經該報力與辨論方幸脫禍然某道私忿終不能平客臘有奉天某報記者到營見營口防疫疎懈遂將所見情形告諸該報館該館即登之報端以補見聞之不及並藉此忠告當道詎某道閱報後大怒以爲擾害治安遂將檢察廳某檢察長請去商議將該報封禁某檢察長素以逢迎爲天職決計聽命某道見其有弟在營賦閒日久又餌以三等科員臘月二十五日將薪水與札文一併送去某檢察長感其高厚誓死圖報暗中將封條送至某局屬於除夕將該報封閉並將發行人編輯人捉去以桎梏從事幸該報有某國人保護某領事得知此信謂中國官吏如此喪心病狂實爲立憲國家之怪物如將該報封禁必與之起重大交涉不料竟爲某道某檢察長探知恐釀禍變祇得將前議取消現聞某檢察長因事未辦成辜負某道本意不肯讓其弟到署充差云

——摘自《大公报》，
1911 年 2 月 10 日

東陲公報因疫停刊〇哈爾濱遠東報因工人疫斃全社人員悉入隔離病院該報因之停刊茲又接東陲公報來電略謂哈埠市面斷絕交通東陲公報俟疫滅續刊觀此可知哈埠疫癘之盛矣

——摘自《大公报》，
1911 年 2 月 10 日

皇太后關懷疫癘之一斑〇隆裕皇太后日前在 寧壽宮特傳監國垂詢近日京師疫氣是否已經退減並着轉諭民政部每日報告一次其外省如山東直隸東三省等處應令各該省督撫逐日電奏一切詳情以紓宸廑

——摘自《大公报》，
1911 年 2 月 11 日

盛宮保關於東省防疫之籌畫〇東督錫制軍爲防疫乏款起見曾於日前求助於籌辦皖賑大臣盛杏蓀宮保據宮保之意水災之當拯雖可稍緩然賑欵關係甚重不便擅自挪用昨特赴內廷將錫督告助原電呈覽並懇轉諭各省設法從速接濟將來由東省分[illegible]籌還似覺兩便云云監國業已許可宮保隨即電復錫督

——摘自《大公报》，
1911 年 2 月 11 日

澤公允撥奉省防疫費〇政府於日前接東督錫制軍電據稱現在東三省防疫政策關係重要乃所籌經費殊苦無濟請由中央設法協助以應急需等情當由政府批交度支部核議聞已經澤公認可昨特電致錫督先於他項常款內挪撥應用日內當由部設法代籌十萬兩撥奉抵補云

——摘自《大公报》，
1911 年 2 月 11 日

電告酬報死於檢疫者之辦法〇吉撫陳有長電一道云外務部民政部度支部鈞鑒案查哈爾濱辦理防疫梅醫劉醫先後病故伍醫官因事棘手要求辭差彼時昭常在哈埠設法維繫商擬防疫捐軀之醫生每名給卹銀一萬兩學生每名五千兩當於上年十二月十二日電達鈞部嗣又據兼理哈爾濱道郭署司宗熙等電稱在哈爾濱防疫各醫染疫病故後伍醫面稱電部請卹奉覆飭由郭署司將前後染疫逝世各醫查明稟請奏卹等語轉稟到院據此茲已督飭全省防疫總局司道擬具防疫人員醫官給卹等級清單內開卹銀一等防疫醫官外國人得有醫學博士者中國人留學外國得有醫學博士者自銀一萬兩以下至七千兩以上二等防疫醫官卒業後在官設機關辦事滿十年者得與一等比照二等防疫醫官外國人曾在大學高等專門醫學堂畢業所得學位非博士者中國人在外國大學高等專門醫學堂畢業所得學位非博士者自銀七千兩以下至四千兩以上三等防疫醫官卒業後在官設機關辦事滿十年者得與二等比照滿二十年者得與一等比照三等防疫醫官中國人在本國境內外國所設醫學堂及在本國西醫學堂三年以上畢業者自銀四千兩以下至二千兩以上四等防疫醫官中國人在本國所設醫學堂未畢業學生以及各項醫學堂學生與外人西醫學堂各項學生應歸臨時酌核當差情形程度高下分別給予自銀二千兩以下至二百兩以上一等防疫人員二三四品現任人員比照一等醫官給予二等防疫人員四品候補候選人員比照二等醫官給予三等防疫人員五六七品現任人員比照三等醫官給予防疫人員五品以下候補候選人員八品以下現任人員以及派充重要差使人員不論官階有無大小均比照四等醫官給予五等防疫人員警兵夫役等得比照軍營陣亡例從優給予警長巡長以上警察人員歸入四等辦理不在比例他項卹典一等防疫醫官得比照三品官吏陣亡例給予二等防疫醫官得比照四品官吏陣亡例給予三等防疫醫官得比照五品官吏陣亡例給予四等防疫醫官得比照五品及五品以下官吏臨時酌核當差情形程度高下分別給予一二等防疫人員得照陣亡例依本品級給予三四等防疫人員得照陣亡例依本品級給予四五等防疫人員派當重要差使或官階過小及無官階者得比照五品以下階級臨時酌核當差情形給予等情前來查該局各條陳核與前電請卹醫生學生兩項外增入防疫員卹銀數目亦較前電稍有差別比擬均屬精當應即先行試辦除會同東督電奏並分咨札飭外謹以電陳希備案昭常魚

——摘自《大公报》，1911年2月11日

呼蘭失守之風傳○吉林呼蘭府毗近哈爾濱現因鼠疫流行該府地方官爲防疫起見驅逐窮人出境一時人心惶恐馬賊乘虛而入殺官據城甚形猖獗吉撫陳簡池中丞聞警特與東清鐵路熟商開特別快車派兵往剿已相持數日尚未平定傳聞如是不知確否

——摘自《大公报》，
1911年2月12日

關於防疫之要電○初十日外務部接東督錫制軍電云外務部鑒前准支電當飭濱江郭兼道速查妥辦茲據覆稱傳家甸年前路斃甚多一時趕辦棺木不及伍醫官謂無須停候棺殮立刻運出野外於野外用鍬牆圈出一地安放屍身俟掘坑掩埋英館德醫所云屍凍草中者疑即指此疫屍已經用土灰埋瘞其傳家甸左近二十里內外刻正分飭稽查遇有路倒即行掩埋當再嚴飭認眞辦理至麪廠染疫一節查此間灰磨麪廠皆係俄人開設未聞有多數傳染之事惟四家子地方有空灰磨兩所曾經租住陸軍疫斃數人英醫吉大夫前往消毒查驗該兵隊不諳防疫辦法略有衝突當時不願隔離英館德醫所謂麪廠傳染者或即指此此項應隔離之軍隊當日即派員會同該官長剴切曉諭茲早已全數移入空車內想不至傳染外人等語謹此轉陳良青

——摘自《大公报》，
1911年2月12日

又電　日本駐京代理公使於昨十一日赴外務部忠告該部各大憲謂現值天氣嚴寒奉省患疫死者須即實行嚴厲手段拒絕疫地火車通至他站目下長春疫氣流行多由於該處道員等辦理不善之故

——摘自《大公报》，
1911 年 2 月 12 日

東三省

防疫總局電文公布〇開原電　二十四日疫死一人二十八日疫死十人隔離所留養四十人現尚安謐新民電　西大街裕通達雜貨鋪二十九日檢查無恙初一日斃五人餘均逃逸該戶毒氣甚重貨物出賣必更流毒非將該房及貨全燒不可[illegible]又已故日醫守川氏夫婦所斃之房屋亦須一律焚燒　廣甯電　廣甯城鄉至[illegible]月二十一日止共疫死二十六人　賓州電　賓境疫病自十一月十七日傳染起截至十二月二十八日止城鄉共斃二百二十三名

——摘自《大公报》，
1911 年 2 月 12 日

時症針刺之經驗○日前法政學堂學生虞某患時疫病喉腫心內外發燒熱已達至一百二十度俟往檢驗所醫治服連翹散藥未見功效時欲飲涼水嗣由友人為之針刺尺澤穴出紫血病稍鬆次日即愈又該堂監學周君之子年十一二歲忽然頭痛心燒服連翹等重劑涼藥仍未見鬆當延白旗堆李餘九醫士為刺尺澤穴出紫血少許立見病鬆隨服清解藥次日亦愈然此等症絕非時疫也

——摘自《大公报》，
1911 年 2 月 12 日

呼蘭失守之續聞○頃接東函謂自哈爾濱鼠疫發現後蔓延各地距哈爾濱六十里之呼蘭城亦被傳染勢極猛烈兩日之間死者達一百六七十名該府官廳為防疫起見迫令城內下等居民三千五百餘名居住城外該窮民等多非安分之徒肆意煽惑該處本為馬賊出沒之區有著名馬賊大頭目名天龍者乘此機會聯合窮民大舉暴動去臘二十八日有窮民三千五百馬賊二百餘名擁入城內大肆搶掠襲擊知府衙門焚燒房屋合城官員以變起倉猝異常狼狽知府某僅以身免馬賊及窮民遂占據城池所有該處巡警巡防隊皆無能為力長春陸軍第三鎮接此急報即派四中隊於二十八日午後由寬城子驛出發并與東清鐵路交涉開行臨時快車正月初二日長春接到報告謂賊勢猖獗異常取勝不易聞刻下尚未解圍俄人亦有起而干涉之意恐非一時所能平靖云

——摘自《大公报》，
1911 年 2 月 13 日

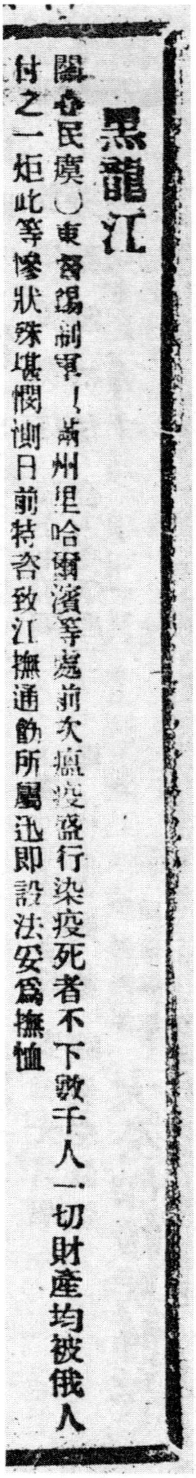

黑龍江

關念民瘼（東督錫制軍）滿州里哈爾濱等處前次瘟疫流行染疫死者不下數千人一切財產均被俄人付之一炬此等慘狀殊堪憫惻日前特咨致江撫通飭所屬迅即設法妥爲撫恤

——摘自《大公报》，
1911年2月13日

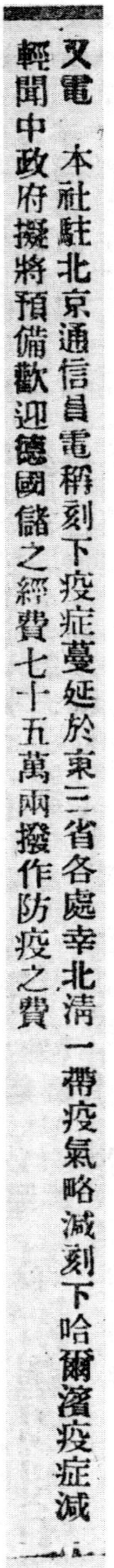

又電　本社駐北京通信員電稱刻下疫症蔓延於東三省各處幸北清一帶疫氣略減刻下哈爾濱疫症減輕聞中政府擬將預備歡迎德國儲之經費七十五萬兩撥作防疫之費

——摘自《大公报》，
1911年2月14日

陸軍部奏派兵隊赴奉述聞○日前陸軍部奏派兵隊赴奉防疫大致謂東省鼠疫甚熾深恐好事者借端造謠致生事故亟宜派兵隊前往奉天駐紮以資防衛云云說者謂此次奏派兵隊赴奉實發源於前次錫督電請重兵駐奉一節名為防疫實則別有用意所聞如是未知確否並聞此次奏請派兵之議發起於陸軍部壽副大臣初擬會同民政外務兩部奏請派兵分駐山東吉奉等省以資防衛嗣因民政外務兩部不甚贊成故仍單銜入奏云

——摘自《大公报》，
1911 年 2 月 14 日

奉天

錫督電外郵兩部請早開京奉車（）接樞垣各電奉　旨留滯關外工作人等在奉天境內者著錫良飭屬一律妥籌辦理等因欽此當即欽遵飭各地方官查明妥爲安頓留養惟查道路交通如人身之血脈一或壅滯百病叢生故有電擬請建築留驗所爲早日開車計畫嗣得尊處感電知已飭京奉局會商北洋衛生局總辦屈道妥議現在辦法已否議定尚不得知關外留滯小工已有數千北路雖嚴飭地方官設卡截留安頓無如東省路途四通八闢又值地凍冰堅隨處可以繞越既無一定扼要之地勢難處處設防恐來者愈衆愈多即令一律給資留養而此輩歸心日切釋放無期勢不免焦慮危疑聚集多人置之一處與禁繫無殊即足以釀成疫癘管理稍一失宜亦恐別滋事端況道路不通市虎訛傳謠言四起各處伏莽甚多設有不逞之徒乘機煽惑爲患何可勝言且東清南滿頭等仍未停駛並頭二等亦將開車果爾則是南北皆可通行惟奉省至山海關中間數百里隔絕南滿之來源不竭到奉而後獨無去路誠恐奉省不能容納如許多人現哈爾濱附近疫盛各處已飭郭秉道嚴行斷絕交通奉省仍應預備留驗所建築不及暫時租賃凡乘客須先在所留驗五日或七日無病者由醫員出具診斷證據防疫總局發給執照即准乘車山海關或驗照放行或再留驗數日當與北洋熟商辦法請尊處主持早日開車以安人心而維大局愚慮所及是否有當企盼示復

郵部覆電盛京錫制軍鑒支電悉本部初四日欽奉　諭旨鐵路防疫開車事宜著外務部郵傳部酌量辦理等因經議定西伯利亞來客及東省官差秦皇島船客暨裝卸腳夫押貨人等均准留驗七日由醫官給照放行貨物除皮革水果餘經醫官驗過亦准放行足慰藎慮惟開車後輪路麇集人數愈多誠如尊處前電非有可容數千人之所不敷安頓前飭京奉局籌議據稱留驗人衆品雜非由地方官特派專員辦理不足以資管束自是實情頃已函諭北洋派員在榆建築鐵木棚廠或借用陸軍帳棚分等招居計口授食但火車到榆時刻太晚醫官巡警照料難周且留驗七日榆地亦難盡容鄙意擬由奉至關分三段留驗一溝幫子一錦州一榆關區域易分布置較易除榆關已商北洋建設外應請迅派員司分別差等一面租賃民房廟宇一面擇地搭蓋鐵棚發給飲食其某處能容若干仍希賜示俾飭路局按數分站留驗庶免擁擠現在即行開車規畫似難稍緩卓見何如乞速電復郵傳部魚

——摘自《大公报》，1911 年 2 月 14 日

東督電謝蘇撫助金防疫○三省防疫事起蘇撫程中丞籌撥三千金以資補助日前錫督致程撫電云東省疫重地廣我公關懷舊治籌撥三千金藉濟急需謹率三省紳民九頓首以謝

——摘自《大公报》，
1911 年 2 月 14 日

電報

路透電　法京巴黎消息法國傳道院波路奎德氏刻已束裝前往滿洲爲防疫事宜該氏携帶防疫藥漿多箱以備布種駐遠東各處法領事署中人員並救護駐紮各該處法軍及法紳商以免瘟疫之傳染

——摘自《大公报》，
1911 年 2 月 15 日

又電　俄屬黑河省總督刻因滿洲疫症流行派軍分紮該省各界禁止疫地行旅入境

——摘自《大公报》，
1911 年 2 月 15 日

日政府關懷東省疫事○日昨外部接日政府來電內稱現時東省疫氣膨脹特派該國醫學博士白里村三郎到東實行消毒俾免四處傳染等語當由外部加封呈進監國閱後似有允意

——摘自《大公报》，
1911 年 2 月 15 日

譯件

北京電　東省各大吏關於消滅鼠疫及鎮壓馬賊以期保衛商民生命財產各要事刻下正在爲難

——摘自《大公报》，
1911 年 2 月 15 日

東三省

錫督通飭協力防疫之札文○爲通飭事查上海高等實業學堂醫員俞鳳恩論說鼠疫爲人類之大敵鼠疫所到之區生民莫不塗炭伏尸動輒千萬通衢闃無人跡城市化爲荒蕪其傳染之速瞬息千里捷於影響症候之凶朝不保夕醫藥莫及有全家湮沒者有萬人空巷者當中國六朝時代歐洲之疫時息時起前後五十載元明之季歐人死疫者廿五兆康熙四年倫敦疫死七萬人近廿年交通日便愈傳愈廣光緒三十一年印度人死疫者一星期達五萬六千七百三十二人之數光緒三十三年亞洲人疫死者共一兆廿萬人鼠疫之於人類能蹂躪城池侵略人命猖獗之時如水瀉地似火燎原苟一蔓延補救乏術故歐西文明各國平時講求衛生之學實行防疫之方不遺餘力近年瘟疫不能侵入是其明效大驗吾國廣州大疫之際華人之罹疫死者三萬人而歐美人以實行防疫方法三百人中無一死者於此可見防則生不防則死以故疫癘始作必地方官紳士商咸具有卓識定力組織各界團體協同撲滅耀翦薙遏消流如攻敵然批吭搗虛乃克收事半功倍之效倘始謀不慎百密一疎勢必蔓草難圖不可收拾雖和緩復生扁盧爭出亦無以善其後且哈疫根於滿洲里始由世俗諉爲天災流行紳商各界既無人爲之破除錮習竭力鼓吹而地方官不免姑息因循對於防疫事宜不能嚴厲進行迨至疫勢蔓延一瀉千里貽禍生民噬臍何及奉省疫病現已發見有日所屬各州縣地方因有哈埠染疫歸來之商民以致全家傳染死亡者所在多有若不及早防範將來不堪設想除已責成各該地方官切實籌辦外合再嚴切申儆札到仰即傳示所屬巡警人員及自治團體商務分會一體知悉要知救疫如救焚官紳農商各界必須團結一氣併心協力互相補助俾得衆志成城堅爲防範庶不至更蹈哈埠之覆轍本部堂平日遇事無不曲順民情獨對於茲事抱定雷厲風行主義期於疫患早日捐除保地方之安謐各界團體各有身家性命慎勿稍存膜視妄生疑阻是爲至要此札

——摘自《大公报》，1911 年 2 月 15 日

大房身隔離所無薄待華人事〇交涉司昨接日領事函稱大房身隔離所一時匆促設備雖難稱完全然於收容時因須先使被收容者洗浴並須將其所穿之衣消毒故暫使其著所備之消毒衣至各人原有之衣一用夫爾買林瓦斯消毒後即仍使著服其所帶行李消毒之後亦仍交與本人所食者以小米飯及餅並粥爲主另輔以汁物及漬物且每日必給與三次並恐被收容者有不便之處又特在所內設置酒保以應其需至室內之設備雖未鋪有地板然地上亦鋪三寸厚之高粱稈其上又鋪席三張使其起臥並有電燈及暖爐之設備常川在該處者有醫師二名警察官吏七名事務員十三名職工十名及其使用人若干名對多數之中國人不但不薄待且竭力改良不致招起惡感外間種種傳說盡係訛傳

——摘自《大公报》，
1911 年 2 月 15 日

南滿鐵道總裁贈資防疫〇前日督憲接南滿鐵道會社中村總裁函云現値東三省瘟疫流行病亡枕藉致煩 大皇帝宵旰憂勞於年內十二月十一日特頒防疫 詔旨凡在臣民莫不惕厲憂勤奮勉將事敝會社忝屬隣邦然在貴國營業有年食毛踐土憂樂與共恭閱 詔旨悚懼不遑際此災祲悲切曷勝茲特奉呈日金十五萬圓用以補助防疫藥餌之資以上體 大皇帝視民如傷之 宸慮亦藉以酬報 聖恩於萬一也區區微忱即希俯納是幸

——摘自《大公报》，
1911 年 2 月 15 日

東三省疫斃人口之統計表

東三省自鼠疫流行以來日有死亡茲將疫斃人數調查列表如下

奉天省城共四三九人

十二月二十日前	一三四	二十一日	三五
二十二日	一五	二十三日	一六
二十四日	二三	二十五日	三二
二十六日	二七	二十七日	二三
二十八日	三一	二十九日	四七
初二日	三四	新民府 初二日止	四七
昌圖府 去年止	四〇	廣寧縣 去年止	九
奉化縣 又	六	懷德縣 又	一二
本溪縣 又	一	綏中縣 又	二三
鐵嶺縣 又	三	開原縣 二十三日止	六
總計	五九六		

哈爾濱共三六〇五人

二十日前	二三〇〇	二十一日	一三〇
二十二日	一五〇	二十三日	一七〇
二十四日	一五九	二十五日	一三九
二十六日	一五六	二十七日	一五九
二十八日	一七三	正月初一日	一四
長春 初二日止	五三七	賓州 二十八日止	二三三
新城 二十八日止	四〇	阿城 又	二〇九
呼蘭 又	三六〇	綏化 又	三〇〇
巴彥 又	二〇	齊齊哈爾 初二日止	一三七
海倫 初二日止	六	總計	五四三七

統計三省疫斃人數有案可稽者六千零三十二人其餘如雙城等處但言日死數千百人概不列入

——摘自《大公报》，1911年2月15日

電飭東督關於防疫應慎者兩事（樞臣於日前辦事後曾發致東督　電諭一道聞其內容係謂現東三省疫勢雖漸消滅然防範未可鬆懈仍須嚴加防杜免致有復盛之虞另於外人之藉口侵權及官吏之藉端苛擾尤宜倍加慎重嚴密訪查等語聞此事係因有人指陳之故

——摘自《大公报》，
1911 年 2 月 16 日

呼蘭失守之訛傳（呼蘭府失守一事各報喧傳本報曾據以轉載茲得友人來函謂昨接清帥來電言該處（呼蘭）疫氣既輕減地方又極安謐全無貧民暴動之說用特更正以昭核實

——摘自《大公报》，
1911 年 2 月 16 日

東三省

東督電奏之內容○東督初四日致軍機處電云竊准日本南滿鐵道會社總裁中村是公函東三省疫癘流行死亡枕藉救煩宵旰憂勞伏讀 諭旨凡在臣民莫不憂勤惕厲南滿會社在貴國營業有年食毛踐土憂樂共時特呈日金十五萬元爲補助防疫藥餌之資以上體 大皇帝視民如傷之宸慮藉報 聖恩於萬一等語良查國際往還有救災睦鄰之誼疫病防範各國本不分畛域此次南滿會社於治疫以來沿鐵道各處廣設醫院療治中日商民所費已不貲茲復投贈藥資語出至誠似未便辭謝擬請 旨准予收受並懇 天恩飭贈該會社防疫經費奉天通用銀元二十萬元以示投報是否可行乞代奏錫良叩支

——摘自《大公报》，
1911 年 2 月 16 日

江撫對於防疫之諭飭○江撫閔中丞以江省瘟疫日益劇烈亟須認眞防範以保民命日昨特飭民政司添撥經費一萬吊交防疫會查收以資需用又閔中丞以一般無知商民對於查驗一事極力反對特飭防疫紳董及檢察員等認眞查驗並擬定章程十六條出示曉諭如敢故犯定行處以相當之罰金

——摘自《大公报》，
1911 年 2 月 16 日

蘇都護一家疫死四名〇前呼倫貝爾副都統蘇納木策麟都護日昨染疫而死家屬不知防避其子媳於次日相繼而死共計四人經防疫會將其房屋暫行封閉以免傳染

——摘自《大公报》，
1911年2月16日

鐵嶺縣防疫之偉策〇聞鐵嶺縣徐大令以防疫緊要非斷行嚴厲手段難望克收成效擬與各府州縣聯絡一氣於扼要處所設防疫機關並組織防疫隊出與戰事同法無論經費如何浩繁人民如何反對務期由根本上消除毒病該令已於日前晋省向錫督條陳一切如不能邀允准卽行請退云

——摘自《大公报》，
1911年2月16日

訓飭防疫糜款人員〇日昨東督電飭法庫廳張丞云防疫固不能惜費亦不可稍涉虛糜該廳疫病並未發見祗須嚴防外界之侵入而一切衛生清潔之法本警務所有事平日卽應講求茲不過於檢查等事特別注意據預算各費每月需銀二千兩之多常費尚不在內實屬鋪張過甚仰再切實預計呈核該丞須知防疫事同義舉盡心即是積德務體此意傳語在事人等毋視此爲利藪切切

——摘自《大公报》，
1911 年 2 月 16 日

疫斃者豈止萬人〇據奉省防疫總局調查東三省各埠迄初十日共染鼠疫者九千三百三十四名但此數係經官查核至於此外未爲官所查知者亦不下一兩千人云

——摘自《大公报》，
1911 年 2 月 16 日

調查廣寧防疫情形〇東督日前接到外務部來電內稱英使館轉據廣寧縣畢女醫士函稱該城疫災甚重官場暨軍警界均不置意官立醫院未及婦女亦無隔離室雖允挨戶稽查惟僅注意貧戶可否轉商政府飭會妥辦等語所稱情形如何務希飭屬完密籌辦以免貽患外蒸云云東督准此當卽派員前往調查並飭所屬認眞籌辦

——摘自《大公报》，
1911年2月16日

又電　俄國路西亞報紙羅舉中國有背千八百八十年之約章並聲稱俄屬黑河總督各權利須卽實行保護所有該省各邊陲應行堵塞以防疫氣蔓延

——摘自《大公报》，
1911年2月17日

譯件

北京電　刻下滿洲各省會地方疫氣雖已消滅然仍蔓延各處查傳家甸竟有患疫斃命者七千餘人今提議擬即焚燒該處以消疫毒奈因難於收留各該民衆未克實行

——摘自《大公报》，
1911年2月17日

東京電　日本遣派醫士前往滿洲攷查瘟疫情勢各該員等已於本月十三日午後自東京啓行

——摘自《大公报》，
1911年2月17日

雙城防疫之辦法○雙城爲預防鼠疫傳染起見其辦法大致如左　一在本城北門外設立養病防疫總所及隔離所各一處東西南三門設分所一處　一募救急隊三十二名檢疫隊三十名看護夫殮屍夫二十名　一封閉伙房小店滌除潔淨改爲庇寒所收留無病貧民飲食茶水火爐煤炭等費均由官給　一在哈爾濱雙城往來大道如廂紅旗五屯二道溝徐家屯穿心店太平莊方家窩堡報馬正白旗三屯等處各設巡區一所養病防疫分所一所隔離所一所在拉林地方設養病防疫分所一所隔離所二所　一疫死有主者勒限深埋無主者即由官用藥炸坑一律深埋並出示懸賞舉報未埋屍身一具賞錢十吊挖坑一個長六尺寬三尺深七尺賞錢二十吊

——摘自《大公报》，
1911 年 2 月 17 日

長春鼠疫之猖獗○長春鼠疫日甚一日自元旦日起日必死百餘人初八初九兩日尤多幾達二百人之數防疫局無法掩埋積屍成堆慨以煤油等物舉行火葬而已長春道李季康於元旦日撤任繼之者爲孟秉初視事之日遂悉反前任政策商埠馬路任人行走貨房小店悉予啓封愚民頌禱之聲洋洋盈耳不謂行未三日人死如麻日報反對商民奔避孟見勢不佳因復下令將商埠鋪戶一律封禁儼然海市蜃樓霎時消滅矣南嶺（距郡城七里）爲陸軍第三鎮駐紮之處鼠疫已蔓延至此四周所住鄉民死者日多該軍官等遂於初五日定議將所有鄰近民房一律出資購買焚燬淨盡防之不謂不密而死者仍不免死云

——摘自《大公报》，
1911 年 2 月 17 日

又電　駐黑河俄總督近因疫氣流行倍加防範已將閑散華工自海參崴尼哥利斯克（西比利亞東方地方）及查拉布斯克（俄屬黑河一邑）等處驅逐出境

——摘自《大公报》，
1911 年 2 月 18 日

皇太后對於東省疫退之喜悅〇十七日早監國特將錫督電奏東省疫氣退減情形進呈 隆裕皇太后閱覽 慈顏大爲喜悅隨擬 懿旨一道畧謂該督辦事認眞殊慰廑注此後仍須督率在事各員認眞辦理以下並有嘉奬之語次早旋由軍機處電傳錫督知道

——摘自《大公报》，
1911 年 2 月 18 日

陸軍部會議紀聞〇陸軍部軍諮處日來迭次會議聞係關於東省防疫事宜擬再添撥軍隊前往該省分駐各處襄理檢疫以期防衛周密免致外人藉口干涉

——摘自《大公报》，
1911 年 2 月 18 日

譯件

東京電　大山總督呈請日政府遣派紅十字會衛生隊前赴奉天駐屯防疫

——摘自《大公报》，
1911年2月18日

又電　北里醫學博士與拓殖局部長江木氏已於十四日自門司乘天草丸前往滿洲

——摘自《大公报》，
1911年2月18日

吉林

吉省檢疫所留驗章程○一二道嶺九站兩處設立檢疫所凡經過該處晉省者無論中外紳商及鄉間人等均由該所留驗五日始准放行入城 二通省各處分道一律設卡堵截凡有繞越晉省者無論中外紳商及鄉間人等均由各分卡阻攔押送就近檢疫所留驗 三各項人等其從疫地如西道由長春東北道由賓州阿城雙城等處來者均須依限留驗不得折回其鄉間人等有願折回者得聽其自便 四凡外來文報郵件須由檢疫所消毒每日由城內派人接遞所有報差郵差郵車概行停留該處其發去文報郵件亦每日由城內派人送至該處各原差驗明無疫即可當日回還不必以留驗五日爲限 五二道嶺九站兩處指定客店數家區別上等客女車夫苦力住處於各店門首懸釘標識凡留驗各項人等須分別投住不得混雜 六二道嶺九站兩處所指定客店務期格外清潔每日由醫官派防疫隊逐戶巡察督飭掃除污穢取締飲食及注意其他衛生各事 七凡經過二道嶺九站兩處無論中外紳商及鄉間人等均須親赴檢疫所掛號聽受醫官之嚴密檢驗不得違抗 八二道嶺九站兩處均設有救急病室凡驗有疫病者即立時送入病室由醫官先施救急方法再行送入診疫所醫治 九凡留驗各項人等如驗非疫病實有他項病症即時送入所設疑似病院醫治 十凡留驗各項人等驗明無病者由醫官發給執照其姓名職業及出發地方携帶物件均須據實報明以便於掛號簿及執照內塡載 十一凡留驗各項人等投店時須由店主問明姓名職業出發地方携帶物件於所發循環簿載明每日送呈檢疫所查核 十二凡留驗各項人等除發見病症隨時查驗外其餘由醫官每日晚間查驗一次於各人所領執照內塡明日期加蓋戳記 十三凡留驗各項人等滿五日後由醫官於該所領執照內塡明放行日期加蓋戳記即准放行 十四凡留驗各項人等必須滿五日後方准放行如有潛行逃逸者即惟該店主與該處崗警是問 十五凡患疫病者所乘車輛及携帶物件即須立時消毒其衣服被褥毒質最甚者得分別燒燬 十六凡留驗各項人等其從疫地來者所有衣服行李車輛及携帶物件無論其人是否染病均須立時消毒 十七凡留驗各項人等所有車輛由檢疫所於初到時即於車之易見處加蓋白色留驗圖印滿限放行復加蓋紅色放行圖印其進城車輛如僅蓋白印未蓋紅印者即係偸越由巡警指明押送檢疫所留驗 十八凡遇外來各項車輛如車上未蓋有白印及紅印者即係來經檢疫所查驗之車由巡警查問明晰如確係從疫地來者得押送檢疫所留驗 十九檢疫所每日檢驗人數放行人數及有無發見疫病及他項病症須按日詳細呈報

——摘自《大公报》，1911 年 2 月 18 日

譯件

盛京電　刻下奉省患疫死者似已有減無增查華曆本月十八日死二十二人十九日死二十人查鐵路一帶均尚平安平鐵路執事人等毫無染疫者

——摘自《大公报》，
1911年2月19日

又電　本月十八日本處查有工人患病者一人遂加意嚴防並將該病者隔離據醫士數員檢驗是否疫症尚未能決　聚流河報告該處患疫死者五人刻新民府錦州府及綏中縣暨京奉關外鐵路各站均無疫氣

——摘自《大公报》，
1911年2月19日

東三省交涉果肯公布乎○政府現因東三省交涉異常困難兼之疫氣蔓延外人羣思干涉因此外間謠言紛起如中俄將有戰事呼蘭業已失守等等傳聞均足擾亂人心有傷國際擬嗣後凡遇東三省交涉事件其確非關係秘密者一律擬寔宣布免致妄爲附會有碍治安

——摘自《大公报》，1911年2月20日

牌飭奉省學生暫緩入堂○八旗高等學堂學生張裕煥等六名籍隸奉天已於年前放假時回籍茲屆開學之期昨特由堂牌示飭令該生等暫緩回堂准其從輕扣分如該生等業已來京應在旅館暫住六日後方准入堂緣該生等旣由疫地而來不得不倍加防範云

——摘自《大公报》，1911年2月20日

東三省

限制工人入關○十一日東督接直督電云前准外郵兩部議定由西比利亞來客暨東省所來官差留驗七日候醫官允許放行秦皇島所來客貨暨押貨人等均經醫官驗明給照放行等因是火車交通只以西比利亞來客暨東省官差爲限秦皇島來客則押貨人等亦准驗照放行各國防疫通例於陸路檢察最嚴與海港檢疫辦法本不相同部定前項辦法係嚴於車路而海港則稍從寬例自應遵照辦理直爲近畿要地迭奉寄諭飭令嚴密防查未敢稍涉大意近來各屬偶有疫症發現皆由關外工人傳染外人猶或以防範有疏致滋訾議若令大衆入關似非愼重畿疆之道亦易授人口實再四籌思未敢造次尋處工人擁滯誠如所慮但從前小工急切思歸意在回籍度歲現屆春初東作將興工人散處各令隨時隨地設法安置遂不致十分爲難容疫患稍平再議辦法現在似應仍照部議辦理愚慮所及幸乞亮察

——摘自《大公报》，
1911 年 2 月 20 日

設鐵網以防鼠疫○本月初五日鳳凰廳與日本警務長久木田同赴鷄冠山會議防疫事宜兩國會同辦理勿稍緩懈聞擬以草河口至高麗門隨處查驗設鐵絲網一段約有十五里之遙遇有行人必先診驗方准經過並設有監視處中日官民晝夜監視

——摘自《大公报》，
1911 年 2 月 20 日

電旨

正月二十二日　監國攝政王鈐章奉　旨東三省時疫流行地方官防範不密以致蔓延關內直隸山東兩省將後傳染日繁多人朝廷殊深憫惻迭經嚴飭民政部暨各該省督撫設法消弭以重民命現在哈爾濱等處成效漸著日見輕減著民政部會三省直隸山東各督撫令各屬赶速清理務期早日撲滅勿稍玩延欽此

軍機大臣署名

——摘自《大公报》，
1911 年 2 月 21 日

整頓東鹽擬從緩辦○鹽政處原擬今春將東省鹽務切實調查以期大加整頓茲聞澤蔭坪大臣以東省疫症流行未便派員前往已決計暫從緩辦

——摘自《大公报》，
1911 年 2 月 21 日

路透電　英國家醫局醫學調查員法拉爾醫士偕同比得萊醫士擬於西本月二十號啓行前往哈爾濱聞比得萊醫士就便赴印度防疫會調查瘟疫肺炎之情勢

——摘自《大公报》，
1911 年 2 月 21 日

奉邑鼠疫之可畏○奉化來函云百斯篤自哈埠乘勢南襲奉邑地居奉吉咽喉勢不能不當其衝去歲臘月中旬已死一二人然皆係作客吉省帶毒而歸者及至近日蔓延益盛死亡日必數起一人患之全家罹禍者亦有數處星火燎原大有不可救遏之勢推溯其原皆由防範不力之故現在雖設有防疫所奈總其事者只數巡士幷無一深明醫學者事事有名無實無怪百斯篤如是之猖獗也茲將近日染疫死者錄之如左永源興藥局王惠卿及其子(二人)邵煥章(一人)馬景和及其妻二子一子媳(全家六口死去其五)韓家小店(住客五人)張家茶館(五人)美樂茶園(九人)邑南條子河屯王耀家(全家二十口染疫死者十有八)巡警教練所厨役王某(一人)醫生班紫陽(一人)福順肉鋪田老振(一人)李小鋪李某父子(二人)

——摘自《大公报》，1911年2月21日

東三省

督憲嚴飭地方之專電○錫督偵知昌圖府車站中途之興隆鎮疫死數十人屍身均係棄葬並未消毒疫勢日盛乃據該府李守丙吉來電侈陳治愈人數其實紙上空談殊屬可惡特於前夕電飭李守及鐵邑徐令遴派醫官帶同防疫人員馳往將疫亡者焚燒幷實行消毒昌圖各屬所有防疫事宜責成李守切實妥辦毋蹈覆轍

——摘自《大公报》，1911年2月21日

專件

奉天省城防疫事務所核訂臨時疫病院章程

第一條本病院之宗旨專爲收容百斯篤（鼠疫）患者及（疑似鼠疫）患者行檢診而治療之
第二條病院長有指揮監督醫官及事務員以下人等之權限並管理本院一切事務
第三條本院病室大致區別男女二種又細別爲　疑似病室　輕症病室　重症病室　回復室之四種
（甲）疑似病室　收容診斷上雖有百斯篤（鼠疫）之症狀尚未經顯微鏡檢查而入院者當用顯微鏡檢查後決定有無百斯篤菌（鼠疫微生物）有則移入他病室無則使之退院　（乙）輕症病室　收容輕症百斯篤　（丙）重症病室　收容重症百斯篤　（丁）回復室　收容治療漸愈者　治愈者之消毒方法準據消毒規定
第四條事務室　專辦關於病院一切之事務故應備病人入院簿病人退院簿病人治愈簿病人死亡簿埋葬簿其他必要之賬簿
第五條藥局備必要之藥品及衛生材料專司調劑又備治療器械消毒器械更應預備補充諸器械藥局應備藥品器械之諸種賬簿
第六條微生物試驗室　本室專管微生物之試驗及各種細菌學的試驗其成績須報告醫務部
第七條消毒所　專備本所職員之消毒其消毒方法準據消毒規定
第八條屍室　病者死亡時速移於屍室準備消毒規定使病院所附埋葬隊埋葬之　死者使用之被褥其他病毒汚染之什物十分難消毒者以火燒消毒
第九條廚房　須區別患者用及委員二所又嚴禁食物材料及食器之混用患者所用之食物廚役不可自己送入病房應授受於指定之地點病人所用之食器非經煑沸消毒（準據消毒規定）後不許再用
第十條不潔物消毒所　病人之大便小便咯痰及其他不潔物應行火燒消毒
第十一條委員宿舍　須區別病室附委員宿舍與其他委員宿舍不可濫相往來厠所亦應區別不可混用
第十二條夫役宿舍　亦應遵委員宿舍之規定　巡兵不得擅離回事處任傳令及門衛之責　外來人無

官長許可決不可使其進門凡一次進門者非嚴行消毒後不許歸去

第十三條大門應設三處東門爲職員通行門西門爲屍體運搬門中門爲病者入退門決不可混用　病院內消毒方法　病院內消毒方法概以奉天臨時防疫所消毒規定爲準據病院長應用臨時學理總期無消毒之遺漏其必要之事項列記如左　一病室勤務之醫官看病人夫役及其他觸接病人或病毒者應準備特別作業服（衛生衣衛生褲覆面遮眼布）（眼鏡）絨衣褲子（中國上衣褲亦可）皮製長靴（及膝）襪子手套白布上衣白布褲子避病衣出入之際必到職員消毒所行完全消毒　一病室勤務之醫官看病人夫役等時時將兩手頭部顏面鼻孔耳等部用千倍之昇汞水洗滌避病衣屢屢用二十倍石炭酸水行噴露消毒　一病室地床等處常撒布二十倍之石炭酸水使之濕潤　一痰盂內常注二十倍之石炭酸水（容積五分之一）其痰時行火燒消毒　一病人之大便小便及其他不潔之物於一定之地點行火燒消毒　一消毒所應用消毒藥水　五千倍昇汞水　浴室用　一千倍昇汞水　衣服身體消毒用　二十倍炭酸水　衣服消毒水　以上各藥水不用鹽酸溶解

臨時疫病院院長孟緒德　醫官湯用彰　醫官胡紳楨　設大西邊門外山西廟　辦公室三間　醫官室二間　藥庫室三間　微生物室三間　預診室二間　浴室消毒更衣所共八間　男女輕病室八間平常可容男女二十四人非常可容男女三十二人　男女重病室十三間平常可容男女三十九人非常可容男女五十二人　男女疑似病室七間平常可容男女二十一人非常可容男女二十八人　看護室三間　司藥宿舍一間　女看護室五間　回復室三間　消毒夫役宿舍二間　病室夫役宿舍六間　死屍室三間　焚燒穢物室一間　雜具庫二間　學生宿舍二間　飯廳一間　廚房二間　醫官夫役宿舍一間　病人廁所二間

以上共九十三間正月初十日開辦凡患百斯篤病者送入此院

——摘自《大公报》，1911年2月21日

電致東督優待日本醫士〇軍機處日昨電致東督錫制軍內稱日本醫學博士北里柴三郎現已由東京起程日內可抵東省屆時務望依禮優待以重邦交

——摘自《大公报》，
1911 年 2 月 22 日

俄人限制焚屍之辦法〇俄國各邊省防疫議會以北滿一帶疫死者每日不下百餘人哈爾濱有屍四千具呼蘭冰上屍積如山現今決議稟請俄政府照請中政府轉飭各該地方官禁止在航路左近焚燬死屍以免流毒無已

——摘自《大公报》，
1911 年 2 月 22 日

公署防疫之戒嚴○江省瘟疫自發現以來每日死者不下數十大半係下等社會之人近日政界中亦有染疫死者是以防範愈嚴茲接訪友來函據稱撫署昨已將東西轅門用磚堵砌前門鎖閉凡往來公事均由東便門收發並派有兵丁看守無論何人不准出入以杜傳染云

——摘自《大公报》，
1911年2月22日

黃巾邪教之宜禁○風聞長春沿西及奉天西邊一帶現出有黃巾教又名黃天道教到處煽惑入其教者各與黃布一纏頭爲號幾與漢末之黃巾賊同一狀態據云一經入教即可避免瘟疫及外人殘害其情形更與庚子拳匪無異望有地方之責者速行查禁爲宜

——摘自《大公报》，
1911年2月22日

黑龍江

電飭火葬○江撫昨准東督錫制軍電內開各處疫死之人甚多並有拋棄未葬之柩材木脆薄惡氣薰蒸非掘坑滙集火葬流毒何能遏止務請通飭所屬凡疫死者均須於郊外擇地掘坑火葬以消毒氣云

——摘自《大公报》，
1911 年 2 月 23 日

有仍擬奏派太員赴東之耗○樞府年前即擬奏派大員赴東三省與錫督密商要政嗣因疫氣流行暫議從緩茲得最近消息樞臣以現在東三省邊防交涉日益緊迫一切籌備萬難延緩仍擬奏派大員赴東密籌惟是否仍派徐相國前往尚未核定

——摘自《大公报》，
1911 年 2 月 24 日

特頒防疫　諭旨之原因○日前特頒　諭旨催促民政部東三省直隸山東各督撫迅速撲滅疫氣勿稍玩延等語茲聞其中之原因有三（一）爲近曾有人奏參東三省京師辦理防疫諸欠完善竟有傷殘民命擾害生業等情（二）爲示知　朝廷對於此事甚爲珍重以期杜絕外人之干預（三）爲預防疫氣消滅後地方官仍匿而不報希圖濫消正欵此當日之所以特頒　明諭也

——摘自《大公报》，
1911年2月24日

洵貝勒組織防疫所之公啓○此次洵貝勒聯合同志組織防疫所辦法頗爲文明今抄得其公啓照錄於下

啓者查鼠疫一症自上年哈爾濱發生後日見蔓延　朝廷痌瘝在抱特頒國帑飭令及早撲滅以期淨絕根株瀕海臣民同深感戴並將京奉鐵路禁止交通防範周密本不虞其傳入京師惟自打磨廠三星客棧有奉省客人染疫身故後疑似鼠疫之症時有所聞難保疫種不潛滋於　輦轂之下自應防患未然以仰副深宮軫念民生之至意洵首先捐廉提倡約同軍諮處陸軍部各派醫官組織臨時防疫所以圖補救幷承民政部允飭所屬令與該所醫官互相聯絡俾臻完善而同志諸公一經呼將亦無不立解善囊傾助經費使該所得以觀成茲謹將臨時防疫所簡章（諸同志台銜捐款）臚列於後倘希　惠鑒抑洵更有請者凡屬善舉胥賴衆擎海內仁人君子倘荷嘉許贊助捐款勿論多寡統交北京儲蓄銀行代收先掣回收據陸續登報以彰盛德總冀移艾徙薪綢繆未雨扶危濟困消患無形是則與諸同志所厚望者也區區微忱尙祈亮鑒載洵謹啓

——摘自《大公报》，
1911 年 2 月 24 日

東三省

長春中日隔斷交通之章程〇長春道孟觀察自去臘十八日起卽將城內外隔斷交通玆悉觀察關於隔斷交通事宜已與日租界防疫委員會同協定章程特爲照錄如左（一）凡日官民當來往城內之時須攜帶中國官憲給付之免票經驗疫所驗明方准通行（一）凡華官民當來往日租界內之時須攜帶日官憲給付之免票經驗疫所驗明方准通行（一）以上通路者必須由驗疫所所指定之通路往來（一）裝載元豆及其餘雜糧之大車則准由驗疫所指定之下開各路任其進入日租界內　長農橋　八條街　共同坟塋　農安街　橫一街　（一）此次隔斷以遏絕府城村屯間之交通爲目的故凡大車由各村莊直入日租界者則（不徑經府城者）得來往自由至出入城門大車則須攜帶免票以作憑證

——摘自《大公报》，
1911年2月24日

昌圖人民阻撓防疫之情形〇昌圖劉守到任後鑒於李守之失敗擬不恤國帑大施鋪張在東西街民戶聚集之處分設隔離所人民恐致傳染起而抗阻遂改設於城外空地用木板洋鐵瓦建築人民又謂如此房屋卽不病死亦將凍死十八日又聚集三五百人起而阻撓不聽建築劉守亟派巡警趕往始行解散

——摘自《大公报》，
1911年2月24日

各國醫學博士將次到滿○英法日俄各國政府派醫學博士前往滿洲協助防疫一節已略誌前報茲悉俄政府派醫學博士薩伯羅特日本派北里柴三郎法國派布羅開均於日前各由本國束裝就道據東清鐵路消息謂不日即可由奉抵哈並赴吉江兩省辦理一切防疫事宜其英國派遣何人俟探明再登

——摘自《大公报》，
1911 年 2 月 25 日

罰辦某道之毆傷防疫員○奉省來函云有某觀察者於二十日晚由東關乘騾車入城防疫員向前檢問某觀察大怒喉令車夫用小凳打傷其面部血涔涔下防疫員當即奔告防疫事務所張總辦登時同赴公署面禀督憲督憲大怒聞擬斬決該車夫并嚴叅某觀察嗣經某司道出而轉圜判令罰款二千兩充作防疫經費

——摘自《大公报》，
1911 年 2 月 25 日

譯件

奉天電　昨禮拜日盛京新患疫者計四十三人內死三十八人新民府死一人二十二日奉天患疫者三十五人死二十六人刻下奉天天氣漸暖沿鐵路各站毫無染疫者關內外亦然

——摘自《大公报》，
1911 年 2 月 25 日

長春電　據楊醫士電達外部關於長春城內外及四鄉等處染疫死者之報告如下計本月二十二日城內死十七人鄉間死五十九人二十三日城內十一人鄉間三十九人二十四日城內十六人鄉間三十五人

——摘自《大公报》，
1911 年 2 月 25 日

瘟疫漸退之電告○江撫前奉樞垣來電內稱監國對於東省鼠疫非常注意不時垂問請將防疫情形隨時電致本處以憑轉奏等情日昨江撫曾電致樞府報告近日疫氣已漸消退縱有少數染者均係可望療治每日死者祗一二人不久應能一律肅清請即代奏以紓宸念

——摘自《大公报》，
1911年2月25日

日政府派醫協助防疫○江撫前以江省鼠疫異常劇烈其原因皆由於防範及療治未能得法遂致遺誤良多日前特照請日領事轉達日政府揀派醫士二名來江協助防疫事宜以重民命聞日政府已揀派醫學博士二名來江經藤井領事照請江撫查照辦理

——摘自《大公报》，
1911年2月25日

慈宮關心民瘼○江撫昨接電告謂奉　皇太后諭旨問訊近日東省疫氣是否一律撲滅着該省督撫逐日將防疫情形奏報一次以紓宸念中丞准電後遂飭防疫會逐日報告以憑轉奏

——摘自《大公报》，
1911年2月25日

日醫過津○我國政府爲防範鼠疫起見特由日本聘到鈴木恒次（富山縣）鶴來時文（奈良縣）加籐雄吉（東京神田區）高橋辛之助（東京四谷區）野澤德之五民等五醫士已於前日由京來津寓日界常盤飯店小作勾留不日卽赴奉省有疫地方研究防治方法

——摘自《大公报》，
1911年2月26日

東三省

錫督開辦防疫講演會○錫督以各屬地方官於瘟疫一症尚未經驗以致防範之法諸多不合特於省城開辦防疫講演會飭令各地方官交代晉省悉心聽講以資研究

——摘自《大公报》，
1911 年 2 月 26 日

調查鼠疫博士到奉○日本北里博士奉其政府命令來東三省調查鼠疫並研究其防治之法該博士已於前日由東到奉拜謁督帥後即往防疫會隔離所病院等處調查一切並在日本車站開講演會日本領事設讌於領事館招請該博士宴飲并邀各國領事作陪

——摘自《大公报》，
1911 年 2 月 26 日

遮斷城內外交通〇長春防疫局於正月十五日奉到督憲電諭長春疫氣正熾城內外應實行遮斷交通等語當卽邀集紳商會議定於十八日實行遮斷交通城內外居民人等無論政學軍警紳商各界如有要事非持有防疫局通行證不得出入各城門均派定專員隨帶軍警消毒隊查驗凡持有執照出入者須先行消毒方准放行先於十七日出示曉諭幷飭稽查員挨戶曉以防疫不得不隔斷交通之理由以去人心惶惑外人居留長春各機關先行分別送給通行證以期畫一而免扞格

——摘自《大公报》，
1911 年 2 月 26 日

飭燒防疫隔離所〇江省自瘟疫發現以來經大憲札飭地方官紳設立防疫會養病室及隔離所等以免蔓延而資診治然入隔離所之病人無一得生者計自發現之日至今死二百餘人昨經大憲飭將該會房屋全行燒燬以消毒氣另行擇地安設病院

——摘自《大公报》，
1911 年 2 月 26 日

代論

奉天交涉使韓紫石司使復關東羈客論防疫行政書

頃有自號關東羈客者以關於防疫事致書本司既不署名應置不答惟是疫之爲害甚於洪水猛獸可馴致種族滅亡之慘禍此次疫症自滿洲里發生以來不數月間而哈而長而奉已成燎原之勢卽關內及沿海亦或竟受其餘波蔓延速率瞬息千里可危可懼莫甚於是夫當此天禍吾民之日正吾民人力勝天之時乃迴環四顧其視疫事爲無足重輕疑信參半者比比皆是甚且有以爲非眞有疫者知識短淺目光如豆言之殊切痛心本司深願吾國民之曉然於此次防疫不僅爲保全個人之生命財產問題也是以就羈客來書擇要答覆登之報端廣告國民免蹈市虎傳訛之誤蓋理想與事實須參証而後明旁觀與局中以相信而見諒吾國民誠曉然於此次防疫不僅爲保全個人之生命財產問題也當各竭盡其心思材力協同進行以期達迅速撲滅之目的振我戈矛與子同仇此則本司之微志也若謂弭謗則非本恉

附來書所論似於疫症由來及防疫行政各端曾有所研究亦不可謂非有心人惜乎眞相不明未免言之不得其要領耳夫欲爲事實上之斷定不可不先爲理論上之抽繹即理論上毫無疑義尚不敢謂推諸事實之適合也況於理論尚未了解而即可以之斷定事實乎來書所論得毋類是夫百斯篤之歷史六百年前曾肆

虐於歐洲死亡之數達二千五百萬約斃人口四分之一實爲有史以來所未有之慘劇受創鉅者其痛也深故歐洲三尺童子亦知是疫之猖獗可畏較鎗砲轟擊尤爲過之無不講求拒敵之法我國素不知百斯篤之爲何病無論矣即以死亡之數相比例曾有因疫而斃一、千五百萬者乎惟其無之是以一聞百斯篤之名無不嗤之以鼻少所見多所怪小民大抵然也夫使百斯篤誠不足以傳染人則投巨大之金額索多數之智能以講求預防法且實行之誠爲多事無如查百斯篤之原因由於微生虫是虫也其形如棍以放大一千二百倍顯微鏡窺之得見其爲短棍相聚形按之事實均信而有徵者人之身體如血核腸肝脾腎與肺此虫均能寄生其在肺部發見者常有數十萬虫故肺百斯篤最爲危險年前公主嶺以北汽車內有華人手執饅頭突然倒斃醫生剖驗之指爲電擊性百斯篤是則險之又險者是疫也以最多數之大格致家大醫術家絞腦筋瀝心血而研究發明之確爲有微生虫確爲微生虫之傳染而非由於氣候反常若謂以冬溫之故而有此疫則凡溫度在冰點以下之日即可以無疫可以不死而何以哈爾濱死者如故長春死者如故奉天有疫府州縣死者亦如故長春天氣較奉爲寒年前曾降至冰點下三十二度而疫不稍減即此觀之來書所論病根種種實無理由之可言來書又謂有人患病十年膿血成瘡曾朝夕在側迄未傳染想是氣壯自然無虞云云而不知十年之病之不染人者多矣是不足異更不足以例百斯篤依百斯篤之種類有頃刻即斃者有逾日而斃者有三五日而斃者至多亦不過十日客亦幸而在十年患病者之側耳如果居於百斯篤患者間猶得以氣壯自詡哉未曾入過虎穴不能以虎不我噬豪也客未一見百斯篤而竟倡百斯篤不傳染之說是果何所據而云然乎患百斯篤者無藥餌可以治療此歐美醫士所公認其有已患百斯篤而復治愈者皆疑似之百斯篤而非眞正之百斯篤也若患眞正之百斯篤則未有不死者惟能先施以個人之預防及公衆預防之法斯則眞正之百斯篤可不至於猖獗耳防疫官報之只載疫斃而不載治愈者實事求是之意不欲飾詞以欺吾民及外人也而又何不可解之有若謂入院者之斃由於先撤爐火再飲冷水及房屋高大之空氣是不免於道聽塗說人不吸空氣即不能生未有吸新鮮空氣而反死者至撤爐火飲冷水之種種謠傳自病院開辦以來已不一而足夫治病者亦視其病狀如何耳西醫好用冰而未聞無論何病皆冰之者亦未聞宜用冰而冰之反死者不察其本而齊其末此類是也

（未完）

——摘自《大公报》，1911 年 2 月 27 日

黑龍江

法政學堂開學無期○江省法政學堂原定上元節後開學現因瘟疫盛行交通阻斷去年年假歸里者一時難以返省而本城又寥寥無幾昨經該堂監督議定暫緩開學又聞四路小學及中學並滿蒙師範各堂均於日昨呈請提學司緩期開學云

——摘自《大公报》，
1911年2月27日

中日商民防疫隔離辦法○江撫前准日領事照稱江省瘟疫盛行日本商民左近之華人素不講求衛生應如何隔離如何查驗希將各項辦法示知以便轉諭本邦人遵守謁周中丞以該日人等散居街市如由防疫會挨戶查驗言行迥異諸多不便昨特照覆日領事轉飭日本商民暫行移居一處勿令與中國商民雜居尤不准與中國人往來以免傳染

——摘自《大公报》，
1911年2月27日

又電　今日（即西本月念六號）俄醫學會自聖彼得堡起程前往哈爾濱以便於該處與英法等國醫學會會合查俄醫會內有女醫十一名女醫學生三名其杜爾格露古夫公主亦在其中

——摘自《大公报》，
1911 年 2 月 28 日

又電　俄國伊爾庫次克（西伯利亞之一省）防疫會決議如中國允認即在黑龍江右岸各站設立驗疫所

——摘自《大公报》，
1911 年 3 月 1 日

錫督又請協籌防疫急款○樞垣日前又接東督錫制軍電奏內係報告某國對於奉省防疫政策屢擬强行干涉雖已極力拒絕然現仍十分糾葛請飭由外部速議辦法並稱屢次協籌防疫各款刻已消用殆盡請再由中央速即協籌以資接濟

——摘自《大公报》，
1911 年 3 月 1 日

日俄關於防疫之杜絕交通○外部准駐京日俄公使照稱滿州各地瘟疫盛行實由華人不講衛生所致如行至外國則此疫勢必帶去請飭各邊省地方官禁止華人赴日俄兩國以杜傳染日前已通行咨照辦理矣

——摘自《大公报》，
1911 年 3 月 1 日

閑評二

奉省因疫氣盛行將開烟禁以毒攻毒以鬼逐鬼的是妙想但左也是個鬼右也是個鬼假使二竪子相視而笑莫逆於心一居膏之下一居肓之上則疫鬼未去煙鬼又來烟鬼既來疫鬼更多赫赫陪都變成鬼方之國吾不知該省官吏日日與鬼爲伍又將何法以處此

（无妄）

——摘自《大公报》，1911 年 3 月 1 日

譯件

長春電　本府鼠疫經西醫楊大夫竭力消除現在城鄉各處患疫斃者計華正月念五日城內十六人四鄉二十九人念六日城內十一人四鄉三十五人

——摘自《大公报》，1911 年 3 月 2 日

奉天電　刻下鼠疫情形據諸防疫醫官證明已大見輕減計於華正月念九日僅見因疫故者二十一人又據華地方官報告鐵路一方面疫氣消退鐵路執事人員僉稱安適刻下奉省天氣漸暖斯疫可指日肅清

——摘自《大公报》，
1911 年 3 月 2 日

哈爾濱電　傳家甸近日疫氣大減查近兩日間每日僅見染疫死者一二三名

——摘自《大公报》，
1911 年 3 月 2 日

黑龍江

電飭撥濟防疫費〇哈爾濱自瘟疫發現以來需用防疫費已達十數萬金之譜均由吉林關稅項下動用惟所費過鉅現已無款可籌日昨督憲特電致江撫飭撥江錢三十萬吊以應急需中丞准電隨即札飭官銀號照數撥交矣

——摘自《大公报》，
1911 年 3 月 2 日

致謝各國關於防疫之熱誠〇各國前因東三省鼠疫流行皆派有紅十字會來華相助施救現疫氣業已大減日昨外部恭奉　廷諭特寄電各國向各該政府致謝

——摘自《大公报》，
1911 年 3 月 2 日

派員解送防疫藥品○東三省瘟疫流行疫死者甚衆東督錫制軍關心民瘼殊深憫惻特購辦各項防疫藥品分發吉江兩省昨經江關道派委轉送來江周中丞飭交防疫會轉發商民使用

——摘自《大公报》，
1911年3月2日

民政司關心民命○江省瘟疫自發現以來經周中丞札飭民政司籌撥巨款督飭防疫會認眞辦理司使深恐會內員紳敷衍從事每日必躬親監察且不時派員秘密探防近日如焚燬疫斃屍身及染毒衣物房間等事司使恒督飭兵警按法辦理防疫員紳亦不敢稍涉含糊以故現今毒氣已漸次減退

——摘自《大公报》，
1911年3月2日

代論

奉天交涉使韓紫石司使復關東覊客論防疫行政書（續二十九日）

若夫預防之法首以遮斷交通爲第一義次以撲滅黴菌爲第二義大凡從百斯篤區域來者難保不有百斯篤之直接傳染或間接媒介是以交通利便之地傳染之速不可以道里計惟在事前妥爲籌備以杜來源斯可無蔓延之患哈爾濱疫事初現商民亦不謂然反對防疫之聲不絕於耳至後死亡相繼日至百數十人無形中之損耗又不知凡幾於是始稍稍覺醒對於以陸軍包圍傳家甸之舉不加反抗更於其中分區劃段實行防疫上必需之手續而死亡之數忽減其十分之八使當日者官商合力壹意進行恐不必遲至今日而已

收最大之效果矣夫主持全局者必先通盤籌畫況當疫症戒嚴之日尤難拘於舊俗俯順人情與其從少數人之希望而置多數人之性命財產於危險之地曷若為多數人之性命財產計而犧牲少數人之希望乎毒蛇螫手壯士斷腕非不愛惜不得已也故京奉鐵路毅然為正本清源之計實行停車夫豈不知行旅壅滯怨謗叢生收入減少損失甚鉅而竟悍然不顧者實以疫種流傳使各地永無乾淨之片土不如疫線早斷俾所失尚可回復於將來彼東清與南滿各車沿線尚能處處截留而火車之停不始今日膠濟一帶疫症不過方萌芽耳而二三等亦一槪停開由此觀之又何尤乎京奉也來書指為辦理張皇似未盡喻此中之曲折也車輛不許出入城門亦預防疫毒傳播之意現僅禁及人力車尚且人言嘖嘖若并騾車而亦禁之則怨聲鼎沸更可想見惟當局之意仍須一律飭禁不過有先後之差耳勞働者衣食住之費較平日為難此早在意計中事惟既欲顧一路哭復欲顧一家哭仁智其猶病諸疫症發生須由醫士診斷此不易之理若謂醫士不經診斷即指為疫此尤傳說之訛已患疫者之家族應予隔離是為預防之要義其經過一定期間全然良好者即使還家於倫理上并無不合惟不使一家全滅起見故不令生者近視死者耳投書者想能共喻之總之此次疫症傳染之烈之速為吾國向來所未有故辦理防疫之事亦不得拘於舊習慣而故步自封自此以往若竟能萬衆一心旦暮撲滅不惟內地人士咸知吾奉官民之力能踐言即東西各邦亦將稱吾奉官民有上令下行之實若不幸而蔓延日廣則人民生命財產之損失不知其若干國家有形無形之損失更不知其若干其影響所及恐不僅為個人之生死關頭皮之不存毛將安傅當局者雖碎肝裂胆究於大局何裨言念前途慄慄危懼是以防疫之舉不惜擲絕大之金錢破從來之舊習無論人民之如何總以步步踏實為主義有心人當能會悟及之特是疫地甚廣耳目多有所未周且絕非一手足之烈倘有以直言忠告者乎固本司所樂聞也

（已完）

——摘自《大公报》，
1911 年 3 月 3 日

東三省

錫制軍之苦況〇錫清弼制軍自鼠疫發生以來一面疊奉政府傳諭嚴行防範及早消滅一面日本當道亦願與中國聯絡一氣以故省城已設各項機關秩序日見整頓豈料民間不識當道精神所在屢起煩言並出有另辦防疫之舉遂致辦法紛歧不可收拾循此以往疫禍前途何堪設想故於上月二十二日招集各司道及諮議局議董總商會議董等在公署內會議防疫辦法當時錫制軍告衆曰 朝廷已諭本督以厲行防疫外國亦深注意于此惟欲厲行防疫則惹人民之反對不厲行防疫則上背 朝廷外招隣國之干涉本督誠屬左右兩難等語詞意激切聲淚俱下聽者無不心動

——摘自《大公报》，
1911年3月3日

吉埠鼠疫之近狀〇吉林省埠鼠疫倍熾每日斃數十名雖已斷絕城廂內外交通而疫勢仍然猖獗駐吉日本領事已勒令旅吉日本菜館一律關閉並飭令各日商預備撤退又因斷絕交通致市面全告乏貨行情爲之陡漲非特米珠薪桂貧民不堪其苦且前途之事亦大爲可慮

——摘自《大公报》，
1911年3月3日

可憐三萬猝死之疫鬼〇長春自十一日起至二十五日止焚化疫屍共七千四百具更有未焚者約八百具加以從前死者統計近一萬人之譜又哈埠一帶斃者已約一萬呼蘭阿什河一帶海倫綏化斃者約四五千雙城一帶斃者約五六千統計長春以北疫斃者至少不下三萬人云

——摘自《大公报》，
1911 年 3 月 3 日

三國聯絡長春之防疫〇長春於上月二十二日開第二次防疫會中日俄三國官憲齊集道署孟觀察何太守及大小官員共十有餘名駐長日領事署小松書記生戶川警部宇川病院長等共五名又駐長俄領事俄警務局長繙譯等共三名均赴會決議每星期一次由三國醫生會同商議防疫辦法議畢乃散是日據華官報告隔離所共七處現在收容一千五百名又柏子溝收容之貧民共八百八十名又俄界疫斃者統計七千四百名云

——摘自《大公报》，
1911 年 3 月 3 日

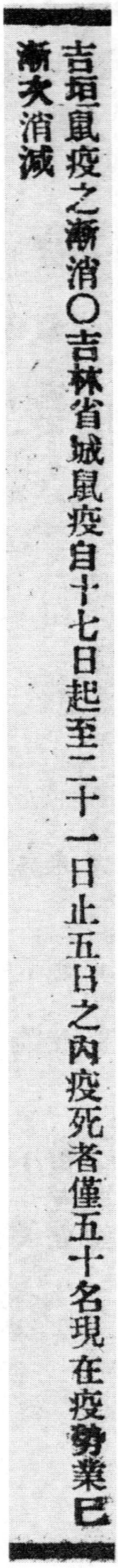

吉垣鼠疫之漸消〇吉林省城鼠疫自十七日起至二十一日止五日之內疫死者僅五十名現在疫勢業已漸次消滅

——摘自《大公报》，
1911 年 3 月 3 日

議准東督近日之封奏〇度支部核議東督錫制軍具奏請飭部速撥款項安插華工興辦實業及現今東三省疫重地廣用款浩繁擬請逕向各國銀行商借銀兩並懇自辦賑捐各節詳酌情形應即准如所請特於日前具摺覆奏業經奉 旨依議

——摘自《大公报》，
1911 年 3 月 4 日

東三省

電調醫學進士至奉○日內公署接學部電醫科進士王若宜已起程其弟王若儀亦醫科進士已電贛撫令速赴奉辦理防疫事宜

——摘自《大公报》，
1911 年 3 月 4 日

會議防疫遮斷交通○東督錫清弼制軍日前召集商務總會自治會諮議局各團體於公署協議防疫辦法擬將八關城門悉行鎖閉如有公務須携帶通行証券其餘一切人等禁止交通至住居城內之外國人另謀供給食物各團體均無異說即於二月初一日實行

——摘自《大公报》，
1911 年 3 月 4 日

雪埋疫尸之敷衍公事○賓州城西滿井地方疫症傳染極烈經許太守設有防疫分所關由務長舜叔康親往查驗遂責成該處防疫人員妥爲辦理庶免蔓延爲患并留款若干吊以備雇工等項之費茲聞日前該處有住戶徐姓家老幼十七口盡死於疫當經該分所派令警兵按戶傳集人夫挖坑拾尸均不付給工資村人以無利可沾又懼受其傳染是以均不認可該分所復用壓力添兵拘傳數十人勒令挖坑頗滋村人憤怒衆之拾尸村人恐被傳染僅挖尺許一坑乘隙四散奔逃巡警無如何遂將疫尸男女十七口盡行亂擲其中上用浮雪掩埋成一極大肉堆坟云噫似此辦理防疫誠屬敷衍公事

——摘自《大公报》，
1911 年 3 月 4 日

傅家甸瘟疫之將淨〇傅家甸瘟疫近來日見稀少病院以外竟未見有疫死者聞前日醫院僅死八九日更少至三四名其撲滅之功指日可待然望有防疫之責者仍勿少懈以期早日消滅出斯民於大難

——摘自《大公报》，
1911 年 3 月 4 日

節省防疫經費之先聲〇聞傅家甸防疫局以近來疫斃者日形減少防疫規模亦須略爲縮小如醫院辦事人員以及差役人等均須酌量裁減以免耗費鉅款惟此種問題一時難以解決以疫症尚無實在遞減之証據故擬略緩數日詳察情形再爲定奪

——摘自《大公报》，
1911 年 3 月 4 日

伍醫士防疫之聲價〇日前哈埠各俄報皆登載俄京電報代辦公司來電其電文如下傳家甸瘟疫日減每日疫死者不過二十名左右其能以如此有效者皆賴伍醫士連德之力現在屍身已經清理焚燒至於各房消毒亦由伍醫士監視凡無用之房舍一概燒燬聞近日稱道伍醫士連德防疫有效之電文滿載俄京各報及新時報大率本埠訪員目睹防疫情形報告俄京者

——摘自《大公报》，
1911年3月4日

伍醫士之卓見〇哈爾濱函云傳家甸近日焚燒染疫各房屋有屍身發現並各房須尋得屍身數具者係貧民曠地所收藏昨由伍醫士提議現在交通未開宜派巡警分段查看各房及院落之處有無隱匿屍身悉行焚燬掩埋以期瘟疫作速消滅

——摘自《大公报》，
1911年3月4日

監國注意東省防疫○東督錫清弼制軍昨又特致樞垣要電一件內係詳陳東省疫氣消滅情形並籌擬善後辦法仍請酌量撥款以濟急需等語當由樞老代奏監國以此次東省疫症猝發關係甚重錫督措置周密一切辦法煞費苦心 朝廷殊深嘉慰所有該督奏請撥款一節應即照准樞府已飭部遵辦矣

——摘自《大公报》，
1911年3月5日

要聞

俄人又藉口增兵矣○俄政府以東三省鼠疫盛行深恐防範不嚴傳至俄境漸次及於歐西故特飭駐京俄使照會我外部擬在吉江兩省邊境添駐重兵隔絕交通以阻止鼠疫之西漸聞外部已按約拒駁並飭東省督撫認眞辦理務祈早日撲滅免致外人藉口干涉有碍主權

——摘自《大公报》，
1911年3月6日

錫制軍將邀議敘○東督錫制軍此次辦理防疫既甚妥洽又極完善監國已屢在 皇太后前提及昨初一日該督奏報東省防疫情形略稱東省疫氣現已消去十之八九每日染疫者僅止一二三人監國閱電大喜旋諭軍機處先行傳 旨嘉獎俟後疫癘既淨再當從優議敘

——摘自《大公报》，
1911年3月6日

又電 英醫士阿克遜大夫前因赴奉防疫犧牲性命後經錫督賜邮金萬元交該大夫之太夫人領訖後旋將該款捐入奉天醫學堂

——摘自《大公报》，
1911年3月7日

鄂督防疫摺電交馳○鄂督瑞制軍初三日電致軍機處云前奉樞電悉所有防疫事宜極爲加意已飭巡警道確查武漢並無疫症發見民間亦甚安謐除將防疫辦法另摺具奏外理合先行電聞初四日又接該督奏摺詳陳預防染疫設所查驗各節當奉　硃批知道了該督預防染疫辦法甚是云云·

——摘自《大公报》，
1911 年 3 月 7 日

東省防疫人員保奬之限制○軍機處昨早曾致東督錫良廷寄一道內容略云東省疫氣流行經該督嚴飭各屬極力防檢業已奏效所有防疫出力人員自應酌量開列保單以示嘉奬惟不准浮濫躐保特此廷寄該督知之

——摘自《大公报》，
1911 年 3 月 7 日

齊齊哈爾電．駐該處日本領事報告該處迄今患疫死者共計五百零四名刻下該處疫症漸消然查該處鐵路界外各邑疫氣蔓延頗烈

——摘自《大公报》，
1911年3月7日

哈爾濱電　刻下傅家甸疫症可稱已滅查正月杪竟未見有因疫死者該處醫局停止其防疫各官員及醫士均開往哈埠南北各地方駐防近查哈爾濱傅家甸以及鐵路左右一帶截至華正月念二日統共死華人六千二百零二名俄人四十九名日本人四名法人一名

——摘自《大公报》，
1911年3月7日

黑龍江

廷諭趕速撲滅鼠疫○江撫昨奉軍機處字寄　廷諭一道略謂東三省鼠疫流行地方官防範不力以致蔓延直隸山東各省疫斃多人殊堪憫惻屢經諭飭民政部暨各該省督撫設法消弭以重民命現哈爾濱等處成效漸著日見輕減仍著各該省轉飭各屬趕速清理務祈早日撲滅勿稍延玩致釀巨患云云周中丞准此當卽通飭各屬一體遵照矣

——摘自《大公报》，
1911 年 3 月 7 日

新民府電　本邑截至華正月念六日計患疫死者城內七十名四鄉三百九十三名日本人二名統共死者四百六十五人

——摘自《大公报》，
1911 年 3 月 7 日

奧領事關於防疫之熱心○東三省瘟疫流行死亡者衆不獨同種實深憫惻卽外人亦切慘傷聞駐奉奧領事對於防疫一事頗爲注意特擬定辦法六條照請東督轉飭所屬採擇施行以重民命昨經錫制軍咨請江撫赶卽飭屬遵照辦理

——摘自《大公报》，
1911 年 3 月 7 日

奏請防疫應否引見人員○江撫日前致軍機處電報一道略謂現東三省瘟疫流行所有應行入京引見人員是否暫緩抑或仍舊給咨送部引見之處恭候 欽裁請卽代奏

——摘自《大公报》，
1911 年 3 月 7 日

外人關心鼠疫○江撫周中丞昨准督憲咨文內開英醫士德雷斯刻機有防疫說帖經本督詳加考驗與現行之疫頗爲對症請卽通飭各屬一體照辦以期早日撲滅而保民命中丞已飭知防疫會遵照辦理矣

——摘自《大公报》，
1911 年 3 月 7 日

俄人黑省駐兵之傳聞○頃聞黑省巡撫昨接沿邊地方官緊急報告據稱俄人前因防疫在沿邊添駐重兵一節已經電稟在案茲得確實消息俄人添駐之兵實非爲防疫起見聞約於一月之內當將黑龍江沿邊佈列整齊藉以示威云云噫此言若確則東三省前途誠不堪設想矣我政府諸公其亟早圖之

——摘自《大公报》，
1911 年 3 月 8 日

譯件

哈爾濱電 英印派來遠東考查鼠疫之醫士法拉爾氏畢德氏與駐北京太晤士報訪員摩爾遜氏同抵哈埠刻下伍醫士連德偕同著名考查疫症醫士多員赴傅家甸一帶詳查防疫一切布置又法國派來之醫士伯露奎德氏亦在哈埠聞該全體醫士即於本禮拜二日齊赴北京

——摘自《大公报》，
1911 年 3 月 8 日

閒評二

東省錫良夙懷退志屢次乞休乃現因疫勢甚熾外患日亟自云不忍遽退尚須靜待數月老成愛國盡瘁鞠躬可謂賢矣雖然彼運動成熟視東督一缺若口中食者能毋急煞能毋恨煞

（无妄）

——摘自《大公报》，
1911 年 3 月 8 日

盛京電　刻下疫癘情形漸減查本月初三日患疫死者念一人然鐵路一方面及附近鐵路各處並無染者

——摘自《大公报》，
1911年3月8日

又電　華本月初五日電稱刻下鐵路及隣近各處毫無染疫者鐵路諸執事亦咸獲平安　是日盛京患疫者二十七人死者十五人

——摘自《大公报》，
1911年3月8日

交旨

二月初八日　監國攝政王鈐章奉　旨富勒祜倫著賞給副都統銜作爲伊犂錫伯領隊大臣欽此同日奉旨御前行走士默特貝子棍布扎布之子公銜二等台吉占巴勒多爾濟著賞挑乾清門行走欽此同日內閣奉　上諭周樹模電奏黑龍江民政使趙淵剛很任性喜怒無常遇事把持奴隸屬吏近因該撫責成該司督辦防疫遇有不合稍加詰問輒敢肆口慢罵如此舉動實屬不知大體趙淵著即行開缺並交部嚴加議處至該撫自請罷斥之處著毋庸議該部知道欽此　軍機大臣署名

——摘自《大公报》，
1911 年 3 月 9 日

外部密電東督紀畧〇外部昨致東督[illegible]長密電一件內係詳述近日俄人對於東省防疫種種評議請速設法早爲籌畫並飭乃須認定防疫問題爲我國內政應辦之事始終不令外人藉口干涉

——摘自《大公报》，
1911 年 3 月 10 日

譯件

盛京電　本月初六日本處患疫死者共三十六名新患者三十一名　據關外鐵路報告各站毫無染疫者據英醫士黎茂[illegible]氏深信新民府之疫氣刻已盡絕

——摘自《大公报》，
1911 年 3 月 10 日

哈爾濱電　本月初六日傅家甸無患疫身故者惟鐵路界內接有報告謂染疫死者均扯每日約只三人

——摘自《大公报》，
1911 年 3 月 10 日

營口電　本處為留驗自魯省赴滿洲之苦工搭有巨棚二座計每棚可容二千餘名所有防疫一切布置悉由營口道會同稅務司監督辦理

——摘自《大公报》，
1911 年 3 月 10 日

擬再派員赴東襄辦防疫○某國在奉天各處以防疫爲名濫行干預地方行政由錫督堅持拒駁已經醲成國際交涉現政府對於此事極爲注重日前曾特開會議研究對待方法擬再由外務民政兩部選派專員赴東襄辦一切聞已交諭該兩部詳愼遴選預備簡派矣

——摘自《大公报》，
1911年3月11日

政務處密議東省防疫交涉○聞昨初七日邸那徐各軍機辦事後退至政務處特邀集外部鄒尚書與胡曹兩侍郎並民政部肅邸特開臨時會議約一小時之久聞所議者係爲某國現在東省有干預防疫交涉應如何設法禁阻以保主權會議良久擬再多派檢疫人員赴東防範幷由外部照會該國駐京公使開正式談判

——摘自《大公报》，
1911年3月11日

中醫官以身殉疫○長春防疫總局來函云長春自疫氣發見以來中醫因診視疫病防範不嚴先後相繼染疫死者已有八人大佛寺中醫疫症院之立原因本地中醫士不信西醫每謂黃瓜溝所設西醫疫症院送去染疫之人概多無救不如中醫之施治或能痊愈有官醫院中醫官朱紳立槐熱心尤甚因見紳商多信中醫要求防疫局另設中醫疫症院一所防疫局以中西並用如能救活災黎亦屬極大好事乃允其請以順輿情當即約定凡送入該院疫病之人准令中醫診治惟重病輕病各室以及院內醫官夫役人等均須用完全消毒法方能自衛生命不料朱醫官救人心急任事過勇所有病人起居飲食皆親自審視因偶不及檢竟於初二日下午染患疫症夜間猶復力疾從事比初三日早忽痰內帶血急自開方服藥未能見效延至夜間竟然身故據說者謂朱君醫學頗優惟不深信百斯篤傳染之烈遂至卒以身殉其志固可嘉其人亦甚可憫矣是日中醫馮紹巽亦染疫身死疫症傳染之烈即此可見一斑凡我中醫尙愼旃哉

——摘自《大公报》，
1911 年 3 月 11 日

黑河亦有鼠疫○頃據黑河來電云該處現有瘟疫發現日昨一人經醫生查驗確係染患百斯篤症商民甚形慌恐地方官現正籌畫預防之法免至釀成巨禍並聞俄人深恐華官辦理不善擬在右岸設立檢疫所云

——摘自《大公报》，
1911年3月12日

諮議局議長作古○諮議局議長鶴君九皐前奉督撫憲札派防疫會副會長自到差以來每日到會與各當道籌議辦法並督飭員司認眞防範詎因操勞過度遂致舊病復發忽於初一日晚四鐘逝世外間傳言多謂係染疫致死聞者無不倍深歎惜

——摘自《大公报》，
1911年3月12日

東三省

鼠疫研究大會續聞○奉天訂於三月初五日起由各國醫學家開會研究鼠疫一節已紀前報玆聞英醫霍爾特格夫氏及美國玖奎斯特龍兩醫已於日前來奉又德醫一名刻亦抵奉俄醫則將由哈埠轉至奉天並聞該會均以一個月爲期限假商品陳列館爲會場云

——摘自《大公报》，
1911年3月13日

三國會議防疫○初三日爲第四次協同防疫會開會之期當由長春道孟秉初與醫員八名會同日俄兩領事及防疫委員醫師等於道署開會孟觀察將新定之防疫章程對衆宣布並報告消毒隔離辦法均已厲行嗣後再開例會各國均須多派醫員以便研究一切進行方法日俄領事均表同情議遂決定並訂每星期三日下午四時開會一次云

——摘自《大公报》，
1911年3月13日

中日合訂水上防疫章程〇中日兩國在鴨綠江上訂有防疫章程其條款探錄如下(一)鴨綠江檢查出入船隻歸清國朝鮮海關担任(二)從發疫地所來船隻在多獅島及大東溝外停泊以待檢驗(三)以上船隻由其離港之日起在口外停留七日然後消毒(四)已經隔離消毒之船由兩國官憲發給放行執照(五)驗看放行執照在龍巖浦及三道浪執行(六)大東溝檢疫歸該地稅務司監督多師島歸新義炳海關長監督(七)所有辦事人員及醫生由兩國監督派遣(八)巡邏海路須乘坐小船或小輪船(九)消毒船所用人員及費用事後互相負擔(十)有疫病發見之船使其停泊中流(十一)禁止進口之貨以堪爲疫病媒介者爲限細目臨時協議

——摘自《大公报》，1911 年 3 月 14 日

施肇基赴東之原因〇日昨外部呈遞封奏二件探聞其一係關於東省防疫研究會事大致謂前錫良以東三省鼠疫蔓延奏請設立防疫研究會並知照各國派醫員來奉研究傳疫之原由並籌議一切辦法奉有明諭此次各國派員專爲防疫起見國際攸關須特別優待現各國所派之醫員均已先後抵東定期開會臣部請派施肇基前往蒞彼會場協商辦法惟所費甚鉅無款指撥可否准由稅務處暫撥四萬兩以濟要需等語聞已奉 旨依議

——摘自《大公报》，1911 年 3 月 14 日

施丞啓定期赴奉○外務部派施右丞肇基前往東三省考察鼠疫情形並㕘列奉天之萬國鼠疫研究會已定於十七日搭坐京奉火車啟行

——摘自《大公报》，
1911年3月15日

剿平馬賊爲第一要務○近來東省爲防疫起見多將黑龍江北方駐防撤回以至馬賊勢甚猖獗據西報某訪員云中國宜速設法剿除勿使他國進兵有所借口且中國時勢至此總以平靖內亂爲第一要務蓋强隣逼處伺隙而動稍有可乘勢必變生不測云

——摘自《大公报》，
1911年3月15日

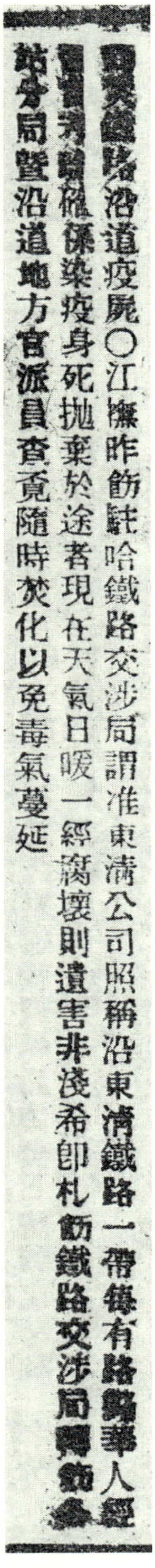

[illegible]鐵路沿道疫屍○江撫昨飭駐哈鐵路交涉局謂准東清公司照稱沿東清鐵路一帶每有路礦華人經[illegible]確係染疫身死拋棄於途者現在天氣日暖一經腐壞則遺害非淺希即札飭鐵路交涉局轉飭各站分局暨沿道地方官派員查覓隨時焚化以免毒氣蔓延

——摘自《大公报》，
1911 年 3 月 15 日

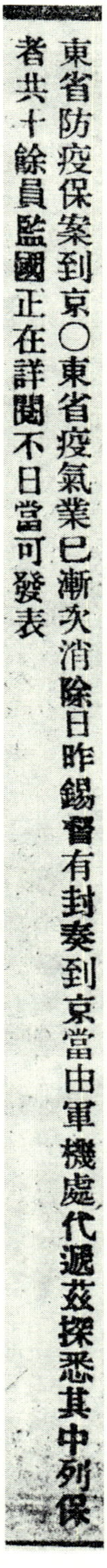

東省防疫保案到京○東省疫氣業已漸次消除日昨錫督有封奏到京當由軍機處代遞茲探悉其中列保者共十餘員監國正在詳閱不日當可發表

——摘自《大公报》，
1911 年 3 月 16 日

黑撫奏參趙淵之原電○黑撫奏參趙淵玆探得其原電如下　黑龍江民政使趙淵剛很任性喜怒無常遇事無不把持指麾屬吏言莫予違稍不合意卽肆行斥呵有如奴隸樹模以邊事方棘同官不宜自生意見曲予優容開誠勸導現値防疫事起責成該使辦理遇有不合稍加詰問卽肆口謾罵夫防疫爲民政專責巡撫有監督職權該使竟敢如此橫暴國憲蕩然倘再容忍以立於上勢必動生齟齬貽悞邊事良非淺鮮樹模愧無以鎭服屬吏惟有懇恩將樹模罷斥以安愚分至該使應如何處分之處非樹模所敢擅擬敬請代奏云云

——摘自《大公报》，
1911 年 3 月 16 日

齊埠人心之皇皇○齊齊哈爾自鼠疫發生以來城內外隔斷交通原訂以二月初一日爲限屆期疫氣仍未消滅不得不再行延期以妨傳染聞齊哈鐵路仍未開行省城百物昂貴彙之近日又有中俄開仗之說以故人心益加惶惶云

——摘自《大公报》，
1911 年 3 月 17 日

保定

關於防疫禁入俄境之札文○飭下藩司奉督憲札文內開准東三省督憲黑龍江撫憲咨准外務部電開准俄國駐京大臣照稱本國伯里總督現防瘟疫傳入俄境不准華人由瘟疫流行各處經海路前赴俄境等語希轉飭通諭商民知悉等因准此又據黑河府王守杜電准俄署文稱現在嚴防瘟疫請禁止華工過境等語查彼岸華工皆直東籍每年數萬人大都於開凍時搭輪前往亦有由陸而來者應咨直東兩省預爲諭禁尤省往返等情據此咨請飭屬查照出示曉諭等因札司遵照辦理云云

——摘自《大公报》，
1911 年 3 月 17 日

黑龍江

俄大員出巡之原因○黑河來函新任阿穆爾總督關達基現由阿穆爾出發赴東海濱各處巡行聞係辦理韓人入籍事宜並就便查視沿邊防疫情形尚須至哈爾濱與東清公司會議關於中俄各項重要事件事畢始行返阿云

——摘自《大公报》，
1911 年 3 月 17 日

巴彥州防疫二則○江撫昨准巴彥州電稱鄉疫增加諒因辦理未善現已派員赴哈購運消毒藥品不日可[illegible]派[illegible]下鄉施行消毒惟州屬幅員遼闊戶口繁聚清查消毒未易周到惟有切實做去不敢鬆懈仍懇隨時指示方略俾得有所遵循 又據巴彥州來函云該處鄉民對於查驗一事極形反對凡死者均不令官家得知輒拋諸僻遠處所或埋於雪堆中近日天氣融暖屍身腐壞毒氣蔓延以致不可收拾近日陸續搜出屍棺一百六十四具之多均以火焚之其窮遠之處尚不知有幾聞日昨民政司已申飭該州辦理之不善嗣後務當認真搜查勿再貽誤

——摘自《大公报》，
1911 年 3 月 17 日

施丞堂赴奉之原因○外部施植之丞堂日前請 訓赴奉並蒙賞給二等第二寶星查該丞堂此次赴奉雖爲調查防疫起見其實尚有他項重要交涉應與錫督商辦前本擬派胡侍郎前往嗣因部務繁賾故遂改派該丞堂並聞昨十七日已乘京奉早車啓行誠恐一時尚難回京云

——摘自《大公报》，
1911 年 3 月 18 日

防疫大會各國代表之概略〇奉天開萬國防疫大會訂於三月初五日在奉開會英法日俄美各國均簡定代表屆時來東蒞會已誌本報茲將各醫學博士之概略紀述如左　法國代表布羅慕博士係法國陸軍三等軍醫現在法殖民地步兵聯隊經理醫政且在該殖民地辦理防疫事宜歷有年所經驗最富此次來華特爲分贈旅居北清之法僑起見携有防疫漿一萬瓶先擬赴天津北京等處考察鼠疫情形聞該博士曾經聲明謂中政府若不待以國賓之禮則不願公然與議其位置之自高概可想見　俄國代表沙布羅尼博士曾在德法兩大學與中國名醫伍君廉德相識厥後該博士駐紮哈埠時亦與伍君往來交情最洽此次鼠疫在北滿發生該博士爲華人設法防護卓著勳勞東清鐵路公司曾擬飭令染疫華鋪必須將屋內所有器皿簿册悉數焚化以除疫氣該博士不以爲然進言該公司謂凡商鋪簿册關係重要不可輕於燒毀須適用消毒方法以保存之當經該公司准如所請該博士正擬偕同軍醫二名醫員四名來東云　英國印度政廳代表卑杜禮博士曾在印度研究鼠疫業已多年現充印度鼠疫調查會總理據該博士云余在印度所經驗之鼠疫有今年不發生之地及至明年忽然流行者余曾在孟買迤北極力防遏不料翌年在孟買迤北尤極猖獗故滿洲鼠疫本年雖幸消滅難保明年不在他處忽爾發現萬國防疫會之組織正即爲此故爲世界人類計並爲科學進步計是會實大可慶幸除若英國代表華路博士則係英國內務部研究所醫員　美國代表士特朗博士現充菲律賓醫學專門學校教習兼細菌研究所長於鼠疫一症頗有心得　日本代表北里博士與日前赴東視察者其所發偉論現方膾炙人口茲故不復贅述

——摘自《大公报》，
1911 年 3 月 19 日

嫩江防疫之認眞○江省各屬瘟疫盛行惟由墨爾根至黑河一帶尚無瘟疫傳染昨據黑河來人稱保地方官防衛嚴密所致並云嫩江府訥河廳兩處防疫辦法頗爲認眞日昨民政司已將該府廳等紀功嘉獎矣

——摘自《大公报》，
1911年3月20日

東督電請代籌防疫特款○樞府於日前接東督錫制軍電報內容略謂現東三省疫氣雖漸消除然一切防檢辦法仍須從嚴以免既平復起之慮惟需款極緊非源源接濟不足以資應用請代奏由度支部特籌辦法是爲至要聞樞臣代奏後已批交度支部議覆矣

——摘自《大公报》，
1911年3月20日

派員籌辦移民事○江撫昨准東督錫制軍咨文內稱東三省移民實邊爲不可緩之要圖前因瘟疫阻碍現在疫氣減退應即提前趕辦故現飭防疫總局提調管太守洛生赴吉江兩省籌辦一切希即接洽辦理

——摘自《大公报》，
1911年3月20日

錫督又有來京之奏請○政府於日前又接東督錫制軍電稱東省各處交涉緊迫誠恐大局將至動搖其中緊要節目非電商所能核定現東省疫氣已漸次消除俟防疫會畢事後仍懇來京　陛見密商各項重要問題聞已由樞臣代奏尚不識能否允准

——摘自《大公报》，
1911年3月21日

安東海關取締船舶規則○安東海關爲預防鼠疫起見此次編訂取締船舶規則已於十一日發表當即移知各地防疫局聞其內容如左　一安東海關稅務司暨駐安各國領事團爰將魯省煙臺龍口登州等地認定爲鼠疫流行地將天津秦皇島牛莊大連各埠認定爲鼠疫流行嫌疑地　一凡船舶（輪船帆船均在內）由前條鼠疫流行地開駛而抵大東溝者必須自開駛之日起至七日之久在該口岸碇泊　一凡船舶由前條鼠疫流行嫌疑地開駛而抵大東溝者必須暫在大東溝船舶留驗所停泊受醫員之檢驗　一在嫌疑地搭載苦工及三等坐客之船舶則須將其坐客送入大東溝隔離所留驗否則自該船開駛之日起至七日之久須在該口岸碇泊　一由上開四埠輸運貨物（並不搭載坐客）之輪船及搭載坐客携有在未開碇以前留驗七日之証憑且經當埠港務官憲允許搭乘者之輪船惟須加以查驗豁免停船　一凡由鼠疫流行地及嫌疑地開駛之船舶當駛近大東溝時必須揭揚黃色旗（驗疫旗）且在港內須遵守安東港務章程

——摘自《大公报》，
1911 年 3 月 22 日

錫督請撥防疫用欵〇日昨錫督有要電一道寄致度支部內稱月前東省辦理防疫用款甚巨皆由本省行政費項下支出現在亟須補虧乞卽暫撥庫平三十萬安解來省以資應用等語澤公閱電後大有難色擬日內先行請示　朝廷再爲答覆

——摘自《大公报》，
1911年3月25日

瑷琿道預防瘟疫辦法〇江撫昨准瑷琿道姚申五觀察電稱瑷黑兩屬尚無瘟疫發現然不可不先事預防現已督飭府廳在瑷黑設立防疫院檢疫所各一處由府廳揀派員役在興安嶺設檢驗所查驗行人並派醫生照省城防疫藥方酌製藥料散放城鄉人民配帶派警挨戶查驗取締衣食淨掃街道以防不虞

——摘自《大公报》，
1911年3月25日

大通亦染瘟疫○江撫昨准大通縣電稱縣屬亦有瘟疫發現當經周中丞覆電飭將疫斃人數查明具報至針砭一法雖不能發明理由亦應將施針之部位及針後之情形詳細說明繪圖列表申送到省以資研究

——摘自《大公报》，
1911 年 3 月 25 日

首府有被參消息○聞政界人云龍江府知府黃太守維翰因防疫不力亦被大憲奏參革職至係被督憲抑或被撫憲所參並摺中有何考語關防綦嚴未易探悉想不日可見明文

——摘自《大公报》，
1911 年 3 月 25 日

施肇基赴東之眞因○外部參堂施肇基奉派赴東已經啓行茲探得其原因係專爲辦理兩項事件(一)參與萬國防疫大會(二)會商中韓劃界事宜聞施携帶案卷甚多皆係關於界務上之參攷

——摘自《大公报》，
1911年3月28日

還派醫員赴會○江撫昨准奉天督憲電稱各國特派醫員於三月初五日在奉開會研究百斯篤症吉江兩省皆應遣派醫員蒞會聞周中丞以哈埠此次防疫已有成效華員精通西醫者必多日昨特飭江關道酌選兩員爲江省代表迅速來江接洽後再行赴奉

——摘自《大公报》，
1911年3月29日

黃太守被參之原因○龍江府黃太守維翰現被周撫奏參開缺探其原因係爲有名官保其人者前充某旗佐領嗣患瘋症流落街巷黃因其汚穢恐染疫症殃及他人當飭防疫隊將其活煉嗣經家屬出而爲難黃願給以三千吊了事未允復在民政司喊控時趙已被撤未及究辦周撫恐甚(黃與周係師生)遂密電奏參以爲自己卸過地步

——摘自《大公报》，
1911 年 3 月 29 日

黑龍江

嚴重防疫○代理民政司張季端司使以瘟疫自發現以來各警區辦理查驗事宜每有無知之徒藉端騷擾甚至夜間亦以查驗爲名深入閨闥窺覘婦女各戶因之對於查驗一事異常反對當此指日疫淨尤當認眞從事昨特出示曉諭不准兵弁黑夜入室倘有藉端滋擾准各該戶指名稟報定即從重懲辦各該戶如有疏於防範或挾嫌等事一經查出亦當照章嚴懲不稍寬貸

——摘自《大公报》，
1911 年 3 月 30 日

蘭西瘟疫已退〇江撫昨准蘭西縣電稱縣屬疫斃人數除初五以前業經電稟外計城內初六疫斃男二名女二名初七男三名初八男四名初九男二名初十男一名鄉間續報男四名均經巡警帶同防疫夫隨時如法焚化鄉間自初七日後並無染疫城內亦大輕減指日可望撲滅仍不時親歷各鄉嚴飭疫過地方實行隔離消毒據疫地方認眞防範並密派多員梭巡搜查棄屍冀無遺漏

——摘自《大公报》，
1911 年 3 月 30 日

俄人果何居心〇自俄人致哀的美敦書於我政府經政府答覆後俄人於東清鐵路暨各沿邊藉防疫剿匪爲名屯駐兵隊日益增加江撫對於此事曾電致東督轉致政府略謂剿匪應由中國捕剿至於藉口防疫今疫氣已退乃俄兵仍不撤消究屬是何用意聞昨得有覆電謂已由外部詰問俄使矣

——摘自《大公报》，
1911 年 3 月 30 日

擬調查奉省防疫經費○度支部尚書澤公因奉省此次防疫開銷經費頗巨其中恐有不實不盡刻擬密派部員前往偵查是否有無弊端據實稟覆以憑核辦

——摘自《大公报》，
1911年4月1日

催送防疫報告○江撫昨准奉天督憲來電略謂開會期迫各屬調查報告請即飭催並速飭民政司將所屬府廳州縣人口總數星夜造表馳送以便將疫死人數作比較表聞周中丞准電後即分電各屬及民政司妥速辦理

——摘自《大公报》，
1911年4月1日

奉天

北里博士關於百斯篤之車中談○北里博士與傳提調蔣醫長在火車中關於百斯篤之談論摘要如下蔣醫長云一國之富强全賴工業商業如因疫氣之故禁止輸送苦力前往工作商販前往貿易則國家非惟受財政上無窮影響而麥秀黍離之感實不在兵戈而在疫氣矣例如有狂犬在道相戒杜門不出則街市人迹斷絕試問成何景象彼不識不知之人以爲空氣中有微生物而以假面具遮掩口鼻夫空氣隨處皆是如以爲害外之空氣中含微生物則室內之空氣亦含微生物也整日遮掩口鼻而不呼吸空氣生理上何以生存由是以推飲食物亦無不在空氣中如謂菜蔬等物皆汚染微生物相戒不食較之因噎廢食殆尤甚也至於醫生診察此病時則甚爲危險非著豫防衣服遮蓋口鼻不可而聽診之際尤爲可懼病人一咳嗽則吹送微生物至耳目口鼻在在皆有傳染之虞若解剖檢查屍體時則呼吸器管不易傳染惟手有傷損則急須防護耳香港之役某君傳染此病者卽自傷損起也某問此次敝國奉天開會總思研究得一種治法方可現在有無治法耶北里云醫者研究病理之所在然後得豫防之妙策不得空從治法上着想某思內經有聖人不治已亂治未亂不治已病治未病亂已成而後平之病已成而後治之不已晚乎之語最切中豫防傳染病之道今百斯篤爲傳染之徑路旣爲呼吸器管與皮膚則得其道而豫防之庶幾思過半矣

——摘自《大公报》，1911年4月4日

黑龍江

此誠足以大快人心○江省防疫會會長公署秘書官蕭某楚產也前經周撫特派為防疫會會長該員本無醫學知識硬充行家混擬藥方名曰白虎湯每劑用石膏六兩服之立即殞命江省數千生靈為蕭毒死者不少以致外間煩言嘖嘖督辦暨民政司[illegible]長蕭首府均因防疫不力被參惟蕭某撫憲念其同鄉毫未加責無如該員惡貫滿盈乃於日昨傳染鼠疫斃命[illegible]民聞之無不謂為報應一時人心異常痛快

——摘自《大公报》，
1911 年 4 月 4 日

俄人又阻撓我防疫矣○江撫昨准[illegible]濱[illegible]張會辦電稱二月十八日在鐵路界內查出一拋棄之屍即飭交涉局催焚當由俄官堅持不許謂須俟俄[illegible]長回滿時再辦延至二十尚未焚燒事關鐵路界內知府無自由權倫一造交又背鐵路合同惟[illegible]鐵路界內棄屍飭交涉局專任界外為知府專責請電飭哈總局札該分局遵照並催俄官速焚如此辦理庶地方交涉兩有裨益

——摘自《大公报》，
1911 年 4 月 4 日

黑龍江

呼蘭審判廳開辦有期○江撫周中丞以呼蘭地方審判廳早應成立前爲該處鼠疫猖狂未能如期開辦現疫氣已漸次撲滅昨特電致法部請飭分發江省之司法官尅期來江以便早日開辦

——摘自《大公报》，
1911 年 4 月 5 日

又電　北京政府示知東三省總督錫良即將防疫各會聚會一處且將關於中俄交涉業經和平了結之案件宣布庶民咸知

——摘自《大公报》，
1911 年 4 月 5 日

札飭檢察旅客〇防疫會日昨呈文江撫內稱二月十七日送到病院數人均屬旅客誠恐外來者復爲傳染之媒自應嚴行檢察所有旅客棲止所擬酌量添設仍須由醫官查驗七日實無病狀乃准出所違者懲治由巡警局專派警隊看守巡邏毋稍疏懈致干重究等情經中丞批准隨即札飭民政司轉飭遵照辦理

——摘自《大公报》，
1911 年 4 月 5 日

電飭採買活旱獺〇東督錫制軍以二月初五日萬國醫學研究會在奉開會研究瘟疫之來原昨特電咨江撫請飭臚濱府張守採買活旱獺二隻送奉以備開會時研究所有疫患是否由旱獺發生中丞准電隨即電飭該府遵照辦理

——摘自《大公报》，
1911 年 4 月 5 日

英醫來東考究治疫○英政府現派醫官赴哈爾濱考察鼠疫之來由因印度亦有疫症發現亟欲研究救治之法又印度政府亦派黴菌學專家皮德雷赴哈會同研究日昨東督特爲咨行江撫飭屬妥實保護當經周中丞札飭交涉局暨鐵路交涉局濱江關道一體遵照

——摘自《大公报》，
1911 年 4 月 5 日

奉天

各國代表對於監國之答詞○奉天防疫會開會情形略誌昨報茲悉萬國代表員因蒙監國眷念該會致有歡迎辭當即敬述答辭以表謝悃其大致如左　萬國防疫會議代表員等茲捧誦賢王歡迎之懇詞欣感莫名鄙人等深慶中國備開此會意美事善願令此會克奏其功此亦鄙人等心中所望也

——摘自《大公报》，
1911 年 4 月 8 日

防疫會選舉會長及任事員○初五日防疫會開會時中國施丞堂演說俄國薩巴羅杜尼覆答後由中國與醫官暫行司會先將會長及委員公同推選衆即選舉日本代表員北里博士爲會長選舉德國代表馬基尼博士義國喀列沃基博士及美國鐵克博士爲總務委員選舉英國華路博士俄國斯魯杜哥羅夫博士日本柴山博士爲理事理事須每日準備議案並以收受咨報爲要務聞錫督因各國代表皆已到齊日昨特在公所邀請歡宴

——摘自《大公报》，
1911 年 4 月 8 日

防疫會研究之事項〇防疫會議研究事項開列如左　第一瘟疫原因　第二瘟疫傳染與時間及地域關係如何又道路河川鐵路及船舶於傳染疫氣影響如何　第三瘟疫與動物染疫關係如何　第四城市及村邑染疫情形　第五瘟疫與氣候乾濕寒溫有無影響　第六本地瘟疫似自然消滅非藉防疫辦法其自然衰滅之原因如何　第七城市及村邑關於傳染原因事項　（一）感染疫氣之人或羅疫者或身尚健康而帶來疫氣者之進入　（二）感染疫菌之衣類或物貨之運入　第八羅疫者之傳染物　（一）由排瀉物傳染　（二）由羅疫者咳嗽唾液談話散布疫菌竟致傳染　（三）小蚤吸血羅疫者竟將黴菌傳染（四）由屍體傳染黴菌　第九由家屋傳染瘟疫已屢有証據細別如左　（一）床坑食物食器等汚穢可慮並因羅疫者唾液被汚　（二）凡如此之類（例如感染疫氣之衣類）於傳染黴菌影響所及幾何　（三）塵埃飛揚能否帶有傳染物　（四）室內以人工保衛溫暖或圖通氣與其不行之於傳染力如何影響　（五）室內人過多時或人民之習慣如何於散布疫氣有無關係　（六）屋內或室內生存黴菌其期間之長短　第十瘟疫於各種情事有傳染黴菌不同例如因病氣期間致死情形動物傳染鑿鑿有証其理何故　第十一羅疫者尚有自治愈者否　第十二瘟疫流行時鼠類感染之危險　（一）鼠類由羅疫者唾液感染　（二）鼠類因嚙疫斃屍具感染　（三）鼠類由蚤或小虫感染　（四）鼠類因吸入疫菌感染　（未完）

——摘自《大公报》，1911 年 4 月 8 日

奉天

再誌防疫會研究之事項〇（續昨日）第十三統計事項（一）老鼠染病斃於各處者須立統計表（二）罹疫者年齡之老少（三）罹疫者男女之區別（四）罹疫者人種之異同（五）社會各階級之罹疫者（六）罹疫者之職業（七）與各樣罹疫人接觸傳染者（八）醫士學生褓母從者及衛生局員之罹疫統計（九）各地死亡數　第十四臥床事項（一）該疫經過各狀與初期肺炎或初期敗血症或鼠蹊疫或腸疫等症有無區別（二）病毒顯諸期（三）症候（四）診斷（甲）各樣診斷（乙）由黴菌學上診斷（子）唾液驗查（丑）血液驗查（寅）由肺針查血液（卯）由脾針查血液（五）預告病狀須知（六）治療　血漿（甲）種漿（乙）化學應用（丙）藥材（七）病理學及黴菌學（甲）解剖屍具特以肺鼠疫爲要（乙）鼠疫流行時若將黴菌隔離其緊張力之性質如何（子）培養黴菌（丑）移種動物（寅）膠着試驗（卯）黴菌變成各種情形之後須或乾或曝或任風吹或乾而又吹或行溶辦（八）防疫辦法（甲）種植血漿以資預防（子）種液示預防染疫（丑）疫菌特質之比較腺疫强於鼠疫肺疫强於腺疫（寅）種液之一部或組織的效果已徵各項顯然（卯）預防種液須與種痘或舉獨行之可否（仍未完）

——摘自《大公报》，1911 年 4 月 9 日

鼠疫標本之展覽會〇南滿鐵路公司自東省鼠疫發生以來籌設各種防疫機關悉心從事一面延聘熟諳鼠疫之醫家使之研究鼠疫症狀辦理頗爲盡力聞該公司以各醫家所造鼠疫標本最足以資研究日前特整理所有標本在奉天滿鐵醫院內一律陳列訂於初八日邀請萬國鼠疫會各國代表以及駐奉各領事蒞院省覽

——摘自《大公报》，
1911 年 4 月 11 日

三諸防疫會研究之事項○（續前日）第十五鼠疫流行時於城市村邑應行之防疫辦法（一）須配置衛生的哨兵以防止染疫之人或物貨進入（二）須社會各員互絕往來交通　第十六學堂施療院戲館當鋪客棧工廠娼家等須均閉鎖　第十七馬車鐵路及洋車其餘交通機關須暫停辦　第十八城市分爲數區並各區居民須遵照檢疫規則實行隔離辦法（一）或用講演或用文語或由告示以啓發民智（二）設立醫院第十九爲罹疫者應行事項　第二十爲疑似罹疫者應行事項（一）須設置檢疫所　第二十一檢疫所

第二十二隔離處須向勞工及其餘階級設置（一）街市或家屋發見罹病者或屍具直當通告賣棺者亦同　須對於各戶行檢病調查（二）消毒手段　第二十三關於染疫家屋或染疫可疑器具之消毒辦法須付之一炬合宜　第二十四各種消毒藥之效力並各消毒法之比較且流行時之天氣如何於消毒法有無影響（一）罹疫屍具搬移方法（二）須設置衛生局（三）關於看護罹疫者或搬移屍具須留心從事當行種疫或行消毒浴或用蔽面或眼鏡或手套　國際防疫　（甲）關於防疫止疫菌擴散應行辦法（二）配置衛生的哨兵須防止染疫之人或物貨進入（一）須設鐵路檢疫所檢查客貨（一）須設河川檢疫所檢查客貨（一）須設海港檢疫所檢查客貨（一）須監理苦工轉移　（乙）瘟疫關於商務之影響（一）豆穀貿易（一）麥穀及麵粉貿易（一）皮毛頭髮（一）煤（一）鐵路及其餘商務　已完

——摘自《大公报》，1911 年 4 月 11 日

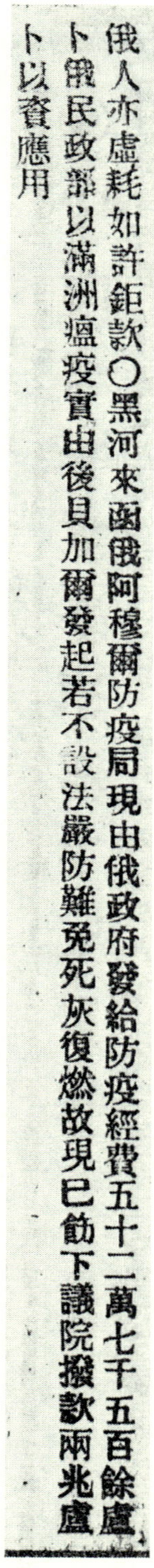

俄人亦虛耗如許鉅款〇黑河來函俄阿穆爾防疫局現由俄政府發給防疫經費五十二萬七千五百餘盧卜俄民政部以滿洲瘟疫實由後貝加爾發起若不設法嚴防難免死灰復燃故現已飭下議院撥款兩兆盧卜以資應用

——摘自《大公报》，
1911 年 4 月 12 日

奉天

錫督對於防疫研究會之演詞○東三省疫病流行我 大皇帝軫念民生敦請各大友邦共舉名醫在奉設會研究茲承各大友邦盛意董勞諸君子遠道賁臨本大臣得以親炙道範曷勝慶幸以諸君子宿學碩望又重以熱心研究此數星期內必卓著成效發明新理將來以研究之心得爲實地之措施固不僅中國人民之福亦寰球各國人民之福也中國研求醫書溯厥源流歷代以來頗多發明之處內外各科疾病亦未嘗無效惟此疫爲近世紀所未有一切防衛療治之法亦當研求但內國陳方斷難收效醫學與各科學並重醫術共文化俱新並變以馳斯臻美備物質科學既爲敝國所不可少各國明哲所發明最新最精之醫理吾民又焉可闕焉不講近來歐洲醫界之發明頗有竿頭日進之勢蓋自前英皇愛德華第七皇帝陛下於西歷一千八百八十四年在法京萬國研究衛生會演說之後始獲此效其於傳染病一層曾有果可防範何靳不爲之名論本大臣服膺是語有年敝國醫術衛生近亦漸知研究將來之力求進步并對於衛生上之此次研究事竣倘使已滅之疫灰不幸而有復燃之日一切防衛上獲此度之經驗及貢海內重望之諸君子研究後當愈有把握決非此次之倉卒設備者可比所惜者三省人民之斃於是疫者已四萬餘更有各友邦熱心救世之醫學名家助吾三省官紳辛苦治疫踴躍捐軀本大臣言之輒增悼痛諸君子皆醫界泰斗環球共仰此次惠然遠臨宜伸歡迎之意惟敝國開會研究以奉省爲濫觴一切設備供給恐未盡周妥諸君子尚希諒之

——摘自《大公报》，1911 年 4 月 12 日

錫督電奏三省疫情幷開會事○軍機處鈞鑒竊查東三省疫症流行府廳州縣地方蔓延所及者六十六處死亡人口達四萬二千以上臘尾春初疫勢最爲熾盛哈爾濱一隅及其附近之雙城呼蘭長春每日輒疫斃百數十人岌岌不可終日哈埠人口不及二萬死亡至六千以上染疫各處大半因有來自哈埠之人因而傳播自外務部醫官伍連德赴哈而後並以陸軍圍守傳家甸嚴行遮斷交通錫良等督飭在事各員嚴厲進行協力以圖撲滅二月以來疫勢以次衰減現在統計染疫各屬月餘無疫或十日半月無疫者占十之八九疫未清滅之區類皆間數日偶一發見漸起漸滅開會之期已屆全境肅清亦指日可期堪以上紓　宸廑各國政府遣派醫員陸續蒞止外部右丞施肇基已於二月二十五日到奉招待事宜會同商定籌備亦大致周安合併陳明謹請代　奏錫良昭常樹楧冬

——摘自《大公报》，
1911 年 4 月 12 日

黑龍江

燒房給賠○磚城西門外路東迤北二區地方有磚平房六間係懸佐領隆產業前因租戶染疫身死經警務公所將該房燒燬昨由防疫會照上等價給錢二千四百吊作爲官家賠償費云

——摘自《大公报》，1911 年 4 月 12 日

江撫奏報防疫情形○江撫周少樸中丞日昨有摺奏到京探係陳報江省疫患漸退及近來辦理防疫情形暨兩次疫斃人數之統計

——摘自《大公报》，1911 年 4 月 12 日

北里博士公宴各代表之演說○萬國鼠疫研究會日本代表北里博士日前柬請各國代表假席大和賓館公宴酒三行該博士舉觴爲壽且操德語致歡迎詞嗣由英國代表法拉君代表各代表致答詞冠裳鱗萃歡若平生頗極一時之盛茲將北里博士之演說譯登如左　萬國鼠疫研究會代表諸君非均奉有本國政府之命來東參與萬國鼠疫會議欲藉以研究鼠疫者耶鄙人亦代表敝國來奉行將與諸君爲斯疫之研究且關於防疫設置得聽高說鄙人不勝榮幸夫鼠疫一症係世界醫界所悉心研究者若病理及其餘事項均經闡明無遺在日本亦因屢遭疫刼研究斯疫予曷敢怠辦理防疫亦卓有成績至此次東省流行之鼠疫則純係肺百斯篤在近世紀絕無發現者於學理上屬極有趣味之研究問題故敝國政府前已簡派熟諳斯疫大家數員先後來東分担研究不遺餘力其結果爲如何當逐一報告惟旣爲百斯篤則無論爲肺百斯篤腺百斯篤其病源不外同一百斯篤菌此蓋世界所公認之事實也此次鼠疫之限於肺百斯篤並無腺百斯篤殆偶以該毒猶未染及鼠族之故耳至若防疫方法則可謂盡於左開數端也(一)將患疫者從速發見(二)發見之後旋即隔離(三)將與患疫者關係密接之眷屬及他人暫行隔離以昭有無傳染(四)將染疫住房及器皿等類嚴密消毒以絕疫氛要之防遏肺百斯篤方法易於預防腺百斯篤云

——摘自《大公报》，
1911 年 4 月 13 日

黑龍江

請設遣民留養所○蘭西縣疫氣現已漸消防疫所自當分別裁撤惟隔離所內收養無家小孩十一人該縣閻令毓善擬由防疫餘欵改設留養所一處將城鄉無告遣民暫爲收留俾免失所聞已蒙批准照辦云

——摘自《大公报》，
1911 年 4 月 14 日

防疫報告○十二日本埠尋常病故三十人并無患疫者　又北洋防疫醫院留驗仍四人　又山海關留驗期滿放行搭客一百二十名又新到二百三十八名計仍留驗出關二三等搭客一百五十四名　又留驗溝站以西入關二三等搭客五百八十五名以上共留驗七百三十九名　又檢驗入關搭客四十五名　十四日北洋防疫醫院留驗四名期滿均行放出　直隸疫氣一律肅清衛生局屈觀察已呈報督憲分別奏咨並聞嗣後出關搭客一概免驗　又奉天疫氣尚未肅清日前又疫故一人係醫院苦力因之入關二三等搭客仍須在山海關留驗

——摘自《大公报》，
1911 年 4 月 14 日

通飭防疫機關歸併巡警辦理○錫督於日前通札各屬云爲札飭事案查三省疫氣迭據各屬報告已大見消滅如吉省之長春新城奉省之懷德等處均報已將各所卡及檢疫隊等量爲裁撤在案此次疫事起於倉卒平日機關未具臨時組織倍覺爲難始疫以來所費已屬不貲現各屬既有疫氣淨盡之區一切設備自應量爲裁撤以節經費惟將防疫機關同時取消若竟毫無布置亦非毖後懲前之道查日本傳染病預防及檢疫消毒各事均詳於警察法令吾國警章亦重衛生但使平日警務辦理認眞即能收遏絕疫萌之效仰各該地方官體察近日情形如該處疫氣已消滅卽將所設臨時機關量爲裁撤一面將所屬巡警切實整頓注意人民公共衛生所有防疫未盡事宜應卽責成警務局經理並飭警局衛生股隨時講求傳染病預防及檢疫消毒各方法設遇偶一發見不難卽時撲滅亦不致如此次之臨時張皇至此次各屬領用之藥品應將原領若干用過若干實存若干詳細列册呈報藥品未用罄者及原領各項器物由警局妥爲保存以備設有發見之地卽可應用仍將器物實存數目列單報查備案至警員更替之際此項應歸入交代不得任其損失切切此札

——摘自《大公报》，
1911年4月15日

詳紀防疫研究會之會議○**初七日會議情形**　初七日早十點開第二次會議先由會長伍連德君用英語報告接到上海各國醫生醫學會及哈爾濱俄國防疫會來電各一道繼提議各處派來醫官（非各國政府所派者）除特別會及議事會外皆可列席旁聽經衆贊成決議次余紹濤君用英語報告在哈爾濱滿洲里等處調查情形略謂此次疫症最初發起實在滿洲對過相距十里之一小鎮市中又謂旱獺染疫則不能行動野獲者大都無疫有疫之旱獺必係獲於穴中者云云次英醫克里君用英語演說此次之疫綫至爲詳細略謂疫之傳播地（一）爲鐵路沿綫（二）爲大道沿綫（三）爲輪船航綫所達之地至關於河流者則無甚傳染蓋由於結冰期內不通航也次日醫克薩伊君用德語演說南滿鐵路沿綫染疫情形次俄醫薩寶羅尼君用法語演說尤爲衆所注意略謂滿蒙各地自一千八百九十八年至今常時發見此疫肺百斯篤之發生期約在西歷十月及十一月間腺百斯篤之發生期恒在春夏兩季現在吾人同一意見公認旱獺爲傳疫之源則吾人宜注意於獺病之起原及經過變化俾成一專門學科至於人與人之傳染不外三種（一）直接傳染如談話之類（二）粘液傳染（三）痰之傳染云云次美醫司德朗君用英語演說謂其經驗所得人之染疫實先傳染於肺於是德醫馬梯尼君日醫北里君俄醫薩寶羅尼君同起而反對馬梯尼君謂予已試驗盈千之動物實係先傳染於核而非傳疫於肺云云此一懸問遂待實驗馬梯尼君又謂從前埃及常有此疫肺百斯篤之後則有腺百斯篤之發生此則不可不防云云是日下午四點又開議事會　**初八日演說題目**　初八日會議由日（柴山博士）俄美義德五國委員迭行演說關於細菌學之意見但是日仍無甚大議論　**初九日上午之會議**　初九日早十點開會從事於各種微生物之研究日醫北里君云調查奉天獲鼠三萬餘頭解剖後無一含有百斯篤病菌者俄醫薩寶羅尼君云哈爾濱有鼠一頭實染肺百斯篤會長伍連德君云哈爾濱之猪馬騾等動物死於肺百斯篤者實有四五百頭英醫司督閣云新民府曾有一人染肺百斯篤病而所乘之騾亦染肺百斯篤更有一人因看護騾病亦染肺百斯篤然則動物亦無抵抗肺百斯篤之力不過不能如人之易於傳染云云遂閉會　**初九日下午之會議**　下午二時又開會議經衆提議肺百斯篤較之腺百斯篤是否爲烈之一問題在微生物一方面研究之肺百斯篤之毒不至較腺百斯篤之毒爲烈惟肺百斯篤一經傳疫於人即深入人肺中所以殺人最速於腺百斯篤傳染於人其人之頸上必先生核病然後始傳染全身故殺人較之肺百斯篤稍緩且肺百斯篤病菌至於人之肺中居處已慣由此人傳染他人亦卽時傳入其肺中也後有某君提議天氣寒熱是否與疫症有無關係常見寒時有疫而熱時亦有疫不因天氣之寒熱而增損疫症可見疫症與天氣無甚關係現在奉天肺百斯篤已經消滅恐不能卽時發生腺百斯篤如其有之則在秋季云云至此閉會

——摘自《大公报》，1911 年 4 月 15 日

俄人違約私售三等車票〇東清鐵路自客臘瘟疫發現以來已停售三等車票現交通未開乃俄人竟私掛三等客車載運華人探聞滿洲里地方由南載來之客有千餘人之譜俄人所掛之車明係三等竟以二等爲名事先私自售票希圖漁利然此猶屬害之小焉者也惟目下瘟氣未清驟開交通最易復染不知我當道亦曾注意否

——摘自《大公报》，
1911 年 4 月 15 日

錫制軍將次晉京〇政府早有擬召東督錫制軍晉京之議嗣以東省疫氣發生遂作罷論現疫氣已經消除仍決擬電召來京密商各政已於日前電致該督知照又聞趙制軍約於十九日卽可回京當卽與之會晤以便解決是否更替事宜

——摘自《大公报》，
1911 年 4 月 18 日

黑龍江

電催協餉○江省庫帑奇絀所有旗民協餉向由各直省協濟近年因遭水遭疫旗民受創甚鉅需餉尤爲迫不及待日昨周中丞特爲電請福建山東安徽等省將所有准撥江省本年協餉早日滙到以應急需

——摘自《大公报》，
1911 年 4 月 18 日

請賞伍醫官醫科進士○學部日前專摺具奏以總醫官伍連德學識宏深此次辦理防疫事宜尤爲得力懇請賞給醫科進士學位以資鼓勵業經奉 旨依議

——摘自《大公报》，
1911 年 4 月 18 日

黑龍江

死屍宜速淸除○去歲瘟疫發現人民疫死多有不令官家知曉私自掩埋雪內者現在春融雪化發現於外如江沿土壩大橋東首有赤身死屍二具雪水融化流入江內又江沿病院西首一里許沙漠中有新棺五具現皆腐爛毒臭發散於外若不亟行除去難免毒氣傳染以致死灰復燃望有該管之責者宜速注意此事

——摘自《大公报》，
1911 年 4 月 24 日

施丞堂之位置未定○現東三省萬國鼠疫研究會已經畢事施植之丞堂不日當即來京聞該丞堂確有外用之議惟如何位置刻尚未定外部各堂擬即奏保繼薩季謙欽使後充駐俄大臣而樞府諸公則擬派赴西北各邊辦理中俄交涉彼此互商一時殊難解決

——摘自《大公报》，
1911 年 4 月 28 日

民政部擬修訂時疫叢書○民政部堂官近議以去冬奉直等省疫氣猝發現今雖已撲滅難保不再見發生中國對於此事素乏研究擬將此次奉直各處臨時防範辦法及萬國鼠疫研究會研究所得並參酌各國防疫章程修訂防疫叢考專書頒發各省隨時參考以重衛生

——摘自《大公报》，1911 年 4 月 30 日

▲黑龍江▼

▲又有鼠疫發現矣

數年前東省發現百斯篤症傳染幾遍華北死亡絡繹尸骸山積至今譚者爲之色變而不料此驚人心魄之疫症又在黑省西邊突兀發動也黑龍江地處極邊逼接寒帶氣候向稱最冷晚歲入冬後朔風凜凜凍雪霏霏凉氣侵肌尤爲難耐乃今年自秋末訖茲雨雪僅三四遭天氣異常温暖平均温度較前幾年相差十度上下說者謂年中亢旱雨雪甚稀且人烟漸多自趨和暖方幸冰天雪地之苦大可減輕孰意滿邊發現百斯篤之惡耗竟沓來紛至初當俄新舊黨之激戰大烏里也新軍某醫官在陣地檢驗戰亡尸體謂間有鼠疫之傳染菌唯當時尚無甚徵驗聞者多不注意嗣謝黨殘軍紛紛東竄我境滿海各站俄兵充塞街衢其飲食居處遂不免污穢齷齪於是俄軍傳染疫症之說喧揚頗盛然旋起旋滅迄未蔓延故雖略見發端尚未足以惹人注意頃晤新自滿洲里歸來姜某據稱海拉爾地方確已發現百斯篤傳染飛速頃刻斃命考此次鼠疫之起點即發端於不潔之處最初在蒙人住戶相繼猝斃三人察其病狀與往年之百斯篤十分相似日前更有某小飯店內同時竟死五人其罹病狀況與前死毫無殊異於是凶耗傳播警告遍飛相顧驚駭莫知所措

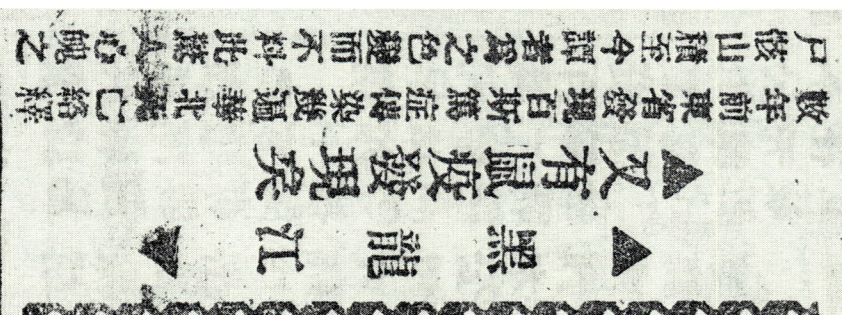

——摘自《大公报》，1921 年 1 月 6 日

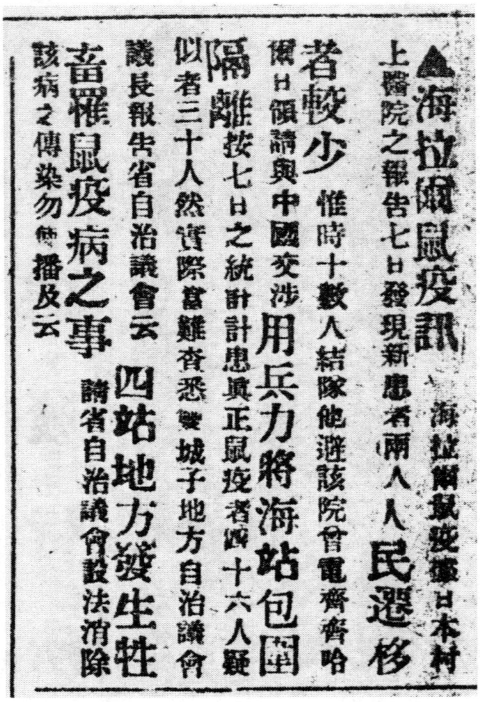

▲海拉爾鼠疫訊 海拉爾鼠疫據日本村上醫院之報告七日發現新患者兩人 人民遷移者較少 惟時十數人結隊他避該院曾電齊齊哈爾日領請與中國交涉 用兵力將海站包圍隔離 按七日之統計計患眞正鼠疫者四十六人疑似者三十人然實際當難查悉 雙城子地方自治議會議長報告省自治議會云 四站地方發生牲畜罹鼠疫病之事 請省自治議會設法消除該病之傳染勿使播及云

——摘自《大公报》，1921 年 1 月 19 日

▲哈埠開防疫大會議

東三省防疫事務總處因海拉爾一帶發生鼠疫深恐傳至本埠禍及商民該處總辦伍連德爲預防起見於本月十九日招集本埠各要人在該處特開防疫會議研究預防方法及檢查規則茲將是日議決事項六條開列於後（一）隔離事務所暫時設立於商務會內（二）擬先請欵三萬元由道尹鎮守使司令縣知事總醫官等會銜呈請但由道署擬稿（三）道裏如有染疫者可以借用火車爲隔離所道外須由警廳在街外預覓隔離所（四）凡由滿洲里開來客車由本埠軍警會同醫官檢查道裏外檢查各旅店亦如是至檢查章程由軍警醫官酌訂但由醫院起草（五）通知各處本埠防疫會成立（六）道內外商人如有類似瘟疫者警察局應隨時通知醫院前往檢驗

——摘自《大公报》，1921 年 1 月 25 日

▲張使令撥防疫費

滿洲里近又發生鼠疫迭載各報幸未見其南下人心向稱安謐茲據確訊哈爾濱有自扎賚爾炭坑南返之中國苦工一名抵哈後於二十日發病一十四日經防疫醫士診治係爲眞性鼠疫（即肺百斯篤）一時哈埠驟然人心洶洶中外官憲正在極力防止中又奉天日本醫務署將派對將數十人赶赴長春爲防疫之活動按哈奉間僅一晝夜之程而火車往來頻繁奉省當局爲愼重民命起見對於防疫一節已竭力籌備防患未然昨開防疫會議時張使已令財政廳撥防疫費一萬元飭王運坡廳長担任籌備防疫事宜揀選醫官製備醫藥設立檢疫所以實行防疫之手續云

——摘自《大公报》，1921 年 1 月 29 日

當局之防疫計劃

鼠疫南侵人心惶恐聞省公署已經會議一次決令財政廳撥款責成警察廳及衛生醫院爲防疫之初步其辦法（一）京奉站爲交通機關往來人多將先設防疫所一處檢查旅客有無疾病（二）省城地方責成警察各區調查各轄境有無染疫之發生有則速報警廳將派醫官檢驗以憑分別防範（三）南滿路日本方面業爲防疫事項之準備無庸專設但有事變方取和衷共濟主義（四）通知各縣知事警所一律查視嚴防云

——摘自《大公报》，1921 年 1 月 31 日

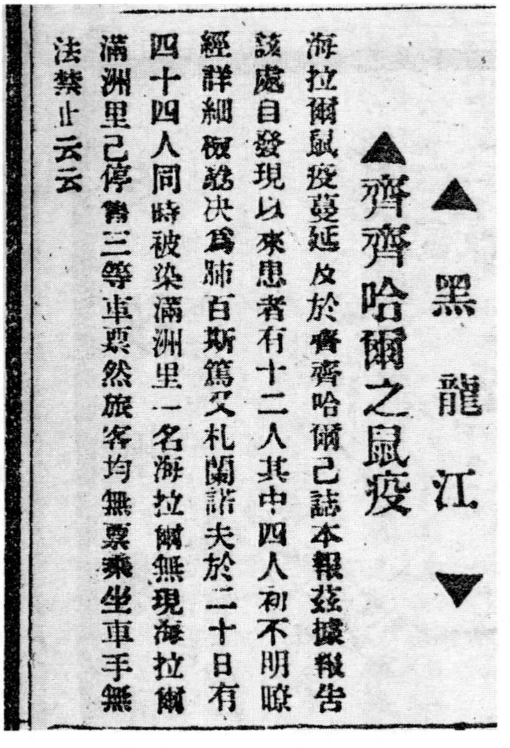

▲黑龍江▼

齊齊哈爾之鼠疫

海拉爾鼠疫蔓延及於齊齊哈爾已誌本報茲據報告該處自發現以來患者有十二人其中四人初不明瞭經詳細檢驗決爲肺百斯篤又札蘭諾夫於二十日有四十四人同時被染滿洲里一名海拉爾無現海拉爾滿洲里已停售三等車票然旅客均無票乘坐車手無法禁止云云

——摘自《大公报》，1921 年 2 月 1 日

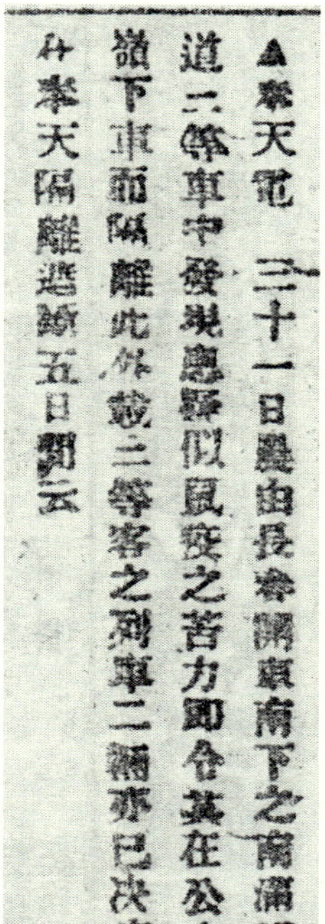

▲奉天電　三十一日晨由長春開來南下之南滿鐵道二等車中發現患疑似鼠疫之苦力即令其在公主嶺下車而隔離此外載二等客之列車二輛亦已決定在奉天隔離遮斷五日間云

——摘自《大公报》，1921 年 2 月 3 日

東三省防疫之積極進行

▲蔡道升通電防疫情形

▲中日國際防疫會議

滿洲里發生鼠疫哈長各處準備防範長春蒿時防疫所總辦蔡運升近將準備情形通電各處文曰自札闌諾爾疫病發現升即飭所屬籌備防疫積極進行首先招集各界會議設立防疫總事務所由升總辦其事關鎮守使旅長爲會辦李警廳長爲坐辦即於二月三日成立嘗查此項疫氣也於滿海一帶長埠未事先防自以杜絕中東鐵路傳播爲首要二道溝爲中東車站最爲重要關鍵如於該處防禦得法內則可杜疫氛外則南滿車站自無問題發生邦交民命所關飄以全副精神注重於此因於該處設第一檢疫分所委所長一員聘用日本專門醫生並遴委中國醫官專任二道溝檢查火車復由吉長鐵路加派軍醫實兵相助爲理已經實行檢驗仍電求督辦商允鐵路公司於商車到站時展停一小時俾資檢察並租民房二十餘間爲甲種隔離所又借用該站「二三等火車三十二輛爲醫官職員宿舍及作爲各種病院各等隔離所以及補助房屋之不足此外於日本附屬地間之大橋設第二檢疫所長春城內西熱鬧街設第三檢疫所西四道街設第四檢疫所城隍廟設第五檢疫所西門外設第六檢疫所人員與第二分所同各檢疫所星羅棋布即鐵路外各旱路亦均扼要檢察務期周密並設衛生夫消毒隊檢疫隊對於住戶清潔郵件消毒并已著手實行連日詳查長埠尚無疫症發現刻下齊昂滿海間疫病雖未蔓延長埠由升督飭所部合力防禦杜絕傳播疫氛自消滅然哈滿路線火車停開交通已經遮斷哈埠預防無由侵入誠恐杯蛇市虎謠言訛傳特將真相詳電奉聞云云長春既如此嚴加防範疫氛自不致蔓延矣

自北滿鼠疫發生以來長春之中日兩國官憲業將關於預防該疫之設備接洽數次現以共同之誠意並詳防範至本月初旬南滿鐵路之一列車當通過公主嶺車站時不意該列車乘客發現患鼠疫者一名中日兩國當局鑒于危險迫在眉睫之勢更感防疫設備爲緊要決定開一兩國共同防疫會議以講究此項防疫方法乃月之十三日下後三時在長春日領事館內開第一國際防疫會議參列該會議中中日兩方面人士如下中國方面蔡吉長道尹孫外交科長李警察廳長深田醫事顧問孫醫官林知事及其他防疫人員日本側村上領事稿本警務署長國澤關東廳技師鶴見滿鐵衛生課長西本寬城子守備隊長及其他防疫醫士等以上中日參議者三十餘名

村上領事之開會辭謂須撤廢國際與人種不同之感念以密接從事防疫將此可畏之惡病不可不剿在本埠地方完全防禦而免發病之慘禍實有厚望焉蔡道尹起立表示同意繼由李警察廳長及稿本警務署長詳細說明雙方設備經過及現在之情況後對於日本側提出之共同防疫規程草案十六條均行討論並交換意見至下午四時方始散會今將日本方面提出之共同防疫規程草案十六條披露如左（一）關於停留檢疫之規程（甲）經由鼠疫流行地（哈爾濱附近及以北地方）之列車乘客一律禁止在烏海及米沙子兩車站下車並將該旅客全體送致所定之停留處但現在住烏海及米沙子兩地方之人認爲健康者時搭載最近開往之列車而送還（乙）對於隔離處分派醫士從嚴檢診（丙）對於終了停留檢診而認爲健康者交由停留處發行中日共同標式之證明書（丁）對被停留檢診者須強制使用掩口布（馬須克）（戊）開始停留之日

期姑俟發日決定（二）對於步行不乘車苦力之取締規程在長春及寬城子以外各要地設置分檢所並分派各疫員檢診經由鼠疫流行地方南行之苦力而分送所定之停留處或日本所設之長春隔離所是等事宜須有軍隊巡官祝指扇等之協力以便進行（三）關於施行豫防注射之規程顯覺豫防注射者應一律施行注射並不徵藥價（四）關於在寬城子檢診列車乘客之規程甲更改現行之列車內檢診將列車在寬城子車站一時停留即行檢診乙施行檢診方法由中日兩當局派醫官各一名及警察官各一名以担任之丙該往派之日本醫官及警察官着用與中國官憲同一樣式之腕章丁該往派之日本醫官及警官之宿泊所在與中國官憲宿所同一地區設置（五）關於收容被停留檢診者之規程在停留處之前面使其下車當即行收容於該處內（六）關於南行搭乘三等車旅客之規程甲在長春公主嶺間爲搭乘南行三等車之旅客不帶有五日之停留證明書或五日以上之滯在證明書者一律不準車票乙此項證明書對於住在長春城內寬城子及其管轄地方內者由中國官憲交附之對於住在滿鐵附屬地內者由日本官憲交附內該證明書中日兩方面應準據同一樣式但將證明書發行之責任者須豫定以由雙方通知之（七）關於調查住戶以使檢病之規程將現行檢病調查從嚴勵行並努從速發見暴死者有病患者及遺棄之屍體將其始末詳細登記須在幾日時內通告此項通告應準所定之樣式製作兩日今午四點至本日下午四點之時期爲日報雖無事故之發生亦須通告之（八）調查苦力移動之規程客棧苦力收容所等其在城內者應由中國官憲查調查其在南滿鐵道附屬地內者由本官憲調（九）須講徹底的豫防宣傳之方法（十）在哈爾濱車站發售車票之際對於購入三等車票之旅客強制購入掩口布（應須竟（十一）處分鼠疫患者屍體之規程爲豫防病毒之傳染起見鼠疫者屍體必須火葬任於南滿鐵道附屬地內發生之中國人鼠疫患者之屍體交送中國官憲後中日兩國官憲會同火葬（十二）關於細菌檢查處之規定細菌檢查處由本方面業經設立歡迎中國官憲之隨時使用該處（十三）中國官憲應將在本會議決定之停留檢疫及南往苦力乘火車規定要項通告於所管區內及鼠疫流行地方之官廳并布告一般人民週知（十四）設立一中日防疫委員隨時開協議會（十五）當鼠疫患者發生時責成中日兩當局極力防遏病毒之傳染（十六）應將中日協同防疫之宗旨諭告各所屬人員以免錯誤

上記日本當局之提議案中國當局亦表示贊同之意唯關中東路之一項因屬於吉長道尹之權限外未能見決定云

——摘自《大公报》，1921年2月21日

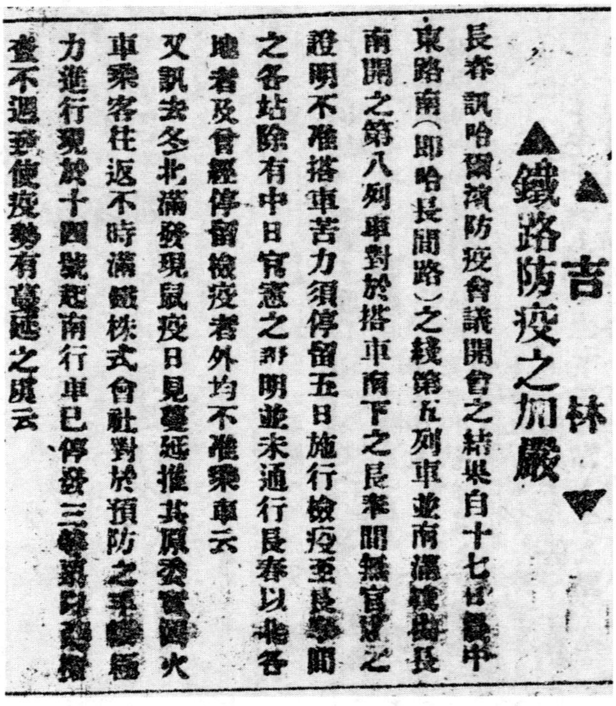

▲吉林▼

▲鐵路防疫之加嚴

長春訊哈爾濱防疫會議開會之結果自十七日起中東路南（即哈長間路）之綫第五列車並南滿鐵路長南間之第八列車對於搭車南下之長奉間無官證之證明不准搭車苦力須停留五日施行檢疫至長春間之各站除有中日官憲之證明並未通行長春以北各地者及曾經停留檢疫者外均不准乘車云

又訊去冬北滿發現鼠疫日見蔓延推其原委實因火車乘客往返不時滿鐵株式會社對於預防之手續極力進行現於十四號起南行車已停發三等票以為擴查不過恐使疫勢有蔓延之虞云

——摘自《大公报》，1921年2月22日

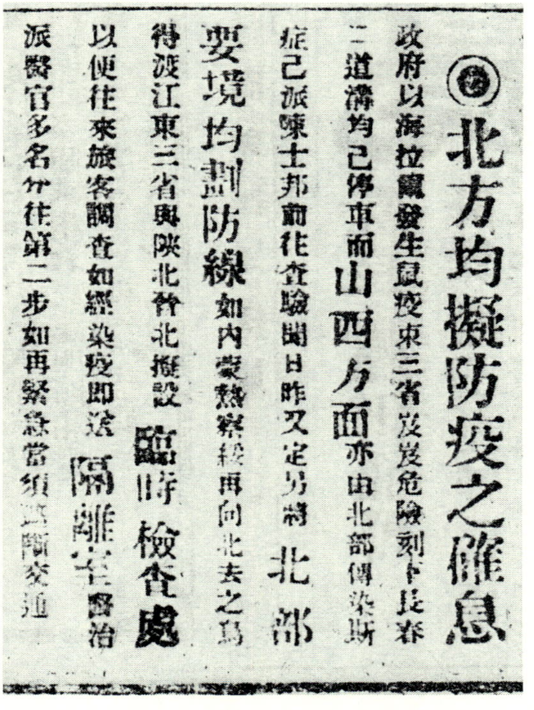

◎北方均擬防疫之確息

政府以海拉爾發生鼠疫東三省岌岌危險刻下長春二道溝均已停車而山西方面亦由北部傳染斯症已派陳士邦前往查驗聞日昨又定另將北部要境均劃防線如內蒙熱察綏再向北去之爲得渡江東三省與陝北晉北擬設臨時檢查處以便往來旅客調查如經染疫即送隔離室醫治派醫官多名分往第二步如再緊急當須斷絕交通

——摘自《大公报》，1921 年 2 月 23 日

▲哈爾濱▼

鼠疫勢焰已漸減

在哈埠辦理鼠疫之伍連德博士茲聞於北地鼠疫之情形及刻下鼠疫之現狀有極長電文報告張使其擬謂疫症退減可保無虞云

據防疫當局之所述哈埠防疫以來已將一月惟按目下情形實不逮預料之甚不過慢性散發性尚不能免其勢已漸減云

據近赴西綫實地調查醫官之報告西綫如齊齊哈爾札蘭諾爾海拉爾滿洲里等處惟滿洲里尚在續發其餘各地已無爆發之象蓋以天氣漸暖疫菌之傳染力漸形消滅也

——摘自《大公报》，1921 年 3 月 1 日

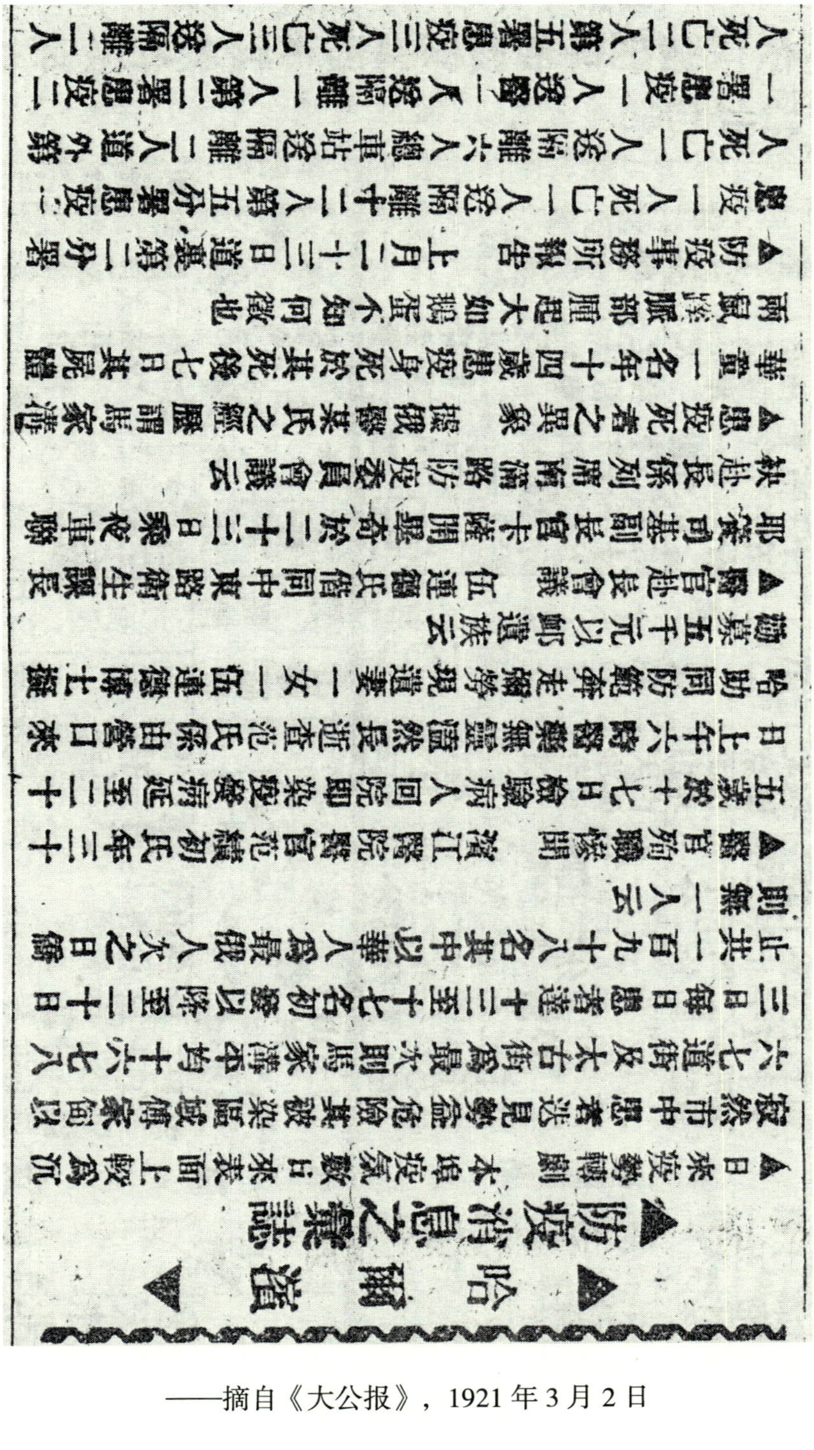

▲哈爾濱▼

▲防疫消息之彙誌

▲日來疫勢轉劇　本埠疫氛數日來表面上較爲沉寂然市中患者迭見勢益危險其被染區域傳家甸以六七道街及太古街爲最次則馬家溝平均十六七八三日每日患者達十三至十七名初發以降至二十日止共一百九十八名其中以華人爲最俄人次之日僑則無一人云

▲醫官殉職慘聞　濱江醫院醫官范續初氏年三十五歲於十七日檢驗病人回院即染疫發病延至二十日上午六時醫藥無靈遽然長逝查范氏係由營口來哈助同防範奔走彌勞現遺妻一女一伍連德博士擬勸募五千元以郵遺族云

▲醫官赴長會議　伍連德氏偕同中東路衛生課長耶爾司基副長官卡薩開畢奇於二十三日乘夜車聯袂赴長係列席南滿路防疫委員會議云

▲患疫死者之異象　據俄醫某氏之經歷謂馬家溝華童一名年十四歲患疫身死於其死後七日其屍體兩鼠蹊腺部腫起大如鵝蛋不知何徵也

▲防疫事務所報告　上月二十三日道裏第二分署患疫一人死亡一人送隔離十二人第五分署患疫二人死亡一人送隔離六人總車站送隔離二人道外第一署患疫一人送醫一人送隔離一人第二署患疫二人死亡二人第五署患疫三人死亡三人送隔離二人

——摘自《大公报》，1921 年 3 月 2 日

長春疫氣之復熾

吉林長春城東四十餘里興龍溝吉長車站某家於前日上午十時許因疫斃命共計七口旋經某醫官前往該宅勘驗被毒傳染旋亦死去及至晚間四時又頭道溝大通棧住有直隸海陽縣人楊俊楊治昆弟二人陡患疫症口吐鮮血適被該棧主迴見逐出門外及行至商埠郵政局面前即行氣絕當由崗警報告防疫事務所派醫官往驗確係疫症遂嚴禁行人近前以杜傳染並於當晚將大通棧暫封令其停止營業所有櫃夥人等一併帶入隔離所檢驗一時全埠人民聞訊恐慌異常而防疫機關更爲注意剋正逼逐檢察認真防範較之平昔嚴勵十分查官廳防範如此綦嚴或者不至蔓延不止云

——摘自《大公报》，1921年3月19日

▲吉長防疫之進行　吉林趙警務處長以吉長路綫卡倫下九台樺皮廠各站先後發現鼠疫亟應預防以免傳播擬定卡倫長春間路綫各站防疫事務由長春防疫處會同吉長路防疫部防範吉林境內路綫各站若下九台營城子樺皮廠九站防疫事務由吉林防疫事務所會同路站防疫員協防云　省城防疫事務所鑒於長春二道溝隔離所辦理之善凡在二道溝隔離期滿之人無不嘖嘖稱道以故桃園隔離所之主任人員呈明趙處長擬仿二道溝辦法酌量添設經趙處長以經費維艱除所中起居飲食特別注意力求清潔外但非必要事項均可從緩惟藥品及器械各項則必力求完備焉　駐吉日本總領署對於防疫一事十分注意除設立防疫事務所外並在車站設一消毒所前日特派該管書記官田中作君赴我警察廳請求代租車站一帶民房二間警廳以民房頗不易租暫由我防疫所撥借一間以資辦公聞該消毒所日內即行開辦云

——摘自《大公报》，1921 年 3 月 29 日

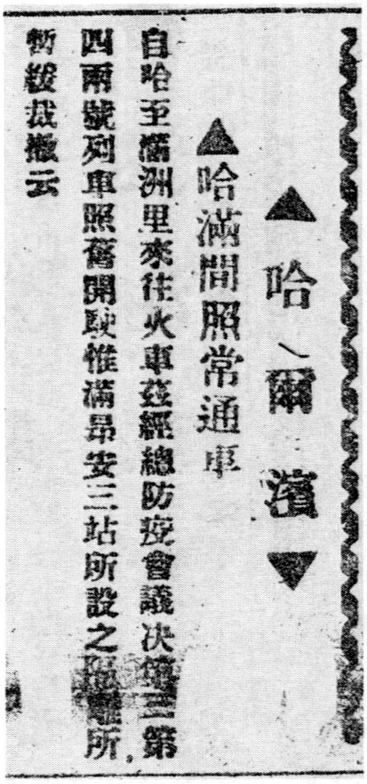

▲哈爾濱▼

▲哈滿間照常通車

自哈至滿洲里來往火車茲經總防疫會議決將三第四兩號列車照舊開駛惟滿昂安三站所設之隔離所暫緩裁撤云

——摘自《大公报》，
1921 年 3 月 30 日

▲吉林▼

▲防疫所之總報告

三月二十四日（一）本日驗屍四具均非鼠疫（二）本日城內第一隔離所驗放十八人二道溝隔離所驗放十七人（三）今晚接山東桑園都派山東防疫所敬電愈樹棻先生勇於檢疫以致傳染爲民捐軀不勝痛悼（四）今晚十一時嚴院長赴哈（五）本日下午日本村上東醫拜訪李坐辦並參觀細菌檢查所（六）昨晚伊通河岸東大橋傍路倒病八一名經醫官檢驗確非肺疫（七）昨晚接第一檢疫所報告烏海近郊連日病死多人殊有可疑派王醫員於明晨携帶消毒夫埋葬隊及消毒器械藥品等赴彼檢驗

——摘自《大公报》，1921 年 4 月 1 日

▲唐山車站檢疫　京奉鐵路管理局昨收到北洋防疫處函云敬啓者敝處據唐山防疫醫院醫員李錫康呈稱查哈滿生鼠疫公園亦有疫病唐山適處其中且東省每日由火車來唐客商頗多醫員為先事預防起見嘗與唐山警察局籌商預防之法督飭清潔檢查客店衛生另派巡捕至車站每日查察由奉天來唐客貨各車惟出入車站必須購月台票殊覺不便應請函致京奉路局給發唐山長期月台票三張轉發來唐稽省票費而便往來等語查事關檢疫應請貴局給發唐山長期月台票三張是荷如有不便發給之處或請貴局電知唐山車站遇有防疫醫院員司巡捕到站檢疫時準其不購月台票隨時出入以便檢疫相應函請貴局查照辦理並希見復云云

——摘自《大公报》，1921 年 4 月 1 日

▲大批難民抵哈埠

宋督辦致哈埠護路軍總司令部防疫總事務所鐵路局路警處快郵代電云頃准卜奎孫督軍漾電開據張司令鴻電今日午後由上開來難民車一列計煖車四十一輛代表人赤塔華僑聯合會長洪堯報稱難民人數計一千二百七十八名內有庫署參軍參謀司長廳長諸人遊即照發給接濟惟昨奉電令應即遵照截留但百物昂貴食宿甚爲不便現已換妥車輛准明午十二時開行赴哈等情查該項難民既經到滿且百物昂貴自應准其通過敬希接洽爲荷又據滿站歐陽段長漾電稱後三時由滿開長春華難民車四十五輛計一千二百四十六人由司令部每人發給二日路費大洋六角因滿站所買食物未足經過沿站請派警協助代辦免各難民下車傳染疫症謹聞各等語查兩滿接運辦法對下尚未議妥業經迭電請巡帥商洽一俟商妥再行通告起運所有前項難民到哈應即留住原車暫緩開行請由總司令部派員會同路警監護照料即令該難民等全部暫住車上勿得下車以免傳染其接濟辦法請總司令部主持發給以昭周妥除分行外即希查照宋小濂印

——摘自《大公报》，1921 年 4 月 3 日

◎哈爾濱防疫情形

哈埠函云滿洲里海拉爾一帶自發現疫症後東省當局極力設法撲滅先將滿洲里哈爾濱間之火車停駛惟哈埠爲中東路之總站除斷絕交通外並設防疫事務所由伍連德博士督飭辦理一切以前因疫而死者不過三五少數無如人民不知疫病之烈害且對於防疫一舉尤爲反對無論當局如何勸諭終是愚頑不化且互相訛傳謂某國人買使華人向居民飯食料中撒放毒藥由是互相傳播大有草木皆兵之勢凡疫死之人皆係肺病發現之初由顫痛心悸嘔血不逾二十四小時即行斃命人民因懼隔離之危險多隱匿不報致傳染死及全家茲探測其謠之由來（一）爲人民不知染病入院及受隔離之利益（二）爲辦理防疫之員警人民畏之猛於疫病又兼醫員遇有疾病不分是否染疫或係舊病亦一律迫之入院服以防疫藥品其餘同居者一律入隔離所亦多因消毒及驚懼而死於是謠言百出據其謠傳之說謂某某商店之油酒米麵均由某國人以巨金買使華人施入毒質之謠傳市虎杯蛇播傳遐邇迭經官府禁止無效以致屢有誤傷外人之事我官府只得以道歉及暗中賠償了事一般反對防疫者復特聯名向北京政府及東三省巡閱使各機關控訴防疫人員草菅人命辦理外交者喪辱國權等情聞大總統已派某處長及某醫官協同來哈視察務期早日撲滅並經濱江警察廳縣公署出有佈告謂檢查疫癘原以衛民設所隔離係防傳染乃無知愚氓不明眞相動起非難每謂一受隔離即有莫大危險而不逞之徒甚或造作種種謠言希圖聳聽風聲所播市虎驚疑無據之談有礙要政長此以往地方前途何堪設想茲爲破除羣疑起見召集商會會董人等公同議定無論商戶民戶遇有患病之人准先報商會再由該會轉知本署派往診視如確係疫症始行依法隔離如係普通病症即准該戶醫治設因普通病身死並准遷往醫廳請領執照自由殯殮官署決不干涉除分函外爲此佈告爾商民人等一體知悉自示之後凡有患病之人務向商會聲明聽候診視萬勿輕信謠言隱瞞不報以致疫氣傳播拯救爲難倘有檢疫人員藉端騷擾或由商會會員報告或由民戶據實揭舉定爲從嚴究辦至撒放毒藥一節尤屬絕無之事凡爾飯館菜店其各照常安業勿自恐慌是爲至要云云自佈告之後商民因准分別病症及自由殯殮對於謠言始稍平息惟因疫死者有假報普通病死亦准自由殯殮以致煩言嘖嘖如哈埠之防疫眞可謂爲難辦矣

又接京訊云自滿洲里海拉爾發生肺疫以來其勢轉趨於東南兩方如阿什河一面坡橫道河子等處相繼見告即綏芬河亦已發生而哈爾濱尤爲北來南往火車必繞道之區日來哈埠疫勢日熾江北船埠等處亦均染及據防疫總事務所報告云自三月一日起至十九日止共計死亡者有三百四十四人二十日死亡者計三十六名二十一二十二二十三日死亡者有百餘人其他送往隔離所者爲數甚多日見增加且哈埠疫勢前在道外傅家甸一帶最烈而近日已蔓延道裏有中國義昌公司（客棧）一日死亡十二人其中最堪憫惻者一係防疫委員長俄人山義秦氏辦理防疫甚力前往該公司診察即因傳疫而殞命一係特別區域地方審判廳職員王聯甌（山東人）之夫人臨死時王君已被疫強送隔離所旋據確實報告該員亦死矣

——摘自《大公报》，1921年4月5日

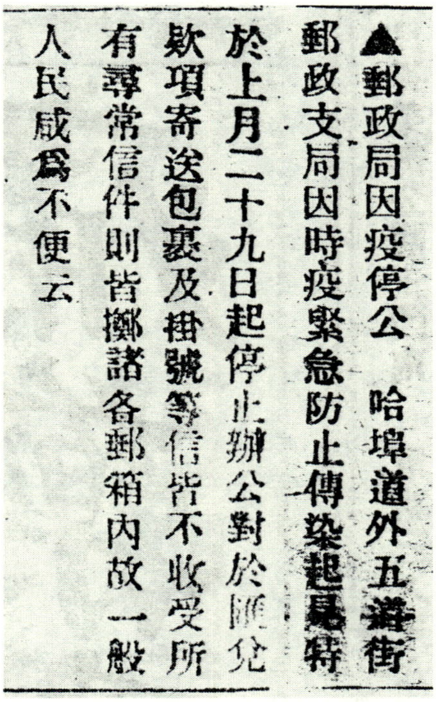

▲郵政局因疫停公　哈埠道外五道街郵政支局因時疫緊急防止傳染起見特於上月二十九日起停止辦公對於匯兌欵項寄送包裹及掛號等信皆不收受所有尋常信件則皆擲諸各郵箱內故一般人民咸爲不便云

——摘自《大公报》，
1921 年 4 月 8 日

▲南滿輸送難民法　東省鐵路護路軍司令部致本埠防疫所電云准吉林督軍署宥電開奉張巡帥代電開南滿路免費輸送庫倫難民現已交涉協訂辦法八條列後（一）出發地點爲無疫之地（二）除在滿洲里及長春換車以外中途不得下車（三）中途不得使難民以外之人上車及與其交接（四）難民須加以適當之標記以便識別（五）使在窰門暫時下車施行嚴厲之檢疫（六）由窰門起至長春止應令日本醫士及防疫員搭乘火車（七）火車出發日期及由長春出發之預定日期乘車人數等均須預先電知臨時防疫出張所長（八）不得在長春或奉天下車車抵奉天時即以連絡輸送辦法由京奉線運往天津方面以上條文除電國務院外希分電查照等因查難民爲數有五六萬人之多按每人一日發給現洋三角之給養計算需款甚鉅應請籌撥款項寄部辦理或撥款交由防疫所發給因現值時疫流行檢查隔離行止時期久暫難定均須防疫所負責由該所核發給養較爲便捷交涉車輛如可分期接換輸送與伊滿南滿均有關係應由督辦公所核辦各站監視不准下車須由路警派員押車由護路軍按站協助路警監視除電復暨分電外應請查照施行總司令部感印

——摘自《大公报》，
1921 年 4 月 10 日

吉林

省城鼠疫最近紀

東關住戶張士元全家疫斃各節迭誌本報茲聞其同居之張白氏亦於二日下午一鐘身死當經防疫總事務所派陳醫官前往檢驗據報三區疫死之張白氏屍體醫官到時察看死者病狀確係染疫因令消毒隊將屍體及拼沒物用藥水石灰一一消毒室內各種物件用藥蒸畢存置屋內將門戶嚴密封鎖屍體由掩埋隊扛往浮厝場如法掩埋取具死者被檢物交化驗所主任何紹修驗明確有鼠疫黴菌云

政界消息孫烈臣蒞任伊始即以整頓吉省圜法爲當務之急現在擬將永衡大洋票價格提高與奉票並駕齊驅以便於票面加蓋三省通用字樣之戳記陸續發流通無阻並擬籌撥現款預備兌現故近日永洋[illegible][illegible]現貨仍平穩如故云

——摘自《大公报》，1921 年 4 月 11 日

▲秦皇島之防疫　哈爾濱鼠疫蔓延奉天近在眉睫防範不能不嚴故秦皇島防疫醫院函知本埠警察局長派委警兵一名協同該院巡捕每日調查旅店及東省來埠有無患疫並派巡捕赴鄰近鄉村秘查步行或乘大車騎馬自東來者該院已擬各辦法函報防疫處請示遵行又聞防疫事項在在需款更請酌發款項云

——摘自《大公报》，1921年4月13日

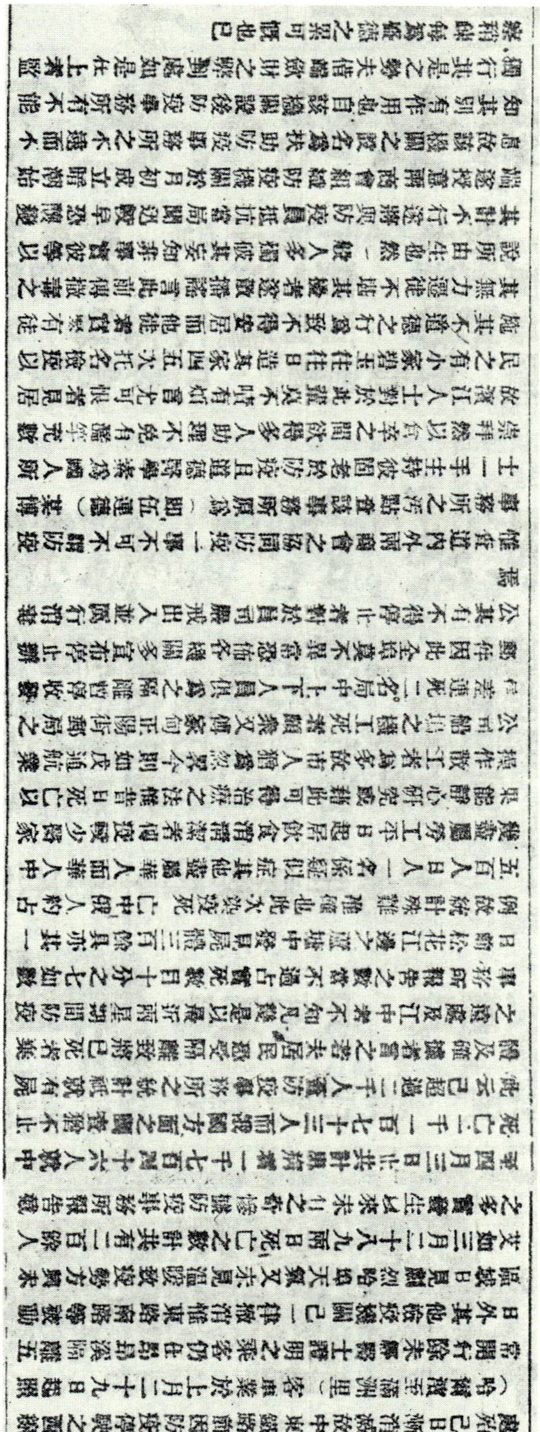
◉北滿防疫紀聞

哈爾濱函云北滿疫氛自初發之時拉哈蘇蘇里等
處蔓延已日漸消滅故中東鐵路前因防疫停駛之西線
（哈爾濱至滿洲里）客車業於上月二十九日起照
常開行除未聲明之乘客仍在站隔離五
日外其他旅客概照己一律撤消惟東路南路等處則
區域日見擴烈哈埠天氣又未見溫暖故疫勢方興未
艾如三月二十八九兩日死亡之數計共有二百餘人
之多實難估計以來未有之奇慘據防疫事務所報告截
至四月三日止共計患病者一千七百四十六人就中
死亡二千一百七十三人而就國方面之調查猶不止
此云已超過二千人蓋防疫事務所之統計祇就有屍
體及確據者言之若未居民恐受隔離致將已死者棄
之於窗隙及江中者不知凡幾是以兩星期間防疫
事務所報告之數當不過占實死數目十分之七如數
日前松花江邊冰窖中發見屍體三百餘具亦其一
例故統計殊難確鑿也此次染疫死亡中俄人約占
五百人日人一名係疑似症其他盡屬華人而華人中
幾盡屬勞工平日起居飲食[illegible][illegible]潔者傳染較少醫家
果能靜心研究或藉此可為治療之法惟昔日死亡以
撿作散工者為多故市人稍為安然不料今則如戊通航業
公司船塢之機工死者頗衆又傅家甸正陽街郵局之
[illegible]差連死二名局中上下人員俱為之隔離暫停收發
郵件因此全埠莫不異常恐怖各機關多宣布停止辦
公其有不得停止者對於員司嚴戒出入並厲行消毒
焉
惟在道內外兩商會之協同防疫一事不可不謂防疫
事務所之污點查該事務所原為（即伍連德）某博
士一手主持彼固老於防疫且道德學問為華人所
崇拜然以倉卒之間欲得多人助理不免有濫竽充數
故濱江人士對於此輩頗不悅有煩言尤可恨者貧居
民之有小家碧玉往往日遊其家四五次托名檢疫以
施其不道德之行為致不得安居而他徙者皆[illegible]有徒
其無力遷徙不堪其擾者竟敢播謠言此前傳撒毒之
說所由生也然一般人多惑其妄知非事實彼等以
其計不行遂將與防疫員抵抗當局聞訊恐早釀變
端遂授意兩商會組織防疫機關於月初成立暗潮始
息故該機關之設名為扶助防疫事務所之不逮而不
知其別有作用也自該機關設後防疫事務所有不能
獨行其是之勢夫借端斂財之弊則處處如是在上者監
察稍疏斯每為弊端之緣可慨也已

——摘自《大公报》，1921 年 4 月 15 日

▲哈爾濱▼

▲因隔離惹起罷工

前三十六棚工人因反對隔離致突然罷工並毆傷病車夫俄人二名查其起事原因緣該地發現死體兩具警署至該處調查誤指夜班工人周才在家臥睡爲染疫即將該工人並其同院居住之家屬盡行帶區將盡送隔離工人聞悉此信即全體罷工到警署質問値署長外出正遇病車一輛馳至上有俄車夫二名衆工知爲防疫而來即羣起圍毆俄車夫受傷甚重聞其所以激起公憤原因全由署長之姪某爽日行爲即爲全體工人所疾視此事亦出於彼之指使致惹起若大風潮云云

——摘自《大公报》，1921 年 4 月 18 日

▲哈爾濱▼

▲郵務因防疫停止

哈埠五道街郵局數日之間染疫身死之信差而後五人局員差役咸畏隔離相率罷工以致郵件延滯各界均有望眼欲穿之勢設長此延宕影響市面甚大茲聞郵政局副郵務長已飭各局嚴爲戒備以防職員染疫牽動內部一面商請防疫事務總處每日派醫到局不論信差局員均行診驗一次聞信差已允遵行現各家已漸漸收到信件三數封以一禮拜之停派無論何種機關當亦不止此數然積壓如此之久欲一旦回復原狀殊不易易亦當爲之一歎云

——摘自《大公报》，1921 年 4 月 21 日

《民立报》防疫新闻辑录

◉疫氣將斷送領土

▲嗚呼傅家店

哈埠函二十四日東清鐵路防疫會人等及官醫提議傳家甸自疫症流行以來華人毫不留心以致傳染日甚一日 俄人不得不設法干預 嗣由醫士獻上辦法二條 第一條立刻派兵將傳家甸圍守·斷絕交通不准往來·第二條由租界防疫會派醫生往傳家甸干預檢驗方爲有效並在道外添設西式醫院數間可容病人五六百人分爲六區再添醫生十名至醫生經費每月需二萬五千元第一條衆謂如果斷絕交通彼此均有損失祇可不准往租界不能不准往中國各內地再老鼠亦可逃往道裏是以第一條衆不贊成 第五條衆皆認可 一俟與關道商妥即實行此消息濱江防疫會於晚十一鐘得知立邀各會員到會磋商均不認可紳商兩界尤爲反對起而嘩噪大亂會場幸經章魯泉司馬解勸函請關道阻止得以平靜散會

又租界八道街 五鳳樓 因防疫事於二十四日被俄人 查封內閉華人二百六十八名 無從外出當經租界商會備送米麪洋油等物探聞因有一病人倒斃而俄人即以其在五鳳樓中染疫故將附近華人圈於此房待過九日如無疫再行釋放

——摘自《民立报》，1910年12月3日

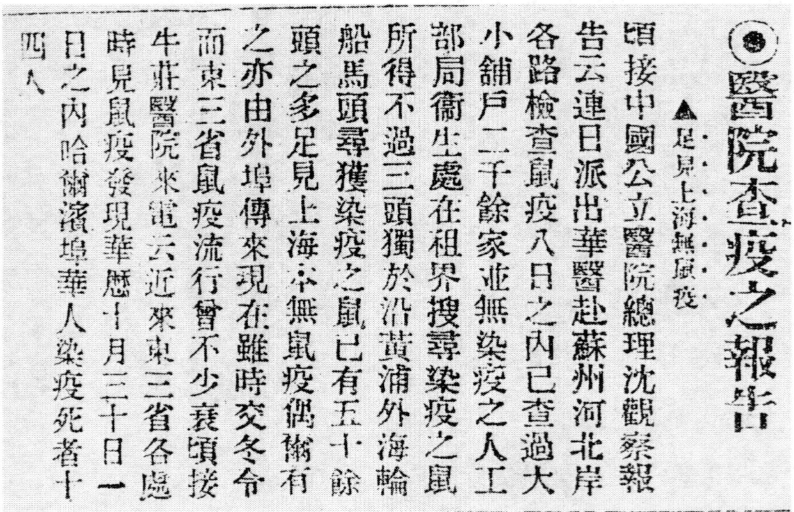

醫院查疫之報告

▲足見上海無鼠疫

頃接中國公立醫院總理沈觀察報告云連日派出華醫赴蘇州河北岸各路檢查鼠疫八日之內已查過大小舖戶二千餘家並無染疫之人工部局衛生處在租界搜尋染疫之鼠所得不過三頭獨於沿黃浦外海輪船馬頭尋獲染疫之鼠已有五十餘頭之多足見上海本無鼠疫偶爾有之亦由外埠傳來現在雖時交冬令而東三省鼠疫流行曾不少衰頃接牛莊醫院來電云近來東三省各處時見鼠疫發現華歷十月三十日一日之內哈爾濱埠華人染疫死者十四人

——摘自《民立报》，1910 年 12 月 3 日

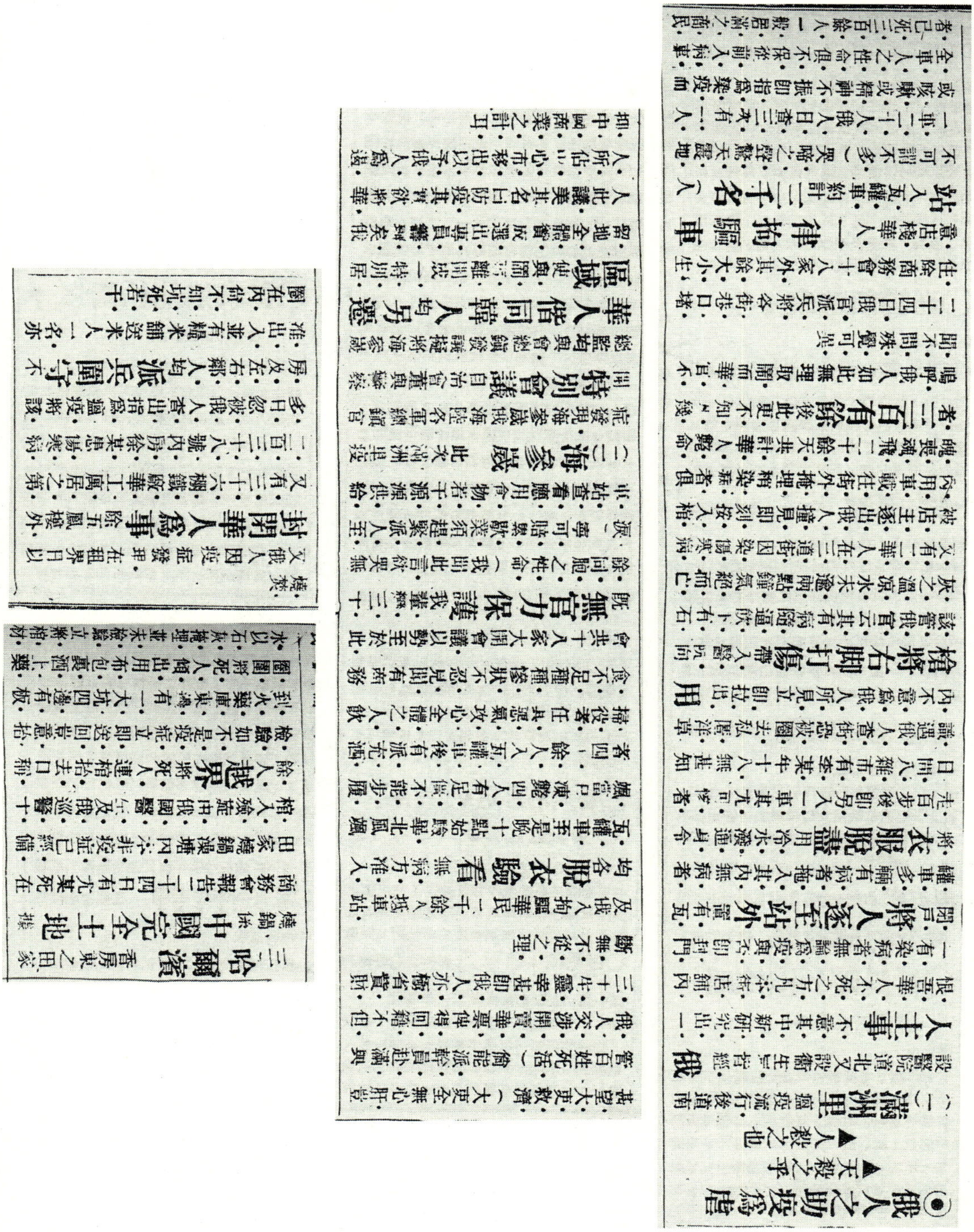

俄人之助疫爲虐

——摘自《民立报》，1910年12月7日

◉俄人藉疫排華貨

▲我不用汝貨將奈何

江省函云周撫近接駐俄公使薩蔭圖密電一道探悉係俄政府因現在滿洲瘟疫盛行恐傳入彼得堡擬諭令俄國沿邊地方官凡**滿洲之貨物**一律**不准輸入**此舉於吾國商務前途有密切之關係應預籌善策以資對待

——摘自《民立报》，1910 年 12 月 7 日

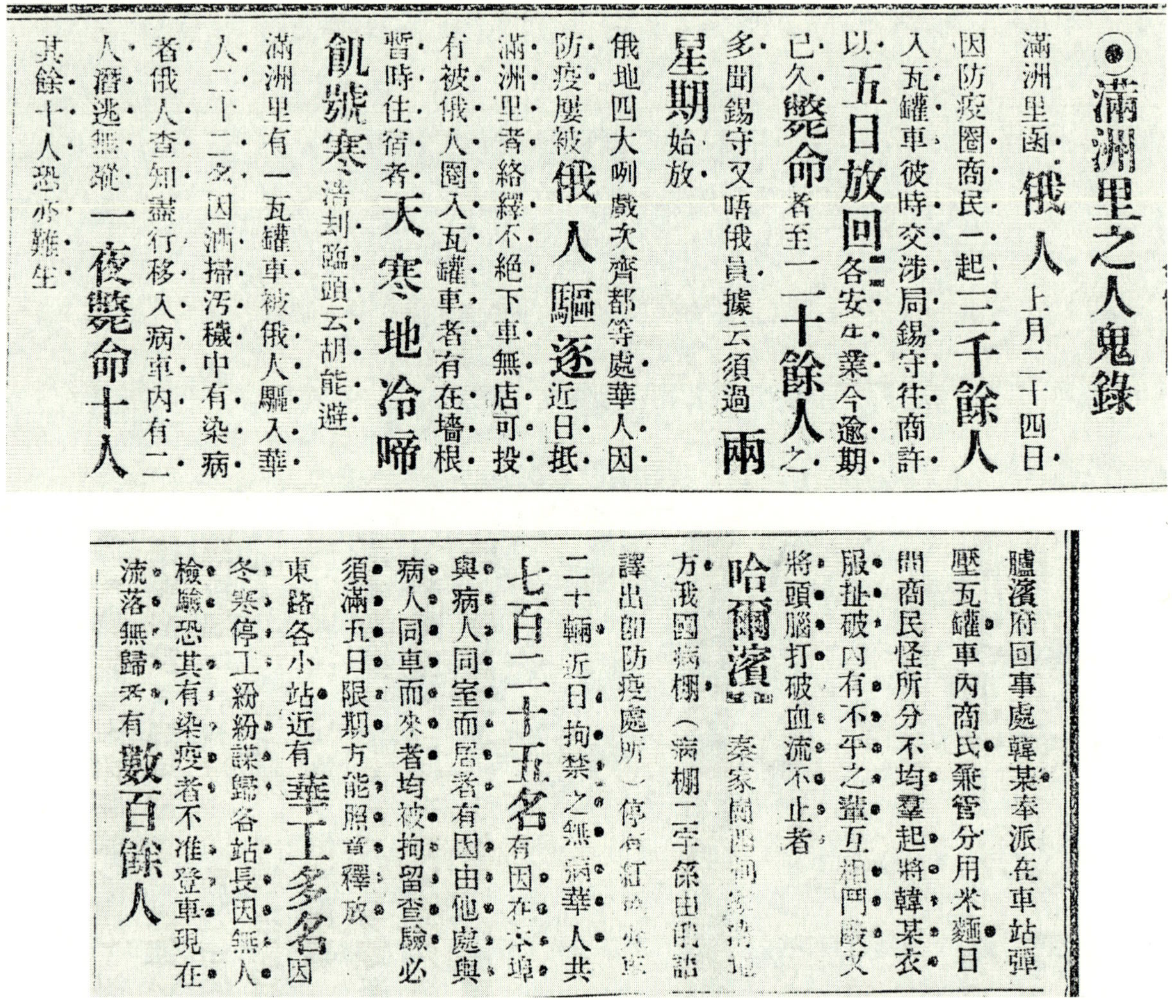

◉滿洲里之人鬼錄

滿洲里函、俄人上月二十四日、因防疫圈商民一起三千餘人入瓦罐車、彼時交涉局錫守往商許以五日放回、各安生業、今逾期已久、斃命者至二十餘人之多、聞錫守又晤俄員、據云須過兩星期始放、

俄地四大咧戲衣齊都等處華人、因防疫屢被俄人驅逐、近日抵滿洲里者絡繹不絕、下車無店可投、有被俄人圈入瓦罐車者、有在墻根暫時住宿者、天寒地冷、啼飢號寒、淒切臨頭、云胡能避、

滿洲里有一瓦罐車、被俄人驅入華人二十二名、因灑掃污穢、中有染病者、俄人查知、盡行移入病車內、有二人潛逃無蹤、一夜斃命十人、其餘十人、恐亦難生、

臚濱府回事處韓某、奉派在車站彈壓瓦罐車內商民、兼管分用米麵、日間商民怪所分不均、羣起將韓某衣服扯破、內有不平之輩、互相鬥毆、又將頭腦打破、血流不止者、

哈爾濱星函 秦家崗西[illegible]方我國病棚(病棚二字係由俄語譯出卽防疫處所)停有紅[illegible]二十輛、近日拘禁之無病華人共七百二十五名、有因在本埠與病人同室而居者、有因由他處與病人同車而來者、均被拘留查驗、必須滿五日限期方能照章釋放、

東路各小站近有華工多名、因冬寒停工、紛紛謀歸、各站長因無人檢驗、恐其有染疫者、不准登車、現在流落無歸者有數百餘人

——摘自《民立报》，1910 年 12 月 14 日

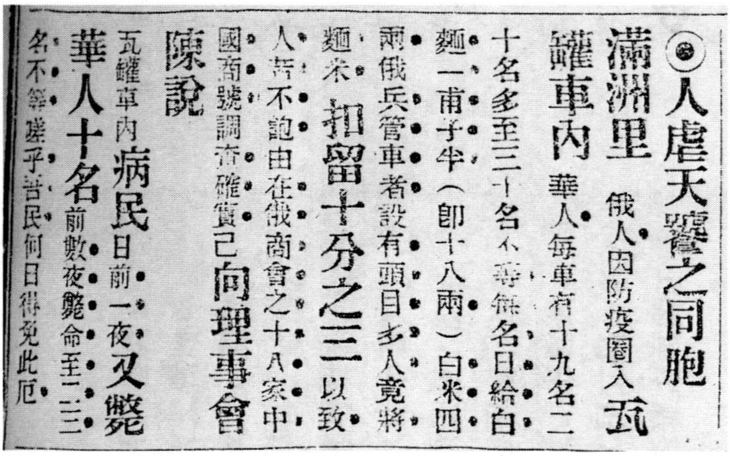

◎人虐天饕之同胞

滿洲里 俄人因防疫圈入瓦罐車內 華人每車有十九名二十名多至三十名不等每名日給白麵一甬子半（即十八兩）白米四兩俄兵管車者設有頭目多人竟將麵米 扣留十分之三 以致人皆不飽由在俄商會之十八家中國商號調查確實已向理事會陳說

瓦罐車內病民日前一夜又斃華人十名前數夜斃命至二三名不等嗟乎苦民何日得免此厄

——摘自《民立报》，1910 年 12 月 17 日

○滿洲瘟疫之檢防

北京九號來電云・長春吉林奉天等處・近有染疫數起・中日兩國官員極力檢防

——摘自《民立报》，
1911 年 1 月 11 日

譯電

○滿疫片片

北京十二號來電云滿洲鼠疫目下尚甚猛烈・天津法醫士梅思尼在哈爾濱施行檢疫・亦慘被傳染・現華人決定在山海關設檢查所

天津十三號來電云・頃從奉天得來消息・言鼠疫竟漸傳入南方・現奉天一處・已染及死者有二十三人・自星期四起・滿洲火車祇載頭等歐人搭客・此外均不載・天津一處檢防極爲注意・至哈爾濱・則治疫西醫亦受傳染・離該處者頗衆・情形極爲慘淡・

——摘自《民立报》，1911 年 1 月 14 日

譯電

○哈埠華人歷刧記

▲既死於疫

▲又被狗吃

▲然後拋入黑龍江

倫敦十六號來電云據俄京聖彼得堡傳來消息謂哈爾濱（華界內）華人染疫而亡者日有百五十起其情形恰似中世紀時代無異死者尚被狗噬然後拋入黑龍江因之染傳

——摘自《民立报》，1911 年 1 月 18 日

◎滿洲疫禍記

▲老鼠可惡

▲哈爾濱瘟疫傳染之勢，日來愈形蔓延，傅家甸一區，卅日輒斃命三四十人。有謂其原因由於病院醫術不善，凡病者無論是否染疫，一經防疫會查獲，即硬拖入院。施治之法，先用石灰灑在面部，再用冰水噴之。初一日死者不足五十人，而病院中竟死二十七人，即其明證。至病者尚未氣絕，亦遷裝殮，入棺有抬至埋坑，病者以頭擡開棺蓋者（棺僅用四木釘成，不堅）如是者已五見，其人然亦仍予掩埋。又由於貧人，無衣無食，更多受鴉片之毒。往時全恃工作所得，夜入火房棲息，現火房皆不敢收留，一有死者，同居人皆入病院，房屋被封，物件被焚，又工作因疫悉停，貧人并無貲投宿，當此嚴寒，凍餒交乘，露宿街心，又加之烟毒發生，每日死此者，蓋幾居其半也。有此二原因，故死者日不少。俄官不知查察，但給我搜查之不嚴，任其傳染。日前該公使會晤外部，謂華界不明防疫之法，使瘟疫流於租界，如此辦法，定行越界干預。部中乃立電錫督，飭防，勿使俄人藉口。督師三十日接電，當立飭濱江道認真辦理。初一日晚，于道即傳防疫會員姚岫雲等入署，大為申斥。姚防疫辦理不善，（該）雖辭，然因現已耗伊洋五萬矣。姚撤申斥，醫士會中張景先指乃多雇兵役，到處騷擾，又硬將山東會館佔為病院，魯人遂全反對，圍翻未已。通初一日俄將租界內勞動華人一律驅往華界。現傅家甸沿街之勞工已經充塞，魯人情急，羣擬將會館辦一避寒所，凡魯省人一律收入。正在會議，已經估去，并未通知魯人，對此感情甚惡，惡言姚為媚上欺下云。

▲道裏五六七三小街向為貧人聚集之處，此次發現疫症，亦以是為多。近日三街中，市房因疫焚毀者不少，而各商店損失財產亦已不貲。因是病斃之人，輒將死屍擲割數塊，有埋于室內或用箱裝，拋向空地者。近俄兵在江中查見一屍，經醫士驗明，確係疫死，俄人乃大鼓噪，派多數隊兵在江沿岸邊梭巡，如防大敵。

▲現俄人派俄醫帶同防疫隊及通事，挨戶稽查，時有藉端勒索情事，如不遂所欲，即種種抑求，指其室宇不潔，必令遷出而後已。現聞各通事已索詐錢文不少，俄醫及俄兵亦得其分潤云。（該死。）

▲又因哈埠瘟疫傳染之速，死亡之易，無以加矣，居民頑抗無理，亦貽禍之因。日前大有俄客棧會疫死一人，經巡警將住客均拘入調驗所，將該棧暫予封閉。不料商會出頭反對，以一人斃命，累及他人，未免酷虐。一般商民遂乘勢鼓噪，警局無法，啓即允封拘，留棧客亦均聽其遷人。乃不三日，該棧又先後疫死四人，至是商會始信此症有傳染之害，然已無及矣。

▲吉國官商自組織防疫會，由奉天派醫士數人前來，後旋又另設一消毒所。不知此事發生，商

會自治會屢有反對態度關道于觀察窮於調停瘉復互起衝突東督聞知情形日前又特派奉天電報學堂監督譚兆良觀察來哈調查並襄辦防疫事宜

▲又函近日傳家甸疫症愈形猛烈每日染疫死者五六十人不等棺木日夜趕作尚不敷用且有將死屍拋棄江冰之上貽害地方者道裏居民亦復如是第稍鮮耳俄人防疫取締甚嚴遇有發見雖附近鄰居亦拘入調驗所內並將房屋物件盡行焚燬近日租界三道街某姓因疫燒燬由房主向俄人索賠一萬餘元俄人力拒未允但恐此後尚有繁難之交涉繼續出見也吾國防疫會衛生隊每恃勢到處擾亂（該死）二區界某甲原有夙疾查知後硬指為染疫必欲拘送病院甲母年七十餘謂往必無幸不忍分離竟先自投井而死該隊不顧仍拘之去紛紛擾擾人民之頑抗員役之縱擾互尸其咎矣

▲長春 哈埠疫症流行勢已燎原長春交通直接尤可危懼不料自本月初一日起最初發見於北門外商埠地面伙房內染鼠疫而死者迭見數人防疫會並無見聞連日來死亡接踵有姓名可稽者已四十餘人檢視官暨官醫員往驗亦謂確係疫死且自染疫至死又頃刻間事初二日下午有乘車自俄站來者行至城內四道街已氣絕車夫尚不知由崗警覺察纔將屍移放用薄棺收殮舁至僻處掩埋初三四流傳已極劇烈商埠巡警防疫會等處始一律戒嚴李署道由省回即會同何守於北門外空地勘定民房數十間備作檢驗之地但長郡此症初起一見再見悉係俄站南下之人不知此間派赴車站檢驗人員所司何事今至每日死亡十餘蔓延劇烈而防疫手段尚如是如是前途其可慮哉

▲奉天 自疫氣起錫督恐外人干涉非常認眞督局於防疫一事極其注重十二日已飭居民檢拿老鼠並飭各區收買無論生者死者每鼠一頭給銅幣六枚因此番疫症多係由鼠發生吾知鼠輩不日間當羅掘殆盡矣

▲孟太尊以哈埠鼠疫盛行火車載來行人受疫者甚夥死亡者亦有若不預為防護難免傳染特派稽查多人到處查察遍灑防疫藥水並傳諭各客棧凡有客人到來隨時查詢而防外疫發生云

▲現由奉天站下車者每日不下數百人已另行派員於各客下車時檢察連日以來警局於防疫異常戒嚴訪查亦極為認眞云

——摘自《民立报》，1911年1月18日

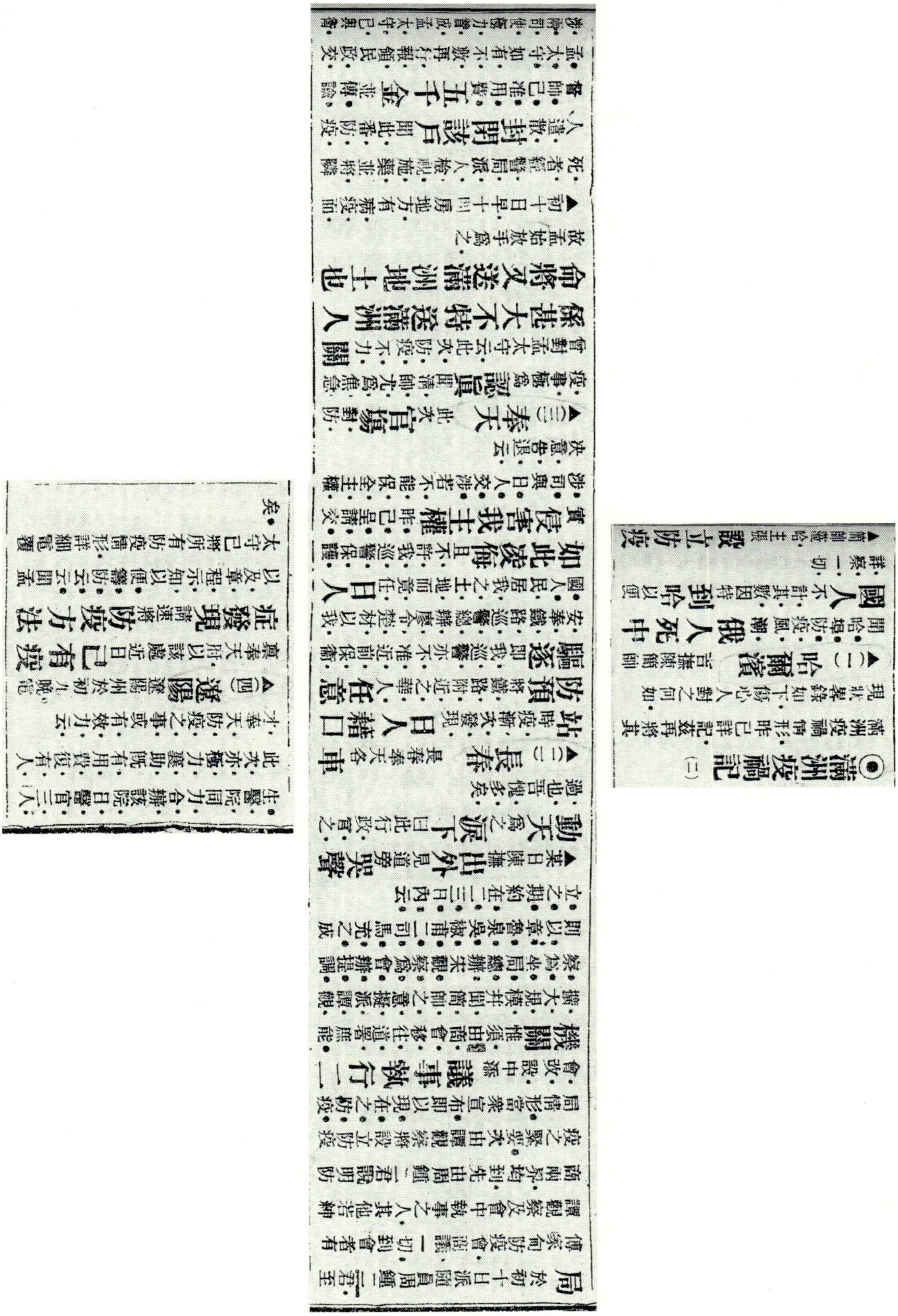

◉滿洲疫禍記（二）

滿洲疫禍情形昨已詳記茲再將其現狀畧錄如下傷心人對之何如

▲（一）哈爾濱 吉撫陳簡帥聞哈埠防疫風潮俄人死中國人不計其數因特到哈以便詳察一切

▲簡帥蒞哈主張設立防疫局於初十日派隨員周鍾二君至傳家甸防疫會商議一切到會者有譚觀察及會中執事之人其他若紳商兩界均到先由周鍾二君說明防疫之緊要次由譚觀察將設立防疫局情形當衆宣布即以現在之防疫會改設中添議事執行二機關惟須由商會移往道署庶能擴大規模并聞簡帥之意擬派譚觀察爲坐局總辦宋觀察爲會辦提調則以章魯泉吳椒甫二司馬充之成立之期約在二三日內云

▲某日陳撫出外見道旁哭聲動天爲之淚下曰此行政官之過也吾愧多矣

▲（二）長春 長春奉天各車站時疫漸次發現日人藉口防預將鐵路附近之華人任意驅逐即我巡警亦不准近前保衛安奉鐵路巡警總辦廖令楚材以我國人民居我之土地而竟任日人如此凌侮且不許我巡警保護實侵害我主權昨已呈請交涉司與日人交涉若不能保全主權決意告退云

▲（三）奉天 此次官場對防疫事極爲認眞聞滿帥尤爲焦急曾對孟太守云此次防疫不力關係甚大不特送滿洲人命將又送滿洲地土也故孟始放手爲之

▲初十日早十間房地方有病疫而死者經警局派人檢視施藥並將鄰人遣散封閉該戶聞此番防疫督帥已准用費五千金並傳諭孟太守如有不敷再行報領民政交涉兩司使極力會成孟太守已與衛生醫院同力合辦該院日醫官三人此次亦極力襄助既有用費復有人才奉天防疫之事或有效力云

▲（四）遼陽 遼陽州於初九晚電稟奉天府以該處近日已有疫症發現請速將防疫方法以及章程示知以便籌防云云聞孟太守已將所有防疫情形詳細電覆矣

——摘自《民立报》，1911 年 1 月 19 日

譯電

○哈爾濱之鼠疫報

哈爾濱電云・此間日有患疫而死者約一百五十人・地方上甚爲恐怖・鄰近各處・亦皆受影響・蓋皆無法救濟

——摘自《民立报》，
1911 年 1 月 20 日

○俄大臣赴滿檢疫

聖彼得堡電云・俄國內閣大臣・已議決派考察員至滿洲・研究此次鼠疫事・現已派定外部大臣塞奴夫至中國・並須與各國有關係者磋商辦法云云・

——摘自《民立报》，
1911 年 1 月 20 日

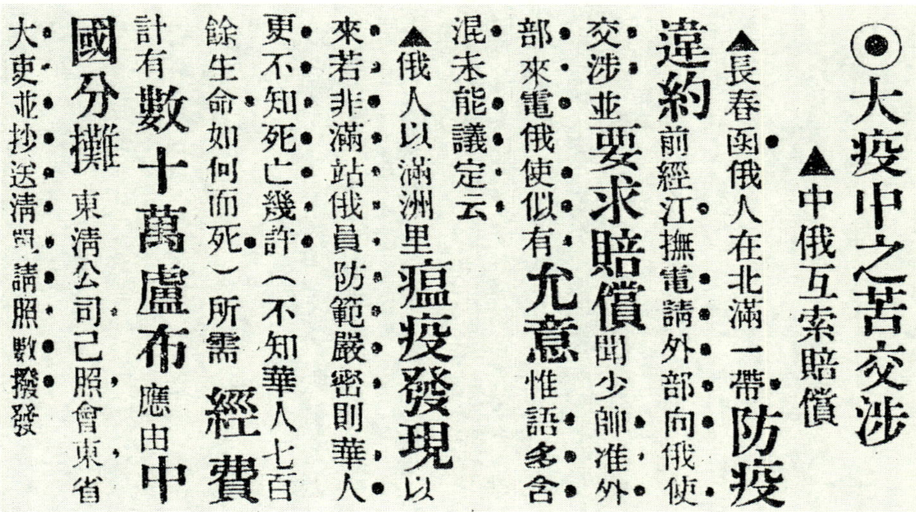

◎大疫中之苦交涉

▲中俄互索賠償

▲長春函俄人在北滿一帶防疫違約前經江撫電請外部向俄使交涉並要求賠償聞少帥准外部來電俄使似有允意惟語多含混未能議定云

▲俄人以滿洲里瘟疫發現以來若非滿站俄員防範嚴密則華人更不知死亡幾許（不知華人七百餘生命如何而死）所需經費計有數十萬盧布應由中國分攤東清公司已照會東省大吏並抄送清單請照數撥發

——摘自《民立报》，1911 年 1 月 20 日

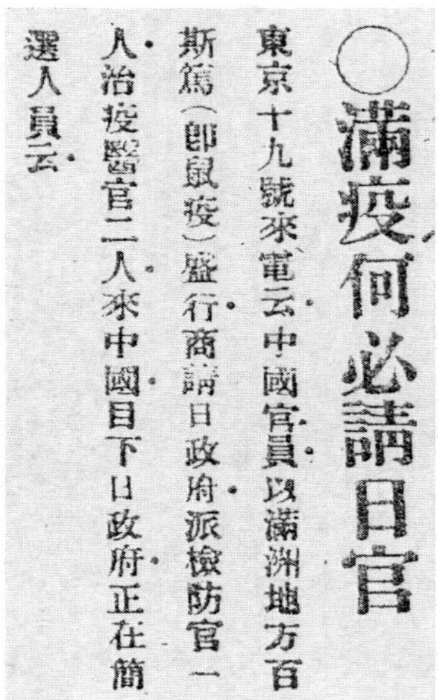

○滿疫何必請日官

東京十九號來電云、中國官員、以滿洲地方百斯篤（即鼠疫）盛行、商請日政府派檢防官一人治疫醫官二人來中國、目下日政府正在簡選人員云、

——摘自《民立报》，1911 年 1 月 21 日

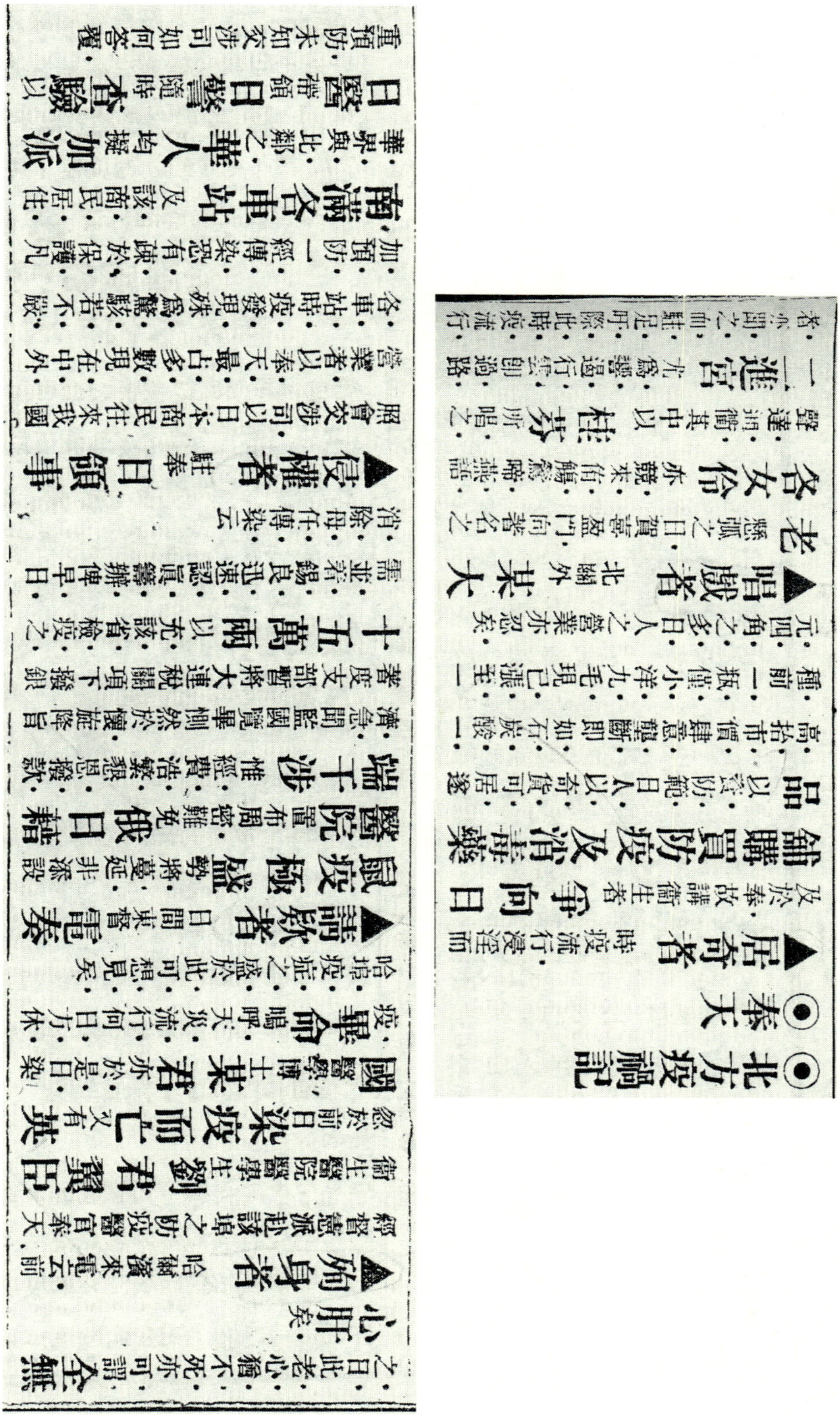

——摘自《民立报》，1911 年 1 月 22 日

◎北方疫禍記

◎北京

▲外交團 自奉天鼠疫盛行有伍醫學博士連德由奉來京受染致死一時北京外交團甚爲惶恐齊赴外務部請其即速檢疫且請禁止京奉火車通行外務部已允禁普通貨客車通行只准頭等車來往通行而各國公使則會議設法先令其使館婦孺等回國並有禁止華人入使館界之議倘北京鼠疫流行則德儲來京一舉即作罷議云云

▲內外廳 內外城巡警總廳出示云照得鼠疫一症較之各種傳染病爲害尤鉅欲免發生傳播亟須先事預防入冬以來黑龍江等處發生鼠疫業由本廳派員前往調查恐疫氣傳播到京復經派員在京師地面詳細考查頃據派員報告此項疫病尚未發生惟鼠疫係急性傳染亟宜先事籌備以資撲滅而免蔓延云云

▲外務部 哈爾濱鼠疫傳至長春漸及奉天外務部特派北洋衛生局總辦屈道永秋設局辦理於山海關等處檢驗關外來客有無疫症一面知會京奉鐵路局凡由奉入關之車一概勿售二三等客票京奉鐵路局即據稟郵傳部當經盛尚書電復謂不售二三等客票於交通有碍不能照准只可由醫局多派醫生赴關外各站檢驗如謂因此多費留金京奉可以酌償云云當即將此意商諸屈道屈謂尚須請示外務部云（未完）

——摘自《民立报》，1911年1月22日

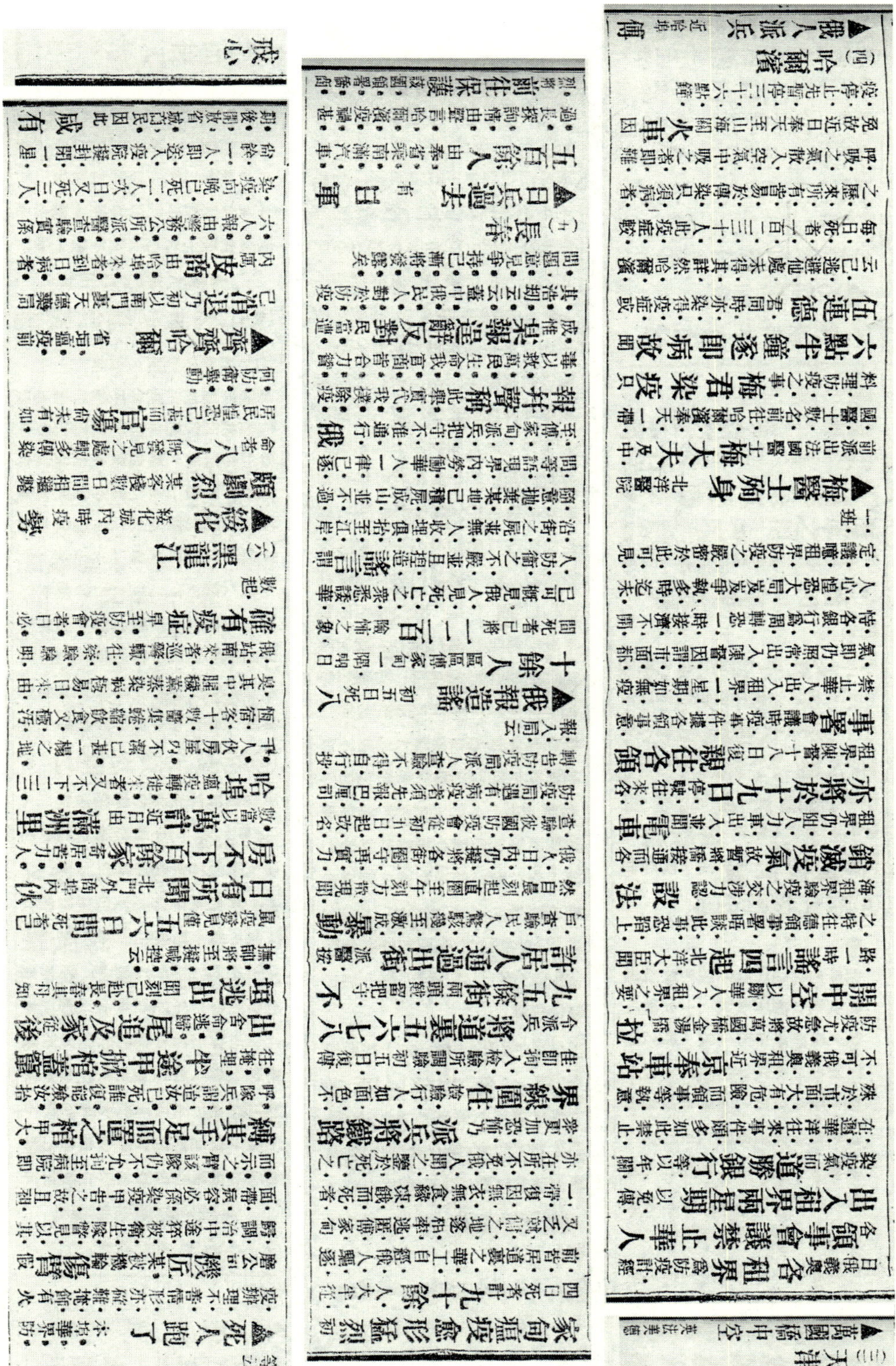

——摘自《民立报》，1911 年 1 月 23 日

譯電

◯北方疫事記

北京二十二號來電云北京城外暨北方數處均有染疫死者數起煙台左近某村疫氣極盛[illegible]下因居民時起驚惶故擬檢防 哈爾賓俄道因俄日兩國官員以其反對防疫辦法向中政府提出交涉以故撤任 俄官以傅家甸地方每日死者百餘人向中政府提議擬將該處圍起不許交通以防疫氣傳染目下中政府正在將此義籌商

——摘自《民立报》，1911 年 1 月 24 日

◉北方疫禍記（四）

▲撲鼠令頒行

民政部因東省鼠疫勢極猛烈深恐染及京師除前已出示曉諭防衛外現經該部又札飭內外城警廳傳知商鋪住戶等務各將寓內穴藏之鼠極力嚴撲呈送本管警區活者給銅元二枚斃者給銅元一枚總期搜拿淨盡以防傳染之害而重生命云並聞各警區將本管區內之客店旅棧經理人諭示凡有就寓客商須當詢明由何處來京查看是否有病情形詳細呈報本區以便查察云

——摘自《民立报》，1911 年 1 月 24 日

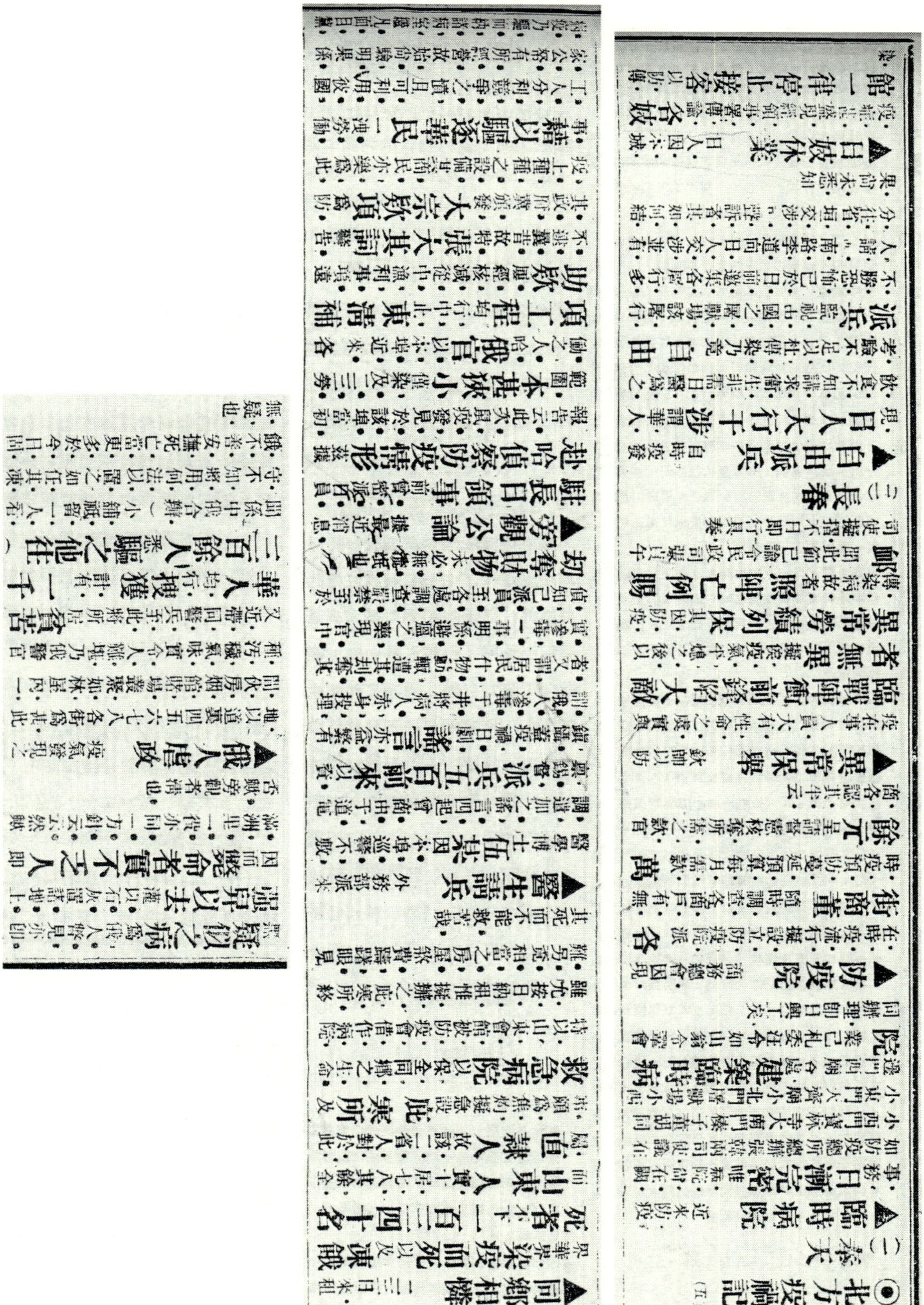

——摘自《民立报》，1911年1月26日

◉北方疫禍記（六）

（二）北京

▲鼠疫發見 北京地方著名汚穢倘一有鼠疫傳染最易日前打磨廠三星客棧來一住客係奉天錦州人姓王名桂林來京到松宅交租到棧之後即帶病象當時人多不介意至十六日遂死於棧中由棧報區死尸在棧存留兩日至十八日始驗畢抬埋日來該棧夥友劉李善三人同時發現此病李姓於十九日即死於西河沿某炭廠劉善二人即由棧中送入協和醫院亦同於二十日之晚死於醫院當夜抬出城外掩埋刻下該棧已經巡警把守禁人出入此爲北京疫鼠之見端

▲硃諭兩則 直督陳夔龍奏十月分順直各屬雨糧情形摺奉硃批知道了批後附一硃諭爲再者朕因東三省疫氣蔓延深慮傳入關內已迭諭嚴防矣該督身任封疆責無旁貸務當嚴密查防總以京津一帶不致染疫爲要用副委任之重也欽此

又東督錫良等奏疫氣蔓延請俟事竣將出力人員照異常保獎立案一摺已奉硃批謂該省疫氣蔓延朝廷深爲繫念已屢申電諭矣此奏固屬可行著允如所請惟一切防疫銷疫事宜該督撫等務當仰體朕意認眞妥速辦理以衛人民毋得視爲具文焉

▲聘請專家 外務部電咨駐外國各公使略謂現因哈爾濱瘟疫大潰朝廷憫之已決意請各國政府醫學學者瘟疫學專家來哈埠研究瘟疫之原及防治之法特着各公使照會所駐在國政府請其派送來哈爾濱所有費用由中國政府擔承云

——摘自《民立报》，1911 年 2 月 2 日

⊙北方疫禍記（七）

（一）滿洲

▲黑龍江 據俄病棚報告俄歷十二月二十日華人染疫者共計一千七百四十名俄人八十四名二十一號報告華人染疫者一千七百零四名俄人二十二名

▲吉林 自本月望後共病華人七百五十二名歐人二十三名死俄人二十一名華人七百四十九名現哈埠檢驗所共有一千七百九人道裏檢驗所共有二千二百十二人

▲奉天 自臘月二十日起共約死者二三百人京奉火車由榆關逐回瀋陽之苦力死者約四五十人

此次東省鼠疫如詳細調查染病人數殆不下萬人死者不下數千亦可謂之烈矣刻下東省交通幾乎欲絕南滿東清京奉三路扣留人數甚不爲少聞錫督公子與許雋人廳丞均被困於山海關云

奉省自鼠疫發現後頒布戒令認眞預防不遺餘力錫督更聘日醫三員委托其事悉任指揮又于大西邊門外擇定地址趕築防疫醫院一所以便施治至日人南滿公司辦法尤加警備設立防疫會假大西關俱樂部爲公所分作驗病部驗菌部捕鼠部隔離部病室部消毒部選舉委員各專職務已於臘月望前實行奉省近日實在染疫斃命者又查有十餘起其他各屬亦間罹是苦惟營口幸未傳染

——摘自《民立报》，1911 年 2 月 3 日

◎新聞記者之受罪

▲殘我同胞如此

奉天大中日報云檢驗鼠疫不得謂之非當務之急而外人之藉端荼毒殊令人聞之而髮指俄人於傅家甸所演之慘劇歷歷在人耳目曾經北滿諸報揭載而痛罵之現在鼠疫南行於是日人亦於南滿各地仿照俄人之所為大肆其摧殘之手段本館（大中日報）於數日間屢有所聞因得之耳食未敢遽信故未經登載乃十七日有本館記者蔣夢梅君因公赴南旋竟身罹其厄爰將蔣君來函照登於左俾我同胞悉知外人之藉端摧殘其居心之狠毒有如此者噫

諸同人鑒弟於十七日晚話別後即乘南滿汽車起程不料於十二小時之間即演出慘不忍聞之慘劇其詳細情形亦非筆墨所能罄告大約與傅家甸之俄人對華待人之舉動無二不論男女老幼均是一律弟自昨晚天明時到大房身後彼日人即以俄人對待華人之手段施之於我同車者三十餘人同遭檢驗赤身露體凍餓幾僵晚間席地而臥隨帶物件概行封鎖然并無一人有病而據云仍須拘留十日至少亦須俟一星期始能放行現在弟與同行諸君在此受苦情形難以告聞恐有傷諸同人之心也務祈將弟途中受難情形登之報端使同胞聞之勿再來受此荼毒弟本擬於昨日奉書乃因彼時音問不通紙筆全無今日稍勝於昨日後尚不知如何耳匆匆佈告即請箸安

——摘自《民立报》，1911 年 2 月 4 日

◉馬賊襲呼蘭之風說

東報載哈爾濱北六十里之呼蘭府地方其知府以防疫故逐下等中國人三千名 馬賊乘間煽動率之襲擊知府衙門放火焚燒之知府不知下落或曰被殺或曰逃去今 馬賊已占領其地長春第三鎮兵四中隊已於去臘二十九日乘東清鐵路急行至彼鎮撫云云按據此則此事至今已隔七八日而此間絕不聞有此事得毋日人之訛傳乎姑譯登之俟探明續登

——摘自《民立报》，1911 年 2 月 6 日

專電

◯某御史奏參東省防疫濫糜巨欵如購血清僅二千分報銷至三十餘萬總用已逾三百三十餘萬毫無實際請嚴飭實報（同上）

——摘自《民立报》，
1911 年 2 月 7 日

北方之疫禍將熄

北京念八日函云東三省疫氣大勢已殺現在京津一帶消防殆盡日來已無傳染之狀所以京奉火車亦議擬正月初間照常行駛云至東督請將大連稅關銀十五萬兩撥作防疫經費一節今已奉旨允准行令照撥矣

——摘自《民立报》，1911 年 2 月 7 日

漢口防疫記

漢口函瑞督以東三省鼠疫流行甚爲恐慌特在漢口劉家廟設一治疫公所收買老鼠凡鼠子一頭出價銅元二枚亦先患預防之計也

——摘自《民立报》，1911 年 2 月 7 日

●吉林通信●

○吉林瘟疫大檢查

自長春瘟疫盛行吉林大受影響日前有由長春來之客五人至城裏某客棧未幾同時斃命於是滿城人民皆大惶恐日昨吉撫傳諭巡警其檢查之法非常嚴厲茲列於後

——摘自《民立报》，1911 年 2 月 9 日

評電

○滿洲疫禍慘報

北京電滿洲疫事通都大邑均已稍殺但其他小區則逐漸增加總共染疫死者約七千左右有主張用火焚燒傳家甸者然覓地隔離該處居民不易自疫氣傳染後商務衰敗大約政府與人民均蒙大損失倘外國有人肯捐助則千萬之生命可救

——摘自《民立报》，1911 年 2 月 10 日

◉滿洲疫氣大減記

營口函自・元日大雪後・百斯篤菌倏忽潛形新歲哈爾濱長春奉天等處・傳來極好消息皆謂疫氣大減病者不多一時東土人心極爲喜悅云

——摘自《民立报》，
1911 年 2 月 10 日

◯苦哉・狗命・斃於鼠・

吉林鼠疫之傳染日甚一日而防衛之法亦日緊一日現在畏鼠如虎之心牽動全省官民幾成一致相傳狗身易於傳染瘟症亦須先爲檢查而免遺患刻正各處搜犬得而斃之以免傳染犬雖亦動物一種然較人命爲輕所以斃其命而無足惜云

——摘自《民立报》，1911 年 2 月 10 日

●哈爾濱通信●

○錫淸帥之傷心話

東督為防疫一事倍極操心刻屆新年誠恐大小人員疏於防衛致貽外人口實曾於除夕手頒諭帖大旨以時局多艱天災洊至稍一不慎無數民命隨之元旦除朝賀大典一體隨班趨謁外均無庸紛投手板來院賀年如有要公儘可照常商辦當此疫氛孔熾之時萬勿行樂不遑之見所願我同寅等咸深競惕概屏應酬於當宵多盡一分心即為斯民多造一分福云云其此告條屬如此亦可謂關懷民瘼者已

——摘自《民立报》，1911 年 2 月 10 日

○道裏外隔斷交通

哈埠分道裏道外道裏為華人居住地道外為俄人租界俄人深慮疫氣傳染嚴禁往來各電局俱在道外故雖接電不能走送以致消息不通又吾國亦調兵三千沿街站守此係上憲對於防疫之小心深恐外人干預主權之故並無他事而染病人數實在已減三分之二於是聲商得此解說猜疑為之一釋云

——摘自《民立报》，1911 年 2 月 10 日

●營口通信●

○無端警電又飛來

新年數日各商號接各路來函皆謂大雪之後疫病必滅以爲極可喜慰之事不料今日商家接哈埠來電疫勢並未見滅吾國更加派兵二千極力防檢每店一家派二兵守之稽查貨物進出甚爲嚴緊一時闔埠人心非常惶惑云

——摘自《民立报》，1911 年 2 月 10 日

大陸春秋

◉新春之患氣（五）

哀鴻

▲滿洲疫氣愈鬧愈凶費了許多金錢添了許多新鬼今春色大來矣而災仍不退何天之阨我同胞也

▲忽而恭邸被刺忽而曾鑑被刺忽而盛宣懷被刺事雖不確然不得謂非新春中之殺氣也

▲英兵據片馬俄兵入西藏馬賊襲呼蘭南寧鬧兵變警電相傳風雲變色何洪鈞轉運之時而兵氣連空乃至此也

▲戰書何物也俄報順口而言之吾人忍氣以受之瓜分何事也英報昂首以倡之吾人飲淚以聽之嗚呼我同胞如此好河山忍令他人分割哉吾非好作危辭以嚇人也

——摘自《民立报》，1911 年 2 月 10 日

○俄德公使皆有嚴厲公文向外務部詰問東省山東直隸防疫事宜並指陳弊混敷衍各實跡請飭嚴查及設法截防疫苗（同上）

——摘自《民立报》，
1911 年 2 月 11 日

○關於南滿防疫事日拓殖局已委托北里醫學博士急渡滿（東京電）

——摘自《民立报》，
1911 年 2 月 11 日

○滿疫入高麗

東京電疫氛已進迫高麗

——摘自《民立报》，
1911 年 2 月 11 日

◉京津防疫近聞

京函近日京津一帶鼠疫漸次消滅京奉火車由京往奉仍照常開行但由奉來京之車尚未准開刻下東省苦工約數千人沿路徒步南下此等工人飢寒交逼一旦阻其南下勢將流離困苦若任其所之又恐鼠疫從此蔓延刻聞東督商之政府籌集巨欵在東省設一棲流所將沿途數千苦工一併收留在該所暫住數天延醫逐一驗明是否染有疫症驗明後有病者仍留住該所無病者概行給予新衣服由專車送回其舊有衣服不准帶回云

——摘自《民立报》，1911 年 2 月 11 日

◯一條狗命起交涉

吉省自防瘟以來而街上所有之狗巡警當之即打斃免其傳染亦防瘟道也日昨糧米行街德和洋行有犬一個時在街上當被巡警打死該洋行執事德商某率人將巡警毒打并言巡警非償此狗之命不可是時巡警被打昏倒在地恐性命不保尚不知如何與之交涉云

——摘自《民立报》，
1911 年 2 月 11 日

○督撫電中之難民

吉林哈爾濱自瘟疫流行俄人以傳染瘟疫皆係華民所以檢疫防瘟之法十分認眞加以焚毀房屋六千餘處所有被災之民流離失所致無法生活吉撫陳簡帥業將以上之各情電請督憲設法撫恤以全民命去後茲據來覆電錫督對於此項難民同深憫惻請吉撫轉飭西南路道李西北路道于速即就近將被災難民詳細查明妥爲撫恤勿使其流落無歸而有凍斃之虞是爲至要並將辦理情形電覆以便查核云云

——摘自《民立报》，1911 年 2 月 11 日

●長春通信●

瘟神不去道台去

長春自瘟疫盛行傳染而斃命者無數其疫至今仍不見退日昨公署奉錫制台電調西南路（即長春）道李[illegible]康防瘟無效辦理亦不得法應即撤缺着奉天府尹孟秉初前往接充所聞如是姑誌之

——摘自《民立报》，
1911 年 2 月 11 日

○火葬疫屍之電示

頃營口關道接奉督電內開准外務部勘電以疫屍非火葬不足消毒積棺多掩埋不及或不能深埋轉足釀疫從權暫准火葬等因查死欲速朽古有明訓佛法慈悲本崇火化特習俗所在孝子慈孫未忍出此今疫染日厲與其積屍釀疫禍叢全家祖宗不祀未能全生者之孝愈以傷死者之心況流毒社會靡所底止部電亦萬不得已昨已通電吉黑疫盛之區遵照實行並苦口演說勿滋謠惑頃接哈埠電稱紳商均表同情惟要求二條一非染疫故者經醫官驗明須自行棺殮迅即埋葬一以後疫故之人經醫消毒後如有親屬願另燒者須准領出云均可照准以順輿情並仰查酌遵照營道奉督後當即出示曉諭大衆矣

——摘自《民立报》，1911 年 2 月 11 日

◉醫學家之疫症說

▲哈爾濱防疫局官醫報告 刻下該埠發見之疫症似非由鼠傳染而起曾將捉獲活鼠詳細察視見其絕無生虱以供研究之資料然化驗毒素又類似核症黴菌歷試該毒素或由人或動物互相遞傳發育力之速率甚易猛進查其黴菌涵含於空氣中傳感其毒素於人係由呼吸入肺遞通血管者十之七或由血管先行感受者十之三如與患者交談其口中噴出之毒氣觸人經人呼吸入肺之後遂覺發熱而斃（徐官醫家丁染疫該醫官僅與交談後亦染疫而斃）若預將百斯篤漿施種可杜其患法俄醫生因不信施種之法遂染疫斃命）防避之法除種百斯篤漿外祗有戴一假面具以遮護呼吸隔塞侵毒而已其實尚別無趨避善策也

——摘自《民立报》，1911 年 2 月 12 日

○北方疫氣盛衰記

北京電滿洲各處疫氣四散直隸各處稍覺增加長春則比哈爾賓更甚蓋哈埠疫菌四散染者已漸減少天津煙台兩處均稍爲增加其他各處未有改變中國政府已將歡迎德儲所撥百萬兩之款以七十五萬兩作爲檢防之用

——摘自《民立报》，1911 年 2 月 12 日

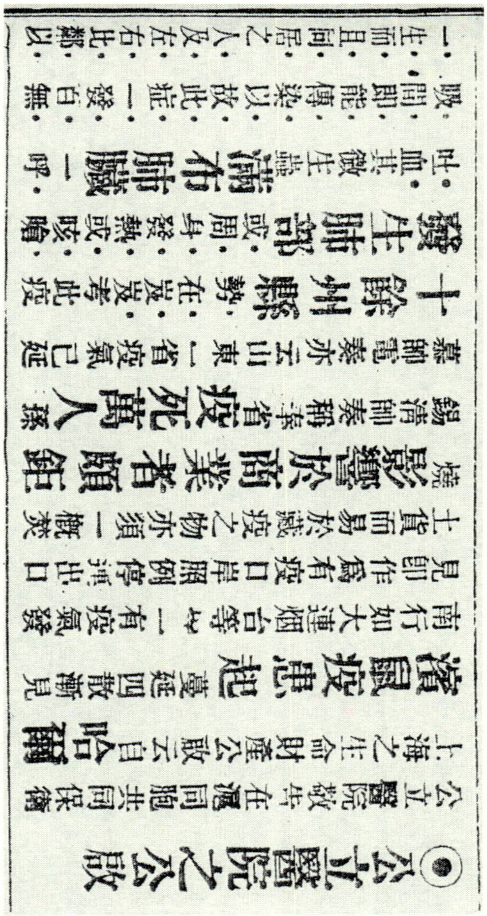

◉公立醫院之公啟

公立醫院敬告在滬同胞共同保衛上海之生命財產公啟云自哈爾濱鼠疫患起蔓延四散漸見南行如大連烟台等處一有疫氣發見即作爲有疫口岸照例停運出口土貨而易於藏疫之物亦須一概焚燒影響於商業者頗鉅錫清帥奏稱奉省疫死萬人孫慕帥電奏亦云山東一省疫氣已延十餘州縣勢在岌岌考此疫發生肺部或周身發熱或咳嗆吐血其微生蟲滿布肺臟一呼吸間即能傳染以故此症一發百無一生而且同居之人及左右比鄰以

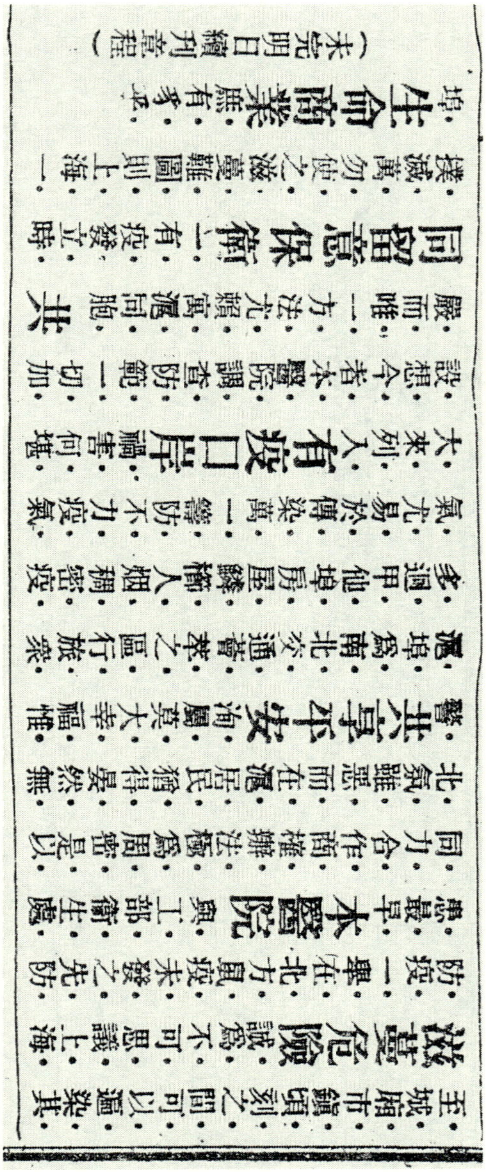

至城廂市鎮頃刻之間可以遍染其滋蔓危險誠爲不可思議上海防疫一舉在北方鼠疫未發之先防患最早本醫院與工部衛生處同力合作商權辦法極爲周密是以北氣雖惡而在滬居民猶得晏然無警共享平安洵屬莫大幸福惟滬埠爲南北交通薈萃之區行旅衆多迥甲他埠房屋鱗櫛人烟稠密疫氣尤易於傳染萬一籌防不力疫氣大來列入有疫口岸禍害何堪設想今者本醫院調查防範一切加嚴而唯一方法尤賴寓滬同胞共同留意保衛一有疫發立時撲滅萬勿使之滋蔓難圖則上海一埠生命商業庶有豸乎

（未完明日續刊章程）

——摘自《民立报》，1911年2月13日

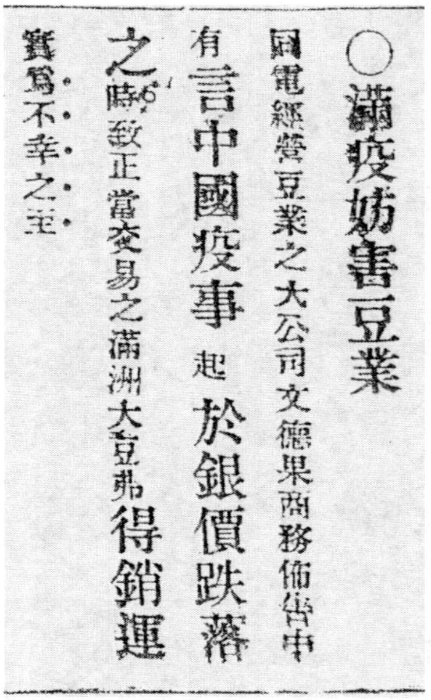

○滿疫妨害豆業

倫電經營豆業之大公司文德果商務佈告中有言中國疫事起於銀價跌落之時致正當交易之滿洲大豆弗得銷運實爲不幸之至

——摘自《民立报》，1911 年 2 月 14 日

◉哈爾濱疫禍傷心記

▲在哈特訂員初八日發

▲巡撫怕死　吉撫陳簡帥以哈爾濱瘟疫劇烈於年前臘月上旬躬親查驗當將傳家甸之防疫會改爲防疫局派于道振甫譚道兆良爲總辦吳司馬椒甫章司馬魯泉爲提調並出示曉諭着各員等於防疫事宜認眞辦理民間有抗違者即施以專制之手段云云其餘未有著聞▲因患頭疼旋回長春駐節　適東督錫　電飭返哈查辦一切該撫　恐爲疫傳染竟不敢旋節委派新任交涉司使郭宗熙前往代辦云

▲關道受誣　濱江道于觀察自承任以來凡事悉出以和平實無好惡之行詎自瘟疫發現因未能抵制俄人竟被俄人以防疫不力等情迭致電於外務部去臘接奉上憲電飭以任事不力　暫行撤委　所有一切交涉事件仍着留哈協辦其道缺則以交涉司使郭宗熙暫爲攝篆云

▲醫士恃權　自瘟疫發現由部飭派之醫學博士者　伍連德　任事以來曾未聞出著奇方以活民命乃伊因爲部所委遂傲慢自恣月領辛金光錢　一千五百元　每飯非參筋魚翅不飽稍不如意即詈罵隨之且屢以局總譚道辦理不善等情致電部署聞關道于觀察之被撤亦係受伊誣不少云

▲客兵恣横　防疫局爲防疫起見傳諭商民　免賀年禧　是以在埠華商均行閉戶靜處詎於初三日有駐哈之陸軍因　疫斃　向同義慶衣莊購買壽衣以開門稍遲竟相率擊撞且將其櫃夥奮以老拳該號竟任其欺凌莫敢與較云

▲司馬撤委　濱江廳　章魯泉司馬承任以來純係宿儒遇事多致游移自瘟疫流行於防範情事更無所措自傾被上峰查悉遂行撤委所遺之缺則以林少亭司馬暫署於去臘二十八日已接篆視事矣

▲家狗遭殃　防疫局因屍體横棄恐爲狗傳染去臘二十八九日遂飭派頑悪夫役各持棍棒沿街打狗並按戶查打每家許留其[illegible]有打斃者當以車載江畔

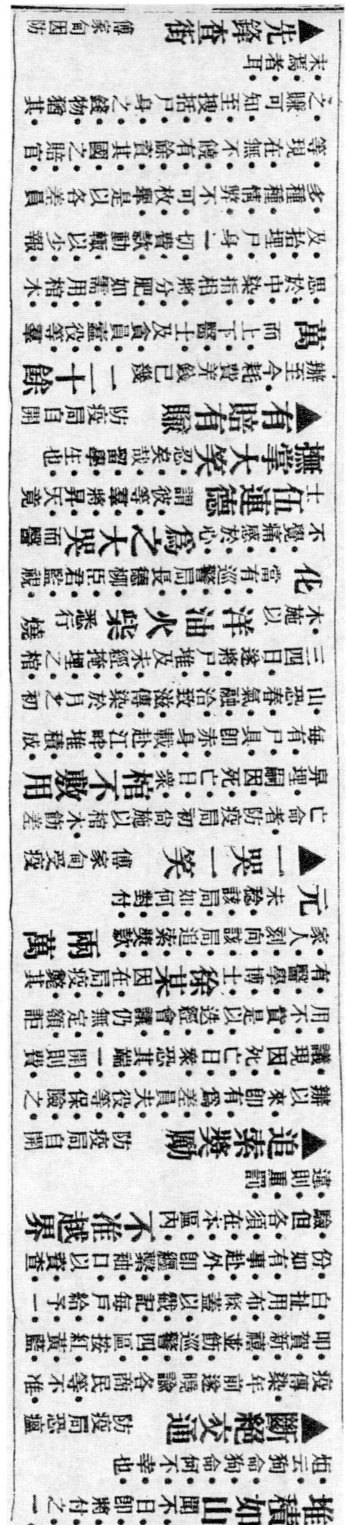

堆積如山聞不日即將付之一炬云狗命狗命何不幸也

▲斷絕交通 防疫局恐瘟疫傳染年前逐曉諭各商民等不准叩賀新禧並飭巡警四區按紅黃藍白扯用布條蓋以戳記每戶給予一份如有事赴外即經繫袖口以資查驗但各須在本區內不准越界違則重罰

▲追索獎勵 防疫局自開辦以來即有爲差員夫役等保險之議現因死亡日衆恐其端一開則費用不貲是以迭經會議仍無定額詎有醫學博士徐某因在局疫斃其家人刻向該局追索獎款兩萬元未稔該局如何對付

▲一哭一笑 傳家甸受疫亡命者防疫局初尚施以棺木飭差舁埋嗣因死亡日衆棺不敷用每有尸具即赤身載赴江畔堆積成山恐春氣融洽致滋傳染於月之初三四日遂將尸堆及未經掩埋之棺木施以洋油火柴悉行燒化當有巡警局長德棚臣君監視不覺痛感於心爲之大哭而醫士伍連德謂彼等羣將昇天竟撫掌大笑忍矣哉留學生也

▲有賠有賺 防疫局自開辦至今耗費并錢已幾二十餘萬而上下醫士及會員盡役等羣思於中染指相將分肥如需用棺木及抬埋尸身一切費款動輒以少報多種種情弊不可枚舉是以各差員等現在無不饒有餘貲其國之賠官之賺可知至搜括尸身之錢物猶其末焉者耳

▲先鋒查街 傳家甸因防

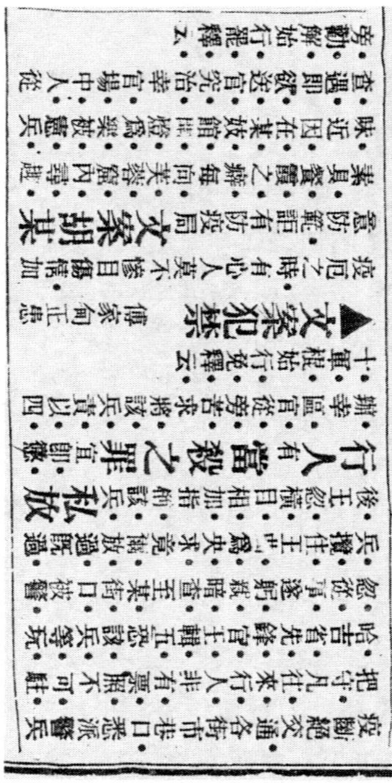

疫斷絕交通各街市巷口悉派警兵把守凡往來行人非有票照不可駐哈吉省先鋒官王輯五恐該兵等玩忽從事遂躬親暗查至某街口被警兵攔住王出爲央求竟徇放過既過後王忽橫目相加指斥該兵私放行人有當殺之罪宜即懲辦幸區官從旁苦求將該兵責以四十軍棍始行免釋云

▲文案犯禁 傳家甸正患疫厄之時有心人莫不慘目傷情加意防範詎有防疫局文案胡某素具饕餮之癖每向芙蓉窟內尋趣味近因在某妓館[illegible]燈爲樂被憲兵查遇即欲送官究治幸官場中人從旁勸解始行罷釋云

——摘自《民立报》，1911 年 2 月 14 日

◉日議員之疫質問

東函日本議員淺羽靖氏爲預防黑疫提出緊急質問於議會席上略謂北滿地方之黑死病現在日見猖獗其被傳染者非但中國人聞日本之駐屯軍中亦有罹此疫者一人而天津北京保定等地方亦陸續發見斯疫之病死者如僅遮斷中國苦力之交通到底不能收防止蔓延之結果日本當道對於由上述各地入南滿洲之日本人及其他人等苟非取相當之處置恐不免釀起不測之禍患故本議員爲此質問云云

——摘自《民立报》，1911 年 2 月 14 日

◉內外防疫往來電

▲關於防疫之去電

初六日外部發 駐奥沈大臣電 洪初四日電悉研究會章擬定後卽電知開會日期法己派一人外魚

同日外部又發 駐義吳大臣電 中支電悉東三省各處疫勢漸退毋須此紅十字會友幫助希婉謝外魚

同日外部 覆伍醫官回電 陸軍部新到哈埠醫官四位其俸辛並未預定頃電已轉陸軍部如係醫學堂畢業生似宜以正醫官看待照定章辛俸三百兩部意俸辛一事不宜過刻外漁

▲關於防疫之來電

初六日外部收 山東巡撫電 外務部鈞鑒據東海關道電復烟臺商民實無反對疫事元旦六區內有廟會勸令移期皆無異言等語濰縣大雨雪道路梗阻難進已電海軍部加派兵站前往防護讓投琦魚

同日軍機處又收 山海關副都統儒林來電 軍機處鈞鑒 海關於正月初一二兩日得雪一尺餘由臨榆縣知縣呈報前來查關城一帶雪澤優霑既潤農田更可默消疫癘現因防疫摺奏不通謹此電呈祈爲代奏海關副都統林魚

初五日外部又收 湖廣總督來電 外務部鈞鑒近因奉省疫重漸及關內駐漢各領事深慮火車帶疫擬設驗疫公會邀以主權所繫商定自設防疫所選派中西醫員洋人由西醫查驗華人由華醫查驗各司其事以免岐異各醫員由廣水上車隨驗隨行至劉家廟上華人之有疫者交所由設立之臨時醫院洋人則送租界內西人向設之醫院診治俾安習慣即請照會各公使各飭附車東西行旅一律遵守以維公益而重衛生爲盼瑞澂叩歌

正月初七日 外務部 接伍醫官來電 第五號所餘之棺櫬二千具現己在坑內暨空曠之地舉行火葬由連德親往監視火夫工作待宜每堆棺櫬百具約焚平常之久所遺殘餘甚少自傳家甸劃分四處按辦理頗爲順手昨日計死一百十五人所有軍醫四員之薪金鈞部或陸軍部已否決定希部電示長春調來之兵勇一千名現用圍守傳家甸可惜內有一隊傳染疫症在長春死去數名抵哈後又死去四名該隊並未携帶西學醫士殊甚焦慮業已派吉陸二大夫前去辦理一切種驗隔離看視事宜連德叩

——摘自《民立报》，1911 年 2 月 14 日

●奉天通信●

〇東省疫鬼錄

奉天防疫總局公布去年十二月起至年終止各處疫死人數茲照錄如左

▲**哈爾濱** 濱江道來電自十四日至十七日逐日疫死一百八十餘人統計疫斃人數二千二百有奇

▲**長春** 長春道來電初三日至十六日共死八十八人十七日死二十六人十八日死十七人十九日死二十六人二十日死二十三人

▲**雙城** 雙城府來電前月杪傳染至今死者共百餘人現在每日斃七八人或十數人

▲**新民** 新民府來電十三四日相驗死者四人二十日來電今早已斃三人入病院看護死十名現據本省領藥專員報告二十日共斃七人

▲**昌圖** 十九日來電已斃者四人

▲**開原** 二十四日來電疫死一人二十八日疫死十八

▲**廣寧** 共疫死二十六人

▲**賓州** 自十一月十七日傳染起截至十二月二十八日止城鄉共斃二百二十三人

▲**奉天** 本省統斃一百[illegible]十三人

——摘自《民立报》，1911年2月15日

○日人防疫之熱心

東京電日本關東總督大島男爵於十二號謁見東三省總督錫良會商防疫辦法決定中日互派員聯同辦理大島男爵已請其政府派紅十字會會員來滿帮同辦理聞日汽船天草丸已於十四號離下関載有紅十字會會員多人前往滿洲

——摘自《民立报》，
1911 年 2 月 16 日

專電

○俄使又催問呼蘭亂事防疫政策及添設領事各問題要求外部速自解決（十九日北京電）

——摘自《民立报》，
1911 年 2 月 18 日

○俄人造謠述聞

倫敦電云據俄京傳來消息言有接哈爾濱來電者謂寬城子地方每日染疫死者雖有二百人然尚有人將死者之髮運至英德兩國云云

——摘自《民立报》，
1911 年 2 月 18 日

○北方疫禍之減少

北京電云京中八日來未發見疫事今又忽有兩起天津每日染疫死者平均一人滿洲各要處均漸見減少

——摘自《民立报》，
1911 年 2 月 18 日

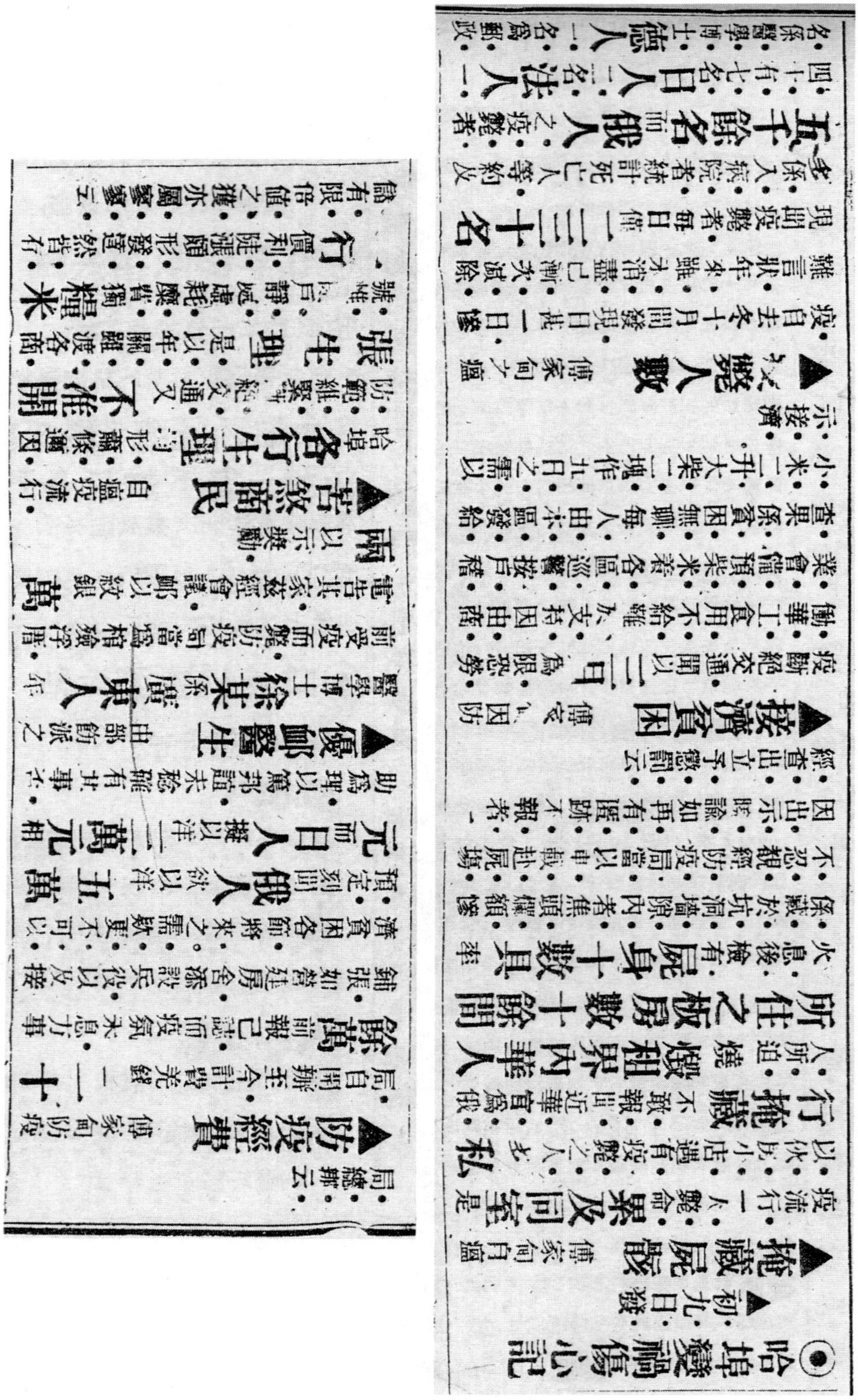

◎哈埠變禍傷心記

▲初九日發

▲掩藏屍骸　傳家甸自瘟疫流行一大斃命累及同室是以伙房小店遇有疫斃之人多私行掩藏　不敢報聞近華官爲俄人所迫　燒燬租界內華人所住之板房數十餘間火息後檢有屍身十數具　率係藏於坑洞墻隙內者焦頭爛額慘不忍覩經防疫局當以車載赴屍塲因出示曉諭如再有匿跡不報者一經查出立予懲罰云

▲接濟貧困　傳家甸因防疫斷絕交通聞以三日爲限恐勞働華工食用不給雖於支持因由商業會備預柴米着各區巡警按戶稽查果係貧困無聊每人由本區發給小米二升大柴二塊作九日之需以示接濟

▲疫斃人數　傳家甸之瘟疫自去冬十月間發現日甚一日慘難言狀年來雖未消盡已漸次減除現聞疫斃者每日僅一二三十名多係入病院者統計死亡人等約及五千餘名而俄人之疫斃者四十有七名日人二名法人一名係醫學博士德人一名爲郵政局總辦云

▲防疫經費　傳家甸防疫局自開辦至今計費羌銀二十餘萬前報已誌而疫氣未息方事鋪張如營建房舍添設兵役以及接濟貧困各節將來之需欵更不可以預定刻聞俄人欲以洋五萬元而日人擬以洋二三萬元相助爲理以篤邦誼未稔確有其事否

▲優䘏醫生　由部飭派之醫學博士徐某係廣東人年前受疫而斃防疫局當爲棺殮浮厝電告其家茲經會議郵以紋銀萬兩以示獎勵

▲苦煞商民　自瘟疫流行哈埠各行生理均形蕭條邇因防範維緊斷絕交通又不准開張生理是以年關難渡各商號惟閉戶靜處耗糜費獨糧米一行價利陡漲頗形發達然皆存儲有限倍值之獲亦屬寥寥云

——摘自《民立报》，1911年2月18日

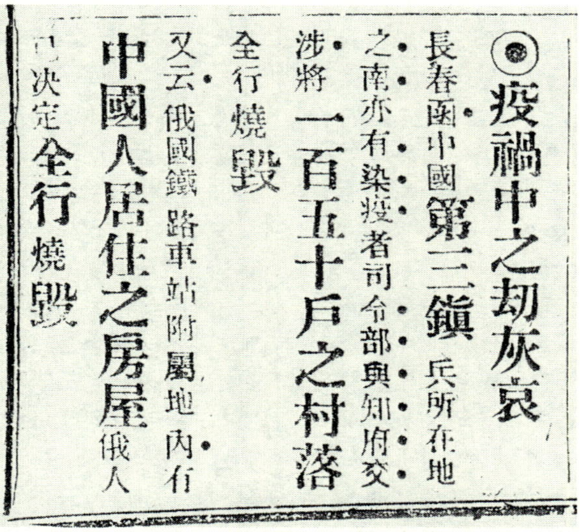

◉疫禍中之刼灰哀

長春函中國第三鎮兵所在地之南亦有染疫者司令部與知府交涉將一百五十戶之村落全行燒毀

又云俄國鐵路車站附屬地內有中國人居住之房屋俄人已決定全行燒毀

——摘自《民立报》，1911年2月18日

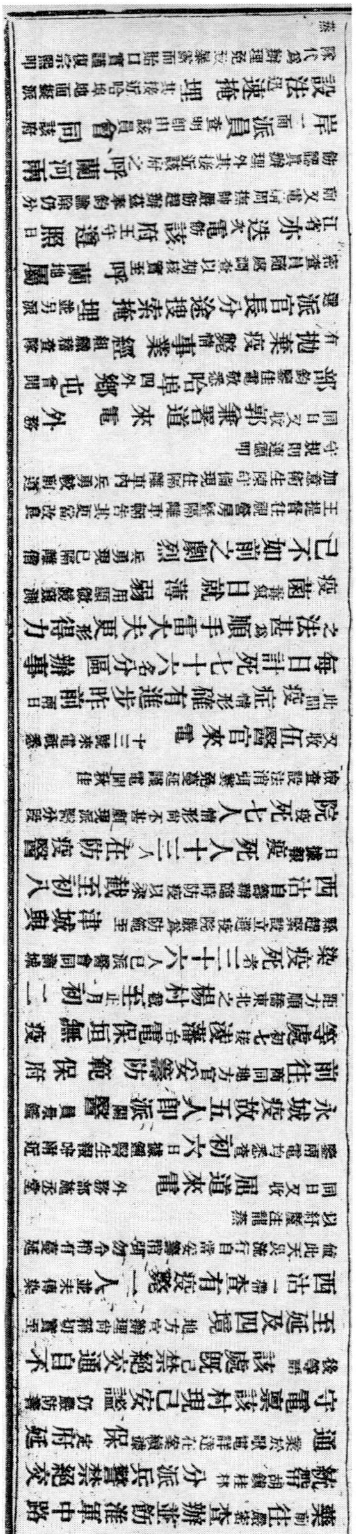

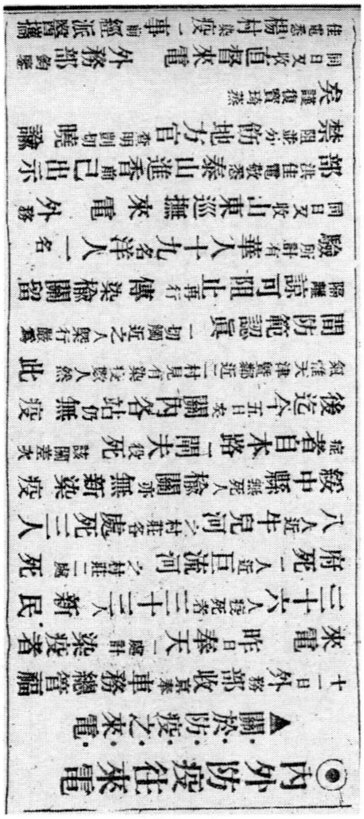

◉內外防疫往來電

▲關於防疫之來電

——摘自《民立报》，1911 年 2 月 19 日

◉賑電疫電彙誌

奉天韓交涉使致公立醫院沈仲禮觀察電云天津路公立醫院沈仲禮鑒微電敬悉奉省疫況承代登滬上各報感甚初四起至十六止又共死三百六十一人每日計十餘人或二三八不等勢似稍斂江皖義振聯梁業經探明紅糧每担價約七元左右現南滿通車外運似可無阻河南永城縣被災甚重洪據該縣士紳馳函募振奉省民情彫敝今又遭此巨災勢已萬難爲繼我公樂善爲懷江皖災民獲福無量永邑事同一律敢乞廣爲勸募如能集腋成裘感激當不僅永民而止爲民乞命無任頂祝是否仍望電示國鈞巧

沈仲禮觀察復電云奉天交涉使韓紫翁鑒巧電敬悉永城災情敝會早已籌及前因電詢寶帥奉復已由官振是以作罷奉省疫勢稍戢甚慰此事關係南北商務乞隨時電示防疫報亦乞按期惠寄爲勝禱醫敦和號

——摘自《民立报》，1911 年 2 月 19 日

◉怕遇瘟神之道台

京函吉林東南路署道**李澍恩**當此**鼠疫**流行**終日深居簡出**毫無振作近經**陳撫奏參撤任**若李道者其殆怕遇瘟神乎然衛生不顧得異常勞績獎勵恐不止李一人也而李亦冤矣

——摘自《民立报》，
1911 年 2 月 20 日

上諭

正月二十二日內閣奉

旨上駟院卿著文照補授欽此　同日奉

旨東三省時疫流行地方官防範不密以致蔓延關內直隸山東兩省先後傳染日斃多人朝廷殊深憫惻迭經嚴飭民政部暨各該督撫設法消弭以重民命現在哈爾濱等處成效漸著日見輕減著民政部東三省直隸山東各督撫令各屬趕速清理務期早日撲滅勿稍延玩欽此

——摘自《民立报》，
1911 年 2 月 21 日

○日醫演說疫病

東京電日政府所派查考疫事之微生學專家北里日前在大連演說言証諸其所考驗則滿洲傳染之百斯篤係屬肺痰一部若用科學上的治法自能撲滅此可見之於大連一處該處自兩星期前由日政府施行檢防已無染者發見倘疫勢再傳入則仍可用此法以撲滅之若滿洲各處能傳大連之法而行之疫事不難撲滅云云

——摘自《民立报》，1911 年 2 月 21 日

⊙大疫後之哈爾濱

▲佳節鬼氣

元宵爲我國之佳節每年此日千門萬戶必懸燈結綵競相慶賀傅家甸係衝要之區人烟輻輳自防疫斷絕交通後閉門不出嗒然若喪是以雖逢佳節而街市之上寂寂無人惟見月色掩映萬鬼聲中一片淒涼氣而已

▲賀年名詞

東三省之舊習凡賀年禧必以見面發財等語致慶哈埠以疫斃之人無算凡在埠人等惟求不死於願已足年來街市之上偶遇親朋率以不死致賀其於發財二字悉不暇計及至防疫局各差員等拜賀之餘則競以陞官爲詞發財二字亦不提及蓋彼等自任事以來囊槖充盈財發已足眼見疫氣已息惟思貪天功以邀保獎云

▲醫生木籠

哈埠之瘟疫現已大爲消除而傅家甸防疫局連日圈禁之人非賭徒即烟鬼因燈火所爇氣色不正致滋受累其丁壯者每於行走之間多行逃脫該局現遂置造四輪車輛上按木籠醫士查病以車隨之欲圈人悉驅而納諸木籠之內致不得躲逸以旺相之黎庶而以囚犯待之慘何如焉

——摘自《民立报》，1911年2月21日

呼蘭之民變不確

齊齊哈爾來電上海劉道台鑒近閱京滬各報載呼蘭因防疫激變府城失陷查該處辦理防疫安靜如常現在疫漸減退並無激變失陷情事刻因防疫交通阻隔竊恐以訛傳訛匪徒藉端造謠最有關係應請轉諭滬上各報館是所盼禱模禡印

——摘自《民立报》，
1911 年 2 月 23 日

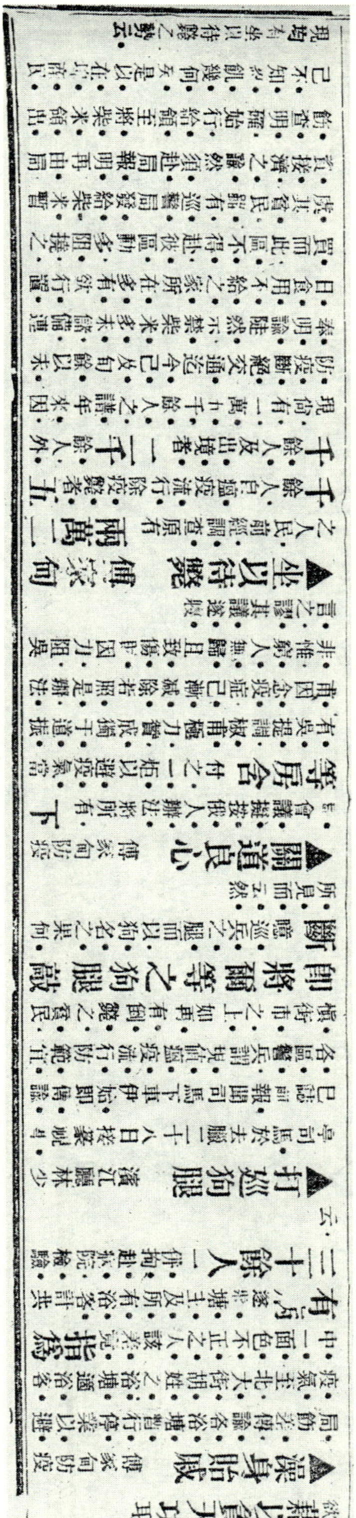

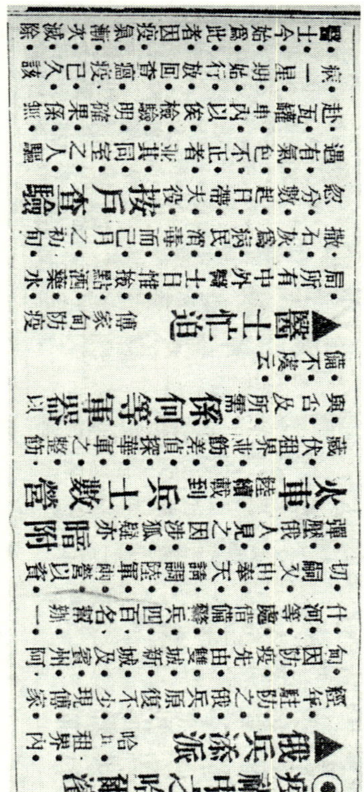

——摘自《民立报》，1911年2月25日

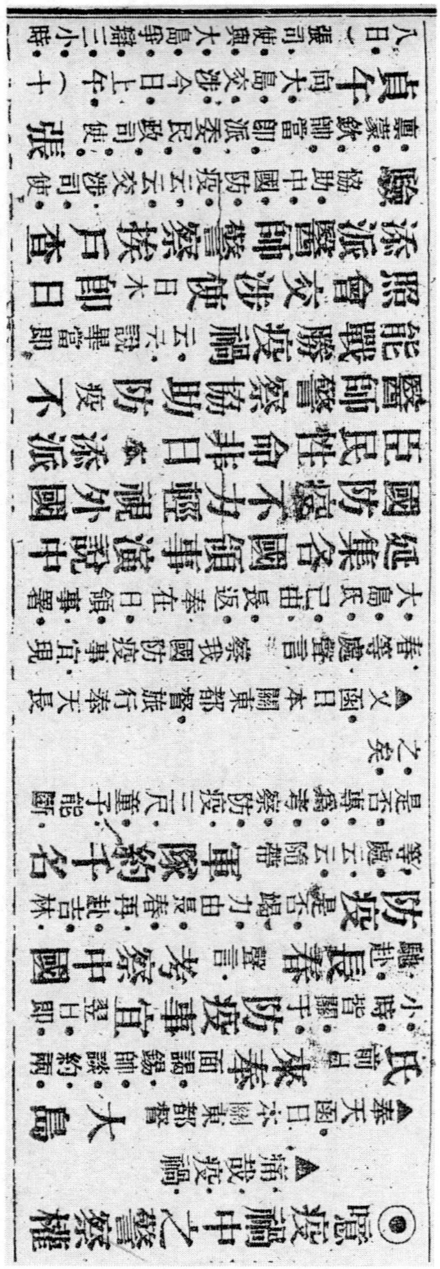

◉噫疫禍中之警察權

▲痛哉疫禍

▲奉天函日本關東都督大島氏前日來奉面謁錫帥談約兩小時皆關于防疫事宜翌日即馳赴長春聲言考察中國防疫是否竭力由長春再赴吉林等處云云隨帶軍隊約千名是否專爲考察防疫三尺童子能斷之矣

▲又函日本關東都督旅行奉天長春等處聲言察我國防疫事宜現大島氏已由長返奉在日領事署延集各國領事演說中國防疫不力輕視外國臣民性命非日本添派醫師警察協助防疫不能戰勝疫禍云云說畢當即照會交涉使日本即日添派醫師警察挨戶查驗協助中國防疫云云交涉司使稟蒙欽帥當即派委民政司使張貞午向大島交涉今日上午（十八日）張司使與大島爭辯三小時

之久方爭得每一星期由日人挨戶查驗一次以疫病斷絕之日爲限

按奉天防疫不爲不力自客臘疫病發見趕急創設病院及隔離所延到中外醫官以百數每日挨戶查驗各城門普備藥水凡出入行人概行噴射鄉里之間絕斷往來數日以來疫漸消滅收功不爲不速成效不爲不著而日人硬稱防疫不力攘我警權使各國效尤直隸山東等地疫起未艾則吾國竟無可救矣嗚呼願我同胞共起奮爭也

▲又一函云大島氏藉口中國防疫不力攘我警權一事詎日人乘民政司使向大島交涉之際已分布日警多名將大小西關挨戶查詢人口登册記訖日人不待我國承允竟設警查戶其侮我至於極地如此

▲現商學各界以日人如此舉動大事恐慌今日下午二時（二十日）商界七十三行十六街每界代表二人均赴商會公議辦法學界亦羣赴教育會開議未知能得挽救之術否

——摘自《民立报》，1911年2月26日

◎奉天疫禍記

奉天函自日昨（十九）疫勢乘外患暴漲日間死於疫者竟達二十八名又因日人攙權故人心惶惑異常防疫局交涉民政兩司面稟欽帥擬將城內外斷絕交通日內當即實行云

——摘自《民立报》，
1911 年 2 月 26 日

◯俄國之防疫要求

柏靈電云俄國依克斯基地方開防疫大會決定如中國認可將在黑龍江南岸設立檢疫所

——摘自《民立报》，
1911 年 2 月 28 日

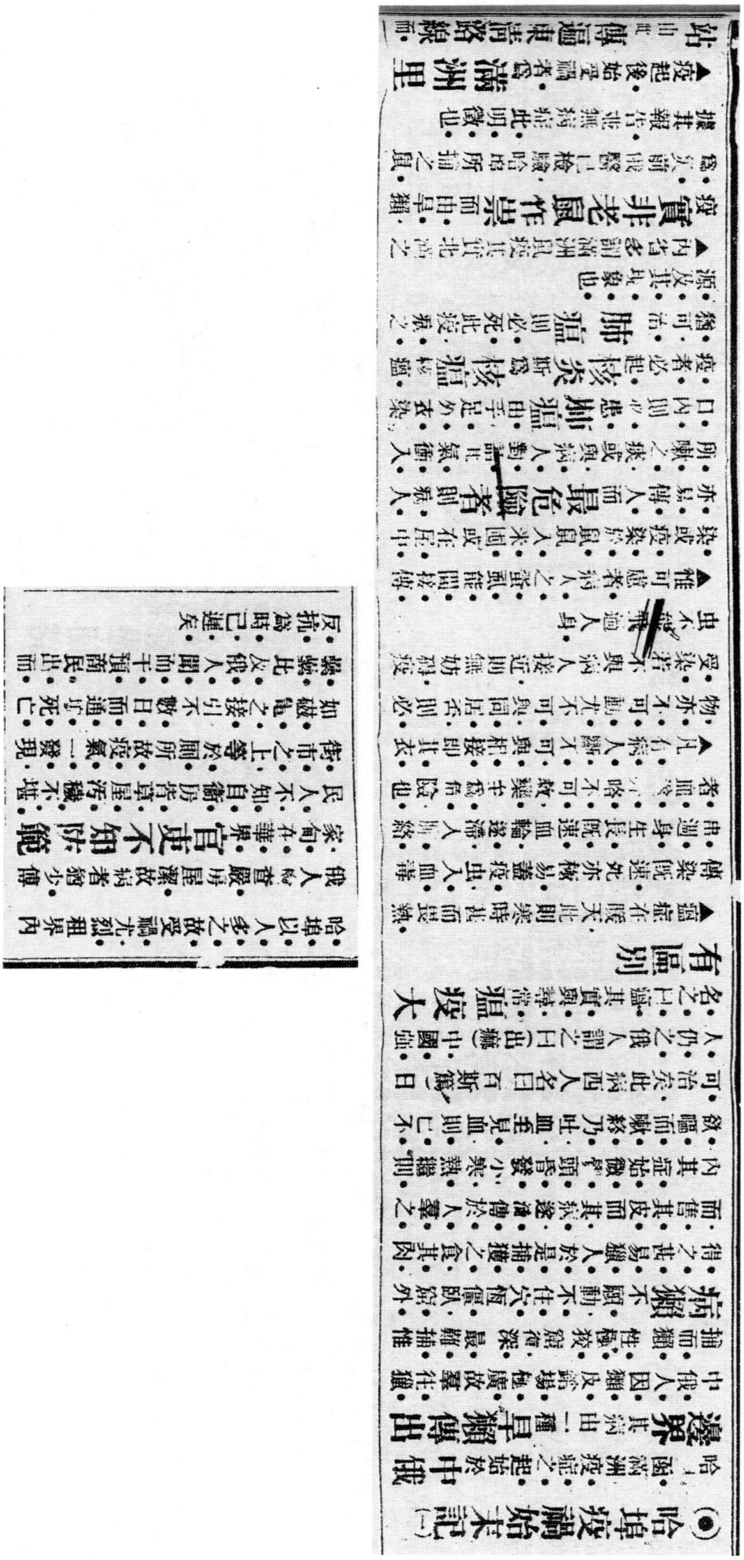

——摘自《民立报》，1911年3月2日

〇北疫已滅跡矣

北京電云中國官場聲言星期二日哈爾濱並無染疫者至京津兩地亦無染疫發見

——摘自《民立报》，
1911 年 3 月 3 日

●營口通信●

〇獺疫記

▲不關老鼠事

▲今東省疫禍日烈人皆曰百斯篤鼠疫也考疫之起點始於旱獺各處捕鼠解剖皆無毒菌發現不當謬及耗子名從其朔故宜證以獺疫記之如下

——摘自《民立报》，
1911 年 3 月 3 日

○俄人又放謠言

柏靈電云．俄京傳聞中國黑龍江省城因防疫．斷絕交通致起亂事．．云云

——摘自《民立报》，
1911 年 3 月 4 日

○防疫會中之意賓

柏靈電云．陽歷四月．奉天開萬國防疫會議．意大利派定加列地大教授預會．．

——摘自《民立报》，
1911 年 3 月 4 日

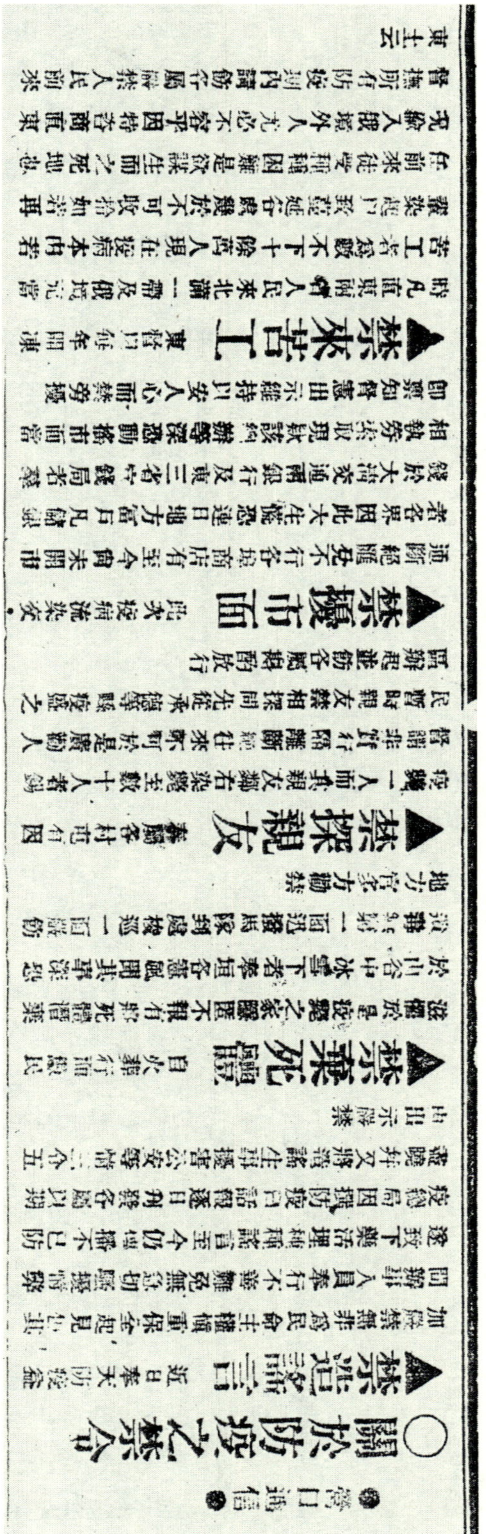

營口通信

○關於防疫之禁令

▲禁造謠言　近日奉天防疫益加嚴禁無非爲民命主權慎重保全起見也其間辦事人員奉行不善難免無急切騷擾情弊遂致下藥活埋種種謠言至今仍傳播不已防疫總局因撰防疫白話報逐日刊發各屬以期盡曉幷又將造謠生事擾害公安等情三令五申出示嚴禁

▲禁棄死體　自火葬行而愚民滋懼於是疫斃之家隱匿不報有將死體潛棄於山谷中冰雪下者奉垣各憲風聞其事深恐貽害無窮一面迅撥馬隊到處梭巡一面嚴飭地方官多方勸禁

▲禁探親友　奉屬各村屯有因疫斃一人而其親友鄰右染斃至數十人者錫督謂非實行隔離斷絕往來斷不可於是廣勸人民暫時親友禁相探問先從承德等縣疫盛之區辦起並飭各屬斟酌放行

▲禁擾市面　此次疫病流染交通斷絕匯兌不行各埠商店有至今尚未開市者各界因此大生恐慌連日地方富戶凡儲銀錢於大清交通兩銀行及東三省官錢局者羣相執券索取現款該鈔辦等深恐動搖市面當即禀知督憲出示維持以安人心而禁旁擾

▲禁來苦工　東督以每年開凍時凡直東兩省人民來北滿一帶及俄境充當苦工者爲數不下十餘萬人現在疫病本內若蔓染起戶致蔓延各處幾於不可收拾如若再任前來徒受種種困難是欲謀生而之死地也況偷入俄境外人尤必不容乎因特咨商直東督撫所有防疫期內請飭各屬嚴禁人民前來東土云

——摘自《民立报》，1911年3月4日

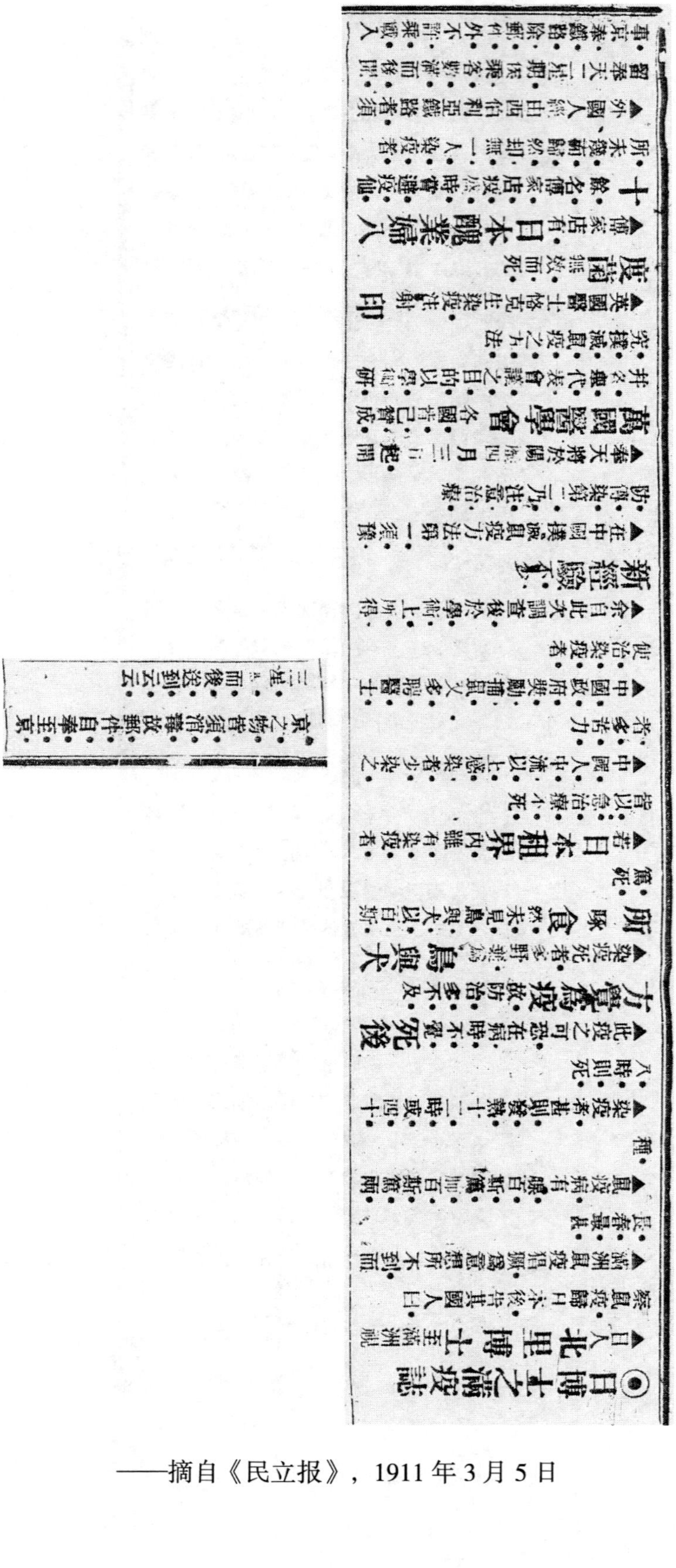
◎日博士之滿疫誌

▲日人北里博士至滿洲視察鼠疫歸日本後告其國人曰

▲滿洲鼠疫猖獗爲意想所不到而長春最甚

▲鼠疫病有腺百斯篤肺百斯篤兩種

▲染疫者甚則發熱十二時或四十八時則死

▲此疫之可恐在病時不覺死後方覺爲疫故防治多不及

▲染疫死者多野葬爲鳥與犬所啄食然未見鳥與犬以百斯篤死

▲若日本租界內雖有染疫者皆以急治療不死

▲中國人中流以上感染者少染之者多苦力

▲中國政府獎勵捕鼠又多聘醫士使治染疫者

▲余自此次調查後於學術上所得新經驗不少

▲在中國撲滅鼠疫方法第一須豫防傳染第二乃注意治療

▲奉天將於陽曆四月三日起開萬國醫學會各國皆已贊成并各舉代表會議之目的以學術研究撲滅鼠疫之方法

▲英國醫士恪克生染疫注射印度菌無效而死

▲傳家店有日本醜業婦八十餘名傳家店疫盛時嘗避疫他所未幾俯歸然卻無一人染疫者

▲外國人經由西伯利亞鐵路者須留奉天二星期俟乘客數滿而後開事京奉鐵路除郵件外不許乘載入京之物皆須消毒故郵件自奉至京三星期而後送到云云

——摘自《民立报》，1911年3月5日

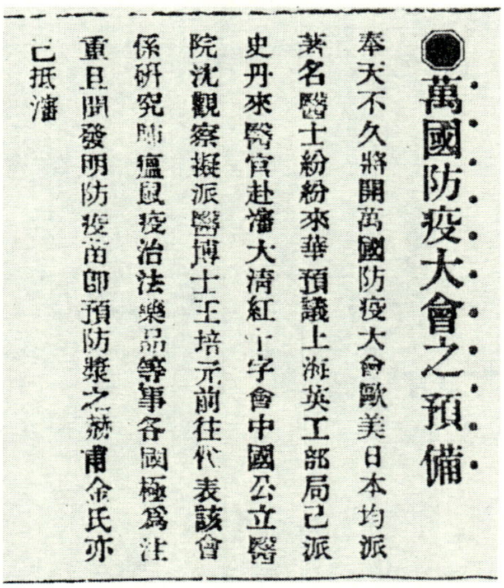

萬國防疫大會之預備

奉天不久將開萬國防疫大會歐美日本均派著名醫士紛紛來華預議上海英工部局已派史丹來醫官赴瀋大清紅十字會中國公立醫院沈觀察擬派醫博士王培元前往代表該會係研究肺瘟鼠疫治法藥品等事各國極爲注重且開發明防疫苗即預防漿之赫甫金氏亦已抵瀋

——摘自《民立报》，1911年3月6日

◉疫禍中之外人謠

▲外務部致錫欽帥電

奉天制台鑒查德華報載海參威傳稱奉天近日拳匪煽惑並有排外舉動非得歐兵保護不爲功。路透電亦載此事並有揭帖肆言殺滅歐人之語近來商學各界到處演說並傳遞電報謠詞過激未免貽人口實並聞有無知之徒自稱有術禦疫造言惑衆兩報登載未始不因乎此所稱保護之說尤爲可慮務請隨時設法勸導嚴加防範以杜謠傳而弭後患云云當經清帥札飭各屬設法勸導防範以杜謠傳矣

東三省報按云部電云云本省不但並無其事且所謂拳匪者毫無影響故本報前日有言敢信中國後此永無再有拳匪之事至殺滅歐人有術禦疫等語尤屬虛妄誠恐此中有藉端簧鼓以搖惑我國民者我國民現在之程度其果能爲所搖惑乎一噱置之可也

——摘自《民立报》，1911年3月20日

●天津通信●

○天津疫禍漸消記

▲函津日昨紳商學界聯合百數十人稟請陳督以現在天津各地方疫氣日漸消滅值此春融氣升之際難保不染雜病倘仍檢驗未免人心不安請停派員檢驗云云聞陳督已飭衛生局據實核覆

▲京奉路車前因奉省鼠疫流傳業經停車現因奉省疫氣已消於初四日已開京奉通車

▲津浦路車前亦因鼠疫已停車現於初九日亦照常開車從此疫氣日銷不致再斷交通不禁為北方各同胞幸因欣誌之

▲近日天氣忽暖忽寒前此迭降大雪今又迭起大風終日飛沙走石小本營生者固已無處覓食又兼人多感冒輕則痰嗽重則瘟病而小兒疹痘又時時發現藥肆無不獲利三倍即歧黃家亦各奔忙異常噫鼠瘟雖已漸消而春瘟又將發生未知衛生局將何以預防也

——摘自《民立报》，1911 年 3 月 20 日

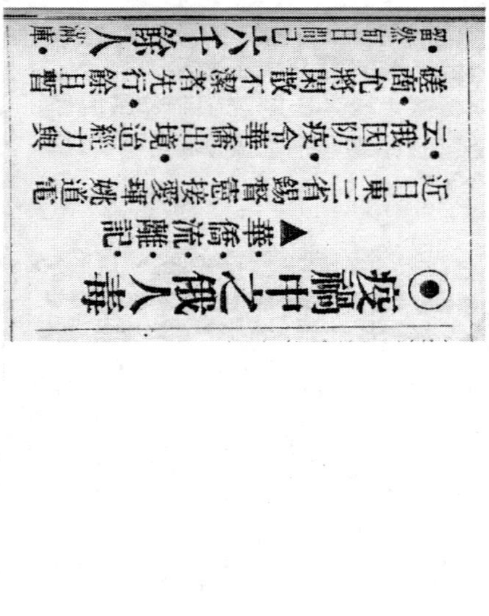

◎疫禍中之俄人毒

▲華僑流離記

近日東三省錫督電接愛琿姚道電云。俄因防疫令華僑出境。迨經力與磋商。允將閑散不潔者先行。餘且暫留。然旬日間已六千餘人滿庫。

兩界未查在內。沿江一帶僑紛紛而來。除每日資遣一二百人外。現流寓愛城七十六屯者。三千餘人。黑河村市者。千六百人。沿途乞食。日不暇給。已飭謝丞會同王守與紳商籌議安插。愛城本有招墾局。可令開墾。然冰雪在地。須養三個月。黑河擬設官商合辦礦務公司。然滿庫均有由俄境回之人。且開庫廠。限禁入溝。其飭探勘者。尚無成效。礦廠能容多人。惟有令刊伐木材。官商合給糧食斧鋸。各令運售。歸本俟春融。願耕者。勸令開墾。候公司雇把採出金苗後。願工者令作礦丁。其不耐苦力者。資遣出境。每屯撥米五石。由屯長給予一宿兩餐。即令前行。由分卡巡警遞送。自上游來者。由黑河每人給面三觔。巡警接替押赴愛城防疫局。領票至梁家站。給面包五觔。免致逗遛滋事。再於大嶺檢驗所設粥廠。食後令行。每人給面包五個。已出示曉諭。認眞辦理。不致失所。惟前途尚虞乏食。應請通飭嫩江府訥河廳。經過各屬。源源接濟。彈壓。仍禁北來。勿阻南行。以杜藉口。干預等情。當即電覆云。所籌安插華僑辦法。切實可行。仰即認眞籌辦。毋任失所。前途接濟。已分飭嫩江府訥河廳查照矣。並即電嫩江王守訥河鍾丞查照安籌辦理。毋任失所。

——摘自《民立报》，1911年3月22日

○俄以兵力防疫

柏靈電俄內閣開議決定傳諭烏蘇里及黑龍江兩處哥薩克兵守護界綫以免疫疹侵入

——摘自《民立报》，
1911 年 3 月 26 日

●哈爾濱通信●

○疫鬼聲中之宴樂

前報哈埠官商人等餞送防疫醫官者係筵設[illegible]會其在座之官爲郭詞伯司使及于振甫譚兆良宋春鰲各觀察并林筱亭吳椒甫兩司馬其餘紳商聚然畢集猛拳拍令樂猶未極薄召優妓十三名彈唱侑酒至十二餘鐘始散又該埠於十六日開禁交通十八日即着同樂茶園合班開演邀請調借之陸軍入座觀聽用資酬勞噫此何時乎而如此宴樂其幸災歟抑樂禍歟

——摘自《民立报》，
1911 年 3 月 26 日

○男男女女一堆灰 傳

家甸疫斃之人聞內有女人二百餘名前於燒毀之餘竟不為分別合併灰燼刻有因此挺鳴官控訴者亦殊多事云

——摘自《民立报》，
1911 年 3 月 26 日

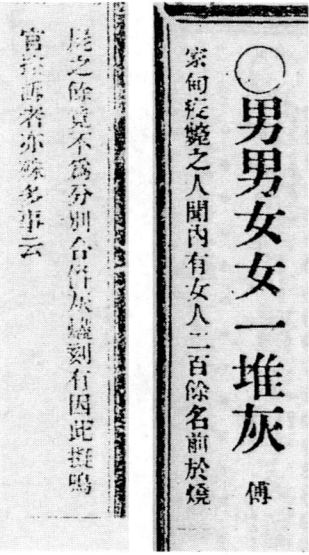

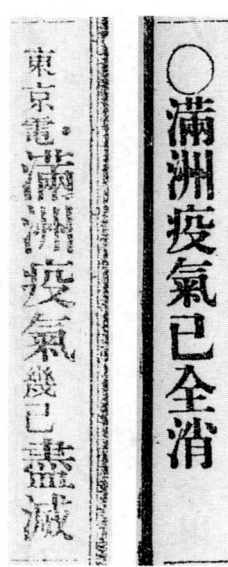

○滿洲疫氣已全消

東京電·滿洲疫氣幾已盡滅

——摘自《民立报》，
1911 年 3 月 28 日

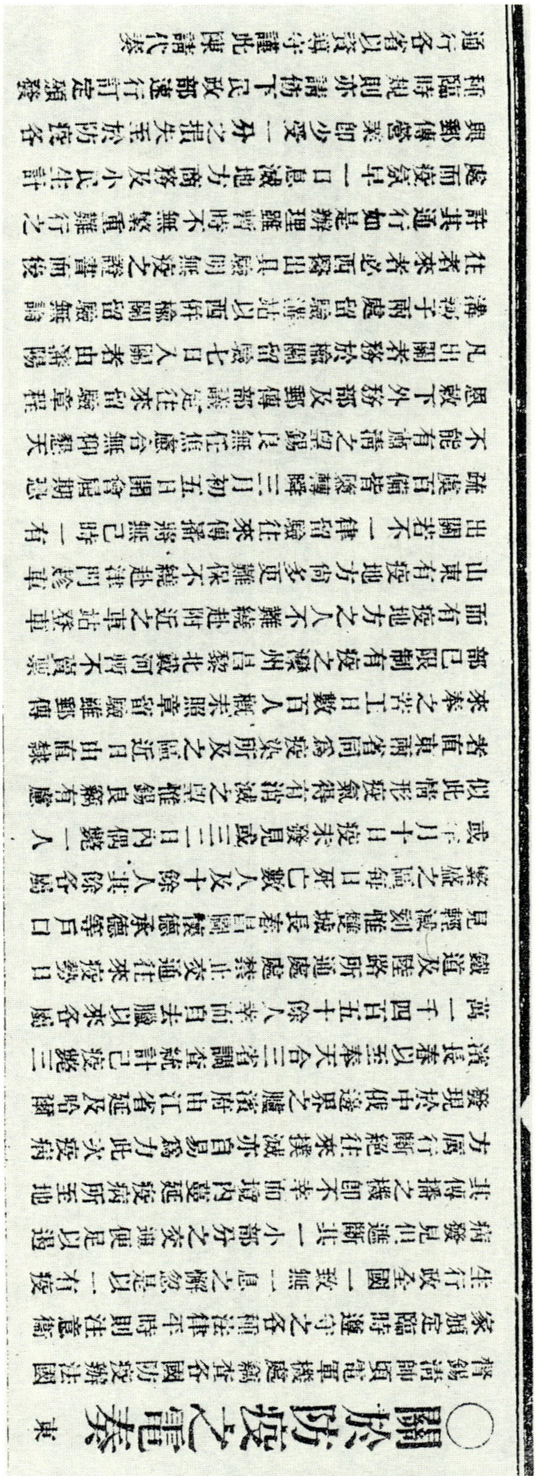

●奉天通信●

○關於防疫之電奏　東

督錫清帥頃電軍機處竊查各國防疫辦法國家頒定臨時遵守之各種法律平時則注意衛生行政全國一致無一息之懈忽是以一有疫病發見但遮斷其一小部分之交通便足以遏其傳播之機即不幸而境內蔓延疫病所至地方廣行斷絕往來撲滅亦自易爲力此次疫病發現於中俄邊界之臚濱府由江省延及哈爾濱長春以至奉天合三省調查統計已疫斃三萬一千四百五十餘人幸而自去臘以來各處鐵道及陸路所通處處禁止交通往來疫勢日見輕減刻惟雙城長春昌圖懷德承德等戶口繁盛之區每日死亡數人及十餘人其餘各屬或半月十日疫未發見或三二日內偶斃一人似此情形疫氣得有消滅之望惟錫良竊有慮者直東兩省同爲疫染所及之區近日由直隸來奉之苦工日數百人概未照章留驗雖郵傳部已限制有疫之灤州昌黎北戴河暫不賣票而有疫地方之人不難繞赴附近之車站登車山東有疫地方尚多更難保不繞赴津門趁車出關若不一律留驗往來傳播將無已時一有疏虞百備皆隳轉瞬三月初五日開會屆期恐不能有肅清之望錫良無任焦慮合無仰懇天恩敕下外務部及郵傳部議定往來留驗章程凡出關者務於榆關留驗七日入關者由瀋陽溝幫子兩處留驗滿站以西併榆關留驗無論往者來者必西醫出具驗明無疫之證書而後許其通行如是辦理雖暫時不無繁重難行之處而疫氛早一日息滅地方商務及小民生計與郵傳營業即少受一分之損失至於防疫各種臨時規則亦請飭下民政部速行訂定頒發通行各省以資遵守謹此陳請代奏

——摘自《民立报》，1911年3月30日

○國際防疫會所今日行落成禮各國醫員及中國伍醫員均遷入開始試驗（奉天電）

——摘自《民立报》，
1911年4月6日

○防疫會得各省醫員報告甚多由伍醫員任書記及編纂（同上）

——摘自《民立报》，
1911年4月6日

奉天通信

○滿洲疫後之風雲

▲疫禍後之謬論　百斯篤之流傳幾遍全球矣其最烈之區莫如東省一帶如哈爾濱奉天長春各界無不延請洋醫士按照西法防範一切乃愈防愈烈幾至不可收拾曩濱江俄報某記者謂彼與天津公報獨持人道主義盛稱西醫研究醫學之能力該西醫果有術以治此疫也應起白骨而肉之何人斃無數財傷無算種種慘惡之狀即婦人孺子看之無不痛切於心且其施治之方術無非以檢驗消毒燒房焚屍爲能事盡人皆見即盡人可能特不肯爲此耳再疫毒已除矣猶復致疑於旱獺歸咎於鼠子究竟黑疫之歷史尚不能確指其由來吾不知醫之能力果安在乎

▲疫禍後之新劇　濱江　同樂茶園昨演大劈棺一劇當莊子入殮之際突來查病醫官謂係疫死必爲消毒而後去又慶豐茶園演錯中錯一劇錢女致詢貨郎來遲之由答以交通斷遮不得行動女曰何不往領照據貨郎曰防疫局共出照據二百餘張多被官場中之治客領去其餘各等商號均未得給領況我係作小經紀者乎女又云面係憔悴曰被圈瓦罐車內凍餓所致耳一時觀者無不捧腹

▲疫禍後之姻緣　濱江之南有鄧姓者全家疫斃祇餘一及笄之女原許與本屯魏姓之家女以孤苦無依遂親登夫家之門乃魏恐染疫拒不容留女傍門啜泣鄰人等見而憐之出爲勸說魏竟出以絕婚之語鄰人等不平即爲女另行擇配乃成婚後魏家轉悔欲行興訟未知如何判結

▲疫禍後之窮黎　傅家甸因疫焚燒之房間多係窮民產業現因疫災已除連日由隔離所放回之貧民計數百餘口均無容身之地而小店夥房又不敢收留日惟向巡警各區齊聲呼籲未知如何安置

▲疫禍後之孩提　自疫災消除傅家甸各病棚內遺有無主之弱女幼兒計數十餘名二區區官王武功君因將若輩歸併一處爲僱老婦二名於內管守照料飲食衣服等事其在抱者爲覓乳媼如無近人保領擬即作爲育嬰堂云

——摘自《民立报》，1911 年 4 月 7 日

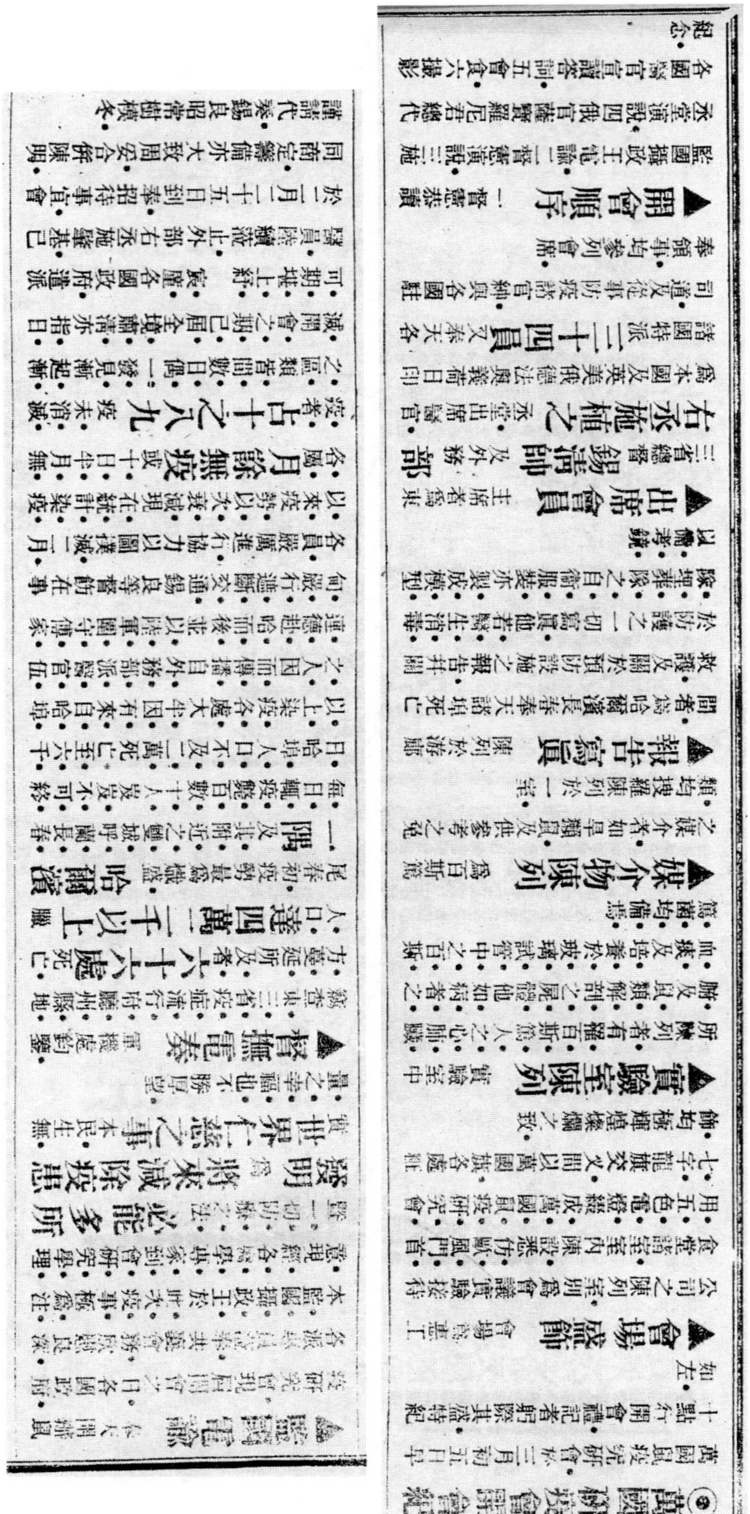
萬國鼠疫研究會紀

——摘自《民立报》，1911年4月8日

○南滿不防疫了

東京電・南滿鐵道檢查華人韓人防疫章程已撤銷

——摘自《民立报》，1911 年 4 月 12 日

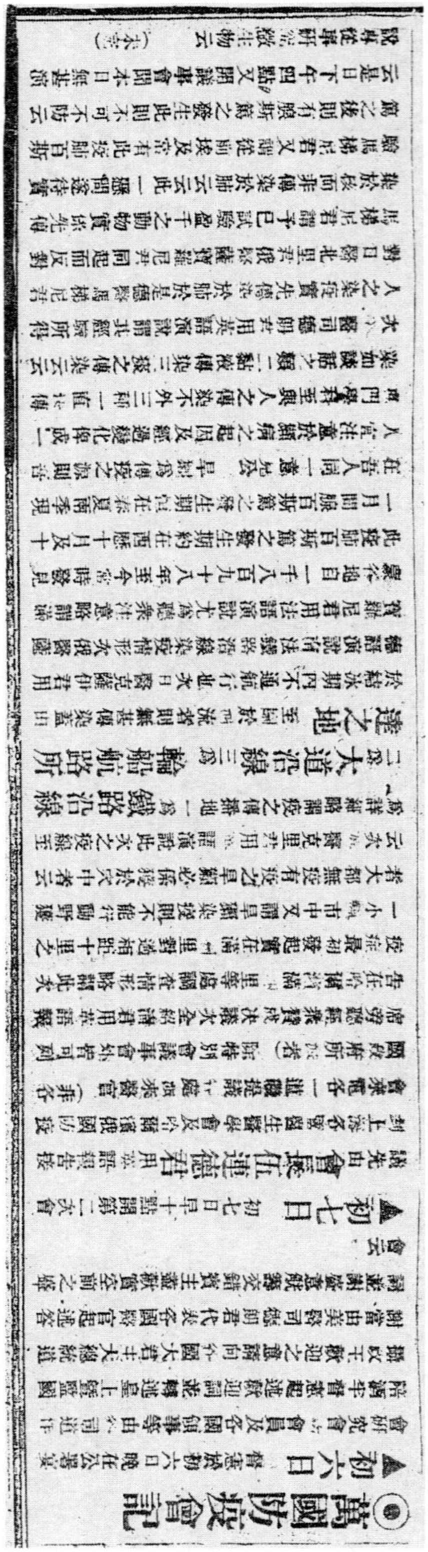

——摘自《民立报》，1911年4月12日

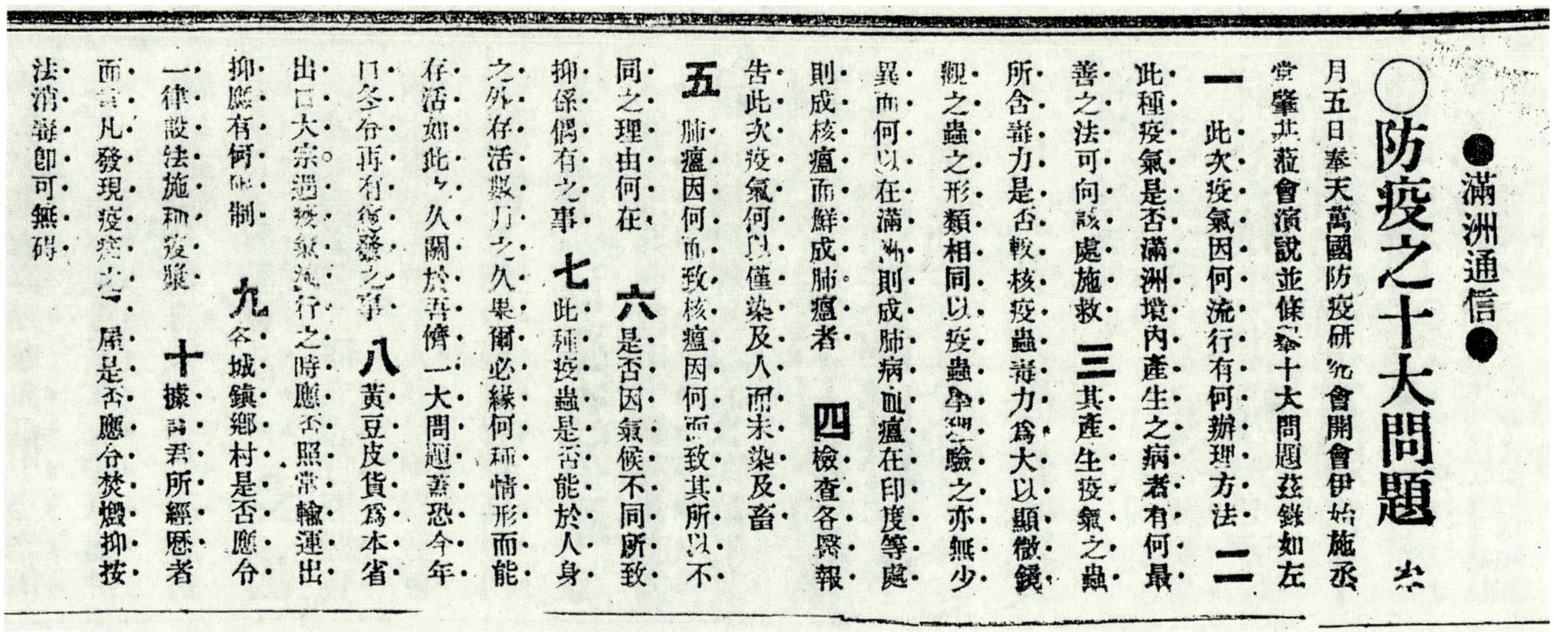
●滿洲通信●

◯防疫之十大問題

卅

月五日奉天萬國防疫研究會開會伊始施丞堂肇基蒞會演說並條舉十大問題茲錄如左

一 此次疫氣因何流行有何辦理方法

二 此種疫氣是否滿洲境內產生之病者有何最善之法可向該處施救

三 其產生疫氣之蟲所含毒力是否較核疫蟲毒力爲大以顯微鏡觀之蟲之形類相同以疫蟲分細驗之亦無少異而何以在滿洲則成肺病而瘟在印度等處則成核瘟而鮮成肺瘟者

四 檢查各醫報告此次疫氣何以僅染及人而未染及畜

五 肺瘟因何而致核瘟因何而致其所以不同之理由何在

六 是否因氣候不同所致抑係偶有之事

七 此種疫蟲是否能於人身之外存活數月之久果爾必緣何種情形而能存活如此久久關於吾儕一大問題蓋恐今年口冬令再有復發之事

八 黃豆皮貨爲本省出口大宗。遇疫氣流行之時應否照常輸運出口抑應有何限制

九 各城鎮鄉村是否應令一律設法施種疫漿

十 據諸君所經歷者而言凡發現疫症之屋是否應令焚燬抑按法消毒即可無碍

——摘自《民立报》，1911 年 4 月 12 日

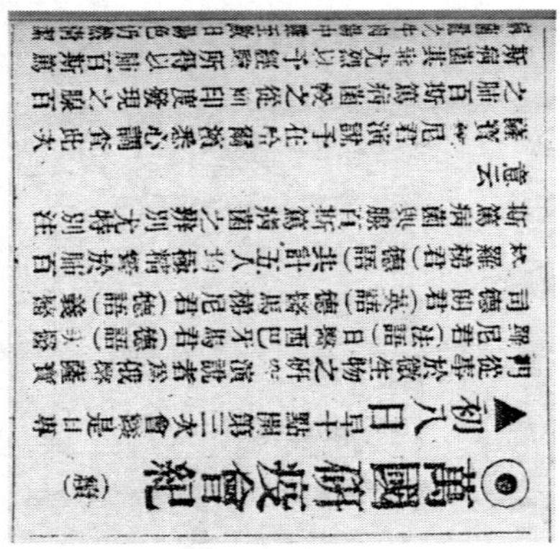

◉萬國研疫會紀（續）

▲初八日

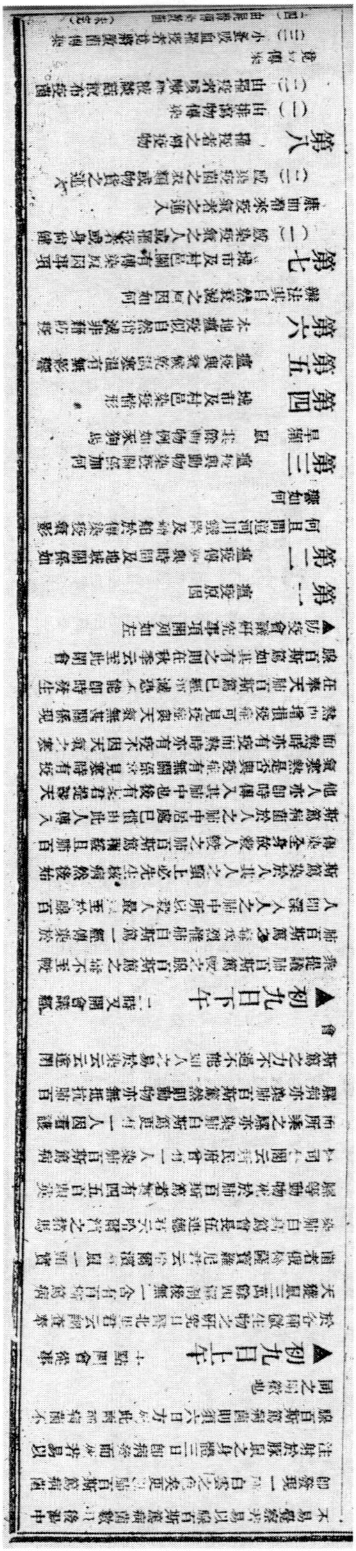

▲初九日下午

▲初九日上午

——摘自《民立报》，1911 年 4 月 13 日

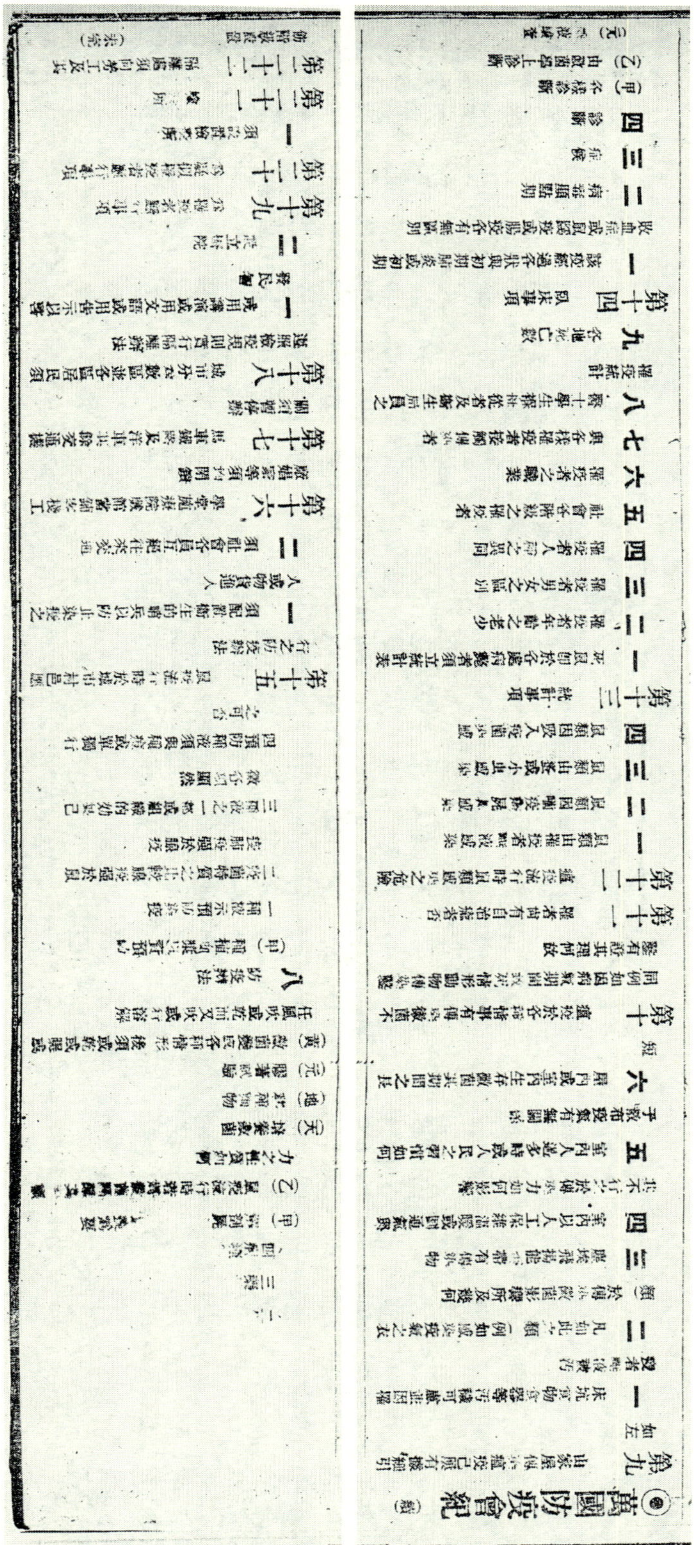

——摘自《民立报》，1911年4月14日

◉獺疫源流考（續）

（二）如病人已死病人所用之物件以焚燒爲最妙或與病人一同埋在坑內

（三）如遞給病人吃食或與病人蓋被應每次於時洗手用熱水胰子並用燒酒磨搓

（四）無論在何處伺候病人伺候畢應即刻用熱水全身沐浴並將衣服統換將舊衣用開水沸煮或燒化

（五）每食必須洗手屋內須異常收拾乾淨

此係爲親臨伺候病人不得已之舉也

本局按防疫上之隔離法淺見者動以西法相炫或固陋者又以鼠疫屬於地方病不能動以西法相繩殊不知與我同種之哥薩克人數十年前已通行此種豫防法且不特人類爲然也即發生是疫之獺族早發明此種預防法以爲剿滅疫菌之金湯保存族類之祕鑰此病即屬於地方病此法即屬於習慣法嘵嘵者又何爲哥薩克人外我帡幪之時期未遠與我三省之滿蒙人同一血統歷史宗教風俗習慣與我無稍異已雷金君之著是說其文言均詳我風俗習慣以極平易淺顯出之其實防衛上至精之理法已寓於是於鄉屯發疫之地不能施防衛上完全方法者尤爲便利願讀者勿以平易忽之也（六）

——摘自《民立报》，1911年4月14日

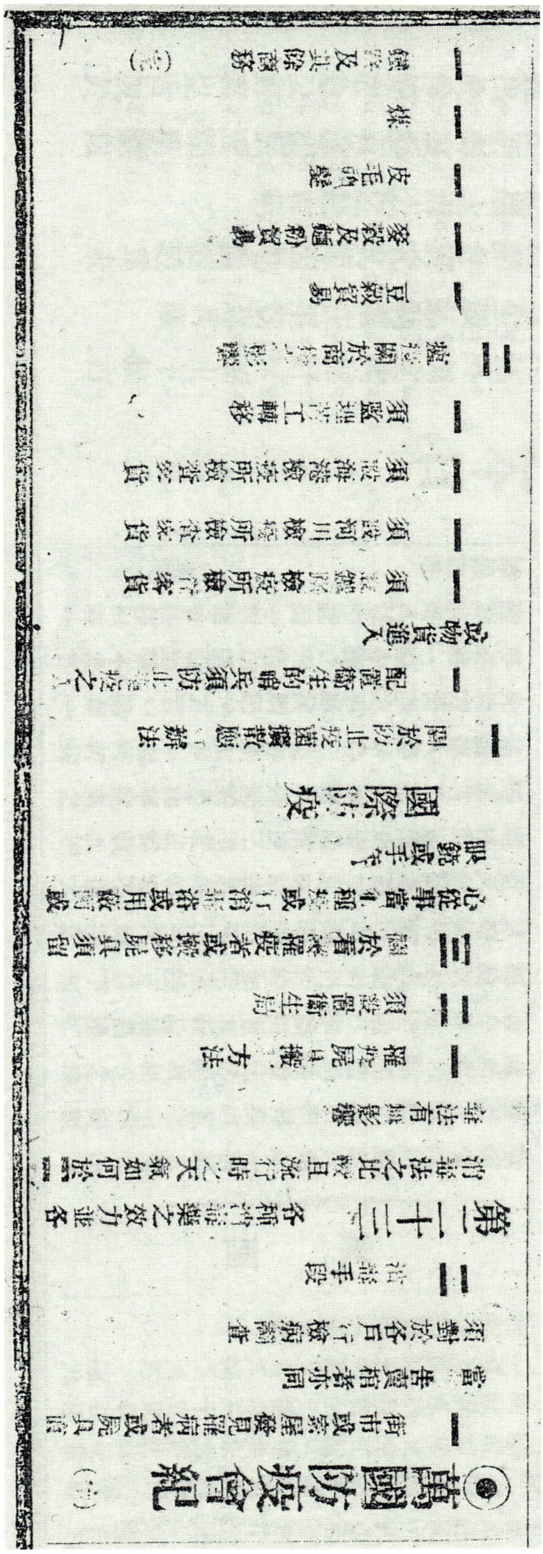

⊙萬國防疫會紀（六）

一 街市或家屋發見罹病者或屍具

當□告賣棺者亦同

須對於各戶行檢病調查

二 消毒手段

第二十三 各種消毒藥之效力並各消毒法之比較且流行時之天氣如何於□□毒法有無影響

一 罹疫屍具搬□方法

二 須設置衛生局

三 關於看護罹疫者或搬移屍具須留心從事當□種疫或行消毒浴或用藏面或眼鏡或手套

國際防疫

一 關於防止疫菌擴散應□辦法

一 配置衛生的哨兵須防止鼠疫之入或物貨進入

一 須設鐵路檢疫所檢查客貨

一 須設河川檢疫所檢查客貨

一 須設海港檢疫所檢查客貨

一 須監理苦工轉移

二 鼠疫關於商務之影響

一 豆穀貿易

一 麥穀及麵粉貿易

一 皮毛頭髮

一 煤

一 鐵路及其餘商務

（完）

——摘自《民立报》，1911 年 4 月 16 日

吉林通信

○撤疫防以解商困

省垣疫氣已久退盡而防疫局之意仍恐死灰復燃所有前在各要路設之分卡檢驗往來行人仍照常嚴密然分卡不撤而交通終難便利城內各商號受此影響終日毫無買項大有仰屋空嗟之勢日昨各商號聯名稟請民政憲請裁撤各要路分卡以維商艱等情現在各當道商議赤以防疫分卡不撤而交通終難便利日昨已議決定於三月初十日所有各要路分卡一律撤去以解商困而便交通云

——摘自《民立报》，1911年4月17日

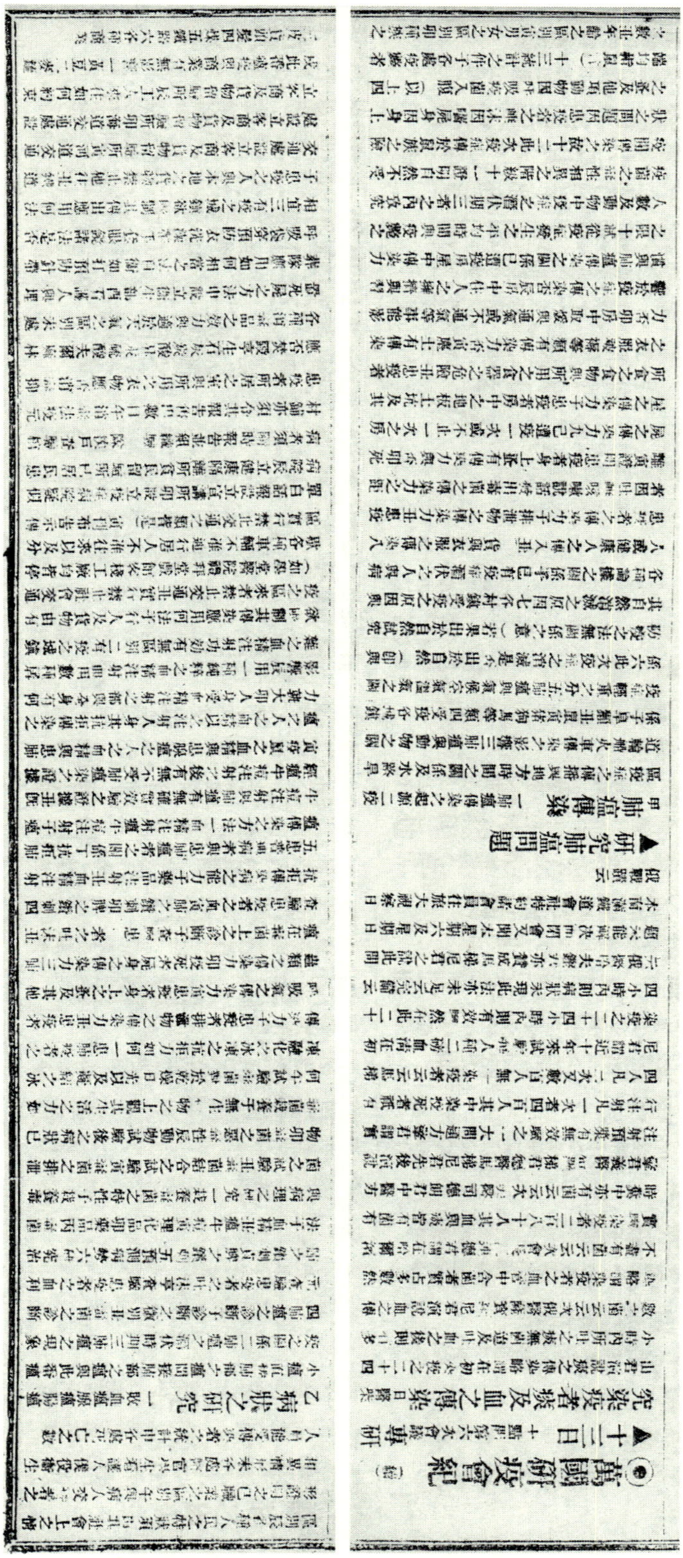
萬國研疫會紀

——摘自《民立报》，1911年4月21日

◉撫順煤礦之交涉

東報云撫順煤礦問題一時因鼠疫流行及其他煩雜之外交事件遂爾中止近鼠疫已稍平靜而巡警案亦稍有頭緒故於本月十九日又以此案重行交涉至兩國交涉之要點則在煤礦境界之課稅額昔時該案交涉已漸次接近故今再開交涉當可即行解決云

——摘自《民立报》，1911 年 4 月 22 日

◉暴俄▲暴俄▲暴俄

▲暴俄不仁之證（七）

▲前由俄境被逐之華僑齊集璦琿等處其不能力作者無不翹首南望以冀江船開駛可附載而下不圖俄人以防疫藉口竟不准帆輪開往彼處裝載華人其陸地則浩茫無際又不可以道里計一般窮困災黎而有坐以待斃之勢

▲又聞海參崴之華人除上等商號尚留營業外其餘搜羅殆盡圈禁瓦罐車內刻已至五千餘人將來車裝舟載必悉逐出境矣

▲四聞俄後貝加爾及烏蘇里阿穆爾等處均有華商營業其間資本皆稱宏鉅而俄人視同流民一併驅逐是以海參威之華商雖被俄人容留聞此消息不勝惶恐咸有歇閉之思云

——摘自《民立报》，1911 年 4 月 22 日

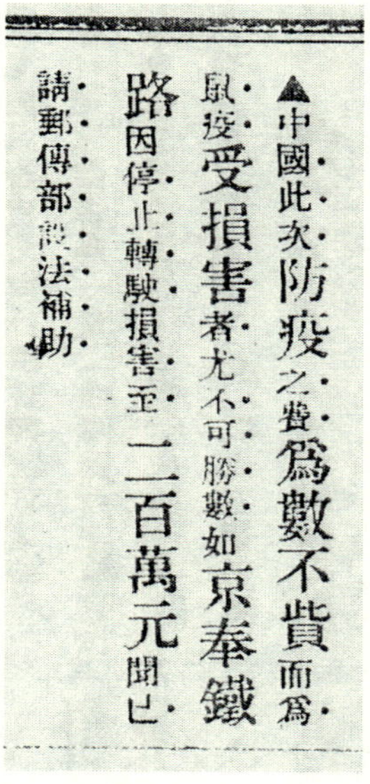

▲中國此次防疫之費爲數不貲而爲鼠疫受損害者尤不可勝數如京奉鐵路因停止轉駛損害至二百萬元聞已請郵傳部設法補助

——摘自《民立报》，1911 年 4 月 22 日

◉萬國研疫會紀（續）

▲十六日 即第九次會議是日議題一爲臨床診斷一爲傳染之原因

先由會長伍連德君演說在哈爾濱時之臨床經驗略謂不論病者之身體強弱其脈息皆細快以手緊按之且可停止其顫動又病者之呼吸微有蘇息與英醫司德朗君之主張略同司德朗君謂病者不宜播動一經播動則病者之心即停止其跳動云云時英醫司督闊君起而反對謂病者初起時其脈甚壯後乃細快云云中政府所派之愛司勃蘭德君演說在哈爾濱時曾見有女子四人染疫死去三人此四人皆有乳哺之兒而小兒皆未染疫可見婦人之乳汁並不傳染云云次伍連德君演說在哈爾濱時對於小瘟之經驗其現象不過腹瀉云云嗣公決腸中有無病菌之一問題決定無菌蓋欲入腸必經過胃中胃中之酸質足以殺菌故不能入腸至排泄物中發見之菌乃係血中傳入非由腸中傳入也次俄醫薩資羅尼君演說病者之脈息大都細快且不平均朝壯而夕弱弱時幾等於無又熱度高時則脈細熱度低時則脈壯云云次英國使館醫官格藝君演說病之起原及由滿洲里蔓延各地之徑綫次直隸代表醫官霞卜乃若演說天津疫症發生由於一商人自哈爾濱歸遂致傳染云云次日醫藤浪君演說皮毛黃豆等貨物凡屬無生命者皆不能傳染疫症病菌經日光即死貨物能見光即不虞傳染至驢騾等生物則確可傳染云次司督闊君演說據一醫生云有林姓婦人家中數人皆染疫死惟林獨存於宿親戚家又受其傳染全家盡死如此凡傳染至三家無一免者而林姓婦人獨生誠醫學上一大研究資料云云次愛司勃蘭德君演說哈爾濱當疫症初發生時并不注意於防備之法以致死人如麻迨後實行防禦一切防疫機關在在完備而疫症即已消滅可見防備之法實爲必要云云次上海派來醫官司丹萊君演說預防之法誠爲必要上海一埠爲交通最繁之區此次竟未傳染可見防疫之效以後倘有疫症發生於防疫一端務宜注意云云次俄醫薩資羅尼君演說依據新發明之預防各法疫症當易消滅云云至此閉會

▲旅大視察 本日及明日休會各會員應日本南滿鐵道會社之請視察旅大已於昨晚八點三十五分乘臨時列車首途預定本日上午八點十五分抵大連巡覽順序列下大和旅館朝餐大連醫院電氣游園中央試驗所乘電車赴星浦午餐午後三時歸路工場埠頭遊歷七點二十分滿鐵會社佈待晚餐會滿鐵總裁社宅餘興當夜旅館住宿明日（十八日）上午三十分乘列車赴旅順地方遊覽關東都督宴會當夜八點十分登車十九日上午七點到奉。

——摘自《民立报》，1911 年 4 月 22 日

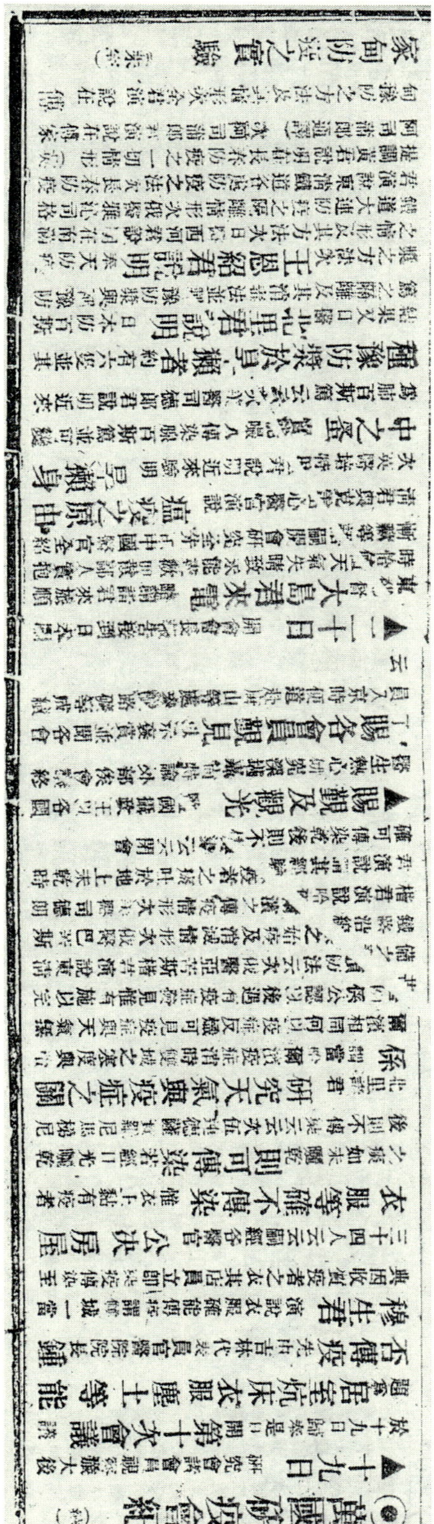

萬國研疫會紀（續）

▲十九日

第十次會議

居宅炕床衣服塵土等能否傳疫

穆生君

公決房屋衣服等雖不傳染

則可傳染

研究天氣與疫症之關係

▲賜覲及觀光

賜各會員覲見

▲二十日

大島君來電

瘟疫之原由

旱獺身中之蚤

預防染於旱獺者

里君說明

王恩紹君說明

家甸防疫之實驗

——摘自《民立报》，1911年4月26日

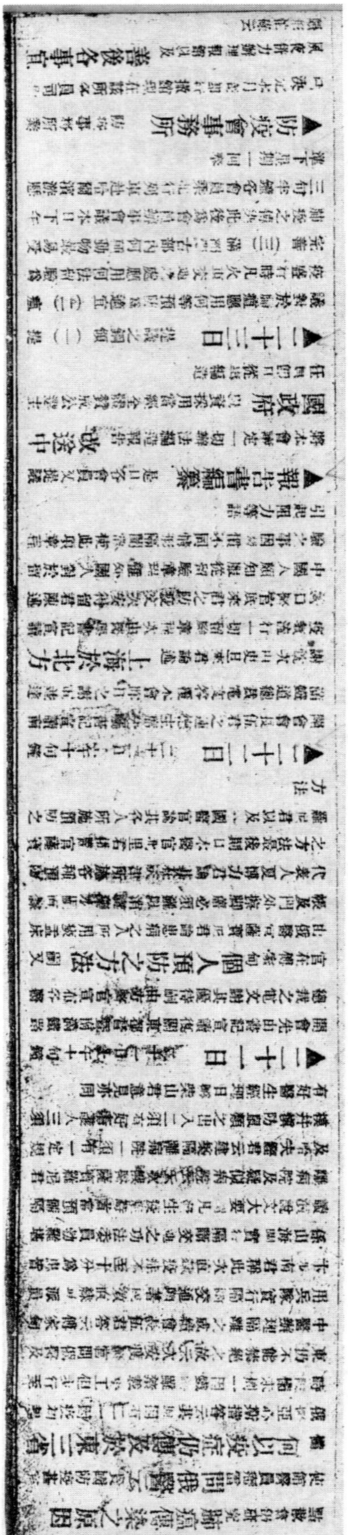

——摘自《民立报》，1911 年 4 月 27 日

◎醫官報告北疫全消

▲北省來船概免查疫

日昨本報防疫該會接到前赴東三省萬國防疫大會英工部局吏醫官由奉天來函報告東省疫氣曾經切實調查實已一律肅清等語當經該會中西董事往返商准將大連以及滿洲各埠來船一律免其查驗當由海關出示通知又聞天津烟台兩埠來船亦可概免查疫矣

——摘自《民立报》，
1911 年 4 月 30 日

○初二日外部大宴客有防疫會之外賓數十人趙爾巽亦在座席半趙借酒大罵曹汝霖主座者皆失色

（同上）

——摘自《民立报》，
1911 年 5 月 3 日

○研疫代表之論疫

北京電奉天萬國防疫研究會各代表之意均謂此次百斯篤疫係由旱獺傳染人類且謂騾子間亦傳染此次之消息大概由防護之力亦因薰菌無處埋伏此疫含有毒質以痰涎爲傳染媒介呼吸間尚未致傳染

——摘自《民立报》，
1911 年 5 月 3 日

○召見研疫會代表

又電星期一日監國召見奉天防疫研究會各國代表二十七人中國代表一人並會長一人當時頗嘉獎各代表並言此會之結果世界各國均受其益此次召見之特點乃中國代表亦不用跪晚間外務部設宴欵待各代表

——摘自《民立报》，
1911 年 5 月 3 日

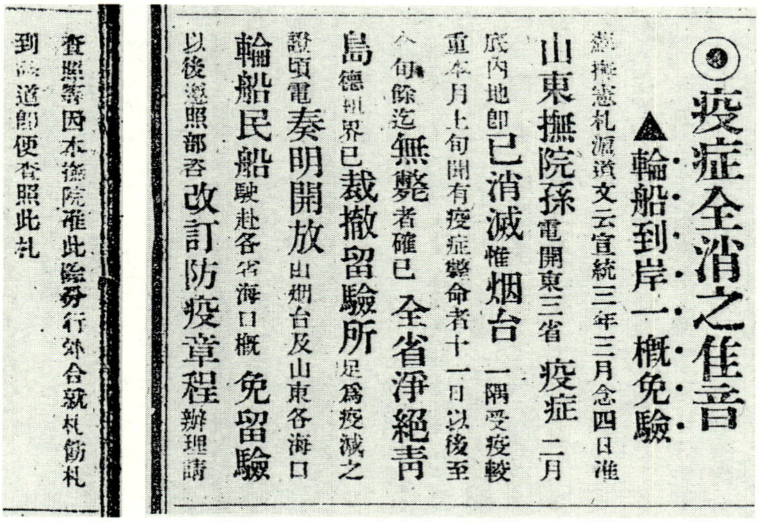

疫症全消之佳音

▲輪船到岸一概免驗

蘇撫憲札准遞資文云宣統三年三月念四日准山東撫院孫電開東三省 疫症 二月底內地即已消滅惟烟台 一隅受疫較重本月上旬開有疫症斃命者十一日以後至今每餘迄無斃者確已 全省淨絕青島德租界已裁撤留驗所足為疫滅之證頃電奏明開放出烟台及山東各海口輪船民船駛赴各省海口概 免留驗以後遵照部咨改訂防疫章程辦理請查照等因本撫院准此除分行外合就札飭札到該道即便查照此札

——摘自《民立报》，1911年5月5日

《民国日报》防疫新闻辑录

海拉爾發現鼠疫確耗

▲本月四日起停售車票

北滿天氣寒冷。鼠疫最易繁生。近歲以來。幾於年年有之。推原其故。實因此項疫菌。最耐寒冷。即零下三十度之天温。仍能繁殖。是以蔓延多在冬令。而又以此方面爲甚。海拉爾地方。自上年十一月間。有少數俄人。患此疾死亡以來。漸漸傳及華人。於是東三省防疫總局伍連德氏。親往查驗。認爲確係鼠疫。日本軍隊及中東鐵路醫官。均起而助之。十二月初旬後。蔓延西向。及於滿洲里。而海站迤東四十俄里之第十六待避線。近日亦有華人二名因此死亡。據該局調查。自初起迄今。患此者達二百人。其中死亡者六十二。除二十四人委係他症外。餘三十八名則確係鼠疫。即俗名黑死病也。凡患此者。一吐血痰。卽無挽救。剖其尸體。則肺部變爲紫色。惟目下雖實行防範。而辦理極爲困難。因居民恐醫官檢驗。初病時匿不報告。既死後亦不敢收殮。或埋之雪中。或棄之田野。即隔離所亦從未設立。故近已懸賞。凡來局報告者。給與大洋五元。而前經議設之隔離所。於未成以前。由鐵路公司。撥給車輛。以資居患病者。至於海拉爾東西三站間。自四日起。停售車票。免其傳入他處。惟此法實行以來。居民甚爲驚疑。一時謠諑繁興。相率逃往各地。現聞南滿鐵路已派紅十字軍。馳往協助。而海站戲館旅舍。均於日前一律歇業。凡屬防疫人員。全施預防注射。未知能歸撲滅否也。

——摘自《民国日报》，1921 年 1 月 17 日

北滿鼠疫蔓延之危險

客歲十一月間。海拉爾地方已發現百斯篤。以患者甚少。尚未惹人注意。迨至年杪。猝斃十數人，始各相顧失色。醫官蒐集。驗爲疫症。而海拉爾傳染百斯篤之聲浪乃日高，嗣後死亡相繼。交通亦未遮絕。歲律方新。而滿洲里站罹疫死者已陸續見告。目下黑龍江省城地方。瘟疫之傳染。亦大見發昔。某小客棧東夥四人，竟於一日內先後斃命。有綢緞鋪一家。計共九人。數日內暴卒八人。已宣告荒閉。其餘零星抱病及間斃亡者。尚無確切之調查。然爲數亦當不少。至中東路沿綫各站。就此次調查瘟疫委員報告。百斯篤之傳染區域。實無在不有。不過比較滿洲里海拉爾等站。有大小輕重之區別。故現在謂及百斯篤，不能謂爲少數車站之百斯篤。直須謂爲北滿一帶之百斯篤。而其傳播之神速。區域之綿長。誠有令人興念前途。不寒而慄者。海拉爾自過年後。死者已達一百餘人。據道路官傳。謂該埠病田醫院附近。所有住戶商號等。業經遷移一空。駐防之日本軍隊。爲恐受傳染起見。已非常警戒。日前特由該日艦爲日軍全體。逐一注射預防液。現更由旅順關東陸軍倉庫。發到預防具二千枚。以專防備。日本醫院並電致齊齊哈爾日本領事館。請與中國交涉。海拉爾地方須嚴禁外人遊歷。免滋傳染。且須將海站包圍隔離。以期杜絕。刻已在接洽中。能否實行。尚未可定。滿洲里疫症形勢。亦日趨擴大。當地軍警。已在鐵路近處醫設隔離所。派委醫員十數人實際檢查。近日除染疫死者一百一十八人外。尚有患者三十八人。正在醫治中。省垣自接得海拉爾發現瘟疫之報告後。即着手預防。省會警察廳已傳諭各署。對於各管界內除切實清潔外。尤須令長警挨戶調查。遇有病人或類似時疫者。務須隨時具報。以便派醫檢驗。設法消毒。並飭由衛生科擬具各項防疫辦法。通令遵行。至關於中東路各車站之防範手續。大致不外嚴行檢查。除由黑龍江省長責令軍醫課長張明澹及軍醫院院長謝百川。籌設省垣防疫處外。將在齊齊哈爾及昂昂溪兩站。各設檢疫所一處。凡往來搭客。均須檢驗完竣。始許登車。如查有百斯篤菌。即須設法隔離。以杜疫源。日前特由省署發出布告。略謂自海拉爾有鼠疫發現之說。迭經派員馳赴該區。切實檢防。以利撲滅。惟在此預防期間。省垣與海站相去密邇。行旅往來。易滋傳染。尤宜設法杜絕。以免波及。所有齊昂各站。即由警察廳遴派要員對於來往行人切實檢驗。以示防杜云。此項檢查手續。約在日內定可畢行。又據哈爾濱消息。旅居北滿之外國人。鑒於疫癘前途之危險。擬議在哈召開北滿防疫大會。商訂防疫之切實辦法。屆時中國方面亦須派員加入會議。以便公同討論其主要問題。當作隔絕交通一項。蓋宣統年間瘟疫遍華北。即以鐵路公司不肯停車。以致蔓延萬里。莫由制止。今日或當厲行之也。

——摘自《民国日报》，1921年2月2日

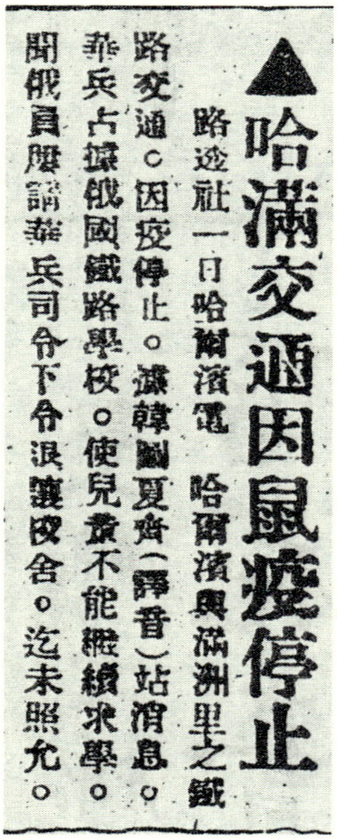

▲哈滿交通因鼠疫停止

路透社一日哈爾濱電　哈爾濱與滿洲里之鐵路交通。因疫停止。據韓圖夏齊(譯音)站消息。華兵占據俄國鐵路學校。使兒童不能繼續求學。聞俄員屢請華兵司令下令退讓校舍。迄未照允。

——摘自《民国日报》，1921 年 2 月 3 日

吉林防止鼠疫之布置

吉林前准張作霖電告。准孫督軍電。滿洲里札蘭諾爾鼠疫氛甚烈。刻已遮斷交通。卜奎已疫斃十餘人。傳播之速。捷於迅雷。現已設立防疫處。請三省協防等因。茲擬定以哈埠為第一防線。長春為第二防線。已嚴電伍總辦力防。並電外交部迅撥關欵交伍總辦。請貴省速令哈長及沿路各縣。趕速嚴重防範。毋任蔓延至盼。軍省兩署即據以通電。長春關鎮守使胡旅長蔡道尹。濱江[illegible]司令高旅長董道尹。希嚴飭所屬扼要防檢。如有疫症發現。隨時飛報。一面並商伍總辦。沿路各站。應如何檢查設備之處。統籌辦法。迅行會商辦理。而省會警察總廳長。則召集衛生科職員及省垣中西醫士並警界人員。會議預防鼠疫辦法。除令各屬警區注意清潔及隨時檢查住戶外。並在車站設立防疫所。尅日成立。委任成德大藥房主人楊成德為該所醫官。檢查行旅。於二月一日起。每次客車到省時。會同警察檢疫。以防傳播云。

又一月三十一日午前六時二十分。由長春南下之列車。馳至公主嶺地方。於三等車中發見患疑似病者一人。係來自哈埠。山東人。姓張名小田。詢悉到長。曾住天興棧停宿一夜。日人遂即到該棧舉行大消毒。張於次日身死。後由滿鐵醫院派醫士前往解剖。謂確係中百斯毒而死。吉林得此消息。謂鼠疫已過第二防禦線。殊為可危。檢疫一事。遂益加緊云。

——摘自《民国日报》，1921 年 2 月 12 日

北滿洲防疫實記

▲最可憐者爲華工……擁擠小屋中不知衛生

字林報二月一日哈爾濱通信云。哈爾濱與滿洲里間之鐵路客車。已於今日起完全停駛。因哈埠以西沿路各城鎮患疫之故。惟此路西段現在除滿洲產品之外。並無貨物運輸。而滿洲貨物因運費過重之故。亦復減少。故車輛雖停，尚不至使北滿之商業界大感不便。至患疫之人。以華人勞工爲多。據中東鐵路醫官長統計一月份內之疫症情形如下。海拉爾自一月初起至十五止。無罹疫者。自十五至廿五。患者四人。查得屍體十一具。齊哈爾濱於廿七日發見新疫一起。查此疫於去年十一月間。始見於海拉爾。今已由苦力傳帶至葉來奴爾，該處車站附近。有廣大之煤田。用華工數千人。此等華工皆擁擠居住於小屋中。毫無衛生可言。截至一月廿五爲止。病者五十九人。死者六人。廿六日。有新起嫌疑症五起。死一人。廿七日。新嫌疑症十七起。死六人。葉來奴爾在滿洲里站東約二十佛斯脫。（俄里名）滿洲里於十二日發見疫症第一起。至廿五日爲止。共有三起，嫌疑死者七人。廿六廿七兩日。又新發見兩起。死三人。齊齊哈爾城中。至廿五日爲止。共有嫌疑死者三十人。廿七日。有一華工在車站附近得病，不久即死。傅家甸。有死者一人，據醫學上之證據。近來死者所患。多爲肺疫。至去年歲杪發見於海拉爾者。則大都爲腺肢間潰破式之疫。俄人鐵路醫生及伍連德博士爲領袖之防疫委員會。數星期來。已竭力從事防止疫癘之傳染。沿鐵路各點。已設有禁斷所。哈埠以西各車站。均置衛生員。檢查乘客。惟因下流社會華人往往規避檢驗。華兵又不肯遵守防疫條例，故醫官等頗爲棘手。俄人罹疫者。迄今祗有三人。貝加爾境內並未患疫云。

——摘自《民国日报》，1921年2月13日

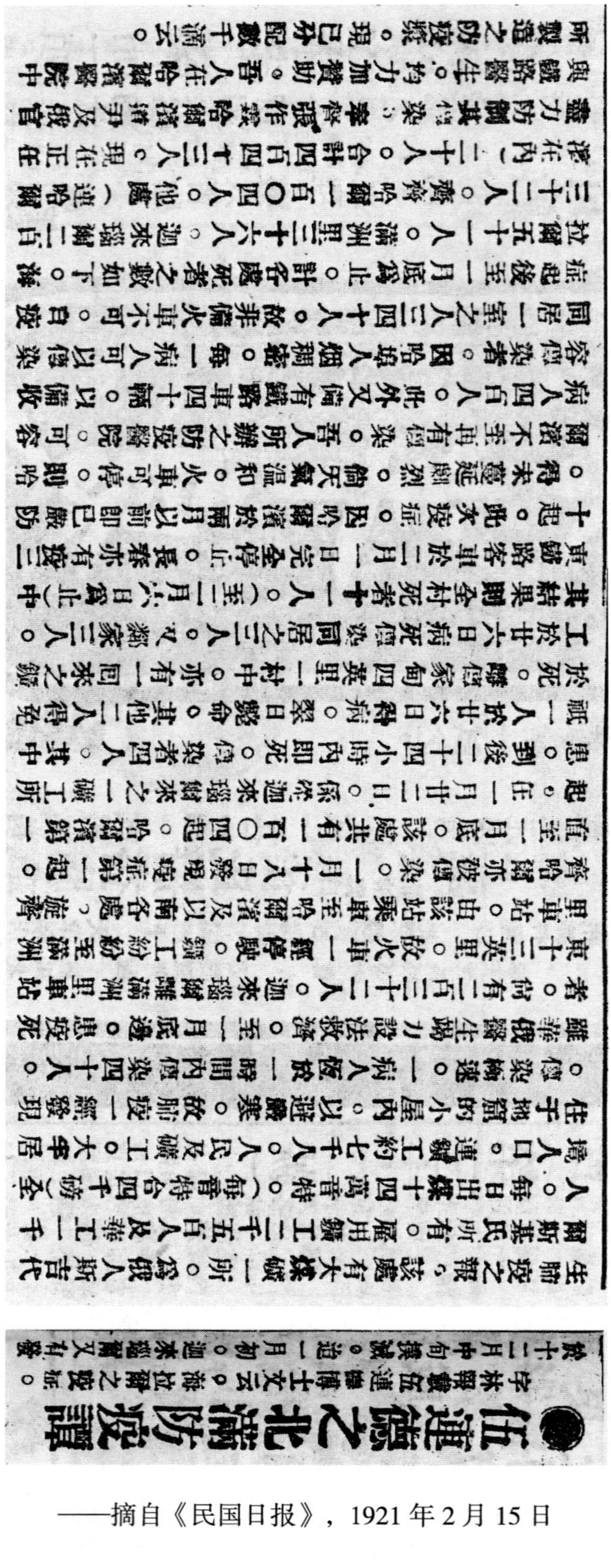

伍連德之北滿防疫譚

字林報載伍連德博士文云。海拉爾之疫症。於十二月中旬撲滅。迨一月初。迦來瑙爾又有發生肺疫之報。該處有大煤礦一所。爲俄人斯吉代爾斯基氏所有。雇用俄工二千五百人及華工一千人。每日出煤十四萬吝特。（每吝特合四十磅）全境人口。連礦工約七千人。人民及礦工。大半居住于地窖的小屋內。以避嚴寒。故肺疫一經發現。傳染倘速。一病人極於一時間內傳染四十人。雖華俄醫生竭力設法救濟。至一月底邊。患疫死者。尚有二百三十二人。迦來瑙爾離滿洲里車站東十二英里。故火車一經停駛。礦工紛紛至滿洲里車站。由該站乘車至哈爾濱及以南各處。旋齊齊哈爾亦被傳染。一月十八日發現疫症第一起。直至一月底。該處共有一百〇四起。哈爾濱第一起。在一月廿二日。係從迦來瑙爾來之一礦工所患。到後二十四小時內即死。傳染者四人。其中祇一人於廿六日得病。翌日斃命。其他二人得免於死。礦工家甸四英里一村中。亦有一同來之礦工於廿六日病死。傳染同居之三人。又鄰家二人。其結果則全村死者十一人。（至二月六日爲止）中東鐵路客車於二月一日完全停止。長春亦有疫三十起。此次疫症。因哈爾濱於兩月以前即已嚴防。得未蔓延劇烈。倘天氣溫和。火車可停。則哈爾濱不至再有傳染。吾人所辦之防疫醫院。可容病人四百人。此外又備有鐵路車四十輛。以備收容傳染者。因哈埠人烟稠密。每一病人可以傳染同居一室之人三四十人。故非備火車不可。自疫症起後至一月底爲止。計各處死者之數如下。海拉爾五十一人。滿洲里三十六人。迦來瑙爾二百三十二人。齊齊哈爾一百〇四人。他處（連哈爾濱在內）二十人。合計四百四十三人。現在正在盡力防制其傳染。華俄[illegible]作[illegible]。哈爾濱道尹及俄官與鐵路醫生。均力加贊助。吾人在哈爾濱醫院中所製造之防疫漿。現已分配數千滴云。

——摘自《民国日报》，1921年2月15日

◎哈滿間疫症大熾

▲每日約死三十餘人

據交通界消息。運來滿洲里札蘭諾爾等處鼠疫。傳染斯病者不出數時。即行斃命。外人方面如萬國防疫會及其他洋商。對於防疫之舉。均極熱心。設法防護。而中東路一帶之華員華商。關於施醫施藥檢查行旅。亦着着舉行。北京交通部於十四日接哈爾濱等處疫事防務總辦兼驗醫官伍連德報告。略謂近日滿洲里札蘭諾爾等處。瘟疫流行。每日該兩處約死二十餘人。現已傳至哈爾濱。數日間疫死四人。日前由長春來哈爾濱之火車內。有染疫者一人。長春至奉天相近。京津鐵路與奉毗連。請先在京奉一帶速爲設法預防。勿使疫氣蔓延云云。同日又接中東鐵路督辦宋小濂來電。(銜略)運來江省滿洲里海拉爾札蘭諾爾各處鼠疫甚熾。哈埠亦有發現。傳染甚速。東路適當其衝。哈爾濱及滿海博扎昂溪滿溝安達對青山八站。均已設所防疫。實行檢查。即長春二道溝亦經停車檢驗。七月敬日哈埠萬國防疫會議決由馬日起。滿海間火車停售三等客票。一二等車非經醫官驗過發照。仍不賣票。駐哈各國領事一致贊同。近日哈滿之間。貨車照常運輸。客貨亦已止賣。一俟疫症稍殺。仍舊通行。謹聞。宋小濂印。

——摘自《民国日报》，1921 年 2 月 17 日

北滿疫勢已漸輕減

北滿發現百斯篤症。其勢甚烈。據最近報告。謂海拉爾滿州里等處。疫勢已日漸輕減。似不致大事蔓延。滿州里站自日前醫生于某及三道街悅賓棧某蒙古人相繼罹疫斃命後。餘已無所聞。海拉爾地方初起時。傳染最烈。死亡亦至多。自哈濱防疫醫院伍連德總辦派委醫官關任民鄧松年前往防治後。已大見減少。惟黑龍江省城。近日率傳染之速。遠過滿海。死亡之衆。亦至可駭。最初感染者。僅有小客棧一家、繩蔴鋪一處。共死不過十人。然自此次消息傳出後。人人驚懼。相顧失色。暴斃之事。續有所聞。某油房。一晝夜間竟死七八。東城大街某行路人跌倒即斃。德魁戲園門首、前後兩人。相繼倒地嘔血。頃刻殞命。其餘歷一二十小時染疫身亡者。據警察廳所得報告。日必百數十人。故目下人心異常驚惶。莫知所措。雖杯弓蛇影。不免稍失事實。然日來疫勢之重。死傷之多。亦誠有令人談虎色變者。孫烈臣除在督軍署附設軍政兩署檢疫所。以副官長米春霖主辦外。並在省城官醫院內組織防疫處一所。以警務處長宋文郁為處長。以參謀長丁超龍江道尹兼財政廳長王樹翰第二混成旅長張明九交涉署長譚士先為副處長。即日成立。趕籌進行。日內已遴派醫員多人。分赴省城各署各客棧各鋪戶。挨次檢查。遇有實際染疫者。即抬送防疫處內隔離所。妥施治療。如已罹疫身死。即由防疫隊舁赴荒場。堆柴火化。以絕蘖萌。並於疫重地方。堵塞街口。斷絕交通。勿使出入。一二日來已大有效驗。疫癘前途。似已無十分危險矣。

——摘自《民国日报》，1921年2月21日

滿疫將蔓延至北京

大陸報二十一日北京電云。據滿洲軍醫錢君聲言。現在盛行於滿洲之肺疫若不三時撲滅。則十日之內。將蔓延至北京。今日長春之南滿鐵道中。有二旅客似已傳染此症。當被移出車外。中日兩國醫生已決定將一切三等車旅客。概予以隔離之處置。北京現正盡遣所有頭二等醫生至該處防疫。

——摘自《民国日报》，1921 年 2 月 23 日

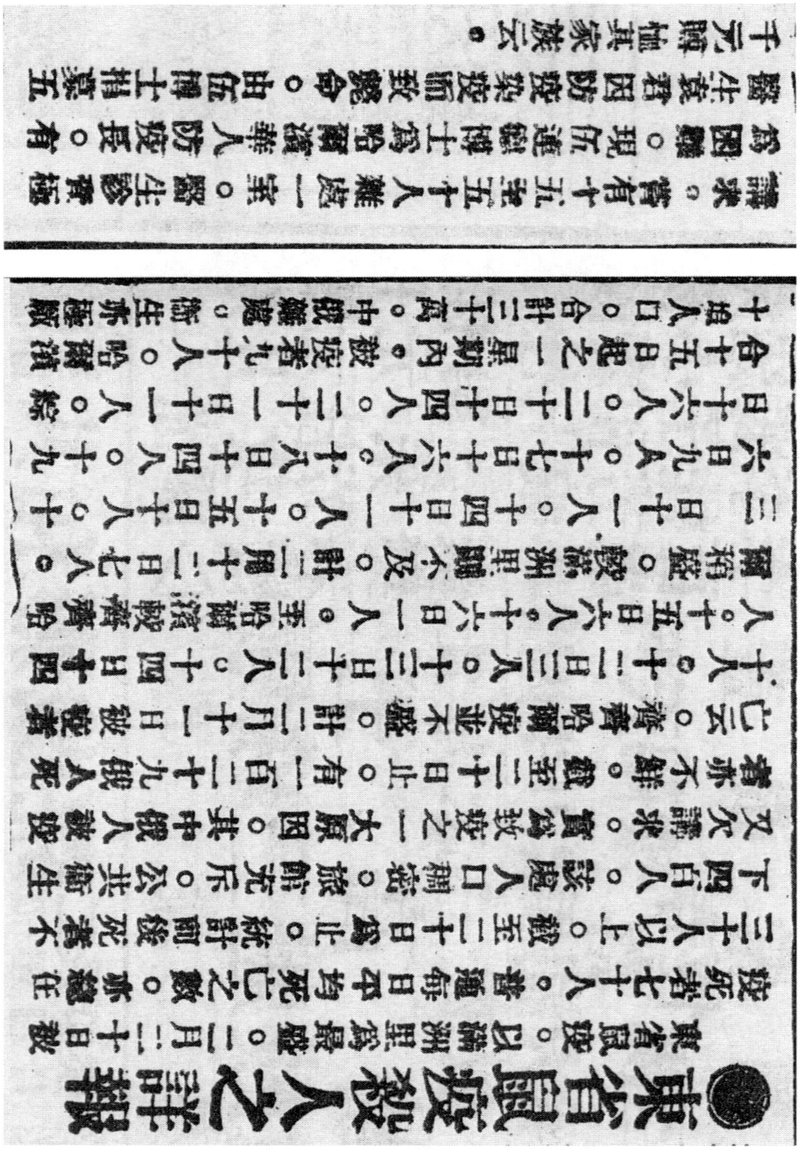

東省鼠疫殺人之詳報

東省鼠疫。以滿洲里爲最盛。二月二十日被疫死者七十人。普通每日平均死亡之數。亦總在三十人以上。截至二十日爲止。統計前後死者不下四百人。該處人口稠密。旅館充斥。公共衛生又欠講求。實爲致疫之一大原因。其中俄人被疫者亦不鮮。截至二十日止。有一百二十九俄人死亡云。齊齊哈爾疫並不盛。計二月十一日被疫者十八人。十二日三人。十三日十二人。十四日十四人。十五日六人。十六日一人。至哈爾濱較齊齊哈爾稍盛。較滿洲里則不及。計二月十二日七人。十三日十一人。十四日十一人。十五日十八人。十六日九人。十七日十六人。十八日十四人。十九日十六人。二十日十四人。二十一日十一人。綜合十五日起之一星期內。被疫者九十八人。哈爾濱十埠人口。合計三十萬。中俄雜處。衛生亦極厰講求。嘗有十五至五十人雜處一室。醫生診實極爲困難。現伍連德博士爲哈爾濱華人防疫長。有醫生袁君因防疫染疫而致斃命。由伍博士捐募五千元賻恤其家族云。

——摘自《民国日报》，1921年3月2日

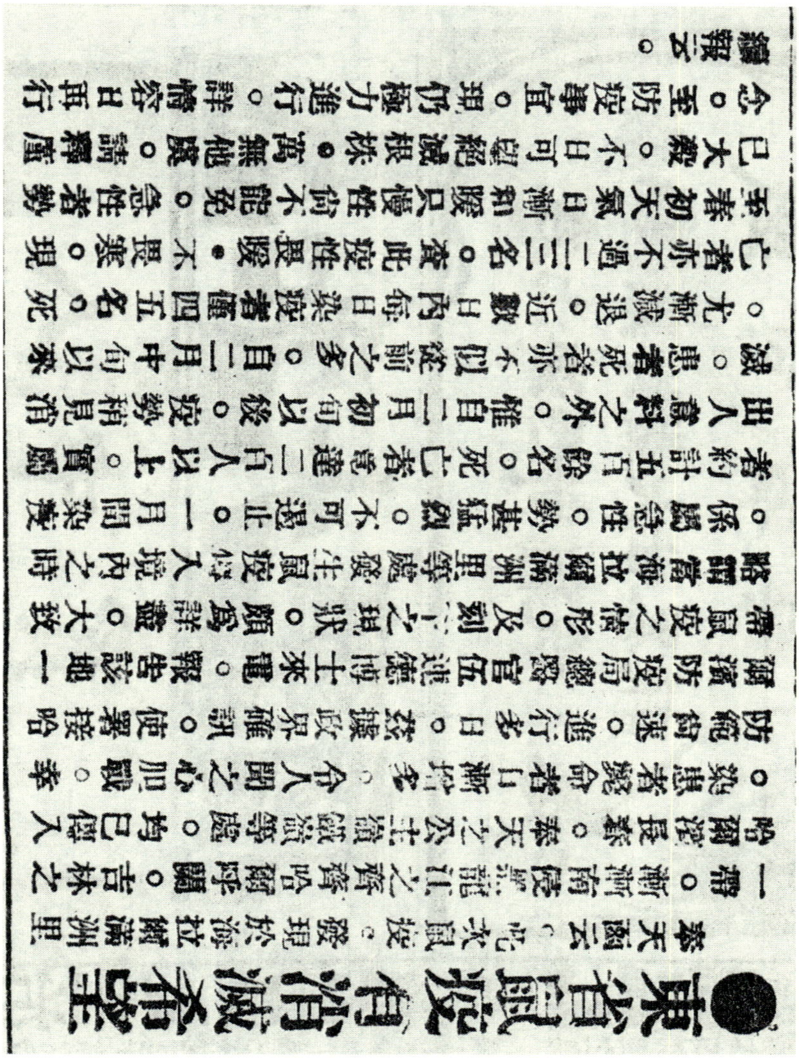

東省鼠疫有消滅希望

奉天函云。此次鼠疫。發現於海拉爾滿洲里一帶。漸漸南侵黑龍江之齊齊哈爾呼蘭。吉林之哈爾濱長春。奉天之公主嶺鐵嶺等處。均已傳入。染患者斃命者日漸增多。令人聞之心胆戰。幸防範尚速。進行多日。茲據政界確訊。使署接哈爾濱防疫局總醫官伍連德博士來電。報告該地一帶鼠疫之情形。及刻下之現狀。頗為詳盡。大致略謂當海拉爾滿洲里等處發生鼠疫傳入境內之時。係屬急性。勢甚猛烈。不可遏止。一月間染疫者約計五百餘名。死亡者竟達二百人以上。實屬出人意料之外。惟自二月初旬以後。疫勢稍見消滅。患者死者亦不似從前之多。自二月中旬以來。尤漸減退。近數日內每日染疫者僅四五名。死亡者亦不過一二名。查此疫性最險。不畏寒。現在天氣日漸和暖只慢性尚不能免。急性者勢已大殺。不日可望絕滅根株。萬無他虞。請釋廑念。至防疫事宜。現仍極力進行。詳情容日再行續報云。

——摘自《民国日报》，1921年3月6日

北滿疫氣又劇烈

哈爾濱函云。北滿疫氣。自入二月下旬之後。已有肅清之象。不謂數日以來。天氣漸暖。其勢轉熾。死亡之數。亦視隆冬爲甚。且復折而入於南滿。故各方面均視爲非常之變。防範設備。亦不得不愈加嚴密。如南滿鐵路。對於來自北滿之三等旅客。一律在長春隔離五日。而吉長鐵路亦有停止行車之議。哈埠則二月二十八日死十七人。本月十日死十六人。實爲防範以來所未有。殊屬出於意料之外。蓋依照醫學原理。病菌之滑長。一視天氣之暖冷爲轉移。故目下情形。醫學界亦多目爲奇事。據老於茲土者。謂日來死亡之人。多係沿街托缽。而有嗎啡鴉片癮者。此輩當冬令時。晝不能獲溫飽。夜不能獲棲宿。北地地氣最烈。日積於中。此氣亦蘊於嚴冬。而發於陽春。日來天氣較暖。積寒外發。故有不支之勢。且寒季多南風。含濕最重。亦爲此輩死因。是耶否耶。姑待醫者研究。然果如所言。則此輩不死於隆冬疫甚之時。而死於春暖易生之際。亦云慘矣。

——摘自《民国日报》，1921 年 3 月 10 日

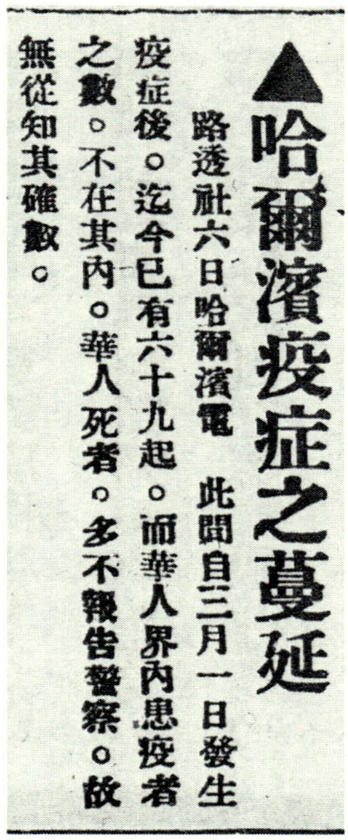

▲哈爾濱疫症之蔓延

路透社六日哈爾濱電　此間自三月一日發生疫症後。迄今已有六十九起。而華人界內患疫者之數。不在其內。華人死者。多不報告警察。故無從知其確數。

——摘自《民国日报》，1921年3月11日

▲哈爾濱疫氣稍定

路透社九日哈爾濱電　此間防疫會發表報告云。疫氣自二月二十七日起。稍見平定。各染疫地死數。未見增減。居民遇有死亡。輒匿不報告。故防疫頗形困難。哈爾賓醫院容留患疫之人者。僅有中國防疫醫院一所。至二月杪止。共容納九十九人。均不治。又查各區至二月杪止。患疫死者。共有二千一百八十八人。

——摘自《民国日报》，1921 年 3 月 13 日

哈爾濱疫症又加多

▲華官防疫不得力

字林報十二日北京電云。據哈爾濱報告。該處疫症又加多。中國當局之防制方法。不足用。

——摘自《民国日报》，1921 年 3 月 15 日

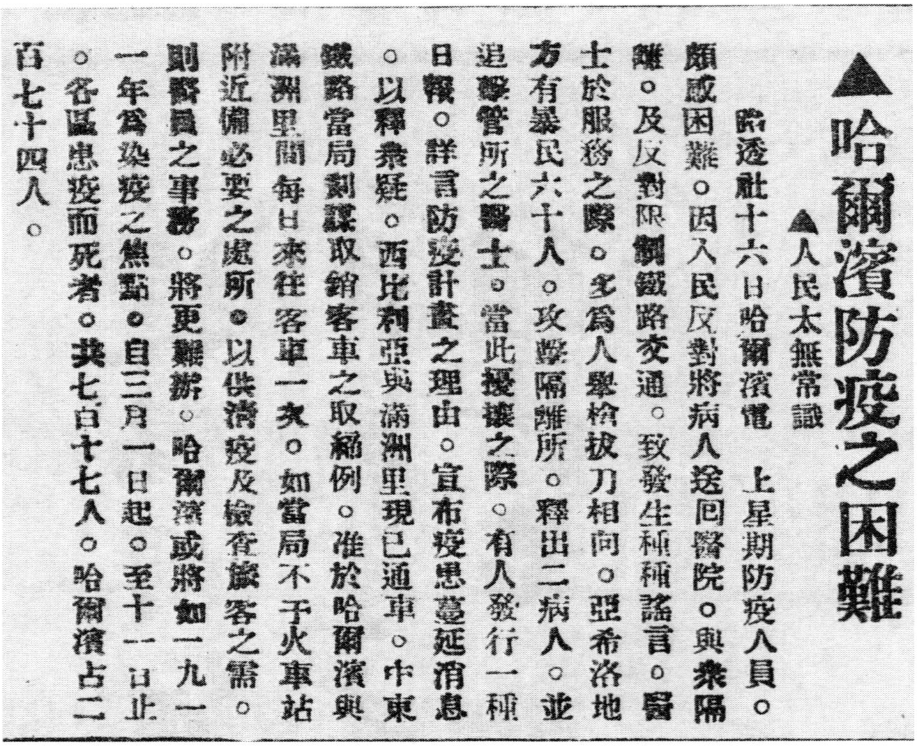

▲哈爾濱防疫之困難

▲人民太無常識

路透社十六日哈爾濱電 上星期防疫人員。頗感困難。因人民反對將病人送回醫院。與乘隔離。及反對限制鐵路交通。致發生種種謠言。醫士於服務之際。多爲人舉槍拔刀相向。亞希洛地方有暴民六十人。攻擊隔離所。釋出二病人。並追擊管所之醫士。當此擾攘之際。有人發行一種日報。詳言防疫計畫之理由。宣布疫患蔓延消息。以釋衆疑。西比利亞與滿洲里現已通車。中東鐵路當局劃謀取銷客車之取締例。准於哈爾濱與滿洲里間每日來往客車一次。如當局不予火車站附近備必要之處所。以供濟疫及檢查旅客之需。則醫員之事務。將更難辦。哈爾濱或將如一九一一年爲染疫之焦點。自三月一日起。至十一日止。各區患疫而死者。共七百十七人。哈爾濱占二百七十四人。

——摘自《民国日报》，1921年3月20日

▲哈爾濱疫勢仍未減輕

路透社二十日哈爾濱電　疫患仍未見減輕。管理某醫科之俄醫西尼津氏。現受診視。雖診視之結果。尚未發表。但恐西氏業已染疫。

——摘自《民国日报》，1921 年 3 月 25 日

哈爾濱疫勢猛烈

自滿洲里海拉爾發生百斯篤病以來。其勢轉趨于東南兩方。如阿什河一面坡橫道河子等處。相繼見告。即綏芬河亦已發生。而哈爾濱尤爲北來南往火車必繞之區。日來哈埠疫勢日熾。江北船埠等處亦均染及。據哈埠防疫總事所報告云。自三月一日起至十九日止。共計死亡者有三百四十四人。二十日死亡者有三十六名。二十一二十二二十三日死亡者有百餘人。其他似有疫症送往隔離所者。爲數甚多。日見增加。各處函電哈埠報告死亡人數及請派醫士者亦紛至沓來。且哈埠疫勢。前在道外傅家甸一帶最烈。而近日蔓延道裏。有中國義昌公司。（客棧）計日死亡十二人。其中最堪惻憫者。（一）係防疫委員長。俄人山義秦氏。辦理防疫甚力。前往該公司診察。即因傳染而損命。（二）係特別區域地方審判廳職員王聯頤（山東人）之夫人。臨死時。王君已被疫強送隔離所。據二十三日確實報告。該員亦死矣。該廳人員皆爲之悲憫。而不勝寒心云。

——摘自《民国日报》，1921 年 3 月 30 日

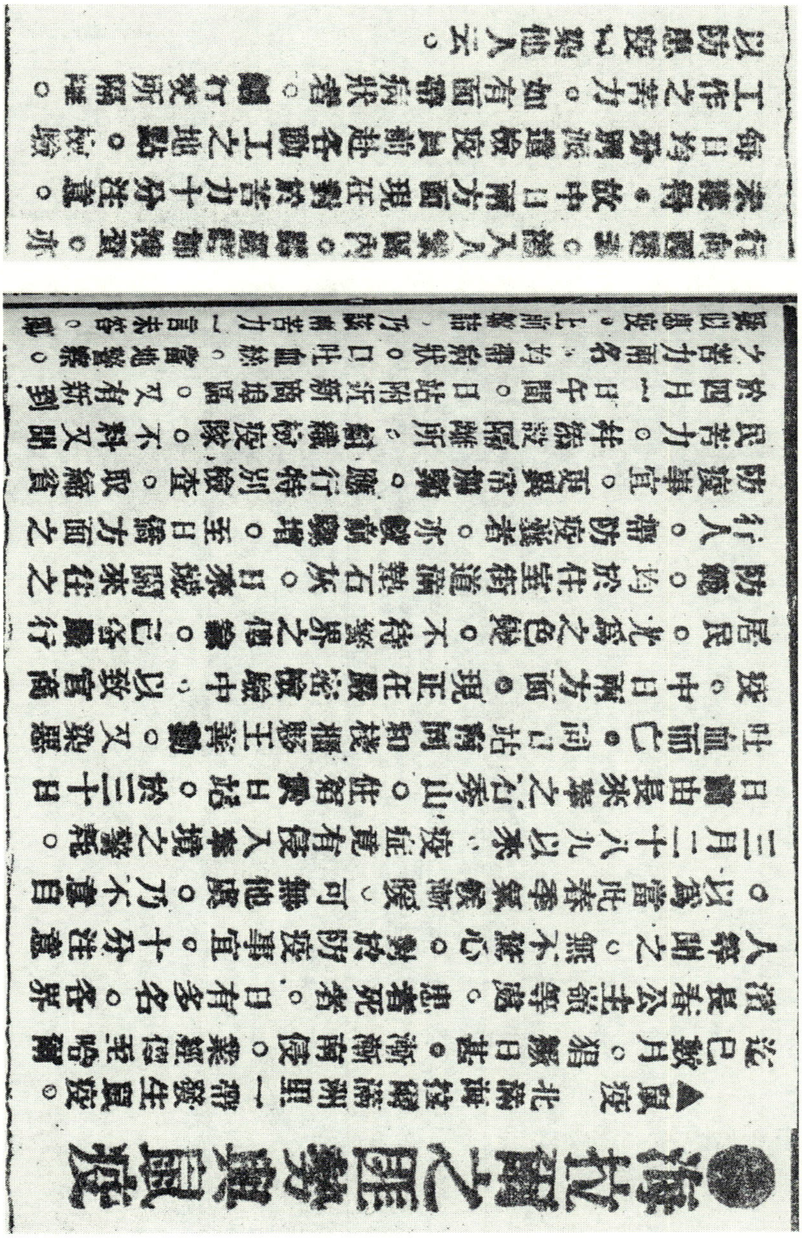
●海拉爾之匪勢與鼠疫
▲鼠疫　北滿海拉爾滿洲里一帶發生鼠疫。迄已數月。猖獗日甚。漸漸南侵。蔓延至哈爾濱長春公主嶺等處。患者死者。日有多名。各界人聲聞之。無不驚心。對於防疫事宜。十分注意。以為當此春季氣候漸暖。可無他虞。乃不意自三月二十八九以來。疫症竟有侵入奉境之警耗。日前由長春來奉之石秀山。住宿奉天日站。於三十日吐血而亡。同日站前西街附近旅館王義興。又發現疫。中日兩方面。現正在嚴密檢驗中。以致官商居民。尤為之色變。不待警界之傳諭。已各竭行防範。均於住室街道灑熱石灰。日本領事館往之行人。帶防疫罩者。亦數見不鮮。至日俄方面之防疫事宜。更屬異常嚴密。隨行特別檢查。取締貧民苦力。並設隔離所。留驗檢疫隊。不料又訓於四月一日午間。日站附近新商埠區。又有新到之苦力兩名。均帶病狀。口吐血絲。當地警察。遂以患疫。上前盤詰。乃該苦力。言未答。斃行檢驗證書。始准入奉境內。醫院郵政局設有檢疫所。亦未經檢驗。故中日兩方面。現在對於苦力十分注意。每日均有大批苦力到奉。檢疫員前赴各勞工之地點。檢驗工作之苦力。如有面帶病狀者。立行交所隔離。以防感染。蔓延他人云。

——摘自《民国日报》，1921年4月9日

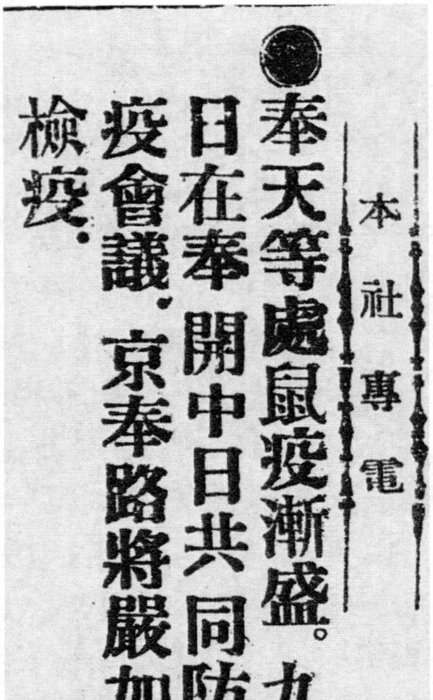

本社專電

●奉天等處鼠疫漸盛。九日在奉開中日共同防疫會議・京奉路將嚴加檢疫・

——摘自《民国日报》，1921年4月11日

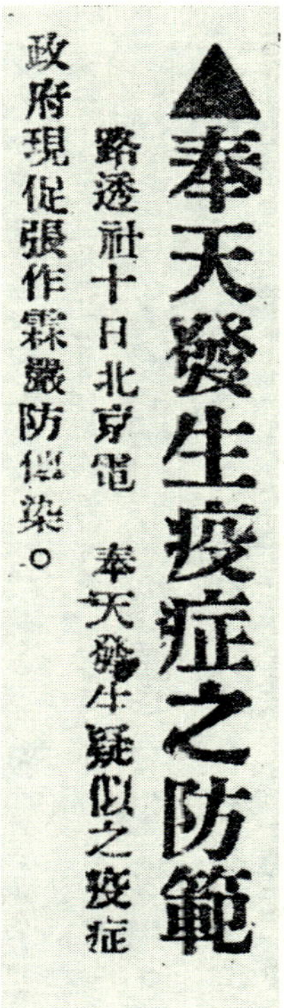

▲奉天發生疫症之防範

路透社十日北京電　奉天發生疑似之疫症政府現促張作霖嚴防傳染。

——摘自《民国日报》，1921 年 4 月 12 日

奉天紛紛防鼠疫

▲百斯篤侵入後之各消息

奉天發現鼠疫。各界異常驚惶。一體嚴行防範。已誌本報。茲再將關於防疫各方面所得之消息分誌於左。

▲會議防疫　奉天全省防疫會關會長。以省垣現在發生鼠疫必須早日滅除。而防未來之患。七日當局召集王警務處長及各區防疫委員等開會討論防疫辦法如下。（一）通令各縣一體認眞辦理防疫。並境內有無疫症。先行據實呈報。（二）省城此次防疫之經費。准撥十五萬元。（三）各區添臨時防疫醫官二十五名。（四）照會日本方面共同組織疫性審查會。（五）整理城關地方衛生。嚴查各界清潔。　至春初所設之隔離所。上月均已裁撤。現在鼠疫發生。患者日增亟宜恢復。擬定城內設立第一臨時隔離所。皇姑屯設立第三臨時隔離所。北關設立第四臨時隔離所。此外於其他相當地點設立分所數處。每所經費每月至多不得過一萬元。各所所長即由當區警察署長兼任。不支薪金。可酌予車馬費。所內醫官之薪金。亦務從撙節。

▲檢查辦法　檢查疫症之辦法。經關會長與王處長議決公布實行。係全省防疫會委員於每星期檢查一次。各區警察署長每届三日檢查一次。各防疫員每日檢查一次。各署檢疫隊每日檢查兩次。至檢查之手續。先居民而後商鋪。遇有染患疑似疫症者。則立即帶所隔離。防疫藥品請准當局由財政廳撥款五萬元。派警察廳衛生科袁科員採買各種防疫新藥。以便發給各區所應用。並在北京各大藥店訂購除疫丹救急散掃疫至寶丹各數萬付。不日即行運到。以便發給商民於不測時服用。各界因鑒於宣二年疫症之猖獗。死亡之衆多。故對於此次防疫。無不關心。日來各文武機關門前。均懸有現在防疫。禁止官員求見之牌示。各學校門首。亦大書刻因防疫謝絕參觀之字樣。至商民人等。亦均於住房內外滿晒石灰及各種驅疫藥水。可見衛生心理較前進步。

——摘自《民国日报》，1921 年 4 月 14 日

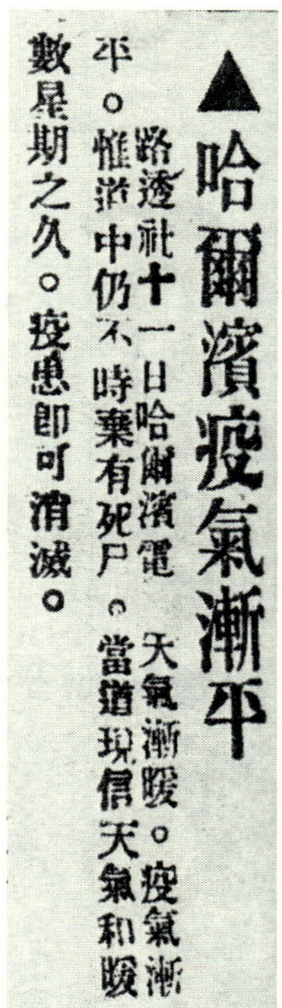

▲哈爾濱疫氣漸平

路透社十一日哈爾濱電 天氣漸暖。疫氣漸平。惟道中仍不時棄有死尸。當道現信天氣和暖數星期之久。疫患即可消滅。

——摘自《民国日报》，1921 年 4 月 17 日

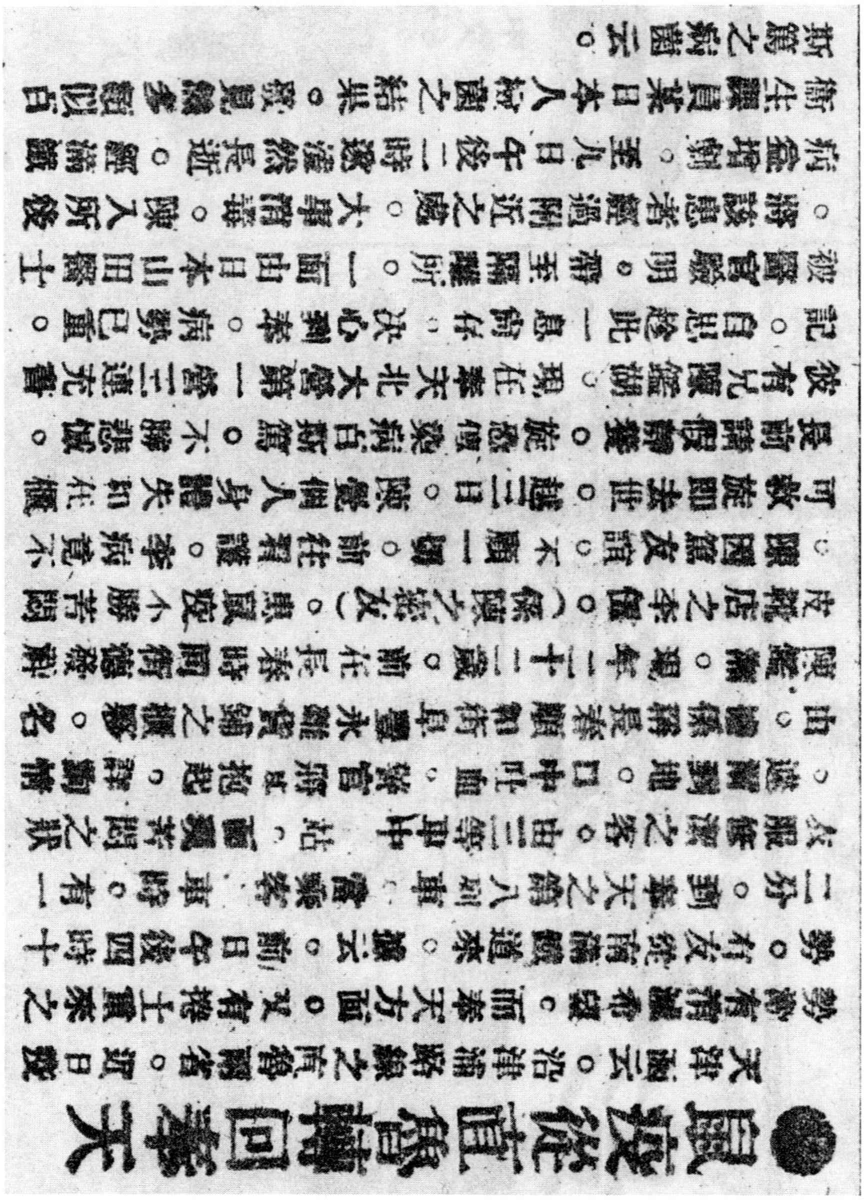

●鼠疫從直魯轉回奉天

天津函云。沿津浦路線之直魯兩省。近日發勢漸有消滅希望。而奉天方面。又有捲土重來之勢。有友從南滿鐵道來。據云。前日午後四時十二分。到奉天之第八列車。當乘客[illegible]車時。有一衣服修潔之客。由三等車中[illegible]站。面現苦悶之狀。遂躺倒地。口中吐血。警官將其抱起。詳詢情由。據係稱長春順和街阜豐永雜貨鋪之櫃夥。名陳鑑湖。現年二十二歲。前在長春時同街德發祥皮靴店之李儒。（係陳之總友）。患鼠疫不勝苦悶。陳因篤友誼。不顧一切。前往看護。李病竟不可救旋即去世。越三日。陳覺個人身體失和在櫃長前請假靜養。旋忽傳染病百斯篤。不勝悲慨。彼有兄陳鑑湖。現在奉天北大營第一營三連充書記。自思趁此一息尚存。決心到奉。病勢已重。被醫官驗明。帶至隔離所。一面由日本山田醫士。將該患者經過附近之處。大事消毒。陳入所後病益增劇。至九日午後二時遂溘然長逝。經滿鐵衛生課員某日本人檢菌之結果。發見[illegible]多類似百斯篤之病菌云。

——摘自《民国日报》，1921 年 4 月 17 日

《滨江时报》防疫新闻辑录

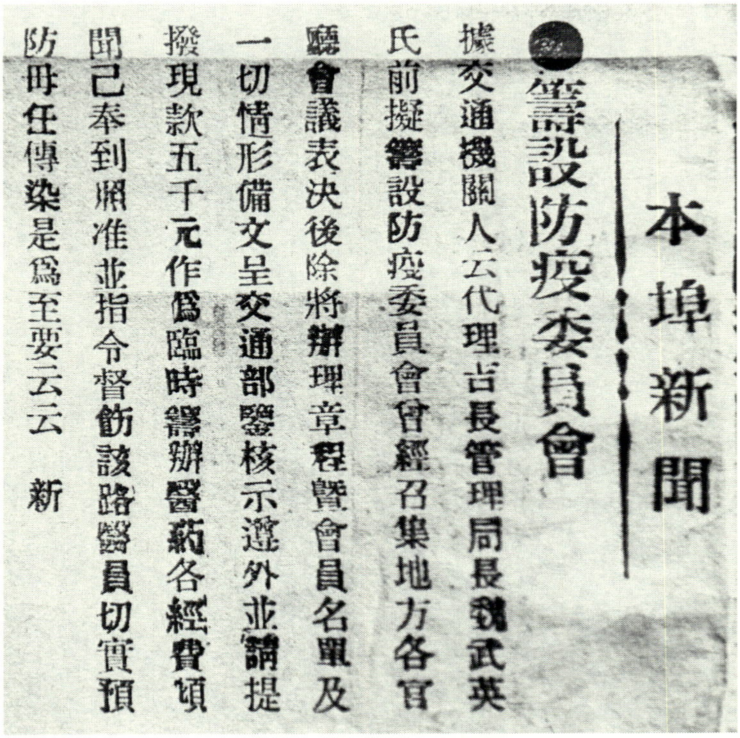

本埠新聞

籌設防疫委員會

據交通機關人云代理吉長管理局長魏武英氏前擬籌設防疫委員會曾經召集地方各官廳會議表決後除將辦理章程暨會員名單及一切情形備文呈交通部鑒核示遵外並請提撥現款五千元作爲臨時籌辦醫藥各經費頃聞已奉到照准並指令督飭該路醫員切實預防毋任傳染是爲至要云云 新

——摘自《滨江时报》，1921 年 3 月 15 日

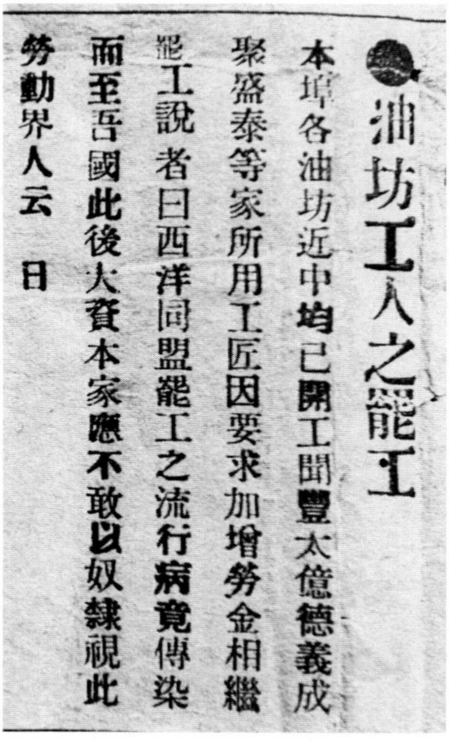

油坊工人之罷工

本埠各油坊近中均已開工聞豐太億德義成聚盛泰等家所用工匠因要求加增勞金相繼罷工說者曰西洋同盟罷工之流行病竟傳染而至吾國此後大資本家應不敢以奴隸視此勞動界人云 日

——摘自《滨江时报》，1921 年 3 月 15 日

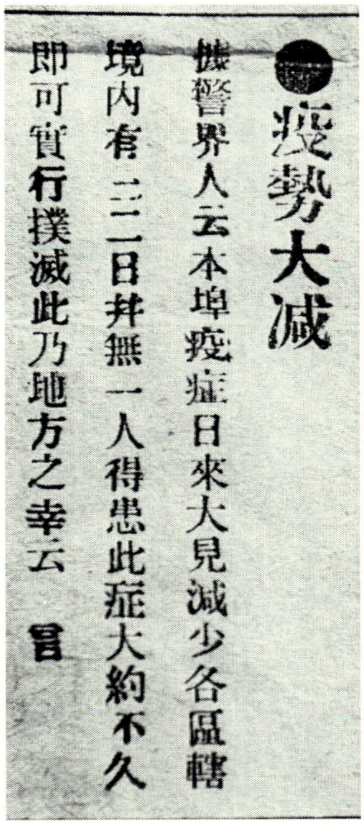

疫勢大減

俄警界人云本埠疫症日來大見減少各區轄境內有二三日并無一人得患此症大約不久即可實行撲滅此乃地方之幸云　冒

——摘自《滨江时报》，1921 年 3 月 15 日

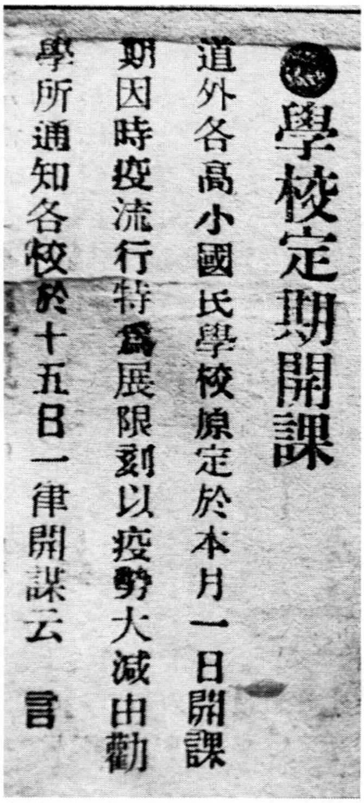

學校定期開課

道外各高小國民學校原定於本月一日開課期因時疫流行特爲展限刻以疫勢大減由勸學所通知各校於十五日一律開課云　言

——摘自《滨江时报》，1921 年 3 月 15 日

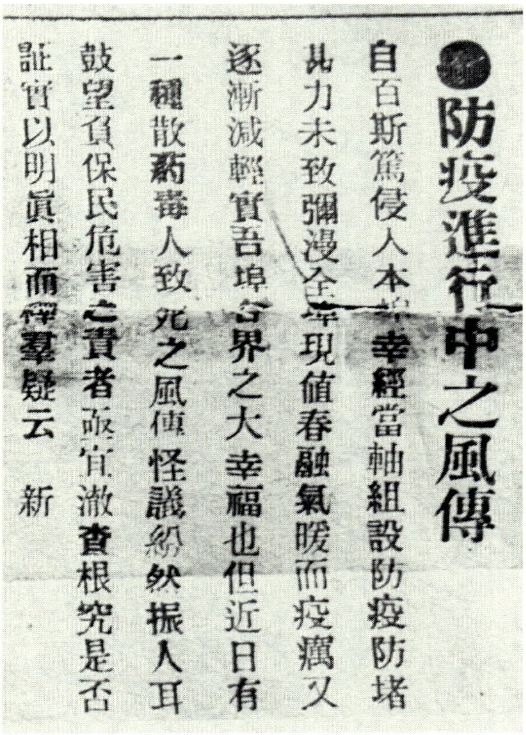

防疫進行中之風傳

自百斯篤侵入本埠幸經當軸組設防疫防堵其力未致彌漫全埠現値春融氣暖而疫癘又逐漸減輕實吾埠各界之大幸福也但近日有一種散蔴毒人致死之風傳怪議紛然振人耳鼓望負保民危害之責者亟宜澈查根究是否証實以明眞相而釋羣疑云　新

——摘自《滨江时报》，1921 年 3 月 15 日

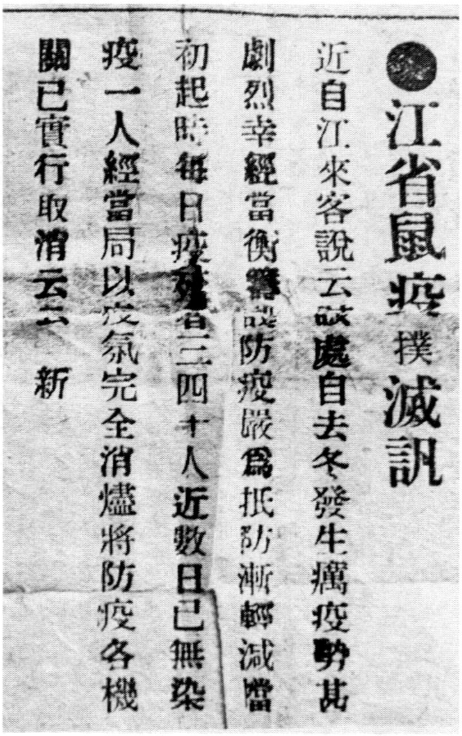

江省鼠疫撲滅訊

近自江來客說云該處自去冬發生癘疫勢甚劇烈幸經當衛署設防疫嚴爲抵防漸輕減當初起時每日疫斃者三四十人近數日已無染疫一人經當局以疫氣完全消燼將防疫各機關已實行取消云云 新

——摘自《滨江时报》，1921 年 3 月 15 日

●各學校將行開課

本埠各學校原擬春假後三月一日全體開學前因癘疫傳播蔓延堪虞將假期展緩半月頃聞各校堂役以開課限度將屆掃除堂室預備各生到堂實行開課云 新

——摘自《滨江时报》，1921 年 3 月 15 日

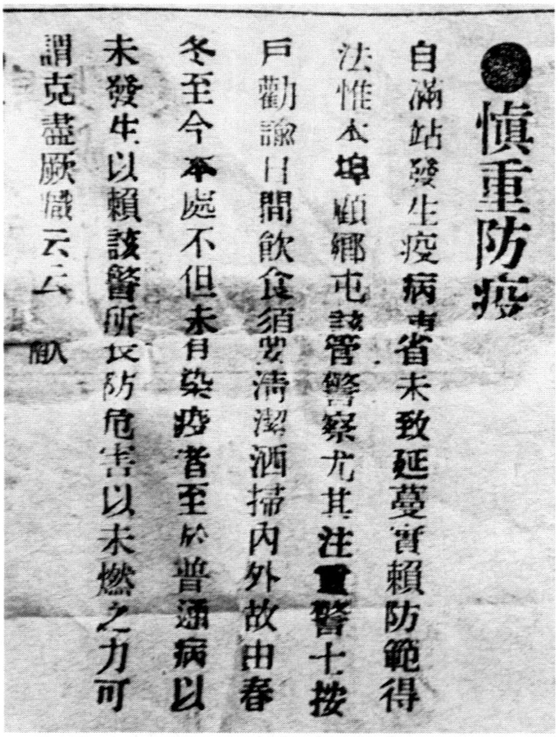

慎重防疫

自滿站發生疫病吉省未致延蔓實賴防範得法惟本埠頗鄉屯諸警察尤其注重警士挨戶勸諭日間飲食須要清潔洒掃內外故由春冬至今本處不但未有染疫者至於普通病以未發生以賴該警所長防危害以未燃之力可謂克盡厥職云云

獻

——摘自《滨江时报》，1921 年 3 月 15 日

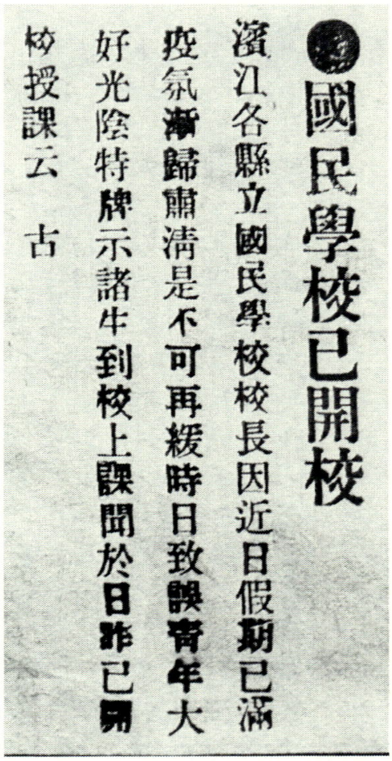
國民學校已開校

濱江各縣立國民學校校長因近日假期已滿疫氣漸歸肅清是不可再緩時日致誤青年大好光陰特牌示諸生到校上課聞於日昨已開校授課云 古

——摘自《滨江时报》，1921年3月15日

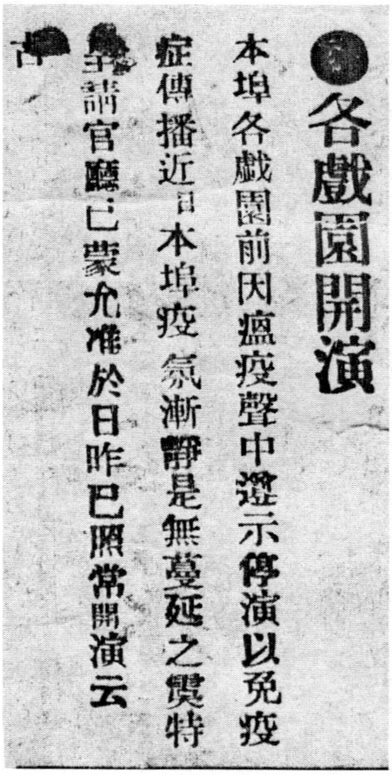

各戲園開演

本埠各戲園前因瘟疫聲中遵示停演以免疫症傳播近日本埠疫氛漸靜是無蔓延之虞特呈請官廳已蒙允准於日昨已照常開演云[illegible]

——摘自《滨江时报》，1921年3月15日

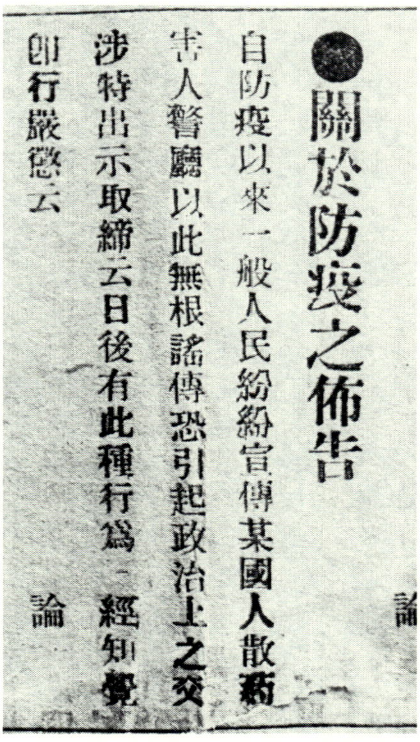

關於防疫之佈告

自防疫以來一般人民紛紛宣傳某國人散藥害人聳聽以此無根諸傳恐引起政治上之交涉特出示取締云日後有此種行為一經知覺即行嚴懲云

——摘自《滨江时报》，1921 年 3 月 17 日

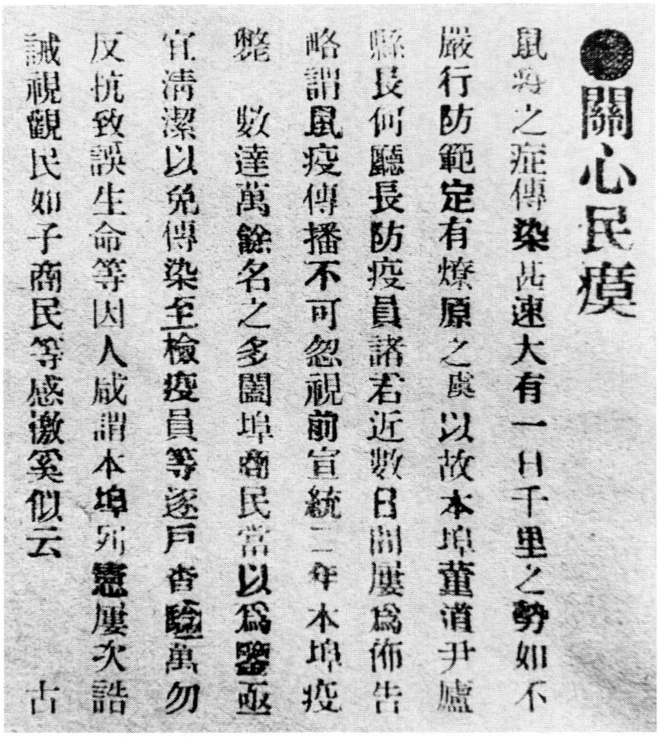

●關心民瘼

鼠疫之症傳染甚速大有一日千里之勢如不嚴行防範定有燎原之虞以故本埠董道尹盧縣長何廳長防疫員諸君近數日間屢爲佈告略謂鼠疫傳播不可忽視前宣統二年本埠疫斃　數達萬餘名之多闔埠商民當以爲鑒亟宜清潔以免傳染至檢疫員等逐戶查驗萬勿反抗致誤生命等因人咸謂本埠官憲屢次誥誡視觀民如子商民等感激奚似云　古

——摘自《滨江时报》，1921 年 3 月 17 日

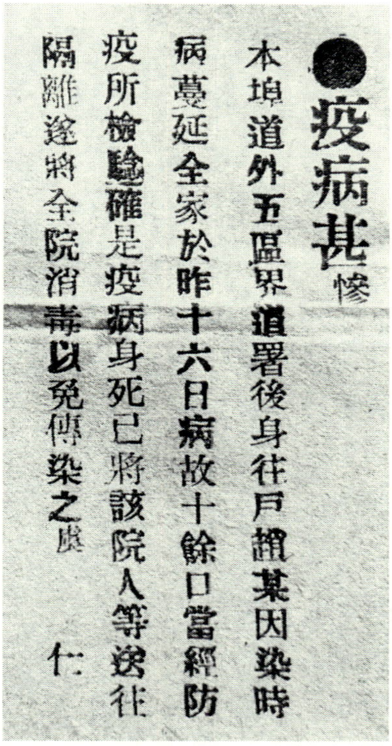

●疫病甚惨

本埠道外五區界道署後身住戶趙某因染時病蔓延全家於昨十六日病故十餘口當經防疫所檢驗確是疫病身死已將該院人等送往隔離遂將全院消毒以免傳染之虞

仁

——摘自《滨江时报》，1921 年 3 月 17 日

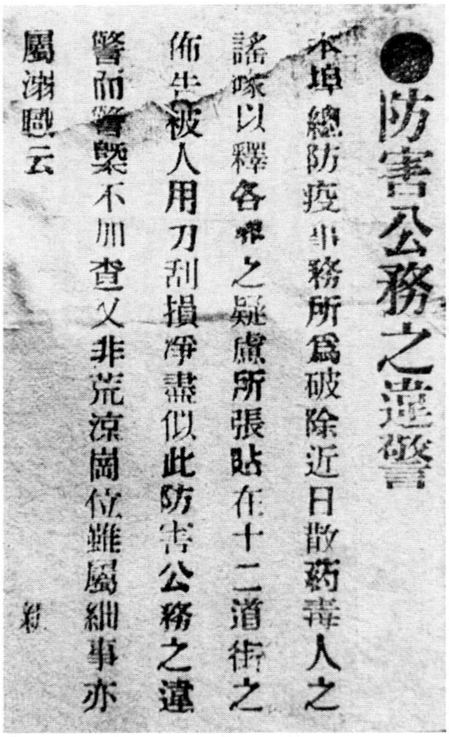

防害公務之違警

本埠總防疫事務所爲破除近日散藥毒人之諸喙以釋各界之疑慮所張貼在十二道街之佈告被人用刀刮損淨盡似此防害公務之違警而警察不加查又非荒涼崗位雖屬細事亦屬溺職云

——摘自《滨江时报》，1921 年 3 月 17 日

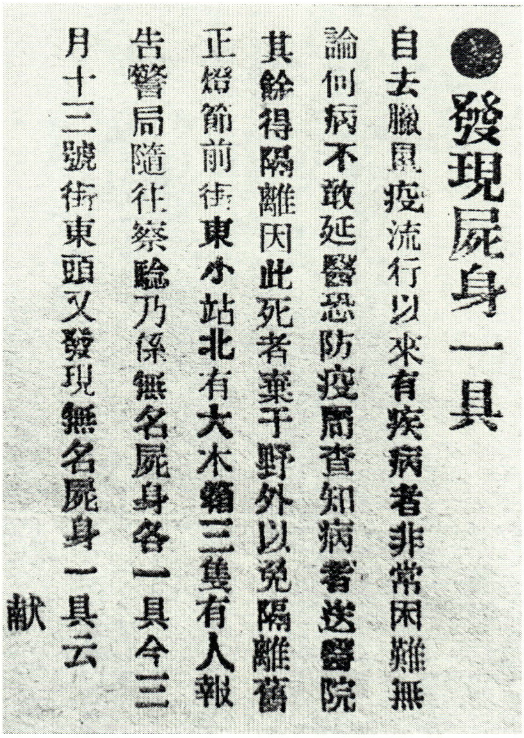

●發現屍身一具

自去臘鼠疫流行以來有疾病者非常困難無論何病不敢延醫恐防疫局查知病者送醫院其餘得隔離因此死者棄于野外以免隔離舊正燈節前街東小站北有大木箱三隻有人報告警局隨往察驗乃係無名屍身各一具今三月十三號街東頭又發現無名屍身一具云

獻

——摘自《滨江时报》，1921年3月17日

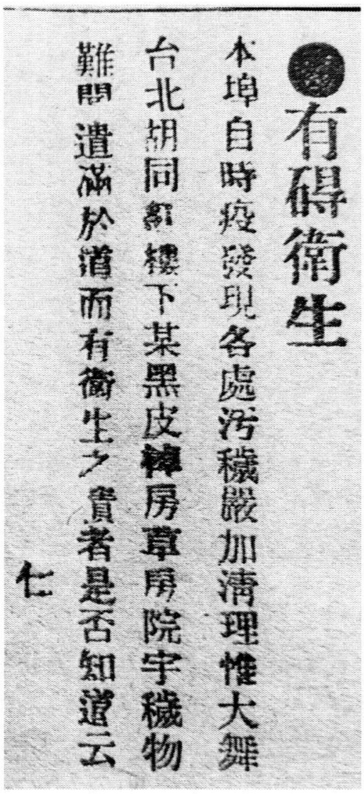

有碍衛生

本埠自時疫發現各處污穢嚴加清理惟大舞台北胡同紅樓下某黑皮鞾房草房院宇穢物難聞遺滿於道而有衛生之責者是否知道云

仁

——摘自《滨江时报》，1921 年 3 月 17 日

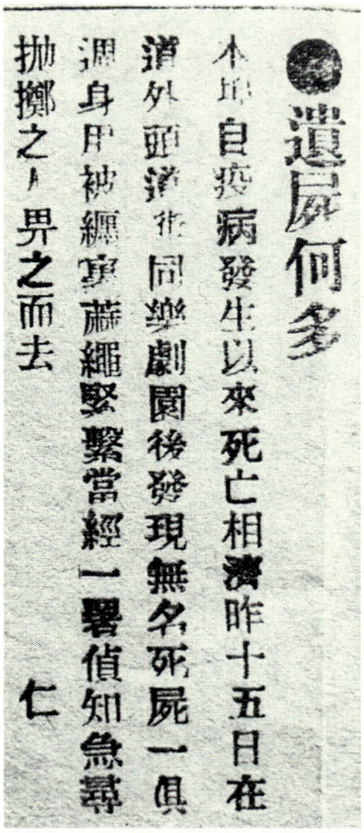

遺屍何多

本埠自疫病發生以來死亡相濟昨十五日在道外頭道街同樂劇園後發現無名死屍一具週身用被纏裹蔴繩緊繫當經一署偵知急尋抛擲之人畀之而去　亡

——摘自《滨江时报》，1921 年 3 月 17 日

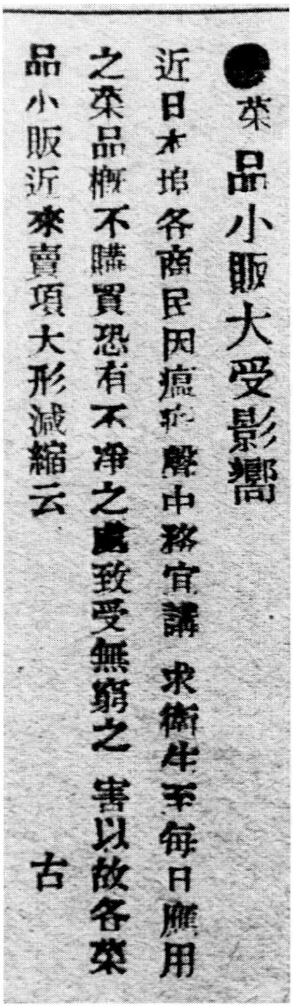

●菜品小販大受影響

近日本埠各商民因瘟疫聲中務宜講求衛生平每日應用之菜品概不購買恐有不凈之處致受無窮之害以故各菜品小販近來賣項大形減縮云　古

——摘自《滨江时报》，1921 年 3 月 17 日

來件

濱江商會爲傳知事昨准縣公署轉奉道尹面諭以近日人民對於防疫一事頗生誤會應速詳切開導以釋羣疑等因本會昨特召集紳商開會幷經盧監督蒞場解說此次防疫及人民誤會各情形諒爲在場諸君所洞悉查鼠疫害人最爲劇烈每想宣統二年之事大槩咸有戒心本埠爲華洋雜處之區各國對於防疫尤爲注重倘我防範不力外人必從而着手不但有關國權且於人民亦多不便此理甚明明達之士類能知之至防醫院係爲染疫人而設隔離所則爲與病者同居之人而設據西醫研究此疫幷無治法染疫者生死不定當然送至病院其同居者必須送至隔離所飲食起居照常款待過七日後無發現染疫情形即便送還斷無好人強灌藥水之理此純爲防疫杜傳染起見對於箇人對於公共兩有裨益至檢疫隊本倉猝召集人類不齊無庸爲諱其有無藉端騷擾情事已由地方推定數員隨時抽查如果有騷擾之弊我商民亦應向主管防疫官廳據實舉發以便究懲此次瘟疫輕微實由於着手最早防堵嚴勵未致蔓延似不能視爲無疫現街市謠言蠭起杯弓蛇影最足淆惑聽聞用特傳仰各商號人等一體知悉須知防疫一事紳商爲保全公共生命慎勿輕聽訛言致生誤會切切

——摘自《滨江时报》，1921 年 3 月 17 日

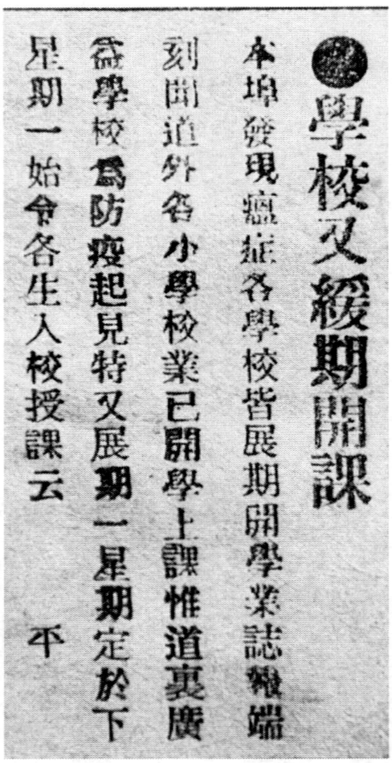
學校又緩期開課

本埠發現瘟症各學校皆展期開學業誌報端刻聞道外各小學校業已開學上課惟道裏廣益學校爲防疫起見特又展期一星期定於下星期一始令各生入校授課云　平

——摘自《滨江时报》，1921 年 3 月 18 日

防疫之效果

自海拉斗疫氛傳來本埠卽急組織防疫所隔離所以防蔓延之患聞本埠道裏外月餘僅疫斃三百餘名足見各官長防範森嚴辦理適宜之効果云

古

——摘自《滨江时报》，1921 年 3 月 18 日

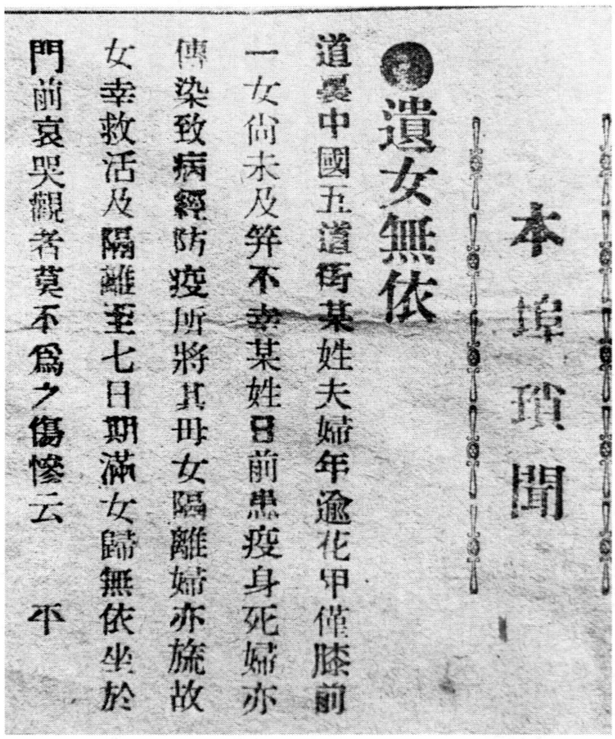

本埠瑣聞

●遺女無依

道裏中國五道街某姓夫婦年逾花甲僅膝前一女尚未及笄不幸某姓日前患疫身死婦亦傳染致病經防疫所將其母女隔離婦亦旋故女幸救活及隔離至七日期滿女歸無依坐於門前哀哭觀者莫不爲之傷慘云　平

——摘自《滨江时报》，1921 年 3 月 18 日

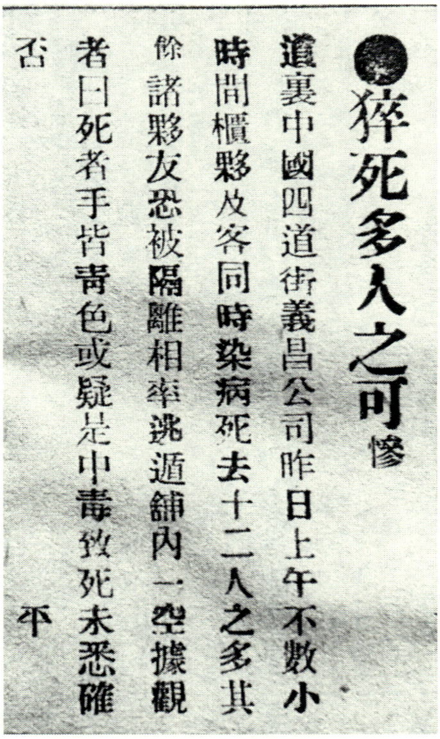
●猝死多人之可慘

道裏中國四道街義昌公司昨日上午不數小時間櫃夥及客同時染病死去十二人之多其餘諸夥友恐被隔離相率逃遁鋪內一空據觀者曰死者手皆青色或疑是中毒致死未悉確否 平

——摘自《滨江时报》，1921年3月18日

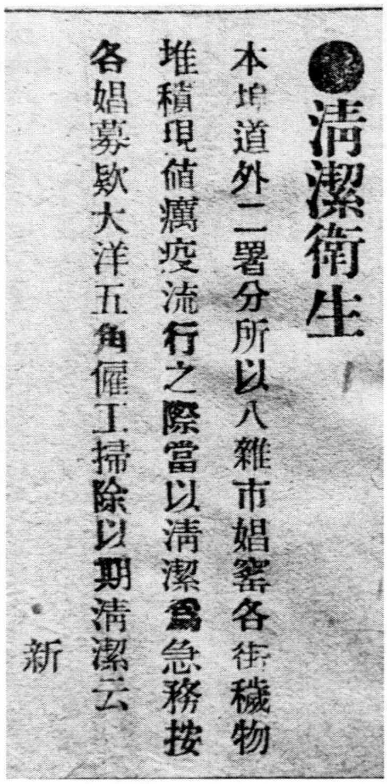

●清潔衛生

本埠道外二署分所以八雜市娼窰各街穢物堆積現値癘疫流行之際當以清潔爲急務按各娼募欵大洋五角僱工掃除以期清潔云

新

——摘自《滨江时报》，1921年3月18日

義昌公司經理潛逃

道裏義昌公司病斃櫃夥旅客詳情已誌報端茲聞該經理鑑於病斃者大多恐有殃及之虞特於事未發覺以前即杳無踪影云

古

——摘自《滨江时报》，1921 年 3 月 18 日

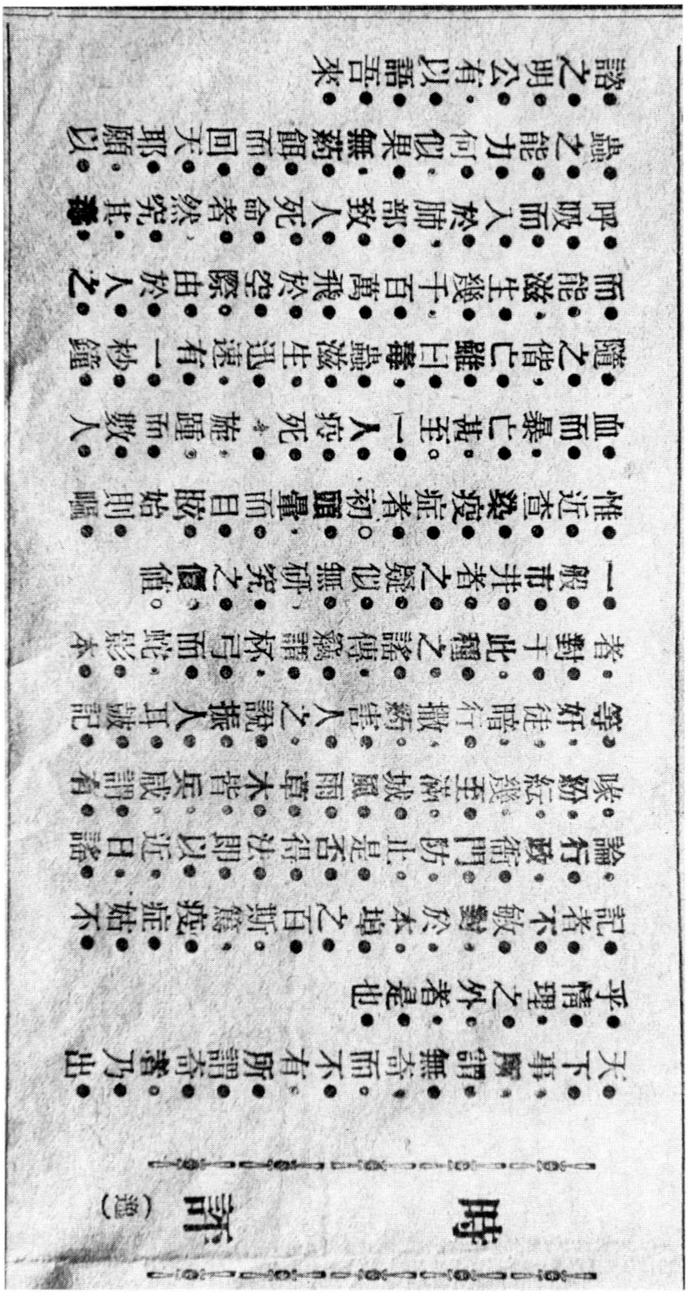

時評（逸）

天下事所謂無奇而不有所謂奇者乃出乎情理之外者是也

記者不敏對於本埠之百斯篤疫症姑不論行政衙門防止是否得法即以近日謠啄紛紜幾至滿城風雨草木皆兵咸謂有等奸徒暗行撒葯害人之說振人耳鼓記者對于此種之謠傳竊謂杯弓而蛇影本一般市井者之疑似無研究之價值。

惟近查染疫症者初。頭暈而目眩始則嘔血而暴亡甚至。一人疫死旋踵而數人隨之偕亡雖曰毒蟲滋生迅速有一秒鐘而能滋生幾千百萬飛於空際由於人之呼吸而入於肺部致人死命者然究其毒蟲之能力何似果無葯餌而回天耶願以諸之明公有以語吾來

——摘自《滨江时报》，1921 年 3 月 18 日

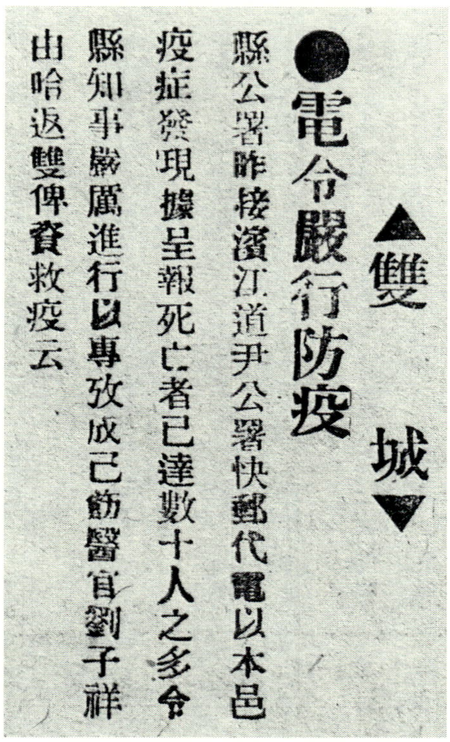

▲雙　城▼

●電令嚴行防疫

縣公署昨接濱江道尹公署快郵代電以本邑疫症發現據呈報死亡者已達數十人之多令縣知事嚴厲進行以專攻成已飭醫官劉子祥由哈返雙俾資救疫云

——摘自《滨江时报》，1921 年 3 月 20 日

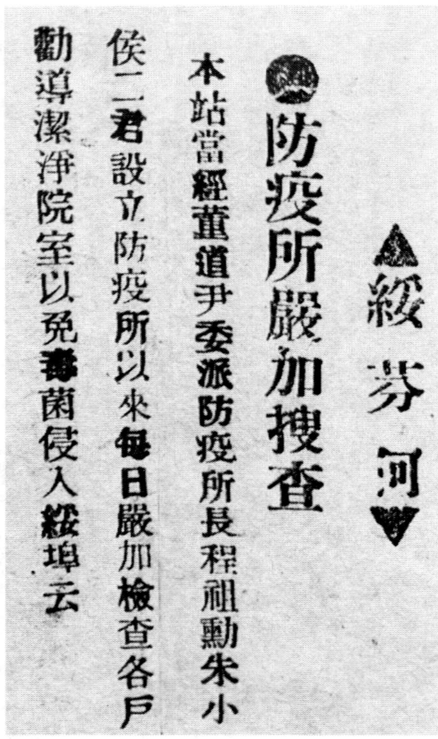

▲綏芬河▼

●防疫所嚴加搜查

本站當經董道尹委派防疫所長程祖勳朱小侯二君設立防疫所以來每日嚴加檢查各戶勸導潔淨院室以免毒菌侵入綏埠云

——摘自《滨江时报》，1921 年 3 月 20 日

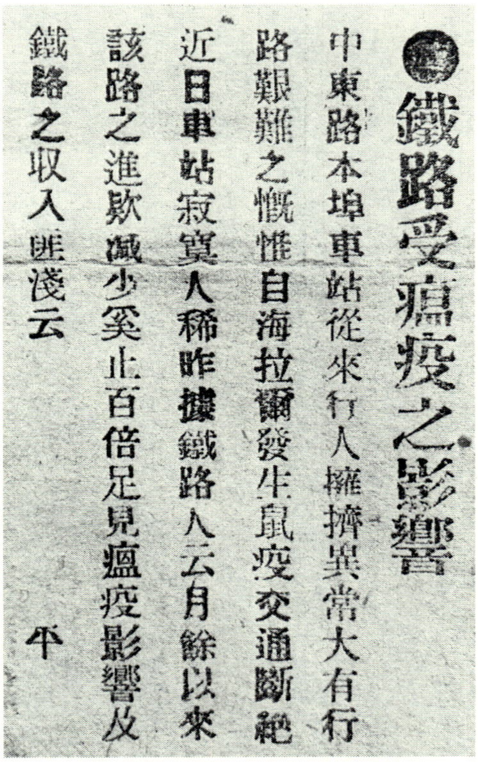

鐵路受瘟疫之影響

中東路本埠車站從來行人擁擠異常大有行路艱難之慨惟自海拉爾發生鼠疫交通斷絕近日車站寂寞人稀昨據鐵路人云月餘以來該路之進欵減少奚止百倍足見瘟疫影響及鐵路之收入匪淺云

平

——摘自《滨江时报》，1921 年 3 月 20 日

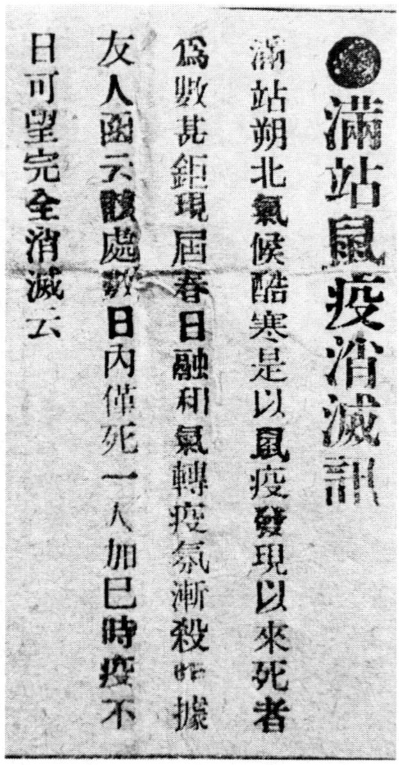

●滿站鼠疫消滅訊

滿站朔北氣候酷寒是以鼠疫發現以來死者爲數甚鉅現屆春日融和氣轉疫氛漸殺昨據友人函云該處數日內僅死一人加巳時疫不日可望完全消滅云

——摘自《滨江时报》，1921 年 3 月 20 日

▲營　口▼

●時疫官防

自北滿發生鼠疫以來哈埠長官對於此疫甚爲注意未致蔓延到營口西頭住戶漸染斯症患者頭疼咳嗽帶血三二日即斃醫生認爲不治之症望有防疫之責者極力挽救可也

——摘自《滨江时报》，1921 年 3 月 23 日

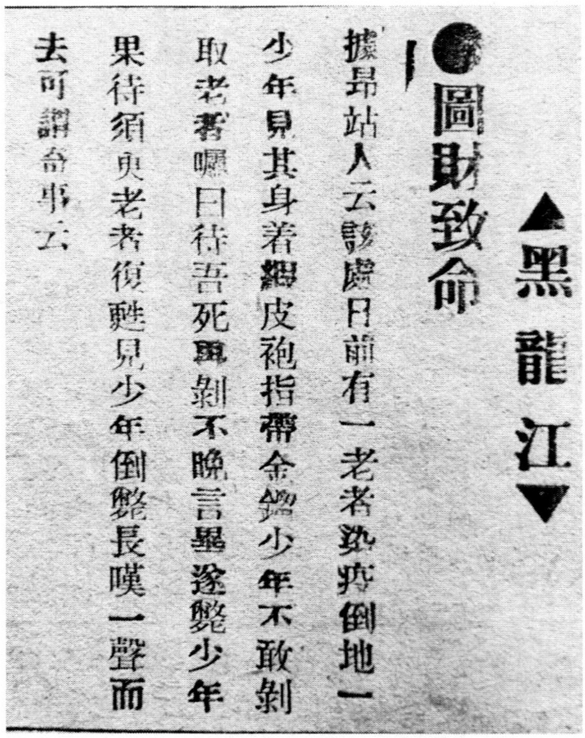

▲黑龍江▼

圖財致命

據昂站人云該處日前有一老者染痧倒地一少年見其身着綢皮袍指帶金鐲少年不敢剝取老者囑曰待吾死再剝不晚言畢遂斃少年果待須臾老者復甦見少年倒斃長嘆一聲而去可謂奇事云

——摘自《滨江时报》，1921 年 3 月 23 日

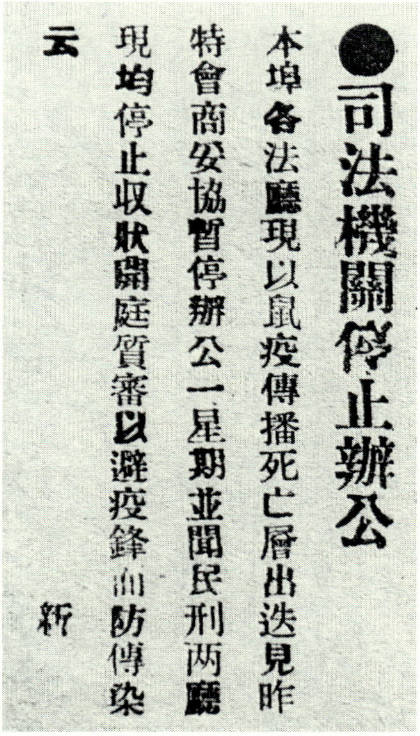

●司法機關停止辦公

本埠各法廳現以鼠疫傳播死亡層出迭見昨特會商妥協暫停辦公一星期並聞民刑兩廳現均停止收狀開庭質審以避疫鋒而防傳染云

新

——摘自《滨江时报》，1921 年 3 月 23 日

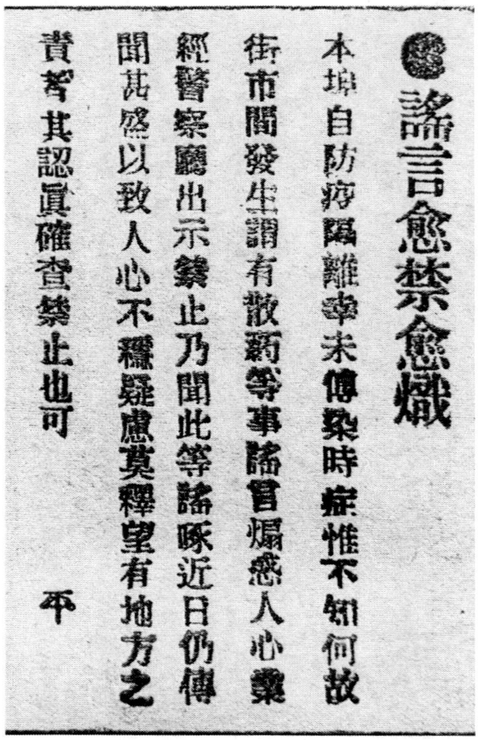

謠言愈禁愈熾

本埠自防疫隔離幸未傳染時症惟不知何故街市間發生謂有散藥等事謠言煽惑人心業經警察廳出示禁止乃聞此等謠啄近日仍傳聞甚盛以致人心不釋疑慮莫釋望有地方之責耆其認眞確查禁止也可

平

——摘自《滨江时报》，1921年3月23日

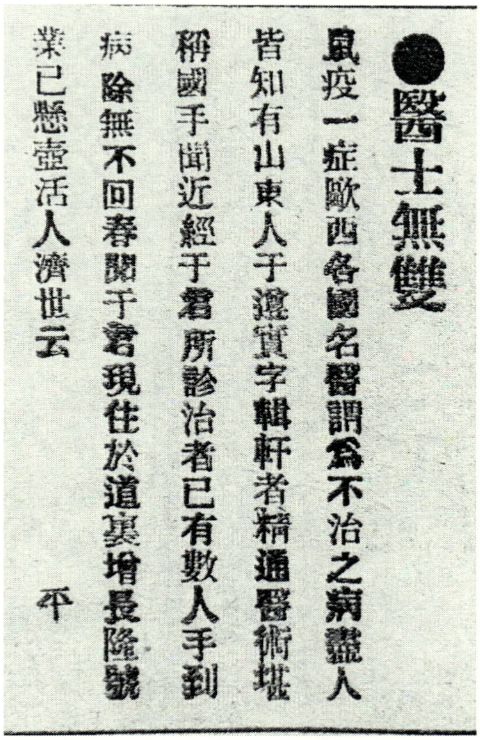

●醫士無雙

鼠疫一症歐西各國名醫謂爲不治之病盡人皆知有山東人于瀍賓字輯軒者精通醫術堪稱國手聞近經于君所診治者已有數人手到病除無不回春關于君現住於道裏增長隆號業已懸壺活人濟世云　平

——摘自《滨江时报》，1921 年 3 月 23 日

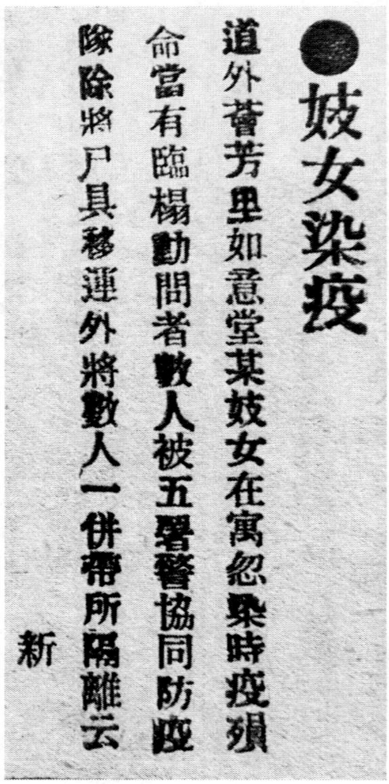
●妓女染疫

道外薈芳里如意堂某妓女在寓忽染時疫殞命當有臨榻勸問者數人被五署警協同防疫隊除將尸具移運外將數人一併帶所隔離云

新

——摘自《滨江时报》，1921 年 3 月 23 日

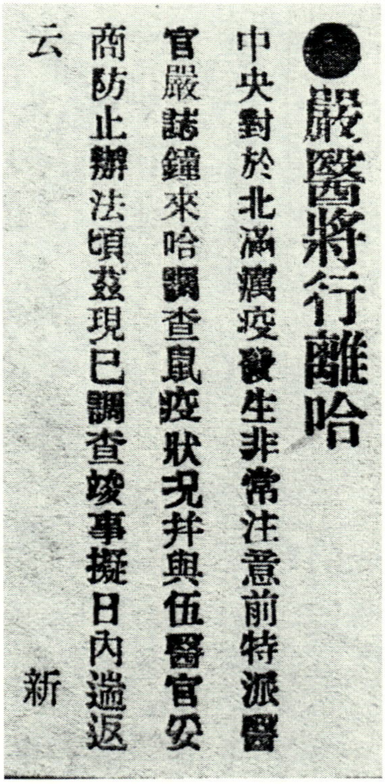

●嚴醫將行離哈

中央對於北滿癘疫發生非常注意前特派醫官嚴諾鐘來哈調查鼠疫狀況并與伍醫官妥商防止辦法頃茲現已調查竣事擬日內遄返云　新

——摘自《滨江时报》，1921 年 3 月 23 日

▲綏芬河▼

●百斯篤將發現

本站之防疫所早經成立以爲先防於未然之起見各職員竭力防範昨接十站報告該站因疫斃命者五名由哈爾濱開來之小票車內疫斃二名云

——摘自《滨江时报》，1921年3月24日

●隔離所之經費頗巨

本埠自疫症發現以來即設隔離所以防蔓延之患者不但於病者有益且於公共商民幸福無量矣聞該所陸續收容者爲數頗巨故每日食物之費竟達三四百元之譜云

——摘自《滨江时报》，1921 年 3 月 24 日

●商會會董之忙迫

日前濱江縣長警廳長召集商會會長會董等共同議定規章嗣後遇有患病者報由商會即經官商同往診視以闢愚民謠言而免病者隱瞞不報各辦法故近日各會董到會輪流值日以便協同診視頗形忙迫云

——摘自《滨江时报》，1921 年 3 月 24 日

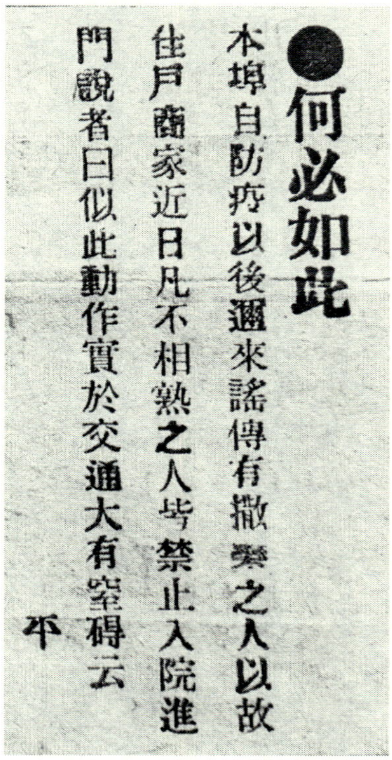
●何必如此

本埠自防疫以後邇來謠傳有撒藥之人以故住戶商家近日凡不相熟之人皆禁止入院進門閱者曰似此動作實於交通大有窒碍云

平

——摘自《滨江时报》，1921 年 3 月 24 日

醫士有不願就診之說

所有醫士既然懸壺於市是講求診者甚多非獲浩大葯資不可乃近來因疫氣未靜有親生請診者多為拒絕以防傳染云

古

——摘自《滨江时报》，1921 年 3 月 24 日

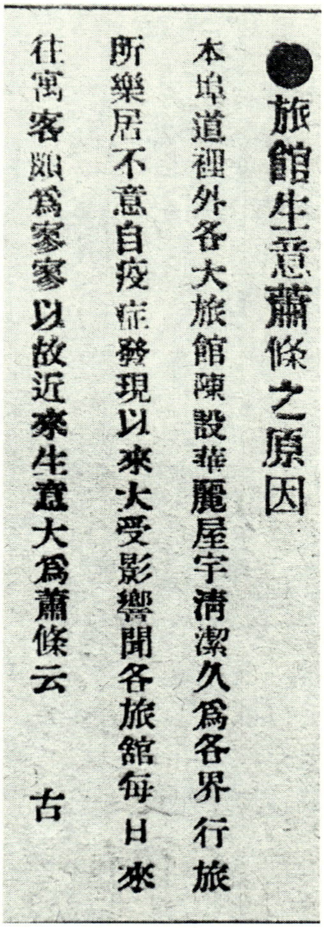

●旅館生意蕭條之原因

本埠道裡外各大旅館陳設華麗屋宇清潔久爲各界行旅所樂居不意自疫症發現以來大受影響聞各旅館每日來往寓客頗爲寥寥以故近來生意大爲蕭條云　古

——摘自《滨江时报》，1921 年 3 月 24 日

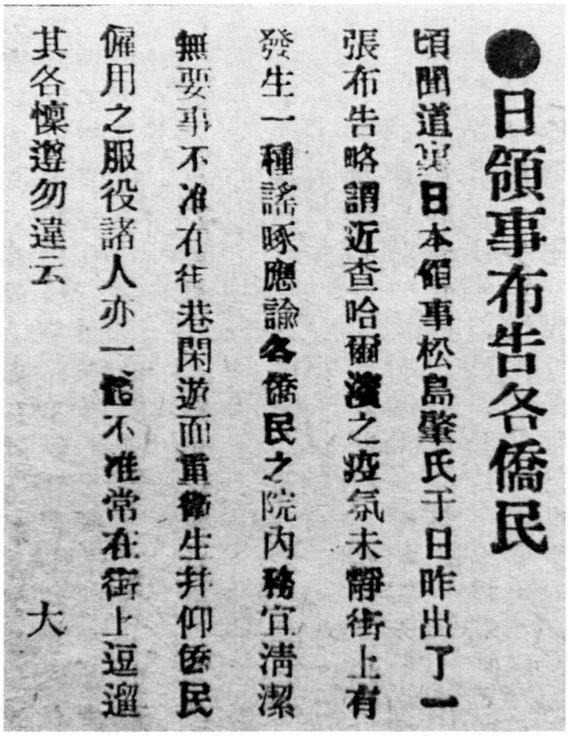

●日領事布告各僑民

頃聞道裏日本領事松島肇氏于日昨出了一張布告略謂近查哈爾濱之疫氣未靜街上有發生一種謠諑應諭各僑民之院內務宜清潔無要事不准在街巷閑遊而重衛生幷仰僑民僱用之服役諸人亦一體不准常在街上逗遛其各懍遵勿違云　大

——摘自《滨江时报》，1921 年 3 月 25 日

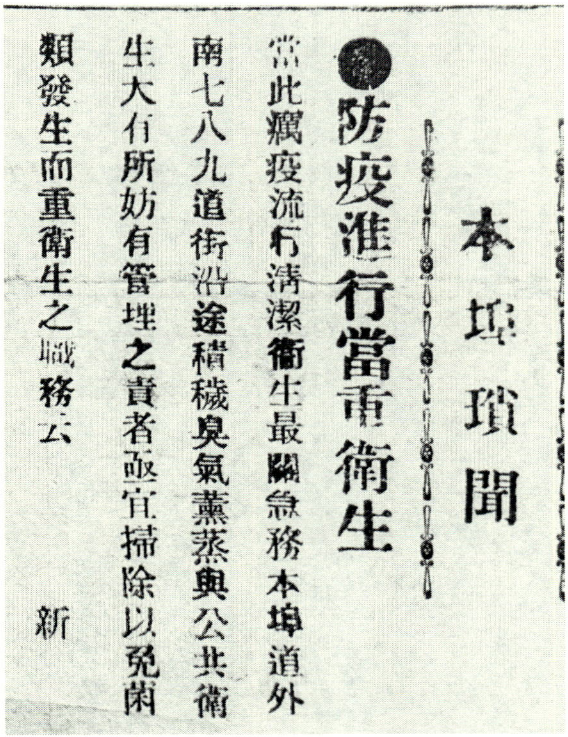

本埠瑣聞

防疫進行當重衛生

當此癘疫流行清潔衛生最關急務本埠道外南七八九道街沿途積穢臭氣薰蒸與公共衛生大有所妨有管埋之責者亟宜掃除以免癘類發生而重衛生之職務云 新

——摘自《滨江时报》，1921 年 3 月 25 日

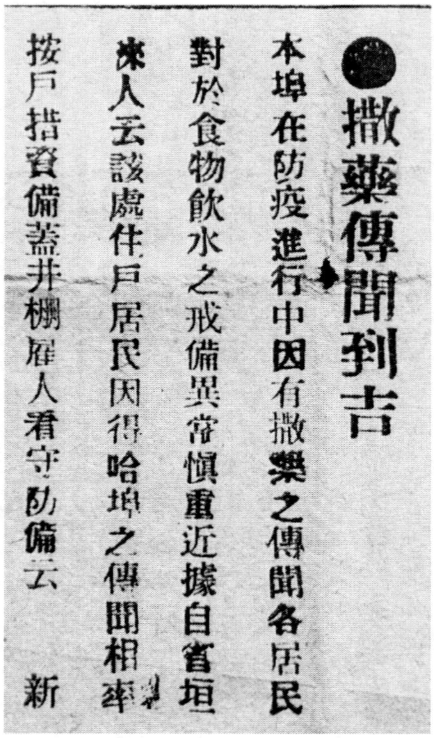

●撒藥傳聞到吉

本埠在防疫進行中因有撒藥之傳聞各居民對於食物飲水之戒備異常愼重近據自省垣來人云該處住戶居民因得哈埠之傳聞相率按戶措資備蓋井棚雇人看守防備云　新

——摘自《滨江时报》，1921 年 3 月 25 日

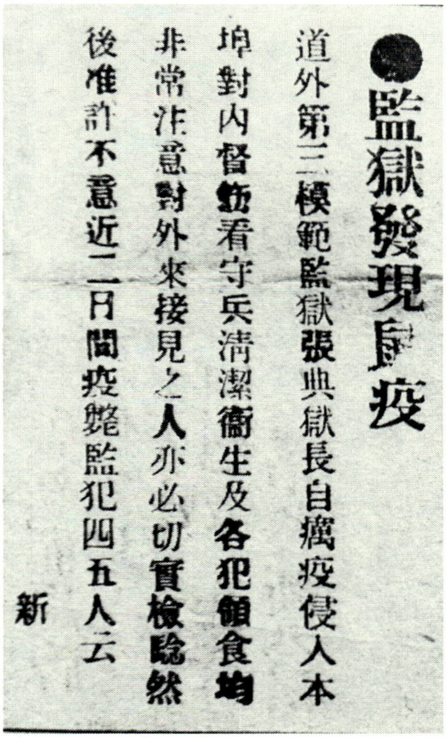

●監獄發現鼠疫

道外第三模範監獄張典獄長自癘疫侵入本埠對內督飭看守兵清潔衛生及各犯飯食均非常注意對外來接見之人亦必切實檢驗然後准許不意近二日間疫斃監犯四五人云

新

——摘自《滨江时报》，1921 年 3 月 25 日

◎溫泉有益衛生

頭鄉屯西卜坎地名河家溝中間大溝南坡湧出一道暖泉其水澄清經久不凍汲水煮茶其水味美此處居民係山東遷居以燒窯為業每至其宅內外污穢之氣令人欲嘔撈此際疫癘流行該處無恙係飲食其水之力者歟人類生存若生在好水土之處可謂幸福云云　獻

——摘自《滨江时报》，1921年3月25日

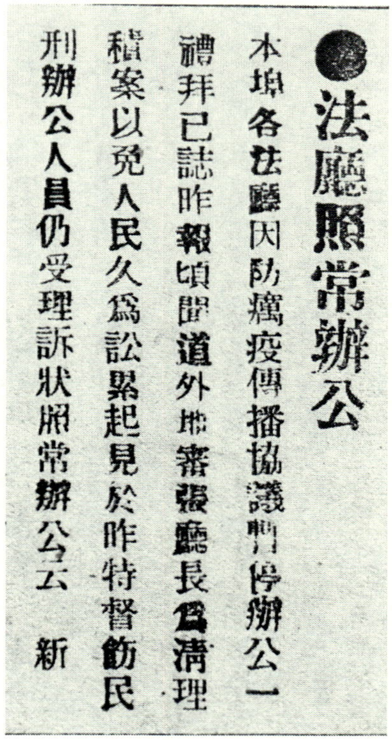

●法廳照常辦公

本埠各法廳因防癘疫傳播協議暫停辦公一禮拜已誌昨報頃聞道外地審張廳長爲清理積案以免人民久爲訟累起見於昨特督飭民刑辦公人員仍受理訴狀照常辦公云　新

——摘自《滨江时报》，1921 年 3 月 26 日

籌撥防疫經費

總防疫事務所以此次妨疫經費浩繁電請中央籌撥鉅款接濟要需茲聞中央以當此財政竭蹶國庫如洗籌撥無法擬援照民國二年成案暫由濱江海常關稅撥款二萬元接濟經費云

新

——摘自《滨江时报》，1921 年 3 月 26 日

●屠宰猪牛者減少

本埠瘟疫近日風聲鶴唳以致凡購買食物者均受影響頃據屠宰稅局人云市面之屠宰猪牛較前大爲減少聞商家住戶多有素食以避危險云

平

——摘自《滨江时报》，1921 年 3 月 26 日

●滿站登車之難

近據由滿洲站來人云該站自防疫以來每一星期六開郵車兩次如上車時總得挨號不准任意擁擠以故該站搭客有等候三四日不得上車者云

古

——摘自《滨江时报》，1921年3月26日

洗澡者防範之嚴

近來疫氛傳染雖不甚熾無如街談巷議謠諑繁興令人將信將疑以故一般商民莫不時加防範不但於家庭間之飲食特爲注意卽至各澡塘沐浴時以相戒不飲茶水云

古

——摘自《滨江时报》，1921 年 3 月 27 日

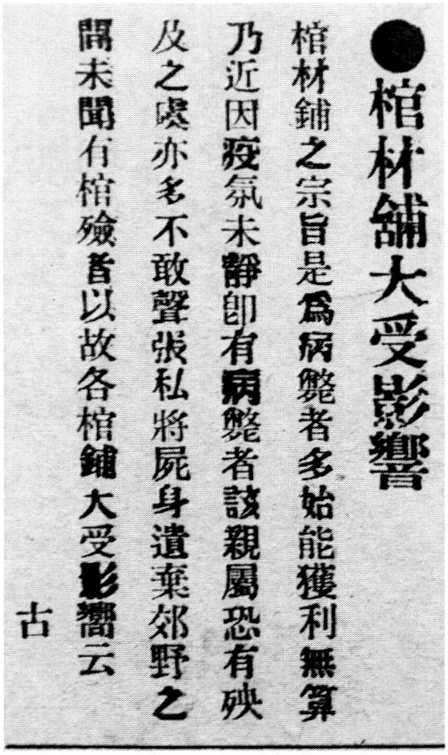

●棺材舖大受影響

棺材舖之宗旨是爲病斃者多始能獲利無算乃近因疫氣未靜卽有病斃者該親屬恐有殃及之處亦多不敢聲張私將屍身遺棄郊野之閙未聞有棺殮者以故各棺舖大受影響云

古

——摘自《滨江时报》，1921 年 3 月 27 日

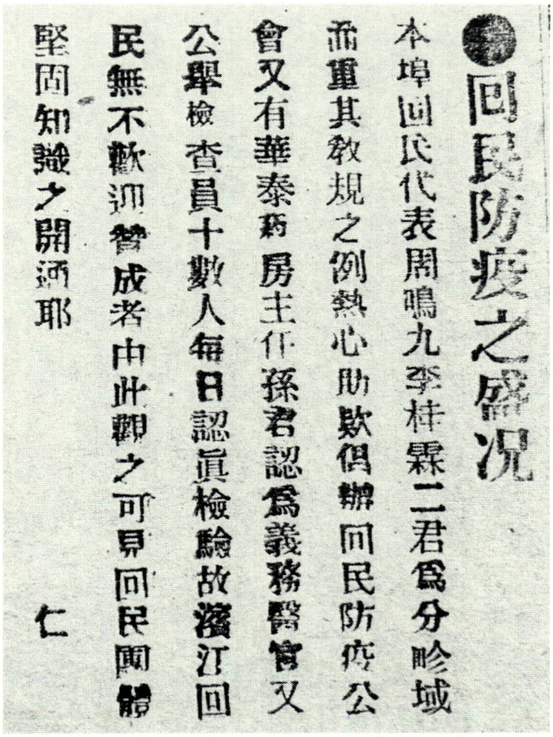
回民防疫之盛況

本埠回民代表周鳴九李梓霖二君爲分畛域而重其教規之例熱心助欵倡辦回民防疫公會又有華泰藥房主任孫君認爲義務醫官又公舉檢查員十數人每日認眞檢驗故濱江回民無不歡迎贊成者由此觀之可見回民團體堅固知識之開通耶

仁

——摘自《滨江时报》，1921 年 3 月 27 日

●雙合盛死人不確

二三日前街市間盛傳道裏雙合盛火磨疫死多人且并有謠言謂係受藥毒致死之說茲又傳聞該號無患疫之人亦並無死者不知此等謠言捏造者何所取意殊令人費解云 平

——摘自《滨江时报》，1921年3月27日

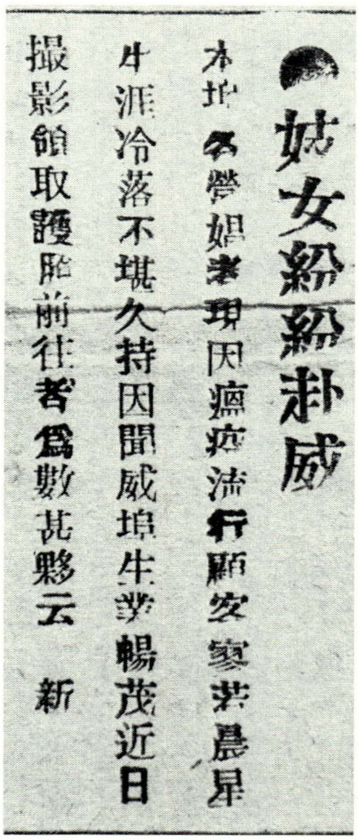

●姑女紛紛赴威

本埠名譽娼妓現因瘟疫流行顧客寥若晨星生涯冷落不堪久持因聞威埠生涯暢茂近日攝影館取護照前往者爲數甚夥云 新

——摘自《滨江时报》，1921 年 3 月 27 日

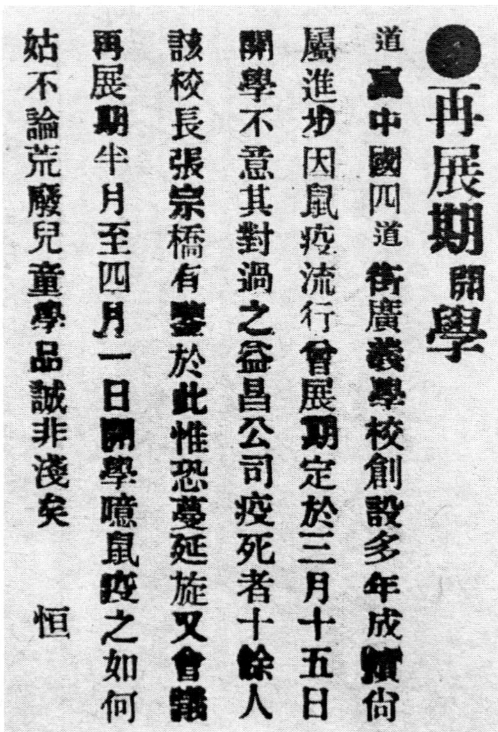

● 再展期開學

道裏中國四道街廣義學校創設多年成績尚屬進步因鼠疫流行曾展期定於三月十五日開學不意其對過之益昌公司疫死者十餘人該校長張宗橋有鑒於此惟恐蔓延旋又會議再展期半月至四月一日開學噫鼠疫之如何姑不論荒廢兒童學品誠非淺矣 恒

——摘自《滨江时报》，1921 年 3 月 27 日

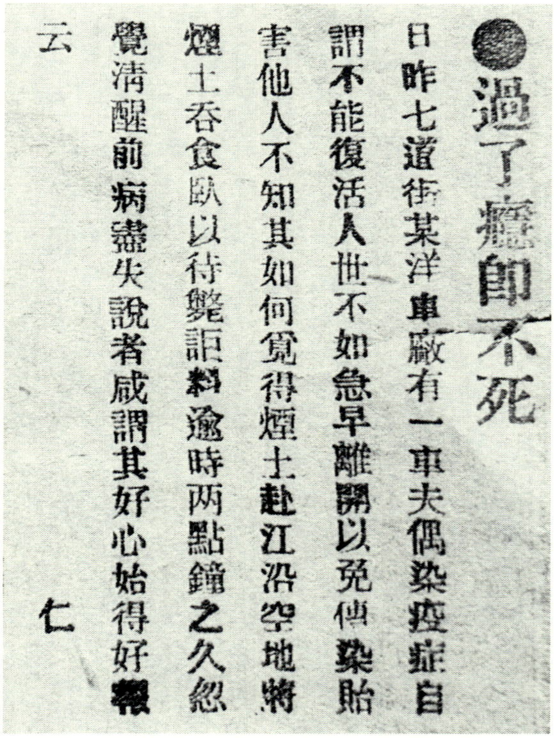

●過了癮即不死

日昨七道街某洋車廠有一車夫偶染瘟症自謂不能復活人世不如急早離開以免傳染貽害他人不知其如何覓得煙土赴江沿空地將煙土吞食臥以待斃詎料逾時兩點鐘之久忽覺清醒前病盡失說者咸謂其好心始得好報云

仁

——摘自《滨江时报》，1921 年 3 月 31 日

◎疫症減輕耶

自北滿發生鼠疫以來防之綦嚴畏之如虎若各戶之檢驗行人之隔離自是完善之道前數日街衢上若言疫症減輕每日疫死者爲數僅十人上下茲忽聞防疫事務所報告云近三日來每日疫死者約在四五十人自死得最速以此觀疫症果減輕耶

恒

——摘自《滨江时报》，1921 年 3 月 31 日

東三省要聞

▲奉　天▼

京奉停售三等票

鼠疫發現滿洲里漸次南侵哈埠長春近已發生而山東亦有此項疫症發現防範自應加嚴京奉鐵路局局長因火車原爲便利人民之來往但瘟疫易於傳染不容不防故將由津乘來之車輛三等票槩已停止售賣云

——摘自《滨江时报》，1921 年 4 月 1 日

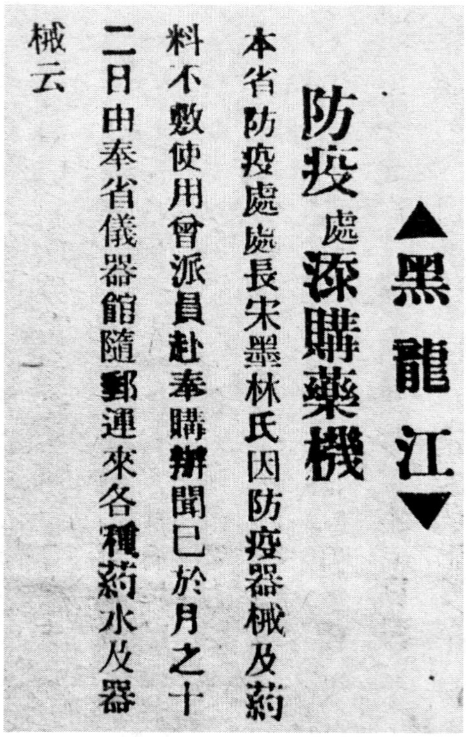

▲黑龍江▼

防疫處添購藥機

本省防疫處處長宋罴林氏因防疫器械及葯料不敷使用曾派員赴奉購辦聞已於月之十二日由奉省儀器館隨郵運來各種葯水及器械云

——摘自《滨江时报》，1921 年 4 月 1 日

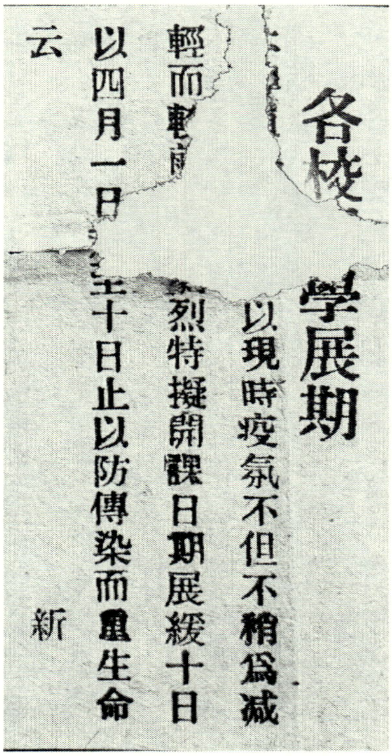

各校□學展期

以現時疫氛不但不稍爲減輕而轉劇烈特擬開課日期展緩十日以四月一日至十日止以防傳染而重生命云　新

——摘自《滨江时报》，1921年4月1日

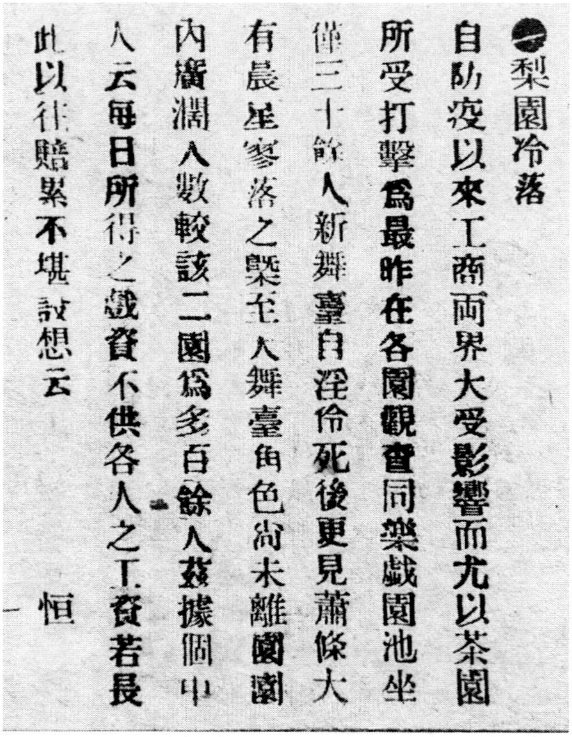

●梨園冷落

自防疫以來工商兩界大受影響而尤以茶園所受打擊爲最昨在各園觀查同樂戲園池坐僅三十餘人新舞臺自涅伶死後更見蕭條大有晨星寥落之槩至大舞臺角色尚未離園劇內廣潤入數較該二園爲多百餘人茲據個中人云每日所得之戲資不供各人之工資若長此以往賠累不堪設想云　一恒

——摘自《滨江时报》，1921 年 4 月 1 日

停止辦公一星期

本埠自疫症發生以來死亡相繼雖經防疫會嚴厲防遏終未消滅近日考查疫氣較前大熾所有埠內官廳均警戒嚴命令停止辦公一星期杜門謝客以防傳染云 丙

——摘自《滨江时报》，1921 年 4 月 1 日

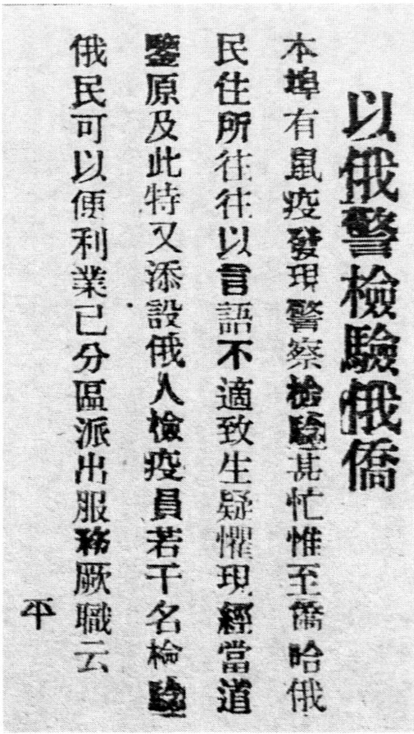

以俄警檢驗俄僑

本埠有鼠疫發現警察檢驗甚忙惟至僑哈俄民住所往往以言語不適致生疑懼現經當道鑒原及此特又添設俄人檢疫員若干名檢驗俄民可以便利業已分區派出服務厥職云

平

——摘自《滨江时报》，1921 年 4 月 2 日

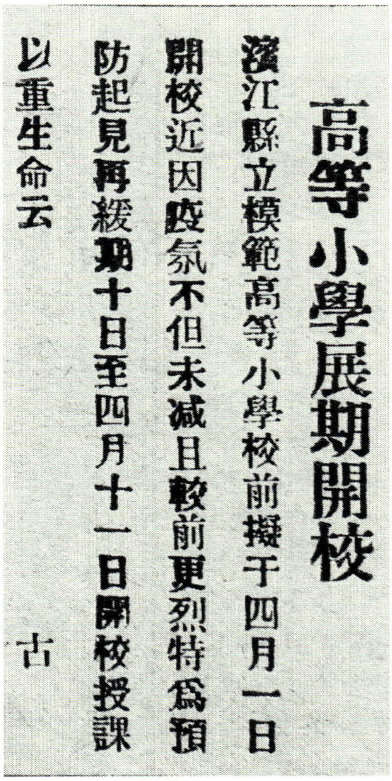

高等小學展期開校

濱江縣立模範高等小學校前擬于四月一日開校近因疫氣不但未減且較前更烈特爲預防起見再緩期十日至四月十一日開校授課以重生命云

古

——摘自《滨江时报》，1921 年 4 月 2 日

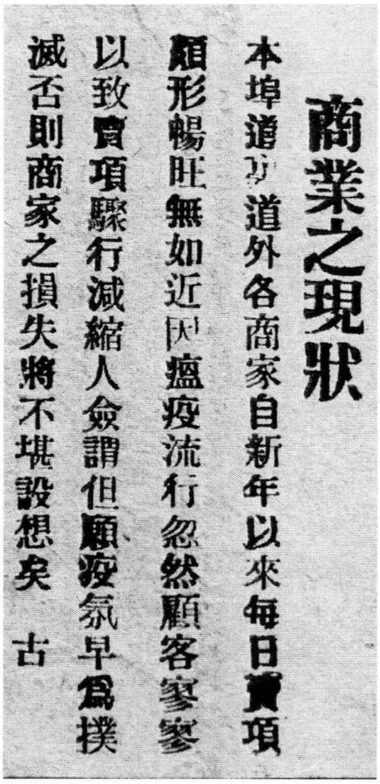

商業之現狀

本埠道裡道外各商家自新年以來每日賣項頗形暢旺無如近因瘟疫流行忽然顧客寥寥以致賣項驟行減縮人僉謂但願疫氛早爲撲滅否則商家之損失將不堪設想矣 古

——摘自《滨江时报》，1921年4月2日

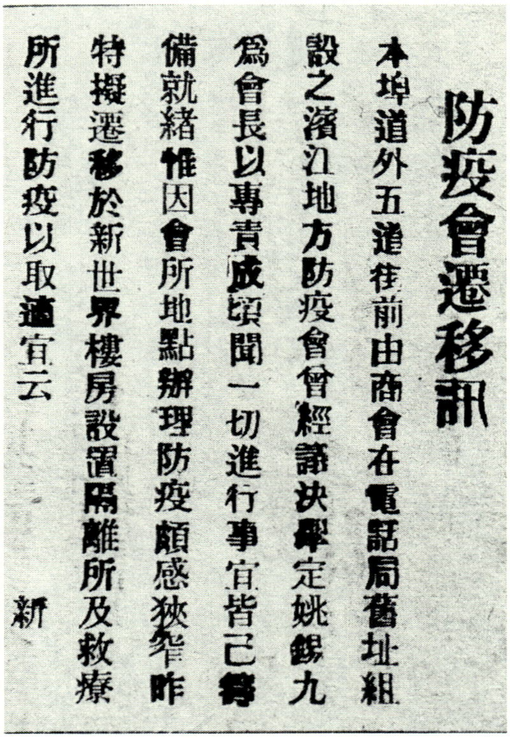

防疫會遷移訊

本埠道外五道街前由商會在電話局舊址組設之濱江地方防疫會曾經議決舉定姚錫九爲會長以專責成頃聞一切進行事宜皆已籌備就緒惟因會所地點辦理防疫頗感狹窄昨特擬遷移於新世界樓房設置隔離所及救療所進行防疫以取適宜云　新

——摘自《滨江时报》，1921 年 4 月 2 日

郵局停辦之原因

本埠道外五道街郵政支局忽于星期二停辦探其原因係因是日疫死郵差一名當經該局員函知警察將同伴郵差帶往隔離所外并擬停辦三日以二十九日起至四月一日止以避疫菌而重郵務云 新

——摘自《滨江时报》，1921 年 4 月 2 日

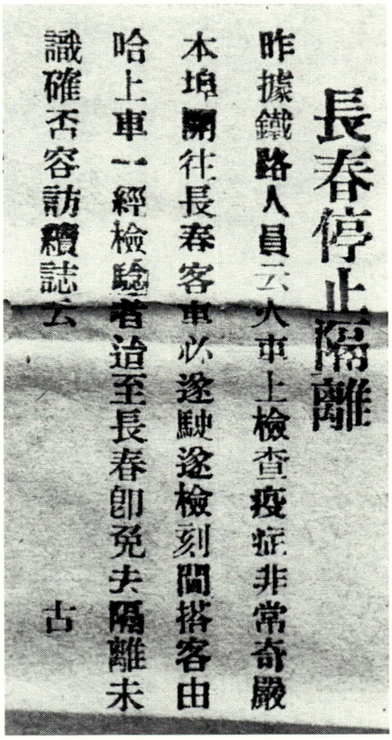

長春停止隔離

昨據鐵路人員云火車上檢查疫症非常奇嚴本埠開往長春客車必途駛途檢刻間搭客由哈上車一經檢驗者迨至長春卽免去隔離未識確否容訪續誌云　古

——摘自《滨江时报》，1921 年 4 月 2 日

●路人違警之爭競

本埠自防疫所成立後則定新章凡道裡道外往來之車馬分道而行不准亂竄乃昨午有某機關一人乘坐人力車由道裡赴道外去行至桃花巷西於崗警攔阻不服致起爭競多時後旁觀者某客棧執事爲之排解始作罷論云

平

——摘自《滨江时报》，1921年4月2日

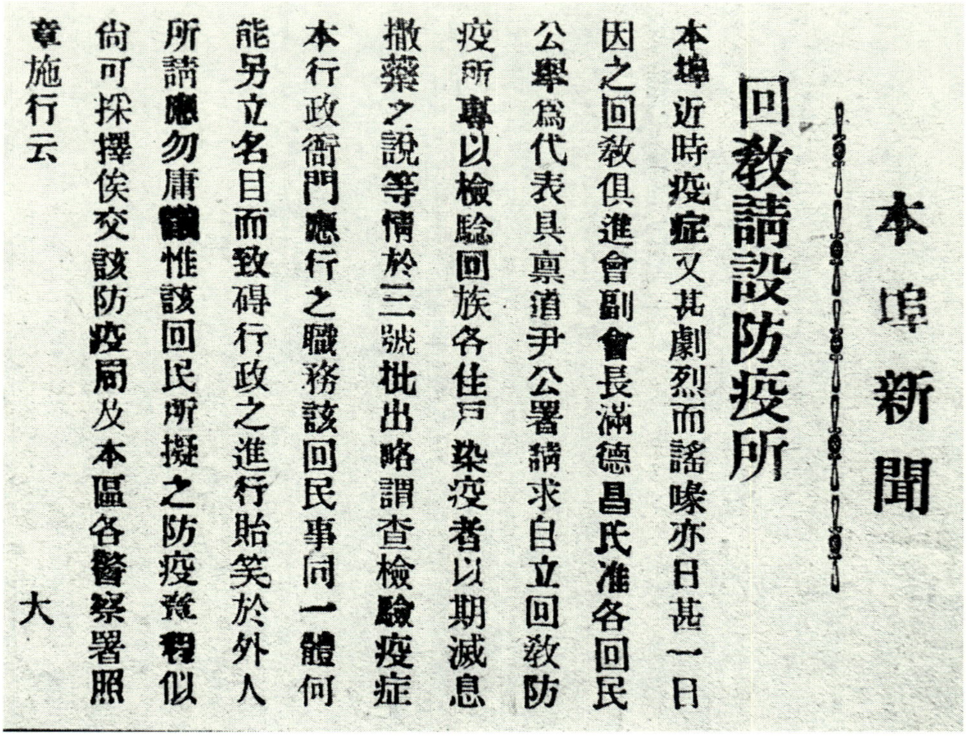

本埠新聞

回教請設防疫所

本埠近時疫症又甚劇烈而謠喙亦日甚一日因之回教俱進會副會長滿德昌氏准各回民公舉爲代表具稟道尹公署請求自立回教防疫所專以檢驗回族各住戶染疫者以期滅息撒藥之說等情於三號批出略謂查檢驗疫症本行政衙門應行之職務該回民事同一體何能另立名目而致碍行政之進行貽笑於外人所請應勿庸議惟該回民所擬之防疫章程似尚可採擇俟交該防疫局及本區各警察署照章施行云　　大

——摘自《滨江时报》，1921 年 4 月 5 日

郵局照常辦公

道外五道街郵務支局前因信差疫死防疫事務所即欲將全局員差隔離以杜傳染惟郵局之機關與他不同卒未遂其所願經該局自行隔離遂閉門休息二日茲疫氛已見減輕爰於今日照常辦公云 恒

——摘自《滨江时报》，1921 年 4 月 5 日

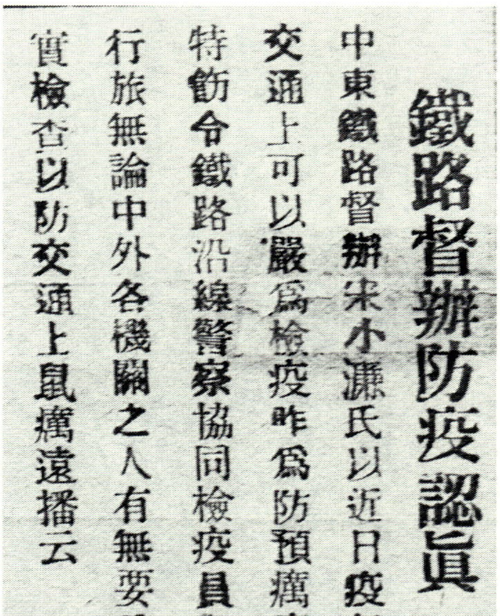

鐵路督辦防疫認眞

中東鐵路督辦宋小濂氏以近日疫氣傳播在交通上可以嚴爲檢疫昨爲防預癘疫遠播計特飭令鐵路沿線警察協同檢疫員對於往來行旅無論中外各機關之人有無要公一律切實檢查以防交通上鼠癘遠播云　新

——摘自《滨江时报》，1921 年 4 月 5 日

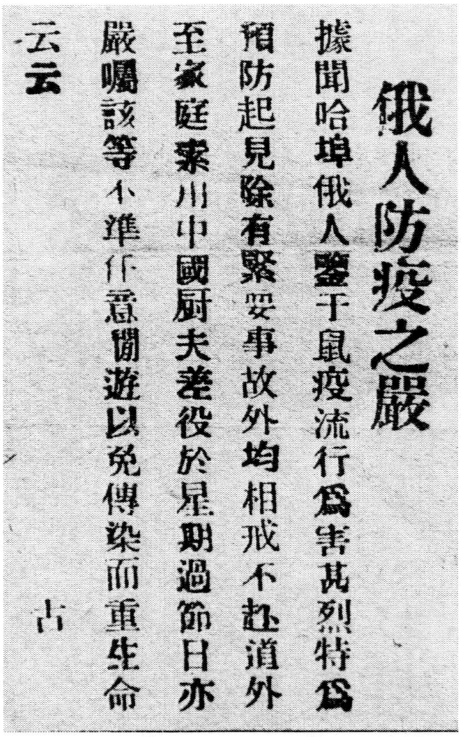

俄人防疫之嚴

據聞哈埠俄人鑒于鼠疫流行爲害甚烈特爲預防起見除有緊要事故外均相戒不赴道外至家庭索川中國厨夫差役於星期過節日亦嚴囑該等不準任意閒遊以免傳染而重生命云云　古

——摘自《滨江时报》，1921 年 4 月 5 日

本埠瑣聞

◉汪憲治疫之良方

鼠疫一症最爲難治盡人皆知有山東人于輯軒君醫術奧妙堪稱國手業載昨報于君現寓於道外東亞寺同樓上近日已活人無算茲索其所經驗治疫之良方一則附錄於後患斯疫者其速服之

連召二錢　當歸錢半　柴胡一錢

葛根二錢　紅花五錢　桃仁八錢

生地五錢　川朴二錢　生草二錢

赤芍三錢

水煎病重者日夜連服三五劑卽愈　平

——摘自《滨江时报》，1921年4月5日

◉模範監獄之防疫

本埠第三模範監獄張典獄長以前連日疫死獄囚數人甚爲焦灼昨特加意防衛除認眞檢驗限制外來接見外人並督飭各科注重衛生凡各囚室撤布石灰酸水以殺疫菌而免滋蔓云　新

——摘自《滨江时报》，1921年4月5日

◉學校又展期開校

本埠高初各校前因疫症流行曾兩次展期開學以免傳染而第二屆展期又到疫症復熾當然仍不能開學茲勸學所所長招集高初各校長在所會議擬月十五日開學倘屆期鼠疫仍不減輕再行延長云　恆

——摘自《滨江时报》，1921 年 4 月 5 日

巡官決計求去

道外警察五署崔巡官因病請假藉資調養未經該管署長照准已載報端惟聞崔某現在對於警界一途十分懷抱冷觀近二三日來疫氛稍靖故又上呈堅意求去云

平

——摘自《滨江时报》，1921年4月7日

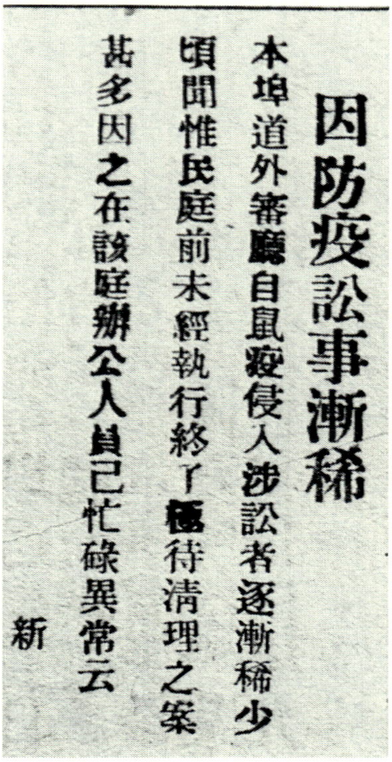

因防疫訟事漸稀

本埠道外審廳自鼠疫侵入涉訟者逐漸稀少頃聞惟民庭前未經執行終了尙待清理之案甚多因之在該庭辦公人員已忙碌異常云

新

——摘自《滨江时报》，1921 年 4 月 7 日

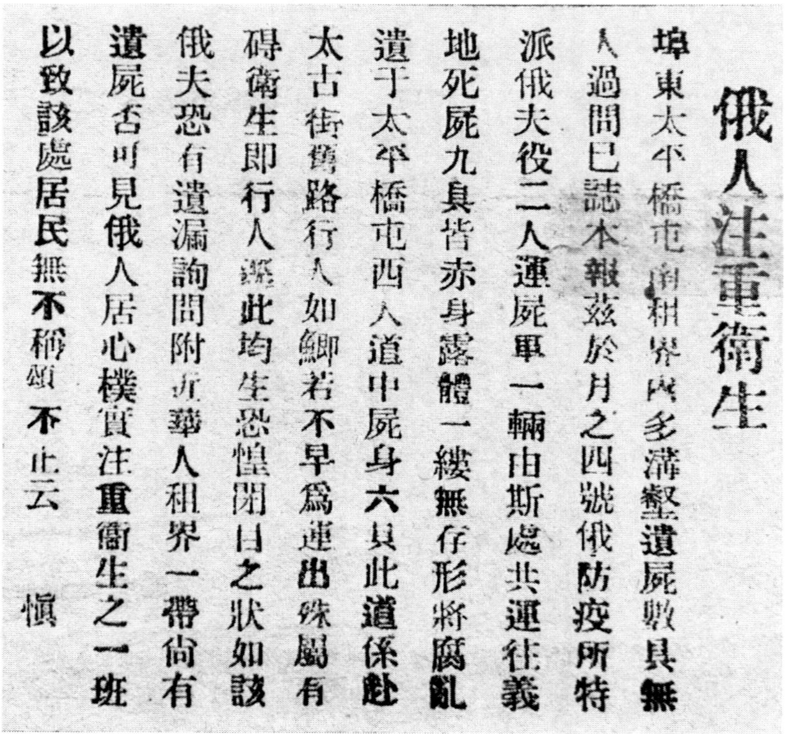

俄人注重衛生

埠東太平橋屯南租界內多滿罄遺屍數具無人過問已誌本報茲於月之四號俄防疫所特派俄夫役二人運屍車一輛由斯處共運往義地死屍九具皆赤身露體一縷無存形將腐亂遺于太平橋屯西入道中屍身六具此道係赴太古街舊路行人如鯽若不早爲運出殊屬有碍衛生即行人經此均生恐惶閉目之狀如該俄夫恐有遺漏詢問附近華人租界一帶尚有遺屍否可見俄人居心樸實注重衛生之一班以致該處居民無不稱頌不止云　愼

——摘自《滨江时报》，1921 年 4 月 7 日

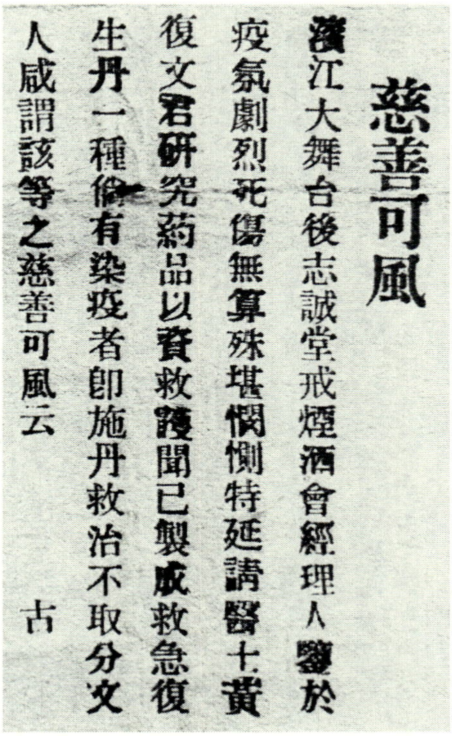

慈善可風

濱江大舞台後志誠堂戒煙酒會經理人鑒於疫氣劇烈死傷無算殊堪憫惻特延請醫士黃復文君研究葯品以資救護聞已製成救急復生丹一種倘有染疫者卽施丹救治不取分文人咸謂該等之慈善可風云　古

——摘自《滨江时报》，1921 年 4 月 7 日

增盛和櫃夥無踪之情形

老漢屯增盛和商號執事櫃夥兩人黑夜無踪各節已誌報端茲得確實消息委係該號有一住客偶染疫症旋即斃命該執事恐致波及當將存欵千餘圓悉數携帶至行李貨物等件盡棄而不顧即與櫃夥等黑夜潛逃以免傳染而防危險云

古

——摘自《滨江时报》，1921 年 4 月 7 日

三育商校變通開學

本埠學校第三次展期曾誌本報惟三育商校乃私人之創辦與他校不同一切規則時不循例茲聞該校武百祥校長爲權宜之計將高等正科先行照常開課以免荒廢學業且年齡較高知講衛生無傳染之虞致國民級年齡較低不知保衛恐有意外須令各生講求衛生之道加意防範即可定期開課云

恒

——摘自《滨江时报》，1921 年 4 月 7 日

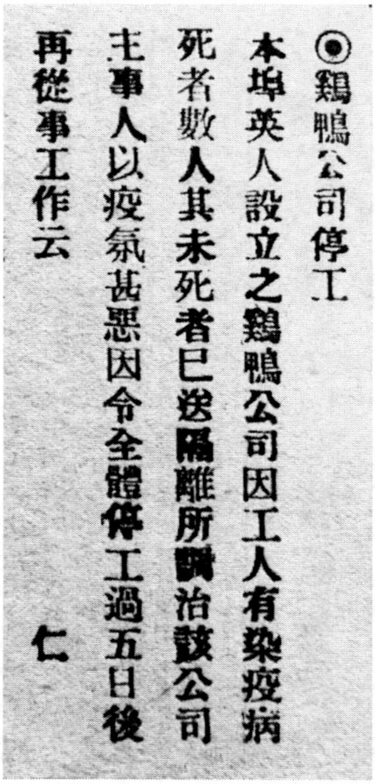

◉鷄鴨公司停工

本埠英人設立之鷄鴨公司因工人有染疫病死者數人其未死者已送隔離所調治該公司主事人以疫氣甚惡因令全體停工過五日後再從事工作云　仁

——摘自《滨江时报》，1921 年 4 月 7 日

◉隔離所嚴加看守

濱江道尹董士恩氏以各防疫隔離所每因邏守警兵疏懈逃走隔離之人殊失防疫之本旨昨特令行警廳轉飭警署加派得力幹警嚴爲看守以重防疫行政而免逃亡傳染云 新

——摘自《滨江时报》，1921 年 4 月 7 日

●防疫會隔離入滿

本埠道外電話局舊址前由商會組設之防疫會近因癘疫猖獗該會日間陸續隔離人數約有七十餘人惟因該地房屋[illegible]多現殊感人滿之患云 新

——摘自《滨江时报》，1921 年 4 月 7 日

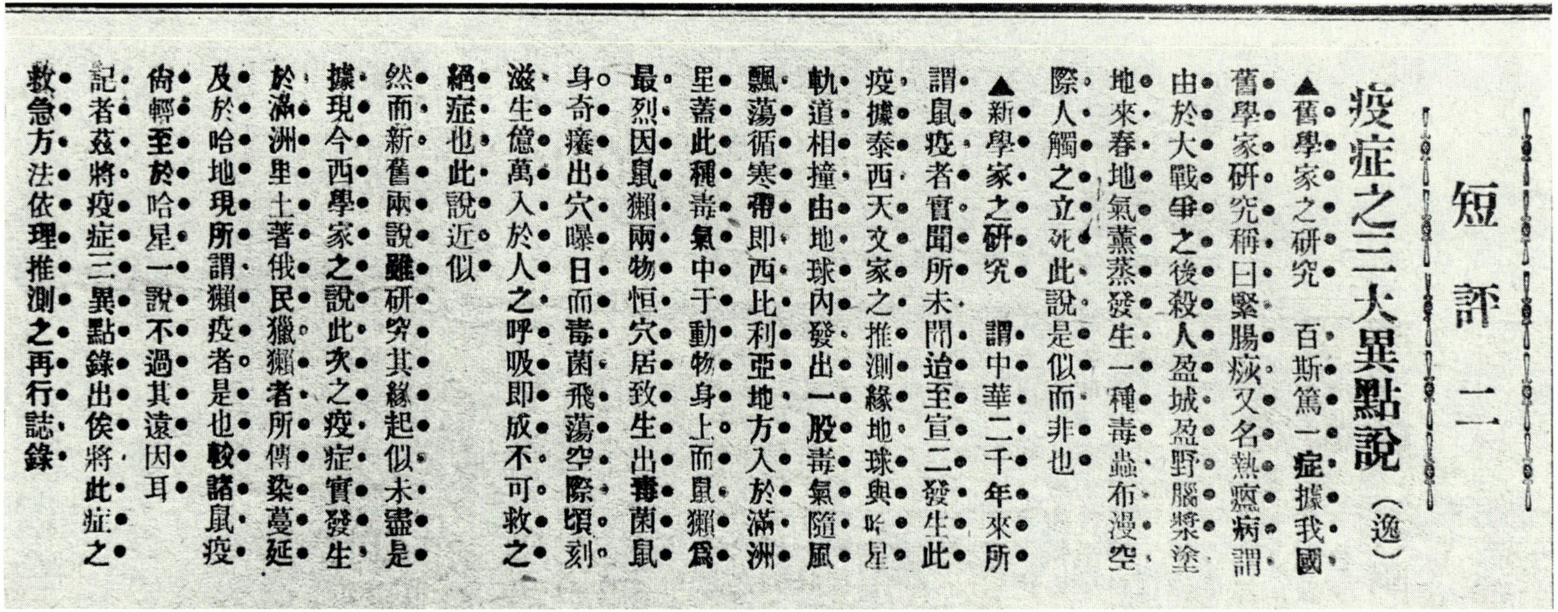

短評二

疫症之三大異點說（逸）

▲舊學家之研究　百斯篤一症據我國舊學家研究稱曰緊腸痧又名熱瘟病謂由於大戰爭之後殺人盈城盈野腦漿塗地來春地氣薰蒸發生一種毒蟲布漫空際人觸之立死此說是似而非也

▲新學家之研究　謂中華二千年來所謂鼠疫者實聞所未聞迨至宣二發生此疫據泰西天文家之推測緣地球與彗星軌道相撞由地球內發出一股毒氣隨風飄蕩循寒帶即西比利亞地方入於滿洲里蓄此種毒氣中于動物身上而鼠獺爲最烈因鼠獺兩物恒穴居致生出毒菌鼠身奇癢出穴曝日而毒菌飛蕩空際頃刻滋生億萬入於人之呼吸即成不可救之絕症也此說近似

然而新舊兩說雖研究其緣起似未盡是據現今西學家之說此次之疫症實發生於滿洲里土著俄民獵獺者所傳染蔓延及於哈地現所謂獺疫者是也較諸鼠疫尚輕至於哈星一說不過其遠因耳

記者茲將疫症三異點錄出俟將此症之救急方法依理推測之再行誌錄

——摘自《滨江时报》，1921年4月9日

本埠瑣聞

●警廳注意衛生

本埠江沿一帶時值疫症流行業經官署設法預防惟有不潔之飲食物品最易傳染以致人民誤食不但於衛生上大有關係且恐疫症蔓延[illegible][illegible]警廳通令各警區嚴行取締查境內凡售賣爛菓[illegible]肉質一切食品及水舖等以重衛生云　德

——摘自《滨江时报》，1921 年 4 月 9 日

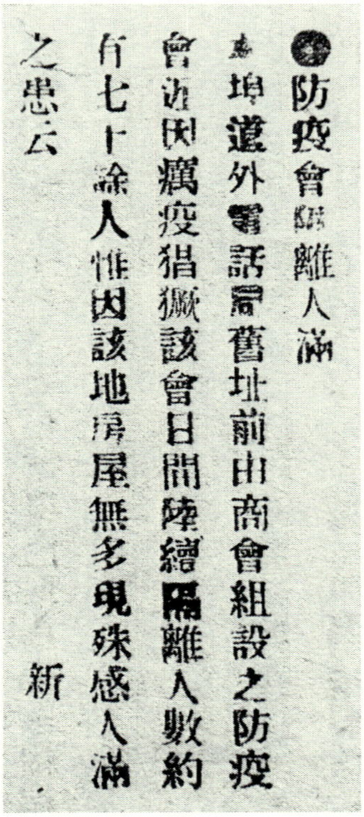

防疫會隔離人滿

本埠道外電話局舊址前由商會組設之防疫
會近因瘟疫猖獗該會日間陸續隔離人數約
有七十餘人惟因該地房屋無多現殊感人滿
之患云　新

——摘自《滨江时报》，1921 年 4 月 9 日

飲料食物當重衛生

自瘟疫侵入雖經防疫方面嚴爲防範而醫治方面嚴查衛生然惟不潔食物飲料最爲傳染之媒介一有誤食不特關係衛生尤恐疫傳更爲神速望本埠諸君對於食物飲料注意衛生切勿以有食不潔之物而疫斃者即藉口爲撤銷施毒之蜚語此實有望於諸公者　新

——摘自《滨江时报》，1921 年 4 月 10 日

防疫復熾

自經伍連德君設立防疫以來復經程所長林醫官等竭力防範數日未見患者近來復又發生連日瘟斃者日有所聞云

——摘自《滨江时报》，1921 年 4 月 13 日

北滿路檢疫嚴厲

自海拉爾鼠疫發生滋蔓中東路沿線經由防疫總所於沿線要路安設防疫所多處檢疫非常綦嚴頃據由本埠抵威歸哈人云赴威於沿路受檢十餘次檢驗之嚴厲實不堪言喻云

——摘自《滨江时报》，1921 年 4 月 13 日

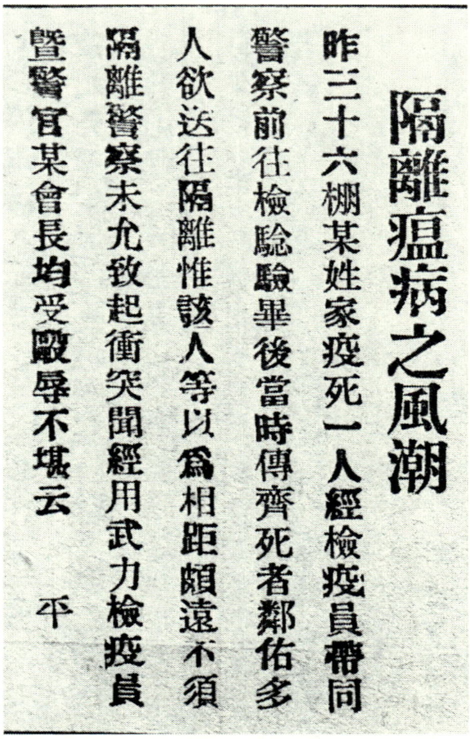

隔離瘟病之風潮

昨三十六棚某姓家疫死一人經檢疫員帶同警察前往檢驗驗畢後當時傳齊死者鄰佑多人欲送往隔離惟該人等以爲相距頗遠不須隔離警察未允致起衝突聞經用武力檢疫員暨警官某會長均受毆辱不堪云

平

——摘自《滨江时报》，1921 年 4 月 14 日

◉檢驗回國之難民

自北滿發生鼠疫蔓延中東路線又復南侵魯省各地後頃聞中央以雖經各防疫機關亟力防堵逐漸輕減惟此次由庫運來回國之難民仍恐帶有疫症再有傳播之處特電張使轉飭中東沿路防疫機關對於此項難民嚴爲檢疫以防再有傳播云　新

——摘自《滨江时报》，1921 年 4 月 14 日

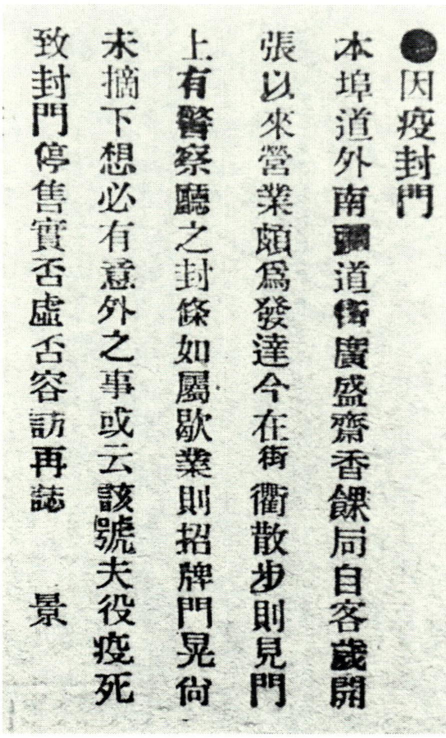

●因疫封門

本埠道外南頭道街廣盛齋香餜局自客歲開張以來營業頗爲發達今在街衢散步則見門上有警察廳之封條如屬歇業則招牌門兒尙未摘下想必有意外之事或云該號夫役疫死致封門停售實否虛否容訪再誌　景

——摘自《滨江时报》，1921 年 4 月 14 日

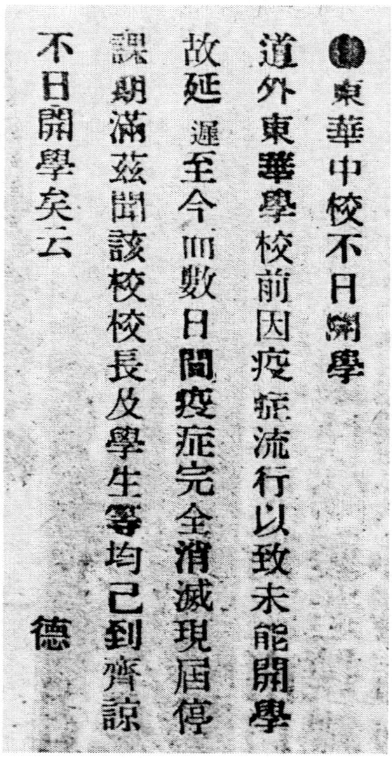

●東華中校不日開學

道外東華學校前因疫症流行以致未能開學故延遲至今而數日間疫症完全消滅現屆停課期滿茲聞該校校長及學生等均已到齊諒不日開學矣云　德

——摘自《滨江时报》，1921 年 4 月 15 日

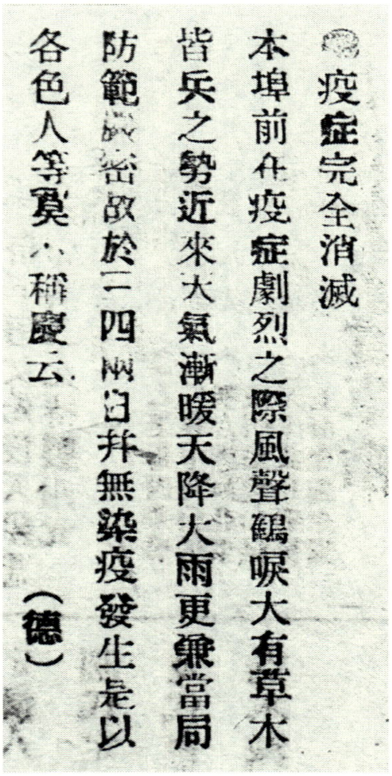

◎疫症完全消滅

本埠前在疫症劇烈之際風聲鶴唳大有草木皆兵之勢近來天氣漸暖天降大雨更兼當局防範嚴密故於二四兩日并無染疫發生是以各色人等莫不稱慶云（德）

——摘自《滨江时报》，1921 年 4 月 15 日

●鼠疫消滅確訊

自海拉爾發生癘疫蔓延江省疫斃者極多幸經當道籌設防疫力為撲滅未致燎原茲據近自江省來人云該處疫氣現下完全絕盡而防疫機關有撤去之說 新

——摘自《滨江时报》，1921 年 4 月 17 日

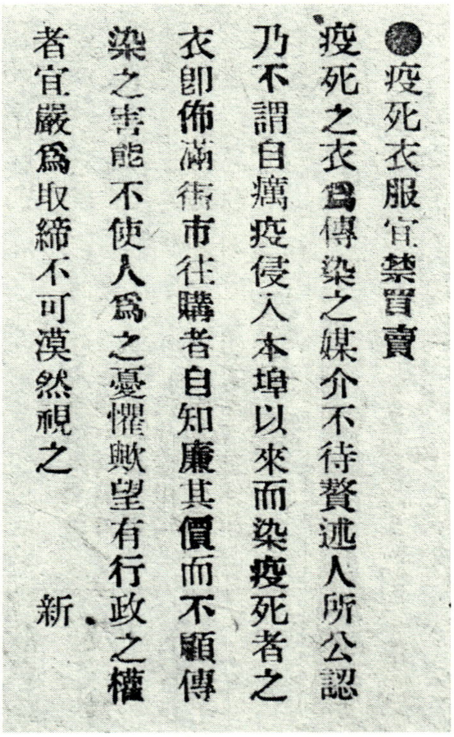

●疫死衣服宜禁買賣

疫死之衣爲傳染之媒介不待贅述人所公認乃不謂自癘疫侵入本埠以來而染疫死者之衣卽佈滿街市往購者自知廉其價而不顧傳染之害能不使人爲之憂懼歟望有行政之權者宜嚴爲取締不可漠然視之　新

——摘自《滨江时报》，1921 年 4 月 17 日

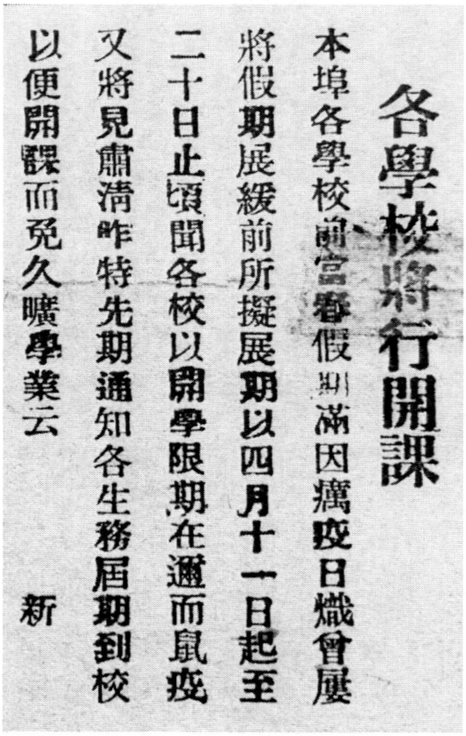

各學校將行開課

本埠各學校前當春假期滿因癘疫日熾曾屢將假期展緩前所擬展期以四月十一日起至二十日止頃聞各校以開學限期在邇而鼠疫又將見肅清昨特先期通知各生務屆期到校以便開課而免久曠學業云　新

——摘自《滨江时报》，1921 年 4 月 19 日

染疫自願活埋

埠東太平橋屯後有菜園數家日前薄暮時某姓園主遙望地東竚立一人肩荷鐵鍬徘徊瞻眺園主疑之趨前偵視其地掘成一坑內臥一人驚問其故該荷鍬人淚隨語下曰此人染疫不復望活恐死後再染他人甘願生時掩埋以免傳染園主驚懼答曰此地不許埋人以速他往其荷鍬之人向坑內呼曰二哥此處不准掩埋可速出語畢旋見其人走出坑外二人涕泣南往次晨仍見其處黃土壘壘竟成一塚果以爲其人之墓否無從探悉噫惜悲哉夫人民凡身染疫症幷不投入防疫所就醫甘願一死方休是何居心云

——摘自《滨江时报》，1921 年 4 月 19 日

東三省瑣聞

●檢查時疫

（大連）民政署近以疫症流行勢極危險特派衛生課主任及防疫員若干挨戶查檢如有病者即送醫院調治并令水上警察海務局監視往來輪船不准直行入口以示防範云

——摘自《滨江时报》，1921 年 4 月 21 日

各校預備開學

自疫氛傳播以來各校假期雖早屆期滿乃爲防範生命計不能不一再展緩上課刻間疫害消滅亟應擇期開校以促進青年課程近聞本埠各等學校均相繼預備開學云

古

——摘自《滨江时报》，1921 年 4 月 21 日

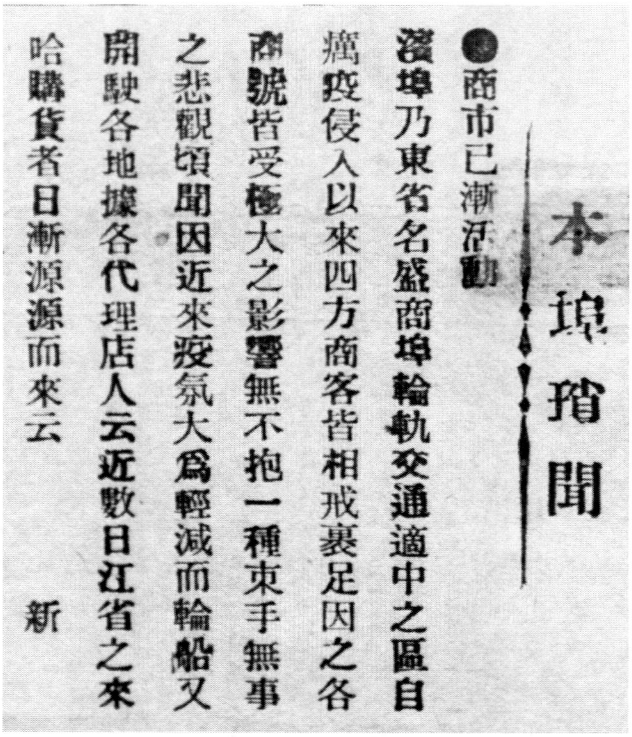

本埠瑣聞

●商市已漸活動

濱埠乃東省名盛商埠輪軌交通適中之區自癘疫侵入以來四方商客皆相戒裹足因之各商號皆受極大之影響無不抱一種束手無事之悲觀頃聞因近來疫氣大爲輕減而輪船又開駛各地據各代理店人云近數日江省之來哈購貨者日漸源源而來云　新

——摘自《滨江时报》，1921 年 4 月 21 日

●長春取消隔離說

北滿發現鼠疫哈埠防範極嚴鐵路行旅至長春站時須隔離七日消毒後無病者始可放行此耗相傳以致近日行旅裹足交通阻滯頃聞鉄路機關人云邇來本埠之鼠疫漸見消滅鐵路為維持交通秩序起見長春隔離之法暫已稍寬云

平

——摘自《滨江时报》，1921 年 4 月 21 日

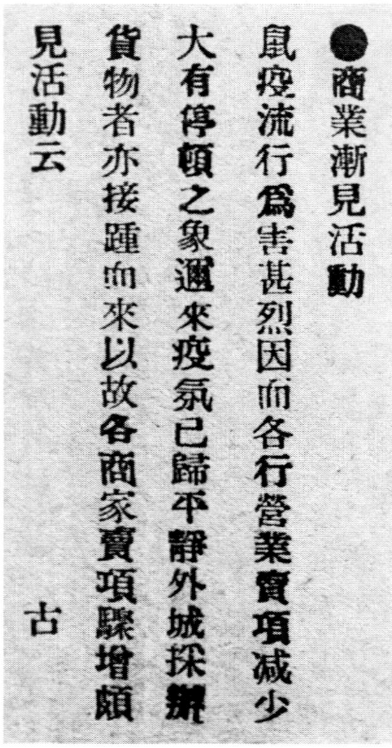

●商業漸見活動

鼠疫流行爲害甚烈因而各行營業賣項減少大有停頓之象邇來疫氛已歸平靜外城採辦貨物者亦接踵而來以故各商家賣項驟增頗見活動云

古

——摘自《滨江时报》，1921 年 4 月 21 日

署長不安於位

道裏三十六棚因檢驗瘟疫隔離工人致毆斃醫官一節聞此案重責係該管警察署署長負担該署長自被某會呈訴原委後近日對於一切公事取消極主義大有不安於其位之勢云

平

——摘自《滨江时报》，1921 年 4 月 22 日

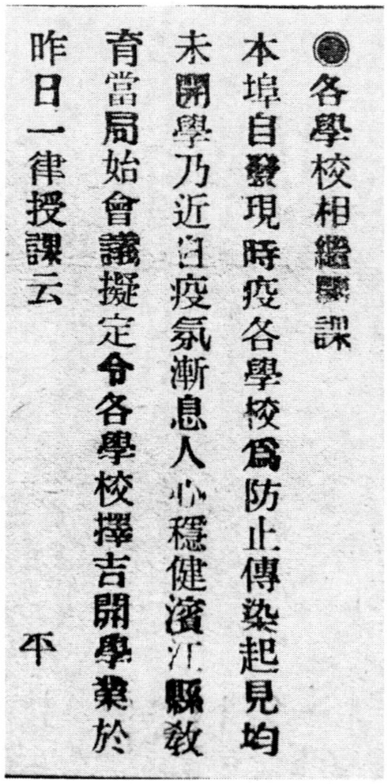
◉各學校相繼開課
本埠自發現時疫各學校爲防止傳染起見均未開學乃近日疫氛漸息人心穩健濱江縣教育當局始會議擬定令各學校擇吉開學業於昨日一律授課云　平

——摘自《滨江时报》，1921 年 4 月 23 日

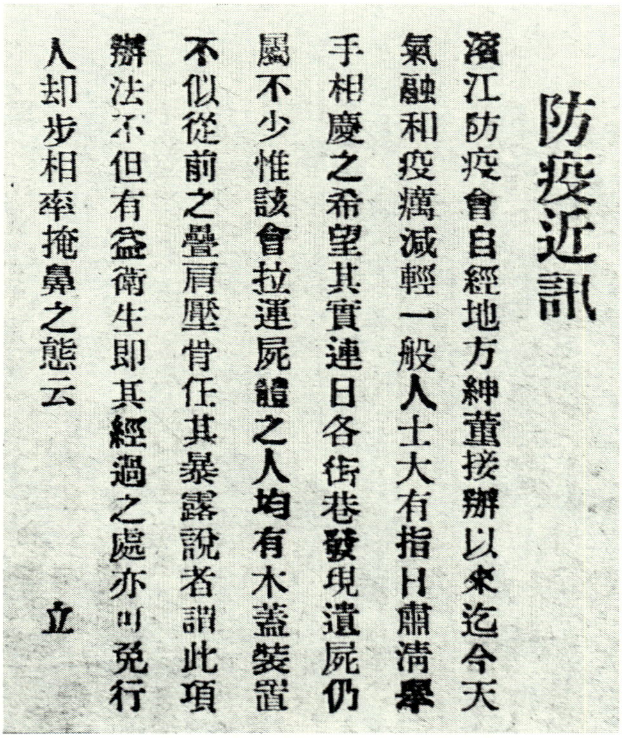

防疫近訊

濱江防疫會自經地方紳董接辦以來迄今天氣融和疫癘減輕一般人士大有指日肅清舉手相慶之希望其實連日各街巷發現遺屍仍屬不少惟該會拉運屍體之人均有木蓋裝置不似從前之疊肩壓背任其暴露說者謂此項辦法不但有益衛生即其經過之處亦可免行人却步相率掩鼻之態云　立

——摘自《滨江时报》，1921 年 4 月 24 日

伍连德及东三省防疫资料辑录

3

李冬梅　主编
牛文杰　赵靖　副主编

国家图书馆出版社

第三册目录

《远东报》防疫新闻辑录

上海女士来东治疫之可嘉　1911 年 2 月 21 日……1
会议组织新防疫队问题　1911 年 2 月 21 日……1
本埠新闻：焚烧房屋之实效　1911 年 2 月 21 日……1
瘟疫大见轻减　1911 年 2 月 21 日……1
焚弃已埋之死尸　1911 年 2 月 21 日……2
准其各区交通　1911 年 2 月 21 日……2
记田家烧锅防疫之效　1911 年 2 月 21 日……2
饭店竟改作赌场　1911 年 2 月 21 日……2
防疫局清理各处尸身　1911 年 2 月 21 日……3
傅家甸防疫局之报告　1911 年 2 月 21 日……3
敬告业医者预防　1911 年 2 月 21 日……3
黑龙江：因防疫有暂停质典之说　1911 年 2 月 21 日……3
［续］照录隔离室暂行章程　1911 年 2 月 21 日……4
俄国：阿穆尔派兵防疫　1911 年 2 月 21 日……5
日本北里医学博士之论疫　1911 年 2 月 21 日……6
哈埠华俄防疫员会议　1911 年 2 月 21 日……7
俄钦使与华官会同商议防疫办法　1911 年 2 月 21 日……8
论说：呜呼长春之酿疫者其可恕乎　1911 年 2 月 22 日……9
要闻：皇太后谕每日报告疫状　1911 年 2 月 22 日……10
监国电谕东督二事　1911 年 2 月 22 日……10
满洲疫症影响欧洲银价　1911 年 2 月 22 日……10
民政部又禁关于防疫讹言　1911 年 2 月 22 日……11

本埠要闻：锡督禁粮出口　1911 年 2 月 22 日 …… 11
本埠新闻：防疫局报告　1911 年 2 月 22 日 …… 11
拟派医分赴各村屯消毒　1911 年 2 月 22 日 …… 12
传谕折毁有疫房屋　1911 年 2 月 22 日 …… 12
饬令验放回国俄人行李　1911 年 2 月 22 日 …… 12
东路胡匪之啸聚　1911 年 2 月 22 日 …… 12
傅家甸近日现象　1911 年 2 月 22 日 …… 13
防疫局迁移之不确　1911 年 2 月 22 日 …… 13
傅家甸查疫加严之原因　1911 年 2 月 22 日 …… 13
取鼠研究医学　1911 年 2 月 22 日 …… 13
延聘西医除疫　1911 年 2 月 22 日 …… 14
焚烧不堪消毒房屋数目　1911 年 2 月 22 日 …… 14
柴米缺少之原因　1911 年 2 月 22 日 …… 14
防疫之电文　1911 年 2 月 22 日 …… 14
火葬者之多　1911 年 2 月 22 日 …… 15
黑龙江：因防疫断绝交通　1911 年 2 月 22 日 …… 15
优恤验疫医官　1911 年 2 月 22 日 …… 16
呼兰：证各报纸之讹传　1911 年 2 月 22 日 …… 16
实行断绝交通　1911 年 2 月 22 日 …… 16
勒令娼妓歇业　1911 年 2 月 22 日 …… 16
英人评论疫事之一斑　1911 年 2 月 22 日 …… 17
时评：俄报论中国瘟疫　1911 年 2 月 23 日 …… 17
粮商将有复兴之机　1911 年 2 月 23 日 …… 18
会议焚毁养济所之原因　1911 年 2 月 23 日 …… 18
捕鼠者宜慎　1911 年 2 月 23 日 …… 18
租界疫死人数之报告　1911 年 2 月 23 日 …… 18
分区检查商家及工厂　1911 年 2 月 23 日 …… 19
死尸仍宜检查　1911 年 2 月 23 日 …… 19
裁减卫生仆役　1911 年 2 月 23 日 …… 19
行路人不得自由　1911 年 2 月 23 日 …… 19
防疫警兵撤退之期　1911 年 2 月 23 日 …… 20

傅家甸防疫局之报告　1911 年 2 月 23 日……20
日人查疫被殴　1911 年 2 月 23 日……20
汇志防疫政策　1911 年 2 月 23 日……20
长春：疫症院之新章　1911 年 2 月 23 日……21
移请商会持平粮价　1911 年 2 月 23 日……22
各堂学生不准进省　1911 年 2 月 23 日……22
官膏局又议准停销　1911 年 2 月 23 日……22
清道队不遵章程　1911 年 2 月 23 日……22
城内仍断绝交通　1911 年 2 月 23 日……23
陆军疫病之报告　1911 年 2 月 23 日……23
官膏缓期停销消息　1911 年 2 月 23 日……23
贫民惊惶之现状　1911 年 2 月 23 日……23
阿什河：时疫之现象　1911 年 2 月 23 日……24
示禁增涨粮价　1911 年 2 月 23 日……24
派员调查四乡瘟疫　1911 年 2 月 23 日……24
拟开防疫会　1911 年 2 月 23 日……24
施济防疫之方药　1911 年 2 月 23 日……25
榆树厅：断交通杜绝传染　1911 年 2 月 23 日……25
民政宪之文告　1911 年 2 月 23 日……25
女校之进步　1911 年 2 月 23 日……25
弓棚子发现瘟疫　1911 年 2 月 23 日……26
人心之恐慌如是　1911 年 2 月 23 日……26
黑龙江：敬告病状须详细研究之　1911 年 2 月 23 日……26
俄国：调查瘟疫团来华之预备　1911 年 2 月 23 日……27
日本：黑死病与日本议会　1911 年 2 月 23 日……27
日本通信：盛尚书招聘日医　1911 年 2 月 24 日……27
论说：论魔力　1911 年 2 月 24 日……28
医士报告东省疫势可望消灭　1911 年 2 月 24 日……29
图开复者竟不畏疫症传染　1911 年 2 月 24 日……29
京奉铁道因疫损失之实计　1911 年 2 月 24 日……29
防疫局谭道记过　1911 年 2 月 24 日……29

本埠新闻：防疫之报告　1911 年 2 月 24 日 ……… 30
食品价渐跌落　1911 年 2 月 24 日 ……… 30
傅家甸瘟疫扑灭在即　1911 年 2 月 24 日 ……… 30
节省防疫经费先声　1911 年 2 月 24 日 ……… 30
一家疫死之可惨　1911 年 2 月 24 日 ……… 31
防疫多出于伍医士之力　1911 年 2 月 24 日 ……… 31
关于防疫之报告　1911 年 2 月 24 日 ……… 31
会议货物消毒　1911 年 2 月 24 日 ……… 31
实行清理尸身　1911 年 2 月 24 日 ……… 32
寻获尸具甚多　1911 年 2 月 24 日 ……… 32
日人拟研究旱獭瘟　1911 年 2 月 24 日 ……… 32
札饬具领防疫之药品　1911 年 2 月 24 日 ……… 33
区长大加申斥之原因　1911 年 2 月 24 日 ……… 33
陆军之野蛮　1911 年 2 月 24 日 ……… 33
封闭房屋之多　1911 年 2 月 24 日 ……… 33
查疫委员过境　1911 年 2 月 24 日 ……… 34
速防疫势之蔓延　1911 年 2 月 24 日 ……… 34
补录防疫之电饬　1911 年 2 月 24 日 ……… 34
防疫之认真　1911 年 2 月 24 日 ……… 35
会议防疫之办法　1911 年 2 月 24 日 ……… 35
宾州：疫尸用雪埋葬之可骇　1911 年 2 月 24 日 ……… 36
商界请开放交通　1911 年 2 月 24 日 ……… 36
黑龙江：查拿造谣者　1911 年 2 月 24 日 ……… 37
本埠要闻：伍医士防疫价值　1911 年 2 月 25 日 ……… 37
派员分路调查瘟疫　1911 年 2 月 25 日 ……… 37
电拨接待调查医官费　1911 年 2 月 25 日 ……… 37
本埠新闻：伍医士之卓见　1911 年 2 月 25 日 ……… 38
瘟疫关系商务之大　1911 年 2 月 25 日 ……… 38
邮政局疫因失去信件　1911 年 2 月 25 日 ……… 38
贫民之爱坐火车　1911 年 2 月 25 日 ……… 38
逐日发放民食用款之调查　1911 年 2 月 25 日 ……… 39

警局添购水龙　1911 年 2 月 25 日 …… 39
防疫局报告照录　1911 年 2 月 25 日 …… 39
傅家甸防疫局会议弛禁交通之预备　1911 年 2 月 25 日 …… 39
道里瘟疫之调查　1911 年 2 月 25 日 …… 40
傅家甸仍有疫鼠　1911 年 2 月 25 日 …… 40
新民府：学堂开学展期　1911 年 2 月 25 日 …… 40
吉林：药店要求照常售药　1911 年 2 月 25 日 …… 40
贫民有无食之虑　1911 年 2 月 25 日 …… 41
粮米之定价　1911 年 2 月 25 日 …… 41
火葬之详情　1911 年 2 月 25 日 …… 41
敬告防疫者好为劝导　1911 年 2 月 25 日 …… 41
防疫会记事　1911 年 2 月 25 日 …… 42
榆树厅：通饬疫事免收电费　1911 年 2 月 25 日 …… 43
推广防疫所　1911 年 2 月 25 日 …… 43
风气开通之一斑　1911 年 2 月 25 日 …… 43
五常府：不以防疫为急务　1911 年 2 月 25 日 …… 43
一面坡：会董注重防疫　1911 年 2 月 25 日 …… 44
黑龙江：反对防疫者之言　1911 年 2 月 25 日 …… 44
疫疠蔓延城外　1911 年 2 月 25 日 …… 45
焚烧有疫之器物　1911 年 2 月 25 日 …… 45
奉天防疫报告奏报到京　1911 年 2 月 26 日 …… 45
锡督注意防疫如此　1911 年 2 月 26 日 …… 45
开交通后之防疫办法　1911 年 2 月 26 日 …… 46
挑选马队搜查疫尸　1911 年 2 月 26 日 …… 46
保护外人游历　1911 年 2 月 26 日 …… 46
本埠新闻：焚烧消毒所　1911 年 2 月 26 日 …… 46
实行清理尸身　1911 年 2 月 26 日 …… 47
俄神甫之好义　1911 年 2 月 26 日 …… 47
俄货贱售原因　1911 年 2 月 26 日 …… 47
满洲瘟疫近观　1911 年 2 月 26 日 …… 47
安达站可通往来　1911 年 2 月 26 日 …… 48

调查瘟疫团启行　1911 年 2 月 26 日……48
界外交通之又一说　1911 年 2 月 26 日……48
官膏局之恐慌　1911 年 2 月 26 日……48
关于学务之通饬　1911 年 2 月 26 日……49
运粮可以免验　1911 年 2 月 26 日……49
查获病疫之人　1911 年 2 月 26 日……49
本月二十一号至二十五号界外疫死之调查　1911 年 2 月 26 日……49
傅家甸防疫局之报告　1911 年 2 月 26 日……50
各国领事之会议　1911 年 2 月 26 日……50
防疫［所圈］禁娼寮　1911 年 2 月 26 日……50
民政使防疫卓见　1911 年 2 月 26 日……50
隔离所又设二处　1911 年 2 月 26 日……51
天德堂禀请启封不准　1911 年 2 月 26 日……51
吉长道中检疫之规则　1911 年 2 月 26 日……51
双城：轻病室之组织　1911 年 2 月 26 日……52
学员为疫所阻　1911 年 2 月 26 日……52
承办处防疫之办法　1911 年 2 月 26 日……52
停止诉讼之原因　1911 年 2 月 26 日……52
新城府：实力之防疫　1911 年 2 月 26 日……53
坡站实无瘟疫之调查　1911 年 2 月 26 日……53
巡官注意防疫　1911 年 2 月 26 日……53
榆树厅：电报局之忙碌　1911 年 2 月 26 日……54
防疫之情形　1911 年 2 月 26 日……54
疫疠之为害甚烈　1911 年 2 月 26 日……54
防疫医士即日到东　1911 年 2 月 28 日……54
日本通信：满洲黑死病与日本　1911 年 2 月 28 日……55
论说：敬告中国新派医士　1911 年 2 月 28 日……56
奉天万国防疫会之人物　1911 年 2 月 28 日……57
本埠要闻：各国研究瘟疫团来哈先声　1911 年 2 月 28 日……57
收殓尸身队起身　1911 年 2 月 28 日……57
安达站防疫分局章程　1911 年 2 月 28 日……58

伍医士之研究疫虫　1911 年 2 月 28 日……58
不开交通之原因　1911 年 2 月 28 日……58
伍医官之勇于任事　1911 年 2 月 28 日……58
伍医士赴奉预备会事　1911 年 2 月 28 日……59
王先锋官因公赴双　1911 年 2 月 28 日……59
承办处启封办公　1911 年 2 月 28 日……59
傅家甸防疫局之报告　1911 年 2 月 28 日……59
官商招练卫生队　1911 年 2 月 28 日……60
各国派员会议防疫　1911 年 2 月 28 日……60
防疫白话报之现状　1911 年 2 月 28 日……60
奉天疫死者之确数　1911 年 2 月 28 日……60
巡警中之疫祸　1911 年 2 月 28 日……61
会议焚烧染疫之药料　1911 年 2 月 28 日……61
防疫局消毒办法　1911 年 2 月 28 日……61
双城：防疫局医官之人数　1911 年 2 月 28 日……62
巡警染疫症毙命之数目　1911 年 2 月 28 日……62
警务长之尽职　1911 年 2 月 28 日……62
疫势尚形猖獗　1911 年 2 月 28 日……62
榆树厅：学堂开学迟缓之原因　1911 年 2 月 28 日……63
敬告防疫者　1911 年 2 月 28 日……63
允准柴草车进城　1911 年 2 月 28 日……63
阿什河：阿什河疫气甚于各处　1911 年 2 月 28 日……63
呼兰：火葬之得宜　1911 年 2 月 28 日……64
绥化：疫势之横决　1911 年 2 月 28 日……64
太守注重防疫　1911 年 2 月 28 日……64
各区均设防疫队　1911 年 2 月 28 日……64
实行隔绝交通　1911 年 2 月 28 日……65
甫经任差竟尔毙命　1911 年 2 月 28 日……65
本埠要闻：不准中国邮件入境之交涉　1911 年 3 月 2 日……65
宾属请给消毒器　1911 年 3 月 2 日……65
关于学务之通饬　1911 年 3 月 2 日……66

停止售卖车票　1911 年 3 月 2 日 …… 66
陆军染疫可虑　1911 年 3 月 2 日 …… 66
欲购买轮船者注意　1911 年 3 月 2 日 …… 66
神话竟不能治疫　1911 年 3 月 2 日 …… 67
松花江下游瘟疫警电　1911 年 3 月 2 日 …… 67
副医官亦有防疫之优奖　1911 年 3 月 2 日 …… 67
疫尸何其多耶　1911 年 3 月 2 日 …… 68
泰来栈疫死一名　1911 年 3 月 2 日 …… 68
又有死尸出见　1911 年 3 月 2 日 …… 68
林厅丞与杨内监　1911 年 3 月 2 日 …… 69
伙房实为酿疫之区　1911 年 3 月 2 日 …… 69
傅家甸防疫局之报告　1911 年 3 月 2 日 …… 69
奉天：京奉火车有开行之消息　1911 年 3 月 2 日 …… 69
部派医员行将到奉　1911 年 3 月 2 日 …… 70
防疫者不辞劳瘁　1911 年 3 月 2 日 …… 70
吉林：首府之更动　1911 年 3 月 2 日 …… 70
添招消毒队　1911 年 3 月 2 日 …… 70
长春：施药之慈善会　1911 年 3 月 2 日 …… 71
拘留所亦因疫查封　1911 年 3 月 2 日 …… 71
藏尸不报之结果　1911 年 3 月 2 日 …… 71
阿什河：调查四乡防疫情事　1911 年 3 月 2 日 …… 71
疫尸又付火葬　1911 年 3 月 2 日 …… 72
娼妓之下落若此　1911 年 3 月 2 日 …… 72
防疫之严密　1911 年 3 月 2 日 …… 72
隔绝交通将推行矣　1911 年 3 月 2 日 …… 72
疫氛流入乡屯之原因　1911 年 3 月 2 日 …… 73
警务长注重卫生　1911 年 3 月 2 日 …… 73
黑龙江：疫氛之消减　1911 年 3 月 2 日 …… 73
绥化：防疫会之验疫　1911 年 3 月 2 日 …… 74
商务之近况　1911 年 3 月 2 日 …… 74
告疫警者何多　1911 年 3 月 2 日 …… 74

东省航政由部主持　1911年3月3日……75
派员赴东从缓　1911年3月3日……75
疫捐仿皖赈办法不实　1911年3月3日……76
黑死病之专门家赴满矣　1911年3月3日……76
黑死病与日本之对清贸易　1911年3月3日……77
东三省仍派大员就商要政　1911年3月3日……77
本埠要闻：关于防疫之种种　1911年3月3日……78
伍医士缓行原因　1911年3月3日……78
伍医官赴奉之又一说　1911年3月3日……78
市面恐惶原因　1911年3月3日……78
本埠新闻：傅家甸防疫局之报告　1911年3月3日……79
札饬停解人犯　1911年3月3日……79
札饬答复疫症起灭原来　1911年3月3日……79
傅家甸学堂有开学消息　1911年3月3日……79
客栈又有瘟疫　1911年3月3日……80
粮商之好希望　1911年3月3日……80
教育会会员之演说防疫　1911年3月3日……80
中日医生之比较　1911年3月3日……80
开学之无期　1911年3月3日……81
防疫滋事之种种　1911年3月3日……81
长春：商务会又助防疫费七万　1911年3月3日……82
邮政局自行消毒　1911年3月3日……82
疫死商民最近之报告　1911年3月3日……82
阿什河：时疫复又传染之原因　1911年3月3日……83
商务之近况　1911年3月3日……83
一面坡：防疫之增兵　1911年3月3日……83
绅商请设卫生局　1911年3月3日……84
双城：防疫局稽查委员一览表　1911年3月3日……84
鼠疫之转移　1911年3月3日……84
榆树厅：鼠传疫染之烈　1911年3月3日……84
呼兰：街市之鼠疫渐灭　1911年3月3日……85

禀保区官之开释　1911 年 3 月 3 日 ……85
检疫员职任何在　1911 年 3 月 3 日 ……85
东三省防疫犹有人揭参　1911 年 3 月 4 日 ……86
伍医士仍回哈埠　1911 年 3 月 4 日 ……86
奉天实行断绝交通　1911 年 3 月 4 日 ……86
道署雇觅抄胥　1911 年 3 月 4 日 ……87
华俄之争焚死尸　1911 年 3 月 4 日 ……87
日商亦匿尸不报　1911 年 3 月 4 日 ……87
防疫局之认真　1911 年 3 月 4 日 ……87
关于瘟疫之报告　1911 年 3 月 4 日 ……88
傅家甸防疫局之报告　1911 年 3 月 4 日 ……88
奉天：临时疫病院之怪现象　1911 年 3 月 4 日 ……88
防疫详细章程之颁布　1911 年 3 月 4 日 ……88
通饬各城警长防疫之认真　1911 年 3 月 4 日 ……89
吉林：贫民因防疫致赴小暴动　1911 年 3 月 4 日 ……89
乡屯亦立防疫局　1911 年 3 月 4 日 ……90
严查庙院浮厝尸棺　1911 年 3 月 4 日 ……90
长春：防疫经费仍求商会极力赞助　1911 年 3 月 4 日 ……90
电饬运矿赴省　1911 年 3 月 4 日 ……90
赈济贫户之调查　1911 年 3 月 4 日 ……91
日人因疫创设官车店　1911 年 3 月 4 日 ……91
疫症之大减　1911 年 3 月 4 日 ……91
榆树厅：染疫毙命之人数调查　1911 年 3 月 4 日 ……92
学堂因疫停课　1911 年 3 月 4 日 ……92
黑龙江：补录防疫会简章　1911 年 3 月 4 日 ……93
外部饬东省督抚接续勘界　1911 年 3 月 5 日 ……95
本埠要闻：吉局宴会西医　1911 年 3 月 5 日 ……95
关道更动之说　1911 年 3 月 5 日 ……95
记俄大员过哈情形　1911 年 3 月 5 日 ……95
本埠新闻：防疫分局之认真　1911 年 3 月 5 日 ……96
关于瘟疫之报告　1911 年 3 月 5 日 ……96

市面兴盛之希望　1911 年 3 月 5 日 ……………………………………………………………… 96
傅家甸先开小交通之期　1911 年 3 月 5 日 ………………………………………………………… 96
医学专门家之意旨　1911 年 3 月 5 日 ……………………………………………………………… 97
俄医拟在哈埠调查　1911 年 3 月 5 日 ……………………………………………………………… 97
乞寄骨殖还乡　1911 年 3 月 5 日 …………………………………………………………………… 97
照会代购疫浆　1911 年 3 月 5 日 …………………………………………………………………… 97
傅家甸防疫局之报告　1911 年 3 月 5 日 …………………………………………………………… 98
东西关隔离所建筑费之差别　1911 年 3 月 5 日 …………………………………………………… 98
准回民自办防疫　1911 年 3 月 5 日 ………………………………………………………………… 98
新民府：绅商联立防疫所　1911 年 3 月 5 日 ……………………………………………………… 98
营口：劝业道移总商会公文　1911 年 3 月 5 日 …………………………………………………… 99
商会集议志要　1911 年 3 月 5 日 …………………………………………………………………… 99
近日疫症之调查　1911 年 3 月 5 日 ……………………………………………………………… 100
俄委员来双　1911 年 3 月 5 日 …………………………………………………………………… 100
巡长之尽职　1911 年 3 月 5 日 …………………………………………………………………… 100
榆树厅：乡区呈报疫毙之人数　1911 年 3 月 5 日 ……………………………………………… 101
关乎防疫之会议　1911 年 3 月 5 日 ……………………………………………………………… 101
扫除污秽之忙碌　1911 年 3 月 5 日 ……………………………………………………………… 101
防疫局之进行　1911 年 3 月 5 日 ………………………………………………………………… 101
阿什河：检疫所之新章　1911 年 3 月 5 日 ……………………………………………………… 102
黑龙江：各埠疫症之减轻　1911 年 3 月 5 日 …………………………………………………… 103
因疫焚烧房屋由官赔偿　1911 年 3 月 5 日 ……………………………………………………… 103
呼兰：鼠疫日见消灭　1911 年 3 月 5 日 ………………………………………………………… 103
上谕：旨锡良电奏请调民政部主事王若宜来奉　1911 年 3 月 7 日 …………………………… 103
时评：记法博士之论瘟疫　1911 年 3 月 7 日 …………………………………………………… 104
界外防疫局经费之调查　1911 年 3 月 7 日 ……………………………………………………… 104
俄总督业已离哈　1911 年 3 月 7 日 ……………………………………………………………… 104
断绝瘟疫根株之妙法　1911 年 3 月 7 日 ………………………………………………………… 105
俄研究瘟疫团来哈　1911 年 3 月 7 日 …………………………………………………………… 105
关于防疫之办法　1911 年 3 月 7 日 ……………………………………………………………… 105
关于瘟疫之调查　1911 年 3 月 7 日 ……………………………………………………………… 105

俄警兵又圈禁娼寮　1911 年 3 月 7 日……106
请添设救急队　1911 年 3 月 7 日……106
傅家甸防疫局之报告　1911 年 3 月 7 日……106
札饬商会改良防疫　1911 年 3 月 7 日……106
通饬各属注意监狱之防疫　1911 年 3 月 7 日……107
长春：防疫局消毒规则　1911 年 3 月 7 日……108
天德堂启封售货之奇　1911 年 3 月 7 日……109
石灰因缺乏昂贵　1911 年 3 月 7 日……109
阿什河：火葬之告竣　1911 年 3 月 7 日……109
飞克图站疫势之消灭　1911 年 3 月 7 日……109
双城：俄查疫员到双　1911 年 3 月 7 日……110
防疫之不易　1911 年 3 月 7 日……110
疫势传染之可畏　1911 年 3 月 7 日……110
榆树厅：关乎防疫之札文　1911 年 3 月 7 日……110
民智之开通　1911 年 3 月 7 日……111
警界防疫之严厉　1911 年 3 月 7 日……111
一面坡：商务之现状　1911 年 3 月 7 日……111
巡官注重卫生　1911 年 3 月 7 日……111
会验瘟疫志闻　1911 年 3 月 7 日……112
黑龙江：造谣者是何居心耶　1911 年 3 月 7 日……112
消毒队之勤奋　1911 年 3 月 7 日……112
呼兰：热心防疫之急公　1911 年 3 月 7 日……113
俄国：依尔库斯克防疫局议妥之问题　1911 年 3 月 7 日……113
译件：日人论禁止苦力渡满问题　1911 年 3 月 7 日……114
关于防疫之专电　1911 年 3 月 8 日……115
锡督电谕本埠防疫人员　1911 年 3 月 8 日……115
医官之去留　1911 年 3 月 8 日……115
补志阿穆尔总督会议防疫问题　1911 年 3 月 8 日……116
补志俄总督考查防疫事　1911 年 3 月 8 日……116
本埠新闻：又焚化疫尸七十九具　1911 年 3 月 8 日……116
三姓瘟疫消减　1911 年 3 月 8 日……117

俄医生赴呼兰查疫　1911年3月8日……117
关于瘟疫之报告　1911年3月8日……117
续行研究鼠疫　1911年3月8日……117
华人染疫者　1911年3月8日……118
饬设医学研究所　1911年3月8日……118
傅家甸防疫局之报告　1911年3月8日……118
奉天：遣散卫生队之志闻　1911年3月8日……118
新民府：绅商防疫所之总理举定　1911年3月8日……119
学堂停课之原因　1911年3月8日……119
疫毙者之调查　1911年3月8日……119
吉林：请看函请撤销防疫之议长　1911年3月8日……120
查疫员之无状　1911年3月8日……121
全省财政大恐慌　1911年3月8日……121
会议防疫事宜　1911年3月8日……121
长春：俄商务公司亦因疫迁移　1911年3月8日……122
三区长官一律裁撤　1911年3月8日……122
疫毙人数之报告　1911年3月8日……122
疫菌将消灭矣　1911年3月8日……122
弱女因疫自焚之节烈　1911年3月8日……123
一面坡：防疫之严厉　1911年3月8日……123
调查疫员过坡　1911年3月8日……124
榆树厅：查办防疫委员到境　1911年3月8日……124
掩埋尸骸之办法　1911年3月8日……124
黑龙江：东督对于防疫之公布　1911年3月8日……125
呼兰：调查员到呼　1911年3月8日……126
饬属注重禁令　1911年3月8日……126
派十家长补查防疫之不周　1911年3月8日……126
雇抄胥赶造疫毙人数表　1911年3月8日……126
拟设法截流尸身　1911年3月8日……127
尚书会议查看防疫办法　1911年3月8日……127
华民之可哀　1911年3月8日……127

东督又请拨款防疫　1911 年 3 月 9 日……127
本埠要闻：禁烟与防疫并重　1911 年 3 月 9 日……128
施参议有不来北满之说　1911 年 3 月 9 日……128
俄调查瘟疫团来哈　1911 年 3 月 9 日……128
河路防疫办法　1911 年 3 月 9 日……129
伍医官赴双城　1911 年 3 月 9 日……129
移民之预闻　1911 年 3 月 9 日……129
防疫局派警分查四郊疫尸　1911 年 3 月 9 日……130
通饬保护游历教士　1911 年 3 月 9 日……130
警局呈报拆毁危险房间　1911 年 3 月 9 日……130
详造疫死人数清册　1911 年 3 月 9 日……130
牡丹江无染疫者　1911 年 3 月 9 日……131
傅家甸防疫局之报告　1911 年 3 月 9 日……131
奉天：日本红十字队不日来满　1911 年 3 月 9 日……131
奉天拟设大隔离所　1911 年 3 月 9 日……131
增加检验日期　1911 年 3 月 9 日……132
咨请部派重兵来东之志闻　1911 年 3 月 9 日……132
派员密查防疫医官委员之劣迹　1911 年 3 月 9 日……132
札饬添设健康隔离所　1911 年 3 月 9 日……132
吉林：捐税减收之原因　1911 年 3 月 9 日……133
电禀疫毙人数汇志　1911 年 3 月 9 日……133
长春：请准掩埋队恤金二百两　1911 年 3 月 9 日……134
卡伦街疫毙人数之报告　1911 年 3 月 9 日……134
双城：防疫分所人员一览表　1911 年 3 月 9 日……134
染疫毙命之人数　1911 年 3 月 9 日……134
王中军至双　1911 年 3 月 9 日……135
禽兽亦遭涂炭　1911 年 3 月 9 日……135
宾州：防疫局宜重卫生　1911 年 3 月 9 日……135
依兰：疫毙之人数　1911 年 3 月 9 日……135
李义亭勇于义行　1911 年 3 月 9 日……136
医生染疫而死　1911 年 3 月 9 日……136

葬埋疫尸办法　1911 年 3 月 9 日 …………………………………………………………… 136
一面坡：掩埋尸棺以防恶疫　1911 年 3 月 9 日 …………………………………………… 137
阿什河：城关已开两门　1911 年 3 月 9 日 ………………………………………………… 137
商务之近况　1911 年 3 月 9 日 …………………………………………………………… 137
谘议局正议长逝世　1911 年 3 月 9 日 ……………………………………………………… 138
呼兰：疫势传染之可惧　1911 年 3 月 9 日 ………………………………………………… 138
各属防疫之报告　1911 年 3 月 9 日 ………………………………………………………… 138
监国致谢各国防疫之热诚　1911 年 3 月 10 日 …………………………………………… 138
庆邸亦发急善心捐认防疫费　1911 年 3 月 10 日 ………………………………………… 139
本埠要闻：调查瘟疫团之会议　1911 年 3 月 10 日 ……………………………………… 139
锡督注意卫生　1911 年 3 月 10 日 ………………………………………………………… 140
界内防疫局办理之效果　1911 年 3 月 10 日 ……………………………………………… 140
近日收殓死尸数目　1911 年 3 月 10 日 …………………………………………………… 140
安达站防疫办法　1911 年 3 月 10 日 ……………………………………………………… 140
东路各站并无疫症　1911 年 3 月 10 日 …………………………………………………… 141
犬之命运不如鼠　1911 年 3 月 10 日 ……………………………………………………… 141
傅家甸防疫局之报告　1911 年 3 月 10 日 ………………………………………………… 141
本馆志谢赠书　1911 年 3 月 10 日 ………………………………………………………… 141
防疫局派员验收工程　1911 年 3 月 10 日 ………………………………………………… 142
日本卫生队来东之先声　1911 年 3 月 10 日 ……………………………………………… 142
防疫所与大中公报之冲突　1911 年 3 月 10 日 …………………………………………… 142
札饬各关严防会匪　1911 年 3 月 10 日 …………………………………………………… 142
吉林：慎重防疫禁止谣言之示谕　1911 年 3 月 10 日 …………………………………… 143
疫症可望消灭　1911 年 3 月 10 日 ………………………………………………………… 144
近日疫尸人数之报告　1911 年 3 月 10 日 ………………………………………………… 144
日界渐见交通　1911 年 3 月 10 日 ………………………………………………………… 144
疫气虽减仍行严防　1911 年 3 月 10 日 …………………………………………………… 144
菜窖内疫毙工人　1911 年 3 月 10 日 ……………………………………………………… 145
防疫之周密　1911 年 3 月 10 日 …………………………………………………………… 145
榆树厅：恤赏疫毙之官医　1911 年 3 月 10 日 …………………………………………… 145
刘司马电请医士　1911 年 3 月 10 日 ……………………………………………………… 145

货物之腾涨　1911 年 3 月 10 日……146
呼兰：开学之缓期　1911 年 3 月 10 日……146
禁屠宰以防疫疠　1911 年 3 月 10 日……146
商务困难情形　1911 年 3 月 10 日……146
因疫缓期开学　1911 年 3 月 10 日……147
黑抚要求四百万之巨款　1911 年 3 月 11 日……147
郭司使回吉有日　1911 年 3 月 11 日……147
官达基在五站查看各防疫病棚　1911 年 3 月 11 日……148
傅家甸防疫局之报告　1911 年 3 月 11 日……148
人民之进化　1911 年 3 月 11 日……148
权医官又赴满洲站　1911 年 3 月 11 日……149
瘟疫可以传染驴身　1911 年 3 月 11 日……149
为官亦有幸有不幸　1911 年 3 月 11 日……149
宾州府防疫经费之报告　1911 年 3 月 11 日……149
关于瘟疫之报告　1911 年 3 月 11 日……150
奉天：瘟虫隐于脑海　1911 年 3 月 11 日……150
酌改病院之志闻　1911 年 3 月 11 日……150
疫势行将扑灭之志闻　1911 年 3 月 11 日……150
长春：防疫局议裁掩埋队　1911 年 3 月 11 日……151
僧人出款掩埋疫尸　1911 年 3 月 11 日……151
罚办掩尸不报之商家　1911 年 3 月 11 日……151
掩埋队又派赴四乡　1911 年 3 月 11 日……151
隔离所长被撤原因　1911 年 3 月 11 日……152
榆树厅：火葬之通饬　1911 年 3 月 11 日……152
澡塘因疫被封　1911 年 3 月 11 日……152
探亲者宜加防范　1911 年 3 月 11 日……152
邮政局亦受影响　1911 年 3 月 11 日……153
欢迎伍医官　1911 年 3 月 11 日……153
百斯笃学说拔萃发到　1911 年 3 月 11 日……153
总医官来双　1911 年 3 月 11 日……153
防疫人员已蒙加奖　1911 年 3 月 11 日……154

一面坡：木商亦受防疫之影响　1911 年 3 月 11 日……154
区官防疫之劳碌　1911 年 3 月 11 日……154
仍饬实力防疫　1911 年 3 月 11 日……154
部派日本医士分路检疫　1911 年 3 月 12 日……155
又有日本借疫布兵之风闻　1911 年 3 月 12 日……155
本埠要闻：德国调查瘟疫团到哈　1911 年 3 月 12 日……155
查看松花江沿岸瘟疫　1911 年 3 月 12 日……155
开禁交通又缓期矣　1911 年 3 月 12 日……156
俄员公宴中国医员　1911 年 3 月 12 日……156
傅家甸疫死人数之调查　1911 年 3 月 12 日……156
关于瘟疫之调查　1911 年 3 月 12 日……156
裁减俄医士　1911 年 3 月 12 日……157
奉天赈捐奏准　1911 年 3 月 12 日……157
饮料可望清洁　1911 年 3 月 12 日……157
长春：发粮赈济贫民　1911 年 3 月 12 日……157
严禁华人前赴俄境之办法　1911 年 3 月 12 日……158
严禁官工再索私钱　1911 年 3 月 12 日……158
双城：对于贫民之计划　1911 年 3 月 12 日……158
榆树厅：警务长克尽厥职　1911 年 3 月 12 日……158
调查疫毙之人数　1911 年 3 月 12 日……159
传疫之烈害　1911 年 3 月 12 日……159
伍医官到境消息　1911 年 3 月 12 日……159
宾州：防疫局之惊慌　1911 年 3 月 12 日……159
救济队染疫而死　1911 年 3 月 12 日……160
依兰：防疫不力者受斥　1911 年 3 月 12 日……160
焚毁疫死尸具　1911 年 3 月 12 日……160
黑龙江：东督对于防疫之电报　1911 年 3 月 12 日……161
各属防疫报告　1911 年 3 月 12 日……161
赵厅丞不日南旋　1911 年 3 月 12 日……162
呼伦道对于瘟疫之善后　1911 年 3 月 12 日……162
木兰县防疫记事　1911 年 3 月 12 日……163

呼兰：照录议事会议定防疫之章程十五条　1911 年 3 月 12 日……164
奏稿：直督奏办防疫情形折　1911 年 3 月 12 日……165
会议整顿东三省事宜　1911 年 3 月 14 日……167
上谕：周树模电奏黑龙江民政使赵渊刚很任性喜怒无常
　1911 年 3 月 14 日……167
监国注重东省防疫善后办法　1911 年 3 月 14 日……167
开禁交通有期　1911 年 3 月 14 日……167
商会为医官祖饯　1911 年 3 月 14 日……168
记俄博士查看傅家甸　1911 年 3 月 14 日……168
田家烧锅防疫之改良　1911 年 3 月 14 日……168
傅家甸防疫局之报告　1911 年 3 月 14 日……168
奉天：奉天日人要求封报馆之异闻　1911 年 3 月 14 日……169
札饬查察防疫之医员　1911 年 3 月 14 日……169
防疫所迁移之预闻　1911 年 3 月 14 日……169
车客将在省留验　1911 年 3 月 14 日……169
新民府：军人阻挠防疫　1911 年 3 月 14 日……170
长春：南门外又撤隔离所一处　1911 年 3 月 14 日……170
电饬孟道绘呈疫灾地图　1911 年 3 月 14 日……170
疫症仍未消灭　1911 年 3 月 14 日……170
巡警局整理卫生之规则　1911 年 3 月 14 日……171
稽查员尽职　1911 年 3 月 14 日……171
医官之对调　1911 年 3 月 14 日……171
防疫与防匪并重　1911 年 3 月 14 日……172
委员因公赴哈　1911 年 3 月 14 日……172
学堂开学缓期　1911 年 3 月 14 日……172
宣讲所开课展期　1911 年 3 月 14 日……172
阿什河：时疫已扑灭矣　1911 年 3 月 14 日……173
黑龙江：黑龙江各属疫毙人数之总额　1911 年 3 月 14 日……173
瘟疫与药业之影响　1911 年 3 月 14 日……173
呼兰：呈报疫毙之情形　1911 年 3 月 14 日……173
绥化：四乡镇之疫疠　1911 年 3 月 14 日……174

奉谕烧毁疫毙之房屋　1911 年 3 月 14 日……174
淮军仗势殴打岗兵　1911 年 3 月 14 日……174
译件：日人论禁止苦力渡满问题（续）　1911 年 3 月 14 日……175
梅医士之恤款留为学堂纪念　1911 年 3 月 15 日……176
税卡亦派医验病　1911 年 3 月 15 日……176
防疫医员仅留六人　1911 年 3 月 15 日……176
防疫医官离哈　1911 年 3 月 15 日……176
本埠新闻：调查窑门瘟疫记　1911 年 3 月 15 日……177
穆陵站附近各村并无染疫者　1911 年 3 月 15 日……177
开交通又缓期矣　1911 年 3 月 15 日……177
自称当更正无疫　1911 年 3 月 15 日……178
预备万国防疫研究会所　1911 年 3 月 15 日……178
防疫事务所迁移近讯　1911 年 3 月 15 日……178
焚弃雪里之疫尸　1911 年 3 月 15 日……178
长春：三国公立检疫所　1911 年 3 月 15 日……179
复议严绝交通　1911 年 3 月 15 日……179
疫毙人数最近之报告　1911 年 3 月 15 日……179
双城：组织隔离所　1911 年 3 月 15 日……179
王中军旋哈　1911 年 3 月 15 日……180
疫中难与通融　1911 年 3 月 15 日……180
鼠疫问答一书将出现矣　1911 年 3 月 15 日……180
榆树厅：焚烧传疫房屋　1911 年 3 月 15 日……180
庇寒所之需索　1911 年 3 月 15 日……181
卫生股员记过　1911 年 3 月 15 日……181
防疫人员一览表　1911 年 3 月 15 日……181
添设卫生队之原因　1911 年 3 月 15 日……181
黑龙江：瑷珲对于防疫之电复　1911 年 3 月 15 日……182
嫩江府并无疫症发现　1911 年 3 月 15 日……182
疫毙人数之调查　1911 年 3 月 15 日……183
俄日医士到绥　1911 年 3 月 15 日……183
请看卫生中之急务　1911 年 3 月 15 日……183

本埠要闻：铁路会办与总医士赴威　1911 年 3 月 16 日 …………………………… 184
本埠新闻：组织新病院之近闻　1911 年 3 月 16 日 …………………………… 184
调查各属疫费之条陈　1911 年 3 月 16 日 ………………………………………… 184
双城防疫警兵撤岗　1911 年 3 月 16 日 …………………………………………… 184
防疫局开小交通之文告　1911 年 3 月 16 日 …………………………………… 185
泰来栈街房将付之一炬　1911 年 3 月 16 日 …………………………………… 185
关于瘟疫之报告　1911 年 3 月 16 日 ……………………………………………… 185
傅家甸防疫局之报告　1911 年 3 月 16 日 ………………………………………… 185
防疫人员将列保案矣　1911 年 3 月 16 日 ………………………………………… 186
防疫总办撤委　1911 年 3 月 16 日 ………………………………………………… 186
长春：粮车已入城矣　1911 年 3 月 16 日 ………………………………………… 186
预备呈报疫毙人数　1911 年 3 月 16 日 …………………………………………… 186
因疫而严禁婚嫁　1911 年 3 月 16 日 ……………………………………………… 187
搴山屯疫毙人数之报告　1911 年 3 月 16 日 …………………………………… 187
双城：隔断交通之续期　1911 年 3 月 16 日 …………………………………… 187
阮大令防疫之成绩　1911 年 3 月 16 日 …………………………………………… 187
拟与医官请恤　1911 年 3 月 16 日 ………………………………………………… 188
五常：俄医官到境　1911 年 3 月 16 日 …………………………………………… 188
警务长畏惧时疫之怪状　1911 年 3 月 16 日 …………………………………… 188
榆树厅：吴局长注重防疫　1911 年 3 月 16 日 ………………………………… 188
有路政之责者注意　1911 年 3 月 16 日 …………………………………………… 189
邮政局忙碌之原因　1911 年 3 月 16 日 …………………………………………… 189
一面坡：德商批买大宗之元豆将次开运　1911 年 3 月 16 日 ……………… 189
木商防疫之热诚　1911 年 3 月 16 日 ……………………………………………… 190
队官防疫之注意　1911 年 3 月 16 日 ……………………………………………… 190
黑龙江：卫生医院特别规则　1911 年 3 月 16 日 ……………………………… 191
黑龙江防疫消毒队规则　1911 年 3 月 16 日 …………………………………… 192
绥化：防疫会暂行章程　1911 年 3 月 16 日 …………………………………… 193
日本借口奉天防疫未善　1911 年 3 月 17 日 …………………………………… 194
日本调查中国疫状如此　1911 年 3 月 17 日 …………………………………… 194
北里仍充万国防疫会员　1911 年 3 月 17 日 …………………………………… 194

本埠要闻：各观察为医士饯行　1911 年 3 月 17 日……194
本埠新闻：防疫善后办法　1911 年 3 月 17 日……195
□□华工注意　1911 年 3 月 17 日……195
预备瘟疫调查书　1911 年 3 月 17 日……195
救急队裁撤　1911 年 3 月 17 日……195
酬劳防疫兵士　1911 年 3 月 17 日……196
今年不许猎取旱獭　1911 年 3 月 17 日……196
哈埠市面近况　1911 年 3 月 17 日……197
关于瘟疫之报告　1911 年 3 月 17 日……197
傅家甸防疫局之报告　1911 年 3 月 17 日……197
吉林：防疫调查员规则　1911 年 3 月 17 日……198
长春：防疫局又裁各区巡查队　1911 年 3 月 17 日……199
请恤医官之从优　1911 年 3 月 17 日……199
双城：刘队长之尽职　1911 年 3 月 17 日……199
时疫有碍国计民生　1911 年 3 月 17 日……199
时疫消灭之征验　1911 年 3 月 17 日……200
一面坡：商业之现状　1911 年 3 月 17 日……200
查阅者尽职　1911 年 3 月 17 日……200
榆树厅：防疫者之不力　1911 年 3 月 17 日……200
防疫之规则奉到　1911 年 3 月 17 日……201
巡警之不敷分布　1911 年 3 月 17 日……201
防疫局之内容　1911 年 3 月 17 日……201
疫毙人数之报告　1911 年 3 月 17 日……201
五常：鼠疫之来源　1911 年 3 月 17 日……202
烟麻店之困难　1911 年 3 月 17 日……202
汪太守之忙碌　1911 年 3 月 17 日……202
黑龙江：省城及各属疫死逐日表　1911 年 3 月 17 日……202
防疫片片录　1911 年 3 月 17 日……203
照录防疫最紧要之章程　1911 年 3 月 17 日……204
呼兰瘟疫行将消灭　1911 年 3 月 17 日……204
时评：医士会议问题　1911 年 3 月 18 日……205

部允东督借道胜六十万两　1911 年 3 月 18 日 …………………………………………… 206
防疫局通行票更章　1911 年 3 月 18 日 …………………………………………………… 206
医学博士赴奉之宗旨　1911 年 3 月 18 日 ………………………………………………… 206
本埠新闻：本埠支路之希望　1911 年 3 月 18 日 ………………………………………… 206
四区防疫执行处裁撤　1911 年 3 月 18 日 ………………………………………………… 207
调查东方瘟疫队之报告　1911 年 3 月 18 日 ……………………………………………… 207
关于瘟疫之报告　1911 年 3 月 18 日 ……………………………………………………… 207
焚毁病疫房间之确数　1911 年 3 月 18 日 ………………………………………………… 207
本埠之安乐观　1911 年 3 月 18 日 ………………………………………………………… 208
邮政分局开办有期　1911 年 3 月 18 日 …………………………………………………… 208
傅家甸防疫局之报告　1911 年 3 月 18 日 ………………………………………………… 208
奉天：贫民与医官之冲突　1911 年 3 月 18 日 …………………………………………… 208
吉林：屠行罢市原因　1911 年 3 月 18 日 ………………………………………………… 209
考取防疫消毒生　1911 年 3 月 18 日 ……………………………………………………… 209
长春：疫毙人数拟从减呈报　1911 年 3 月 18 日 ………………………………………… 210
慈悲转生祸害　1911 年 3 月 18 日 ………………………………………………………… 210
知法犯法之尤竹亭　1911 年 3 月 18 日 …………………………………………………… 210
军疫毙人数之报告　1911 年 3 月 18 日 …………………………………………………… 211
双城：预备医官之住所　1911 年 3 月 18 日 ……………………………………………… 211
防疫药物滞销　1911 年 3 月 18 日 ………………………………………………………… 211
关乎防疫之电文　1911 年 3 月 18 日 ……………………………………………………… 211
居民匿疫不报者　1911 年 3 月 18 日 ……………………………………………………… 212
养病院琐谈　1911 年 3 月 18 日 …………………………………………………………… 212
交通指日可开　1911 年 3 月 18 日 ………………………………………………………… 212
防疫局又购药料　1911 年 3 月 18 日 ……………………………………………………… 212
调查员到宾　1911 年 3 月 18 日 …………………………………………………………… 213
有防疫之责者为之注意　1911 年 3 月 18 日 ……………………………………………… 213
防疫局之认真　1911 年 3 月 18 日 ………………………………………………………… 213
防范疫祸复燃　1911 年 3 月 18 日 ………………………………………………………… 213
呼属疫祸之调查　1911 年 3 月 18 日 ……………………………………………………… 214
调查因疫毙命人数再志　1911 年 3 月 18 日 ……………………………………………… 215

照录巡警总局之示谕　1911 年 3 月 18 日……216
因日本干预防疫开临时会议　1911 年 3 月 19 日……216
奉天防疫大会专员莅奉　1911 年 3 月 19 日……216
银行一时难以整顿　1911 年 3 月 19 日……217
防疫局通事被押　1911 年 3 月 19 日……217
四乡瘟疫日减　1911 年 3 月 19 日……217
傅家甸防疫局排日报告　1911 年 3 月 19 日……217
奉天：鼠疫将无虑矣　1911 年 3 月 19 日……218
派员分往各属调查防疫情形　1911 年 3 月 19 日……218
绅办施医院迁移　1911 年 3 月 19 日……218
亲军无恙之原因　1911 年 3 月 19 日……218
双城防疫始末记　1911 年 3 月 19 日……219
医官住所已易地矣　1911 年 3 月 19 日……219
吴委员到境　1911 年 3 月 19 日……219
屯车之不进　1911 年 3 月 19 日……219
防疫之忙碌　1911 年 3 月 19 日……220
榆境之困难　1911 年 3 月 19 日……220
宾州：养病院裁撤　1911 年 3 月 19 日……220
东门气象一新　1911 年 3 月 19 日……220
海伦：捐资扑灭瘟疫　1911 年 3 月 19 日……221
挽留视学员　1911 年 3 月 19 日……222
札知医官需用章程　1911 年 3 月 21 日……222
傅家甸将开大交通　1911 年 3 月 21 日……222
防疫局焚毁有疫房屋　1911 年 3 月 21 日……222
傅家甸防疫局排日报告　1911 年 3 月 21 日……223
京奉路线防疫较前尤紧　1911 年 3 月 21 日……223
连日疫毙人数　1911 年 3 月 21 日……223
饬搜私肉一律焚弃　1911 年 3 月 21 日……223
双城：德提调关心民瘼　1911 年 3 月 21 日……224
医官到双矣　1911 年 3 月 21 日……224
此人颇有知识　1911 年 3 月 21 日……224

榆树厅：防疫局人员一览表　1911 年 3 月 21 日……225
搜查疫毙之人数　1911 年 3 月 21 日……225
防疫药料发到矣　1911 年 3 月 21 日……225
庇寒所人数之增多　1911 年 3 月 21 日……226
车店生意有起色矣　1911 年 3 月 21 日……226
□□于防疫之会议　1911 年 3 月 21 日……227
可见防疫之不慎　1911 年 3 月 21 日……227
添设江防队　1911 年 3 月 21 日……227
扩充宣讲所之札饬　1911 年 3 月 21 日……227
呼兰：照录呼兰各屯防疫之章程　1911 年 3 月 21 日……228
本馆紧要专电（电报五）：锡饮帅见医学博士　1911 年 3 月 22 日……229
东省赈捐情形必须报告　1911 年 3 月 22 日……229
会议东省疫灾善后情形　1911 年 3 月 22 日……229
调查瘟疫队回哈　1911 年 3 月 22 日……229
傅家甸娼优之喜信　1911 年 3 月 22 日……230
双城堡又发现鼠疫　1911 年 3 月 22 日……230
傅家甸防疫局排日报告　1911 年 3 月 22 日……230
各国防疫代表陆续抵奉　1911 年 3 月 22 日……230
长春：轻症医院亦行裁撤　1911 年 3 月 22 日……231
札催防疫报销　1911 年 3 月 22 日……231
新定四乡防疫章程　1911 年 3 月 22 日……231
医治时疫药物到双　1911 年 3 月 22 日……232
保护防疫论说出现　1911 年 3 月 22 日……232
双城时疫一律肃清矣　1911 年 3 月 22 日……232
榆树厅：鼠疫之来源　1911 年 3 月 22 日……232
防疫不碍于办公　1911 年 3 月 22 日……233
木板之跌价　1911 年 3 月 22 日……233
实行交通之日期　1911 年 3 月 22 日……233
复行断绝小交通　1911 年 3 月 22 日……233
赴乡调查瘟疫情形　1911 年 3 月 22 日……234
调查时疫员赴双　1911 年 3 月 22 日……234

一面坡：粮商之大侥幸　1911 年 3 月 22 日 …………………………………… 234
司理政治乃一巡官也　1911 年 3 月 22 日 …………………………………… 235
又演一出婊子过关活剧　1911 年 3 月 22 日 …………………………………… 235
宁古塔：宁安府亦设检疫所矣　1911 年 3 月 22 日 …………………………… 235
庇寒所今始设立　1911 年 3 月 22 日 …………………………………………… 235
黑龙江：省城疫焚房间之数目　1911 年 3 月 22 日 …………………………… 236
呼兰：敬告防疫人员　1911 年 3 月 22 日 …………………………………… 236
调查员呈报疫毙之数目表　1911 年 3 月 22 日 ……………………………… 236
锦爱铁道暂缓开工之原因　1911 年 3 月 23 日 ……………………………… 237
本埠新闻：招领存留消毒物件　1911 年 3 月 23 日 …………………………… 237
不允多给通行执照原因　1911 年 3 月 23 日 ………………………………… 237
疫毙人数确实调查　1911 年 3 月 23 日 ……………………………………… 237
又有开大交通之风说　1911 年 3 月 23 日 …………………………………… 238
傅家甸复兴之气象　1911 年 3 月 23 日 ……………………………………… 238
造报防疫报告书　1911 年 3 月 23 日 ………………………………………… 238
傅家甸防疫局排日报告　1911 年 3 月 23 日 ………………………………… 238
又检验华人　1911 年 3 月 23 日 ……………………………………………… 239
关于瘟疫之报告　1911 年 3 月 23 日 ………………………………………… 239
荷国亦派军医来奉　1911 年 3 月 23 日 ……………………………………… 239
京奉路线开车确期　1911 年 3 月 23 日 ……………………………………… 239
四万两之防疫费　1911 年 3 月 23 日 ………………………………………… 240
通饬开学日期　1911 年 3 月 23 日 …………………………………………… 240
长春：详呈防疫各所居室图　1911 年 3 月 23 日 …………………………… 240
交通日开矣　1911 年 3 月 23 日 ……………………………………………… 240
农界之贸易谈　1911 年 3 月 23 日 …………………………………………… 241
敬告有路政之责者　1911 年 3 月 23 日 ……………………………………… 241
榆树厅：照录一张六言韵示　1911 年 3 月 23 日 …………………………… 241
商界之困难　1911 年 3 月 23 日 ……………………………………………… 242
防疫局之忙碌　1911 年 3 月 23 日 …………………………………………… 242
阿什河：商务会记事　1911 年 3 月 23 日 …………………………………… 242
禁赌与防疫并重　1911 年 3 月 23 日 ………………………………………… 242

宾州：调查四乡瘟疫之报告　1911 年 3 月 23 日……243
设立贫民留养所　1911 年 3 月 23 日……243
又死一防疫人员　1911 年 3 月 23 日……243
疫症势见消灭　1911 年 3 月 23 日……243
呼兰：呈复城乡疫毙之人数再志　1911 年 3 月 23 日……244
论说：警告双城之防疫者　1911 年 3 月 24 日……245
监国详阅东省防疫保案　1911 年 3 月 24 日……246
以太保衔酬锡督防疫功　1911 年 3 月 24 日……246
医学博士与锡督之谈论　1911 年 3 月 24 日……246
本埠新闻：造报防疫经费　1911 年 3 月 24 日……246
组织栖流所　1911 年 3 月 24 日……247
关于瘟疫之报告　1911 年 3 月 24 日……247
饬造防疫人员名册　1911 年 3 月 24 日……247
傅家甸防疫局排日报告　1911 年 3 月 24 日……247
开学又拟缓期　1911 年 3 月 24 日……248
五常府：疫气甫息盗贼又起　1911 年 3 月 24 日……248
防疫之热诚　1911 年 3 月 24 日……248
双城：医官到双后防疫之现象　1911 年 3 月 24 日……249
检疫调查员赴乡　1911 年 3 月 24 日……250
宾州：自治学员被惩　1911 年 3 月 24 日……250
民与财政并困　1911 年 3 月 24 日……250
榆树厅：新旧之交替　1911 年 3 月 24 日……250
各级学堂开学之期不远　1911 年 3 月 24 日……251
续招救急队　1911 年 3 月 24 日……251
省城防疫报告各属情形　1911 年 3 月 24 日……251
满洲瘟疫史之预备　1911 年 3 月 25 日……252
将设永远之检验　1911 年 3 月 25 日……252
海拉尔与齐齐哈尔两站设立消毒所　1911 年 3 月 25 日……252
防疫执行处停放柴米　1911 年 3 月 25 日……252
傅家甸防疫局排日报告　1911 年 3 月 25 日……253
奉天：札催派员移送应募旗民　1911 年 3 月 25 日……253

札饬各州县扑灭疫症　1911 年 3 月 25 日……253
保奖防疫人员　1911 年 3 月 25 日……253
连日疫毙之人数　1911 年 3 月 25 日……254
双城：接待俄国医学博士　1911 年 3 月 25 日……254
撤回巡警到双　1911 年 3 月 25 日……254
开交通之办法　1911 年 3 月 25 日……255
王议长之于贫民　1911 年 3 月 25 日……256
朱监督已作开学之预备　1911 年 3 月 25 日……256
鼠疫复见剧烈　1911 年 3 月 25 日……256
敬告有防疫之责者　1911 年 3 月 25 日……256
雪里疫尸之出现　1911 年 3 月 25 日……257
疫毙人数有减报之风说　1911 年 3 月 25 日……257
龙江府亦因防疫革职　1911 年 3 月 25 日……257
此等无学识之医官宜其死也　1911 年 3 月 25 日……257
呼兰：复拟防疫断交通章程　1911 年 3 月 25 日……258
监国恐东省胡匪乘机作乱　1911 年 3 月 26 日……259
银行代表来哈先声　1911 年 3 月 26 日……259
本埠新闻：防疫分局裁撤消息　1911 年 3 月 26 日……260
有开火车道东西交通之说　1911 年 3 月 26 日……260
关于瘟疫之报告　1911 年 3 月 26 日……260
呼吸传染之新研究　1911 年 3 月 26 日……260
奉天：万国鼠疫研究大会不日开幕　1911 年 3 月 26 日……261
长春：电请严禁商民东行　1911 年 3 月 26 日……261
陆军部防疫简章　1911 年 3 月 26 日……261
奖励防疫者之札文　1911 年 3 月 26 日……262
裁撤救急队　1911 年 3 月 26 日……262
胡股员驭下有方　1911 年 3 月 26 日……262
榆树厅：刘司马撤任之原因　1911 年 3 月 26 日……262
禁赌之认真　1911 年 3 月 26 日……263
防疫局将办善后矣　1911 年 3 月 26 日……263
宾州：区官防疫员相继撤差　1911 年 3 月 26 日……263

城关大开交通　1911 年 3 月 26 日 ……………………………………………………… 263
防疫之效果　1911 年 3 月 26 日 ………………………………………………………… 264
查疫委员将次到坡　1911 年 3 月 26 日 ………………………………………………… 264
五常府：疫气将灭复炽　1911 年 3 月 26 日 …………………………………………… 264
贩卖自死马肉　1911 年 3 月 26 日 ……………………………………………………… 264
敬告有路政之责者　1911 年 3 月 26 日 ………………………………………………… 265
黑龙江：防疫片片录之补遗　1911 年 3 月 26 日 ……………………………………… 265
龙江府调查各乡疫势情形　1911 年 3 月 26 日 ………………………………………… 266
调查防疫会派出检疫之医士再志　1911 年 3 月 26 日 ………………………………… 267
青冈：防疫之志闻　1911 年 3 月 26 日 ………………………………………………… 267
绥化：疫灾消灭矣　1911 年 3 月 26 日 ………………………………………………… 267
畜疫　1911 年 3 月 26 日 ………………………………………………………………… 268
俄国：阿穆尔省请医防疫　1911 年 3 月 26 日 ………………………………………… 268
防疫局停办消息　1911 年 3 月 28 日 …………………………………………………… 268
关于防疫种种办法　1911 年 3 月 28 日 ………………………………………………… 268
傅家甸闭关整顿　1911 年 3 月 28 日 …………………………………………………… 269
议事春季常年会迟开原因　1911 年 3 月 28 日 ………………………………………… 269
傅家甸防疫局排日报告　1911 年 3 月 28 日 …………………………………………… 269
电请筹拨防疫后之经费　1911 年 3 月 28 日 …………………………………………… 269
宣布疫毙人存款数目　1911 年 3 月 28 日 ……………………………………………… 270
长春：四门守兵裁撤消息　1911 年 3 月 28 日 ………………………………………… 270
育婴堂之计划　1911 年 3 月 28 日 ……………………………………………………… 270
双城：吴大令之行踪　1911 年 3 月 28 日 ……………………………………………… 270
防疫之善后办法　1911 年 3 月 28 日 …………………………………………………… 271
五常府：西医注重正本清源　1911 年 3 月 28 日 ……………………………………… 271
阿什河：派员查办防疫不力者　1911 年 3 月 28 日 …………………………………… 272
范守不日抵省　1911 年 3 月 28 日 ……………………………………………………… 272
省城近日疫毙报告　1911 年 3 月 28 日 ………………………………………………… 272
安达厅呈复调查疫势八款　1911 年 3 月 28 日 ………………………………………… 273
呼兰：保举防疫人员　1911 年 3 月 28 日 ……………………………………………… 274
绥化：禁烟因疫怠懈　1911 年 3 月 28 日 ……………………………………………… 274

梨园将次开演　1911 年 3 月 28 日 …… 274
医士甘以身殉　1911 年 3 月 28 日 …… 274
外部仍派英医赴奉与会　1911 年 3 月 29 日 …… 275
东督又请防疫善后之款　1911 年 3 月 29 日 …… 275
山东亦有一项防疫捐矣　1911 年 3 月 29 日 …… 275
本埠要闻：防疫巡防队撤退日期　1911 年 3 月 29 日 …… 275
德新副领事来哈　1911 年 3 月 29 日 …… 276
防疫局暂不能撤　1911 年 3 月 29 日 …… 276
本埠新闻：傅家甸邮局将照常收信　1911 年 3 月 29 日 …… 276
防疫局之善法　1911 年 3 月 29 日 …… 276
傅家甸防疫局排日报告　1911 年 3 月 29 日 …… 277
长春：日界议开交通之传说　1911 年 3 月 29 日 …… 277
邮政局之发达　1911 年 3 月 29 日 …… 277
札催警局清开报销　1911 年 3 月 29 日 …… 277
戏园妓馆议请开市　1911 年 3 月 29 日 …… 278
卫生队又拟裁撤　1911 年 3 月 29 日 …… 278
文介臣将回双矣　1911 年 3 月 29 日 …… 278
戏园择吉开演　1911 年 3 月 29 日 …… 278
防疫局之现象　1911 年 3 月 29 日 …… 279
娼妓有归济良所之消息　1911 年 3 月 29 日 …… 279
各局所株守现状　1911 年 3 月 29 日 …… 279
诉讼者之焦灼　1911 年 3 月 29 日 …… 279
一面坡：汽车定期出票　1911 年 3 月 29 日 …… 280
依兰：防疫局报告　1911 年 3 月 29 日 …… 280
尸棺遗失之奇闻　1911 年 3 月 29 日 …… 280
省电详询疫情　1911 年 3 月 29 日 …… 280
因疫而封店　1911 年 3 月 29 日 …… 281
呼兰：防疫会赶办核销　1911 年 3 月 29 日 …… 281
满洲之最近观　1911 年 3 月 30 日 …… 282
锡督又请来京，陛见密商要政　1911 年 3 月 30 日 …… 283
本埠要闻：医官医学生一律离哈　1911 年 3 月 30 日 …… 283

本埠新闻：防疫局对于庆和园之严厉　1911 年 3 月 30 日……………………………283
关于卫生之照会　1911 年 3 月 30 日……………………………………………………………283
傅家甸防疫局排日报告　1911 年 3 月 30 日 ………………………………………………284
长春：防疫分局定期裁撤　1911 年 3 月 30 日 ……………………………………………284
电饬详报疫毙商民　1911 年 3 月 30 日……………………………………………………284
实行开交通期　1911 年 3 月 30 日 ……………………………………………………………284
双城：防疫局之善后　1911 年 3 月 30 日 …………………………………………………285
吴委员又赴新城　1911 年 3 月 30 日……………………………………………………………285
财政之困难　1911 年 3 月 30 日 ………………………………………………………………285
防疫局裁撤人员　1911 年 3 月 30 日……………………………………………………………285
查疫委员将次到坡　1911 年 3 月 30 日……………………………………………………286
又有灾民到坡　1911 年 3 月 30 日 ……………………………………………………………286
添派四镇稽查　1911 年 3 月 30 日 ……………………………………………………………286
部派暗查员过绥　1911 年 3 月 30 日……………………………………………………………286
学期阻于时疫　1911 年 3 月 30 日 ……………………………………………………………287
日纸评汉医之价值　1911 年 3 月 31 日……………………………………………………287
哈埠防疫之办法　1911 年 3 月 31 日……………………………………………………………288
长春：隔离所归并一处　1911 年 3 月 31 日 ………………………………………………289
札饬各区竭力捕鼠　1911 年 3 月 31 日……………………………………………………289
长寿：学堂开学之先声　1911 年 3 月 31 日 ………………………………………………289
调查疫死之确数　1911 年 3 月 31 日……………………………………………………………289
农人传疫而死　1911 年 3 月 31 日 ……………………………………………………………290
调查防疫委员来长　1911 年 3 月 31 日……………………………………………………290
双城：防疫之近况　1911 年 3 月 31 日……………………………………………………290
西医将去之消息　1911 年 3 月 31 日……………………………………………………………290
五常府：防疫之经费所出　1911 年 3 月 31 日 ……………………………………………291
刘太守注重防疫　1911 年 3 月 31 日……………………………………………………………291
医员之忙碌　1911 年 3 月 31 日 ………………………………………………………………291
区官之尽职　1911 年 3 月 31 日 ………………………………………………………………291
榆树厅：已开小交通矣　1911 年 3 月 31 日 ………………………………………………292
教练所将开办矣　1911 年 3 月 31 日……………………………………………………………292

廉太守注重防疫　1911 年 3 月 31 日……292
东关断绝西门交通防疫者如是　1911 年 3 月 31 日……292
娼妓亦被拘留驱逐矣　1911 年 3 月 31 日……293
新城府：照录防疫之成绩　1911 年 3 月 31 日……294
黑龙江：龙江府现已接篆　1911 年 3 月 31 日……295
防疫会定期裁撤　1911 年 3 月 31 日……295
焚弃养病院　1911 年 3 月 31 日……296
是非自有公论　1911 年 3 月 31 日……296
奉天黑疫研究会之语言文字　1911 年 4 月 1 日……296
东督又严电饬打捞沿江尸身　1911 年 4 月 1 日……296
检查卫生事宜转交监查员管理　1911 年 4 月 1 日……297
防疫执行总局之会议　1911 年 4 月 1 日……297
关于瘟疫之报告　1911 年 4 月 1 日……298
防疫陆军陆续撤回　1911 年 4 月 1 日……298
华医热心研究瘟疫　1911 年 4 月 1 日……298
傅家甸防疫局排日报告　1911 年 4 月 1 日……298
吉林：吉林防疫总局之告示　1911 年 4 月 1 日……299
吉长路亦设医院　1911 年 4 月 1 日……299
又禁商民掩病不报　1911 年 4 月 1 日……299
筹办公所之近况　1911 年 4 月 1 日……299
西医之可嘉　1911 年 4 月 1 日……300
开学期之不远　1911 年 4 月 1 日……300
五常府：派员调查疫气是否消灭　1911 年 4 月 1 日……300
榆树厅：医官之尽职　1911 年 4 月 1 日……300
廉太守注重卫生　1911 年 4 月 1 日……301
公署之电报照录　1911 年 4 月 1 日……301
一家疫毙之惨状　1911 年 4 月 1 日……301
裁减防疫人员薪金　1911 年 4 月 1 日……301
议员之遗额　1911 年 4 月 1 日……302
罪囚亦染疫　1911 年 4 月 1 日……302
本埠新闻：粮捐将要创办矣　1911 年 4 月 2 日……302

商会为谭道饯行　1911年4月2日 …… 302
傅家甸防疫排日报告　1911年4月2日 …… 303
奉天：传谕照常办公　1911年4月2日 …… 303
吉林：高医员之报告　1911年4月2日 …… 303
长春：防疫局又领款三十万　1911年4月2日 …… 303
札饬各区截止津贴　1911年4月2日 …… 304
吉长路实行开工期　1911年4月2日 …… 304
陆军九标仍须回吉之原因　1911年4月2日 …… 304
德惠县疫毙人数之报告　1911年4月2日 …… 304
有卫生之责者注意　1911年4月2日 …… 305
医官之忙碌　1911年4月2日 …… 305
屠户要求售肉　1911年4月2日 …… 305
依兰：病院夫役疫毙　1911年4月2日 …… 305
检查外来牛肉　1911年4月2日 …… 306
南区学堂封闭　1911年4月2日 …… 306
岗政之废弛　1911年4月2日 …… 306
时疫日已减轻　1911年4月2日 …… 306
学堂实行开课　1911年4月2日 …… 307
宾州：照录官场防疫之规则　1911年4月2日 …… 307
裁撤救急队　1911年4月2日 …… 308
私造防疫护照被押　1911年4月2日 …… 308
开学之无期　1911年4月2日 …… 308
卫生员续订防疫章程　1911年4月2日 …… 309
榆树厅：廉太守注重防疫　1911年4月2日 …… 309
各级学堂将开学矣　1911年4月2日 …… 309
卫生科之一斑　1911年4月2日 …… 310
李医官防疫之办法　1911年4月2日 …… 310
防疫局章程发到　1911年4月2日 …… 310
天津：关于防疫之种种　1911年4月4日 …… 311
满洲安置华工议上　1911年4月4日 …… 312
会议防疫传染问题　1911年4月4日 …… 313

哈埠大开交通之确期　1911 年 4 月 4 日 ……………………………………………… 313
田家烧锅交通已开　1911 年 4 月 4 日 ………………………………………………… 313
安达站之交通已开　1911 年 4 月 4 日 ………………………………………………… 313
本埠渐开交通矣　1911 年 4 月 4 日 …………………………………………………… 314
傅家甸防疫局排日报告　1911 年 4 月 4 日 …………………………………………… 314
奉天：日人将有南满沿线防疫权　1911 年 4 月 4 日 ………………………………… 314
通饬各学校防疫之办法　1911 年 4 月 4 日 …………………………………………… 314
吉林：吉垣四乡地址疫毙总数　1911 年 4 月 4 日 …………………………………… 315
长春：屠兽场已开办矣　1911 年 4 月 4 日 …………………………………………… 315
札呈疫毙巡警履历　1911 年 4 月 4 日 ………………………………………………… 315
吉长路不得在关内招工　1911 年 4 月 4 日 …………………………………………… 315
调查瘟疫之尽心　1911 年 4 月 4 日 …………………………………………………… 316
双城：医官检疫迅速之原因　1911 年 4 月 4 日 ……………………………………… 316
造具贫民清册　1911 年 4 月 4 日 ……………………………………………………… 316
电话将设矣　1911 年 4 月 4 日 ………………………………………………………… 316
依兰：道宪亲查桦川疫　1911 年 4 月 4 日 …………………………………………… 317
查疫委员到坡　1911 年 4 月 4 日 ……………………………………………………… 317
客店之慌恐　1911 年 4 月 4 日 ………………………………………………………… 317
榆树厅：调查石头城子之疫症　1911 年 4 月 4 日 …………………………………… 318
防疫局之近况　1911 年 4 月 4 日 ……………………………………………………… 318
黑龙江：火葬满洲里之疫尸　1911 年 4 月 4 日 ……………………………………… 318
本埠要闻：电传奉天疫症研究会情形　1911 年 4 月 5 日 …………………………… 319
铁路公司派人到奉与会　1911 年 4 月 5 日 …………………………………………… 319
变通预算办法　1911 年 4 月 5 日 ……………………………………………………… 319
俄医赴奉天鼠疫研究会者　1911 年 4 月 5 日 ………………………………………… 320
傅家甸防疫局排日报告　1911 年 4 月 5 日 …………………………………………… 320
鼠疫之影响如是　1911 年 4 月 5 日 …………………………………………………… 320
曹统制赴京原因　1911 年 4 月 5 日 …………………………………………………… 320
已准商家开市售货　1911 年 4 月 5 日 ………………………………………………… 321
裁撤门兵之确期　1911 年 4 月 5 日 …………………………………………………… 321
宾州：许太守善后之防疫办法　1911 年 4 月 5 日 …………………………………… 322

柴米之大涨价　1911 年 4 月 5 日 …… 323
时疫传染之可畏　1911 年 4 月 5 日 …… 323
掩埋棺木之数目　1911 年 4 月 5 日 …… 323
耕牛疫毙之多　1911 年 4 月 5 日 …… 323
今又设立庇寒所　1911 年 4 月 5 日 …… 324
双城：信医官留心时疫　1911 年 4 月 5 日 …… 324
榆树厅：巡官被革之原因　1911 年 4 月 5 日 …… 324
防疫之电报照录　1911 年 4 月 5 日 …… 324
疫气消灭矣　1911 年 4 月 5 日 …… 325
禁赌与防疫并重　1911 年 4 月 5 日 …… 325
遣散检验消毒救急队　1911 年 4 月 5 日 …… 325
派员沿江查检疫尸　1911 年 4 月 6 日 …… 325
防疫局裁撤先声　1911 年 4 月 6 日 …… 326
傅家甸邮政分局开办再志　1911 年 4 月 6 日 …… 326
旱獭之价值　1911 年 4 月 6 日 …… 326
瘟疫与商务价值　1911 年 4 月 6 日 …… 326
大开交通之消息　1911 年 4 月 6 日 …… 327
道外不开交通以此　1911 年 4 月 6 日 …… 327
傅家甸防疫局排日报告　1911 年 4 月 6 日 …… 327
防疫院之现状　1911 年 4 月 6 日 …… 327
吉林：吉垣防疫局之报告　1911 年 4 月 6 日 …… 328
吉长路业已开车　1911 年 4 月 6 日 …… 328
孟观察赴奉原因　1911 年 4 月 6 日 …… 328
宽城子疫气全消　1911 年 4 月 6 日 …… 329
榆树厅：廉太守注意之要政　1911 年 4 月 6 日 …… 329
于刺史注重医学　1911 年 4 月 6 日 …… 329
一面坡：查疫兼查政治委员到坡　1911 年 4 月 6 日 …… 329
五常府：五常府时疫之调查　1911 年 4 月 6 日 …… 330
电请续拨防疫之公款　1911 年 4 月 6 日 …… 330
妓女减价出售　1911 年 4 月 6 日 …… 330
土工之忙碌　1911 年 4 月 6 日 …… 330

黑龙江：齐齐哈尔有染疫者　1911 年 4 月 6 日 ……………………………………………… 331
本埠要闻：防疫报销预闻　1911 年 4 月 7 日 ……………………………………………… 331
防疫办法转送奉天研究会　1911 年 4 月 7 日 ……………………………………………… 331
防疫局之将来　1911 年 4 月 7 日 ……………………………………………………………… 331
防疫局订期裁撤　1911 年 4 月 7 日 …………………………………………………………… 332
又派人检察沿江瘟疫　1911 年 4 月 7 日 ……………………………………………………… 332
分科研究之办法　1911 年 4 月 7 日 …………………………………………………………… 332
关于瘟疫之报告　1911 年 4 月 7 日 …………………………………………………………… 332
傅家甸防疫局排日报告　1911 年 4 月 7 日 …………………………………………………… 333
奉天：赵督派充防疫大臣近信　1911 年 4 月 7 日 …………………………………………… 333
防疫大会开幕种种　1911 年 4 月 7 日 ………………………………………………………… 333
医官不发凭单之原因　1911 年 4 月 7 日 ……………………………………………………… 333
食言而肥之官吏　1911 年 4 月 7 日 …………………………………………………………… 334
吉林：吉林府禀撤防疫各卡　1911 年 4 月 7 日 ……………………………………………… 335
长春：开学之有日期　1911 年 4 月 7 日 ……………………………………………………… 336
宾州：照录开学之文告　1911 年 4 月 7 日 …………………………………………………… 336
商业颇见起色　1911 年 4 月 7 日 ……………………………………………………………… 337
防疫局取缔直东会掩埋尸棺　1911 年 4 月 7 日 ……………………………………………… 337
黑龙江：满洲里站收殓尸具　1911 年 4 月 7 日 ……………………………………………… 337
专件：滨江防疫善后之公牍一　1911 年 4 月 7 日 …………………………………………… 338
专件：滨江防疫善后之公牍二　1911 年 4 月 7 日 …………………………………………… 339
论说：警告一般龌龊医官者　1911 年 4 月 8 日 ……………………………………………… 340
满洲东南又有瘟疫发现之传闻　1911 年 4 月 8 日 …………………………………………… 342
傅家甸开大交通　1911 年 4 月 8 日 …………………………………………………………… 342
本埠新闻：阿穆尔防疫人员到哈　1911 年 4 月 8 日 ………………………………………… 342
水路防疫办法　1911 年 4 月 8 日 ……………………………………………………………… 342
关于瘟疫之报告　1911 年 4 月 8 日 …………………………………………………………… 343
防疫陆军全行撤回　1911 年 4 月 8 日 ………………………………………………………… 343
开交通后之防疫办法　1911 年 4 月 8 日 ……………………………………………………… 343
傅家甸防疫局排日报告　1911 年 4 月 8 日 …………………………………………………… 343
奉天：防疫事务补志　1911 年 4 月 8 日 ……………………………………………………… 344

万国鼠疫研究会演说词　1911 年 4 月 8 日 …… 344
学堂开学确期　1911 年 4 月 8 日 …… 345
疫毙防疫人员之报告　1911 年 4 月 8 日 …… 345
戏园开演有期　1911 年 4 月 8 日 …… 345
模范学堂迁移原因　1911 年 4 月 8 日 …… 345
双城：防疫电文照录　1911 年 4 月 8 日 …… 346
五常府：俄医士到境之先声　1911 年 4 月 8 日 …… 346
裁撤检疫所　1911 年 4 月 8 日 …… 346
高委员到境　1911 年 4 月 8 日 …… 346
照录巡察抛弃疫尸札文　1911 年 4 月 8 日 …… 347
今日始讲究卫生　1911 年 4 月 8 日 …… 347
京奉铁道照旧开行无阻矣　1911 年 4 月 9 日 …… 347
保奖防疫出力人员　1911 年 4 月 9 日 …… 347
本埠新闻：派员调查各属疫毙人数　1911 年 4 月 9 日 …… 348
再志议事常年会迟开原因　1911 年 4 月 9 日 …… 348
疫后又须防盗　1911 年 4 月 9 日 …… 348
派员搜查沿江疫尸之续闻　1911 年 4 月 9 日 …… 348
银行事业发达　1911 年 4 月 9 日 …… 349
日人煤斤大减色　1911 年 4 月 9 日 …… 349
傅家甸防疫局排日报告　1911 年 4 月 9 日 …… 349
奉天：续万国鼠疫研究会演说词　1911 年 4 月 9 日 …… 350
万国鼠疫研究会规定进行方法　1911 年 4 月 9 日 …… 351
电饬各生赴省开学　1911 年 4 月 9 日 …… 352
五常府：裁撤防疫队　1911 年 4 月 9 日 …… 352
高委员将去矣　1911 年 4 月 9 日 …… 352
防疫局之忙碌　1911 年 4 月 9 日 …… 352
乡民之戒心如是　1911 年 4 月 9 日 …… 353
双城：特派英医检验腺百斯笃　1911 年 4 月 9 日 …… 353
关议员进省　1911 年 4 月 9 日 …… 353
本馆紧要专电（电报五）：日人亦开瘟疫博览会一所；（电报六）：前日医士库列士演说瘟疫解剖之学理　1911 年 4 月 11 日 …… 353

论说：记者对于奉天万国防疫研究会之感言　1911 年 4 月 11 日……………354
防疫善后办法　1911 年 4 月 11 日……………355
又有尸具出现　1911 年 4 月 11 日……………355
傅家甸之今昔观　1911 年 4 月 11 日……………355
裁撤救急巡警队　1911 年 4 月 11 日……………355
奉天瘟疫研究会之演说　1911 年 4 月 11 日……………356
关于瘟疫之报告　1911 年 4 月 11 日……………356
傅家甸防疫局排日报告　1911 年 4 月 11 日……………356
督宪电奏鼠疫开会事宜　1911 年 4 月 11 日……………356
鼠疫标本出现记闻　1911 年 4 月 11 日……………357
通饬酌裁防疫机关　1911 年 4 月 11 日……………357
营口：英医检验船客　1911 年 4 月 11 日……………357
日轮竟带病人进口　1911 年 4 月 11 日……………357
研究所又招自治学员　1911 年 4 月 11 日……………358
陆军添招兵丁　1911 年 4 月 11 日……………358
大开交通之期未定　1911 年 4 月 11 日……………358
五常府：裁撤防疫局　1911 年 4 月 11 日……………358
农界大欢喜　1911 年 4 月 11 日……………359
阿什河：勤学所总董辞差　1911 年 4 月 11 日……………359
防疫局之报告　1911 年 4 月 11 日……………359
呼兰：饬造疫死人名册　1911 年 4 月 11 日……………359
调查队参观防疫局　1911 年 4 月 12 日……………360
本埠新闻：防疫局副办缓行原因　1911 年 4 月 12 日……………360
设立育婴院　1911 年 4 月 12 日……………360
防疫研究会内外隔离之严紧　1911 年 4 月 12 日……………360
解剖尸体记事　1911 年 4 月 12 日……………361
吉林：将建传染病院　1911 年 4 月 12 日……………361
官运总办赴吉原因　1911 年 4 月 12 日……………362
刘大令因公赴坡　1911 年 4 月 12 日……………362
疫症滋漫之可骇　1911 年 4 月 12 日……………362
廉太守正已化人　1911 年 4 月 12 日……………362

稽查员之行踪　1911 年 4 月 12 日 …… 363
警务长注重卫生　1911 年 4 月 12 日 …… 363
双城：金太守因腺百斯笃撤任　1911 年 4 月 12 日 …… 363
撤销四乡隔离所　1911 年 4 月 12 日 …… 363
自治研究所将开学矣　1911 年 4 月 12 日 …… 364
商会电留金太守　1911 年 4 月 12 日 …… 364
防疫之结局　1911 年 4 月 12 日 …… 364
黑龙江：赈济穷黎之先声　1911 年 4 月 12 日 …… 364
撤销隔离所增设旅客栖止所　1911 年 4 月 12 日 …… 365
伍连德竟获二等第三宝星　1911 年 4 月 13 日 …… 365
郭司使赴奉　1911 年 4 月 13 日 …… 365
记防疫局会议内容　1911 年 4 月 13 日 …… 365
医士纷纷赴奉　1911 年 4 月 13 日 …… 366
调查瘟疫队　1911 年 4 月 13 日 …… 366
吉林：开学有定期　1911 年 4 月 13 日 …… 366
长春：防疫人员详呈履历之原因　1911 年 4 月 13 日 …… 366
电调防疫各项表图　1911 年 4 月 13 日 …… 367
双城：俄医员来双考察核疫　1911 年 4 月 13 日 …… 367
裁撤隔离所　1911 年 4 月 13 日 …… 367
此亦卫生之要著　1911 年 4 月 13 日 …… 367
禁止华工入俄之札文　1911 年 4 月 13 日 …… 368
医官之尽职　1911 年 4 月 13 日 …… 368
俄国医学博士不来五常矣　1911 年 4 月 13 日 …… 368
榆树厅：调查员之行踪　1911 年 4 月 13 日 …… 368
防疫局办理善后　1911 年 4 月 13 日 …… 369
阿什河：私卖车票者被控　1911 年 4 月 13 日 …… 369
依兰：归并庇寒隔离二所　1911 年 4 月 13 日 …… 370
直东会馆寄柩之取缔　1911 年 4 月 13 日 …… 370
电禀撤去养病留诊二所　1911 年 4 月 13 日 …… 370
黑龙江：请看拾遗疫毙衣物之扛夫　1911 年 4 月 13 日 …… 370
龙江公报迟延出版之原因　1911 年 4 月 13 日 …… 371

伤哉以身御疫之科长　1911年4月13日……371
今始整顿禁令　1911年4月13日……372
宣讲所开演　1911年4月13日……372
会同商议水路防疫事宜　1911年4月14日……372
帽儿山疫死之人数　1911年4月14日……372
殓得尸身四具　1911年4月14日……373
局长辞差作罢　1911年4月14日……373
可谓花落讼庭闲　1911年4月14日……373
粮价跌落之原因　1911年4月14日……373
长寿：学堂开学展期之原因　1911年4月14日……374
女学堂将开学矣　1911年4月14日……374
双城：酌留防疫人员　1911年4月14日……374
安插因疫阻留工人　1911年4月14日……374
绥化：防疫会裁撤　1911年4月14日……375
药材将次涨价　1911年4月14日……375
税关会议防疫内容　1911年4月15日……375
卫生总局之会议　1911年4月15日……376
辛苦了良民便宜了娼优　1911年4月15日……376
赔偿损毁衣物　1911年4月15日……376
南北满之瘟疫全灭　1911年4月15日……377
林司马改代理为署理　1911年4月15日……377
自治研究所开学　1911年4月15日……377
宣讲员痛讲防疫之关系　1911年4月15日……377
弛禁交通约在月望　1911年4月15日……378
审判厅考验巡警　1911年4月15日……378
驻哈陆军回宽有期　1911年4月15日……378
双城：关乎恤赏之电报　1911年4月15日……378
行路阻滞之原因　1911年4月15日……379
照录防疫局善后之电报　1911年4月15日……379
研究所开学之日期　1911年4月15日……379
郭司使赴奉原因　1911年4月16日……379

调查瘟疫之报告　1911 年 4 月 16 日……380
调查西路瘟疫团之报告　1911 年 4 月 16 日……380
防疫员颁到奖赏　1911 年 4 月 16 日……380
南满路交通渐开　1911 年 4 月 16 日……380
征租柜定期开征　1911 年 4 月 16 日……381
本埠要闻：铁路总办电告各站之文　1911 年 4 月 18 日……381
防疫局缓期裁撤　1911 年 4 月 18 日……382
办理卫生专员到哈　1911 年 4 月 18 日……382
设立育婴院续闻　1911 年 4 月 18 日……382
调查瘟疫团不久来哈　1911 年 4 月 18 日……382
奉天：研究鼠疫传染之次序　1911 年 4 月 18 日……383
拟裁并防疫所近闻　1911 年 4 月 18 日……383
南满铁路允华人乘二等车　1911 年 4 月 18 日……383
检验期缩小　1911 年 4 月 18 日……384
关于防疫之电谕　1911 年 4 月 18 日……384
防疫人员一律裁撤　1911 年 4 月 18 日……384
疔毒与腊疫之争执　1911 年 4 月 18 日……385
电报局之忙碌　1911 年 4 月 18 日……385
议商松阿两河防疫办法　1911 年 4 月 19 日……385
请免邮件之消毒　1911 年 4 月 19 日……386
派员调查焚弃之房室　1911 年 4 月 19 日……386
松花江开航　1911 年 4 月 19 日……386
检查商民院落　1911 年 4 月 19 日……386
乡民不反对防疫矣　1911 年 4 月 19 日……387
长春：官场议设卫生局　1911 年 4 月 19 日……387
电调寿令另补要缺　1911 年 4 月 19 日……388
卫生局将次成立　1911 年 4 月 19 日……388
收买破烂衣物者急宜查禁　1911 年 4 月 19 日……388
焚烧养病院　1911 年 4 月 19 日……388
黑龙江：预备迎迓调查卫生之西医　1911 年 4 月 19 日……389
警务公所实行捕鼠方法　1911 年 4 月 19 日……389

梨园开演之尽义务　1911 年 4 月 19 日……390
本埠要闻：俄医参观防疫办法　1911 年 4 月 20 日……390
铁路公司发放瘟疫奖金　1911 年 4 月 20 日……390
本埠新闻：卫生医院勘定地址　1911 年 4 月 20 日……391
砖木大涨价　1911 年 4 月 20 日……391
疫毁房间准予赔款　1911 年 4 月 20 日……391
防疫之好计划　1911 年 4 月 20 日……391
营口：又送难民回籍　1911 年 4 月 20 日……392
验放入关旅客之办法　1911 年 4 月 20 日……392
联合会订期开会　1911 年 4 月 20 日……392
吉垣防疫总局之电饬　1911 年 4 月 20 日……392
请准各街一律消毒　1911 年 4 月 20 日……393
俄商务公司照旧开办　1911 年 4 月 20 日……393
长寿：邮政局迁移之原因　1911 年 4 月 20 日……393
又有灾民到境　1911 年 4 月 20 日……393
双城：殷典簿请假之原因　1911 年 4 月 20 日……394
锡制军之电报　1911 年 4 月 20 日……394
女校开学迟缓之原因　1911 年 4 月 20 日……394
裁撤救急队　1911 年 4 月 20 日……394
调查员将回省矣　1911 年 4 月 20 日……395
江省防疫之经费　1911 年 4 月 20 日……395
呼兰：防疫会周济贫民之款项　1911 年 4 月 20 日……395
调查疫时之糜款　1911 年 4 月 20 日……396
本埠要闻：哈埠复为欧亚交通便路　1911 年 4 月 21 日……396
万国防疫会会员来哈　1911 年 4 月 21 日……396
于革道开复消息　1911 年 4 月 21 日……397
防疫员核减清单　1911 年 4 月 21 日……397
奉天：防疫支应委员因舞弊被撤　1911 年 4 月 21 日……398
吉林：关于吉垣防疫总局之文牍　1911 年 4 月 21 日……398
长春：又催户口清册　1911 年 4 月 21 日……399
宣讲所定期开办　1911 年 4 月 21 日……399

疫气甫息盗贼又起　1911 年 4 月 21 日……399
防疫局之裁撤　1911 年 4 月 21 日……400
防疫会又将成立矣　1911 年 4 月 21 日……400
请看伍医官之出身履历　1911 年 4 月 21 日……401
万国会员来哈记事　1911 年 4 月 26 日……402
游哈万国防疫研究会姓名单　1911 年 4 月 26 日……402
札发防疫约言　1911 年 4 月 26 日……403
本埠新闻：又解送旱獭九个　1911 年 4 月 26 日……403
又有类似鼠疫之一种病人　1911 年 4 月 26 日……403
寄谕嘉奖研究会员　1911 年 4 月 26 日……403
吉林：消毒员旋省　1911 年 4 月 26 日……404
防疫局准发焚毁房价　1911 年 4 月 26 日……404
防疫认真之效果　1911 年 4 月 26 日……404
德提调关心民瘼　1911 年 4 月 26 日……404
区官被撤之原因　1911 年 4 月 26 日……405
柴米之涨价　1911 年 4 月 26 日……405
防疫之清册　1911 年 4 月 26 日……405
时评：俄议长来哈记事　1911 年 4 月 27 日……406
防疫局不撤原因　1911 年 4 月 27 日……407
田家烧锅防疫局裁撤　1911 年 4 月 27 日……407
鼠疫研究会之报告书　1911 年 4 月 27 日……407
火车轮船一律免验　1911 年 4 月 27 日……407
防疫总局亦定期裁撤　1911 年 4 月 27 日……408
榆树：调查疫毙之人数　1911 年 4 月 27 日……408
调查员之尽职　1911 年 4 月 27 日……409
宾州：卫生队注重之点　1911 年 4 月 27 日……409
宁古塔：防疫检验庇寒等所均行撤销　1911 年 4 月 27 日……409
呼兰：娼寮照旧营业　1911 年 4 月 27 日……409
照录晓谕屠户之文告　1911 年 4 月 27 日……410
要闻：监国拟召见各国防疫会委员　1911 年 4 月 28 日……410
筹拨防疫善后款项　1911 年 4 月 28 日……411

派往和国专使过哈之风说　1911年4月28日……411
铁路总公司会办来哈之原因　1911年4月28日……411
天津卫生巡警撤回　1911年4月28日……411
又裁撤救急巡警五十名　1911年4月28日……412
入海滨省者仍须检验　1911年4月28日……412
火车照旧通行　1911年4月28日……412
警官之称职　1911年4月28日……413
调查员之尽职　1911年4月28日……413
疫毙之人数　1911年4月28日……413
巴彦州：团头怜惜病毙之热心　1911年4月28日……414
本埠要闻：检验轮船章程　1911年4月29日……414
研究瘟疫会之近闻　1911年4月29日……415
本埠新闻：不准运污秽之物入阿穆尔　1911年4月29日……415
防疫人员具造衔名册　1911年4月29日……415
防疫事告竣　1911年4月29日……415
烟台来客仍须留验　1911年4月29日……416
大隔离所有停工之消息　1911年4月29日……416
新城：宣讲疫祸之根由　1911年4月29日……417
医官回省启程　1911年4月29日……417
巡警取缔贩卖病鸡　1911年4月29日……417
本埠要闻：补志奉天研究瘟疫会员来哈情形　1911年4月30日……418
调查防疫大宗用款　1911年4月30日……419
卫生医院开办　1911年4月30日……419
各医士拟游观京师　1911年4月30日……419
南满火车之限制　1911年4月30日……419
五常厅：防疫局之裁撤　1911年4月30日……420
防疫局之电报　1911年4月30日……420
孙参军下乡验尸　1911年4月30日……420
一面坡：卫生局将次开办　1911年4月30日……420
奏稿：学部奏恳恩赏给总医官伍连德医科进士学位折
1911年4月30日……421

本馆紧要专电（电报九）：研究瘟疫会以肺瘟实由于旱獭发生
1911年5月2日……422
铁路各站瘟疫已报肃清　1911年5月2日……422
焚烧染疫房价由厅署发给　1911年5月2日……422
济贫所刻已裁撤　1911年5月2日……422
保护俄员之传单　1911年5月2日……423
调查员留心时务　1911年5月2日……423
奖赏防疫人员　1911年5月2日……423
巡记对于防疫之认真　1911年5月2日……423
要件：奉天研究会闭会结局　1911年5月3日……424
王先锋官回省　1911年5月3日……425
两等学堂开学有期　1911年5月3日……425
市况　1911年5月3日……425
赵帅之慎重防疫用款　1911年5月3日……425
私售检疫假照者被捕　1911年5月3日……426
长春：电饬绘呈防疫全图　1911年5月3日……426
南满火车已卖三等客票　1911年5月3日……426
新城：建筑取水浮桥以重卫生　1911年5月3日……427
调查员回省矣　1911年5月3日……427
警察局记事　1911年5月3日……427
卫生局开办记事　1911年5月3日……428
黑龙江：调查沿边瘟疫者业已起程　1911年5月3日……428
区官兼办防疫　1911年5月3日……428
哈埠医员之会议　1911年5月4日……429
又有死尸发现　1911年5月4日……430
隔离院孺妇归育婴院收养　1911年5月4日……430
长春：退伍兵开行有期　1911年5月4日……430
打捞尸骸之原因　1911年5月4日……430
因防疫添派稽查员　1911年5月4日……431
各国医员之入都觐见　1911年5月5日……431
曹统制赴京之原因　1911年5月5日……431

紧要专件：研究会议结防疫办法　1911 年 5 月 5 日……432
本埠要闻：火车大开通之通饬　1911 年 5 月 6 日……433
详请奏保防疫出力人员述闻　1911 年 5 月 6 日……433
铁路区长防疫有功　1911 年 5 月 6 日……433
黑龙江：范太守慎重卫生　1911 年 5 月 6 日……433
外部邀请万国鼠疫研究会　1911 年 5 月 9 日……434
新派调查防疫经费之暗查员　1911 年 5 月 9 日……434
赴会医士回哈　1911 年 5 月 9 日……434
牌示发给房价恤款　1911 年 5 月 9 日……435
防疫局订期裁撤　1911 年 5 月 9 日……435
防疫人员由锡督保奖　1911 年 5 月 9 日……435
马家沟死尸出现　1911 年 5 月 9 日……435
售鸡鸭者急应取缔　1911 年 5 月 9 日……436
金太守有回本任之消息　1911 年 5 月 9 日……436
防疫之结局　1911 年 5 月 9 日……436
防疫局赴三姓检验船只　1911 年 5 月 10 日……436
防疫局撤销之预期　1911 年 5 月 10 日……437
新城：府自治筹办所成立　1911 年 5 月 10 日……437
本埠要闻：预备防疫之报告　1911 年 5 月 11 日……437
各国不满意于奉天研究会　1911 年 5 月 11 日……437
长春：防疫人员大失所望　1911 年 5 月 11 日……438
榆树厅：防疫之藏事　1911 年 5 月 11 日……438
监国对于伍医官之嘉奖　1911 年 5 月 12 日……438
姚会办来哈办理卫生消息　1911 年 5 月 12 日……438
奏稿：东督等奏三省疫气扑灭出力人员请奖折　1911 年 5 月 12 日……439
郭司使赴奉有期　1911 年 5 月 13 日……440
育婴院改为孤儿院　1911 年 5 月 13 日……440
防疫章程一概取消　1911 年 5 月 13 日……440
长春：陆军派员赴关招兵　1911 年 5 月 13 日……441
施医院依旧施医　1911 年 5 月 14 日……441
防疫局文案裁撤　1911 年 5 月 16 日……442

电话机关移设电报局内　1911 年 5 月 16 日 …………………………………………………… 442
防疫局会计处缓期裁撤　1911 年 5 月 17 日 …………………………………………………… 442
通饬严禁猎取旱獭　1911 年 5 月 17 日 ………………………………………………………… 442
大令泽及枯骨　1911 年 5 月 17 日 ……………………………………………………………… 443
海伦：商务困难之原因　1911 年 5 月 17 日 …………………………………………………… 443
铁路消毒所已将裁撤　1911 年 5 月 18 日 ……………………………………………………… 443
伍医官来哈消息　1911 年 5 月 18 日 …………………………………………………………… 443
要闻：监国批令核减东三省防疫保案　1911 年 5 月 19 日 …………………………………… 444
防疫后之余闻　1911 年 5 月 19 日 ……………………………………………………………… 444
俄员函请掩埋疫尸　1911 年 5 月 19 日 ………………………………………………………… 444
木商之恐慌　1911 年 5 月 19 日 ………………………………………………………………… 444
宾州：地方公共卫生起点　1911 年 5 月 19 日 ………………………………………………… 445
难民　1911 年 5 月 19 日 ………………………………………………………………………… 445
伍医官来哈　1911 年 5 月 21 日 ………………………………………………………………… 446
记防疫局裁撤后之事　1911 年 5 月 21 日 ……………………………………………………… 446
九标营兵仍回吉省　1911 年 5 月 21 日 ………………………………………………………… 446
偷埋尸身者之多　1911 年 5 月 23 日 …………………………………………………………… 447
黑龙江：调查医官之死于疫者　1911 年 5 月 23 日 …………………………………………… 447
本埠要闻：勿谓瘟疫之不来也　1911 年 5 月 24 日 …………………………………………… 448
长春：防疫报销均作银价　1911 年 5 月 24 日 ………………………………………………… 448
江省防疫之用费　1911 年 5 月 24 日 …………………………………………………………… 449
撤退防疫兵丁　1911 年 5 月 24 日 ……………………………………………………………… 449
伍医官北赴满洲里　1911 年 5 月 25 日 ………………………………………………………… 450
实行查验各住户　1911 年 5 月 25 日 …………………………………………………………… 450
撤销防疫局之确期　1911 年 5 月 25 日 ………………………………………………………… 450
依兰：英防疫员今始来到　1911 年 5 月 25 日 ………………………………………………… 451
钟观察来查疫迹　1911 年 5 月 25 日 …………………………………………………………… 451
黑龙江：补录英医调查瘟疫情形　1911 年 5 月 25 日 ………………………………………… 452
吉林防疫费有着矣　1911 年 5 月 26 日 ………………………………………………………… 453
防疫局报销之为难　1911 年 5 月 26 日 ………………………………………………………… 453
黑龙江：猎旱獭者又来　1911 年 5 月 26 日 …………………………………………………… 453

查博士致防疫局文牍　1911 年 5 月 27 日 …… 454
防疫局会计处之忙碌　1911 年 5 月 27 日 …… 454
苍蝇可以传染瘟疫　1911 年 5 月 27 日 …… 454
一面坡：卫生划归巡检代办　1911 年 5 月 27 日 …… 455
防疫报销将竣　1911 年 5 月 30 日 …… 455
警局清查户口　1911 年 5 月 30 日 …… 455
依兰：防疫报销又须重造　1911 年 5 月 31 日 …… 456
防疫报销之难　1911 年 6 月 1 日 …… 456
新督派员密查隔离所　1911 年 6 月 1 日 …… 456
商家之现况　1911 年 6 月 1 日 …… 457
黑龙江：食鱼者注意　1911 年 6 月 1 日 …… 457
东三省移民之政策　1911 年 6 月 4 日 …… 458
中国商人之信用可取　1911 年 6 月 4 日 …… 458
寻获死尸四具　1911 年 6 月 4 日 …… 458
防疫报销总数　1911 年 6 月 4 日 …… 458
医士检验乘客之章程施行　1911 年 6 月 4 日 …… 459
乘邮车客货车者仍须检验　1911 年 6 月 4 日 …… 459
防疫人员之厄运　1911 年 6 月 4 日 …… 459
调查因疫受损者　1911 年 6 月 4 日 …… 460
莫非又有黑疫发现耶　1911 年 6 月 6 日 …… 460
剖验患泻病死者尸身　1911 年 6 月 6 日 …… 460
调查霍乱病者由宽起程矣矣　1911 年 6 月 6 日 …… 460
防疫会裁撤矣　1911 年 6 月 6 日 …… 461
本埠要闻：照请发给查验霍乱护照　1911 年 6 月 7 日 …… 461
防疫保案近闻　1911 年 6 月 7 日 …… 461
调查霍乱者回哈　1911 年 6 月 7 日 …… 461
呈报死尸者得赏　1911 年 6 月 7 日 …… 462
关于防疫之公文　1911 年 6 月 7 日 …… 462
防疫费一万七千余两　1911 年 6 月 7 日 …… 462
调查瘟疫团回哈　1911 年 6 月 9 日 …… 463
防疫局会计处竣事　1911 年 6 月 9 日 …… 463

照请停发工人出口护照　1911 年 6 月 9 日……463
董提调赴奉之先声　1911 年 6 月 9 日……464
防疫局恤款改章　1911 年 6 月 10 日……464
暗查员来宽　1911 年 6 月 13 日……464
调查疫症委员不日回省　1911 年 6 月 14 日……464
禁捕旱獭惩罚简章　1911 年 6 月 14 日……465
防疫报销缓期告竣　1911 年 6 月 15 日……465
防疫事务处之公布　1920 年 5 月 23 日……466
传染病宜防　1920 年 6 月 4 日……467
关内难民断绝生机　1920 年 9 月 9 日……467
营口之防疫　1920 年 9 月 10 日……467
本埠新闻：奉属发现时疫　1920 年 9 月 16 日……467
绥芬河：卫生局成立　1920 年 9 月 23 日……468
满洲里之瘟疫　1920 年 9 月 24 日……468
后贝加尔之黑死病　1920 年 9 月 29 日……468
大连之时疫　1920 年 9 月 30 日……469
后贝加尔之瘟疫　1920 年 9 月 30 日……469
满洲里之瘟疫　1920 年 10 月 7 日……469
海拉尔之黑死病　1920 年 10 月 24 日……469
时论：冬瘟之宜防　1920 年 11 月 11 日……470
海拉尔站之传染病　1920 年 11 月 28 日……471
海拉尔之疫症　1920 年 11 月 30 日……471
海拉尔实行防疫　1920 年 12 月 7 日……471
海拉尔之黑死病　1920 年 12 月 7 日……472
铁路检验兵车　1920 年 12 月 12 日……472
时论：中东路鼠疫之传染　1920 年 12 月 14 日……473
满站之瘟疫　1920 年 12 月 14 日……474
预防鼠疫之布告　1920 年 12 月 16 日……474
来件：防疫事务处之布告　1920 年 12 月 18 日……475
译件：中东路瘟疫之可虑　1920 年 12 月 19 日……476
来件：防疫事务处之布告（续）　1920 年 12 月 19 日……477

本埠开防疫会议　1920 年 12 月 22 日……478
医学研究会与防疫　1920 年 12 月 24 日……479
中东路之防疫　1921 年 1 月 1 日……479
海拉尔之传染病　1921 年 1 月 9 日……479
院长查疫返省　1921 年 1 月 13 日……479
海拉尔疫症猖獗　1921 年 1 月 16 日……480
本埠新闻：海拉尔之疫症　1921 年 1 月 18 日……480
长春：为防疫筹办场所　1921 年 1 月 18 日……481
西路之卫生车　1921 年 1 月 21 日……481
筹备防疫事务所　1921 年 1 月 21 日……481
时评：满洲之鼠疫　1921 年 1 月 22 日……482
筹备防疫之计划　1921 年 1 月 22 日……483
本埠新闻：铁路公司防疫　1921 年 1 月 26 日……483
鼠疫近闻　1921 年 1 月 26 日……484
筹设防疫处　1921 年 1 月 26 日……484
满海防疫之近报　1921 年 1 月 26 日……484
本埠之防疫局　1921 年 1 月 28 日……484
防疫之报告　1921 年 1 月 29 日……485
中东路之疫症　1921 年 1 月 29 日……485
董事会入手防疫　1921 年 1 月 29 日……486
施种疫浆　1921 年 1 月 29 日……486
警察预备防疫　1921 年 1 月 29 日……486
奉天预备防疫　1921 年 1 月 29 日……487
临时防疫事务所成立　1921 年 1 月 29 日……487
鼠疫将绝谈　1921 年 1 月 29 日……488
本埠新闻：关于防疫种种　1921 年 1 月 30 日……489
扎兰诺尔防疫办法　1921 年 1 月 30 日……490
疫症现状　1921 年 1 月 30 日……490
检验搭客　1921 年 1 月 30 日……491
防疫职员产出　1921 年 1 月 30 日……491
鼠疫消灭之确讯　1921 年 1 月 30 日……491

将开中日防疫大会　1921 年 1 月 30 日……491
关于防疫近闻　1921 年 2 月 1 日……492
筹设防疫所近志　1921 年 2 月 1 日……493
本埠新闻：南满车实行消毒　1921 年 2 月 2 日……493
满站通车无望　1921 年 2 月 2 日……494
日人注射疫浆　1921 年 2 月 2 日……494
西路停止行车　1921 年 2 月 2 日……494
防疫近闻　1921 年 2 月 2 日……495
南满防疫　1921 年 2 月 2 日……495
黑龙江：防疫处领款购药　1921 年 2 月 2 日……496
西路停车原因　1921 年 2 月 3 日……496
满站防疫严　1921 年 2 月 3 日……497
商界更觉无望　1921 年 2 月 3 日……497
防疫之报告　1921 年 2 月 3 日……497
疗治鼠疫之良药　1921 年 2 月 3 日……497
孙督电告防疫　1921 年 2 月 4 日……498
满洲里：为防疫断绝交通　1921 年 2 月 4 日……498
本埠新闻：防疫近闻一　1921 年 2 月 5 日……499
防疫近闻二　1921 年 2 月 5 日……500
关于防疫之进行　1921 年 2 月 5 日……501
逐户查疫　1921 年 2 月 5 日……502
工务会自办防疫　1921 年 2 月 5 日……502
傅家甸防疫分会成立　1921 年 2 月 5 日……502
长春：日人防疫之严厉　1921 年 2 月 5 日……503
哈埠至满站之交通　1921 年 2 月 6 日……503
防疫近闻　1921 年 2 月 6 日……503
疫症报告　1921 年 2 月 6 日……504
扎兰屯之防疫　1921 年 2 月 6 日……504
南满之疫症　1921 年 2 月 6 日……504
特别记载：治疫解毒活血神效汤散（附来函）　1921 年 2 月 6 日……505
黑龙江：防疫之严厉　1921 年 2 月 6 日……506

本埠新闻：中东路实行检疫　1921 年 2 月 15 日……506
长春尚无疫症　1921 年 2 月 15 日……506
满洲里之疫症　1921 年 2 月 15 日……506
火车停止消息　1921 年 2 月 15 日……507
车夫被检验　1921 年 2 月 15 日……507
隔离瘟病实行　1921 年 2 月 15 日……508
记道外防疫事　1921 年 2 月 15 日……508
粥厂照常开施　1921 年 2 月 15 日……508
警察之净除街道忙　1921 年 2 月 15 日……508
防疫与交通　1921 年 2 月 15 日……509
因防疫取缔之营业　1921 年 2 月 15 日……509
省会防疫办法　1921 年 2 月 15 日……509
总办因公赴奉　1921 年 2 月 15 日……509
防疫之报告　1921 年 2 月 16 日……510
西路停止卖票　1921 年 2 月 16 日……510
安达站验病　1921 年 2 月 16 日……510
警察捉拿乞丐　1921 年 2 月 16 日……511
土娼请恢复营业　1921 年 2 月 16 日……511
火车道口之医士　1921 年 2 月 16 日……511
警厅取缔秧歌　1921 年 2 月 16 日……511
日本方面之防疫办法　1921 年 2 月 16 日……512
南车染疫一名　1921 年 2 月 17 日……512
又有染疫者一名　1921 年 2 月 17 日……512
设立防疫所近讯　1921 年 2 月 17 日……512
长春：防疫会议之所闻　1921 年 2 月 17 日……513
绥芬河：防疫所成立　1921 年 2 月 17 日……513
日人来站调查鼠疫　1921 年 2 月 17 日……513
本埠新闻：道里严查住户　1921 年 2 月 18 日……514
哈埠人民不幸中之幸　1921 年 2 月 18 日……514
商业之悲观　1921 年 2 月 18 日……515
防疫报告　1921 年 2 月 18 日……515

满站之来电　1921年2月18日……516
防疫救急队成立　1921年2月18日……516
本埠琐闻：因防疫竟令工人绝食　1921年2月18日……516
呈请恢复营业批示　1921年2月18日……516
二等妓馆营业之发达　1921年2月18日……517
检查员之忙碌　1921年2月18日……517
防疫委员会成立　1921年2月18日……517
三十六棚之秧歌出现　1921年2月19日……517
鼠疫声浪　1921年2月19日……518
哈尔滨临时防疫总事务所调查疫症报告表（二月十六日）
1921年2月19日……519
本埠新闻：关于防疫之见闻　1921年2月20日……520
防疫之报告　1921年2月20日……521
拘留人之保证金　1921年2月20日……521
通令各校预防鼠疫　1921年2月20日……522
商会筹备防疫　1921年2月20日……522
哈尔滨临时防疫总事务所调查疫症报告表（二月十七日）
1921年2月20日……523
长春日站检疫之严厉　1921年2月25日……524
防疫人员之职责　1921年2月25日……524
防疫弛禁　1921年2月25日……524
防疫消息种种　1921年2月25日……525
鼠疫之现状　1921年2月26日……526
鼠疫渐次消灭　1921年2月26日……527
疫氛已息　1921年2月26日……527
交界站防疫情形　1921年2月26日……527
本埠新闻：内部派员来哈　1921年2月26日……528
总工厂拟设立防疫所　1921年2月26日……528
施粥厂与防疫　1921年2月26日……528
哈尔滨临时防疫总事务所调查疫症报告表（二月二十三日）
1921年2月26日……529

《远东报》防疫新闻辑录

△△上海女士來東治疫之可嘉

上海仁慈會女士專助病人香到北滿一帶拯治疫人奉大吏已電懇各省捐助振欵欲助女士

——摘自《远东报》，
1911年2月21日

●會議組織新防疫隊問題○昨日關道邀請交涉代辦達聶爾君會議組織防疫隊清理各處戶身問題擬成隊後由鐵路公司派遣代表一人協同辦理此事

——摘自《远东报》，
1911年2月21日

本埠新聞

●焚燒房屋之實效○傅家甸防疫局近日屢次焚燒傳染瘟疫各房聞日前焚燒時竟由房頂落下屍身數具皆平日隱藏者當時由醫士飭苦工拉至停屍場以便焚燬云

中

——摘自《远东报》，
1911年2月21日

●疫勢大見輕減○傅家甸地方自本月初四日斷絕交通後死亡人數即日見輕減已迭誌報端昨又調查二十一日四區界內並未死一人病院僅死十人云

亦

——摘自《远东报》，
1911年2月21日

●焚棄已埋之死尸○傅家店防疫局以近日焚燒之死尸均未經燒透勢須掩埋其先已埋之尸約二千餘具擬不日掘出一律用火葬云

——摘自《远东报》，
1911年2月21日

●准其各區交通○傅家店瘟疫極盛之時甲區之人不准與乙區之人交往近疫氣將及撲滅故執有防疫局特別執據可任意往來云

——摘自《远东报》，
1911年2月21日

●記田家燒鍋防疫之效○田家燒鍋商會紳士自年前辦理防疫事宜因乏經費及醫士巡警等故少效果自正月十三日起于觀察委尚委員前往接辦並派吳季良帶查一切故較前大有起色聞派去巡警數十名並由傅家甸運去消毒藥水派去正副醫士數名近又安設電話以俾互通消息是以近日死者較前日少　中

——摘自《远东报》，
1911年2月21日

●飯店竟改作賭場○本埠五六道街向來賭局甚多自巴薩斯查抄後已皆關閉然五道街其中國飯店以近日生意冷落竟改作賭場每日召集官商各界通宵聚賭一日可得頭錢數百元較之以前生意尚覺興盛　中

——摘自《远东报》，
1911年2月21日

●防疫局清理各處屍身○傅家甸防疫局人員近日擬實行清理附近各村屍身除通知呼蘭府作速派人收殮江北各處屍身外擬多召苦工由醫巡警等督飭移聚一處焚燒以免天煖有傳染之虞　中

——摘自《远东报》，
1911年2月21日

●傅家店防疫局之報告○本月十九時疫病院病斃十七名現存二十二名各區無疫斃者搜出尸棺三具陳屍四具隔離所舊有一千五百三十三名新收入二十四名釋放四十九名轉送九名現在一千四百九十九名本月二十日時疫病院疫斃十二名現存十八名各區疫斃一名搜出尸棺一具陳尸三具隔離所舊有一千四百九十九名新收入四十一名轉送二名現在一千五百三十八名

——摘自《远东报》，
1911年2月21日

●敬告業醫者預防○榆樹廳復壽堂藥局醫生姜海峰君因醫治疫症不避利害毅然前往不意忽受傳染所幸同人等力爲醫治始得危而復安竊疫癘之傳染甚速惟望業醫者時加防範以保其身云　容

——摘自《远东报》，
1911年2月21日

▲黑龍江▼

●因防疫有暫停質典之說○頃聞防疫會日內研究防疫方法以各家質舖每日所質衣物其中不無污穢且恐瘟疫所遺一切衣服收受者難免質換錢文至入架後誠恐愈染愈多無從消滅故擬傳知各家質舖暫停質典之說云　于

——摘自《远东报》，
1911年2月21日

●續黑錄隔離室暫行章程〇一隔離室隸屬於防疫會其應設員司役如左一管理員一員庶務員一員醫官一員書記一名夫役無定額臨時酌定　一管理員承民政司及防疫會正副會長之命令管理夫內一切事務如辦理文牘報告出入人數及隨時禀請添派員役各等事務皆屬之　一庶務員亦承民政司防疫會正副會長之指揮協同管理員辦理室內隔離事宜凡收發經費購買物品等事項屬之　一醫官承防疫會正副會長之指揮擔任入室人有無染受疫症並施行預防救治消毒方法各事務　一書記承管理員庶務員之指揮繕寫文牘表册及收發核對等事一夫役計分兩類　一為看護室內居人名曰看護夫役　一為辦理一切雜務遞送公文執行廚房等事名曰雜工夫役（此兩項夫役均無額）一室內員書如有不敷分佈之時由本會察看情形隨時呈請添派　一隔離室所用經費由管理員隨時呈請防疫會轉請民政司憲發給按月由管理員開單呈報實用開銷　一管理員庶務員醫官等如辦事不力應由本會會長隨時呈請撤換俾免貽誤　一隔室離應由本會刋發戳記一顆名曰黑龍江省城防疫隔離室戳記以昭信守

一隔離室係屬暫設如瘟疫消滅即行撤銷管理庶務醫官等有差者即仍回原差書記夫役辦事出力者或送入他處局所充差或即解散臨時再行斟酌餘如未臻完善之處應隨時修正　于

——摘自《远东报》，1911 年 2 月 21 日

▲俄國▼

●阿穆爾派兵防疫○倫敦電報云俄國阿穆爾省總督現因滿洲百斯篤瘟疫流行恐有傳播情事特調軍隊在沿邊防守以免瘟疫之延入云

——摘自《远东报》，1911年2月21日

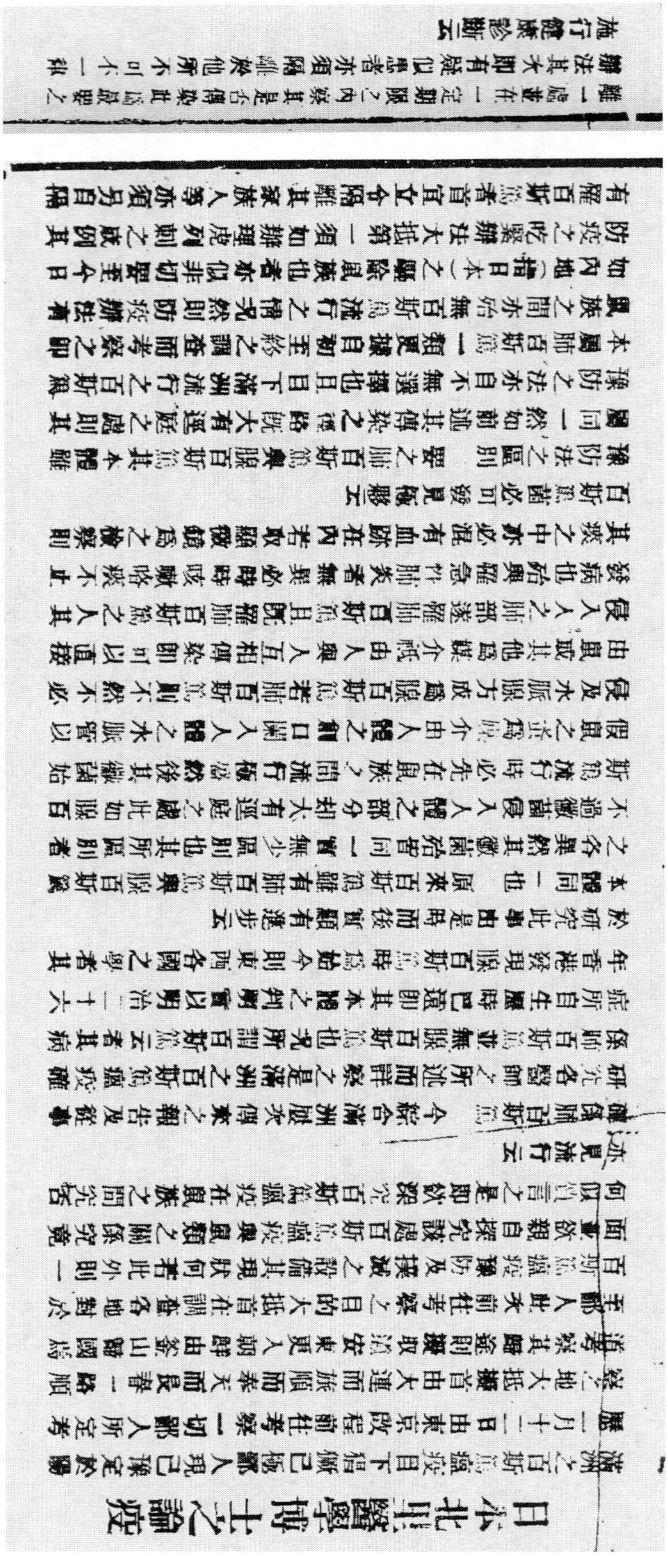

日本北里醫學博士之論疫

滿洲之百斯篤瘟疫目下猖獗已極鄙人現已豫定於陽歷一月十二日由東京啟程前往考察一切鄙人所定考察之地大抵擬首由大連而旅順而奉天而長春一路順道考察其歸途則擬取道安東更入朝鮮由釜山歸國焉至鄙人此次前往考察之目的大抵首在調查各地對於百斯篤瘟疫豫防及撲滅之設備其現狀何若此外則一面並欲親自探究該處百斯篤瘟疫與鼠類之關係究竟何似質言之是即欲深究百斯篤瘟疫在鼠族之間究否亦見流行云

確係肺百斯篤　今綜合滿洲歷次傳來之報告及從事研究各醫師之所述而詳察之是滿洲之百斯篤瘟疫確係肺百斯篤並無腺百斯篤也況所謂百斯篤云者其病症所自生歷時已遠卽其本體之判明實以明治二十六年香港發現腺百斯篤時爲始今則東西各國之學者其於研究此事由是時而後實顯有進步云

本體同一也　原來百斯篤雖有肺百斯篤與腺百斯篤之各異然其黴菌殆皆同一實無少區別也其所區別者不過黴菌侵入人體之部分却大有逕庭之處此如腺百斯篤流行時必先在鼠族之間流行極盛然後其黴菌始假鼠之蚤爲媒介由人體之創口闌入人體之水脈管以侵及水脈腺方成爲腺百斯篤若肺百斯篤則不然不必由鼠或其他爲媒介祇由人與人互相傳染卽可以直接侵入人之肺部遂罹肺百斯篤且既罹肺百斯篤之人其發病也殆與罹急性肺炎者無異必時時咳嗽咯痰不止其痰之中亦必混有血跡在內若取顯微鏡爲之檢察則百斯篤菌必可發見極夥云

豫防法之區別　要之肺百斯篤與腺百斯篤其本體雖屬同一然如前述其傳染之徑路既大有逕庭之處則其豫防之法亦自不無選擇也且目下滿洲流行之百斯篤本屬肺百斯篤一類更據自初至終之調查而考察之卽鼠族之間亦殆無百斯篤流行之情況然則防疫辦法有如內地（指日本）之驅除鼠族也者亦似非切要至今日防疫之吃緊辦法大抵第一須如辦理虎列剌之成例其有罹百斯篤者首宜立令隔離其家族人等亦須另自隔離一處並在一定期限之內察其是否傳染此爲最要之辦法其次卽有疑似患者亦須隔離於他所不可不一律施行健康診斷云

——摘自《远东报》，1911 年 2 月 21 日

哈埠華俄防疫員會議

十七日華俄防疫人員於內疫所內大開會議華防疫員先偕同俄員參觀傳家甸防疫情形據云近日疫死人數日減將染疫處所及街衢死屍亦漸除去各處屯積之屍身亦漸焚燒淨盡其新疫死者亦以焚燒之法銷滅之其染疫之房屋可消毒者均存留之不可消毒者全行毀折現派人至各處尋覓屍具已在松花江面及僻靜處覓得多具大半均由雪中掘出近已焚燒恐來再有覓□者亦如法辦理松花江左岸非哈爾濱關道所轄之地應知照黑龍江官吏設法檢查現中國防疫局甚爲注意附近各村疫氣之情形如將來疫□不減勢須斷絕交通後華官更請俄員設法假與瓦罐車四十輛爲無房之貧民居住並將隔離處所延長俄員業已允許據華員云俄國隔離崗之醫士常對于由傳家甸至哈爾濱之人見似有病者即不令過道然由哈爾濱至傳家甸之華人亦須檢驗有無病症以免傳及傳家甸及鄰近各村至哈埠防疫局定章無論何項華人一概不准至俄戲園飯館及一切遊息處所然據華防疫員云中國下等之人固可禁其勿往以上所言之各處以防其傳染惡疫也然中國上等社會之人大半均種瘟疫料無危險之處應准其自由遊息是以禁止上等華人入俄公衆俱樂部之事似應撤銷也彼此會議後伍醫官請將信仰俄員相助防疫之美意轉知以教內國國民友誼云

——摘自《远东报》，1911 年 2 月 21 日

●俄欽使與華官會同商議防疫辦法（）阿穆爾現雖未有染疫者然不可不先事預防故俄駐北京欽使請華官應會同俄員商議辦法如左

一須在華交界地方設立檢驗所

一阿穆爾河松花江及松花江輪內均應設法檢疫

三由海路往海參威之華工應在中國各口岸檢驗

此事各國欽差均表同情聞已於本月十八日由俄欽使知照外部大臣那相國云

——摘自《远东报》，1911年2月21日

論說

嗚呼長春之釀疫者其可恕乎

春秋之義責備賢者吾今敢援斯義以斷東三省之釀疫之獄夫中國此次黑疫之發見實爲中國未有之奇禍富滿洲里防疫議起中國未知此種黑疫傳染之烈自北自南滿不怨毒此防疫者之嚴酷迫于延及哈爾濱傳家旬之防疫者又未知此次黑疫之劇烈而攫拂民之欲也攖民之怨也竟至釀雞釀患流毒遍及中國半部上貽我國家之憂勞費金錢至於千萬下貽我小民之害日死生命至於萬千夫豈得曰吾官吏之智識有限半時既未嘗熟識各國歷史陶事又缺乏實地經驗事非經驗不知其危

雖不可以天縱之聰明相繩獨可爲之曲恕也至於哈爾濱疫雖蔓延以後自南滿而侵及京津齊魯其握行政之最高機關者當可知所警悟矣乃奏請褫革于駟興撤除李澍恩之後又用一庸懦無能非一奇事乎夫以撤革于李者必以于李爲不職必再四慎選一稱職者可知也而孰意今之長春西路道者孟憲彝者竟馬虎皮又一沐猴而冠者也是誠不可不辨矣孟憲彝任長春知府時本報已屢加論議閱者諸君當不忘其爲人也即今日之奉天各報亦孰不加以譏笑甚至爲之上官亦孰不知此人固有神經病而決不可假以事權者今日何以偏舉此人爲一方之重鎮賞以監司之大員乎是豈非有心倒置欲其遺誤於地方乎孟憲彝到任未幾時竟將一切防疫佈置悉予以野蠻自由任使黑疫猖獗蔓延至不可收拾先則每日不過死十餘人者而今驟增至百數十人果不數日日使竟向外部詰責嗚呼是豈非有心遺誤地方乎豈眞有如中國舊學所言天實爲之而人力不足以挽救乎吾敢曰非天也皆今日之所謂賢者意見釀成之也若必謂有心種禍則記者亦可必其無是心不過意見未平不能掃盪一切城府公其心以示天下此則不能不爲賢者之責也當濱江關道交替之初錫督頗有意用一强幹有材者以當其衝而有人慮其不爲我用乃選一于駟興以繼其後最後顏世淸敗又選一李澍恩以承其敝平心而論于李之爲人若在太平之世要不失爲平易之材至於今日之長春濱江外當兩國之衝內求撫字之實則決非此二人所能勝任者也而彼握最高之權者亦非不知此二人之無能爲而但取其易制竟忘爲國計民生一籌[illegible]也不知庸人之債事勝於奸人之害國彼若素爲昏懦之流吾不暇爲之計也所最難堪者今之坐鎮一方者其自炯炯又非不知賢才之可用而又不屑爲之下是誠不能不爲賢者責矣古大臣以人事君薦且不避仇讐獨奈何爲一人利用之計而竟置國計民生于不顧乎意見者客氣也客氣決不可以長存久假不歸吾將見其烏有也吾知善於補過者必不任令知孟憲彝者長假其無形之刃以殺人也不然者殺人盈城殺人盈野日蹙地以千里百里即非受外人之詰難其於心安乎反其道而行之即可轉敗而爲功矣吾甚望今之用人者一聽吾言

——摘自《远东报》，1911 年 2 月 22 日

要聞

△△皇太后諭每日報告疫狀

隆裕皇太后特傳監國垂詢近日京師疫氣是否退減並著轉諭民政部每日報告一次其外省如山東直隸東三省等處應令各該省督撫逐日電奏一切詳情以紓宸廑

——摘自《远东报》，
1911 年 2 月 22 日

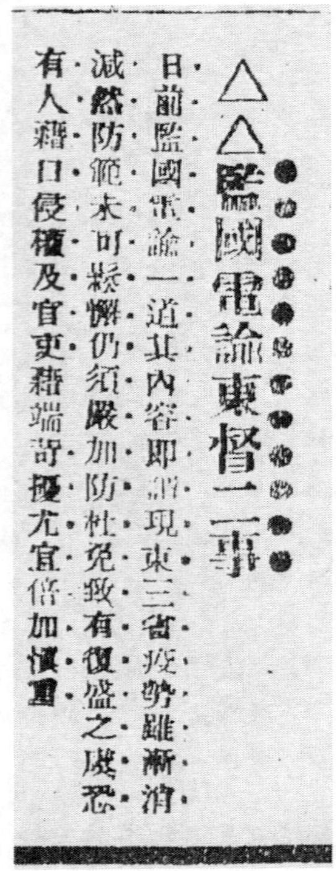

△△監國電諭東督一事

日前監國電諭一道其內容即謂現東三省疫勢雖漸消減然防範未可鬆懈仍須嚴加防杜免致有復盛之虞恐有人藉口侵權及官吏藉端苛擾尤宜倍加慎重

——摘自《远东报》，
1911 年 2 月 22 日

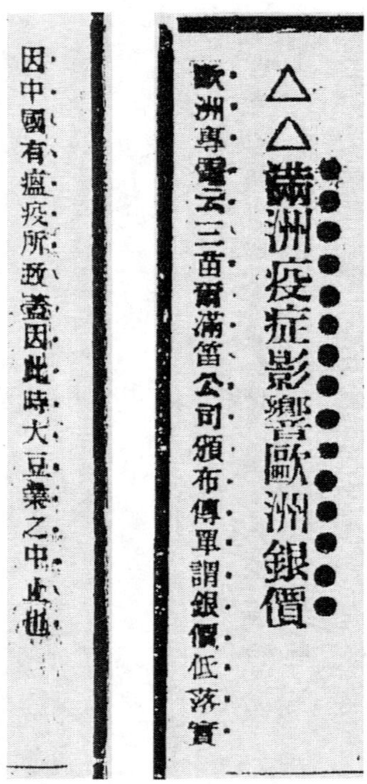

△△滿洲疫症影響歐洲銀價

歐洲專電云三苗爾滿笛公司頒布傳單謂銀價低落實因中國有瘟疫所致蓋因此時大豆業之中止也

——摘自《远东报》，
1911 年 2 月 22 日

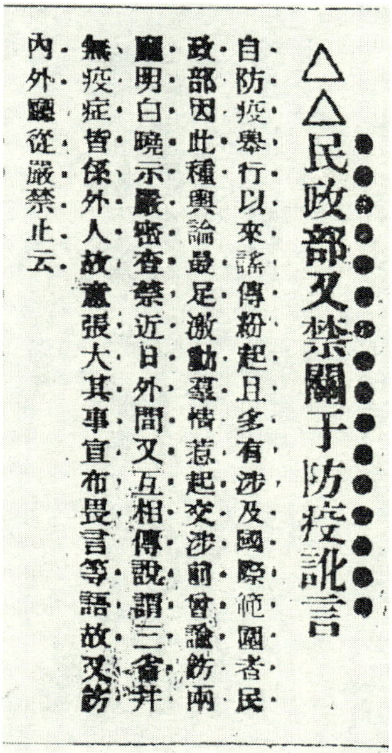

△△民政部又禁關于防疫訛言

自防疫舉行以來謠傳紛起且多有涉及國際範圍者民政部因此種輿論最足激動羣情惹起交涉前曾諭飭兩廳明白曉示嚴密查禁近日外間又互相傳說謂三省并無疫症皆係外人故意張大其事宜布畏言等語故又飭內外廳從嚴禁止云

——摘自《远东报》，
1911 年 2 月 22 日

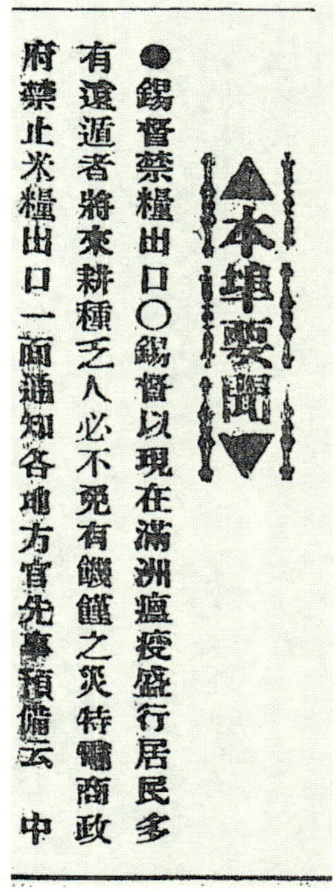

本埠要聞

●錫督禁糧出口○錫督以現在滿洲瘟疫盛行居民多有逃遁者將來耕種乏人必不免有饑饉之災特電商政府禁止米糧出口一面通知各地方官先事預備云　中

——摘自《远东报》，
1911 年 2 月 22 日

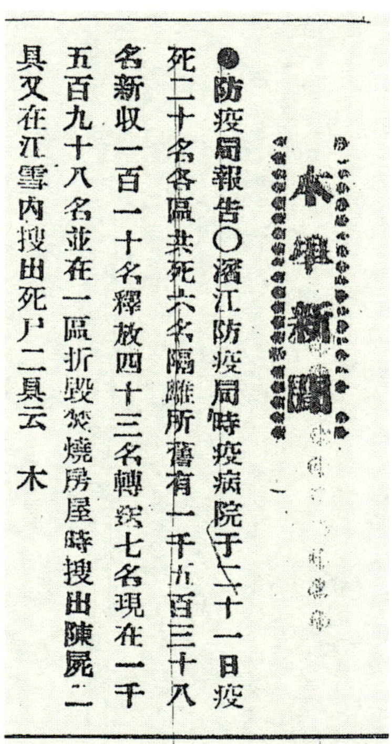

本埠新聞

●防疫局報告○濱江防疫局時疫病院于二十一日疫死二十名各區共死六名隔離所舊有一千五百三十八名新收一百一十名釋放四十三名轉送七名現在一千五百九十八名並在一區折毀焚燒房屋時搜出陳屍二具又在江雪內搜出死尸二具云　木

——摘自《远东报》，
1911 年 2 月 22 日

●擬派醫分赴各村屯消毒〇傳家甸防疫局以近得賓阿報告距哈較近各村屯染疫者甚衆擬即派委醫士各帶兵役及藥器物藥品分赴各處消毒以免瘟疫流行而重人民生命云　天

——摘自《远东报》，
1911年2月22日

●傳諭折毀有疫房屋〇本埠界內俄防疫局以六七八各街之卑陋草房鐵路公司早有飭即拆毀之政令因該草房所居之人並無正經商業中人其污穢尤甚危險不可勝數昨特傳飭各房主立即折毀否則即飭焚燬　天

——摘自《远东报》，
1911年2月22日

●防令驗放回國俄人行李〇自滿洲肺瘟蔓延鐵路執事歐人甚爲恐懼是以由東清鐵路回國避難者日數十起聞昨由俄稅務司飭知滿洲俄關令其驗後放行勿得抽稅云

——摘自《远东报》，
1911年2月22日

●東路鬍匪之嘯聚〇傳聞東路一帶又有鬍匪出沒至今未能施其搶奪手段者因各處人心安靜之故也然不得不作未雨綢繆之計以現在瘟疫未退人心易於搖動而鬍匪必乘機而起也

——摘自《远东报》，
1911年2月22日

●傅家甸近日現象○傅家甸自斷絕各區交通來雖對門亦不准往來因此舖店欵業近日死者日少暫開各區交通舖店亦皆開張沿路行人不斷惟市面情形及生意交通大不及昔日之十分之一可見瘟疫與商務關係之大也　中

——摘自《远东报》，
1911 年 2 月 22 日

●防疫局遷移之不確○前十七日本報記載防疫局遷移傅家甸四道街一節嗣經實地調查係屬調哈鎮勤衛疫之陸軍移居該處云　本

——摘自《远东报》，
1911 年 2 月 22 日

●傅家甸查疫加嚴之原因○日前防疫局總會辦會議擬於本月二十一日開行交通各節曾誌前報二十日忽接奉吉急電以各請會屬內瘟疫正盛恐由奉吉赴哈之人再行傳染蹂躪不堪設想並據賓阿府縣報告各村屯染疫者甚多及距哈十里餘之荒山口子三家子較他處尤盛各等因是以開通政令遽即作罷　天

——摘自《远东报》，
1911 年 2 月 22 日

●取鼠研究醫學○聞哈埠防疫局前日由道外取死鼠十一頭疑似染疫而死者故携至化驗所化驗云

——摘自《远东报》，
1911 年 2 月 22 日

●延聘西醫除疫〇傳聞奉天防疫總局擬向各國政府要求派醫三四百名來華以便速將疫毒剷除云

——摘自《远东报》，
1911 年 2 月 22 日

●焚燒不堪消毒房屋數目〇哈爾濱江沿自疫毒發見以迄於今共焚燒不堪消毒之房四十所云

——摘自《远东报》，
1911 年 2 月 22 日

●柴米缺少之原因〇雙城府爲防疫事緊閉東南兩門惟留北門西門以資稽查往來行人衆之鄉屯趕集之車輛拉運疫斃之屍骸於是鄉民畏懼皆不敢將此車拉運柴米進城交易以致轉運缺乏而價値日見增漲云　日

——摘自《远东报》，
1911 年 2 月 22 日

●防疫之電文〇雙城府金太守接准提學司來電不准開學以防疫症業誌前報頃聞金太守又接省電略謂疫症不淨不准開學如違禁擅自開學即行加重罰辦以儆效尤云云　日

——摘自《远东报》，
1911 年 2 月 22 日

●火葬者之多○雙城府各界爲防疫皆以火葬爲是鄉民條遇各屯悉將去歲及今染疫斃者用火焚化掩埋云

——摘自《远东报》，
1911 年 2 月 22 日

▲黑龍江▼

●因防疫斷絕交通○現在防疫會以疫氣日熾而呼蘭綏化等處漸次發生雖肇州大賚等處尙未蔓延然亦須早日斷絕以免傳染之患日昨已遍貼示諭定于日前實行斷絕以半個月爲限如至限疫氣減滅即行取消茲將章程錄下　一於各要隘分設卡關凡來往行人均須隨時攔阻不准越卡一步　一商賈販運食糧菓品准其放行但檢驗其販運之人如有染疫形踪可由卡委截留其貨由官包運　一販運布疋及其他項用品須截留一日施以消毒方法但禁運化品　一如緊要信件必須交卡轉遞由卡掛號備查　一禁運帶瘟牛羊凍雞凍猪及不潔之食物於大賚肇州之路線不准放行一人以免蔓延之弊　于

——摘自《远东报》，
1911 年 2 月 22 日

●優恤驗疫醫官〇江省自瘟疫發現以來經驗病所醫活無多而死於斯症之醫官竟至三四名本報已經載誌頃據政界人言各大吏等以各醫官每日檢驗調治固與病者爲伍身涉危險存亡瞬息既係受染而死實與陣亡無異非優予撫恤不足以昭激勸而鼓人心除每名給予邮金六百兩外特擬援照陣亡例邮奏請賞加世襲雲騎尉職銜云　于

——摘自《远东报》，
1911 年 2 月 22 日

▲呼　蘭▲

●證各報紙之訛傳〇津滬各報紙轉譯東報云呼蘭因辦理防疫驅逐下等社會三千餘名匪乘隙煽惑率燒知府衙門長春陸軍第三鎮派兵來呼鎮撫各情形現經調查全屬子虛蓋王守對於防疫極力認眞從無逐人出境之事而呼境鬍匪本月間與江省馬衛隊張管帶接仗官兵失利後當經淮軍喬帮統督兵退往海倫去訖至陸軍來呼更無其事云　子

——摘自《远东报》，
1911 年 2 月 22 日

●實行斷絕交通〇呼蘭王守順存對於防疫事宜甚爲注重一切措施必親身率先迥非范前任之紙上談兵也現在瘟疫雖屬大減仍恐消滅無期又於日前實行斷絕交通以期速絕疫根云　子

——摘自《远东报》，
1911 年 2 月 22 日

●勒令娼妓歇業〇王守順存以土娼妓館現當瘟疫流行傳染之禍更不堪設想日前勒令一律歇業倘敢私自招接經巡警查出無論妓女宿客准予扭送來府定將妓女宿客罰洋百元並罰宿客苦力一月以示懲儆云

——摘自《远东报》，
1911 年 2 月 22 日

●英人評論疫事之一斑○倫敦電報云此間接北京電報(西人所發)悉滿洲各重要都市之瘟疫已略有減退之勢惟各鄉村僻境則蔓延較前尤甚大抵此次滿洲之瘟疫計其民之死於是役者累計已達於七千名之數而焚燒傳家甸之提議因人民之反對尙格而未行其事甚可哀也且目下滿洲之商業沉滯已極政府及人民所受之損失已不可數計今幸各國多有籌捐賑濟者將來或救出數千人之生命亦未可料也

——摘自《远东报》，1911 年 2 月 22 日

●時評●

俄報論中國瘟疫

俄國新時報云中國滿洲瘟疫傳遍各處人民四散脫逃難免不有傳染鄰國瘟疫之事況華俄接壤地方最多尤覺危險固然東清鐵路界內有俄國醫士查驗行人可以謂之無危險矣然據各地風傳僅恃俄員辦理防疫恐有不甚完全者也因俄員所籌防疫辦法多爲華員破壞之故蓋俄員在界外防疫之權多不承認俄國及外國各醫士華員多維持在無知之小民尤以西醫爲仇敵至今西醫尙未研究明確醫治瘟疫之法但設法使人民少死於疫症可耳此次滿洲受疫症傳染者多爲華人然中國官吏仍抱其固陋主義俄國界內死於疫症者固屬無幾其所籌防疫辦法華員每不贊成且有時爲之阻撓俄歷正月五號尙書會議所開議設法預防瘟疫不致侵入俄國遠東問題時議決不干預中國境內瘟疫若由外交界一面觀之自然贊成此舉無如此問題不能爲由外交一面而論以瘟疫爲最危險之症若任其東西往來到處皆可致人於死命

(未完)

——摘自《远东报》，1911 年 2 月 23 日

●糧商將有復興之機○本埠糧業每年由入冬後即覺興盛惟年前瘟疫盛行各商皆不敢過問見加各村鎮亦有瘟疫斷絕往來於是本埠糧務始終毫無起色然近日瘟疫大減江北各村多運糧出售而各商亦出收買因此日有起色不似從前之冷落　中

——摘自《远东报》，
1911 年 2 月 23 日

●會議焚燬養濟所之原因○傅家店防疫局以本埠養濟所經理非人汚穢不堪入目實爲染疫之媒故死者日有所聞日前官界中人公同會議擬將所內之人移諸他處或養病院其房屋即行焚燒　木

——摘自《远东报》，
1911 年 2 月 23 日

●捕鼠者宜愼○現在哈埠消毒隊附設捕鼠隊一隊每日尋覓已死之鼠或捕活鼠以便研究有無傳染之事現在哈埠病死之牛羊狗猪猫等獸亦應檢驗因何症致死其捕鼠之人應由得律風轉告消毒隊千萬不可用手撫鼠之皮毛以防傳染

——摘自《远东报》，
1911 年 2 月 23 日

●租界疫死人數之報告○二十二日疫病院內共餘華人十一名俄人一名是日又病華人四名死十名俄人死一名自惡疫發見之日至二十三日共病華人一千三百八十八名死一千三百八十三名俄人病四十九名死四十八名

——摘自《远东报》，
1911 年 2 月 23 日

●分區檢查商家及工廠〇現在哈埠疫氣雖稍消滅然更不可因之懈於防範以致復蹈其害故俄防疫局將哈埠及附近各村分爲十六區酌派醫士按區檢查其商家工廠尤擬從嚴檢驗云

——摘自《远东报》，
1911 年 2 月 23 日

●死屍仍宜檢查〇俄防疫局以哈埠疫氣消滅各醫士均無所事事故特派醫士數人至哈埠附近各村檢驗聞於路間如磚窯旁及窯內均有死屍且松花江右岸亦見死屍甚多想係鄉村疫死而投擲者不可不詳細調查無任疫種留於哈埠可也

——摘自《远东报》，
1911 年 2 月 23 日

●裁減衛生僕役〇哈埠疫氣漸次消滅故將急救隊衛生僕役裁去二十五名云

——摘自《远东报》，
1911 年 2 月 23 日

●行路人不得自由〇傳聞一面坡站防疫局要求烏吉米站於開第十二號客貨車時務須將車門關閉至一面坡站始准開門檢驗後放行云

——摘自《远东报》，
1911 年 2 月 23 日

●防疫警兵撤退之期〇本埠自時疫盛行經大憲派撥新城雙城等處警兵來哈防疫已迭誌報端茲聞因瘟疫大形輕減訂於二十五日撤崗二月初一日陸續撤退云

——摘自《远东报》，
1911 年 2 月 23 日

●傅家甸防疫局之報告〇二十三日時疫病院疫斃二十一人各區一人在四區空屋內查獲陳屍一具隔離所舊有一千五百九十八名新收八十名釋放一名轉送八十名現在一千五百九十七名

——摘自《远东报》，
1911 年 2 月 23 日

●日人查疫被毆〇自大島與錫督約定中日共同防疫後日人旋即委員派警實行搜疫小民無知異常惶恐有被搜而驚慌逃散者有抗拒而被該檢疫人責斥者詎昨晚搜至大南關某鋪大起衝突該舖謂貴國雖有共同防疫之請求而我國尚未發共同防疫之命令何得藉口防疫任意入室濫行搜檢語畢窩即將該日人毆打幸中國巡警趕至始行解散云 過

——摘自《远东报》，
1911 年 2 月 23 日

●彙誌防疫政策〇鼠疫最易傳染惟有檢查住戶防遏疫線嚴查拋棄爲唯一切要之政策省垣自鼠疫發現以來日盛一日而小民無知竟有不服搜查而謂官憲多事者甚或病死不報而匿屍者或移屍拋棄者種種情形爲害甚烈故日昨防疫事務所特傳知八門檢疫員警幷知照警務局轉飭各區官長警等一體加意防遏檢查 過

——摘自《远东报》，
1911 年 2 月 23 日

長春

疫症院之新章○長春防疫總局前在城西黃瓜溝設立防疫病院已非一日近因該院房屋盡係板房並甚狹隘又在大佛寺地面專設疫症院一處以備病者入院調治並定新章二十一條照錄於下一本院專收疫症病人至尋常病人一概不收二本院專設醫官調治疫病按病給予藥品三病人入院後所用飲食由本院供給四本院雇用看護夫多名晝夜輪班伺候病人不准自帶差人五病人屋內設有牀被並爐火晝夜不息六病人有自帶行李者聽然必經本院醫官檢驗嚴行消毒後方准應用七病人愈後出院即將行李焚燒倘或亡故其行李衣服亦當一律焚燒他人不得取用以除菌毒八病人入院後非大愈經醫驗明不准出院九病人親戚朋友不准看視以防傳染十本院外設有界牌三十丈外界內不准閑人窺探行走以阻疫氣十一本院備有棺木凡病人死後即行收殮送至老虎溝掩埋如屍數太多即用火化有領屍者本院一概不准十二各分局所送病人或自投病人無論晝夜本院全行收入十三本院設有兩種病房一重病房一輕病房專收重病人輕病房專收輕病人十四入院病人如日見輕減經醫官診驗應移歸輕病室者即行遷入十五本院備有消毒救急擔架各隊各有專責十六本院廚房分別設立以免混淆而杜傳染十七病人住房與無病人住房各有分界十八本院出入人馬車輛公文信件均經消毒後方准出入十九院內各屋每日早晚須特別消毒兩次至隨時消毒則用合宜藥品二十本院看護夫並苦力等俱著用本院預備之衣服帽手套並帶呼吸器以示防範二十一看護夫苦力等所穿衣服靴帽每日必特別消毒兩次 立

——摘自《远东报》，1911 年 2 月 23 日

●移請商會持平糧價〇長春市面近以鼠疫流行嚴禁交通糧車柴車不能進城致市面增價不言而喻糧行各家借此而存壟斷之心高糧米每斗飛漲至三吊八百文茲聞道憲府憲及防疫局總辦云照此情形恐激民變立即會銜移請商會速諭各糧商不准漲價如有任意高抬者除糧米充公外並將執事嚴行罰辦云　立

——摘自《远东报》，
1911年2月23日

●各堂學生不准進省〇近接學憲札諭吉林高等師範初等陸軍法政工藝各學堂茲因鼠疫日甚防範甚嚴開堂無期凡各埠學生年假回籍者月內不准晉省故何子章太守出示曉諭學界人等現值防疫時代各學堂內開學無期凡各學生俟瘟疫消滅開學有期後再出示諭知各生云　立

——摘自《远东报》，
1911年2月23日

●官膏局又議准停銷〇前報官膏分銷處奉札諭二月初一日一律停銷近因時疫流行展期一月一節復開府署又接民政憲來電官膏一事無論鼠疫如何定准二月初一日各分銷處一律停辦故禁煙局長李笠翁昨傳各街官膏分售處公同議定業已領出之官膏准一律銷售後不准再領云　立

——摘自《远东报》，
1911年2月23日

●清道隊不遵章程〇防疫局議定章程招清道隊數百名清道車數百輛掃運各街及各胡同積雪積穢以防傳染詎照辦有日惟南北大街東西大街稍見清潔而各胡同內污穢如故並列憲有諭商家住戶無車輛者院內如有穢污等物亦須官車代爲拉運近來不但不爲運除反使各家攤錢誠不識當軸者其知之否　立

——摘自《远东报》，
1911年2月23日

●城內仍斷絕交通○日前日督都大爲來寬干預防疫事故錫督有札飭孟道何守急行嚴絕交通特調陸軍一營各門把守無論華人外人一律禁止出入城關如有緊要事件以及購買柴米等物非有防疫總局放行執照不准出入云 立

——摘自《远东报》，
1911 年 2 月 23 日

●陸軍疫病之報告○駐寬之陸軍三鎮疫病傳染發現後礮隊三營死者百餘人號令處數十人并赴哈之十二標留兵五十餘名看守營房今守營房今死去大半聞各營統計已二百三十餘名云 立

——摘自《远东报》，
1911 年 2 月 23 日

●官膏緩期停銷消息○長春何太守去臘奉錫督吉撫札諭各埠官膏准定二月初一日一律停銷近因疫癘流行日甚各官局等無暇計及故北京戒煙總局屢出廣告戒煙緩期聞吉撫有諭各埠官膏分售處須緩一月再行停辦云 立

——摘自《远东报》，
1911 年 2 月 23 日

●貧民驚慌之現狀○城內貧民自鼠疫流行各鄉糧車及柴炭不能進城以致秫米每斗較前價值漲錢六百文秫稭每百漲錢三吊木炭每百漲錢六吊民食維艱直有坐以待斃之勢近以斷絕交通嚴禁出入遊民因之紛布誌言人心惶惶有地方之責者盍即設法而弭平之 立

——摘自《远东报》，
1911 年 2 月 23 日

▲阿什河▼

●時疫之現象○阿城現下疫患自新正以來城內頗見平和每日死者僅六七名檢疫所內亦嘗治活七八名因此衆心稍安不料近日亦漸增至數十名故日前城門緊閉不准出入但柴米缺乏城內居戶貧民以致紛紛要求日昨商務會張王執中面稟譚大令赴四鄉調查若各處瘟疫稍見平和即先開東南門派檢疫醫士一名以爲檢驗若進城購物回村以當晚爲度惟八甲地面尚見傳染之多未知何日可消滅也　大

——摘自《远东报》，
1911 年 2 月 23 日

●示禁增漲糧價○現下時疫傳染城門緊閉致城外糧舖以奇貨可居竟抬高價日昨譚大令出示曉諭將粗糧及白麵等件俱令定以准價高糧每斗三吊二百文小米每斗四吊八百文白麵每斤一百五十文其餘俱照常定價日昨會董王執中派人至各糧舖調查不准多賣亦不准不賣是亦體恤貧民之至意云　大

——摘自《远东报》，
1911 年 2 月 23 日

●派員調查四鄉瘟疫○日昨譚大令以斷絕交通致城門緊閉而城內柴草非常短缺擬特開一門以運糧草而救生民又恐四鄉防疫不嚴仍滋傳染殊非保全之道故於日昨特派委員張某赴四鄉地面調查一切云　大

——摘自《远东报》，
1911 年 2 月 23 日

●擬開防疫會○雙城府城議事會議長王子敬君據金太守札委幫辦防疫事務彼時該員因身體違和未能遽行到差刻間喜占勿藥業於日前赴防疫局與于琥岑蓋典五二提調晤會談及疫癘流行若火燎原欲杜絕疫根必先塞來源以鄙人管見請金太守將柴米定准官行而後斷交通七日以絕傳染之害語畢定期徵集團體公民等妥籌辦法使之家喻戶曉庶免互相疑懼云　日

——摘自《远东报》，
1911 年 2 月 23 日

●施濟防疫之方藥○雙城府紳士錫趾臣君染疫延請醫官傅焚臣君醫治先服以加味升降散而後施之以針砭（針者係用針刺其尺澤穴中少商等穴砭者係用火罐拔其周身）後遂相約同志在文閣在東大街路北救瘟堂施捨加味升降散二千服不知有無實效也

——摘自《远东报》，
1911年2月23日

▲榆樹廳▼

●斷交通杜絕傳染○榆樹廳劉仲景司馬查鼠疫日熾日前飭令緊閉四門斷絕交通以防傳染然恐釀成意外之虞至一星期隨將四門開放而出入必須檢驗云　容

——摘自《远东报》，
1911年2月23日

●民政憲之文告○榆樹廳劉司馬接到民政司札發到告示曉諭若干份遂即派役張貼其略謂瘟疫係天災流行防巡警認眞提防以絕傳染並望人民慎於飲食起居掃除屋宇院落以除黴菌根蒂其疫症以防範爲要切勿聽信謠傳謂有人向井中下藥以訛傳訛使人心惶惶致干查究云云　容

——摘自《远东报》，
1911年2月23日

●女校之進步○榆樹廳女子小學堂管理員查女生之程度日進非聘普通科教員不足以資教授於是呈請劉司馬添聘教員當蒙照准聞其聘定吉垣女子師範學堂畢業某女士俟瘟疫消滅後即入堂授課云　容

——摘自《远东报》，
1911年2月23日

●弓棚子發現瘟疫〇榆樹廳城北四十餘里弓棚子鎮某棧店因違禁住宿行人以致疫症發現傳染該店櫃夥二人斃命復又傳染該鎮某商號數人當經巡警查出一併送入防疫所醫治云　容

——摘自《远东报》，
1911 年 2 月 23 日

●人心之恐慌如是〇榆樹廳自疫症流入加之謠傳四起皆謂有人於井內拋擲毒藥由是人心益懼商務分會將井口封閉定於每日十句鐘啟封至一點鐘閉封而各界亦步其後塵皆以封鎖井口爲是云　容

——摘自《远东报》，
1911 年 2 月 23 日

▲黑龍江▼

●敬告病狀須詳細研究之〇此次瘟疫之烈幾至遍傳中國考其病狀西人即所謂百斯篤耶或謂肺瘟肝瘟經多數最有學問之西醫費數十年之研究皆謂無救染者九死一生黑龍江省城日來竟有以針灸者生活數十百人凡染者初得亦覺四肢厥冷心經發熱其施治之法即先視其前後心每有黑點痕跡七八枚者半含半露則名之曰羊毛疔又名羊毛瘟以針挑之確有白絮發現出皮膚寸許抬之稍緩其堅硬若皮筋非利刃不能割斷現在治疫會亦利用針灸凡應醫者無不立見功效每日治活至數十名之多然皆未見腫喉嘔血者識者謂此症非百斯篤耶或另發生一種時症耶望有責任衛生者當細心考查而研究之以保全社會之生命　鯀

——摘自《远东报》，
1911 年 2 月 23 日

▲俄 國▼

●調查瘟疫團來華之預備○據俄新時消息俄國此次派來瘟疫調查團以醫學博士查伯羅特尼爲團長携帶專門醫士三人醫學生數人擬將來會同歐洲所派來之調查團擇一相當之地或奉天或吉林或寬城子以便實地研究云

——摘自《远东报》，
1911年2月23日

▲日 本▼

●黑死病與日本議會○滿洲黑死病流行以來日本官民舉國若狂頃議會明治四十三年度歲入出總豫算追加案中已議决加添滿洲黑死病防疫費一百萬元昨已通過矣

——摘自《远东报》，
1911年2月23日

●日本通信●

●盛尚書招聘日醫○我郵傳部尚書盛宣懷君日昨照會日政府以黑死病流行招聘防疫日醫五名日政府特選廣島縣技師鈴木恆次　奈良縣技師加藤勇吉　富山縣技師鶴來時文　警視廳醫高橋幸三郎與野澤德准於陽歷二月十二日由神戶乘天草丸赴京聞今次招聘者係專司鐵道沿綫之防疫云

黑死病發現於滿洲日政府昨接美政府之照會責問滿洲防疫之策矣盛老此舉防患未然吾不得不心謝之

——摘自《远东报》，
1911年2月24日

論說

論魔力

（元）

甚矣哉中國[illegible]之可懼也黑疫暴發死亡相[illegible]一亡國之慘[illegible]而爲之中國之民者猶不知深加儆惕速講求撲滅毒疫保種存國之方而猶囂囂然逞其讀說侈口妄談一若不自知其愚頑爲可笑者有如社會中不知愛[illegible]者視防疫如寇讐其次如中醫[illegible]心嫉視黑疫爲可治之症又其次如醜疫之報紙不自咎其誤國殃民之罪而以爭主權爲發[illegible]門面語可懼哉中國此種無形之兵刃其魔力眞不啻洪水猛獸也一自去秋疫症自傳家甸而蔓延及于中國半部國家日費千百萬金錢人民日死千百人生命及今雖猶未已也此果誰爲之倡而階之厲耶今不過傳家甸稍見平復耳尚日死數人也又復假名玩世且謂記者以主權爲輕防疫爲重故作中傷之詞以爲傾陷之計記者亦何嘗著有此種論議前所言者無非欲其注重人道主義不欲使黑疫多殺吾同胞亦良以民爲邦本民之云亡國將誰守其一片保全主權之心實較之彼所謂保全主權者有根抵有眞實之論理而不謂今之言保全主權者倒果爲因直欲爲以空際爲其主權不歸本民之生命而借重於巳之口舌不歸本於國之根本而借重於巳之筆端嗚呼不其悖哉柳子厚曰自古賢人才士秉志遵分多被謗議不能自明無兄而謂之盜[illegible]之撾婦翁直不疑買金以償同舍劉寬下車歸牛鄉人處疑似之間要非口舌所能勝也管仲遇盜升爲功臣[illegible]不孝之名孟子禮之當世豪傑卒能辨別賢愚[illegible]光史乘在記者各行其志自可不必與之爭論然而吾欲無言獨奈何行似廉潔貌似忠信之鄉愿又將竊據其名以僞亂眞也其魔力之害人又如庸醫之殺人也方今疫雖未已北京天津上海奉天每因防疫之事而多與社會大起齟齬多由此種魔力妄肆抵抗記者是以不得不與之一辨也孔子曰惡紫之奪朱也惡其似是而實非也記者欲以尊重人道不欲多見死亡爲存一眞正的主權之所在蓋不欲如義和拳之爭主權者日肆其野蠻舉動荼毒生靈爲快意也彼今自命爲爭主權者豈與義和拳有同一之知識乎義和拳惟不知尊重人道愛惜生命以寬柔之教爲自强之本故恆以妄動之爭執爲主權之目的自號于衆曰我扶清滅洋也我扶清滅洋也卒之民受其殃國被其禍其所謂扶清滅洋顧何在彼好以主權主權爲名而又不知主權之實際者其魔力亦何其可畏乎動即殺人盈城盈野國本幾爲之動搖詎非最可傷痛之事乎夫吾民之憔悴於虐政者已轉輾于道路溝壑矣豈猶堪報紙爲之助虐乎羅蘭夫人曰自由自由天下幾多罪惡假汝名以行今何必假文明之名以行其殺人之實乎主權豈可以空言而得者乎皮之不存毛將焉附民且淪亡于災祲疾疫矣此主權又將誰寄耶況夫此次之變相實由於當道之僨事初則藉爲平時交際之虛詞繼又不向國人明爲宣佈始終誤會迄於禍發眼前之眞際尚不能洞悉其隱微而遂論斷天下事抑何可笑乃爾越王勾踐抱冰擁火教誨生聚二十年之辛苦未嘗時時以與人爭辨爲能爭主權者何竟如大師兄之習也休矣大師兄之魔力能殺人能亡國眞可畏矣吾何敢不退避三舍

——摘自《远东报》，1911 年 2 月 24 日

△△醫士報告東省疫勢可望消滅

部派醫士報告北京云目下防疫日見進步更兼近日天氣甚爲溫和各處報告疫斃者日漸減少不日定可消滅云

——摘自《远东报》，
1911 年 2 月 24 日

△△圖開復者竟不畏疫症傳染

自東三省鼠疫發生經東督奏准防疫人按照異常勞績保奏一時圖開復者熱功名者皆極力運動東三省又成一利祿之尾閭近聞疫氣輕減各員大有跼促不安之態又山東各省亦預籌防疫紛紛請款並聲明不入預算案內是則瘟疫不蔓延亦蔓延矣

——摘自《远东报》，
1911 年 2 月 24 日

△△京奉鐵道因疫損失之實計

去年初議防疫郵傳部本擬京奉氣車交通如故但由路局於火車站處設檢疫所庶行旅無阻而路局亦不至大有損失後恐火車傳疫於是停止京奉來車路局計其損失可滿五百萬云

——摘自《远东报》，
1911 年 2 月 24 日

●防疫局譚道記過○由奉派哈之防疫委員譚觀察辦理防疫近經督撫憲聞知嚴諭申斥並記大過三次　本

——摘自《远东报》，
1911 年 2 月 24 日

本埠新聞

●防疫之報告○本埠防疫局於念三日報告隔離所内舊有一千五百九十七名新收無轉送二名現在一千五百九十五名一區折毀房屋搜出陳屍三具二區搜出陳屍一具四區搜出陳屍一具病院暨各區共死五名時疫病院裁去一處新立疑似病院一處云　天

——摘自《远东报》，
1911 年 2 月 24 日

●食品價漸跌落○本埠瘟災日減交通將開各種食品及木柴價值昨已始見低落云　天

——摘自《远东报》，
1911 年 2 月 24 日

●傅家甸瘟疫撲滅在即○傅家甸瘟疫近日日少一日且病院以外無疫死者足見防疫之效聞前日醫院僅死八九名昨日疫死者竟少至三四名見撲滅之功尅日可待然望有防疫之責者仍不可少懈以期早日消滅出人民於患難也　中

——摘自《远东报》，
1911 年 2 月 24 日

●節省防疫經費先聲○聞傅家甸防疫局以近日死者日少防疫之規模亦須略爲縮小如醫院辦事人員以及差役人等須酌核裁減以免耗費鉅款惟此問題一時難以解决以疫症尚未有實在遞減之效故擬略緩數日果然消滅即會同各醫士議决云　中

——摘自《远东报》，
1911 年 2 月 24 日

●一家疫死之可慘○傅家甸自斷絕各區交通雖諸門對戶咸不准其交通然未嘗禁止裏報有染病之事不意某豆腐作房一家十一口皆死於疫症並無人知覺直至日前由巡警查詢何以久未見人出入始發表此事聞疫死之屍身皆犬嚙其慘狀難以入觀刻聞擬將該房焚燬以除傳染病之源云 中

——摘自《远东报》，
1911 年 2 月 24 日

●防疫多出於伍醫士之力○傅家甸近時辦理防疫事宜頗能實事求是故有最大效果其防疫之扼要辦法即在焚燒屍身房舍以絕根株以致近日死者日減故願傅家甸早日復其本原也然聞此次傅家甸防疫其所以如此能以從速奏效者皆賴伍醫士調度之力伍醫士辦理防疫竟有如此效果華民不得不謝其拯救之功而政府亦不可不畀之酬勞也

——摘自《远东报》，
1911 年 2 月 24 日

●關于防疫之報告○二十四日道裏共病華人十九名檢驗所病華人一名隔離所三名其餘十五名係各處送來者窯門站亦有染疫者現擬檢查華俄居住之房屋云

——摘自《远东报》，
1911 年 2 月 24 日

●會議貨物消毒○二十四日鐵路公司邀集防疫局總辦中央醫院醫士及商務公司總辦等會議貨物消毒之法如下凡不能致損之物均用佛爾馬林消毒潔淨之衣服均不必消毒並擬設立消毒所兩處一設於車站行李票房內一設于秦家崗大街以上兩所均歸拉作醫士管理云

——摘自《远东报》，
1911 年 2 月 24 日

●實行清理屍身〇今日派遣衛生隊分赴東西兩各處清理鐵路一帶屍身哈埠一帶另有衛生隊收殮此法實爲正當之舉哈埠附近各屍身皆可除淨從可免一切傳染病症豈非保衛人民之公德耶

——摘自《远东报》，
1911 年 2 月 24 日

●尋獲屍具甚多〇昨俄醫士至顧鄉屯查看據云老屯之人現已死絕惟在屯口房內尚有死屍一具耳松花岸旁亦獲死屍數具內中有用棺木成殮者又在松花江下遊尋獲死屍四十餘具聞擬不日將所獲之屍即在磚窯內焚燒云

——摘自《远东报》，
1911 年 2 月 24 日

●日人擬研究旱獺瘟〇滿洲瘟疫之發源先由旱獺之傳染以致滿蒙疫死人民不下數十萬日人素講求醫學特獲活旱獺數條以備研究之資料由哈埠日領事請東淸鐵路總辦霍爾瓦特允准由火車運至南滿聞霍爾瓦特已經允准然研究旱獺之事始自俄人至今尚在滿洲里站設有專局研究然因冬季擒獲活旱獺甚爲不易故所得效果頗微今莫斯科兵營研究較爲精細至病豬牛馬豬狗等獸均剖其臟腑檢驗可否傳染之理由聞俄醫理學家柴爾文錯夫氏經理此事云

——摘自《远东报》，
1911 年 2 月 24 日

●札防具領防疫之藥品○交涉司札飭各防疫分所略謂防鼠疫氣最重消除自開辦以來消耗藥品何止巨萬面[illegible]各[illegible]病院及各該分所以藥物告罄紛紛請領前來當[illegible]而[illegible]本藥行計購防疫藥品現據運送六十箱到司仰即具領赴司以憑發給云 [illegible]

——摘自《远东报》，
1911 年 2 月 24 日

●區長大加申斥之原因○防疫局清道一事本歸巡警各區各界其界不准遲延不料章程議定月餘而一區界內各家各院穢汚如故致防疫局黃總辦赴街查知立稟道府憲銷差赴省聞孟道震怒之下將一區裘區長嚴行申斥後限一晝夜須將界內一帶積雪積穢一律掃淨運送城外否則嚴究不貸云 立

——摘自《远东报》，
1911 年 2 月 24 日

●陸軍之驕蠻○長春城內因鼠疫流行經防疫局傳諭轆轆把胡同壙子胡同及各穢汚之地派警護守無論何人不准行走不意日前有陸軍兵數名行至轆轆把地面崗兵禁止前往而陸軍不但不聽指揮反將崗兵重毆一哄而散云 立

——摘自《远东报》，
1911 年 2 月 24 日

●封閉房屋之多○雙城府防疫局提調于琥岑刺史將染疫之房屋盡行粘貼封條聞去歲迄今共封房屋五百餘處斷絕交通由是日見輕減每日不過六七人而已如此一時可撲滅淨盡也 日

——摘自《远东报》，
1911 年 2 月 24 日

●速防疫勢之蔓延○五常府北門外某膠房染疫斃命者五人十字街路東閻家店過客石某亦染疫斃命現已流入本埠惟望有地方之責者速爲預防撲救勿令蔓延云 仲

——摘自《远东报》，
1911年2月24日

●查疫委員過境○省垣防疫局派員黄君來雙查辦防疫一切事務該員將雙城防疫事務查明後即起程赴哈埠阿城縣等處查辦一切而盡厥職云 日

——摘自《远东报》，
1911年2月24日

●補錄防疫之電飭○長壽縣劉令暨交涉局接奉督憲電開略謂哈埠疫症盛行俄使商派各國醫生前往考察此事關係主權業經照會各駐使豫通照在京各使逕請各政府選醫前來考察致疫原由暨防疫之方法到東後旅費供給均由我認如各國醫生到東考察希飭妥爲接待等因應飭染疫通事各地方官先行知照一俟各國派醫到時即應加意接待並飭將街衢戶屋大爲掃除務期清潔其有似疫致死之屍務須一一掩埋深固毋令稍露此事關係衛生尤關國體各等語望即日遵照辦理現在預備方法首在檢疫機關完全第一斷絕交通有疫村落與無疫村落均須斷絕第二隔離病人有疫人家與無疫人家須隔離方可收早日肅清之效倘稍不加意則各鎮傳染瞬息千里疫氣四散直無了期至埋屍一層斷不可稍怕艱難致多拉棄其在鄉鎮處所亦應派警分投確實辦理現在市林全境傳染已徧各地方官若再不爲激發天良認眞從事內不足以對我生民外不足以對彼各國東局安危在此數十日中如再漠視卽干嚴參而身家性命亦必同繫於此千萬協力趕辦如有爲難及應商之事均用電稟省局無分除夕元旦電到即辦斷不稍延款項亦所不惜先此剴切電告務將遵辦情形即日電覆公署省印云 益

——摘自《远东报》，1911年2月24日

●防疫之認眞○長壽縣鄉巡三區境內住戶苗姓日前
自阿城來客二名當夜二人曾沾染疫斃命次日苗氏婦染
亦斃一家四口相繼病斃當被區官徐某報知飭派警士
將疫屍深坑埋固將其房屋焚毁一面派兵四圍把守不
準來往行人此由經過以防疫氣之傳襲云　益

——摘自《远东报》，
1911 年 2 月 24 日

●會議防疫之辦法○長壽縣劉秀臣大令接奉列憲之
電飭以哈埠一帶瘟疫流行其傳染之速瞬息千里疫斃
之人百千萬計殊於民生國計大有關礙兹查坡站爲輪
軌往還之區華俄雜處之境現在雖無斯疫爲害而防範
之法更宜週密故日昨到坡會同商會董事朱輔亭暨交
涉委員慶雨亭與俄醫師博格洛穆君籌議在華街西頭
租賃房屋設立防疫會附設防疫檢驗所一面飭派巡官
郭某率同警士於四鄉相通之道路要口嚴行把守無論
由何處到坡者須帶至檢驗所俟醫師診驗實無疫症方
准入境云　益

——摘自《远东报》，
1911 年 2 月 24 日

▲賓州▼

●疫尸用雪埋葬之可駭（）賓州城西滿井地方疫症傳染極烈曾經許太守設有防疫分所次經務長羿叔康親往查驗遂即責成該處防疫人員妥爲救濟嚴防庶免愈傳愈烈併與留欵若干吊以備雇工等項之費茲聞日前該處有住戶徐姓家老幼十七口盡死於疫當經該分所派警兵按該村戶傳集人夫挖坑抬尸均不給工資村人以無利可沾又懼受其傳染是以均未認可該分所復用壓力添兵拘傳數十人勒令挖坑頗滋村人之憤怒而巡警又令抬尸村人恐被傳染僅挖尺許一坑乘隙四散奔逃巡警無可如何方將疫尸男女十七口盡行亂擲其中上用浮雪掩埋成一極大肉坵坟云　劫

——摘自《远东报》，
1911 年 2 月 24 日

●商界請開放交通（）賓城屬境關防疫之政體曾經許守斷絕交通暨城內外彼此均不准往來是以凝滯貨輕減本城商業亦因此蕭條昨聞本城商會以舊曆節將已完畢正值春融擴充商業之際若不設法開放交通商業不免受其影響遂請府署可否開放以便交通許守以疫症未見發靖有關民生之大局當即復答稍緩云　劫

——摘自《远东报》，
1911 年 2 月 24 日

黑龍江

●查拿造謠者〇近因瘟疫盛行外間謠言四起而奸徒藉事生風如日前竟傳某洋人井內下藥售賣毒品其種種無據之談頗足動人聞聽日內又有多數之愚人遍發傳單云張天師日前進京聲稱今年人死大半特施以救世良方播傳愈多災禍可免云云於是互相抄傳搖動街市警務公所以此等謠言實與治安大相關礙特將偽傳之人拿獲數人扭局懲辦以靖閭閻云　于

——摘自《远东报》，
1911年2月24日

本埠要聞

●伍醫士防疫價值〇日昨本埠各俄報皆登載俄京電報代辦公司來電其電文如下傳家甸瘟疫日減每日疫死者不過二十名左右其能以如此有效者皆賴伍醫士連德之力現在屍身已然清理焚燒至於在各房消毒亦由伍醫士監視凡無用之房舍一概燒燬聞讚美伍醫士連德防疫有效之電文滿載俄京各報及新時報大率本埠訪員目睹防疫情形報告俄京者也

——摘自《远东报》，
1911年2月25日

●派員分路調查瘟疫〇哈爾濱防疫局總會辦以本埠瘟疫刻形消滅特恐鐵道路線相連各處疫氣尚未淨盡於昨派稽查員赴東路海參威廳務員世榮廷赴西路全醫官赴滿洲里調查疫氣已否消滅以便預備本埠善後事宜云　亦

——摘自《远东报》，
1911年2月25日

●電撥接待調查醫官費〇哈爾濱防疫局昨接督憲電開准各國領事電函以哈埠瘟疫死亡無算洵屬未有奇災均派醫官來哈調查並撥款俄洋十三萬元俟各國醫官到境務須妥爲接待云　亦

——摘自《远东报》，
1911年2月25日

本埠新聞

●伍醫士之卓見○傳家甸近日焚燒染疫各房屢有屍身發現並在各房頂棚得屍身數具皆係愚民暗地隱藏者聞日昨伍醫士提議現在交通未開宜派巡警分段查看各房及院落之處有無隱匿屍身者以便瘟疫作速消滅云　中

——摘自《远东报》，
1911 年 2 月 25 日

●瘟疫關係商務之大○傳家甸各商家向來到年終時銷路最好以附近各處鄉民來哈埠售糧者多在傳家甸購買一切物品故也惟去歲年終時因瘟疫盛行商家幾無人過問延至今日更覺不能支持聞瘟疫消滅後倒閉之商家當居十中之二三也餘者亦賠累不堪一時不能復原也　中

——摘自《远东报》，
1911 年 2 月 25 日

●郵政局疫因失去信件○近日往來京津滿洲各郵件須在山海關消毒故失去信件者在所不免更不免稽延時日然近日失去信函者日有所聞甚至掛號信件亦不能投到是以近日向郵局追詢者頗不乏人望該局設法整頓以免有礙交通也　中

——摘自《远东报》，
1911 年 2 月 25 日

●貧民之愛坐火車○傳家甸防疫局前由鐵路公司借去火車數十輛專爲調驗與瘟疫可疑之人每日飯食自然由防疫局供給日前該局招募苦工擬由火車中提出無病之人作工並按日發給工資然各貧民以雖得工資尚須自已以錢易食不若常坐於火車中由官中發給飯食爲愈故無人應募觀此可見致貧之原因未必不因懶於操作之故　中

——摘自《远东报》，
1911 年 2 月 25 日

●逐日發放民食用欵之調查○傅家甸防疫局自斷絕交通逐日發放柴米昨經調查每日用欵俄洋八百餘元云　亦

——摘自《远东报》，
1911 年 2 月 25 日

●警局添購水龍○傅家店警務局長德桐臣以每日焚燬疫斃房屋至毗連房址均須防護於昨派一區姚區官赴道裏俄洋行購買水龍一架以便使用云　亦

——摘自《远东报》，
1911 年 2 月 25 日

●防疫局報告照錄○本月廿四日據傅家甸防疫局報告計時疫病院死七名各區死一名隔離所舊有一千五百九十五名新收二十七名釋放四十八名轉送二名現在一千五百七十二名一區折毀房屋搜出陳屍三具四區搜出陳屍一具云

——摘自《远东报》，
1911 年 2 月 25 日

●傅家甸防疫局會議弛禁交通之預備○本埠傅家甸防疫局總會帮辦于譚二觀察以近來界內外疫消減每日死亡甚稀擬請弛禁交通以維本埠之商務惟各屬如長新賓阿各府縣現正盛傳除他處仍禁入境外所有界內外商民經營貿易准其自由往來聞不日即行磋商鐵路公司能否允准俟探明登錄　木

——摘自《远东报》，
1911 年 2 月 25 日

●道裏瘟疫之調查○哈埠防疫局二十四日報告調驗者四百六十人新送去者二百七十八人釋放者一百四十二人共死十八名各處搜出屍身九具由傳染瘟疫起共死華人一千一百十名其中有歐人三十六名此外搜得屍身三百二十具

——摘自《远东报》，
1911 年 2 月 25 日

●傅家甸仍有疫鼠○據云傅家甸自疫症發現最盛之時所有疫斃之居室鼠類被其傳染而速斃者不知其數以致蔓延不可收拾近聞各戶仍有此等鼠類到處竄擾隨竄隨斃其于人類前途之危險實非淺鮮所望在事人員亟宜家喻戶曉嚴加收捕用消毒藥殺滅之以絕根株若再以鼠類爲與人無害而輕忽之則死灰復燃其害更不堪設想矣亦望旅哈商民尙其慎之又慎也

——摘自《远东报》，
1911 年 2 月 25 日

▲新民府▼

●學堂開學展期○本郡官立民立各學堂現因時疫流行預防不及曾奉提學憲札飭勸學所准定展期開課以俟下月再行開學云　珍

——摘自《远东报》，
1911 年 2 月 25 日

▲吉林▼

●藥店要求照常售藥○近日疫症傳染漸多巡警局誠恐人民染疫諱不報告曾經傳飭各藥行無論何項人購藥均須問明住址姓名並所購何藥患何病症按日由各藥行報告一次以便易於稽查嗣後慮及各藥行扶同徇隱近又傳飭藥行暫行停市迺各藥行以爲如此辦理大與營業有礙且省城戶口十餘萬所患別項病症需藥醫治者紛至踏來若因鼠疫稽查難周即令藥行停市似同泄遏忘遺現在各藥行已報告商會要求轉請照常市藥未識能邀准否　介

——摘自《远东报》，
1911 年 2 月 25 日

●貧民有無食之慮○省城防疫命令下所有一切車輛行人均須檢驗在外暫留五日期滿無病始放入城以致賣糧賣柴者市上絕迹而吉林殷實紳商及小康之家均能自供充足惟貧民小戶與各街之小本營業其日用柴米每多現買現用值此交通斷絕柴米多有告罄曾向農會紛紛聲訴請爲設法拯救而農會已於正月十三日移文民政司請爲出示曉諭或在大江南沿或北山之後准糧柴之車運赴該處出售聽民採購需用茲越多日巡警猶攔糧柴車輛不許繞赴江沿乃劈箱板門片而炊者不少刻下人言鼎沸咸謂長此不變多有斷炊之戶云　合

——摘自《远东报》，
1911 年 2 月 25 日

●糧米之定價○各街糧商因官場防疫嚴斷交通糧米不能進城而高抬市價高糧米每斗飛漲中錢四百前報已誌茲經道府憲移請商會酌定官價三吊四後而商會未允並稟陳其中窒礙情形經何子璋太守格外體恤令改定官價三吊七百業已出示曉諭商民人等一體週知云　立

——摘自《远东报》，
1911 年 2 月 25 日

●火葬之詳情○本道府憲因疫死貧民日多且天寒地凍無處掩埋稟准錫督一律火葬已誌前報茲在老虎溝地面掘火塲一所業於日前將棺屍火燒者計三千有零云　文

——摘自《远东报》，
1911 年 2 月 25 日

●敬告防疫者好爲勸導○頃聞雙城府街面號有染疫者恐官界查知勒令火葬致日後屍親向商號索屍涉訟故將屍身移於空屋內以石灰掩埋擬俟疫症消滅復再爲殯殮渠之居心雖屬穩宜推其利害之關係極重望有防疫之責者宜善爲勸導之而造地方幸福云　日

——摘自《远东报》，
1911 年 2 月 25 日

●防疫會紀事〇雙城府城議事會議長王子敬君邀請官學紳商以及公民等於正月二十三日至自治公所商議禁止交通抵防時疫已詳前報是日十二句鐘各界至自治公所三百餘人少頃防疫局局長金道堅太守蒞會至一句鐘搖鈴開會議長王子敬君登臺報告理由略謂鼠疫流行若火燎原人心惶惶朝不慮夕凡我同胞値此時刻須知性命重於財產鄙人管見禁止交通實爲杜絶傳染俟疫毒消滅再行交通與商業相生相發亦無大損疫症固宜嚴防而醫治染疫症者更爲要點防疫局業已成立其中手續甚爲完善惟金太守兼提調保廣客籍服官斯土督辦防疫不敢稍事操切恐傷人民感情臨深履薄其中艱鉅惟有自知而已鄙人生於斯土痛癢相關更願父老兄弟推爲言論代表衡情度理應亟痛陳管見以效土壤細流仰補高深防疫局規模雖然燦然大備而輕病室尚未成立殊屬缺點現在爲保全同種邀請諸君與會商議組織輕病室猶望諸君襄助作速成立輕病室則初染鼠疫者暨患疑似症者入輕病室分別居住設法醫治以免不分疫症輕重同入防疫局此處醫治彼處抬屍病輕者既染爛疫復受驚恐以致玉石俱焚云云王議長語畢退歸坐次防疫局提調董與五二尹登臺致詞謂憶疫症甚於盜賊盜賊係有形易見易防之危害疫症係有形雖見難防之危害疫症有形西人謂之百斯篤百斯篤即黴菌黴菌即微生虫體質極小用一千五倍顯微鏡燭照一百枚僅有一小米粒大體質極小故其隨空氣飛舞如人呼吸其虫隨人吸力穿入口鼻一虫入氣管須臾即生數百蔓延血管促人速死其百斯篤菌始於泰西西人受害最早其發明預防之計亦最早故香港患此疫症華人死亡相繼惟英人三百名無恙此即防疫之明驗以彼徵此足徵王君首倡禁止交通言之有本惟願與會諸君採之董君語畢官醫傳燮臣繼之演說處之方創傳君退防疫局幫提調董輯五君陳說推廣防疫局在城裡設防疫分局四處添派稽查委員以便預防有所入手添募檢驗隊救急隊以資調用語畢而各界贊成與否者相半金太守飭於日前議決推行隨即搖鈴散會云　日

——摘自《远东报》，1911 年 2 月 25 日

▲榆樹廳▼

●通飭疫事免收電費○榆樹廳電報局接准總局通飭公函略謂疫症流行其害甚於水火如離鄉人欲避瘟疫須臾鐵命其家中音耗不知殊屬堪憐爲是函知各局遇電如遇疫症字樣一概免收電費俟疫症消滅即行作罷云云 容

——摘自《远东报》，
1911 年 2 月 25 日

●推廣防疫所○榆樹廳孫雅棠醫務長承劉司馬命令在城裡組織防疫所一處復在石頭城子五顆樹大嶺八號大坡等處組織防疫所五處每所設官醫一名稽查四名取締往來行人並稽查城鄉人民是否染患疫症以便醫治而杜傳染之害云云 容

——摘自《远东报》，
1911 年 2 月 25 日

●風氣開通之一斑○榆樹廳人民而遇疫症不識不知惟此次鼠疫發現人人聞而生畏於是購買石灰石炭酸消毒器等物以作防疫之預備可見風氣日開而人民之程度亦日見增進云 容

——摘自《远东报》，
1911 年 2 月 25 日

▲五常府▼

●不以防疫爲急務○近來五常府官界以博爲事徵逐且竟將應辦之公務置諸度外瀏聞時疫已流入本境而業等因私忘公與民生大有關礙似難安於緘默願諸君移心於防疫而造地方之幸福予日望之 仲

——摘自《远东报》，
1911 年 2 月 25 日

▲一面坡▼

●會董注重防疫○坡站自設防疫檢驗所無論何處到坡者須俟醫師診驗實屬無疫方準入境此節已誌前報聞該站商會會朱君每日會同巡官郭幫統至四鄉相遇道路要口詳細查驗並傳諭商家民戶凜掃院落清除汚穢防疫以殲而重衛生云 翁

——摘自《远东报》，
1911 年 2 月 25 日

▲黑龍江▼

●反對防疫者之言○據云中國歷數千之禮俗凡人死之後最崇重者莫如保存骨骸一事偶有身喪異鄉雖離家萬里其兄弟子孫稍有心肝者必搬柩以歸葬雖涉重洋亦不謂苦費鉅金亦不足惜近聞江省之驗病所日前於防疫會未經成立之前所化疫尸並未先事預防妥籌尸數十百具於焚燒時招人認領其籍貫姓名均皆不能記憶各尸親又深恐傳染避忌不前以故百餘具骸骨混埋一塚永陷攪合地獄誠慘嘆耶識者謂驗病所前既仿照日本方法修造化尸場預備專尸化煉自是文明所在不期臨事之先竟未善籌化尸之時雖准人指認明確方期焚化所數十百具之疫尸顛倒橫陳堆積一處假此傳染之烈稍不關心者誰又能當不顧生冒險直前以檢認之耶其悽慘之狀亦有過於此者望賢司有鑑後凡查驗一病除將其姓名籍貫詢明註冊並另一布條牢結髮辮途疫斃之後如果由官給予埋葬如法消毒更妙若仍須焚燒不致如前之混雜可視其髮上布條所註籍貫姓名各裝殮後易辨出將來消滅後或由官掩埋或經尸親領葬使多數之殘骨各有依歸實在造福無量云 于

——摘自《远东报》，1911 年 2 月 25 日

●疫癘蔓延城外○頃聞距省十五里之某屯日內疫勢蔓延日死三十餘名其猖獗之勢較省尤甚茲據防疫調查該屯居民僅有十六七戶男女不滿二百名口按之疫勢之數已達十分之二防疫會得此惡耗卽派隊前往救護該村民竟敢出而阻抗不許掩埋尸軀禁燒屋物以故防疫會又復遣派巡警多名隨同防疫官醫前往該屯施以强迫手段並設法隔離云　于

——摘自《远东报》，
1911 年 2 月 25 日

●焚燒有疫之器物○江省城關一帶自疫症流行死者已逾千數而封閉之房屋已達數百餘間若不卽早燬滅終有無限之後患防疫會亦深鑒于此日內特飭防疫隊與各區巡警分段燃燒以絕疫根云　于

——摘自《远东报》，
1911 年 2 月 25 日

△△奉天防疫報告奏報到京

自百斯篤疫症流行以來奉垣大吏在省特設防疫總局頒發規則並飭各屬通力防檢不遺餘力現在防疫總局又特編印臨時刊發之防疫官報一份專刊布東三省防疫上之行政及療治各方法各處往來電文調查報告等項發給省內巡警張貼通衢令衆周覽年節星期俱不停刊以防疫消滅之日爲止業已奏報到京云

——摘自《远东报》，
1911 年 2 月 26 日

●錫督注意防疫如此○錫督頗注意傳家甸瘟疫情形近日疫死者大減以及燒某各有疫房舍錫督頗爲贊成早由防疫局實行以期瘟疫滅絕而免復燃云　中

——摘自《远东报》，
1911 年 2 月 26 日

●開交通後之防疫辦法〇聞防疫局總會辦擬訂開禁交通後之防疫辦法仍發給商民四區通行票照准在傅家甸地方通行不得出境外來之人亦不准入境至大交通須俟五月開禁云　亦

——摘自《远东报》，
1911 年 2 月 26 日

●挑選馬隊搜査疫屍〇哈爾濱防疫局日前接奉督憲電開因火車停輪由哈爾濱至長春沿途步行貧民疫死無算暴露道旁飭即招募馬巡隊沿途搜査以便掩埋聞防疫局已飭警務局挑選馬隊二十名西行搜査云　亦

——摘自《远东报》，
1911 年 2 月 26 日

●保護外人遊歷〇吉林督撫憲近以瘟疫發生各國均派醫士赴滿調查瘟疫及消防情形務於各人員出入境時派兵妥爲保護並代預備宿舍以重邦交本埠關署業已奉札遵照矣　木

——摘自《远东报》，
1911 年 2 月 26 日

本埠新聞

●焚燒消毒所〇哈爾濱防疫局以傅家甸十一道街臨時消毒所院內西偏房裡疫死救急隊兵二名於昨傳諭警務局消防隊將該房全行焚燒云　亦

——摘自《远东报》，
1911 年 2 月 26 日

●實行清理屍身〇鐵路公司總辦日內派人分赴東西南三路清理華人染疫屍身並由鐵路派遣代辦醫生並員等協同照料一切現已預備二等車一輛暖車等掛於客貨車上由車上人員指點到某站下車

——摘自《远东报》，
1911 年 2 月 26 日

●俄神甫之好義〇俄神甫擬籌集鉅款捐助傳家店防疫經費一節已誌前報今聞該神甫向各善士募化擬籌千餘元捐助庇寒所經費以免窮民流離更願敦固兩國人民友誼云　中

——摘自《远东报》，
1911 年 2 月 26 日

●俄貨賤售原因〇近日本埠各舖店多減價售賣一切貨品無識者多以爲戰事之預備其實各商店皆苦於新貨不能運到莫斯科以滿洲瘟疫未退不敢發貨故各商略爲減價以期售盡所存貨物更可抽出大資本云　中

——摘自《远东报》，
1911 年 2 月 26 日

●滿洲瘟疫近觀〇研究瘟疫所代辦郝他薩托博士刻已查明瘟疫歷史如下西歷二月二十號調查疫症傳染中國各處者有十三城一百五十六村死華人四萬一千六百十名俄人四十七名法人二名日人九名西歐三名日醫一名華醫五名俄醫學生一名華醫學生二名俄國衛生隊十五名華衛生隊二十二名日本一名共用防疫費日本一百四十三萬七千元中國五十二萬三千元俄國二十四萬盧布東清路北段已見消滅刻下日本鐵路一帶盛行現在由松花江侵入阿穆爾漸入蒙古各處以及北京拉哈蘇蘇恰克圖吉林等處皆有

——摘自《远东报》，
1911 年 2 月 26 日

●安達站可通往來〇防疫局傳諭在安達站派巡警設卡查驗行人共分兩處其詳細辦法已照會華商及交涉局以便通曉往來之人須由醫士驗過放行

——摘自《远东报》，
1911年2月26日

●調查瘟疫團啟行〇由東清鐵路總公司電傳派赴中國調查瘟疫團蔭柏爾特等昨日由俄京起身聞留在哈爾濱界內研究一切並由鐵路公司照料協助無論在界內或往內地

——摘自《远东报》，
1911年2月26日

●界外交通之又一說〇本埠傅家甸防疫局總會帮辦等擬將界外交通弛禁各節會議前録茲悉濱江關稅司馬循商務會之請求極力向于道等商確弛禁交通以紓商力聞已經核議允准大約二月初一日以後可以自由貿易往來　木

——摘自《远东报》，
1911年2月26日

●官膏局之恐慌〇傅家甸自瘟疫流行人皆吸食鴉片故官膏店數家獲利不貲昨聞官膏店數家因奉明文限二月初一日一律斷癮均異常惶恐云　赤

——摘自《远东报》，
1911年2月26日

●關於學務之通飭○開本埠各學堂接奉學憲札飭以現在各屬瘟疫流行教員學生人等均須防範開學日期不必拘定俟各處瘟疫平靜後再行開學云 亦

——摘自《远东报》，
1911年2月26日

●運糧可以免驗○由依爾庫次克防疫會傳云本處行期內滿洲出口米糧可無須查驗

——摘自《远东报》，
1911年2月26日

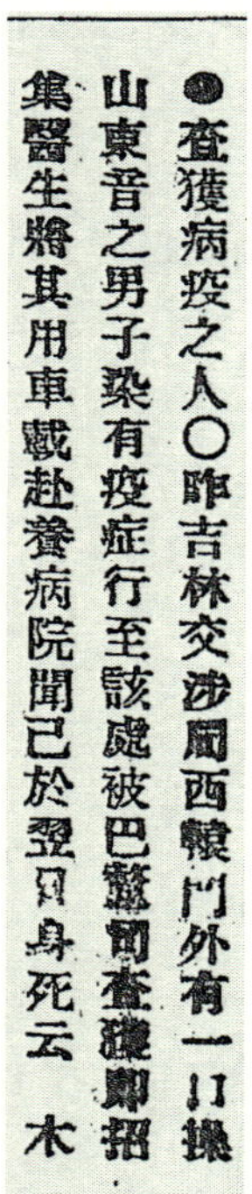

●查獲病疫之人○昨吉林交涉局西轅門外有一打操山東音之男子染有疫症行至該處被巴警暫查獲即招集醫生將其用車載赴養病院聞已於翌日身死云 木

——摘自《远东报》，
1911年2月26日

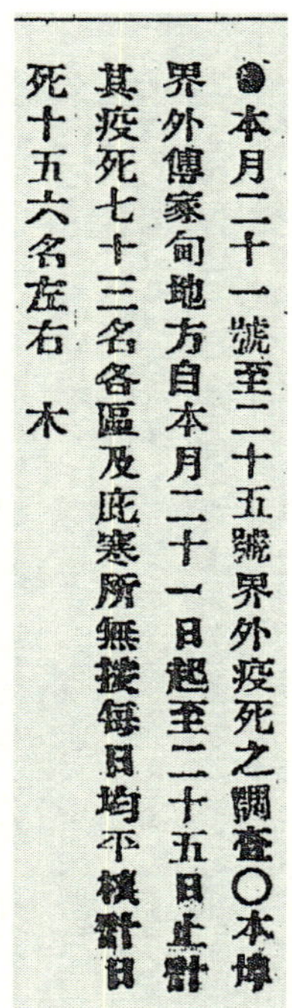

●本月二十一號至二十五號界外疫死之調查○本埠界外傅家甸地方自本月二十一日起至二十五日止計其疫死七十三名各區及庇寒所無接每日均平核計日死十五六名左右 木

——摘自《远东报》，
1911年2月26日

●傳家甸防疫局之報告〇本月二十五日時疫病院疫斃二人各區無疫斃者查出陳尸四具隔離所留有一千五百七十二名新收四名轉送二名現在一千五百七十四名

——摘自《远东报》，
1911 年 2 月 26 日

●各國領事之會議〇督憲日昨特請各國領事及日本大島爵帥至公署會議東省防疫事宜可否與日本協同辦理據大島稱中國辦理防疫尚未得法重應由該國協助督憲答以我國防疫配置完備聘醫派警處處認眞辦理尚稱得宜疫勢亦日見衰息自應由本國行政官自行管理各國領事均以督憲之言爲是大島始無言而退　逸

——摘自《远东报》，
1911 年 2 月 26 日

●防疫所擬禁娼寮〇城西南工夫市爲下流滙集之區妓館素爲時疫最易傳染防疫事務所爲防遏疫氣起見久已提議將該處娼寮封禁阻止一切遊人以免傳染當時有以該娼妓爲孽海之甚不堪再入餓鬼地獄而爲之請命者故該所未即實行詎日昨該處竟有染疫而亡者數家疫勢大有蔓延之勢現已經該所將該處娼寮一律封禁矣　逸

——摘自《远东报》，
1911 年 2 月 26 日

●民政使防疫卓見〇民政司張貞午司使自奉督憲之命總辦防疫總局事務以來與交涉司韓紫石司使和衷共濟辦理極有成績因日昨大島與督憲商籌中日立會共同防疫一事督憲詢之張司使可否允准司使當即面陳國家內政不容外人干涉之故請即拒絕以保主權而護民命云云　逸

——摘自《远东报》，
1911 年 2 月 26 日

●隔離所又設二處○長春城關自孟道到任後鼠疫日甚商家住戶多因傳染全家殞命者與防疫局總辦公同議定在西門外設隔離所二處北門外二處東門外一處近以該症不見消滅又在南門外大橋東設所二處並該所所長已派定管淸泉君辦理一切云　立

——摘自《远东报》，
1911 年 2 月 26 日

●天德堂稟請啟封不准○南大街藥商天德堂日前夥友染疫而死者二十有餘經檢疫處查明將店封閉議定兩星期後方准啟封詎今限已滿該號執事昨在防疫總局懇請啟封聞總辦因該號傳染較重且係藥行易於傳染然啟封售貨貽害無窮故不允准並許以疫患消滅非派員消毒後再爲啟封云　立

——摘自《远东报》，
1911 年 2 月 26 日

●吉長道中檢疫之規則○近民政司鄧司使因吉城鼠疫流行多由長春傳染而來除在二道溝子設檢疫所外又擬章程七條飭長春府曉諭商民一律遵守不准抗違致干罪戾其章如下一檢疫所現移設二道溝子地方凡由長春晉省者無論中外各界人等均須服從該所醫官之檢驗不得抗違二指定該處客店數家凡由長春晉省無論中外各界人等均須於該處停留五日始行放令入城三在分路各處設卡分派巡警巡察如有潛行繞越者由該巡警阻止即令退回該處驗留四凡驗有疫症無論中外各界人等均須送診疫所醫治由派駐該處巡警護送五凡停留該處無論中外人等滿五日後驗無病症立即放行所有行李車輛仍須用藥消毒六凡有不服從以上之各項規定無論中外各界人等得實行強制辦理七凡鼠疫有三種一初期頭疼氣喘旋即吐血是毒中於肺經者一初期頭昏發燒旋即吐血並瀉血是毒於腸胃者一初期發燒遍身酸懶旋即腿窩腋窩頸部腫起一核是毒中於皮膚血絡者凡患此等症者初期尚易治須速請醫官驗治不得稍延致毒深莫救云　立

——摘自《远东报》，1911 年 2 月 26 日

▲雙城▼

●輕病室之組織〇雙城府城議事會議長王子敬請防疫局局長金太守蒞場組織輕病室已詳前報現在王子敬議長同于琥岑刺史舉定名譽董事以及紳士十人會同防疫局董典五董輯五二提調至府署面陳組織手續情形以憑指示有所遵循云 ㅣ

——摘自《远东报》，
1911年2月26日

●學員爲疫所阻〇雙城府士紳徐常珍伊兆麟傅祥貴敭霖王樹聲等入吉林巡警學堂高等正科肄業至宣統二年已屆三年期滿經監督段觀察詳加考試准予畢業于去歲乘年假之便回籍現在該員等理應回省見習三月聽候獎勵緣刻下鼠疫流行斷絕交通致該員等不得進省因之萬分焦灼云 日

——摘自《远东报》，
1911年2月26日

●承辦處防疫之辦法〇雙城旗務承辦處德峻亭提調與英秀峰勝蘭亭永甲東科員等捐廉按照省垣發來鼠疫經驗約編所載購買藥材發給八旗並施給城鄉旗民人等以作驅疫之預備云 日

——摘自《远东报》，
1911年2月26日

●停止訴訟之原因〇雙城府金道堅太守祗爲防疫停止訴訟於頭門懸出牌示略謂除命盜重大案件以外民事訴訟概行停止俟疫毒消滅再行投訴遞呈以期速收防疫效果而絕疫毒潛滋暗長之害云 日

——摘自《远东报》，
1911年2月26日

◆新城府◆

●實力之防疫(一)新城府劉太守鳴復關心民瘼注重衛生於時毒傳染尤爲加意嚴防保全生命近來百斯毒病流行傳染東省遍及內地不可禦遏新城府毗連哈埠長春農安之間行旅往來傳染最易蔓延劉太守早鑒於此于去臘設防疫局稽查隊派局長提調一切防務并派庶務員製備消毒藥料分散各學區所又派游巡隊官稽查巡視城鄉村鎮電聘著名醫士常鳴九並購辦消毒藥料若干派總局醫官每日查驗診視病症又設養病院救急隊消毒隊於各門設檢驗所製備叢聞解毒藥料數千付村鎮設防疫所十餘處醫士數十名帶藥前往施散檢診近來道路時見橫臥鄉鎮尤爲猖獗一經傳染危險最烈施救無方甚至滅門絕戶日斃三十人餘則躁人心惶恐四門緊閉嚴防東來行旅車輛不准入城并郵便不通附近居民出入時加檢驗防衛甚嚴然劉太守每日躬親巡視各門以及醫所病院檢察病狀並飭鄉鎮各區巡警認眞防疫勿得蔓延共保斯民云　臣

——摘自《远东报》，1911 年 2 月 26 日

●坡站實無瘟疫之調查○坡站地處山林水淨而臭甘衆之人煙稀少風清氣爽故雜疫不致爲害但自去冬哈埠一帶瘟疫流行蔓延東省大有不可收拾之勢故坡站華俄官府暨紳商軍民聞之遂聯絡一氣嚴行防範每日清除污穢外逐戶詳驗有無惡疫發現致礙民生茲查得自去冬至今坡站全境僅斃二人一爲杜氏婦因患惡瘡致斃一爲年逾古稀之張姓久患痰嗽坡站實無瘟疫如此可見矣　益

——摘自《远东报》，
1911 年 2 月 26 日

●巡官注意防疫○坡站巡官郭某自坡站設立防疫會附設防疫檢驗所以來每日午前率同醫士逐戶查驗務使清除污穢潔掃院落以免臭氣薰蒸致生惡疫午後則巡查四鄉相通道路要口遇有面色黃瘦似有病容之人親身送至檢驗所以候醫士診驗是否染疫以便醫治而免傳染云　益

——摘自《远东报》，
1911 年 2 月 26 日

▲榆樹廳▼

●電報局之忙碌〇榆樹廳電報局接准上峯公函飭有時疫字樣者免收電費已詳前報刻間該局又奉公函飭該供事等調查時疫情形以及疫斃人數隨時報告該局接函即行照辦以致忙碌大有日不暇給之勢矣 容

——摘自《远东报》，
1911 年 2 月 26 日

●防疫之情形〇榆樹廳五顆樹界疫斃男女一百五十三名大嶺鎮界疫斃男女八十七名口蒙溫站陶賴昭大坡秀水甸子疫斃男女一百餘名當此鼠疫流行之際吉林公署發來官款兩萬吊並催劉司馬速即辦理防疫以期撲滅爾保地方之公安云 容

——摘自《远东报》，
1911 年 2 月 26 日

●疫癘之爲害甚烈〇榆樹廳東門外二里許東[illegible]地方糧戶李某一人患鼠疫未幾傳染三人相繼[illegible]者人一名聽鼠疫爲害之烈傳染之速如此惟望各界[illegible]嚴防而保生命云 容

——摘自《远东报》，
1911 年 2 月 26 日

●防疫醫士即日到東〇外務部現接德美法各國欽使來電內稱現在各該國所派來華研究防疫醫士刻已陸續起程約於二月初旬皆一律到東矣 四

——摘自《远东报》，
1911 年 2 月 28 日

日本通信

滿洲黑死病與日本○滿洲黑死病流行以來日本政府焦灼特甚非慮滿洲人為黑死病患乃慮日本經營滿洲之勢力稍殺風景也今將其各方面之種種彙錄如左

黑死病與滿洲鐵道會社

陽歷二月六日衆議院議員松野祐二郎氏提出黑死病問題之質問當由日本政府委員白仁氏答辯如左

黑死病最初發現於長春地方漸至大連患者約一千四百餘人幸皆支那勞動者占其大數（每日平均約四五人）日本人至今不過三人而已防疫設備充分注意滿鐵之衛生的設備已負擔其入費三分之一若今後黑死病猖獗日甚則防疫經費自必巨額恐滿鐵無此財力決難全部負擔云

黑死病與正金銀行

滿洲長春之正金銀行已移入滿洲之附屬地以免傳染而北京亦以交通斷絕該行以資金之大部分預托大清交通銀行及大清銀行其店員等暫移居入北京外交團居留地中至鐵嶺　奉天　遼陽　安東　大連　旅順各支店均同時移入滿鐵附屬地以來百般設備云

黑死病與日本郵便局

凡滿洲北京一帶寄遞之信件包件無論大小貴重均須在長崎消毒之後方准運入日本內國故中國報紙信封包件此等寄東者必須注意否則內容必有變化也

——摘自《远东报》，1911 年 2 月 28 日

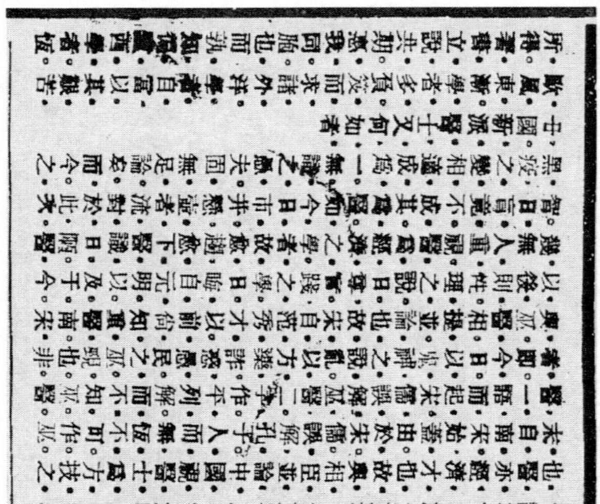

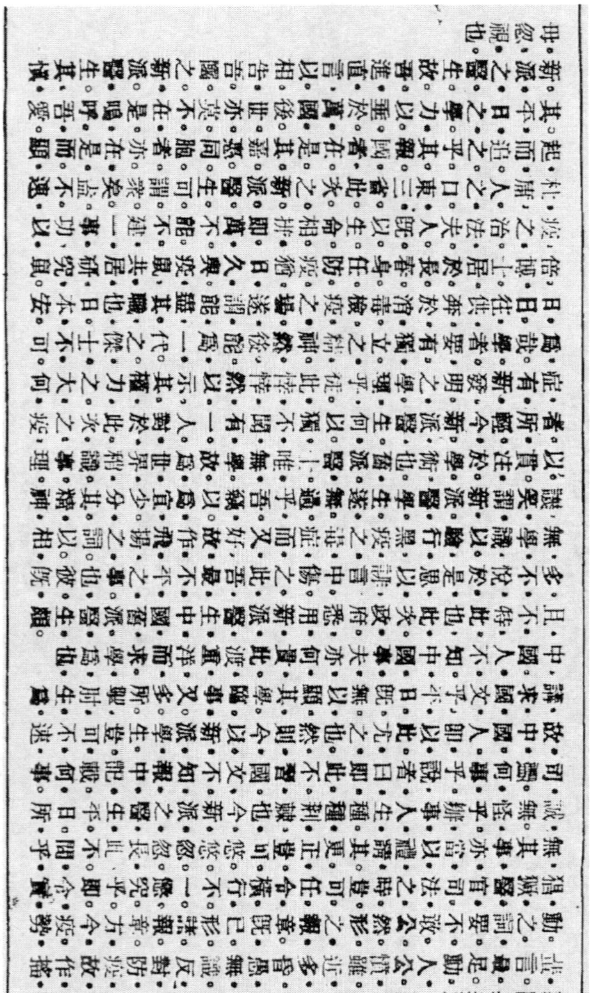

——摘自《远东报》，1911 年 2 月 28 日

△△奉天萬國防疫會之人物

三月初五日奉天開萬國防疫大會各國派醫學博士來華會議各種防禦醫療及善後辦法聞英俄德法美比意奧八國俱已簡定代表前來法代表爲布羅其氏已於本月十六日由西比利亞鐵路來京英國代表爲韓路舞氏美國代表爲士特耶氏於英三月二十號啟程來會哈爾濱俄醫士沙布羅尼氏則代表俄國餘德比意奧四國亦既派定不日即當發表聞所派各醫士富於經驗爲醫界巨子至於會期約二十日至四十日之久爲限外務部既延聘本京協和醫學堂現充北京防疫局醫士希路博士爲代表由該博士及哈爾濱及各醫士電商一切並專派施肇基佈置開會事宜云

——摘自《远东报》，1911 年 2 月 28 日

▲本埠要聞▼

●各國研究瘟疫聞來哈先聲○聞中俄意法所派來滿調查瘟疫斷於本星期內來哈研究一切並聞德國所派醫學博士等於下星期到哈云

——摘自《远东报》，1911 年 2 月 28 日

●收殮屍身隊起身○東清鐵路公司遣派清理東西南三路屍身衛生派分赴各處實行收殮一節已誌前報今聞自今日起身前赴各處云

——摘自《远东报》，1911 年 2 月 28 日

●安達站防疫分局章程○安達站防疫分局總辦今擬位章程四條如下（一）須在安達站設立檢驗闆二處闆定應有兵丁駐守以便盤查來往行人（二）應在檢驗闆位派定紳商以便指示華人應行路徑（三）每日應派副醫士至華人村屯查驗（四）其以先於路間所設之檢驗闆位應一律裁撤

——摘自《远东报》，
1911 年 2 月 28 日

●伍醫士之研究疫虫○防疫局總醫官伍醫士研究傳家甸疫死瘟虫其形頗似肉蛆初見時其中腰較細旋即分爲兩蝌蚪由一而二二分爲四遞數分鐘即成爲千百頭然近日天氣已熱瘟虫生殖力之極遲而小故瘟疫日覺輕減較之初起瘟虫之生殖力可減十分之七八　中

——摘自《远东报》，
1911 年 2 月 28 日

●不開交通之原因○傳家甸自瘟疫輕減後早有開交通之說今得確實消息奉天督憲已電知防疫局不可遽然開放交通必待天氣大暖後瘟疫無復燃之事方准照常交通現在瘟疫雖減仍不得不嚴加防備故防疫局決定開交通一事從緩擬不日發給各商家執照准其往來各區云　中

——摘自《远东报》，
1911 年 2 月 28 日

●伍醫官之勇於任事○哈爾濱防疫局總醫官伍連德自到哈以來辦理防疫事宜不辭勞怨聞日前在東四家子焚燒疫屍防疫局委員等皆不欲前往監視伍醫官自赴該處點查屍數親視焚燒俟焚化淨盡始行回局　亦

——摘自《远东报》，
1911 年 2 月 28 日

●伍醫士赴奉豫備會事○伍醫士連得現已備妥疫禁十二箱日內即起身前往奉天種疫禁協同辦理防疫事宜聞因錫督以奉天疫症棘手而伍醫士在哈辦理防疫頗有效果且近日傅家甸死者不過一二人不日可望消滅故電催伍醫士前赴奉天豫備三月初五日會事云

——摘自《远东报》，
1911 年 2 月 28 日

●王先鋒官因公赴雙○去臘陳撫帥由哈回省時留先鋒官王庭璠帶同憲兵二名在哈監察防疫兵弁人等已誌報端聞王先鋒日前接撫憲電開飭赴雙城查看該處防疫事宜辦理若何王先鋒官帶同憲兵當即前往　亦

——摘自《远东报》，
1911 年 2 月 28 日

●承辦處啟封辦公○濱江廳承辦處書記生婁是珂染疫病故經醫官將承辦處房址封閉停公事已詳各報聞現下封閉期滿於昨啟封照常辦公云　亦

——摘自《远东报》，
1911 年 2 月 28 日

●傅家甸防疫局之報告○本月二十七日時疫病院疫斃三人各區無疫斃者搜出陳屍三具隔離所舊有一千六百三十三名新收入十九名釋放十三名轉送一名現在一千六百三十八名

——摘自《远东报》，
1911 年 2 月 28 日

●官商招練衛生隊○商務總會爲謀地方自治於防疫一事極爲認眞玆於日前在西關外設立病院隔離所選舉管理聘請醫生開辦以來諸事就緒惟省垣地面遼闊疫勢蔓延防衛維艱檢查匪易亟須招練衛生隊以資防遏日昨該會已據情稟請督憲批示現已奉批允准由該會招練衛生隊五百名外并飭防疫事務所亦練隊五百以期官商協助云 遼

——摘自《远东报》，
1911年2月28日

●各國派員會議防疫○頃聞公署接准外務部咨稱通商各國於東省鼠疫頗爲注重擬各派員到奉會議防疫一切辦法於西歷三月間開議其會期之長短則由其臨時酌定相應咨行查照云云然則各國委員不日當可到奉矣 遼

——摘自《远东报》，
1911年2月28日

●防疫白話報之現狀○日前要聞欄有民政交涉兩司以謂鼠疫之烈害愚民不知非編輯白話官報廣爲傳播警醒一般蚩蚩之氓則衆生日蹈危機而疫勢無時衰息於是迅速組織尅日開板以開民智而衛民生現聞該兩司使已遵照辦理頗爲風行矣 遼

——摘自《远东报》，
1911年2月28日

●奉天疫死者之確數○據俄駐奉天總領事消息云奉城自疫氣發現至本月念日共疫死一千三十人云

——摘自《远东报》，
1911年2月28日

●巡警中之疫禍〇巡警第三區官長巡警共六十有餘近因巡警站崗染疫而死者二十餘人致有告假者或有潛逃者不計局中秖餘區長一名區官一名書記一名榮經總局飭第三區第四區各派巡警日代站崗云 立

——摘自《远东报》，
1911 年 2 月 28 日

●會議焚燒染疫之藥料〇本埠藥商天德堂號因櫃夥疫死之多經官查封已非一日茲聞防疫黃總辦查該商南街北街兩號存貨約價數萬兩恐其貨再售遺害於人特與道府憲公同議決將該號藥料器具一律焚燒以絕菌毒之傳染未悉能照辦否 立

——摘自《远东报》，
1911 年 2 月 28 日

●防疫局消毒辦法〇防疫總局因鼠疫流行皆菌毒傳染所致昨經總會公同會議非嚴行消毒不能澌絕根株日前先行派員在南北大街散鋪硫磺石炭後將各街大院如田家大院吳家大院等處因地面寬闊住戶甚多又爲來往通衢之地防將穢物一律掃淨散布石炭硫磺後即將外門封閉派兵護守俟七日後再准商民任便往來云 立

——摘自《远东报》，
1911 年 2 月 28 日

▲雙 城▼

●防疫局醫官之人數〇雙城府防疫局駐局醫官二員中醫婁士林李心司針砭西醫劉斗南應症處方并司消毒城裏計四隅每隅醫官二員四隅共醫官八員東北隅醫官王瑞芝邵卿錄東南隅醫官孟繼堯黃文舉西南隅醫官楚香九韓玉卿西北隅醫官周登瀛高步雲該醫官等每日身佩藥料赴醫以經防疫之急務云 日

——摘自《远东报》，
1911 年 2 月 28 日

●巡警染疫症斃命之數目〇宣統二年十二月中旬起算至宣統三年正月中旬止雙城府城鄉之巡警因防疫而傳染斃命者一百餘名云 日

——摘自《远东报》，
1911 年 2 月 28 日

●警務長之稱職〇雙城府孫祥麟警務長帶同救急隊循城之墟野暨各村落尋覓疫斃拋棄之屍骸係在張正窩堡以火焚化掘穴掩埋現在共焚化屍骸一千餘具云

——摘自《远东报》，
1911 年 2 月 28 日

●疫勢尚形猖獗〇雙城府城裏日前染疫而斃者七人翌日斃死一二人現聞四隅之疫症息滅惟街面尚有多數染疫斃者前後不下六千人如斷交通後或可撲滅云

——摘自《远东报》，
1911 年 2 月 28 日

▲榆樹廳▼

●學堂開學遲緩之原因○榆樹廳勸學所初辦軒總董接准劉司馬交發提學司曹梅舫司使來電略謂現在鼠疫流行着毋庸開學以免有礙防疫之進行云　容

——摘自《远东报》，
1911年2月28日

●敬告防疫者○榆樹廳劉司馬設防疫所檢驗病人稽查行旅規模辦法頗爲完密惟大街小巷糞土尿冰汚穢不堪聞醫生云市井骯髒春融地氣上蒸即生黴菌大爲傳染之害刻間辦防疫者奔忙無暇計及此種情形望速爲傳知各界掃除穢物以絕疫症來源而造地方之福云

——摘自《远东报》，
1911年2月28日

●允准柴草車進城○榆樹廳劉仲賢司馬遵省文防疫絕斷交通關閉四門不准出入一節已詳前報近來劉司馬查民間無柴草不能炊食復令仍開四門令柴草車進城至於行人仍然檢驗以防傳染疫癘之害云　容

——摘自《远东报》，
1911年2月28日

▲阿什河▼

●阿什河疫氣盛於各處○據由阿什河傳來消息云近已有疫死者一萬餘人他處死者較少云

——摘自《远东报》，
1911年2月28日

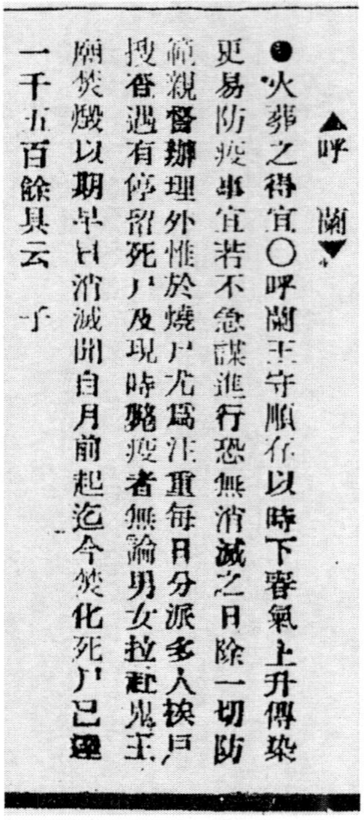

▲呼　蘭▼

●火葬之得宜〇呼蘭王守順在以時下春氣上升傳染
更易防疫事宜若不急謀進行恐無消滅之日除一切防
範親督辦理外惟於燒尸尤爲注重每日分派多人挨戶
搜查遇有停留死尸及現時斃疫者無論男女拉赴鬼王
廟焚燬以期早日消滅聞自月前起迄今焚化死尸已達
一千五百餘具云　子

——摘自《远东报》，
1911 年 2 月 28 日

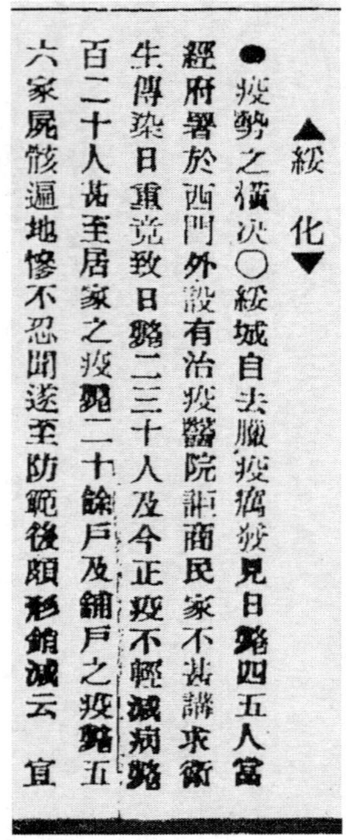

▲綏　化▼

●疫勢之橫決〇綏城自去臘疫癘發見日斃四五人當
經府署於西門外設有治疫醫院詎商民家不甚講求衛
生傳染日重竟致日斃二三十人及今正疫不輕減病斃
百二十人甚至居家之疫斃二十餘戶及舖戶之疫斃五
六家屍骸遍地慘不忍聞遂至防範後頗形銷減云　宜

——摘自《远东报》，
1911 年 2 月 28 日

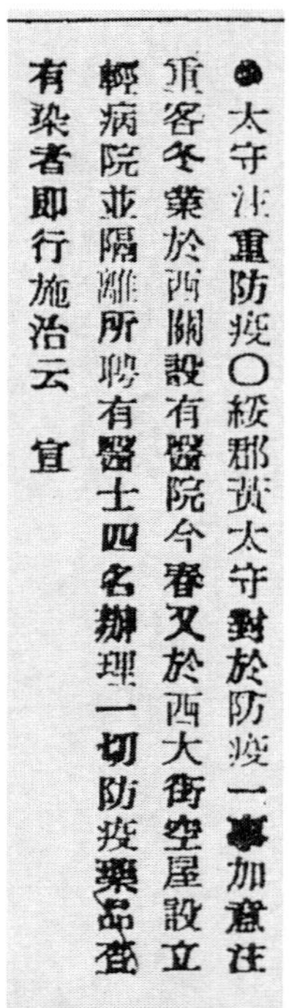

●太守注重防疫〇綏郡黄太守對於防疫一事加意注
重客冬業於西關設有醫院今春又於西大街空屋設立
輕病院並隔離所聘有醫士四名辦理一切防疫藥品查
有染者即行施治云　宜

——摘自《远东报》，
1911 年 2 月 28 日

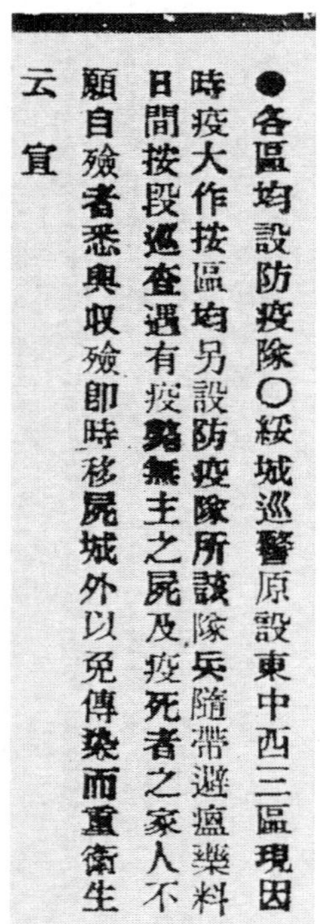

●各區均設防疫隊〇綏城巡警原設東中西三區現因
時疫大作按區均另設防疫隊所該隊兵隨帶避瘟藥料
日間按段巡查遇有疫斃無主之屍及疫死者之家人不
願自殮者悉與收殮即時移屍城外以免傳染而重衛生
云　宜

——摘自《远东报》，
1911 年 2 月 28 日

●實行隔絕交通○綏郡王太守出示曉諭略謂現奉省垣來電因江省各城鎮悉染時疫防範之法莫嚴於隔絕交通應免傳染擬定於本年正月十三日起至二十八日止日内一律隔絕交通爲此示仰商民人等遵照　宜

——摘自《远东报》，
1911 年 2 月 28 日

●甫經任差竟爾斃命○前醫學研究所醫官王致璞於月前蒙周太守派充衛生科員專辦防疫等事任差未及七日身染疫症竟爾辭世　宜

——摘自《远东报》，
1911 年 2 月 28 日

本埠要聞

●不准中國郵件入境之交涉○據確實消息傳云凡經過琿春等處之華郵件均在五站消毒並有醫士蓋加戳記爲憑不料俄海濱省總督仍不准行是以將所有郵件運返哈埠聞現在華俄兩國爲此屢起交涉云

——摘自《远东报》，
1911 年 3 月 2 日

●賓屬請給消毒器○賓州府呈請防疫局以府屬現在瘟疫盛行辦理消防正當吃緊所需醫生均由吉呈請委派其應用藥品已奉發下惟消毒器實屬缺乏務懇給發以資應用云　木

——摘自《远东报》，
1911 年 3 月 2 日

●關於學務之通飭〇吉林提學司以現在瘟疫發生交通斷絕所有各學堂學生本年入學日期已展限半月在案茲查疫症雖見消滅仍未交通各學生亦難應時而至今再展限一個月至二月十五日一律入學以期兩便本埠各署已奉到此項札飭矣 木

——摘自《远东报》，
1911年3月2日

●停止售賣車票〇一面坡防疫局總辦昨請鐵路公司將一面坡東行車票暫爲停止售賣至俄歷三月一號爲止並云檢驗搭客九日之令業已施行矣

——摘自《远东报》，
1911年3月2日

●陸軍染疫可慮〇長春傳來消息云城內外每日疫死者不下六七十人其上等華人亦多有染疫者現聞所派勵辦縣屬之陸軍染疫者亦頗乏人以致凡經過之地皆被傳染云

——摘自《远东报》，
1911年3月2日

●欲購買輪船者注意〇哈爾濱松花江沿岸停泊輪船甚多船中執事夫役因疫逃散開江在邇應役無人各船主甚爲焦灼極力搜尋惟所有已去之執事人等非給以極大之薪金及保險費不可船主恐將來用度浩繁必致受累故紛紛擬將較小之船隻出帖以極廉之價售賣並不要索定金一經定妥可將船款分數年歸還云

——摘自《远东报》，
1911年3月2日

●神話竟不能治疫（）哈埠有西藏醫士某自稱能治疫症於是登門求治者亦不乏人不料前日偶在時疫病院施演其神術之時竟爲疫氣所攻遽蹣跚至家次日即斃按此次之惡疫即有學識之西醫尚不能有何妙法醫治何况向無學識之西醫庸醫乎

——摘自《远东报》，
1911年3月2日

●松花江下游瘟疫醫電（）自松花江下游某地包工人來電云該地時有染疫斃命者惟民間多隱而不言故無從知其疫死人之確數云

——摘自《远东报》，
1911年3月2日

●副醫官亦有防疫之優獎（）此次傳家甸防疫有效得以逐漸撲滅雖有總醫官伍連德排難獨斷之功然部派各醫士亦實預有參訂之力焉故近聞東三省大吏亦請列各醫員名次爲異常勞績如副醫官姚啓元等皆列優勝地位云　中

——摘自《远东报》，
1911年3月2日

●疫屍何其多耶〇現在哈埠疫死者雖見減少然各處雪中潛埋之死屍則甚多俄派馬隊四處尋覓聞昨在戴家窩鋪于家窩鋪收得死屍二具沙塔子地方收得一具磚窰旁有女屍一具馬家溝有死屍二具又距馬家溝數武有死屍二具此外又在楮家甸松花江之北有新墳六座大概亦係染疫死者又向左約一里餘有被焚殘毀房一座內有已焚死尸一具又馬家溝一帶一坑內有已焚未盡之死尸多具四家子地方尚有棺木內成殮死尸一百五十餘具約不日焚燒云

——摘自《远东报》，
1911 年 3 月 2 日

●泰來棧疫死一名〇道內十三道街太來棧於三十日疫死過客一名經俄醫士派救急隊於初一日將該棧殘物俱行焚毀並再各房施洒藥品以消疫毒　天

——摘自《远东报》，
1911 年 3 月 2 日

●又有死屍出見〇茲聞前日在巴雜市第九道街焚燒某小鋪時火夫將掀房頂即見有死屍一具後即付於火堆內焚燒云

——摘自《远东报》，
1911 年 3 月 2 日

●林廳丞與楊內監○濱江廳同知林小亭司馬到任以後無不極力振刷實心任事日前自革退尹連元之後又獲一內監楊某屢極阻查疫之令者立即簽提到案羈以監禁說者皆謂林廳丞勇於任事即此可見一班云　中

——摘自《远东报》，
1911年3月2日

●伏房實爲釀疫之區○本埠自疫症發現後死亡者多半在伏房煙館之內而租界內如五六七八九各街中以伏房煙館爲最多其死亡亦以各街爲尤甚自疫症稍平後未經發現之各街如外國頭道街至十五道街近日亦有染疫者其死亡之處則在外國五六七八各街之伏房車行間昨日中國十三道街某棧亦有染疫身死者經消毒隊將其什物焚燬住客均圈入隔離所檢驗云　中

——摘自《远东报》，
1911年3月2日

●傅家甸防疫局之報告○上月二十九日時疫病院疫斃三名各區無疫斃者搜出屍骸一具隔離所舊有一千六百零二名新收入二名釋放四名現在一千六百名

——摘自《远东报》，
1911年3月2日

▲奉　天▼

●京奉火車有開行之消息○自鼠疫流行京奉火車停開已將月餘商務大受影響故商會日昨特稟請督憲轉咨郵部將該路火車照舊開行現聞督憲爲維持商務起見業經咨請郵傳部轉飭該路局照舊開車惟搭載貨物仍須消毒旅客入關時須一律拘留一星期以防疫症之傳入云　遠

——摘自《远东报》，
1911年3月2日

●部派醫員行將到奉〇奉天辦理防疫迭次電部請派醫生前曾由部派來若干員并咨送醫學畢業生人名冊各節已登前報現聞學部以奉省疫勢仍未撲滅救治需人特行選派醫科進士王若宜王若儼兩君來奉帮同診治聞兩君已奉部札擬於日內乘坐京奉火車來省 遇

——摘自《远东报》，
1911 年 3 月 2 日

●防疫者不辭勞瘁〇新任醫務長于君文甲自到差以來對於防疫事宜不遺餘力并注意醫士訓練日期整頓親蒞操場觀巡警之程度悉心開導如日昨某滑道隊兵越章受責毫無違言可見該警長之賞罰得平云 珍

——摘自《远东报》，
1911 年 3 月 2 日

▲吉林▼

●首府之更動〇現任吉林府知府張蓬仙太守刻因防疫不力撤任繼其事者爲補授延吉府知府傅疆署理爲吉林出色人材云云 新

——摘自《远东报》，
1911 年 3 月 2 日

●添招消毒隊〇全省防疫局劉經出示現在時疫盛行防疫人員甚形缺乏現擬招生一百名定期以十日爲限傳習防疫消毒等事期滿考列最優等者月給薪津五十兩分派各區任用云 新

——摘自《远东报》，
1911 年 3 月 2 日

▲長春▼

●施藥之慈善會○女學堂經理員董耕雲去臘鼠疫發現時研究該症自製雙解散若干各處施捨該藥救活他症多人並因各鄉疫症日多誠恐各鄉民不知預防昨在防疫會請設捨藥慈善會擬在各鄉屯施藥防疫聞黃總理以事關善舉一面批准在案一面札飭各鄉巡警妥爲保護云　立

——摘自《远东报》，
1911年3月2日

●拘留所亦因疫查封○巡警總局拘留所內去歲年終計押犯不下百名忽今正後疫症發見致所內該犯死者大半及差遣巡警死者十餘人並查所內重犯如天照應杜連升等盡已疫斃所遺罪輕之犯防具保釋後即將所內房屋查封云　立

——摘自《远东报》，
1911年3月2日

●藏屍不報之結果○防疫總局因住戶商家多有掩屍不報者屢出示諭嚴禁商民不料各商梗頑不化查四道街田家大院內有一梨窖不知何日將死尸二名藏於窖內近被巡警查知先將櫃夥一律拘送隔離所後即將窖內鮮貨及屋內器具計載十五車送至小西門外一律焚燒云　立

——摘自《远东报》，
1911年3月2日

▲阿什河▼

●調查四鄉防疫情事○現下城內瘟疫日見消滅日昨覃大令特赴四鄉調查一切以備開城又派來調查員王某於日昨來阿屬統稅局內約不日當回省云　大

——摘自《远东报》，
1911年3月2日

●疫屍又付火葬〇阿城爲掩埋疫屍一事鳩工修坑已誌前報茲悉大坑工程係四下墁修一縣署一巡警局一統稅局一商務會約共化市錢萬餘吊之譜所有死屍掩埋後加石灰灌注正値工程將竣忽於日昨又令火焚將所有死屍均行攏出架火焚燒云　大

——摘自《远东报》，
1911 年 3 月 2 日

●娼妓之下落若此〇阿城娼寮有如意班計男女十三名俱係姑蘇人民茲因染疫流行所有掌班及領家茶壺等脚色全行疫死茲餘女娼七名窮無所歸日昨醫務長王子遹親到該處調查將該妓安置某客棧內浮住並囑該棧主人嚴行看守嗣後再爲設法處置　大

——摘自《远东报》，
1911 年 3 月 2 日

●防疫之嚴密〇一面坡站雖無瘟疫爲害而防範之法殊甚嚴密日昨聞五常界內黑疫盛行終未撲滅一日之間疫斃數十人坡站紳商各界聞知殊甚惶恐以坡站與五常地處接壤如防範之法小有疏忽一有傳染爲禍匪淺故日昨商會會董呆輔亭與巡官郭某籌議於該站四外道路要口嚴行把守不準外人入境以免瘟疫之傳染云　益

——摘自《远东报》，
1911 年 3 月 2 日

◎隔絕交通將推行矣〇雙城府金太守據各界公議禁止交通尚許民間自由日前金太守接准督撫憲來電疫菌餘毒未消非絕斷交通不能收其效果況防疫若救火萬不可以疫菌大減爲喜倘防之不力如火復燃況雙城地當衝要猶宜加意嚴防勿稍疏懈致干未便云云金太守接電即派員調查商界儲糧後不日絕斷交通云　日

——摘自《远东报》，
1911 年 3 月 2 日

●疫氣流入鄉屯之原因○雙城府正西廂紅旗五屯與西南隅一處地方疫症流行探其因原係城裡染疫之家爲避害至該處不期疫氣發現以至傳染斃命者計男女五十餘名噫疫症之害甚於水火惟望吾同胞加意防範以保生命也　日

——摘自《远东报》，
1911 年 3 月 2 日

●醫務長注重衛生○榆樹廳醫務長孫迎棠參軍因鼠疫流入日夜不安督飭各界掃除穢物以除疫菌之根蒂刻間城廂一體遵照辦理該醫務長復飭外八區亦仿照推行而收防疫之效果云　容

——摘自《远东报》，
1911 年 3 月 2 日

▲黑龍江▼

●疫氣之消減○日來江省防疫會辦理一切防疫方法頗甚得當而防疫隊每日梭查疫症且又異常週密每查出一病人除將其屋物封固外即將其同居之人一律隔離五日以杜蔓延所有因疫所封之房屋逐日焚化以故疫氣日減較前頗見肅清日昨據一區轄境之調查僅有病者一人而南關五六兩區仍不少見聞防疫會日內恐此疫蔓延城外擬添募防疫隊數十名分赴鄉屯一帶嚴查疫跡以期盡絕根株云　于

——摘自《远东报》，
1911 年 3 月 2 日

●商務之近況〇綏埠自去冬癘疫發見街市日見蕭條新正以來家家閉門度歲市面幾無行人嗣後又值隔絕交通鄉之歸市之糧草車輛全無以故市商概行失望云

——摘自《远东报》，
1911 年 3 月 2 日

▲綏　化▼

●防疫會之驗疫〇綏埠防疫會以本埠疫災消滅仍未淨盡昨特派書巡各一名將城中民商沿門檢驗遇有染疫者即飭其歸入隔離所調養驗訖發給票據張貼門首以便查核云　宣

——摘自《远东报》，
1911 年 3 月 2 日

●告疫警者何多〇綏屬四界賊氛不靖各處梭穿日昨雙河鎮告警已誌本報日前又據綏屬東北上集廠來署告警略謂大股鬍匪信進上鎮十數里盤踞勢將竄進該街乞速派隊勦捕一切云　宣

——摘自《远东报》，
1911 年 3 月 2 日

●東省航政由部主持○郵傳部盛尚書昨與李侍郎會議以東省現在雖爲疫氣紛擾然所有錫清帥請設三省航務公司以挽黑松兩江之權利爲急要之端俟鼠疫平靜當先即爲籌辦是政聞已交議船政司司長加派李瑞棠主政（李爲粵人曾在歐洲十餘年）於船政事業即有經驗襄同核擬妥章以便籌款開辦云云探之原因三省經此鉅災財政尤爲冗濫萬不暇顧及以故盛李兩堂擬由部主持籌辦云　田

——摘自《远东报》，
1911年3月3日

●派員赴東從緩○東省發現鼠疫之初政府曾擬派員往查茲聞樞府以近日東省疫氣有日漸消滅之勢辦理可稱得力所有派員赴東之議已從緩矣　田

——摘自《远东报》，
1911年3月3日

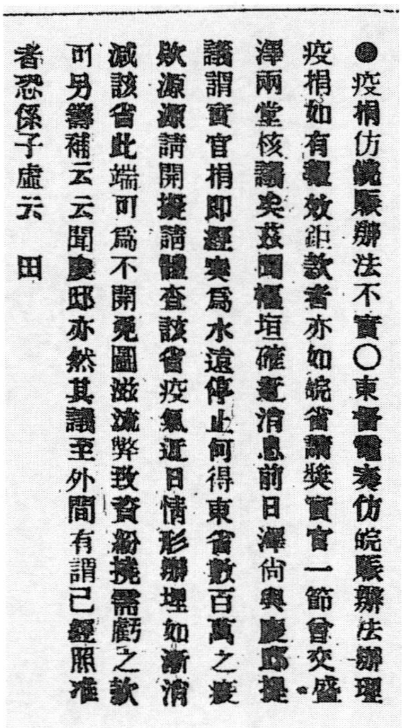

●疫捐仿皖賑辦法不實〇東督電奏仿皖賑辦法辦理疫捐如有報效鉅款者亦如皖省請奬實官一節曾交盛澤兩堂核議奏茲聞樞垣確鑿消息前日澤尚與慶邸提議謂實官捐即經奏爲永遠停止何得東省數百萬之要欵源源請開捐請體查該省疫氣近日情形辦理如漸消滅該省此端可爲不開冤圖滋流弊致資紛擾需虧之款可另籌補云云聞慶邸亦然其議至外間有謂已經照准者恐係子虛云　田

——摘自《远东报》，
1911年3月3日

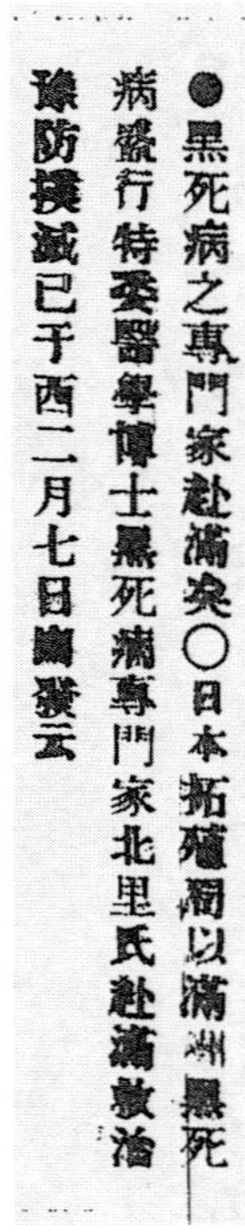

●黑死病之專門家赴滿矣〇日本拓殖局以滿洲黑死病蔓行特委醫學博士黑死病專門家北里氏赴滿救治豫防撲滅已于西二月七日出發云

——摘自《远东报》，
1911年3月3日

●黑死病與日本之對清貿易〇日本農商務大臣大浦君日昨在東京商業會議所演說如左

北清地方現在結冰之季例年停止貿易惟解冰後若黑死病尚未撲滅則由滿洲輸至日本之大豆豆粕雜穀類滿鐵自必停止運送而天津上澳門間之交通若不嚴密警戒其必傳播至南清故澳門如有黑死病發現之論則上自重慶下至上海必變爲病毒域而經濟界中自生無限之影響則日本對清貿易必大打擊此可預決者目下北清之日本貿易無甚具體的影響且南清日本各種輸出品異常好況等語

——摘自《远东报》，
1911年3月3日

△東三省仍派大員就商要政

樞府年前即擬奏派大員赴東三省與錫督密商要政嗣因疫氣流行暫議從緩茲得最近消息樞臣以現在東三省緊迫萬難延緩仍擬奏派大員赴東密籌惟是否仍派徐相國前往尚未核定

——摘自《远东报》，
1911年3月3日

▲本埠要聞▼

●關於防疫之種種〇據確實消息云哈埠時疫病院總理哈夫背博士暨官擬派赴奉天調查瘟疫會又俄派衛生醫士三隊分東西南三面調查距鐵路兩旁五十俄里之各村有無棄置疫死之屍其中央之隊即在哈埠一帶偵查云

——摘自《远东报》，
1911 年 3 月 3 日

●伍醫士緩行原因〇伍醫士原擬早日起身赴奉惟本埠傳家甸瘟疫雖減尚有未竣之事甚多故不能起行今聞俄國調查瘟疫團日內到哈並有查看傳家甸之說故擬暫緩數日起身云　中

——摘自《远东报》，
1911 年 3 月 3 日

●伍醫官赴奉之又一說〇醫學博士伍連德氏自去歲來哈辦理防疫頗著成效已經錫端茲又訪聞錫督業電保伍充東三省總醫官總理三省防疫事宜故伍於廿七日西赴奉天即謁錫督並調查該處疫症須一星期回哈云　亦

——摘自《远东报》，
1911 年 3 月 3 日

●市面恐慌原因〇本埠自發現瘟疫來商界大受影響至今日尤覺不支其所以然者因有瘟疫後各處已定之貨皆不能運至各舖店之銷路自然有退敗之勢更加有資本者亦不肯向各處批發數於小本經營又無力維持市面此外各銀行借款亦較前縮減是以無怪乎市面日覺恐惶也　中

——摘自《远东报》，
1911 年 3 月 3 日

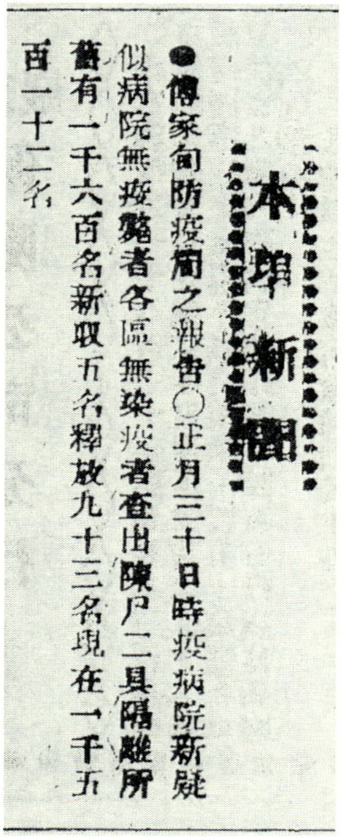

本埠新聞

●傅家甸防疫局之報告○正月三十日時疫病院新疑似病院無疫斃者各區無染疫者查出陳尸二具隔離所舊有一千六百名新收五名釋放九十三名現在一千五百一十二名

——摘自《远东报》，
1911 年 3 月 3 日

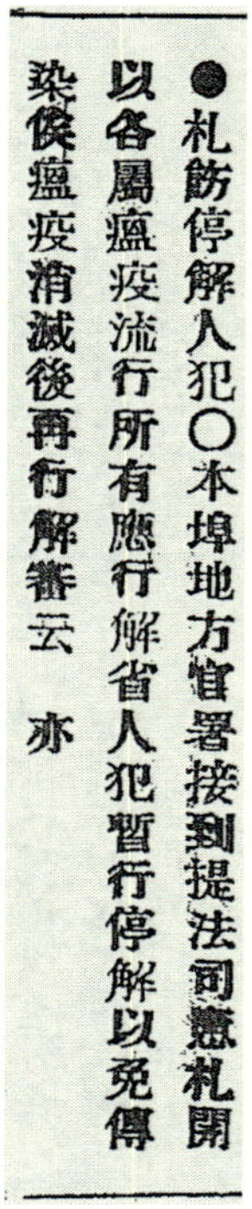

●札飭停解人犯○本埠地方官署接到提法司憲札開以各屬瘟疫流行所有應行解省人犯暫行停解以免傳染俟瘟疫消滅後再行解省云　亦

——摘自《远东报》，
1911 年 3 月 3 日

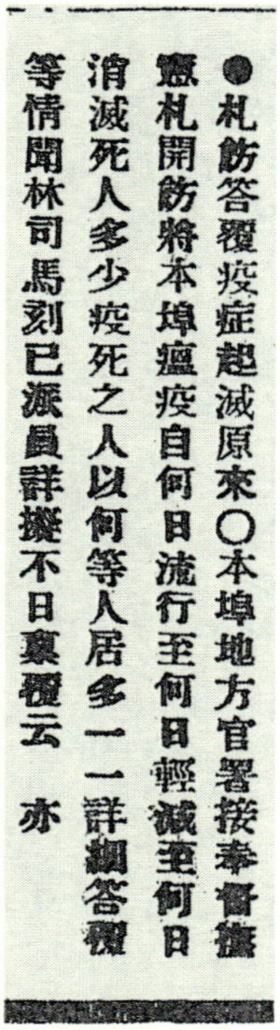

●札飭答覆疫症起滅原來○本埠地方官署接奉督撫憲札開飭將本埠瘟疫自何日流行至何日輕減至何日消滅死人多少疫死之人以何等人居多一一詳細答覆等情聞林司馬刻已派員詳擬不日稟覆云　亦

——摘自《远东报》，
1911 年 3 月 3 日

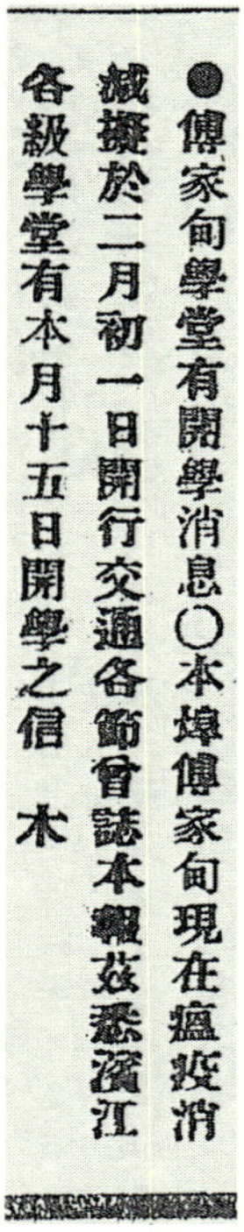

●傅家甸學堂有開學消息○本埠傅家甸現在瘟疫消滅擬於二月初一日開行交通各節曾誌本報茲悉濱江各級學堂有本月十五日開學之信　木

——摘自《远东报》，
1911 年 3 月 3 日

●客棧又有瘟疫○日昨八道街路北伙房內又有客人染疫幸由巴德斯查知當即召醫生診視確爲疫症遂送交莫斯科病棚矣　中

——摘自《远东报》，
1911 年 3 月 3 日

●糧商之好希望○糧商前在正月間收買大豆每舖得價四五十戈比惟當時瘟疫未退收買者無近日本埠瘟疫將次消滅各出口商人皆到各處採買因此糧價日長現在大豆每舖得竟長至六十戈比然買者反覺爭先恐後咸謂有增無減也　中

——摘自《远东报》，
1911 年 3 月 3 日

●教育會會員之演說防疫○省垣商務會組織防疫所并招練衛生隊已紀昨報該會以新招之隊未具有防疫上之知識特與教育會籌商辦法當由該教育會派委員多人日爲該隊演說防疫之事宜及檢查之手續使其知防護之職務而不至擾累人民誠善舉也聞該會員均服義務不支薪水僅每日由商務會送給車毘實銀洋一元云　遇

——摘自《远东报》，
1911 年 3 月 3 日

●中日醫生之比較○奉天辦理防疫事宜聘用中外醫生甚夥每月薪金或四五百金二三百金不等合計一月不下萬數千元該醫生等食此厚祿宜如何認眞診治以盡職務乃探聞日醫尙不甚嚴事遇有病者至所時猶知爲之分別用千倍顯微鏡詳細檢驗而中醫則不爲之診驗常以疑似爲眞病至有酒醉之人而指爲疫症使隊活埋者現該醫生已由督憲飭交特別審判廳訊究矣　遇

——摘自《远东报》，
1911 年 3 月 3 日

●開學之無期○吉林省城各級學堂例于每年正月二十六日開學歷辦有年但各學生大半係四鄉之人此次因防疫斷絕交通一時均不能來省曹梅訪司使有鑒於此前已傳諭各學堂現因防疫令嚴可緩至二月初十日再行開學查目下疫氣傳染城鄉皆有據學界談論將來開學一節須俟疫症消盡方可定期云 合

——摘自《远东报》，
1911 年 3 月 3 日

●防疫滋事之種種○省城辦理防疫城廂內外調查及檢驗事件均經本地紳士協同辦理以故人民尚不驚惶且防疫人員遇事亦甚持平而四鄉防疫事項甚不逮於城廂現因防疫惹起人民之種種暴動此伏彼起不一而足而當道又多方掩飾如荒山咀子屯一案因鄉民在本屯探親男女二人竟爲防疫所捉去檢驗隔離以是該屯人大動公憤聚衆數百並携有鎗械欲與防疫所爲難幸經人排解始散其次蚕路河因防疫所虐待隔離人民致受隔離者幾六十人同時鼓噪閧然出所星散而去又如江南小長屯有旗戶家死一馬防疫所偵知即嚴逼該旗戶全家入隔離所諸如此類甚多嗚呼立法在人行法亦在人所望有防疫之責者加意焉 新

——摘自《远东报》，
1911 年 3 月 3 日

▲長　春▼

●商務會又助防疫費七萬〇長春防疫總局爲諸事需款前由奉督處領到實銀十萬兩未幾數日又領到現洋三萬元近日一律告罄特請各憲急爲發款茲因底款毫無一時難籌故道府憲無法支持面請商會借欵接濟故商界中人公同議定撥給中錢七萬吊以救眉急云　立

——摘自《远东报》，
1911年3月3日

●郵政局自行消毒〇日本領事近因大清郵政局包裹郵件通行各埠恐一時不愼而鼠疫菌藉由郵件傳及他埠誠關莫大公開聯判劃後凡郵包內有破舊棉衣等物者不准寄往日本并有黑黃豆及各種糧食者不准寄往韓國並各郵件到日站時須一律消毒後再裝車外運故英人以要求蓋係公益之事遂一律允准云　立

——摘自《远东报》，
1911年3月3日

●疫死商民最近之報告〇長春鼠疫近來雖行見殺而鄰城各村未滅聞二十六日城關商民及疫院之中共死四十六名二十七日五十二名二十八日四十八名而鄰近各村死而不報者亦二十餘名云　立

——摘自《远东报》，
1911年3月3日

▲阿什河▼

●時疫復又傳染之原因○現下阿城瘟疫復行蔓延傳染日甚詢悉阿城自今正以來所有疫病頗見平和不料警務長王子澂派差遣隊官趙濟川捉拿賭犯計一百餘名之多均在拘留所看押惟所內平地潮濕均不准上炕當此瘟疫流行之際囹圄之困苦如圈豬羊最易傳染而該局長反恃爲奇貨可居重責之下乃行釋出遂致當時死去二名翌日慶德泉澡塘死去二名汪家澡塘死去二名雲豐源澡塘死四名德興昌客棧死一名恆昌興澡塘死一名該局長之防疫力乎否乎　大

——摘自《远东报》，
1911 年 3 月 3 日

●商務之近況○自防疫戒嚴後城門緊閉所有商務均見蕭條惟洋貨雜貨舖等每日只賣錢數十餘吊而藥舖生意比前頗見暢旺其餘若糧米舖刻下雖皆漲價然存糧不多至小米一種尤見短缺據商家云若再俟一月交通不開頗有爲難之勢云　大

——摘自《远东报》，
1911 年 3 月 3 日

▲一面坡▼

●防疫之增兵○坡站巡官郭某聞五常界內瘟疫盛行終未撲滅以致死亡相繼況五常與坡站接壤之區故日昨於通衢口增兵駐守絕斷來往以免惡疫之傳染　益

——摘自《远东报》，
1911 年 3 月 3 日

●紳商請設衛生局〇坡站紳士鄭書田等以坡站地處偏埵初創新政遵章宜設衛生局爲要點況哈埠一帶瘟疫流行查其致病之由莫不以吾人習慣成性汚穢自甘不講衛生所致也日昨具稟呈縣探其內容略云衛生者衛護民生者也今覩坡站汚穢隨意拋置行人任便溲溺若不急設衛生局清理而掃除之則春日陽氣上升穢氣四溢難免瘟疫發生云云　淼

——摘自《远东报》，
1911 年 3 月 3 日

▲雙　城▼

●防疫局稽查委員一覽表〇雙城府防疫局現在派出稽查委員四員稽查城裏四隅有無染疫情形其東南隅稽查委員恩車恆額西南隅稽查委員朱琴樓西北隅稽查委員劉成山東北隅稽查委員爲忠額戳昌等依奉札委帶同檢驗隊每日在四隅稽查甚爲忙碌云　日

——摘自《远东报》，
1911 年 3 月 3 日

●鼠疫之轉移〇雙城府鼠疫初起屯鄉惟一二三四及八九區爲甚刻下各區皆轉禍爲福瘟菌消滅祇有六七區東界距城相近之鄉屯疫患未消巡警局孫祥麟警務長逐日往該兩區界內稽查援救以期速滅云云　日

——摘自《远东报》，
1911 年 3 月 3 日

▲榆樹廳▼

●瘟傳疫染之烈〇榆樹廳城東二里許東溝地方李某自哈埠回家疫癘發作傳染一家男女相繼斃命所遺物件等被其戚許某盡行搬運到家未幾疫毒又發傳染許某全家斃命可見傳染之爲害甚矣　容

——摘自《远东报》，
1911 年 3 月 3 日

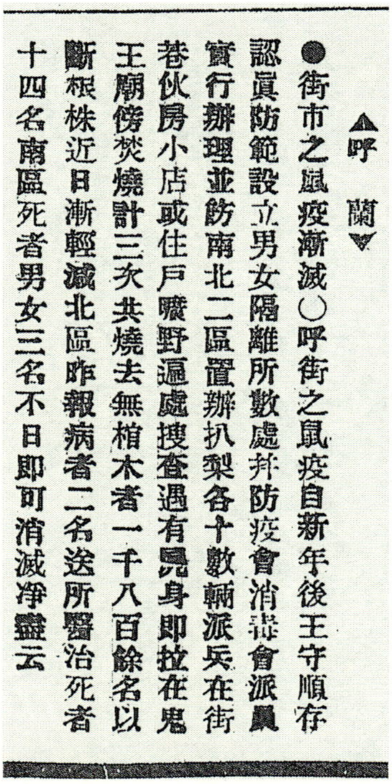

▲呼 蘭▼

●街市之鼠疫漸減〇呼街之鼠疫自新年後王守順存認眞防範設立男女隔離所數處幷防疫會消毒會派員實行辦理並飭南北二區置辦扒犁各十數輛派兵在街巷伙房小店或住戶曠野遍處搜查遇有屍身即拉在鬼王廟傍焚燒計三次共燒去無棺木者一千八百餘名以斷根株近日漸輕減北區昨報病者二名送所醫治死者十四名南區死者男女三名不日即可消滅淨盡云

——摘自《远东报》，
1911年3月3日

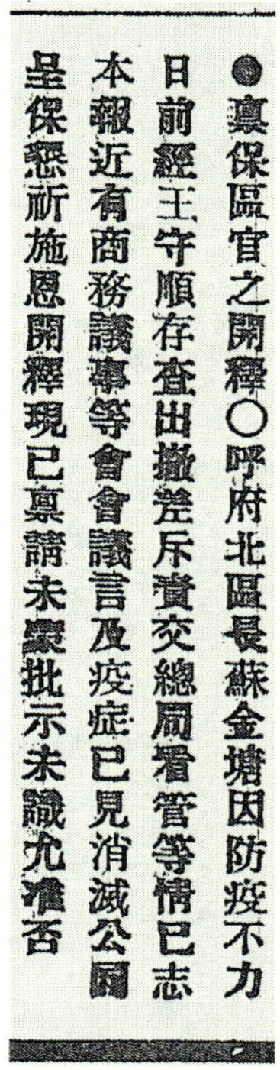

●稟保區官之開釋〇呼府北區長蘇金墉因防疫不力日前經王守順存查出撤差斥責交總局看管等情已志本報近有商務議事等會會議言及疫症已見消滅公同呈保懇祈施恩開釋現已稟請未蒙批示未識允准否

——摘自《远东报》，
1911年3月3日

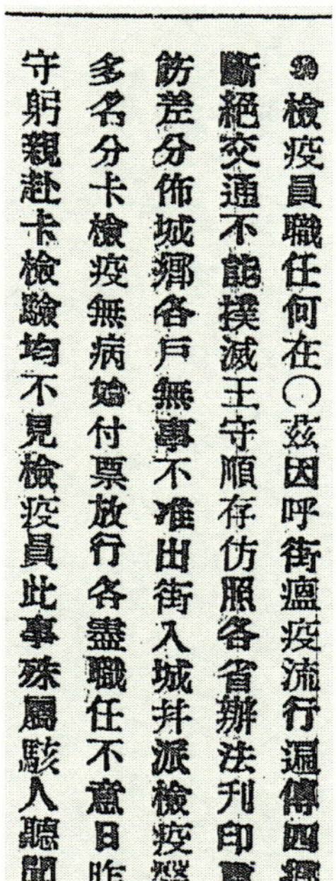

●檢疫員職任何在〇玆因呼街瘟疫流行遍傳四鄉非斷絕交通不能撲滅王守順存仿照各省辦法刋印票照防差分佈城鄉各戶無事不准出街入城并派檢疫醫生多名分卡檢疫無病始付票放行各盡職任不意日昨王守躬親赴卡檢驗均不見檢疫員此事殊屬駭人聽聞云

——摘自《远东报》，
1911年3月3日

△東三省防疫猶有人揭參

日前特頒諭旨催促民政部東三省、直隸、山東各督撫迅速撲滅疫氣勿稍玩延等語茲聞其中之原因有三一爲近曾有人奏參東三省京師辦理防疫諸欠完善竟有傷殘民命擾害生衆等情一爲示知朝廷對於此事甚爲珍重以期杜絕干預一爲預防疫氣消滅後地方官仍匿而不報希圖濫消正欵此當日之所以特頒明諭也

——摘自《远东报》，
1911 年 3 月 4 日

●伍醫士仍回哈埠○醫士伍連德前經錫督派爲奉天防疫局總醫官一節已誌前報今聞伍醫官日前起身赴奉稟明錫督哈埠防疫關係緊要仍請回哈辦理以期告厥成功當由錫督認可故日昨乘車回哈云　中

——摘自《远东报》，
1911 年 3 月 4 日

●奉天實行斷絕交通○自奉天傳來消息云錫清帥奉同商會自治會在防疫總局會議防疫辦法決定自本月十四日起將奉天各城門關閉嚴禁來往行人其執有防疫局發給之執據者准其來往其對于外國人民稍覺寬平准其自由運送食品聞各門均有兵把守四鄉亦派兵稽查並曉諭商民務須重視衛生之道並聞擬在奉天開設醫學大學校一處章程業已擬妥交清帥批示云

——摘自《远东报》，
1911 年 3 月 4 日

●道署雇覓抄胥〇本埠代理兵備道郭司使現以瘟疫漸次肅清不日即行回吉所有一切經手卷宗局署籌記抄錄不及擬由外招雇寫手數名以資謄錄　木

——摘自《远东报》，
1911 年 3 月 4 日

●華俄之爭焚死屍〇香房迤東積有屍身一百餘具前由俄防疫局飭人掘坑擬不日焚燒然田家燒鍋防疫局以各屍身多日未燒與往來之人殊形不便特備火油數十箱派兵前往焚燒因之中俄防疫局又起交涉刻聞關道已照會達代辦講明此事仍由中國防疫局焚燒　中

——摘自《远东报》，
1911 年 3 月 4 日

●日商亦匿屍不報〇傅家甸日商名利富去歲臘月間疫死二人恐防疫局封閉房間隱匿不報昨開經醫官查明將該商執事人楊某送交地方官署未知如何審訊判決也　亦

——摘自《远东报》，
1911 年 3 月 4 日

●防疫局之認眞〇日昨防疫局以道裡各娼寮近日任意賣淫難免不有傳染之慮故日昨防巴厘司將天福樓後慶和園後各娼寮一律查抄送交莫斯科病棚驗看有無病症然倩當日聞信漏網者十居六七云　中

——摘自《远东报》，
1911 年 3 月 4 日

●關于瘟疫之報告○道裡檢驗所共有五百四十人內有俄人十四名特別檢驗所十二人時疫病院七人時疫病院死二人現在檢驗所尚有四百十八特別檢驗所十二人時疫病院四人各總收殮死屍三具是日共疫死五人自瘟疫發覺之日起至初三日共死華人一千四百九十三人歐人四十名

——摘自《远东报》，
1911 年 3 月 4 日

●傅家甸防疫局之報告○本月初一日時疫病院及嫌疑似病院無疫斃者隔離所舊有一千五百一十二名新收一百零八名釋放五十六名現在一千五百六十四名

——摘自《远东报》，
1911 年 3 月 4 日

▲奉 天▼

●臨時疫病院之怪現象○臨時疫病院設立小西邊門外該院執事員生薪水頗優而辦理防疫一味敷衍近見該院疫死人數過多深恐傳染己身不保性命日昨醫官孟緒德司書趙廷相及看護生數人不約而同先後逃走不意為防疫事務所探悉立時拿獲將該醫官司書大加申斥並將看護生數人送交警務局懲辦云　　逸

——摘自《远东报》，
1911 年 3 月 4 日

●防疫詳細章程之頒布○督憲日前飭令防疫事務所總理張孝侯觀察督率屬員編訂防疫詳細章程現已竣事並刷印若干本呈請督憲鑒核督憲閱後當即札發各府廳州縣飭令一體遵照施行以資防遏云　　逸

——摘自《远东报》，
1911 年 3 月 4 日

●通飭各城警長防疫之認眞○民政司張司憲辦理防疫極爲認眞各節已載前報日昨又特行札飭各城警務長略謂鼠疫流行爲害甚烈省垣辦理防疫迄今尚未撲滅外城可知雖各埠曾經設有防疫局所而在事人員多保巡警爲之執行不無疏忽之處仰該巡警務長等務須勤慎從公勿稍疏忽以期疫氛早日撲滅云云　通

——摘自《远东报》，
1911 年 3 月 4 日

▲吉林▼

●貧民因防疫致赴小暴動○省城二十二日午前突有貧民千餘人齊集於諮議局門前衆口嘵嘵必欲請議長出來答話局中人等詢其來意僉謂現在嚴防疫症隔絕交通城中柴薪糧米價值逐日騰漲百物奇昂無論貴賤無處購買而小負販賣食品者又經官府禁止謀生無法將如之何豈不死於疫而死於凍餒語次均大聲聽罵有掩面而哭者有臥地痛哭而不起者嗣經局中人等再三慰勸允爲代請民政司吉林府設法補救以安民衆衆貧民始纔散去　合

——摘自《远东报》，
1911 年 3 月 4 日

●鄉屯亦立防疫局〇省城自年前時疫發現以來官家設立防疫總局士紳組織防疫會其間分段診驗挨戶檢查疫症雖未撲滅淨盡然尚未致燎原茲有城西南一帶大小藍旗屯紅旗屯八里屯濫德河子等處紳民鑒防疫之有効亦均先後設立防疫分會聞已公舉會長禀請省憲立案矣 合

——摘自《远东报》，
1911 年 3 月 4 日

●嚴查廟院浮厝屍棺〇省城警局傳飭各分區嚴查各廟及各住戶院內有無浮厝屍棺如查出即速傳原主令其即日拉運四鄉葬埋現聞各區查出占多數者爲西關山神廟云 新

——摘自《远东报》，
1911 年 3 月 4 日

▲長 春▼

●防疫經費仍求商會極力贊助〇長春商務總會爲防疫局底款奇絀接濟中錢七萬吊前報已誌豈意防疫局每日耗費七千八千不等僅此中錢七萬不過支持數日聞道府憲月前又請商務總協理仍望接濟中錢十數萬以資補助並聞總理已允惟各商家尚多不諾云 立

——摘自《远东报》，
1911 年 3 月 4 日

●電飭運磺赴省〇吉省防疫局爲消毒一事需磺甚多滙至缺短今查長春官硝廠在郵政局後院存磺數萬斤昨電飭長春府急將該磺運省若干以資分用云 立

——摘自《远东报》，
1911 年 3 月 4 日

●日人因疫創設官車店〇近有日人某見華日兩界防疫甚嚴人馬車輛不能進城數日站貨物及煙煤各種輸運維艱令在日署請准執據創設官車店一處包運各商貨物出入城關並每貨百斤抽中錢一百文以專利權云

——摘自《远东报》，
1911年3月4日

●賑濟貧戶之調查〇長春城關去冬經巡警總局調查戶口業已告竣近因疫症流行全家斃命或餘老幼數人者亦頗不少今派稽查員四名清查城關戶口倘餘若干並老幼無依及極貧被災之家若干清查列表後擬冀列憲發欵賑濟云　立

——摘自《远东报》，
1911年3月4日

●疫症之大減〇雙城府近來疫症大減月前十字街路西某商號染疫僵斃一人再銀二道街公館以西有染疫者席地而坐當被救急隊覷見乘以馬車送交防疫局醫治再東大街路北復盛恆以東倒斃者一人雙埠人煒輻輳自疫症發現至今亡者已達數千餘名亦人民之不幸矣　日

——摘自《远东报》，
1911年3月4日

▲榆樹廳▼

●染疫斃命之人數調查○頃將榆樹廳染疫症斃命人數調查明確特錄於下太平橋十五人三家窩堡三人灰塘溝劉永泰家六人李家屯周姓十三人雙山堡一人大嶺鎮魁源永工人張某一人西崗屯李姓一人席家屯席某家大小八人馬姓一人蔣姓一人趙姓一人王姓一人治字十三號高姓二人孫姓一人李二人黃家屯劉姓二人韓家屯楊姓二人保姓一人常姓一人幼女一人六棵樹曹姓一人蔣家屯葛姓大小五人大房身葛姓六人邵姓二人張姓二人婁家屯葛姓二人龍頭山胡姓一人治字十三號王姓八人學童八人幼女四人許姓魯姓二人治字六號吳姓一人張姓二人王姓一人李姓一人治字八號王姓二人丁姓一人李姓一人以上染疫症斃命共計一百一十五人以榆樹廳與他城比較疫害甚輕而各界咸以爲幸云云 容

——摘自《远东报》，
1911年3月4日

●學堂因疫停課○榆樹廳劉司馬接省垣提學司曹梅舫太史來電略謂疫事戒嚴祈轉知在省垣各級學堂肄業生等暫時勿庸來省等候以資苦累云云而向學之士子得此消息以光陰迅速歲不我與甚爲焦灼云 容

——摘自《远东报》，
1911年3月4日

△黑龍江▼

●補錄防疫會簡章○江省防疫會設立以來辦理一切防疫事宜頗著得法故日來疫氣漸消每日疫斃之人不過三五名之多蓋該會之組織完密有以致效耶茲將其簡章補錄於下第一章(綱要) 第一條本會特奉督撫札防創設以消毒診疫保衛人民爲宗旨 第二條本全省民命所關奉督撫札防以民政司爲督辦用昭慎重 第三條防疫事關重要本會擬以檢驗病人不令疫症蔓爲入手辦法并廣聘名醫及西醫研究病情精製藥品以期時疫之全消藉植醫會之基礎 第二章(職員) 第四條本會之職員如左 會長一員 二副會長二員 會員無定額 四驗疫員八員分駐城廂內外及省城昂昂溪兩車站 五診治員八員製藥生三員看護員二員看役十二名 六調查員四員 七文牘一員 八會計一員 九庶務一員書記四名司事二人會役六名號房二名掩役六名專司掩埋馬隊四名專司傳遞 第三章(職務) 第五條會長之職務 一主持全會事務 二與副會考查檢驗員之勤惰與診治員之賢否 三與副會長總覈本會款項出入 四本會職員倘有任事不力貽誤善政者輕則商同副會長辭退重則稟請督撫核辦 第六條副會長之職務 一協同會長辦理全會事宜 二協同會長考核辦事職員賢否勤惰 三協同會長總核本會款項出入 第七條會員之職務 一本會乃慈善性質地方官紳贊成善舉者得有入會之資格 二入會會員如有贊善樂施特捐鉅欵資助善舉者稟請督

撫酌予嘉獎 三會員於會中應辦之事隨時提議俟開會時取決於多數然後施行 四會員中倘有紊亂本會秩序不守本會定章者由多數會員議決後即將其會員取消 五本會成立後如有願入會者須得會員中二人之介紹方可列爲會員 六本會會員須明醫理者方得派任各科職務 七本會會員須擇深明醫理者爲住會職員 第八條各科之職務本會分檢驗診治調查文牘會計五科 第九條檢驗員之職務 一檢驗病人或用中法或用西法皆可不拘 二驗得疫病之人輕則送入醫院重者送病院如係孤身客籍患病雖非疫病亦應送入醫院惟須與疫疾之人另宅隔離以防傳染 三檢驗報來之人如實係無病方可聽其自由倘形跡可疑即由診治員診明實係病症分別辦理 四檢驗婦女須小心謹慎不得稍有輕侮之心 第十條診治之職務 一診治須用三聯票票先書病人姓名住址次證象次脈象次方藥次年月日時暨診治員圖記一存醫院一給病人一送本會以憑查核 二醫官治病須察證次診脈如脈證相符即宜對證用藥倘脈證不類或舍脈從證或舍證從脈均宜悉心體察或呈明會長召集諸醫公同研究從長治之不得率易處方誤人性命 三診治之道審證最難處方亦復不易蓋病情既著萬變治法難必十全即或藥與證對而過於謹慎杯水無濟車薪臨時研究總期確得病情闡明致疫之由使人人先爭預防斯爲上策 第十

一條調查員之職務　一逐日調查省城內外舊病若干人新病若干人治愈若干人未愈若干人報告本會　二調查各旅館住戶妓寮有隱匿病人者須隨時報告本會　第十二條文牘之職務　承辦本會施行公牘　二逐日將檢驗診治調查各術彙齊詳記册簿送正副會長處查核　三凡本會尋常研究會及特別研究會本會所有研究議決改良進行方法記於册簿並謄寫傳單分送各處以期周知　第十三條會計之職務　一經理本會出入款項每星期總結一次呈送正副會長查核　二協同庶務辦理會中一切事宜稽查出入款項　三督同製藥生選購藥品殫心炮炙　第四章（辦法）第十四條　一派員至軍營學堂旅館妓寮商埠鐵路站實行檢驗病人　二省城內外須擇爽塏潔房室各設病院一所在江沿者為消防病院病疫者居之在附郭者為衛生醫院普通病者居之均另派得力看役照料一切　三本會備有藥品專為各軍營學堂之用其貧苦無力之人應格外體恤施送上等中等仍須照藥給資以重公款而維營擧　四凡旅館住戶妓寮如有病人隱匿不報者一經查出惟該旅館妓寮住戶等是問　五本會為消除瘟疫保護人命起見不論軍民人等倘有不服檢驗者本會按照巡警定章强制執行　六本會每值星期開尋常研究會一次由各會員報告情形公同研究由正副會長取決多數後以便執行而圖進步　七本會如有重要事件由正副會長召集會員幷詳請督撫監臨開特別研究大會　八本會如有阻礙情事由地方官行政官警務公所協助　九本會職員由正副會長檢定後請民政司札委以專責成　十本會會員職員有辦事認眞不辭勞瘁俾疫症早日消除由正副會長稟請督撫分別獎勵　十一本會雇倩看役工資從優該役務辛苦耐勞不分日夕照料病人倘有懈弛從嚴懲辦　第五章（會費）第十五條進款本會用費分公家費捐助費二項　第十六條出款本會職員薪資夫役工食另訂專章呈請督撫核准照辦所用款項由庶務逐日登簿一月一結以重要款　第六章（附則）此章因事機促迫暫行執行所有未盡宜公出研究務期臻善　于

——摘自《远东报》，1911 年 3 月 4 日

△△外部飭東省督撫妥籌勘界

外務部以滿洲勘界俄人因防疫停止至今已有四月之久刻因該處時疫稍息昨電飭東督黑撫令交涉使照會俄人接續勘辦以免借此終止致滋釀成重大交涉云

——摘自《远东报》，
1911年3月5日

▲本埠要聞▼

●吉局宴會西醫○前日吉林交涉局總辦郭觀察邀請法國調查瘟疫團代表布羅開氏在吉局宴會並請哈埠防疫會華俄英法各醫士作陪云

——摘自《远东报》，
1911年3月5日

●關道更動之說○聞官場人云郭道來哈署理關道原爲于觀察專辦防疫現在瘟疫大減督撫兩憲仍擬委于觀察爲關道致於郭道仍調回吉省本缺惟現在尚未發表云 中

——摘自《远东报》，
1911年3月5日

●紀俄大員過哈情形○二月初三日俄國阿穆爾省總督關達基氏到哈俄員咸在車站迎接中國地方官如郭于兩觀察及李太守鴻模等亦到站迎接昨日十一點鐘關總督至吉林交涉局及各要員處答拜十二點鐘關總督到索菲亞教堂祝賀俄國放農奴五十年大記念日一點鐘時到商務學堂公同論經兩點鐘在郭總辦寓內開防疫會議明日晚七點鐘關總督乘坐快車前赴玻璃履新擬在海參威小住二三日查視一切防疫辦法

——摘自《远东报》，
1911年3月5日

本埠新聞

●防疫分局之認眞〇田家燒鍋防疫分局近日調查該處居民死者日少然終不能一時撲滅故近由該分局醫生禀明傅家店總局實行斷絕交通仿照傅家店辦法各戶按日分送柴米每日派巡警到各戶驗看有無病人想不日可望撲滅矣　中

——摘自《远东报》，
1911 年 3 月 5 日

●關于瘟疫之報告〇沿鐵路各處初三日檢驗所共有華人四百十二人歐人十一名時疫病院八人時疫病院死五人現在檢驗所尚有華人三百十九名歐人十名時疫病院一人特別檢驗所一人共收殮死屍四具是日共疫死九人自疫症發見之日起至初四日共死華人一千五百二人歐人四十名

——摘自《远东报》，
1911 年 3 月 5 日

●市面興盛之希望〇近日本埠各舖店以新貨不能運到銷路大減雖經屢次電知莫斯科各工廠作速發貨然以瘟疫未滅故不肯發貨聞近日各商店已得回電所定之貨皆裝車運來故遲一星期即可運至想本埠市面必然大有起色也　中

——摘自《远东报》，
1911 年 3 月 5 日

●傅家甸先開小交通之期〇哈爾濱防疫局因傅家甸地方時疫日見輕減擬訂本月初一日開禁四區界內小交通嗣因各區民人總有死亡迄未實行已詳前報茲聞該局人員以刻下瘟疫大形消滅日昨會議訂於初十日先開小交通云　亦

——摘自《远东报》，
1911 年 3 月 5 日

●醫學專門家之意旨〇各國現均派醫士至滿洲研究瘟疫傳染人身之理由云

——摘自《远东报》，
1911年3月5日

●俄醫擬在哈埠調查〇俄醫學博士查伯羅特尼自俄京電云俄國所派之調查瘟疫團共十一人大概不日即可到哈擬即在哈研究一切惟須預先將化驗所地址覓妥以便安置一切

——摘自《远东报》，
1911年3月5日

●乞寄骨殖還鄉〇前在哈埠有俄醫生一名因疫而死日昨該生家屬來電請將屍身焚化寄至俄京云

——摘自《远东报》，
1911年3月5日

●照會代購疫漿〇江省周少帥近以江省瘟疫傳流蔓延各處茲擬購置疫漿以爲先事之防備惟江省購買爲難昨日前照會東清鐵路公司霍總辦代爲覓購飭由駐哈交涉局送省云　木

——摘自《远东报》，
1911年3月5日

●傳家甸防疫局之報告〇本月初二日時疫病院疫斃一名疑似病院三名各區無疫斃者隔離所舊有一千五百六十四名新收無釋放六十六名轉送二名現在一千四百九十六名

——摘自《远东报》，
1911 年 3 月 5 日

●東西關隔離所建築費之差別〇東西兩關防疫隔離所工程均已完竣聞兩關房屋間數與造法皆同乃西關之價竟較東關貴至數千元之多其故如何容探明再登

——摘自《远东报》，
1911 年 3 月 5 日

●准回民自辦防疫〇西關一帶多回教中人以飲食習慣不同擬定防疫辦法呈請防疫事務所准其自行辦理一節已誌前報茲悉防疫事務所查核該回民所定章程尚屬妥善已於昨日批准矣

——摘自《远东报》，
1911 年 3 月 5 日

▲新民府▼

●紳商聯立防疫所〇本郡商務會董事會日昨開特別會議因日本警察來新租賃房屋設立日本防疫所取締消毒該紳商開會公議抵抗之策面謁張太守備陳防疫一切情形須傳飭鄉鎮斷絕交通按區分立防疫所飭巡警沿戶調查庶見官商協助而造地方之幸福云　珍

——摘自《远东报》，
1911 年 3 月 5 日

▲營 口▼

●勸業道移總總商會公文○爲移行事案准交涉司咨稱准俄總領事照稱接本國駐北京欽使來文本國沿阿穆爾總督因防瘟疫傳入俄境特詳簡章如左 一禁止中國苦工人東海濱省 二除頭等搭客外不准華人由瘟疫流行各處經海路前赴俄境 三凡在波力達夫喀波格拉泥赤 那亞 溶春 差新 怕夫羅福業多羅夫斯基 魯列滅郎耶夫斯基各處 現均設立檢驗所所有經過之華商 須受該所五日之查驗後始可放行以上三條令本總領事照知貴使司轉諭商民知悉等因准此相應咨請轉行知照等因准此除分行外相應移行 貴總會請煩查照須至移者

——摘自《远东报》，1911 年 3 月 5 日

●商會集議誌要○二十七日商會開特別會議由總協理宣佈開河後天津山東艤客及苦力工人到營辦法以營口正在防疫而不久開河各人來營事項如何處置當須綢繆衆商請總協理見道憲酌定辦法刻聞酌議大概天津所來工人道憲示另派專車由塘沽無疫之區直送到營口惠權城是有疫之地不能在此上車必要在大沽塘沽搭車惟山東搭輪船來埠之客船到停泊驗疫七天道憲言是政府與各國欽使公訂之章自當遵守苦力雖多現無另設備隔離所安置未便允准裝此苦力至搭客商來往自可通融設法船由疫埠來者一律停驗七天本埠客商堪以移岸安置保生公所待驗辦理防疫嚴厲如有疫之地不能任彼處苦力人任便到埠應在禁例云

——摘自《远东报》，1911 年 3 月 5 日

◉近日疫症之調查○長春地面鼠疫蔓延自新正十五日後雖稍平復而每日死者尚四五十人不等殊未見消近聞二十八日各局報告計死四十一名而五里堡子朱家大屯各地死七名二十九日有祕而不報者二十六名聞城東某磚窯處尚有六名云　立

——摘自《远东报》，
1911 年 3 月 5 日

◉俄委員來雙○雙城府金道堅太守接准哈埠來電謂俄國公署派委員某氏來雙郡考查防疫情形金太守行知防疫局以期接待而篤邦交云　日

——摘自《远东报》，
1911 年 3 月 5 日

◉巡長之褫職○雙城府東南隅邸姓於去歲及至今正染疫而斃男女四名將先死者三人用棺木盛殮掩埋其後死者畏其傳染遂拋屍而逃彼時防疫局查知防消毒後即將門戶粘貼封條迄今二十餘日昨被九分所某巡長查知始用馬車將屍身拉出城外以火焚後掩埋云

——摘自《远东报》，
1911 年 3 月 5 日

▲榆樹廳▼

●鄉區呈報疫斃之人數○榆樹廳城西第一區報稱五棵樹石頭城子紅石磖子雙號屯管地屯弓棚子倒仰傷珠爾山等處染疫症斃命者計男女大小八十一名其呈文經劉司馬查核飭防疫局務於十日內將屍身用火焚化掩埋以絕傳染之害云　容

——摘自《远东报》，1911 年 3 月 5 日

●關乎防疫之會議○榆樹廳劉司馬接准督撫憲電文飭將疫斃之屍身一律用火焚化劉司馬誠恐措置不當事前近於殘忍事後致起風潮於是與巡警局自治團磋商以期盡善而收防疫之效果云　容

——摘自《远东报》，1911 年 3 月 5 日

●掃除污穢之忙碌○榆樹廳警務長孫華棠參軍查疫症雖逐漸消滅處須防範既值春風鼓盪冰雪消融之際地氣熏蒸穢氣乘之而疫病仍恐復發乃派中區王虎臣巡長督飭各界掃除污穢以重衛生而絕疫癘之根株云

——摘自《远东报》，1911 年 3 月 5 日

●防疫局之進行○榆樹廳劉仲棠司馬依奉督撫憲電文操辦防疫暨蒙公署撥發防疫辦公費兩萬緡已詳報劉司馬遂統稅局經徵局襄助贊成自治團巡警局辦理其事聽事籌畫已定遂安設防疫局札委稽查四名官醫二名書記二名並報募檢驗隊在城門檢驗入城行人以防瘟疫流入而免傳染云　容

——摘自《远东报》，1911 年 3 月 5 日

▲阿什河▼

●檢疫所之新章〇阿城譚大令以防疫緊要於東門內設檢疫所一處以胡煥華爲總理文仙橋王秉正爲協理調查員陳小和等四名醫士若干名張會渠爲帮辦各盡義務又因本埠與哈埠交通特於分界地方太平橋處設一檢疫分所以期防範格外緊嚴共擬新章三十條照錄於下一哈埠車馬入境逐細查驗二檢疫人員隨時入人家查驗三養病室設立二處均在空曠之地四染疫病人須至所內報告不得隱匿五無論新舊靈柩均不准停擱暴露六各區巡警查有搬運靈柩即令掩埋不許出境七棺材店出售若干均令留帳以備稽考八茶園娼寮令多灑石灰及消毒藥水九澡塘浴場概不得容病人入浴十當鋪小押概不得押當病人衣服及一切物件十一漿洗房接洗衣物須煮至三十分鐘後方准取出懸晒十二雞犬猪豕禁止放出街外十三旅店客棧有病客即須入所報告十四各處車輛不准拉送病人出入本境十五無病之人均宜服解毒活血湯以期自固十六養病室留診病人不得與外人交通十七養病人之親族欲入室探望必須執事人員認可十八臥室內地務須時常掃除多洒石灰十九室內宜新鮮流通空氣引透日光二十衣服鋪蓋應時常暴晒勤加滌洗二十一皮膚損傷須防病毒侵入二十二發見死鼠不可以手觸動二十三大小便及吐痰等穢污之物須將石灰灑入二十四民間親朋不准看問並禁止會葬二十五地方居民不服檢驗須稟地方官處置二十六所內醫生不准擅離二十七病人服藥均由所內領取醫生診治病人不受針金二十八病人服藥以解毒活血湯回陽活血湯爲主二十九養病室內有夫役服事病人三十病人之衣服器用及其家人與鄰佑之衣器等件均宜依消毒法即行消毒　大

——摘自《远东报》，1911 年 3 月 5 日

▲黑龍江▼

●各埠疫症之減輕○省城瘟疫正盛之際每日斃人四五十名或六七十名不等而呼蘭綏化等處每日報告數亦頗多茲自各防疫會次第成立施行一切診防方法周而且密故日來各處疫病均皆減輕昨據正月念八日陸電報告傅家甸疫斃二名呼蘭疫斃二人綏化疫斃七人海倫疫斃三人本城疫斃十八人 于

——摘自《远东报》，
1911 年 3 月 5 日

●因疫焚燒房屋由官賠償○近日防疫會以焚燒之房間多係貧寒之家或歷年招租住戶得價藉資養贍一經焚燬不但其安身無地而歷年可靠之進欵亦皆化爲烏徒有淒浩嘆特商諸列憲凡因疫焚燬房間一律准予給價賠償以示體恤現已議定價値劃分頭二三等甲磚瓦房每間四百吊乙磚墻草頂者每間三百吊丙土草房每間二百吊業經出示曉諭以便週知云 于

——摘自《远东报》，
1911 年 3 月 5 日

▲呼蘭▼

●鼠疫日見消滅○呼府鼠疫日前雖蔓延四起不可收拾然經王守順存認眞檢驗設會防範燒戶隔離種種豫備頗著成效近日查驗者報告二十八日南區死者二名病者送養院一名北區死者四名二十九日南區死者四名三十日死者二名日見輕減轉瞬即能撲滅也幸甚

——摘自《远东报》，
1911 年 3 月 5 日

▲上諭▼

旨錫良電奏請調民政部主事王若宜來奉防疫免扣資俸等語著照所請該部知道欽此

二月初一日奉

——摘自《远东报》，
1911 年 3 月 7 日

●時評●

記法博士之論瘟疫

法國派來滿洲入奉天萬國研究瘟疫會博士布羅開君與某報訪員談論會議之宗旨頗與研究瘟疫者大有補助日前布博士到哈時由華俄防疫各醫生設筵爲布君洗塵布博士曾爲巴黎醫學堂監督副辦專門研究瘟疫當日廣東香港等處染鼠疫時布君亦來中國調查然觀布博士面貌似不及三十五歲而其閱歷甚大布君論及防疫問題深願試種瘟漿據稱哈夫肯在印度所用防疫漿固然專爲鼠疫然其效用甚大今願以此漿試行於肺瘟且此漿由巴黎醫學堂監督拍滅作木所製其效用與哈夫肯者不相上下旋由醫士詢以果有何善策可以防疫布君答云第一用防疫瘟漿此外如所謂防疫油抹之於面部惟在眼目上留一小孔其防疫之大意在調查傳染路線設法防其傳染各處致於醫治瘟疫之法須待實地研究後果有所得方能言醫治之術云云

——摘自《远东报》，1911 年 3 月 7 日

●界外防疫局經費之調查○本埠界外防疫局自開辦以來於今已及三個月有奇計自開辦至去年年底止由稅關項下撥給俄洋二十二萬盧布本年正月初旬復撥十三萬盧布刻聞將次用罄擬再由稅關支撥十萬盧布不日即派員持文往領　木

——摘自《远东报》，1911 年 3 月 7 日

●俄總督業已離哈○俄國阿穆爾總督關達基氏星期日駕赴傅家店查看防疫情形惟因公事甚多無暇勾留故於星期日晚七點鐘乘坐快車離哈當時中外各員皆到車站送行

——摘自《远东报》，1911 年 3 月 7 日

●斷絕瘟疫根株之妙法○東清鐵路公司總辦以刻下疫氣日減洵爲可慶之事然若求其速爲撲滅之法防之不可不嚴擬嗣後凡有防疫之人員身在極危險之境日與病者交接不免受其流毒者如有要事必須辦理須檢驗五日始可放行且禁其至戲園及俱樂部遊息以免染疫云

——摘自《远东报》，
1911年3月7日

●俄研究瘟疫團來哈○據確實消息云昨日俄派研究瘟疫團已來哈云

——摘自《远东报》，
1911年3月7日

●關于防疫之辦法○近來東清鐵路各站時有華人投棄死屍以圖逃避檢驗等事似此愚蠢之行爲殊令人駭異今東清鐵路總辦傳諭各站警察如再遇有此事即須從速呈報就近之華防疫局限以日期收殮如不照辦即由鐵路交涉代辦達道衙與華官交涉云

——摘自《远东报》，
1911年3月7日

●關於瘟疫之調查○初四日俄設時疫病院共有華人三名新收三名死三名現餘三名特別檢驗所原有華人一名新收二名轉送時疫病院一名轉送檢驗所二名檢驗所原有三百二十九人新收十八名轉送特別檢驗所一名時疫病院一名現餘三百四十五名內有歐人十一名云

——摘自《远东报》，
1911年3月7日

●俄警兵又圈禁娼寮○本埠界外自瘟疫盛行斷絕交通後並取締各娼寮禁止接客等情業誌本報各娼寮既畏懼禁復迫饑寒均設法暗自遷於界內六七道街等處昨被巴厘司查知一律圈禁尚不知如何辦理 木

——摘自《远东报》，
1911年3月7日

●請添設救急隊○現在至海參威沿路各站華人中時有染疫者烏蘇里站所設之防疫分局請鐵路公司再行添招救急隊一隊以資分布云

——摘自《远东报》，
1911年3月7日

●傅家甸防疫局之報告○本月初三日時疫病院新疑似病院無疫斃者各區斃三名隔離所舊有一千四百九十六名新收五十三名釋放一百五十五名現在一千三百九十四名又初四日時疫病院疫斃一人各區無斃者隔離所舊有一千三百九十四名新收九名平常病死者一名現在一千四百零二名

——摘自《远东报》，
1911年3月7日

●札飭商會改良防疫○督憲派員調查商會之防疫所隔離病院一節已登各報現聞該委員已經稟覆以該防疫所及病院雖設立而管理實不得人以致入該所該院者死亡相繼亟應改良等因故督憲日昨特行札飭該會飭令從速改良毋再疏忽以期官民協力早日撲滅疫氛云 過

——摘自《远东报》，
1911年3月7日

●通飭各屬注意監獄之防疫○提法司吳伯琴廉訪爲防疫起見督札飭所屬停辦尋常民事案件幷飭將輕罪在獄人犯取保開釋以淸囹圄而重衛生現聞日昨又札飭各州縣以謂疫癘流行爲害甚烈監獄之內傳染尤易仰該州縣嚴飭管獄人員將各監房一律掃除淸潔每日須噴洒避瘟藥水數次其有染疑似病或眞疫病者亟須分別隔離診治以重獄政愼毋疏忽致干查究云云 、邁

——摘自《远东报》，1911 年 3 月 7 日

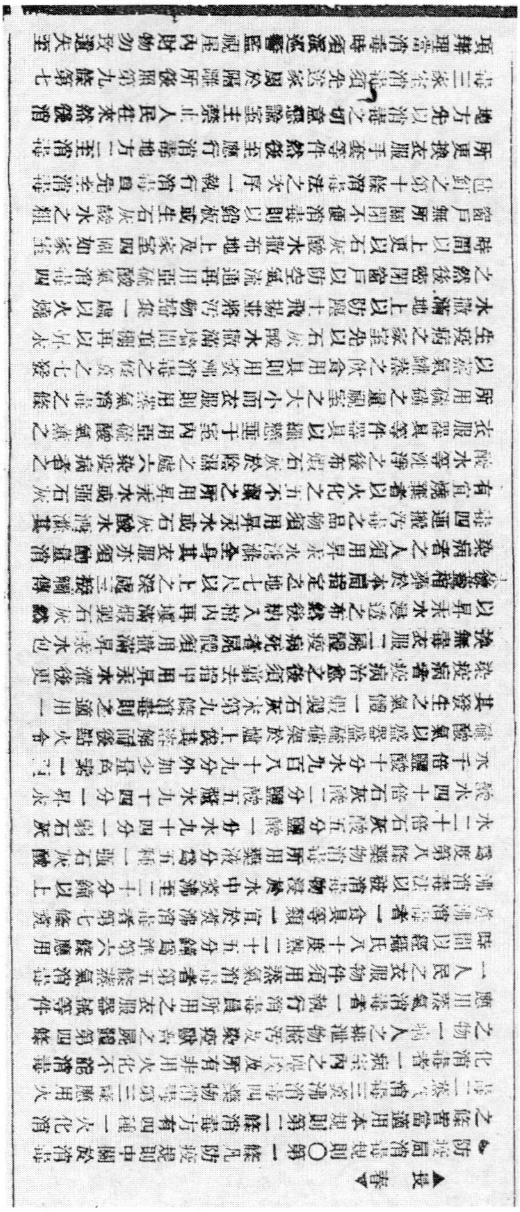

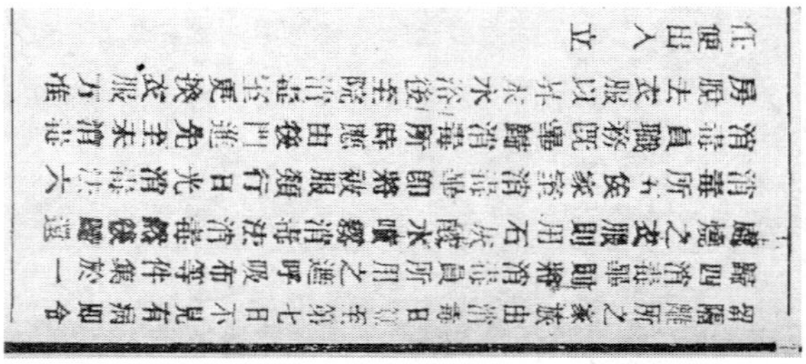

——摘自《远东报》，1911 年 3 月 7 日

●天德堂啟封售貨之奇○天德堂藥局因鼠疫傳染櫃夥死者二十餘人被防疫局查封後該號執事屢請啟封而防疫總局不但不准且以藥受疫毒再行出賣遺害必非淺鮮並會議數次定將藥料焚燒以絕菌毒不意天德堂在長春地面亦屬巨商故多方運動後查閱批准爲之啟封消毒後即准出售各貨云　立

——摘自《远东报》，
1911 年 3 月 7 日

●石灰因缺乏昂貴○石灰一種長春地面每重百斤售中錢兩吊或兩吊一二即貴亦無多近自鼠疫流行後防疫總局購買石灰各家消毒致市面一時缺乏每百斤貴至六吊有零云　立

——摘自《远东报》，
1911 年 3 月 7 日

▲阿什河▼

●火葬之告竣○阿城瘟疫傳染自去臘發現後蔓延至今凡各客棧伙房所報人數及各街巷等調查疫屍共計六百餘名至各商家染疫之屍均有不報者故此次歸大堆掩埋之後及自坑掘出經防疫局調查員實行檢查共計一千六百之譜均在鬼王廟左右用火油灑注燒離城略近候夜靜始行焚燬以防惡氣之薰蒸云　大

——摘自《远东报》，
1911 年 3 月 7 日

●飛克圖站疫勢之消滅○統稅局張承辦昨赴飛克圖站調查疫病據云該站商民不下百餘家日前各處倒斃計六十餘名死而絕戶者亦數十餘家但刻下已平和云

——摘自《远东报》，
1911 年 3 月 7 日

▲雙　城▼

●俄查疫員到雙○哈埠俄公署委員某君帶領俄國醫官八人於日前搭東清火車抵雙城府即赴防疫局與提調等晤會並排照合影以留紀念攝影已畢俄委員擬稍爲憩息即赴焚化屍骸處查看以便回哈埠報告云　日

——摘自《远东报》，1911年3月7日

●防疫之不易○雙城府與哈埠比隣現哈埠係洋務總匯有華洋交涉去年鼠疫自滿洲里侵入若火燎原官界設法防範日嚴而僑居哈埠之鄉民祗恐傳染紛竄而逃無如雙郡地當衝要舉凡自哈埠南歸者共出其途未幾因火車停止賣票搭客長春一帶抵防甚嚴以致哈埠來者進退維谷祗得旅居於此間及各鄉鎮由是疫勢澎脹遍地盡爲疫癘幸金太守會同于琥岑藎典五干子敬董緝五諸君力爲抵防撲救由去冬至本月內而疫症始見逐日遞減將近消滅云　日

——摘自《远东报》，1911年3月7日

●疫勢傳染之可畏○現在雙城府與疫將近消滅惟城西十五里傍東清火車站廂藍旗五屯疫症猶熾凡有染疫斃命之屍骸無人收殮掩埋間有識屯關永魁不信傳染大呼曰此乃天災在數難逃豈有傳染之理衆人勸阻不聽前往將屍骸悉數拽出掩埋掩埋已畢遂回至其家入室後即摔倒在地而斃惟望各同胞鑒於前車而免蹈覆轍也　日

——摘自《远东报》，1911年3月7日

▲榆樹廳▼

●關乎防疫之札文○榆樹廳劉仲景司馬奉到督撫憲札開鼠疫流行關乎大局染疫症斃命者有人領屍飭其掘傾七尺以石灰覆之掩埋如無主之屍骸悉數用火焚化掩埋疫症關係極重勿得因循致干未便云云　容

——摘自《远东报》，1911年3月7日

●民智之開通○榆樹廳北鄙之鄉民與雙城府隣近知疫症傳染如火燎原由是鄉民大懼劃間傍淶流河一帶之居民遇有自北南往之行人不准進屯且不與飲食以防傳染如此可見民智大開而交通自斷其保生存之計守之甚堅也　容

——摘自《远东报》，
1911 年 3 月 7 日

●警界防疫之嚴厲○榆樹廳警務長孫華棠參軍以飲食起居係致疫之原於是出示曉諭禁止宰殺牛馬豬羊等市并不准販賣魚蝦其棧店飯館胎卵之物品不准登于庖廚如陽奉陰違或被查出或經告發即行從重究辦決不姑寬云云　容

——摘自《远东报》，
1911 年 3 月 7 日

▲一面坡▼

●商務之現狀○坡站每值冬間糧車興動之時買賣糧石之富商民戶皆奔赴坡街以為出銷之市場而販糧之家生涯茂盛自不待言即雜貨布商飯館酒市皆有一番起色至去冬盡皆袖手無事惟糧米鋪尚有可觀除此外大有不支之勢聞商界人云蓋因防疫斷絕交通以致商業如此蕭條若不急為設法撲滅癘疫之根株商家之害不堪設想云　益

——摘自《远东报》，
1911 年 3 月 7 日

●巡官注重衛生○坡站巡官郭某以警察原有衛生之責現値哈埠一帶瘟疫流行於飲食品料更宜時加檢點故每日早八鐘時親到菜市肉床逐細查驗遇有腐爛不潔等物嚴行禁止售賣償價一半以慰肩挑貿易之務飭派警兵送出境外用火焚化云　益

——摘自《远东报》，
1911 年 3 月 7 日

●會驗瘟疫誌聞〇坡站防疫分會俄醫士傅君聞悉五常界內鼠疫流行爲害甚亘故日昨會同交涉委員前往該屬境內詳細查驗致病之原由疫斃之人數暨現在如何設法撲滅以便詳請列憲作速消除云　益

——摘自《远东报》，
1911 年 3 月 7 日

▲黑龍江▼

●造謠者是何居心耶〇計自瘟疫發現以來省中謠言四起彼恐此驚遂演成種種之煽惑公家屢禁不悛日前會經警務公所拿獲佈散張天師傳單之人數名現均嚴押在案迄無釋放之日不料近日謠傳乃愈出愈奇竟有不可思義者如日昨(即本月初一日)清晨不知由何造出謠言云惠濟當因質當有瘟衣物由官勒限焚燒於是人心慌恐紛紛取贖霎時之間大門內外異常擁擠人語糟雜幾有震動全城之勢當經巡警馳往彈壓并開誠公布示明誤傳之理由人心遂定然仍有多數之愚氓尚在半疑半信現聞警務公所派員密訪造謠者以期拿獲盡法懲辦而儆效尤云　于

——摘自《远东报》，
1911 年 3 月 7 日

●消毒隊之勤奮〇近日防疫會會疫氣漸殲特飭消毒隊會同各區巡警調查各該轄境凡有因疫封禁之房屋一律燒燬由官酌給賠價其餘如染瘟之近隣或有不潔之院落并各巷之官厠一律澆洒藥水鋪蓋石灰以杜後患云　于

——摘自《远东报》，
1911 年 3 月 7 日

▲呼蘭▼

●熱心防疫之急公〇呼府民戶王吉瑞素爲商人一生好善於數年前即在呼街勸立宣講堂一所并勸捐資聘善士宣講聖諭等事於去冬鼠疫由哈傳及每日疫斃者十數名或二三十名甚有不可收拾之勢王守順存屢接撫憲來電大加申斥該王某對於此事頗覺關心遂稟請仿照各省在街設立防疫會以拯救民命爲要并議在會之人請盡義務然王守亦極力贊成於年前開辦施行防範又復設男女隔離所養病院消毒所派委員巡兵數十名挨戶檢驗遇死者即拉送鬼王廟焚燒鄉屯死者隨時焚燒有病者即送養病院醫治調養並飭各戶清掃街道除去污穢不使蔓延務期日逐消滅所謂王守認眞防範之嚴亦某之熱心督率之力也　波

——摘自《远东报》，1911 年 3 月 7 日

▲俄國▼

●依爾庫斯克防疫局議妥之問題(一)依爾庫斯克總督前數日赴在俄京會同遠東紳商代表議妥先發給阿穆爾河路防疫經費十四萬四千盧布俟開河時應在沿河各處設立檢驗所七處此外仍須組織留檢所數處並派巡洋艦三艘以爲查看慢行船隻上搭客之用至阿穆爾省及海濱省亦由海濱省總督請准撥給二十萬盧布援在該兩省與滿洲接壤之處設兵把守要隘其餘者凡可通入該兩省之路由克薩克民自行監查以免有華人偷入俄境至黑龍江與黑河來往大道及吉林與琿春之途以及松花江岸之鐵路亦應設法安卡把守且於海濱阿穆爾兩之內從嚴施行檢查之令遇有染疫者即速設立病棚隔離所以免蔓延云

——摘自《远东报》，1911 年 3 月 7 日

●譯件●

日人論禁止苦力渡滿問題

清國向有所謂防穀令也者居恆禁止穀物之輸出此事乃世人之所周知也今則清國政府且爲防疫之事甚至有禁止山東苦力渡滿之舉予無以名之姑名之曰防人令藉防穀令固違反經濟之理法者也若一至防人令則其擾亂於經濟界恐其遺害勢必更加一層之甚矣

世人每輕視在滿之苦力爲最下賤之人民然爲滿鐵會社計彼等之有取於該會社實可謂一大福星也且彼等之成羣來往每年皆有定期滿鐵會社於收入上之額外增益亦幾與日本內地鐵道視參詣本願寺法會之善男信女爲一大財源無異加以輸出品非彼等搬運不可若無彼等則大豆之出貨及撫順炭之採掘即絕對不能行使且彼等又輸入品之大顧客也其消費麥粉之多致違於尋常食料以外數等者亦彼等也若無彼等其各種輸入品自一切食料起以至布疋等禁止勢必將齊受莫大之影響須知滿洲所有之產業其不勞彼等之手而成者卒鮮使滿洲若失彼等一日究其極恐農工商業勢必盡歸停止即滿洲產業界之全體亦將有絕滅之觀矣然則彼等之勢力豈非誠可畏哉

且苦力雖每年待開河後由山東而渡來滿洲者恆不下有三十萬人之衆若以此數再續彼等於封河前携回之貯蓄今假定每人爲十五元其總額即可達於四百五十萬元之數山東人民素稱貧窮此項輸入之外資亦大足藉之爲分潤之地也今若禁止彼等前來滿洲工作不但在山東地面驟絀此欵經濟界難保不生變動即彼等失其衣食之道亦將有無窮後患後患維何曰此則不言而喻是即民窮作亂是也由是觀之然則禁止山東苦力之出境不但爲滿洲產業界死活之大問題同時抑亦山東地面之一大問題矣昔者秦之商君曾有作法自斃之事若以今日清國政府之防人令而比其輕重言之其若累之最甚者與其謂在滿洲有關係少數之外人毋寧謂在清國自已一方面之爲當也乎不解清國政府因何尚欲再蹈商君之覆轍也耶

（未完

——摘自《远东报》，1911 年 3 月 7 日

●關于防疫之專電○日前濱江廳電禀吉林撫憲云廳屬疫屍已焚燒淨盡無一存者至轄境相距二三十里之水旱路獲屍二百餘具均已付之一炬隸下仍飭濱警逐日出境檢驗以免遺漏至由阿穆耳派哈之俄員當據理爭阻彼巳北去請釋廑系云 木

——摘自《远东报》，
1911 年 3 月 8 日

●錫督電諭本埠防疫人員○本埠防疫局日昨接錫督憲電諭略謂三月間各國擬派醫官到奉天開萬國醫學研究會研究疫症起滅原未以增我國識見但非各處瘟疫消滅此會斷難驟開望各屬防疫人員勉盡職務加意防範以期早爲撲滅云 亦

——摘自《远东报》，
1911 年 3 月 8 日

●醫官之去留○昨聞防疫局接奉大憲電開以哈埠瘟疫大形消滅擬派伍醫官到奉天權醫官到黑龍江辦理兩處防疫事宜哈埠防疫局事歸姚醫官一人經理聞伍權兩醫官日內即可啟行云 亦

——摘自《远东报》，
1911 年 3 月 8 日

●補誌阿穆爾總督會議防疫問題〇本月初四日在東清鐵路公司總辦府內邀集哈埠官吏會同阿穆爾總督官達基氏開議防疫之事官達基氏意見以現在尚未十分溫暖可從速將哈埠鄰近各村疫死屍具收殮完竣且須在滿洲站附近各村檢查有無染疫者以防傳入俄境再將來松花江開江時華人有欲入俄境者非嚴加檢驗不得令其入境云云霍爾瓦特意見華人乘輪入俄境者不得僅在哈埠檢驗勢須在松花江下游查看方免惡疫流入俄境官達基氏又云現在阿穆爾河內有砲船數艘均歸其調遣將來開河時可遊弋於河面以免華人竄入俄境云

——摘自《远东报》，1911年3月8日

●補誌俄總督考查防疫事〇俄國阿穆爾省總督關達基氏星期日駕赴傅家甸查看防疫情形即晚乘坐快車離哈已迭詳前報茲又訪聞俄總督到傅家甸防疫局經總會辦偕赴四區防疫執行處查看一切又到防疫局同防疫人員攝一電影以誌歡迎云　亦

——摘自《远东报》，
1911年3月8日

本埠新聞

●又焚化疫屍七十九具〇日前本埠防疫局總會辦派吉局永哨官赴三顆樹地方連日監視焚化疫屍已迭詳前報茲聞由上月念五日至本月初六日經各處搜查併病院疫斃積累疫屍七十九具於昨派永哨官在火場監視焚燒云　亦

——摘自《远东报》，
1911年3月8日

●三姓瘟疫消滅〇自三姓傳云該處瘟疫已日見消滅各糧商均照常營業云

——摘自《远东报》，
1911 年 3 月 8 日

●俄醫生赴呼蘭查疫〇傳聞日前華官偕同俄醫生及衛生隊數人至呼蘭大路查疫云

——摘自《远东报》，
1911 年 3 月 8 日

●關于瘟疫之報告〇據鐵路公司防疫局表內稱初五日共有染疫者二人収埋死屍三具云

——摘自《远东报》，
1911 年 3 月 8 日

●續行研究鼠疫〇現在哈埠所設化驗所內已殺鼠一百頭細加研究並未有一染疫者因見此疫非由鼠類傳染然化驗所仍擬續行研究云

——摘自《远东报》，
1911 年 3 月 8 日

●華人染疫者○前日在江沿頭道街有華人一名衣履甚爲整齊忽暈倒於地當經急救隊舁入病棚並將病者跟隨之人交特別檢驗所云

——摘自《远东报》，
1911年3月8日

●飭設醫學研究所○吉林公署以近來疫癘蔓延無法救治祇以醫學一門我國人民向不注意之故日前特行札飭各屬及本埠廳署迅速籌設醫學堂或醫學研究所以期醫學發明爲日後保衛民生之計　木

——摘自《远东报》，
1911年3月8日

●傅家甸防疫局之報告○本月初五日時疫病院新疑似病院共有三人是日無疫斃者各區無染疫斃者隔離所舊有一千四百零二名釋放二十七名現在一千三百七十五名

——摘自《远东报》，
1911年3月8日

▲奉　天▼

●遣散衛生隊之誌聞○商務總會招練衛生隊并晉憲札飭商會改良防疫各節已登前報現因該會所設之病院隔離所等收容患疫病人死亡相繼爲外人所指摘晉憲當即札飭勸業道轉飭該會傳知各商民將所設立之病院即日停辦并所招練之衛生隊五百人亦一律遣散云　遠

——摘自《远东报》，
1911年3月8日

●學堂停課之原因○本郡官立各學堂於客臘行放年假援照學部定章今正二十日開學刻因疫症預防傳染彙之普及教育各教員均未到埠各學堂遵飭停課防疫大約開學尚在月望云　珍

——摘自《远东报》，
1911 年 3 月 8 日

▲新民府▼

●紳商防疫所之總理舉定○本郡紳商兩界現因時疫傳染官立防疫事務所辦理雖云完善對於商情實屬缺點日昨商務會董事會面謁張太守請立紳商防疫所業蒙監督嘉許現已組織房屋妥洽日前舉定防疫總理員郭鳳樓畢耀東二君約不日即行開辦云　珍

——摘自《远东报》，
1911 年 3 月 8 日

●疫斃者之調查○新民府自客臘百斯篤疫蔓延官設防疫事務所稟請交涉司派委及府委各員輔助辦理每日疫斃人數清造日簿轉呈列憲查本郡自去冬至今春疫斃者九十三人外五區報告總冊共疫斃五百名之多云　珍

——摘自《远东报》，
1911 年 3 月 8 日

▲吉林▼

●請看函請撤銷防疫之議長○省城諮議局議長慶君錫侯昨致防疫總局督辦函一件大略言本年鼠疫爲災實爲吾國向未經驗之症幸稟熟心民瘼設法預防未致釀成慘劇全體人民莫不感戴但當地方多事之秋水災而後瘟疫繼之閭閻元氣已衰對於防疫問題皆有難色側聞道途之口頗多異詞並因四處檢疫各員未免失之操切致使鄉愚談虎變色物議沸騰我公上 奉天語保衛民生憂患之忱無微不至正應結成良果好在近日疫毒稍減民心漸安急應收縮將防疫各員赶即撤銷以爲將來恢復輿論之地芻蕘所獻未識能邀鈞聽否倘不以康言爲謬萬祈採納施行 吉林民政鄧孝先司使遂復諮議局慶議長函云頃奉台函具悉種切偉論注重之點在收縮辦理將防疫各員赶即撤銷數語現查長春哈埠疫氣尚未撲滅省城亦日死數人外屬雙城賓州阿城五常榆樹舒蘭各處尤見蔓延即吉林府四鄉各村屯波及之地據四鄉巡警查報到局者亦復不少此時遽云撤銷恐難辦到一俟各屬撲滅淨盡自可立將各員撤回以慰錦注云

按此議長尚未調查實際騾與庸流一般見識可見其程度之高低矣 合

——摘自《远东报》，1911 年 3 月 8 日

●查疫員之無狀〇全省防疫局派出挨戶調查員某係翩翩美少年也刻因調查時疫間即假便竊芳以快私意日昨查至女伶邱俊英處名花相對爽戀彌深百般盤詰並索看舌苔藉以得親芳澤後爲防疫局偵知即將該員撤差云　新

——摘自《远东报》，
1911 年 3 月 8 日

●全省財政大恐慌〇省城自辦理防疫後迄今一月共動用官款二百萬吊有奇皆由度支司庫撥出而度支司總合正月捐稅進款少收至四十萬兩有奇刻經徐司使稟明撫院請速設法籌款以免臨時拮据云　新

——摘自《远东报》，
1911 年 3 月 8 日

●會議防疫事宜〇吉林行政會議廳刻於月前開第二次大會爲會議關於防疫事項各辦法一係由議長吉撫陳中丞提出防疫費現已動用二百萬吊若再延一月用款甚巨誠宜先事籌措其次省城因防疫隔絕交通以致柴米昂貴小民受累亟應設法維持或由官設卡於四鄉買運入城或由商會集資購運或由官定價等辦法其次係安置窮民辦法　一係度支司徐上撫院之意見書第一條係速籌防疫經費第二條係儲備柴米救濟貧民第三條係改良防疫辦法第四條係派員密查各府廳州縣關於防疫事項並有無冒領用款及無事張皇等弊一係本城商民稟由諮議局轉呈持平市行救恤貧民聞是日集議後各職員均有呈陳中丞之意見書中丞均未置理惟沾沾於防疫經費一項甚爲著意云　新

——摘自《远东报》，
1911 年 3 月 8 日

▲長　春▼

●俄商務公司亦因疫遷移○俄國商務公司在北大街樓大房內創設以來轉運各商貨物代賣東清車票五年有餘頗形發達近因疫症流行各街商家一律關閉然城內華人居多易於傳染聞月前所有公司中人一律遷至二道溝東清車站傍暫爲辦公云　立

——摘自《远东报》，
1911 年 3 月 8 日

●三區長官一律裁撤○巡警第三區長警五十餘名因鼠疫傳染死者大半一律報散本報已誌茲聞局長金其相大令因該區區長防疫不嚴致害生命昨下札諭除記過罰薪外將區長區官巡記巡長一律撤革特調一區區官劉某升三區區長另招巡警重行整頓云　立

——摘自《远东报》，
1911 年 3 月 8 日

●疫斃人數之報告○近長春地面疫症傳染其勢稍殺聞前月三十日城鄉報告共死三十一名本月初一日城內祗死三名餘皆城外及附城之村鄉共死十九名　立

——摘自《远东报》，
1911 年 3 月 8 日

●疫菌將消滅矣○雙城府防疫局前日自女界隔離所送回婦女兩車惟西南隅婁姓婦染疫斃命西門外鬼土廟某商號執事二人在彼寓住避疫不幸疫菌發作相偕斃命如此可見疫菌之易於傳染若不極力撲救勢難消滅云　日

——摘自《远东报》，
1911 年 3 月 8 日

●弱女因疫自焚之節烈〇雙城旗務處承辦處應務科正科員英秀峰防禦查承辦處以南李姓全家染症斃命僅剩煢煢子立之幼女孤自思已字同城韓姓前往相投而韓某畏禍拒之不納棄回家恐以處子獨居不免行露之嫌輾轉思維而死節之心遂決是夜晚合門自焚而死英科員因見該女從容盡節即擬與其在府署呈請轉詳旌表藉以維持風化而正世道人心云　日

——摘自《远东报》，
1911年3月8日

▲一面坡▼

●防疫之嚴厲〇坡站自設防疫會暨防疫檢驗所一切防範之法甚形嚴厲購製藥品不惜巨款稅賃房屋以爲防疫檢驗所務期寬闊潔淨桌櫈器皿每日必須清滌閒商會會董宋君與巡官郭某以該會所用桌凳器皿宜以潔淨爲注意免致臭味蒸騰有礙防疫之方針茲查檢驗所所有之桌凳器皿雖自去臘方始購買然均係早年製造之物難免日久積穢故日昨飭派警士舁至西山脚下用火焚燒所內應用之器具當即覓工造作煥然一新云

——摘自《远东报》，
1911年3月8日

●調查疫員過坡〇哈爾濱吉林交涉局總辦譚觀察暨防疫會于郭二觀察以哈埠瘟疫逐漸消滅日就平復誠賴中外醫士暨防疫諸員任勞任怨冒險臨危關心民命防衛有方消除得宜之所致也惟四路通車各地現下疫癘之輕重及防範之方法雖逐日報告誠恐少有不實於民生有關故日昨遴派委員數名分路調查以期消息確實而便逐次撲滅故調查東路委員傅如臣大令於日前抵坡當即親到該站防疫會暨檢驗所查驗一週嗣又詢及防範之方法在坡小住一宵即搭車東去矣 益

——摘自《远东报》，
1911 年 3 月 8 日

▲榆樹廳▼

◎查辦防疫委員到境〇吉林省防疫局札委吳盤年高雲樵二君查辦各城防疫事宜該委員等於月前到榆樹廳吳委員在本邑小駐輪蹄隨即起程赴雙城賓州阿城甯古塔一帶查辦防疫情形而高委員在榆邑停驂擬將防疫事務查辦完竣即行赴五常府查辦一切云 容

——摘自《远东报》，
1911 年 3 月 8 日

●掩埋屍骸之辦法〇榆樹廳劉仲景司馬飭救急隊將染疫之屍骸棺木檢齊復飭雇苦工多人在北門東門外挖掘大深坑兩處將染疫斃命之屍骸棺木拉至該處分別男女掩埋以絕傳染之危害云 容

——摘自《远东报》，
1911 年 3 月 8 日

▲黑龍江▼

●東督對於防疫之公布○日前錫清帥對於撫恤防疫醫官一事傳電公布其略云防疫人員醫官給恤章程已電商外部認可茲會銜奏明立案一等防疫醫官外國人得有醫學博士者中國人留學外國得有醫學博士者恤銀一萬兩以下至七千兩以上二等防疫醫官卒業後在官設機關辦事滿十年者得與一等比照二等防疫醫官外國人曾在大學堂並高等專門學堂畢業所得學位非博士者中國人在外國大學高等專門學堂畢業所得學任非博士者恤銀七千兩以下至四千兩以上三等防疫醫官卒業後在官設機關辦事滿十年者得與二等比照滿二十年者得與一等比照三等防疫醫官卒業後在中國境內外國所設醫學堂及在本國西學醫學堂三年以

上畢業者恤銀四千兩以下至二千兩以上四等防疫醫官中國人在本國所設西學醫學堂未畢業學生以及各項醫學堂學生與各項醫生應臨時酌核當差情形程度高下分別給予恤銀二千兩以下至二百兩以上一等防疫人員二三四品現任人員比照一等醫官給恤二等防疫人員四品候補候選人員比照二等醫官給恤三等防疫人員五六七品現任人員比照三等醫官給恤四等防疫人員五品以下候補候選人員八品以下現任人員以及派充緊要差使人員不論官階有無大小均比照四等醫官給恤五等防疫人員醫員夫役人等得比照軍營陣亡例從優給予醫長巡長以上醫務人員歸入四等辦不在此例他項恤典一等防疫醫官得比照三品官吏陣亡例給予二等防疫醫官得比照四品官吏陣亡例給予三等防疫醫官得比照五品官吏陣亡例給予四等防疫醫官得比照五品及五品以下官吏臨時酌核當差情形程度高下分別給予一二等防疫人員得照陣亡例依本品級給予三四等防疫人員派當重要差使或官階過小及無官階者得比照五品以下階級臨時酌核當差情形給予云云　于

——摘自《远东报》，1911年3月8日

▲呼　蘭▼

●調査員到呼○呼蘭王守順存辦理防疫事宜頗屬認眞日來大見成效絕無疫症惟四鄉尚未斷絕根株聞由省派來信醫官等三員調查呼蘭城鄉男女疫死之確數並須註明年歲籍貫職業等類分晰清楚造冊以憑上呈

——摘自《远东报》，
1911 年 3 月 8 日

●防屬注重禁令○呼蘭府署昨奉大吏札以禁煙功令森嚴自當有犯必懲現在鼠疫流行誠恐小民無知輕聽浮言謂吃煙可以防疫重行沾染則防閑一潰流弊潛滋隳前功而貽後患深爲可慮迅即督飭所屬嚴密搜查倘有私吸情事立予查拿盡法懲辦切勿鬆懈云　子

——摘自《远东报》，
1911 年 3 月 8 日

●派十家長稽査防疫之不週○王守順存接奉撫憲專電略謂遍地瘟疫流行恐防範不週故禁止交通或地地面不法之人偷吃洋煙私設賭局等事雖官中按時査防猶所不及茲將所屬地面或商或民按十家派一公正之人名爲十家長伊可隨時査防一切如有不遵者送官究辦等電王守現已遵電派理云　波

——摘自《远东报》，
1911 年 3 月 8 日

●雇抄胥趕造疫斃人數表○王守接奉撫憲專電飭將該府之防疫辦法與男女染疫病斃者共若干人數有何職業者或無業遊民染疫斃者若干數目造冊呈報王守轉飭南北兩區急將斃命焚燒一切情形造冊轉詳以備查驗故兩區添用書手數名星夜繕寫甚爲忙碌云　波

——摘自《远东报》，
1911 年 3 月 8 日

●擬設法截流屍身○俄員以華人每有棄屍冰中情事提議轉請阿穆爾水路局在烏蘇里江與阿穆爾會流地方設木柵截留並組織巡洋隊打撈屍身焚燒云

——摘自《远东报》，
1911 年 3 月 8 日

●尙書會議查看防疫辦法○據確實消息云本月初十日俄尙書會議擬查看滿洲防疫章程及阿穆爾總督所擬烏蘇里界防疫之辦法云

——摘自《远东报》，
1911 年 3 月 8 日

●華民之可哀○大黑河自有染疫之人發見後俄官即將該城旅居之華民二千餘人驅逐至阿穆爾右岸華民身無衣腹無食殊爲可憫該饑民等見藍哈連村有歐人所設之糧棧擬羣去搶奪該棧西人聞信甚爲恐懼咸電知各該國領事求其設法保護云

——摘自《远东报》，
1911 年 3 月 8 日

△△東督又請撥欵防疫

樞垣日前又接東督錫制軍電奏內係報告日本對於奉省防疫致慶屢擬強行干涉現仍十分糾葛請飭由外部速議辦法並稱屢次協籌防疫各款刻已消用殆盡請再由中央速即協籌以資接濟

按東督今已奏請借外債矣此電恐有錯誤

——摘自《远东报》，
1911 年 3 月 9 日

▲本埠要聞▼

●禁煙與防疫並重〇吉林公署前經通飭各屬及本埠地方官以諸議局議決本年二月初一日爲吸煙斷禁日期官膏即於是日停售查定章屆期停售烟膏後有懲無戒無論何人均應遵照戒除勿稍通融並不准以防疫藉口致干參撤云云　木

——摘自《远东报》，
1911年3月9日

●施參議有不來北滿之說〇外部前擬派參議施肇基來滿洲解決中俄交涉一節已誌前報今聞外部以近日交涉之事甚多不便派該參議遠出故派赴奉天預備接待各國調查瘟疫團後即回北京以便留在部內協同會議一切問題云　中

——摘自《远东报》，
1911年3月9日

●俄調查瘟疫團來哈〇初六日俄派調查瘟疫團隨專車來哈所有哈埠之醫士醫生均到車站迎接間帶來化驗瘟疫之器械藥料甚多約裝二十八箱重一百五十餘舖得並有各種猴猿海猪等物以爲試驗之品據查伯羅特尼博士之意即須速爲組織化驗所以便研究一切並擬先在哈埠辦起然後再往中國附近各村現博士暫住在華官所租之米多立客棧內云

——摘自《远东报》，
1911年3月9日

●河路防疫辦法○現在天氣日暖時疫流行甚速將來各河開航來往客商可爲傳染之媒介是以不得不先事預防俄水路局有見於此特在阿穆爾及吉亞兩河籌設防疫辦法定將該兩河分爲數段遇來往輪船內搭客有染疫者不准其登岸以免傳染又在黑河伯力及尼古來各城設立檢疫所時疫病院遇該城內有染疫者送入病院醫治此外又設遊行檢疫船隻於松花江口以免滿洲疫氣流入以上所言各城再士爾嘎河時有水淺之事故於阿穆爾上游設立游行檢疫船隻以便將船中染疫者載去並辦理消毒之事以上所言各種辦法不久即擬施行并諭有船各家速爲聘請醫士或醫生在船中監查一切云

——摘自《远东报》，
1911 年 3 月 9 日

●伍醫官赴雙城○哈爾濱防疫局總醫官伍連德因辦理防疫頗著成效經大憲派充東三省總醫官併經理奉天防疫事宜已迭前報聞伍醫官已於前日一鐘時乘坐火車西赴雙城省視一切云　亦

——摘自《远东报》，
1911 年 3 月 9 日

●移民之預聞○錫督前與各督撫會商協助移民經費一節已然先後任可並擬定移民章程亦十分完密期於本年春間實行惟至今滿洲瘟疫未退各處不開交通恐難以實行然又恐虛度此一年且江北各處饑民正無處安插故由錫督與各督撫電商仍設法移民到聞贊成者甚多一俟瘟疫少滅即行移往北滿各處開墾云

——摘自《远东报》，
1911 年 3 月 9 日

●防疫局派警分查四郊疫屍○日內防疫局以本埠近來瘟疫消滅不日約有殲滅惟屬境沿江一帶業已調查外其東西南三面之村屯亦應按段分查以免疫菌傳流害及人民生命故于昨添派馬警數十名每日分撥各處調查 木

——摘自《远东报》，
1911 年 3 月 9 日

●通飭保護游歷教士○日昨本埠各屬准吉林交涉司咨以駐津天主教堂李教士奉該堂教主之命令持有津海關道之護照赴吉長哈綏等處遊歷以便參觀各屬防疫辦法到時須妥爲保護以敦睦誼 木

——摘自《远东报》，
1911 年 3 月 9 日

●警局呈報折燬危險房間○哈爾濱防疫局衆醫官恐傅家甸各處疫死人數房屋內疫毒未必消斷連日查看督飭警兵折毀焚燒已詳前報茲聞焚燬業已完畢四分區將瓦板草房各若干間造冊呈送總局以備查核賠償至其確實容訪續登 亦

——摘自《远东报》，
1911 年 3 月 9 日

●詳造疫死人數清冊○濱江兵備道郭司使以哈埠瘟疫刻已消滅擬將疫死人數造具清冊詳送督撫憲各一份外務部一份以備呈覽聞已派委抄胥十數人在吉局發審院內繕造云 亦

——摘自《远东报》，
1911 年 3 月 9 日

●牡丹江無染疫者○茲調查牡丹江站周圍十五俄里內外並無一染疫者云

——摘自《远东报》，
1911 年 3 月 9 日

●傅家甸防疫局之報告○本月初六日時疫病院新疑似病院均無疫斃者各區亦無隔離所舊有一千三百七十五名新收九名釋放四十六名現在一千三百三十八名

——摘自《远东报》，
1911 年 3 月 9 日

▲奉　天▼

●日本紅十字隊不日來滿○關東都督以南滿疫氣日盛必須設法速爲撲滅以免後患奈醫士甚不敷用故電致東京紅十字會請其派人前來辦理防疫事宜聞紅十字會業已允許擬派醫士十一名副醫生十五人衛生僕役三十人統歸化驗師管轄云

——摘自《远东报》，
1911 年 3 月 9 日

●奉天擬設大隔離所○據奉天消息云中國官吏現在四門設立大隔離所四處每處可容四五千人云

——摘自《远东报》，
1911 年 3 月 9 日

●增加檢驗日期○自南滿傳來消息云凡自滿洲入韓境者自西曆三月一號起須檢驗七日而自大連旅順及日本其他各埠者亦須由醫士調查始可放入云

——摘自《远东报》，
1911 年 3 月 9 日

●咨請部派重兵來東之誌聞○東省鬍匪爲患素爲外人所藉口値此疫癘流行交通不便鬍匪更肆猖獗因之日俄俱兵添戍以資防禦錫督外顧强鄰之逼處內厪兵力之衰微以爲非有重兵實不足以平內難而絕外患故於日昨特咨請陸軍部選派重兵來東剿辦鬍匪云 遇

——摘自《远东报》，
1911 年 3 月 9 日

●派員密查防疫醫官委員之劣跡○督憲以天災流行人民塗炭國家不惜巨欵辦理防疫以保全民命復不惜重賞厚祿以鼓勵各防疫在事人員是各人員宜如何認眞辦事以圖報稱乃訪聞醫官則演活埋之惡劇委員則侵巨款以自肥似此毫無人心草菅民命若非嚴查究辦實不足以昭國法而肅官箴故特派幹員數人分赴各處將各該醫官委員劣跡密查呈覆以憑懲辦云 遇

——摘自《远东报》，
1911 年 3 月 9 日

●札防添設健康隔離所○省垣自辦理防疫以來雖設有病院及隔離所以防傳染然該被隔離之人其健康者亦使住居一處致無病者亦染疫病少有慶更生者亦可見該防疫所之辦理不善矣日昨防疫總局特行札飭該所添健康隔離所一處令凡被隔離之健康者入之以保民命而重防疫云 遇

——摘自《远东报》，
1911 年 3 月 9 日

▲吉 林▼

●捐稅減收之原因○省城自防疫以來斷絕交通所有外城外鄉貨物糧食均被防疫局阻止不能進城以致擬欲運省之貨亦均裹足不前正月向爲捐稅暢收之月因防疫一事商業蕭條據司財政友人談論捐稅此月減收至五十萬金左右若長此不變度支恐將困難云 合

——摘自《远东报》，
1911 年 3 月 9 日

●電稟疫斃人數彙誌○日昨公署接到雙城府電文一件內云雙境近日疫氣稍減茲據城鄉防疫巡警各局及四路稽查先後報告由正月十七日至二十一日計五天共疫斃男女五百七十四名又於偏僻屯堡雪堆冰窖內搜檢得疫斃屍身一百八十五具除有主者掘坑深埋外餘者均一律火化云又長壽縣電報該處由正月十四日至二十一日共疫斃十六人又五常府電報該處由正月十九日至二十一日計疫斃九名云又賓州府電報該處由正月十九日至二十一日計疫斃一百零三名並云近日四鄉亦稍輕減現又派本地士紳分赴各鄉稽查以防疎懈云 合

——摘自《远东报》，
1911 年 3 月 9 日

▲長　春▼

●請准掩埋隊郵金二百兩〇防疫總局自鼠疫盛行後招有救急掩埋隊二百每日抬送病人掩埋屍骨頗形忙碌不意月餘以來該隊受毒而死者三十餘人致益道何守及防疫總辦黃觀察深加體恤稟請列憲發給郵金聞今允准每名郵金二百兩並闢定章列有四等頭三品大員因防疫而死者多郵萬兩少則七千次者由七千至四千再次者由四千至一千最次者由一千至二百兩皆由當軸各員查明死者之貧富斟酌發給云　日

——摘自《远东报》，
1911年3月9日

●卡倫街疫斃人數之報告〇距城五十里東卡倫街自吉長鐵路開車至彼沿站工人頗形不少茲因城內嚴逐貧民致作苦工多赴該鎮鄰近居住以致疫症發現自今正後染疫而死者已至一千五六十云　日

——摘自《远东报》，
1911年3月9日

▲雙　城▼

●防疫分所人員一覽表〇茲將雙城府防疫分所之人員調查明確依序特錄於左東街防疫分所所長德瑨樓檢疫委員統卿明子賀檢疫醫士李成蹊西街防疫分所所長奇耀廷檢疫委員恩聯瀛錫祉臣檢疫醫士邵卿祿北街女隔離所所長徐子濟檢疫委員傅藻臣博榮阿檢疫醫士楚畹九以上係分所人員加之防疫總局局長撮調文牘庶務稽查委員以及醫士消毒生檢驗隊救急隊廚夫差役統計人員什兵差役三百九十七人云　日

——摘自《远东报》，
1911年3月9日

●染疫斃命之人數〇雙城府南北兩段之巡官於日前報呈四隅染疫斃命者共計男女八名孫鮮麟醫務長查疫氣大見消退隨即溫語勸勉該巡官等務須認眞查報抵防以期撲滅淨盡云　日

——摘自《远东报》，
1911年3月9日

●王中軍赴雙○吉垣撫院王廷瑞中軍依奉陳爵帥命令駐哈埠調撥陸軍巡警撲防時疫現在哈埠疫症將近絕滅於是王中軍帶領外務部遣來之醫士於日前至雙城府查驗防疫之效果王中軍與本郡官運鹽倉陳剛叔總理故舊更兼初到本郡不識地點因之在官運鹽倉停驂以防侵染而作延年之計云 日

——摘自《远东报》，
1911 年 3 月 9 日

●禽獸亦遭荼炭○雙城府自疫癘發生金道暨太守曾張貼文告並飭巡警逐戶傳諭雞豚鵝鴨貓狗等項禽獸務要鎖綁籠罩不得任其自游以免該禽獸等飲啄污穢致滋傳染如不遵約束即飭巡警處死并罰其家主業已三令五申而金太守猶恐民間執拗故犯故又於日前復飭巡警仍然周匝傳諭以期家喻戶曉云云 日

——摘自《远东报》，
1911 年 3 月 9 日

▲賓　州▼

●防疫局宜重衛生○賓城疫禍之起係屬傳染所致然防禦之法首重衛生近日城內大街尚屬淨潔惟僻巷府署門前十字街南一帶均有糞雪堆如山積豎各住戶講求衛生十乏一二最不堪者官立厠所猶屬污穢防疫局以此數端視爲分外毫不關心時屆春融之際穢氣蒸騰傳染更加甚焉寄語當途應即留意有關社會同胞莫大之幸福云 幼

——摘自《远东报》，
1911 年 3 月 9 日

▲依　蘭▼

●疫斃之人數○本城自年內疫症發端以來至今見輕總計疫斃人數統共九十名之內連日查疫員不甚忙碌已有消滅之勢 伯

——摘自《远东报》，
1911 年 3 月 9 日

●李義亭勇於義行〇有關內人李君義亭保奉陳小帥之命來此辦理牧畜公司因調查報告尚未就緒冬間爲依蘭下鄉收地畝醫費容臘底方竣事回城適疫症發端人心不安李君遂至醫局自稱甘盡義務檢查疫事凡有疫斃之家日必數至檢查並不時往發病院細加檢點人謂其勇於行義焉　伯

——摘自《远东报》，
1911 年 3 月 9 日

●醫生染疫而死〇山東教員寶君叔鴻業醫岐黃自疫症發現後被舉爲防疫局官醫無論晝夜有求直出診視日無暇晷夜不成寐因積勞成疾兼受傳染於元宵節前日去世不知卽染疫而斃也　伯

——摘自《远东报》，
1911 年 3 月 9 日

●葬埋疫屍辦法〇本城時疫發現染病而斃者多係貧民以是官紳學商同志擬由商務會施捨棺木凡遇斃者立卽報到商會有預由木鋪訂定四塊板之棺卽時抬與以扒犂載送荒郊掩埋以重衛生云　伯

——摘自《远东报》，
1911 年 3 月 9 日

▲一面坡▼

●掩埋尸棺以防瘟疫〇坡站地處荒僻數年前居民稀少惟僑居流寓中有充裕者死則每多浮坵於地上以便舁尸歸葬而貧寒無力埋葬每棄置於郊野故坡站西山脚下棺木尸骸暴露於地慘不忍覩聞該站巡官郭某以時值疫症流行又逢春融若不急速掩埋難免穢氣四溢致生雜疫日昨牽同醫士將西山下之尸棺一律深坑掩埋云　益

——摘自《远东报》，
1911 年 3 月 9 日

▲阿什河▼

●城關已開兩門〇阿城瘟疫近來日見平息防疫局與養病堂皆無之故日昨譚大令特諭巡警總局王子遹防令暫將東門與南門先行開放交通仍令醫士檢驗至遠方行人仍不准私自入城云　大

——摘自《远东报》，
1911 年 3 月 9 日

●商務之近況〇現下瘟疫流行斷絕交通各商鋪戶均不見有交易又值去歲所運貨物俱在半路延擱且下雖見太平而際此春融道路泥濘車馬拉運不便所有貨物仍係阻滯將來貨物必至昂貴云　大

——摘自《远东报》，
1911 年 3 月 9 日

●諮議局正議長逝世〇本省諮議局正議長錫九皋君鳴於前年諮議局開幕之時當經全省議員舉充正議長兩年以來辦理一切事務頗孚衆望旋即染患時疫百劑無效已於日前逝世聞者莫不悼嘆云　于

——摘自《远东报》，
1911年3月9日

▲呼蘭▼

●疫勢傳染之可懼〇呼府地面自去臘疫症流行後至今正日見減少不日即能撲滅忽昨有自哈來之行人三名猶未到街疫發俱死于南河套中今晨醫兵查驗南河沿楊姓家一家七口均死是日北區又查驗呈案該區地面疫斃五名病者送養病院診視二名王守聞報甚驚遂傳示各關卡認眞防範三日內有無票者一律斷絕交通不准赴街云　波

——摘自《远东报》，
1911年3月9日

●各屬防疫之報告〇近據省城防疫調查及各屬防疫報告均有減輕之勢而省城上月二十九日僅疫斃九人哈埠疫斃三人呼蘭疫斃四人海倫疫斃三人綏化疫斃十一人惟均斃於病院居民並無一人三十日省城疫斃十六人呼蘭疫斃二人海倫疫斃一人哈埠無綏化尚未報告云　于

——摘自《远东报》，
1911年3月9日

△△監國致謝各國防疫之熱誠

監國前因東三省鼠疫流行各國皆派有紅十字會來華相助施救現疫氣漸已大減日昨外部奉　廷諭特電駐各國向各該政府致謝

——摘自《远东报》，
1911年3月10日

△慶邸亦發急善心捐認防疫費

政界消息樞府慶邸現因東省鼠疫猖獗人民死亡甚夥京師亦漸次傳染甚爲憫惻日昨特撥出足銀五萬兩以

作消毒之費

——摘自《远东报》，
1911年3月10日

▲本埠要聞▼

●調查瘟疫團之會議○星期二日晚間由醫學博士査伯氏代表開議研究瘟疫之事哈埠防疫局總辦日科河羅夫登台演說並慶祝俄調查團來哈將來所得效果必多博士答謝並云哈埠防疫之事均仗日氏維持始至現在之情形今調查團來哈一切事宜均應請教且云調查團之宗旨無非研究其致病之由傳染之理以爲將來醫學世界開一新智識刻下擬分派三隊調查云

——摘自《远东报》，
1911年3月10日

●錫督注意衛生○錫督以近日滿洲各處瘟疫輕減誠恐各地方官又照常不注衛生如此入秋之後將不免有死灰復燃故通飭各屬俟瘟疫消滅一體講求衛生如清理街道曉諭居民注重衛生皆須實力舉辦庶可無患云

——摘自《远东报》，
1911 年 3 月 10 日

●界內防疫局辦理之效果○本埠界內俄防疫局自瘟疫發起即派人調查各商戶院宇防令清除並定專章使各避守所有貧苦無依之人避閒赴莫斯克兵棚留驗養以衣食等種種辦法無不合宜是以死亡者較之傅家店十中之一耳　木

——摘自《远东报》，
1911 年 3 月 10 日

●近日收殮死屍數目○上月二十八日在田家燒鍋共收殮死屍八具本月初二日又收殮十二具初五日收殮一具云

——摘自《远东报》，
1911 年 3 月 10 日

●安達站防疫辦法○現安達站因防疫甚嚴至今並未有染疫者茲查其辦法如下一在安達站設立檢驗所一處二每日派測醫士至華人村屯檢查云

——摘自《远东报》，
1911 年 3 月 10 日

●東路各站並無疫症○本埠交涉局近因東路一面坡
橫道河子各分局之報告謂沿路各站並無疫症卽臨近
各村屯亦經調査此症仍未發見云云誠可爲東路商民
賀木

——摘自《远东报》，
1911年3月10日

●犬之命運不如鼠○傳家甸瘟疫最盛之時除鼠之令
甚嚴因之居民相率除鼠然經醫士化驗各鼠並無瘟疫
可見人之疫死者非因受老鼠之傳染於是除鼠者漸懈
然近日傳家甸又下除犬令以疫死者多被野犬啃咬難
免不染瘟疫故見眼紅之犬卽時擊斃此亦犬之不幸也

——摘自《远东报》，
1911年3月10日

●傳家甸防疫局之報告○二月初七日時疫病院新疑
似病院無疫斃者各區均無隔離所僅有一千三百三十
名釋放十名轉送一名現在一千三百二十七名

——摘自《远东报》，
1911年3月10日

●本館誌謝贈書○昨承奉天學務公所　惠
贈奉天防疫宣講書第一種北里博士鼠疫演說三册足
見諸君子尊崇人道普惠同胞之至德謹此拜登合誌數
語以謝本館拜手

——摘自《远东报》，
1911年3月10日

●防疫局派員驗收工程○防疫事務臨時發生總局總辦民政交涉兩司肆應多才事事就理惟當時所設立之病院隔離所等均係租賃民房從權辦理取締既多不便位置尤未合宜曾札飭防疫事務所擇於車站空曠之處迅速建築病院一所并隔離所二處現已工竣由該所呈請總局派員將該工程驗收云 通

——摘自《远东报》，
1911 年 3 月 10 日

●日本衛生隊來東之先聲○大島氏由省垣返旅後特電聘該國赤十字社之醫員等來東襄辦防疫事宜現聞該社組織一衛生隊計醫長醫員及看護書記等若干人于日內搭輪來東昨已抵大連埠行將到奉察觀防疫所及病院并調查現在疫勢以便從事診治云 通

——摘自《远东报》，
1911 年 3 月 10 日

●防疫所與大中公報之衝突○大西防疫分所委員吳警廳弃女子扣留自用之人力車票一節已登各報不意該委員露厚見報深爲忿恨尤切齒於大中公報之總理袁幡喬富即赴防疫事務所稟總辦張道俊生該總辦大爲震怒于昨日下午七時立命露厚帶同巡警及陸軍四五十人將袁某拘拿帶至該分所坐堂訊問袁不服反詰以余犯何罪即有罪亦當由執法官按照法律懲辦不應在防疫所私立法堂侵奪法權等語該總辦語塞隨令兵警將袁某拖往他處現尚不知下落云 通

——摘自《远东报》，
1911 年 3 月 10 日

●札飭各關嚴防會匪○督憲日昨札飭各海關略謂准外部及政務處電稱現在疫症流行人心不靖風聞沿江沿海各口岸會匪潛踪時生覬伺恐一旦竊發妨害治安希即札飭所屬駐紮軍隊暨各海關嚴加盤查以防隱患等因仰即遵照辦理將進口船隻一律嚴查云 通

——摘自《远东报》，
1911 年 3 月 10 日

▲吉林▼

●慎重防疫禁止謠言之示諭○吉林公署因近日爲防疫之事謠言四起特於日昨頒發示諭一道茲據探悉照錄於後照得鼠疫爲禍甚於刀兵其傳染也無形而滋生最速其受害也莫測而防範極難故留檢行人斷絕交通尤急于慎守關隘清潔街道按戶檢驗尤嚴於搜查奸細施藥設醫隔離病人尤勤於撫卹受傷兵士誠非得已也所有現行種種防疫方法皆爲保衛人民生命維持社會公安起見雖執行極嚴而用意則厚查自滿洲里發生鼠疫以來傳入於哈爾濱蔓延于長春波及于吉林奉天及交通便利各地方死於疫者幾不可以數計白骨累累慘不忍言以致上勞宸廑不惜動用巨款以救民命本部院當疫發生之始即親蒞哈埠預定防範各方法嗣於省城及各屬遍設防疫總分局凡可爲民請命者自當竭盡心力凡爾軍學商民人等各有身家性命不幸遭茲禍患宜如何遵守防疫禁令聽憑救治檢驗以全自家之生命並保社會之公安乃訪有一種不法之徒散布謠言謂此種鼠疫係由外人賄通內地莠民灑布疫種於水中俾人飲之即行疫斃以訛傳訛人心惶恐遂令無知民衆輕信其言無病之家不願受公家檢驗有病之家不願用公家醫藥互相隱瞞各懷疑懼馴至一人染疫殃及全家一家染疫殃及鄰近決防潰隄不可收拾言之甚堪痛恨不知鼠疫一病半由外間疫症傳染而至半由飲食衣物不潔薰蒸而生去冬天氣乾燥冬行春令尤爲致疫之端外人對

於疫病防衛甚嚴當此交通便利時代此國疫症可以傳染彼國爲有令人散布疫種于他國致波及自國之理觀近日朝鮮及俄界因與東省接壤亦設立防疫局辦理防疫異常鄭重則此種謠言其爲宵小臆造希圖滋生事端不問可知本部院撫吉將及三年於民間疾苦無時不懸念慮此鼠疫傳染關係全省人民身家性命至重且大尤不能不力求防範俾保吾民之安康爲此特行懇切曉諭仰爾軍學商民人等一體知悉須知現在所行各種防疫方法均係專爲爾等身家性命無病之家宜共保清潔受公家檢驗有病之家宜速報防疫局聽公家分別醫救慎勿輕信謠言妄思隱匿以身家性命爲兒戲本部院有厚望焉至彼造謠生事之徒業已飭巡警局派員祕密訪查一經拿獲定行嚴懲不貸其各凜遵勿違切切特示 合

——摘自《远东报》，1911 年 3 月 10 日

●疫症可望消滅○由去歲至今綜核省城十區疫斃男婦人口二百七十三名每日平均約在七人以上近日偵查診疫所與在巡警區界疫死者平均日在四五人左右核之先前稍見減少此皆防疫會及防疫局按日派員查驗勸導講求衛生設法自防從此不難撲滅淨盡云　合

——摘自《远东报》，
1911 年 3 月 10 日

●近日疫屍人數之報告○近來疫症日見消滅本月初二日城關死者統計十七名前城內祇三名初三日共死二十五名城內祇二名但有醫官朱立槐亦於斯日因疫而死云　立

——摘自《远东报》，
1911 年 3 月 10 日

●日界漸見交通○日本租界自鼠疫流行後嚴絕交通不准華人入境前報已誌茲聞日官見疫症日消准界內糧店開市辦公遂致各鄉糧車入境出賣者日必七百餘輛並各鄉農民在境行遊亦不禁止但由城內而入日界無通行憑照者行至橋下尚一律阻止云　立

——摘自《远东报》，
1911 年 3 月 10 日

●疫氣雖減仍行嚴防○現在雙城府疫患情形逐減日昨王廷瑞中軍自哈來雙以疫症雖然大減猶恐死灰復燃爲害非淺於是請金太守諭飭關閉城門斷絕交通目前派鄉正田國鈞朱金德等沿街傳諭以俾周知云　日

——摘自《远东报》，
1911 年 3 月 10 日

●菜窖內疫斃工人○雙城府東門某菜園雇工三名入菜窖日久不出園主疑之遂啟窖上之天門窺見其三人悉染疫症倒斃云　日

——摘自《远东报》，
1911 年 3 月 10 日

●防疫之周密○坡站雖無瘟疫為害而防範之法甚嚴該站巡官郭某每日率同警士挨門逐戶嚴行傳諭無論居院中務使潔掃清除以免穢氣蒸騰致生惡疫聞日昨由五常界內來一車夫面目黃瘦疑有病容經該巡官查交檢驗所以憑俄醫博士逐細檢驗實屬無疫方許入境云　益

——摘自《远东报》，
1911 年 3 月 10 日

▲榆樹廳▼

●卹賞疫斃之官醫○榆樹廳城北大嶺鎮防疫分所官醫張信因與人調治疫症染受疫毒斃命劉司馬以其因公傷生遂電稟撫院與之請卹日昨奉到陳簡帥批迴略謂查該官醫因公斃命與戰功無異隨照防疫新例給予卹金二百兩用慰幽魂而昭激勸云云　容

——摘自《远东报》，
1911 年 3 月 10 日

●劉司馬電請醫士○榆樹廳自疫症發現至今全境共斃男女六百餘口刻間疫症日盛而醫士不敷調用故於日昨電稟哈埠郭宗熙觀察懇祈代爲延聘良醫飭其迅急來檢以資臂助云　容

——摘自《远东报》，
1911 年 3 月 10 日

●貨物之騰漲〇本城自新軍以來用貨較歲杪無不騰漲詢厥原因係由各城防疫交通不便致貨缺乏以故居奇者任意昂貴也　伯

——摘自《远东报》，
1911年3月10日

△呼蘭▼

●開學之緩期〇呼蘭府各級學堂例于每年正月二十日開學歷辦有年茲因瘟疫蔓延各學生大半係居四鄉此次因防疫斷絕交通一時不能來呼王守順存仿照江省提學司使改訂之章程傳諭各堂現因防疫事要緩至二月十五日一律開學免受傳染云云　波

——摘自《远东报》，
1911年3月10日

●禁屠宰以防疫癘〇茲因鼠疫蔓延各處不可收拾惟宰殺一事最爲不潔易於傳染日昨王守順存出示傳諭各屠戶舖不准宰殺以防染疫若欲宰殺者必須由官檢驗果無毒氣每口猪付官錢二吊始准宰殺售賣自示之後各屠戶家均未敢再行宰殺故斷屠多日　波

——摘自《远东报》，
1911年3月10日

●商務困難情形〇綏屬一帶去夏霪雨連綿秋收歉薄入冬外鎮雖覺融洽詎自瘟疫發見頗甚商賈視爲畏途近加外鄉胡匪蹂躪以致各項商務較去歲通城虧賣七十萬吊有奇云　宣

——摘自《远东报》，
1911年3月10日

●因疫緩期開學○本郡黃太守日昨出示略謂現奉省垣提學司來電以江省各鎮瘟疫流行亟宜防範者各學堂一律緩期於二月十五日開學云　宣

——摘自《远东报》，
1911 年 3 月 10 日

△△黑撫要求四百萬之鉅款

日前黑龍江巡撫周中丞樹模有電到京內稱華僑羣來黑省無法安置又因防疫經費需欵甚繁事不容已電請部撥四百萬兩一半安插來黑之華民一半爲防疫經費云云部中尚無答覆明文不知能得照准否

——摘自《远东报》，
1911 年 3 月 11 日

●郭司使回吉有日○本埠代理道郭司使現以瘟疫消滅擬於月內回吉所有防疫局一切案卷雇覔書書者三五名抄呈督憲一分撫憲一分外務部一分聞已抄錄過半月內即可回省　木

——摘自《远东报》，
1911 年 3 月 11 日

●官達基在五站查看各防疫病棚〇本月初七日阿穆爾總督及海濱省醫士某至五站查看所設病院檢驗所等後即命該站防疫局所應辦之事如下　一應購買衣服以備華人拘入檢驗所時消毒之用　二應購氣櫃二具內貯硫磺以便薰蒸衣物　三須購置大袋四條以便裝載藥品　四應製抬病人死屍之鐵四具　五豫備焚燒爐數具　六在病棚之內須設茅厠四處　七起造焚毀衣服之池　八於檢驗所須設澡池二處　九購買大車一輛大桶數個以便拉洩穢水　十購買大火壺三個煑水供給檢驗之人之用

——摘自《远东报》，
1911 年 3 月 11 日

●傅家店防疫局之報告〇二月初八日時疫病院死者一人各區無疫斃者隔離所舊有一千三百二十七名新收九名釋放十六名現在一千三百二十名
又初九日時疫病院新疑似病院疫斃二名各區無疫斃者隔離所舊有一千三百二十名新收十四名釋放四十三名現在一千二百九十一名

——摘自《远东报》，
1911 年 3 月 11 日

●人民之進化〇傅家甸自與瘟疫素反對防疫之事時有所聞如隱匿屍身或有病不報者十居五六以致釀成激烈現象然近日居民深知瘟疫之爲害不似以前之固陋遇有鄰舍染病者皆要求送入醫院凡有疫死之房屋皆知求實焚燒由此可見人民之進化而防疫竟能有如此效果也　中

——摘自《远东报》，
1911 年 3 月 11 日

●檄醫官又赴滿洲站〇哈爾濱防疫局醫官檄某經大憲派赴黑龍江省辦理防疫事宜已詳前報玆聞檄醫官於日昨乘坐火車前赴滿洲站調查該處瘟疫後即由滿洲里赴黑龍江省垣云　亦

——摘自《远东报》，
1911 年 3 月 11 日

●瘟疫可以傳染驢身〇傳聞哈埠某家養驢三頭該家主人前數日因疫身死越三日死一驢次日又一驢死其第三驢亦亡由此可見瘟疫之傳染於獸類中獨及於驢將來奉天研究會可取之爲資料也

——摘自《远东报》，
1911 年 3 月 11 日

●爲官亦有幸有不幸〇于觀察與章司馬因防疫不力同時撤任然于觀察可有復任之望而章司馬頗有不能回任消息近聞官場人云傳家甸瘟疫已減上憲頗爲嘉許故于觀察回關道之任不日即可宣布惟章司馬之前途並無希望故多謂兩地方官一幸一不幸也　中

——摘自《远东报》，
1911 年 3 月 11 日

●賓州府防疫經費之報告〇賓州府許太守近經報告本埠防疫局以府屬防疫分所除醫生由省委派外所有所長一員月薪中錢一百吊司書八名每名月薪中錢四十吊夫役二名每名月工食中錢二十五吊臨時費月約中錢三百吊計共月支經費中錢七百七十吊並克圖防疫院每月需中錢二百二十吊藥料各費不在內云　木

——摘自《远东报》，
1911 年 3 月 11 日

●關於瘟疫之報告○租界內檢驗所原有二百七十七人特別檢驗所四人時疫病院四人時疫病院死四人現在檢驗所尙有二百六十三人特別檢驗所一人自疫症發見至今鐵路界內共死華人一千四百九十七人歐人四十名云

——摘自《远东报》，
1911年3月11日

▲奉天▼

●瘟蟲隱于腦海○自鐵嶺傳來消息云日本醫學專門研究此次滿洲之疫係有疫蟲隱於人之腦海中

——摘自《远东报》，
1911年3月11日

●酌改病院之誌聞○大北關衛生醫院開辦以來極有成效該院長王君辦事向屬認眞昨經防疫所總辦張觀察婉商擬暫借該病院爲普通病院以其房屋寬廠能收容一般普通病人以資防疫聞該院長已經允許擬於日內從事改辦云　通

——摘自《远东报》，
1911年3月11日

●疫勢行將撲滅之誌聞○民政部派委醫官王君若宜王君儼兩君來奉一節已登前報日昨王君若宜已先行到奉晉謁督憲籌畫一切并到病院隔離所參觀據稱省垣疫勢現已少殺約四星期內卽可撲滅但未知該醫官之言果有驗否　通

——摘自《远东报》，
1911年3月11日

▲長春▼

●防疫局議裁掩埋隊○防疫總局初開辦時招有二百人掩埋屍棺近因疫症日減兼防疫經費日絀孟道何守及防疫局黃總辦日前公同議定先將掩埋隊裁去一半並將東門外甲號隔離所裁去以節經費云　立

——摘自《远东报》，
1911年3月11日

●僧人出款掩埋疫尸○南關農神廟前數年來積棺千餘具近因疫症流行防疫局屢擬派人堆積焚燒故有老爺廟僧人願助自出底欵三千吊請准防疫局招工掩埋不日內即一律告竣云　立

——摘自《远东报》，
1911年3月11日

●罰辦掩屍不報之商家○長春地面自防疫局設立後屢出示諭不准商民掩屍不報不意各商智識不開覺有病者一報官府除房屋被封外并全家拘送隔離所遂致各商掩屍不報之事重見疊出近防疫局查知此情嚴搜各家聞有巨商豐泰棧掩屍查出經巡警局訊明罰洋五百元又萬發東罰洋二百五十元天德堂罰洋五百元萬順棧一百元義順園五十元云　立

——摘自《远东报》，
1911年3月11日

●掩埋隊又派赴四鄉○長春四鄉據巡警各區呈報近來鼠疫日甚奉督有電無論城鄉所有屍棺一律掩埋不准再行暴露茲因孟道何守公同議定派委員四名各帶掩埋隊四十名分赴各鄉搜查屍棺一律掩埋如係染疫而死者仍須火葬云　立

——摘自《远东报》，
1911年3月11日

▲榆樹廳▼

●火葬之通防○榆樹廳劉仲景司馬奉到撫院通防之電文略謂案據外務部咨開奏請約俄日英法各國於三月初旬開疫症特別研究會等因奉此應亟宜通飭各城該管地方官調查疫症起自何處傳到何處斃人若干其疫症幾種初病時何形及斃後何形面貌何色斃後如何焚化葬埋並疫斃之人鄉貫姓名詳細查明造冊送省勿得宕延致干未便云云 容

——摘自《远东报》，
1911 年 3 月 11 日

●隔離所長被撤原因○西門裏隔離所所長魏某因未稟請各憲祇將救出之男孩十歲七歲者留養所內所餘將生五月之孩防原主抱回詎白某見家已被封居無處食無資祇得棄于中途凍饑而死茲被黃總辦查知謂設所原爲援救民生起見今不救而反害之殊屬非是聞除將魏某撤差外又擬嚴押懲辦云 立

——摘自《远东报》，
1911 年 3 月 11 日

●探親者宜加防範○榆樹廳南街住戶某甲有至戚自耶屯至其家探親不幸染疫症發作口吐血沫已近於死據疫菌之毒爲害甚烈惟望探親者留意以防傳染而作生存之計云 容

——摘自《远东报》，
1911 年 3 月 11 日

●澡塘因疫被封○榆樹某澡塘栢某染疫斃命已詳前報刻聞又有過客某甲在該塘沐浴間寓斃命其事被孫華棠醫務長查知飭消毒生將其屋宇消毒粘貼封條以絕傳染之危害云 容

——摘自《远东报》，
1911 年 3 月 11 日

●郵政局亦受影響○雙城府因防疫斷絕交通而商界比戶株守自不待言金太守禁令一出而無通行券者不敢擅行故各界不得彼此往來郵政局因之大受影響遂形減色云　日

——摘自《远东报》，
1911 年 3 月 11 日

●歡迎伍醫官○雙城府金道堅太守接准哈埠來電略謂東三省總醫官英國醫學博士伍連德氏於日前到雙金太守接電即乘坐玻璃快車至北門火車站以資歡迎云　日

——摘自《远东报》，
1911 年 3 月 11 日

●百斯篤學說拔萃發到○雙城府金道堅太守接准西北路道郭宗熙觀察發到奉省防疫總局譯員齋昌田韓永康蔣宗瀚等譯註日本博士大家百斯篤學說拔萃八冊金太守以是書爲渡世津梁隨即分發各學堂局處以資考鏡並防宜講所逐條演講以洽民智而啟各界防患未然之思想云　日

——摘自《远东报》，
1911 年 3 月 11 日

●總醫官來雙○東三省防疫總醫官英國醫學博士伍連德君聞知雙城府鼠疫消退惟恐死灰復燃故該醫官擬於日前來雙查看防疫是否得法其前驅之醫士早已到雙云　日

——摘自《远东报》，
1911 年 3 月 11 日

●防疫人員已蒙加奬○雙城府疫癘大消金太守乃將防疫局提調于境峇刺史萬典五二尹竭力抵防撲救始得轉禍爲福等情電禀撫院日昨金太守奉到陳劍帥覆電着傳諭加奬致其內容俟探明再爲報告云 日

——摘自《远东报》，
1911年3月11日

▲一面坡▼

●木商亦受防疫之影響○坡屬五吉密河站十二段著名之木商長順公大宗包砍木柴以供鐵路公司之需每至二月爲期必須一律交道亘工名竣（名曰停斧下山）聞該號今歲共劈二萬古板有奇較之常年爲數頗少至今未能運至鐵道者尚有四五千古板之多（俗呼之曰困山）探其原因蓋以防疫之故斷絕交通以致鄉間之農夫皆不得入山傭工拉運乏人云 谷

——摘自《远东报》，
1911年3月11日

●區官防疫之勞碌○長壽縣鄉巡三區區官徐某自奉上峰諭飭設立防疫分會暨防疫檢驗所以來每日會同醫師率領兵弁到處檢驗聞該區屬境縱橫二百餘里而該區官關心民命恐查驗不週氓民無知有匿疫不報之弊端一爲傳染爲害匪淺故不憚跋涉之勞苦日不停趾逐戶查驗遇有是疫非疫之人隨時賜給解疫之藥水其染疫者即時送至檢驗所按方醫治並將其房屋嚴行封閉飭兵把守以防疫氣之傳染故該區境內甚形太平云

——摘自《远东报》，
1911年3月11日

●仍飭實力防疫○綏埠防疫會經辦各種防疫事項歷載報端現疫已消滅而該會仍認眞督飭商民各界實力掃除汚穢冰雪並派人不時沿門查驗遇有不潔房院立飭洒掃以期消滅淨盡云 宣

——摘自《远东报》，
1911年3月11日

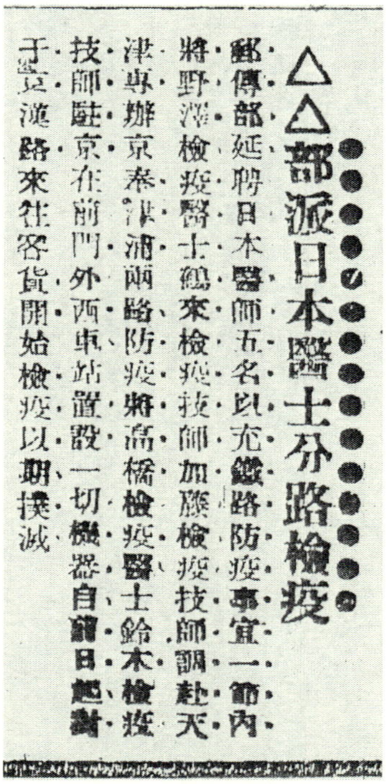
△△部派日本醫士分路檢疫

郵傳部延聘日本醫師五名以充鐵路防疫事宜一節內將野澤檢疫醫士鷂來檢疫技師加藤檢疫技師調赴天津專辦京奉津浦兩路防疫將高橋檢疫醫士鈴木檢疫技師駐京在前門外西車站置設一切機器自籠日起對于京漢路來往客貨開始檢疫以期撲滅

——摘自《远东报》，
1911年3月12日

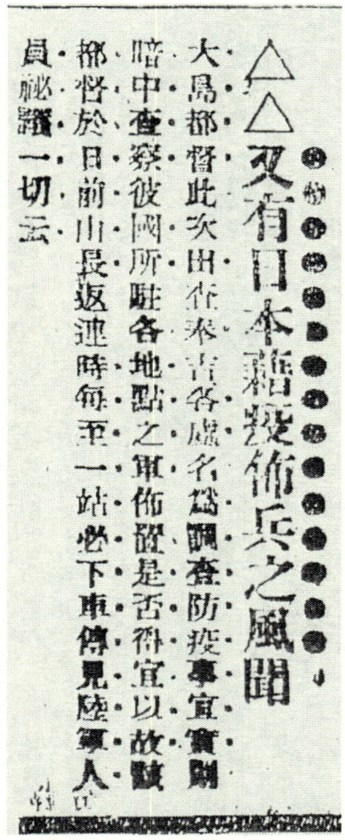
△△又有日本藉疫佈兵之風聞

大島都督此次出在奉吉各處名爲調查防疫事宜實則暗中查察彼國所駐各地點之軍佈置是否得宜以故隨都督於日前由長返連時每至一站必下車傳見陸軍人員祕議一切云

——摘自《远东报》，
1911年3月12日

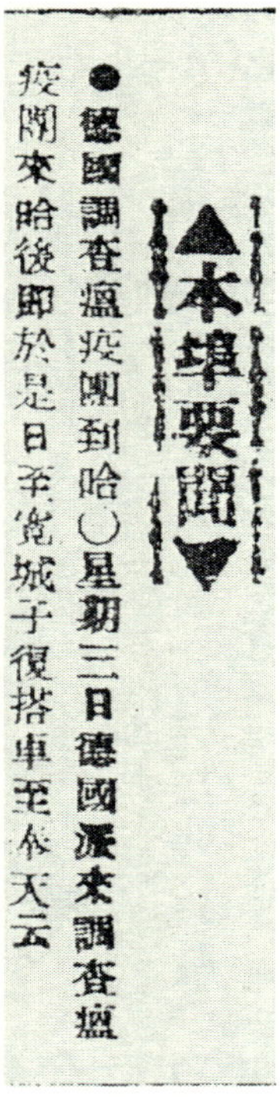
▲本埠要聞▼

●德國調查瘟疫團到哈○星期三日德國派來調查瘟疫團來哈後即於是日至寬城子復搭車至奉天云

——摘自《远东报》，
1911年3月12日

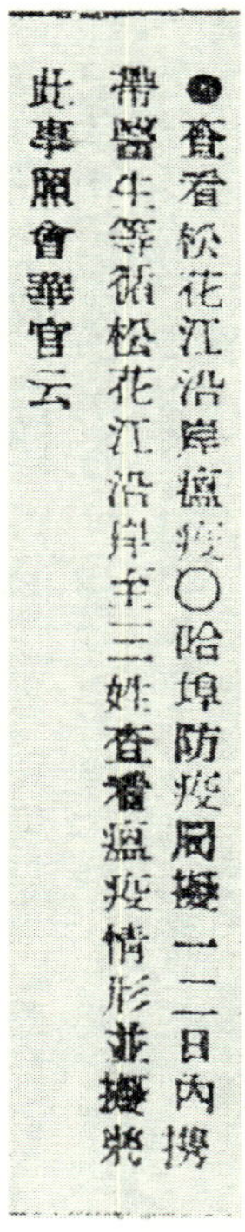
●查看松花江沿岸瘟疫○哈埠防疫局擬一二日內携帶醫生等循松花江沿岸至三姓查看瘟疫情形並擬將此事照會華官云

——摘自《远东报》，
1911年3月12日

●開禁交通又緩期矣〇哈爾濱防疫局因傅家甸地方時疫大形消滅擬訂初十日開四區交通已詳前報茲又訪聞防疫局總會辦以本埠雖形消滅而附近各屬若不輕減又恐疫勢蔓延近故刻正派員分赴各屬查看果各屬均形消滅再訂開通日期云　亦

——摘自《远东报》，
1911 年 3 月 12 日

●俄員公讌中國醫員〇日昨俄員以中國各醫員辦理防疫極有功效現已撲滅甚爲感佩是以特在鐵路公會公讌伍姚以下各醫員以誌欽佩云

——摘自《远东报》，
1911 年 3 月 12 日

●傅家甸疫死人數之調查〇傅家甸疫斃人數昨經調查自設立防疫局後報明者約六千四百餘人其未設防疫局以先約八百餘人共計七千二百餘人云　亦

——摘自《远东报》，
1911 年 3 月 12 日

●關於瘟疫之調查〇初九日急救隊在五街查得華病人一名送至特別檢驗所又在歐羅巴飯店對過有華病人死屍一具係裝於袋中又在烏查斯口瓦街查有華病人一名送入特別檢驗又在中國大街有死屍一具前日在檢驗所旁由醫學博士督率取檢云

——摘自《远东报》，
1911 年 3 月 12 日

●裁減俄醫士〇道裏防疫局以近日哈埠瘟疫大減日見消滅各醫士等自然人浮於事議定裁減數名並聞外請之醫士多有滿限者故自請回籍現在該會已多照准並爲之酬勞云　中

——摘自《远东报》，
1911 年 3 月 12 日

●奉天賑捐奏准〇自東督防疫需款前經督帥擬附安徽賑捐以資挹注奏准在案嗣以附於安徽不如自辦較爲神速因復奏請奉准在案現聞此項賑捐不日即將開辦矣

——摘自《远东报》，
1911 年 3 月 12 日

●飲料可望清潔〇省城商民各戶凡冬令積雪以及污穢之物盡拋之江冰之上比年習慣爲常鄧孝先司使以現在鼠疫雖見消滅終未撲滅淨盡現值春融凍解居民若仍舊沿岸汲飲危險誠爲可慮特編擬章程組織潑水船十艘日赴江心取水以便人民飲料清潔按兩筒爲一擔每一擔出錢四十文如此辦理人民所費無多實於衛生大有裨益云　合

——摘自《远东报》，
1911 年 3 月 12 日

▲長　春▼

●發糧賑濟貧民〇近來流道何守因疫症流行嚴絕交通城關商民以身爲業者苦不可言今請准列憲發款賑濟昨防巡警各區查界內貧民及老幼無倚者每名發給秕米一斗以施普濟而救眉急云　立

——摘自《远东报》，
1911 年 3 月 12 日

●嚴禁華人前赴俄境之辦法〇孟道接到俄領照會因華境惡疫各埠流行近定防疫章程令歲華人不准入阿穆爾省即有頭二等客商在他省有要公者必須在俄署先領放行執據並在各埠檢疫所留驗五日方准入境昨飭長春府急行出示曉諭商民人等一體週知云　立

——摘自《远东报》，
1911年3月12日

●嚴禁官工再索私錢〇防疫總局所招清道夫在局所堂處及各公館掃除穢汚時有另給茶資若干各工人等覺以爲常遇有商民之家亦行索錢近被防疫局查知出示曉諭商民人等如有清道夫爲各家掃運積穢後索錢無論何人准赴總局呈報從嚴懲辦云　立

——摘自《远东报》，
1911年3月12日

▲雙城▼

●對於貧民之計畫〇雙城府金太守查雙郡住戶居多鱗次櫛比貧民佔十分之七當此防疫戒嚴斷絕交通誠恐貧民柴米不繼釀成意外之虞爲民上者宜早預爲籌畫聞著自治籌辦公所副所董高君闓赴鄉採買柴米以作接濟貧民之計云　日

——摘自《远东报》，
1911年3月12日

▲榆樹縣▼

●醫務長克盡厥職〇榆樹縣醫務長孫華棠叅軍查防疫甚於救火於是以防疫事務不避嫌怨逐日按戶稽查有無染疫之人至於伙房棧店薙髮棚飯館尤屬注意以期時疫撲滅云云　容

——摘自《远东报》，
1911年3月12日

●調查疫斃之人數○玆將榆樹廳各區呈報染疫症斃命人數調查明確彙誌於左中一區疫斃二十二人西一區疫斃二百九十五人西二區疫斃七十五人北一區疫斃四十五人北二區疫斃六十六南二區疫斃三十六人東二區疫斃十八人西一區刻間疫斃七十五人以各區疫斃之人數通盤合算共疫斃男女六百二十四名云　容

——摘自《远东报》，
1911年3月12日

●傳疫之烈害○榆樹廳某溪塘櫃夥柏某染疫辭去回家未及調治而斃翌日其父兄二人亦相繼染疫斃命祗剩其母一人亦染斯疫可見傳染之爲害甚烈惟望各界加意防範以保生存云　容

——摘自《远东报》，
1911年3月12日

●伍醫官到境消息○頃聞官界人說東三省總醫官伍連德氏由哈埠抵雙城府查辦防疫事務事畢即來榆樹廳查辦一切云　容

——摘自《远东报》，
1911年3月12日

▲賓州▼

●防疫局之驚慌○賓城防疫局設立伊始人位一時難於物色更兼列憲催辦甚急以致許守從權遂將各局所在差人員派往兼充優加薪水以示鼓勵併著自治各員甘服從義務而資補助是以上行役下敷衍至今徒有形式而無精神玆有省來之檢疫員密在賓境查驗瘟疫該局聞之作大驚惶遂邀無事紳士四名分赴四鄉調查一切計以塞責又於城內預留以備迎接云　劝

——摘自《远东报》，
1911年3月12日

●救濟隊染疫而死○賓城防疫原設有救濟隊數十名聞該隊長某前經調醫病人疎加防範因受傳染遂致斃命復相繼疫斃隊兵四名隊長一名始信有傳染之禍云

——摘自《远东报》，
1911 年 3 月 12 日

▲依　蘭▼

●防疫不力者受斥○巡警局巡士暨衛生官某前日遇有染疫而死之家皆不進內檢查僅在墻外掩鼻相問而已副爲王觀察聞知當面詢其衛生皆係何事衛生官默默運聲稱是而退被申斥一番勉其認眞勿惰云　伯

——摘自《远东报》，
1911 年 3 月 12 日

●焚燬疫死尸具○海倫府發見瘟疫雖經官界捐資證備良藥各處施散大見功效昨周太守傳飭凡染疫斃屍具用火焚燬以免疫毒傳染而期斷絕根株云　宣

——摘自《远东报》，
1911 年 3 月 12 日

▲黑龍江▼

◎東督對於防疫之電報○日前錫清弼制軍以各國特派醫員不日到會所有一切防疫問題均須先期預備以免臨事倉惶特發電報一通其略謂各國特派醫員于三月初五日在奉開會研究奉旨責成會同外部妥籌備查籌備之道以備會中提問資料為第一要義此次疫病的源于臚濱府吉省為其中樞奉省為尾閭吉江二省疫斃人數及防疫情形雖前經一二府廳州縣約略電告均舉一廳而且有疫各地方以不通電局者為多有隻字不告者茲擬調查項目約略如左　一是疫之發生情形蔓延狀態能繪為圖表尤善　二有疫之地各種社會習慣衛生狀態　發現後之各種防衛方法及疫斃人數年齡職業詳列細表更善此外關于疫狀之應研究者並乞隨時酌定列入務望於二月二十日督飭深明醫理衛生統計學人員調悉調查造册送到奉省並尤擬擇要翻譯外國文送會屆時並望特派曾在各處實地研究疫狀之醫官先期來會以備質問哈埠及呼蘭綏化二府已飭郭司道就近調查情形該司並聲明哈埠中俄醫生尚可設法調派帮同調查萬望悉力發助庶免阻尬為禱云云　于

——摘自《远东报》，1911 年 3 月 12 日

◎各屬防疫報告○本月初一日茲據防疫會調查全城疫斃人數共計十有一名而呼綏海三府統計不過六七名之譜亦多係斃於病院之中而省城日內亦已漸消滅於無形足見各屬防疫之功不無果效初二日綏化共斃五名乃三斃於病院二斃於住戶初三日病院僅斃二名住戶一名初四日呼蘭僅斃於病院者一人嫩江府亦發現此症是日疫斃三人蘭西縣城內及轄境自瘟疫發現以來斃於是疫者共男二十九名女十名上月念七日斃男三人念八日斃男五人女一人念九日斃男一人初二日省城疫斃人數未詳而疑似病院拘留者三名第一隔離所六十人第二隔離所六十五人呼蘭病院疫斃七人死於街巷者三人傳家甸斃於病院者四人初三日三人初三日省城病斃八人住戶與病院各半巴彥州報告城內正月三十日疫斃二人二月朔日無四鄉正月念九日共斃八名三十日共斃六人二月朔日亦斃六人　于

——摘自《远东报》，1911 年 3 月 12 日

●趙廳丞不日南旋○日前署高等審判廳趙儀威廳丞接到家電云太夫人病勢沉重急令南旋以便延醫調治故廳丞接電之後異常焦急雖持有日俄兩鐵路旅行護照而防疫之嚴亦恐難獲果行故此家中連發催電致外間發生一種臆度之詞皆謂太夫人業已病故而廳丞旋以補缺出奏之故匿喪不報恐誤傳耶　于

——摘自《远东报》，
1911 年 3 月 12 日

●呼倫道對於瘟疫之善後○頃聞呼倫道宋友梅觀察以滿洲里爲此次瘟疫發生之地海拉爾（即呼倫道治）亦曾傳染現在疫氛雖已早退但值春融之候恐難免乘時復發必須先期設法預防方足以善其後茲擬定防範規則數條其辦法臚列於下　一禁止捕獵旱獺以防黴菌獄患　二分飭臚濱府呼倫廳暨吉拉林設治局聯合紳商各屬設防疫公所一處　三如有華民商工人等出境先令赴滿洲里防疫公所查驗數日確無疫病方准出境營業　四沿邊庫克多博地方亦爲華俄出入境界必由之路特設官醫一員查驗出境華人以免帶病過越云云　于

——摘自《远东报》，1911 年 3 月 12 日

●木蘭縣防疫紀事〇昨據木蘭縣于令電稟公署內開

防疫一事業經專派馬巡八名來往梭巡並以防疫一事於內政外交兩有關係豈敢稍存膜視日前親詣東鄉率同差役六名往來沿江一帶挨地搜查所有早年浮置棺柩均皆隨時飭令掩埋以免仍前暴露致貽外人口實至次日下晚始得回署擬將署內一切要緊公牘清釐完竣再行親往西鄉一帶挨次查視以副列憲注重防瘟好生之意惟與吉界毗連江中夾心最多仍應由兩省地方官公同查探庶免遺漏之虞其如一切防維事項亦皆籌備就緒以期防患未然謹將其辦法臚陳於下　一租安民房五間雇用工人數名延醫生一名遇有傳染疫症之人即令搬入醫治名為防疫所　二飭警務公所挨戶挨查並夥房小店居住人等詳細查明如有面帶病容形跡亦疑即趕緊令其隔絕過路之人如面帶病容不准各店戶私行留宿一律送入防疫所醫治　三知會各防營管帶帶同派人於北境之石頭河及南面沿江大道一帶晝夜梭查以防病者竄越　四已死之人如係本地住戶即飭由巡警傳令該家屬將其衣服行李焚化或連其尸骨一併火化外來之人如在縣境染病一經查明先將其籍貫年歲姓名登記冊簿如果醫治無效以致死亡即赶緊飭工移送僻遠地方用火焚化　五開店人戶如希圖微利容留病人即將房屋封閉以上各節業由該縣出示曉諭矣　于

——摘自《远东报》，1911 年 3 月 12 日

▲呼蘭▼

●照錄議事會議定防疫之章程十五條○一設防疫會派總理一員稽查由南北區兼辦每日協同醫官及巡警局衛生局按段認眞防查隨時携帶藥料遇有疫之人當時診治　一由南北區派警兵二十名不時在街查防惟最要者小店飯棚傳染太甚倘無家流民歸養病房醫治病房中備簿册一本開明該有病之人家住某省某府某縣姓氏年歲倘醫治不好埋到義地之內按號掩埋如日後有人領屍按號查找以免錯亂一本城衛生局醫官無多可將本城之醫生按戶請到防疫會分段按戶查防每日午前八點鐘起至午後四點鐘止　一防疫會應常駐醫官二名如有到會請看隨時診治並代藥料　一本城商舖住戶倘有染疫者稽查醫官不到者該商戶可到防疫會報告隨醫官至該處診治一商舖住戶如染病死者亦須即日掩埋不准停放　一每日每段醫治好者幾人死者幾人住某府某縣姓氏年歲記册醫好者酌給記功　一商舖住戶掩埋屍親坑深七尺以下以免臘去春來薰蒸氣上升累及與人棺宜用石灰洒之一死無家流民每人給棺一具掩埋工人挖坑拉棺之車由衛生局備辦以恤民情　一伙房小店飯棚倘如有得疫症隨時報與防疫會或該巡警倘有隱匿不報定拿該伙房小店飯棚是問亦不須將有病之人驅逐街巷不遵者從重罰辦　一本城瘟疫盛行之時凡驢馬鍋房概不准宰殺出賣不遵者定必罰辦　一本城大小店戶各飯館不准使用公猪及母猪驢首等肉一設防疫會外巡警局衛生局仍照常查防醫治　一本會總理稽查由各局所派充不支薪水以盡義務一本城南區界內有養病房一所北區應設養病房　一所以免路遠不便之故病房均收拾潔凈用避瘟水時常刷洗　波

——摘自《远东报》，1911 年 3 月 12 日

奏稿

直督奏辦防疫情形摺

奏為直省籌辦防疫謹將現在辦理情形恭摺具陳仰祈
聖鑒事竊臣於宣統二年十二月十三日欽奉電 旨
東三省鼠疫流行著預於山海關一帶設局嚴防毋任傳
染內地等因欽此又十二月二十一日欽奉 硃批東三
省疫氣蔓延務當嚴密查防總以京津一帶不致染疫為
要等因欽此又宣統三年正月二十三日欽奉電 旨東
三省時疫流行地方防範不力以致蔓延關內著民政部

東三省直隸山東各省督撫飭令各屬趕速籌理務期早
日撲滅勿銷玩延等因欽此臣叠奉 聖諭所有籌辦情
形節經據實電奏先已略陳梗概此次疫起遼東始在榆
關秦島阻遏其由來並在津保附近預防於未患但關外
寒早地凍人開未斷交通以前回籍工人或染疫而旋即
發見數處各屬防不勝防疫起而急為之謀雖竭力消弭
辦理已形費手現飭切實查報本已漸就安甯然查察必
當從嚴防範仍應著力敢再將現在辦理情形為我 皇
上縷晰陳之奉直車線銜接當其疫盛自以暫阻交通為
扼要辦法上年飭據交涉司津海關道會同衛生局妥擬
章程遴派得力華洋醫員前往灤帮子山海關一帶設局
查驗奏准祇開頭等火車就站設立臨時醫院寬備留驗
處所凡遇華洋旅客到關一律查驗仍由妥為招待以便
行人由灤帮子至北京並節節布置嚴密防維沿長城一
帶各口均駐兵隊查禁以免疏虞關外小工尤易傳疫當
經奏明由奉直兩省分籌安置在案本年正月中旬關內
外疫漸輕減經郵傳部酌議開車仍以來往官差及西比
利亞來客為限到關留驗放行期於交通政策防疫規章
兩無妨礙此山海關辦理防疫之情形也秦皇島為不凍
口岸東三省旅客由海道以達內地必由之路復經分派
中西醫員駐島檢查按前大沽防疫章程辦理凡由疫地
來船運航海程期併計留驗七日放行由無疫之地來船

檢查後不再留驗入口貨物除非防疫所應禁止者仍准內地行銷運貨人夫並爲量加收縮期於防範之中仍便商旅現值春融冰釋大沽將有船舶進口亦經派員布置亦將前定章程增改施行冀臻完密此各海口辦理防疫之情形也天津近接京畿華洋雜處地面尤爲緊要前防妥擬章程預爲防範區分地段由醫官隨時查察巡警隨時報告遇有病亡之人確係疫證即爲蒸滌黴菌隔離家屬實行消弭方法城廂租界患疫華民概由衛生局辦理外人均尚信服民情亦極相安並有紳商設立臨時防疫會及保衛醫院以資輔助保定省會亦經特設臨時防疫局詳定章程規則專在省城一帶切實防範附近各府州縣遇有疫患並由該局派醫前往設法消弭現查天津疫氣已減旬日以來漸就消滅保定則按日報告並無染疫之人辦理尚屬得力此天津保定辦理防疫之情形也上年關外疫熾火車來往與行政機關邊防大局均有關繫若非防疫緊迫自難驟斷交通當未經停車以來由東入關者已不乏人內地疫患實萌蘗於茲始發見於永平河間各屬繼而保定屬縣深冀各州各屬亦有患疫發生所有消弭辦法暨疫斃人數業經電奏在案考其原因皆由關外回籍人民輾轉傳播在上年十二月間疫斃較多至月初亦即減少近來均漸平靜然疫所由生仍恐乘人所忽有備無患迺爲長圖經臣叠次通飭各屬鈔發防疫療

疫各種方法有疫地方責以安速消弭無疫地方責以隨時查察各府廳直隸州所治防設防疫專局以各該守牧綜理其事轉飭所屬會同巡警協力籌備以臻周密直省有疫區域雖已酌斷交通而各處赴京行旅仍應嚴加防範京津一帶已有醫官隨車查驗其畿南赴京要道復酌准民政部會同步軍統領順天府在於長辛店蘆溝橋等切實檢驗查察以昭慎重又以津保兩處並外州縣學生人數逾千難免傳疫爲患商准學部將開學日期展緩一月一面赶設留驗所以備將來開學專爲檢驗學生之用此各府州縣辦理防疫之情形也伏思此次時疫流行由關外傳及內地直省近依京甸防範尤應加嚴幸蒙 朝廷垂示機宜並准撥款應用一月之間得以周徧布置各屬雖有傳染一切檢驗消弭均有準備臨時防醫分驗救治尚不致多所蔓延現在疫患已平不似初時之劇烈臣謬承重寄保衛拊循職當遵盡惟有懍遵 諭旨將所屬有疫地方赶速清理以期仰副 聖主軫念民生惠愛有加之至意除將各項章程表式咨部查照外所有直省現在辦理防疫情形理合恭摺具陳伏乞 皇上聖鑒謹奏奉 硃批據奏疫患漸平朕深嘉悅惟仍須迅速清理切莫鬆懈以衛民生欽此

——摘自《远东报》，1911 年 3 月 12 日

●會議整頓東三省事宜〇樞府確近消息監國攝政王前日與樞臣又會議挽治東三省要政事宜前徐菊人相國建議謂以現在雖經奉旨允准東三省自辦賑捐然疫災將逾財政尤爲紛亂且各省財政亦復皆然若盡持賑捐亦有緩不濟急之勢不過以此爲彌補之需借款一端尚可暫爲支持惟興殖民實邊等項要政仍無補助且經此次疫災各省邊民恐生觀望尤須將此層通飭曉諭詳爲解釋以却羣疑並陳以資政院提議未决之東三省殖邊移民議案條理尚屬得當擬請採擇施行其他各項要政係屬[illegible]款籌妥即可實行與殖民實邊以抵外人之政策尚屬較易云云　監國嘉納之　田

——摘自《远东报》，
1911 年 3 月 14 日

上諭周樹模電奏黑龍江民政使趙渊剛狠任性喜怒無常遇事把持奴隸屬吏近因該撫責成該司督辦防疫遇有不合稍加詰問輒敢肆口謾罵如此舉動實屬不知大體趙渊著即行開缺並交部嚴加議處至該撫自請罷斥之處著毋庸議該部知道欽此

——摘自《远东报》，
1911 年 3 月 14 日

△△監國注重東省防疫善後辦法

東督錫清弼制軍昨又特致樞垣要電一件內係詳陳東省疫氣消滅情形並籌擬善後辦法仍請酌量撥款以濟急需等語當由樞老代奏監國以此次東省疫症猝發關係甚重錫督措置周密一切辦法煞費苦心　朝廷殊深嘉慰所有該督奏請撥款各節應即照准各部勿得阻遏云

——摘自《远东报》，
1911 年 3 月 14 日

●開禁交通有期〇哈爾濱防疫局總會辦因傅家甸地方瘟疫日形消滅屢次提議開小交通已迭詳前報昨聞因刻下瘟况勢將消平訂於本月望日開行小交通　亦

——摘自《远东报》，
1911 年 3 月 14 日

●商會爲醫官[illegible]餞〇哈埠防疫局衆醫官因本埠瘟災刻已消平不日即回京津各處故濱江商務會人員日昨在商會設筵爲衆醫官餞行併邀防疫局人員作陪 亦

——摘自《远东报》，
1911 年 3 月 14 日

●記俄博士查看傅家店〇星期日午後俄國調查團薩柏羅特博士等帶同各醫士等前往傅家店查看病院及隔離所當由防疫人員及各醫士隨從到各處參觀未識可否惟悼惜市面之蕭條耳

——摘自《远东报》，
1911 年 3 月 14 日

●田家燒鍋防疫之改良〇本埠田家燒鍋防疫分局向於防疫事宜不甚講求以致疫症蔓延更釀成焚燬病房之事近該員發奮謹責力圖改良頗有效果是以疫形亦漸消滅云 木

——摘自《远东报》，
1911 年 3 月 14 日

●傅家甸防疫局之報告〇二月初十十一十二三日時疫病院及各區無疫斃者隔離所初十日尚有一千二百九十一名十一日一千二百六十七名十二日有一千二百零五名

——摘自《远东报》，
1911 年 3 月 14 日

▲奉 天▼

●奉天日人要求封報館之異聞〇傳聞日人以奉天某報反對防疫並鼓動人民抵制外人故要求外部錫督禁止該報出版並拿問該報主筆惟奉天官場以此事關係重大擬從實查究云 中

——摘自《远东报》，
1911 年 3 月 14 日

●札飭查察防疫之醫員〇督憲日昨札飭防疫所略謂辦理防疫全在該醫官生等勤敏從事方不致疫勢蔓延乃訪查各該醫官生大率怠惰厥職每日上午十鐘時間尚未出勤將來傳染日多豈能辭咎令與該醫官生約每日早間定八點鐘出勤有逾限者一次記過二次罰薪三次撤差懲處應即責成該所總會辦認眞查察責令各區官設立出勤簿各醫官何時出勤據實塡註每日十鐘前送該所查核蓋章每五日呈送來轅以憑考核仰即遵照云云 遜

——摘自《远东报》，
1911 年 3 月 14 日

●防疫所遷移之預聞〇防疫事務所原設於小西邊門外該總辦以該所設置不合距離各區過遠不便管理擬遷住大西關商品陳列所當與勸業道商妥隨即派員布置一切以便日內遷入居住云 遜

——摘自《远东报》，
1911 年 3 月 14 日

●車客將在省留驗〇京奉火車乘客在山海關留驗放行頃聞京奉路局現已改章對於由西伯利亞鐵道經奉天晉京者或由日本朝鮮經安奉鐵路晉京者又由日本及上海取道大連奉天晉京者均一律在奉天行健康診斷後直入北京不再在山海關留檢惟本國人由東入關者不在此例云 遜

——摘自《远东报》，
1911 年 3 月 14 日

▲新民府▼

●軍人阻撓防疫○本埠東營市街裕慶居飯舖因傭[illegible]人染疫症恐遭封禁暗移病人于東荒塚然其人未死適逢防疫隊聞之抬院調養根究病者住址遂往該處隔離消毒封禁七日忽有礮三營左隊八棚正目兵周某與該掌櫃同鄉一昧袒護不准隔離消毒致防疫隊悻悻而返云 珍

——摘自《远东报》，
1911年3月14日

▲長 春▼

●南門外又撤隔離所一處○防疫總局近因地面疫症日消衆防疫底欵日絀前將掩埋隊裁去一半又西門裏甲號隔離所裁撤一處近又見南門外甲乙兩號隔離[illegible]內藏餘難民二十二名昨經防疫總局札諭將甲號裁[illegible]所餘難民歸併乙號衆爲管理云 立

——摘自《远东报》，
1911年3月14日

●電飭孟道繪呈疫災地圖○近孟觀察集初接到奉[illegible]急電略謂長春地面疫災流行已非一日所有城關以[illegible]四鄉何鎮何村受災甚重急繪全圖詳呈到署以備[illegible]並限廿日內務須呈到不准遲延云 立

——摘自《远东报》，
1911年3月14日

●疫症仍未消滅○長春城關近數日來疫症稍殺[illegible]計之城關死者三名五名惟四鄉仍不稍減聞南關[illegible]姓家老幼六口二日之間死五名祗餘老者一名[illegible]十餘又劉某家老少共十口一晝夜間死四名餘[illegible]婦二名少女二名少男二名經防疫局查明送交隔離所後未及兩日少婦及少男女等皆死餘老婦一名近亦有病經隔離所長送交醫院診治未悉能保殘生否 立

——摘自《远东报》，
1911年3月14日

●巡警局整理衛生之規則○昨報巡警總局添招衛生巡捕五十名分駐各區一節近已成立閻經局長擬定規章二十一條已飭各區照章辦理一巡查大街小巷如見污穢即報城外有棄屍即報一如見城關內外拋棄衣服枕席被褥等件立即用洋油焚化以防疫毒傳播一如見路倒即報一如見獸畜屍體即報一如見街巷拋棄屍身立即記明由何鋪戶拋出報明本局究辦如見有閙觀收殮屍身者勸令解散免致傳染一巡捕每人持鐵頭長棍一柄如見有野犬立即擊斃送出城外先用洋油燒去毛革再行焚化一查禁人民任意便溺不聽者送局懲辦一凡應暫行斷絕交通街巷派巡捕日夜把守不准外人出入一官設廁所如有拉運不潔掃除不淨者應即報告一每區派十名巡查一稽查封閉滿期房屋報告就近防疫分局消毒啟封一稽查被封房屋有無私行揭封私行住人一查棺木出城有無執照一查各戶有無積存穢物一凍魚敗肉不准售賣應嚴行查禁一稽查清道車隊是否認眞掃除街巷每日每區有車若干分別報局核辦一查禁在鋪戶外擺賣水菓及各種食物一稽查防疫夫役人等有無詐索錢文招搖撞騙等事一稽查貧口大小客棧如有病人立即報告就近防疫分局一衛生巡捕有稽查利弊之責務須奉公不得懈惰不准訛索錢財如有查出從重懲罰云　立

——摘自《远东报》，1911 年 3 月 14 日

●稽查員盡職○雙城府防疫局四隅稽查委員恩毅紹爲松序朱攀樓劉成山等逐日安步當車按家搜查並告以時疫傳染之利害隔離消毒預防之計盡該員等逢人即諭再三勸導故逐日搜查不嫌繁瑣云　日

——摘自《远东报》，1911 年 3 月 14 日

●醫官之對調○雙城府防疫局提調叢典五二廿查醫官衆時疫病院隔離所擁疫委員傅樊臣洞明醫學擅長針砭於日昨飭其與疑似病院醫官李成蹊互相對調各專責成以保民命云　日

——摘自《远东报》，1911 年 3 月 14 日

◎防疫與防匪並重○坡站駐防陸軍九十二標二營隊官路某以坡屬山深林密原爲鬍匪出沒之區雖經我軍將大股胡匪剿除殆絕誠恐一二漏網混跡民間擾害治安現時値瘟疫流行爲害甚亘聞該隊官帶領兵弁按戶詳查遇有面目可疑之人則詳加問訊形容憔悴者必令醫師檢驗以免匪人混跡而防恶疫之傳染云　益

——摘自《远东报》，
1911 年 3 月 14 日

◎委員因公赴哈○坡站吉林交涉分局委員慶佐領兩亭日昨在鐵路防疫會請領無疫放行之字據率領通事宿某由坡搭車赴哈聞係有緊急要公至哈總局面稟一切云　益

——摘自《远东报》，
1911 年 3 月 14 日

◎學堂開學緩期○坡站官立初等小學堂師範劉張二君日昨奉長壽縣劉大令面諭謂現在瘟疫流行爲害甚亘坡站雖無斯疫而防範之法暫宜嚴密著暫緩開學之期以重防疫之規則云　益

——摘自《远东报》，
1911 年 3 月 14 日

◎宣講所開課展期○坡站宣講所遵章應於正月二十日開課宣講現因瘟疫流行爲害甚亘坡站雖無瘟疫而防範之法殊甚嚴厲實行絕斷交通不准外人入境以防恶疫之傳染聞該所宣講員金君於去臘旋里因防疫阻礙未得返坡故長壽縣劉大令特准展限至二月二十日遂即開課云　益

——摘自《远东报》，
1911 年 3 月 14 日

▲阿什河▼

●時疫已撲滅矣○現阿城時疫日前共死六七人近日無有疫斃以故譚大令擬即日親赴四鄉調查輕重情形以便電禀督撫憲云　大

——摘自《远东报》，
1911年3月14日

▲黑龍江▼

●黑龍江各屬疫斃人數之總額○頃據防疫總會確實調查並公署連接各處報告自瘟疫發現以來至本年正月底止統共斃人五千二百七十名茲錄其地名數於下省城共斃七百二十人呼蘭一千六百二十五人綏化一千二百二十一人海倫二百三十八人巴彥六百二十六人蘭西五百三十五人木蘭一百五十六人餘慶一百四十八人　于

——摘自《远东报》，
1911年3月14日

●瘟疫與藥業之影響○直隸所屬之祁州地方向爲通國藥料會萃之地每於春季即開藥材廟會凡業藥行者莫不雲集一市現因東省瘟疫流行該州紳商聚議恐有東省赴會身帶瘟蟲致滋傳染蔓延無救特禀由直督電達公署轉飭各家藥行停止赴會聞公署接電之後即飭商務總會知照矣　于

——摘自《远东报》，
1911年3月14日

▲呼蘭▼

●呈報疫斃之情形○呼街之鼠疫近日日見減退初五日南區呈報疫斃者男一名北區呈報病者三名送養病院診視調養初六日南區呈報疫斃者女一名因疫病者男一名送養病院診視調養北區呈報因疫病者三名一係外鄉之人二者皆係本地之人均抬送養病院診治調養初七日南區之呈報查驗因瘋死者數月一小學孩北區呈報無疫凡查驗搜出之屍隨時拉送鬼王廟焚燒以絕根株云　波

——摘自《远东报》，
1911年3月14日

▲綏化▼

●四鄉鎮之疫癘〇綏屬自客冬瘟疫發見初起時富紳以款項竭蹶辦理防疫殊覺棘手交通未能克期禁絕竟致四鄉蔓延惟西鄉鎮最烈十間房街疫斃男女一百八十一名鄉疫斃六十三人綏東北上集廠鎮疫斃男女七十九人鄉疫斃者九十餘人綏北雙河鎮街疫斃四人鄉疫斃者十三人近日雖漸輕減尚未消滅淨盡云 宜

——摘自《远东报》，
1911 年 3 月 14 日

●奉諭燒毀疫斃之房屋〇呼街鼠疫流行之際全家染死者不乏其家王守順存昨奉撫憲周中丞之電札略謂鼠疫之症嚴烈難堪又至春令恐死者之遺物房屋流[illegible]再行傳染於人後患莫及飭該守宜早防範查驗死者之房屋分別優劣估定價值以便燒毀而去根株王守順存昨已飭差多人預備引柴打開火道焚燒二處矣

——摘自《远东报》，
1911 年 3 月 14 日

●淮軍仗勢毆打崗兵〇茲因鼠疫流行傳染難堪王守順存設法防範並刷印票照散佈各戶斷絕交通以防傳染無論何界人等出街入城均須檢驗員或崗兵查驗有票無病始能放行不料昨有駐呼街之淮軍隊數名身穿便衣並無公事在街信步閒遊經過南區五崗地方有崗兵攔阻驗票該淮軍卽詈罵以外獨將崗兵毒打不休幸經查崗官相遇將崗兵申斥復婉言勸解該軍等始息聞南區長石俊峰面稟王守將淮軍抗違定章毆打崗兵一切情形王守聞報立時乘車至該營面見喬幫統未悉如何規責云 波

——摘自《远东报》，
1911 年 3 月 14 日

譯件

日人論禁止苦力渡滿問題（續）

山東出外工作之苦力其關係於滿洲及山東經濟界之前途者既已如上所述矣今則尙聞山東孫巡撫仍有禁止該省苦力與滿洲交通之事此如近日大連日商田中商會因憐滿洲苦力阻於瘟疫不能還鄉之窮困特發忠願自願由大連送還彼等於山東不取水脚一面並照會滿鐵會社請將火車票價亦一律爲之豁免於是遂由中村總裁據情照會於錫總督而錫總督更電商於山東孫巡撫然而孫巡撫之復電則謂防疫關係重要滿洲苦力即欲遣回山東一時實礙難照准云云是仍不允開禁也一面復觀錫總督辦法據錫總督亦曾於日前籌及此事以爲目下滿洲苦力之阻於疫事不能還鄉者計其人數已不下數萬之衆如彼等之窮困其在今日既已不一而足而俄國又禁止其入境若不將山東渡滿之苦力爲之禁止則此後源源而來不但於防疫上其取締已極困難即彼等來滿後窮於衣食流而爲匪亦殊可慮是以亦曾致電孫巡撫請將山東渡滿苦力爲之禁止出境云

今照上叙兩事而觀之要之錫總督與孫巡撫皆不欲將山東苦力與滿洲之交通爲之全行禁止之意此則不啻一完全之防人令也已大抵清國之官吏其於辦理防疫一事其智識其經營亦未免過於不足於是遂不得不取此消極的之手段若日俄兩國則不然蓋兩國於滿洲之利害既有密接之關係其防疫方針則非堅持積極的手段不可積極的手段維何曰換言之是即滿洲防疫準學理之所訓示自宜事事以周到綿密爲主然亦須擇學理之所不拒者俾事事能在產業界之範圍以內而行之方爲得之矣

並聞中村滿鐵總裁亦曾爲禁止苦力渡滿之利害事於陽曆二月二十三日勸告營口周道台其言頗極委曲詳盡之至蓋總裁當時勸告周道台之語以爲禁止苦力渡滿將來所生之禍害則極其可畏如以病毒之傳播爲可慮則用相當之防疫方法已足豫防而有餘又謂清國如慮防疫經營過大或有不能擔任情事則滿鐵會社亦可爲之助力云云然而周道台終以禁止苦力係奉上司之命令辦理而總裁之勸告實礙難照辦云

吾人書至此忽又接一秘報謂營口周道台現已擬有辦法主張將山東渡滿之苦力令其全部皆由大連進口其關於防疫所需之經費聽歸滿鐵會社擔任果如是即可開禁云云業將此意見禀之於錫總督而錫總督亦據情告諸北京政府要之中國官吏是否有此事雖不得而知然吾人則切望此事之屬實也

總之此理本極易見周觀察既能覺悟甚早吾人自不得不爲之賀而滿鐵會社之於此事其英斷若此吾人又不得不偉之也近來東風解凍開河已在眼前實在華官應速將此問題解決應與滿鐵會社以準備之餘裕否則設或營口周道臺之禀請不能動清國當局者之聽則可將此交涉移交我日本駐京公使之手令與北京政府直接辦理此亦因防疫令已曾屢次釀成國際上之問題而防人令之影響則尤較防疫令爲大也且移交涉於北京是亦解決此等重大問題之一最捷法門云　（已完）

——摘自《远东报》，1911年3月14日

△△梅醫士之卹款留爲學堂記念●●●●●●●●●●●●●●●●

北洋醫學堂教習梅博士日前派赴東省查疫病故經東督錫清帥撫恤銀一萬兩現聞梅博士之太夫人將該款撥給奉天醫學堂俾充常年經費云

——摘自《远东报》，
1911 年 3 月 15 日

●稅卡亦派醫驗病○北京總稅務司以滿洲瘟疫雖然消滅然餘毒未必盡除日前札飭本埠稅務司聘請西醫六人分赴各稅卡實行查驗往來行客以免再有傳染之處聞本埠稅務司刻正招聘醫生以便派往各卡云　中

——摘自《远东报》，
1911 年 3 月 15 日

●防疫醫員僅留六人○傅家店瘟疫近日已然消滅各醫士皆調赴奉天協同辦理防疫事宜傅家甸惟留六名醫士常川駐守以免死灰再有復燃之處云　中

——摘自《远东报》，
1911 年 3 月 15 日

●防疫醫官離哈○哈爾濱防疫局衆醫官因本埠疫災業已消平於昨乘坐火車西赴長春轉回京津等處　亦

——摘自《远东报》，
1911 年 3 月 15 日

本埠新聞

●調查窰門瘟疫記〇俄救急隊自派赴鐵路各站調查後昨查至窰門站附近十六村據云拉拉屯內共有染疫者十二人關家溝死十人其餘各村均無染疫者傳聞該兩屯之疫係于一月半之前由哈埠傳去現已兩星期未見新病者疫死者均葬於深坑內自老少溝至布海共有八十餘屯約有人民二十八萬餘人共有染疫者二百二十人沿路收殮之死屍均用火葬屯中死者葬於深坑內撒以石灰甚爲得法云

——摘自《远东报》，
1911 年 3 月 15 日

●穆陵站附近各村並無染疫者〇自穆陵站電云現據調查隊至該站附近各村詳細調查至今並未有染疫者又見防疫之法甚爲完善也

——摘自《远东报》，
1911 年 3 月 15 日

●開交通又緩期矣〇本埠防疫局因傳家甸地方瘟災刻已消平訂於十五日開西區交通已詳昨報玆又訪聞因開交通後之防疫辦法尚未議决又改訂十七日開通亦云

——摘自《远东报》，
1911 年 3 月 15 日

●自稱當更正無疫○本月初四日報載傳家甸日商名利富去歲臘月間疫死二人恐防疫局封閉房間隱匿不報一節茲據該商日人水口安太郎函稱並無此事合亟照登

——摘自《远东报》，
1911 年 3 月 15 日

●預備萬國防疫研究會所○錫督日前接外務部電咨略謂東省鼠疫蔓延勢甚猖獗現經各國電商妥協日前擬在奉省組織萬國防疫研究會一所由各國選派專門醫學博士到會研究俾得從事解剖化驗受病病源及傳染之故以憑設法醫治業已約定日期各國醫士定於三月以前一律抵奉會合屆時務爲接洽云云督憲接咨後即飭交涉司從速預備毋使臨時匆促以貽外人羞現聞交涉司已勘定小河沿惠工廠爲防疫會所現正督工修理聞三月初五日爲該會開會之期云 遼

——摘自《远东报》，
1911 年 3 月 15 日

●防疫事務所遷移近訊○奉天防疫事務所原設在小西邊門外近因該處地勢不甚相當且距城裏太遠諸多不便現擬遷移大西關商品陳列所俾與城內接近而屋宇又覺宏敞現正派員率工收理聞日內即將該所遷入云 遼

——摘自《远东报》，
1911 年 3 月 15 日

●焚棄雪裡之疫屍○府屬南路佟家燒鍋村於臘月該村佟姓家老幼八口疫斃五口當經巡警查覺率領防疫隊消毒焚屍冒前經第三分所張巡官四出查疫在該村雪擁內搜出疫斃男尸兩具現又消毒焚化 云

——摘自《远东报》，
1911 年 3 月 15 日

▲長春▼

●三國公立檢疫所○中俄日三國近以鼠疫流行勢雖見殺而交通禁絕不可稍弛今公同議定在頭二道溝之間公立檢疫所一處各派醫官遇有東去東來之客商必須留所五日驗無病症方准入城赴東並開設所房屋今已開工修築不日即落成開辦云　立

——摘自《远东报》，
1911年3月15日

●俄議嚴絕交通○長春地面近因鼠疫日見平靜各巨商等要求開市關孟道何守及防疫局黃總辦公同會議時以呼蘭府一帶因開交通而疫症蔓延更甚於前故今各門出入必須有放行執照並須盤詰清楚方准出入而日俄界更嚴非有兩國通行護照者不能入境云　立

——摘自《远东报》，
1911年3月15日

●疫斃人數最近之報告○近來地面疫症蔓延雖殺於前而每日死者仍絡繹不絕聞月之初五日城鄉報告共疫死十七名初六日十四名初七日二十八名但路斃未報不知姓名者尚有七名云　立

——摘自《远东报》，
1911年3月15日

▲雙城▼

●組織隔離所○雙城府金道堅太守依伍連德醫官所云着防疫局提調王琥岑刺史龔典五二尹王子敬議長殷樹棠參軍董緝五參軍等於日昨邀紳界在防疫局商議添設隔離所五處以期推行無阻庶免彼此隔閡之弊云　日

——摘自《远东报》，
1911年3月15日

●王中軍旋哈○防疫委員王緝五中軍來雙城查辦防疫事務已詳前報該中軍在雙將防疫情形查竣以時疫將近消滅勿庸久駐預防日昨即行馳回哈埠云　日

——摘自《远东报》，
1911年3月15日

●疫中難興通融○雙城金道堃太守接准哈埠總理關道郭宗熙司使手函略謂據德商穠滿洋行稟稱在雙購買元豆六十餘車惟乞通融暫開城門容彼運糧聞金太守惟恐此端一開衆皆效尤或華商援例要求或串通洋商向官署交涉故而堅持不肯認可云　日

——摘自《远东报》，
1911年3月15日

●鼠疫問答一書將出現矣○雙城府防疫局文牘員張綬符參軍留心醫學聞其所學中西兼修更兼閱歷多年素有經驗屢見同胞染受疫症而斃莫可解救於是該參軍擬於公餘註集鼠疫問答質諸高明博士祈爲更正以爲渡世之寶筏云　日

——摘自《远东报》，
1911年3月15日

▲榆樹廳▼

●焚燒傳疫房屋○榆樹廳關帝廟前某伙房張某因染疫斃命當被防疫局查知將該伙房未染疫症者悉數遷入隔離所將其房屋用火焚化以絕傳染之害云　容

——摘自《远东报》，
1911年3月15日

●庇寒所之需索○榆樹縣北門外防疫分所附設庇寒所舉凡北來行人須在該處住宿檢驗其飲膳等費悉由公款支給無如差役等人多品雜賢愚互見竟有貪利差役向行人每日需索市錢一吊以飽私囊宜有管理之責者細加稽查云　容

——摘自《远东报》，
1911 年 3 月 15 日

●衛生股員記過○榆樹縣巡警總局衛生股周小樓股員因關帝廟前某伙房櫃夥患病日久斃命防疫局疑爲疫症將屍身拉出掩埋嗣後劉司馬亦疑衛生股員查辦防疫之疎忽隨飭記大過一次云　容

——摘自《远东报》，
1911 年 3 月 15 日

●防疫人員一覽表○五常府防疫局長汪德燕太守提調右堂劉恩濉參軍正醫官兼診疫所所長許之釗副醫官徐起山文牘員彭壽春庇寒所司事彭玉春檢疫委員劉芝芬該局之秩序已定如能實心任事而防疫之效果亦可計日而待也　仲

——摘自《远东报》，
1911 年 3 月 15 日

●添設衛生隊之原因○五常府係邊陲山僻之區巡警雖立終屬規模粗具近來汪太守查時疫於去冬流入迄今未消於是作預防之計飭警務長成立衛生隊着防疫局檢疫委員劉芝芬兼充衛生隊隊長庶免耗費公款以期兩有裨益云　仲

——摘自《远东报》，
1911 年 3 月 15 日

▲黑龍江▼

●璦琿對於防疫之電覆○黑龍江公署近日接到璦琿道覆電內云黑璦兩埠並無疫症發現其電開防疫一事已遵迭次電諭督飭府廳在黑璦設立防疫院檢驗所各一處由府廳各派員役在興安嶺設檢驗所查驗行並人派醫生照省發防疫藥方配製丸藥散放城鄉人衆配帶以備不時之需並分飭城鄉巡警接日挨戶認眞檢查強迫治潔衣服居室飲食糞除街道復派馬巡檢查各沿途有無凍尸餓殍隨時掩埋以免暴露市途務經檢驗所驗過無病畜獸監視宰殺餘概不准出售仰托福庇正月獲雪三次闔境尚無疫患現仍嚴防認眞防衛請示廑念此對並無疫患亦無表册可塡云云

——摘自《远东报》，
1911 年 3 月 15 日

●嫩江府並無疫症發現○昨載嫩江府瘟疫亦已發現一日之間病斃三人玆據防疫會確實調查日前防疫之報告繙譯電文之時實係海倫二字誤寫嫩江二字合亟更正前悞爲將來防疫之考證云　千

——摘自《远东报》，
1911 年 3 月 15 日

●疫斃人數之調查○綏郡由去冬發見瘟疫至今正初六日止共疫斃一千四百五十一人初七日疫斃十四人初八日疫斃十二人初九日疫斃十五人初十日疫斃九人十一日疫斃七人十二日疫斃十三人十三日疫斃十人十四日疫斃八人十五日疫斃八人十六日疫斃六人十七日疫斃十四人十八日疫斃十一人十九日疫斃七人二十日疫斃八人二十一日疫斃六人二十二日疫斃一人二十三日疫斃六人二十四日疫斃四人二十五日疫斃四人二十六日疫斃十六人二十七日疫斃七人二十八日疫斃十八人以上三星期就城裡確實數目[illegible]外鄉區容訪再錄　宣

——摘自《远东报》，
1911 年 3 月 15 日

●俄日醫士到綏○綏埠疫狀屢誌本報自防範後壘見銷滅現經省垣派來俄日治疫醫士三人來綏驗疫停驂府署均攜有各種藥料究其防疫辦法容訪再誌　宣

——摘自《远东报》，
1911 年 3 月 15 日

●請看衛生中之急務○綏埠自去冬各街巷穢冰積雪堆積幾滿至瘟疫大起之際尚且無人指示掃除尤[illegible]甚者戲園佐近悉爲飯舖妓館所積污穢冰雪尤多故該處染疫者較甚現值春氣融和冰雪陡化誠恐穢氣薰蒸[illegible]受影響現經防疫宜飭各戶掃除污穢久有衛生之[illegible]甚留意焉　宣

——摘自《远东报》，
1911 年 3 月 15 日

本埠要聞

●鐵路會辦與總醫士赴威○海參威擬不日開防疫會議東清鐵路會辦黑黑可夫率同總醫士於昨日乘專車赴威矣

——摘自《远东报》，
1911 年 3 月 16 日

本埠新聞

●組織新病院之近聞○聞傳家甸各醫士議定現在瘟疫雖然消滅仍須加意嚴防除將各防疫病院焚燒或消毒暫行封鎖外另組織一完全醫院並有醫士常川駐守遇有染病仍可送交該醫院收養聞已議定一切內容不日即可實行舉辦云　中

——摘自《远东报》，
1911 年 3 月 16 日

●調查各屬疫費之條陳○吉林度支司前呈公署以吉省自疫禍發生以來開支愈多司庫存款已羅掘一空署司焦急萬狀茲擬先派委員分赴各屬調查疫症有無輕重情形各地方官辦防是否舖張靡費及有無妄報災情希圖邀功漁利據實查明稟覆以便分別勸懲而免侵吞各弊公署昨已通飭到埠知照矣　木

——摘自《远东报》，
1911 年 3 月 16 日

●雙城防疫警兵撤崗○傳家甸自斷絕交通所有崗兵均係雙城府撥來昨聞防疫局因瘟疫消滅已開交通於昨傳諭雙城警兵一律撤崗云　亦

——摘自《远东报》，
1911 年 3 月 16 日

●防疫局開小交通之文告○哈爾濱防疫局因本埠瘟災剛已消平前於今日開四區交通日昨張貼白話示諭略謂疫災流行爲害最劇斷絕交通實行逾月分區檢查傳染實稀查無疫災已有數日現在滿清人民安業訂期十六將章變易四區交通來往自適四區以外恐尚有疫仍禁交通以防復熾袖章執照均無效力另發新照方許出入私行入境定送醫局圈入火車七日開釋容留之家亦同一律云云 亦

——摘自《远东报》，
1911年3月16日

●泰來棧街房將付之一炬○道裡十三道街泰來棧房內因疫死二人並搜得舊死屍身其中疫死氣較重若令人居住定必傳染向經防疫局議請焚毀以重衛生 本

——摘自《远东报》，
1911年3月16日

●關于瘟疫之報告○十三日在坡赤托街有染疫者一人莫斯科兵營檢驗所原有二百六十九人新收三人撥至吉林交涉局五人檢驗期滿釋放三十九名現在檢驗所尚有華人三百二十八名俄人三名齊齊哈爾站檢驗所現有十七人自瘟疫發見之日起鐵路各站共病華人一千四百七十三人歐人五十三名死華人一千四百七十一人歐人五十二人云

——摘自《远东报》，
1911年3月16日

●傳家甸防疫局之報告○本月十三日時疫病院新疑似病院以及各區均無疫斃者隔離所統計舊有一千二百零五名釋放三十四名現在一千一百七十一名

——摘自《远东报》，
1911年3月16日

●防疫人員將列保案矣〇頃聞政界人云北京外務部前月派來西醫一名到奉調查防疫情形該醫士日前回京報告謂東省辦理防疫卓著成効所有防疫在事人員皆與有功焉昨聞軍制處電致東督謂奉廷寄責督云該督辦防疫業已奏効所有在事出力各員自應酌量開捐列保以示優獎惟不得浮濫朦保云　過

——摘自《远东报》，
1911 年 3 月 16 日

●防疫總辦撤委〇防疫事務所總辦張孝侯觀察日前與大中公報館滋鬧一節為上峯所聞應亟撤委歸案至防疫總辦一差擬委新城府顧韻泉太守暫行接充昨聞該所張總辦已赴高等審判廳訴辯云　過

——摘自《远东报》，
1911 年 3 月 16 日

▲長春▼

●糧車已入城矣〇長春地面自去臘因嚴絕交通各鄉糧車盡赴日站出賣而城內各棧糧車毫無近因疫症日減各鄉民戶聞風來城者日多一日故日前聞西門裏東發合棧到糧車二十餘輛而北大街廣遠店內又到二十餘輛盡係元豆並聞價值每石中錢三十五吊已一律出賣云　立

——摘自《远东报》，
1911 年 3 月 16 日

●預備呈報疫斃人數〇防疫總局近因列憲屢有札諭飭呈疫斃人數統計表故總辦黃觀察昨定格式一紙將籍貫年齡職業病狀服何藥經何醫官醫治飭文案書記等急於繕造呈報各憲並限期一律繕清不准遲延　立

——摘自《远东报》，
1911 年 3 月 16 日

●因疫而嚴禁婚嫁○防疫總局近因商民婚娶之事屢見疊出嚴禁暫停婚嫁實於防疫之道大有妨礙昨出示諭勸諭商民人等男婚女嫁固屬常禮但際此時疫發見諸多不便爾商民等須知自愛遇有婚娶之事俟瘟疫平靜再為辦理否則究辦云　立

——摘自《远东报》，
1911 年 3 月 16 日

●蘢山屯疫斃人數之報告○長春四鄉近來疫症日甚一日聞城西蘢山屯白龍駒地面又甚於前昨經該管警區報告自前月計至於今共疫死者七百有零半歸火葬半歸本主承領掩埋云　立

——摘自《远东报》，
1911 年 3 月 16 日

▲雙　城▼

●隔斷交通之續期○雙城金道堅太守查時疫將滅祇恐准予交通而城鄉人等互相往來難免時疫如死灰復燃轉滋傳染以致前功盡棄金太守爲正本清源起見復傳諭斷絕交通再續七日以期時疫絕滅云　日

——摘自《远东报》，
1911 年 3 月 16 日

●阮大令防疫之成績○頃聞官界人說拉林城防疫分局委員阮世臣大令於月前依奉金太守札文赴拉林辦理防疫首先邀集官商士庶發明時疫來源傳染之協同害各界互相抵防由是疫症日見退消目下疫氣已滅如此可見阮大令辦事穩練亦取效之速云　日

——摘自《远东报》，
1911 年 3 月 16 日

●擬輿醫官請卹○雙城府防疫局提調于琥岑刺史萱興五二尹查醫官周登瀛因診視疫症於前月杪染疫逝世彼時爲疫事戒嚴未暇呈報今疫氣大消不便令周醫勞績湮沒於是擬請金太守轉詳請卹以資觀感俾全局醫官奮勉出力云　日

——摘自《远东报》，
1911 年 3 月 16 日

▲五常▼

●俄醫官到境○哈埠俄公署派委俄醫官一員帶俄兵四名調查各城時疫盛該員到五常府將時疫由某處傳入某時猛烈某時衰減調查完竣將防疫手續情形調查明確日昨起程旋哈報告以憑查核云　仲

——摘自《远东报》，
1911 年 3 月 16 日

●醫務長畏懼時疫之怪狀○五常巡警局易舜智醫務長畏懼時疫如虎爲保存個人生命先在本局斷絕交通無論人員長醫等有事必須在窗外聽命往來文書以及稿件先行消毒後于門隙投遞致於防疫事務不但不敢前往查辦抑且不敢聞詢時疫情形云　仲

——摘自《远东报》，
1911 年 3 月 16 日

▲榆樹廳▼

●吳局長注重防疫○榆樹廳電報局吳銘旗局長查局內人等於防疫一事不獨疏於講求且漫不經心於是該局長逐日向局內人等講解黴菌本末並購買消毒藥品每日與工頭夫役等消毒又購買防疫藥品施捨以期速絕傳染之危險云　容

——摘自《远东报》，
1911 年 3 月 16 日

●有路政之責者注意○檢樹廳大街業經警務長孫蘭棠參軍督催掃除潔淨其周道如砥已佔文明優勝地步惟四隅背街曲巷冰雪糞土穢物猶層積不堪刻間天氣日暖祇恐凍物消融穢氣薰蒸而疫氣乘之為害非淺惟望有路政之責者力為整頓而收完善之效果云　容

——摘自《远东报》，
1911年3月16日

●郵政局忙碌之原因○檢樹廳週圍集鎮二十餘處郵政分局供事為推廣郵政事務在各大集鎮添設分櫃小集鎮亦必著郵差取送信件包裹以期郵政發達該局本係人少事繁更兼近來疫事戒嚴而郵差持通行券赴集鎮取送信件必須到防疫分所消毒小駐二小時始准放行及至回城而城門外防疫分所亦如法辦理其郵差在分所小駐將信件包裹須分局另派郵差前往收取回局消毒而後拆封遞送該局於辦公之間而兼之防疫以致終日忙碌大有刻無休息之勢云　容

——摘自《远东报》，
1911年3月16日

▲一面坡▼

●德商批買大宗之元豆將次開運○哈埠德商某協同通事高鞏堂於前月抵坡收買大宗元豆頃因防疫森嚴斷絕交通無論何處之到坡者一律不准入境以防惡疫之傳染故該商未得大宗收買邇來各處疫癘逐漸撲滅坡站雖然交通未開而俄醫診驗實屬無疫已准入境故拉運元豆之車接踵而至聞該商連日之間買訖二百餘汽車之多不日已將次運往哈埠云　益

——摘自《远东报》，
1911年3月16日

●木商防疫之熱誠〇坡屬靠沙河站地處山林商家鋪戶寥寥無幾惟幾家木商把頭僑居該站（俗呼之曰大櫃）其餘一般苦工貧民雜處其間自去臘哈埠一帶瘟疫盛行死亡之慘殊令人不忍聞坡屬得無斯疫爲害者實賴紳商各界暨鐵路公司同聲一氣任勞任怨不惜巨欵購製藥漿檢驗有方防範得宜之所致也聞靠沙河站木商顏啓堂以恐疫流行爲害甚巨該商不吝巨欵捐助六百盧布有奇堅修板房五間以爲防疫檢驗所購製藥品會同俄醫遵法嚴防以免傳染而重衛生云 益

——摘自《远东报》，
1911年3月16日

●隊官防疫之注意〇坡屬靠沙河站駐防陸軍九十一標隊官孟某自該站木商顏君不惜巨欵堅築房屋會同俄醫設立防疫局以來該隊官一面飭派兵弁把守道路要口不准外人入境一面率領兵士到處查驗遇有面帶病容之人親送防疫會以俟醫師診驗而免疫癘之染襲云 益

——摘自《远东报》，
1911年3月16日

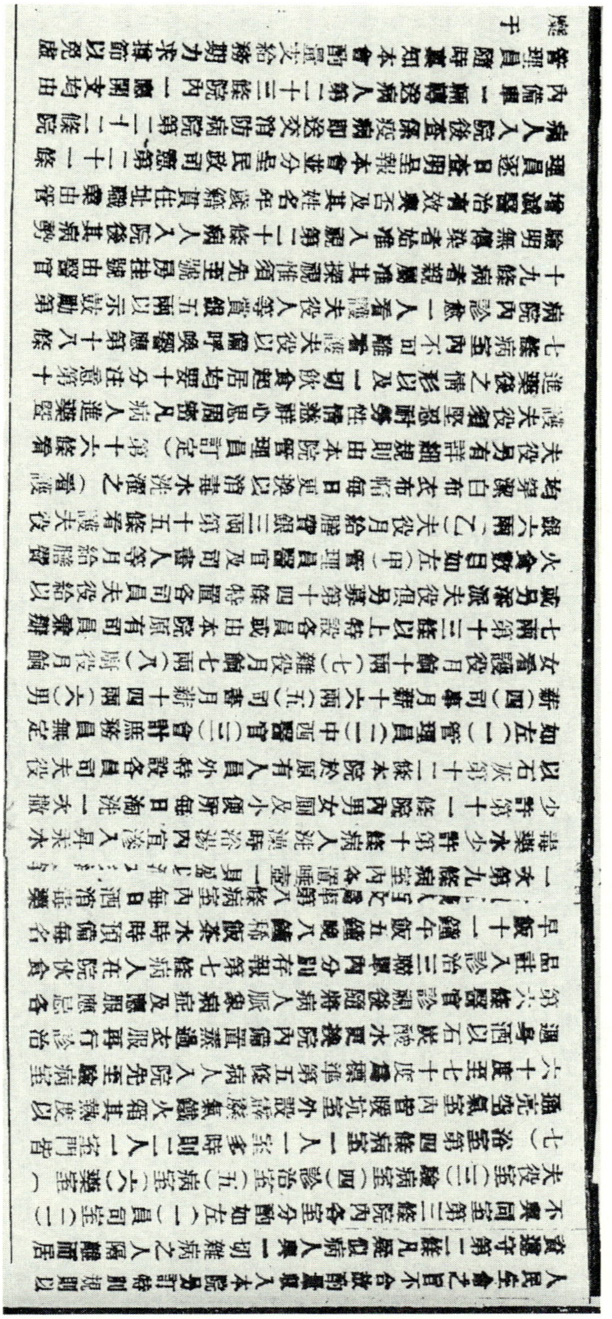

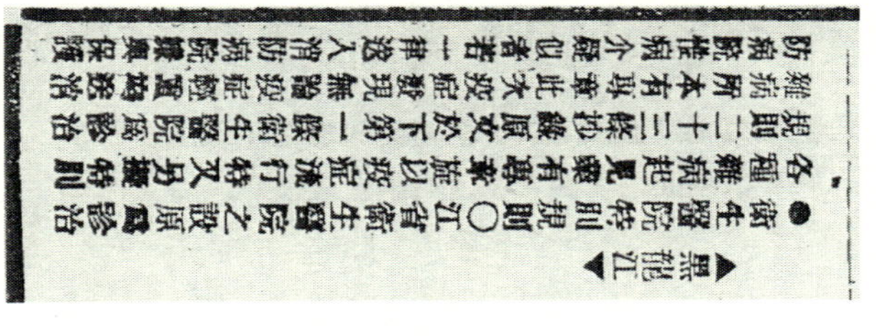

——摘自《远东报》，1911 年 3 月 16 日

●黑龍江防疫消毒隊規則○日前防疫隊派派夫行分班執行消毒本報已志茲將其消毒規則錄下 第一條消毒隊聽監察員之命令指揮執行消毒事務 第二條消毒隊撥警兵八名再雇夫役八名分兩班每班任三區消毒之事 第三條第一班由聞魯贈率之第二班由劉貫一率之每到一區由該區區官協同辦理 第四條疫死人之屋未能焚燒而封閉者重行消毒一次其辦法如下(甲)已封之屋先用硫磺在門前燃燒然後啟封(乙)先用強石炭酸水將屋之上下四圍普遍洒之再用硫磺一斤於屋內燃燒屋大者用二斤隨即將門鎖閉上貼封其門窗縫隙均用石灰塗塞(丙)同院未死人之屋內均用石炭酸水澆灑(丁)該院內廁所及不潔之地方防其打掃乾淨洒石灰末一層(戊)查問死者所遺之舊衣及病時用過之器具均令交出灑以石炭酸水然後焚化

第五條每班用大車兩輛拉運石灰藥水硫磺及應器具

第六條遇有死人較多之屋不至延燒他鄰者即防消防隊焚之 第七條消毒隊員役均穿衛生衣面蒙衛生帽配帶避瘟藥以昭慎重 第八條消毒隊備空間房屋一所以便出隊收隊時更換衣物 第九條每日消毒收隊更衣從員役身上均灑以石炭酸然後歸寓 于

——摘自《远东报》，1911年3月16日

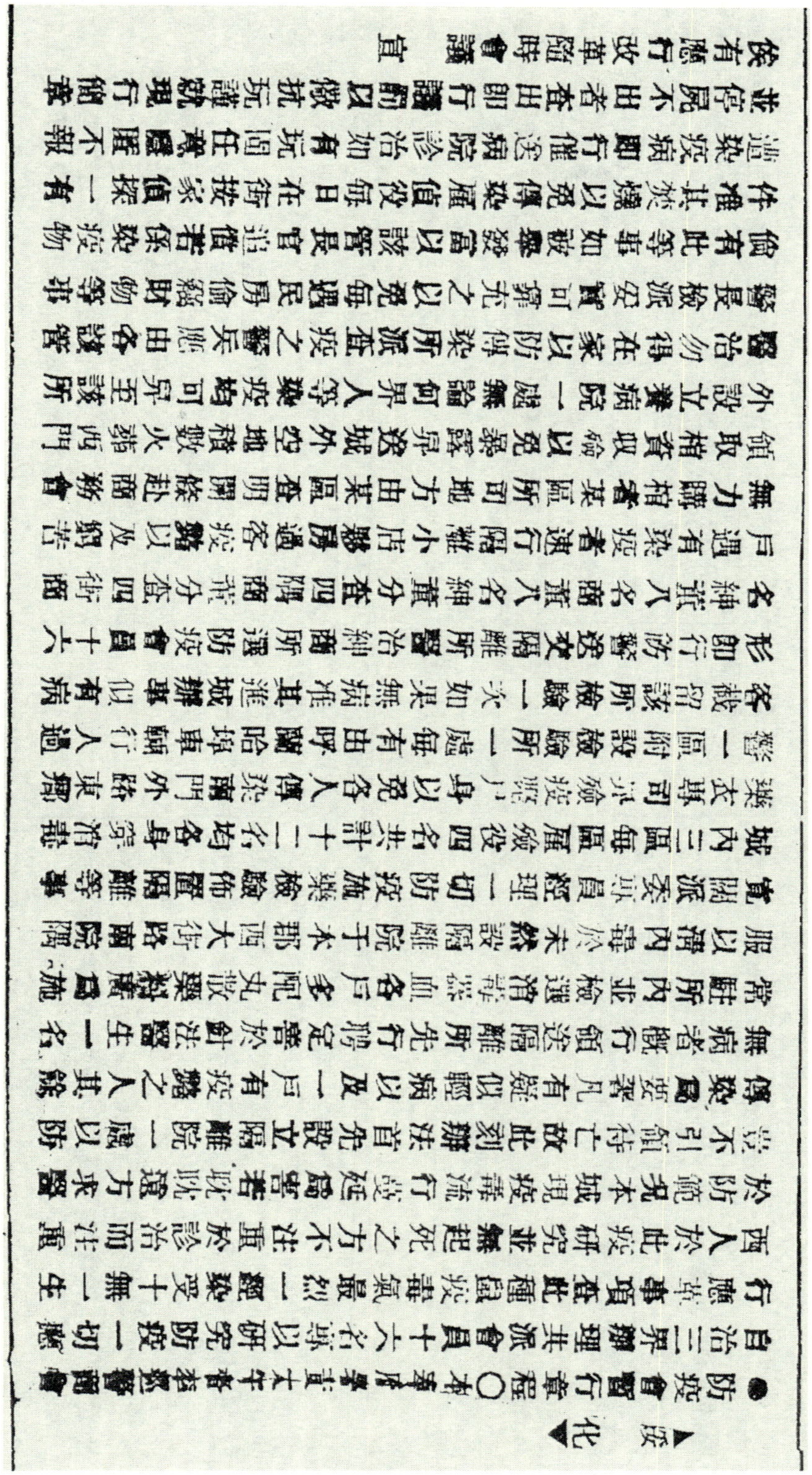

▲疫　化▼

●防疫會暫行章程○本奉府署責太守會率巡警商會
自治三界辦理共派會員十六名專以研究防疫一切應
行應革事項查此種鼠疫毒氣最烈一經染受十無一生
西人於此疫研究並無起死之方不注重於診治而注重
於防範況本城現疫毒流行蔓延爲害若耽耽遠方求醫
豈不引領待亡故此刻辦法首先設立隔離院一處以防
傳染爲要署凡有疑似輕病以及一戶有疫斃之人其餘
無病者概行領送隔離所先行聘定善於針法醫生一名
常駐所內並檢選消毒器皿各戶多配丸散藥料廣爲施
服以消內毒於未然設隔離院于本郡西大街路南院隅
寬闊派委專員經理一切防疫施藥檢驗佈置隔離等事
城內三區每區雇殮役四名共計十二名均各身穿消毒
藥衣專司殮疫斃尸身以免各人傳染南門外路東鄉
醫一區附設檢驗所一處每有由呼蘭哈埠車輛行人過
客截留該所檢驗一次如果無病准其進城辦事似有病
形即行防醫送交隔離所醫治紳商所選防疫會員十六
名紳董八名商董八名紳董分查四隅商董分查四街商
戶遇有染疫者速行隔離小店夥房過客疫斃以及窮苦
無力購棺者某區所司地方由某區查明開條赴商務會
領取棺資收殮以免暴露舁送城外空地積數火葬西門
外設立養病院一處無論何界人等染疫均可舁至該所
醫治勿得在家以防傳染所派查疫之醫兵應由各該管
醫長檢派妥實可靠充之以免每遇民房偷竊財物等事
倘有此等事如被舉發當以該管長官追償若係染疫物
件准其焚燒以免傳染雇值役每日在街按家值探一有
遺染疫病即行催送病院診治如有玩固任意隱匿不報
並停屍不出者查出即行議罰以儆抗玩謹就現行簡章
俟有應行改革隨時會議　宜

——摘自《远东报》，1911 年 3 月 16 日

△日本藉口奉天防疫未善

東三省總督告北京云日本人借鼠疫爲口實謂我國辦理防疫之未善必欲將東三省防疫之事由日本關東都自行派員辦理刻下此事已釀成交涉矣云云

——摘自《远东报》，
1911 年 3 月 17 日

△日本調查中國疫狀如此

東京各報以爲滿洲鼠疫將已消滅中國各城死亡之人數已減其半云湖北此次大受饑饉之影響云

——摘自《远东报》，
1911 年 3 月 17 日

△北里仍充萬國防疫會員

日政府擬派北里醫學博士及日本傳染病研究所醫員數名赴奉參列萬國防疫會議

——摘自《远东报》，
1911 年 3 月 17 日

本埠要聞

●各觀察爲醫士餞行○日前防疫局各觀察以各醫士醫學生等二十餘名起身有期特備盛筵爲之餞行深謝各醫士扶助之力人民少罹於難至今得慶平安並聞擬將防疫之效果稟報錫督以便爲防疫人員及各醫士請獎云　中

——摘自《远东报》，
1911 年 3 月 17 日

本埠新聞

●防疫善後辦法○哈爾濱防疫局總會辦日昨提議開衛生醫院多雇夫役淨除街道以善其後云　亦

——摘自《远东报》，
1911年3月17日

●實華工注意○前鐵路公司傳諭一面坡站不准售賣華工車票並在該站設立檢驗所一處所有至東方之華工須在該站檢驗五日現應仍照常辦理云

——摘自《远东报》，
1911年3月17日

●預備瘟疫調查書○聞傅家甸某君以近日瘟疫消滅人民出此浩刦不可不留一記念近日邀集同志搜集材料撰將染疫情形疫死數目以及一切防疫辦法皆詳細筆之於書以供內地參觀庶爲防疫之一助云　中

——摘自《远东报》，
1911年3月17日

●救急隊裁撤○傅家店防疫局總會辦因本埠瘟災劃已消滅將所有招募之救急隊兵百名於日昨全行裁散云　亦

——摘自《远东报》，
1911年3月17日

●酬勞防疫兵士○傅家店防疫局因各屬來哈防疫警兵不無微勞業已開行交通擬在某戲園演戲三天特請警兵觀劇以酬勞云　亦

——摘自《远东报》，
1911年3月17日

●今年不許獵取旱獺○查滿洲瘟疫之來原自蒙古獵旱獺者傳之也以致疫死滿洲人民數萬旱獺之害可謂甚矣奈獵旱獺者希圖其利之厚不顧生命爭取之計自去歲一年間獲得百萬餘頭每頭可售一魯布二十戈比獲利不可謂不厚矣近聞中國地方官以旱獺一物獵取之者雖可獲利然與人之性命攸關不得不嚴行禁止擬自今年起一概不准民人至蒙獵取旱獺云

——摘自《远东报》，
1911年3月17日

●哈埠市面近況〇哈埠自去歲瘟疫發見商民多有逃避他城者近日疫氣消滅所有逃避之商民紛紛還哈市面為之一振現由呼蘭城運來糧米頗多料不日火車定有一番之忙碌也

——摘自《远东报》，
1911 年 3 月 17 日

●關於瘟疫之報告〇本月十四日原有染疫者二人是[illegible]西[illegible]十七五人除一人自直疫發現迄今共病歐人十四名歐人五十二名云

——摘自《远东报》，
1911 年 3 月 17 日

●傅家甸防疫局之報告〇本月十四日時疫病院新疑似病院尚有兩人是日無疫斃者隔離所統計舊有一千一百七十一名新收六名期滿釋放六十五名送孤兒院三名現在一千一百零九名

——摘自《远东报》，1911 年 3 月 17 日

▲吉　林▼

●防疫調查員規則〇（第一節）調查員之權限　第一條調查員於調查區域內須按下開調查事務暨調查之職　第二條調查員於調查區域內對於官吏警兵及各團體得隨時質問考查及調取書類　第三條調查員於必要時得請於地方官及警長等派出警兵或雇役以補其調查前項之雇役其工資由調查員給之　第四條調查員於調查所得認爲應行創辦改良諸事除隨時稟報外得與地方官按切實情形熟商辦法　第五條調查員因調查所至之處對於官紳人等要演說防疫之宗旨但有疫地多人集會恐有傳染之虞者不在此限因演說要求地方官招集開會時地方官不得拒之　第六條調查員薪資由總局給領所至地方官及一切人等無須供張

第二節調查事件　第七條凡有疫地已辦防疫地方須按照所辦事件查其是否依章實行及所辦之事是否與其地方相適　第八條對於有疫地之防疫各機關應調查之事項如左　一辦事官員醫生及警隊　二防疫場所及用料　三用費　四詳細規則　第九條對於有疫地方之人民應調查之事項如左　一疫勢之盛衰　二防衛之適否　三有無隱匿不報　四有無棄屍　五對於防疫之物情　六因防疫所生之影響　第十條對於初染疫未辦防疫之地應調查之事項如左　一其地是否方經傳染未及即辦而非出於久匿不報　二其地應火急辦理者當首先何事　三其地將辦防疫所缺乏而有須補助者何事　四地方官及紳董是否可恃以集事　第十一條對於無疫地應調查之事項如左　一是否其地有疫尚未發覺　二其地之隣境何處有疫其疫氣接之交通上及地勢上能否容易蔓延於此地　三應否對於他之有疫地遮斷交通或設檢疫所留驗行人　四應否籌備衛生防疫事項其事項按之其地情當可至何程度　五其地將來如辦防疫有何可恃及有何缺否

第三節調查方法　第十二條調查員于所住區域內其留住之時間當以極要地次要地中要地自酌定之凡傳染已甚當辦防疫地爲極要地初傳染未辦防疫之地爲次要地無疫地爲中要地　第十三條調查員所至各屬當分爲野外調查城市調查村屯調查　第十四條上條之調查又當分爲對人調查對物調查上項之調查於第八條至第十一條所列事項須自區分之　第十五條調查員於所要調查之事實須親自檢查以得有確據爲主不可僅傳聞或影響之談致滋淆混　第十六條調查員於不得親自調查須託他人爲之之時其所得之事實要記受委託者姓氏

第四節調查報告　第十七條調查員于入境後隨時所得要由密電報告其發電無須電費　第十八條隨時報告至少須于五日內一次爲之前項之報告如後來自覺其事件不確時即時由電報更正之　第十九條調查事竣時要依類核實報告其報告書有須列圖表者并要以圖表明之　第二十條所報告之事件如發見有虛僞欺飾時調查員任其責云　合

——摘自《远东报》，1911年3月17日

▲長　春▼

防疫局又裁各區巡查隊○防疫總局初創設時札飭巡警各區每區之中添招巡查隊四十名每日沿街查疫近見疫症日減一日又防疫局底款八十餘萬業已耗盡今擬裁員節薪故下札諭飭各區區長先將巡查隊一律裁撤以節經費云　立

——摘自《远东报》，
1911 年 3 月 17 日

●請卹醫官之從優○醫官朱立槐去冬鼠疫發現時組織醫院防疫所晝夜忙碌頗具熱心後經道憲派充醫官每日醫救商民操勞過度致染時疫而斃聞道府憲及防疫總辦等憐其熱心今請列憲格外體恤照二等卹金發給五千兩撫養其家屬云　立

——摘自《远东报》，
1911 年 3 月 17 日

▲雙　城▼

●劉隊長之盡職○雙城府金道堅太守依奉督憲札文設防疫所于去冬將下等客棧夥房悉數封禁彼時即成立庇寒所十處以安寓客籍游民並派委消防隊劉壽亭隊長司查各所一切事務該隊長自認差後每日歷至各所勸導差役等務要小心謹慎看顧寓民勿得疎忽暴厲自取罪戾及至對待寓民如手如足悉用良言溫慰由此而彼因而感情頗深各所寓民道其盡職不容於口該隊長克盡乃職不便任其湮沒於是誌之以望策勵勿殆厥志云　日

——摘自《远东报》，
1911 年 3 月 17 日

●時疫有礙國計民生○雙城府自時疫流入人心惶駭官商交困已成一蹶不振之勢近聞官界人說此次防疫不獨商界比戶株守而統稅局暨經徵局迄今減收稅課一十餘萬之譜云　日

——摘自《远东报》，
1911 年 3 月 17 日

●時疫消滅之徵驗〇雙城府防疫局局長金太守於去冬招募救急隊而應募者寥寥及至今正續行招募救急隊仍屬不易刻間金太守依伍醫官佈置添設隔離所五處查救急隊不敷分佈飭劉成山隊長續行招募該隊長奉命後當應募者一百一十餘人近查時疫將滅而添募救急隊之意欲作罷論以節公欵云 日

——摘自《远东报》，
1911 年 3 月 17 日

▲一面坡▼

●商業之現狀〇坡站自嚴行防疫以來斷絕交通商業蕭現不同其資本殷實(如大永魁世興長等八大家)素來存貨頗多刻間生意尚有可觀其餘如天順德福興成等家無力存儲茲因防疫阻滯弗克轉運惟有銷售底貨而已 益

——摘自《远东报》，
1911 年 3 月 17 日

●查閱者盡職〇長壽縣鄉巡三區區官徐某自奉上峰諭飭設立防疫檢驗分所該區官不辭勞怨嚴行防範已誌前報茲聞該區官親率警兵日不停趾到處巡查將所轄之境內浮埋暫厝之尸棺飭派警兵會同尸主深坑埋固其一般無主管理之尸棺暨棺木已竟朽爛者率同警兵用火焚燒以免臭氣四溢致染惡疫連日掩埋焚化之尸棺約達二百餘口聞鄉人云該區境內得幸無疫之福者皆徐區官衛護之力云 益

——摘自《远东报》，
1911 年 3 月 17 日

▲榆樹廳▼

●防疫者之不力〇榆樹廳劉司馬依奉督撫憲札文嚴防鼠疫斷絕交通近來查鼠疫逐漸退消本可相期無事而劉司馬並不注意隔離事件聽其傳染既斷交通復行驗放出入之行人以致鼠疫如死灰復燃日前城裏又疫斃七人因之以防疫不力上憲殊不滿意云 容

——摘自《远东报》，
1911 年 3 月 17 日

●防疫之規則奉到○榆樹廳劉司馬接奉督撫憲發到陸軍部防疫規則於是飭房書叙稿將防疫規則抄粘文尾轉行各處以俾遵守而重衛生云　容

——摘自《远东报》，
1911 年 3 月 17 日

●巡警之不敷分佈○榆樹廳因疫事戒嚴而巡警等顧此失彼不敷分佈即欲添募而款項支絀故警務長孫瑯棠綦軍每日取締行人以及檢疫終日皇皇甚爲忙碌云

——摘自《远东报》，
1911 年 3 月 17 日

●防疫局之內容○榆樹廳城裏防疫局所有書記差役等十餘名勸支薪工其餘各員悉盡義務北關外暨五顆樹太嶺鎮八號鎮秀水甸子等處設有防疫分所各一處每所置官醫一名差役四名規模粗具可見劉司馬辦理防疫之不易也　容

——摘自《远东报》，
1911 年 3 月 17 日

●疫斃人數之報告○茲探悉鄉巡暨防疫分所呈報疫斃之人數特錄于左永和屯疫斃男女六名順家崗疫斃男女五名萬保屯疫斃男女十三名史牛圈屯疫斃男女二十名西太平嶺疫斃男女八名閔家屯南崗疫斃男女二名弓棚子疫斃一人孫家窩堡疫斃一名拉拉屯疫斃一名楊鄉約屯疫斃一名小雙山堡疫斃二名孫戶屯疫斃一名大嶺疫斃男女八名以上共計疫斃男女六十九名云　容

——摘自《远东报》，
1911 年 3 月 17 日

▲五常▼

●鼠疫之來源〇查五常府鼠疫來自哈埠去冬有客四人於田家店住宿而疫毒發見相繼斃命後有巡警查店亦被傳染斃命三十四名而張維九家中隨之疫斃六人當鼠疫正盛之際所幸五常府急爲防範更兼人民聞知各城鼠疫傳疫之烈互相抵防故僅疫斃人民一百餘名於是各界大爲慶幸云　仲

——摘自《远东报》，
1911 年 3 月 17 日

●菸蔴店之困難〇五常府係產菸蔴之區歷年冬末春初各處買菸蔴之客往來貿易至本年爲疫事戒嚴絕斷交通道路梗塞致比戶株守大受影響云　仲

——摘自《远东报》，
1911 年 3 月 17 日

●汪太守之忙碌〇五常府汪德薰太守每日督催防疫局及隔離所庇寒所認眞辦事不時稽查防疫隊衛生隊等是否認眞有無滋擾等弊以致終日奔忙不得稍暇云

——摘自《远东报》，
1911 年 3 月 17 日

▲黑龍江▼

●省城及各屬疫死逐日表〇省城日內瘟疫大減每日疫斃人數前已逐日報告茲自本月初四日起是日病斃十人初五日病斃六人初六日病斃十人然此兩日均係死於病院住戶並無一人外埠綏化初四日病院死二人住戶死四人初五日病院死三人住戶無初六日病院死二人住戶無呼蘭病院死一人初六日病院死二人住戶一人海倫初四住戶死一人初五日住戶死五人初六日住戶死三人傅家甸初四日死一人巴彥城內初三日至初五日均無死者鄉屯初二日死二人初三日死一人初四日死二人臚濱與黑河兩府均電告肅清云　于

——摘自《远东报》，
1911 年 3 月 17 日

●防疫片片錄○日昨撫憲致民政部電江省自時疫發現即防地方官設法預防嗣因傳染漸衆赶速設防疫會疑似病院衛生醫院消防病院檢疫所隔離所化屍場等處並還派醫士延聘日醫診病施藥搜焚遺屍及一切防衛消毒方法業經通飭各屬一體切實遵辦在案旬日以前據各處報告省城暨綏化每天約斃數人至十餘人呼蘭疫氣最盛前此斃二十餘近只斃一二人海倫最輕日斃二三人不日可望消滅呼蘭府屬巴彥稍盛近亦減輕其除木蘭蘭西暨綏化所屬之餘慶等處發現原自無多撲滅尚易仍當嚴飭各屬認眞防衛以期早日肅清所有辦理防疫章程及一切統計報告表式容俟編竣即當咨送立案以備查核先此奉覆云

日前民政司札飭安達廳翟丞熙仁以安達站左近村屯疫症流行棄屍暴露而該廳竟諱匿不報殊屬不合應飭赶緊分派妥人四出搜查見有遺屍即行焚化有主者立飭速埋不准暴露並令速設防疫所將傳染之人收所救治設隔離所收養病人家屬以杜傳染疫斃所居之室及其器具衣物分別焚燒或用藥水硫磺薰洒以消餘毒所需款項准由省酌量補助實用實銷並將辦理情形隨時呈報以備查核云云

訥河廳日前報告該處已於客冬在醫務公所先立檢疫所並擇廳治廟院設臨行病院委醫務長換辦延中醫二人分設檢驗又奉督撫憲嚴電另立防疫會檢疫所推廣臨時病院各一處所有會長會員即由廳署佐治員暨地方紳董選派概盡義務不支薪水因醫局人數不敷分佈添募檢疫防疫各隊並雇淸除看護夫役以備役使又購備消毒藥水凡來往旅店之人以及難民住戶一律洒以消毒藥水以殺病菌因該廳設防最早迄今疫症並未發現云　于

——摘自《远东报》，1911 年 3 月 17 日

●照錄防疫最緊要之章程〇茲因呼府城鄉鼠疫蔓延
不可收拾之際王守順存會同議事會等籌思設法防範
急除沍毒以拯民命並由省請發防疫之款銀一萬兩官
帖錢一萬吊正以備防疫之用該款由廣信公司滙兌使
用遂設立防疫會男女隔離所男女養病院男女澡塘消
毒所檢驗所槳洗所收發衣服被褥所坐落章程列後一
設防疫會一處在本城南區大街路西第六崗辦公屋三
間值差巡兵屋三間厨房屋二間共八間一防疫所一處
在西鄉對青山屋三間近車站一男隔離所一處在北區
大街路西萬來店院內房屋五間厨房二間住人屋三間
一男隔離所一處在北區大街路西長興棧院內房屋十
間厨房二間住人屋八間一女隔離所一處在南區興街
路東第五崗萬發東院內房屋十四間厨房二間澡塘二
間住人屋十間一男養病院一處在南區南河沿房屋五
間厨房一間住人屋四間一女養病院一處在北區六道
街東頭屋十一間厨房二間住人屋九間一男澡塘一處
在北區同興公胡同路西房屋五間一女澡塘一處附南
區女隔離所內房屋二間一消毒所一處在南區大街路
西第六崗房六間一檢驗所一處在南區大街路西第六
崗房屋三間一槳洗所一處在南區烏協領胡同房屋六
間內附設收發衣被所一男養病一處在北區北城壕屋
房五間厨房一間住人屋四間　波

——摘自《远东报》，1911 年 3 月 17 日

●呼蘭瘟疫行將消滅〇王守順存對於整頓防疫事宜
一切辦法必親督率先其間手續雖過於操切究於大局
有補近來大獲成效每日疫死僅在二三惟疫死之人非
病院中人即隔離所人住戶染疫斃命者殊無一二不日
當可疫絕根株　子

——摘自《远东报》，1911 年 3 月 17 日

時評

醫士會議問題

十三日各醫士在鐵路公司開會是日薩博羅特博士及由俄京來哈之醫士等皆到會首由各段醫士提議各副醫士以少調換爲合宜以其久在一段易資熟手次議庇寒所問題咸稱庇寒所效用最大其中居留者多半無業貧民初發現病症即可送往醫院如此可免傳染他人如本埠俄國各庇寒所收養貧民共計二萬七千三百九十五名其中染病者共一百四十八然貧民之中多有爲工匠者可以自食其力故今之最要問題可否爲之另安置一室略爲收費如此更可免其傳染他人病症是日議定必須另租一房安置貧民此外議准防疫局所稱租定紀鳳臺戲園爲庇寒所問題議定後由代表喀克沙羅夫請薩拍羅特爲議長以開議疫漿問題之故前後開會提議疫漿問題已有四五次然皆無一定見解如普雷特尼克醫士爲衛隊種疫者計一千五百名未見與精神有損然亦不能言其效果惟各兵往返護送病人從未聞有染疫者卜大夫聲稱所轄之中國人皆種疫漿雖然屢次與病人交接終未傳染馬郭林醫士謂在醫院經種疫種者數千人然第一次種後未見有何現象第二次再種者爲數甚少故無從查考歐人中種疫漿者甚多故染病者無幾華人種者較少亦難以調查如磨廠公司華工種者共五百人至第二次種時尚不及其半聞工人中死者二十六名惟未能調查其中種一次者居多或有種第二次者幾名費得羅夫醫士云未聞有反對種疫漿者阿克爾滿醫士云總不能證明效果如何拍古次克醫士云至今未能認定疫漿之能力人民無不盡知所種之漿爲鼠疫漿非肺瘟之漿故須研究肺疫漿種者即可日多總之欲研究疫漿效力如何不得不另糊數人爲研究學問之用致於疫漿與精神有損一節尚無根據如俄徵菌會曾認定爲人民施種疫漿實爲防疫之最要問題現擬彼此研究俟下次會議時再行討論以便宣布週知此外提議編輯防疫報告問題當日會議醫士五名現已有出會者三名且一次會議未開故擬定波動醫士入會以便作速編輯一切會議各問題後由柏顯次克醫士報告近日瘟疫大減如第十五星期疫死者一百一名第十六星期一百七名十七星期四十五名十八禮拜三十九名各庇寒所共有二萬七千三百九十六名在官澡室浴洗者四千四百十一名

——摘自《远东报》，1911 年 3 月 18 日

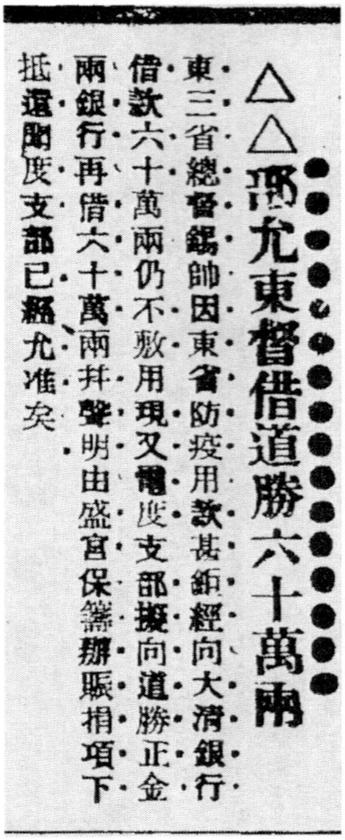

△△照允東督借道勝六十萬兩

東三省總督錫帥因東省防疫用款甚鉅經向大清銀行借款六十萬兩仍不敷用現又電度支部擬向道勝正金兩銀行再借六十萬兩并聲明由盛宮保籌辦賑捐項下抵還聞度支部已經允准矣

——摘自《远东报》，
1911 年 3 月 18 日

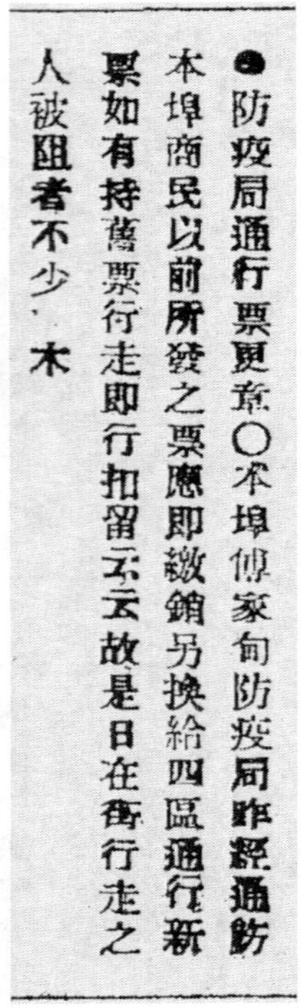

●防疫局通行票更章〇本埠傅家甸防疫局昨經通防本埠商民以前所發之票應即繳銷另換給四區通行新票如有持舊票行走即行扣留云云故是日在街行走之人被阻者不少 木

——摘自《远东报》，
1911 年 3 月 18 日

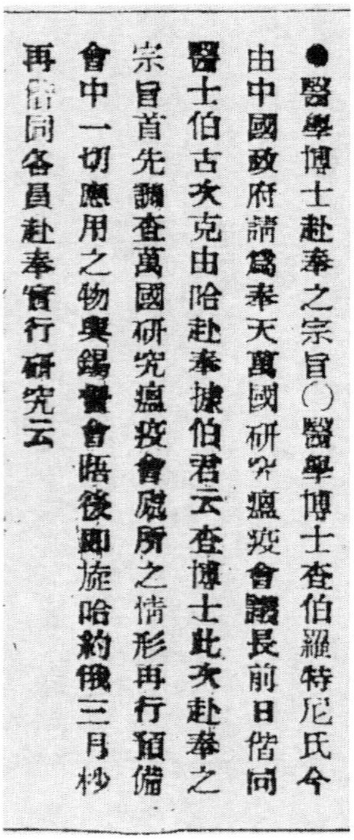

●醫學博士赴奉之宗旨〇醫學博士查伯羅特尼氏今由中國政府請爲奉天萬國研究瘟疫會議長前日偕同醫士伯古衣克由哈赴奉據伯君云查博士此次赴奉之宗旨首先調查萬國研究瘟疫會處所之情形再行預備會中一切應用之物與錫督會晤後即旋哈約俄三月杪再偕同各員赴奉實行研究云

——摘自《远东报》，
1911 年 3 月 18 日

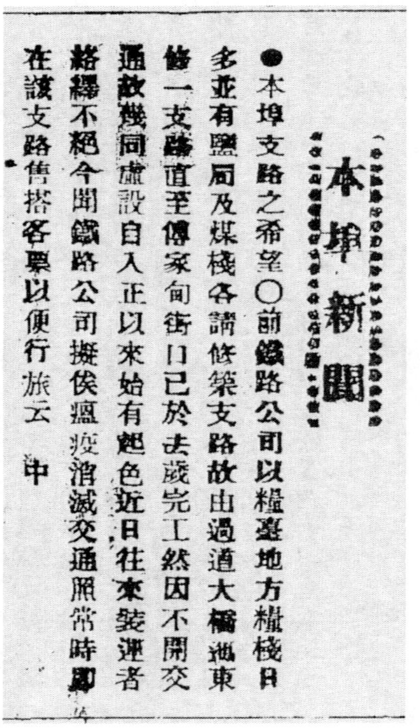

本埠新聞

●本埠支路之希望〇前鐵路公司以糧臺地方糧棧日多並有鹽局及煤棧各請修築支路故由過道大橋迤東修一支路直至傅家甸街口已於去歲完工然因不開交通故機同虛設自入正以來始有起色近日往來裝運者絡繹不絕今聞鐵路公司擬俟瘟疫消滅交通照常時即在該支路售搭客票以便行旅云 中

——摘自《远东报》，
1911 年 3 月 18 日

●四區防疫執行處裁撤○聞本埠防疫局因傅家甸地方瘟疫剗已消小防疫事宜大形稀少於十六日將四分區所設防疫執行處概行裁撤僅留太古街勸學所院內消毒分所改爲總防疫總執行處云　亦

——摘自《远东报》，
1911 年 3 月 18 日

●調查東方瘟疫隊之報告○去年十一月十二日距海林站十二里天屯南河村某房內疫死八人係由哈埠回來之人傳染該屯內共有數戶約八十餘人疫死之屍送至郊外焚燒所住之房焚燒一半調查隊復令將全房燒毀附近之房消毒海林距站二俄里處有華人所設之檢疫所一處甯古塔副都統出城迎接調查隊該隊醫士請其消除染疫處所云

——摘自《远东报》，
1911 年 3 月 18 日

●關於瘟疫之報告○據俄人調查租界內計自去歲至今共在莫斯科兵營病棚內死九百八十五人哈埠各處收殮死屍二百十三具兩共一千一百九十八人內有歐人四十名哈埠以外租界以內共死二百六十二人云

——摘自《远东报》，
1911 年 3 月 18 日

●焚燬病疫房間之確數○哈爾濱防疫局衆醫官暨防巡警局消防隊每日焚燬病疫房間已迭詳前報昨聞警務局將焚燬房間造冊呈送防疫局計板草瓦房共九百五十餘間云　亦

——摘自《远东报》，
1911 年 3 月 18 日

●本埠之安樂觀〇本埠自瘟疫盛行斷絕交通後各商民皆有朝不謀夕之慮一般淒涼景況閭閻不堪近以疫症消滅交通在即各商民相遇必先致一切賀語然後寒暄似有於水深火熱之中得慶更生之景象　木

——摘自《远东报》，
1911 年 3 月 18 日

●郵政分局開辦有期〇本埠郵政分局去臘因傅家甸地方時疫流行恐滋傳染遂遷移道裡總局辦公已詳前報茲聞因傅家店瘟災刻已消滅擬日內淨理分局仍照常收信云　亦

——摘自《远东报》，
1911 年 3 月 18 日

●傅家店防疫局之報告〇本月十五日時疫病院新疑似病院及各區均無染疫斃命者隔離所統計舊有一千一百零九名新收六名釋放一百一十八名現在九百九十七名

——摘自《远东报》，
1911 年 3 月 18 日

▲奉　天▼

[illegible]貧民與醫官之衝突〇大西關貧民收容所日前有貧民[illegible]因感冒風寒飲食稍減後經該所于李二醫官查知謂係疑似時疫之症派人送往隔離所調治詎該所貧民等咸不謂然由是激起大衆之公憤以致該所貧民二百餘人等各持鍬鎬木棒齊向醫官拚命旋經該所委員某極力排解並命該醫官細心診視始知實係風寒病症云　遜

——摘自《远东报》，
1911 年 3 月 18 日

▲吉 林▼

●屠行罷市原因○省城巡警局於宣統元年秋間即創設屠獸場令屠戶均歸此場宰殺以便檢驗嗣經屠行再四陳請以城廂縱橫各有一二十里若歸一處宰殺實與屠行生意有礙旋即變通先行檢驗生畜如果無病准各屠戶仍在自家宰殺每猪一口出費半圓每牛一隻出費一元歷辦一年有餘比至今年疫症蔓延巡警局始飭屠行均歸屠獸場檢驗就近宰殺所有猪毛猪血不准携回檢驗之費一仍其舊而屠行以警局如此取締事近剝削於是大動公忿相率罷市云 合

——摘自《远东报》，
1911年3月18日

●考取防疫消毒生○防疫總局以鼠疫爲吉林初次傳染之症所有防禦消毒各事在在需人料理祇以新募防疫隊未經教授辦理尚多欠當曾經稟准招考消毒生百名十日畢業專爲消毒差遣前已由官醫院攷試正取百名備取五十名聞上課已三日矣將來此班畢業以之辦理消毒必有一番起色云 合

——摘自《远东报》，
1911年3月18日

長春

疫斃人數擬從減呈報○長春地面自鼠疫發現數月以來疫斃商民約計一萬二千有零疫災流行不謂不重不意防疫總局因列憲有札催呈疫斃人數近擬從減呈報城關之中僅報二千四百有零四鄉之中僅報三千有零以期各憲嘉慰格外保獎又恐所費底欵八十餘萬無法報銷聞擬由隔離所庇寒所及購買藥料各項開銷內將掩埋死人棺料各費公同攤出列表詳報以期列憲照准云　立

——摘自《远东报》，1911年3月18日

慈善轉生禍害○城東葛家店葛某者素性慈善專好救濟貧民不意前月因城內驅逐貧民而葛出房十餘間任過路難民食宿其間詎爲日無久而疫症延及貧民斃者十餘名後又延其全家計十一口一律殞斃惟餘少女被鄰人領去暫爲撫養云　立

——摘自《远东报》，1911年3月18日

知法犯法之尤竹亭○巡警總局去歲冬間經撫憲派到濟鄉局坐辦委員之尤竹亭日前由鄉回城時守門兵丁因其無防疫局放行執照不容進內而尤怒極勢欲動武恐起風潮聲明防疫總辦爲之核辦詎總辦黃觀察以官場中人尙不遵法而無知商民更不待言非將尤某送交隔離所留驗七日未悉尤能甘守此法否　立

——摘自《远东报》，1911年3月18日

●軍疫斃人數之報告〇陸軍三鎮自今正礮標一營疫症發見後而各營兵丁死者相繼但礮標十二標死之尤甚統計一千有零外而二三級官長死之十餘人云 立

——摘自《远东报》，
1911年3月18日

▲雙 城▼

●預備醫官之住所〇哈爾濱總醫官伍連德氏旋哈之際告諸金太守與雙城府遣發醫官十員已詳前報現在金太守以該醫官等不日則可到雙乃於日昨飭實子和視學將勸學所房間騰出令差役洒掃潔淨以待該醫員等停驂戾止云 日

——摘自《远东报》，
1911年3月18日

●防疫藥物滯銷〇雙城府時疫已消故防疫之藥物銷路頓滑振華藥房以及日本愛生堂誠昌堂各藥房之呼吸器衛生丸石炭酸昇汞昇華硫磺得性芡雜拉咖波力克消毒水消毒器防疫眼鏡金鷄納霜燕製補丸寶丹仁丹長壽丹等項藥物皆付之高擱無人過問云 日

——摘自《远东报》，
1911年3月18日

●關乎防疫之電文〇雙城府金道堅太守接准晉撫憲來電略謂外務部電開伍醫官電稱雙城防疫未能合法仰轉飭該府務要認眞稽查勿得因循致干撤參等因奉此合函飭知以俾遵照云云 日

——摘自《远东报》，
1911年3月18日

●居民匿疫不報者○本城疫症近日固見輕減民多慶幸然聞居戶亦有匿疫不報之家恐報局難免醫家診驗以致有一人染疫暗自千方百計希圖醫愈以掩飾云云

——摘自《远东报》，
1911 年 3 月 18 日

●養病院瑣談○自防疫局設立養病院於直東會館之前三間正房已誌前報近有人述說養病院固是上憲嘉惠黎庶無如院中看護不得其人如待罪囚以致送院而愈者無多人皆視爲畏途云　伯

——摘自《远东报》，
1911 年 3 月 18 日

●交通指日可開○坡站官商各界自去臘聞哈埠一帶瘟疫流行爲害甚烈遵章斷絕交通嚴行防範以免惡疫之傳染茲聞哈埠等處瘟疫逐漸消滅雖未撲滅斷絕然疫禍全消之慶指日可待故坡站交通雖未盡開而鐵路防疫會已將把守七道河子站暨葦沙河道路要口之俄兵均皆撤回聞不日已將大開交通云　益

——摘自《远东报》，
1911 年 3 月 18 日

●防疫局又購藥料○防疫局所備之避瘟藥漿聞已賣盡日前又隨源興順商號由哈代購石炭酸數箱云　劝

——摘自《远东报》，
1911 年 3 月 18 日

●調查員到賓○前由省來之調查員姚君在省屬各鄉密查一切防疫情形已誌本報茲於日昨到城廳巡警局內闓將城內驗畢三二日卽往東路一帶查驗云 幼

——摘自《远东报》，
1911 年 3 月 18 日

●有防疫之責者爲之注意○頃聞榆樹廳防疫局之救急隊檢驗隊有不肖者藉端滋擾鄉曰無之倫若觸其怒遂誣以疫症而受其挫折現聞各界頗議反對於是力請有防疫之責者留心防查究辦以免鴟張而造地方之福云 容

——摘自《远东报》，
1911 年 3 月 18 日

●防疫局之認眞○榆樹廳南街某伙房櫃夥某甲因染沈痾久治未愈不幸於日昨身死當被防疫局查知將屍身舁至北門外掘鑿深穴掩埋繼恐該伙房狃於積習粉飾悞事於是將伙房之人悉數遷入隔離所以免傳染之害云 容

——摘自《远东报》，
1911 年 3 月 18 日

●防範疫禍復然○王守順存近以疫氣已消天將和暖仍須加意防範以杜疫禍復燃日前傳飭所屬境內無論新舊棺柩一律埋葬如不遵從卽拉至焚尸場燒化 子

——摘自《远东报》，
1911 年 3 月 18 日

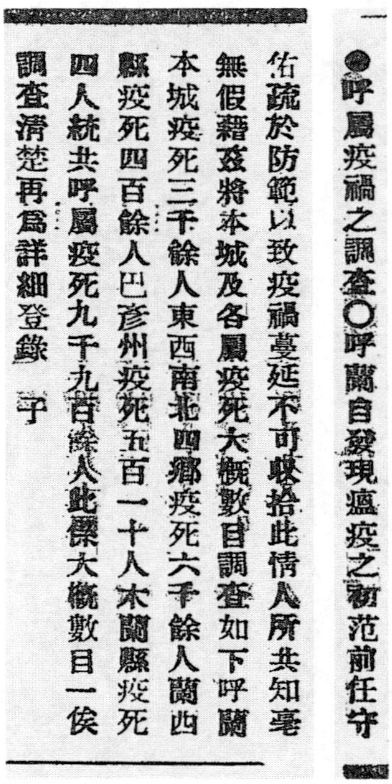

●呼屬疫禍之調查○呼蘭自發現瘟疫之初范前任守

佐疏於防範以致疫禍蔓延不可收拾此情人所共知毫無假藉茲將本城及各屬疫死大概數目調查如下呼蘭本城疫死三千餘人東西南北四鄉疫死六千餘人蘭西縣疫死四百餘人巴彥州疫死五百一十人木蘭縣疫死四人統共呼屬疫死九千九百餘人此係大概數目一俟調查清楚再爲詳細登錄 子

——摘自《远东报》，1911 年 3 月 18 日

●調查因疫斃命人數再誌○呼蘭自去冬鼠疫流行不可收拾之際該街居民與外鄉遊民每日因疫斃命者二三十名不等現因防疫成效日見消滅王守順存奉撫憲電諭飭將該府因疫斃命之男女數目并外鄉人民死者之數目有何職業詳細造表呈報王守接電後轉飭巡警南北區官詳細調查呈報詳情形今將南區官徐俊舉清查之疫斃人數表分別列後士者疫斃三名係本地人農人疫斃者七十一名半係落戶之居民半係外來之山東人工人疫斃者五十三名半係本地商人疫斃者九十九名均係外來之人兵丁疫斃者十六名無業之遊民疫斃者三百三十一名婦人疫斃者七十四名處女疫斃者三十七名均係本地南區清查該段計疫斃焚燒者六口五十四名屍親掩埋者無算云　又東鄉大荒台巡警區官雙和來府呈報該管各屯因疫斃命之人數表詳列于後東鄉共二百三十屯分為三段第一段染疫者三十一屯二段染疫者三十五屯三段染疫者十八屯所染疫者八十四屯大荒台疫斃八十七名沈家窩堡疫斃五十四名大小蘭旗屯疫斃一百二十一名頭屯疫斃四十五名二十八井子疫斃二十七名王德仕井疫斃四十六名蘇家窩堡疫斃三十三名阿家窩堡疫斃五十八名李家窩堡疫斃三十五名東長嶺子疫斃三十八名劉泉井子疫斃十八名外鄉來屯為農疫斃之無名男子一百二十五名高家屯疫斃十三名僅將疫斃人數多者之屯照列其有疫斃十數名不等之各屯未便列詳而該區官雙和呈報東鄉共染疫屯八十四屯計疫斃人數一千四百二十七名其餘若干屯即率領巡兵等每日赴各屯檢驗設法防範不辭辛苦務期撲滅以拯民命其餘他屯自斷交通後未致蔓延云　波

——摘自《远东报》，1911年3月18日

●奉天巡警總局之示諭○爲諭知事前奉府憲面諭防疫一事最關緊要非按戶嚴加防範不能立時廓清擬定每十戶派一防疫長督令所管九戶內每日分班輪流値責成該管區警各按轄境清理院落屋宇并查令各戶按照後開章程切實辦理茲查某區某段爲人公正精幹堪以派充防疫長凡所屬各戶如有疎懈處本局防疫長値日花戶是問此諭簡明防疫十則　一飲食無論粗細總以潔淨爲要　一衣服被褥無論新舊時常洗漿亦以潔淨爲要　一屋宇內外勤洒掃毋任污穢一屋內如有鼠出沒形跡宜設法捕盡一屋內如有潮濕之處擋盡急用石灰洒除　一數戶所共之井齊將井面五尺內外打掃潔淨勿使污穢入井各戶積水之缸宜用缸蓋　一無緊要事不准外出即有執照亦不准閒遊　一大小便溺須擇地勿任意撒放致令臭氣浸入　一各戶無論男女十日以內沐浴一次更換衣服　一各戶宜禁止賭博及嗜洋煙以上十則皆人所易防易禁遇事倘任意故違查出嚴究懲辦

——摘自《远东报》，1911 年 3 月 18 日

△△因日本干預防疫開臨時會議

日前剛那徐各軍機散值後退至政務處特邀集外部鄒侍郎與胡曹兩侍郎並民政部肅邸特開臨時會議約一小時之久聞所議者係爲日本現在東省有干預防疫交涉應如何設法禁阻以保主權會議頗久擬再多派檢疫人員赴東防範并由外部照會駐京公使開正式談判

——摘自《远东报》，
1911 年 3 月 19 日

△△奉天防疫大會專員蒞奉

外務部派施右丞肇基前往東三省考察鼠疫情形並參列奉天之萬國鼠疫研究會已於十七日搭乘京奉火車啟程至東

——摘自《远东报》，
1911 年 3 月 19 日

●銀行一時難以整頓〇大清銀行由度支部大加整頓
改爲國家銀行一節已早志本報近聞北京總行總理有
撤換消息故整頓一事一時難以實行又聞傳家甸分行
自有瘟疫後生意大墮恐一時不能復原據個中人云將
來總行總理一席定准是否撤換方可實行整頓云 中

——摘自《远东报》，
1911年3月19日

●防疫局通事被押〇傳家甸防疫局出通事因買辦各
物侵欺過鉅被人稟訐經防疫局總會辦送交濱江廳暫
行看管聽候訊究云 木

——摘自《远东报》，
1911年3月19日

●四鄉瘟疫日減〇本埠四鄉瘟疫未退時已由防疫局
各派委員前往組織分局辦理防疫事宜並斷絕各處交
通現在瘟疫一律消滅擬不日即開交通故近日會議撤
防問題再逾數日即宣布實行云

——摘自《远东报》，
1911年3月19日

●傳家甸防疫局排日報告〇本月十六日時疫病院新
疑似病院以及各局均無疫斃者各病院亦無染疫病人
隔離所統計九百九十七名新收二名釋放一百三十八
名送養濟院十九名現在八百四十三名十七日均無疫
隔離所現在六百七十八名

——摘自《远东报》，
1911年3月19日

▲奉　天▼

●鼠疫將無慮矣○近聞防疫事務所連日報告本城每日疫死人數逐漸減少近來兩日染疫而死者不過三數人而已自茲以往鼠疫或不至于再烈尚望當軸者設法嚴防弗使死灰復燃乃爲上策　遇

——摘自《远东报》，
1911 年 3 月 19 日

●派員分往各屬調查防疫情形○頃聞民政司張司使以省城辦理防疫已有成効不日可望撲滅盡凈若不乘此時機加意防範恐不能斷絕根株日昨特派某某委員等分往各屬切實調查藉以覘其勤惰務期早日奉境肅靜云　遇

——摘自《远东报》，
1911 年 3 月 19 日

●紳辦施醫院遷移○長春紳界前爲官醫院醫官等遇有疫症不力診治致入院百名即死公同議定在醫學研究所房內設施醫院一處內設醫官五名專備商民遇有病者聘請診治近研究所房屋租契已滿經各紳董准請府憲在西三道街第二宣講所內租房若干間一律遷移云　立

——摘自《远东报》，
1911 年 3 月 19 日

●親軍無恙之原因○雙城府親軍隊悉精健異常及至探其原因聞說於時疫初起該營管帶曹志剛武弁即告知傳染之利害並逐日延醫官傅燮臣氏按名診視早爲預防時下疫氣逐漸消滅其營中什兵均無染疫僉謂管管帶尚能任事云云　日

——摘自《远东报》，
1911 年 3 月 19 日

●雙城防疫始末紀〇本郡去冬時疫流行金太守成立防疫局其屬員皆視爲危途惟巡警敎練所所長董典五二尹毅然肩任防疫之責而防疫局成立招募書記暨檢疫消毒人員許以百金無人應募彼時所幸敎練所敎員張綏符恩毅紹烏松序書記長謚會臣景星垣等與董二尹感情素深不擇利害前往贊勵該所差役等亦覲感興起從之如歸市致敎練所頓然變爲防疫局也及至時下疫氣消滅聞董二尹之於辦疫藉人心焉感感所恨不能酬其美意云　日

——摘自《远东报》，
1911 年 3 月 19 日

●醫官住所已易地矣〇城府金太守與哈埠來雙之醫官在勸學所預備住所已詳前報日前防疫提調于琥岑刺史查勸學所地雖寬廓而與厨房相隔太遠因將移於女校院內以求其相宜用表歡迎之盛意云　日

——摘自《远东报》，
1911 年 3 月 19 日

●吳委員到境〇省垣防疫總局派委吳迪民大令查驗各城防疫事務該員由陸路先赴阿城縣在彼事畢日前帶醫官等抵雙至防疫局並時疫病院疑似病院入處及隔離所考覈其中情形以備報告而盡個人之職務云

——摘自《远东报》，
1911 年 3 月 19 日

●糧車之不進〇本城自疫癘發行以來傳聞頗盛致屯車初則漸稀近竟無敢來者以致糧貨日稀小米爲當境民食之大宗將來或恐缺乏元豆一宗客歲收穫甚儉年前無大高市農人均不肯售近聞因別糧無多竟以元豆充馬料以是未得善價而沽云　伯

——摘自《远东报》，
1911 年 3 月 19 日

●防疫之忙碌〇榆樹廳劉司馬祗爲撲救疫癘特派熱誠勇敢之人員逐日按戶搜查欲絕其根株又派添多人護員等依奉札文悉心照辦往來稽查大爲忙碌云　容

——摘自《远东报》，
1911年3月19日

●榆境之困難〇榆樹廳因疫事戒嚴官署局所以及堂處公所停止辦公而管糧鄉民裹足不前商號比戶株守以致各界交困日坐愁城云　容

——摘自《远东报》，
1911年3月19日

▲賓州▼

●養病院裁撤〇賓城防疫添設病院兩處一養病院一疑似病院聞日前調查員姚君親往各病院查閱所有病人早已廓清又兼瘟疫日見消滅遂與許守商酌即將病院一律裁撤而節虛糜云　劲

——摘自《远东报》，
1911年3月19日

●東門氣象一新〇賓城自防疫以來四門緊閉市井蕭條已越月矣前經許守與省調查姚某磋商擬暫開一門以疏交通於日前早十鐘飭防疫局在東門外大仙堂置消毒室一處少選東門大開凡入城者須先驗明並用藥水噴灑然後准行彼時車馬喧闐往來熙攘稍見振新之氣象惟南北西各關依然蕭靜云　劲

——摘自《远东报》，
1911年3月19日

▲海 倫▼

●捐資撲滅瘟疫○海倫自客臘瘟疫發現街市各界驚惶萬狀當經清丈局提調孫委員文報局委員涂廷協府署收發委員薛銓眞盧君元龔等四人協力舉辦防疫一切惟需資甚鉅非邀集同人集腋成裘恐難措辦嗣幷勸募熱心公益諸君助資六百餘吊防疫藥三千餘劑每劑施散四百服本郡二千劑凡防疫服者大見功效自此瘟疫撲滅令海屬萬民安居樂土豈不美哉茲將捐資諸君芳銜列下計海倫府太守王彭助資百吊現任周斗卿太守助資百吊通肯協領春碧珊助資五十吊府經歷劉仲蘭助資五十吊清丈局總辦張子瑜助資五十吊官鹽局總理高石渠五十吊稅務局總理戈樾濟助資五十吊招墾局總理于文波助資三十吊府署承審委員汪隸生助資五十吊電報局總理華吟香助資二十吊萬合興助資二十吊清丈局文案委員黃少輔助資十吊收支委員忠季貝邵淑蘭各助資五吊委員馬景南助資五吊委員李襄白助資五吊委員謝又箴助資五吊委員俊雅亭助資五拾黃步生助資十吊許鶴年助資五吊許鈞復助資拾吊易子穆助資十吊以上所有助資均行辦理防疫等費矣 宣

——摘自《远东报》，1911 年 3 月 19 日

●挽留視學員〇呼蘭視學員蔡國臣已於客臘接奉學憲札調潘倫兩等小學堂堂長以疫氣未靖迄未到差聞勸學所總董等以蔡視學在呼得力日昨遞禀挽留未識能邀學憲允准否　子

——摘自《远东报》，
1911 年 3 月 19 日

●札知醫官需用章程〇督撫憲准外務部咨將東三省等處辦理防疫一切章程併醫官薪水需用等項奏准依議特咨行東三省刊發各屬一體知悉聞本埠各局署已奉到此項章程矣　亦

——摘自《远东报》，
1911 年 3 月 21 日

●傳家甸將開大交通〇傳家甸爾家自去歲傳染疫氣禁止交通多有關閉營業不堪現以鼠疫消滅兩禮拜之久僅有一人並非疫死於日昨各商會集商會議擬大開交通以蘇商困等情開送防疫局酌議妥協方可照辦並聞戲園亦於昨日呈請濱江廳照常開演尚未識能否允准也　木

——摘自《远东报》，
1911 年 3 月 21 日

●防疫局焚燬有疫房屋〇防疫局於本月二十日將道裏十一道街暨六道街兩處疫房因內疫死工人均行一律焚燬以重衛生　大

——摘自《远东报》，
1911 年 3 月 21 日

●傅家甸防疫局排日報告○本月十八日時疫病院新疑似病院以及各區均無疫隔離所統計舊有六百七十八名釋放三百七十二名現在三百零六名

——摘自《远东报》，
1911 年 3 月 21 日

●京奉路綫防疫較前尤緊○督憲日前接郵傳外務兩部電咨謂鼠疫蔓延異常兇烈頃准直督咨稱由奉入關火車不准擅搭坐客以防鼠疫之傳染等情請轉飭貴督除緊要公務准給護照不計外其餘無論何等人物何等事項概不得給予護照並請轉飭交涉司遵照云云茲聞督憲接電後當即面諭交涉司遵照辦理以故近日禀請發給護照者均未邀准云　逸

——摘自《远东报》，
1911 年 3 月 21 日

●連日疫斃人數○長春惡疫近數日內城內日減而四鄉之中仍蔓延不絕近日聞城內病者五名而死者祇三名加之四鄉共十二名十一日城內死者四名四鄉九名共十三名十二日城內一名四鄉五名共六名十三日城內病者四名死者一名四鄉死九名云　立

——摘自《远东报》，
1911 年 3 月 21 日

●飭搜私肉一律焚棄○東四道街回民韓姓去冬在二道溝屠宰牛隻出賣後餘有牛頭千餘暗為售賣又窠屠戶存有豬血血腸數千被防疫局查知昨飭衛生隊一律搜出運至城外用火焚化並札諭各隊無論何家如有存肉及有礙衛生之物搜出掩埋後另外議罰云　立

——摘自《远东报》，
1911 年 3 月 21 日

◆雙城◆

●德提調關心民瘼○雙城旗務承辦處德峻亭提調念時疫雖然消滅祗恐旗丁疏於防範以致死灰復燃乃於日昨札飭八旗佐校轉飭各屯屯達等勸導屯丁小心抵防以絕根株而杜傳染之害云 日

——摘自《远东报》，
1911年3月21日

●醫官到雙矣○前日有中國醫官五員自哈埠搭坐東清火車抵雙在女子師範學堂停驂戾止 日

——摘自《远东报》，
1911年3月21日

●此人頗有知識○雙城府東南隅住戶李庚於去臘其家中人三口染疫相繼斃命彼畏傳染未敢回家及至刻間疫氣消滅彼自鄉間而回將家中器皿食物悉數用火燒燬或勸其轉售彼大言曰我家既受疫菌之害復令傷害他人我不忍為云云 日

——摘自《远东报》，
1911年3月21日

▲榆樹廳▼

●防疫局人員一覽表○茲將榆樹廳防疫局人員調查明確分別前後列表於下局長劉仲景司馬提調孫華[illegible]參軍幫辦委員張祚錦坐辦委員孫紹虞佟瑛會計委員焦恩榮總稽查委員李寶林幫辦義務委員楊憲章朱[illegible]塘李樂年王廷翰范雲卿王紹岐李支韶吳廷柱防疫隊十五名醫官二名外鎮共設防疫分所五處每處置稽查一名醫生一名差役二名以及城鎮防疫人員什兵差[illegible]統計六十員名互相援救時疫而造生民之福云　容

——摘自《远东报》，
1911 年 3 月 21 日

●搜查疫斃之人數○榆樹廳警務長孫華棠參軍派王虎臣巡官帶馬巡等赴鄉鎮搜查疫斃之人數該巡官抵五顆樹區內報稱榆樹廳與新城府長春府接壤之處疫斃男女五百餘名嗣又查出疫斃未報者暨曠野疫斃之男女二百餘名孫警務長即飭該巡官將疫斃屍身悉數用火焚化弃埋以絕根株而免傳染之危害云　容

——摘自《远东报》，
1911 年 3 月 21 日

●防疫藥料發到矣○榆樹廳劉仲景司馬查防疫藥材不敷施用乃電請哈埠防疫局局憲郭宗熙司使于駟興[illegible]為購買昇汞石炭酸以及呼吸器噴霧器等項藥[illegible]局憲等接到電報即將藥購齊於日昨發到榆邑劉[illegible]即行轉發防疫局並防疫分所以資施用而拯斯民[illegible]命云　容

——摘自《远东报》，
1911 年 3 月 21 日

庇寒所人數之增多○自百斯篤病蔓延新郡遍及城[illegible]太守辦理防疫孔亟因禁止交通檢驗疫症所有旅房不准存住外人城鄉均有無告之貧民無地容身[illegible]庇寒所三處一設於附城東園子一設于長春嶺一[illegible]家站均租賃民房十數間修葺潔淨備有火坑夫[illegible]資物凡貧民暫時不能謀食者均收入所每日兩餐飲[illegible]飽并派醫士隨時檢驗有無疫症分別隔離並備有[illegible]藥料散施預防年前所收不過幾十人自開正後每[illegible]入百數十人可見市井閉塞貧民謀生無計到處皆[illegible] 臣

——摘自《远东报》，
1911 年 3 月 21 日

[illegible]店生意有起色矣○坡站去冬瘟疫流行坡站雖無[illegible]而防範之法甚形嚴密斷絕交通不准外人入坡站棧房車店生意蕭條異如往昔茲以各埠悉[illegible]撲滅坡站雖未大開交通而實未染疫者已能入[illegible]間九常界內運糧之車到坡者輪流不絕故坡站[illegible]店車店均有一番起色云 益

——摘自《远东报》，
1911 年 3 月 21 日

[illegible]於防疫之會議〇坡站巡官郭某暨會董宋君
[illegible]埠一帶瘟疫盛行遍及東省而坡站幸免癘疫之爲
[illegible]賴中俄一體任勞任怨嚴行防範之所致也但防
如防盜須知其來去之原由茲查瘟疫首始發現自
里延及哈爾濱染是疫者吾華人之以身爲衆者爲
盛以若輩素以衛生爲具文自甘穢濁致起此番之
[illegible]巡官郭某與會董宋君力除該站自甘污穢之陋
[illegible]諸商擬設衛生局俾使街巷淨潔逐戶詳查即會
[illegible]隨時檢驗以重衛生云　叅

——摘自《远东报》，
1911年3月21日

●可見防疫之不慎〇賓州疫禍近見消滅忽於日前奐
有一身負行囊約年四十餘歲無名男子行至本城南分
區界十字街南孫家飯館南邊登時倒斃始經崗兵報知
防疫局從容派救急隊二名以衛生車送至西門外掩埋
許守東藩有聞於此又出一札派各區界不准城內客棧
容留遠來客商抵防疫禍復熾云　劝

——摘自《远东报》，
1911年3月21日

●添設江防隊〇賓城東北新甸地方係屬往來江口近
因到處防疫不暇巡邏致匪乘隙蠢起出沒無常日前許
守招募江防隊兵三十名派往該處一帶巡防駐劄云

——摘自《远东报》，
1911年3月21日

●擴充宣講所之札飭〇賓境城鄉原有憲政宣講所五
處聞日前府署奉民政憲札略謂國會期限縮短立憲預
備促辦甚急考地方人民之程度尤屬卑陋每逢提倡一
公益事件贊助者少阻撓者多揆其原因殆非風氣未開
之所致耶然非多設宣講不足以廣智識除舊有之宣講
所外再行酌添十五處以期民智宏開云云許守奉札後
遂飭自治人員於各適中之鄉鎮照數添設現正組織一
切不日即當開講云　幼

——摘自《远东报》，
1911年3月21日

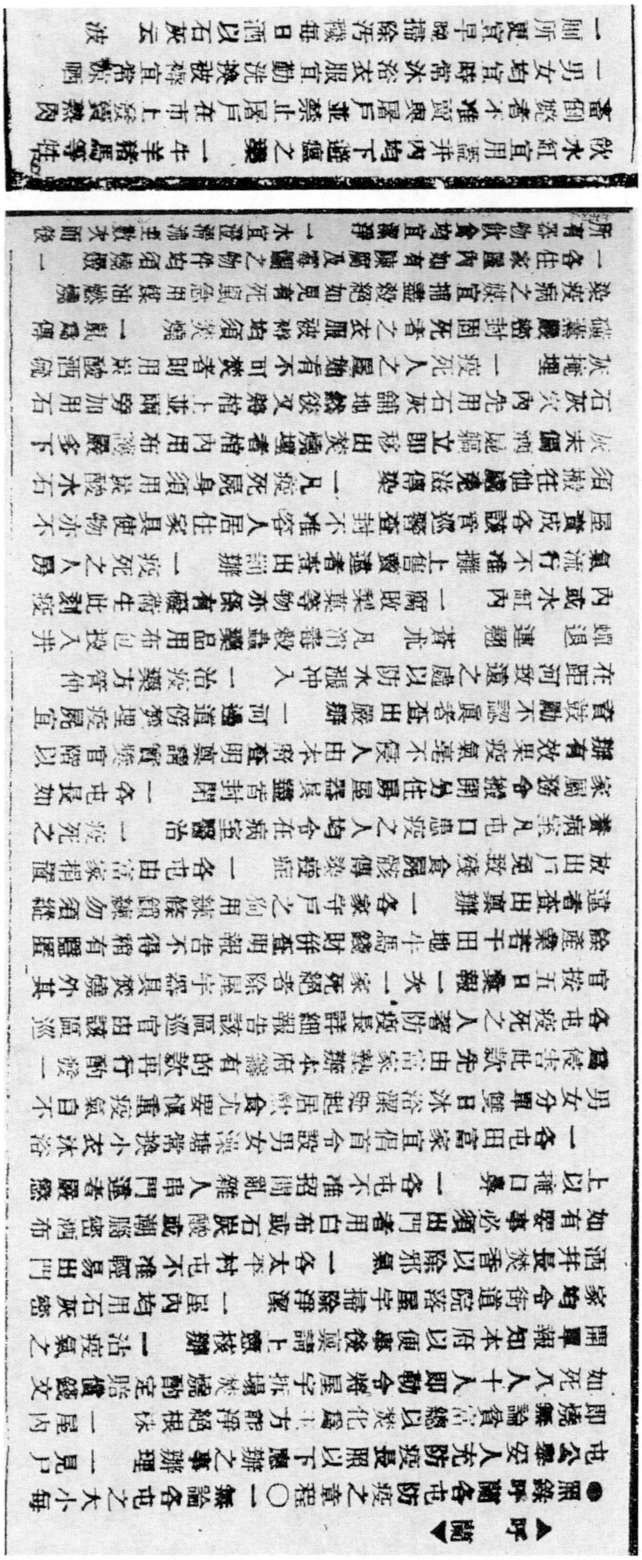

▲呼蘭▼
●照錄呼蘭各屯防疫之章程○一兼論各屯之大小每
屯公舉妥人充防疫長照以下應辦之事辦理　一見尸
即燒兼論貧富總以焚化爲止方能淨絕根株　一屍內
如死八人十人即勒令將屋宇拆燬焚燒酌定賠償錢文
開單報知本府以便彙案詳請上憲核辦　一沾疫氣之
家均令街道院落屋宇掃除淨潔　一屋內均用石灰鏹
酒並長焚香以除邪氣　一各太平村屯不准輕易出門
如有要事必須出門者用白布或石炭酸或潮腦鏹酒布
上以掩口鼻　一各屯不准招開亂雜人串門違者嚴懲
一各屯田富家宜倡首令設男女澡塘常換小衣沐浴
男女分單雙日沐浴澡塘起居飲食尤要慎重疫氣自不
易侵害此款先由富家熱辦本府籌有的款再行酌發一
各屯疫死之人署防疫長詳細報告該區巡官由該區巡
官按五日彙報一次　一家死絕者除房宇器具焚燒外其
餘產業若干田地牛馬錢財併查明報告不得稍有隱匿
違者查出重辦　一各家守戶之狗用鐵條鎖繫勿須縱
放出戶免致殘食屍骸傳染疫症　一各屯由富家捐置
養病室凡屯口患疫之人均令在病室醫治　一疫死之
家屬務令掩閉另住房屋器具鹽皆封閉　一各屯長如
辦有效果疫氣遂不侵人由本府查明稟請獎官附以
賞敍勳不認真者查出嚴辦　一河邊道傍掩埋疫屍宜
在距河較遠之處以防水漲冲入　一治疫藥方貲仲
蛆退　連翹　蒼朮　凡消毒殺蟲藥品用布包投入井
內或水缸內　一腐敗梨棗等物亦係有礙衛生此刻疫
氣流行不准攤上售賣違者查出罰辦　一疫死之人男
屋實成各該官燃醫查封不准容人居住家具使物亦不
須搬往他處免滋傳染　一凡疫死屍身須用炭酸水石
灰末偏灑屍軀立即移出焚燒埋者棺內用布灑嚴多下
石灰穴內先用石灰鋪地然後又將棺上並兩旁加用石
灰掩埋　一疫死人之屍枷有不可焚者則用炭酸酒磁
碰灌嚴密封固死者之衣服被褥均須焚燒　一亂葬傳
染疫病之故宜捕盡殺絕如見有死鼠急用煤油燃燒
一各住家屋內如有陳腐及霉爛之物件均須燒燬　一
所有器物飲食均宜潔淨　一水宜澄清沸煮數次而後
飲水缸宜用蓋井內均下撒鹽之藥　一牛羊豬馬等牲
畜倒斃者不准買與屠戶並禁止屠戶在市上發賣獸肉
一男女均宜時常沐浴衣服宜勤洗換被褥宜常曬晒
一廁所更宜早晚掃除汚穢每日灑以石灰云　波

——摘自《远东报》，1911年3月21日

本館緊要專電

●●●電覆五　奉天

錫濟帥覓醫學博士查伯羅特尼時頗表謝東清鐵路會同華人防疫之熱誠

——摘自《远东报》，
1911 年 3 月 22 日

△△東省賑捐情形必須報告

度支部昨致東三省總督錫清弼制軍電報道探悉內容略云本部據核捐處案呈東三省疫災緊重開辦賑捐曾經奏准已經奉旨依議電致該報照辦在案本處有統核捐務之責除將各項捐新章業經另咨查照外應請電咨該督將該省開辦賑捐設局日期及委員銜名一併報部以憑檢查備案等因前來相應電請貴督查照咨覆云

——摘自《远东报》，
1911 年 3 月 22 日

△△會議東省疫災善後情形

樞府會議東省疫災善後情形已經報告茲聞吉省財政監理官日昨有電函致度支部尚書澤貝子力陳吉省財政現在之紛亂情形除辦捐借款外尚須另籌良策設法維持否則後慮不堪設想等語聞澤公接電後刻正與紹侍郎會商辦法矣

——摘自《远东报》，
1911 年 3 月 22 日

●調查瘟疫隊回哈○前往西方之調查瘟疫隊已於上星期六日回哈據云在鐵路各處查驗數十里並無新染疫者其路鋪及各房內疫斃之屍均已收殮完竣擬不日至滿洲里站調查云

——摘自《远东报》，
1911 年 3 月 22 日

●傳家甸娼優之喜信〇傳家甸防疫局以疫症減滅晋開小交通各節曾誌前報茲悉本月二十日各娼寮戲園均令照常生理云　木

——摘自《远东报》，
1911 年 3 月 22 日

●雙城堡又發現鼠疫〇傳聞雙城堡地方近又發現一種鼠疫卽係腺百斯篤之類甚爲可慮聞鐵路公司總辦已派去醫士數名前往調查云

——摘自《远东报》，
1911 年 3 月 22 日

●傳家甸防疫局排日報告〇本月十九日時疫病院新疑似病院及各區均無染疫者隔離所統計舊有三百零六名新收二名釋放七十六名現在二百三十二名自初九日至十九日止已十日無疫云

——摘自《远东报》，
1911 年 3 月 22 日

●各國防疫代表陸續抵奉〇萬國防疫研究會定於華歷三月初五日開幕一節已誌前報茲確實調查俄法英美諸國各代表均已先後抵奉昨聞交涉司又接日領事來函云敝國行政官已經派定北里藤耶柴山三博士蒞奉參列防疫大會日內卽可抵奉專此預爲通知到時務請接洽云云　遙

——摘自《远东报》，
1911 年 3 月 22 日

▲長春▼

●輕症醫院亦行裁撤○西大佛寺輕症醫院初創辦時經醫官朱立槐經理一切近因無人辦理並院內病人寥寥無幾昨經防疫總辦黃觀察特為下札諭飭將該院裁撤至其中病人及一切器具仍歸黃瓜溝疫症病院內接管云　立

——摘自《远东报》，
1911 年 3 月 22 日

●札催防疫報銷○防疫總局自開辦以來共耗中錢八十餘萬伊何開銷終未詳報近因督憲屢次電催聞總辦黃觀察日前下札諭飭防疫分局留養所隔離所疫症經理各員速呈報銷以備詳報列憲並須即日呈到草單至詳細各表須三日內一律呈到不准遲延云　立

——摘自《远东报》，
1911 年 3 月 22 日

●新定四鄉防疫章程○長春四鄉疫症發現後雖總局屢次派員赴鄉預防而蔓延之勢終不見殺近經總局又定章程札飭各鄉巡警轉飭鄉民一律恪遵不准抗違其章如下一須清除屋內院中污穢運出空曠地方一律焚燒二鄉民各家每間房內應燒硫磺六兩以除菌毒備[illegible]硫磺每屋須放鞭礮一串三凡有潮濕地方須多洒石灰四凡染疫病的人須一人獨住一屋而無病者不准同居以防傳染五不宜間病不宜近病人六凡受疫病死的人暫不宜移動屍身先用硫磺焚薰消毒後再行入棺棺內須先鋪石灰二寸然後放屍上洒石灰然後釘蓋七埋葬須掘埋七尺之深底鋪石灰一層放棺後再上鋪石灰一層然後蓋土八凡病死的人衣服務須用火焚之切勿吝惜致受傳染至要九凡抬屍之人均須用石灰水或城沙水洗手更須將自己衣服脫下用硫磺勳過或在烈日下晒過數次方可再穿云　立

——摘自《远东报》，1911 年 3 月 22 日

●醫治時疫藥物到雙〇查辦防疫委員吳迪民大令自省垣帶來醫治時疫之藥物一千付於日昨交付防疫局以備臨症施用而濟蒼生之性命云 日

——摘自《远东报》，
1911 年 3 月 22 日

●保護防疫論說出現〇雙城府金太守接准俄國醫院醫學博士侯爵卜德菴大夫所註之保護防疫論說若干册金太守查其書與防疫大有裨益乃於日昨轉發各處以資觀摩而啟防疫之理想云 日

——摘自《远东报》，
1911 年 3 月 22 日

[illegible]城時疫一律肅清矣〇雙城府於正月底全境之疫氣大消及至本月後疫氣即爲絕滅是時各界互相慶幸咸謂全境之時疫一律肅清實爲地方之幸福 日

——摘自《远东报》，
1911 年 3 月 22 日

▲榆樹縣▼

●鼠疫之來源〇按鼠疫發生自滿洲里流入哈爾濱未幾傳遍鐵道路綫各地及至去冬鼠疫傳到榆樹縣界先發生於石頭城子五顆樹皆因此兩處與鐵路遥近其由哈埠來者悉出其途彼處既染鼠疫其勢甚熾嗣後傳到弓棚子倒仰傷大嶺趙家屯秀水甸子大坡閔家屯等處幾乎如火燎原彼時幸劉司馬督同屬員等力爲抵防摸救由彼迄今而疫氣始纔日見大消云 容

——摘自《远东报》，
1911 年 3 月 22 日

●防疫不礙於辦公〇榆樹廳自治團范雲卿氏教育會于慕沉氏以本年應行籌辦事宜不便延緩如待疫氣消滅祇恐貽悞實多渠等揆其緩急乃邀請勸學所總董初蘇軒教育會副會長李樂年以及士紳等商議推廣各級學堂渠等擬定將入手推行辦法議定俟疫氣大消即行照辦以補學務之缺點云　容

——摘自《远东报》，
1911 年 3 月 22 日

●木板之跌價〇榆樹廳因疫事戒嚴隔斷交通以致柴草飛漲而木板子銷路不獨暢快其價尤高及至刻間疫氣將近消滅廳劉司馬准予柴米交通故柴草與木料子入集者絡繹不斷其價值因之大爲跌落城裏貧寒住戶亦不勝歡躍云　容

——摘自《远东报》，
1911 年 3 月 22 日

●實行交通之日期〇榆樹廳於月初絕斷交通迄今半月有奇近日劉司馬查疫氣退消先開柴米交通並擬於三月初一日開大交通以便交易通其有無而培養民間生發之機關云　容

——摘自《远东报》，
1911 年 3 月 22 日

●復行斷絕小交通〇日前阿城瘟疫日見撲滅故譚大令暫命巡警將東西南各門略爲開放以便運動柴米各要件近[illegible]天降大雪寒暖失和以致瘟疫復行傳染每日又在二三名之譜日昨有賣菜苦力某正走至署前病忽發作將菜担拋棄奄奄而死經救急夫拉至防疫所診治因此城內復有斷交通之信息云

——摘自《远东报》，
1911 年 3 月 22 日

●赴鄉調查瘟疫情形○城內瘟疫消滅已見前報茲於日昨譚大令親赴二區四區六區地面調查時疫情形以便大開交通云　大

——摘自《远东报》，
1911 年 3 月 22 日

●調查時疫員赴雙○日昨自省派來查驗時疫委員吳盤年因王局長接待不周席間詈罵以故譚大令急向民政司電稟原尾因接覆電飭該委員急速赴雙不准在阿逗留故該員遂於日昨束裝急行云　大

——摘自《远东报》，
1911 年 3 月 22 日

▲一面坡▼

●糧商之大僥倖○坡站原爲雜糧出産之區與（五常）（小山子）（藍採橋）等處地處連壤自東路汽車流通以來鄉間民戶每歲收穫之糧石盡皆拉運至坡以爲銷售之市場故坡站又爲糧石聚積之區自去臘嚴防疫癘斷絕交通不准雜亂人等擅自入境拉運糧石之民戶皆不得到坡以致收買糧石之巨商大賈皆受莫大之影響邇來鼠疫逐漸滅絕醫師診驗無疫之人已准入境而時值春初冰雪融解道路泥濘車馬爬犂皆嘆行路維艱來坡者竟至逐漸減少幸於日昨大雪紛飛平地雪深尺餘車輛至坡者又復輪流不絕云　益

——摘自《远东报》，1911 年 3 月 22 日

●司理政治乃一巡官也〇長壽縣秀臣劉大令查驗防疫到坡面諭該站巡官郭某謂邇來巡檢王某因過勞致病日見沉重寸步難移臥榻不支曾經具稟省憲請開缺而新任譚某因在省垣經手之公務未能交代清楚接篆尚無定期時值瘟疫流行公務頗繁爾警察原有行政之責地方政治之機關須當挺身自任切勿畏首畏尾觀望不前以致疏擱要公云 益

——摘自《远东报》，
1911 年 3 月 22 日

●又演一齣婊子過關活劇〇自哈埠瘟疫流行為害甚烈故東省各鎮均皆嚴行防範斷絕交通封禁娼寮禁止戲劇以免人衆擁積惡氣蒸騰致染瘟疫故一般妓女優伶均皆困居無聊聞有女伶花雲峰等五人在奉省某茶園演劇為生該園亦因防被禁彼等五人意欲搭車赴寧古塔站以謀生活詎行至坡站竟被防疫所偵知送至檢驗所按法消毒須逾五日後實屬無疫方可東去云 益

——摘自《远东报》，
1911 年 3 月 22 日

▲寧古塔▼

●寧安府亦設檢疫所矣〇寧安府城內以及佐近鄉村自客歲至今實無瘟疫傳染前因長春以及哈埠各處瘟疫盛行誠恐蔓延入境故顧太守特派警務長速即設立防瘟檢疫所一所凡有由外來寓者皆得注意盤詰確切檢驗以免傳染云云 明

——摘自《远东报》，
1911 年 3 月 22 日

●庇寒所今始設立〇塔城去自冬以後至今多有染病頭疼遍體酸懈久病不愈因此斃命者多矣今經熊太守商酌醫務長設立庇寒所一所聘請洞達醫學者兩位每日診視貧寒之家凡有染病受疫者均赴庇寒所醫治寔於衛生兩有裨益云 明

——摘自《远东报》，
1911 年 3 月 22 日

▲黑龍江▼

●省城疫焚房間之數目○省城自疫病發現以來所有疫斃多人之房院一律用火焚化以杜留毒所焚之房概由防疫會分別償價本報前已誌登現經醫務公所派員查明統共焚燒民房一百五十二間全行給價其疫斃較少者或及僅有病人并未在宅疫斃者之各項房屋均免焚化施以消毒方法惟屋內病人所用之一切什物仍皆一律焚化以免死毒復延云 于

——摘自《远东报》，
1911 年 3 月 22 日

▲呼蘭▼

●敬告防疫人員○呼蘭疫禍現已廓清推厥原因皆王守順存親督防範之效果也查呼蘭染疫之家及染疫絕戶者比比皆是自知疫氣利害各將染疫之房屋空間不住以防傳染然商民何知顧全大局者少損人利己者多每以傳染疫之房屋誆語轉租他人以圖蠅頭房價且當此二八月紛紛間房搬家之際倘不注意嚴防特恐疫禍復燃爲害實非淺鮮爲今之計急須出示禁止搬家庶不至再有傳染之虞未識呼蘭防疫人員顧慮及此否． 子

——摘自《远东报》，
1911 年 3 月 22 日

●調查員呈報疫斃之數目表○茲因鼠疫之毒遍處流傳雖呼街防範漸滅猶恐各州縣鄉屯辦理有未善之處遺害無窮王守順存與防疫會董等議商派員多名赴城鄉調查各地方疫癘之情形如何防範并疫斃之人數查覆呈報該調查巴彥州木蘭縣西集廠等處之委員張連會昨日查覆呈報云巴彥州街之鼠疫雖亦流毒傳染過甚地方官現以仿照各省防疫之辦法設立防疫會男女隔離養病等所有染疫者派醫診治惟衛生之道不甚講求商戶之家院落污穢并街道集雪不知掃除腐敗已極查該街疫斃之男女二百九十七名該州四鄉分設九區男女疫斃者二百九十名西集廠疫斃者男女二百四十五名沈家窩堡疫斃者男女五十四名一併用火焚燒者一百四十五名現在疫勢漸退云 波

——摘自《远东报》，
1911 年 3 月 22 日

△△錦瑷鐵道暫緩開工之原因

東督錫清帥已奏批允將錦瑷鐵路息借美國日本領事以百斯篤疫症非氣候增至一百度之熱度不能消滅興築錦瑷路工人動至數萬若令其春夏之交一律到東恐使百斯篤死灰復燃甚爲危險至于運輸材料現當防疫吃緊遮斷交通之際他國汽車其礙難代運故錦瑷路開工之期不得不往後展緩云

——摘自《远东报》，
1911年3月23日

本埠新聞

●招領存留消毒物件○傅家甸所有各區存留染疫各家衣物等項曾經防疫局消毒多日尚未訪領應速張貼報條招主認領仍著取具圖書妥保以免假冒云 亦

——摘自《远东报》，
1911年3月23日

●不允多給通行執照原因○傅家甸防疫局自本月十六日開四區交通凡商民辦事仍發給出入境執照以資通行已詳前報茲聞防疫局總會辦以正月間某局員令家丁執持票照赴某娼窯招妓侑酒故此次通行執照各局署僅發給一二張云 亦

——摘自《远东报》，
1911年3月23日

●疫斃人數確實調查○傅家甸地方自去歲十月間肺疫發現計至而今其疫斃之人確數昨經調查共七千二百一十四名云 亦

——摘自《远东报》，
1911年3月23日

●又有開大交通之風說○昨據防疫局人員傳說該局總會辦以剋下各處瘟疫日形消滅擬稟商大憲於三月初十前後開大交通未知確否姑誌之以觀厥後　亦

——摘自《远东报》，
1911年3月23日

●傳家甸復興之氣象○傳家甸自瘟疫極盛之時除道裡道外斷絕交通外傳家甸各街亦分區隔斷近日疫氣盡消小交通已開來往人民車輛數日已驟增商務之景象大振且傳家店街內焚毀之房亦漸從新修蓋頗有死而復生之景象云　中

——摘自《远东报》，
1911年3月23日

●造報防疫報告書○本埠代理道郭司使以現在瘟疫消滅不日回省所有在哈時辦理防疫事宜及防疫一切人員銜名均經造成書冊以便到省轉呈各大憲鑒察聞日內當可造妥　木

——摘自《远东报》，
1911年3月23日

●傳家店防疫局排日報告○本月二十日時疫病院新疑似病院及各區均無疫隔離所統計舊有二百三十二名新收四名現在二百三十六名內二百一十六名撥歸濟貧所自初九至二十日已十一日無疫斃者

——摘自《远东报》，
1911年3月23日

●又檢驗華人○傳聞馬家溝成河牛家牛屯郝家溝各村俄國防疫局派員往驗各商民均無病者江沿染疫之房屋全行焚毀云

——摘自《远东报》，
1911年3月23日

●關於瘟疫之報告○據防疫局報告云二十一日鐵路各站均無染疫者自瘟疫發現至今鐵路租界各站共疫死華人一千四百七十五名俄人五十二名現哈埠防疫局已將防疫人員撤減多半云

——摘自《远东报》，
1911年3月23日

●荷國亦派軍醫來奉○錫清帥昨接外部來電現在荷蘭國一等軍醫官赫伊勝氏奉派來東參與防疫大會惟該醫官抵奉之期大約須在四月初間云屆時務請派員接洽以敦睦誼云云　過

——摘自《远东报》，
1911年3月23日

●京奉路綫開車確期○京奉火車因防疫吃緊不准附搭坐客以致來往者咸爲裹足茲聞該火車已於本月十六日照舊開駛頭二三等均一律載客惟車至山海關時仍不免有隔離驗病之事云　過

——摘自《远东报》，
1911年3月23日

●四萬兩之防疫費○萬國防疫大會准於三月初五日開幕一節迭誌本報茲聞該會開辦經費尚未指撥昨經錫督憲電商外務度支兩部擬暫向稅務處指撥四萬兩以應急需云　通

——摘自《远东报》，
1911年3月23日

●通飭開學日期○提學司盧司使近以鼠疫減輕或不至再行劇烈日昨特通飭省城各學堂限於月之二十日一律開學照常授課庶不至有荒學業云云　通

——摘自《远东报》，
1911年3月23日

▲長　春▼

●詳呈防疫各所居室圖○防疫總局爲防疫查疫城內關外共設分局四處隔離所七處留養所一處疫症院三處檢疫所三處以防傳染而除菌毒近因督憲札催報銷並飭詳細呈報以備報部聞該局黃總辦寶森今飭繪圖員郝某將各局各所及設立何街何地一一成圖詳報列憲云　立

——摘自《远东报》，
1911年3月23日

●交通日開矣○長春市面自去臘鼠疫盛行後商業停歇交通斷絕每日街前幾無人跡近自月初商界請准糧車進城現在市面交通日開每日車輛進城者計一千有零并商民亦絡繹而來惟各亘商尚未開張售貨各關城門亦有兵看守出入必須消毒云　立

——摘自《远东报》，
1911年3月23日

農界之貿易談〇頃聞五常府農界人說五常府官帖每百吊加錢利五十吊其阿城縣暨雙城云府官帖按本位行用惟糧食菸蔴兩項皆可獲利無奈到處瘟疫不敢鋌而走險云云　仲

——摘自《远东报》，
1911年3月23日

敬告有路政之責者〇疫菌發生於卑濕污穢之處五常府既受疫菌之毒不可不慎之於後本埠大街尚屬潔淨惟背街曲巷冰雪糞土以及齷齪之物堆積纍纍刻間冰雪融化臭氣蒸薰與衛生大有妨礙望有路政之責者督催各界掃除而絕疫菌之發生云云　仲

——摘自《远东报》，
1911年3月23日

▲榆樹廳▼

照錄一張六言韻示〇茲探悉榆樹廳孫華棠警務長六字錦曉諭遂按照原文特錄於左其略謂照得防疫之法惟有潔淨為妙無論怎樣研究不如先請街道但能掃除污穢疫毒自然不到城內各處糞堆為害孳生極虐[illegible]已趕緊拉出休待諄諄戒告屋內尤須清潔食物不可亂拋城外四鄉親友此時切莫留招倘若被其傳染臨時後悔難逃騾馬毛驢等肉一概不准售消倒斃各項禽獸立即遠埋荒郊大家性命要緊慎勿視如弁髦此係公共法律違者定罰不饒云云　容

——摘自《远东报》，
1911年3月23日

●商界之困難○榆樹廳因疫事戒嚴遮斷交通是時不
推遠客不至而鄉民等亦復不來於是商界大受影響聞
其困難已達於極點刻間各界因隔斷交通甚爲焦急無
不盼望疫氣早日消滅云 容

——摘自《远东报》，
1911 年 3 月 23 日

●防疫局之忙碌○榆樹廳防疫局局長劉仲貴司馬防
將疫癥發生理由全境疫斃之人數查明造册以憑送省
該局委員等承命趕辦其事甚形忙碌云 容

——摘自《远东报》，
1911 年 3 月 23 日

▲阿什河▼

●商務會紀事○現下城內瘟疫日見撲滅茲聞商會王
會董執中以人心稍定未免仍事抑鬱擬選吉日開會筵
宴並於東廊下演新戲數劇以開暢樂而舒衆志又日前
福泰義號所租房屋原係商會大衆墊修近因該號生意
歇業故該會入員擬將商會地址易爲自治會佔用遂將
該會遷往福泰義號爲辦公之用以期兩便云 大

——摘自《远东报》，
1911 年 3 月 23 日

●禁賭與防疫並重○雙城府孫鮮麟警務長恐民間乘
絕斷交通之際聚衆偷賭故於日昨通飭各分所務要認
眞訪拿送辦以儆效尤云 日

——摘自《远东报》，
1911 年 3 月 23 日

▲賓州▼

●調查四鄉瘟疫之報告○賓城疫症刻見消滅聞於日前許守特派專員分往四鄉調查疫勢之輕重以資報告而便交通旋經該員稟稱各鄉疫症雖見輕減然每日尚死於疫者有一二十名之數奐查其原因皆屬防疫分局辦理不善之所致云　妁

——摘自《远东报》，1911年3月23日

●設立貧民留養所○賓城自防疫以來迄今仍未交通而又禁大小棧店不准容留行客是以遠避難之人及本地貧民流離失所者號呼於道許守恐害治安遂將城外舊有之棧店租貸數間作爲留養所俾各貧民有所歸宿而免流離每名每日酌給伙食吉錢五百以資糊口云

——摘自《远东报》，1911年3月23日

●又死一防疫人員○自防疫會成立之後而辦理防疫之員並醫官死於疫症不知凡幾嵩玉延及親屬全家盡滅誠浩刼也前醫務公所庶務科科員裕希賢襄辦防疫頗甚勇奮茲以第三隔離所管理無人特委充是差到所未久即受染患昨夜而死次日該使役亦因傳染而亡云

——摘自《远东报》，1911年3月23日

●疫症勢見消滅○近日疫症大減每日病斃之人不過兩三名之多亦係見於病院數日前住戶即無然防疫會若以日內之傳聞頗以疫氣日減有擬於日前即行停辦之說未知確否　于

——摘自《远东报》，1911年3月23日

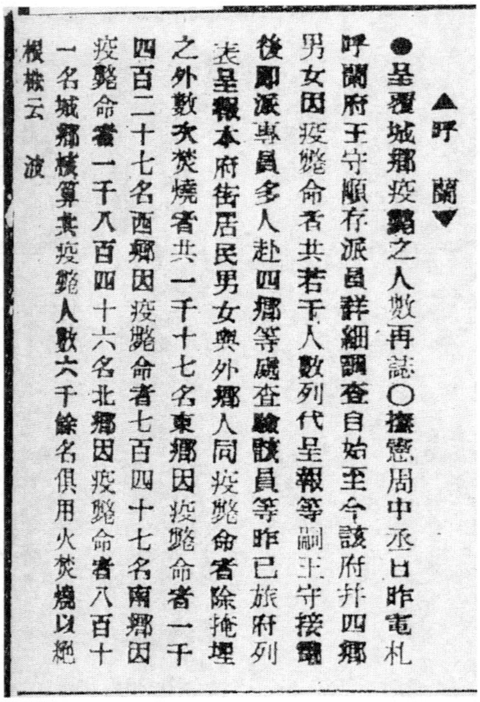

▲呼蘭▼

●呈覆城鄉疫斃之人數再誌〇據憲周中丞日昨電札呼蘭府王守順存派員詳細調查自始至今該府幷四鄉男女因疫斃命者共若干人數列代呈報等謂王守接電後即派專員多人赴四鄉等處查驗該員等昨已旅府列表呈報本府街居民男女與外鄉人同疫斃命者除掩埋之外數次焚燒者共一千十七名東鄉因疫斃命者一千四百二十七名西鄉因疫斃命者七百四十七名南鄉因疫斃命者一千八百四十六名北鄉因疫斃命者八百十一名城鄉核算其疫斃人數六千餘名俱用火焚燒以絕根株云　波

——摘自《远东报》，
1911 年 3 月 23 日

論說

警告雙城之防疫者

腺百斯篤發生矣其奈何

（元）

近得報告云北滿沿鐵道一帶疫氛之熾舍傳家甸之外以雙城爲最烈其死亡之數亦與哈長相勒哈長近日雖已漸見肅清而雙城則猶死灰復燃之勢近有西防員通告本埠各報言雙城又有腺百斯篤發生其勢甚爲可慮鐵路公司現已遣派醫生數人前往調查云記者猶憶月初吉撫曾有一嚴電訓斥雙城官吏略謂雙城府疫勢蔓延有加無已死亡之多竟與哈長相並人命至重何容漫不經心雙城報告死亡人口竟無確實定數但以餘數不[illegible]含糊之語任便敷衍即此一端已知辦理此事全不認[illegible]府疫患爲著名最盛之區朝野中外監察綦嚴[illegible]任事力求消滅勿徒藉口天災而不勉盡人事[illegible]曾幾何時而雙城竟以疫靖告又未幾時雙城又聞腺百斯篤發生倏忽兩星期間何竟相去之遠甚也吾於是敢[illegible]一事以斷焉近者遣派醫官至雙防疫醫官又仿照哈埠防疫之法各設立醫士更衣所醫士防疫沐浴所以爲自衛而衛民之計而無識者不察以爲醫官過于要索甚至一日本草鞋一毛巾亦均視爲過費大起怨言謂爲邀功之計而不知醫官防疫處處皆處於危險地位醫官自陷於無形之疫陣中卽時時可攖疫死之禍醫官爲自防防民計亦處處存一疫菌侵害民生之驚恐醫官不欲疫菌由醫官而傳染也故時時焚棄其傳染之媒介誠以疫菌過微非用千倍顯微鏡則尋常目力所不能見醫官既日日入於疫家深恐又由衣巾冠服沾染疫菌遺害無疫之人也故將所用之衣服巾履多有焚棄之者此非過費不惜物力也懼傳染之禍惜小費而貽誤大事也雙城前者自謂疫靖而死亡竟與哈長相勒近者自謂疫靖而腺百斯篤居然發生此可見不時防疫之不力不能希及醫官之細心也記者早於吉撫電報繹其底蘊今幸有醫官遏止補助地方官之不及疫果靖矣得醫官以善其後卽有過費亦可念其爲疫而來時時以死相拚醫官之德甚可感也亦不當以小事而闕其大計疫果未靖乎則方賴醫官與疫氛力戰以保全吾民之生命以存繫吾國家之本根此醫官不惜犧牲性命日日與疫爭持醫官卽有撝謙而不肯受者吾雙官吏方將盡力之所至以激發醫官之天良庶使早過其狂燄撲滅淨盡相安無事而何竟以醫官所索之一巾一履亦視爲過分之舉乎豈未知所去者小而保全者大之一說乎吾國當日地方官每每不知疫勢之利害視醫官爲賤物樂於苟安憚於振作而今非其時矣吾嘗見各國方面大吏一當疫甚之時則有不憚執鞭之賤役以爲醫官前驅者誠以所保全者民命尊敬醫官卽尊敬吾民命也雙城疫勢又復漸熾腺百斯篤又復生矣所全賴此有經驗有學問有文明教育之醫官以撲滅此疫也吾敢仍引吉撫之電語警告防疫者曰朝野中外監察綦嚴勿以星星之火又貽我　國家之大憂也天災人事相逼而來苟有心肝者決不可不一反復思之勿又以小費而撓大計也雙城有防疫之責者其念諸

——摘自《远东报》，1911 年 3 月 24 日

△監國詳閱東省防疫保案

東省疫氣業已漸次消除日昨錫督有封奏到京當由軍機處代遞茲探悉其中列保者共十餘員監國正在詳閱不日當可發表

——摘自《远东报》，
1911 年 3 月 24 日

△以太保銜酬錫督防疫功

東三省總督錫清帥屢次乞休均經溫諭慰留各軍機亦專電勸勉曾誌各報日前攝政王特面諭樞臣謂錫良辦理東省內政外交頗能力任艱鉅此次防疫事起尤能著著認眞不失主權洵堪嘉尚自應優予榮銜以示寵異茲聞樞臣議奏請加太保銜想日內定有明諭云

——摘自《远东报》，
1911 年 3 月 24 日

●醫學博士與錫督之談論○俄醫學博士查伯羅特尼氏與醫士伯古次克返至奉天謁見錫督時清帥云我華人於瘟疫出起時對于俄人在租界外干預中國防疫之事頗以有失主權爲言嗣後兩國將一切防疫局多承俄醫學士指敎是以近將惡疫除滅現查滿洲疫死人數奉天約一千六百餘人寬城子較他處爲多共約死一萬人統計之不下四萬餘人然據伯醫士之此數尙不甚詳確云

——摘自《远东报》，
1911 年 3 月 24 日

本埠新聞

●造報防疫經費○傅家甸防疫局以本埠疫災已平昨經商會會同該局調查一切帳目花銷分晰四註造册以備呈報云 本

——摘自《远东报》，
1911 年 3 月 24 日

●組織棲流所○防疫局爲消滅疫毒起見特將天仙茶園租賃以爲貧民棲流並設長巷一條直達中國十三道街東口外云

——摘自《远东报》，
1911 年 3 月 24 日

●關于瘟疫之報告○鐵路各站除齊齊哈爾疫死一人外於二十一日並未有疫死者亦未見死屍查自瘟疫發見至今共疫死華人一千四百七十六人歐人五十二名現在哈埠檢驗所尚有一百三人特別檢驗所一人齊齊哈爾檢驗所有二十二人云

——摘自《远东报》，
1911 年 3 月 24 日

●防造防疫人員名册○覆署哈爾濱兵備道郭司使因本埠疫症刻已消平於昨札防各局署將所有辦理防疫人員籍貫名姓造具清册呈送以備查核奬勵云　亦

——摘自《远东报》，
1911 年 3 月 24 日

●傅家甸防疫局排日報告○本月二十一日時疫病院新疑似病院以及各區均無疫隔離所統計舊有二十名釋放一名現在十九名濟貧所二百十六名釋放三十三名現在一百八十三名

——摘自《远东报》，
1911 年 3 月 24 日

●開學又擬緩期○提學司日前通飭省城各學堂限於月之二十日一律開學一節已誌昨報玆聞教育會長日昨面稟學憲謂近來疫氣雖日見減消惟省城各學堂學生在籍者尚居多數必須先行傳知令其先期來堂再行開學始不悞事否則參差不齊礙難授課不如暫且一面傳知外統俟萬國防疫會閉幕後視疫氣何如再爲定妥云云當聞提學司以教育會長所見甚是遂稟知上憲允如所稟云遇

——摘自《远东报》，
1911 年 3 月 24 日

▲五常府▼

●疫氣甫息盜賊又起○五常府疫氣大消官商士庶無不相慶不意疫氣甫息而盜賊蜂起近有鬍匪十餘人在府屬以北五常堡地方盤踞蹂躪其行人爲之絕跡惟望有緝捕之責者速爲剿除以造地方之幸福也　仲

——摘自《远东报》，
1911 年 3 月 24 日

●防疫之熱誠○坡他牙不里站商會練長王某以哈埠一帶瘟疫流行蔓延東省近聞五常界內瘟疫發現爲害甚巨若不嚴行防範一有傳染其禍匪淺况牙不里站僻地狹窄商戶居民寥寥無幾惟木把苦工儕居該站以砍劈木柴爲生活所居之窩舖板棚污穢不堪實於衛生有礙聞該練長不憚勞苦會同醫師到處查驗不惜巨欵購製石灰並防疫之藥水挨次將窩舖棚房遍洒藥水如有污穢之處又皆撒蓋石灰以免臭氣四溢致生雜疫云

——摘自《远东报》，
1911 年 3 月 24 日

▲雙城▼

●醫官到雙後防疫之現象○雙城鼠疫正月底漸見消減王廷瑞中軍二月初四自哈到雙與金太守晤會擬別防疫各事往往自懷中出晉撫札文恫嚇醫務長日陸軍醫務均在我之部分倘有參差即行撤差或告以檢樹鼠鼠疫正盛昆弟輩往以拯斯民出於水火彼聞言面有難色繼而詭對人少衆願離周彼竟不願南往也復又主持於初六日絕斷交通交通已斷而東三省總醫伍連德氏於初八日自哈來雙在審判廳稅駕及至與金太守晤會則曰冒險而來王中軍隨聲附和並獻策徵調陸軍入衛初九日伍連德氏乘馬車查看時疫病院疑似病院男女隔離所以及西門外焚屍處不幸是日屍寒所以人拽扒犂向城外拉運屍身一具行至北街被伍連德氏連遇三次回府署見金太守即說雙城時疫不了須臾間連見屍三具時疫如此尤當加意嚴防伍連德氏在雙小駐告諸金太守添修隔離所五處初十日束裝旋哈金太守送之北站彼復以危言再四告之回哈後即遣發醫官十員未幾王中軍亦接踵回哈金太守與該醫生等預備館舍初則借用勸學所嗣因查其房屋不便復借用女學堂糊棚裱墻購備器皿需款七百餘緡至十六日醫官偕濟會同同學之醫學生李穠徐耀堃張毓英江文波張租貽澄照總

醫官伍連德氏之佈置帶領衛生巡捕來雙防疫下車伊始便索日本草鞋黑香皂胰子並著履覓日本人伺候雜髮飲饌日用務求精潔不肯含糊用毛巾一度即使拭皮靴子穢物塞入煤爐燒毀（按此爲防傳染之故）刻間渠等又告諸金太守薪水仍由哈埠支領雙城每日須支給醫官膳費每人俄洋十五發布支給衛生巡捕膳費每人俄洋二元發布以外添修消毒室西式澡塘（按此均爲防疫傳染之故）哈埠均已照辦然雙城疫菌漸已消滅刻間時疫病人僅剩三名尚不知是否疫症新添之五處隔離所均屬空閑似乎可少爲通融云

按此似官署通告之詞歷數各醫官之排場尚有不滿之語記者一律從删記者猶憶去年傳家甸疫起之初各醫生亦開單要索多節官中以其不便特斷然之卒之疫症大熾延及數省今聞雙城又發見一種（腺百斯篤）即鼠疫見諸前日本報西友通電中懇願各醫生認眞查驗毋使熄而復熾即有過于需索之處亦爲不過然當此民窮財盡之時亦不可過于鋪張是亦保全國本之要著也各醫士均經受過文明教育之人已在哈埠盡其功能無又使重現傳家甸怪象也而各地方官亦當視防疫爲培根本重計亦不可不聽醫官之命令醫官有可商者則商之又無徒爭意見尤爲要義

本館附識

——摘自《远东报》，1911 年 3 月 24 日

▲賓州▼

●自治學員被懲○賓境疫禍發行時曾經許太守傳諭所屬自治畢業學員來城藉資補助防疫之不足茲聞城南陞子屯有自治二班學員楊鳳喈接奉此諭以防疫之義務無非奔走勞勞竟有莫大之危險多用婉言推卸時值改歲之際屯中賭場大開該學員熱心賭博遂作一局之代表竟以放賭抽頭為文明生活不料日前有本村某密赴巡警總局訴明原委即協警兵前往查拿當將該學員暨賭犯賭具一並帶城訊問明確判以該學員係文明中人知法故犯擬罰警費三年以示嚴懲云 劝

——摘自《远东报》，
1911年3月24日

●檢疫調查員赴鄉○賓州府熊太守以瘟疫注重特派徐局長曾外委等二人赴鄉調查正月分得疫斃命者若干染疫者若干業於初間赴鄉云 明

——摘自《远东报》，
1911年3月24日

▲榆樹廳▼

●新舊之交替○榆樹廳劉仲景司馬因辦理防疫不力被上憲撤任其遞遺同知一缺當經撫院電飭監查員廉懿齋太守就近代理劉司馬奉文即將印信具文移交而廉太守已於日前接印視事以繼劉司馬防疫之責云

——摘自《远东报》，
1911年3月24日

●民與財政並困○賓境屬民茲於去歲秋受水災冬遭疫禍該民不幸之處已達極點現今困苦情形不堪言狀而各項捐務亦因之大受影響迄今均未收有成數是以財政問題尤極困難昨聞官界人云各局處所尚有三個月經費未發每處僅按十之一請領接濟而已 劝

——摘自《远东报》，
1911年3月24日

各級學堂開學之期不遠○榆樹廳勸學所總董初鏞軒氏查疫氣大消乃據呈詳廳署詳請提學司曹梅舫司使批示准予開學以期造就人材而免耽悞子弟之光陰亦良意也　容

——摘自《远东报》，
1911 年 3 月 24 日

續招救急隊○榆樹廳廳齋太守查疫氣雖成强弩之末惟恐死灰復燃再成燎原之害該太守爲防微杜漸遂即添募救急隊二十名以補防疫隊之不足云・容

——摘自《远东报》，
1911 年 3 月 24 日

省城防疫報告各屬情形○省城日來瘟疫大減而各屬州縣亦皆日漸消滅自本月初六日以前省城日斃人數業已分志本報初七日疫斃六人初八日疫斃六人初九日疫斃五人初十日疫斃三人十一日疫斃二人十二日疫斃一人十三日疫斃二人一在病院一在住戶十四日疫斃五人病院四人住戶一人外城初八日海倫斃二人呼蘭四人綏化一人初九日海倫無一人呼蘭病院死三人綏化病院死一人是日木蘭來電自月初迄今據各區報告共斃男女十五名蘭西來電城內初四日斃男二人初五日斃女一人四鄉斃男六名女一名巴彥來電城內初六日至初八日均無疫斃之人四鄉初五日斃五人初六日斃三人初七日斃四人於雪堆內搜出屍棺一百五十一具業均分防焚埋賓州來電自正月初起至月底止所屬之二三四台站及荒段共斃五十一人肇東分防界內及附近鐵路一帶疫斃四十一人旬日內並無疫者初十日呼蘭來電僅病院死一人大通來電防疫局業已成立計全境斃於疫症者共七十九人滿洲里來電業已遣派查屍隊三十二名分赴沿邊梭查遺屍十一日呼蘭來電疫院死二人綏化來電病院死一人住戶一人鄉間畢姓一家斃二人盧姓一家斃四人查明均係服用死者之衣被所致現已重申禁令並分投查燒十二日呼蘭無疫死者綏化病院死二人巴彥來電城鄉旬日皆無疫死者僅焚埋舊有屍棺六十一具　于

——摘自《远东报》，1911 年 3 月 24 日

●滿洲瘟疫史之預備○俄人以滿洲此次之瘟疫殊可供專門家研究之資料現由俄醫學博士查伯羅特尼氏伯古次克氏等組織一會先就租界內瘟疫始末之情形及防疫辦法一一纂集合成一書名爲滿洲瘟疫史其一切章程及書中秩序均由查博士鑒定擬博士云若此書一成不但可爲防疫人之讀本更可供專門家研究之資料云

——摘自《远东报》，
1911 年 3 月 25 日

●將設永遠之檢驗○由哈至東路五站西路滿洲里站爲入俄之要津今俄人爲預防惡疫傳染起見擬在該兩站設立永遠檢驗所各一處凡來往之人及貨物均須消毒並擬組織特別檢驗所一處專爲檢驗華人搭客云

——摘自《远东报》，
1911 年 3 月 25 日

●海拉爾與齊齊哈爾兩站設立消毒所○本埠傳述近日俄人擬在海拉爾齊齊哈爾兩站設立消毒所二處據云暫不建造房屋纔就暖車中用不透空氣之布縫嚴即可使用云

——摘自《远东报》，
1911 年 3 月 25 日

●防疫執行處停放柴米○傳家甸防疫局自正月初四日斷絕交通添設防疫執行處放給商民柴米已誌報端茲聞該局以界內交通開行數日商民之有營業者均可自理生涯於昨停放柴米添設貧民院一處無業貧民防入該院收養云　亦

——摘自《远东报》，
1911 年 3 月 25 日

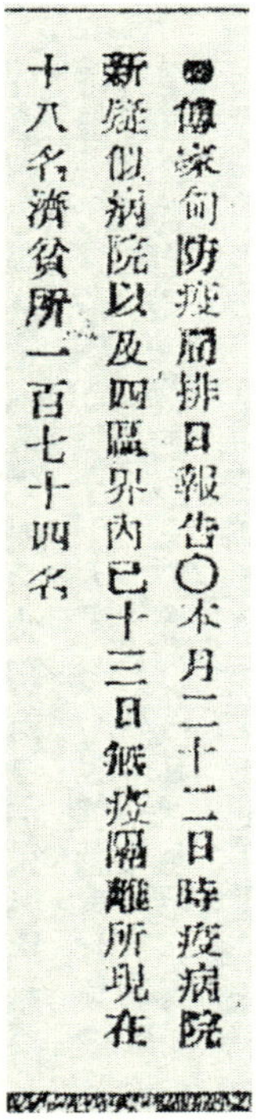
●傳家甸防疫局排日報告○本月二十二日時疫病院新疑似病院以及四區界內已十三日鼠疫隔離所現在十八名濟貧所一百七十四名

——摘自《远东报》，
1911 年 3 月 25 日

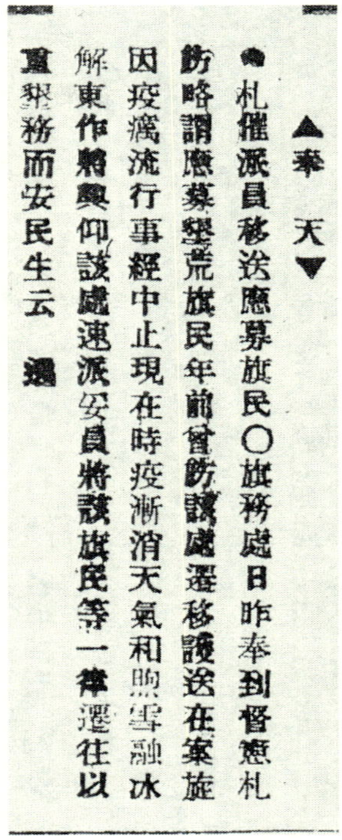
▲奉天▼

●札催派員移送應募旗民○旗務處日昨奉到督憲札飭略謂應募墾荒旗民年前曾飭該處遷移護送在案旋因疫癘流行事經中止現在時疫漸消天氣和煦雪融冰解東作將興仰該處速派妥員將該旗民等一律遷往以重墾務而安民生云　遇

——摘自《远东报》，
1911 年 3 月 25 日

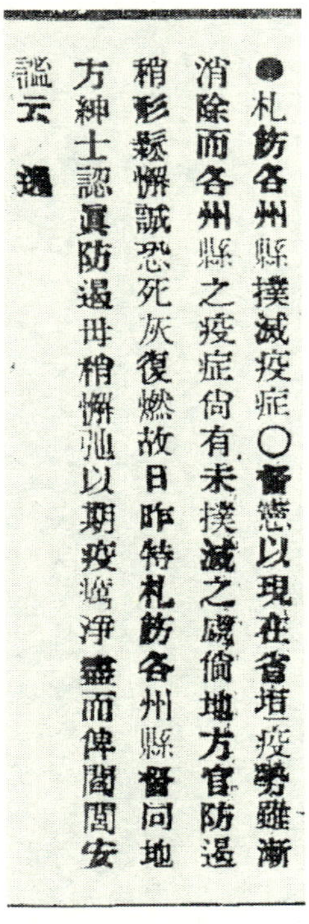
●札飭各州縣撲滅疫症○督憲以現在省垣疫勢雖漸消除而各州縣之疫症尚有未撲滅之處倘地方官防遏稍形懈弛誠恐死灰復燃故日昨特札飭各州縣督同地方紳士認眞防遏毋稍懈弛以期疫癘淨盡而俾閭閻安謐云　遇

——摘自《远东报》，
1911 年 3 月 25 日

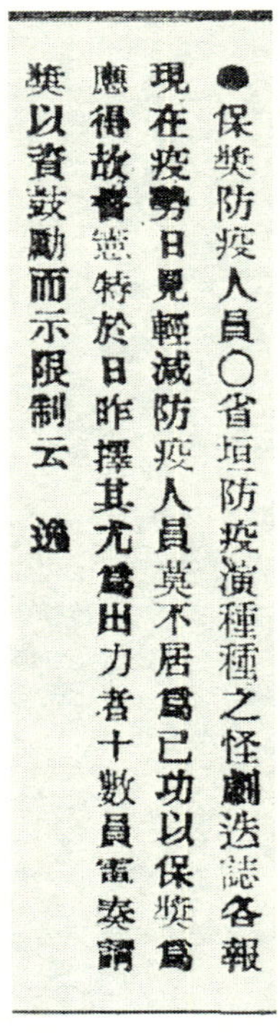
●保奬防疫人員○省垣防疫演種種之怪劇迭誌各報現在疫勢日見輕減防疫人員莫不居爲已功以保奬爲應得故督憲特於日昨擇其尤爲出力者十數員電奏請奬以資鼓勵而示限制云　遇

——摘自《远东报》，
1911 年 3 月 25 日

●連日疫斃之人數○防疫總局近數日來細查城關及各鄉呈報閱月之十五城內商民染疫死者共三名四鄉八名路斃二名共十三名十六日城內二名四鄉五名路斃一名共斃八名十七日城內一名四鄉五名共斃六名至未查到者聞有城東二十堡王姓家全家十二口疫斃四名所餘八名經本村紳戶聯名呈送南關隔離所留養醫治以防傳染全村云 立

——摘自《远东报》，
1911 年 3 月 25 日

▲雙　城▼

●接待俄國醫學博士○雙城府金太守於日前接准哈埠道署急電一道內開雙城金太守鑒頃有俄政府所派醫學博士携帶男女醫士五人擬今日赴雙游歷藉以研究疫症本署並派繙譯一員同行到雙希接待云云[illegible]守接電即知會防疫人員等齊至北站歡迎以盡[illegible]盡鄰誼云 日

——摘自《远东报》，
1911 年 3 月 25 日

●撤回巡警到雙○雙城府巡警局行政股員胡殖亭君於去冬依奉道憲札文領巡警二百名赴哈埠防疫業已早誌本報時下哈埠疫氣消減代理道郭宗熙司使飭將巡警撤回一百名該股員偕文牘員薛紫庭於日昨帶領一百巡警兵回雙供差云 日

——摘自《远东报》，
1911 年 3 月 25 日

●開交通之辦法〇雙城府防疫局局長金太守接奉東督錫欽帥電文准予暫開柴米交通議局提調董典五二尹查疫菌雖滅雙郡地當衝要係吉江兩省樞紐倘若疎忽祗恐疫菌隨行人流入爲害實非淺鮮於是董提調與同人酌擬簡章八條呈局長核准發表推行以俾各界有所遵循其簡章八條與防疫前途攸關隨按照原文特錄於左　第一條自早七點鐘開城舖商一律開市惟大小店戶夥房不在此例晚一點鐘閉城舖商一律閉[illegible]中行人無通行劵者仍不准行走　第二條柴車糧車均[illegible]西北二門以外出售城內各色人等出城採買彼將柴草糧米卸完剋即出城不准逾午後一點鐘以示限制而免參差　第三條洋商運糧務於一點鐘以前拉運逾限停運　第四條當商皮商暨街面攤床飯館茶肆仍行照常暫閉　第五條農人赴街出售糧草每車只准二人入城不准多帶閑人以期容易稽查　第六條舉凡車馬行人出入城門務須切實盤詰檢驗消毒然後放行　第七[illegible]遮斷交通日久城中糧草均不敷用故擬定每日開[illegible]小時以便民間買柴購米其無故探親及街面間[illegible]行一律禁止　第八條已經染疫之商店仍不准[illegible]貨並禁其輾轉買賣以絕疫氣復發之害云云

——摘自《远东报》，1911年3月25日

●王議長之於貧民〇雙城府防疫局稽查委員[illegible]兩查出於二月十七八日絕糧之貧民共男女五十八名該員等查其斷炊一二日殊屬可憫乃于日前帶領該貧民等謁防疫局請賑該人員等憐其飢寒狀貌奈無錢施給正在躊躇幸防疫局城關提調議事會議長王子敬君[illegible]局遂於囊中取出官帖五十八吊按名施給遣之回家購買柴米以濟燃眉之急云 日

——摘自《远东报》，
1911年3月25日

●朱監督已作開學之預備〇雙城府中學堂監督朱默候州判駕疫氣已滅而開學之期不遠於是添聘教員張乃賡君並飭堂役等將講堂宿舍洒掃潔淨聽候提學司指示開學以免臨期誤事之處云 日

——摘自《远东报》，
1911年3月25日

●鼠疫復見劇烈〇榆樹縣之鼠疫日見退消惟城西四十里太平屯地方因防範不力以致死灰復燃復行傳染彼處染疫斃命者每日六七名不等迨至月半以後疫斃之人數已積至三十餘名劉間防疫局知彼處鼠疫劇烈乃派員前往撲救並焚屍掩埋以除根株而絕傳染之危害云 容

——摘自《远东报》，
1911年3月25日

●敬告有防疫之責者〇榆樹縣城東某村李某染疫症全家斃命僅有親戚許某將屍身掩埋復將李某所棄煙膏官帖以及另物盡行攜去未幾疫毒發生許某亦全家斃命經防疫局收屍掩埋該局人多品雜良莠不齊竟有不肖之徒將李某遺下之煙膏兩包官帖三百吊取之以潤私囊凡染疫處之財物關乎生死惟望有防疫之責者悉心查究以絕傳染之危害云 容

——摘自《远东报》，
1911年3月25日

●雪裏疫屍之出現〇榆樹廳城北某屯有染疫於路間倒斃者當經巡警前往查驗並於雪中搜出去冬疫斃之屍身四五具隨即赴防疫局呈報以憑焚化掩埋庶免屍身暴露滋傳染之害也　容

——摘自《远东报》，
1911 年 3 月 25 日

●疫斃人數有減報之風說〇省城疫禍自發生日起至本年二月初旬城鄉統計疫死在一千四五百名之譜茲聞調查員來城時該防疫局有以多報少之說確否俟訪明再誌　劭

——摘自《远东报》，
1911 年 3 月 25 日

●龍江府亦因防疫革職〇龍江府黃申甫太守辦理防疫外間嘖有煩言衆口紛傳某區巡警見將產婦疑似疫症強制送入病院受染致斃某區巡警運送病人拋棄江汎而回並活燒一癩人名幽保者種種謠傳不一而足近日又經撫憲查出辦理防疫所報不實特據情電參現已接奉電旨着即行革職云　于

——摘自《远东报》，
1911 年 3 月 25 日

●此等無學識之醫官宜其死也〇第一區二等醫官李蔭棠自任差後實心診治特升爲一等醫官正賴以奮勉從公以救此慘酷之疾不期於前月下旬因診視受染即日殞命又駐會針灸三等醫官邵瑞芬任差之後亦頗勤慎不謂其術不靈亦於日前染疫身故昨由防疫會呈明民政司轉詳公署各追發十個月薪水計六百兩整以示體恤云　于

——摘自《远东报》，
1911 年 3 月 25 日

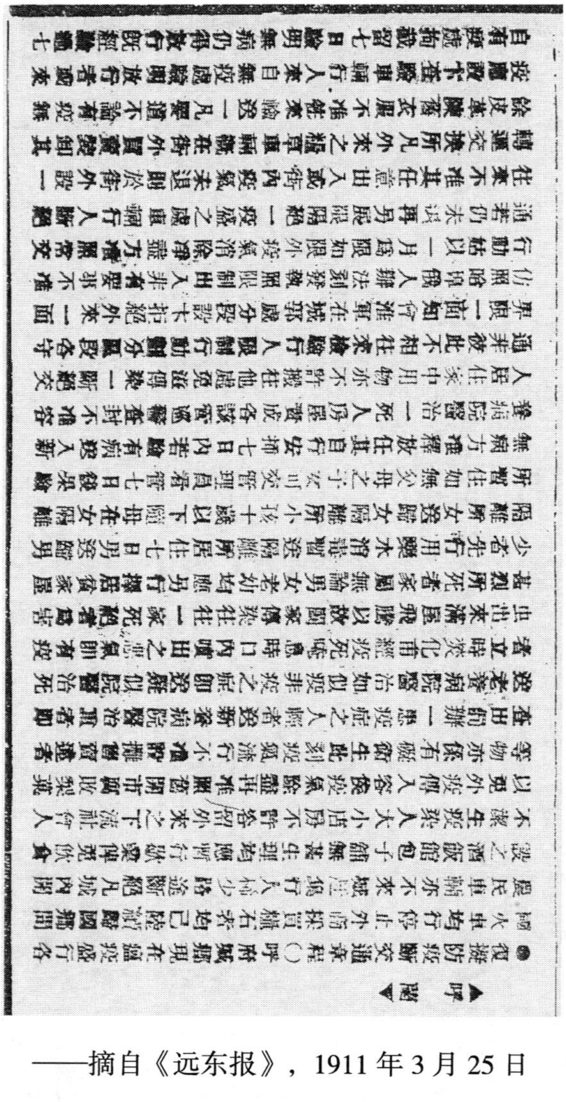

◀呼 蘭▶

●復誌防疫斷交通章程（呼蘭府知縣現在鼠疫盛行各
埠火車均行停止外而採買糧石者均已陸續斷絕開
農民車輛亦不來城近日行人稀少路途斷絕凡城內開
設之酒飯館包子舖無甚生理均應暫行歇業俾免飲食
不潔生疫致人大小店房不許容留外來之下流社會人
以免外疫傳入客棧疫氣險盛非准照開市販賣敗梨菜
等物亦係有礙衛生此刻疫氣流行不准擺攤售賣違者
查出罰辦一患疫症之人暫者設新發病院醫治重者即
送老年病院醫治如似疑非疫之症即設疑似院醫治死
者立時焚化前經疫死經患時口內嘔出之唾氣即有疫
虫出來滿屋飛騰以故國家傳染往往一家死絕者為害
甚烈所死者家屬無論男女老幼均應均行移居貧家屋
少者先行用藥水消毒暫送隔離所居住七日男送留男
隔離所女送留女隔離所小孩十歲以下隨其在女隔離
所暫住如無父母之子女可交管理員看管七日後果無
無病方准釋放任其自行安插七日內若驗有病送入新
發病院醫治一死人房屋查成各該官巡警查封不准容
人居住家中用物亦不許搬往他處免滋傳染一斷絕交
通非彼此不相往來檢驗行人限制行動劃分區段各守
界限一面知會准軍在城郭處分段設卡拒絕外來一面
仿照哈埠俄人辦法刻發執照限制出入非有要事不准
行動姑以一月為限如限外疫氣消除淨盡方准照常交
通若仍未減再另展限隔絕一疫盛之處車輛行人斷絕
往來不准其任意出入或街內疫氣未退則於街外設一
轉運交換所凡外來之糧草車輛概在街外買賣設卸其
餘皮毛雜貨衣服不准往來驗說一凡要道不論有疫無
疫應設卡查驗車輛行人來自無疫處驗明放行者亦須
自有疫處拘留七日驗明無病仍准放行既經驗過七

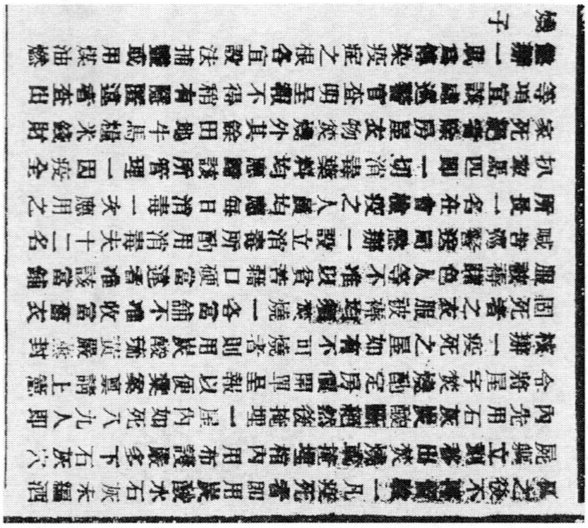

日之後不准延擱驗一凡疫死者即用鐵絲木石灰未經潤
屍無立刻著由焚燒或葬埋棺內用布護屍多下石灰穴
內先用石灰鋪底然後掩埋一屍內如死八九人即
令將屋宇焚燒勘定房價開單呈報以便彙案籌請上憲
核辦一疫死之屋如有不可燒者則用藥水消毒嚴密查封
閉死者之衣服被褥均須焚燒一各當舖不准收當舊衣
服被褥等件免人等不准以貧苦藉口須當違者准該當舖
報告罰警察局懲辦一設立消毒所酌用消毒夫十二名
所長一名在會驗疫之人須均需每日消毒一次應用之
執照馬匹及一切消毒藥料均應歸該所管理一因疫全
家死絕者除房屋衣物焚燒外其餘田地牛馬糧米錢財
等項宜設法招遺警官查明呈報不得稍有隱匿違者查出
懲辦一凡查禁傳染疫症之根各宜設法捕鼠或用煤油燃
燒子

——摘自《远东报》，1911年3月25日

△監國恐東省胡匪乘機作亂

監國因郵傳部奏駁東督請協助東省防疫經費部中款絀雖係確情然東省重地勢既危迫萬狀而又逢奇鉅疫災倘銀根一絀恐胡匪乘機倡亂尤屬大局不堪設想以故面諭樞臣電致東督速將向各銀行商辦借款事宜速籌辦妥[illegible]以應急需藉慰廑念云云

——摘自《远东报》，
1911年3月26日

●銀行代表來哈先聲〇滙豐銀行早擬在本埠設立分行惟自去秋發現瘟疫來至今未能實行現在該行以本埠瘟疫消滅日內派人來哈組織一切以便作速開辦分行云　中

——摘自《远东报》，
1911年3月26日

本埠新聞

●防疫分局裁撤消息○田家燒鍋防疫分局調查應管區域內已有兩星期未發現瘟疫特據實稟知總局函經總局防知再逾一星期無染病者即行裁撤云　中

——摘自《远东报》，
1911 年 3 月 26 日

●有關火車道東西交通之說○聞濱署本埠兵備道郭司使因本埠火車道東西各地方瘟災消滅已經多日擬照會俄署開火車道東西交通以便商民互市未知確否姑誌之以觀厥後　亦

——摘自《远东报》，
1911 年 3 月 26 日

●關於瘟疫之報告○二十三日鐵路各站並未有染疫者自瘟疫發現之日起至二十三日共疫死華人一千四百七十六名歐人五十二名現在哈爾濱檢驗所有二百三人齊齊哈爾檢驗所有十五人特別檢驗所十六人云

——摘自《远东报》，
1911 年 3 月 26 日

●呼吸傳染之新研究○現隨同查博士所來之醫士研究傳染之理據云多係由於呼吸氣爲媒介云

——摘自《远东报》，
1911 年 3 月 26 日

奉天

●萬國鼠疫研究大會不日開幕○據確實消息云奉天所設萬國鼠疫研究會已定於三月初五日開幕東清鐵路公司擬派醫士數人由鐵路總醫士亞賢斯克君帶領前往醫學博士查伯羅特尼氏及防疫會代表亦於是時前往此次俄醫士預備報告之事頗多内中最要者爲滿洲瘟疫情形及一切辦法聞所有報告均用英法文字云

——摘自《远东报》，
1911年3月26日

長春

●電請嚴禁商民東行○奉境開原及海龍府屬駱皮溝五棵樹一帶疫症蔓延日烈一日因此海龍府正堂誠恐商民不知預防嚴絕交通後又恐各埠商民不知該地疫症爲害任便赴東今電請長春府及防疫總局急行出示嚴禁商民東赴而至海龍各界以防傳染云　立

——摘自《远东报》，
1911年3月26日

●陸軍部防疫簡章○近陸軍部因東省疫症爲害甚烈今擬防疫簡章十條昨飭長春府除出示曉諭商民外並附錄章程各界人等一律恪遵不准玩忽其章如下一鼠爲染疫之媒宜捕盡殺絕如見有死鼠急用開水澆湯或用煤油燒然一屋内如有陳腐及腐爛之衣服皮件均須燒燬一所用器物飲食均須潔淨一水宜澄清沸至數次開後飲並水缸宜蓋一住屋院落務宜勤掃及床底潮濕之處均洒以石灰末一牛羊豬馬倒斃者不准出賣熟肉嚴禁購食一食餅菓宜去皮帶其腐者禁售一如厠後不潔急用石灰掩蓋厠所每日宜洒以避瘟藥水一次或用石灰乳亦可一學生兵丁不准無故出外游散外人亦不得任便出入一衣履宜勤洗被褥宜勤晾晒　立

——摘自《远东报》，
1911年3月26日

●獎勵防疫者之札文〇雙城府金太守接准撫憲札文其內容謂防疫勝如舍身圖敵各督撫業已會同外務部奏請事後仿照軍務與防疫出力之員弁奏請獎勵以示鼓勵刻間奉到硃批准如所請欽此等因合亟札飭以便知照云云　日

——摘自《远东报》，
1911 年 3 月 26 日

●裁撤救急隊〇現在雙城全境時疫漸減救急隊無所事事防疫局長金太守查救急隊捨命充差本欲俯就以薪水酬勞緣渠等大半市井無賴祇恐得閒在外游蕩於是飭救急隊隊長將惡劣者裁撤四十名以節公款而保治安云　日

——摘自《远东报》，
1911 年 3 月 26 日

●胡股員馭下有方〇雙城府巡警總務股胡炳南股員自哈埠帶巡警一百名回雙已詳前報頃聞警界人說胡股員與文牘員薛鳳山於去冬遵文帶同巡警二百名赴哈埠防疫胡股員等終日以時疫發生傳染之利害諄諄開導巡警由是巡警悉知其害小心嚴防故赴哈之巡警二百名僅有染疫斃命者二名該股員回雙反命金太守以其在哈三閱月僅傷巡警二名不勝歡慰並告以勿殆厥志而備國家之大用云　日

——摘自《远东报》，
1911 年 3 月 26 日

▲榆樹廳▼

●劉司馬撤任之原因〇榆樹廳劉仲貴司馬因辦理防疫不力被暗查委員高樵雲氏逐節查明據實電稟撫院撤任其遞遺同知一缺調臨江府甯太守署理該守於未到任以先陳簡帥乃電飭監察委員廉懿齋太守就近暫行代理庶免貽悞要公云　容

——摘自《远东报》，
1911 年 3 月 26 日

●禁賭之認眞〇榆樹廳醫務長孫華棠常軍惟恐民間乘防疫之隙聚集偷賭不惟與治安有礙且與防疫前途更多障礙於是該醫務長通飭各區務要認眞搜拿賭局勿得因循致干撤差究辦云　容

——摘自《远东报》，
1911年3月26日

●防疫局將辦善後矣〇榆樹廳防疫局醫官云疫菌發生於寒度則必消滅於熱度刻間天氣漸熱其疫菌不日即當消滅而防疫局辦理善後爲期不遠則榆郡人民不難共躋仁壽之域也　容

——摘自《远东报》，
1911年3月26日

▲賓州▼

●區官防疫員相繼撤差〇賓屬城北滿井地方自疫禍發起惟該處傳染猶烈遂經許太守札飭防疫員孫國玉前往會同區官周德勝認眞辦理切實抵防聞於日前許守以該區官防疫員辦理防疫要務是事諸多敷衍致使毒熾攸關民命書即一併撤差以爲玩忽者戒所遺區官防疫事宜以文牘員劉世春協同醫士吳明一帶領救濟隊十名前往該處整頓防疫以期早日撲滅云　劫

——摘自《远东报》，
1911年3月26日

●城關大開交通〇長邑因爲防疫上起見曾經劉令斷絕交通以致務商大受影響故日前商會總理陳銘紳君面商劉太令謂現下境內疫症消除應即開放交通聞日昨劉令飭防疫巡警遇有行人驗無疫病即行放過勿得阻滯並飭將城門開放准其一律行走云　海

——摘自《远东报》，
1911年3月26日

●防疫之效果〇長岭自疫症發生後甚爲猖獗幸經劉委員大令嚴行防範斷絕交通隔離行人取締衛生種種防禦無不周密刻聞大有消滅之勢云 海

——摘自《远东报》，
1911 年 3 月 26 日

●查疫委員將次到坡〇哈埠吉林交涉局總辦譚觀察暨防疫局于郭二觀察以哈埠瘟疫逐漸撲滅日就平復誠賴中外醫員暨防疫諸員任勞任怨冒險蹈危防範有方消除得宜之所致也惟恐四路通車各地有防衛不週消除無方之弊端故遴派委員分路調查以便逐次撲滅而免有礙生命此節已誌前報故調查東路委員傅如臣大令日前到坡逐細查驗小住一宵卽搭車東去茲聞該委員會同俄醫遍查東路各站不憚風霜調查明確自坡而東雖無斯疫爲害而防衛之法殊屬嚴密日前返駕已抵橫道河子不日將到坡云 鈴

——摘自《远东报》，
1911 年 3 月 26 日

▲五常府▼

●疫氣將滅復熾〇五常府全境疫氣已滅不意餘菌未淨日昨有無名男子染患疫症行至北門外摔倒斃命當經西醫李鴻洲防消毒隊前往用火焚化掩埋以絕疫菌之餘孽云 仲

——摘自《远东报》，
1911 年 3 月 26 日

●販賣自死馬肉〇聞說各城自瘟疫流行即禁絕湯鍋宰殺驢馬惟五常府不然巡警局以南有人販賣馬肉惟望衛生股員前往取締禁止以絕疫菌根蒂而造地方之幸福云 仲

——摘自《远东报》，
1911 年 3 月 26 日

●敬告有路政之責者○清潔街道不獨與衛生有益且與外表更可壯觀五常府警務大備惟路政久於講求殊屬缺憾其大街背巷冰雪糞土堆積纍纍近屆陽和氣候恐冰雪消融穢氣蒸薰與衛生大有關礙望有路政之責者督飭各界掃除積雪穢物以達衛生之目的云 仲

——摘自《远东报》，
1911年3月26日

▲黑龍江▼

●防疫片片錄之補遺○昂昂溪報告稱現在疫氛雖漸消滅然每仍逢星期一三五日會同俄醫生挨戶查驗一次遇有疫症即送入紅旗營子臨行病院調理並飭巡警按日嚴查以杜傳染數日來境內頗稱安謐 札蘭屯報告稱竊查該站自去年十一月間俄員拘驗由滿洲站乘車之華人前後疫斃五人餘即驗畢專車分別送往南下嗣定防衛辦法備設臨時醫院遇有受染之人即行送院醫治聽候消毒復由委員帶同巡官按日檢驗居住商民督令清潔衣履洒掃房屋街道並派委時往轄界嚴諭人民務須內外整潔數日來亦極安謐云 博克圖站報告稱自去年十月十二日起開辦防疫歷經兩月之久無染病之人遂於十二月十九日將租備治病驗病旅店房屋先後退去以節糜費仍飭巡官偕同醫官按日挨戶查驗一次委員等帶同巡弁按日檢驗居住商民未敢稍懈屋宇街道掃除潔淨至所屬各站亦專派巡警挨站查驗所幸均獲安謐並無時疫發現亦無隱疾不報以及拋棄屍身等事云 海拉爾站報告稱倫境疫氛雖減然地值通衢仍恐死灰復燃故防疫一事未敢稍存玩懈心一每日派隊分查所轄各站界內外有無暴露尸骸情事逐日飭令巡長帶同巡兵查視一次著為定例一創設防疫會一處即以本站華商會董及執事人充當即於商會之內永遠設立一每日由委員或差遣委員親帶查街巡邏兩班偕同商董歷勸各戶嚴加察查期於居處飲食之間先絕其染病媒介一遇有疾病之人由該會檢驗覓醫診治如係時疫即行送入病院醫治同居者設室隔離云 于

——摘自《远东报》，1911年3月26日

●龍江府調查各鄉疫勢情形〇日前龍江府前任黃太守以疫氣蔓延四鄉若不極早收拾鄉民之中更多不以衛生爲重誠與社會生命不堪危險特稟明上憲親道下鄉查視一切情形並佈置一切防疫方法週查五日之久回省繕讚將各鄉疫勢及佈置大概情形呈報公署暨民政司以資查核其文曰竊查去年十月十一月之交府境江東北路之十二里台江西區北路之雅巴氣屯先後受疫均經署府派醫撈攘次第撲滅十二月中旬城內疫勢重張於是漸波及於江東區之東官地一帶本年正月初旬署府稟請設四鄉防疫隊初十後稟請添設四鄉檢疫員分道檢查委派醫官前往診治顧念鄉民風氣錮蔽甾而待亡不受檢查不信醫治故屍骸筀以冰雪間有遺棄道路者自非親往查視迫以命令嚴持日久受禍必深乃於正月二十六馳赴江東區先赴北路復折而東南繼復渡江而西周歷各境五日始畢謹將大概情形爲我憲台陳之查江東區疫約分三路北爲塔哈爾大哈伯兩屯則北赴墨爾根之札道也中路爲東官地盧哈拉烏蘇則東赴蘭綏孔道也南爲花爾雅們大道五家子三屯則南趨昂昂溪孔道也江西疫區亦分三路北爲綽綽額勒木氣屯則北赴甘井子孔道也中路爲一顆樹胡羅卜岡子兩屯則西赴孔爾屯孔道也南路爲前索伯罕奇克蔡兩屯則鐵路迤南並非孔道江東之三路江西之北路中路其致疫之由皆習往來行人以致傳染江西之南路則因赴城買貨而歸也兩區疫勢以正月初旬爲最熾中旬檢疫陸續赴鄉疫勢稍殺二十以後愈者居多數故者愈少現在病疫未盡者江東區惟塔哈爾站及東官地附近之二三屯江西區惟綽綽力額勒木氣兩屯而各屯病數不過三五人少或一二人而已各屯之民皆知自衛斷絕交通同屯不相來往故無疫之屯居百之九十七八即有疫之屯同院同室者受其禍其餘皆無恙然有疫各屯受禍之烈亦緣於此同屯不相往來故有疫之戶無人過問以致死亡相繼疫故之人無人收葬以致餘毒未消檢疫員赴鄉後疫盛之屯俱設立隔離所計東官地一處塔哈站兩處額勒木氣一處自檢疫故者之家始得保全署府前已設掩埋兩隊嗣因遺骸數多亟應分路掩埋故復添設鄉鎮掩埋第三隊各屯掩埋事畢即令搜查各大路積雪中及沿江上下數百里間以副憲台澤及枯骨掩骼埋胔之至意自疫症流行以來鄉民驚惶萬狀旋稟委派防疫員紳挨屯檢查演說衛生防疫各事又多派醫官遍散藥餌且設掩埋多隊生者保全之病者診治之故者掩埋之莫不異口同聲感頌列憲之注意現在鄉鎮疫勢漸平病者無多旬日內外當可肅清署府惟有督率鄉巡及防疫醫官人等極力撲滅無滋蔓延云 于

——摘自《远东报》，1911 年 3 月 26 日

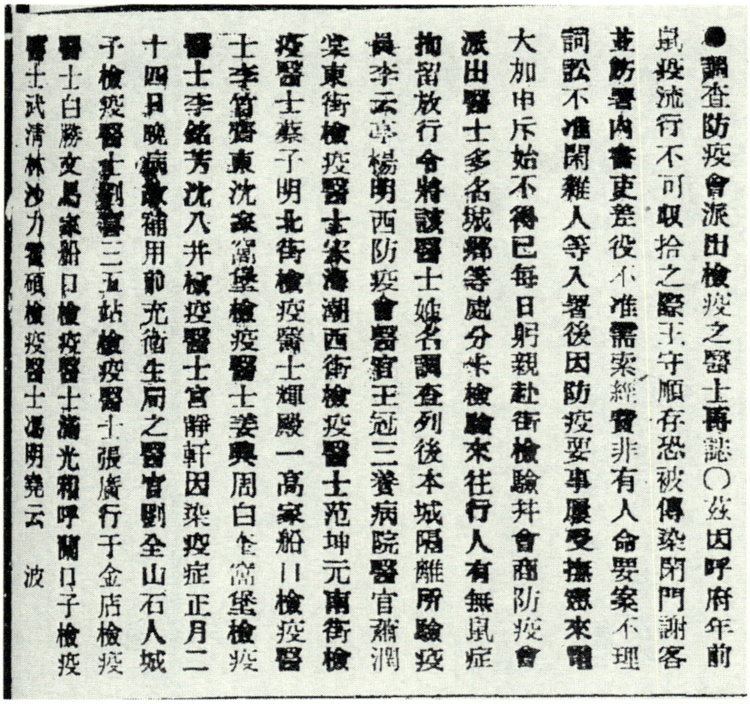

●調查防疫會派出檢疫之醫士再誌○茲因呼府年前鼠疫流行不可收拾之際王守順存恐被傳染閉門謝客並防署內書吏差役不准需索經費非有人命要案不理詞訟不准閑雜人等入署後因防疫要事屢受撫憲來電大加申斥始不得已每日躬親赴街檢驗并會商防疫會派出醫士多名城鄉等處分头檢驗來往行人有無鼠症拘留放行今將該醫士姓名調查列後本城隔離所驗疫員李云亭楊明西防疫會醫官王冠三養病院醫官蕭潤棠東街檢疫醫士朱濤潮西街檢疫醫士范坤元南街檢疫醫士蔡子明北街檢疫醫士輝殿一高家船口檢疫醫士李管齋東沈家窩堡檢疫醫士姜興周白全窩堡檢疫醫士李銘芳沈八井檢疫醫士宮靜軒因染疫症正月二十四日晚病故補用前充衛生局之醫官劉全山石人城子檢疫醫士[illegible]三五站檢疫醫士張廣行于金店檢疫醫士白勝文馬家船口檢疫醫士滿光和呼蘭口子檢疫醫士武清林沙力營碩檢疫醫士馮明堯云　波

——摘自《远东报》，
1911 年 3 月 26 日

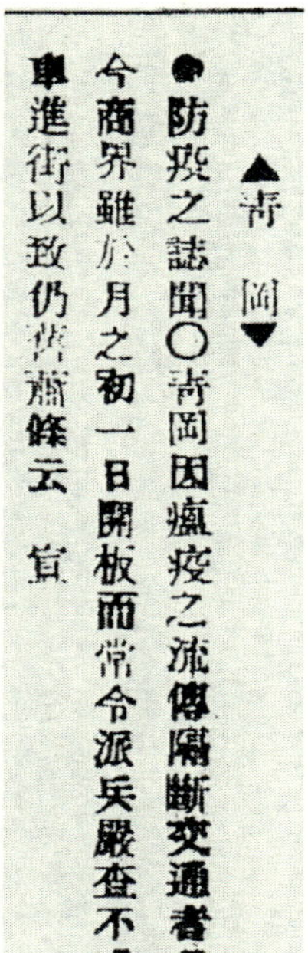

▲青　岡▼

●防疫之誌聞○青岡因瘟疫之流傳隔斷交通者月餘今商界雖於月之初一日開板而常令派兵嚴查不准外車進街以致仍舊蕭條云　宜

——摘自《远东报》，
1911 年 3 月 26 日

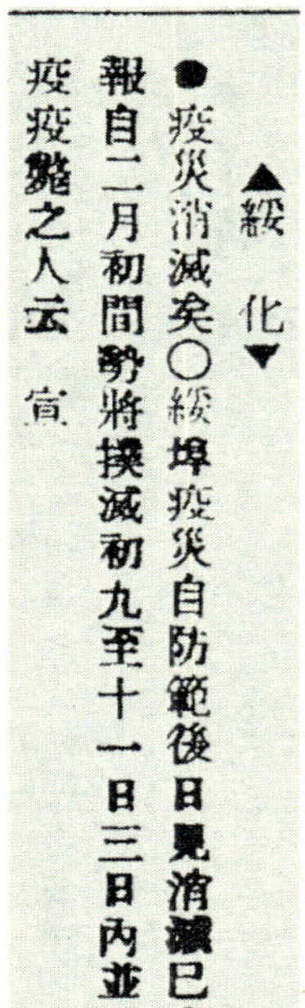

▲綏　化▼

●疫災消滅矣○綏埠疫災自防範後日見消滅已誌本報自二月初間勢將撲滅初九至十一日三日內並無染疫疫斃之人云　宜

——摘自《远东报》，
1911 年 3 月 26 日

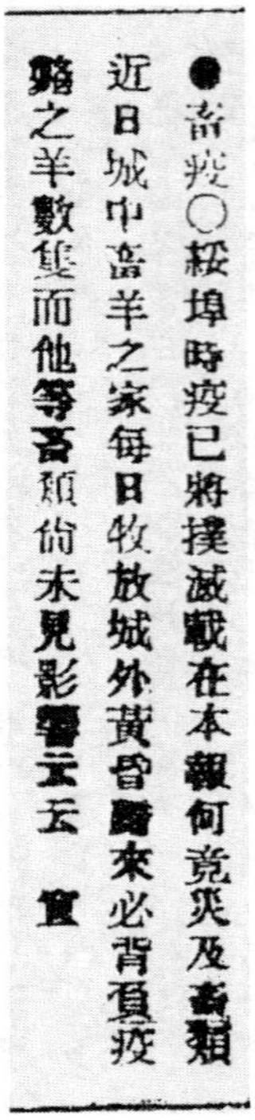

●畜疫○綏埠時疫已將撲滅載在本報何竟災及畜類近日城中畜羊之家每日牧放城外黃昏歸來必背負疫斃之羊數隻而他等畜類尚未見影響云云 實

——摘自《远东报》，
1911 年 3 月 26 日

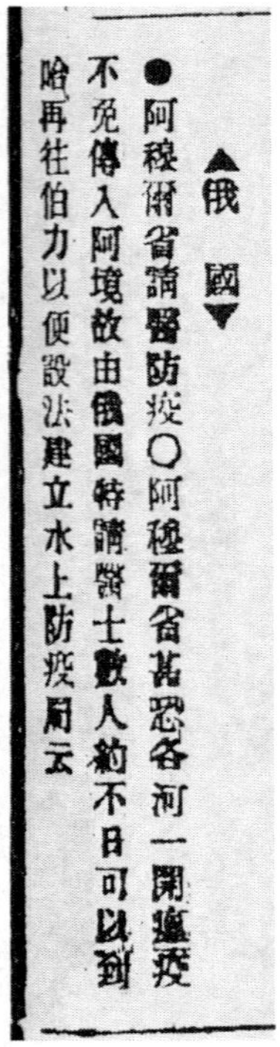

▲俄國▼

●阿穆爾省請醫防疫○阿穆爾省甚恐各河一開瘟疫不免傳入阿境故由俄國特請醫士數人約不日可以到哈再往伯力以便設法建立水上防疫局云

——摘自《远东报》，
1911 年 3 月 26 日

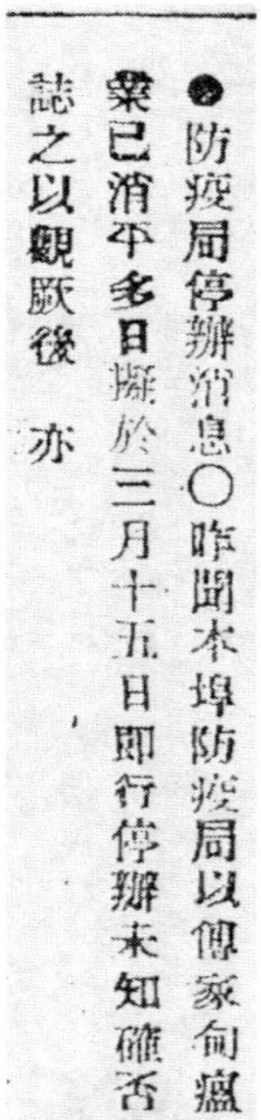

●防疫局停辦消息○昨聞本埠防疫局以傳家甸瘟疫業已消平多日擬於三月十五日即行停辦未知確否姑誌之以觀厥後 亦

——摘自《远东报》，
1911 年 3 月 28 日

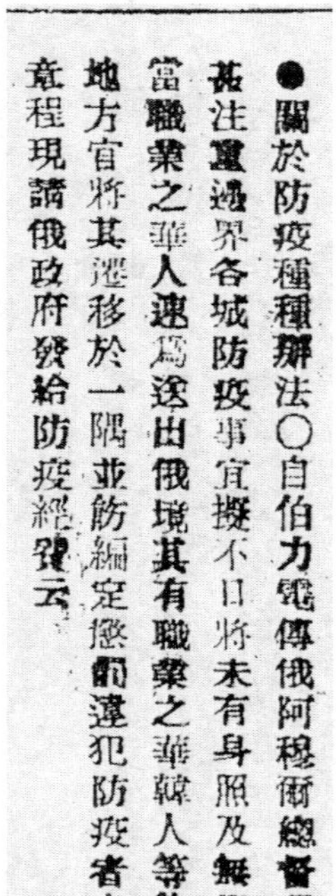

●關於防疫種種辦法○自伯力電傳俄阿穆爾總督現甚注重邊界各城防疫事宜擬不日將未有身照及無正當職業之華人速爲送出俄境其有職業之華韓人等防地方官將其遷移於一隅並防編定懲罰違犯防疫者之章程現請俄政府發給防疫經費云

——摘自《远东报》，
1911 年 3 月 28 日

●傅家甸關閉整頓○傅家甸自染瘟疫後拆燬之房舍不可勝數更加各戶疫死者幾無家不有於是市面大覺冷落不復舊觀各商家之生意亦大受虧損惟近日各區交通弛禁戲園開演各舖戶住家皆重整旗鼓工人異常忙碌市面亦日漸興盛雖不能昔比然不似以前之慘狀也 中

——摘自《远东报》，
1911 年 3 月 28 日

●議事春季常年會遲開原因○按諮議局訂章議事會成立後分四季常年會期二五八十一等月開會議決各事茲聞濱江議事會因辦理防疫事宜延悞會期故春季常年會至今未開云 亦

——摘自《远东报》，
1911 年 3 月 28 日

◎傅家甸防疫局排日報告○本月念四日時疫病院新疑似病院以及各區均無疫隔離所統計十四名濟貧所二百二十名念五日時疫病院新疑似病院及各區界內無疫隔離所十一名濟貧所二百二十名現已十六日無染疫者

——摘自《远东报》，
1911 年 3 月 28 日

●電請籌撥防疫後之經費○督憲日前電致樞府略謂東省疫症雖已消滅而防範之法仍當嚴緊庶可免死灰復燃之患至於此後防疫經費仍請設法指撥以應急需云云茲聞昨接樞府電復謂現已交下度支部核議將來必有定妥云云 遐

——摘自《远东报》，
1911 年 3 月 28 日

●宣布疫斃人存款數目〇防疫事務所日昨宣示大衆略云本所開辦以來疫斃人數已達一千數百名之多現查在本所疫斃之人陸續交存欵項共計俄帖一百五十元大洋九元小洋六十三元外尚有銅幣若干枚均已登記簿册一俟疫症平靜後再行出示着各該屍親領取云

——摘自《远东报》，
1911 年 3 月 28 日

▲長　春▼

●四門守兵裁撤消息〇長春市面前因疫症日甚嚴絕交通調派陸軍九標各門把守以致鄉民不能進城商業日形蕭條近來疫症稍平商界屢請速開交通茲聞孟道何守會議數次定在二月初先將陸軍守兵撤回惟餘巡警守門嚴禁穢物拉運進城並遇有不潔貨物爲之消毒故先行開小交通云　立

——摘自《远东报》，
1911 年 3 月 28 日

●育嬰堂之計畫〇防疫總局爲被災商民多有全家疫死所餘少男幼女無人撫養者稟請各憲創設育嬰堂以行普濟前報已誌茲因底欵支絀惟育嬰一事例應地方自治集款辦理聞經各憲議決批准暫發欵千兩在南門外租房四間草創辦理俟瘟災平靜後再飭本地紳董籌款創設云　立

——摘自《远东报》，
1911 年 3 月 28 日

▲雙　城▼

●吳大令之行踪〇查辦防疫委員吳迪民大令將雙屬府城鄉之時疫來源蔓延理由抵防手續成績以及疫斃之人數查明電報防疫總局於日前赴石頭城子鎭查辦防疫情形事畢由雙即渡淶流河赴新城調查一切以備報告云　日

——摘自《远东报》，
1911 年 3 月 28 日

●防疫之善後辦法〇雙城府時疫業已肅清孫祥麟警務長不忍驅策疲乏之巡警休養氣力因屬行政之急務但疫菌無時不生隱寓死灰復燃之害不便稍存固息厲貽日後追悔之憂刻間大街潔淨洵屬可觀惟二道街以及背巷現又冰雪糞土充塞不堪近來氣候春融冰雪逐漸消化地氣上升穢氣乘之與衛生關係非淺深望司警政者勿以防疫之善後爲輕請派妥員告知各界疫菌發生理由及傳染之利害令各區將冰雪穢物掃除淨盡以絕疫菌之根株也可　日

——摘自《远东报》，
1911 年 3 月 28 日

▲九常府▼

●西醫注重正本清源〇五常府西醫李鴻洲君以疫菌附託於衣致有傳染之害故近日稟領消毒生等將染疫之家衣物等件悉數用火焚化而絕根株云　仲

——摘自《远东报》，
1911 年 3 月 28 日

▲阿什河▼

●派員查辦防疫不力者○日前檢驗時疫委員吳盤年自省來阿因與譚大令意見不合遂向撫帥面稟譚大令防疫不力等情故於日昨復來調查員一名係哈埠于道奉撫帥電飭派來調查確實情形者未知確否　大

——摘自《远东报》，
1911 年 3 月 28 日

●范守不日抵省○龍江府黃中甫太守因防疫不力褫官仍以前守范曉齋回署原任本報已誌頃聞該守已於日昨到省而范守亦於前日即到云　于

——摘自《远东报》，
1911 年 3 月 28 日

●省城近日疫斃報告○省城日內疫氣漸減本月十二日以前逐日疫斃數目業誌前報茲將近日防疫會調查確數登錄於左以資比較十三日疫斃二人十四日疫斃五人十五日疫斃七人十六日疫斃一人十七日疫斃二人十八日疫斃三人十九日疫斃六人惟斃於病院者十居八九之數　于

——摘自《远东报》，
1911 年 3 月 28 日

●安達廳呈覆調査疫勢八欵〇日前公署以奉天三月初五日特開疫症研究大會中西醫集於一時曾由督憲咨凡有關於疫症問題詳列八欵均須確切調査迅即咨覆前來以作研究之材料等因當卽分飭各屬照表塡報現在安達廳業已遵卽呈覆其事項如左第一項發病情形是疫發生之初染之者均遍身發熱漸卽變爲精神昏迷不省人事經二三小時卽行斃命屍身均發蒼白色惟染疫之家尙未聞先見斃鼠　第二項蔓延之狀態本廳疫症傳染之處南鄉大石山係某姓由青岡界內六大屯運糧而來東鄉鄒家窩鋪某姓係由蘭西界內新到黎戶帶來該屯恐爲傳染卽將該戶驅逐不料消毒未盡復將該屯原有住戶疫斃一人北鄉係由省城染來所染之人均係苦力一無他項職業之人現在廳屬僅斃九人防範甚嚴尙未蔓延其染疫之地及傳來路綫疫斃人數職業另造詳表隨文呈送　第三項染疫社會査本廳有疫之地始由苦力傳染亦惟苦力疫斃最多此外紳學商工各界尙無傳之者並無特色減少原因　第四項瘟地習俗査疫地之療治看護葬埋等事尙無忌醫情形惟祝禱等迷信亦間有之並無不適於防疫之習慣　第五項疫地衛生査本廳新荒初闢凡有疫之地居民衣食住處及道路用水溝渠等事均無不適之處惟民間不甚講求衛生往往飲用冷水此亦致疫之一大原因前已出示禁止　第六項醫衛方法(甲)本廳前於疫症未發現以前業已先設防疫所一處由通判捐廉及商會籌欵聘用華醫王

文彩並責成警務長吳濂自治員等督同辦理現復籌設隔離所實行隔離此外又分派醫兵四出搜査及設卡嚴査由有疫之地過往行人不准入境以防染患(乙)本廳並無西醫所有醫隊及防疫所醫生均由醫務長隨時遴派醫隊不敷分布並由本廳加派捕盜營馬步隊補助兵警專任守卡防檢行人醫生專任燒埋疫尸及消毒療治等事自治員隨同醫務長指揮一切遇有重要事件仍須稟由通判審愼核辦以昭鄭重(丙)本廳孤處大荒近又斷絕交通購置藥物均甚困難前經兩次函商安達站俄人託購防疫藥品均未果行現在所用消毒藥品僅以廳中所有如石灰硫磺以及汽蒸等法藥品亦祇用中國藥料醫生用方卽如雷擊散之類至於西藥前已由哈購買金雞納霜及消毒水若干日內始行運到(丁)本廳現在對於有疫地之人極力防範一概禁止入境倘有越卡潛入査出時一律交防疫所檢驗並將衣服行李如法消毒拘留數日果無疫迹始准放行有疫則留所醫治所有與染疫同居之人其衣物一律消毒拘於隔離所內不准任意出入此外並無他項辦法　第七項疫斃表明査本廳自疫症發現後僅斃九人均係苦力年齡由五十殊至七八歲不等均在正月二十巳後二月初五以前並均東南北三鄉惟西鄉尙未發見已於第二項表內塡明　第八項治療方法就歷次札到各項防疫方法並日本普通防疫方法以徵用各報紙所載諸方並無另有發明治疫之方亦未設會研究致疫理由及救治最有效力之良劑

——摘自《远东报》，1911 年 3 月 28 日

▲呼 蘭▼

●保舉防疫人員○茲因鼠疫流行蔓延甚烈而防疫人員必日夜勤勞設法防範不留餘力較比兩國對敵更當竭力王守順存遑奉撫憲札諭昨已飭防疫會將在會防疫人員詳細列明姓名年貌住址籍貫有何職銜現充何差一一列表呈報以便轉詳聞該會已開列防疫出力人員共一百三十餘名王守已分別等次稟覆云　波

——摘自《远东报》，
1911 年 3 月 28 日

▲綏 化▼

●禁煙因疫怠懈○綏郡禁烟事項在商民兩界戒絕悉嚴自客冬疫災大作人心惶恐或謂鴉粟膏解疫毒於是私購偷吸者在所不免且官界防疫事繁未遑查禁刻間疫勢將滅諒政界人必有一番查禁云　宣

——摘自《远东报》，
1911 年 3 月 28 日

●梨園將次開演○綏埠福祥茶園自去冬荒閉年終時該園主由哈埠邀來小班各項角色三十人以期今正開演詎知疫禍蔓延經官遏止坐困月餘賠累甚鉅刻以疫禍將滅業經稟明警局日內即將開演云　宣

——摘自《远东报》，
1911 年 3 月 28 日

●醫士甘以身殉○綏埠慶合合堂藥舖宋醫生山東人來綏年久素重友誼客冬疫災初作該醫即協同名醫蘇君子苑備有避疫良藥暨有義士保某助資在該堂施藥遠近馳名凡該醫之友朋聲或有染疫必往診視或誡以須防傳染伊以義氣自負毫無顧忌詎與疫斃之楊某辦理喪事而回亦染吐血斃亡云　宣

——摘自《远东报》，
1911 年 3 月 28 日

△△外部仍派英醫赴奉預會

奉天疫症研究大會英國委派來華蒞會不、泰法里兩醫生前已抵京昨已晉謁外務部聞彼等一二日間當可東裝赴奉天云

——摘自《远东报》，
1911 年 3 月 29 日

△△東督又請防疫善後之款

樞府於日前接東督錫制軍電報內容略謂現東三省疫氣雖漸消除然一切防檢辦法仍須從嚴以免既平復起之虞惟需款極繁非源源接濟不足以資應用請代奏由度支部特籌辦法是為至要聞樞臣代奏後已批交度支部議覆

——摘自《远东报》，
1911 年 3 月 29 日

△△山東亦有一項防疫捐矣

山東鼠疫蔓延日甚其原因係山東下等社會人赴東三省工作者甚多陸續歸里因而傳染孫慕韓中丞極力防禦惟以經費維艱極力籌措擬援照東三省成例辦捐以資應用昨已電奏矣

——摘自《远东报》，
1911 年 3 月 29 日

●本埠要聞●

●防疫巡防隊撤退日期○田家燒鍋自辦防疫來防巡醫外僅派一百七十餘名巡防隊然近日多有在該處派兵預備戰爭之謠傳故于昨由郭道飭知於明日一律撤退以免啟愚民之猜疑況瘟疫已經消滅無須防範云

——摘自《远东报》，
1911 年 3 月 29 日

●德新副領事來哈○本埠署德國副領事已經到哈數日接收一切交代多謂新副欽事原爲駐上海副欽事今探聞悉由駐北京欽使所派暫署此缺以滿洲瘟疫未退故由上海海參威來哈並非原駐上海之副欽事云 中

——摘自《远东报》，
1911 年 3 月 29 日

●防疫局暫不能撤○傅家甸防疫局自瘟疫撲滅後已有裁撤消息今探聞已由錫督飭知暫不裁撤俟天氣大暖各處皆無疫症時再行撤局故實行之期當在五月內也 中

——摘自《远东报》，
1911 年 3 月 29 日

本埠新聞

●傅家甸郵局將照常收信○傅家甸自去歲瘟疫盛行該處郵政分局停收信件現已三禮拜之久未曾疫死昨經郵政司擬訂於三月初一日派人在傅家甸照設分局照常收信云 本

——摘自《远东报》，
1911 年 3 月 29 日

●防疫局之善法○防疫局以近日傅家甸瘟疫雖滅然不能不加意嚴防日前由該局委大清銀行某執事人入局辦事以便官商同籌預防疫事庶與實事有補更可使商界咸知衛生惟聞將來之保案恐不得添入也 中

——摘自《远东报》，
1911 年 3 月 29 日

●傳家甸防疫局排日報告〇本月二十六日時疫病院新疑似病院以及各區均無疫隔離所統計六名濟貧所一百七十三名現已十七日無疫斃者

——摘自《远东报》，
1911 年 3 月 29 日

▲長　春▼

●日界議開交通之傳說〇日租界內去臘因鼠疫發現嚴絕交通時無業華民一律驅逐出境即客棧飯館等處亦勒令歇業不准招居華人近見疫症實係平復聞日將經日警察署傳集各商公同議定嗣後無論何商開市鋪貨惟各客棧不准留居本地商民即他埠商民由城內來亦不准留居定須報明防疫局交隔離所檢驗五日再准他行至由奉由哈而來者任便留居以恤行旅

——摘自《远东报》，
1911 年 3 月 29 日

●郵政局之發達〇長春市面官商界自交通嚴絕後防疫事外而辦公者少獨郵政總局因火車不載行人各埠通信非郵政不便而商立信局一律關閉自新正至今每日忙碌異常並聞該局初則每月售洋二千七八百元即無以復加今則每月售洋而達四千餘元云　立

——摘自《远东报》，
1911 年 3 月 29 日

●札催警局清開報銷〇巡警總局自奉札諭幫辦防疫各事後清理街道領款二萬辦理留養所耗去二萬有零近聞防疫總局因列憲有札屢催報銷並恐警局有冒報各事茲下札諭除將所費各款急於呈報外尚須另開清摺一一列明以備轉詳云　立

——摘自《远东报》，
1911 年 3 月 29 日

●戲園妓館議請開市○長春市面自疫症流行嚴絕交通後凡關於商務性質者雖皆艱苦猶可支持惟戲園妓館及飯館各商兩月餘有日不舉火之勢近見市面各商雖未一律售貨而外城客商購買外運者日多一日昨聞各商公同議定聯名呈請防疫總局及長春府恩准將戲園妓館先行開市以安民心未悉能邀允准否　立

——摘自《远东报》，
1911 年 3 月 29 日

●衛生隊又擬裁撤○防疫總局自將巡警各區檢驗隊一律裁撤後誠恐查街清道及搜查拋屍無人辦理訪長春府在長安捕盜營內招衛生巡捕隊百名以備差派近聞成立未久防疫總局因無此底款籌辦更形困難況疫症日形平息故何太守呈請各憲擬月杪裁撤云　立

——摘自《远东报》，
1911 年 3 月 29 日

●文介臣將回雙矣○日昨雙城府勸學所視學員黃子和孝廉方正接准文牘員文介臣君自阿城縣來函略謂刻間時疫消滅開學日期不遠惟恐貽誤要公現在已由阿城縣起程於月內即可到雙云云　日

——摘自《远东报》，
1911 年 3 月 29 日

●戲園擇吉開演○現下阿城瘟疫日見消滅所有城門均已開通故日昨會芳茶園各園主稟請開戲以慶太平具稟縣署因蒙允准定於日前開演戲劇云　大

——摘自《远东报》，
1911 年 3 月 29 日

●防疫局之現象○現下城內瘟疫雖疫消滅而春融天氣驟雜陰陽亦須嚴防故刻下防疫人員仍照常值日無時疏懈近聞得病之人多係腫桑吐瀉等症凡係病者亦有不可救藥之勢識者謂此即春瘟之發端歟　大

——摘自《远东报》，
1911 年 3 月 29 日

●娼妓有歸濟良所之消息○日前瘟疫盛行有娼寮如意班所有領家鴇班均已死淨祗餘妓女七人無所歸落已誌前報茲悉譚大令以阿城街道非常圮壞擬將該妓當堂出售自行擇配每名作市錢八百吊正其錢均付商務會收存以便作爲修治街道之需凡有志者當堂呈領限十日期內完案否則即送往哈埠濟良所以爲該妓日後出頭之計聞刻下已踰限期尚未有過而問者該妓之年貌晉容可想見矣　大

——摘自《远东报》，
1911 年 3 月 29 日

●各局所株守現狀○榆樹廳疫氣雖逐漸消滅但防之甚嚴遮斷交通小民生計已促其統稅局經徵局亦大受影響局中委員以及司書巡警等終日賦閑已成守株待兎之勢矣　容

——摘自《远东报》，
1911 年 3 月 29 日

●訴訟者之焦灼○榆樹廳因疫事戒嚴隔斷交通官署停止辦公除命盜重大案件外戶婚姻田產細故一律從緩辦理故訴訟者甚爲焦灼云　容

——摘自《远东报》，
1911 年 3 月 29 日

▲一面坡▼

●汽車定期售票○坡站鐵路防疫會總辦于中國西克君自去臘以哈埠一帶瘟疫盛行傳染之速瞬息千里宜嚴行防範而防衛之方譬如禦水須先絕其源故實行斷絕交通不准華人搭坐火車以防疫菌之染襲茲聞哈埠一帶瘟疫撲滅故擬於俄歷三月十五號大開交通搭載華人以重商業云　益

——摘自《远东报》，
1911 年 3 月 29 日

▲依蘭▼

●防疫局報告○本城設立防疫局以來每日查察診驗現今報告自設局調查統共疫斃人數男女一百十三人

——摘自《远东报》，
1911 年 3 月 29 日

●屍棺遺失之奇聞○日前警局報告防疫局有一爬犂載屍棺一具欲赴江西已由警局派警兵一人看守俟驗過再擬辦嗣防疫局派員赶到守棺處則爬犂屍棺及看守之警兵均不知去向現札警局查詢稟覆云云　伯

——摘自《远东报》，
1911 年 3 月 29 日

●省電詳詢疫情○日前省憲來電詢依蘭境疫由何來及染疫之人何等人居多數有無蔓延情形等現由防疫局電覆疫起年前陸軍學生歸籍路經哈埠傳染初由江西一屯嗣則城西南角鎬子爐等傳染由於屍親屬近前殮尸吸氣所致現在尚未遺延日有輕減之勢云云　伯

——摘自《远东报》，
1911 年 3 月 29 日

●因疫而封店〇西關之北有史家店日昨連斃四人初由一衰年獵戶把頭斃後致傳染頗形劇烈乃經防疫檢驗將住客等皆送留診所診視調治無病者七日後再行出外併將店肆封閉矣　伯

——摘自《远东报》，
1911 年 3 月 29 日

▲呼　蘭▼

●防疫會趕辦核銷〇呼蘭疫氣刻已斷絕根株於昨王守順存諭飭防疫會趕辦核銷以便上呈而資報竣　子

——摘自《远东报》，
1911 年 3 月 29 日

滿洲之最近觀

遠東政治情形每使人爲之注目其實確有無數關鍵然特乘機而發作者也如各國在東亞政治皆受反抗力皆受其原因未必不由中國而起蓋中國外交家每以爲俄德日新結三國聯盟然早有中美德聯盟之說又當何也中政府爲歡迎德太子撥欵至六兆之多以求與德國親密惜一爾希望頓然瓦解固然第一聯盟之出自歐洲各報誤會中非中國報紙記載失實如俄國以哀的美敦書遞中國一節西報咸謂借德國勢力然中國各報又謂此哀的美敦書之發現實出乎俄日密約之故至今北京政府尤篕與美國親睞然據報界所載美國對於俄之哀的美敦書堅執和平了結主義又如日報責德國鼓恐中國據稱德國陽與中國結好其實暗地爲中國之主使殊不知中國若不解個中之利害將受其流毒匪淺然則此等外交手段對於華人亦可謂之殘酷矣以其與實事上有最大之隱憂此外東三省瘟疫之害實不堪一言如吉林呼蘭伯都納傅家甸等處疫死之人爲數不知凡幾商務大墜人民窮極無聊致於作工之游民尤不堪言狀更加胡匪到處猖獗甚至驅逐人民奪拒城鎮如呼蘭失守之事豈非爲胡匪佔據耶現在謠言恐衆者日甚一日總之人心之動搖不外受奸人煽惑反對政府或起排外之風潮耳況各報亦間有倡議此事者如奉天盛京時報亦每記載此等謠傳之事此外滿洲各處饑民遍野自不難演成意外之變而爲害於中國今之最要者在此驚慌時代不得用急遽政治致於各國政治亦當主持和平然使人所不解者中國地方官力厭戰事之謠傳又暗地運兵使中政府果無戰爭之思想則所運之兵不過防匪而已又何必暗地進行耶故軍事之預備果守祕密主義適足惹社會之驚恐其結果之害誠有不可料及者果爾不惟與民爲害匪淺與政府亦大不利焉然幸今日和局已成實爲兩國之幸福也

——摘自《远东报》，1911 年 3 月 30 日

△△錫督又請來京陛見密商要政

政府於日前又接東督錫制軍電稱東省各處交涉緊迫誠恐大局將至動搖其中緊要節目非電商所能核定現東省疫氣漸次消除俟防疫會畢事後仍懇來京陛見密商各項重要問題聞已由樞臣代奏尚不識能否允准

——摘自《远东报》，
1911 年 3 月 30 日

◎本埠要聞◎

●醫官醫學生一律離哈○本埠調派防疫之醫官醫學生等現以瘟疫消滅淨盡逗留哈埠無事可辦已於本日乘東清火車一律離哈　木

——摘自《远东报》，
1911 年 3 月 30 日

本埠新聞

●防疫局對於慶和園之嚴厲○中國五道街慶和園前因娼賭各案屢爲巴里斯查拘昨日又經防疫局飭巴里斯將各娼妓及園主一律抄拿送交巴里[illegible]視防疫章程者戒聞防疫人員以該園屢次勸戒不改欲從嚴懲辦云　中

——摘自《远东报》，
1911 年 3 月 30 日

●關於衛生之照會○傅家甸防疫局准鐵路公司照會內開據衛生會移稱第十衛生分區所轄之英司多委屯即火磨公司左近爲傅家甸居民作一傾倒穢物之處所有穢物均往該處傾倒以致汚及鐵路地界等因前來請煩貴局諭飭該處人民速將所傾穢物掃除清潔並請出示曉諭商民一體知悉嗣後不准再行傾倒云　亦

——摘自《远东报》，
1911 年 3 月 30 日

●傳家甸防疫局排日報告〇本月二十七日時疫病院新疑似病院以及各區均無疫隔離所無濟貧所一百七十九名現已十八日無疫斃者據二十八日報告濟貧所尚留一百八十名計至今已十九日無疫斃者

——摘自《远东报》，
1911 年 3 月 30 日

▲長春▼

●防疫分局定期裁撤〇防疫總局近因鼠疫日減衆之防疫底款亦形日絀不急行裁撤會恐再耗巨欵難以報銷茲聞府憲及防疫總辦黃賓森觀察公同議決三月初一日四鄉防疫分局及城內分局一律裁撤推餘總局辦理報銷及善後各事云　立

——摘自《远东报》，
1911 年 3 月 30 日

●電飭詳報疫斃商民〇防疫總局因督撫兩憲屢有札諭飭呈疫斃人數繕清呈報長春城內共斃商民二千四百八十有零四關千餘人四鄉九百人嗣聞督撫各憲見四鄉報告表疫斃商民姓名住趾及何職業皆未列清復電諭除申斥外飭復清查詳細呈報不准稍涉含糊　立

——摘自《远东报》，
1911 年 3 月 30 日

●暫行開交通期〇長春商家數月以來坐閑無事每日耗費實難支持近聞商會請准道府憲及防疫總局本月初五日定開交通但妓館戲園因疫症尚未一律平靜而開市掛燈尚須再定期限云　立

——摘自《远东报》，
1911 年 3 月 30 日

▲雙　城▼

●防疫局之善後○雙城府防疫局局長金太守查疫菌消滅已久乃著該局將委員以及夫役等將次裁撤藉以撙節經費並擬將防疫總局遷於南街路東[illegible]院內辦理善後云　日

——摘自《远东报》，
1911 年 3 月 30 日

●吳委員又赴新城○查辦防疫委員吳迪民大令自石頭城子鎮回雙於前日即束裝起程赴新查辦防疫一切事務隨時報告以備防疫會之研究云　日

——摘自《远东报》，
1911 年 3 月 30 日

●財政之困難○頃聞雙城自鼠疫流入則人民之生機頓促而國家之元氣大傷本年如自治實業以及學堂應需款二十餘萬無所籌措故金太守對於籌款行政之問題甚為焦急云　日

——摘自《远东报》，
1911 年 3 月 30 日

●防疫局裁撤人員○雙城府防疫局為疫菌消滅裁撤救急隊四十名已詳前報現在金太守又擬將隔離所委員等悉數撤去惟留所長以作有備無患之計云　日

——摘自《远东报》，
1911 年 3 月 30 日

●查疫委員將次到坡○聞吉省陳劍帥以哈埠一帶瘟疫盛行而被災之輕重疫斃之人數暨防範之方法雖逐日報告但恐有防衛不力消除無方有關生命故特派委員姚君親履各處逐細查驗以期早日撲滅茲聞委員姚君日前已至長春不日將至坡站云　益

——摘自《远东报》，
1911 年 3 月 30 日

●又有災民到坡○去歲冬間屢有災民紮黨成羣携老負幼肩挑背負跋涉到坡曾經王巡檢會同商會總理宋君代爲捐募施給口食路資護送出境已誌報端日昨又有災民六十餘口由五常到坡當被防疫會偵知以該災民由五常來坡誠恐染有疫菌不准入境當即施給路費送出坡境云　益

——摘自《远东报》，
1911 年 3 月 30 日

●添派四鎮稽查○代理榆樹廳康懿登太守接任以來即認眞整頓防疫局一切事宜劃閤城裏總局秩然有序又於四鎮添派[illegible]查委員四員稽查鄉鎮防疫事務以防其中之流弊而達完善之目的云　容

——摘自《远东报》，
1911 年 3 月 30 日

●部派暗查員過綏○民政部特派暗查員查勘東三省各職官辦理巡警防疫兩大端分往確查特派易艆宜三來綏在興隆客棧小住將綏埠巡警程度防疫辦法逐一查明日昨公旋南下矣　宜

——摘自《远东报》，
1911 年 3 月 30 日

●學期阻於時疫〇江省各學堂前奉提學司劄飭因防疫緩期一律於二月十五日開學不意屆期疫災未克盡滅又聞官界傳聞再從嚴隔絕交通該堂諸公擬議開學將在四月初間云 宜

——摘自《远东报》，
1911年3月30日

●日紙評漢醫之價值〇日本報紙評論長春之我國漢醫一則標其題曰（漢醫盡死滅矣）亟譯錄之以供吾人研究

長春收容支那人患黑死病者之避病院不喜洋醫之治療深慕清人醫師所謂漢法醫者該地防疫當局者協議之末招聘支那醫十七名專任治療患者無不歡喜交集乃該醫師等本不辨消毒預防之法卒染病毒順次斃死至前月十二日所有該院醫師十七名全部死滅數人者先以自斃誠有趣味該醫師死後而清人始恍然我邦醫之自有眞價值也

——摘自《远东报》，
1911年3月31日

哈埠防疫之辦法

近時滿洲瘟疫仍未消滅哈埠人民日多一日以現在天氣初暖値開工之期故因此哈埠瘟疫仍有不能滅絕之勢且近日病疫者甚鮮並可即時查檢本埠之華工多在樓流所過宿以該所逐日驗看溫度並有病室等查近四星期各棲流所收留之華人竟有二萬七千三百九十五人之多其中病疫者有一百四十名各窮人在官澡塘浴洗者一千四百十一人近日防疫局以現在瘟疫雖滅哈埠與各處擴充交通以期挽回商務然必須由醫士加意檢驗擬在本埠劃分十六段每日由醫士查看華工有無病症如此嚴防庶幾與哈埠無礙瘟疫將日近消滅並除蠱蝨類以免其爲傳染之媒介更實行整頓住房衛生現在查明應燒毀之房尚有一百十三處此外由鐵路公司及庶務會極力提倡滑除街道污穢以重衛生並爲各醫士建築房舍分住於官房內以免其染疫傳染他人聞前後染病者已有五人內有醫學生一名病故刻已築成瘟疫病院一處歸蘇博士所管並預調查瘟疫剛化驗室專供研究之用又如貨物郵件等亦在車車內用佛爾馬林消毒近四星期拘去調驗之人共有一千四百二十九名內有西人四十六名並查出染疫者四十六名

——摘自《远东报》，1911 年 3 月 31 日

▲長春▼

●隔離所歸併一處〇防疫總局所設之隔離所初創立時共設七處西關甲乙兩號北關兩號南關兩號東關一號後因疫症稍平西關乙號隔離所裁撤東關中號裁撤尚餘五處隔離災民近因各所難民計三十餘人遂下札諭飭各所所長急呈報銷于前月抄一律裁撤至所內難民及一切物件須移交兩門裏中號隔離所彙管云

——摘自《远东报》，
1911 年 3 月 31 日

●札飭各區竭力捕鼠〇巡警總局自疫症流行後屢接列憲札諭轉飭巡警各區竭力捕鼠以防傳染並定價收買以期商民力為捕獲詎今數月獲鼠無幾昨道府憲恐疫毒潛藏鼠身恐值此春融復為發現又下札諭嚴飭各區每日捕鼠十隻呈送防疫總局交各醫官剖破研究不准玩忽致干未便云　立

——摘自《远东报》，
1911 年 3 月 31 日

▲長春▼

●學堂開學之先聲〇長邑兩等學堂各師範日昨奉學務監督于廣文君面諭謂現在城鄉惡疫早以撲滅速即傳知各學堂務於三月初一日全體來堂授課勿使延緩以重學務云　海

——摘自《远东报》，
1911 年 3 月 31 日

●調查疫死之確數〇長邑自疫禍發現以來劉秀臣大令防禦之法非常嚴厲以致城內無是疫者惟四鄉稍有傳染亦屬寥寥故於日昨確實調查四鄉共染疫死者僅十六名云　海

——摘自《远东报》，
1911 年 3 月 31 日

●農人傳疫而死○長邑疫症雖已波及然自設立防疫局以來製造藥料頗有效力防疫之人救活甚多近來各區報告疫症將滅儘於日昨有年老農人驅牛爬犂赴街勾當距城三里許遇隣人語次無故頓足即仆而僵斃鄰人報告縣署檢驗掩埋未識是染疫否也　海

——摘自《远东报》，
1911 年 3 月 31 日

●調查防疫委員來長○日昨劉秀臣大令飭防疫人員預備歡迎而便接洽已將檢驗隔離等所先行整頓云

——摘自《远东报》，
1911 年 3 月 31 日

▲雙　城▼

●防疫之近況○雙城府時疫病院疑似病院以及七處隔離所其中並無一人是時防疫人員與醫官等大爲慶幸其市中行人僉謂疫疾自此消滅而我輩得以生存誠爲幸福云云　日

——摘自《远东报》，
1911 年 3 月 31 日

●西醫將去之消息○醫官信海等人自哈埠來雙勾留約計二十餘天該醫官等休息多日擬於月初將染遇疫病之房屋一律消毒即行回哈云　日

——摘自《远东报》，
1911 年 3 月 31 日

▲五常府▼

●防疫之經費所出〇五常府防疫局因經費支絀乃於日昨電請防疫總局指示頃奉到復電如防疫經費不敷着由統稅局稅款項下提用以濟防疫之急務云 仲

——摘自《远东报》，
1911 年 3 月 31 日

●劉太守注重防疫〇五常府劉秉鈞太守蒞任伊始即以防疫爲急務查現在疫氣雖然消滅恐不免死灰復燃之害於是力加整頓以絕疫疾根株而免傳染之害云

——摘自《远东报》，
1911 年 3 月 31 日

●醫員之忙碌〇五常府防疫局之西醫李鴻洲君自任事以來逐日挨戶擇疫消毒並帶同防疫隊等考査棺木以辨是否因疫病斃命焚化掩埋而杜傳染之危害云

——摘自《远东报》，
1911 年 3 月 31 日

●區官之盡職〇五常府屬界山河屯地方窩頭棚染患疫症未幾疫斃九人現疫症正盛之際幸第二區區官王英槐氏將窩頭棚消毒封閉以致疫菌絕滅未能傳染他人云 仲

——摘自《远东报》，
1911 年 3 月 31 日

▲榆樹廳▼

●已開小交通矣〇代理榆樹廳龐懿齋太守接准吉省防疫總局來電略查該屬疫氣日見退消應亟准予小開交通以順輿情其無疫之村屯給予通行票往陶賴昭車站送糧若有疫之村屯仍行禁絕運糧以免傳染之危害云云　容

——摘自《远东报》，
1911 年 3 月 31 日

●教練所將開辦矣〇楷樹廳巡警教練所因疫事戒嚴迄今尚未開學復派員查疫氣消滅祗恐開學遲誤致警生等光陰虛擲於是請警務長孫華棠參軍准予開學以資造就而收警界文明之效果云　容

——摘自《远东报》，
1911 年 3 月 31 日

●龐太守注重防疫〇代理榆樹廳龐懿齋太守對於防疫甚爲注重乃防消毒生等每日在城門上伺候如有進城者即行用機關器消毒放行以絕疫菌根蒂而免死灰復燃之害云　容

——摘自《远东报》，
1911 年 3 月 31 日

●東關斷絕西門交通防疫者如是〇賓城東關前因疫氣稍見消減遂經許太守開放東門商民交通各情已誌報端近聞醫傳鄉間疫禍又見復熾城東水板站一帶染是症者最爲烈害致將東門斷絕不准往來以防傳染遂開西門而便交通云　劝

——摘自《远东报》，
1911 年 3 月 31 日

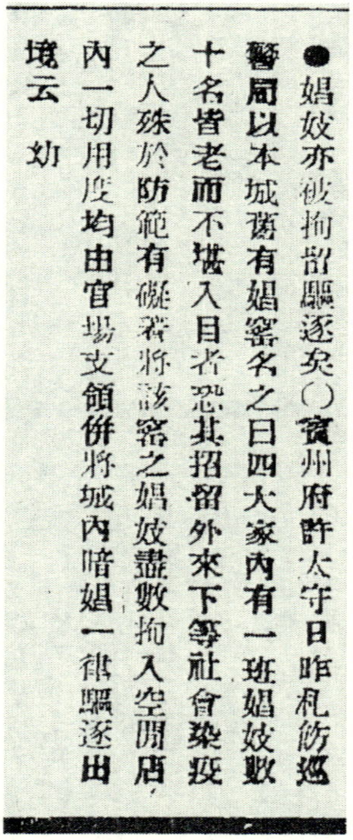

●娼妓亦被拘留驅逐矣（）賓州府許太守日昨札飭巡警局以本城舊有娼窰名之曰四大家內有一班娼妓數十名皆老而不堪入目者恐其招留外來下等社會染疫之人殊於防範有礙着將該窰之娼妓盡數拘入空閒店，內一切用度均由官場支領併將城內暗娼一律驅逐出境云　劝

——摘自《远东报》，
1911年3月31日

▲新城府▼

●照錄防疫之成績(一)新屬地方遼闊辦理防疫尤恐難週府太守與醫官常鶴林磋商招集醫生十餘名考驗通達者於鄉鎮各設分局派有稽查防疫巡警認眞檢驗診治分別隔離復念鄉愚無知特派稽查演講員赴鄉隨時演講此次疫毒之厲害一遇傳染劇烈非常併發給檢疫規則千餘張遍貼城鄉通告以示防遏照錄如左 一防疫局所派人員隨時得入人家實行檢驗 二檢疫人員遇有染疫病人或疑似病人分別送至診疫病院或疑似病院妥診 三凡醫生診有染疫病或疑似病須至防疫局報告 四凡病人一經診疫病院醫官認爲旣染疫病卽須留在院中醫治 五凡有染疫病人或疑似病人之家其家人亦得至防疫局報告 凡有類似染疫病人一時未能診斷是否染疫者須留在疑似病院醫治 七在診疫院留診之病人概不得與院外一切人民交通 八凡染疫病之家由本局派去衛生巡警把守禁止與外人交通 九與染疫同居者概須遷至隔離所居留五日所

中醫員驗明果無傳染始准退出 十與染疫同居者遷至隔離所後倘其中一人經所中醫員認爲旣染疫病其餘之人應由是日起再留所內五日醫員驗明果無染疫始准退出 十一 自傳染病地來之人民須受本局檢疫人員檢驗後留隔離所驗明始准放行 十二凡自傳染病地輸入之物須由消毒所消毒後始准放行 十三凡傳染病人之親族如欲入診疫病院探看病人須由院中當事人員認可更換衣服受院員指使遠立看視十分鐘後卽行入浴消毒再更換衣服退出 十四染疫病人之衣服器用等件須依消毒規則處置之 十五染疫病人之家與同居之人及其衣服器用等件須依消毒規則施行消毒 十六凡染疫之病人近鄰如係彼此接連房其傳染者須依前條之規則定 十七凡人家有病死者其家須至防疫局報告 十八凡有死者無論其死之原因如何非受防疫局派員檢驗無論新舊靈柩看視明白方准掩埋 十九凡賣棺材店如無防疫局發給三聯憑照不許私賣 二十各區巡警查有搬運靈柩而無防疫局准照者不許搬運 二十一賣棺材店出售棺材若干送至何處買主何名病主何人每日册報防疫局 二十二凡酒飯茶館土娼及他人民稠集最易傳染疫症之處須暫歇業非防疫局認可不許啟開 二十三澡塘浴場概不准病人入浴 二十四當舖小押概不准當押病人之衣服及他項物件 二十五洗衣房所有浣洗之衣裳須煮至沸二十分鐘後始准取出曝晒 二十六所有客棧遇有病旅客須即報告防疫局並將每日住客姓名來自何處及有病症照册填報 臣

——摘自《远东报》，1911 年 3 月 31 日

▲黑龍江▼

●龍江府現已接篆〇調署龍江府知府黄中甫太守以防疫不力罷官遺缺仍以前任范曉齋太守防回原任本報已誌范遂於日前携同眷役人等到省乃直入公衙即時接篆並未另設公館云　于

——摘自《远东报》，
1911 年 3 月 31 日

●防疫會定期裁撤〇呼蘭疫禍刻已斷絕根株於昨王守順存稟請上峯定於三月初一日即將防疫會裁撤以節虛糜　子

——摘自《远东报》，
1911 年 3 月 31 日

●焚棄養病院○疫氣既滅養病院多日未收一人日昨防疫會派人將養病院並所用什物等件一律燒燬以除疫根 子

——摘自《远东报》，
1911 年 3 月 31 日

●是非自有公論○呼蘭王守順存客臘到任疫禍已竟蔓延不可收拾推厥原因確係范前任守佑不能防範於先之所致也而王順存視事伊始迫於督撫憲之電責嚴防對於防疫事宜實不得不抱定急進主義以期早剷疫根於是一舉一動必親身率先曾有親督打掃街巷污穢板責商民者即此而論即是防疫不可多得之官乃一般紳商以强迫衛生遍街打人之故羣起反對聞有宋冠臣者係本城議事會議員日前被打遂聯合十三鄉議事會聯名稟控上憲明眼人皆以為此事不當也事之究竟容訪再錄 子

——摘自《远东报》，
1911 年 3 月 31 日

△△奉天黑疫研究會之語言文字

聞東省萬國疫症研究會將來集議時採用中英兩國語言文字

——摘自《远东报》，
1911 年 4 月 1 日

●東督又嚴電飭打撈沿江屍身○錫制軍昨日電飭各府廳州縣務於開江之前各在所屬江灣之處修堤築壩招募水手分段設網打撈疫斃屍身務在開江之前撈獲罄盡以免流溢鄰邦致人指責聞與松江佐近之各府州縣刻下組織江防甚形忙碌云 石

——摘自《远东报》，
1911 年 4 月 1 日

●檢查衛生事宜轉交監查員管理○現在哈埠疫氣雖已消滅然仍須有人督飭各處居民注重衛生以免有死灰復燃之虞昨防疫局特擬定章程數條擬嗣後將防疫局撤去所有一切檢查居民衛生之事均交各區監查員管理每區擬派常川住局醫士各一名現定每區舉監查員六名其監查員議長由監查員中自行遴拔云

——摘自《远东报》，
1911 年 4 月 1 日

●防疫執行總局之會議○於上月念九日東清鐵路租界防疫執行總局大開會議聞所議者略如下(一)現禁絕交通之各處瘟疫業已消滅此星期內即可大開交通然仍須於衛要之處如前設立醫生以便檢驗來往華人(二)所有監查各住戶之命令仍須照前辦理至俄歷五月一號爲止嗣後再定裁撤醫士數目(三)於鐵路租界內設立永遠防疫醫院內設醫士數名如不敷用時再議增加(四)將來大交通一開無業華工自日增多擬現有之棧流所暫不減撤且每日給以茶水麵包不取分文(五)將來被裁撤之防疫下等員役擬仍加 半月薪水且將其於消毒時所損之衣物照其原價賠償以示體卹(六)現在鐵路華人雖可乘三等客車然仍須檢驗五日云

——摘自《远东报》，
1911 年 4 月 1 日

●關于瘟疫之報告○查東清鐵路各站及哈埠自上月二十九日至今並無染疫者亦未收得屍具自瘟疫發見之日起至今共有染疫華人一千四百七十七名歐人五十三名疫死華人一千四百七十七名歐人五十二名現在哈埠檢驗所二十八人齊齊哈爾檢驗所十五人特別檢驗所十六人云

——摘自《远东报》，
1911 年 4 月 1 日

●防疫陸軍陸續撤回○本埠自去歲時疫流行經大憲派駐紮長春陸軍某標三營來哈防疫已誌報端茲聞大憲以瘟災消手多日電飭該軍陸續盡回聞該陸軍第一營於昨撤回長春云　亦

——摘自《远东报》，
1911 年 4 月 1 日

●華醫熱心研究瘟疫○關傅家店防疫各醫士以現在瘟疫消滅正當研究此症然又苦才力不及日前曾稟請郭道照會鐵路公司准其與俄國研究瘟疫團考究疫症以廣見聞或可略有補助聞郭道頗贊成此事云　中

——摘自《远东报》，
1911 年 4 月 1 日

●傅家店防疫局排日報告○二月二十九日時疫病院新疑似病院以及各區均無疫隔離所無濟貧所一百七十七名現已二十日無疫斃者

——摘自《远东报》，
1911 年 4 月 1 日

▲吉　林▼

●吉林防疫總局之告示〇爲傳諭事照得省城前因辦理防疫禁止猪羊鷄鴨等動物販運入城業經分别飭辦在案現在城鄉疫氣逐漸平靖所有前項禁運一切動物應即仿照柴米辦法填用柴米執券一體放行仍一面由該分卡派隊押送指定柴米市場地方售賣以昭體卹而示限制除分行外合亟傳諭諭到該分卡即便遵照辦法勿違此諭　現刻城鄉疫氣平謐惟有四鄉之斃俟容查明再行造報　新

——摘自《远东报》，
1911 年 4 月 1 日

●吉長路亦設醫院〇吉長鐵路總局近因路綫急須開工又恐招工而後疫症蔓延令總辦傅頁佐襄明各憲由公欵內撥欵若干在城東五里堡地面設醫院一處凡招工人皆須交醫院檢驗後再赴工段操作如有病者無論何病亦須交醫院診治云　立

——摘自《远东报》，
1911 年 4 月 1 日

●又禁商民掩病不報〇長春城關自鼠疫盛行後屢出示諭勸令商民有病即報不意各商聽之藐然昨有北街集升齋鞋舖櫃夥一名染疫危急終未呈報及死後被官查知除將門封閉後將衆夥送交隔離所外今又出示諭嚴戒商民人等嗣後如有掩病掩屍不報等弊除商號封閉外定將房屋充公不稍寬宥云　立

——摘自《远东报》，
1911 年 4 月 1 日

●籌辦公所之近況〇雙城府自治籌辦公所正副所董德善亭宮雲閣二君業將管理員調查員等派妥已詳前報彼時因疫事戒嚴遮斷交通調查一節未能推行現在疫菌消滅擬定飭調查員等調查選民以免臨期悮事云

——摘自《远东报》，
1911 年 4 月 1 日

●西醫之可嘉○雙城府防疫局於去冬發起謹典五樓調因獨力難支於長春府延請與盛藥房西醫馮景三君來雙幫助現在疫菌消滅勿用多人徒事紛擾於是馮君與辭金太守酬以百金馮君却之不受金太守復令董提調與馮君送川資二百緡而馮君又如數璧回並語以為救同胞豈敢貨取之云云渠將行李收拾齊楚隨於日昨搭坐火車回長春醫料理已之事業云 日

——摘自《远东报》，
1911年4月1日

●開學期之不遠○新郡各學所散放年假向屆正月節後開學現當疫症防檢禁止交通未便開學鄉鎮之學生因道路梗阻均未來城惟日前府太守惟恐諸生廢學特派勸學所總董於城外預設學生檢驗所一面傳集諸生來城均入該所檢驗有無疫症過一星期再行開學以重學務而保衛生 臣

——摘自《远东报》，
1911年4月1日

▲五常府▼

●派員調查疫氣是否消滅○五常府防疫局提調劉滙恩參軍查各分卡報告疫氣消滅惟恐渠等粉飾於日昨派委劉芝芬君赴各處調查以免朦混之弊云 仲

——摘自《远东报》，
1911年4月1日

▲榆樹廳▼

●醫官之盡職○榆樹廳防疫局醫官四名惟姜海峰醫官常川駐局辦事其餘醫官三名不過充數而已姜醫官可謂克盡厥職云 容

——摘自《远东报》，
1911年4月1日

●龐太守注重衛生○榆樹廳警務長孫華棠參軍承龐謐齋太守命令派出巡官王虎臣氏督飭各界掃除糞土穢物以絕疫菌根株而造地方之福云　容

——摘自《远东报》，
1911 年 4 月 1 日

●公署之電報照錄○代理榆樹廳龐齋太守接到公署來電當即傳悉照錄於下其略謂龐守茲送劉丞福宋覽寒電悉部電稱該廳疫氣發集死者尤多未悉被何報告並非金守具稟所致該丞辦事竭蹶不獨防疫一端毋庸準請查辦云云　容

——摘自《远东报》，
1911 年 4 月 1 日

●一家疫斃之慘狀○呼府北街陳寡婦家一子三女一媳二孫女共八口今正因鼠疫起見王守帶皂吏等街市檢驗行至陳氏門口即入屋內見該處女點脂擦粉即指之曰如此粧飾殊屬非宜遂責打十板而去該處女羞愧哭泣不已越三日染疫而死相繼母子女大小死七口後剩兒媳并懷抱小孩自覺難以度日遂抱小孩尋至鬼王廟坐伊本夫屍傍待斃云　波

——摘自《远东报》，
1911 年 4 月 1 日

●裁減防疫人員薪金○呼府自鼠疫蔓延即在本街設立防疫會養病院男女隔離等所其中人員半盡義務惟養病院隔離所之管理員每月薪金均五十兩城鄉四外之防疫檢查員每月薪金均二十八兩車馬費在內現在城鄉鼠疫既經撲滅然各屬所防疫人員亦不能立時報銷王太守擬由日前起將所需人員均減薪一半以觀後效云　波

——摘自《远东报》，
1911 年 4 月 1 日

●議員之遺缺○綏埠城議事會成立尚未開辦一節已紀本報惟原定選有議員二十員後因染疫棄世因事黜革力辭不就等因大虧額數將來開辦必另有一番措置云云　宜

——摘自《远东报》，
1911 年 4 月 1 日

●罪囚亦染疫○綏署壯班押犯疫斃甚多已載本報現下習藝所做工罪犯亦有染疫者日昨送入病院二名其餘嚴加防範尚未知能否遏滅云　宜

——摘自《远东报》，
1911 年 4 月 1 日

本埠新聞

●糧捐將要創辦矣○本埠傅家甸舉辦各項新政經費用款向以地方雜捐以為經費現值疫息之後各項要政均待擴充惟苦經費無着聞濱江廳林司馬稟請仿照雙城等處創辦設糧捐以充各項新政經費云　石

——摘自《远东报》，
1911 年 4 月 2 日

●商會為譚道餞行○開防疫局專辦譚觀察兆棵因本埠瘟災業已消除擬日內回奉銷差故濱江商會日昨設筵為譚觀察餞行並請郭司使于觀察宋觀察作陪　亦

——摘自《远东报》，
1911 年 4 月 2 日

●傳家甸防疫排日報告○本月初十日時疫病院新疑似病院以及各區均無疫隔離所無濟貧所一百六十七名現已二十一日無疫斃者

——摘自《远东报》，
1911 年 4 月 2 日

▲奉天▼

●傳諭照常辦公○日昨督憲傳諭本城各司道衙署局所以現在鼠疫減消不日即可净盡仰本城各該衙署局所續限於三月初一日一律照常辦公以清積壓而重要公云　逸

——摘自《远东报》，
1911 年 4 月 2 日

▲吉林▼

●高醫員之報告○禮拜三日至長屯子日昨至荒山嘴子及九站查看一切此等地方近無報告疫斃者惟聞荒山嘴子昨有陸軍兩名自尤家屯來不允留驗且以所携之槍恐嚇站員似此目無法令非嚴行懲戒不可陸軍中人抗不服法於防疫前途大有阻礙似應稟報大帥請示辦法各站布置尚稱妥協謹此稟報云云

——摘自《远东报》，
1911 年 4 月 2 日

▲長春▼

●防疫局又領款三十萬○防疫總局自去臘開辦兩月餘共耗底款八十一萬另近因不敷聞昨電稟督撫兩憲由官錢局領款三十萬以作現時之需至善後底款需款若干尚未稟請云　立

——摘自《远东报》，
1911 年 4 月 2 日

● 札飭各區截止津貼〇防疫總局初創時因清理街道查驗戶口歸巡警各區兼辦格外體恤札飭各區區長每逢月終由防疫總局領津貼銀二十兩近見疫症稍平而防疫底欵實形支絀昨經總辦黃賓森下札諭飭巡警總局轉飭各區津貼一節一律截止以節經費云　立

——摘自《远东报》，
1911 年 4 月 2 日

● 吉長路實行開工期〇吉長鐵路總局所招之鐵工木工因瘟疫流行去臘停工後數月以來終未操作近見疫癘實行平靜况春暖凍解各段土工不久開工修築昨聞總辦傳良佐已下傳諭飭鐵廠工人月前一律開工並開往卡倫之火車亦須急為開車運料鋪道云　立

——摘自《远东报》，
1911 年 4 月 2 日

● 陸軍九標仍須回吉之原因〇陸軍三鎮步隊第九標駐紮吉林業已數年忽於去臘因辦防疫嚴絕交通將九標調回輪流把門以昭慎重近聞疫症已消各門守兵不日裁撤吉撫陳簡帥因省城空虛仍請奉督飭該標各隊回吉駐札至現駐哈埠之十二標亦須回圖寬云　立

——摘自《远东报》，
1911 年 4 月 2 日

● 德惠縣疫斃人數之報告〇長春府屬去歲夏間新設之德惠縣因張家灣站交通迅速鼠疫傳染甚烈近聞各局報告張家灣附近村莊共死男女二百三十三名四鄉中共疫死者一百七十有零再加路斃之無名男子統計縣內共死四百二十四名云　立

——摘自《远东报》，
1911 年 4 月 2 日

●有衛生之責者注意○雙城府消防隊東南有大坑一所其中委棄之破爛衣服零碎雜物等甚夥查此等破碎污穢衣物惟恐染疫家拋棄在彼近來春暖風和冰雪融化穢氣薰蒸實與衛生關係非淺深望有衛生之責者掃除淨盡以絕瘟菌根蒂而造地方之幸福云　日

——摘自《远东报》，
1911 年 4 月 2 日

●醫官之忙碌○信醫官等六員查疫菌消滅尤當嚴加消毒以絕死灰復燃之害由是該醫官等日前帶領消毒生携消毒機器乘坐快車將染疫之家消毒並檢驗各界有無疫毒馳驅往來日甚忙碌云　日

——摘自《远东报》，
1911 年 4 月 2 日

●屠戶要求售肉○雙城府屠行見疫氣消滅乃聯名要求售肉以謀微利聞金太守以售肉其中關係非輕擬定與士紳等商議而求萬全之道云　日

——摘自《远东报》，
1911 年 4 月 2 日

▲依蘭▼

●病院夫役疫斃○本城設防疫局以來設有查驗所留診所養病院茲病院夫役兼司賬之王姓染疫斃命前聞該院夫役因終日看守病人懼有傳染皆暗吸鴉片以禦之一時傳爲有效云　伯

——摘自《远东报》，
1911 年 4 月 2 日

●檢查外來牛肉〇近日交通頗見活動屢有自上城到來大車裝載牛肉被紳董撞見查有腐敗之形當即稟明唐太守以為事關食品衛生況當疫災將滅未盡之時決難令其售賣傷人遂親至醫局派員澈實詳査勿隱云

——摘自《远东报》，
1911 年 4 月 2 日

●南區學堂封閉〇南區學堂設於山陝會館西廊今該堂役因疫斃命遂由防局察驗將居住人等實行隔離將房舍封閉矣　伯

——摘自《远东报》，
1911 年 4 月 2 日

●崗政之廢弛〇本城疫癘乍發時兵警不敷分佈所有日崗每多虛位無人站守識者知為疫症之故乃近日疫病已有將滅之勢各崗應復如數分佈不意近日市上站崗較前減少云　伯

——摘自《远东报》，
1911 年 4 月 2 日

●時疫日已減輕〇本城防疫局報告自本月初一日至十八日因疫斃命者僅十五人統自年前起疫以來共斃一百二十八名醫愈者統有一千六百餘人之多（按調查本城受疫之人能以治愈非是醫術有奇策高謀其原因實由略覺有病即刻速治有未雨綢繆之好處且各藥舖年前奉道憲面諭夜則門前懸燈以作標誌勿論何時凡有病者延請直往診治不得稍延致克臻此效果或有戇者自不願治以致延悞次日而竟死者累矣查其傳染係臨死時氣往上喘是以能染身旁之人若將死時諸人均隔離者無妨此皆本城疫情之實際調查也　伯

——摘自《远东报》，
1911 年 4 月 2 日

●學堂實行開課○本城各學堂緣疫症尚未絕滅至今未能開學茲聞擬定前月開行祭聖禮入學以修學生之身心至前日方實行按班授課云　伯

——摘自《远东报》，
1911 年 4 月 2 日

▲賓州▼

●照錄官埠防疫之規則○略謂疫氣雖見稍減然難日忽寬忽輕仍未撲滅是以重擬檢疫規則七條俾各遵守早日消除共安樂業云云茲錄規則如下（一）本局因疫氣未滅來往行人暫准出入西門外設檢疫所一處以便驗明分別放行其東南北三門無論有無票照概不准出入（一）城關商民由本局發給城券出入城門由門崗驗明放行（一）入城行旅須詢明來地貨車驗明物件除通常用貨外凡滷魚肉皮革線麻及豬羊等項不准晉城（一）行旅過境有照者由該所驗明無病實行消毒放行無照者仍照章留驗五日（一）前項留驗行旅在於本局指定各店內居住以便派醫往驗（一）車輛行旅如係過境者驗明消毒後繞城外行走不准晉城如係到城者由門崗驗明執照放行一該所檢驗行旅車輛每日均須列表呈報本局一次以備查核　功

——摘自《远东报》，
1911 年 4 月 2 日

●裁撤救急隊○賓州許太守於疫症初熾時於年底年初陸續招募救急隊二十五名專司拉送病人掩埋屍具以及照料病人等項又衛生隊原有十名以防疫各差役不敷供用亦添十五名救急隊衛生二隊計共五十名現因十數日內所疫死者寥寥無幾至近日一無所聞大有一律肅清之象衆之欵項支絀刻已將該二隊均裁撤幾名擬於前日一律撤盡僅留原有衛生隊十名以備巡查云 幼

——摘自《远东报》，
1911 年 4 月 2 日

●私造防疫護照被押○賓州城東八家子屯顧家燒鍋商人某有伊之親屬韓姓由他處乘坐大車遷移來賓經過該屯該商人預先赴防疫局請領執照以便遄行該局答稱無論中外車馬行人均須留驗五日期滿無病始能給票放行預先礙難照發該商無法遂於是夜協同其親屬暗渡該屯併其自造之僞護照一紙以備冒行他處庶免阻滯留難不料行至夾板站被該處巡警驗係僞造詰實由來遂將該商及其親屬一併送城拘押尚未判結云

——摘自《远东报》，
1911 年 4 月 2 日

●開學之無期○日前許太守東藩電請提學司開學展期覆電略謂各處疫病拖累不絕省城各學生屆期亦不應上課以杜傳染之患俟縮短期日開辦云 幼

——摘自《远东报》，
1911 年 4 月 2 日

●衛生員續訂防疫章程〇賓屬衛生科員李象賢君酌擬防疫衛生辦法六條傳發各分區辦法(一)各區水井一律查明分別宜用宜食均標木牌井口加用木蓋井內貯以雄黃實件消毒各物(二)居民廚房厠所溷所及院宇積穢李君應先行之于涉勸令改良(三)居民新買糧米柴炭必先置通風透亮處五六小時然後存儲屋內乾燥之地米糧尤須嚴防鼠食(四)男女辮髻逐日梳理內裹小衣每星期宜賓洗一次(五 臥室窗戶必通風火炕熱度不可過高炕席被褥應每日掃除曝晒又痰涎最爲傳染之媒不得隨地漫唾盛痰器皿宜貯石炭酸消毒矣

——摘自《远东报》，
1911 年 4 月 2 日

▲榆樹廳▼

●廉太守注重防疫〇代理榆樹廳廉懿齋太守查鼠疫大消惟恐不免死灰復燃之虞於是添派稽查委員分投各處據實考查以期因時設備庶免徒事驚惶消耗國家之公款云　容

——摘自《远东报》，
1911 年 4 月 2 日

●各級學堂將開學矣〇近日榆樹廳疫氣大消該學界總稟懇請廉懿齋太守電請提學司定期開學庶免子弟光陰虛擲以期與國家造就人材而收文明之效果云

——摘自《远东报》，
1911 年 4 月 2 日

●衛生科之一斑〇阿城衛生局自裁撤後即歸併衛生科辦理茲因經費不足局長王子過即再三商酌會董王執中設立屠獸捐以擴充該科經費爲修治道途整頓衛生起見不料設立之後仍事敷衍所有街道均污穢不堪况天氣溫和冰雪消融小巷衚同臭氣薰蒸當此瘟疫稍減尚宜力加整頓以重衛生云　大

——摘自《远东报》，
1911 年 4 月 2 日

●李醫官防疫之辦法〇五常府防疫局醫官李鴻洲氏査出疫死棺木厝六口早年浮之棺木十二口悉數消毒掘極深之大坑用石灰掩埋以絕疫菌而免傳染之危害云　仲

——摘自《远东报》，
1911 年 4 月 2 日

●防疫局章程發到〇五常府防疫局局長劉秉鈞太守接到防疫總局發來防疫章程千條劉太守査章程詳細與防疫前途大有關係於是發給防疫局署防疫人員等瀏覽而作考鏡庶於防疫有所依據云　仲

——摘自《远东报》，
1911 年 4 月 2 日

天津

●關於防疫之種種○衛生局連日接奉天克利提來電謂此處防疫情形如昨疫故人數甚少昨日四人車站地方平靜員司亦平安　南來搭客免留驗一節此間意見不以爲然予等勉力進行始能有此圓滿之結果昨日疫故只五人予觀本城疫氣不久即可肅清矣車站地方仍平靜員司亦平安　又衛生局接外務部施來電僕於今日將外務部經辦防疫事務一並移交顏大夫（譯音）辦理矣嗣後關乎防疫文件請逕寄顏大夫可也　奧領事去年因防疫圈禁該租界居民十餘家已見各報惟被禁人民有即日逃遁者劉聞疫氣消盡該領事尚未將圈禁籬笆拆去且該居民等不遵該領事命令私行擬從嚴罰辦該居民等流離失所又恐嚴罰曾懇天津臨時防疫會副會長李子鶴孫子文二君謁見交涉使往商該領事請其寬恕云　天津臨時防疫會自成立以來會長等逐日輪流在事務所協同董事遵守奧定章程籌辦進行各事及病院留驗院章程規則奧詳書惠茲悉經批示如下奧摺均悉該會經辦防疫各事具臻周致所擬會章及病院留驗院則亦規均妥洽應即賡續實行務使疫氣消滅淨盡以重衛生仍將辦理情形隨時報告繳摺四調查下等件均存　天津臨時防疫會日昨會議公决函請巡警道娼寮數目及處所以便該會用藥與之消毒　由津開往上海輪船搭客必須在津經衛生局驗後留驗五日給照去海關稅務司簽字然後持照購票方許乘輪惟留驗五日非中和長春長發三家棧房不可衛生局亦於該三家派醫相驗　又太古招商局怡和三行散布傳單凡輪船各艙票價增加一半有驗費在內字樣旅客多云不便者　本月二十五日查本埠並無疫故之人尋常病故者四十人北洋防疫院留驗十八人內收留驗所二人廣仁堂留驗五十二人二十四日山海關新到搭客十七人在裕中飯店留驗三十一人在同豐客棧留驗四十八人共計七十九人二十五日早離關七人

——摘自《远东报》，1911 年 4 月 4 日

滿洲安置華工議上 (元)

舊歲疫難初起政府爲防疫毒傳入關內即下嚴令禁止東省華工入關凡入關者必須限以十日七日之留驗嗣後年關伊邇東省華工向日以歸省爲常例者於是聚集二三百人有鬨動之舉幸而東督防患於前未致釀禍吾以爲今年交通未開當事者當鑒往事之失斷不致再有困難之事矣不意近得榆關訪員報告更有駭人之舉動也據報告云山海關前於前月杪凌晨有華工二千餘人麕集關下多半形容憔悴顏色枯槁共起要求進關鐵道局向前力阻人情大爲洶湧幸守關兵報知陸軍韓管帶增兵防禦並令同縣令楊灝生大令共往彈壓由楊大令面訊情形始知該工人等多於數日前被誘出關赴東工作者不料行至寬遼州地方先後均被阻回該工人等始知被驅比及馳回關地急思入關回鄉而關驛不容不驗即可聽其入關而該工人等又不欲檢疫遂致散處沿路繞各村屯求食現在直奉接壤各要地如老君屯八里鋪御路村鎮均有華工結隊成羣向各村民强索飯食各村民民大爲震恐深懼乘機作亂各募壯夫共相守禦又經防守黃土嶺陸軍統領查獲繞越鐵道私行出關匪類

招工東客二十九人楊大令又在關前盤獲奉地包攬引送鄉工者數人帶縣究懲其結果尙未知如何而當時楊大令僱以好言撫慰華工命其在衛生局聽從醫生檢驗再當電請直督允許入關不可妄相抵抗而該工人等尙不能甘心服從也記者聞竟不覺大異夫中國在東之防疫已非一日執行者已四月有餘久已通告鄰省不得令工人私行出關何以鄰省地方官竟任令如許工人結隊離鄉一異也招募華工久已著爲禁令大部亦有通札嚴令各地方官預告民人何竟任令包募華工者挾衆二千之衆私行出關此二異也包攬引送者明知沿途防疫綦令森嚴前已繞越出關而地方邊界防守各官一無知覺直至聚衆闖關始行爲之彈壓此三異也包攬引送聚衆多至二千吾不知何處有如許大工作可以容留二千人者何以二千人之旅行而沿途竟無事變直至被阻回關始行發難彼繞越時旅食旅居究從何處著手此四異也即令可以繞越可以分作數隊旅行而當此風聲緊急之時疫防未撤鬍匪蠭起彼即能什伯爲羣使人不及覺察而沿途巡警竟無人爲之注意此五異也有此五異吾實有不能不疑於匪徒之煽惑也東三省向日森林發青之時則必有鬍匪號稱開當鋪者向故鄉誘惑年幼無知之人爲其刦掠之羽翼今適當春融之時此輩工人果爲述

工作而來者則尙可恕也若爲圖爲不軌者則豈可任令結衆如此之徒衆乎吾竊謂東三省官吏不可不向包攬引送者反復嚴詰也吾儕者曾主淸匪源必先查稽行旅之策値此疫防未撤若得一通檄各令入境之初加以盤詰其事畢舉矣此亦較淸鄉爲易也苟不然者則此輩皆爲販買豬仔之流亦必拘而嚴懲之也庶幾保全中國民命其功亦不小矣東省近日實無工作可容如許工人爲歲疫作此輩已多半死于黑疫今年若再容此輩棲息此地而又無安插之方吾仍恐留爲釀疫之禍貽穢以爲非計也國家縱能再有如許金錢以弭疫禍而常此輕視民命逃亡散失又何以爲國乎吾竊願東省大吏再用懇切誠摯之急電通告各省切實責成地方官吏宣告吾民勿再蹈此次檢關之禍亦今日之仁政也

(未完)

——摘自《远东报》，1911 年 4 月 4 日

●會議防疫傳染問題○前日關道郭司使會同俄總領事及中國稅關代辦會議預防惡疫傳入俄境問題據云所最關緊要者爲須在松花江沿拉哈蘇蘇地方設立檢驗所一處所有來往搭客無論中外均須檢驗且請中國稅關於三姓及其他各碼頭均設檢驗所云

——摘自《远东报》，
1911 年 4 月 4 日

●哈埠大開交通之確期○道裡防疫局以近日瘟疫消滅仍不撤防殊礙交通故擬定由四月一號大開交通聞道外防疫局擬定自三月十五日開各處交通並將駐紮各軍撤退各回本地以便交通而興商務云　中

——摘自《远东报》，
1911 年 4 月 4 日

●田家燒鍋交通已開○田家燒鍋地方自時疫流行於今正初旬經防疫總局撥陸軍數十名赴該處看守道口以斷交通已詳前報茲聞因瘟災消平已經多日於昨將防疫兵士一律撤退准商民隨便出入大開交通云　亦

——摘自《远东报》，
1911 年 4 月 4 日

●安達站之交通已開○現在瘟疫業已消滅鐵路各站已漸次大開交通昨聞安達站之交通亦開來往客商均不檢驗云

——摘自《远东报》，
1911 年 4 月 4 日

●本埠漸開交通矣○現在哈埠已數日無染疫者擬將各處交通一律開弛聞昨日已施行矣

——摘自《远东报》，
1911 年 4 月 4 日

●傅家甸防疫局排日報告○本月初二日時疫病院新疑似病院以及各區均無疫隔離所無濟貧所一百十六名初三日時疫病院新疑似病院以及各區均無疫隔離所無濟貧所一百十六名現已二十三日無疫斃者 逸

——摘自《远东报》，
1911 年 4 月 4 日

▲奉　天▼

●日人將有南滿沿綫防疫權○昨聞外間傳言督憲日前札知南滿沿綫一帶州縣自三月初三日以後南滿鐵路路綫以內防疫事宜概歸日人辦理各該州縣毋庸從中干涉云云 逸

——摘自《远东报》，
1911 年 4 月 4 日

●通飭各學校防疫之辦法○盧提學日昨通飭各屬以現在時疫減輕各處學堂均已陸續開學然防疫之法仍不可不極講求爰擬防疫簡章八條如預備澡塘檢驗身體薰蒸衣服消毒書籍勤掃屋院多購藥品講演衛生種種皆是其各懍遵毋違云云 逸

——摘自《远东报》，
1911 年 4 月 4 日

▲吉　林▼

●吉垣四鄉龜址疫斃總數○二月初十日大荒地三人鴉雀溝二人二道溝四人十一日岔路河二人火葦子溝三人十五日祠手口二人又路斃一人十六日陳家屯三人二十一日路過烏拉鎮徐文直隸人年三十五歲此係防疫總局考派委前往舒照縣之消毒生二十二日新立屯一人亞天嶺一人以上共斃二十三人　新

——摘自《远东报》，
1911 年 4 月 4 日

▲長　春▼

●屠獸場已開辦矣○防疫總局成立後因疫症蔓延多生於肉食之不潔出示嚴禁無論猪羊驢馬不准屠宰致屠獸廠兩月餘終未開辦近見疫癘實行平靜孟道何守與防疫總辦黃觀察樹森公同議定月初屠獸廠先行開辦遂飭巡警各區傳諭各街屠商無論屠宰何獸須送屠獸廠驗明無症後再行屠宰出賣云　立

——摘自《远东报》，
1911 年 4 月 4 日

●札呈疫斃巡警履歷○近聞防疫總局因城内商埠各局巡警辦理防疫致受傳染而疫斃者四十有餘故督憲札飭無論官長兵丁實因防疫出力而殞命者格外撫恤今飭警務長清查各局疫斃警兵數目履歷開清呈報以備轉詳云　立

——摘自《远东报》，
1911 年 4 月 4 日

●吉長路不得在關内招工○近因吉長鐵路總局接到郵傳部來電略謂東省各埠瘟疫流行疫斃苦工不計其數今春開工不准再赴關内招募苦工以防傳染云　立

——摘自《远东报》，
1911 年 4 月 4 日

●調查瘟疫之盡心○長邑疫禍之發起劉秀臣大令設立防疫局檢驗所隔離院研究衛生種種防禦之法無不周密於是商民等家咸知遵照諭飭潔淨院內收拾屋宇檢點飲食購備藥水洒於屋內此以杜絕疫禍之良方也亦幾無微不至昨聞劉令會派防疫巡警分赴四鄉各區調查一切於此見劉令防疫之道可謂盡心矣　海

——摘自《远东报》，
1911 年 4 月 4 日

▲雙　城▼

●醫官檢疫迅速之原因○信醫官等本欲循序檢驗各界有無疫瘟嗣查疫氛業已消滅祇恐循序檢驗耽延時日與國計民生大有關礙故於月初遂即分投檢驗消毒以期急速藏事回哈銷差云　日

——摘自《远东报》，
1911 年 4 月 4 日

●造具貧民清册○雙城府防疫局局長金太守查貧民自食其力當此交通尙未大開即欲行御無人收用於是飭稽查委員將城裏四隅貧民戶數男女大小名口造具清册由防疫局發給執據俾貧民等特赴防疫局領取錢文以杜冒濫之弊云　日

——摘自《远东报》，
1911 年 4 月 4 日

●電話將設矣○雙城府董事會總董于琥岑刺史於去冬提議組織電話嗣因疫事戒嚴于刺史幫辦防疫以致其事陂擱近來于刺史査疫菌消滅而人心晏安聞將擬組織電話起點手續落點情形移交議事會議決推行以期開體和衷共濟而促文明之進步云　日

——摘自《远东报》，
1911 年 4 月 4 日

▲依蘭▼

●道憲親查樺川疫○樺川縣屬崴子屯前經該縣設治代理員月雲卿呈報自疫症發見至今共疫斃二十三人經依蘭防疫局副局長恩少卿奉道論帶醫往查覆電係斃五十五人以是道憲王鐵珊觀察親往查察矣　伯

——摘自《远东报》，
1911 年 4 月 4 日

●查疫委員到坡○吉省民政司鄧司使以哈埠一帶瘟疫流行死亡之慘不忍聞閱幸賴中外醫師及防疫諸員冒險臨危消除得宜防範有方始得逐漸撲滅查哈埠迤東一帶爲華俄雜處之境輪軌往還之區防範少有疏忽更覺易於傳染故日昨特派柴醫姚大令遍履山裡一帶各州縣站鎮詳細查驗疫癘之情形及防衛之方法於日前到坡在坡小住一宵即乘車東去矣　益

——摘自《远东报》，
1911 年 4 月 4 日

●客店之慌恐○自哈埠一帶瘟疫流行延蔓東省而坡站幸免斯疫爲害者誠賴中俄一體嚴行防範之所致也茲查坡站縱橫十餘里商家民戶數百家自去冬以至邇際即患他症致斃者亦屬寥寥無幾詎福泰客店之櫃夥趙某與於前月抄白晝尚能照常任事至夜睡至三更忽大叫數聲及至衆夥友驚覺燃燈起視則已氣絕斃命矣諸店客見其斃命之速恐防疫會偵知認爲鼠疫圖禁消毒竟自乘夜紛紛逃散聞該店東深恐防疫會查知致干封禁故甚形惶恐云　益

——摘自《远东报》，
1911 年 4 月 4 日

▲榆樹廳▼

●調查石頭城子之疫症○調查榆樹廳石頭城子鎮四
外之村落染疫者甚多惟石頭城子鎮街上並無其症惟
傍東清鐵路之村屯爲最烈刻間疫氣已消而遠近鄉民
共慶幸福云　容

——摘自《远东报》，
1911 年 4 月 4 日

●防疫局之近況○榆樹廳防疫局局長廉懿齋太守飭
防疫局將全局之人員姓名籍貫官階填註一覽表以預
備文詳省故時下該局遵照憲諭依序填註甚爲忙碌云

——摘自《远东报》，
1911 年 4 月 4 日

▲黑龍江▼

●火葬滿洲里之疫屍○傳聞俄調查瘟疫前在滿洲站
十五俄里之檢殮得疫屍一百二十六具均係去年亡故
者聞擬於一二日內在滿洲里站焚燒云

——摘自《远东报》，
1911 年 4 月 4 日

本埠要聞

●電傳奉天疫症研究會情形○本埠奉天電傳云前日早十點奉天萬國研究黑疫會開幕錫督行開幕禮後宣讀監國祝詞俄醫學博士奮伯羅特尼答覆謝祝詞聞共有醫士六十人會長爲施丞堂中國醫學代表伍連德哈夫肯阿斯舖浪得俄國代表查博士英國代表發拉爾法國代表布羅開德國代表馬爾其尼日本代表北里氏義國代表嘎里奧鐵墨西哥代表官查里斯荷蘭代表某奥國代表臥來爾美國代表斯特彎喀昨日並未開會先行追悼疫死之醫士後即組織一會以便公同研究定擬會章即一切研究辦法云

——摘自《远东报》，
1911 年 4 月 5 日

●變通預算辦法○吉林撫憲據清理財政局呈以各屬辦理防疫交通不靈以致宣統四年度之預算如期送到者實屬寥寥茲擬變通辦法其未經送到者卽由局按照宣統三年預算經費扣開新算編冊送部其駁回者統限文到五日內改竣送局逾限者亦照三年預算辦理云云本埠局署已奉到此項通札矣　木

——摘自《远东报》，
1911 年 4 月 5 日

●鐵路公司派人到奉與會○鐵路公司以此次奉天舉行萬國研究瘟疫會須遣繙譯一名前赴奉天為薩博士通譯聞日前交涉代辦達璐耳君派定繙譯布拉溫斯前往照料一切日內卽起身赴奉云　中

——摘自《远东报》，
1911 年 4 月 5 日

●俄醫赴奉天鼠疫研究會者○上星期六日俄醫學博士奎伯羅特尼偕同醫士波得列鐵路醫學代表雅賢斯克防疫局代表口科沙羅夫及哈埠庶務會醫士臥斯克賢斯克等乘晚車至奉天赶赴萬國研究瘟疫會云

——摘自《远东报》，
1911 年 4 月 5 日

●傳家甸防疫局排日報告○本月初四日時疫病院新疑似病院以及各區均無疫隔離所無濟貧所一百一十四名現已二十四日無疫

——摘自《远东报》，
1911 年 4 月 5 日

●鼠疫之影響如是○本埠自去臘及今交通隔斷商務因之大受影響所失甚鉅現辦理防疫仍嚴禁鄉人入埠者甚少米薪之價日昂去歲之白菜每斤不過二三文之譜現每斤非兩角不可貧苦之家勢將不能度日即此一端足徵鼠疫之影響亦大也　秀

——摘自《远东报》，
1911 年 4 月 5 日

●曹統制赴京原因○陸軍三鎮統制曹重三近因該鎮疫死兵丁千有餘名所有恤金可否照臨敵陣亡從優發給昨乘南滿汽車赴奉面請督憲後聞復赴京禀請陸軍部批示飭遵云　立

——摘自《远东报》，
1911 年 4 月 5 日

●已准商家開市售貨○長春各商自去臘因鼠疫日盛一律關閉後數月以來困難情形直有日食維艱近見疫症實行平靜屢請各憲速開交通故防疫總局今於月初轉飭巡警各區急傳各商并各街飯館於前日一律開市售貨惟妓館戲園尚須再定期限開演掛燈云　立

——摘自《远东报》，
1911年4月5日

●裁撤門兵之確期○四關各門自嚴絕交通以來調有陸軍看守各門無論官界商界人等必須有防疫總局放行執照方准出入近防疫局黃總辦實森見疫癘斷絕諒難復燃況各陸軍房費炭火日耗甚鉅聞已請准列憲定於月之初六日各門守兵一律裁撤大開交通云　立

——摘自《远东报》，
1911年4月5日

▲賓州▼

●許太守警發之防疫辦法○賓城疫氣又見消滅許太守東藩恐再復熾是日特擬防疫規則四條開列於後（一）凡衛生之道首宜居處清潔即無疫時亦應注重若疫氣盛行則更當加意設鄰居有染疫死者最好遷移不得已用消毒藥水隨時洒洗毋積穢物以防鼠穴勿與近疫者往來衣服什物力求潔淨凡置食物勿令蠅虫與鼠媒則須嚴爲捜捕巡警局宜收買以獎勵之但慮死及先病斃者均須掘坑掩埋以防其黴菌之飛散或以火焚燒俾絕根株蓄貓祇可禁其出穴若經貓咬斃切不任貓噉食因貓亦能傳染也（二）消毒法凡遇染疫死者衣服物件應以火焚或埋於土切勿惜小而害大其病室等宜用消毒之藥水再三洒洗消毒藥水如硼酸石灰酸過滿俺酸伽里譲或普通行銷之臭藥水等即無疫地方凡汚穢垃圾之處及痰盂坑厠亦宜常用然吉省藥房藥品不備且物少價昂雖乎爲繼緜思西人嚴重之消毒必用昇汞此昇汞即我國外科家常用之白將丹以水銀食鹽鍊就製備既易價値亦廉且一倍之藥可加五十倍或百倍之水尙足以撲殺黴菌可以廣勸製鍊時常洒洗（但有毒不可入口）警局爲公衆衛生凡官厠溝瀆之間亦宜如法使用疫死之屍責令深埋近疫之人禁其往來此亦因地製宜之一法（四）種法即用鼠疫之黴菌以高熱斃之用空心針射入人之皮膚內與種牛痘方法相同蓋鼠疫有免疫性即既種之後雖遇疫不再傳染云云　劝

——摘自《远东报》，1911年4月5日

●柴米之大漲價○賓城因疫斷絕交通以來迄今尤未大開雖准柴米車往來然較前大見減少是以諸色糧米每年斗價增五六百文木柴每百塊現已漲至二十吊有奇云 劝

——摘自《远东报》，
1911年4月5日

●時疫傳染之可畏○今探悉五常府關彩橋迤方之時疫者因去冬自哈埠來一買雞客某甲在邵某家寄住宿夜間疫毒發作斃命未幾邵某亦染疫斃命彼時人民不知傳染之烈害而往弔者三十餘人及邵某安葬後其家十四人疫斃十二人往弔者三十餘人疫斃二十九人如此可見傳染之烈害惟望同胞慎之

——摘自《远东报》，
1911年4月5日

●掩埋棺木之數目○五常府防疫局李鴻洲醫官查出新舊之棺木六十九具均行消毒挖深坑掩埋以絕疫菌而免傳染之危害云 仲

——摘自《远东报》，
1911年4月5日

●耕牛疫斃之多○五常府東街路南成興鴻燒鍋於兩日之間連斃耕牛十二頭據所斃之耕牛盡屬染疫惟望該號勿惜其皮革急速埋拉掩出以防傳染之害云 仲

——摘自《远东报》，
1911年4月5日

◐今又設立庇寒所〇坡站自三年前經已革巡檢楊某稟準列憲由商會籌款設立庇寒所至去年整間因商會款項支絀故將庇寒所暫行裁撤邇來瘟疫流行遺驗嚴防行絕若無庇寒所殊防疫之方針終屬缺點故巡官郭某與會董宋君籌商復設庇寒所將老弱殘疾困苦無聊之輩盡居其中藉免其凍餒之苦以便隨時檢驗而防瘟疫爲告云 益

——摘自《远东报》，
1911 年 4 月 5 日

▲雙　城▼

●信醫官留心時疫〇雙城巡警第七區分所報告西北隅住戶潘某患疔毒斃命信醫官等前往查驗指爲腺百斯篤防防疫局預備盛貯器皿該醫官等配合藥水將潘某之屍身置器皿中保存以備考驗研究云 日

——摘自《远东报》，
1911 年 4 月 5 日

▲榆樹廳▼

●巡官被革之原因〇榆樹廳太平嶺共疫斃男女三百六十三名代理榆樹廳廉懿齋太守查人民疫斃如許之多皆因巡官預防不力之弊拉是將該巡官斥革以儆將來云 容

——摘自《远东报》，
1911 年 4 月 5 日

●防疫之電報照錄〇榆樹廳廉太守接准防疫總局來電當即探悉照錄如下略謂廉守鑒大帥交發外部江電內開東省有疫各城應三月十五日赴萬國防疫會業已分別通飭在案現距會期不遠務將疫氣作速撲滅並將疫斃以及隔離人數隨時具報以憑查核云云 容

——摘自《远东报》，
1911 年 4 月 5 日

●疫氣消滅矣〇榆樹廳龐太守查疫氣消滅仍准棧店飯館開市以活動其生機惟住客須問明來歷倘若陽奉陰違即行懲辦以示儆戒而絕傳染之危害云　容

——摘自《远东报》，
1911年4月5日

●禁賭與防疫並重〇榆樹廳警務長孫華棠參軍以賭博之爲害較諸疫氣尤烈於是隨飭各區務要認眞搜拿以除地方之害而造社會之幸福如陽奉陰違定行撤差罰辦云　容

——摘自《远东报》，
1911年4月5日

●遣散檢驗消毒救急隊〇呼府年前鼠疫大發不可收拾之際王守會商議事等會設立一切防疫辦法並商招用兵丁多人檢查疫斃屍具等及每日在街巷按戶查驗遇有疫者即送養病院醫治疫死者即用爬犂拉送鬼王廟用火焚燒以絕根株近日呼街煥然一新雖有一二疫死者均是養病院男女隔離所之人此外無疫于昨將該兵等遣散以節縻費云　子

——摘自《远东报》，
1911年4月5日

●派員沿江查檢疫屍〇日前東清鐵路公司總辦向郭司使會商於開凍後由防疫局派委員一人協同公司醫士沿江查檢積屍以保彼此公安等情郭司使當即電稟東督可否照辦昨奉錫帥電覆飭即遴委員如請照辦矣　石

——摘自《远东报》，
1911年4月6日

●防疫局裁撤先聲〇聞哈爾濱防疫局總會辦因本瘟埠災業已消平該局事宜日形稀少擬於本月十五日前後即行裁撤云　亦

——摘自《远东报》，
1911 年 4 月 6 日

●傅家甸郵政分局開辦再誌〇本埠大清郵政分局因傅家甸地方時疫盛行移居道裏總局辦公已詳前報茲聞以瘟災消平已經多日於昨從新修理日內開辦　亦

——摘自《远东报》，
1911 年 4 月 6 日

●旱獺之價值〇前錫督飭知龍江府派人獵取活旱獺數隻以便送至奉天交萬國研究瘟疫會作爲資料聞該府刻已獲得活汗獺五頭派人運送赴奉大約日內即可過哈聞獵取活旱獺詢爲不易合計五隻旱獺獵取費及運送費約需五六百金云　中

——摘自《远东报》，
1911 年 4 月 6 日

●瘟疫與商務價值〇傅家店商務向在冬季興盛以各糧戶售糧後皆在傅家店購買糧貨故也自去冬斷絕交通迄今四月有餘各商家幾若歇業近據商界人云傅家店各商在此四月內損失之款在百萬以上　中

——摘自《远东报》，
1911 年 4 月 6 日

●大開交通之消息○本埠中俄各署近以瘟疫殺滅自傳家甸開行小交通後於今已數禮拜之久並未疫死一人特於日前會商界內外之交通擬日內開行界內界外則擬初六日五鐘開行云　木

——摘自《远东报》，
1911年4月6日

●道外不開交通以此○道外已有二十餘日未發現瘟疫早應弛禁交通然至今未能實行商民無從揣測聞個中人云防疫之報銷不易籌措故略爲延緩時日以便按日核實報銷庶不致爲上峰駁回也　中

——摘自《远东报》，
1911年4月6日

●傳家甸防疫局排日報告○本月初五日時疫病院新疑似病院各區均無疫隔離所無濟貧所一百四十名現已二十五日無疫

——摘自《远东报》，
1911年4月6日

●防疫院之現狀○營埠自辦理防疫以來由關道電稟督憲撥款甚巨防疫院醫官及防疫人員薪水無不從厚現北來旅客或赴上海登州龍口等處須到該院請驗五日後無病即發給無病憑單任其何往惟該院現定章程每張憑單須納小費三角云　秀

——摘自《远东报》，
1911年4月6日

▲吉 林▼

●吉垣防疫局之報告〇前查各區均按照星期彙報一次二十 二十一無 二十二無 二十三無 二十四無 二十五無 二十六無

診疫所 二十日 褚祥一名六十二歲吉林靴匠查此人於十九日由疑似病院治愈送留養所復由留養所診疫所檢查 二十一無 二十二無 二十三無 二十四 張洪遂一名二十五歲山東作工此係孤鋪孤子防疫分卡送 二十五王萬芝一名二十八歲山東夫役此係疑似病院送 二十六日無 此一禮拜也 二十四八區巡官稟稱在德勝門外三道街起封土娼屋內覓有男尸一具不知何日死者當據醫官檢驗確係染疫而斃 補十七日界外八家子搜出匿屍一具 十八日第九區搜出匿屍一具此二名查係月初死者 新

——摘自《远东报》，
1911年4月6日

●吉長路業已開車〇吉長路綫由長春而至卡倫去冬開車後未及數日因鼠疫傳染急行停止近聞疫症已平又鐵條道木急須運送閏本月初經總辦傅頁佐立飭工人爲之開車並來往客商亦准購票搭坐云 立

——摘自《远东报》，
1911年4月6日

●孟觀察赴奉原因〇西南路道孟觀察彙初近因奉省各國醫士爲鼠疫傳染大開研究會議善後各策於日昨親爲赴奉彙帶防疫局數月報銷面呈督憲查核云 立

——摘自《远东报》，
1911年4月6日

●寬城子疫氣全消〇自南滿傳來消息云寬城子近已多日未有染疫者惟奉天鐵嶺撫順各處每日仍有疫死者三四人之說云

——摘自《远东报》，
1911 年 4 月 6 日

▲榆樹廳▼

●廉太守注意之要政〇代理榆樹廳廉懿齋太守以防疫禁烟拿賭清盜四大端爲上急之務乃通飭屬員以俾遵照而免行政紛岐之弊云　容

——摘自《远东报》，
1911 年 4 月 6 日

●于刺史注重醫學〇雙城府舊事會總董于琥岑刺史因辦防疫受過一番挫折更於醫學留心聞擬請金太守維持醫學研究所並保薦張紱符充任所長裴率醫生等互相研究以期深造而促醫學之進步云　日

——摘自《远东报》，
1911 年 4 月 6 日

▲一面坡▼

●查疫兼查政治委員到坡〇吉省民政司鄧司使以時值瘟疫流行爲害匪淺惟恐防範不周有礙生命[illegible]之時勢困難以行政之機關自應提前趕辦具憲法之基礎故特派姚大令詳查各屬防疫之方法是否嚴密暨行政之規模是否完善闡發委員於日昨到坡小住一宵即乘車東去矣　益

——摘自《远东报》，
1911 年 4 月 6 日

▲五常府▼

●五常府時疫之調查○五常府城裏自時疫發生以至消滅前後共疫斃二千四百八十人所幸五常地處邊隅人煙疎落抵防易於着手因之不日撲滅未成燎原之禍亦云幸矣 仲

——摘自《远东报》，
1911年4月6日

●電請續撥防疫之公欵○五常府之防疫公欵一萬四千吊現在不惟告匱而且虧欠尤甚日昨劉秉鈞太守電請上峰續撥公欵四千吊以資辦理防疫庶免財政竭蹶之虞云 仲

——摘自《远东报》，
1911年4月6日

●妓女減價出售○阿城有姑蘇如意班所餘妓女七名歸官出售作價市錢八百吊已誌前報茲悉該妓係頭等班衰而年貌音容直較三等娼妓亦不足齒又值去歲來阿已係年底防疫之時禁止冶遊生意歇絕限逾十日仍無主顧故刻下有減價一半市錢四五百吊即可當堂具領之消息云 大

——摘自《远东报》，
1911年4月6日

●土工之忙碌○長邑自防疫以來劉秀臣大令遂傳飭警務長沈壽亭君督率長警迅將街內積雪及一切汚穢之物運出城外俾免發現疫症該警長遂即轉飭巡長張德勝拘提卸工苦力數人逐日掃除惟大街各巷尚未廓清而苦力人等頗覺異常忙碌云 海

——摘自《远东报》，
1911年4月6日

▲黑龍江▼

●齊齊哈爾有染疫者○自齊齊哈爾站傳來消息云距俄車站三里有中國兵營一處內有兵丁二名染疫而死其一係由烏胡村去者該村距俄車站九俄里近兩星期已疫死二十餘人

——摘自《远东报》，1911年4月6日

●本埠要聞●

●防疫報銷預聞○聞傳家甸防疫局報銷刻已就緒日內即可告成其中皆逐款報銷分類塡寫聞各項用款共計六十四萬八千餘兩大約開交通後即可詳省云　中

——摘自《远东报》，1911年4月7日

●防疫辦法轉送奉天研究會○東清鐵路公司副醫士關於防疫之辦法章程甚多均由醫士馬羅夫夫譯成法文轉送奉天萬國研究黑疫會云

——摘自《远东报》，1911年4月7日

●防疫局之將來○傳家甸防疫局不日裁撤聞該局各副辦擬開交通後再行起身回省各委員等亦照常回局供職聽候保案惟總辦于觀察擬晉省聽候派委要缺然恐一時不能定准行止也　中

——摘自《远东报》，1911年4月7日

●防疫局訂期裁撤〇聞哈爾濱防疫局因本埠疫症消滅多日該局事宜日形稀少訂於本月二十日裁撤僅留員司三四人在執行處辦事云　亦

——摘自《远东报》，
1911 年 4 月 7 日

●又派人檢察沿江瘟疫〇聞哈埠防疫局今日又派醫士一名華警數名乘馬至松花江沿岸調查瘟疫情形並收殮屍具擬沿松花江岸至三姓拉哈蘇蘇至阿穆爾河口此次調查約一月內可竣事云

——摘自《远东报》，
1911 年 4 月 7 日

●分科研究之辦法〇奉天研究黑疫團業已開會現擬分二十五股辦事將來公同決定以便與各預會之國各有裨益至會長一席咸以查伯羅特尼氏在北滿自睹瘟疫之情形較他人爲切實是以推查氏就是席云

——摘自《远东报》，
1911 年 4 月 7 日

●關于瘟疫之報告〇本月初六日以後鐵路各機均無染疫者初六日在各處收殮死屍三具係舊歲亡故者又在松花江上游收殮死屍一十三具擬不日焚燒現在哈埠檢驗所尚有十一人寬城子二十一人齊齊哈爾十一人云

——摘自《远东报》，
1911 年 4 月 7 日

●傳家甸防疫局排日報告○本月初六日時疫病院新疑似病院以及各區均無疫隔離所無濟貧所一百十五名現已二十六日無疫

——摘自《远东报》，
1911年4月7日

[illegible]▲奉 天▼

[illegible]趙督派充防疫大臣近信○頃得最近消息官場頃接[illegible]京發來密電謂趙次帥不肯督東經監國一再勸諭始不負朝廷倚重之意嗣由趙督面陳數事諸蒙俞允故有此次備派防疫大臣之命聞趙督出京之期大約不日准前抵奉云　逸

——摘自《远东报》，
1911年4月7日

●防疫大會開幕種種○萬國防疫研究大會原定今日開幕一節迭載本報茲悉本日開會時上自督憲下至婦孺到會參觀者會場之前後左右幾無插足之地聞各國醫代𠂉亦各均有演說辭並聞閉會後即將以前疫斃屍身著防疫所豫備數具以憑解剖藉資研究受病之原云尚有未悉事件容俟補誌　逸

——摘自《远东报》，
1911年4月7日

●醫官不發憑單之原因○本埠由北來之客商均由巡警引到官指臨時客棧居住每日須到防疫院驗病有客商數十人均係上星期來營已驗過五日昨日該院應發憑單不料該客商等前往領憑登輪醫官不肯發給緣本埠某報揭其辦理防疫之不善醫官疑係客商等送稿也該客商等怏怏而回未識何時始能領到耳

——摘自《远东报》，
1911年4月7日

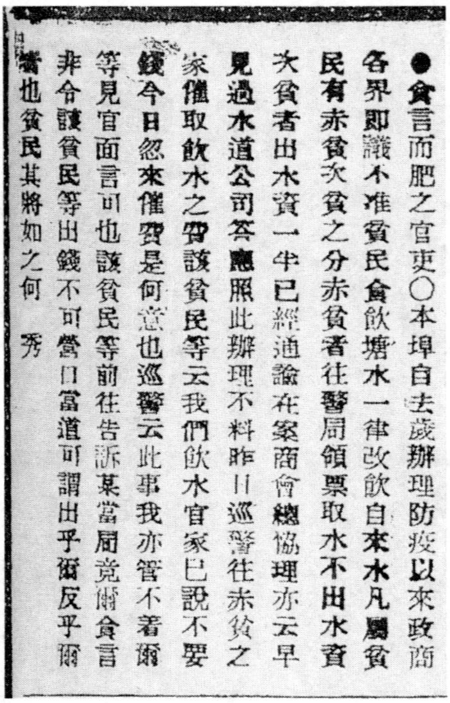

●貪言而肥之官吏○本埠自去歲辦理防疫以來政商各界卽議不准貧民食飲塘水一律改飲自來水凡屬貧民有赤貧次貧之分赤貧者往醫局領票取水不出水費次貧者出水費一半已經通諭在案商會總協理亦云早見過水道公司答應照此辦理不料昨日巡警往赤貧之家催取飲水之費該貧民等云我們飲水官家已說不要錢今日忽來催費是何意也巡警云此事我亦管不着爾等見官面言可也該貧民等前往告訴某當局竟爾食言非令讀貧民等出錢不可營口當道可謂出乎爾反乎爾者也貧民其將如之何　秀

——摘自《远东报》，
1911年4月7日

▲吉林▼

●吉林府稟撤防疫各卡○准補延吉府署理吉林府知府傳疆護稟大人閣下敬稟以籌興錢糧爲國家維正之供晌捐乃醫學必需之欵胥賴鄉民入城完納隨時報解未便稍涉延緩有誤奏期查本府應徵各項錢糧租賦向於十月開徵次年四月完請造游報銷本年應徵宣統二年分銀租地三十五萬七千餘晌合大小租銀七萬六百八十六兩零又錢租地十六萬七千四百餘晌合大小租錢十一萬四百八十餘吊又晌捐旗民地四十六萬五千七百五晌零應收醫學費並補警費舊虧錢共六十萬五千四百十六吊零茲自去年十月開徵起至今僅收本小租銀二千五百兩零又大小租錢三千八百八十九吊又晌捐錢二十一萬九千七百八十二吊零以上各款所短甚鉅本年正二月間正當旺徵之時適值各處辦理防疫事宜沿途設卡均須留驗鄉民因之裹足不前而一切款項無從徵收轉瞬奏銷追屆考成攸關知府身膺民社責無旁貸况醫學費已挪墊不少各處紛紛請領無可再墊因思近來疫氣輕減營業各項均已弛禁可否仰乞憲台俯念糧賦攸關重自三月初一日起將近城留驗各卡一律裁撤或留長春來往大道一處以便催徵而免延誤之處出自 憲裁知府管見所及理合稟請憲台察核迅賜批示祗遵實爲公便再公倉應徵租穀等項亦因防疫阻礙徵不及百分之一合併聲明肅此具稟恭請鈞安伏乞垂鑒知府傳疆謹稟

防疫總局批據稟該府鄉民應納錢糧租賦暨醫學各費均因防疫留驗裹足不前以致無從徵收所陳情形雖有爲難之處惟查附城設卡係爲嚴杜外疫傳入近日各屬疫氣雖漸平靖並未肅清即該府四鄉二十二日尚報有疫斃之人此時亦難遽認爲悉數撲滅防範偶疏難免不再傳染所請裁卡之處應暫緩議仰即知照仍候督撫憲暨民政度支司批示繳 新

——摘自《远东报》，1911年4月7日

▲長春▼

●開學之有日期○長春府學界歷年臘終放假新正二十日開學獨至今歲因鼠疫傳染嚴絕交通開學之期終未議定近見疫症已平聞經提學來札飭中學監督及長春府何太守急行開學以免荒廢故學界人員公同議決中學堂及高等小學初十開學初等小學及模範小學因開學費未爲籌齊而開學之期尚須緩至十六云　立

——摘自《远东报》，
1911 年 4 月 7 日

▲賓州▼

●照錄開學之文告○賓郡前因瘟疫流行官私各學堂學生應行緩期開學業經飭由勸學所傳知在案近日疫氣已平自應飭令學生入堂受課當由本府稟學憲電准於本月初十日飭各學生一律到齊十五日開學授課爲此出示仰城鄉官私各學堂學生一體知悉屆期務須各回本堂照常開課倘有藉端退學或故意遲延不能如期到堂者定即從重罰辦決不姑寬切切毋違特示　劫

——摘自《远东报》，
1911 年 4 月 7 日

●商業頗見起色○賓界茲因去臘瘟疫流行而防範之法斷絕交通故生意蕭條不如往昔茲以各埠惡疫逐漸撲滅雖未開交通然先前各埠車輛人等擁擠絡繹不絕互商生意近日頗形踴躍四鄉糧石柴草車各項輪流不絕故大小商店均有一番起色云　灼

——摘自《远东报》，1911 年 4 月 7 日

●防疫局取締直東會掩埋屍棺○防疫局日昨締結直東會館掩埋年內外所寄新故疑似疫症發端之屍棺該會已分頭向寄柩主聲明遵照急速掩埋茲聞復要將從前寄柩一概掩埋未悉然否姑存之以質厥後　伯

——摘自《远东报》，1911 年 4 月 7 日

▲黑龍江▼

●滿洲里站收殮屍具○滿洲里站防疫分局現雇覓工人甚多專爲收殮各處野中伏埋之死屍以便將來焚燒所有工人均有醫士監視令其獨居並派人看守以免有染疫之事聞此項花銷由中國發給云

——摘自《远东报》，1911 年 4 月 7 日

事件

濱江防疫善後之公牘一

奉天督帥鈞鑒哈埠防疫仰蒙憲台督率克成功已近兩旬無疫斃者凡辦事人員同聲歡頌惟善後一切亟須措置署司一再籌度約有數端茲敬為我帥陳之一擬修築開堤濱江地勢窪下上年洪水為患小民蕩析離居雖經以麻袋貯沙築堤堵禦本地紳商堅稱今年若不加修一經冲刷水患仍不能免刻由該紳商一再估計是堤長約七里擬高築一丈底寬三丈頂寬一丈墊一層土鋪一層柳條招集貧民以工代賑共需吉錢二十餘萬吊濱江商務議事兩會籌由本地紳商自行籌捐十萬吊其餘擬懇公家撥款補給一擬設衛生醫院哈埠為東省最大商埠傅家店商民輻輳無一醫院亦殊不足推廣衛生行政而杜外人干涉今擬在傅家甸設立一院建築費約需銀洋八千元內外科藥料器具以及開辦經費約共需小洋六千元左右該院內設院長兼正醫官一員月薪二百兩外科醫官一員各支一百五十兩司藥生二名各支四十兩看護夫六名訓帶夫二名各支十兩雜役二名各支八兩外設支應一員月支四十兩收支處書記一員月支六十兩每月藥料約需二百兩此院係永久因濱江關暫設之防疫醫院擬分為二以江關所設者外部專使管明章程須由各領事查核醫士須聘外人若將衛生醫院混合為一經費雖可少省而醫院勢必受外人干涉矣故擬獨立以保主權一擬建市房查傅家甸被焚房已燒毀千餘間居民一時難以重蓋擬由公家起蓋市房一百間並藉以安頓各項工作免致流離每房一間平均約需銀洋一百元共一萬元上下一擬設貧民習藝所此次大疫之後民多失業擬將無告貧民不能任工作者令其入所教以粗淺工業傅家甸原有工藝教養一所規模略具擬作貧民向係業收但經費不繼現已難支擬將所建市房百間租價月約八百元撥充該所常年經費以期永遠至發老殘廢傳染者原設有養濟院擬請酌撥銀洋一千元稍事擴充將此次增加無歸之民送入養贍以上各項統計需銀五萬有奇可否如擬設法籌撥除蓋撫帥外謹此縷陳伏候核示署司某跪稟謹附印　旋得督帥回電云頃司使鑒書悉四條皆屬切要所擬甚是惟的款如何籌畫仰東天關帥核示查令用

——摘自《远东报》，1911年4月7日

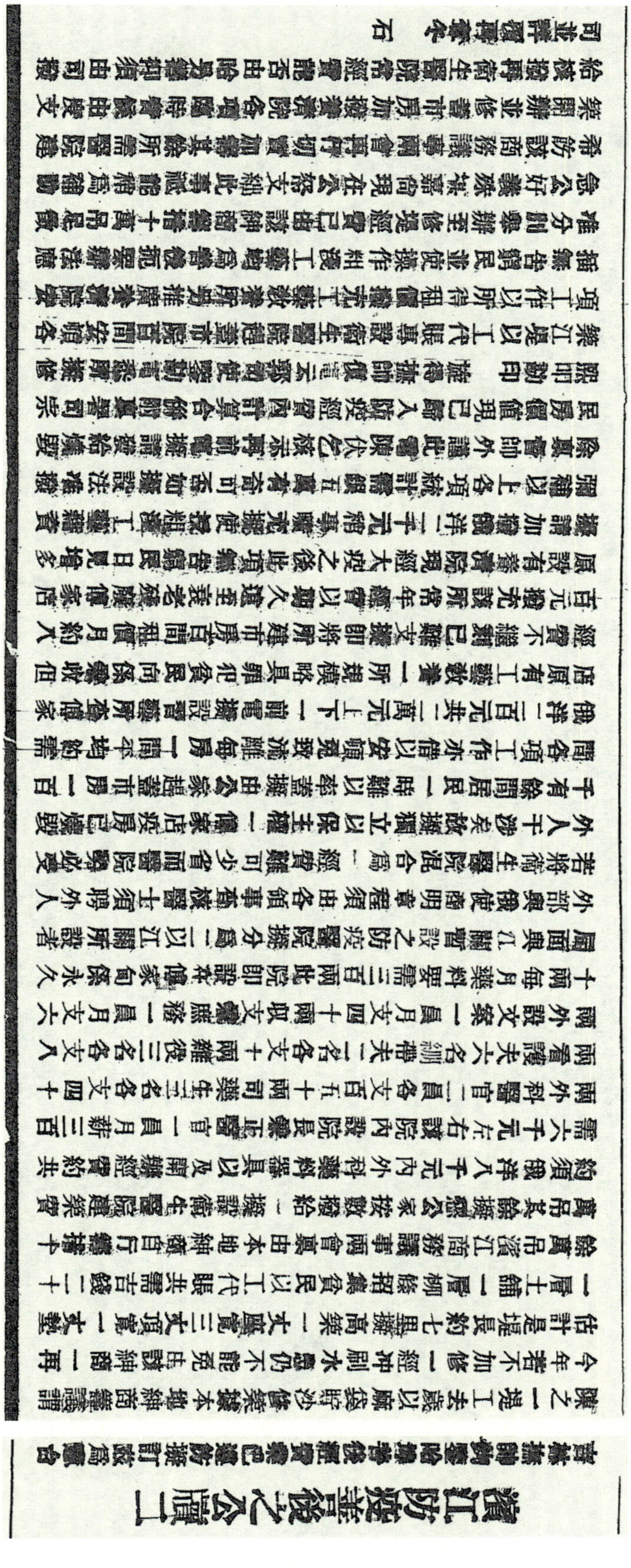

濱江防疫善後之公牘二

——摘自《远东报》，1911年4月7日

論說

警告一般醫官者（七）

事急則求之事平則背之此刻薄寡恩小人之舉動也古聖王慎賞必罰忠信重祿平平蕩蕩無偏無黨此非衰之至理不足以服人心也吾幼時聞馬江之役有中國海軍學生督守要地法兵攻之甚急學生竟發一礮斃其海軍司令總長孤拔事後不但不賞其功而反予以八元之船票叱之使去吾竊訝之以爲中國政令不應如是顚倒也而不意吾今日竟親見其事矣東省疫禍初起外人實難交至地方官束手無策政府乃不得已遣發北京北洋大天各地醫校學生親入滿洲爲之防檢幸各校學生奮不顧身各出九死一生之實力與疫戰疫得漸平而不謂疫尚未已刻待學生之事又與昔日海軍如出一轍也據北京報紙轉載奉天函云東省防疫事宜種種可慘可恨情形令人不忍卒聽幸錫督洞察情弊對內對外始終以嚴厲持之主權民命保存實多近又有大快人心之一事則爲嚴拿害民醫官從重懲治溯自疫禍發見以來東省百姓生命財產損失不可以數計醫官一言生死繫之現大劫漸已解除而該醫等饞吻毒手藉事生風轉滋劇烈受害者紛紛控訴事經官中查實大爲震怒嚴諭地方官捕送督轅親訊懲處日前判令監禁十年者二人仍一面諭飭嚴密查捕如審有確供即行正法以爲樂禍殃民者戒此論一下各屬醫官逃者十九云雖此記載多出於反對

防疫各報紙未可遽成信讖然此事果確則吾甚可爲天下熱心任事者寒心也吾國民之智識卑陋雖以自命開通之文人竟有不知黑疫之歷史不知其爲亡國滅種之巨禍猶復滿載齗齗醫官破敗防疫之言思逞其無知之邪說以爲大快而吾國官吏則已身歷其境遇知其害則斷不致較此蕃無識之舉動力與醫官爲仇矣何亦竟待醫官如此其刻毒也此報紙所載爲害民之醫官吾究不知其爲中國舊派之醫士爲新派之醫士以論舊派之醫士則適爲無知之動物以論新派之醫士則曾受良教育之人吾料其決不致各報紙所載之甚吾國人之不樂防疫也吾每於奉天報紙窺知一二奉天報紙每有載取羅蔔白菜石膏豬肝爲防疫之妙品而載醫官活埋焚殺種種慘劇以礙醫官之執行者也其困陋醫官之心昭然若揭今果如所言有捕送監禁等事則吾尤大恐不解者也以一省一商埠之大居民恆在數萬戶及數十萬戶以上而僅此十數醫官二三十醫官司其檢查消漬之勞左右奔馳席不暇暖醫官或有照顧不及及爲防疫隊敗壞者亦未可知在當局者應知平日行政之不善非醫官臨事時之不善也醫官果因何事而必作饞吻毒手乎以言乎祿則醫官之保舉則尚在可知不可知之閒而各地方官心中已具有彈冠之慶以言乎利則一切防疫之報銷咸在地方官之掌握而非醫官之執掌也醫官果何樂施此毒手乎醫官冒死突圍而入今幸慶其成功而今未聞一言之恩賞竟欲以縲洩報之此天下最不平之事也天下有心人尚可與之共事乎狡兔死走狗烹飛鳥盡良弓藏功高不賞古今同慨在官中固得計矣豈吾報界亦可如此作幸詞乎吾素持人道主義不畏一般無識者之反對處歷當日世人所怒而欲殺者也而今且銅像巍巍高立雲表吾敢再聲告一般無識者曰當少爲中國惜人才勿再如此齎阻醫官也中國疫患尚未滅絕醫官苟不發心吾國死亡將無日矣愼勿再印度我中國而助疫勢之猖獗也

——摘自《远东报》，1911 年 4 月 8 日

●滿洲東南又有瘟疫發現之傳聞〇傳聞滿洲東南方又有瘟疫發現之說未知確否現已派人前去調查矣

——摘自《远东报》，
1911 年 4 月 8 日

●傳家甸開大交通〇哈爾濱防疫局因本埠瘟疫消平多日於昨出示曉諭商民知悉准於今日開界內外大交通云　亦

——摘自《远东报》，
1911 年 4 月 8 日

本埠新聞

●阿穆爾防疫人員到哈〇阿穆爾永路防疫人員日前到哈共有醫士四人女醫生三人副醫生一人擬在哈停留數日考查防疫辦法再行赴伯利閏留醫士一名女醫生一名俟松花江開融時一同由水路前往云

——摘自《远东报》，
1911 年 4 月 8 日

●水路防疫辦法〇傳云前日哈埠俄總領事會同醫士巴吉次克及邊界委員某會議水路防疫辦法據云須在拉哈蘇蘇設立檢驗所一處並云自哈埠開往拉哈蘇蘇之船既經沿路檢驗果無染疫之事自可令其駛入阿穆爾河以免商人受累等情然此事須請示阿穆爾總督斟酌施行云

——摘自《远东报》，
1911 年 4 月 8 日

●關於瘟疫之報告○初七日鐵路各站並無染疫者租界內共收殮死屍四具香房收殮二具又在某村內收殮二具急救隊共出去一次現在哈埠檢驗所尚有十二人寬城子二十一人齊齊哈爾十二人特別檢驗所一人云

——摘自《远东报》，
1911 年 4 月 8 日

●防疫陸軍全行撤回（）由長哈來防疫陸軍自時疫消滅接大憲電飭陸續撤退日前撤回一營已誌報端茲聞又奉大憲電開飭該軍於日內全行撤回云 亦

——摘自《远东报》，
1911 年 4 月 8 日

●開交通後之防疫辦法（）傅家甸防疫局約在本月十五號後開交通後即行裁撤然醫院照常惟醫士留輪[illegible]二名常川駐守醫院之規模已然妥籌完備商民遇有疾病仍可前往醫治並擬籌欵擴充衛生局消除街道院落以免死灰再有復燃之虞 中

——摘自《远东报》，
1911 年 4 月 8 日

●傅家甸防疫局排日報告○本月初七日時疫病院新疑似病院以及各區均無疫隔離所無濟貧所一百一十二名現已二十七日無疫

——摘自《远东报》，
1911 年 4 月 8 日

▲奉天▼

●防疫事務補誌○施丞堂日前奉外部奏派爲萬國防疫研究會襄贊專員一節已載本報茲悉該丞堂出京時曾奉監國諭旨一道謂東省開辦鼠疫研究大會該右丞此次赴會務爲注意各國醫學家如何研究如何討論如何防範如何治療諒各國醫士此次必能發明一種之新法該右丞毋稍輕視云云又聞該丞堂出京時曾由天津購備服食品及該會場應用之各種器具約計購置費已達五萬餘金之多並聞廚丁夫等役均由京內帶來以昭慎重　過

——摘自《远东报》，1911 年 4 月 8 日

●萬國鼠疫研究會演說詞○督憲演說詞　東三省疫病流行我　大皇帝軫念民生敦請各友邦共舉名醫在奉設會研究乃承各友邦盛意重勞諸君子遠道賁臨本大臣得以親炙道範曷勝慶幸以諸君子宿學碩望又重以熱心研究此數星期內必卓著成效發明新理將來以研究之心得爲實地之措施固不僅中國人民之福亦寰球各國人民之福也夫中國研求醫理之書溯厥源流歷代以來頗多發明之處施治內外科疾病亦未嘗無效惟此疫爲中國近世紀前所未有一切防衛療治之法自當求諸西歐但恃國內陳方斷難收效且醫學與各科學並重醫術共文化俱新並轡以馳斯臻美備物質科學既爲敝國所不可少各國明哲所發明最新最精之醫理吾民又焉可闕焉不講近來歐洲醫界之發明頗有竿頭日進之勢蓋自前英皇愛德華第七於西歷一千八百八十四年在英京萬國研究衛生會演說之後始獲此效其於傳染病一層曾有果可防範何漸不爲之名論本大臣服膺是語有年中國醫術衛生近亦漸知研究將由此力求進步並對於衛生上之若何注重全國人士當全力一致行之此次研究事竣倘使已滅之疫灰不幸而有復燃之日一切防衛上獲此度之經驗及負海內重望之諸子研究後當愈有把握決非此次之倉卒設備者可比所惜者三省人民之罹於是疫者已四萬餘人更有各友邦熱心救世之醫學名家助我三省官紳辛苦治疫踴躍捐軀本大臣言之輒增悼痛諸君子皆醫界泰斗環球共仰此次惠然遠臨宜伸歡迎之意惟敝國開會研究以奉省爲濫觴一切設備供給恐未盡周妥諸君子尚希諒之　未完

——摘自《远东报》，1911 年 4 月 8 日

●學堂開學確期○省垣鼠疫消滅陸軍學生已到三分之二該堂總辦以陸軍與他校性質不同功課操練均不能耽擱本月初一日上八點鐘代理徐總辦同職教各員率領學生二百餘人行開學禮節並諭於初五日上課其餘學堂會提學已傳諭各堂監督及管理員於本月十二日一律開學但學生到堂者甚屬寥寥上堂授課尚不知何時也　清

——摘自《远东报》，
1911 年 4 月 8 日

●疫斃防疫人員之報告○近防疫總局因列憲有札凡防疫人員實係染疫而死者例應查清呈報格外獎勵以深體恤近經總辦查明列表開醫官之中共死十名委員二名掩埋隊九名救急隊二名看守夫二十二名夫役三名一區巡警三名二區二名三區二十八名四區五名商埠巡警四名各區防疫分局衛生檢查隊共七十六名已一律繕清列表詳呈督撫各憲云　立

——摘自《远东报》，
1911 年 4 月 8 日

●戲園開演有期○長春會仙茶園自去臘停演後經優伶懇請急爲開演者不知幾次近見疫症實行平息凡妓館客棧及各商家已照舊開市惟戲園開演一節並聞各憲批准月之十六日照舊理業大開交通云　立

——摘自《远东报》，
1911 年 4 月 8 日

●模範學堂遷移原因○模範小學在勸學所內附設創立業已二年近因學舍經防疫局改爲病院所有講堂宿舍殘缺不完并該院死人尚多今恐疫毒不消留經防疫局撥給房費萬吊使在南關另租房屋操辦開學云　立

——摘自《远东报》，
1911 年 4 月 8 日

▲雙 城▼

●防疫電文照錄○探悉雙城府金道堅太守接准防疫局來電隨按照原文特錄於左其內容謂雙城金守鑒東電悉四鄉疫氣如果確實肅清自可早開交通以便耕作惟城關前據電稱疫淨本局因防倡醫官等撤防回哈昨得覆函謂疫尚未淨且發現核疫刻已派員來雙候查明再行酌辦防疫局 日

——摘自《远东报》，
1911年4月8日

▲五常府▼

●俄醫士到境之先聲○五常府劉太守接准代理西北路道郭宗熙函使來文據俄公署照稱派出醫學博士赴五常府查看疫症藉以研究如該博士到境務為接待而固邦交 仲

——摘自《远东报》，
1911年4月8日

●裁撤檢疫所○五常府劉秉鈞太守將疫氣消滅情形電稟防疫總局日昨奉到回電隨將炕煙山太平山房身崗三處檢疫分所一律裁撤以節虛糜想此後疫氣當銷歸無有云云 仲

——摘自《远东报》，
1911年4月8日

●高委員到境○吉省防疫總局派出委員高曉峯查辦五常防疫一切情形該員於日昨到境小憩即行考查病院隔離所及焚屍之辦法以備報告云 仲

——摘自《远东报》，
1911年4月8日

●照錄巡警拋棄疫屍札文○照得現在節屆三月春融解凍松江阿河冰水交流其間有無拋棄疫死亟應切實查察隨時打撈以免外人口實凡沿江巡警江防馬隊以及沿江口岸打撈屍身即報明本府派員驗明火葬後每撈一具准奬給區撈人中錢三十吊以昭激勸除分外合亟札到該即便遵照勿忽切切特札

——摘自《远东报》，
1911 年 4 月 8 日

●今日始講究衛生○榆樹廳時疫雖然消滅而各界仍是防範本郡自受一番疫癘警務長始以衛生爲至急之務於是擬定釐款以補衛生之缺點云　谷

——摘自《远东报》，
1911 年 4 月 8 日

△京奉鐵道照舊開行無阻矣

聞·京·奉·鐵路直通快車現因東省疫氣已靖由日前照舊·開·行·矣

——摘自《远东报》，
1911 年 4 月 9 日

●保奬防疫出力人員○聞東督日前電飭吉江兩省撫帥略謂防疫善後成效卓有宜將在事出力人員題具切實考語繕單彙報以便核明入奏分別請奬云　石

——摘自《远东报》，
1911 年 4 月 9 日

本埠新聞

●派員調查各屬疫斃人數○吉林交涉局派禁煙委員武雲卿赴沿路各屬調查所有疫死人口數目以憑轉報聞該員已於本月初八日乘坐火車前往矣 木

——摘自《远东报》，
1911 年 4 月 9 日

●再誌議事常年會遲開原因○按諮議局章程各屬議事會每年分二五八十一等月開常年會四次本埠因時疫流行春季常年會遲遲未開已詳前報茲又訪聞因去冬議決各案均未實行故刻下時疫雖平該會總遲延未開云 亦

——摘自《远东报》，
1911 年 4 月 9 日

●疫後又須防盜○自斷絕交通俾家甸四關加添崗兵若干以資防守已誌報端茲聞濱江廳林司馬以交通雖開恐有匪人潛入滋擾日昨傳諭警務爾凡加派警兵暫不撤退云 亦

——摘自《远东报》，
1911 年 4 月 9 日

●派員搜查沿江疫屍之續聞○吉林交涉局辦事委員武興周日昨奉派帶兵十二人協同俄員赴下江一帶搜查有無疫屍以免開江後疫氣流染云 亦

——摘自《远东报》，
1911 年 4 月 9 日

●銀行事業發達( )傅家甸自設大清分銀行來信用尙未昭著遂遭鼠疫之害故始終未見起色且反受虧損聞自鼠疫輕減後大有起色以前每月出入數千時尙少而今竟達萬餘皆謂行生意者管界之事果能再推廣商界生意更覺興盛也 中

——摘自《远东报》，
1911年4月9日

●日人煤斤大減色○日本三井洋行自撫順煤礦往本埠發運煤斤以來日有起色獲利亦覺日多更於去秋運來之煤斤幾無地可容尙以爲不敷一冬銷售不意發現鼠疫後幾無人過問至今鼠疫雖減而天氣大暖更覺無望矣故現在所存之煤堆積纍纍甚無問津者也 中

——摘自《远东报》，
1911年4月9日

●傅家甸防疫局排日報告○本月初八日時疫病院新疑似病院以及各區均無疫隔離所無濟貧所一百十名現已二十八日無疫斃者

——摘自《远东报》，
1911年4月9日

▲本 天▼

●續萬國鼠疫研究會演說詞○施丞堂演說詞　近因疫氣流行蔓延各地　中國大皇帝關心民瘼宵旰憂勞是以議開此會研究起疫原由以及如何補救之法承各友邦不分畛域一視同仁遣派諸公遠道蒞臨協力同心共成善舉我　朝廷感篆實深特命使者蒞會藉表歡迎致謝之忱惟希鑒察　五月以來北方諸省遭此奇災死亡枕藉以滿洲爲最夫瘟疹霍亂核瘟等症一經傳染雖亦猛烈要之無如近日所行肺瘟血瘟爲毒之厲染之者大都百無一生也竊謂此次疫氣所以發生之故頗有關於我國人民商業與數萬人民度日之資蓋北方之風俗習慣曾有格致專家研究此種問題謂在滿洲西北暨亞洲山嶺之中有一種山鼠其形似小兎西名（塔爾巴張）體質常見臃腫其病狀雖輕重不同然皆含有疫虫有數萬人工每年前往滿洲西北一帶捕捉此類小鼠而取其皮以爲貨疫症之傳染蓋發端於此　其地之氣候主爲不良每至寒暑表降至起點以下四十度舉凡世界支那所適之地其寒度無有過此者居其地者值此嚴寒之際幾至片刻不能出門戶而況涉足於途以謀生計大率聚集於窳陋之居肩摩足胝人氣薰蒸以可以禦寒而一經此種染症萌生無怪不可收拾　吾國各省城市鄉村中道路溝渠種種情形自近日衛生家觀之不無缺憾然亞洲全境大抵如此國之大者人民衆多潔淨衛生一事誠不易於實行獨是關於衛生之事凡有可以改良以防染疫者必爲人類所願聞倘諸君有所發議實能見諸施行吾儕自樂于承教　此次疫氣流行有種種特別情形與尋常適異蓋疫其所蔓延之各城鎮均在沿近鐵路交通之綫在從前未嘗無疫即如蒙古如牛莊等處亦曾偶有發見但流行不廣人未經心故此次疫氣初行亦未料其流毒若此之甚迨既被其害竟如疾風驟雨而南來矣　中國人視年節爲重每值歲暮之時凡客居異地得歸故鄉者必勉力爲之其中有逾萬之工役即遇鐵路不通之處亦必步行就道中國地面遼闊即派兵防阻豈能處處嚴密而不使其繞越　防堵檢疫章程鐵路既已行之惜爲時稍晚然辦事者後事者之師將來設遇此等事富可以此爲鑒惟此項工役人數衆多大率敢於冒險一若置死生之事於不顧者諸君富有經驗敢問有何善法可以見教　此次各處防疫醫員凡遇與疫接近者暨疑似染疫者如何令其隔離其染受疫症者如何入院救治成事具在經辦各員均可質問設有不妥之處不妨詳細批評以期增廣識見蓋此次各種療治之法雖云不遺餘力然往往見染病者輒全家喪亡無一得免是功效未

見大著也　中國人民雖不盡有偏執迷信之事然遇個人家事每不願他人干涉譬如某家一人染疫公家慮其傳染立將此人送往疫院就治其家屬人等遠令隔離以及類此跡近殘忍之事在官家雖現爲義務其實頗難於施行　此次開會所應研究者頭緒不免紛繁未便逐細開列其關於醫理格致者諸君自能處處見到無不詳細將否使者僅將其中最關緊要之問題條舉如左請諸君注意焉　一此次疫氣因何流行如何流行暨有如何辦理方法　二此種疫氣是否滿洲境因某處本土之病如果係某處產生之病有何最善之法可向該處施救　三其產生疫氣之虫所含毒力是否較核疫虫之毒力爲大以顯微鏡觀之虫之形頗相同以疫虫學理驗之亦無少異而何以在滿洲則成肺瘟血瘟在印度等處則成核瘟而鮮成肺瘟者　四檢査各醫報告此次疫氣何以傳染及人而未染及鼠　五肺瘟因何而致核瘟因何而致其所以不同之理由何在　六是否因氣候不同所致抑偶有之事　七此種疫虫是否能於人身之外存活數月之久果爾必緣何種情形而能存活如此之久此關於吾儕之一大問題蓋恐今年冬令再有復發之事　八黃豆皮貨爲本省出口大宗疫遇氣流行之時應否照常輸運出口抑應有何限制　九如城鎮鄉村是否應令一事設法施種疫漿　十據諸君所經歷者而言凡發見疫症之房屋是否應令焚燬抑按法消毒即可無礙　除以上各項問題應請諸君研究外諸君各按素所經驗如有一言代本國政府來佈諸君於研究事理條議各端之時務必以實能辦到爲惟一目的蓋格致事業原期有裨人生然在往學術與事實適相反對有時揆之情理似屬可行而一試辦諸多窒礙者總之疫之爲患甚於寇仇吾人自應廣徵良法以爲防備諸君有所陳述總當酌量採用蓋今日文化昌明凡有國家者遇此害流行未有不心存仁愛不●吝貨財以拯斯民而登諸衽席者　今日開此大會本國特派伍醫官連德主席茲爲諸君介紹相見兩月以來伍君視疫氣最盛之區經理一切無不悉心研究伍君昔在英國留學精求醫理程度超邁法德兩國化學研究後亦曾親歷有諸君在會必有表示而指陳之彼奉國家之命職在研求自當心採納　再北京韓醫士現經派充本會醫務書記員當傅家甸疫氣極盛之時伊在該處襄理防疫頗著勤勞茲於詞畢再贅一言諸君蒞會辦事凡遇有乘坐火車旅行調查之處均可便利至我國家備辦一切供給事宜總期適合諸君之意各國醫官總代薩寶羅尼君答詞　本醫官頃聞貴大臣歡迎之辭請爲各國醫官代表謝忱此次十國政府應貴國政府之命委本醫官等來此解決鼠疫問題研求善法以爲此後防禦之資本醫官等或曾習傳染病理或究心微菌科學惟於肺瘟收血百斯篤二症向少經驗然深信前此六月中各項防疫章

程頗足爲後來師法此次貴國政府於禦疫之策尤稱適宜貴大臣暨各行政官於救民之事均形熱心俱可賀也中外醫生之能力勇氣已受一般之贊許而醫界上利益之見於此疫者尤足以鼓勵貴國醫學之進步振起貴國青年求醫之志趣此本醫官等所敢信者本醫官等承於大臣厚意招待設備周至得於安適之地從事研究尤深感謝又蒙施使臣宣布貴國大皇帝及中央政府之訓辭且聞貴國攝政王歡迎之諭本醫官等同深感謝願貴大臣代達下忱於貴國大皇帝之前爲

——摘自《远东报》，1911 年 4 月 9 日

●萬國鼠疫研究會規定進行方法○萬國鼠疫研究會於前日下午開委員會規定議事章程一節已誌昨報茲悉該委員會自下午二鐘半時起直至五鐘時止議決研究辦法分爲三部第一部爲研究病菌病理及解剖等項係研究鼠疫之主要部第二部爲研究醫治法第三部爲研究時疫歷史北里博士爲列國委員之所推已充當第一部之主任人矣

又決定設置準備委員及常置委員準備委員由德義三國委員派定專業選定該會因研究之題目及材料常置委員則由日俄法三國委員派定每日議決次日應會議之提案藉以促議事之迅速進行各國所派委員之數中國計八員俄國五員日本四員其餘各國或一員或數員不等該員等在該會議均有發言之權然有決議之權者則限定每國一人又該會之用語除按例用英獨法三國語言外並加華語以副發起國之要求並聞該會議除列國委員參列會議外無論何人不准到會傍聽云

初六日該會準備委員等開會商定該會應研究之各問題以故是日未開正式會議聞會議之期約二星期間

督憲錫欽帥昨晚設宴公署公請各國委員開宴竭力欵待以示歡迎之誠悃

同時又附有南滿鐵路公司東省鼠疫發生以來籌設各種防疫事件其中有延聘熟諳鼠疫之醫家使之研究鼠疫症狀辦理之報告書並聞該公司以各該醫家所造之鼠疫標本最足資研究是日前起特整理所有標本在奉天滿鐵醫院內一律陳列訂於明日邀請萬國鼠疫會各國代表以及駐奉各領涖該院省覽

——摘自《远东报》，1911 年 4 月 9 日

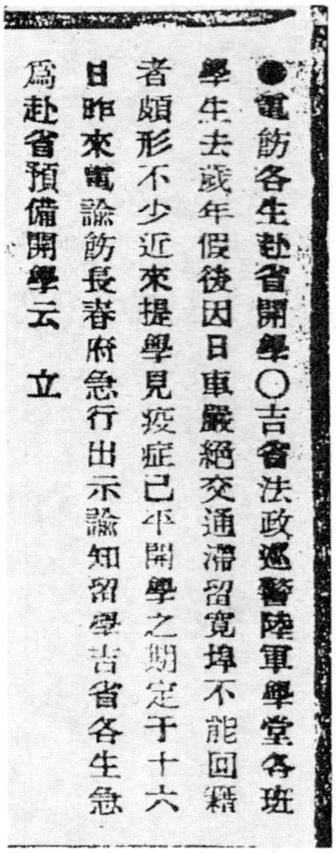
●電飭各生赴省開學○吉省法政巡警陸軍學堂各班學生去歲年假後因日車嚴絕交通滯留寬埠不能回籍者頗形不少近來提學見疫症已平開學之期定于十六日昨來電諭飭長春府急行出示諭知留學吉省各生急爲赴省預備開學云 立

——摘自《远东报》，
1911 年 4 月 9 日

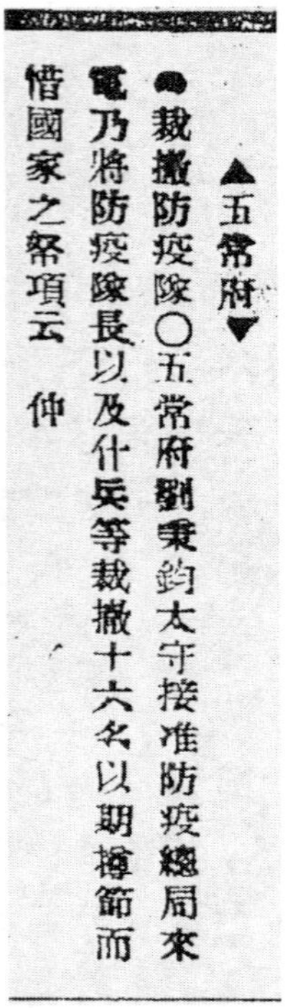
▲五常府▼
●裁撤防疫隊○五常府劉秉鈞太守接准防疫總局來電乃將防疫隊長以及什兵等裁撤十六名以期撙節而惜國家之帑項云 仲

——摘自《远东报》，
1911 年 4 月 9 日

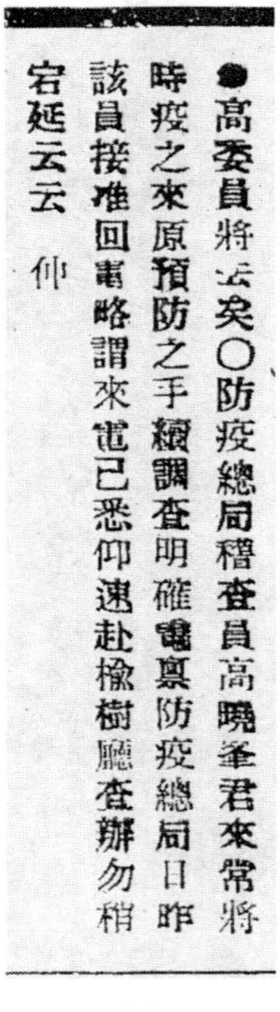
●高委員將去矣○防疫總局稽查員高曉峯君來常將時疫之來原預防之手續調查明確電稟防疫總局日昨該員接准回電略謂來電已悉仰速赴榆樹廳查辦勿稍宕延云云 仲

——摘自《远东报》，
1911 年 4 月 9 日

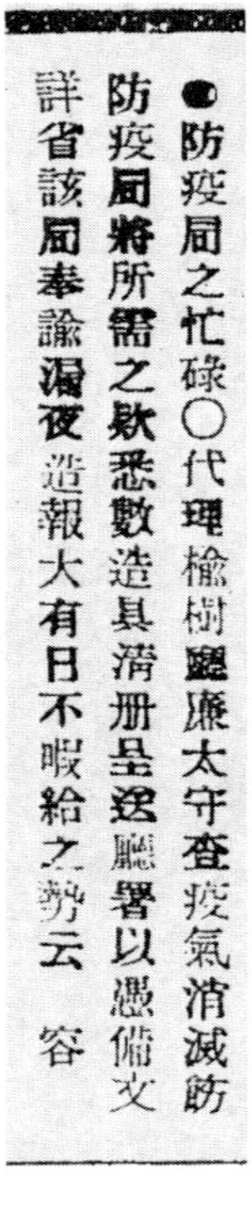
●防疫局之忙碌○代理榆樹廳廉太守查疫氣消滅防防疫局將所需之欵悉數造具清冊呈送廳署以憑備文詳省該局奉諭漏夜造報大有日不暇給之勢云 容

——摘自《远东报》，
1911 年 4 月 9 日

●鄉民之戒心如是○榆樹廳鄉民自受過一番疫癘後已成驚弓之鳥刻間遠近村落皆着人把守凡有來往之人盤問來自何處後始能放行以防傳染之危害　容

——摘自《远东报》，
1911 年 4 月 9 日

▲雙　城▼

●特派英醫檢驗腺百斯篤○雙城府西北隅住戶潘某患疔瘡斃命經信醫官檢驗指爲腺百斯篤並用藥水保存已詳前報嗣經金太守電請督撫憲派醫官檢驗上峰以腺百斯篤關係極重乃派出英醫驗檢以辨別是否疫症聞該英醫現已起程而金太已預備接待甚形忙碌云

——摘自《远东报》，
1911 年 4 月 9 日

●關議員進省○吉林省諮議局議員關毓謙君於去歲閉會回雙近來疫氣消滅理應遄省與會該員惟恐於途次爲防疫分所盤詰留難故於日昨在防疫局請領護照以備起程云　日

——摘自《远东报》，
1911 年 4 月 9 日

本館緊要專電

●●●電報五　奉天

日人亦開瘟疫博覽會一所於醫院內會中陳列關於瘟疫之物品甚多各國醫士均稱新奇

●●●電報六　奉天

前日醫士庫列士演說瘟疫解剖之學理北里博士演說鼠疫之原因據云日人已解剖老鼠三萬餘頭並未見有百斯篤菌

——摘自《远东报》，
1911 年 4 月 11 日

論說

記者對於奉天萬國防疫研究會之感言

（元）

記者對於防疫事件力持人道主義頗與同業相牴觸甚至加以謾罵謾罵不已而又加以傾陷賊奴虎倀等惡名詞溪塞滿紙記者以爲士各有志彼謗訕我者非知我者也固不必强其同也然黑疫者者人類之大敵也記者當傳家店疫難初起時已作種種之警告使當日行政官廳會有一識大體者用嚴厲武健之手段防範於前即至糜爛亦不過傳家甸一區而已又何至疫勢遍延中國半部耶國家費無數金錢人民犧萬千生命其原因果何在皆官民疏忽於前東鄒報鼓譟於後思假一主權之說與記者作極端之反對並且謂記者有主權爲輕防疫爲重之說記者論議中又何嘗有此一言東鄒報昧於黑疫歷史狃於中國之習慣故作此詞欲以禁嚇記者不主張防疫耳而不意記者一意以人道主義爲重不畏此種無名之横逆也今者國家鑒於往事之失特在奉天開萬國防疫研究會各國咸派專家之醫博士入會研究吾讀錫總督施丞堂伍醫官各演說亦可謂備矣雖然猶有未盡其未盡者何即此招待主持輿論之報館是也防疫事件每多嚴刻中國報館往往未曉然於黑疫之危害一見有官吏用嚴厲手段者非視爲殘忍即目爲滋擾每多譏種種謠傳以思齮齕之而其甚者謬聽華醫之言亦主張用蘿蔔白菜石膏銀花貓溺獺肝火灸針灸其誤生民尤不淺也雖則吾國人素少防疫之經驗然一有反對者起於其間則羣無知之民不樂於防疫時之阻隔者皆思從而和之如傳家甸覆轍詎非其明徵乎此非僅防疫時徒生種種行政上困難而一遇疫警吾國民有不盡爲黑疫所攫奪乎國以民爲本人之云亡國將誰守吾以爲此萬國防疫研究會中當廣召中國之新聞記者共相參考也

國家若嗇於財力不能盡集國中新聞團者若施丞堂若伍醫官亦必別設一良法務使開喻報館記者爲第一要義也報館爲輿論之母報館而對於防疫有危疑之詞則頗於國民有大阻礙也貔貅（即旱獺）聚族於滿洲邊境滋生又極衆多官中雖有禁令禁其獵取安保不再有犯禁而往獵者乎又安保數年之後禁令漸弛貪利往獵取者仍滔滔不絕乎又安保不由貔貅而傳染及於室鼠又由室鼠而害及人類乎滿洲邊境處處有貔貅之滋生即滿洲時時有黑疫之戒備今也黑疫雖幸慶平復設使他日疫難復見行政官廳執行防疫禁令而有若往日東鄒報者肆其反對之議論則幾何不現今日之慘象耶吾以爲萬國防疫研究會當以招待報館爲先也報館既無異辭較之儆勸生民爲易世界日漸開通報館日見發達報紙之力量亦較今日爲進步報紙而無反對之議論即令政亦無阻力矣吾竊願今日萬國防疫研究會中急補行之其有功於人類當不在禹稷下也若以吾爲曲筆或仍有反對者吾素抱持人道主義我亦有所不計敢請

——摘自《远东报》，1911年4月11日

●防疫善後辦法〇近日傅家店瘟疫雖滅而窮民較前倍多現在又裁撤庇寒所於是沿街無告之饑民舉目皆是現在關道擬就檢驗所開辦濟貧所一處收養貧民擇其強壯者送交教養所習藝以免窮民流離失所云　中

——摘自《远东报》，
1911 年 4 月 11 日

●又有屍具出現〇現在俄國所派之調查瘟疫隊時常收殮屍首數具細視其情形似早已亡故者云

——摘自《远东报》，
1911 年 4 月 11 日

●傅家店之今昔觀〇本埠界外傅家甸自疫退弛禁後各商家皆重張旗鼓一般商民及工藝人等游行街市轂擊肩摩幾如山陰道上較之隔絕期內真有天壤之別

——摘自《远东报》，
1911 年 4 月 11 日

●裁撤救急巡警隊〇警務局長德柳臣以傅家甸瘟疫消平已經多日於昨傳諭四分區將救急巡警隊兵花名清冊造送來局以便發給薪餉著即裁撤三十名云　亦

——摘自《远东报》，
1911 年 4 月 11 日

●奉天瘟疫研究會之演說○本埠傳述云初八日奉天瘟疫研究會演說之事頗多俄醫學博士查伯羅特尼演說滿蒙有疫之處所並云瘟疫所以傳染之故係因有病者與無病者互相往來又不能注重衛生之事是以至此肺瘟之發作期以冬天爲最云

——摘自《远东报》，
1911 年 4 月 11 日

●關于瘟疫之報告○初十日後鐵路站並無染疫者各區醫士將鐵路工人一千七百四十二人全行檢驗並無病者棲流所共有無業民一千四百九十二人官澡堂內共有洗澡人二百四十七人云

——摘自《远东报》，
1911 年 4 月 11 日

●傅家甸防疫局排日報告○本月初九日時疫病院新疑似病院以及各區均無疫隔離所無濟貧所一百零二名初十日大開交通報告即於是日停止

——摘自《远东报》，
1911 年 4 月 11 日

●督憲電奏鼠疫開會事宜○鼠疫研究會開會後督憲即以開會情形電達樞府請轉代奏以紓 廑念探其電文略謂各國政府所派蒞會各員均已陸續到奉經臣與外部右丞施紹基竭力招待尙屬周密而開會後籌備各種進行之手續大致亦稱妥洽云云 過

——摘自《远东报》，
1911 年 4 月 11 日

●鼠疫標本出現紀聞〇近聞奉天日本人之滿鐵醫院內現已陳列鼠疫之標本藉資研究鼠疫發生之根源及預防機關與夫治療各方法聞其製造該標本之醫學大家悉出於日本最著名之醫學博士等所研究其所以陳列於該醫院之用意特爲邀請萬國鼠疫研究會各代表到院參觀以資考鏡云 逸

——摘自《远东报》，
1911年4月11日

●通飭酌裁防疫機關〇日昨督憲通飭各屬略謂疫氣現已減消各該屬所設防疫機關自應酌量裁撤撤以節經費一面諭令巡警衛生科承手接辦但此後仍不可疎於防範云 逸

——摘自《远东报》，
1911年4月11日

▲營口▼

●英醫檢驗船客〇營埠中外官商對於防疫之事極爲認眞日昨永田丸由津來營裝客甚多英醫達大夫因天津前曾有疫出現非同他處可比若不認眞檢驗恐滋傳染之禍故於該輪到岸之時即令船上搭客一概不准登岸須俟該醫官查驗後確保無病方許下船該醫官旋即赴輪一一親自檢驗云 秀

——摘自《远东报》，
1911年4月11日

●日輪竟帶病人進口〇日前日本永田丸由天津開至營口裝有二千人上下昨經英醫達大夫上船檢驗果有數人患病雖非百斯篤當此鼠疫未消之際頗失愼重之道當經達大夫將無病之客送入隔離所日人不加査察竟裝載病人殊與防疫約章不合特稟請將該輪罰停五日不准稍移以爲玩視防疫者戒 秀

——摘自《远东报》，
1911年4月11日

●研究所又招自治學員〇自治研究所二班學生去歲畢業後因款項奇絀終未招生開學近聞何曉川所長見疫症已平高等初級各等學堂開學有期請長春府准於四月初一日開學本月二十日招生凡有向學者須赴本所報名預備考試云　立

——摘自《远东报》，
1911 年 4 月 11 日

●陸軍添招兵丁〇陸軍第三鎮因各營兵丁去歲退伍者千有餘名今經疫症傳染死亡逃散又有千餘名致該鎮兵額缺之多統制無法今諭各標標統就地徵補但須少壯及識字者方爲合格云　立

——摘自《远东报》，
1911 年 4 月 11 日

●大開交通之期未定〇[illegible]報防疫總局見疫症撲滅議准本月十六日妓館戲園照舊理業大開交通茲聞督撫各憲又來電諭大開交通一節須查地面疫症一無所見後方准再爲詳請公定期限云　立

——摘自《远东报》，
1911 年 4 月 11 日

▲五常府▼

●裁撤防疫局〇五常府劉秉鈞太守接奉省文略謂該城疫氣甫靖飭於三月十五日將防疫局及分卡一律裁撤藉以撙節公款云　仲

——摘自《远东报》，
1911 年 4 月 11 日

●農界大歡喜○五常府因疫事戒嚴而農界遂不得耕作甚爲焦急近日疫氣消滅交通大開農家之子弟服田力畝其熙皞之氣象又復見於當日云 仲

——摘自《远东报》，
1911年4月11日

▲阿什河▼

●勸學所總董辭差○現下阿城勸學所侯總董新傳以有志北上在署內禀請辭差再三懇求始蒙允准以高等學堂體教員述之暫行兼理因刻下瘟疫消滅不日大開交通擬於月之十二日擇吉開學以力爲整頓姑志之以觀後效 大

——摘自《远东报》，
1911年4月11日

●防疫局之報告○本城防疫局報告自前月十八日起至今僅斃二人其一係染病多日未能治愈者其一係陸軍斥革之兵被責後發病經醫官關子正君檢診略有疫氣實均非新受本城疫勢實有滅絕之望云 伯

——摘自《远东报》，
1911年4月11日

▲呼 蘭▼

●防造疫死人名冊○呼蘭自冬發現疫禍疫死確數已見前報聞府署昨奉上峰札飭造具疫死之清册務須分晰清楚不得含混云 子

——摘自《远东报》，
1911年4月11日

●調查隊參觀防疫局○阿穆爾水路衙門調查隊日前來哈查看防疫局一切組織於昨日起身回玻璃矣

——摘自《远东报》，
1911 年 4 月 12 日

本埠新聞

●防疫局副辦移府原因○防疫局副辦某兩觀察擬定自開[illegible]則[illegible]今已[illegible]尚未啟行令聞該局報銷未能造齊故防疫局總副辦連日會商各項出款以便備齊後携帶回省云　中

——摘自《远东报》，
1911 年 4 月 12 日

●設立育嬰院○濱江議事會以本埠染疫死絕各戶剩有幼童孺子無主收留擬設立育嬰院一所以便收養云

——摘自《远东报》，
1911 年 4 月 12 日

●防疫研究會內外隔離之嚴緊○萬國防疫研究大會日昨開會所有派定在會任差各員役無論何項人等皆不得任便出入探其原因以會場內現正化驗疫蟲如何培養如何消殺若不嚴行隔離惟恐疫蟲附着人身隨人出入又不免有傳染之慮以故在會任差各員役日必消毒數次並將手臉全行矇蓋以防疫毒云　遇

——摘自《远东报》，
1911 年 4 月 12 日

●解剖屍體紀事○近來兩日隔離所內疫斃之人均不掩埋以便送往萬國研究會解剖藉資研究昨聞防疫事務所以大車拉運新斃屍體七具派埋葬隊押送該會檢驗云　遺

——摘自《远东报》，
1911 年 4 月 12 日

▲吉　林▼

●將建傳染病院○省城自此次疫症發現各界胥相恐慌目今雖見肅清尚多事後畏懼現在董事會總董文君貽珊建議以近世醫學研究以傳染病之害甚於洪水猛獸以其無聲無形也苟預防得宜則即可以倖免[illegible]則一人受病殃及全家一家傳染殃及鄰近此今歲吾省所目睹者也吾國習慣無論患何病症向係在家醫治以其親族可任看護職是之故所以互相傳染故吾人於傳染病則絕對不能任令隨便醫治是以避病院吾吉不可不備也今歲之傳染病發生後均視官立診醫所爲畏途大起人民仇視之心幸經同人熱心勸誡未至激成變動然亦未有公立病院尙屬遺憾吾人既生於此等時代處不能不以此世大局爲趨勢無論款項如何難籌必須赶緊擇適宜之地建設傳染病院以備不時之需云　合

——摘自《远东报》，
1911 年 4 月 12 日

●官運總辦赴吉原因〇官運局總辦劉春亭觀察因去臘至今正嚴絕交通後吉林新城農安各埠所用食鹽終未運送不足終年之需近疫症已平冰雪融化道路難行人工運費一律加重恐照常出賣賠累難堪聞於日前已親赴吉面請撫憲及度支司懇今歲食鹽加價出賣未悉能邀允准否　立

——摘自《远东报》，
1911 年 4 月 12 日

●劉大令因公赴坡〇縣署日前奉到撫憲之電諭探其內容謂該令關於防疫種種之效果實可嘉獎等因劉令奉電後深恐一面坡防疫之不力故日昨劉令代領防疫巡警十餘名乘專車赴坡查驗一切云　海

——摘自《远东报》，
1911 年 4 月 12 日

●疫症滋漫之可駭〇長邑城北日前疫斃行路人一名已誌本報日昨城西關外同日死三名城內居民大為驚慌咸謂前死者之傳染云　海

——摘自《远东报》，
1911 年 4 月 12 日

●廉太守正已化人〇代理榆樹廳廉懿齋太守於防疫一事以身作則督率屬員日前派人進省取衣服等件囑付沿途留驗不得支吾致違防疫章程故回榆在東門外檢驗消毒駐宿一星期始准進城以防民間之評議云

——摘自《远东报》，
1911 年 4 月 12 日

●稽查員之行踪○榆樹廳防疫局稽查委員朱希堂君承金太守命令將大嶺四河城等處調查完竣於日昨返命又復出城調查染疫情形以備報告

——摘自《远东报》，
1911 年 4 月 12 日

●警務長注重衛生○榆樹廳警務長孫華業參軍出示曉諭禁止湯鍋嗣後不准宰殺騾馬毛驢等畜以絕疫氛根株而防未然之危害云 容

——摘自《远东报》，
1911 年 4 月 12 日

▲雙 城▼

●金太守因職百斯篤撤任○雙城府金太守電稟督撫憲鼠疫於二月底肅清不意三月初二日有潘某發生腺百斯篤經稟命督撫憲以金太守報告不實於初六日電飭撤任信醫官得此消息後忽又電致伍醫官陳述金太守之能請留金太守仍任雙城以資熟手不知上官以爲如何也 日

——摘自《远东报》，
1911 年 4 月 12 日

●撤銷四鄉隔離所○雙城府金太守查疫病消滅已閱半月有奇乃於日昨飭將四鄉各區隔離所一律撤銷以免虛耗國帑而便農界之耕作云 日

——摘自《远东报》，
1911 年 4 月 12 日

●自治研究所將開學矣（）雙城府自治研究所李毓芳
所長查疫氣消滅已久擇於三月十七日開學議員將開
學日期擇定後即於日昨掛牌俾學員等來堂受課以資
造就云　日

——摘自《远东报》，
1911 年 4 月 12 日

●商會電留金太守（）雙城府商界聞知金道堅太守被
撤遞遺知府一缺檄委文牘生觀察署理商界得此消息
祇恐新舊交替互相周折殊與防疫之善後大有關碍於
是商界之巨擘等於日前齊集商務分會商議電留金太
守以資依賴是日贊成者僉然同聲乃於午後電懇請督
撫憲准予留任而遂借寇之懇誠云　日

——摘自《远东报》，
1911 年 4 月 12 日

●防疫之結局（）雙城府防疫局局長金太守擬於前日
將疑似病院以及男女隔離所一律裁撤惟留防疫總局
辦理善後以免虛糜公款云　日

——摘自《远东报》，
1911 年 4 月 12 日

▲黑龍江▼

●賑濟哀黎之先聲○附城一帶村屯上年水旱為災饑
民困苦嗣因瘟疫盛行罹遭於蕩產滅亡之禍者又不知
凡幾現值青黃不接其流離饑寒之慘實屬不堪言狀自
龍江府范曉齋太守蒞任因沿途目睹時艱慘不忍視遂
於下車伊始並不俟各事就緒即首先請撥賑款二萬兩
派員下鄉分別散放以期各災民免於凍餒

——摘自《远东报》，
1911 年 4 月 12 日

●撤消隔離所增設旅客棲止所○日前防疫會以近日疫氣漸消居民頗稱安適然偶有於大小客店之中發現此疫追查染疫之由不外於外來旅客於是對於此項旅客極力嚴加防範以免死灰之復燃特將原設之第一二三隔離所撤消增設旅客棲止所十五處除郵政局胡同之公興棧專住官商兩界其餘之普通旅客均用頭城廟四隅大小棧店凡外來之人均須分別棲止不准濫行投宿云 于

——摘自《远东报》，
1911 年 4 月 12 日

△△伍連德竟獲二等第三寶星

政府以伍醫連德在哈辦理防疫成効卓著厥功甚偉特賞以二等第三雙龍寶星以示優異

——摘自《远东报》，
1911 年 4 月 13 日

●郭司使赴奉○發署本埠兵備道郭宗熙司馬昨晚乘坐火車西赴奉天恭謁錫督聞係面陳本埠防疫事宜云

——摘自《远东报》，
1911 年 4 月 13 日

●記防疫局會議內容○防疫局前日會議之內容爲華人在滿洲境內乘坐東清鐵路客貨車可勿須留驗惟往來東路之郵政車仍嚴禁華人乘坐更議定無須在火車消毒

——摘自《远东报》，
1911 年 4 月 13 日

●醫士紛紛赴奉〇星期一日巴古次克醫士並有薩博士調查闔四人調查阿穆爾流城闔四人由哈起身赴奉昨日鐵路總醫士亞心斯克交涉代辦達雁爾醫士阿斯咯訥夫皆起身赴奉條陳防疫辦法云

——摘自《远东报》，
1911年4月13日

●調査瘟疫隊●阿什河傳云三月初十日兩防疫隊在鐵路一帶查看數十里並無瘟疫或屍身探詢城內亦無瘟病

——摘自《远东报》，
1911年4月13日

▲吉　林▼

●開學有定期〇省城各級學堂例於正月念六日上課今歲因疫症發生斷絕交通以致各鄉屯學生均行延滯現在疫氛撲滅昨經曹梅訪司使牌示飭令各學堂於前日一律授課但在未弛禁交通之際學生來省仍當確守防疫局原定章程受各分卡指示留驗云　合

——摘自《远东报》，
1911年4月13日

▲長　春▼

●防疫人員詳呈履歷之原因〇近防疫總局因督撫兩憲日昨來電飭將防疫人員履歷開清呈報到署以備請奬茲將總局分局上下各員共一百八十八名一律開清列表備文詳省云　立

——摘自《远东报》，
1911年4月13日

●電調防疫各項表圖〇防疫總辦黄實森西路道孟秉初因各國開會研究疫症同爲赴奉面報已誌茲聞孟道由奉來電飭將防疫局報銷人員各項表冊及總局分局醫院隔離所各項房圖派醫官路某親齎送奉詳呈督憲批閱云　立

——摘自《远东报》，
1911 年 4 月 13 日

▲雙　城▼

●俄醫員來雙考察核疫〇哈埠鐵路公司委員格里羅夫於日前來雙攷查疫氣消滅與否以便大開交通並查潘某核疫情狀以便報告研究會中云　日

——摘自《远东报》，
1911 年 4 月 13 日

●裁撤隔離所〇雙城府金太守於日前將添設之隔離所五處概行裁撤查後設之隔離所五處虛設至今共需市錢八千餘吊金太守因其虛耗公欵故首為裁撤以期樽節云　日

——摘自《远东报》，
1911 年 4 月 13 日

●此亦衛生之要著〇雙城府城議事會日昨議定令各界製造垃圾木箱添造井蓋以絕疫菌之根蒂聞其協議表決不日即當呈送署府核定飭下推行以補衛生之缺點云　日

——摘自《远东报》，
1911 年 4 月 13 日

禁止華工入俄之札文〇五常府劉秉鈞太守接准西北路道郭司使札文略謂現奉督撫憲札開案據黑河府王守報稱黑河彼岸爲防疫檢查華人因之呈請禁止華民北來以免交涉棘手云云 仲

——摘自《远东报》，
1911 年 4 月 13 日

醫官之盡職〇五常府防疫局總醫官李鴻洲氏查浮厝之棺木甚多依次登記號簿於材釘左右分別男女者苦工等鑿深穴掩埋並勸導斯民嗣後勿得蹈此陋習致於衛生大有關碍云 仲

——摘自《远东报》，
1911 年 4 月 13 日

俄國醫學博士不來五常矣〇五常府劉秉鈞太守奉文預備歡迎俄國醫學博士已誌前報該博士抵蘭彩橋太平山等處查疫氣久已絕滅乃於日昨東旋哈報告以作大開交通之計云 仲

——摘自《远东报》，
1911 年 4 月 13 日

▲榆樹廳▼

調查員之行蹤〇吉林防疫總局第一路調查員高雲樵君於正月間調查各城防疫事手續成績該員業將蘭西縣山河屯五常府一面坡阿城縣蘭彩橋各處調查完竣乃馳回榆樹廳查辦城鄉防疫之情形以備報告 容

——摘自《远东报》，
1911 年 4 月 13 日

●防疫局辦理善後○代理榆樹廳龐懿齋太守奉准省文飭防疫局將出納錢款分晰造具清册以備具文詳省該局奉到龐太守手諭後晝夜趕造甚形忙碌云 容

——摘自《远东报》，
1911 年 4 月 13 日

▲阿什河▼

●私賣車票者被控○自瘟疫盛行以來火車均不開票所有客商多有私坐火車不惜重資以能走爲達目的者因之奸商遂借以漁利日昨有海成客棧廣大有店股東某聲言伊號能起車票將行李包裹俱送至車上不料開車時被車夫全行趕出以致所有客商遺失行李者不少因之該號股東遂將該棧主人于老五控告據言所買車票純係白紙條有海成棧圖書爲記三等車價洋帖一元五角因伊在車站多年與洋人有素顯係被其彼此勾通私賣車票從中取利云 曲

——摘自《远东报》，
1911 年 4 月 13 日

▲依蘭▼

●歸併庇寒隔離二所○本城防疫局前設庇寒所收養貧寒之人隔離所收養疫斃之屋內未曾染疫諸人二所均設於小江西沿近因天氣漸暖牡丹江開江期近嗣後隔江不便茲擬將二所歸併即設於向設養病院之處俟後疫氣廓清再爲撤消云　伯

——摘自《远东报》，
1911 年 4 月 13 日

●直東會館寄柩之取締○直東會館後院隙地歷來寄柩有數百具皆係客民外喪預備遷柩回籍者也茲由防疫局取締各寄柩之家限日統數掩埋現皆紛紛忙碌各就埋葬致工價騰貴凡掘一坑深及七尺須工價四十吊以上云　伯

——摘自《远东报》，
1911 年 4 月 13 日

●電稟撤去養病留診二所○防疫局以現在疫勢消滅茲已特行電稟督垣請將所設養病所及留診所撤銷以免糜費公帑云　伯

——摘自《远东报》，
1911 年 4 月 13 日

▲黑龍江▼

●請看拾遺疫斃衣物之扛夫○前因東門外某藥舖櫃夥染疫致斃彼因疫症初行防疫未備遂雇用北門外某扛房（即貧喪具舖也）之扛夫數人前往操持殮葬等事而死者之衣物均爲各扛夫檢拾無遺當時亦恐傳染藏置他處數日前見疫氣稍平始敢分而穿用孰知此項衣物仍含菌毒未久同居之扛夫四人乃竟相繼疫斃防疫會近日之防範又因之戒嚴云　于

——摘自《远东报》，
1911 年 4 月 13 日

●龍江公報遲延出版之原因○龍江官報定章每月出
版三冊期分上中下三旬開辦以來雖出版稍遲亦不過
推延旬日均未似如本年之初冊遲至二月下旬尚未出
版者推其原由乃因該報本年改訂篇頁字數較前加多
更因保全利權起見改用本省造紙廠之紙裝作中國書
式以期携覽利便而免利權外溢辦法至當詎料付刊之
間旋以造紙工人染患時疫之故致全廠隔離停工多日
以故續印無紙遲延出版之期云　于

——摘自《远东报》，
1911 年 4 月 13 日

●傷哉以身禦疫之科長○警務公所總務科科長宋次
韓前由民政司醫務科任所告假回南旋省後仍委充民
民司醫務科正科員原差俟因警務公所總務科程科長
因病請假趙司使以該員熟諳警政特委充斯差前因第
一隔離所成立之後率皆畏其危險畏懼不前獨宋科長
熱心拯世挺身而出凡隔離一人誠恐使役疎於看護必
親視藥餅檢查食物人多謂其冒險該員常與人曰我具
忠心天豈無佑詎料傳染難逃乃於本月初七日患疫至
次日下午逝世聞者莫不悽慘云　于

——摘自《远东报》，
1911 年 4 月 13 日

●今始整頓禁令○日前防疫吃緊無暇查煙而一般黑籍人乘隙復舊現下疫氣已絕四處查拿聞每日必獲數起煙犯云　子

——摘自《远东报》，
1911 年 4 月 13 日

●宣講所開演○海倫宣講所自瘟病發現停演兩月有餘近疫症已滅于月初經李祉元照舊講演而赴堂旁聽者猶照常云　宣

——摘自《远东报》，
1911 年 4 月 13 日

●會同商議水路防疫事宜○聞日前哈埠俄總領事人員會同華官鐵路代表阿穆水路執事及稅關人員商議松花江開江後水路防疫事宜云

——摘自《远东报》，
1911 年 4 月 14 日

●帽兒山疫死之人數○茲據調查帽兒山站一帶染疫情形之人員返哈云該地之疫係由哈埠某商人所傳染共疫斃七十九人內十九屍用火葬之其餘之屍九十二具由各該親屬葬埋云

——摘自《远东报》，
1911 年 4 月 14 日

●殮得屍身四具○自本月十三日至今哈埠各處無染疫者惟有去歲死亡之屍身四具經調查瘟疫隊收殮不日焚化云

——摘自《远东报》，
1911 年 4 月 14 日

●局長辭差作罷）傳聞句巡醫局長前因防疫一事人言嘖嘖故據呈省垣辭差今聞已得回文此事作爲毋庸議矣中

——摘自《远东报》，
1911 年 4 月 14 日

●可謂花落訟庭閒○本埠審判廳自前年開辦以來司法人員素形忙碌緣城鄉紳民素稱健訟今歲開印之後即辦理防疫凡鄉間進城興訟者一概呈詞不收以免傳染之禍惟埠內有曲直不明者准其遞稟然亦不過寥寥昨語該廳人云初級兩廳自正月以迄今日民刑事案收詞不過二十餘張幾有廷尉羅雀之氣象云　秀

——摘自《远东报》，
1911 年 4 月 14 日

●糧價跌落之原因○吉林四鄉上年秋收豐稔之處頗多農民鑒於往年糧價節節昂貴因之多有囤積未售不意去臘鼠疫即見傳染嗣經斷絕交通汽車停運舉凡運赴外埠或外國之糧商亦均躊躇卻步現在春融凍解道途泥濘販路又限於交通隔絕以致元豆一斗年前在二吊六七百文目今僅二吊三百文左右小米前在四吊二三百文今僅三吊九百餘文小麥前在三吊五百文上下今僅三吊三百文其餘糧類甚多亦靡不隨以上諸項糧食跌落但多寡微有不同耳　合

——摘自《远东报》，
1911 年 4 月 14 日

▲長春▼

●學堂開學展期之原因〇長邑兩等學堂監督于廣文君日前協同各師範大開臨時會議略謂學務惟立憲之基礎以造就人材爲目的前因防疫要點以致全體罷課該監督擬於月初令各級學校一律開學各節已誌本報日昨聞監督于廣文君向衆師範倡議謂現下疫症雖經撲滅深恐各學童雜居各處難免與衛生有礙故又展至前日令城鄉各學校一律開學授課云 海

——摘自《远东报》，1911 年 4 月 14 日

●女學堂將開學矣〇長邑初級女學堂教員李春元君日前面稟學務監督于廣文謂女學惟立憲之首務現當惡疫盡絕即開學上課已符憲政等語聞稟允准該教員近已收拾校舍約不日即可開學授課云 海

——摘自《远东报》，1911 年 4 月 14 日

▲雙城▼

●酌留防疫人員〇雙城府防疫局局長金道堅太守着裁撤隔離所五處已詳前報日昨金太守又飭將時疫病院疑似病院暨防疫總局隔離所四處之人員夫役酌去留以期款不虛糜事有實效云 日

——摘自《远东报》，1911 年 4 月 14 日

●安插因疫阻留工人〇日前由愛琿道嫩江府遞送折回工人現已次第到省屯居南門外五里鋪一帶計有一千二百餘人其慘苦不堪言狀雖已由官設法安撫撥米賑濟然人口衆多亦非久遠之計昨經周少撫中丞面諭龍江府范曉齋太守先籌設遊工棲止所數處妥爲招待將來或令修工或令開墾再行籌商一切善後政策云

——摘自《远东报》，1911 年 4 月 14 日

綏　化

●防疫會裁撤○綏埠疫癘消滅迭載本報自月前以來無有染疫刻間不但病院內無養病之人即在隔離所之無告者亦均經親族承領代養僅剩已故商人李長升之稚女一人在所黃太守以疫症確實撲滅即將各防疫人員於月初一律裁撤只留夫役十數名薰洒封固染疫房屋以便商民居住云　宣

——摘自《远东报》，
1911 年 4 月 14 日

●藥材將次漲價○綏郡黃太守日前出示略謂本府於二月十三日奉督撫憲札開宣統三年二月初五日准直隸總督陳電開本省祁州藥材春季廟會現因防疫據該州官紳議絕停止奉吉黑山東四省藥商來會請轉飭商會知照等因准此除照覆並分行外合亟札飭札到該府即便曉諭俾衆週知爲此示仰通知云云惟江省藥商所販藥材多自祁州輸入彙之舊儲無多藥價將歸實行提漲云　宣

——摘自《远东报》，
1911 年 4 月 14 日

●稅關會議防疫內容○聞日前阿穆爾流域調查瘟疫委員邀同中俄防疫辦法其內容議定華俄兩面隨時派人巡查沿江一帶並由稅卡檢驗各船沿路設立病棚等惟辦章現尚未定　中

——摘自《远东报》，
1911 年 4 月 15 日

●衛生總局之會議○星期二日哈埠衛生總局爲開會之期是日由東清鐵路總辦霍爾瓦特代表開會共有問題三件第一件關於鐵路可否照常搭載華人問題據霍總辦云現在以調查各處瘟疫之報告判之凡瘟疫最盛之區業已消滅矣南路瘟疫消滅之時期最早如雙城堡在俄歷三月七號已經消滅寬城子鐵嶺撫順法庫門奉天各處亦相繼消滅西路除齊齊哈爾一處於三月十三號有搭車華人染疫外近亦無聞東路較他處尚稱美善雖阿什河於疫氣大作時死亡人數頗多然竟於一月前已撲滅矣據以上各項情形觀之搭載華人之車自可照常開行惟自滿洲里至五站之一路僅准售賣華人三等客貨車票南路可兼賣郵政車票各站均不檢驗然欲入俄境者仍須在滿洲里站或五站照章檢驗至准否華人由五站自由入俄濱海省之事應詢明海濱省總督再行核辦可也餘二問題未詳

——摘自《远东报》，
1911 年 4 月 15 日

●辛苦了良民便宜了娼優○傅家店地方自開大交通後則項生涯均無起色惟娼優兩界生意興盛已達極點詢係原因防疫人員疫消之後刻已無所是事每在妓館梨園消遣取樂出此入彼縱意揮霍足見其闊綽非他可比也　亦

——摘自《远东报》，
1911 年 4 月 15 日

●賠償損毀衣物○哈埠防疫局以現在瘟疫已經消滅所用下等防疫人員經即裁撤然於瘟疫盛行之際各防疫員所著衣服均用藥水消毒以故多半損壞固然對於稍富者無甚影響然如副醫生防疫隊華俄夫役每月所得無幾若不得優將其所損衣服賠償殊不足以示體恤之意故擬定每副醫生發給俄洋五十元俄防疫夫役每名二十五華元夫役每名十元聞不日即照發給云

——摘自《远东报》，
1911 年 4 月 15 日

●南北滿之瘟疫全滅〇哈埠各處無染疫已念餘日矣前日各分區醫士將鐵路工人一千八百餘人全行檢驗其中並無染疫者十三日共在棲流所歇宿者一千五百三十五人官澡塘是日共有沐浴者三百二十一人又據日本領事傳云南滿鐵路租界內已有五日無染疫者由此可見南北滿之惡疫全行撲滅矣

——摘自《远东报》，1911 年 4 月 15 日

●林司馬改代理爲署理〇代理濱江廳林小亭司馬因辦理防疫頗著成效日前牌示改爲署篆云　亦

——摘自《远东报》，1911 年 4 月 15 日

●自治研究所開學〇濱江自治研究分所因本埠瘟災消平多日肄業學員均已到齊已於日昨開堂授課　亦

——摘自《远东报》，1911 年 4 月 15 日

●宣講員痛講防疫之關係〇奉天列憲前因鼠疫流行有防法而無治法由學憲派員編一防疫白話報分給各屬轉散愚民閱看以免橫生阻力日前營口廳高司馬接到防疫白話報六十份半送愚民半送西街宣講所派員宣講近日該所宣講員等痛講防疫之關係若不嚴爲防範其禍必至滅種一般男婦老幼聞之咸有戒心云　秀

——摘自《远东报》，1911 年 4 月 15 日

●弛禁交通約在月望〇省城自上年臘月中旬因防疫症傳染實行隔絕交通由二月十五日起至三月初七日止計共念餘日城內十區未聞有疫斃之人據政界可靠消息云如至三月十五日疫症果能如前肅清定必弛禁撤回檢驗之卡亦因彼時節近穀雨農民正將有事於畎畝不然尚須至四月初間云　合

——摘自《远东报》，
1911 年 4 月 15 日

●審判廳考驗巡警〇地方審判廳因交通漸開近聞已收呈詞照舊辦公但因司法巡警疫死多名遇有發遞不敷分派於日前招到巡警二十餘名經廳長派員考試目力文字後聞合格者祇十名云　立

——摘自《远东报》，
1911 年 4 月 15 日

●駐哈陸軍回寬有期〇駐寬陸軍三鎮十標爲防疫各事赴哈駐紮業已數月近疫症已滅交通已開聞昨來電十五六日定一律回寬因此統制飭將該標營房一律掃淨並派員查驗通行各路有無泥濘以備臨期派車迎迓拉運軍裝云　立

——摘自《远东报》，
1911 年 4 月 15 日

▲雙　城▼

●關乎恤賞之電報〇雙城府防疫局局長金道堅太守接准防疫總局電報當即探悉乃接照原文特錄於下其內容謂金守電悉該府防疫病故巡長鄖鴻飛等六十八名救急隊兵柴審江等二十四名夫役廣沛等二名均准照五等防疫人員每名給予恤銀三十兩由該府防疫經費項下開支册報防疫總局云云　日

——摘自《远东报》，
1911 年 4 月 15 日

●行路阻滯之原因○雙城府各區村屯人民咸謂瘟疫發生於滿洲里澎脹於哈爾濱傳遞雙城之全境受過一番挫折刻下疫菌雖然消滅已久而鄉民仍惴惴不安凡有往來之行人必詳細盤詰或有言語支吾即行阻回故行旅殊覺不便云 日

——摘自《远东报》，
1911年4月15日

●照錄防疫局善後之電報○雙城府防疫局局長金太守接准防疫總局電報當即探悉隨按照原文特錄於左其內容謂雙城金守鑒奉天開會調查各屬始疫月日傳染人數隔離人數行旅留驗人數留養人數病院死數區埠死數焚埋屍數員醫人數夫役兵隊人數本局立待彙列總表限電到日分別電陳勿稍延悞防疫總局印 日

——摘自《远东报》，
1911年4月15日

●研究所開學之日期○榆樹廳自治研究所所長查疫氣消滅定於前日開學授課刻聞乙班自治學員等到齊該所庶務令堂役等布置開學一切事宜甚爲忙碌云

——摘自《远东报》，
1911年4月15日

●郭司使赴奉原因○聞前護理本埠關道郭司使日前起身赴奉探其原因有二一爲瘟疫業已消滅故赴奉省面稟錫督一切辦法一爲俄境移出華民一事已與鐵路公司交涉故赴奉省面陳一切云 中

——摘自《远东报》，
1911年4月16日

●調查瘟疫之報告○哈埠及鐵路各站近日無染疫者亦未覓得屍身

——摘自《远东报》，
1911 年 4 月 16 日

●調查西路瘟疫團之報告○東清鐵路公司總辦前派之交涉代辦委員江局華員會同醫士通事等至滿洲里站一帶調查今已返哈據稱共尋得疫死屍具百五十四他處殮得死屍三具並云近查出三十俄里並無華農村屯亦無獵旱獺者云

——摘自《远东报》，
1911 年 4 月 16 日

●防疫員頒到獎賞○萬國鼠疫研究會會長伍連德君前在哈埠辦理防疫事宜卓著勤勞現又與外部右丞施肇基君在奉襄辦鼠疫研究大會一切深資得力茲由外務部奏請監國核准獎給伍連德君三等雙龍寶星一座施肇基君二等雙龍寶星一座聞日昨已頒發到奉由錫督轉給該二君佩帶云　通

——摘自《远东报》，
1911 年 4 月 16 日

●南滿路交通斷開○南滿鐵路公司月初無論官商紳民凡欲搭車西行者非有道署及日署放行執照不准立行近日因疫症實行斷絕雖未照舊出資三等客票而過路客商即無執照亦日必百名任便搭車云　立

——摘自《远东报》，
1911 年 4 月 16 日

●徵租櫃定期開徵○南公徵租櫃歷年二月間即派員赴鄉催收租櫃獨至今歲因嚴絕交通移來開辦近見疫症已平南公需款孔急昨經派員稟請長春府前日照舊開徵並請出示各鄉新租陳欠一律嚴催不准抗延云

——摘自《远东报》，
1911 年 4 月 16 日

●本埠要聞●

●鐵路總辦電告各站之文○北滿各路已自俄歷四月三號照常售賣華人車票惟滿洲里站至穆陵一路儘售客貨車票南路衆售郵車票然於每列中設三等車一輛專為安置病人之所車面須鎸隔離三字各車中偶有染疫者即將其車中所有搭客扣留待驗不得令其雜入他車以防傳染每列車必隨常副醫士一人衛生役數人以便隨時檢查搭客寬城子齊齊哈爾滿洲里哈爾濱各站來往搭客均須用寒溫表檢驗齊齊哈爾一面坡哈爾濱扣留華人五日及不准華人下車之章程概行撤銷然華人如願入俄境者在五站及滿洲里站仍行扣留檢驗云

——摘自《远东报》，
1911 年 4 月 18 日

●防疫局緩期裁撤〇哈爾濱防疫局以本埠瘟疫消平多日擬本月二十日即行裁撤已誌報端茲聞因郭司使赴奉恭謁錫督面陳防疫各事俟司使回哈後再行裁撤云 亦

——摘自《远东报》，
1911 年 4 月 18 日

●辦理衛生專員到哈〇本埠防疫局裁撤後大憲擬設衛生醫院一所辦理防疫事宜已迭詳前報茲聞由奉天派專員孫大令寶卿來哈辦理一切於昨到埠寓吉林交涉局內云 亦

——摘自《远东报》，
1911 年 4 月 18 日

●設立育嬰院續聞〇濱江議事會擬設育嬰院一所收養疫死淨絕無主孩童已詳前報茲聞衆董事以款項難籌日昨會議以傅家店地方瘟災後剩有絕產若干查清稟明地方官歸入育嬰院以作常年經費云 亦

——摘自《远东报》，
1911 年 4 月 18 日

●調查瘟疫團不久來哈〇中國政府近派醫士數人昨已抵奉約三五日內即可來哈俟松花江開江時乘輪赴伯力再由伯力乘輪至琿春調查瘟疫之情形云

——摘自《远东报》，
1911 年 4 月 18 日

▲奉　天▼

●研究鼠疫傳染之次序○萬國鼠疫研究會自開幕以來無日不以研究微生物爲事昨經該會會長伍連德提議應行研究鼠疫傳染之事項請大衆表决以便從事研究當聞將研究事項列表榜示其應行研究之次序如下第一瘟疫原因第二瘟疫傳染與時間及地域關係如何並若道路河川鐵路及船舶於傳染疫氣影響如何第三瘟疫與動物染疫關係如何如旱獺鼠其餘動物例如家狗馬之類第四城市及村邑染疫情形第五瘟疫與氣候乾溼寒溫有無影響第六本地瘟疫似自然消滅非藉防疫辦法其自然衰滅之原因如何第七城市及村邑關於傳染原因事項第八罹疫者之傳染物以上八項均經會員議決並聞擬於日內依次研究云　遠

——摘自《远东报》，
1911 年 4 月 18 日

●擬裁併防疫所近聞○昨聞民政司面稟督憲以現在疫氣已消擬將防疫事務所歸併警務局辦理無須另設總辦以省經費當聞督憲允准旋即飭令該所迅將一切文消款目清理完竣造冊呈送核奪以便札飭警局接辦而專責成　遠

——摘自《远东报》，
1911 年 4 月 18 日

●南滿鐵路允華人乘二等車○南滿鐵路於疫氣盛行之時火車二等客位雖可載運華人然儘限於一車內今疫已消滅故允華人任意登車云

——摘自《远东报》，
1911 年 4 月 18 日

●檢驗期縮小〇南滿鐵路各站檢驗下等華人原定七日今改爲五日云

——摘自《远东报》，
1911年4月18日

●關於防疫之電諭〇日昨關道周壽臣觀察接督憲來電略云疫氣已消滅各屬所設防疫機關應遵初三日通飭迅速裁併以節經費衛生行政仍應督飭巡警實力注意講求歸併情形即電復用款迅速造報至於海口檢疫另爲一案勿與防疫牽混爲要云　秀

——摘自《远东报》，
1911年4月18日

●防疫人員一律裁撤〇防疫總局爲疫毒滅絕本月初隔離所疫症院及四鄉分局一律裁撤又恐防範不嚴死灰復燃而四門守兵各衛稽查及消毒各隊尚照舊辦公未裁近聞兵備道孟秉初防疫總辦李寶森由奉回寬後因辦善後尚無的欵日前特下諭防疫人員一律裁撤惟總局收發庶務文牘三科尚留員數名核算交代然薪金由十五日起亦一律截止云　立

——摘自《远东报》，
1911年4月18日

●疔毒與臘疫之爭執〇雙城府巡警第七分所於三月初二日報稱西北隅潘永德患疔毒斃命當經信醫官等前往揀驗稱爲腺百斯篤發生着用藥水保存屍骸並與伍醫官錫制軍致電金太守亦電請延醫學博士揀驗錫督偕金太守着英醫前往而英醫未到鐵路公司俄委員各里羅夫來雙考查時疫消滅日期以便大開交通渠到雙適逢其事乃電致錫督以俄醫會同英醫揀驗互相研究以期詳審迨至三月十三日英國醫學博士鮑思高隨同醫學博士一員俄國醫學博士禮布金等於午後抵雙會同醫官信海等至西門外鬼王廟將潘某屍骸取出詳細審察俄醫出立勘驗單略謂爲立勘驗單事茲於俄歷千九百十一年三月二十九號即華歷三月十三日同英醫鮑思高等驗得華人潘姓所得病症當時詳加勘驗致死之病決非各祿百斯篤病死爲此特立驗單備查云云英醫亦出立勘驗單是時信醫官在側悻悻與之力辨英醫俄醫問其用何機關器驗出腺百斯篤而腺百斯篤有何證據信醫官被其詰問甘以身命爲誓本城人民皆忿然金太守得此消息甚爲驚駭乃會同王輯五中軍督同親軍巡警等於十四日前往彈壓幸未釀成意外云

——摘自《远东报》，1911 年 4 月 18 日

●電報局之忙碌〇榆樹廳自防疫至今辦理善後防疫局與防疫總局及督撫各憲互相通電以致該局供事等徹夜達旦甚爲忙碌云　容

——摘自《远东报》，
1911 年 4 月 18 日

●議商松阿兩河防疫辦法〇前日哈埠俄總領事邀集華官稅關代辦及醫士等在總領事署內商議松花江阿穆爾兩河防疫辦法所議問題甚多是日未能議竣聞此次會議之情形對於防疫不甚嚴厲以免商家受困云

——摘自《远东报》，
1911 年 4 月 19 日

●請免郵件之消毒○現在南北滿鐵路租界內瘟疫全消故請防疫局將郵件消毒之事撤銷云

——摘自《远东报》，
1911 年 4 月 19 日

●派員調查焚棄之房室○吉江兩屬近以瘟疫消滅特派人分赴沿路各站查明焚燒之房舍若干以便估價賠償近聞已派定各員日內起身前往各站調查云 中

——摘自《远东报》，
1911 年 4 月 19 日

●松花江開航○東清鐵路輪船公司定於昨日老少溝將第十九號輪船開往吉林開船中派有醫士檢查船中執事及搭客云

——摘自《远东报》，
1911 年 4 月 19 日

●檢查商民院落○哈埠近無染疫者各區醫士現檢查各商民院落是否有礙衛生之物以便令其鏟除云

——摘自《远东报》，
1911 年 4 月 19 日

●鄉民不反對防疫矣○吉林府西南鄉一帶人民因城內紫霞宮診疫所與撤藥之謠諑印入腦筋兼以防疫消毒各員辦事偶有操切以致人民因有生命關係群起反對竟將官府保民政策視爲絕大之仇敵動輒聚衆抗拒防疫人員屢被其毆辱城紳松秀濤李蔭泉二君於月初親赴各鄉邀集鄉老再三開導一面將口欽大荒地各屯消毒員勸令回城一面散佈白說演說鄉民均已省悟並無反對之心迨至防疫局撤卡之令下人心益定各相慶賀欣欣然有喜色云 忱

——摘自《远东报》，
1911年4月19日

▲長 春▼

●官場議設衛生局○近聞長春官場因防疫各局業已裁撤誠恐防疫不嚴死灰復燃日前官紳商界公同會議擬專設衛生局一處清理街道並查驗商家住戶以防疫癘重生復行傳染但商界籌款若干紳界出款幾何章程未定而實行創設之期尚未議決云 立

——摘自《远东报》，
1911年4月19日

●電調審令另補要缺○長春防疫局提調審鴻飛大令經吉撫札諭飭赴農安原任業已有日但因防疫各事未爲理清終未到任近防疫事竣忽奉督來電言安東一缺事務繁雜交涉重要飭該員急爲赴奉接任因此審令昨飭查關先爲赴奉俟一二日內防疫各事交代清楚後亦即前往云　立

——摘自《远东报》，
1911 年 4 月 19 日

●衛生局將次成立○長邑因關防疫之要點日前招募救濟隊二十名稽查疫症現已消滅所有原招救濟隊未待裁撤旋經顧秀臣大令仿照外城章程自應設立衛生局一處擬將前招募救濟隊二十名即行撥歸衛生局查該局按照定章經理各處街道以及設立廁所一切以爲預防衛生而與商民各界大有裨益云　海

——摘自《远东报》，
1911 年 4 月 19 日

●收買破爛衣物者急宜查禁○雙城府自疫癘發生孫祥麟警務長承防疫局局長金太守命令查禁販賣破爛衣物以防疫菌附托轉滋傳染金太守令出固屬風行草偃無如無知小民視財如命猶在四隅僻靜之處租賃房屋收買破爛衣物待時售賣以圖漁利回憶去歲滿洲里之疫症若星星之火殃及中國半部而今之收買破爛衣物者其中種種危害如不先事綢繆祇恐劇禍旋踵深望司警政者勸其改業以絕疫根而造地方之幸福也

——摘自《远东报》，
1911 年 4 月 19 日

●焚燒養病院○賓城前爲防疫將北關外農林試驗場改歸養病院現值鼠疫消滅一律肅清許守恐其根蒂未絕遂於日前飭衛生隊官王金生消防隊長王選延二君各率所帶隊兵將該病院瓦房三間及內有所用一切物件盡付一炬云　劫

——摘自《远东报》，
1911 年 4 月 19 日

▲黑龍江▼

●預備迎送調查衛生之西醫○近因各國醫士對於研究此次瘟疫一事傳染之烈幾遍蔓延北滿推其發源多謂江省辦理衛生不力所致或辯之曰此次瘟疫發生於滿洲里並未發生於省城若謂之防範不嚴致生傳染則可若謂之衛生不力即指實此疫發生之地則決不能也蓋客冬滿洲站疫氣烈熾之際防疫會執行甚迫而獵獺之人各處潛逃蔓延之弊僅不獨齊齊哈爾一城凡在東清鐵路附近之城鎮以及驛路通衢鮮有不發現此症者按省城之大戶丁之多而疫斃之數尚較哈埠及呼綏海各郡縣差次事成一疑難問題故公推某英醫親往來江實地調查一切衛生方法以覘其實際所在聞於本月十七日抵省現已札飭龍江府交涉局將公園花庭掃除潔淨預備行轅之用並派員新置一切應用物件消毒備品以昭慎重而睦邦交云　于

——摘自《远东报》，
1911年4月19日

●警務公所實行捕鼠方法○警務公所以近日瘟疫漸平實爲防範綦嚴所致誠恐久易生疎再有死灰復熾之患茲查滅絕疫根之策惟有捕盡鼠族爲有一無二之法門特置備捕鼠器數萬具分飭各區巡警挨門散給倘經捕獲鼠類即呈送各區之買鼠處易以銅子數枚以資激勸云　于

——摘自《远东报》，
1911年4月19日

●梨園開演之盡義務○江省會仙茶園前因疫症盛行飭令停演而該園主日供百餘口之食品需款浩繁艱窘難支屢請由官補助每日發給麵粉若干以資糊口詎意疫禍延長杯水車薪究屬無濟綴由順直同鄉會義助市錢八百吊聊濟時急將來開演之後再行設法籌還現在疫症已漸消滅無形遂於前日開演聞各男女優伶均允唱義務戲十天不取包銀所得戲價均歸該園主補償數月內之積欠云　于

——摘自《远东报》，
1911 年 4 月 19 日

●本埠要聞●

●俄醫察觀防疫辦法○海濱省由俄國聘請醫士三名請准阿穆爾省總督在哈小住一星期以便察觀一切防疫辦法聞其中有醫士一名係隨同中國調查瘟疫團巡視松花阿穆爾兩江一帶直至琿春爲止

——摘自《远东报》，
1911 年 4 月 20 日

●鐵路公司發放瘟疫獎金○鐵路公司以瘟疫盛行時執事人員曾照常辦事未嘗稍懈故請准總公司發放各員獎金按照薪水十分四五分放聞日前如數分領惟在公司之華人不能分潤云　中

——摘自《远东报》，
1911 年 4 月 20 日

本埠新聞

●衛生醫院勘定地址〇傳家甸防疫局裁撤後設立衛生醫院一所辦理防疫善後事宜已詳前報茲聞辦理衛生專員孫大令壽卿於昨履勘舊濱江廳署地址云　亦

——摘自《远东报》，
1911年4月20日

●磚木大漲價〇本埠自開大交通後所有染疫焚燬之房間均行修築故磚瓦木料等物價值較之從前昂漲一倍云　亦

——摘自《远东报》，
1911年4月20日

●疫燬房間准予賠款〇本埠傳家甸防疫局以定章程凡因疫焚燬房間統俟疫平按上中下三等給價在案現各商民以疫氣消平交通弛禁故近日紛紛投呈請領賠款聞已奉該局批示不日照發給領云　木

——摘自《远东报》，
1911年4月20日

●防疫之好計畫〇近時滿洲瘟疫雖減俄員仍極力設法嚴防以免其傳入俄境刻擬派鐵甲船遊弋阿穆爾稽查華工私行乘船渡江並派加快巡洋艦往來巡邏又在俄國江岸對面黑龍江岸華民聚處地方特別防範以免瘟疫侵入

——摘自《远东报》，
1911年4月20日

▲營　口▼

●又送難民回籍○日前有河間難民五百餘人由北來營經警局送入隔離所留驗現留驗已滿六日無一人有病經西醫達大夫等按名給予證照俾其回籍今日（即十六日）已由警務長張君聘三雇定北平輪船將該難民五百餘人齊爲送回至船價則仍由官家籌出也

——摘自《远东报》，
1911年4月20日

●驗放入關旅客之辦法○本埠河北火車自辦理防疫以來即不准行人來往以致入關旅客羈留此地者甚多日昨中西官商各界會議將此等旅客送入隔離所留驗七日若確係無病即給以放行證照由河北專車送至溝帮子轉搭奉天已經驗過之頭等專車前行至京津一帶不必再用留驗云　秀

——摘自《远东报》，
1911年4月20日

●聯合會訂期開會○省城地方團體聯合會於十三日通告各團體函略云入歲以來因疫症發生吾團體盡皆從事預防故未能訂期開會現在疫氛已告肅清微特對於將來之手續極應討論即自今其他特別重要事項亦待研究玆本會擬於本月十五日午後一時在事務所開特別會屆時務祈諸大君子惠臨與議無量幸甚聞各界均已預備提議事由云　合

——摘自《远东报》，
1911年4月20日

●吉垣防疫總局之電飭○賓州許守電悉府屬疫氛既平所擬善後五項如開放交通裁法員醫保卹孤寡安插貧民均屬正當辦法保卹分甲乙兩項尤爲周至均准照辦此次該府防疫辦理悉臻妥協閲之殊深慰幸甚克圖太平川地局子三處爲西路入境要隘檢疫員並准暫行緩裁至衛生屬巡警範圍本應講求干涉所請改設專局經費如何籌畫應另詳陳再奪防疫總局　新

——摘自《远东报》，
1911年4月20日

●請准各街一律消毒○長春地面交通已開妓館戲園照舊理業前報已誌茲因三等土娼各街伙房及被封房屋街未准其開市與居住今各商請准道憲於本月十八日一律啟封消毒後即准仍理舊業云 立

——摘自《远东报》，
1911 年 4 月 20 日

●俄商務公司照舊開辦○俄國商務公司在北大街大樓內包運華商貨物代賣東清車票數年以來各界歡迎不意今正因瘟疫盛行公司停辦其中人員一律移至二道溝暫爲寄居近見交通已開商務重興聞日前又爲遷回原處重新開辦云 立

——摘自《远东报》，
1911 年 4 月 20 日

▲長春▼

●郵政局遷移之原因○長邑郵政分局於去歲九月間初創以始當經設在北大街路西暫居所有房屋狹窄於衛生多有窒碍原爲一時從權之計迨至今年該局司事石君朝宗倡議從新整頓無如各處疫症流行以至遲延至今現在惡疫業已撲滅亟宜設法賃房遷移日前覓妥南大街路南瓦房四間屋內寬闊收拾潔淨組織一切不日卽當遷移云 海

——摘自《远东报》，
1911 年 4 月 20 日

●又有災民到境○長邑於日昨突有湖南災民五十六名至城西門外未待進城即被崗警查知當經稟報劉秀臣大令傳知不准該民進城謂現在境內疫症早以撲滅誠恐災民係遠方而來倘被傳染實關與防疫宗旨大有關係是以劉令特派警務區官白光普令其作速出境免生他變並給川資錢二十吊以作該民糊口之資云 海

——摘自《远东报》，
1911 年 4 月 20 日

▲雙 城▼

●股典簿請假之原因○雙城府地方審判廳典簿股樹棠參軍因彙充防疫局提調日夜辦公操勞過度及至疫氣消滅已積勞成疾祇恐貽誤要公乃於日昨稟懇金太守給假以資調養聞現在府署公務股篆惟不識金太守能否照准云 日

——摘自《远东报》，
1911 年 4 月 20 日

●錫制軍之電報○雙城府金道臣太守接准東督錫清弼制軍來電略謂據調查員報告阿城縣疫斃之屍骸暴露者尤多因之電商吉撫將該縣譚令鴻佑撤差以為防疫不力者之儆戒防疫撤差人員事關至要合亟電知該府以便查照云云 日

——摘自《远东报》，
1911 年 4 月 20 日

●女校開學遲緩之原因○雙城府女學堂因俄醫官之公寓自月之十八日俄醫官等撤防旋飭該校經理員張文青州刖然復鳩工庀材重為修飾以復舊觀刻聞該校修工忙碌又兼教員等未到此開學遲緩一大原因也

——摘自《远东报》，
1911 年 4 月 20 日

●裁撤救急隊○榆樹廳防疫局局長代理廳丞龐懿書司馬查疫氣早已消滅故於日昨與終玉瑩琛華棠吳廷棟等商定由救急隊中拔取年力富强不染嗜好者十名其餘概行裁撤藉以撙節經費云 容

——摘自《远东报》，
1911 年 4 月 20 日

●調查員將回省矣○吉林防疫局第一路調查員高雲樵將四鄉之疫氣來源防疫手續調查完竣於日昨回榆與廉太守商議將全境之防疫人員務求汰弱留强以期撤節而防死灰復燃之害現聞該員作書報告不日即當起程矣　容

——摘自《远东报》，
1911年4月20日

●江省防疫之經費○省城防疫會現因疫氣消滅一切需欵自應核實造銷以資備案茲據該會人言僅按省城一方面而言自瘟疫發現之日起迄今經營五閱月之久統共需費至五萬兩之譜餘如賠償撫恤各欵尚不在其內云　于

——摘自《远东报》，
1911年4月20日

▲呼　蘭▼

●防疫會週濟貧民之欵項○呼蘭府防疫會以恤老撫孤為宗旨凡來會求援者必問明姓名年歲住址注册分別施捨昨日求援者王祁氏年七十三歲山東人給錢十五吊趙王氏七十六歲蒙古人給錢十五吊劉李氏六十四歲山東人給錢十五吊郝馬氏年七十七歲山東人給錢十五吊又小孩王姓年十歲山東人給錢五吊李姓女孩十一歲呼府人給錢五吊棉襖一身朱姓女孩四歲呼府人給錢五吊因無親可倚歸女學堂派人扶養孫福林男孩十三歲遼陽人給錢五吊棉褲一條李秃子十二歲黃士崗人給錢五吊以上共給錢八十五吊云　波

——摘自《远东报》，
1911年4月20日

●調查疫時之廢欵○呼府城鄉正當鼠疫蔓延之際民間僅設有養病院并未撥給欵項藥料所用一切鄉均係間就地籌辦而防疫醫兵委員等檢點拉運疫斃屍骸係用官車焚化積屍之柴草煤油等亦係民間按地湊辦本城於正月間設立防疫會人員均盡義務者多所有薪金一切皆王守私人假鼠疫而得優差聞所派明查暗訪者七十餘名委員每月薪金二十八兩二十四兩者不等明查員起程時由防疫會支領洋油二箱名爲引火至鄉間變賣肥己而焚化積屍均湊用民間柴草不用引火油設員回城報銷柴草錢若干或二三百吊不等從中取利聞防疫會淨除柴草錢約萬吊之譜而暗查員或在衙署或在公館並不往探越十數日面見王守即云查回如此欵虛項糜嘖有煩言云　波

——摘自《远东报》，
1911 年 4 月 20 日

●萬國防疫會會員來哈○奉天萬國防疫會會員參觀大連旅順後本埠俄員亦請各國委員來哈遊歷一次故郭司使今日同施丞堂肇基伍醫官連德均由奉天來哈

——摘自《远东报》，
1911 年 4 月 21 日

本埠要聞

●哈埠復爲歐亞交通便路○去歲往來歐亞各專使覲貴多由哈埠經過以便附乘西比利亞汽車直抵歐洲既無風濤之險又較水路甚近自滿洲發現瘟疫後幾無人往來此路近聞北京比使回國及荷蘭專使赴歐皆擬取道西比利亞路想各國專使亦將改由此路矣　中

——摘自《远东报》，
1911 年 4 月 21 日

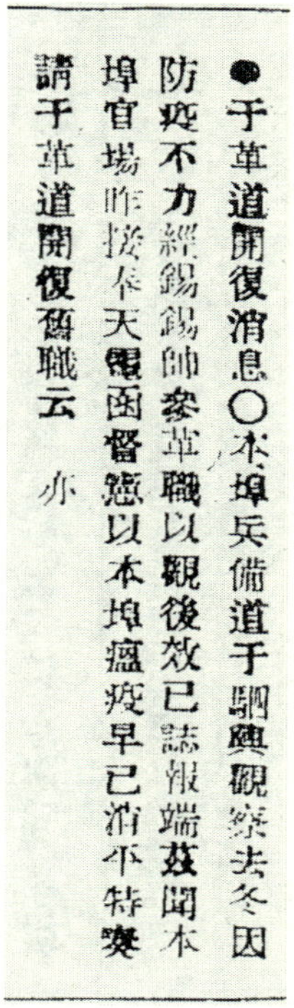

●于革道開復消息○本埠兵備道于駟興觀察去冬因防疫不力經錫錫帥參革職以觀後效已誌報端茲聞本埠官場昨接奉天電函督憲以本埠瘟疫早已消平特奏請于革道開復舊職云 亦

——摘自《远东报》，
1911年4月21日

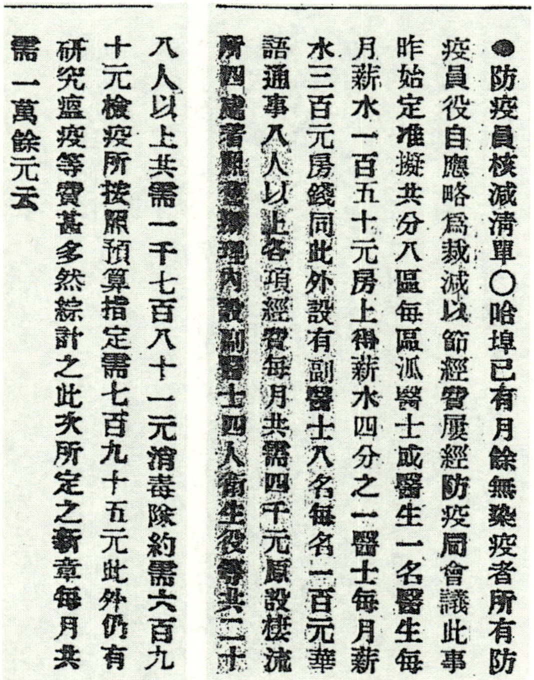

●防疫員核減淸單○哈埠已有月餘無染疫者所有防疫員役自應略爲裁減以節經費屢經防疫局會議此事昨始定准擬共分八區每區派醫士或醫生一名醫生每月薪水一百五十元房上得薪水四分之一醫士每月薪水三百元房錢同此外設有副醫士八名每名一百元華語通事八人以上各項經費每月共需四千元原設棲流所四處者照舊辦理內設副醫士四人衛生役等共二十八人以上共需一千七百八十一元消毒除約需六百九十元檢疫所按照預算指定需七百九十五元此外仍有研究瘟疫等費甚多然綜計之此次所定之新章每月共需一萬餘元云

——摘自《远东报》，
1911年4月21日

▲奉　天▼

●防疫支應委員因舞弊被撤○萬國鼠疫研究會支應委員某自承任該差以來妄報浮開不一而足嗣經調查局某調查員查悉隱情當即稟請督憲撤換以示薄懲後由警務局都局長及代理調查局黃總辦力保蒙務局陶委員伯笙接充當由督憲允許昨已知照札派委矣　遙

——摘自《远东报》，
1911 年 4 月 21 日

▲吉　林▼

●關於吉垣防疫總局之文牘○札飭事宣統三年三月初十日奉督撫憲陽陳批該府呈總醫官袁恆漸因防疫病故請立案示遵由奉批據呈該府防疫醫官袁恆漸被疫傳染因公殞命殊堪憫惻應得郵典仰防疫總局彙案辦理并轉飭遵照此繳等因奉此查此案前據該府分呈到局業經明白批示在案茲奉前因合亟錄批札飭札到該府即便知照特札　札依蘭府　吉垣防疫總局電新城劉守文元兩電均悉該府疫氣已平鐵道界內亦早肅清所有防疫機關應即一律裁撤善後事宜即督防巡警妥慎辦理防疫總局咸　新

——摘自《远东报》，
1911 年 4 月 21 日

▲長 春▼

◉又催戶口清册○去歲冬間民政司鄧司使札飭各埠巡警清查戶口後因瘟疫盛行終未查清呈報近疫毒已清聞民政憲又來札諭飭長春府轉飭城鄉警區急將戶口查清詳報來省以備報部云 立

——摘自《远东报》，
1911 年 4 月 21 日

●宣講所定期開辦○長春地面學堂宣講所凡關於學界各事因嚴絕交通自去臘年假後數月以來終未開辦今疫症已平經官界紳界公同議決四月初一日城鄉學堂一律開學而各街宣講所亦議斯日一律開講云

——摘自《远东报》，
1911 年 4 月 21 日

●疫氣甫息盜賊又起○賓郡疫氣大消官商士庶無不相慶不意疫氣甫息盜賊蠭起近聞北門外距城五里許有李富春家於晚九鐘時忽來胡匪六七名敲門稱查戶口擁擠而入各持搶棒打傷事主掠去洋礮四桿吉錢五六吊首飾十餘兩遂即逃竄遺有巡警軍帽一頂札槍一桿該事主持物報案當經許守札飭巡警嚴緝逸匪並查巡警軍帽有無短少據實稟覆云 幼

——摘自《远东报》，
1911 年 4 月 21 日

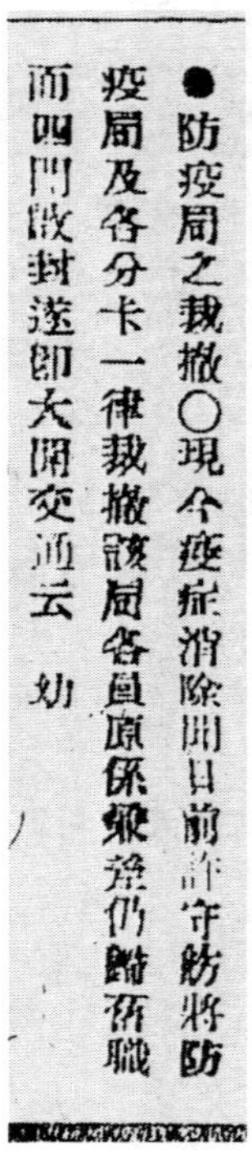

●防疫局之裁撤〇現今疫症消除聞日前許守紡將防疫局及各分卡一律裁撤該局各員原係兼差仍歸本職而四門啟封遂即大開交通云 幼

——摘自《远东报》，
1911 年 4 月 21 日

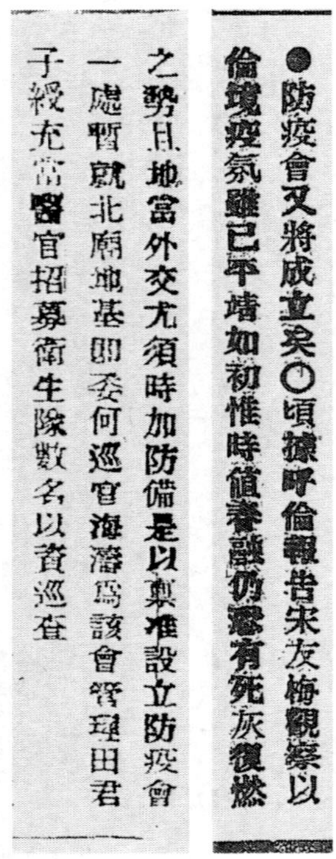

●防疫會又將成立矣〇頃據呼倫報告宋友梅觀察以倫境疫氛雖已平靖如初惟時值春融仍慮有死灰復燃之勢且地當外交尤須時加防備是以稟准設立防疫會一處暫就北廟地基即委何巡官海濤為該會管理田君子綬充當醫官招募衛生隊數名以資巡查

——摘自《远东报》，
1911 年 4 月 21 日

請看伍醫官之出身履歷

前充哈埠防疫局總醫官現充奉天萬國百斯篤研究會會長之伍連德君前在哈埠辦理防疫事宜時功勞卓著頗爲中外人之所推許惟當時正值防疫事務倥偬之際如伍君之出身履歷一般人轉有未及詳知者是亦一憾事也茲見外人所作之奉天萬國百斯篤會議彙報中有一節載伍君之出身履歷頗極詳盡今照錄於此想亦欲知伍君者之所願聞焉按伍連德君本南洋新加坡之華僑原籍爲廣東人西歷一千八百七十九年生於新加坡埠稍長即在該埠之某高等學校肄業每逢學堂考試均列優等迨至十七歲時該校校長以伍君之品學兼優極形器重遂照優等生例由校中每年津貼學費英金二百五十磅咨送伍君肄業於倫敦之圖橋大學伍君入該大學校後即專治理科旁及法學而考試仍保常列優等不但視前無少差忒即較諸文明各國之學生亦毫無遜色迨至西歷千八百九十九年伍君始在該大學畢業並得有文學士之學位嗣後伍君又復改爲官費生更入倫敦大醫院專門攻究醫學閱三年至西歷一千九百零二年復得有文學博士及醫學學士理學士等之學位嗣又由倫敦圖橋大學之囑托更赴德法兩國考察醫術又在兩國留學有三年之久于德法之醫術亦見通貫事畢始復返倫敦遂被推薦爲倫敦肺病醫院之院長伍君猶不願就即於是年即西歷一千九百零四年始重返新加坡之舊居當即隨時懸壺濟世頗爲該地之刀圭界放一異彩嗣後至鐵寶臣將軍在陸軍部尚書任內時伍君始回本國首居天津陸軍醫院醫官之職及去歲哈埠發生瘟疫伍君遂又奉外務部委派前來辦理防疫事務一時成効大著今亦依次被推爲奉天萬國百斯篤研究會議之會長近外務部且有優加褒獎之消息其前途正未有艾是即伍君出身履歷等事之始末云

——摘自《远东报》，1911 年 4 月 21 日

●萬國會員來哈記事○奉天萬國研究會員日前到哈後由郭道施觀察同至傅家甸參觀各街道醫院內一切組織並到各處查看聞各員未置可否惟稱必當講求衛生淸除街道庶可作預防瘟疫之計否則雖現在無事難免不有再發現之處云 中

——摘自《远东报》，
1911 年 4 月 26 日

●遊哈萬國防疫研究會姓名單(一)美國司特朗 杜格奥國 吳來祿 法國 柏羅格 德國馬提尼 英國 福樂 皮特里 德來格 意國 高山琴密 儒拉 希諾里 墨國 剛薩利 和國 赫伊威 俄國 薩伯羅特尼 狀立利 中國 伍連德 全紹淸方擎 王肯堂 山大夫 韓大夫 師大夫 哈夫金外部參派員施丞堂肇基 民政部特派員吳爲雨直隸特派員夏本禮 本會書記員 副稅司羅爾瑜漢文施紹常 洋文伍璜 速記吳德海 副書記李規庸客員嫁大夫 濮杖夫 乾爾若 伯綸大夫 卜拖施 伯立 王司密 白郎士 日本(北里柴三郎柴三伍郎作 滕浪鑑) 以上均來遊哈

——摘自《远东报》，
1911 年 4 月 26 日

●札發防疫約言○吉林公署准督憲咨開防疫講習所各醫官講授防疫約言一冊皆係平日實地研究而得者意該言簡語皆可行請核閱轉發以資仿行現已將此項書冊札發各屬有疫處所暨本埠地方官仿辦矣 亦

——摘自《远东报》，
1911年4月26日

本埠新聞

●又解送旱獺九個○自去歲時疫由北滿洲地方發現各醫官研究爲旱獺子疫症督憲電飭本埠道憲派人赴滿洲里購買活旱獺子送奉天萬國醫學會以備研究已詳前報日前又奉大憲電飭急速派人馳赴滿洲里購買旱獺子九個送至奉天再轉送北京云 亦

——摘自《远东报》，
1911年4月26日

●又有類似鼠疫之一種病人○頃聞模範監獄署內連日忽斃囚犯數名驗其患病之現狀均係一種癱攣之症始則手足拘攣驟至生長瘠痩而斃有謂確係腺百斯篤者有謂係類似腺百斯篤者紛論不一現聞該署監獄官擬將此種病症報明鼠疫研究會診治並請各國醫學大家認眞研究實係何種病症云 遇

——摘自《远东报》，
1911年4月26日

●寄諭嘉獎研究會員○昨聞施丞堂接奉外部電知謂現奉監國寄諭各國代表醫士等在奉研究鼠疫甚屬熱心殊堪嘉尚一俟該會研究終了即邀各員來京覲見以示褒獎而便垂問一切云 遇

——摘自《远东报》，
1911年4月26日

▲吉林▼

●消毒員旋省○前由防疫總局於吉林府四鄉各鎮各派消毒員二人前往住於巡警分區以備遇有疫斃之人就近消毒俾免疫毒傳染目今各鄉鎮均稱安靜聞該消毒員等連日陸續旋省到防疫局銷差云　合

——摘自《远东报》，
1911年4月26日

●防疫局准發焚毀房價○防疫總局今正因鼠疫傳染實行危險凡有礙衛生之板房土房均折卸焚燒近聞疫氣已平各業主懇請總局格外體恤因此黃實森總辦一律批准無論優絀每房一間給洋十五元云　立

——摘自《远东报》，
1911年4月26日

●防疫認眞之效果○方邑自疫症發生後趙大令協同各界研究衛生施舍藥料隔離病人淸潔街道嚴加預防並通飭防疫巡警於各卡隘堵塞行人而免傳染種種防範非常嚴密以致方正各區安然如故由此可見趙令有造地方莫大之幸福云　景

——摘自《远东报》，
1911年4月26日

●德提調關心民瘼○雙城旗務承辦處德佐亭提調於正月間飭八旗佐校轉札各營屯屯達等查報時疫已詳前報現該屯達等接踵赴該管旗署呈報僉稱時疫業已消滅兩月有餘聞德提調恐其粉飾擬定不日派妥員澈察以期愼重云　日

——摘自《远东报》，
1911年4月26日

●區官被撤之原因○榆樹廳廉懿齋太守查弓棚子鎮區官吳召化私通賭徒防疫不力於是將伊撤差以爲警界將來之烱戒云　容

——摘自《远东报》，
1911 年 4 月 26 日

●柴米之漲價○榆樹廳小米每石由七十六吊漲至八十吊有奇秫稭百捆由四吊五百文漲至六吊五百文及至叩其原因係爲時疫消滅而道路泥濘車馬不能進城以致柴米價值已成有漲無已之勢云　容

——摘自《远东报》，
1911 年 4 月 26 日

●防疫之清册○防疫局局長代理榆樹廳廉懿齋太守飭防疫局造具核消清册以備詳省該局承命漏夜赶造甚爲忙碌云　容

——摘自《远东报》，
1911 年 4 月 26 日

時評

俄議長來哈記事

俄國前議院議長顧喧閣日昨由哈起身南下遊歷奉天遼陽大連旅順營口並擬到北京一游顧君來哈幾留住一星期之久察觀一切防疫辦法聞顧君以爲本埠華俄地方官所籌防疫辦法十分合宜敢信瘟疫雖至秋季再發亦必能在初起時可望撲滅至於商界一面據顧君云素與俄國市面有交通者今已復其常態據顧君以上所傳足使俄國及外國商界向日猜疑滿洲市面思想盡消化於無形並聞顧君頗以爲所傳滿洲政治上之驚恐問題未免小題大作如俄外各報對於中俄交涉無端倡議激烈今以實事觀之大率出於無稽之談本報希望此次顧君遊歷南滿北京必能深信中俄交涉與俄國在滿洲租界內中俄經濟上之交際毫無可危之處現顧爲俄議院內最有勢力議員佔多數之十月十七黨（立憲黨）首領故此次游歷滿洲實地調査中俄交際如何與本年秋季開院時提議直接或間接關於俄國在滿洲問題以及對清政策上有莫大關係今本報希望顧君游歷南滿北清各處得睹中俄感情之厚更願中俄兩國人民交際從此愈覺親密此外尤不能忘情者願北京資政院各民選議員就顧君到京時歡迎鄰國議院議長藉此鞏固兩國交誼從此不惟兩政府日覺親密而人民亦將彼此聯合矣

——摘自《远东报》，1911 年 4 月 27 日

●防疫局不撤原因○傳家句防疫局早有裁撤消息今探悉議局總辦等以近日應辦之事正繁如開辦濟貧院賠償焚燒各房產官價皆一時不能淸理故防疫局暫不能裁撤云　中

——摘自《远东报》，
1911年4月27日

●旧家燒鍋防疫局裁撤○本埠瘟疫早已平減多日旧家燒鍋、疫局以及週圍禁兵均于前日裁撤云　木

——摘自《远东报》，
1911年4月27日

●鼠疫研究會之報告書○頃聞鼠疫研究會各會員等日昨提議擬將本會議定一切辦法編造報告送呈中國政府以資採用當經大衆表決現已推定主任員刻日起草編造云　瑞

——摘自《远东报》，
1911年4月27日

●火車輪船一律免驗○營埠自去冬迄今曾無瘟疫發現惟北滿一帶前此疫禍蔓延此地不能不嚴加防範因設隔離所留驗現疫氣業已肅淸應寬禁以便行人日昨關道周警臣觀察接督憲來電凡由上海及煙台龍口等處搭船北來之客以及乘車入關者均一律免驗云　秀

——摘自《远东报》，
1911年4月27日

●防疫總局亦定期裁撤○長春城鄉爲防疫所設之隔離檢驗所疫症院月之十六一律裁撤惟除防疫總局辦理報銷前報已誌茲聞報銷共耗國款一百三十餘萬如再不撤又須請欵與道府憲公同議決於前日定將總局亦行裁撤云 立

——摘自《远东报》，
1911 年 4 月 27 日

▲榆樹▼

●調查疫斃之人數○茲將榆樹廳城鄉疫斃之人數調查明確隨次彙紀於左中一區疫斃男女四十五名北一區斃男子一百七十二名女子七十六名北二區疫斃男女二百三十一名西一區疫斃男子二百九十五名女子一百九十九名西二區疫斃男女七十七名南一區疫斃男子四十七名女子二十四名南二區疫斃男子三十七名女子二十七名東一區疫斃男女三十二名東二區疫斃男女十二名以上疫斃之男女共計一千二百六十五名口云 容

——摘自《远东报》，
1911 年 4 月 27 日

▲吉林▼

●調查員之盡職〇吉林省防疫局第一路調查員高雲樵君來檢調查時疫來源傳染情形抵防手續該員祗恐調查不實乃於日昨微服潛行欲探討實在情形以便繕書報告云　容

——摘自《远东报》，
1911年4月27日

▲賓州▼

●衛生隊注重之點〇賓州府衛生隊西南鬼王廟前舊開坑一所其中委棄之破爛衣服零碎雜物等甚夥查此等破碎污穢衣物惟恐染疫家拋棄各巷現正春暖風和冰雪融化之時穢氣薰蒸實於衛生有碍務須掃除淨盡掩埋以絕疫患根蒂爾造地方之幸福云　幼

——摘自《远东报》，
1911年4月27日

▲甯古塔▼

●防疫檢驗庇寒等所均行撤銷〇甯安府自設防疫檢驗所及庇寒所以來至今兩月有餘所防疫癘未染雖熊太守辦理防疫妥善實賴於警務長徐某親詣四鄉不憚勞悴認眞調驗實係衆民之幸福也故於月之初間將檢驗庇寒等所均行一律裁撤云　明

——摘自《远东报》，
1911年4月27日

▲呼蘭▼

●娼寮照舊營業〇日前防疫吃緊勒令各娼寮一律歇業以絕交通而遏疫萌現在疫氣已經實行交通昨由警局呈請府署准各娼寮照舊營業以重捐款云　子

——摘自《远东报》，
1911年4月27日

●照錄曉諭屠戶之文告○略謂照得府屬疫症流行於今始見輕減當此春氣發揚恐復藉滋傳染似應加意防範以期撲盡查街內擺攤賣肉者甚多其不乏瘟豬小民無知如經買食勢必傳染瘟氣流毒殊非淺鮮自應示遵憲電設立屠獸場飭派醫生查驗無病之畜方准宰賣以防傳染除札飭巡警總局遵辦外合亟出示曉諭爲此示仰府屬屠戶人等知悉自前月起爾等各將所殺豬羊先須赶赴大街南北頭設立之屠獸場內查驗如驗係有病不准殺賣如無病者方准宰殺每驗豬羊一口繳納捐錢二吊以作衛生經費驗畢給照此本防染疫症起見於衛生大有關係倘故違不遵隱匿偷漏將未經驗明之豬羊私自殺賣者一經查出定即拘案從重罰辦云 波

——摘自《远东报》，
1911年4月27日

●要聞●

△△監國擬召見各國防疫會委員

監國以此次奉天防疫之會議不獨於中國有益實足增世界人類之幸福擬於閉會之後招致各國委員來京師以禮 召見此事已諭令東督錫清帥辦理聞日本委員北里博士獨先返國辭不來京云

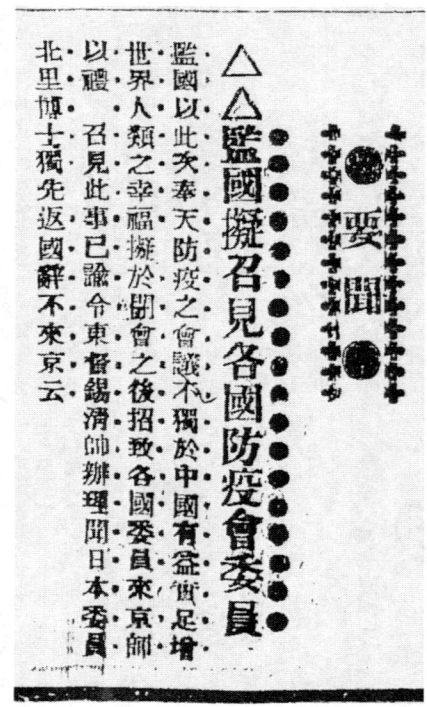

——摘自《远东报》，
1911年4月28日

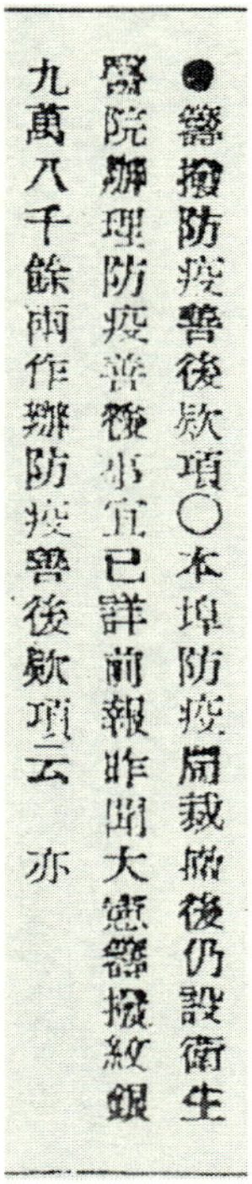
●籌撥防疫善後欵項○本埠防疫局裁撤後仍設衛生醫院辦理防疫善後事宜已詳前報昨聞大憲籌撥紋銀九萬八千餘兩作辦防疫善後欵項云 亦

——摘自《远东报》，
1911 年 4 月 28 日

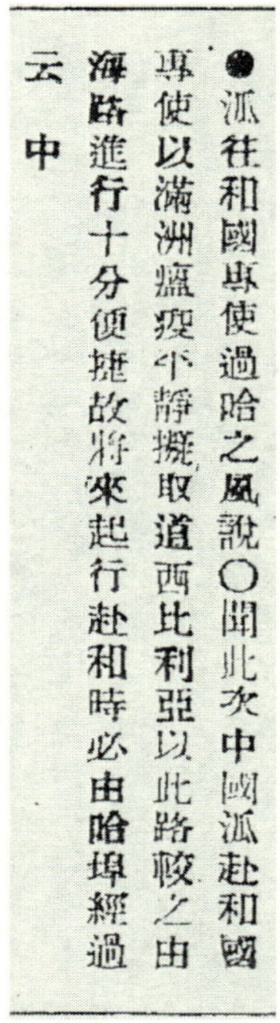
●派往和國專使過哈之風說○聞此次中國派赴和國專使以滿洲瘟疫平靜擬取道西比利亞以此路較之由海路進行十分便捷故將來起行赴和時必由哈埠經過云 中

——摘自《远东报》，
1911 年 4 月 28 日

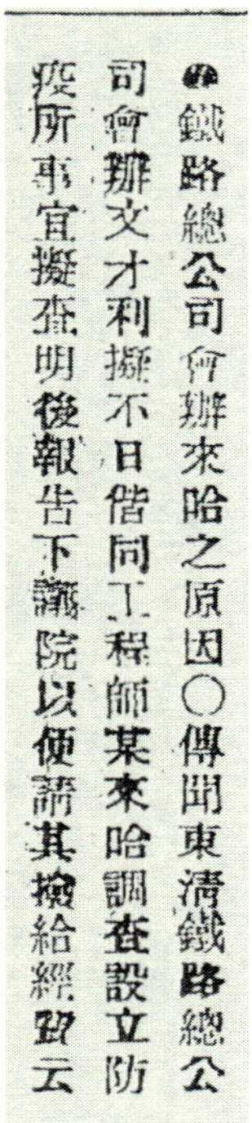
●鐵路總公司會辦來哈之原因○傳聞東清鐵路總公司會辦文才利擬不日偕同工程師某來哈調查設立防疫所事宜擬查明後報告下議院以便請其撥給經費云

——摘自《远东报》，
1911 年 4 月 28 日

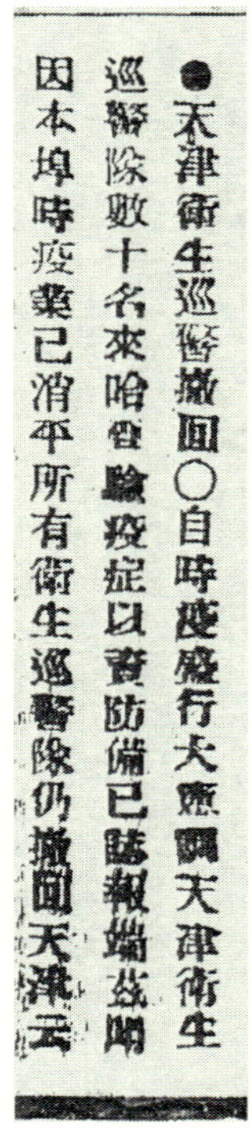
●天津衛生巡警撤回○自時疫盛行大憲調天津衛生巡警除數十名來哈查驗疫症以資防備已誌報端茲聞因本埠時疫業已消平所有衛生巡警隊仍撤回天津云

——摘自《远东报》，
1911 年 4 月 28 日

●又裁撤救急巡警五十名○傅家甸醫務局原招救急巡警隊一百名查驗病症自時疫消滅本月初一日裁撤三十名已詳前報茲又訪聞四月初一日再裁撤五十名所留二十名留補巡警之不足俟五月初一日一律裁撤云　亦

——摘自《远东报》，
1911 年 4 月 28 日

●入海濱省者仍須檢驗○昨東清鐵路公司接得阿穆爾總督來電云華人欲入俄境者仍須在五站檢驗五日云

——摘自《远东报》，
1911 年 4 月 28 日

●火車照舊通行○昨聞公署接准郵傳部電咨以現在疫氣消淨交通亟應照常放開京奉汽車三等客座准於月之二十七日照舊賣票通行以便商旅　過

——摘自《远东报》，
1911 年 4 月 28 日

●醫官之稱職〇長邑巡警第三區區官巡警畢業徐捷
三君前充醫務稽查差使自宣統二年春間改派區官以
來辦事頗稱認真晝夜巡邏不辭勞瘁所有盜賊賭博斷
絕根株遇有因私爭鬭極力排解或有細故輿訟亦必設
法了結迨至去歲冬間疫禍發現當經劉秀臣大令傳飭
各區斷絕交通俾免傳染奉飭後該區官不時訪查非常
嚴厲以致所屬之處無一斃者近聞該處糧戶無不贊稱
地方之幸福云 海

——摘自《远东报》，
1911 年 4 月 28 日

●調查員之盡職〇吉林第一路防疫調查員高雲樵氏
將疫菌來源傳染情形預防手續依序調查完竣繪圖列
表日昨馳回榆樹廳與廳太守商議善後辦法以備回省
報告云 容

——摘自《远东报》，
1911 年 4 月 28 日

●疫斃之人數〇榆樹廳前後共疫斃男女一千二百一
十八口調查員高雲樵氏將疫斃之數查確於日昨電報
省城防疫總局以憑查核備案云 容

——摘自《远东报》，
1911 年 4 月 28 日

▲巴彦州▼

●團頭憐惜病斃之熱心〇巴彦乞丐處團頭楊大川自客歲本街瘟疫發見貧民未及傳染惟政界人遇有染疫者均舁送乞丐處醫治以祗染及貧人相繼疫斃若干蔓延爲禍官飭團頭經理埋葬頗有勇力詎楊大川亦受疫病待斃囑其子務將所斃貧人尸具葬畢可遂我願團頭之熱誠可見矣

——摘自《远东报》，
1911 年 4 月 28 日

●本埠要聞●

●檢驗輪船章程〇按照新定章程所有在各碼頭停留之輪船板船均須在拉哈蘇蘇檢驗五日然自哈爾濱開去之快船應在船內檢驗若直往阿穆爾者則不驗而各項輪船內須設有副醫士以便隨時檢驗各項貨物均照章放行無阻云

——摘自《远东报》，
1911 年 4 月 29 日

●研究瘟疫會之近聞○奉天所設萬國研究瘟疫會將次閉會上星期由錫督備筵邀請各國醫士領事等公宴各爲酬勞月前二十七日又由伍連德醫士設筵宴會各國醫士以便敘同邦交惟施桑丞因事回京不克行閉會禮大約再逾一星期各醫士分散回國聞由西比利亞回國居然多數云　中

——摘自《远东报》，
1911年4月29日

本埠新聞

●不准運污穢之物入阿穆爾○凡關於舊衣舊布等向不准運入阿穆爾如身邊行李有此等物件須消毒後始可運入然破爛布片等項一概禁運云

——摘自《远东报》，
1911年4月29日

●防疫人員具造銜名冊○哈爾濱防疫局總會辦因本埠瘟氣早已消平日前傳諭防疫人員各造名銜清冊以便彙詳督憲轉請奏保云　亦

——摘自《远东报》，
1911年4月29日

●防疫事告竣○省城自辦防疫以來特爲預防傳染起見以故遮斷交通如戲園及四等妓館均一律勒令停業即人力車亦不准穿城出入現因疫症消淨自應將各令取消以便民事日昨警務局特傳諭各處并曉諭通衢所有防疫一切新政令概行取消即八城所設之防疫分所定於前月抄告竣云　適

——摘自《远东报》，
1911年4月29日

●煙台來客仍須留驗○日昨關道周審臣觀察接督憲盼謂東三省疫氣雖已肅清各口岸仍當嚴加防範免有死灰復燃之患查大連秦皇島旅順安東等處疫氣雖未發現由該處來營船客應即複驗放行惟山東煙台關疫甚久恐餘毒尚未盡去由該處來營船客仍須留驗七日以期慎重周觀察奉電之後當即飭防疫院醫官遵照辦理云　秀

——摘自《远东报》，
1911年4月29日

●大隔離所有停工之消息○營埠前因辦理防疫因請款十二萬元在河北車站旁設一大隔離所留驗來往行人早已動工現疫氣減清道憲周審臣觀察擬將該所工程停止以免耗此鉅欵惟來往旅客雖不必留驗仍須到該所取一無病放行執照庶到口岸得免留難云　秀

——摘自《远东报》，
1911年4月29日

▲新 城▼

●宣講疫禍之根由〇新郡城裡外設有宣講所四處刻下均都演說瘟毒之利害自客冬發現以來流行各埠疫死無可勝數令人慘不忍聞緣平日素不講求衛生不知如何防範經此傳染之利害便驚惶無措種種之說言極痛切一時觀者如堵可見民智之開通云 臣

——摘自《远东报》，
1911 年 4 月 29 日

●醫官回省啟程〇新城府因瘟疫由省請來醫官常鳴九辦理防疫等項刻疫症早已一律肅清諸稱完善昨已請辭府尊整理行裝故監督派妥兵丁二名護送小車起行矣。臣

——摘自《远东报》，
1911 年 4 月 29 日

●巡警取締販賣病雞〇賓城鄉間蓄雞民戶甚多因近日有疫死之風傳聞巡警衛生股員防兵沿街稽查勿論生死小雞凡有色惡者一律勒令拋棄不得在街販賣希圖牟利致害衛生如有不遵者立即扭局懲辦不貸云

——摘自《远东报》，
1911 年 4 月 29 日

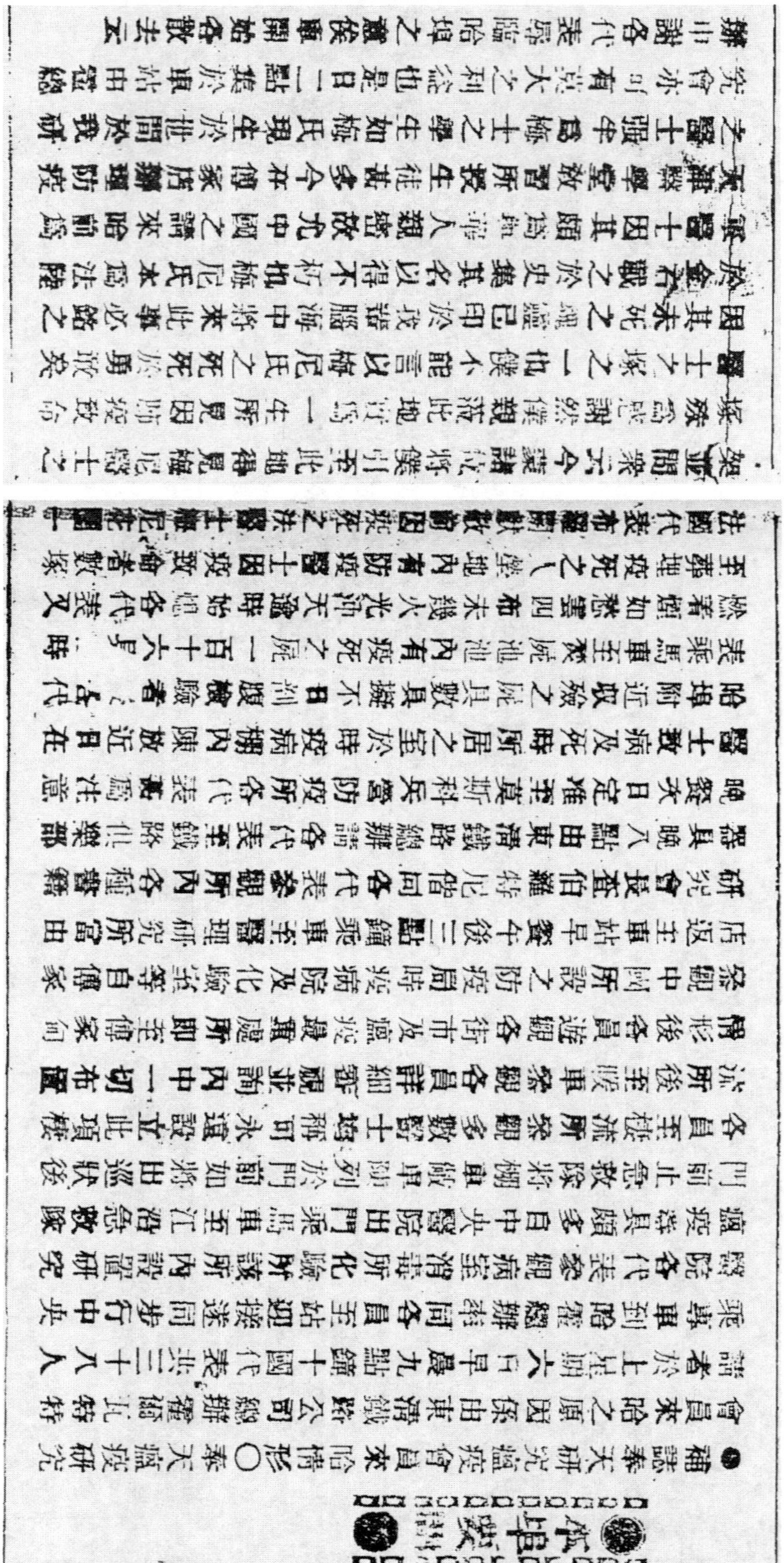

哈埠要聞

●補誌奉天研究瘟疫會員來哈情形〇奉天瘟疫研究會員來哈之原因係由東清鐵路公司總辦霍爾瓦特特請者於上星期六日早晨九點鐘十國代表共三十八人乘專車到哈霍總辦率同各員至站迎接遂同步行中央醫院各代表參觀病室消毒所化驗所該所內設置研究瘟疫器具頗多自中央醫院出門乘馬車至江沿急救隊門前止急救隊將棚車傲車陳列於門前如將出巡狀後各員至樓流所參觀多數醫士均稱可永遠設立此項樓流所後至暖車參觀各員詳細審視並詢內中一切布置情形後各員遊觀各街市及瘟疫最重處所即至傅家甸參觀中國所設之防疫局時疫病院及化驗室等自傅家店返至車站早餐午後三點鐘乘車至醫理研究所當由研究會長查伯羅特尼偕同各代表參觀所內各種書籍器具晚八點由東清鐵路總辦請各代表至鐵路俱樂部晚餐次日定准至莫斯科兵營防疫所各代表甚為注意醫士致病及死時所居之室於時疫病棚內陳放近日在哈埠附近收殮之屍具數具擬不日剖腹檢驗者[illegible]各代表乘馬車至焚屍池池內有疫死之屍一百十六具[illegible]時燃著煙如愁雲四布未幾火光沖天逾時始熄各代表又至葬埋疫死之人塋地內有防疫醫士因疫致命者數塚法國代表布羅闕獻敬謝因疫死之法醫士梅尼花圈一架並聞衆云今蒙諸位將僕引至此地得見梅尼醫士之塚殊為感謝然僕親蒞此地實為一生所見因肺疫致命醫士之塚之一也僕不能言以梅尼氏之死死於勇敢矣因其未死之魂靈已印於我腦海中將來此事必銘之於金石載之於史集其名以得不朽也梅尼氏本為法陸軍醫士因其頗為與華人親密故允中國之請來哈前為天津醫學堂教習所授生徒甚多今存傅家店辦理防疫之醫士強半為梅士之學生如梅氏現生於世間於我研究會亦可有莫大之利益也是日二點集於車站由霍總辦申謝各代表辱臨哈埠之意俟車開始各散去云

——摘自《远东报》，1911 年 4 月 30 日

●調査防疫大宗用欵○哈爾濱防疫所用欵項計紋銀五十餘萬兩已誌報端昨經調査其大宗用款一火車隔離所租用瓦罐車一火柴一焚毀染疫房價計三宗用銀二十餘萬兩一切薪餉藥料棺木火食雜費等項二十餘萬兩云 亦

——摘自《远东报》，
1911年4月30日

●衛生醫院開辦○大憲以傅家店地方疫氣消平後仍設立衛生醫院一所辦理防疫善後事宜并由奉天派孫醫官籌青來哈創辦一切已誌報端茲聞勘定臨時消毒所院址將巡警局衛生隊二十名撥歸醫院於初一日開辦云 亦

——摘自《远东报》，
1911年4月30日

●各醫士擬遊觀京師○聞奉天研究會各醫士等擬閉會後至京師一遊以便覽盡各處風景又有謂由伍醫士邀請者故誌之以觀其後 中

——摘自《远东报》，
1911年4月30日

●南滿火車之限制○南滿火車近已售賣三等車票往來不再驗病惟每日三等車票僅以二百張爲限於是擁擠異常商民無不叫苦每次開車之前爭先恐後購票於是日人以强力驅逐大起華民之惡感云 中

——摘自《远东报》，
1911年4月30日

五常廳

●防疫局之裁撤○五常府劉秉鈞太守以疫氣消滅隨奉省文將防疫局以及分所一律裁撤並飭在事人員將出入欵項造具清册以便備文詳省云　仲

——摘自《远东报》，
1911 年 4 月 30 日

●防疫局之電報○五常府劉秉鈞太守接准省垣防疫總局來電飭將五常府防疫局及全境分卡繪圖貼說備文詳省以憑查考而昭核實云　仲

——摘自《远东报》，
1911 年 4 月 30 日

●孫參軍下鄉驗屍○榆樹廳鄉警呈報李某行至腰心屯地方投宿而鄉民疫後防之更嚴伊等恐被傳染拒之不納李某因之於夜間自縊斃命廉太守查係命案隨飭警務長孫華棠參軍帶同書仵前往檢驗並就近訪查個中情形以防輕忽之處云　容

——摘自《远东报》，
1911 年 4 月 30 日

一面坡

●衛生局將次開辦○坡站巡官郭某及商會會董宋君自去冬哈埠一帶瘟疫盛行爲害甚烈而因疫斃命者皆華人爲最推原其由蓋以華人習慣呆懶不講衛生以致毒疫傳染不可收拾故目前稟准劉大令由商會公舉霍某爲衛生檢查員開現已擇妥房屋擬於日內開辦云

——摘自《远东报》，
1911 年 4 月 30 日

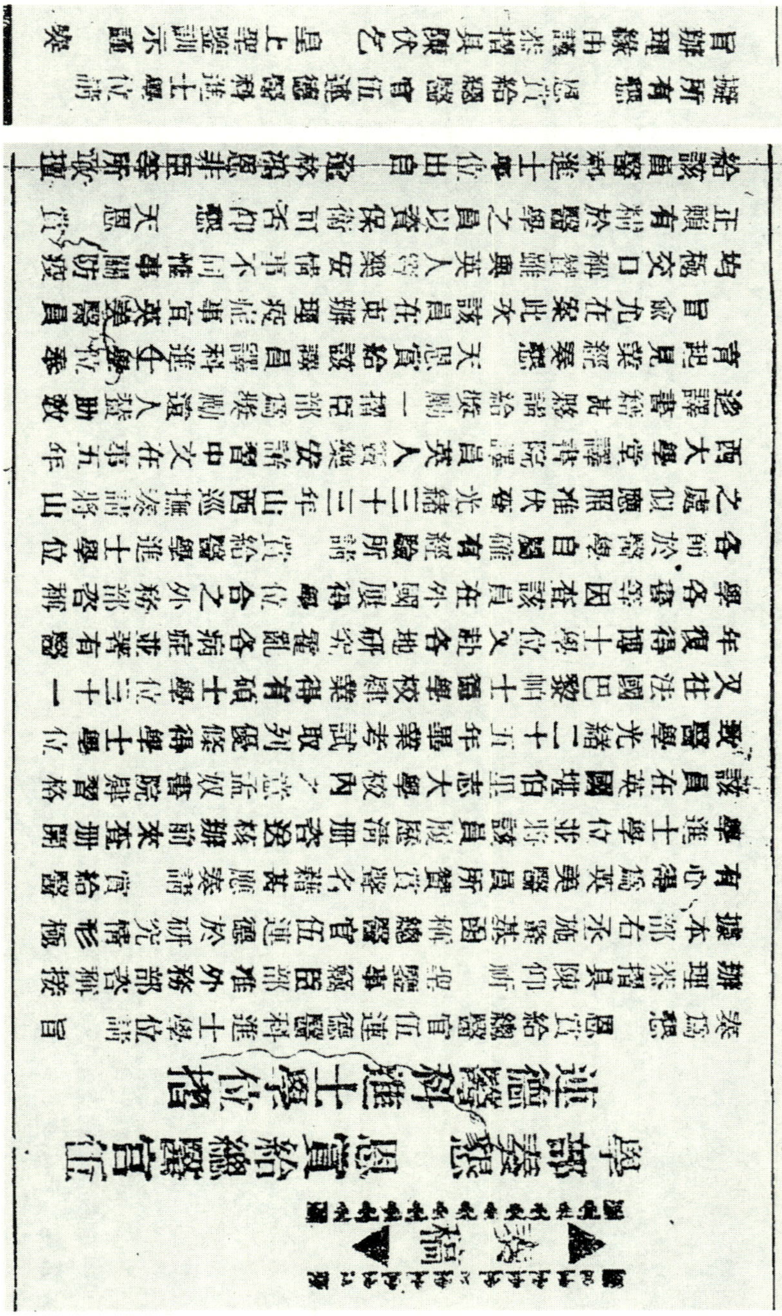

學部奏懇 恩賞給總醫官伍連德醫科進士學位摺

奏為懇 恩宜給總醫官伍連德醫科進士學位請 旨辦理恭摺具陳仰祈 聖鑒事竊臣部准外務部咨稱接據本部右丞施肇基函稱總醫官伍連德於研究精形極有心得為英美醫員所贊宜獎名藉其應奏請 賞給醫學進士學位非特該員歷歷濟冊咨送核辦前來查冊開該員在英國堪伯里志大學校內[illegible]畢業院肄習格致醫學光緒二十五年畢業考試取列優等得學士學位又往法國巴黎肄士學校肄業得有碩士學位三十一年復得博士學位又赴各地研究霍亂各病症並著有醫學各書容因在該員在外國所得學位合之外務部咨稱各節於醫學自屬確有經驗所請 賞給醫學進士學位之處似應照准伏查光緒三十三年山西巡撫奏請將山西大學堂譯書院譯員英人竇樂安請獎中文作爲五年遠譯書籍甚勞請給獎勵一摺臣部為獎勵遠人起見數育起見奬給奏懇 天恩賞給該譯員譯科進士學位奉 旨俞允在案此次該員在東辦理疫症事宜英美醫員均極交口稱贊雖與英人竇樂安情事不同惟事關防疫正賴有精於醫學之員以資保衛可否仰懇 天恩 賞給該員醫科進士學位出自 鴻慈恩非臣等所敢擅擬所有懇 恩賞給總醫官伍連德醫科進士學位請 旨辦理緣由謹恭摺具陳伏乞 皇上聖鑒訓示謹 奏

——摘自《远东报》，1911 年 4 月 30 日

本館緊要專電

●●電報九　奉天

研究瘟疫會以肺瘟實由於旱獺發生

——摘自《远东报》，
1911年5月2日

●鐵路各站瘟疫已報肅清○據東清鐵路總公司會辦文才立云帝國防疫會自俄歷四月八號認北滿洲鐵路各站租界內之瘟疫一律肅清云

——摘自《远东报》，
1911年5月2日

●焚燒染疫房價由廳署發給○哈爾濱防疫局於初一日裁撤已誌報端茲日昨出示曉諭商民所有焚燒染疫房間價款現已撥交濱江廳俟查明間數等次即行核發云　亦

——摘自《远东报》，
1911年5月2日

●濟貧所刻已裁撤○傅家甸前由庇寒所改爲濟貧所爲官辦瘟疫警後之貧由防疫局總司其事現在天氣日暖各處皆需苦工貧民不致再有凍餒之處故防疫局於日前實行裁撤以節糜費云　中

——摘自《远东报》，
1911年5月2日

●保護俄員之傳單○哈埠俄員石級國宪宏雙調査染疫之區當經代理府篆文蜀生太守飭醫務公所轉飭鄉醫妥爲保護該局孫祥麟醫務長依奉憲意於日前飛傳各區一體遵照不得稍事疎忽而致開越之咎云　日

——摘自《远东报》，
1911 年 5 月 2 日

●調査員留心時務○雙城府法制調査員周魁一姚勳二君於時疫深爲留心聞其調査時疫來源發生傳染情形暨疫斃之形狀醫治之方法禦防之效果欲將各節調査明確筆之於書以待質諸醫學博士發明原理啟迪斯民之智識而立防患未然之標準云　日

——摘自《远东报》，
1911 年 5 月 2 日

●獎賞防疫人員○江省瘟疫流行以來而防疫人員斃於斯症者不知凡幾現在業已消滅於無形幸免之人實與身入重敵得脫於槍林彈雨之中毫無差異故防疫會特將出力人員開具清單呈報列憲昨聞由公署各給五品功牌一張以示鼓勵云　于

——摘自《远东报》，
1911 年 5 月 2 日

●巡記對於防疫之認眞○糸鎭醫局巡記李君芳遺到差月餘不惟品行端方秉公勤慎向因該區區官杜秀峯以局內乏人諸事全賴該巡記之料理不但於代爲巡邏査夜頗見勤勞即對於辦理各事甚稱詳細穩妥自奉文彙辦防疫於衛生一道甚爲注重先前街道汚穢不堪現經該巡記親督淨除並禁絕有礙防疫一切晝夜親自挨戶驗查苦口勸導並揀派妥兵不時赴鄉認眞訪查現在不惟瘟疫淨絕即衛生各事較前亦大見起色該巡記於辦理衛生防疫一切可謂盡美盡善云　宣

——摘自《远东报》，
1911 年 5 月 2 日

要件

奉天研究會閉會結局

奉天萬國研究瘟疫會日前由總督錫制軍及各紳商等備筵爲各會員酬勞閉會於上星期六日紛赴北京覲見攝政王現在研究會已然閉會不意會議之結局多與宗旨相反各國醫士亦咸有煩言以此次會議未見有研究瘟疫性質者實力研究瘟疫須處於化驗室內考究凡辦理防疫醫士各人歷練如何以及所見所行究竟有何成效並公同議定病之原因傳染情狀防疫辦法以及瘟疫初起時如何設法撲滅惟惜中國成立研究會與以上宗旨大反中國各會員及會長施肇基極力敷衍會事不惟不能議定一切關係甚至會中指稱中國防疫辦法與防疫上是否完善以及防疫辦法如何皆不得爲之說明於是此次研究瘟疫會未有效果無論文人官場平民咸不能滿意會議之結局當開會時有如許重要問題無論何人皆不能得其要領各國初聞中政府議定開設萬國研究會無不相慶並加之以評論中政府對於此會如何然中國代表一面深恐指稱中國防疫如何有傷體統故施會長等或亂之以公宴或亂之以閑談雖云滿口願聞各醫士如何品評其實畏之如水火殊不知中國體面果被毀傷未始非因如此對付研究會之故也

研究會爲編纂會議之成績曾舉醫士司特閣葛馬爾郝尼阿邪爾得貿得里司勸里等爲之編輯各醫士議定並由會中認可各節如下

第一瘟疫之來源始於北蒙旋由鐵路水旱各路日見東南而下傳染此症實由人與人彼此傳染惟未證明旱獺瘟疫在初起傳染時作用如何

第二瘟疫消滅原因大約因照科學實力防範或因平民漸知自衛至於水上上亦可在瘟疫上有直接間接關係然瘟疫消滅並非因瘟疫種子衰敗之故

第三城市村鎮傳染瘟疫必有已受傳染或初受瘟疫尚未顯然者爲媒介

第四因衣服貨品以及他項無生氣物傳染一事未有一定確據

第五室內居人過多必然易於傳染

第六瘟疫確爲肺疫因人類彼此傳染

第七疫死之人數不堪勝計其中有疫愈者不敢一言

（未完）

——摘自《远东报》，1911 年 5 月 3 日

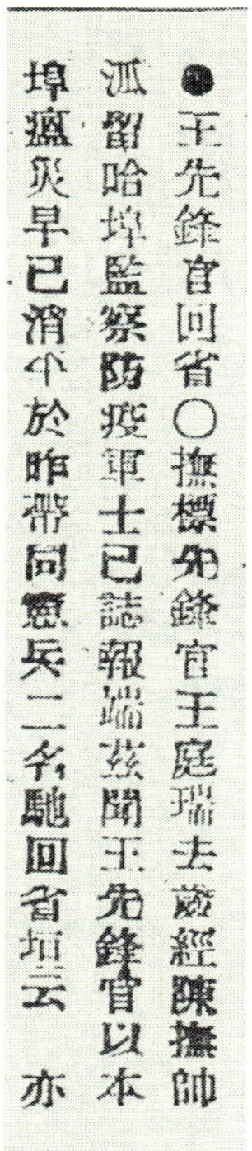

●王先鋒官回省〇撫標先鋒官王庭瑞去歲經陳撫帥派留哈埠監察防疫軍士已誌報端茲聞王先鋒官以本埠瘟災早已消平於昨帶同憲兵二名馳回省垣云　亦

——摘自《远东报》，
1911 年 5 月 3 日

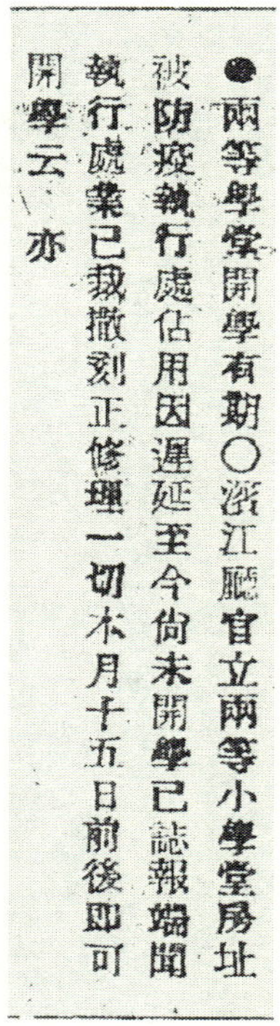

●兩等學堂開學有期〇濱江廳官立兩等小學堂房址被防疫執行處佔用因遲延至今尚未開學已誌報端聞執行處業已裁撤刻正修理一切本月十五日前後即可開學云　亦

——摘自《远东报》，
1911 年 5 月 3 日

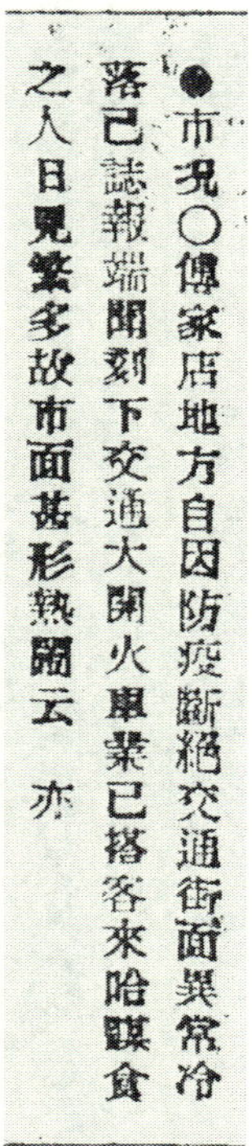

●市况〇傅家店地方自因防疫斷絕交通街面異常冷落已誌報端聞刻下交通大開火車業已搭客來哈謀食之人日見繁多故市面甚形熱鬧云　亦

——摘自《远东报》，
1911 年 5 月 3 日

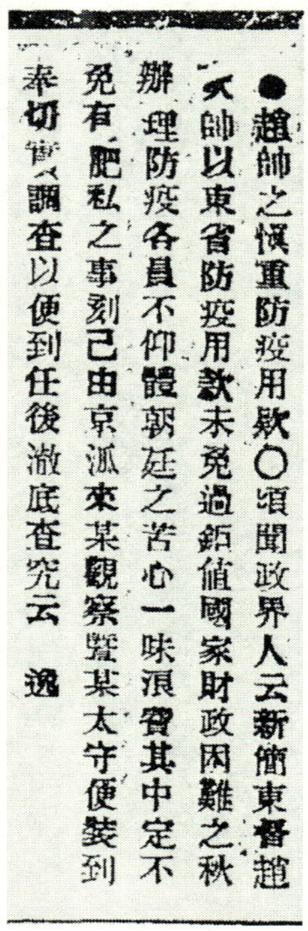

●趙帥之愼重防疫用欵〇頃聞政界人云新簡東督趙次帥以東省防疫用款未免過鉅值國家財政困難之秋辦理防疫各員不仰體朝廷之苦心一味浪費其中定不免有肥私之事刻已由京派來某觀察暨某太守便裝到奉切實調查以便到任後澈底查究云　逸

——摘自《远东报》，
1911 年 5 月 3 日

●私售檢疫假照者被捕〇營埠凡由北南行客商須到防疫院請驗由該院給一無病放行執照以免沿途留難日昨裕長棧住有一客王某本擬赴防疫院請驗領照當有一人云彼係防疫院司事執照歸彼管理囑王某送彼一元彼即可以付照不必往院請驗王某信之遂付洋一元此人亦即取照送王不料當時被檢疫員查獲知其私售假票遂將此人拿送該院由該院轉送巡警局懲辦以杜假冒而儆效尤云　秀

——摘自《远东报》，
1911 年 5 月 3 日

▲長　春▼

●電飭繪呈防疫全圖〇防疫總局前爲報銷分明將隔離所疫症院及各街分局房屋格式均繪分圖並各局所耗款若干一律呈報以備立案茲聞督撫憲因前呈各圖業已報部昨又來電飭防疫總辦謝贊森將各局所共房若干並設何街再繪全圖呈報來省以備調查並限期十日即須呈到云　立

——摘自《远东报》，
1911 年 5 月 3 日

●南滿火車已賣三等客票〇南滿鐵路公司自去臘瘟疫發現後交通嚴絕而三等客票終未出賣近見疫氣已平每日客商懇求公司搭車西行者日必數百茲於月前遂改章程除頭二等外日售三等客票二百張云　立

——摘自《远东报》，
1911 年 5 月 3 日

▲新　城▼

●建築取水浮橋以重衛生〇新郡南臨松江居此土者多半汲取江水爲飲水之料但每遇春水解凍上游之殘渣穢滓順流而下波浪冲激濁物拍集於岸加以城內溝渠糞邱汚壑亦多排瀉於江居戶汲飲異常危險疫癘之傳染莫此爲甚委因財力支絀旣難創辦蓄水濾水各會正宜急爲設法以圖補救擬擇南門外江岸適中之地建築一取水浮橋江水漲落均能適用欵無浪費之處實爲衛生行政上之要點至於建築經費以及徵收手數料與取締規則應請公議修正理由水爲日用所必需水若不潔實於衛生大有關礙擬建取水浮橋洵屬切要之舉但査此事巡警局已覓辦就緒似毋庸再行另訂章程以免分歧應請仍行責成巡警局趕緊興築以便人民汲取而重衛生爲此公同議決呈請鑒核施行　臣

——摘自《远东报》，
1911 年 5 月 3 日

●警察局紀事〇榆樹廳警務長孫華棠參軍以時疫消滅民力稍蘇惟恐不肖之徒乘機竊發擾亂治安於是通飭各區務要認眞巡邏以弭盜源而保地方公安云　容

——摘自《远东报》，
1911 年 5 月 3 日

●調查員回省矣〇吉林省防疫第一路調查員高雲樵將榆樹廳防疫事務調查明確依次電稟防疫總局該員以公事已畢即於日昨走辭廉懿齋太守束裝回省矣

——摘自《远东报》，
1911 年 5 月 3 日

●衛生局開辦紀事〇坡街商會以去冬哈埠疫癘流行由平日不講衛生所致日前稟准長春縣劉大令撥的款開辦衛生局公舉霍君爲檢驗員太醫院肄業生徐君爲醫員此節前報已誌玆聞該局現已備妥鉅款購置車馬藥料暨一切應用之舖墊等項已於月初開局辦事云

——摘自《远东报》，
1911年5月3日

▲黑龍江▼

●調查沿邊瘟疫者業已起程〇日前由奉所派之祭隨調查江省衛生西醫之員現已竣事復奉錫督札委前往沿邊一帶調查瘟疫並由江省加委數員業由東清鐵路取道滿洲站再登陸路繞赴吉拉漠河愛琿等處調查一切云　于

——摘自《远东报》，
1911年5月3日

●區官兼辦防疫〇璽鎮自瘟疫發見至今約共亡民人一百二三十名前經海倫周太守派以該鎮醫局杜區官秀峰兼辦防疫要事杜區官於任防尚稱認眞該鎮刻下頗稱安靖云　宣

——摘自《远东报》，
1911年5月3日

●哈埠醫員之會議○上星期三日在防疫局會議將來減裁人員問題據云現在防疫局事體較疫氣盛行之時減少甚多自應自俄歷五月一號起將醫士薪水減至三百盧布給房租七十五盧布醫學生每月一百五十元副醫士一百元衛生役夫三十元如願留局者須在五月一號以前遞禀聲明云云後議長請各區醫士將本月調查各情形報告以便造具總册後議及檢驗工人問題據云三十六棚之工人向較他處工人爲優其一切起居飲食俱佳故可不必加意然他處工人勢須照舊稽查現在火車又開每日自南滿來者不下百餘人傳云奉天自俄歷三月二十八號至四月四號並有染疫者六人而五號又有二人是以來哈之工人甚爲危險不得不照舊檢驗且此項工人多係至阿穆爾淘金者並在哈埠江沿裝卸輪船者亦甚多若不加以嚴厲之稽查誠恐有死灰復燃之勢至棲流所官澡塘亦應照舊用溫度表檢驗此外防疫局應設値日醫士一員馬車一輛以便隨時出外驗病至哈埠各客棧小店向極污穢窄小現値此春暖之時南來工人日多一遇天氣炎熱之時恆在院內偃臥殊於衛生有莫大之障礙擬嗣後派醫士每晚至各客棧小店調查數次並令店東限制招客人數以免擁擠也

——摘自《远东报》，
1911 年 5 月 4 日

●又有死屍發現○本月初三日在外國頭道街西頭有華人死屍一具當經防疫局戴去檢驗並非染疫身死云

——摘自《远东报》，
1911年5月4日

●隔離院孀婦歸育嬰院收養○自時疫盛行疫死淨絕各戶遺剩孤孀孺子經防疫局設婦孺隔離所以資收養已誌報端茲聞防疫局業已裁撤所有隔離孀孺悉歸董事會所設之育嬰院內收養云　亦

——摘自《远东报》，
1911年5月4日

▲長　春▼

●退伍兵開行有期○陸軍三鎮各營兵丁去臘應退伍者千有餘名後因疫症發現交通嚴絕尚有三百餘名終未發行近見疫癘已滅南滿開車聞該鎮統制已照會日領轉請南滿公司由本月初四日起每日專備三等車兩輛運載兵丁赴奉後再搭津奉火車保護進關云　立

——摘自《远东报》，
1911年5月4日

●打撈屍骸之原因○防疫總局第一路調查員高雲樵查檢樹巃五顆樹地方距松花江三里許該處疫氣尤甚而疫斃之屍骸就近拋棄於江中者在所不免於是帶消毒隊二名乘船在江中打撈屍骸以備焚燒掩埋而絕疫菌之根蒂云　吝

——摘自《远东报》，
1911年5月4日

●因防疫添派稽查員○榆樹廳代篆龐鑑齋太守依奉督文將防疫局及分所分卡一律裁撤該太守第恐疫氣復燃派委稽查員四名分投四鄉梭巡稽查而造地方之幸福云　容

——摘自《远东报》，
1911年5月4日

△△各國醫員之入都覲見

陸見奉天鼠疫會議已畢列國代表員等當於木日由瀋陽到京聞民政部與陸軍部各派兵車排列月臺待以大賓之禮次日覲見監國攝政王畢赴萬牲園遊覽由民政部在該處請宴下午拜瞻萬壽山晚間則由外部請宴也

——摘自《远东报》，
1911年5月5日

●曹統制赴京之原因○陸軍三鎮統制曹重三近因該鎮疫死兵丁及各官長已詳呈到部例應如何體恤及卹金若干應由何處撥發終未批回日前又親赴京面請陸軍部分示一切云　立

——摘自《远东报》，
1911年5月5日

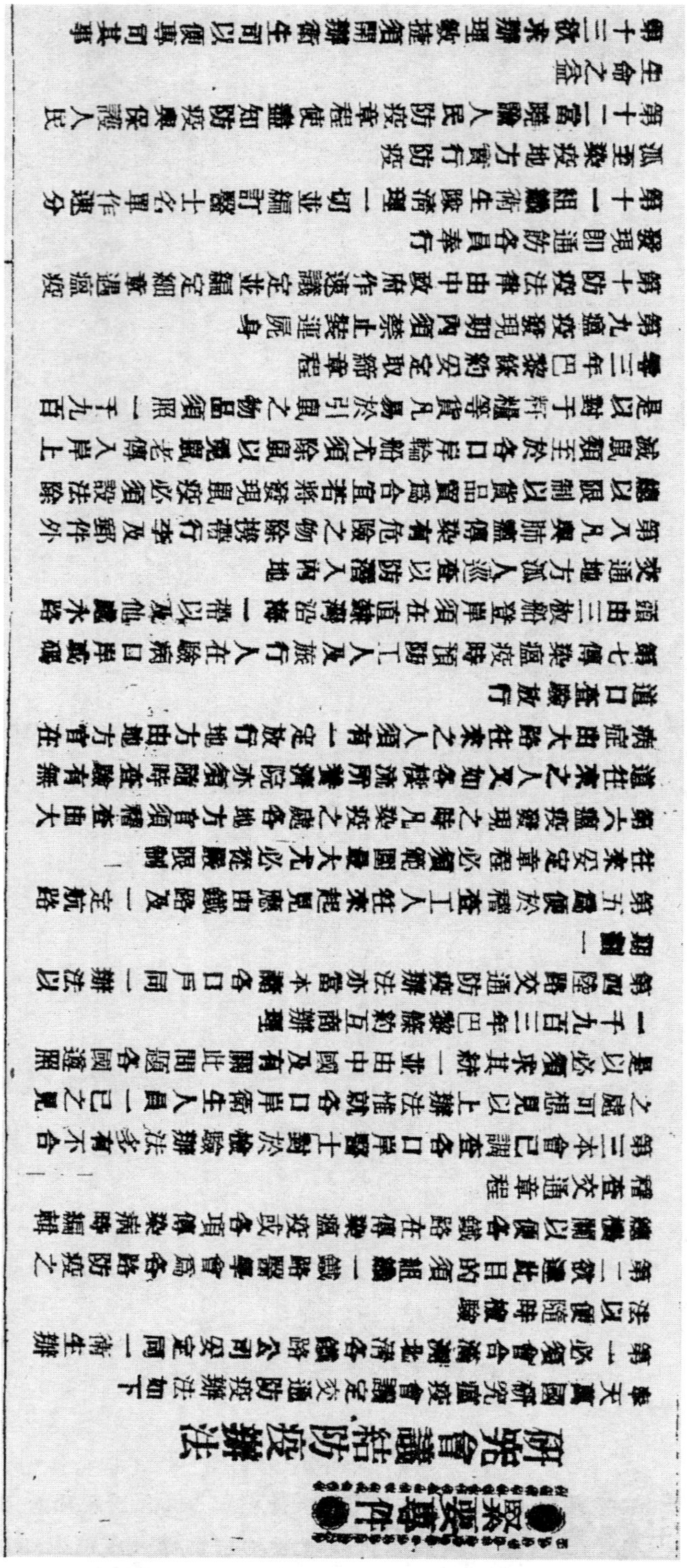

緊要事件

研究會議結防疫辦法

奉天萬國研究鼠疫會議定交通防疫辦法如下

第一必須會合滿蒙各鐵路公司安定同一衛生辦法以便隨時檢驗

第二欲達此目的須組織一鐵路醫學會為各路防疫之總機關以便各鐵路在傳染瘟疫或各項傳染病時聯絡稽查交通章程

第三本會已調查各口岸醫士對於檢驗辦法多有不合之處可想見以上辦法惟就各口岸衛生人員一己之見是以必須求其劃一並由中國及有關此問題各國遴派一千九百三年巴黎條約互商辦理

第四陸路交通防疫辦法亦當本諸各口岸同一辦法以期劃一

第五為便於稽查工人往來起見應由鐵路及一定航路往來安定章程必須範圍最大尤必從嚴限制

第六瘟疫發現之時凡染疫之處各地方官須稽查由大道往來之人又知各棧旅所養濟院亦須隨時查驗有無病症由大路往來之人須有一定放行地方由地方官在道口查驗放行

第七傳染瘟疫時預防工人及旅行人在驗病口岸或碼頭由三板船登岸須在直隸灣沿岸一帶以及他處水路交通地方派人巡查以防潛入內地

第八凡染肺疫傳染有危險之物除携帶行李及郵件外總以限制以貨品實為合宜若將發現鼠疫必須設法除滅鼠類至於各口岸輪船尤須除鼠以免鼠疫傳入岸上是以對于皮糧等貨凡易於引鼠之物品須照一千九百零三年巴黎條約安定取締章程

第九瘟疫發現期內須禁止裝運屍身

第十防疫法律由中政府作速議定並編定細章遇瘟疫發現即通飭各員奉行

第十一組織衛生隊清理一切並編訂醫士名單作速分派至染疫地方實行防疫

第十二當曉諭人民防疫章程使盡知防疫以保護人民生命之益

第十三欲求辦理敏捷須開辦衛生司以便專司其事

——摘自《远东报》，1911年5月5日

本埠要聞

●火車大開通之通飭○吉林公署接准郵傳部電咨以現在疫氣消平照常交通所有京奉汽車三等客位於本月初三日賣票請防所局知照云云業已分飭本埠地方官知會商務會傳諭商界知照云云 木

——摘自《远东报》，
1911年5月6日

●詳請獎保防疫出力人員述聞○兵備道郭司使日前傳諭防疫人員各具銜名履歷清冊以便詳請大憲分別彙保已誌報端茲聞具造完畢於昨出詳計異常勞績者二十七員尋常勞績者三十餘員云 亦

——摘自《远东报》，
1911年5月6日

●鐵路區長防疫有功○坡站俄區長衛森闊福君因注重防疫東道商民未受災殃故此次防疫善後案內已蒙東清鐵路總辦霍列名請奬實星以資鼓勵聞不日由部頒發到哈即分行佩飾云 益

——摘自《远东报》，
1911年5月6日

黑龍江

●范太守慎重衛生○省城各巷官厠向來均用木板圍豎內鑿長溝任人便溺蓋不勤加清除實屬汚穢不堪甚至居民有將死貓死狗任意拋棄其中者誠與衛生大有妨害前於范太守下車之初因査瘟疫所見故派人先將積溺一律清除復飭衛生股研究改良官厠方法現已繕圖繪事招工承修以免薰蒸致疫之弊云 于

——摘自《远东报》，
1911年5月6日

△△外部邀請萬國鼠疫研究會

各國代表醫員在外部公所開宴洵爲罕有之盛會席間那桐相先起演說略云聞我東省昊天不吊妖疫傳播生靈何辜十室九墟風色暗淡觸目傷心適當此時敝邦不敢自量相地奉天開催萬國鼠疫研究會何幸辱蒙諸賢不棄千里來會或用學識或經歷競俾該會議克收成效垂福恆久其貢獻人羣非淺鄙人等對於諸賢高義佩服莫名本日聊開小宴且得拜芝光榮何加惟今夕之宴固不足酬大賢功勞因於京師得拜會之榮緣因非淺即開張歡宴以表涓滴耳願諸賢滿引深諒鄙意爲幸於是那相舉杯爲衆賓祝畢由美醫斯杜倫代中答辭並謝中國當道於防疫會議懇摯相待禮遇有加賓主各盡歡而散

——摘自《远东报》，
1911 年 5 月 9 日

●新派調查防疫經費之暗查員（）自奉來者得有確實消息云東督趙次帥不日到奉接任以各屬有疫地方所用防疫經費甚鉅難免無以少報多侵吞肥己之弊自京啟節時即派人分赴有疫各屬暗行調查一切防疫用款是否實在有無侵冒據此所言該暗查員早已來哈云

——摘自《远东报》，
1911 年 5 月 9 日

●赴會醫士回哈（）奉天防疫會員醫學博士查伯羅特尼氏及醫士哈夫肯氏均於上星期六日在北京覲見後回哈云

——摘自《远东报》，
1911 年 5 月 9 日

●牌示發給房價邮欵〇哈爾濱防疫局初一日裁撤後所有應發欵項均撥交濱江廳酌發已誌報端聞日前廳署牌示所有染疫焚燒房價及因公疫斃之人應得恤款限十一日各具妥保請領云　亦

——摘自《远东报》，
1911 年 5 月 9 日

●防疫局訂期裁撤〇哈爾濱防疫局初一日裁撤後因用款報銷未定僅留文服一人會計員數人辦理報銷已詳前報茲聞各項用款均已報銷完畢訂於本月十五日全行裁撤云　亦

——摘自《远东报》，
1911 年 5 月 9 日

●防疫人員由錫督保奬〇本埠辦理防疫人員聞政府訪知錫督在卸任之前奏保防疫出力人員以免新督受各員朦蔽聞本埠防疫人員列入保案者七八名近日各員歡喜異常終日以讌會相慶更生云　中

——摘自《远东报》，
1911 年 5 月 9 日

●馬家溝死屍出現〇據俄救急隊長禀告防疫局云近在馬家溝已拆毁之房中尋得死屍二具係去歲病亡者然馬家溝屯內共有已拆毁之房數座至今並未有人起造其中不無可疑　[illegible]擬三五日內即將其一律焚毁云

——摘自《远东报》，
1911 年 5 月 9 日

●傳雞鴨者急應取締○雙城府疫菌已絕滅六星期之久不意此患甫息彼患又生近聞雞鴨兩種家禽死亡相繼傳染亦甚而蚩蚩編氓罔知公共利害只惜徵末之資售之於市茲查恐其中危害不得不急行宣佈望有警務之責者取締禁止以造地方之福云　日

——摘自《远东报》，
1911 年 5 月 9 日

●金太守有回本任之消息○頃聞官界人說雙城府金道堅太守赴奉天省謁錫督面稟防疫起點手續收效情形錫督爲之動容語以雙城紳商學界相繼電懇挽留並伊等親自到奉歷陳防疫情形懇請收回成命如此可見彼此之融洽云云吉撫陳簡帥以防疫情形詢諸雙拉統税委員曹春舫大令該大令據實直陳而陳簡帥亦以金守防疫雖多含糊而平時尚與地方融洽擬俟調驗果無烟癖仍令金太守回任姑誌之以覘其後　日

——摘自《远东报》，
1911 年 5 月 9 日

●防疫之結局○榆樹廳廉太守依奉吉垣防疫總局電文著繪圖員將防疫總局及分卡疑似病院輕病室男女隔離所地點繪成全圖備文送省以憑查考備案云　容

——摘自《远东报》，
1911 年 5 月 9 日

●防疫局赴三姓檢驗船隻○由本埠開往三姓之船隻刻在三姓驗候俄防疫會派員往驗有無疫氣以防傳染聞俄防疫局業已派員前往檢驗云　亦

——摘自《远东报》，
1911 年 5 月 10 日

●防疫局撤銷之預期○雙城府防疫總局業於四月初將人員之薪水一律截止惟該局事體浩繁其就辦核銷極爲忙碌現將諸事辦有頭緒聞擬定四月十五日將核銷辦竣即將防疫總局撤銷另籌善後之策云　日

——摘自《远东报》，
1911 年 5 月 10 日

▲新城▼

●府自治籌辦所成立○新城府僻處一隅舉辦一切新政較他處稍遲於二月初旬接奉全省自治籌辦處札文飭催速立府自治籌辦公所以備籌全府暨鎮鄉自治各機關府劉枚吭太守因疫氣流行方見輕減未便設立近來癘疫消滅遂於三月初揀派谷君嘉萬爲正所董顧君雲程爲副所董並派名譽參議四員租賃南太街舖房開辦籌備府自治一切事宜聞又舉定本地明達士紳十二名以充調查員不日赴四鄉調查矣　臣

——摘自《远东报》，
1911 年 5 月 10 日

●本埠要聞●

●預備防疫之報告○現因東清鐵路總公司會辦文才利不日來哈本埠防疫局現極力將防疫情及一切辦法與齊侯會辦到哈時即可報告云

——摘自《远东报》，
1911 年 5 月 11 日

●各國不滿意於奉天研究會○路透電報云據俄京來電述該處曾接有奉天電報謂奉天所開之萬國百斯篤研究會議每於討論重要問題之際各國醫士多受中國醫士之反對委員實有其事云

——摘自《远东报》，
1911 年 5 月 11 日

▲長春▼

●防疫人員大失所望○長春防疫人員前接督撫憲札
飭呈履歷以備報部請奬等因上自總辦下至書記計呈
報者一百七十餘名不意近閱督憲選定出力人員僅三
十餘名業已報部餘皆置之不理是以長春防疫各員大
失所望云　立

——摘自《远东报》，
1911年5月11日

▲榆樹廳▼

●防疫之藏事○榆樹廳龐懿齋太守查疫氣消滅已閱
三月之久其疫菌不致復發於是將留備之防疫人員夫
役等一律裁撤藉以期撙節公款云　容

——摘自《远东报》，
1911年5月11日

△△監國對於伍醫官之嘉奬

醫官伍連德近經陸軍學兩部奏保監國深識其醫學之
淵博復由那徐兩軍機在監國前極力揄揚故日前謝
恩時特蒙召見並垂詢其在英美等國肄習醫業之經驗
及此次防疫會之研究歷時良久伍奏對稱旨深蒙監國
嘉奬有擬特加重之意云

——摘自《远东报》，
1911年5月12日

●姚會辦來哈辦理衛生消息○昨據本埠官場傳說前
防疫局會辦姚乾初辦理防疫頗著成效大憲擬派姚來
哈專辦衛生醫院云　本

——摘自《远东报》，
1911年5月12日

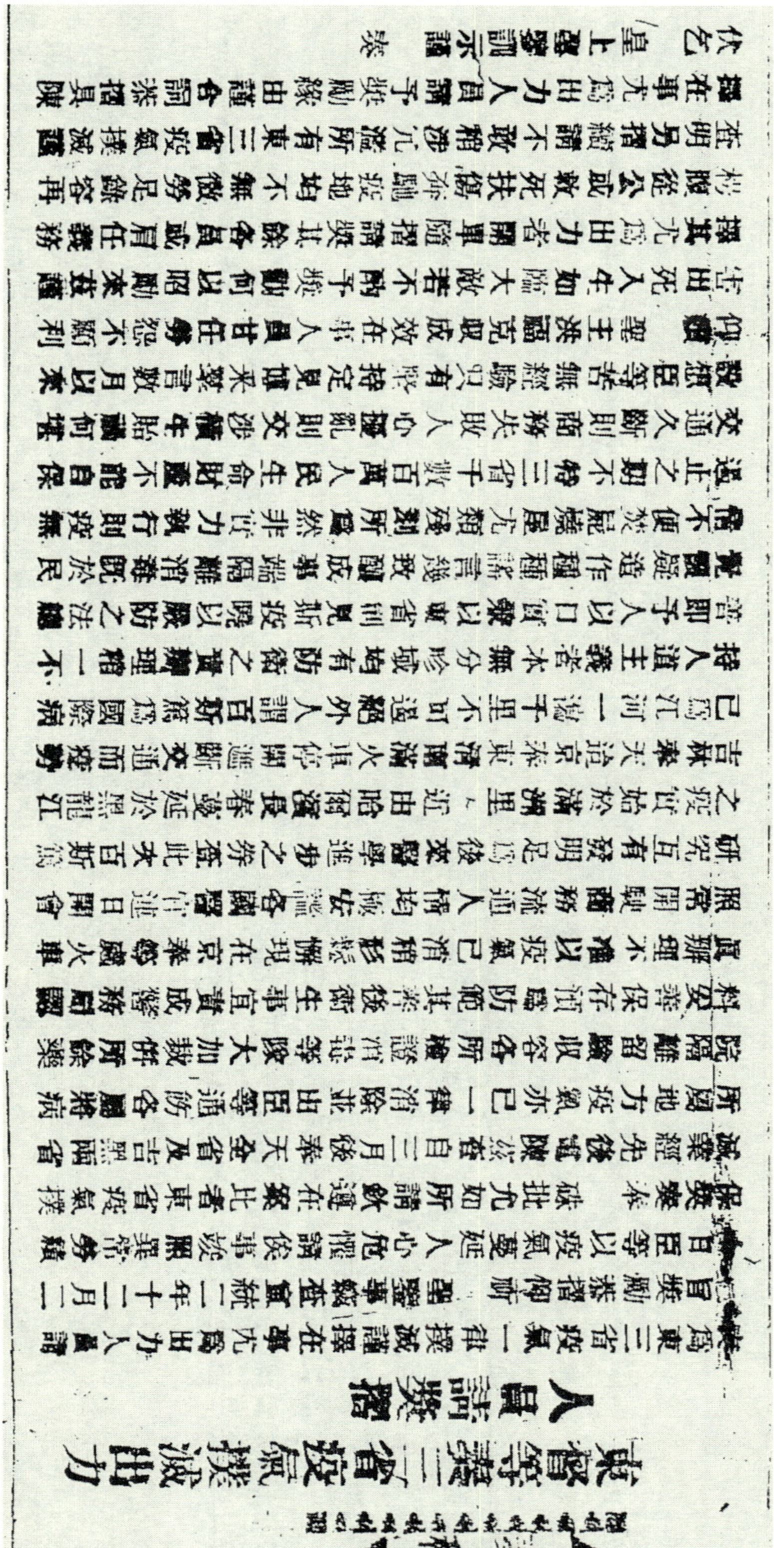

奏稿

東督等奏三省疫氣撲滅出力人員請獎摺

爲東三省疫氣一律撲滅謹擇在事尤爲出力人員請
旨獎勵恭摺仰祈 聖鑒事竊查宣統二年十二月二
日臣等以疫氣蔓延人心危懼請俟事竣照異常勞績
保獎奏奉 硃批允如所請欽遵在案比者東省疫氣撲
滅業經先後電陳茲查自三月後奉天全省及吉黑兩省
所屬地方疫氣亦已一律消除並由臣等通飭各屬將病
院隔離留驗收容各所檢證消毒等隊大加裁併所餘藥
料妥善保存預爲防範其善後衛生事宜責成警務局認
眞辦理不准以疫氣已消稍形鬆懈現在京奉鐵路火車
照常開駛商務流通人情均極安謐各國醫官連日開會
研究互有發明足爲後來醫學進步之券查此次百斯篤
之疫實始於滿洲里、近由哈爾濱長春蔓延於黑龍江
吉林奉天以迄京奉東清南滿火車停開遮斷交通而疫勢
已爲江河一瀉千里不可遏絕外人謂百斯篤爲國際病
持人道主義者本無分畛域均有防衛之實辦理稍一不
善即予人以口實藉以東省創見斯疫曉以嚴防之法總
覺懷疑造作種種謠言幾致釀成事端隔離消毒既於民
情不便焚屍燒屋尤類殘刻所爲然非實力執行則疫無
遏止之期不特三省千數百萬人民生命財產不能自保
交通久斷則商務失敗人心擾亂則交涉横生貽誤何堪
設想臣等苦無經驗只有堅持定見博采群言數月以來
仰賴 聖主洪福克收成效在事人員甘任勞怨不顧利
害出死入生如臨大敵若不酌予獎勵何以昭勸來茲謹
擇其尤爲出力者開單隨摺請獎其餘各員或肩任義務
捐廉從公或救死扶傷奔馳疫地均不無微勞足錄容再
查明另摺續請不敢稍涉冗濫所有東三省疫氣撲滅謹
擇在事尤爲出力人員請予獎勵緣由謹合詞恭摺具陳
伏乞 皇上聖鑒訓示謹 奏

——摘自《远东报》，1911 年 5 月 12 日

●郭司使赴奉有期〇代理本埠兵備道郭司使以防疫現已裁撤道署一切事宜亦無不清楚擬於明晚赴奉以便仍回本任云　木

——摘自《远东报》，
1911 年 5 月 13 日

●育嬰院改爲孤兒院〇濱江議事會稟明廳憲設立育嬰院收養無主孩童自初一日防疫局裁撤後所有隔離所婦孺均歸入該院收養已迭誌報端茲聞以議事會人等以既係收養無主婦孺育嬰名目似不相符特改爲孤兒院云　亦

——摘自《远东报》，
1911 年 5 月 13 日

●防疫章程一概取銷〇營埠正二月間中外官商各開因北城瘟疫流行遂經商防疫辦法共訂有章程若干條其由奉天來營者固應留驗七日以免傳染即由上海山東等處而來者雖係無疫之地亦應留驗庶杜漸防微不至別生意外由中外官商妥定章程相期共守現各處疫氣全清不必再行留驗日昨駐營日本領事照會關道周醫臣觀察將前此章程一概取銷以便行人周觀察已轉飭防疫院及醫務總局遵行矣　秀

——摘自《远东报》，
1911 年 5 月 13 日

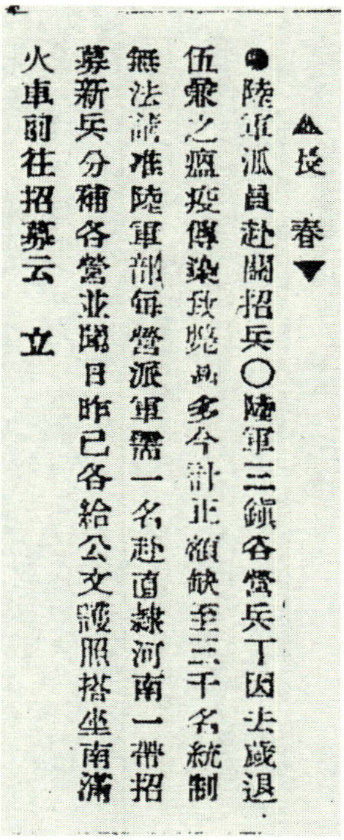

▲長　春▼

●陸軍派員赴關招兵○陸軍三鎮各營兵丁因去歲退伍衆之瘟疫傳染致斃者多今計正額缺至三千名統制無法請准陸軍部每營派軍需一名赴直隸河南一帶招募新兵分補各營並聞日昨已各給公文護照搭坐南滿火車前往招募云　立

——摘自《远东报》，
1911 年 5 月 13 日

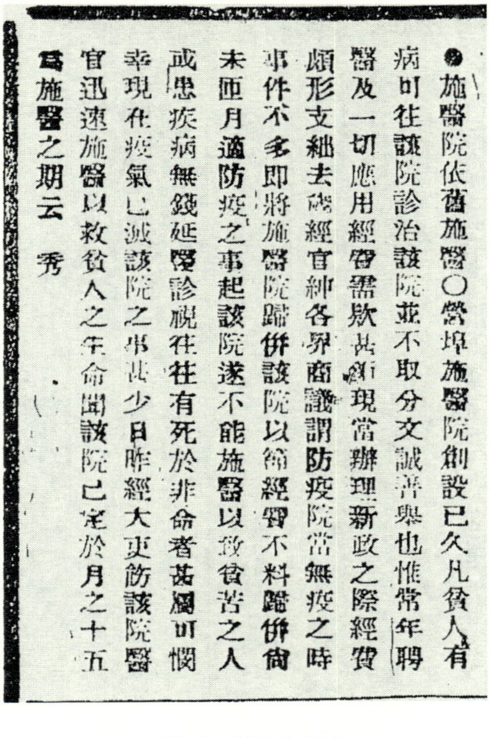

●施醫院依舊施醫○營埠施醫院創設已久凡貧人有病可往該院診治該院並不取分文誠善舉也惟常年聘醫及一切應用經費需款甚鉅現當辦理新政之際經費頗形支絀去歲經官紳各界商議謂防疫院當無疫之時事件不多即將施醫院歸併該院以節經費不料歸併尙未匝月適防疫之事起該院遂不能施醫以致貧苦之人或患疾病無錢延醫診視往往有死於非命者甚屬可憫幸現在疫氣已滅該院之事甚少日昨經大吏飭該院醫官迅速施醫以救貧人之生命聞該院已定於月之十五爲施醫之期云　秀

——摘自《远东报》，
1911 年 5 月 14 日

●防疫局文案裁撤〇本埠傅家店防疫局以現在未結各事只有撤銷一項其文案人員無所事事徒事虛糜已於本月十四日將該文案人員一律裁撤但留善書者一二人而已　木

——摘自《远东报》，
1911 年 5 月 16 日

●電話機關移設電報局內〇傅家店地方自去歲防疫安設電話以通消息總機關設在防疫局內刻因防疫局裁撤電話機關日前移設西大街大清電報局內云　亦

——摘自《远东报》，
1911 年 5 月 16 日

●防疫局會計處緩期裁撤〇哈爾濱防疫局原擬本月十五日一律裁撤已誌報端昨聞因報銷表冊尚未造完故會計處緩期裁撤刻正趕覓書寫多人趕速具報聞月杪始可告竣云　亦

——摘自《远东报》，
1911 年 5 月 17 日

●通飭嚴禁獵取旱獺〇黑撫周中丞日昨咨請督憲以去歲鼠疫之發生實由於獵取旱獺所致擬於本年夏秋際飭令北滿一帶嚴禁獵取旱獺而爲先事預防之策當聞督憲接咨後深以爲然除當時電復周撫通飭禁止外並將此項稅課取消昨已通飭各關稅卡一體遵照云　逸

——摘自《远东报》，
1911 年 5 月 17 日

●大侖澤及枯骨〇阿邑去冬死疫者盡行掩埋惟冬令嚴寒地土凍合深穴大不易易淺層而已現春暖融化彙本地土鬆一經狂風吹刮屍棺暴露觸目堪傷聞昨張令雇工四十餘名派人督飭於各處搜尋另行深埋并將澤及枯骨亦不致死屍暴露有礙行人云　滋

——摘自《远东报》，
1911 年 5 月 17 日

▲海倫▼

●商務困難之原因〇海倫商務自客冬疫症匪患兩種交加大受影響每日銷貨三五百吊之數今疫匪雖盡而道路泥濘南來貨物載運尤艱又兼耕種之際農人無暇來城置辦貨物是以商界蕭條去冬尤甚焉

——摘自《远东报》，
1911 年 5 月 17 日

●鐵路消毒所已將裁撤〇滿洲之瘟疫已然消滅所有各項火車亦已照常開行前設之鐵路消毒所自應一律撤銷即不日由東清鐵路公司出示實行裁撤云

——摘自《远东报》，
1911 年 5 月 18 日

●伍醫官來哈消息〇昨聞本埠官界人云東三省總醫官伍連德氏月內偕同郭司使譚觀察來哈創辦衛生醫院俟布置完畢仍回奉天云　亦

——摘自《远东报》，
1911 年 5 月 18 日

●要聞●

●監國批令核減東三省防疫保案

東三省於年前辦理防遏鼠疫所有在事出力人員經開缺錫督具摺奏保來京。攝政王覽閱各員所請獎勵過優批令再行核減以免濫竽

——摘自《远东报》，
1911 年 5 月 19 日

●防疫後之餘聞○吉林公署准　督憲咨開奉省各屬辦理防疫前經釐訂收支格式分爲薪工賸餘銷耗建築藥品賠償撫恤掩埋接待雜費等十項以期一律而便統計等因現已分飭各屬遵照辦理云　新

——摘自《远东报》，
1911 年 5 月 19 日

●俄員函請掩埋疫屍○聞木埠地方官署昨接俄官署函開以何家溝左近磚窯內有掩埋疫屍嗣後天氣炎熱恐有惡味薰染致礙衛生請爲設法處置云云　亦

——摘自《远东报》，
1911 年 5 月 19 日

●木商之恐慌○坡屬蘋沙河站木商顏磬堂等以自去冬因防瘟疫絕斷交通鄉間農夫不能入山傭工拉辦木柴以致諸商終歲欲勞之火柴未能交道者居多（俗呼之曰困山）近來鐵路各站屢遭祝融之害彼等存儲木柴之處甚形惶恐慌云　益

——摘自《远东报》，
1911 年 5 月 19 日

▲賓州▼

◎地方公共衛生起點(三)該郡城廂向來污穢不堪枚舉自鼠疫退後迭經許守傳飭整理終未見有成效聞復親自督催所屬在事各員開誠勸導現雖疫症消滅若不清除污穢難保不復再熾須知講求衛生一道洵爲善後第一要義並紳界鼓吹之商界倡辦之是以激起闔郡居民愛戴之忱莫不勇於從事故近日城廂內外僻靜各處及溝渠街道绝院園場迥乎不同別開生面煥然一新云聞許守又恐服食不甚尤足癘人除禁止江魚不准販賣外所有街市出售食品舊衣攤床日派衛生隊輪流查驗凡有腐敗食物穢爛衣服立即斥責飭令拋棄不得希牟微利致害公安云 妨

——摘自《远东报》，1911 年 5 月 19 日

◎難民○阿城自鼠疫消滅大開交通之後內省難民來者絡繹不絕日昨又有男女二十餘名扶者携幼形容憔枯聽其語似楚音湖北之災民也至縣署掛號並求佈惟阿邑雖屬縣城究非通都巨埠比施助者殊寥寥該難民無所計畫則挨戶乞糧求薪夜則棲宿廟宇困苦艱難莫可言狀有地方之責者望及早安置或資遣回籍勿漠然視之致流離失所可也 滋

——摘自《远东报》，
1911 年 5 月 19 日

●伍醫官來哈〇大憲派東三省總醫官伍連德氏來哈創辦醫生醫院一節已誌前報茲聞伍醫官日昨帶同醫生二人由奉天乘坐火車到哈醫寓吉林交涉局云 亦

——摘自《远东报》，
1911 年 5 月 21 日

●紀防疫局裁撤後之事〇聞哈爾濱防疫局裁撤後剩存火柴四百餘古板[illegible]運至吉林交涉局[illegible]存數以備變賣云 亦

——摘自《远东报》，
1911 年 5 月 21 日

●九標營兵仍留吉省〇陸軍三鎮步隊九標駐防吉林業已數年忽至去臘因辦防疫寬城各門無兵看守當經西南路道請准統制將該標一營調寬後數月以來終未回吉近聞吉撫因吉省伙火爲害最烈恐各匪人乘機蜂起又移請統制仍飭該營回吉駐紮保護地面茲聞曹統制已將該營一律調省云

——摘自《远东报》，
1911 年 5 月 21 日

●偷埋屍身者之多○聞日前傅家甸北四道街某家娼寮樓下掘出死屍一具當由巡警飭人掩埋日昨又有某住戶院內發現屍身當即抬埋望有地方之責者須派人按戶查驗以清瘟疫之本源否則入秋後難免不再發作也

——摘自《远东报》，
1911 年 5 月 23 日

▲黑龍江▼

●調查醫官之死於疫者○江省自瘟疫發生以來兩防疫各員以及各級醫官死於斯症者將不知凡幾上峰以各員等濫此險差置身入重敵無異稍不慎防則必生命攸關故准予援照軍營陣亡之例從優請獎并追發十月薪金以示體恤現在防疫告竣正官彙案實請爵典以慰忠魂惟此項人員數既繁多恐其中不無濫竽充數之弊現聞部內來文凡屬列保之員均請由該省督撫據實查明是 傳染所致云 于

——摘自《远东报》，
1911 年 5 月 23 日

本埠要聞

●勿謂瘟疫之不來也○昨東清鐵路公司總辦霍爾瓦特接得醫學博士一電內容略云於俄歷四月間猶有染疫而死者現在天氣已暖蚊蠅四飛傳染最易衛生局應於炎夏之時極力防備樓流所不可裁撤以便易於檢驗所尋獲之屍具務須檢視其疑似者尤須化驗現在預防之事務如瘟疫盛行時之嚴厲始克有濟云云據醫學博士查伯羅特尼剖驗死亡多日之屍具內尚有瘟蟲生存據云其屍已經數月矣且此蟲在冷處尤易生活故疫死之屍葬於地內者仍恐有發現疫氣之一日不如掘而焚之爲愈也近來所獲之死屍三具甚似染疫身亡現値天氣暖和之時傳染甚易恐再有鼠疫發現故防疫局通告各華人務將以先所隱埋之屍具報明防疫局地址以便掘出焚化決不治指告人之罪如有知何處有隱埋之屍具者至局報告可得賞俄幣一元如知情不舉一經查出嚴辦不貸云

——摘自《远东报》，1911 年 5 月 24 日

▲長春▼

●防疫報銷均作銀價○防疫總局裁撤時因報銷未結惟留收發一科歸併官醫院編造一切藥已有日茲聞該局所有賬目雜亂無章若按正式報銷編冊呈報恐難取信今將各項花費合成官帖又以官帖蹓成銀價按類按月逐次編清以期詳呈免懲不至斥駁云

——摘自《远东报》，
1911 年 5 月 24 日

●江省防疫之用費〇江省防疫會自疫氛消滅以來即分飭各屬區凡屬關於防疫用款以及焚燬房間確切查明究應款若干據實報告以備核銷數目日前旋以節儉經費起見時將防疫人員分別裁撤一切發款事宜均歸警務公所代爲發放現已放訖市錢十三萬餘吊未發之欵尚居三分之一將來竣事之後城鄉防疫需款之總數約在二十萬吊左右云 于

——摘自《远东报》，
1911 年 5 月 24 日

●撤退防疫兵丁〇自去歲滿洲瘟疫大作之時俄人恐惡疫傳至阿穆爾省內故調該地民兵守邊惟現在滿洲瘟疫早經撲滅已無可慮且又值春耕之時若仍令其守邊則不免有失農時故各守邊克薩克兵丁稟請該省武撫免却此役武巡撫亦頗贊成卽電詢民政部辦法當奉該部答云現在東清鐵路綫內之瘟疫已經消滅多日阿穆爾北岸又無染疫者自可將守邊兵丁撤去以維農時然所設防疫辦法仍應遵照前章辦理云

——摘自《远东报》，
1911 年 5 月 24 日

●伍醫官北赴滿洲里〇東三省總督官伍連德帶同醫士二人日前由奉來哈已誌報端玆聞伍醫官今晚乘坐火車北赴滿洲里辦理該處防疫善後各事俟辦理完畢再行回哈云 亦

——摘自《远东报》，
1911 年 5 月 25 日

●實行查驗各住戶〇聞傳家甸自瘟疫撲滅後至今時有發現屍身之事日昨由藥醫官提議飭各巡警每日按戶查察屋內院中以期斷絕株根此舉大約日內即可實行云 中

——摘自《远东报》，
1911 年 5 月 25 日

●撤銷防疫局之確期〇頃聞官界人說雙城府防疫局業將核銷清冊造妥防書記等轉請擬於五月初旬一律結竣備文送省伏乞上峯查核准予核銷即將防疫局裁撤以免糜費公款云

——摘自《远东报》，
1911 年 5 月 25 日

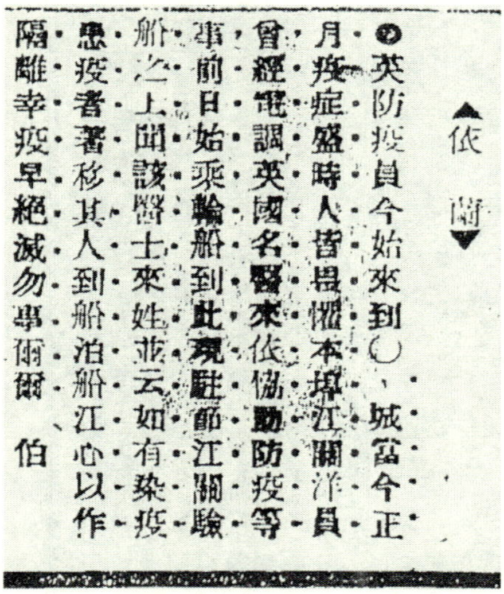

依蘭

◎英防疫員今始來到〇、城當今正月疫症盛時人皆畏懼本埠江關洋員曾經電調英國名醫來依協勤防疫等事前日始乘輪船到此現駐節江關驗船之上聞該醫士來姓並云如有染疫患疫者著移其人到船泊船江心以作隔離幸疫早絕滅勿事術爾、伯

——摘自《远东报》，
1911年5月25日

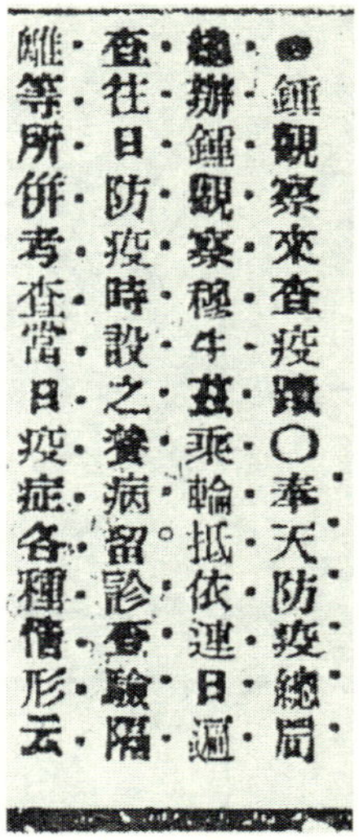

◎鍾觀察來查疫蹟〇奉天防疫總局總辦鍾觀察穆生茲乘輪抵依連日遍查往日防疫時設之養病留診查驗隔離等所併考查當日疫症各種情形云

——摘自《远东报》，
1911年5月25日

黑龍江

●補錄英醫調查瘟疫情形〇日前錫
清帥遣派英國醫士鮑克斯氏協同隨
員繙譯人等來江調查一切衛生辦法
事畢復由江省加派前滿洲站交涉局
總理錫贊臣司馬爲調查邊疆沿江一
帶瘟疫隨員同該英醫束裝就道本報
已誌茲將其此次沿邊一切調查事項
補錄於下（一）由奉至哈應由郭道派
員妥爲照料（二）抵雙城廳時應考查
疫症除肺百斯篤外有何他種疫症如
並無他種疫症發見即電稟本大臣江
撫部院一面即至哈不必停留倘有他
種疫症可將如何情形並擬定辦法電
稟俟覆到日再行回哈（三）由奉同行
者有鐵路稽查前充奉天車站留驗所
照料員英人高賓哈爾濱醫學生林家
瑞繙譯謝德榕共計三人到哈後由郭
道加派衛生巡警名聽候指揮（四）空
略（五）由哈啟程時共有若干人均著
發給護照送由俄領簽押如有借道俄
境之處以利遄行其起行日期仍由郭
道分別電稟（六）沿途地方官經奉撫
飭知妥爲照料（七）空客（八）由哈赴
江省稟見江撫部院請示辦法由公署
派照料員護行隊並備用車馬其員隊
等護照由撫院送駐省俄領事簽押（
九）由江陸行區瑚根先赴愛琿（十）
到愛琿稅關帮辦商酌道路行程其應
赴調查各區隨時斟酌辦理（十一）愛
琿事畢溯江赴上游考查再搭輪順江
而下至松花江總行回哈（十二）松花
江沿岸應調查者爲拉哈蘇蘇三姓兩
處此外如聞有疫症之地可隨時往查
無則不必他往（十三）調查方法如左
（一）此地從前有無疫症（二）現在尚
有瘟疫否（三）如有疫症即行指示地
方官如何辦法以期撲滅如疫氣果烈
應否暫任之處或酌留同行之人可隨
時斟酌辦法（四）凡沿途所應注意者
可隨時錄記（五）路途到愛琿拉哈蘇

蘇凡通中國電信之處將大概情形電
告哈爾濱道台分稟本大臣及江撫部
院北京外務部查照俟事竣後再呈報
一詳細情形（十四）調查事竣高賓仍
回鐵路繙譯謝德榕銷差林學生到哈
後再請部示以定行止云云　于

——摘自《远东报》，1911年5月25日

●吉林防疫費有著矣

吉林巡撫陳劍帥以因防疫用去二百萬前因度支部無欵撥付特陳三法即借洋欵借大清銀行欵及發行鈔票是也現度支部覆電准其即在四國借欵劃付東三省之一百五十萬磅中撥取云

——摘自《远东报》，
1911年5月26日

●防疫局報銷之爲難○東省防疫用欵共計化去四百餘萬兩之鉅業已將該項總數報告到部詎近日接得各屬報銷實數前後多不相符聞所差數目已達數十萬兩之鉅現聞錫督以交卸在即若不趁早辦理清楚將來恐難交代是以特飭辦理各員趕速鈎稽務求出入相符免遭部駁云云　遐

——摘自《远东报》，
1911年5月26日

▲黑龍江▼

●獵旱獺者又來○呼倫滿洲站一帶荒山野即業爲生產旱獺之區近年以來出口之品認爲大宗官家徵稅歲逾數萬各國商賈販赴內地獲利頗巨於是爭相購[illegible]皆側目以致獵戶日多竟聚集至數萬之衆茲自客秋釀成疫災幾至蔓延全國爲千古未有之酷刼今幸得以肅清正宜設法取締現據呼倫通信聞外旗蒙人來云日來天氣融和旱獺出洞羣覓食料而該處遊民仍多三五結夥私行捕獵官家尚不得知按旱獺之一物既經萬國研究會剖解研究公認爲含有[illegible]毒[illegible]牲[illegible]與社會生命關係甚重正宜永禁捕獵之不暇豈容此等遊民潛爲謀利不顧生命望有守土之責者從速設法偵查並可嚴行取締之也　予

——摘自《远东报》，1911年5月26日

查博士致防疫局文牘〇俄醫學博士查伯羅特尼士前致函本埠防疫局略云現在天氣已暖各處死屍之上不免有蒼蠅棲止其毒即由蠅口可以傳染人身殊爲危險務須將各處屍具從新挖掘深坑掩埋或起出焚燒以免後患云

——摘自《远东报》，
1911 年 5 月 27 日

防疫局會計處之忙碌〇哈爾濱防疫局裁撤後僅留會計處具造報銷表冊已誌報端茲又訪聞詳呈列憲表冊共計八份每份區別種類約百餘條故刻下又添雇書寫多人赶速詳造　亦

——摘自《远东报》，
1911 年 5 月 27 日

蒼蠅可以傳染瘟疫〇據東清鐵路醫官馬盧夫云適在瘟疫坐地捉得蒼蠅數頭在化驗所化驗確染瘟毒據云此項染瘟之蠅若吸豚鼠之血該鼠逾十日即死云

——摘自《远东报》，
1911 年 5 月 27 日

▲一面坡▼

●衛生劃歸巡檢代辦○坡站地處山林雖爲輪軌往還之區華俄雜處之境而該站舊習人無便所豬無圈禁以致污穢之物無處無之官界均置若罔聞現去冬哈埠一帶瘟疫流行爲害甚烈查其致病之由皆因平日不講衛生所致前經商會會董宋某有鑒於此特起倡辦衛生一局公舉霍某爲股員此節已詳前報茲聞長壽縣劉大令以坡街僻地偏小特設一局定致商界不支聞日昨防將衛生劃歸巡檢代辦以節經費云　淼

——摘自《远东报》，
1911 年 5 月 27 日

●防疫報銷將竣○本埠防疫局原奉督撫札飭三月底即行裁撤無如用款繁頤未能竣事特派道署交涉局及各署書記前往帮忙現在已及二十餘日聞已竣事不日即行呈送吉林奉天各公署核銷　新

——摘自《远东报》，
1911 年 5 月 30 日

●警局清查戶口○濱江廳警務長德楣良以傳家甸地方自遭瘟疫後商民戶口漫無稽考日前傳諭四分區防戶籍生詳細調查云　亦

——摘自《远东报》，
1911 年 5 月 30 日

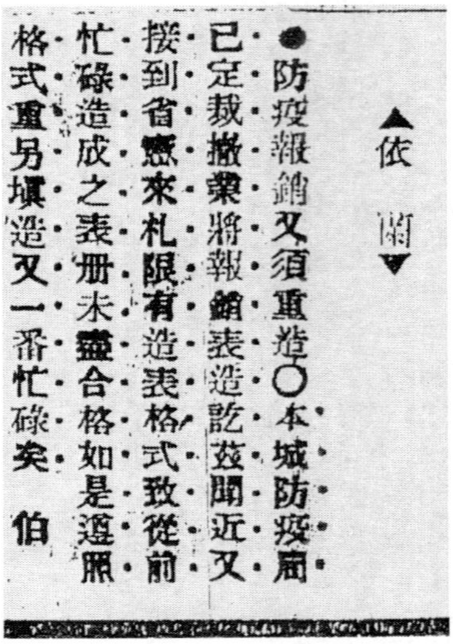
▲依　蘭▼
●防疫報銷又須重造〇本城防疫處已定裁撤業將報銷表造訖茲聞近又接到省憲來札限有造表格式致從前忙碌造成之表冊未盡合格如是遵照格式重另塡造又一番忙碌矣　伯

——摘自《远东报》，
1911 年 5 月 31 日

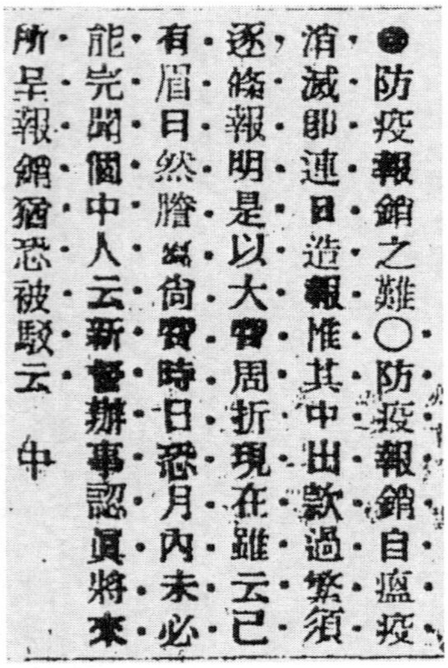
●防疫報銷之難〇防疫報銷自瘟疫消滅即連日造報惟其中出款過繁須逐條報明是以大費周折現在雖云已有眉目然謄寫尚費時日恐月內未必能完闋聞個中人云新督辦事認眞將來所呈報銷猶恐被駁云　中

——摘自《远东报》，
1911 年 6 月 1 日

●新督派員密查隔離所〇本埠今春辦理防疫在西潮溝一帶建一大隔所留驗京奉火車來往行人其工程皆由郭醫官及華股員等經手領款十二萬九千元惟該所建造尚未成功疫氣已滅該經手人難免不敷衍了事聞新督趙次帥接篆後即接有營口商民密稟攻揭該所工程之大弊並指其包買某荒舖朽爛木料其價極廉歷歷可憑一查即能得其破綻聞次帥接閱此稟遂派員到營密查務期水落石出以憑究辦該密查委員現已來營聞假寓西頭某小客棧云　秀

——摘自《远东报》，
1911 年 6 月 1 日

●商家之現況○坡屬自瘟疫撲滅大開交通之後各華商生意異常茂盛詎自入夏以來各商戶甚形蕭條惟雜貨糧米等舖每日賣項尚有可觀而酒肆飯館大有不支之勢云　益

——摘自《远东报》，
1911年6月1日

▲黑龍江▼

●食魚者注意○現在蘭西河一帶水產有一種無齒鮎魚稍不留意食之卽患嘔血瞬息卽死其症象與百斯篤病無稍差異頗極危險現經該處醫家用剖解之法切實研究此魚腹中蓄有無數白蟲徵之理想恐係於瘟疫流行之際愚民無知暗將疫屍拋棄河內致使魚吞入腹或蘊成此等流毒亦未可知然此種無齒鮎魚每遇食之必死實與社會生命大有關係有不能不令人驚心觸目者日昨特由該縣發來急電說明理由警務公所亦以省城爲產魚之淵藪倘不經心購而烹食其禍患不堪設想故派員嚴查魚市禁止售賣之外特用剴切曉諭俾衆週知實與衛生一道大有裨益云　于

——摘自《远东报》，1911年6月1日

東三省移民之政策

聞東三省因墾荒事鄂省曾移民前往因三省地寒加以鼠疫蔓延以致鄂民移墾作罷現理藩部度支部入又籌議移民辦法正在與次帥電商云

——摘自《远东报》，
1911 年 6 月 4 日

中國商人之信用可取〇哈埠瘟疫盛行之時中國商人紛紛逃避計自恐疫消滅三月後已源源而來據俄商人云凡與俄人交易者仍行接辦前欠之款一概承認償還中國商人之信用於此可見一斑矣

——摘自《远东报》，
1911 年 6 月 4 日

尋獲死屍四具〇據云星期三日急救隊在牧馬場殮得屍身二具又在秦家崗至香房之路間田地中尋獲屍身二具據云該處於瘟疫盛行之時曾見有棺木數具云

——摘自《远东报》，
1911 年 6 月 4 日

防疫報銷總數〇傳家甸防疫局報銷刻已造成草案惟一時難定抄寫完竣之期聞本埠防疫用款共有四十七萬二千餘兩合哈埠週圍鄉屯爲田家燒鍋等共計五十二萬有奇　中

——摘自《远东报》，
1911 年 6 月 4 日

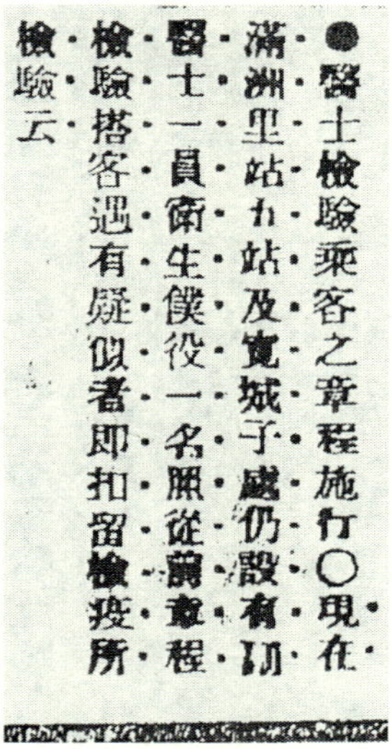

●醫士檢驗乘客之章程施行○現在滿洲里站五站及寬城子處仍設有訂醫士一員衛生僕役一名照從前章程檢驗搭客遇有疑似者即扣留檢疫所檢驗云

——摘自《远东报》，
1911 年 6 月 4 日

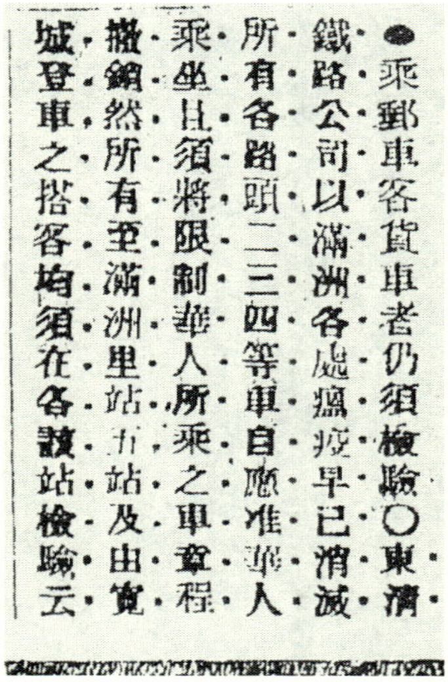

●乘郵車客貨車者仍須檢驗○東清鐵路公司以滿洲各處瘟疫早已消滅所有各路頭二三四等車自應准華人乘坐且須將限制華人所乘之車章程撤銷然所有至滿洲里站五站及由寬城登車之搭客均須在各該站檢驗云

——摘自《远东报》，
1911 年 6 月 4 日

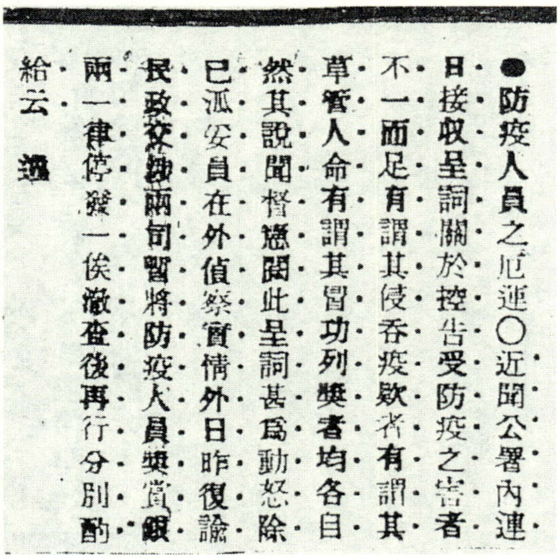

●防疫人員之厄運○近聞公署內連日接收呈詞關於控告受防疫之害者不一而足有謂其侵吞疫欵者有謂其草菅人命有謂其冒功列獎者均各自然其說聞督憲閱此呈詞甚爲動怒除已派委員在外偵察實情外日昨復諭民政交涉兩司暫將防疫人員獎賞銀兩一律停發一俟澈查後再行分別酌給云 通

——摘自《远东报》，
1911 年 6 月 4 日

●調查因疫受損者○長壽縣聞遭鼠疫後商民受損失者頗多日昨縣署奉防疫總局來札飭派員至商學各界調查防疫情形云 海

——摘自《远东报》，
1911年6月4日

●莫非又有黑疫發現耶○上星期六日晚間有由吉林開至陶賴昭鐵路公司輪船一隻帶有板船內有一病夫富經船中女醫士用溫度表驗視溫度增高且所吐痰中帶有血絲恐係染疫遂將該船扣留船中搭客未經醫士檢驗概不准登岸現已派化驗醫士米斯柴乘車前向診視云

——摘自《远东报》，
1911年6月6日

●剖驗患瀉病死者屍身○上星期五日有華人一名在比利吉船內患下瀉之症遂送至查伯羅特尼所組織之化驗室內次日身死各醫士以爲頗似霍亂之症須送至時疫病院剖驗云

——摘自《远东报》，
1911年6月6日

●調查霍亂病者由寬起程矣矣○傳云東清鐵路公司化驗醫士奧斯喀諾夫醫士卜特白爾格及鐵路交涉分局代辦卓君已由寬城子起程赴吉長路線調查患下○者是否霍亂以便設法醫治聞伍醫官亦前往該地調查云

——摘自《远东报》，
1911年6月6日

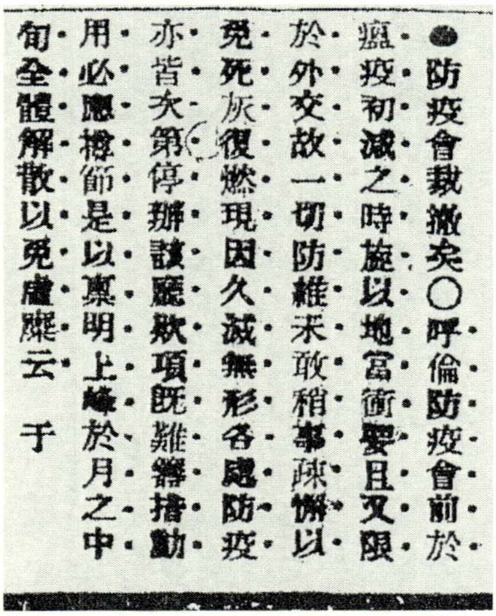
防疫會裁撤矣〇呼倫防疫會前於瘟疫初減之時旋以地富衙署且又限於外交故一切防維未敢稍事疎懈以免死灰復燃現因久滅無形各處防疫亦皆次第停辦該廳欵項既難籌措勸用必應撙節是以稟明上峰於月之中旬全體解散以免虛糜云 于

——摘自《远东报》，
1911 年 6 月 6 日

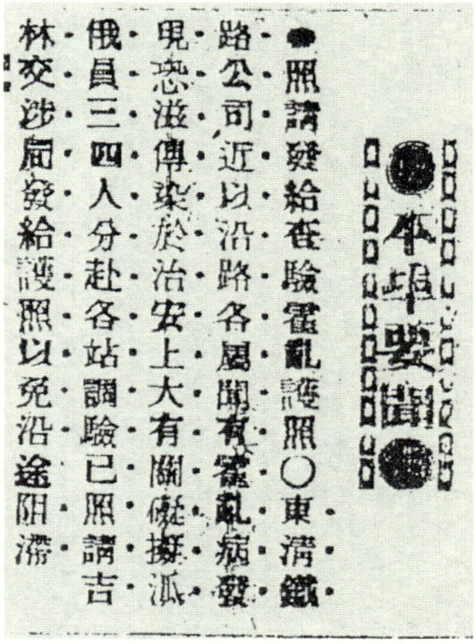
本埠要聞

照請發給查驗霍亂護照〇東清鐵路公司近以沿路各屬聞有霍亂病發現恐滋傳染於治安上大有關礙擬派俄員三四人分赴各站調驗已照請吉林交涉局發給護照以免沿途阻滯

——摘自《远东报》，
1911 年 6 月 7 日

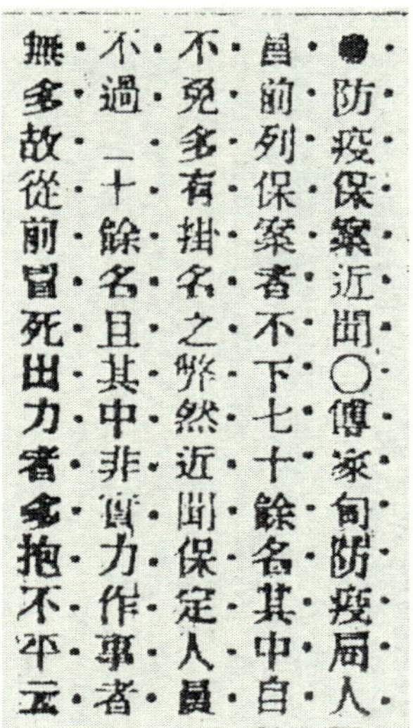
防疫保案近聞〇傅家甸防疫局人員前列保案者不下七十餘名其中自不免多有掛名之弊然近聞保定人員不過二十餘名且其中非實力作事者無多故從前冒死出力者多抱不平云

——摘自《远东报》，
1911 年 6 月 7 日

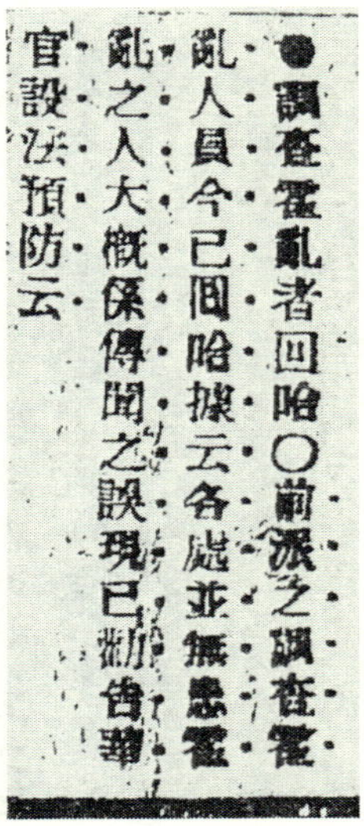
調查霍亂者回哈〇前派之調查霍亂人員今已回哈據云各處並無患霍亂之人大概係傳聞之誤現已勸告警官設法預防云

——摘自《远东报》，
1911 年 6 月 7 日

●呈報死屍者得賞〇俄歷五月十三號有數人至防疫總局呈報有死屍處所並索賞金聞該局已允每人發給俄洋五元云

——摘自《远东报》，
1911年6月7日

●關於防疫之公文〇五常府商務分會接准劉乘鈞太守來文案據防疫總局札開自防疫以來商界勞動停滯損失情形仰即轉知商務分會填註表冊具文送會以憑查核立案云　仲

——摘自《远东报》，
1911年6月7日

●防疫費一萬七千餘兩〇呼蘭自發現瘟疫之初辦理防疫人員除巡警官長係應盡職守不支薪水其餘辦事各員當地士紳盡義務者實居多數至所用藥材亦僅石炭酸金雞納霜等藥而已以外所用之棺匣及燒屍所用之木柈洋油等費確有定數不至漫無查考現在防疫會辦理核銷將近就緒聞費用合款約在一萬七千餘兩云

——摘自《远东报》，
1911年6月7日

●調查瘟疫團回哈（）俄歷四月間所派至阿穆爾河沿岸之調查瘟疫團今已回哈據云該團由哈起程時先乘火車至齊齊哈爾而由齊起旱赴黑河路徑墨爾根據該處人民言墨爾根亦曾發現瘟疫共疫死六十三人今已肅清調查團即由黑河至阿穆爾上游至漠河又返至下游至拉哈蘇蘇由拉哈蘇蘇始搭松花江輪船回哈調查團報告各處瘟疫業已肅清據云華官至今尚未將檢驗之章程撤銷云

——摘自《远东报》，
1911年6月9日

●防疫局會計處竣事○哈爾濱防疫局會計處歷覓多人篙造報銷表册已誌報端茲聞各項表册約已造完不日詳送列憲而會計處亦行裁撤云　亦

——摘自《远东报》，
1911年6月9日

●照請停發工人出口護照○由本埠赴俄國金礦等處工人向由黑龍江交涉局發給出口護照以利遄行自瘟災消中日前江局接俄官署照會請照常出發工商人等出口護照昨聞江局又准俄署照稱商人護照照常發給至工人護照請暫停發云　亦

——摘自《远东报》，
1911年6月9日

●董提調赴奉之先聲〇雙城府防疫局業將核銷清冊繕竣故該局提調董典五二尹擬於五月十三四等日携卷宗清冊赴奉天省謁金太守交代防疫事務云 日

——摘自《远东报》，
1911 年 6 月 9 日

●防疫局郵歀改章〇哈爾濱防疫局原訂因公疫斃郵歀章程兵警二百兩夫役一百兩已誌報端茲又訪聞因歀項支絀改照奉天防疫章程兵警一百兩夫役六十兩云 亦

——摘自《远东报》，
1911 年 6 月 10 日

●暗查員來寬〇近聞奉督趙次帥因長春防疫報銷較諸他埠耗費太鉅難免中無流弊因特派候補府依太守來寬調查一切未悉該員果能切實調查詳細覈覆否也 立

——摘自《远东报》，
1911 年 6 月 13 日

●調查疫症委員不日回省〇奉吉兩省所派赴沿江一帶調查疫委員鍾觀察汪大令日前由東回哈寓居聚源興客棧正在將查視情形彙錄分報閱五七日內即可竣事即須回省銷差 新

——摘自《远东报》，
1911 年 6 月 14 日

●禁捕旱獺懲罰簡章〇上年瘟疫之烈幾至蔓延全國東三省死亡數萬之多損失財產不計其數推其受害之由皆由滿洲里一帶捕獵旱獺之人將獺尸拋棄遍地日久腐爛氣味薰蒸所致以故遞漸蔓延釀成此千古未有之酷却前經呼倫道，友梅觀察稟准禁捕在案然荒凉數百餘里雖謂公令森嚴尤屬鞭長莫及近日以來獨有一班不肖愚民希圖得利或三五成羣十數結夥私往獵捕不知物中之利害只視禁令若弁髦殊堪痛恨茲擬定懲罰簡章九條如左（一）凡有携帶獵獺器具入山者一經查獲人則勒令改業器物入官（二）凡有車輛拉運獵獺工人入山者一經查有實據車馬扣留入官獵工車夫酌予罰辦（三）如有不遵禁令竟敢支架帳棚獵獺者除將已得獺皮並獵獺器焚燬外所有捕獺之人均須罰兩月以上之苦工連帶器物入官（四）無論華洋人物均不准買賣獺皮如敢故違一經查覺照皮張數目科罰皮張火燬（五）以上數條無論華洋人等有犯必懲如係華人立即送交就近地方官或總卡官照章罰辦如係洋人即交該領事照章罰辦云　于

——摘自《远东报》，1911年6月14日

●防疫報館緩期告竣〇防疫會計處辦理防疫報館原擬本月初十日告竣已誌報端昨又訪聞防疫局總會辦恐報館表冊申詳大憲又被斥駁特飭會計人員詳細具造月底始可告竣　亦

——摘自《远东报》，1911年6月15日

●防疫事務處之公布○本埠東三省防疫事務總處欲人民注意衛生預防癘疫特出有公布如下

查時疫殺人之多甚於歐洲大戰吾人若不設法預防生命之危險實無殊日處槍林彈雨中而預防方法之顯淺易行獲益最大者厥有數端條舉如下幸共勵行

宜清潔家屋與各種器具飲食用具則宜以沸水洗擦

宜勤沐浴身體洗換衣服

勿堆積不潔之物致蒼蠅得以生長盤旋

凡易惹蒼蠅之所及其雜物一一清除之或密蔽之

多置殺蠅機（如黏蠅紙捕蠅罇毒蠅藥等）滅絕蒼蠅

凡門窗均以紗障之（廚房門窗尤要）凡食品均以紗罩之

勿飲未沸水及不能確知爲清潔之水

勿食生冷凡食物必須熟煮其經熟煮之食物勿令蒼蠅接觸

食前宜用胰子洗手

廚房厠所及便溺器穢物箱馬房等宜時清潔並洒以適當消毒藥水或石灰其所清出之糞穢宜以火焚之或埋諸深坑

宜滅絕虱類凡墻隙板罅宜澆以少許煤油使跳蚤臭虫等無從發生

家中宜養猫以滅鼠

宜謀公共衛生關於市場街道食水公厠等公共衛生非一人之力所能爲宜由紳商學界捐集資欵協同警界醫院合力進行

——摘自《远东报》，1920 年 5 月 23 日

▲傳染病宜防◉本埠近日發現一種傳染熱病據俄醫生報告該病係由俄屬依埠傳來刻已傳至歲埠火車內亦發現此病路員之染病者已有所聞云東

——摘自《远东报》，
1920 年 6 月 4 日

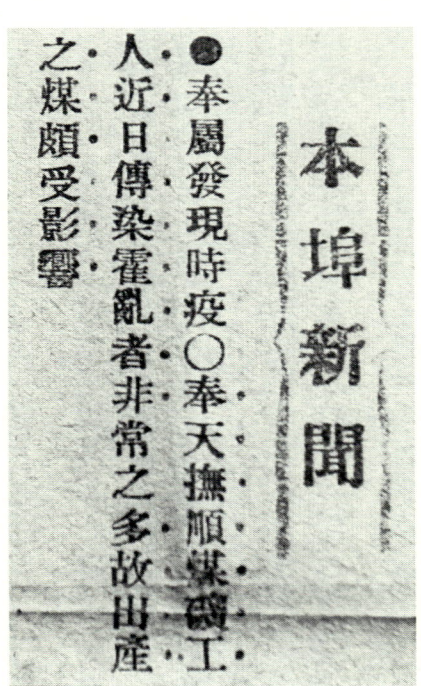

▲關內難民斷絕生機◉直隸省內災民以生活難支近中扶老携幼出關謀生者紛紛不絕聞奉省近因防疫起見特電致直省當道請阻止難民出關云云 中

——摘自《远东报》，
1920 年 9 月 9 日

●營口之防疫○營口傳云近日往來搭客每有染受霍亂情事故中日官長實行檢驗搭客並留驗病人云

——摘自《远东报》，
1920 年 9 月 10 日

本埠新聞

●奉屬發現時疫○奉天撫順煤礦工人近日傳染霍亂者非常之多故出產之煤頗受影響

——摘自《远东报》，
1920 年 9 月 16 日

▲綏芬河▼

▲衛生局成立

本站華商會長邴世昌副會長李子亭警察辦事員趙凌霄衛生股劉夢周等爲預防虎疫起見特首先整頓衛生于月十號實行組設衛生局由局派出衛生夫多名沿街掃除汚穢設立厠所及拉圾箱輪流拉運外每日該員等親赴各戶開導潔淨院室以免毒菌侵入云

軒

——摘自《远东报》，1920 年 9 月 23 日

●滿洲里之瘟疫○日前滿洲里站發現瘟疫刻經鐵路公司調查確係時疫已派人在該站防疫矣

——摘自《远东报》，1920 年 9 月 24 日

●後貝加爾之黑死病○滿洲里屯傳後貝加爾省近日發現黑死病已實行防疫决定由列車組織病院云

——摘自《远东报》，1920 年 9 月 29 日

●大連之時疫○大連傳云近日往來搭客皆受檢驗其中傳染虎列拉者日有所聞故日人刻正籌備防疫云

——摘自《远东报》，
1920 年 9 月 30 日

●後貝加爾之瘟疫○後貝加爾省近日發現瘟疫謝梅諾夫飭知防疫並禁止獵取旱獺云

——摘自《远东报》，
1920 年 9 月 30 日

●滿洲里之瘟疫○滿洲里傳云該站瘟疫盛行死於疫症者已有八名近日設法防疫並焚燒病人住舍云

——摘自《远东报》，
1920 年 10 月 7 日

●海拉耳之黑死病○海拉耳消息日前發生黑死病者一名該處醫生刻正設法防範以免傳至哈埠云

——摘自《远东报》，
1920 年 10 月 24 日

△時論▽

冬瘟之宜防

近日哈埠寒風刺骨漸入冬景屋內飛蠅不見街市積雪滿地似不至再發生傳染各症矣然往年哈埠發現瘟疫死者數萬入冬尤盛至今言之頗爲傷心**本年蒙古及後貝加爾省之旱獺又發現疫症獵者死於非命者不勝其多**現滿洲各城素不知捕除鼠類如一日發生疫症其危險未必在往年以下也據滿洲里消息本年九月十六日由後貝加爾省阿巴該堆站赴滿洲里病院之哥薩克人阿謝諾夫氏染受疫症當時鐵路公司遣派阿加諾夫醫士赴該院調查確悉鼠疫**然病者日見痊可截至九月二十六日並無傳染鼠疫之事**惟阿謝諾夫之母已死於疫症達烏里站亦發現鼠疫兩次是故鐵路公司撥出一千金盧布爲防疫之用然鼠疫之傳染關係多數生命故欲設法防範非用羣策羣力不可據醫生研究鼠瘟傳染甚易由人之呼吸機關或由微生物傳染而得每覺熱度增高呼吸不靈受其傳染者不易保全生命然比較肺疫尚覺輕減若肺疫發生之後每有咳血作燒之現象死者十居八九鼠瘟之來源不外後貝加爾及阿斯特拉漢兩省因該處旱獺甚多獵戶染受是疫後家鼠足爲傳染之媒介**西歐各國因平日講求衛生已無發生鼠疫之餘地俄國近年辦理防疫亦有進步故一千九百十年滿洲之鼠疫以華人死於疫症者爲數最多**今爲預防起見第一注意西路之搭客第二隨時掃除汚穢捕除鼠類以免滿洲界外之鼠疫侵擾滿洲之各地未必不爲人類之大幸也

——摘自《远东报》，1920 年 11 月 11 日

海拉耳站之傳染病○海拉耳站消息日前鐵路工人住房發現傳染病據醫生研究頗似鼠瘟聞病者九人死者七人日昨鐵路醫生及中日醫生皆赴該站考驗設法預防以免其傳染他處

——摘自《远东报》，
1920 年 11 月 28 日

海拉耳之疫症○海拉耳已發現鼠疫三起俄人死者兩名華人一名聞二十五日華員召集醫生開會研究防疫辦法矣

——摘自《远东报》，
1920 年 11 月 30 日

海拉爾實行防疫○海拉爾站已發現疑似黑死病數起刻在該站設立衛生實行委員會以便辦理檢查防疫各事

——摘自《远东报》，
1920 年 12 月 7 日

●海拉爾之黑死病〇海拉爾站自十月以來病者八名死者七名該站雖設立衛生實行委員會然實行檢查病人有種種困難刻正設立隔離所並從事預備防疫云

——摘自《远东报》，
1920年12月7日

●鐵路檢驗兵車〇滿站俄軍刻已退盡聞中東路爲預防傳染疫症起見在沿路檢查兵車云

——摘自《远东报》，
1920年12月12日

△時論▽

中東路鼠疫之傳染

本報前已登載滿洲已受鼠疫之傳染各界如不設法防疫則前途之危險不堪言狀矣頃據俄報傳云中國醫生伍連德等日前在海拉耳站開會討論防疫問題 因傳染者日多情勢頗爲危險 如十月十五日鐵路巡差女人切列金氏染疫身亡其子九歲亦受傳染病歿當由中國軍隊嚴守病人住房以免傳染他處至十一月十五日切列金氏二子熱度甚高然未查出瘟疫種子十七日又有切列金第三子病歿十八日切列金本人患病。二十四日兵士死去一人計前後病者八人死者七人現在海拉耳站設立防疫局實行檢查病人又據日本醫生報告中日俄人受傳染者各三名並聞華人中屢有死於疫症者 日昨防疫局局長報告近兩日海拉耳 站左近華人死於疫症者七名 現在滿站亦發現疫症已死克薩克人一名觀以上種種滿洲辦理防疫一事無容再緩矣 雖云鼠疫非肺疫可比然爲保全生命起見各地方長官不能不加意預防 以免其傳徧於北滿也

——摘自《远东报》，1920年12月14日

●滿站之瘟疫○滿站瘟疫尚未撲滅推測疫症將傳染於外蒙云

——摘自《远东报》，
1920年12月14日

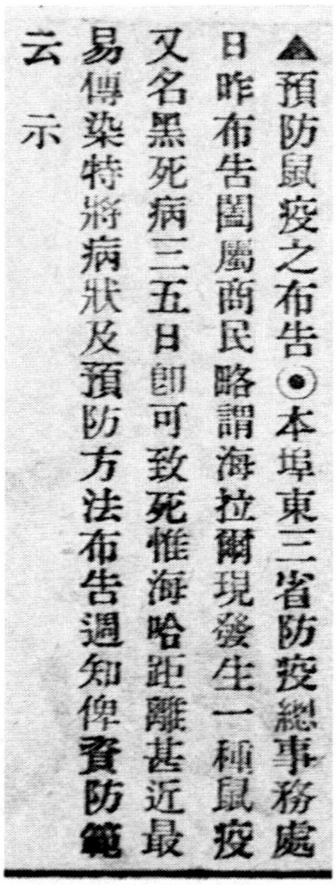

▲預防鼠疫之布告⊙本埠東三省防疫總事務處日昨布告閭屬商民略謂海拉爾現發生一種鼠疫又名黑死病三五日卽可致死惟海哈距離甚近最易傳染特將病狀及預防方法布告週知俾資防範云 示

——摘自《远东报》，
1920年12月16日

來件

防疫事務處之布告

爲佈告事查近日海拉爾（距哈爾濱七百里）發生一種疫症感染之者三五日間卽能致命其名曰鼠疫又名曰黑死病今特將此種病普通病狀及其預防方法佈告周知俾得防範

▲鼠疫之傳染　鼠疫本由於一種鼠疫細菌生長病鼠血內病鼠旣死則其身上跳蚤蓄含其疫菌跋扈跳躍隨處吐放人體一經與之接觸被咬遂卽染毒罹疫難幸免矣迨菌旣入人體毒至核成核疫然亦可沿血至肺成肺疫

肺疫患者咯痰吐唾內含疫菌無數挾帶而出遊揚空中他人呼吸其間此菌竄入肺內他人卽從而受病彼呼我吸人人直接相傳染輾轉無盡瞬息可達千百萬人矣其餘染疫屍體與染疫病者之排泄物住屋襯衣等皆可爲傳染之媒介亦切宜留意

▲鼠疫之病狀　據上述鼠疫有二種一曰鼠核疫二曰鼠肺疫茲按其病狀分論之

鼠核疫病狀　初覺頭痛暈眩惡心嘔吐四肢困倦食思不振數時間後俄然全身戰慄發高熱越一二日頸下腋下或兩跨間之核（以兩跨間者爲常）漸漸硬腫痛苦難堪隨此核潰爛成膿氣味甚烈鄰部皮膚浮腫或瘀血重症者三五日內卽歸死亡輕症者經一二週熱退核消全愈但爲數甚少

鼠肺疫病狀　肺疫病勢甚猛初覺狀與核疫同但不多時呼吸促迫面靑紫胸痛咳嗽吐血痰延至二三日昏憒而死　（未完）

——摘自《远东报》，1920年12月18日

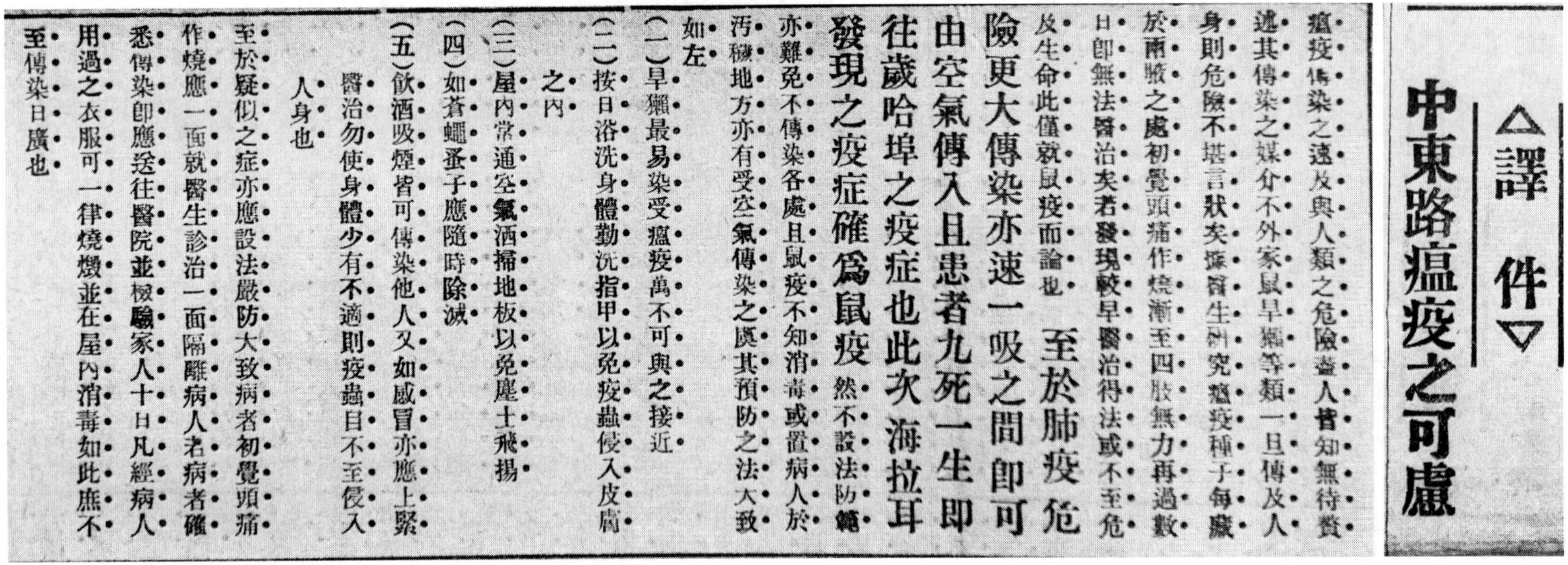

△譯件▽

中東路瘟疫之可慮

瘟疫傳染之速及與人類之危險盡人皆知無待贅述其傳染之媒介不外家鼠旱獺等類一旦傳及人身則危險不堪言狀矣據醫生研究瘟疫種子每藏於兩腋之處初覺頭痛作燒漸至四肢無力再過數日即無法醫治矣若發現較早醫治得法或不至危及生命此僅就鼠疫而論也 至於肺疫危險更大傳染亦速一吸之間即可由空氣傳入且患者九死一生即往歲哈埠之疫症也此次海拉耳發現之疫症確爲鼠疫然不設法防範亦難免不傳染各處且鼠疫不知消毒或置病人於汚穢地方亦有受空氣傳染之虞其預防之法大致如左

(一)旱獺最易染受瘟疫萬不可與之接近

(二)按日浴洗身體勤洗指甲以免疫蟲侵入皮膚之內

(三)屋內常通空氣洒掃地板以免塵土飛揚

(四)如蒼蠅蚤子應隨時除滅

(五)飲酒吸煙皆可傳染他人又如感冒亦應上緊醫治勿使身體少有不適則疫蟲自不至侵入人身也

至於疑似之症亦應設法嚴防大致病者初覺頭痛作燒應一面就醫生診治一面隔離病人若病者確悉傳染即應送往醫院並檢驗家人十日凡經病人用過之衣服可一律燒燬並在屋內消毒如此庶不至傳染日廣也

——摘自《远东报》，1920年12月19日

来件

防疫事務處之佈告（續）

▲鼠疫之預防　預防鼠疫惟在種毒滅鼠隔離患者與消毒四事其法條列如左

（一）種毒　患鼠疫經愈者不復患鼠疫以彼疫菌侵入人體體內天然生出一種抗病的能力備將來抵當此種疫菌之用種毒即依是理將死菌射入人體使體內生抗病之力先事預防也此法與種牛痘防天花同

（二）滅鼠　其法有四

（甲）養貓　養貓捕鼠鼠盡則鼠疫不生前印度流行鼠疫時英國醫生查明養貓之家染疫甚少可以槩見但蓄養之貓晚間勿喂太飽使其飢餓逐食

（乙）斷鼠糧　鼠賴糧生長糧盡鼠必絕故凡百精粗食物皆須妥藏密蔽毋稍露置

（丙）杜鼠洞　鼠性好避陽光潛居洞裏恐被人捕捉故凡屋內一竇一隙皆須密塡固封建新屋時更宜留意毋餘隙地使彼鼠類無容身之所

（丁）捕鼠　捕鼠亦所以滅鼠故宜多備捕鼠器及殺鼠藥置諸屋隅以捕殺鼠類但捕得之鼠即宜投入盛煤油之鐵罐內或即炬焚之免鼠蚤遠跳觸及人體

（三）滅鼠蚤　鼠疫由鼠蚤傳染非由鼠直接能傳染前既言明故滅鼠尤須滅鼠蚤其法即以消毒水洗擦地板以灰硝杜塞墻縫如能以硫磺薰室內更佳

（四）隔離　凡染疫者即宜送入隔離醫院或蔽置一室無論何人不許入內探視接談以杜傳染在肺疫患者其左右司役更宜戴面具

（五）消毒　染疫者之衣服及一切用具宜用消毒藥水全行消毒或以開水沸煮數分鐘不值錢者焚燬之至染疫者之排泄物更宜投入消毒藥水毋得隨處拋置

（六）報告　家中有患疫者或知鄰家有染疫者即宜投報本防疫處或請警署轉知致得前來消毒杜其蔓延

（七）面具　肺疫盛行時出入宜戴面具其法即以一塊潔淨沙布疊成二層內裹棉花戴口鼻上兩端各剪成二條上二條結在耳上顱後下二條結在頸後便能妥適不至移動

中華民國九年十二月　日　東三省防疫事務總處佈告　（完）

——摘自《远东报》，1920 年 12 月 19 日

●本埠開防疫會議◯東三省防疫事務總處因海拉爾一帶發生鼠疫深恐傳至本埠禍及商民該處總辦伍連德為預防起見茲於本月十九日招集本埠各要人在該處特開防疫會議研究預防方法及檢查規則茲將是日議決事項六條臚列於後

第一條　隔離事務所暫時設立於商務會內

第二條　擬先請欵三萬元由道尹鎮守使司令縣知事總醫官等會銜呈請但由道署擬稿

第三條　道裏如有染疫者可以借用火車為隔離所道外須由警廳在街外預覓隔離所

第四條　凡由滿洲里開來客車由本埠軍警會同醫官檢查道裏外檢查各旅店亦如是至檢查章程由軍警醫官酌訂但由醫院起草

第五條　通知各處本埠防疫會成立

第六條　道內外病人如有類似瘟疫者警廳局應隨時通知醫院前往檢驗

——摘自《远东报》，1920年12月22日

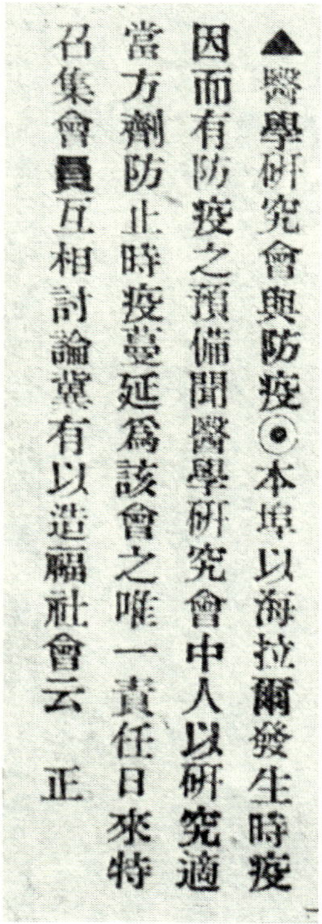
▲醫學研究會與防疫⊙本埠以海拉爾發生時疫因而有防疫之預備聞醫學研究會中人以研究適當方劑防止時疫蔓延爲該會之唯一責任日來特召集會員互相討論冀有以造福社會云　正

——摘自《远东报》，
1920 年 12 月 24 日

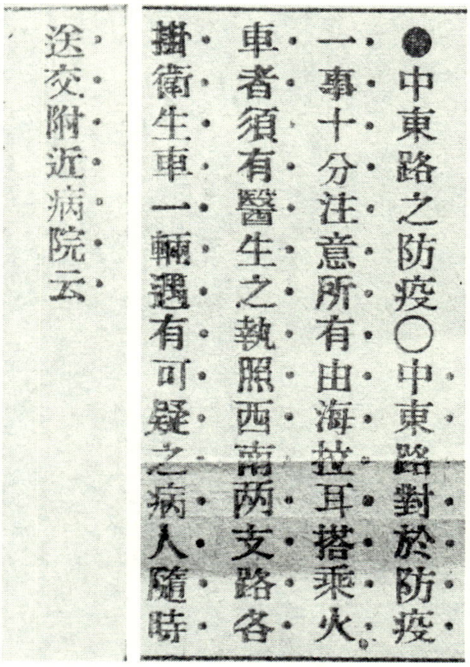
●中東路之防疫○中東路對於防疫一事十分注意所有由海拉耳搭乘火車者須有醫生之執照西南兩支路各掛衛生車一輛遇有可疑之病人隨時送交附近病院云

——摘自《远东报》，
1921 年 1 月 1 日

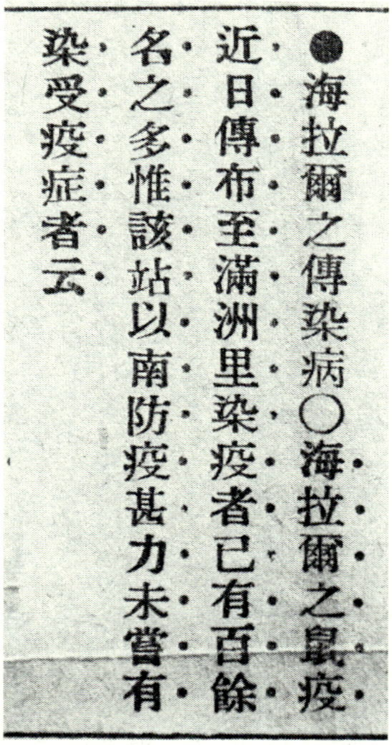
●海拉爾之傳染病○海拉爾之鼠疫近日傳布至滿洲里染疫者已有百餘名之多惟該站以南防疫甚力未嘗有染受疫症者云

——摘自《远东报》，
1921 年 1 月 9 日

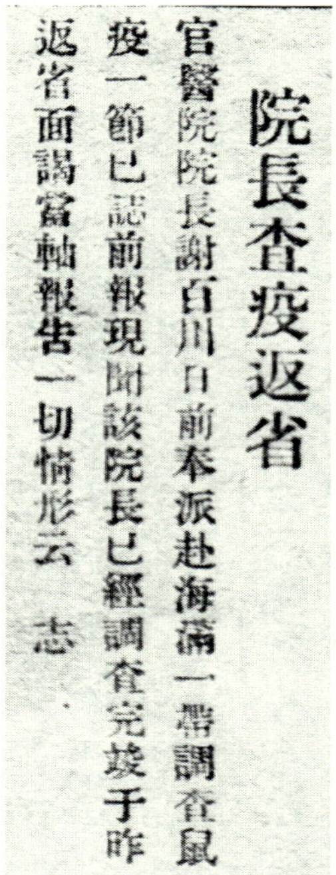
院長查疫返省

官醫院院長謝百川日前奉派赴海滿一帶調查鼠疫一節已誌前報現聞該院長已經調查完竣于昨返省面謁督軸報告一切情形云　志

——摘自《远东报》，
1921 年 1 月 13 日

●海拉爾疫症猖獗〇海拉爾鼠疫傳染者日多本埠外人深恐傳至哈埠刻正研究防疫辦法並聞日軍擬注射疫漿云

——摘自《远东报》，
1921年1月16日

本埠新聞

●海拉爾之疫症〇近日海拉爾疫症較前消滅惟工人傳染者甚多如正月一日海拉爾發現華人屍身一具查明確有瘟疫正月二日查出屍身九具三日俄人病者一名六日身故計正月中旬華人死者一名病者二名

扎蘭諾爾發現華人屍身三具由二日至八日死三名十日病者四名十一日死者二名病者十二名七日死者七名十三日查出屍身三名死者八名計扎蘭諾爾收養病人九十名

——摘自《远东报》，1921年1月18日

長春

爲防疫籌辦場所

本埠警察廳召集各科人員會議防疫已誌昨報茲聞該廳以疫症侵入皆由食物傳染所致擬將屠戶包辦之屠猪公司取消收回自辦以便檢驗病畜已派總務科員郭耀行政科員楊蔚青爲籌備員在空暇地方賃大房一所以備開辦現正籌劃一切云

——摘自《远东报》，
1921 年 1 月 18 日

●西路之衛生車○海拉爾鼠疫尚未完全撲滅所有搭客非有醫生執照不准購票登車並在西路添衛生車一輛遇有疑似病人安置該車隔離云

——摘自《远东报》，
1921 年 1 月 21 日

籌備防疫事務所

本埠警察廳因中東路沿綫海拉爾滿洲里發生疫症恐傳播前來日前特召集各科人員會議防範辦法已誌昨報茲聞該廳議決先籌備防疫事務所一處附於廳內其所內人員以廳內科長員兼代概不支薪每日派員到處檢查行旅以免傳染倘有疫症發現即實行辦理至人員職務及施行一切章程俟後再誌

——摘自《远东报》，1921 年 1 月 21 日

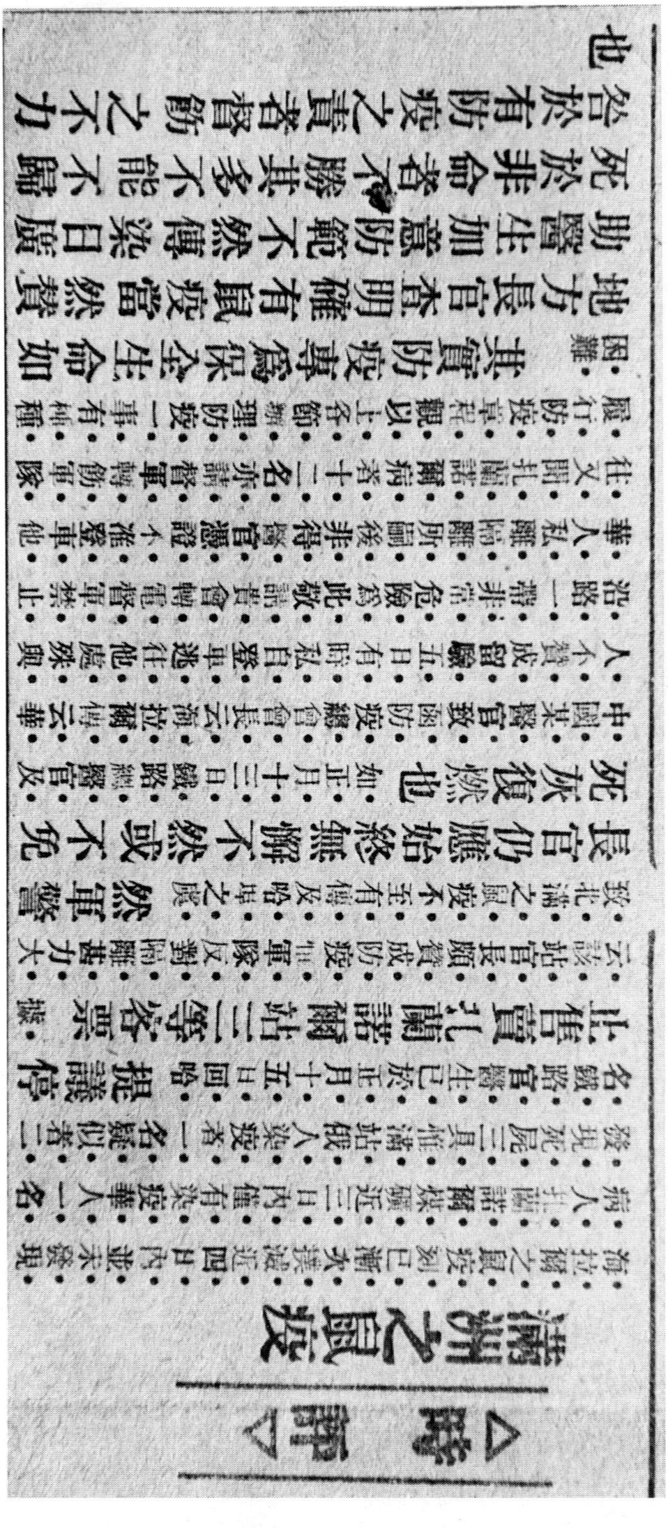

△時評▽

滿洲之鼠疫

海拉爾之鼠疫刻已漸次撲滅近四日內並未發現病人扎蘭諾爾煤礦近三日內僅有染疫華人一名發現死屍三具惟滿站俄人染疫者一名疑似者二名鐵路官醫生已於正月十五日回哈提議停止售賣扎蘭諾爾站三等客票據云該站官長頗贊成防疫但軍隊反對隔離甚力大致北滿之鼠疫不至有傳及哈埠之虞然軍警長官仍應始終無懈不然或不免死灰復燃也 如正月十三日鐵路總醫官及中國某醫官致函防疫總會會長云海拉爾傳云華人不贊成留驗五日有時私自登車逃往他處殊與沿路一帶非常危險爲此敬請貴會轉電督軍禁止華人私離隔離所嗣後非得醫官憑證不准登車他往又聞扎蘭諾爾病者十二名亦請督軍轉飭軍隊履行防疫章程觀以上各節辦理防疫一事有種種困難 其實防疫專爲保全生命如地方長官查明確有鼠疫當然贊助醫生加意防範不然傳染日廣死於非命者不勝其多不能不歸咎於有防疫之責者督飭之不力也

——摘自《远东报》，1921年1月22日

籌備防疫之計畫

警務處處長王家勳現擬定籌備防疫之計畫數條（一）在處內設立防疫所（二）曉諭商民清潔法（三）派醫官調查商民有無染患疫病（四）如發現疫病則隔離消毒（五）取締不潔飲食物　民

——摘自《远东报》，
1921 年 1 月 22 日

本埠新聞

●鐵路公司防疫○鐵路公司刻已開始防疫海拉爾站實行檢驗登車搭客五日且非有醫生執照不准售票染疫地方由華軍守護各車皆預備衛生車一輛云

——摘自《远东报》，
1921 年 1 月 26 日

●鼠疫近聞○聞正月十九日有人由扎蘭諾爾逃至本埠傳家甸二十二日身故刻下隔離四人又聞齊齊哈爾瘟疫頗似肺疫死者四名海拉爾發現鼠疫四十八次近日未見新病者扎蘭諾爾病者八十二名滿站病疫者九名扎羅木二名云

——摘自《远东报》，
1921年1月26日

籌設防疫處

近來天氣異常溫暖滿洲里海拉爾一帶瘟疫盛行為患頗劇刻下省垣中亦有此種疫病發現孫督軍為預防起見日昨飭令軍醫課張課長與官醫院謝院長壽擬防醫辦法並設處辦理云　志

——摘自《远东报》，
1921年1月26日

滿海防疫之近報

昨據滿洲里來人云自上年十一月間滿海一帶郎發現瘟疫現下該地軍警已在中東鐵路附近各站籌設防疫隔離所派委醫官四十人實行檢疫近日除染疫死者二百餘人外尚有染疫正在醫治之際者三四十人因是由海拉爾至東西三站間已停行火車多日云　志

——摘自《远东报》，
1921年1月26日

●本埠之防疫局○本埠疫症將有復發之虞各醫生組織防疫局檢查所有病人並派醫生二十名分赴旅館調查並擬召集衛生隊辦理驗病驗屍之事

——摘自《远东报》，
1921年1月28日

●防疫之報告○正月二十六日扎蘭諾爾煤礦病者五名死者一名滿洲里站病者一名離滿站十四俄里小站死者一名傳家甸中國女人染病者一名云

——摘自《远东报》，1921 年 1 月 29 日

●中東路之疫症○自正月一日至二十日海拉爾站病者四人死者十一名扎蘭諾爾煤礦病者二十三名死者九名滿站病者一名死者二名

自二十一日至二十五日扎蘭諾爾煤礦病者五十九名死者四名滿站病者二名死者五名

齊齊哈爾死者三十二名傳家甸死者一名最近鼠疫頗與肺疫相近傳染者不易救治且以上所開病人中有俄人三名餘皆華人云

——摘自《远东报》，1921 年 1 月 29 日

●董事會入手防疫○董事會日昨通告八站設法清除官房汚穢及工人住房並主持在官住委人監視一切云

——摘自《远东报》，
1921 年 1 月 29 日

●施種疫漿○本埠紅十字會深恐發現瘟疫刻在米列夫兵營六十五號房施種疫漿以免傳染云

——摘自《远东报》，
1921 年 1 月 29 日

●警察預備防疫○聞警察奉命查驗各戶有無違背衛生章程情事如十分汚穢處以監禁之罪以防疫症傳及哈埠云

——摘自《远东报》，
1921 年 1 月 29 日

●奉天預備防疫○日前奉天開防疫會議時張使令財政廳撥防疫費一萬元飭王連坡廳長担任籌備防疫事宜揀選醫官製備醫藥設立檢疫所實行防疫之手續云

——摘自《远东报》，
1921 年 1 月 29 日

●臨時防疫事務所成立○日前因道外同記工廠疫斃工人一名經警廳長報由道尹請准省長設立臨時防疫事務所以重生命聞昨各機關人員已在道署議決舉宋友梅爲總辦其設置地點卽在道署三堂云　和

——摘自《远东报》，
1921 年 1 月 29 日

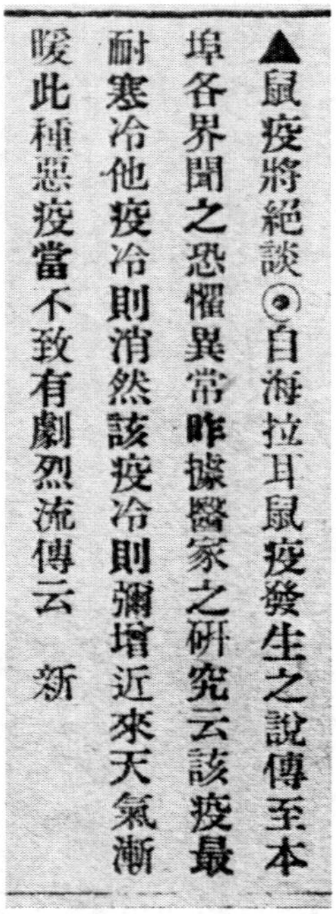

▲鼠疫將絕談◉自海拉耳鼠疫發生之說傳至本埠各界聞之恐懼異常昨據醫家之研究云該疫最耐寒冷他疫冷則消然該疫冷則彌增近來天氣漸暖此種惡疫當不致有劇烈流傳云 新

——摘自《远东报》，1921 年 1 月 29 日

本埠新聞

●關於防疫種種○鐵路公司於十二月二十三日及正月六日召集防疫會議兩次決定辦法如左

（一）設立各國防疫專局以稅務司爲議長

（一）羅什洛夫醫生編成防疫布告印刷中俄文傳單

（一）由滿站開至哈埠及南下之車佩置衛生車委任醫生與各大站醫生會同辦理

（一）海拉爾由鐵路派醫生二名副醫生四名衛生隊十名會同中國伍醫官辦理防疫之事

（一）鐵路病院內另設病棚

（一）設立隔離所

（一）禁售滿站至海拉爾三等票惟有醫生執照者不在此限

（一）派柏爾施夫副醫官及羅什洛夫衛生總醫士赴海拉爾襄辦防疫並派沃加諾夫醫生考驗微菌

（一）撥金魯布一千元在海[illegible]設立防疫委員會

（一）派兵圍繞疫區實行五日[illegible]驗

（一）滿洲站方面至正月二[illegible]鐵路撥出一千六百六十[illegible]組織防疫委員會

（一）另設病院隔離所並用逃民原佔用地方爲棲流所

（一）派薩列諾夫考驗微菌

（一）扎蘭諾爾方面組織防疫委員會以煤礦經理爲會長

（一）煤礦原有醫生不敷應用應再加添醫生聽原用醫生柏什汏夫指揮並設病院隔離所

（一）哈爾濱方面火車站上加添衛生隊歸謝民托夫醫生管領

（一）通傳家甸鐵路終點地方停暖車二十五輛預備可疑病人或隔離之用

——摘自《远东报》，1921年1月30日

●扎蘭諾爾防疫辦法○扎蘭諾爾煤礦醫生與管理員中國地方官議定新到之工人須檢驗六日遇有病[illegible]死者應立時通知華警檢驗並決修築[illegible]塲隔離所聘請醫生組織消毒隊[illegible]消毒物品刻已設立防疫委員會[illegible]煤礦醫生為議長云

——摘自《远东报》，
1921 年 1 月 30 日

●疫症現狀○二十七日海拉爾有華兵染病者一名扎蘭諾爾病者十七名死者六名滿站病者一名死者二名齊齊哈爾站死者一名

二十六日醫生報告傳家甸隔離之四人內有女人一名患病並無傳染者扎蘭諾爾病五名死一名滿站病者十四名

——摘自《远东报》，
1921 年 1 月 30 日

●檢驗搭客〇自二十七日起所有雙數車離哈埠九俄里在梅台子小站檢驗遇有疑似病人送交隨行專車隔離

——摘自《远东报》，
1921 年 1 月 30 日

●防疫職員產出〇道署內附設防疫事務所已誌昨報茲聞當場產出之職員宋友梅爲總辦董道尹馬總辦爲幇辦伍連德爲醫官主任兼坐辦之職張玉生盧知事爲文牘何廳長劉處長爲調查李。紹庚爲繙譯傳希年爲會計云和

——摘自《远东报》，
1921 年 1 月 30 日

▲鼠疫消滅之確訊◉前海拉爾一帶鼠疫發生爲害甚烈屢見諸各報茲聞前由本埠防疫事務處派委之鄧博士與關醫士往該處防疫事竣昨已歸哈報告該處鼠疫現已完全消滅云　新

——摘自《远东报》，
1921 年 1 月 30 日

將開中日防疫大會

北滿發現鼠疫業見前報茲聞奉當局對於防疫事宜頗爲注意除令警務處籌設檢閱所外現並通告日本方面擬定於二月十日前後邀集中日要人開防疫大會以討論完善策畫云　民

——摘自《远东报》，
1921 年 1 月 30 日

●關於防疫近聞○自正月十七至二十三日哈埠總醫生調查患傳染病者十三人其中瘧疾三名冬瘟一名喉症一名疹子一名感冒三名皮燒四名中東路一帶同期間傳染病者二十二名內有冬瘟一名時疫一名寒熱往來一名肺炎四名感冒三名疹子四名喉症一名皮燒一名喘嗽四名瘧子一名二十七日海拉爾病疫者一名扎蘭諾爾站病十七名死六名滿站病一名死二名齊齊哈爾死者一名二十八日扎蘭諾爾病者十四名死者一名滿站病者一名死者二名

——摘自《远东报》，1921 年 2 月 1 日

籌設防疫所近誌

當局對於防疫一節頗爲注意令警界設立防疫所等情業誌前報茲聞王警務處長已遵令在衛生醫院籌設防疫所委警處醫官及該院醫士等十餘人爲檢疫專員又聘西醫顧問數名云　民

——摘自《远东报》，
1921 年 2 月 1 日

本埠新聞

●南滿車實行消毒○南滿車自正月二十八日起實行消毒每次乘客下車後郎用石炭酸等洗刷以防鼠疫之傳染云

——摘自《远东报》，
1921 年 2 月 2 日

滿站通車無望〇北京消息中東路與西比利亞通車一事刻已無望因交通部提出滿站鼠疫猖獗且紅黨預備侵入擬停止議商通車問題云

——摘自《远东报》，
1921年2月2日

日人注射疫漿〇本埠道內外日人爲預防傳染疫症起見連日注射疫漿並聞日人求注射者非常之多云

——摘自《远东报》，
1921年2月2日

西路停止行車〇鐵路公司爲預防鼠疫傳及哈埠起見自昨日起實行停止西路客車云

——摘自《远东报》，
1921年2月2日

●防疫近聞〇二十九日扎蘭諾爾病者三十名死者五名滿站病者二名死者三名齊齊哈爾死者一名三十日扎蘭諾爾煤礦病者二十四名死者三名滿站病者二名死者一名免渡河站死者二名

——摘自《远东报》，
1921 年 2 月 2 日

●南滿防疫〇南滿路自二十八日起派醫生隨車辦理衛生事並聞長春遼陽奉天已設立隔離所矣

——摘自《远东报》，
1921 年 2 月 2 日

▲黑龍江▼

防疫處領款購藥

孫督軍因省垣發現瘟疫爲防禦起見飭軍醫課長與官醫院長籌設防疫處專辦防疫事務業誌前報茲探得孫督軍召集各機關人員暨商會會長公議暫由財政廳提撥江洋數千元預備藥品以資應用聞防疫處已將撥欵領到派人赴津購買各種防疫藥品云 志

——摘自《远东报》，
1921 年 2 月 2 日

●西路停車原因○西路客車停止往來一節已誌本報刻聞防疫委員會以海拉爾扎蘭諾爾鼠疫猖獗電請北京禁阻西路火車南下以免疫症傳及哈埠云

——摘自《远东报》，
1921 年 2 月 3 日

●滿站防疫嚴○聞臚賓知事以扎蘭諾爾疫症甚盛決定禁止該處煤礦工人進街並商妥軍警兩界嚴查有疫症地方商民入臚賓境內云

——摘自《远东报》，
1921 年 2 月 3 日

●商界更覺無望○本埠中外商人渴想滿站開通不意紅黨屢謀侵入滿洲又繼之以疫症流行甚至西路火車亦停止開行以至商界完全絕望僅有少數貨品運銷於黑河等處云

——摘自《远东报》，
1921 年 2 月 3 日

●防疫之報告○正月三十一日扎蘭諾爾煤礦病者十名內有俄人一名死者九名

滿站病者三名死者二名

——摘自《远东报》，
1921 年 2 月 3 日

●療治鼠疫之良藥○近中本埠發現鼠疫人民聞之相驚如洪水猛獸昨聞醫家者言此病之起原由於肺熱過劇胃口閉塞若急服牛黃丸沁以清涼則肺熱立滅斷不至傷人云　中

——摘自《远东报》，
1921 年 2 月 3 日

●孫督電告防疫○江督電告奉天張使略謂海拉爾鼠疫因防範不力刻已蔓延至東蒙一帶除飭所屬嚴防外並請奉省作速預備防疫云

——摘自《远东报》，
1921年2月4日

▲滿洲里▼

爲防疫斷絕交通

臚賓縣公署接到扎蘭諾爾曲區官報稱該處瘟疫猖獗已極日昨因疫死亡者四十餘名而趙知事得此報告立即會同陶局長商議預防辦法先由隔斷交通入手凡由扎蘭諾爾來者一概不許進街云

——摘自《远东报》，
1921年2月4日

本埠新聞

●防疫近聞一〇三十一日扎蘭諾爾病者十名死者九名滿站病者八名死者二名

二月一日扎蘭諾爾病者二十八名死者三名滿站病者七名死者四名免渡河病者一名

二月二日長春開至哈埠火車發現病者一名查出爲疫症同車之人皆被隔離聞南滿亦有疫症云

又據長春民團長電告寬城子已發現疫症故鐵路公司擬派衛生隊前往云

——摘自《远东报》，1921 年 2 月 5 日

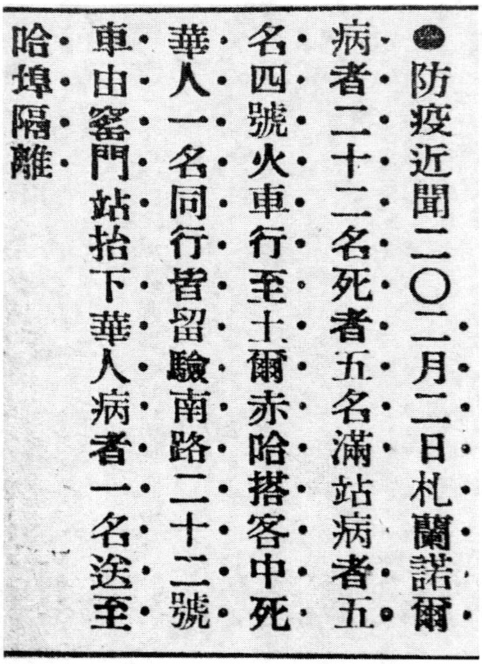
●防疫近聞二〇二月二日札蘭諾爾病者二十二名死者五名滿站病者五名四號火車行至土爾赤哈搭客中死華人一名同行皆留驗南路二十二號車由窰門站抬下華人病者一名送至哈埠隔離

——摘自《远东报》，1921 年 2 月 5 日

●關於防疫之進行○二月二日總醫官爲預防疫症起見分配鐵路醫官如下辦理

(一)謝眠托夫查車站地包莫斯科兵營及糧台小站

(二)羅函次查秦家崗

(三)米吉索夫查馬家溝會同楚布果夫

(四)甘祁木羅查香坊阿列謝夫村

(五)醫院醫士查薩滿闊爾普斯郭斯及他里鎮

如有可疑病人請由九十五號電話通知中央病院由佩勒醫士帶同衛生隊運送病人(外人送至本埠病院華人送至傳家甸)

發現死屍亦照上開辦法辦理

——摘自《远东报》，1921 年 2 月 5 日

▲逐戶查疫◉道尹公署附設之防疫局近日派員逐戶查檢疫症凡有死者皆須經醫生檢驗將死者之血液取出盛以玻璃缸內用顯微鏡查看是否百斯篤云

——摘自《远东报》，
1921 年 2 月 5 日

▲工務會自辦防疫◉防疫一事本埠各區巳經成立茲聞三十六棚工務會以該區地面尤爲吃緊日昨召集特別會議辦理防疫全體贊成巳推舉舒巨川李化南周全盛經理一切事宜擬就簡章僱用夫役購辦器具假工會爲臨時辦事所卽日呈請五署轉請備案云　國

——摘自《远东报》，
1921 年 2 月 5 日

▲傅家甸防疫分會成立◉道裡設立防疫會業誌本報茲本埠盧知事又在縣署警界設立防疫分會並派調查員按戶調查凡有疑似病者令卽報告檢驗云　示

——摘自《远东报》，
1921 年 2 月 5 日

▲長　春▼

日人防疫之嚴厲

據日租界頭道溝確實消息云日昨警署以鼠疫傳達中東路一帶深恐滋蔓前來特由關東廳請來防疫巡查若干名常駐車站檢查往來旅客以免疫癘傳達并由南滿車站撥出火車八輛置於空暇地方作為隔離住所之用云云以此觀之該警署防疫嚴厲若此庶疫癘自然消滅云

——摘自《远东报》，
1921 年 2 月 5 日

●哈埠至滿站之交通○哈埠滿洲里間每星期開車三次商民往來須有限制非領得醫生發給之證書聲明與身體無危險者不准前往云

——摘自《远东报》，
1921 年 2 月 6 日

●防疫近聞○正月二十四至三十日哈埠患冬瘟感冒瘧疾等症者十三名沿路有傳染病者四十三名其中有猩紅熱感冒風寒傷寒等症並無疫症云

——摘自《远东报》，
1921 年 2 月 6 日

●疫症報告〇二月三日扎蘭諾爾煤鑛病者十七名死六名滿站病者五名布赫圖病死者二名哈埠附近村屯疑似疫症女人一名死者一名該處曾死四名因其中有一名由西路來本埠者

——摘自《远东报》，
1921 年 2 月 6 日

●扎蘭屯之防疫〇齊齊哈爾刻已發生疫症故扎蘭屯站組織防疫委員會同時布赫圖寬城子亦設防疫局聞布赫圖站請派防疫專員前往云

——摘自《远东报》，
1921 年 2 月 6 日

●南滿之疫症〇南滿公主嶺站日前發現疫症因之南滿路實行檢驗北來搭客並設隔絕所開始防疫云

——摘自《远东报》，1921 年 2 月 6 日

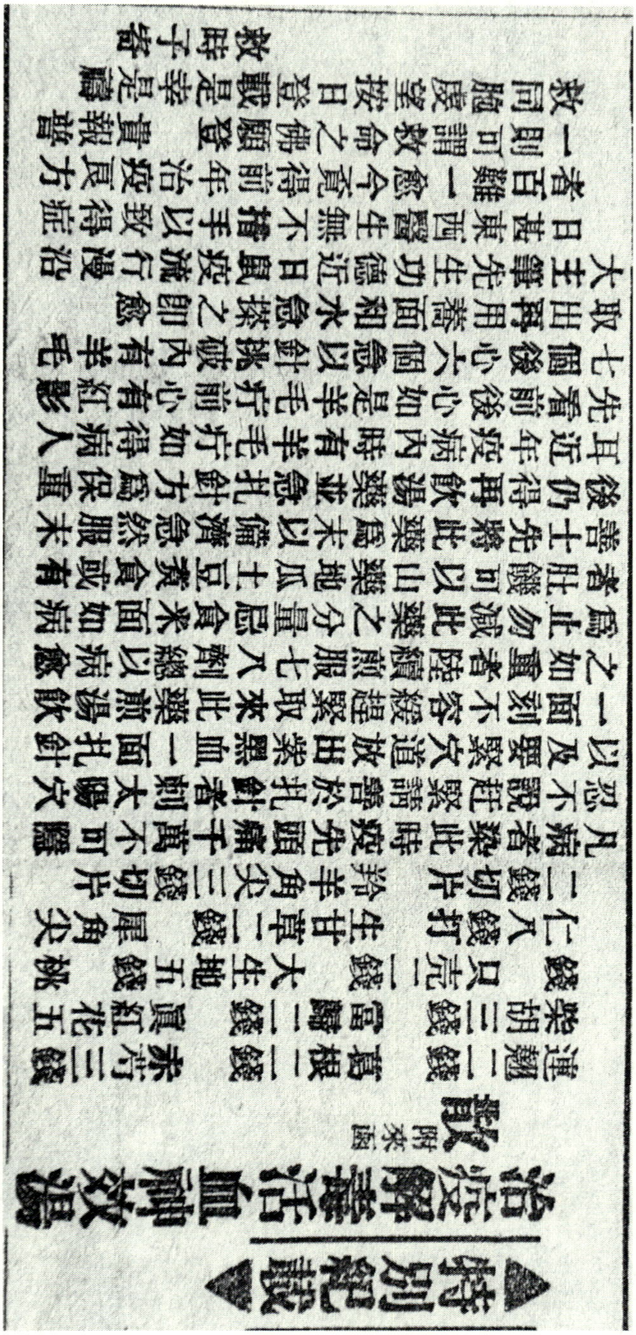

特別紀載

治疫解毒活血神效湯散 附來函

連翹二錢 葛根二錢 赤芍三錢
柴胡三錢 當歸二錢 眞紅花五
錢 只壳二錢 大生地 五錢 桃
仁八錢打 生甘草二錢 犀角尖
二錢切片 羚羊角尖三錢切片

凡病者染此時疫先頭痛千萬不可隱忍不說趕緊請醫於扎針者刺太陽穴以及要緊穴道放出紫黑血一面扎針一面刻不容緩趕緊取來此藥煎湯飲之如重者陸續煎服七八劑總以病愈爲止勿減此藥之分量忌食米面如病者肚饑可以山藥地瓜土豆煮食或有善士先將此藥爲末以備濟急然服末後仍得再飲湯藥並急扎針方爲保重耳近年疫病內時有羊毛疔如得病人先看前後心如是羊毛疔前心有紅影七個後心六個急以針挑破內有羊毛取出再用蕎面和水急搽之即愈

大主筆先生功德近日鼠疫流行漫沿日甚東西醫生無不措手以致得症者百難一愈今覓得前年治疫良方一則可謂救命之佛願登 貴報普救同胞虔望按日登載是幸是禱

救時子寄

——摘自《远东报》，1921 年 2 月 6 日

▲黑龍江▼

防疫之嚴厲

本省軍警當局對于防疫事宜極力進行毫不疏懈誥誡商民注意衛生異常嚴厲昨聞東城壕日昌恒油坊及永合店因疫各死一人被官府查悉當即封門云　志

——摘自《远东报》，
1921 年 2 月 6 日

本埠新聞

●中東路實行檢疫○長春傳云日前南路窰門站發現疑似鼠疫故由日俄兩國當軸協同防疫並檢驗搭客云

——摘自《远东报》，
1921 年 2 月 15 日

●長春尚無疫症○日報傳云長春並未發現疫症各報盛傳長春有疑似鼠疫等消息尚不能證實云

——摘自《远东报》，
1921 年 2 月 15 日

●滿洲里之疫症○滿洲里傳云近日傳染疫症者日多每日最少二十名多至五十名刻仍極力防疫務期早日撲滅云

——摘自《远东报》，
1921 年 2 月 15 日

●火車停止消息〇聞中東鐵路公司以現在時疫流行通函應斷絕交通以防各處蔓延擬於一二日內卽將通行火車一律停駛先以十日爲限屆時應否開駛應以時疫是否斷絕爲行止云

正

——摘自《远东报》，
1921 年 2 月 15 日

●車夫被檢驗〇昨有自呼蘭來哈糧車四輛行至南十一道街地方突被防疫員四人攔住檢驗聲言身有疫症遂將車夫四人一併帶往醫院隔離診治以防傳染云

新

——摘自《远东报》，
1921 年 2 月 15 日

▲紀道外防疫事◉道外各當局因滿洲里鼠疫猖獗爲防患未然計特於舊歷年前設立防疫分會派員調查聞年後又由警署傳諭各娼寮飯館暫停營業伙房小店不許添住店客凡在街面乞討之貧人一律赴粥廠領粥故道外平日一般乞丐嗎啡鬼悉數斂跡云　示

——摘自《远东报》，
1921 年 2 月 15 日

▲隔離瘟病實行◉近日本埠發現疫症防疫事務所特在南崗下坎預備瓦罐火車數十輛所有檢驗患瘟病者連日均用鐵車載往該處車上靜養已計有一百餘名凡道外道裡通行之人一概禁止不准由該道經過云　祥

——摘自《远东报》，
1921 年 2 月 15 日

▲警察之淨除街道忙◉道外警廳以現在時疫流行各街道積穢亟宜掃除特傳諭各區署速爲實行因而清道夫大行碌忙年節佳日猶各處掃除不敢少休息云　正

——摘自《远东报》，
1921 年 2 月 15 日

▲粥廠照常開施◉道外九道街設粥廠陰歷年節停施數日於昨始行照常開施聞該廠以貧民聚集疫易傳染每日特請慈善協濟會所設醫院之醫士到廠檢驗以重衛生云　正

——摘自《远东报》，
1921 年 2 月 15 日

▲防疫與交通◉近因防止時疫警處與警廳互相會議以行人來往最易傳染於日昨起特行規定道裡外行人由道外往道裡者只許經過北馬路由道裡至道外者只許經過南馬路不得互相摻雜其得便道一概禁止通行云　中

——摘自《远东报》，
1921 年 2 月 15 日

▲因防疫取締之營業◉本埠防疫局以時疫流行妓寮飯館戲園人迹涵雜最易傳染於日昨特咨行警廳將此數行一律派警傳諭令其即行停業云　中

——摘自《远东报》，
1921 年 2 月 15 日

省會防疫辦法

省會警察廳已擬定防疫辦法一於吉林車站實行檢疫二令各區轉令各分所於管轄境內檢查旅店伙房有無疫症三捕鼠消毒四掃除垃圾污穢冰雪五施行預防注射

——摘自《远东报》，
1921 年 2 月 15 日

總辦因公赴奉

軍官養成所總辦張久孚現因省城疫癘甚烈呈請當軸提前放假業蒙照准聞該總辦因有要公必須赴奉故于昨晨搭車南下云　志

——摘自《远东报》，
1921 年 2 月 15 日

●防疫之報告○二月十二扎蘭諾爾煤礦病者五名死二名滿站病者十五名死者三名布赫圖站死者二名齊齊哈爾死者六名哈爾濱馬家溝死者一名

十三日扎蘭諾爾病者八名死者二名滿站病者十六名死者五名哈爾濱糧台小站病者一名秦家崗疑似病人二名

——摘自《远东报》，1921 年 2 月 16 日

●西路停止賣票○滿站至齊齊哈爾一路瘟疫盛傳完全停止售票

——摘自《远东报》，1921 年 2 月 16 日

●安達站驗病○安達站刻擬設立檢驗所查驗由西路赴哈之搭客以免疫症傳及哈埠云

——摘自《远东报》，1921 年 2 月 16 日

●警察捉拿乞丐○道外警廳以乞丐沿街叫化滿身污穢實足傳染時疫昨特飭各區嚴行查拿一律送至濱江醫院之隔離所暫爲隔離云 中

——摘自《远东报》，
1921 年 2 月 16 日

▲士娼請恢復營業⊙自本埠鼠疫發現業經當衛組設防疫所除派專員切實檢疫外又取締熱鬧場及分別停止各舞臺飯鋪娼窰營業以防交通上之蔓延頃聞惟各士娼因營業停止苦於聊生昨特聯名呈請警察廳懇求准予營業以恤艱窘云云 新

——摘自《远东报》，
1921 年 2 月 16 日

▲火車道口之醫士⊙由道外赴道裡火車道口昨由防疫局派醫士二名在該處檢查行人遇有病人即交由警士送至隔離所以故無緊要事件者均已相戒裹足云 中

——摘自《远东报》，
1921 年 2 月 16 日

▲警廳取締秧歌⊙每年陰歷正月間商民無所事事多有演扮秧歌以資娛樂者警察廳以多人聚集足以傳染時疫昨特出有布告實行取締云 正

——摘自《远东报》，
1921 年 2 月 16 日

日本方面之防疫辦法

日本駐奉總領事赤塚正助氏召集滿鐵重要人物開防疫會一節已見前報茲聞所議之辦法如下（一）滿鐵路嚴行檢查（二）禁止貧民入站（二）日商施行消毒（二）辦理豫防注射（二）設隔離所（一）檢查日僑清潔及有無疾病　民

——摘自《远东报》，
1921年2月16日

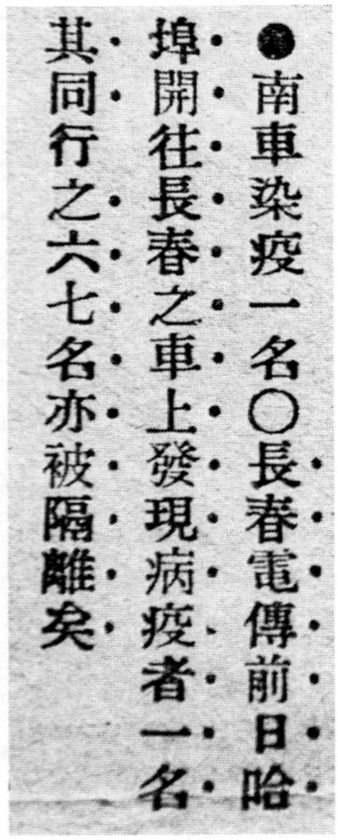

●南車染疫一名○長春電傳前日哈埠開往長春之車上發現病疫者一名其同行之六七名亦被隔離矣

——摘自《远东报》，
1921年2月17日

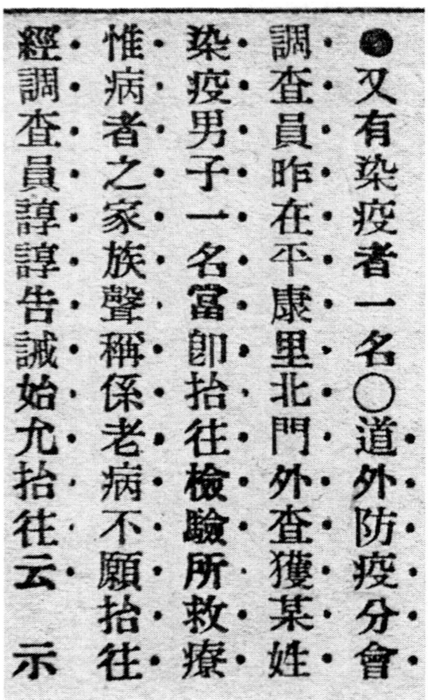

●又有染疫者一名○道外防疫分會調查員昨在平康里北門外查獲某姓染疫男子一名當即抬往檢驗所救療惟病者之家族聲稱係老病不願抬往經調查員諄諄告誡始允抬往云　示

——摘自《远东报》，
1921年2月17日

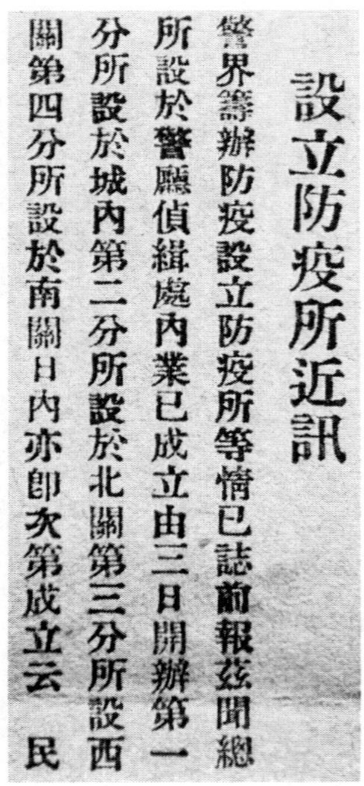

設立防疫所近訊

警界籌辦防疫設立防疫所等情已誌前報茲聞總所設於警廳偵緝處內業已成立由三日開辦第一分所設於城內第二分所設於北關第三分所設西關第四分所設於南關日內亦即次第成立云　民

——摘自《远东报》，
1921年2月17日

▲長春▼

防疫會議之所聞

自北滿發現疫症後哈長一帶由官家設法竭力預防恐其傳染商民稍爲心安不意日前公主嶺竟有疫症發現由關東廳派醫師剖檢確係肺百斯篤發生黴菌最多傳染甚快於是中日商民羣相驚慌日昨(一號)由蔡道尹日本領事召集各機關首領及醫士會議預防之辦法凡中東南滿二路之客人下車後經過南滿穴道時在出口處嚴爲檢查如有染疫者將其送至該站以西空地南滿預備隔離專車中實行隔離嚴爲消毒以免傳染而維商民云

——摘自《远东报》，
1921 年 2 月 17 日

▲綏芬河▼

防疫所成立

自海拉爾發生疫症後各處異常注意刻下綏站經交涉局長程祖勳商會長孫云發副會長呂芝榮自治會長宋振祥等籌措款項聘請醫生置購消毒藥品並實行成立防疫所云　軒

——摘自《远东报》，
1921 年 2 月 17 日

日人來站調查鼠疫

本站於月十二號由海參崴派來日人男女醫生四十名前來調查鼠疫見綏站防疫所已經成立該日醫遂行返崴云　軒

——摘自《远东报》，
1921 年 2 月 17 日

本埠新聞

●道裏嚴查住戶○道裏警局近日派出衛生隊在各街查看中外住戶是否清潔及有無病人並通知中外醫生如遇疑似疫症應即報告就近警區派人送往防疫病院云

——摘自《远东报》，
1921年2月18日

●哈埠人民不幸中之幸○往年哈埠發現肺疫因事權不一阻力橫生故防疫手續感受種種困難刻因道裏警察衛生隊由中國收回故極力講求衛生並嚴查瘟疫較諸往年事半而功倍刻聞道內外醫生云因防疫得力不至傳及他處且本埠病疫者日減不日可望撲滅云

——摘自《远东报》，
1921年2月18日

商業之悲觀○傳家甸各商店因年前虧損宜告歇業者不勝其多新年之後又繼之以疫症因之各商家大受影響前途尤無希望云

——摘自《远东报》，
1921 年 2 月 18 日

防疫報告○二月十四日扎蘭諾爾病者二名滿洲里病者二十四名死者三名齊齊哈爾病者一名哈爾濱東馬家溝死者二名開往長春第九號車上病死者一名
十五日扎蘭諾爾病者十名死者三名滿站病者十五名齊齊哈爾病者六名江灣華人病者一名闊爾普斯屯死者三名斯特列瓦街四十號房死者一名皆非瘟疫云

——摘自《远东报》，1921 年 2 月 18 日

●滿站之來電〇滿站董事會來電略謂鼠疫盛行請接濟衣服及隔離用之火車現在捐欵無着請設法接濟防疫經費

——摘自《远东报》，
1921 年 2 月 18 日

●防疫救急隊成立〇本埠防疫救急隊已組織妥協每次出發不過二十分鐘云

——摘自《远东报》，
1921 年 2 月 18 日

本埠瑣聞

▲因防疫竟令工人絕食◉本埠因防疫令各小飯鋪停止營業但一般住小店窮人及工人等因無處吃飯羣向各飯鋪婉求賣餐昨聞有某飯鋪被該管區警查知除將執事人帶署罰辦外並將買吃食人驅逐使散以故工人等莫不煩言嘖嘖云　新

——摘自《远东报》，
1921 年 2 月 18 日

▲呈請恢復營業批示◉本埠警察廳前因防疫通飭各區停止戲園飯館娼寮營業嗣各土娼苦於無可聊生聯名呈請恢復營業茲聞昨經警廳批示暫停五日候五日外再行核奪云　新

——摘自《远东报》，
1921 年 2 月 18 日

▲二等妓舘營業之發達◉當局因疫症發現停三等及士娼營業惟二等妓舘因較他娼屋宇清潔准其營業如常因之近來二等妓舘逐日遊人踵接於門大有應接不暇之勢並聞各班妓女平均除賺宿資外每日竟賣茶資皆在大洋二十元有奇云　新

——摘自《远东报》，
1921 年 2 月 18 日

▲檢查員之忙碌◉近來本埠患鼠疫死者日有其人因此警廳所派之檢疫員四出檢視調查疫狀若何皆非常忙碌云　中

——摘自《远东报》，
1921 年 2 月 18 日

防疫委員會成立

當局因鼠疫勢將南侵公主嶺等處業已發現故對於防疫事宜十分注意特在省署設立奉天全省防疫委員會委外交特派員關海清爲委員長由分奉知事中挑選十二名爲防疫委員協辦防疫事宜而專責成云　民

——摘自《远东报》，
1921 年 2 月 18 日

●三十六棚之秧歌出現〇警廳前因預防鼠疫所有戲園妓舘均令停止營業卽秧歌亦不准玩耍惟三十六棚所辦之秧歌龍燈於初六日一律出現該管警察並未干涉云　示

——摘自《远东报》，
1921 年 2 月 19 日

▲鼠疫聲浪◉近日道裡外街談巷議者無非鼠疫之聲浪人民鑒於宣二前車所謂談虎變色以通訊論之亦未免有杯号蛇影之疑似即以道外小六道街伙房死之三人衣服百結滿身嗎啡針孔幷聞逆旅主人恐波及下逐客之令天氣嚴寒身無寸縷又在夜間總無疫亦得凍死 民

——摘自《远东报》，
1921 年 2 月 19 日

哈爾濱臨時防疫總事務所調查疫症報告表

二月十六日

所別	區別	患疫人數	送醫人數	死亡人數	送隔離人數
總事務所區域	第一分署				
	第二分署				
	第三分署	一		一	一
	第四分署	一	一		一六
	第五分署				
	總車站				
	江沿小站				
分事務所區域	第一署				
	第二署	六	四	二	三〇
	第三署				
	第四署				
	第五署				
共計		八	五	三	七四

（備考）按表列第一二三四五分署係歸東省特別區警察總管理處管轄總車站江沿小站係東省鐵路路警處管轄第一二三四五署係濱江警察廳管轄

本日止總計患疫八十七人送醫二十五人死亡六十二人送隔離三百三十一人

——摘自《远东报》，1921年2月19日

本埠新聞

●關於防疫之見聞○俄醫生蒞臨羅夫致函本館略謂往日哈埠發現霍亂中外人士每以葱蒜鹽酸爲防疫之用其實未見其益徒受其害或非正當之辦法近日因實行防疫住房往往用砒霜消毒殊不知砒霜所含毒質甚多用之漱口不免傷牙且恐將來發生種種疾病況砒霜之毒劇烈非常雖有千分之砒霜水亦足以傷目或皮膚故用砒霜者非經醫生勸告切不可自作聰明又如近日多用防疫鼻套亦毫無取益歛人屢在各處講演茲不贅述總之瘟疫能由空氣傳染病人萬不可近如以防疫鼻套有恃無恐決無是理況近日盛行之鼻套阻人呼吸不能吸受新空氣且製法不常僅用一種黑色紗布又不能消毒恐用之防疫反爲傳染之媒介雖然醫生警察遇有疑似病人或入病人房內不妨用之一時然決不可時刻不離也

——摘自《远东报》，1921 年 2 月 20 日

●防疫之報告○十七日扎蘭諾爾病者四人死者二人滿站病者十八名死者二名齊齊哈爾死者二名馬家溝病者一名秦家崗墳地旁死者一名秦家崗莫斯科銀行左近死者一名

——摘自《远东报》，
1921 年 2 月 20 日

●拘留人之保證金○特別區地方審判廳現因鼠疫發生爲防範起見特張貼佈告規定刑事未決之拘留人如有保證金暨妥實保條即可在外候審而免羈押倘有司法警藉端勒索並准告發定必究懲云 民

——摘自《远东报》，
1921 年 2 月 20 日

▲通令各校預防鼠疫◉日昨吉林教育廳訓令省道縣立各學校預防鼠疫首重清潔換氣諸端倘有染疫學生通學者暫令休業寄宿者設法隔離非俟全愈不得與健者同室上課俾各預防而免傳染云

東

——摘自《远东报》，
1921 年 2 月 20 日

▲商會籌備防疫◉道外商會昨日開會討論防疫辦法其結果將事務所即設於商會內而隔離所則設於公園並聞延聘郭醫士爲該所主任以專責成云

新

——摘自《远东报》，
1921 年 2 月 20 日

哈爾濱臨時防疫總事務所調查疫症報告表

二月十七日

所別	區別	患疫人數	送醫人數	死亡人數	送隔離人數
總事務所區域	第一分署	一	一		
	第二分署				
	第三分署				
	第四分署	一		一	
	第五分署				
	總車站				
	江沿小站				
分事務所區域	第一署	二		二	三三
	第二署	一五	八	七	五
	第三署				
	第四署				
	第五署	四	一	三	五
共計		二三	一〇	一三	四三

（說明）按本日止總計患疫一百一十人送醫三十五人死亡七十五人送隔離三百七十四人

查第一分署送醫一人係俄女類似疫症第一署死亡二人一係濱江縣鄉巡第一區管轄地面合併聲明

——摘自《远东报》，1921年2月20日

▲長春日站檢疫之嚴厲◉聞現在赴關內各處旅
人行經長春日站日人恐傳染時疫檢查極爲嚴厲
面上少形黃瘦卽須送隔離所施以消毒藥劑云
中

——摘自《远东报》，
1921 年 2 月 25 日

▲防疫人員之職責◉道外防疫分會各調查員及
警察等時有抓獲煙賭之事雖送由警署罰落殊與
職責不合經會長盧知事告誡辦理防疫員警不得
再有越俎代庖之舉如敢故違一經查覺則嚴懲不
貸云　示

——摘自《远东报》，
1921 年 2 月 25 日

▲防疫弛禁◉自軍警會議表決防疫首以交通遮
斷而免蔓延次以戲園娼寮飯莊爲人民聚集之處
應行停止營業現以疫氛稍息應予體恤准予本月
二十日以後令該園等照常開演云

——摘自《远东报》，
1921 年 2 月 25 日

防疫消息種種

北滿發生百斯篤後地方官民深恐蔓延各處竭力防範內務部亦甚爲注意特派部員俞樹芬來東調査辦理防疫是否完善並鼠疫狀況現已抵哈不日來吉

警察廳以現時辦理防疫藥品及器具均須完備特由廳籌妥現洋一千元派科員何文亭氏赴津採購

官醫院韓院長對於防疫甚爲注意特於本院分派祖紹遜爲西醫檢驗員陳子元爲中醫檢驗員另闢一檢驗室凡內外兩科醫官診得患疑似病者即送該室檢驗施行相當辦法哈埠警察廳昨日電呈警務處謂該埠於十五日因疫斃命者凡八十名日前警察廳派劉科長赴下九台站辦理防疫事宜已有端緒刻已回省並與官醫院接洽如有必要時仍在該院設防疫局云

——摘自《远东报》，1921 年 2 月 25 日

鼠疫之現狀○二月十七日扎蘭諾
爾病者四名死者二名滿站病者十八
名死者二名齊齊哈爾死者二名馬家
溝病者一名
十八日扎蘭諾爾病者九名死者一名
滿站病者三十名隔離所死十三名葬
埋屍身六具
札蘭屯死者一名齊齊哈爾病者一名
死者四名馬家溝死者一名車站左近
死者一名
二十二日報告札蘭諾爾病者四名死
者一名滿站病者四名死者三名傅家
甸以南死者一名
又據十九日消息札蘭諾爾病死者各
三名滿站病者十五名死者五名
齊齊哈爾死者一名福來爾吉死者一
名哈埠隔離所死者二名馬家溝死者
二名
二十日札蘭諾爾病者三名滿站病者
二十九名死者九名某房發現病人十
五名當將該房焚毁
布赫圖疑似鼠疫者一名寬城子田五
號車查出病人一名馬家溝查出死屍
一具

——摘自《远东报》，1921年2月26日

鼠疫漸次消滅〇據二十一日報告

扎蘭諾爾病者五名滿站病者七名死者二名齊齊哈爾僅查出屍身一具

——摘自《远东报》，
1921 年 2 月 26 日

疫氣已息〇近日所謂百斯篤疫症者已經輕減每日全埠道裏外不過死一二人尚是久病者惟防疫員每日尤僕僕道途按戶查檢云　民

——摘自《远东报》，
1921 年 2 月 26 日

交界站防疫情形〇外交界人云交界站地方即四站五站間現已由日軍司令部政務部與俄員組織檢疫會檢查往來商旅以免鼠疫傳染至海參崴一帶云　示

——摘自《远东报》，
1921 年 2 月 26 日

本埠瑣聞

▲內部派員來哈◉自海拉爾發生鼠疫中外人甚爲注意茲由內務部派部員俞樹芬來東調查一切已於本月十八日到哈並聞現以調查竣事擬於日內赴吉云　新

——摘自《远东报》，
1921年2月26日

▲總工廠擬設立防疫所◉三十六棚鐵路總工廠華俄工人約在兩千餘名現值防疫時期聞該工廠以人數衆多檢疫員地面生疏檢查或有不周擬自行設立防疫所請中外名醫隨時檢驗工人以重衛生云　中

——摘自《远东报》，
1921年2月26日

▲施粥廠與防疫◉道外九道街施粥廠近以每日間貧民前往領粥聚集多人實足傳染時疫於日昨起特令各貧民開具人口多少領粥之時只准一人前往不許帶領子女云　正

——摘自《远东报》，
1921年2月26日

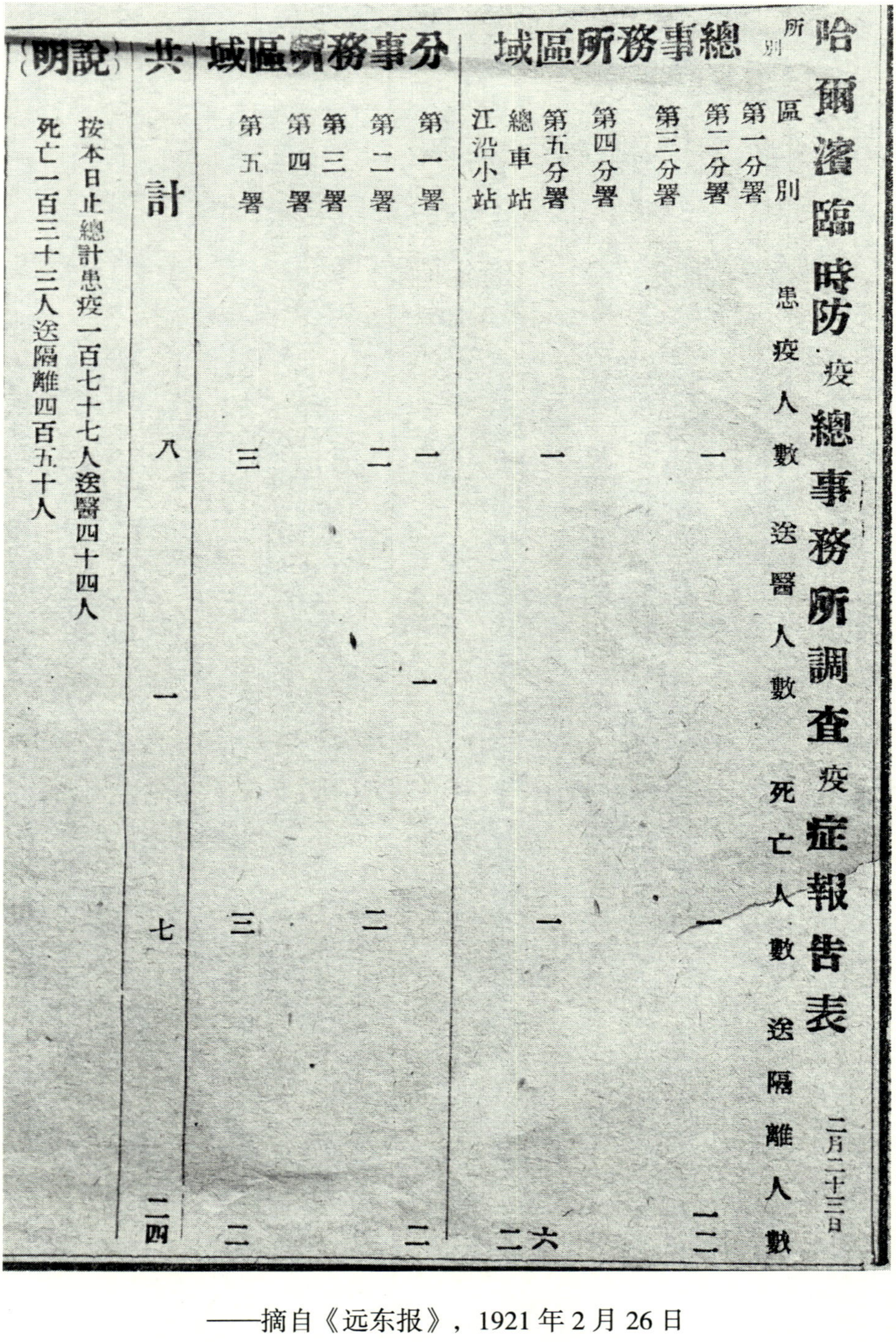

哈爾濱臨時防疫總事務所調查疫症報告表

二月二十三日

所別	區別	患疫人數	送醫人數	死亡人數	送隔離人數
總事務所區域	第一分署	一		一	一二
	第二分署				
	第三分署				
	第四分署				
	第五分署	一		一	六
	總車站				二
	江沿小站				
分事務所區域	第一署	一	一		二
	第二署	二		二	
	第三署				
	第四署				
	第五署	三		三	二
共計		八	一	七	二四

（說明）按本日止總計患疫一百七十七人送醫四十四人死亡一百三十三人送隔離四百五十人

——摘自《远东报》，1921年2月26日

●長春設立隔離所之布告〇長春日本車站近因防止時疫特設有隔離所預備隔離行人之疑似患疫者本埠防疫事務所恐商民聞此或生疑慮昨特出有布告說明其用意所在俾勿或發生誤會云　正

——摘自《远东报》，
1921年2月27日

防疫委員會開會

奉天全省防疫委員會會長關海清於十八日召集各防疫官開會所議事項如下（一）調查各縣疫情形（一）添設隔離所（一）籌措防疫經費（一）添招防疫隊（一）挑派醫官（一）購備防疫藥品民

——摘自《远东报》，
1921年2月27日